国家卫生健康委员会"十三五"规划教材
全 国 高 等 学 校 教 材
供基础、临床、预防、口腔医学类专业用

U0658674

神经病学

Neurology

第8版

主 编 贾建平 陈生弟

副主编 崔丽英 王 伟 谢 鹏 罗本燕 楚 兰

人民卫生出版社
PEOPLE'S MEDICAL PUBLISHING HOUSE

图书在版编目（CIP）数据

神经病学/贾建平，陈生弟主编. —8 版. —北京：人民卫生出版社，2018

全国高等学校五年制本科临床医学专业第九轮规划教材

ISBN 978-7-117-26640-6

Ⅰ.①神… Ⅱ.①贾…②陈… Ⅲ.①神经病学–高等学校–教材 Ⅳ.①R741

中国版本图书馆 CIP 数据核字（2018）第 133181 号

| 人卫智网 | www.ipmph.com | 医学教育、学术、考试、健康，购书智慧智能综合服务平台 |
| 人卫官网 | www.pmph.com | 人卫官方资讯发布平台 |

神 经 病 学
第 8 版

主　　编：贾建平　陈生弟

出版发行：人民卫生出版社（中继线 010-59780011）

地　　址：北京市朝阳区潘家园南里 19 号

邮　　编：100021

E-mail：pmph @ pmph.com

购书热线：010-59787592　010-59787584　010-65264830

印　　刷：人卫印务（北京）有限公司

经　　销：新华书店

开　　本：850×1168　1/16　　印张：33

字　　数：976 千字

版　　次：1984 年 11 月第 1 版　　2018 年 8 月第 8 版
　　　　　2021 年 9 月第 8 版第 6 次印刷（总第 70 次印刷）

标准书号：ISBN 978-7-117-26640-6

定　　价：92.00 元

打击盗版举报电话：010-59787491　E-mail：WQ @ pmph.com

（凡属印装质量问题请与本社市场营销中心联系退换）

编 者

以姓氏笔画为序

丁新生 （南京医科大学第一附属医院）

王　伟 （华中科技大学同济医学院附属同济医院）

王丽华 （哈尔滨医科大学附属第二医院）

冯加纯 （吉林大学第一医院）

许予明 （郑州大学第一附属医院）

杜怡峰 （山东大学附属省立医院）

肖　波 （中南大学湘雅医院）

汪　凯 （安徽医科大学第一附属医院）

宋海庆 （首都医科大学宣武医院）

张　成 （中山大学附属第一医院）

张杰文 （郑州大学人民医院）

张桂莲 （西安交通大学第二附属医院）

张黎明 （哈尔滨医科大学附属第一医院）

陈　彪 （首都医科大学宣武医院）

陈生弟 （上海交通大学医学院附属瑞金医院）

罗本燕 （浙江大学医学院附属第一医院）

洪　震 （复旦大学附属华山医院）

贺茂林 （首都医科大学附属北京世纪坛医院）

贾建平 （首都医科大学宣武医院）

崔丽英 （中国医学科学院北京协和医院）

焦力群 （首都医科大学宣武医院）

谢　鹏 （重庆医科大学附属第一医院）

楚　兰 （贵州医科大学附属医院）

学术秘书

王　伟 （首都医科大学宣武医院）

李　妍 （首都医科大学宣武医院）

融合教材阅读使用说明

融合教材介绍：本套教材以融合教材形式出版，即融合纸书内容与数字服务的教材，每本教材均配有特色的数字内容，读者阅读纸书的同时可以通过扫描书中二维码阅读线上数字内容。

《神经病学》(第8版)融合教材配有以下数字资源：

🏀 教学课件　🏀 案例　🏀 视频　🏀 图片　🏀 自测试卷　🏀 英文名词读音

❶ 扫描教材封底圆形图标中的二维码，打开激活平台。

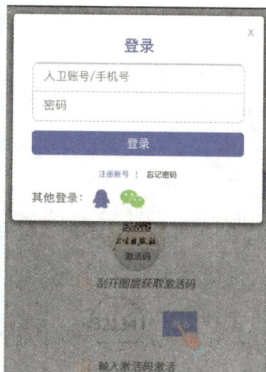

❷ 注册或使用已有人卫账号登录，输入刮开的激活码。

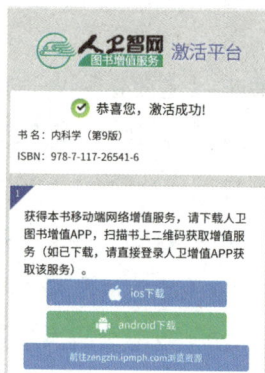

❸ 下载"人卫图书增值" APP，也可登录 zengzhi. ipmph.com 浏览。

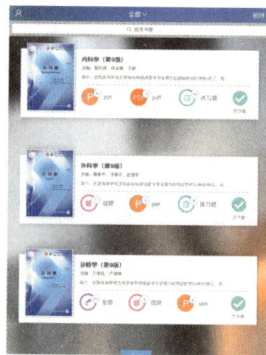

❹ 使用 APP"扫码"功能，扫描教材中二维码可快速查看数字内容。

配套教材（共计 56 种）

全套教材书目

全套教材书目

《神经病学》(第8版)配套教材

《神经病学学习指导与习题集》(第3版)　主编：贾建平

读者信息反馈方式

欢迎登录"人卫e教"平台官网"medu.pmph.com"，在首页注册登录后，即可通过输入书名、书号或主编姓名等关键字，查询我社已出版教材，并可对该教材进行读者反馈、图书纠错、撰写书评以及分享资源等。

　　党的十九大报告明确提出,实施健康中国战略。 没有合格医疗人才,就没有全民健康。 推进健康中国建设要把培养好医药卫生人才作为重要基础工程。 我们必须以习近平新时代中国特色社会主义思想为指引,按照十九大报告要求,把教育事业放在优先发展的位置,加快实现教育现代化,办好人民满意的医学教育,培养大批优秀的医药卫生人才。

　　着眼于面向 2030 年医学教育改革与健康中国建设,2017 年 7 月,教育部、国家卫生和计划生育委员会、国家中医药管理局联合召开了全国医学教育改革发展工作会议。 之后,国务院办公厅颁布了《国务院办公厅关于深化医教协同进一步推进医学教育改革与发展的意见》(国办发〔2017〕63 号)。 这次改革聚焦健康中国战略,突出问题导向,系统谋划发展,医教协同推进,以"服务需求、提高质量"为核心,确定了"两更加、一基本"的改革目标,即:到 2030 年,具有中国特色的标准化、规范化医学人才培养体系更加健全,医学教育改革与发展的政策环境更加完善,医学人才队伍基本满足健康中国建设需要,绘就了今后一个时期医学教育改革发展的宏伟蓝图,作出了具有全局性、战略性、引领性的重大改革部署。

　　教材是学校教育教学的基本依据,是解决培养什么样的人、如何培养人以及为谁培养人这一根本问题的重要载体,直接关系到党的教育方针的有效落实和教育目标的全面实现。 要培养高素质的优秀医药卫生人才,必须出版高质量、高水平的优秀精品教材。 一直以来,教育部高度重视医学教材编制工作,要求以教材建设为抓手,大力推动医学课程和教学方法改革。

　　改革开放四十年来,具有中国特色的全国高等学校五年制本科临床医学专业规划教材经历了九轮传承、创新和发展。 在教育部、国家卫生和计划生育委员会的共同推动下,以裘法祖、吴阶平、吴孟超、陈灏珠等院士为代表的我国几代著名院士、专家、医学家、教育家,以高度的责任感和敬业精神参与了本套教材的创建和每一轮教材的修订工作。 教材从无到有、从少到多、从多到精,不断丰富、完善与创新,逐步形成了课程门类齐全、学科系统优化、内容衔接合理、结构体系科学的立体化优秀精品教材格局,创建了中国特色医学教育教材建设模式,推动了我国高等医学本科教育的改革和发展,走出了一条适合中国医学教育和卫生健康事业发展实际的中国特色医药学教材建设发展道路。

　　在深化医教协同、进一步推进医学教育改革与发展的时代要求与背景下,我们启动了第九轮全国高等学校五年制本科临床医学专业规划教材的修订工作。 教材修订过程中,坚持以习近平新时代中国特色社会主义思想为指引,贯彻党的十九大精神,落实"优先发展教育事业""实施健康中国战略"及"落实立德树人根本任务,发展素质教育"的战略部署要求,更加突出医德教育与人文素质教育,将医德教育贯穿于医学教育全过程,同时强调"多临床、早临床、反复临床"的理念,强化临床实践教学,着力培养医德高尚、医术精湛的临床医生。

　　我们高兴地看到,这套教材在编写宗旨上,不忘医学教育人才培养的初心,坚持质量第一、立德树人;在编写内容上,牢牢把握医学教育改革发展新形势和新要求,坚持与时俱进、力求创新;在编写形式上,聚力"互联网+"医学教育的数字化创新发展,充分运用 AR、VR、人工智能等新技术,在传统纸质教材的基础上融合实操性更强的数字内容,推动传统课堂教学迈向数字教学与移动学习的新时代。 为进一步加强医学生临床实践能力培养,整套教材还配有相应的实践指导教材,内容丰富,图文并茂,具有较强的科学性和实践指导价值。

　　我们希望,这套教材的修订出版,能够进一步启发和指导高校不断深化医学教育改革,推进医教协同,为培养高质量医学人才、服务人民群众健康乃至推动健康中国建设作出积极贡献。

林蕙青

2018 年 2 月

全国高等学校五年制本科临床医学专业
第九轮　规划教材修订说明

　　全国高等学校五年制本科临床医学专业国家卫生健康委员会规划教材自1978年第一轮出版至今已有40年的历史。几十年来，在教育部、国家卫生健康委员会的领导和支持下，以裘法祖、吴阶平、吴孟超、陈灏珠等院士为代表的我国几代德高望重、有丰富的临床和教学经验、有高度责任感和敬业精神的国内外著名院士、专家、医学家、教育家参与了本套教材的创建和每一轮教材的修订工作，使我国的五年制本科临床医学教材从无到有，从少到多，从多到精，不断丰富、完善与创新，形成了课程门类齐全、学科系统优化、内容衔接合理、结构体系科学的由规划教材、配套教材、网络增值服务、数字出版等组成的立体化教材格局。这套教材为我国千百万医学生的培养和成才提供了根本保障，为我国培养了一代又一代高水平、高素质的合格医学人才，为推动我国医疗卫生事业的改革和发展做出了历史性巨大贡献，并通过教材的创新建设和高质量发展，推动了我国高等医学本科教育的改革和发展，促进了我国医药学相关学科或领域的教材建设和教育发展，走出了一条适合中国医药学教育和卫生事业发展实际的具有中国特色医药学教材建设和发展的道路，创建了中国特色医药学教育教材建设模式。老一辈医学教育家和科学家们亲切地称这套教材是中国医学教育的"干细胞"教材。

　　本套第九轮教材修订启动之时，正是我国进一步深化医教协同之际，更是我国医疗卫生体制改革和医学教育改革全方位深入推进之时。在全国医学教育改革发展工作会议上，李克强总理亲自批示"人才是卫生与健康事业的第一资源，医教协同推进医学教育改革发展，对于加强医学人才队伍建设、更好保障人民群众健康具有重要意义"，并着重强调，要办好人民满意的医学教育，加大改革创新力度，奋力推动建设健康中国。

　　教材建设是事关未来的战略工程、基础工程，教材体现国家意志。人民卫生出版社紧紧抓住医学教育综合改革的历史发展机遇期，以全国高等学校五年制本科临床医学专业第九轮规划教材全面启动为契机，以规划教材创新建设，全面推进国家级规划教材建设工作，服务于医改和教改。第九轮教材的修订原则，是积极贯彻落实国务院办公厅关于深化医教协同、进一步推进医学教育改革与发展的意见，努力优化人才培养结构，坚持以需求为导向，构建发展以"5+3"模式为主体的临床医学人才培养体系；强化临床实践教学，切实落实好"早临床、多临床、反复临床"的要求，提高医学生的临床实践能力。

　　在全国医学教育综合改革精神鼓舞下和老一辈医学家奉献精神的感召下，全国一大批临床教学、科研、医疗第一线的中青年专家、学者、教授继承和发扬了老一辈的优秀传统，以严谨治学的科学态度和无私奉献的敬业精神，积极参与第九轮教材的修订和建设工作，紧密结合五年制临床医学专业培养目标、高等医学教育教学改革的需要和医药卫生行业人才的需求，借鉴国内外医学教育教学的经验和成果，不断创新编写思路和编写模式，不断完善表达形式和内容，不断提升编写水平和质量，已逐渐将每一部教材打造成了学科精品教材，使第九轮全套教材更加成熟、完善和科学，从而构建了适合以"5+3"为主体的医学教育综合改革需要、满足卓越临床医师培养需求的教材体系和优化、系统、科学、经典的五年制本科临床医学专业课程体系。

其修订和编写特点如下：

1．教材编写修订工作是在国家卫生健康委员会、教育部的领导和支持下，由全国高等医药教材建设研究学组规划，临床医学专业教材评审委员会审定，院士专家把关，全国各医学院校知名专家教授编写，人民卫生出版社高质量出版。

2．教材编写修订工作是根据教育部培养目标、国家卫生健康委员会行业要求、社会用人需求，在全国进行科学调研的基础上，借鉴国内外医学人才培养模式和教材建设经验，充分研究论证本专业人才素质要求、学科体系构成、课程体系设计和教材体系规划后，科学进行的。

3．在教材修订工作中，进一步贯彻党的十九大精神，将"落实立德树人根本任务，发展素质教育"的战略部署要求，贯穿教材编写全过程。 全套教材在专业内容中渗透医学人文的温度与情怀，通过案例与病例融合基础与临床相关知识，通过总结和汲取前八轮教材的编写经验与成果，充分体现教材的科学性、权威性、代表性和适用性。

4．教材编写修订工作着力进行课程体系的优化改革和教材体系的建设创新——科学整合课程、淡化学科意识、实现整体优化、注重系统科学、保证点面结合。 继续坚持"三基、五性、三特定"的教材编写原则，以确保教材质量。

5．为配合教学改革的需要，减轻学生负担，精炼文字压缩字数，注重提高内容质量。 根据学科需要，继续沿用大16开国际开本、双色或彩色印刷，充分拓展侧边留白的笔记和展示功能，提升学生阅读的体验性与学习的便利性。

6．为满足教学资源的多样化，实现教材系列化、立体化建设，进一步丰富了理论教材中的数字资源内容与类型，创新在教材移动端融入AR、VR、人工智能等新技术，为课堂学习带来身临其境的感受；每种教材均配有2套模拟试卷，线上实时答题与判卷，帮助学生复习和巩固重点知识。同时，根据实际需求进一步优化了实验指导与习题集类配套教材的品种，方便老师教学和学生自主学习。

第九轮教材共有53种，均为**国家卫生健康委员会"十三五"规划教材**。 全套教材将于2018年6月出版发行，数字内容也将同步上线。 教育部副部长林蕙青同志亲自为本套教材撰写序言，并对通过修订教材启发和指导高校不断深化医学教育改革、进一步推进医教协同，为培养高质量医学人才、服务人民群众健康乃至推动健康中国建设寄予厚望。 希望全国广大院校在使用过程中能够多提供宝贵意见，反馈使用信息，以逐步修改和完善教材内容，提高教材质量，为第十轮教材的修订工作建言献策。

全国高等学校五年制本科临床医学专业第九轮规划教材
教材目录

序号	书名	版次	主编			副主编				
1.	医用高等数学	第7版	秦 侠	吕 丹		李 林	王桂杰	刘春扬		
2.	医学物理学	第9版	王 磊	冀 敏		李晓春	吴 杰			
3.	基础化学	第9版	李雪华	陈朝军		尚京川	刘 君	籍雪平		
4.	有机化学	第9版	陆 阳			罗美明	李柱来	李发胜		
5.	医学生物学	第9版	傅松滨			杨保胜	邱广蓉			
6.	系统解剖学	第9版	丁文龙	刘学政		孙晋浩	李洪鹏	欧阳宏伟	阿地力江·伊明	
7.	局部解剖学	第9版	崔慧先	李瑞锡		张绍祥	钱亦华	张雅芳	张卫光	
8.	组织学与胚胎学	第9版	李继承	曾园山		周 莉	周国民	邵淑娟		
9.	生物化学与分子生物学	第9版	周春燕	药立波		方定志	汤其群	高国全	吕社民	
10.	生理学	第9版	王庭槐			罗自强	沈霖霖	管又飞	武宇明	
11.	医学微生物学	第9版	李 凡	徐志凯		黄 敏	郭晓奎	彭宜红		
12.	人体寄生虫学	第9版	诸欣平	苏 川		吴忠道	李朝品	刘文琪	程彦斌	
13.	医学免疫学	第7版	曹雪涛			姚 智	熊思东	司传平	于益芝	
14.	病理学	第9版	步 宏	李一雷		来茂德	王娅兰	王国平	陶仪声	
15.	病理生理学	第9版	王建枝	钱睿哲		吴立玲	孙连坤	李文斌	姜志胜	
16.	药理学	第9版	杨宝峰	陈建国		臧伟进	魏敏杰			
17.	医学心理学	第7版	姚树桥	杨艳杰		潘 芳	汤艳清	张 宁		
18.	法医学	第7版	王保捷	侯一平		丛 斌	沈忆文	陈 腾		
19.	诊断学	第9版	万学红	卢雪峰		刘成玉	胡申江	杨 炯	周汉建	
20.	医学影像学	第8版	徐 克	龚启勇	韩 萍	于春水	王 滨	文 戈	高剑波	王绍武
21.	内科学	第9版	葛均波	徐永健	王 辰	唐承薇	周 晋	肖海鹏	王建安	曾小峰
22.	外科学	第9版	陈孝平	汪建平	赵继宗	秦新裕	刘玉村	张英泽	李宗芳	
23.	妇产科学	第9版	谢 幸	孔北华	段 涛	林仲秋	狄 文	马 丁	曹云霞	漆洪波
24.	儿科学	第9版	王卫平	孙 锟	常立文	申昆玲	李 秋	杜立中	母得志	
25.	神经病学	第8版	贾建平	陈生弟		崔丽英	王 伟	谢 鹏	罗本燕	楚 兰
26.	精神病学	第8版	郝 伟	陆 林		李 涛	刘金同	赵旭东	王高华	
27.	传染病学	第9版	李兰娟	任 红		高志良	宁 琴	李用国		

序号	书名	版次	主编		副主编			
28.	眼科学	第9版	杨培增	范先群	孙兴怀	刘奕志	赵桂秋	原慧萍
29.	耳鼻咽喉头颈外科学	第9版	孙 虹	张 罗	迟放鲁	刘 争	刘世喜	文卫平
30.	口腔科学	第9版	张志愿		周学东	郭传瑸	程 斌	
31.	皮肤性病学	第9版	张学军	郑 捷	陆洪光	高兴华	何 黎	崔 勇
32.	核医学	第9版	王荣福	安 锐	李亚明	李 林	田 梅	石洪成
33.	流行病学	第9版	沈洪兵	齐秀英	叶冬青	许能锋	赵亚双	
34.	卫生学	第9版	朱启星		牛 侨	吴小南	张正东	姚应水
35.	预防医学	第7版	傅 华		段广才	黄国伟	王培玉	洪 峰
36.	中医学	第9版	陈金水		范 恒	徐 巍	金 红	李 锋
37.	医学计算机应用	第6版	袁同山	阳小华	卜宪庚	张笋莉	时松和	娄 岩
38.	体育	第6版	裴海泓		程 鹏	孙 晓		
39.	医学细胞生物学	第6版	陈誉华	陈志南	刘 佳	范礼斌	朱海英	
40.	医学遗传学	第7版	左 伋		顾鸣敏	张咸宁	韩 骅	
41.	临床药理学	第6版	李 俊		刘克辛	袁 洪	杜智敏	闫素英
42.	医学统计学	第7版	李 康	贺 佳	杨土保	马 骏	王 彤	
43.	医学伦理学	第5版	王明旭	赵明杰	边 林	曹永福		
44.	临床流行病学与循证医学	第5版	刘续宝	孙业桓	时景璞	王小钦	徐佩茹	
45.	康复医学	第6版	黄晓琳	燕铁斌	王宁华	岳寿伟	吴 毅	敖丽娟
46.	医学文献检索与论文写作	第5版	郭继军		马 路	张 帆	胡德华	韩玲革
47.	卫生法	第5版	汪建荣		田 侃	王安富		
48.	医学导论	第5版	马建辉	闻德亮	曹德品	董 健	郭永松	
49.	全科医学概论	第5版	于晓松	路孝琴	胡传来	江孙芳	王永晨	王 敏
50.	麻醉学	第4版	李文志	姚尚龙	郭曲练	邓小明	喻 田	
51.	急诊与灾难医学	第3版	沈 洪	刘中民	周荣斌	于凯江	何 庆	
52.	医患沟通	第2版	王锦帆	尹 梅	唐宏宇	陈卫昌	康德智	张瑞宏
53.	肿瘤学概论	第2版	赫 捷		张清媛 李 薇 周云峰 王伟林 刘云鹏 赵新汉			

第七届全国高等学校五年制本科临床医学专业教材评审委员会名单

顾　　问

吴孟超　王德炳　刘德培　刘允怡

主 任 委 员

陈灏珠　钟南山　杨宝峰

副主任委员（以姓氏笔画为序）

王　辰　王卫平　丛　斌　冯友梅　李兰娟　步　宏

汪建平　张志愿　陈孝平　陈志南　陈国强　郑树森

郎景和　赵玉沛　赵继宗　柯　杨　桂永浩　曹雪涛

葛均波　赫　捷

委　　员（以姓氏笔画为序）

马存根　王　滨　王省良　文历阳　孔北华　邓小明

白　波　吕　帆　刘吉成　刘学政　李　凡　李玉林

吴在德　吴肇汉　何延政　余艳红　沈洪兵　陆再英

赵　杰　赵劲民　胡翊群　南登崑　药立波　柏树令

闻德亮　姜志胜　姚　智　曹云霞　崔慧先　曾因明

颜　虹

贾建平

首都医科大学神经病学教授、主任医师、博士生导师。

现任首都医科大学宣武医院神经疾病高创中心主任，老年认知障碍疾病北京重点实验室主任，首都医科大学神经病学系系主任、首都医科大学神经变性病与记忆障碍临床诊疗与研究中心主任、首都医科大学神经病学研究所所长，北京脑重大疾病研究院阿尔茨海默病研究所所长。担任中华医学会神经病学分会主任委员(2007年候任主委，2010年现任主委，2013年至今任前任主委)、中国医师协会神经内科分会会长(2004年会长，2009年连任会长，2013年至今任前任会长)、北京医学会神经病学分会候任主任委员、中华医学会神经病学分会痴呆与认知障碍学组组长、中国医师协会神经内科医师分会认知障碍疾病专业委员会主任委员。担任国际知名杂志 *Alzheimer's & Dementia* 中国区总编辑、《中华神经科杂志》副总编辑、《中华医学杂志》编委等。

从事神经病学医教研工作30余年。主持并参与了国家"973"、"863"、科技部"十五"攻关、"十一五"支撑计划、国家自然科学基金重大项目、国家自然科学基金重点项目等国家及省部级课题共30余项，发表SCI论文190余篇，中文核心期刊学术论文600余篇，主编著作28部，参编著作26部。获得省部级奖16项，其中2013年作为第一完成人获得国家科学技术进步奖二等奖。贾建平教授先后获得北京市"十百千"人才"十"层次人才，北京市卫生系统高层次领军人才，中国医师奖，国务院特殊津贴专家，北京市有突出贡献的科学、技术、管理人才等多项荣誉。2015年入选北京学者及使命人才计划。2016年入选北京市高层次创新创业人才支持计划杰出人才。2017年获药明康德生命化学奖。

陈生弟

上海交通大学医学院神经病学二级教授、主任医师、博士生导师。现任国际帕金森病及运动障碍学会执委、国际神经病学联盟帕金森病及相关疾病研究委员会委员、中国医师协会神经内科医师分会副会长兼帕金森病及运动障碍病专业委员会主委、中国神经科学学会副理事长兼神经退行性疾病分会主委、中华医学会老年医学分会常委、中国医师协会老年医学科分会副会长、中国老年学和老年医学学会老年医学分会老年神经病学专委会主委及认知障碍专委会副主委等职。担任 *Translational Neurodegeneration* 主编、*Journal of Alzheimer's Disease* 副主编、*Journal of Neuroimmune & Pharmacology*、*Current Alzheimer Research* 编委。

从事神经病学医教研工作40年，在帕金森病、阿尔茨海默病的发病机制及诊治方面发表SCI论文200余篇，以第一完成人获得国家科技进步三等奖1项、教育部自然科学一等奖1项和上海市科技进步一等奖2项，及其他省部级科技进步奖二、三等奖22项；主编、主译15部教科书或专著；获得国家有突出贡献中青年专家、国务院政府特殊津贴、全国五一劳动奖章、全国"百千万"人才工程国家级人选、全国宝钢教育奖优秀教师奖、全国中青年医学科技之星、上海市领军人才、市十佳医师、市第一届、第二届高校优秀青年教师及上海市先进工作者。

崔丽英

　　教授，北京协和医院神经科主任，中华医学会神经病学分会现任主任委员，中国医师协会神经内科分会副会长，北京医师协会神经病学分会会长。 国际临床神经电生理联盟（IFCN）执委。《中华神经科杂志》名誉总编，《中华医学杂志英文版》等六个杂志副主编等。 主要研究方向：运动神经元病、神经肌肉病的临床和神经电生理；多系统萎缩等变性病和多发性硬化等的临床和神经电生理，缺血性脑血管病的二级预防等。 发表学术论文 500 余篇，著书 20 余本。 曾获中华医学科技二等奖 2 项和三等奖 1 项，高等学校科学研究优秀成果科技进步二等奖 1 项，华夏医学科技三等奖 1 项。 第九届"吴阶平-保罗·杨森药学研究奖"—神经病学专业一等奖；卫生部有突出贡献中青年专家等荣誉。 北京市教育工会"教育先锋"，北京市有突出贡献的科学、技术、管理人才。 北京市高等学校教学名师奖等荣誉。

王　伟

　　华中科技大学同济医学院附属同济医院院长，中德医学会副会长，神经病学研究所所长，双博士学位，主任医师，二级教授，博士生导师。 从事医学教学工作 20 年。 国家杰出青年基金获得者，教育部长江学者特聘教授，教育部新世纪优秀人才。中华医学会神经病学分会常委，中国医师协会神经病学专业委员会副会长，中国神经科学学会理事，中国神经科学学会胶质细胞学组副组长，教育部主办《神经损伤与功能重建》杂志主编，国家卫生计生委"十二五"规划教材《神经病学》副主编。 近几年作为第一项目负责人主持国家杰出青年基金一项、国家"973"重大专项一项、国家自然基金重点研究项目三项、卫生部重点项目一项、国家自然基金面上项目三项。 近几年在 *Ann Neurol*、*Cell*、*Nature cell biology*、*CMAJ*、*Prog Neurobiolog*、*J Cereb Blood Flow Metab*、*Stroke*、*Glia* 等国际期刊发表 SCI 论文 90 余篇，其中 5 篇封面文章，并得到 *Cell*、*Neuron*、*Nature Neuroscience*、*Physio Rev* 等国际著名专业杂志正面引用 2400 余次。 研究结果被 *CMAJ* 及 *Nature China* 专题述评，并得到包括路透社、*Science Daily*、新华社、人民日报在内的多家海内外媒体报道。 作为项目负责人获得国家自然科学二等奖一项、教育部自然科学奖一等奖一项、湖北省自然科学一等奖一项、中华医学奖二等奖。

谢　鹏

　　重庆医科大学附属第一医院，教授，主任医师，归国学者，国家"973"项目首席科学家，国务院学位委员会第六、七届学科评议组成员，教育部第二届全国专业学位教指委委员。 现任中国医师协会神经内科医师分会会长，中国医师协会神经内科医师分会神经心理与情感障碍专委会主任委员，国家重点学科（神经病学）带头人。

　　谢鹏教授长期致力于脑的高级认知功能和临床神经心理学研究。 近年来，先后主持了国家"863"、国家"973"项目、国家重点研发计划各 1 项、国家自然科学基金 7 项。 以通讯作者在 *The Lancet*、*World Psychiatry*、*Molecular Psychiatry* 和 *Brain* 等杂志上发表 SCI 论文 203 篇，获国家科技进步二等奖 1 项，四川省科技进步一等奖 1 项，全国第五届吴阶平医学研究奖 1 项。 主编和参编学术专著 10 余部，获得发明专利 5 项。

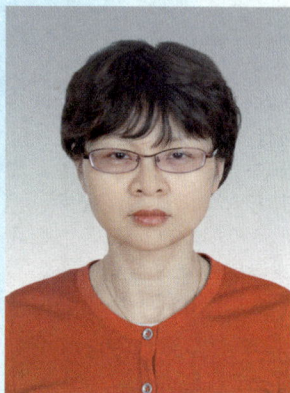

罗本燕

浙江大学医学院附属第一医院，教授，主任医师，浙江大学求是特聘医师。现任浙江省医学会神经病学学会主任委员，中华医学会神经病学分会委员，中华医学会神经病学分会神经心理与行为神经病学学组副组长，中国卒中学会常务理事，中国卒中学会血管性认知障碍分会副主任委员等，*CNS Neuroscience Therapeutics*、《中华医学杂志英文版》、《中华神经科杂志》等期刊编委。

从事神经内科的临床、教学工作近30年。作为项目负责人承担国家自然科学基金、浙江省重大科技专项重点社会发展项目、浙江省自然科学基金等；作为子课题负责人参与了国家重点研发计划重大慢性非传染性疾病防控研究、"863"计划等。近年来以第一作者或通讯作者发表学术论文50余篇；主编专著1部，副主编或参编8部。作为第一完成人获得中华医学科技奖三等奖、浙江省科学技术进步二等奖、浙江省科学技术进步三等奖等多个奖项，并获得第五届"中国女医师协会五洲女子科技奖"等荣誉称号。

楚 兰

现任贵州医科大学附属医院副院长、神经内科主任，国家卫生计生委中青年突出贡献专家，国务院/贵州省政府特殊津贴专家，美国加州大学圣何塞分校访问学者，国际血管联盟中国分部脑血管专家委员会副主任委员，中华医学会神经病学分会委员，中国医师协会神经病学分会常委，贵州省医学会神经病学分会主委，贵州省卒中学会会长。

从事教学工作30余年，任国家卫生计生委"十二五"规划数字教材《神经病学》副主编，国家卫生和计划生育委员会五年制规划教材《神经病学》第5、第6、第7版编委、第8版副主编，《中华神经科杂志》《中国神经精神病学杂志》等学术期刊编委，获贵州省科技进步二等奖，迄今共发表论文150余篇，其中SCI论文20余篇。

为响应国家领导人对医学教育改革和发展要求，人民卫生出版社于2017年7月30日召开了全国高等学校五年制本科临床医学专业第九轮规划教材会议。 会上对新版教材修订提出了新的要求和期望，强调在上一版教材的基础上吸纳科学进步新内容，增加实用性和学生互动性，以适应新时代的要求。 本次会议的召开标志着全国高等学校五年制本科临床医学专业第九轮规划教材修订工作的正式启动。

第8版《神经病学》教材定位为"干细胞教材"，在第7版的基础上继续传承、融合和创新。传承即本教材继续定位于医学教育的主体—5年制本科教育，目标是培养医学生神经病学的理论知识和初步的临床实践；融合即本版教材在文字教材的基础上融入了数字资源（教学课件、案例、视频、图片、自测试卷、英文名词读音），拓展了教材的知识面和学生的互动性，使教材更容易被学生学习和接受；创新是指本教材在上一版的基础上与时俱进，增加了目前神经病学的新进展和新发现。

第8版《神经病学》教材在每章节前面都会增加一个二维码，扫描后注册可同步学习线上数字内容，真正体现了数字融合教材的优越性。 本教材在内容方面做了调整，和第7版《神经病学》教材相比增加内容如下：

第三章"神经系统疾病的常见症状"中第十八节睡眠障碍；第六章"神经心理学检查"包括第一节神经心理学检查在神经科的应用及意义，第二节常用的神经心理学量表及其检查方法；第九章"脑血管病"中第一节脑血管疾病的分类和第九节遗传性脑血管病（介绍了伴有皮质下梗死和白质脑病的常染色体显性遗传性脑动脉病、伴有皮质下梗死和白质脑病的常染色体隐性遗传性脑动脉病和Fabry病）；第十章"脑血管病的介入治疗"包括第一节脑血管病的介入诊断，第二节脑血管病介入治疗术前评估及围手术期用药，第三节脑血管疾病介入诊疗设备及器材，第四节缺血性脑血管病的介入治疗，第五节出血性脑血管病的介入治疗，第六节静脉性脑血管病的介入治疗，第七节脑血管病介入诊疗并发症及其处理；第十二章"中枢神经系统感染性疾病"中第四节自身免疫性脑炎。

在教材编写过程中，首都医科大学和宣武医院领导给予了充分的支持，各兄弟院校提供了热情的帮助，在此表示诚挚的感谢。 本教材除了各位编委的辛勤付出外，在最后审定过程中，得到了多位医师的认真参与，他们抱着高度负责任的态度，对每一章节进行了逐字逐句的阅读、校对和修正。 他们是张恒、龚敏、侯婷婷、田园如画、杨坚炜、秦琪、杨鹤云，在此表示诚挚的感谢。

本教材的编写由于时间仓促，不妥和错误之处难免，殷切希望使用本教材的教师、医学生和临床医师们提出宝贵的意见和建议，以便再版时修正。

贾建平

2018年5月

目　　录

第十章　脑血管病的介入诊疗　　236

本书测试卷

第一章 绪 论

一、神经病学的概念和范畴

神经病学(neurology)是研究神经系统疾病和肌肉疾病病因、发病机制、临床表现、诊断和鉴别诊断、预防和治疗以及康复等内容的一门临床学科。神经系统按解剖结构分为中枢神经系统(脑、脊髓)和周围神经系统(脑神经、脊神经)两部分,前者主管分析综合内外环境传来的信息并做出反应,后者主管传导神经冲动;按功能分为躯体神经系统和自主神经系统,前者负责调整人体适应外界环境,后者负责稳定内环境。肌肉包括横纹肌、平滑肌和心肌,横纹肌又称随意肌或骨骼肌(有些横纹肌如口轮匝肌和眼轮匝肌就不是附着在骨骼上),本教材涉及的肌肉疾病主要是指骨骼肌疾病。

神经病学是神经科学(neuroscience)中的一门临床分支,与神经科学的其他分支彼此渗透,相互促进。神经解剖学、神经病理学、神经生物化学、神经影像学、神经遗传学、神经分子生物学等的进步为神经病学带来迅猛的发展,已经成为医学科学领域中令人关注的热点学科。

神经病学和精神病学是两门不同的学科。神经系统疾病的主要临床症状为运动、感觉和反射障碍。精神疾病则主要是由于大脑高级皮质功能紊乱导致的情感、意志、行为和认知等精神活动障碍。但在神经系统疾病中,如病变累及大脑时,常常有精神症状。

二、神经病学的特性及医学生的学习目标

神经系统是人体最精细,结构和功能最复杂的系统,因此与身体其他系统疾病相比,有独特的诊断方式及学习方法。医学生要具备神经系统疾病诊疗临床决策能力和临床预见能力,除了要在临床实践中不断地思考、总结和提炼,还需要掌握其独特之处。

1. **定向诊断** 即是否属于神经科疾病。神经系统与全身其他各个系统相依相伴,使得经常与其他系统疾病相混杂。如"昏迷"症状,可为神经科的脑出血、蛛网膜下腔出血、颅高压所致,也可为内分泌科"糖尿病高渗性昏迷"。有时一种疾病在某一阶段属于内科范畴,另一阶段又属于神经科范畴,如一氧化碳中毒,急性期属于急诊内科疾病,到了迟发性脑病阶段即归为神经内科疾病。又如:"腹型癫痫"以腹痛收住消化科而实为神经科"癫痫"。所以学习神经病学时要有整体观,以及广博的相关学科知识。

2. **定位诊断** 是查明病变的部位,最能体现神经科的特点。定位分为临床定位(病史+体格检查)及综合定位(临床定位+辅助检查)。定位分为三个步骤:第一,确定病变是否位于神经系统或骨骼肌;第二,确定空间分布是局灶性、多灶性、弥散性还是系统性;第三,确定具体的位置,例如:病变位于大脑的哪个区、基底节的哪个核团、脊髓的哪个节段和区域等。先根据病史、症状、阳性体征得出临床定位,再结合针对性的辅助检查进一步证实和鉴别,得出综合定位。准确定位是神经内科医师综合能力的体现,除了掌握神经病学的基础知识、基本理论,还需具有神经系统解剖学及生理学知识及相应的辅助检查(如:神经影像学、神经电生理学)结果判读能力。

3. **定性诊断** 是确定病变的性质,又称病因诊断。神经系统疾病繁多,千变万化,是最能体现神经科临床功底的环节,这需要反复实践,积累总结。对于刚入门的医学生建议记住一个单词"MID-NIGHTS","M"即营养障碍(malnutrition);"I"即炎症(inflammation);"D"即变性(degeneration);"N"即肿瘤(neoplasm);"I"即感染(infection);"G"即内分泌腺体(gland);"H"即遗传(hereditary);"T"即

中毒(toxication)或外伤(trauma);"S"即卒中(stroke)。记住这个单词,可对神经系统疾病的常见大病因逐一排查,以避免遗漏。

神经疾病定性诊断中,除了遵循重视病史采集及体格检查外,还应注意:①一元论原则,即尽量用一个病灶或一种原因去解释患者的全部临床表现与经过。②辅助检查符合临床思维,而不能主宰临床诊断。神经科医师与影像科医师的区别在于前者是先形成临床逻辑推理,再在影像资料中印证;而影像科医师是阅片同时结合临床。③注意排除假性定位体征,例如颅高压患者出现展神经麻痹体征,并没有临床定位意义。④重视共病,如脑血管病可与阿尔茨海默病等退行性疾病共存,需要综合考虑治疗策略,单一治疗,恐难达到疗效。

4. 培养科研思维　作为新时代的医学生,除了全面掌握神经病学的基本理论、常见疾病诊治方法,还需要学会从临床实践中提炼科学问题。神经病学的诊治近年来虽已日新月异,但未解决的临床问题还很多,相对于其他临床学科,对临床研究的需求比重更大,是一个临床实践与临床研究并重的学科。其研究的活跃度在国际上日益凸显。医学生学会透过现象抓住事物的本质和规律,再回到临床实践中解决问题,适应当前从经验医学、循证医学到精准医学的转化,已成为"医学精英"的必经之路。

三、神经病学的实践现状及发展趋势

当前,社会老龄化趋势不断加剧,疾病谱发生了巨大的变化,脑血管病和老年变性病也逐年增多。人类的进化及社会结构组成和环境因素的改变,以及新的检查手段的涌现,使先前已经存在的但当时没有发现的疾病,现在逐渐认识了,使先前不存在的疾病现在发生了,这些疾病的相关研究迅速增长、热点开始转移。因此,神经科医师需要及时更新知识,紧跟时代的脉搏才能更好地适应临床需求。

神经病学的总体目标是:发展神经科学,提高对疾病的认识水平,及时对疾病进行合理的诊断,同时尽可能针对病因恰当治疗,提高治愈率,降低死亡率和致残率。为了实现这个目标,不断打破学科边界,促进学科间相互渗透、交叉,掌握现代医学手段及方法,成为"卓越医师"的必备素质。

神经疾病诊断方法的进步,特别是神经影像学,如:CT血管造影(CTA),CT灌注(CTP),功能性磁共振成像[fMRI,包括弥散加权成像(DWI)、灌注成像(PWI)、血氧水平依赖成像(BOLD)、磁共振波谱(MRS)],数字减影血管造影(DSA)的直观定位和正电子发射断层显像(PET)技术(示踪剂Abeita、Tau成像在阿尔茨海默病中的应用),使以往不能诊断的疾病,有可能得到进一步诊治。神经遗传病的基因诊断也独树一帜,利用分子生物学技术直接探查基因的存在和缺陷,进一步从转录或翻译水平分析基因的功能,对一些疾病作出确切的诊断。这些技术正在为临床诊断提供更多的证据,提高诊断的精准程度,发挥着越来越大的作用。

神经疾病治疗技术的发展,除了大量新药涌入临床,其他新的治疗手段也大量出现。如:功能神经外科技术运用各种手术或技术对中枢神经系统的某些结构进行刺激、破坏或重建,实现新的系统平衡,达到缓解症状,恢复神经功能,改善神经系统的功能失调;脑立体定向技术对治疗靶点的准确定位;神经导航技术在神经系统术前术中确定病变的位置及边界,精确定位保证手术的微创化及实现既要全切病灶,又要保留脑功能和结构;缺血性脑血管病的血管内治疗(颈动脉内膜剥脱术、脑供血动脉的血管成形术和动脉内溶栓、器械取栓或碎栓术);溶栓治疗在急性脑梗死静脉的应用正在为临床疗效最佳化发挥着作用;基因治疗也正在进行临床实验,通过基因水平修饰,将正常基因代替致病基因,或采用特定方式关闭或抑制异常基因表达,或修复被损害基因,起到治疗作用。

人工智能的发展为神经科疾病诊治领域带来新的希望,无论在预防、诊治、预后和康复各方面,都有无可比拟的优越性。例如:头颅MRI、CT影像人工智能诊断;神经病理切片人工智能判断;根据患者医疗数据智能制订治疗方案;脑神经疾病患者的智能护理;神经系统疾病的肢体及语言康复训练等。

(贾建平)

第二章 神经系统的解剖、生理及病损的定位诊断

概　　述

神经系统疾病的诊断包括定位诊断（病变部位诊断）和定性诊断（病因诊断）两个部分。临床医师根据解剖学、生理学和病理学知识及辅助检查结果对症状进行分析，推断其发病部位，称为定位诊断；在此基础上确定病变的性质和原因，这一过程称为定性诊断。定位诊断是诊断神经系统疾病的第一步，正确完成定位诊断取决于三个因素，一是对神经系统解剖、生理和病理的理解，二是对这些结构病损后症状的掌握，三是临床基本功的扎实运用。本章主要讨论神经结构病损与临床症状之间的关系，为临床定位诊断提供理论基础。

神经结构病损后出现的症状，按其表现可分为四组，即缺损症状、刺激症状、释放症状和断联休克症状。①缺损症状：指神经结构受损时，正常功能的减弱或消失。例如一侧大脑内囊区梗死时，破坏了通过内囊的运动和感觉传导束而出现对侧偏瘫和偏身感觉缺失；面神经炎时引起面肌瘫痪等。②刺激症状：指神经结构受激惹后所引起的过度兴奋表现，例如大脑皮质运动区受肿瘤、瘢痕刺激后引起的癫痫；腰椎间盘突出引起的坐骨神经痛等。③释放症状：指高级中枢受损后，原来受其抑制的低级中枢因抑制解除而出现功能亢进。如上运动神经元损害后出现的锥体束征，表现为肌张力增高、腱反射亢进和病理征阳性；基底核病变引起的舞蹈症和手足徐动症等。④断联休克症状：指中枢神经系统局部发生急性严重损害时，引起功能上与受损部位有密切联系的远隔部位神经功能短暂丧失。如较大量内囊出血急性期，患者出现对侧肢体偏瘫、肌张力减低、深浅反射消失和病理征阴性，称脑休克；急性脊髓横贯性损伤时，损伤平面以下表现弛缓性瘫痪，称脊髓休克。休克期过后，多逐渐出现受损结构的功能缺损症状或释放症状。

第一节　中枢神经

中枢神经系统（central nervus system，CNS）包括脑和脊髓，脑分大脑、间脑、脑干和小脑等部分，脊髓由含有神经细胞的灰质和含上、下行传导束的白质组成。不同的神经结构受损后，其临床症状各有特点。

一、大脑半球

大脑半球（cerebral hemisphere）的表面由大脑皮质所覆盖，在脑表面形成脑沟和脑回，内部为白质、基底核及侧脑室。两侧大脑半球由胼胝体连接。每侧大脑半球借中央沟、大脑外侧裂和其延长线、顶枕沟和枕前切迹的连线分为额叶、顶叶、颞叶和枕叶，根据功能又有不同分区（图2-1）。此外，大脑还包括位于大脑外侧裂深部的岛叶和位于半球内侧面的由边缘叶、杏仁核、丘脑前核、下丘脑等组成的边缘系统（图2-2、图2-3）。

两侧大脑半球的功能不完全对称，按功能分优势半球和非优势半球。优势半球为在语言、逻辑思维、分析综合及计算功能等方面占优势的半球，多位于左侧，只有一小部分右利手和约半数左利手者

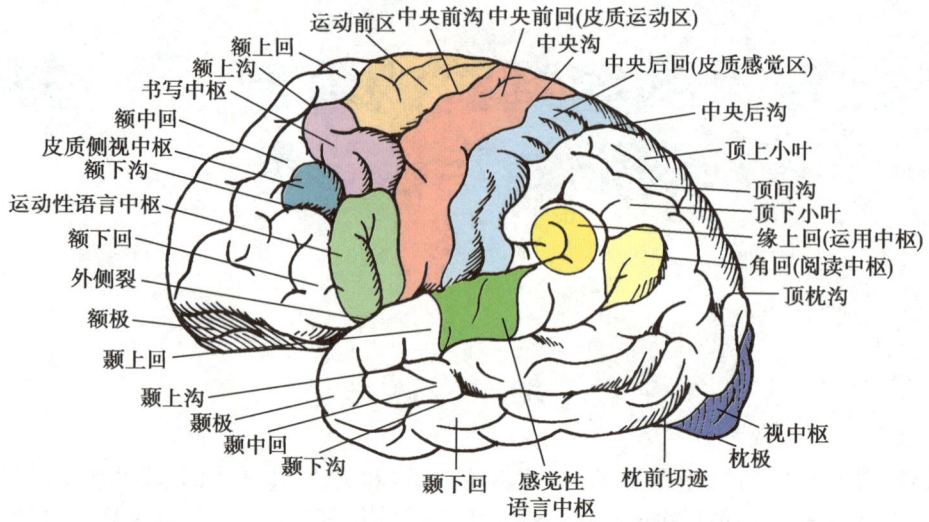

图2-1   左侧大脑半球外侧面结构及功能区

运动前区中央前沟中央前回(皮质运动区)
额上回
额上沟
书写中枢
额中回
皮质侧视中枢
额下沟
运动性语言中枢
额下回
外侧裂
额极
颞上回
颞上沟
颞极
颞中回
颞下沟
颞下回
感觉性语言中枢
中央沟
中央后回(皮质感觉区)
中央后沟
顶上小叶
顶间沟
顶下小叶
缘上回(运用中枢)
角回(阅读中枢)
顶枕沟
视中枢
枕极
枕前切迹

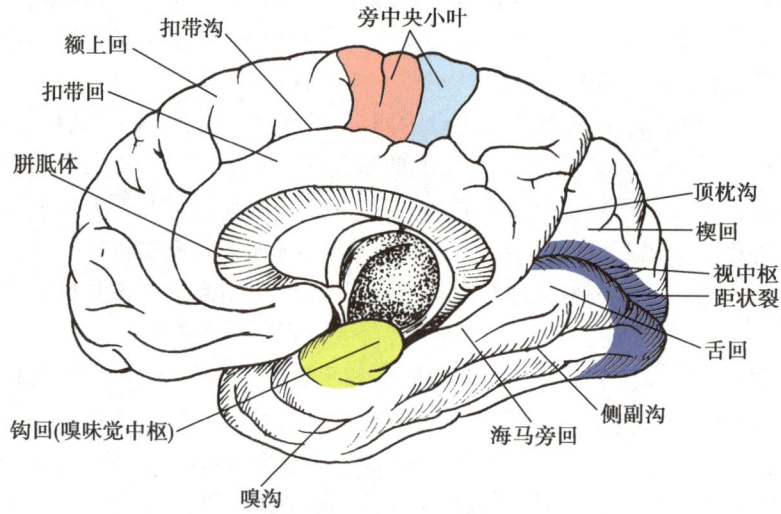

图2-2   右侧大脑半球内侧面结构及功能区

额上回
扣带回
胼胝体
扣带沟
旁中央小叶
顶枕沟
楔回
视中枢
距状裂
舌回
侧副沟
海马旁回
钩回(嗅味觉中枢)
嗅沟

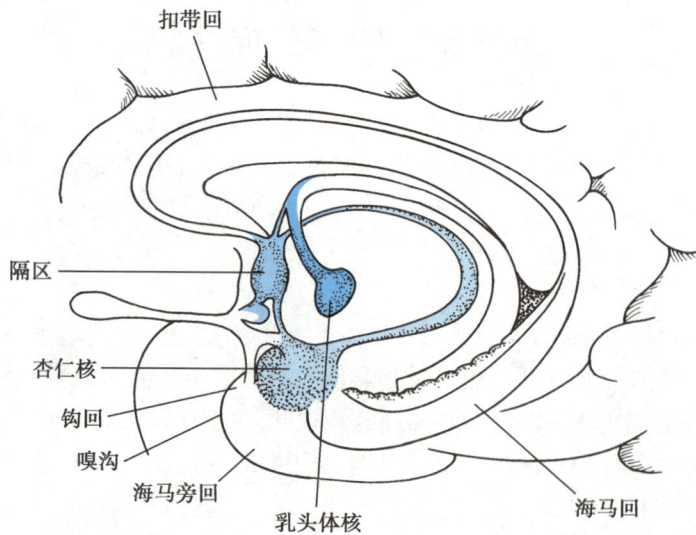

图2-3   边缘叶构成

扣带回
隔区
杏仁核
钩回
嗅沟
海马旁回
乳头体核
海马回

可能在右侧。非优势半球多为右侧大脑半球,主要在音乐、美术、综合能力、空间、几何图形和人物面容的识别及视觉记忆功能等方面占优势。不同部位的损害产生不同的临床症状。

（一）额叶

【解剖结构及生理功能】

额叶(frontal lobe)占大脑半球表面的前1/3,位于外侧裂上方和中央沟前方,是大脑半球主要功能区之一。前端为额极,外侧面以中央沟与顶叶分界,底面以外侧裂与颞叶分界,内侧面以扣带沟与扣带回分界。中央沟前有与之略平行的中央前沟,两沟之间为中央前回,是大脑皮质运动区。中央前回前方从上向下有额上沟及额下沟,将额叶外侧面的其余部分分为额上回、额中回和额下回(图2-1)。

额叶的主要功能与精神、语言和随意运动有关。其主要功能区包括:①皮质运动区:位于中央前回,该区大锥体细胞的轴突构成了锥体束的大部,支配对侧半身的随意运动。身体各部位代表区在此的排列由上向下呈"倒人状"(图2-4),头部在下,最接近外侧裂;足最高,位于额叶内侧面。②运动前区:位于皮质运动区前方,是锥体外系的皮质中枢,发出纤维到丘脑、基底核和红核等处,与联合运动和姿势调节有关;该区也发出额桥小脑束,与共济运动有关;此外,此区也是自主神经皮质中枢的一部分;还包括肌张力的抑制区。此区受损瘫痪不明显,可出现共济失调和步态不稳等症状。③皮质侧视中枢:位于额中回后部,司双眼同向侧视运动。④书写中枢:位于优势半球的额中回后部,与支配手部的皮质运动区相邻。⑤运动性语言中枢(Broca区):位于优势半球外侧裂上方和额下回后部交界的三角区,管理语言运动。⑥额叶前部:有广泛的联络纤维,与记忆、判断、抽象思维、情感和冲动行为有关。

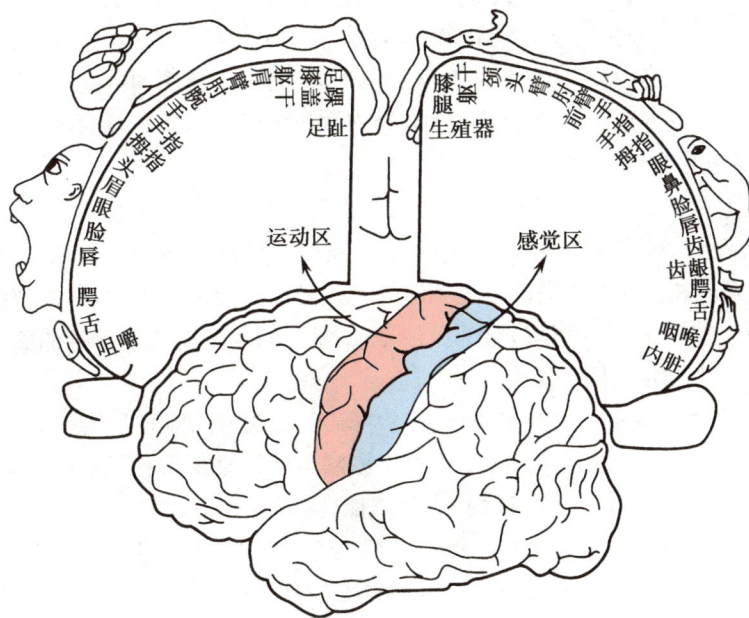

图2-4　人体各部位在皮质运动区和感觉区的定位关系

【病损表现及定位诊断】

额叶病变时主要引起以下症状和表现:

1. 外侧面　以脑梗死、肿瘤和外伤多见。

(1)额极病变:以精神障碍为主,表现为记忆力和注意力减退,表情淡漠,反应迟钝,缺乏始动性和内省力,思维和综合能力下降,可有欣快感或易怒。

(2)中央前回病变:刺激性病变可导致对侧上、下肢或面部的抽搐(Jackson癫痫)或继发全身性癫痫发作;破坏性病变多引起单瘫。中央前回上部受损产生对侧下肢瘫痪,下部受损产生对侧面、舌或上肢的瘫痪;严重而广泛的损害可出现对侧偏瘫。

（3）额上回后部病变:可产生对侧上肢强握和摸索反射。强握反射(grasp reflex)是指物体触及患者病变对侧手掌时,引起手指和手掌屈曲反应,出现紧握该物不放的现象;摸索反射(groping reflex)是指当病变对侧手掌碰触到物体时,该肢体向各方向摸索,直至抓住该物紧握不放的现象。

（4）额中回后部病变:刺激性病变引起双眼向病灶对侧凝视,破坏性病变双眼向病灶侧凝视;更后部位的病变导致书写不能。

（5）优势侧额下回后部病变:产生运动性失语。

2. 内侧面　以大脑前动脉闭塞和矢状窦旁脑膜瘤多见。后部的旁中央小叶(paracentral lobule)病变可使对侧膝以下瘫痪,矢状窦旁脑膜瘤可压迫两侧下肢运动区而使其产生瘫痪,伴有尿便障碍,临床上可凭膝关节以下瘫痪严重而膝关节以上无瘫痪与脊髓病变相鉴别。

3. 底面　以额叶底面的挫裂伤、嗅沟脑膜瘤和蝶骨嵴脑膜瘤较为多见。病损主要位于额叶眶面,表现为饮食过量、胃肠蠕动过度、多尿、高热、出汗和皮肤血管扩张等症状。额叶底面肿瘤可出现同侧嗅觉缺失和视神经萎缩,对侧视乳头水肿,称为福斯特-肯尼迪综合征(Foster-Kennedy syndrome)。

（二）顶叶

【解剖结构及生理功能】

顶叶(parietal lobe)位于中央沟后、顶枕沟前和外侧裂延线的上方。前面以中央沟与额叶分界,后面以顶枕沟和枕前切迹的连线与枕叶分界,下面以外侧裂与颞叶分界。中央沟与中央后沟之间为中央后回,为大脑皮质感觉区。中央后回后面有横行的顶间沟,将顶叶分为顶上小叶和顶下小叶。顶下小叶由围绕外侧裂末端的缘上回和围绕颞上沟终点的角回组成(见图 2-1)。

顶叶主要有以下功能分区:①皮质感觉区:中央后回为深浅感觉的皮质中枢,接受对侧肢体的深浅感觉信息,各部位代表区的排列也呈"倒人状"(图 2-4),头部在下而足在顶端。顶上小叶为触觉和实体觉的皮质中枢。②运用中枢:位于优势半球的缘上回,与复杂动作和劳动技巧有关。③视觉性语言中枢:又称阅读中枢,位于角回,靠近视觉中枢,为理解看到的文字和符号的皮质中枢。

【病损表现及定位诊断】

顶叶病变主要产生皮质性感觉障碍、失用和失认症等。

1. 中央后回和顶上小叶病变　破坏性病变主要表现为病灶对侧肢体复合性感觉障碍,如实体觉、位置觉、两点辨别觉和皮肤定位觉的减退和缺失。刺激性病变可出现病灶对侧肢体的部分性感觉性癫痫,如扩散到中央前回运动区,可引起部分性运动性发作,也可扩展为全身抽搐及意识丧失。

2. 顶下小叶（缘上回和角回）病变

（1）体象障碍:顶叶病变可产生体象障碍,体象障碍的分类及特点详见第三章。

（2）古茨曼综合征(Gerstmann syndrome):为优势侧角回损害所致,主要表现有:计算不能(失算症)、手指失认、左右辨别不能(左右失认症)、书写不能(失写症),有时伴失读。

（3）失用症:优势侧缘上回是运用功能的皮质代表区,发出的纤维至同侧中央前回运动中枢,再经胼胝体到达对侧中央前回运动中枢,因此优势侧缘上回病变时可产生双侧失用症。失用症分类及特点详见第三章。

（三）颞叶

【解剖结构及生理功能】

颞叶(temporal lobe)位于外侧裂的下方,顶枕沟前方。以外侧裂与额、顶叶分界,后面与枕叶相邻。颞叶前端为颞极,外侧面有与外侧裂平行的颞上沟以及底面的颞下沟,两沟界限了颞上回、颞中回和颞下回(见图 2-1)。颞上回的一部分掩入外侧裂中,为颞横回。

颞叶的主要功能区包括:①感觉性语言中枢(Wernicke 区):位于优势半球颞上回后部;②听觉中枢:位于颞上回中部及颞横回;③嗅觉中枢:位于钩回和海马回前部,接受双侧嗅觉纤维的传入;④颞叶前部:与记忆、联想和比较等高级神经活动有关;⑤颞叶内侧面:此区域属边缘系统,海马是其中的重要结构,与记忆、精神、行为和内脏功能有关。

【病损表现及定位诊断】

颞叶病变时主要引起听觉、语言、记忆及精神活动障碍。

1. **优势半球颞上回后部（Wernicke 区）损害**　患者能听见对方和自己说话的声音,但不能理解说话的含义,即感觉性失语（Wernicke aphasia）。

2. **优势半球颞中回后部损害**　患者对于一个物品,能说出它的用途,但说不出它的名称。如对钥匙,只能说出它是"开门用的",但说不出"钥匙"名称。如果告诉他这叫"钥匙",患者能复述,但很快又忘掉,称之为命名性失语（anomic aphasia）。

3. **颞叶钩回损害**　可出现幻嗅和幻味,做舔舌、咀嚼动作,称为"钩回发作"。

4. **海马损害**　可发生癫痫,出现错觉、幻觉、自动症、似曾相识感、情感异常、精神异常、内脏症状和抽搐,还可以导致严重的近记忆障碍。

5. **优势侧颞叶广泛病变或双侧颞叶病变**　可出现精神症状,多为人格改变、情绪异常、记忆障碍、精神迟钝及表情淡漠。

6. **颞叶深部的视辐射纤维和视束受损**　可出现视野改变,表现为两眼对侧视野的同向上象限盲。

（四）枕叶

【解剖结构及生理功能】

枕叶（occipital lobe）位于顶枕沟和枕前切迹连线的后方,为大脑半球后部的小部分。其后端为枕极,内侧面以距状裂分成楔回和舌回（见图 2-2）。围绕距状裂的皮质为视中枢,亦称纹状区,接受外侧膝状体传来的视网膜视觉冲动。距状裂上方的视皮质接受上部视网膜传来的冲动,下方的视皮质接受下部视网膜传来的冲动。枕叶主要与视觉有关。

【病损表现及定位诊断】

枕叶损害主要引起视觉障碍。

1. **视觉中枢病变**　刺激性病变可出现闪光、暗影、色彩等幻视现象,破坏性病变可出现视野缺损。视野缺损的类型取决于视皮质损害范围的大小:①双侧视觉中枢病变产生皮质盲,表现为全盲,视物不见,但对光反射存在;②一侧视中枢病变可产生偏盲,特点为对侧视野同向性偏盲,而中心视力不受影响,称黄斑回避（macular sparing）;③距状裂以下舌回损害可产生对侧同向性上象限盲;距状裂以上楔回损害可产生对侧同向性下象限盲。

2. **优势侧纹状区周围病变**　患者并非失明,但对图形、面容或颜色等都失去辨别能力,有时需借助于触觉方可辨认。如给患者看钥匙不能认识,放在手上触摸一下即能辨认,称之为视觉失认。

3. **顶枕颞交界区病变**　可出现视物变形。患者对所看物体发生变大、变小、形状歪斜及颜色改变等现象,这些症状有时是癫痫的先兆。

（五）岛叶

岛叶（insular lobe）又称脑岛（insula）,呈三角形岛状,位于外侧裂深面,被额、顶、颞叶所覆盖。岛叶的功能与内脏感觉和运动有关。刺激人的岛叶可以引起内脏运动改变,如唾液分泌增加、恶心、呃逆、胃肠蠕动增加和饱胀感等。岛叶损害多引起内脏运动和感觉的障碍。

（六）边缘叶

边缘叶（limbic lobe）由半球内侧面位于胼胝体周围和侧脑室下角底壁的一圆弧形结构构成,包括隔区、扣带回、海马回、海马旁回和钩回（见图 2-2、图 2-3）。边缘叶与杏仁核、丘脑前核、下丘脑、中脑被盖、岛叶前部、额叶眶面等结构共同组成边缘系统。边缘系统与网状结构和大脑皮质有广泛联系,参与高级神经、精神（情绪和记忆等）和内脏的活动。边缘系统损害时可出现情绪及记忆障碍、行为异常、幻觉、反应迟钝等精神障碍及内脏活动障碍。

二、内囊

【解剖结构及生理功能】

内囊（internal capsule）是宽厚的白质层，位于尾状核、豆状核及丘脑之间，其外侧为豆状核，内侧为丘脑，前内侧为尾状核，由纵行的纤维束组成，向上呈放射状投射至皮质各部。在水平切面上，内囊形成尖端向内的钝角形，分为前肢、后肢和膝部。

内囊前肢位于尾状核与豆状核之间，上行纤维是丘脑内侧核至额叶皮质的纤维（丘脑前辐射），下行纤维是额叶脑桥束（额桥束）；内囊膝部位于前、后肢相连处，皮质延髓束于此通过；内囊后肢位于丘脑与豆状核之间，依前后顺序分别为皮质脊髓束（支配上肢者靠前，支配下肢者靠后）、丘脑至中央后回的丘脑皮质束（丘脑中央辐射），其后为听辐射、颞桥束、丘脑后辐射和视辐射等（图2-5）。

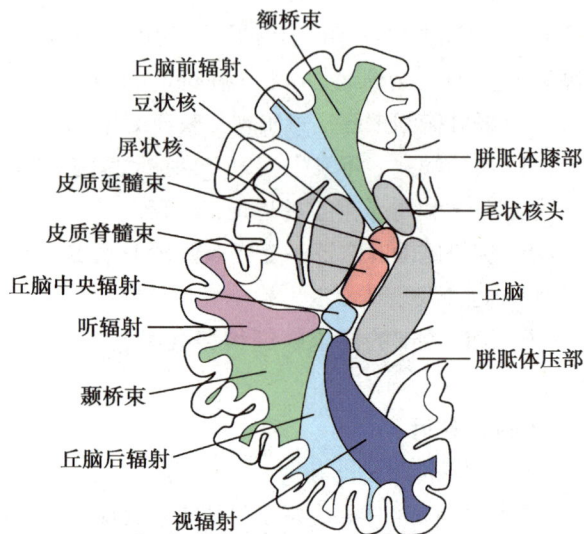

图2-5　内囊的纤维束

【病损表现及定位诊断】

1. **完全性内囊损害**　内囊聚集了大量的上下行传导束，特别是锥体束在此高度集中，如完全损害，病灶对侧可出现偏瘫、偏身感觉障碍及偏盲，谓之"三偏"综合征，多见于脑出血及脑梗死等。

2. **部分性内囊损害**　由于前肢、膝部、后肢的传导束不同，不同部位和程度的损害可出现偏瘫、偏身感觉障碍、偏盲、偏身共济失调、一侧中枢性面舌瘫或运动性失语中的1～2个或更多症状。

三、基底神经节

【解剖结构及生理功能】

基底神经节（basal ganglia）亦称基底核（basal nucleus），位于大脑白质深部，其主要由尾状核、豆状核、屏状核、杏仁核组成（图2-6、图2-7），另外红核、黑质及丘脑底核也参与基底核系统的组成。尾状核和豆状核合称为纹状体，豆状核又分为壳核和苍白球两部分。尾状核和壳核种系发生较晚，称为新纹状体；苍白球出现较早，称为旧纹状体；杏仁核是基底神经节中发生最古老的部分，称为古纹状体。基底核是锥体外系统的中继站，各核之间有密切的纤维联系，其经丘脑将信息上传至大脑皮质，又经丘脑将冲动下传至苍白球，再通过红核、黑质、网状结构等影响脊髓下运动神经元。基底神经节与大脑皮质及小脑协同调节随意运动、肌张力和姿势反射，也参与复杂行为的调节。

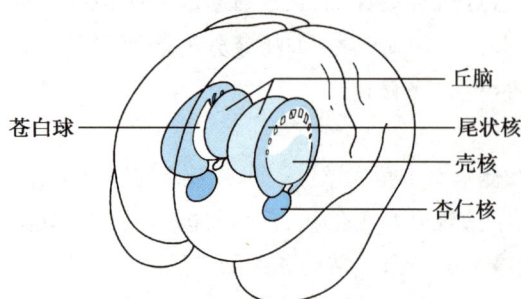

图2-6　基底核结构

【病损表现及定位诊断】

基底核病变主要产生运动异常（动作增多或减少）和肌张力改变（增高或降低）。

1. **新纹状体病变**　可出现肌张力减低-运动过多综合征，主要产生舞蹈样动作、手足徐动症和偏身投掷运动等。壳核病变可出现舞蹈样动作，表现为不重复、无规律和无目的急骤运动；尾状核病变可出现手足徐动症，表现为手指、足趾的缓慢如蚯蚓蠕动样动作；丘脑底核病变可出现偏侧投掷运动，表现为

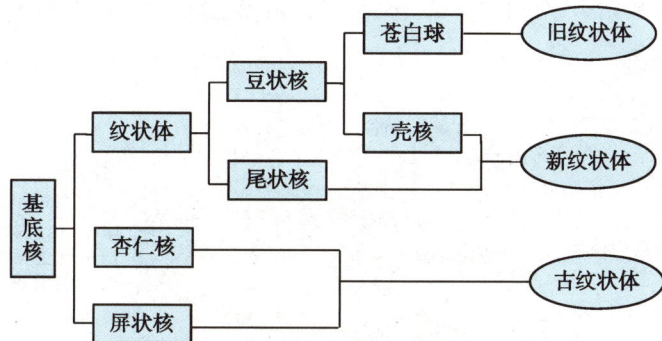

图 2-7　基底核构成

一侧肢体大幅度、有力的活动。此类综合征可见于风湿性舞蹈病、遗传性舞蹈病、肝豆状核变性等（详见第三章）。

2. 旧纹状体及黑质病变　可出现肌张力增高-运动减少综合征，表现为肌张力增高、动作减少及静止性震颤。此多见于帕金森病和帕金森综合征。

四、间脑

间脑（diencephalon）位于两侧大脑半球之间，是脑干与大脑半球连接的中继站。间脑前方以室间孔与视交叉上缘的连线为界，下方与中脑相连，两侧为内囊。左右间脑之间的矢状窄隙为第三脑室，其侧壁为左右间脑的内侧面。间脑包括丘脑（thalamus）、上丘脑（epithalamus）、下丘脑（hypothalamus）和底丘脑（subthalamus）四部分（图 2-8）。

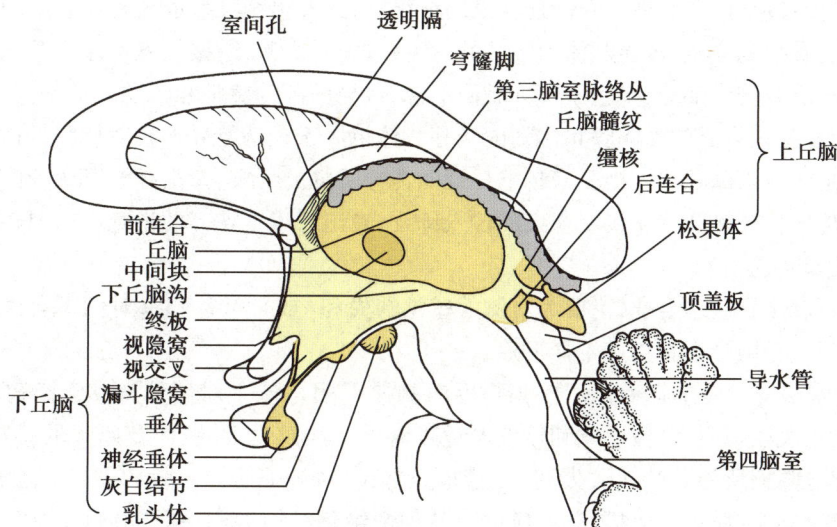

图 2-8　间脑

间脑病变多无明显定位体征，此区占位病变与脑室内肿瘤相似，临床上常称为中线肿瘤。主要表现为颅内压增高症状，临床定位较为困难，需要全面分析。

（一）丘脑

【解剖结构及生理功能】

丘脑（thalamus）是间脑中最大的卵圆形灰质团块，对称分布于第三脑室两侧。丘脑前端凸隆，称丘脑前结节；后端膨大，为丘脑枕，其下方为内侧膝状体和外侧膝状体（图 2-9）。丘脑被薄层 Y 形白质纤维（内髓板）分隔为若干核群，主要有前核群、内侧核群、外侧核群。丘脑是各种感觉（嗅觉除外）

传导的皮质下中枢和中继站,其对运动系统、感觉系统、边缘系统、上行网状系统和大脑皮质的活动发挥着重要影响。

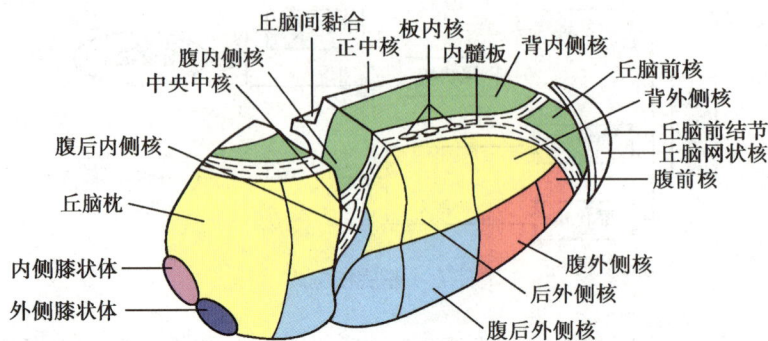

图 2-9　丘脑

1. **前核群**　位于丘脑内髓板分叉部的前上方,为边缘系统的中继站,与下丘脑、乳头体及扣带回联系,与内脏活动有关。

2. **内侧核群**　位于内髓板内侧,包括背内侧核和腹内侧核。背内侧核与丘脑其他核团、额叶皮质、海马和纹状体等均有联系;腹内侧核与海马和海马回有联系。内侧核群为躯体和内脏感觉的整合中枢,亦与记忆功能和情感调节有关。

3. **外侧核群**　位于内髓板外侧,分为背侧核群和腹侧核群两部分,其中腹侧核群包括:①腹前核:接受小脑齿状核、苍白球、黑质等的传入,与额叶运动皮质联系,调节躯体运动;②腹外侧核:接受经结合臂的小脑丘脑束或红核丘脑束的纤维,并与大脑皮质运动前区联系,与锥体外系的运动协调有关;③腹后外侧核:接受内侧丘系和脊髓丘脑束的纤维,由此发出纤维形成丘脑皮质束的大部,终止于大脑中央后回皮质感觉中枢,传导躯体和四肢的感觉;④腹后内侧核:接受三叉丘系及味觉纤维,发出纤维组成丘脑皮质束的一部分,终止于中央后回下部,传导面部的感觉和味觉。

另外,靠近丘脑枕腹侧的外侧膝状体和内侧膝状体也属于丘脑特异性投射核团,可以看做是腹侧核群向后方的延续。内侧膝状体接受来自下丘臂的传导听觉的纤维,发出纤维至颞叶的听觉中枢,参与听觉冲动的传导。外侧膝状体接受视束的传入纤维,发出纤维至枕叶的视觉中枢,与视觉有关。

【病损表现及定位诊断】

丘脑病变可产生丘脑综合征,主要为对侧的感觉缺失和(或)刺激症状,对侧不自主运动,并可有情感与记忆障碍。丘脑受损主要产生如下症状:

1. **丘脑外侧核群尤其是腹后外侧核和腹后内侧核受损**　产生对侧偏身感觉障碍,具有如下特点:①各种感觉均发生障碍;②深感觉和精细触觉障碍重于浅感觉;③肢体及躯干的感觉障碍重于面部;④可有深感觉障碍所导致的共济失调;⑤感觉异常;⑥对侧偏身自发性疼痛(丘脑痛),疼痛部位弥散、不固定;疼痛的性质多难以描述;疼痛可因各种情绪刺激而加剧;常伴有自主神经功能障碍,如血压增高或血糖增高。

2. **丘脑至皮质下(锥体外系统)诸神经核的纤维联系受累**　产生面部表情分离性运动障碍,即当患者大哭大笑时,病灶对侧面部表情丧失,但令患者做随意动作时,面肌并无瘫痪。

3. **丘脑外侧核群与红核、小脑、苍白球的联系纤维受损**　产生对侧偏身不自主运动,可出现舞蹈样动作或手足徐动样动作。

4. **丘脑前核与下丘脑及边缘系统的联系受损**　产生情感障碍,表现为情绪不稳及强哭强笑。

（二）下丘脑

【解剖结构及生理功能】

下丘脑(hypothalamus)又称丘脑下部。位于丘脑下沟的下方,由第三脑室周围的灰质组成,体积很小,占全脑重量的 0.3% 左右,但其纤维联系却广泛而复杂,与脑干、基底核、丘脑、边缘系统及大脑皮质之间有密切联系。下丘脑的核团分为 4 个区:①视前区:视前核所在,位于第三脑室两旁,终板后方。分为视前内侧核和视前外侧核,与体温调节有关。②视上区:内有两个核,视上核在视交叉之上,发出视上垂体束至神经垂体,与水代谢有关;室旁核在第三脑室两旁,前连合后方,与糖代谢有关。③结节区:内有下丘脑内侧核群的腹内侧核和背内侧核及漏斗核,腹内侧核是位于乳头体之前视上核之后的卵圆形灰质块,与性功能有关;背内侧核居于腹内侧核之上、第三脑室两旁及室旁核腹侧,与脂肪代谢有关。④乳头体区:含有下丘脑后核和乳头体核,下丘脑后核位于第三脑室两旁,与产热保温有关。

下丘脑是调节内脏活动和内分泌活动的皮质下中枢,下丘脑的某些细胞既是神经元又是内分泌细胞。下丘脑对体温、摄食、水盐平衡和内分泌活动进行调节,同时也参与情绪活动。

【病损表现及定位诊断】

下丘脑损害可出现一系列十分复杂的症状和综合征。

1. **视上核、室旁核及其纤维束损害** 可产生中枢性尿崩症。此症是由于抗利尿激素分泌不足引起的,表现为多饮烦渴、多尿、尿比重降低(一般低于 1.006)、尿渗透压低于 290mOsm/L,尿中不含糖。

2. **下丘脑的散热和产热中枢损害** 可产生体温调节障碍。散热中枢在前内侧区,尤其是视前区,对体温的升高敏感。当体温增高时,散热功能被发动,表现为皮肤血管扩张和大量出汗,通过热辐射和汗液的蒸发散失多余的热量,以维持正常的体温。此区病变破坏了散热机制,表现为中枢性高热和不能忍受高温环境。下丘脑的产热中枢在后外侧区,对低温敏感,受到低于体温的温度刺激时,可发动产热机制,表现血管收缩、汗腺分泌减少、竖毛、心率增加和内脏活动增强等,通过这些活动来减少散热和产生热量,以维持正常的体温。如此区病变破坏了产热机制,则可表现体温过低。

3. **下丘脑饱食中枢和摄食中枢受损** 可产生摄食异常。饱食中枢(下丘脑腹内侧核)损害,表现为食欲亢进、食量增大,往往导致过度肥胖,称下丘脑性肥胖;摄食中枢(灰结节的外侧区)损害,表现为食欲缺乏、厌食,消瘦甚至恶病质。

4. **下丘脑视前区与后区网状结构损害** 可产生睡眠觉醒障碍。下丘脑视前区与睡眠有关,此区损害可出现失眠。下丘脑后区属网状结构的一部分,参与上行激活系统的功能,与觉醒有关,损害时可产生睡眠过度、嗜睡,还可出现"发作性睡病"(narcolepsy)。

5. **下丘脑腹内侧核和结节区损害** 可产生生殖与性功能障碍。腹内侧核为性行为抑制中枢,病损时失去抑制,可出现性早熟、智力低下等。下丘脑结节区的腹内侧核是促性腺中枢,损害时促性腺激素释放不足,有时病损波及相近的调节脂肪代谢的神经结构,常同时出现向心性肥胖、性器官发育迟缓、男性睾丸较小、女性原发性闭经等,称为肥胖性生殖无能症。

6. **下丘脑的后区和前区损害** 可出现自主神经功能障碍。下丘脑的后区和前区分别为交感神经与副交感神经的高级中枢,损害时可出现血压不稳、心率改变、多汗、腺体分泌障碍及胃肠功能失调等,还可出现严重的胃肠功能障碍,有时可导致胃和十二指肠溃疡和出血。

(三)上丘脑

上丘脑(epithalamus)位于丘脑内侧,第三脑室顶部周围。主要结构有:①松果体:位于两上丘之间,长约 1cm,呈锥体形,其基底附着于缰连合;②缰连合:位于两上丘中间,松果体前方,由横行的纤维束组成;③后连合:位于松果体下方,亦由横行的纤维束组成。

上丘脑的病变常见于松果体肿瘤,可出现由肿瘤压迫中脑四叠体而引起的帕里诺综合征(Parinaud syndrome),表现为:①瞳孔对光反射消失(上丘受损);②眼球垂直同向运动障碍,特别是向上的凝视麻痹(上丘受损);③神经性聋(下丘受损);④小脑性共济失调(结合臂受损)。症状多为双侧。

（四）底丘脑

底丘脑（subthalamus）外邻内囊，位于下丘脑前内侧，是位于中脑被盖和背侧丘脑的过渡区域，红核和黑质的上端也伸入此区。主要结构是丘脑底核，属于锥体外系的一部分，接受苍白球和额叶运动前区的纤维，发出的纤维到苍白球、黑质、红核和中脑被盖。参与锥体外系的功能。

丘脑底核损害时可出现对侧以上肢为重的舞蹈运动，表现为连续的不能控制的投掷运动，称偏身投掷运动（hemiballismus）。

五、脑干

脑干（brain stem）上与间脑下与脊髓相连，包括中脑、脑桥和延髓。内部结构主要有神经核、上下行传导束和网状结构。

【解剖结构及生理功能】

1. **脑干神经核**　为脑干内的灰质核团（图 2-10、图 2-11）。中脑有第Ⅲ、Ⅳ对脑神经的核团；脑桥有第Ⅴ、Ⅵ、Ⅶ、Ⅷ对脑神经的核团；延髓有第Ⅸ、Ⅹ、Ⅺ、Ⅻ对脑神经的核团。除上述脑神经核以外还有传导深感觉的中继核（薄束核和楔束核）及与锥体外系有关的红核和黑质等。

2. **脑干传导束**　为脑干内的白质，包括深浅感觉传导束、锥体束、锥体外通路及内侧纵束等。

3. **脑干网状结构**　脑干中轴内呈弥散分布的胞体和纤维交错排列的"网状"区域，称网状结构（reticular formation），其中细胞集中的地方称为网状核，与大脑皮质、间脑、脑干、小脑、边缘系统及脊髓均有密切而广泛的联系。在脑干网状结构中有许多神经调节中枢，如心血管运动中枢、血压反射中枢、呼吸中枢及呕吐中枢等，这些中枢在维持机体正常生理活动中起着重要的作用。网状结构的一些核团接受各种信息，又传至丘脑，再经丘脑非特异性核团中继后传至大脑皮质的广泛区域，以维持人的意识清醒，因此被称为上行网状激活系统。如网状结构受损，可出现意

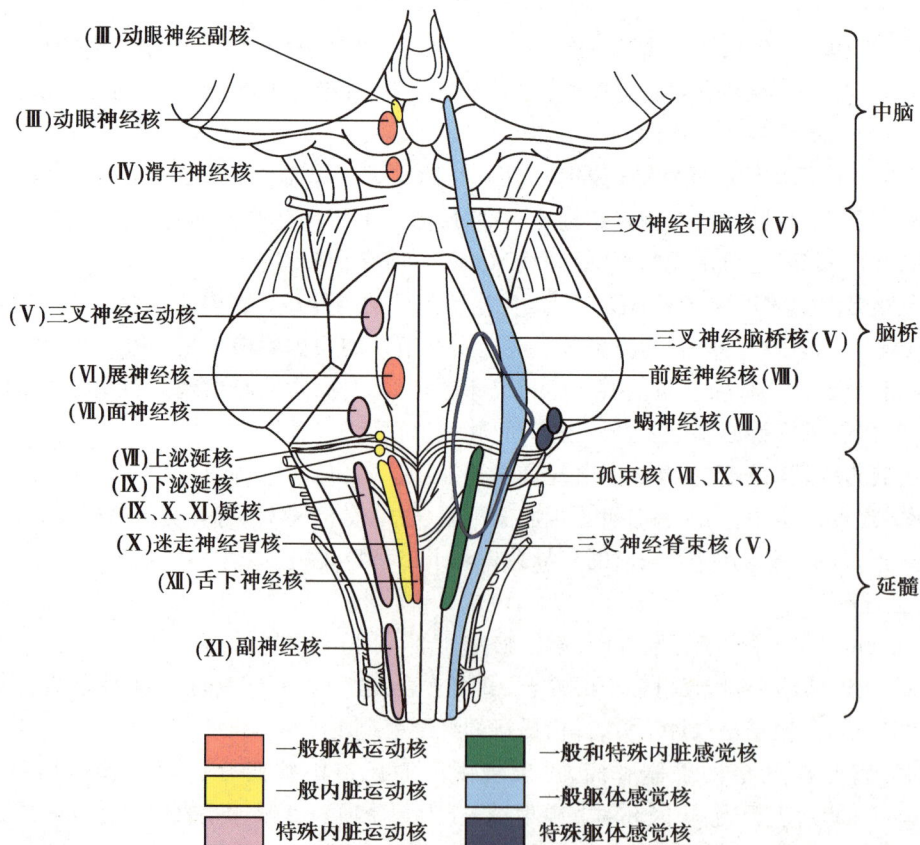

图 2-10　脑干内脑神经核团（背面）

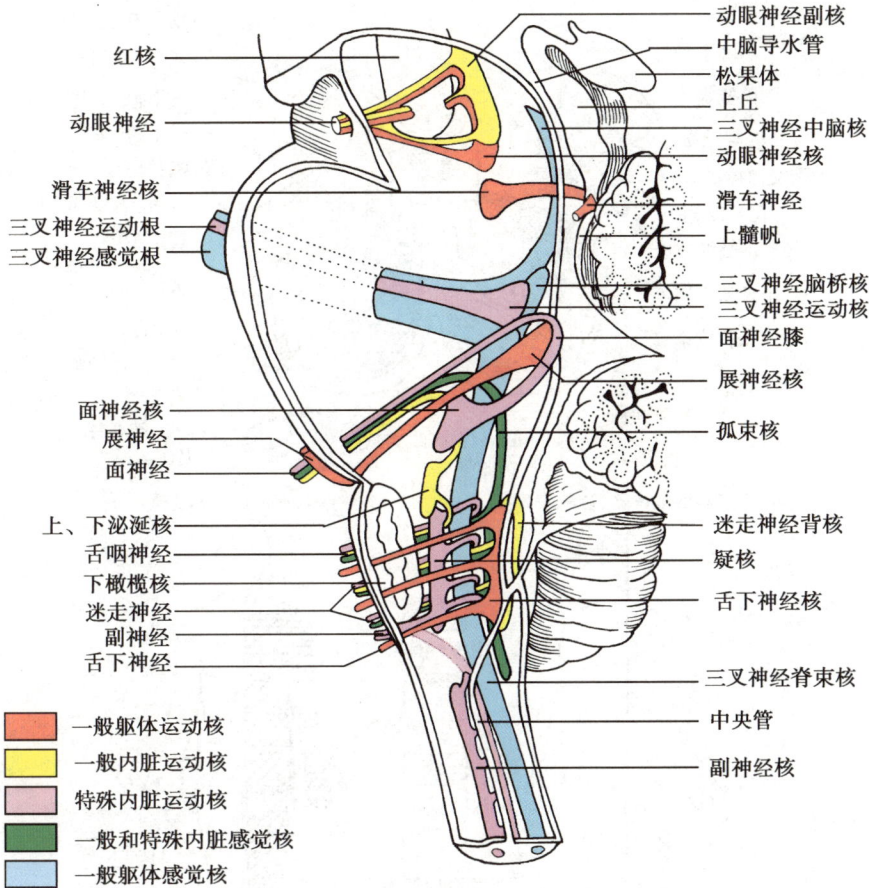

图 2-11 脑干内脑神经核团（侧面）

红核

动眼神经

滑车神经核

三叉神经运动根
三叉神经感觉根

面神经核
展神经
面神经

上、下泌涎核
舌咽神经
下橄榄核
迷走神经
副神经
舌下神经

动眼神经副核
中脑导水管
松果体
上丘
三叉神经中脑核
动眼神经核
滑车神经
上髓帆
三叉神经脑桥核
三叉神经运动核
面神经膝
展神经核
孤束核

迷走神经背核
疑核
舌下神经核

三叉神经脊束核
中央管
副神经核

🟥 一般躯体运动核
🟨 一般内脏运动核
🟪 特殊内脏运动核
🟩 一般和特殊内脏感觉核
🟦 一般躯体感觉核

识障碍。

【病损表现及定位诊断】

脑干病变大都出现交叉性瘫痪，即病灶侧脑神经周围性瘫痪和对侧肢体中枢性瘫痪及感觉障碍。病变水平的高低可依受损脑神经进行定位，如第Ⅲ对脑神经麻痹则病灶在中脑；第Ⅴ、Ⅵ、Ⅶ、Ⅷ对脑神经麻痹则病灶在脑桥；第Ⅸ、Ⅹ、Ⅺ、Ⅻ对脑神经麻痹则病灶在延髓。脑干病变多见于血管病、肿瘤和多发性硬化等。

1. 延髓（medulla oblongata）

（1）延髓上段的背外侧区病变：可出现延髓背外侧综合征（Wallenberg syndrome）。主要表现为：①眩晕、恶心、呕吐及眼震（前庭神经核损害）；②病灶侧软腭、咽喉肌瘫痪，表现为吞咽困难、构音障碍、同侧软腭低垂及咽反射消失（疑核及舌咽、迷走神经损害）；③病灶侧共济失调（绳状体及脊髓小脑束、部分小脑半球损害）；④Horner 综合征（交感神经下行纤维损害）；⑤交叉性感觉障碍，即同侧面部痛、温觉缺失（三叉神经脊束核损害），对侧偏身痛、温觉减退或丧失（脊髓丘脑侧束损害）。常见于小脑后下动脉、椎-基底动脉或外侧延髓动脉缺血性损害（图 2-12）。

（2）延髓中腹侧损害：可出现延髓内侧综合征（Dejerine syndrome）。主要表现为：①病灶侧舌肌瘫痪及肌肉萎缩（舌下神经损害）；②对侧肢体中枢性瘫痪（锥体束损害）；③对侧上下肢触觉、位置觉、振动觉减退或丧失（内侧丘系损害）。可见于椎动脉及其分支或基底动脉后部血管阻塞（图 2-12）。

2. 脑桥（pons）

（1）脑桥腹外侧部损害：可出现脑桥腹外侧综合征（Millard-Gubler syndrome），主要累及展神经、

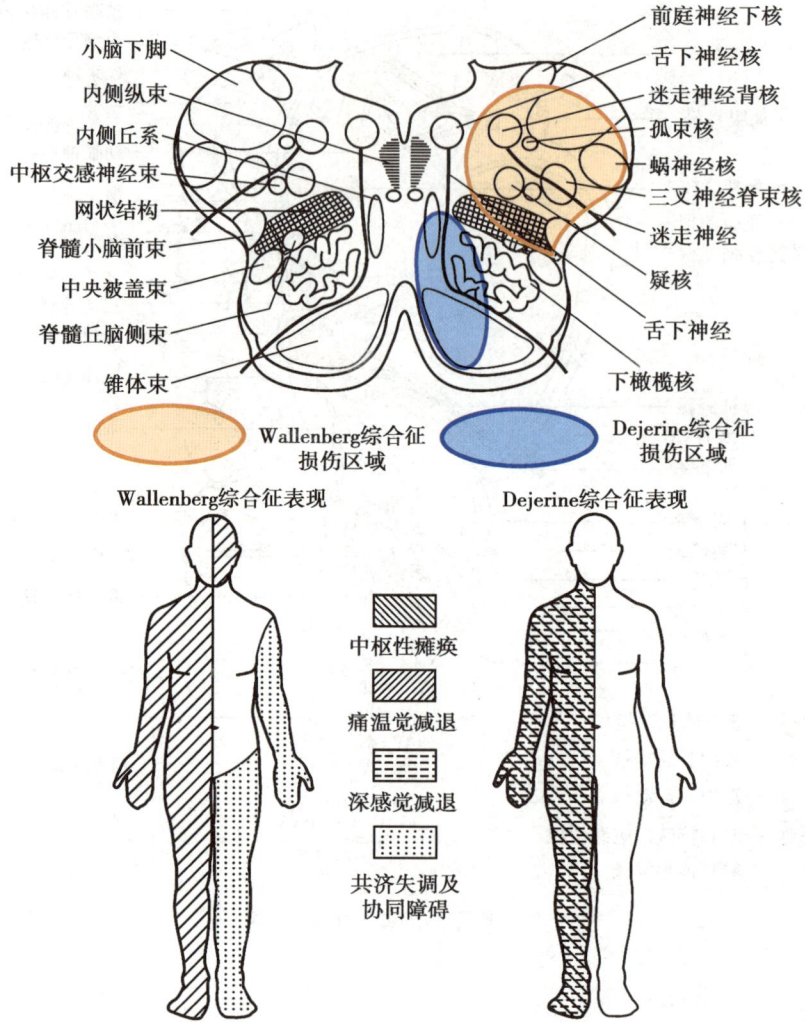

图2-12   延髓综合征损伤部位及表现

面神经、锥体束、脊髓丘脑束和内侧丘系。主要表现为：①病灶侧眼球不能外展（展神经麻痹）及周围性面神经麻痹（面神经核损害）；②对侧中枢性偏瘫（锥体束损害）；③对侧偏身感觉障碍（内侧丘系和脊髓丘脑束损害）。多见于小脑下前动脉阻塞（图2-13）。

（2）脑桥腹内侧部损害：可出现脑桥腹内侧综合征，又称福维尔综合征（Foville syndrome）。主要累及展神经、面神经、脑桥侧视中枢、内侧纵束、锥体束。主要表现为：①病灶侧眼球不能外展（展神经麻痹）及周围性面神经麻痹（面神经核损害）；②两眼向病灶对侧凝视（脑桥侧视中枢及内侧纵束损害）；③对侧中枢性偏瘫（锥体束损害）。多见于脑桥旁正中动脉阻塞。

（3）脑桥背外侧部损害：可出现脑桥被盖下部综合征（Raymond-Cestan syndrome），累及前庭神经核、展神经核、面神经核、内侧纵束、小脑中脚、小脑下脚、脊髓丘脑侧束和内侧丘系，见于小脑上动脉或小脑下前动脉阻塞，又称小脑上动脉综合征。表现为：①眩晕、恶心、呕吐、眼球震颤（前庭神经核损害）；②患侧眼球不能外展（展神经损害）；③患侧面肌麻痹（面神经核损害）；④双眼患侧注视不能（脑桥侧视中枢及内侧纵束损害）；⑤交叉性感觉障碍，即同侧面部痛、温觉缺失（三叉神经脊束损害），对侧偏身痛、温觉减退或丧失（脊髓丘脑侧束损害）；⑥对侧偏身触觉、位置觉、振动觉减退或丧失（内侧丘系损害）；⑦患侧Horner征（交感神经下行纤维损害）；⑧患侧偏身共济失调（小脑中脚、小脑下脚和脊髓小脑前束损害）（图2-13）。

（4）双侧脑桥基底部病变：可出现闭锁综合征（locked-in syndrome），又称去传出状态，主要见于

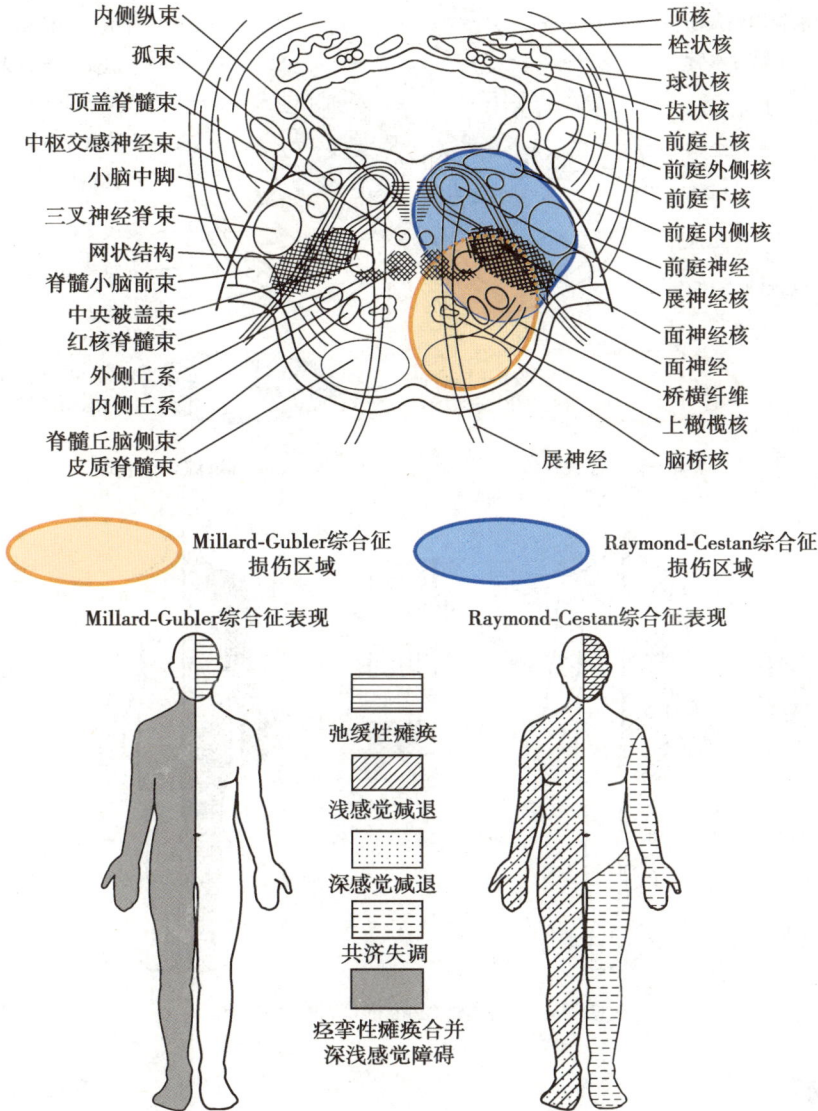

图 2-13　脑桥综合征损伤部位及表现

基底动脉脑桥分支双侧闭塞。患者大脑半球和脑干被盖部网状激活系统无损害,意识清醒,语言理解无障碍,出现双侧中枢性瘫痪(双侧皮质脊髓束和支配三叉神经以下的皮质脑干束受损),只能以眼球上下运动示意(动眼神经与滑车神经功能保留),眼球水平运动障碍,不能讲话,双侧面瘫,构音及吞咽运动均障碍,不能转颈耸肩,四肢全瘫,可有双侧病理反射,常被误认为昏迷。脑电图正常或有轻度慢波有助于和真性意识障碍区别。

3. 中脑(mesencephalon)

(1)一侧中脑大脑脚脚底损害:可出现大脑脚综合征(Weber syndrome),损伤动眼神经和锥体束,又称动眼神经交叉瘫,多见于小脑幕裂孔疝。表现为:①患侧除外直肌和上斜肌外的所有眼肌麻痹,瞳孔散大(动眼神经麻痹);②对侧中枢性面舌瘫和上下肢瘫痪(锥体束损害)(图 2-14)。

(2)中脑被盖腹内侧部损害:可出现红核综合征(Benedikt syndrome),侵犯动眼神经、红核、黑质和内侧丘系,而锥体束未受影响。表现为:①患侧除外直肌和上斜肌外的所有眼肌麻痹,瞳孔散大(动眼神经麻痹);②对侧肢体震颤、强直(黑质损害)或舞蹈、手足徐动及共济失调(红核损害);③对侧肢体深感觉和精细触觉障碍(内侧丘系损害)(图 2-14)。

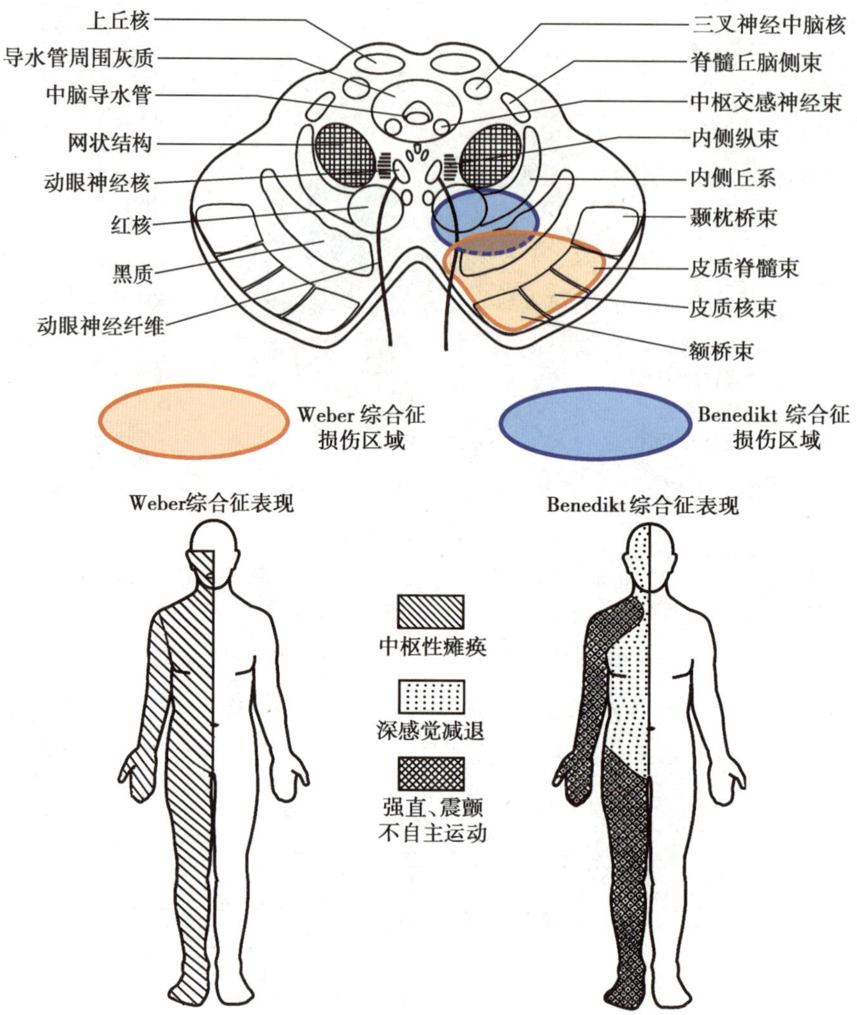
上丘核
导水管周围灰质
中脑导水管
网状结构
动眼神经核
红核
黑质
动眼神经纤维
三叉神经中脑核
脊髓丘脑侧束
中枢交感神经束
内侧纵束
内侧丘系
颞枕桥束
皮质脊髓束
皮质核束
额桥束
Weber 综合征
损伤区域
Benedikt 综合征
损伤区域
Weber综合征表现
Benedikt 综合征表现
中枢性瘫痪
深感觉减退
强直、震颤
不自主运动

图 2-14　中脑综合征损伤部位及表现

六、小脑

【解剖结构及生理功能】

小脑(cerebellum)位于颅后窝,小脑幕下方,脑桥及延髓的背侧。上方借小脑幕与枕叶隔开,下方为小脑延髓池,腹侧为脑桥和延髓,其间为第四脑室。小脑以小脑下脚(绳状体)、中脚(脑桥臂)、上脚(结合臂)分别与延髓、脑桥及中脑相连。

(一) 小脑的结构

小脑的中央为小脑蚓部,两侧为小脑半球。根据小脑表面的沟和裂,小脑分为三个主叶,即绒球小结叶、前叶和后叶(图 2-15)。小脑表面覆以灰质(小脑皮质),由分子层、浦肯野(Purkinje)细胞层和颗粒层三层组成。皮质下为白质(小脑髓质)。在两侧小脑半球白质内各有四个小脑核,由内向外依次为顶核、球状核、栓状核和齿状核(图 2-15)。顶核在发生学上最为古老,齿状核是四个核团中最大的一个。

(二) 小脑的纤维及联系

小脑系统的纤维联系分传入和传出两组。

1. 传入纤维　小脑的传入纤维来自大脑皮质、脑干(前庭核、网状结构及下橄榄核等)和脊髓,组成了脊髓小脑束、前庭小脑束、脑桥小脑束和橄榄小脑束等。所有传入小脑的冲动均通过小脑的 3 个脚而进入小脑,终止于小脑皮质和深部核团:①脊髓小脑束:肌腱、关节的深感觉由脊髓小脑前、后束

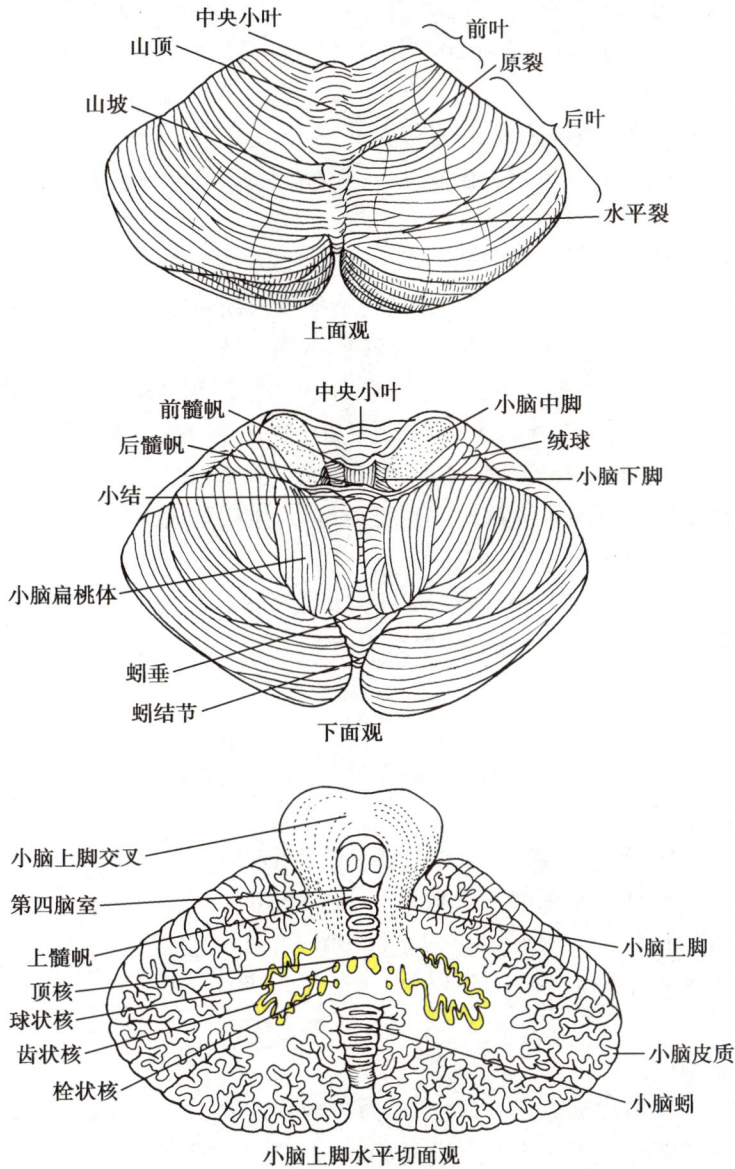

图 2-15 小脑的外观和结构

分别经小脑上脚和小脑下脚传至小脑蚓部;②前庭小脑束:将前庭细胞核发出的冲动经小脑下脚传入同侧绒球小结叶及顶核;③脑桥小脑束:大脑皮质额中回、颞中下回或枕叶的冲动传至同侧脑桥核,再组成脑桥小脑束交叉到对侧,经小脑中脚至对侧小脑皮质;④橄榄小脑束:将对侧下橄榄核的冲动经小脑中脚传至小脑皮质。

2. **传出纤维** 小脑的传出纤维发自小脑深部核团(主要是齿状核、顶核),经过小脑上脚(结合臂)离开小脑,再经过中间神经元(前庭外侧核、红核、脑干的网状核和丘脑核团)而到达脑干的脑神经核及脊髓前角细胞。主要有:①齿状核红核脊髓束:自齿状核发出的纤维交叉后至对侧红核,再组成红核脊髓束后交叉至同侧脊髓前角,参与运动的调节;②齿状核红核丘脑束:自齿状核发出的纤维交叉后至对侧红核,再至丘脑,上传至大脑皮质运动区及运动前区,参与锥体束及锥体外系的调节;③顶核脊髓束:小脑顶核发出的纤维经小脑下脚至延髓网状结构和前庭核,一方面经网状脊髓束和前庭脊髓束至脊髓前角细胞,参与运动的调节,另一方面经前庭核与内侧纵束和眼肌神经核联系,参与眼球运动的调节。

（三）小脑的功能

小脑主要维持躯体平衡,控制姿势和步态,调节肌张力和协调随意运动的准确性。小脑的传出纤维在传导过程中有两次交叉,对躯体活动发挥同侧协调作用,并有躯体各部位的代表区,如小脑半球为四肢的代表区,其上半部分代表上肢,下半部分代表下肢,蚓部则是躯干代表区。

【病损表现及定位诊断】

小脑病变最主要的症状为共济失调,详见第三章。

此外,小脑占位性病变压迫脑干可发生阵发性强直性惊厥,或出现去大脑强直状态,表现为四肢强直,角弓反张,神志不清,称小脑发作。

小脑蚓部和半球损害时可产生不同症状:①小脑蚓部损害:出现躯干共济失调,即轴性平衡障碍。表现为躯干不能保持直立姿势,站立不稳、向前或向后倾倒及闭目难立征(Romberg sign)阳性。行走时两脚分开、步态蹒跚、左右摇晃,呈醉酒步态。睁眼并不能改善此种共济失调,这与深感觉障碍性共济失调不同。但肢体共济失调及眼震很轻或不明显,肌张力常正常,言语障碍常不明显。多见于儿童小脑蚓部的髓母细胞瘤等。②小脑半球损害:一侧小脑半球病变时表现为同侧肢体共济失调,上肢比下肢重,远端比近端重,精细动作比粗略动作重,指鼻试验、跟膝胫试验、轮替试验笨拙,常有水平性也可为旋转性眼球震颤,眼球向病灶侧注视时震颤更加粗大,往往出现小脑性语言。多见于小脑脓肿、肿瘤、脑血管病、遗传变性疾病等。

小脑慢性弥漫性变性时,蚓部和小脑半球虽同样受损,但临床上多只表现躯干性和言语的共济失调,四肢共济失调不明显,此由于新小脑的代偿作用所致。急性病变则缺少这种代偿作用,故可出现明显的四肢共济失调。

七、脊髓

【解剖结构及生理功能】

脊髓(spinal cord)呈微扁圆柱体,位于椎管内,为脑干向下延伸部分。脊髓由含有神经细胞的灰质和含上、下行传导束的白质组成。脊髓发出31对脊神经分布到四肢和躯干;同时也是神经系统的初级反射中枢。正常的脊髓活动是在大脑的控制下完成的。

(一)脊髓外部结构

脊髓是中枢神经系统组成部分之一,是脑干向下延伸的部分,全长42~45cm,上端于枕骨大孔处与延髓相接,下端至第一腰椎下缘,占据椎管的上2/3。脊髓自上而下发出31对脊神经,与此相对应,脊髓也分为31个节段,即8个颈节(C_1~C_8),12个胸节(T_1~T_{12}),5个腰节(L_1~L_5),5个骶节(S_1~S_5)和1个尾节(C_0)。每个节段有两对神经根-前根和后根。在发育过程中,脊髓的生长较脊柱生长慢,因此到成人时,脊髓比脊柱短,其下端位置比相应脊椎高(图2-16)。颈髓节段较颈椎高1个椎骨;上中段胸髓较相应的胸椎高2个椎骨,下胸髓则高出3个椎骨;腰髓位于第10~12胸椎;骶髓位于第12胸椎和第1腰椎水平。由于脊髓和脊柱长度不等,神经根由相应椎间孔穿出椎管时,愈下位脊髓节段的神经根愈向下倾斜,腰段的神经根几乎垂直下降,形成马尾,由L_2至尾节10对神经根组成。

脊髓呈前后稍扁的圆柱形。全长粗细不等,有两个膨大部,颈膨大部始自C_5~T_2,发出支配上肢的神经根。腰膨大始自L_1~S_2,发出支配下肢的神经根。脊髓自腰膨大向下逐渐

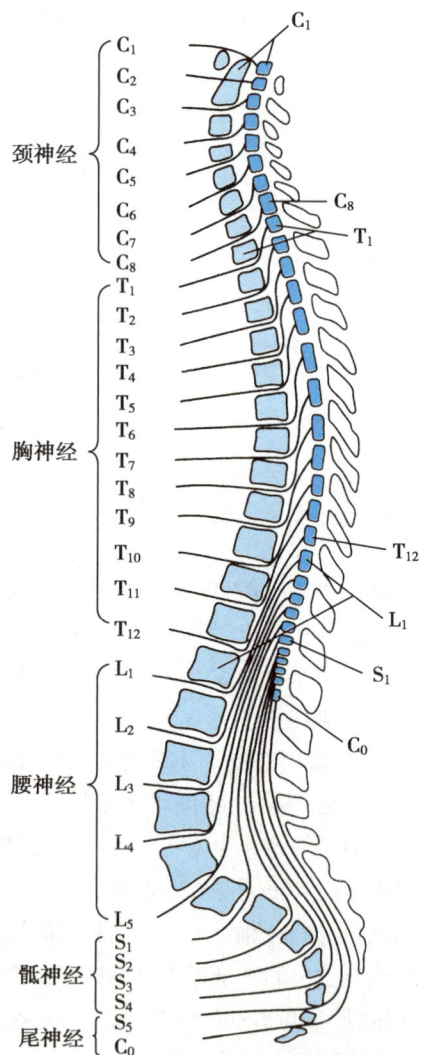

图2-16 脊髓节段与椎骨序数的关系

细削,形成脊髓圆锥,圆锥尖端发出终丝,终止于第1尾椎的骨膜。

脊髓表面有6条纵行的沟裂,前正中裂深达脊髓前后径的1/3,后正中裂伸入脊髓,将后索分为对称的左右两部分,前外侧沟与后外侧沟左右各一,脊神经前根由前外侧沟离开脊髓,后根由后外侧沟进入脊髓。

与脑膜相对应的脊髓膜,也有三层膜,最外层为硬脊膜,是硬脑膜在椎管内的延续,在骶髓节段水平,硬脊膜形成盲端;硬脊膜下面是一层薄而透明的蛛网膜;最内层为富有血管的薄膜,称为软脊膜,紧包于脊髓的表面。硬脊膜外面与脊椎骨膜之间的间隙为硬膜外腔,其中有静脉丛与脂肪组织;硬脊膜与蛛网膜之间为硬膜下腔,其间无特殊结构;蛛网膜与软脊膜之间为蛛网膜下腔,与脑的蛛网膜下腔相通,其间充满脑脊液。软脊膜包绕脊神经穿过蛛网膜附着于硬脊膜内面称为齿状韧带,脊神经和齿状韧带对脊髓起固定作用。

（二）脊髓内部结构

脊髓由白质和灰质组成。灰质呈灰红色,主要由神经细胞核团和部分胶质细胞组成,横切面上呈蝴蝶形或"H"形居于脊髓中央,其中心有中央管;白质主要由上下行传导束及大量的胶质细胞组成,包绕在灰质的外周。

1. **脊髓的灰质**　可分为前部的前角、后部的后角及$C_8 \sim L_2$和$S_{2\sim 4}$的侧角。此外还包括中央管前后的灰质前连合和灰质后连合,它们合称中央灰质(图2-17)。灰质内含有各种不同大小、形态和功能的神经细胞,是脊髓接受和发出冲动的关键结构。前角主要参与躯干和四肢的运动支配;后角参与感觉信息的中转;$C_8 \sim L_2$侧角是脊髓交感神经中枢,支配血管、内脏及腺体的活动(其中,$C_8 \sim T_1$侧角发出的交感纤维支配同侧的瞳孔扩大肌、睑板肌、眼眶肌、面部血管和汗腺),$S_{2\sim 4}$侧角为脊髓副交感神经中枢,支配膀胱、直肠和性腺。

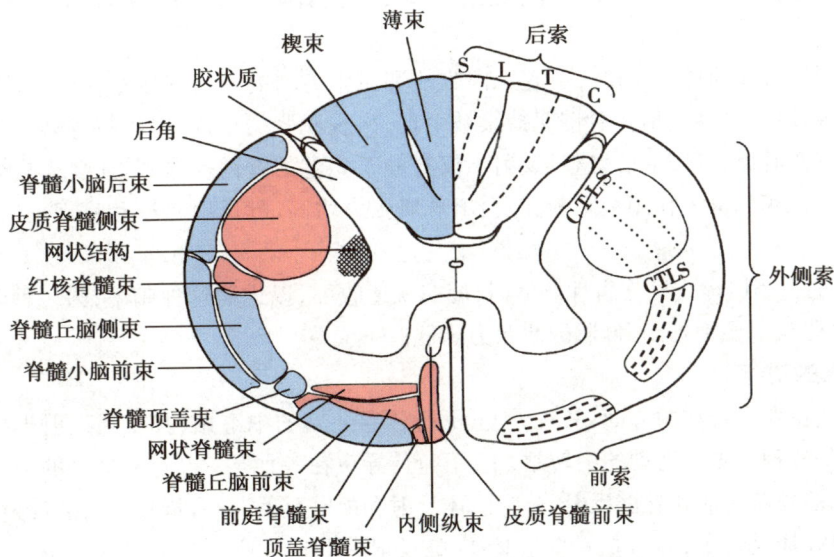

图2-17　脊髓横断面感觉运动传导束的排列

2. **脊髓的白质**　分为前索、侧索和后索三部,前索位于前角及前根的内侧,侧索位于前后角之间,后索位于后正中裂与后角、后根之间。此外灰质前连合前方有白质前连合,灰质后角基底部的灰白质相间的部分为网状结构。白质主要由上行(感觉)、下行(运动)传导束及大量的胶质细胞组成(图2-17),上行纤维束将不同的感觉信息上传到脑,下行纤维束从脑的不同部位将神经冲动下传到脊髓。

（1）上行纤维束:又称感觉传导束,将躯干和四肢的痛温觉、精细触觉和深感觉传至大脑皮质感觉中枢进行加工和整合。主要有:①薄束和楔束:走行在后索,传导肌肉、肌腱、关节的深感觉(位置觉、运动觉和振动觉)和皮肤的精细触觉至延髓的薄束核和楔束核,进而传至大脑皮质;②脊髓小脑束:分前后束,分别位于外侧索周边的前后部,将下肢和躯干下部的深感觉信息经小脑上、下脚传至小脑皮质,与运动和姿势的调节有关;③脊髓丘脑束:可分为脊髓丘脑侧束和脊髓丘脑前束,分别走行于外侧索的前半部和前索,两束将后根的传入信息向上传至丘脑腹后外侧核(侧束传导痛温觉,前束传导触压觉),进而传至中央后回和旁中央小叶后部进行整合,是感觉传导通路的重要部分。

(2)下行纤维束:又称运动传导束,将大脑皮质运动区、红核、前庭核、脑干网状结构及上丘的冲动传至脊髓前角或侧角,继而支配躯干肌和四肢肌,参与锥体束和锥体外系的形成,与肌肉的随意运动、姿势和平衡有关。主要有:①皮质脊髓束:分皮质脊髓侧束和皮质脊髓前束,分别走行于脊髓侧索和前索,将大脑皮质运动区的冲动传至脊髓前角的运动神经元,支配躯干和肢体的运动;②红核脊髓束:下行于脊髓的侧索,将红核发出的冲动传至脊髓前角,支配屈肌的运动神经元,协调肢体运动;③前庭脊髓束:走行于前索,将前庭外侧核发出的冲动传至脊髓中间带及前角底部,主要兴奋躯干和肢体的伸肌,以调节身体平衡;④网状脊髓束:走行于前索及外侧索,连接脑桥和延髓的网状结构与脊髓中间带神经元,主要参与躯干和肢体近端肌肉运动的控制;⑤顶盖脊髓束:在对侧前索下行,将中脑上丘的冲动传至上颈髓中间带及前角基底部,兴奋对侧颈肌及抑制同侧颈肌活动,是头颈反射(打瞌睡时颈部过低会反射性抬头)及视听反射(突然的光声刺激可引起转颈)的结构基础;⑥内侧纵束:位于前索,将中脑及前庭神经核的冲动传至脊髓上颈段中间带,继而支配前角运动神经元,协同眼球的运动和头颈部的运动,是眼震和头眼反射(头部向左右、上下转动时眼球向头部运动的相反方向移动)的结构基础。

（三）脊髓反射

许多肌肉、腺体和内脏反射的初级中枢均在脊髓,脊髓对骨骼肌、腺体和内脏传入的刺激进行分析,通过联络神经元完成节段间与高级中枢的联系,支配骨骼肌、腺体的反射性活动。主要的脊髓反射有两种:

1. 牵张反射 骨骼肌被牵引时,引起肌肉收缩和肌张力增高。当突然牵伸骨骼肌时,引起被牵伸的骨骼肌快速收缩,如膝反射。骨骼肌持续被牵伸,出现肌张力增高,以维持身体的姿势即姿势反射。这两种反射弧径路大致相同。这种反射不仅有赖于完整的脊髓反射弧,还要受皮质脊髓束的抑制。如果皮质脊髓束的抑制作用被阻断,就会出现肌张力增高、腱反射亢进和病理反射,这是锥体束损害的主要征象。

2. 屈曲反射 当肢体受到伤害性刺激时,屈肌快速收缩,以逃避这种刺激,为一种防御反射。当屈肌活动时,牵张反射便被抑制,伸肌的肌张力降低。

（四）脊髓的功能

脊髓的功能主要表现在两方面:其一为上、下行传导通路的中继站,其二为反射中枢。脊髓中大量的神经细胞是各种感觉及运动的中转站,上、下行传导束在各种感觉及运动冲动的传导中起重要作用。此外,脊髓的独特功能即脊髓反射,分为躯体反射和内脏反射,前者指骨骼肌的反射活动,如牵张反射、屈曲反射和浅反射等,后者指一些躯体-内脏反射、内脏-内脏反射和内脏-躯体反射,如竖毛反射、膀胱排尿反射和直肠排便反射等。

【病损表现及定位诊断】

脊髓损害的临床表现主要为运动障碍、感觉障碍、反射异常及自主神经功能障碍,前两者对脊髓病变水平的定位很有帮助。

（一）不完全性脊髓损害

1. 前角损害 呈节段性下运动神经元性瘫痪,表现为病变前角支配的肌肉萎缩,腱反射消失,无感觉障碍和病理反射,常伴有肌束震颤,肌电图上出现巨大综合电位。常见于进行性脊肌萎缩,脊髓前角灰质炎等。

2. 后角损害 病灶侧相应皮节出现同侧痛温觉缺失、触觉保留的分离性感觉障碍,常见于脊髓空洞症、早期髓内胶质瘤等疾病。

3. **中央管附近的损害**　由于来自后角的痛温觉纤维在白质前连合处交叉,该处病变产生双侧对称的分离性感觉障碍,痛温觉减弱或消失,触觉保留,常见于脊髓空洞症,脊髓中央管积水或出血等疾病。

4. **侧角损害**　$C_8 \sim L_2$ 侧角是脊髓交感神经中枢,受损出现血管舒缩功能障碍、泌汗障碍和营养障碍等,$C_8 \sim T_1$ 病变时产生 Horner 征(眼裂缩小、眼球轻微内陷、瞳孔缩小或伴同侧面部少汗或无汗)。$S_{2\sim4}$ 侧角为副交感中枢,损害时产生膀胱直肠功能障碍和性功能障碍。

5. **前索损害**　脊髓丘脑前束受损造成对侧病变水平以下粗触觉障碍,刺激性病变出现病灶对侧水平以下难以形容的弥散性疼痛,常伴感觉过敏。

6. **后索损害**　薄束、楔束损害时出现振动觉、位置觉障碍,感觉性共济失调,由于精细触觉障碍而不能辨别在皮肤书写的字和几何图形。后索刺激性病变在相应的支配区可出现电击样剧痛。

7. **侧索损害**　脊髓侧索损害导致肢体病变水平以下同侧上运动神经元性瘫痪和对侧痛温觉障碍。

8. **脊髓束性损害**　以选择性侵犯脊髓内个别传导束为特点,薄束、楔束损害可见深感觉障碍,锥体束损害可见中枢性瘫痪,脊髓小脑束损害可见小脑性共济失调。

9. **脊髓半侧损害**　引起脊髓半切综合征(Brown-Sequard syndrome),主要特点是病变节段以下同侧上运动神经元性瘫痪、深感觉障碍、精细触觉障碍及血管舒缩功能障碍,对侧痛温觉障碍。由于后角细胞发出的纤维先在同侧上升 $1 \sim 2$ 个节段后再经白质前连合交叉至对侧组成脊髓丘脑束,故对侧传导束性感觉障碍平面较脊髓损害节段水平低。

(二) 脊髓横贯性损害

脊髓横贯性损害多见于急性脊髓炎及脊髓压迫症。主要症状为受损平面以下各种感觉缺失,上运动神经元性瘫痪及括约肌障碍等。急性期往往出现脊髓休克症状,包括损害平面以下弛缓性瘫痪,肌张力减低,腱反射减弱,病理反射阴性及尿潴留。一般持续 $2 \sim 4$ 周后,反射活动逐渐恢复,转变为中枢性瘫痪,出现肌张力增高、反射亢进、病理征阳性和反射性排尿等。慢性压迫症状常因损害结构不同而症状各异。不同节段横贯性损害的临床表现如下:

1. **高颈髓($C_{1\sim4}$)**　损害平面以下各种感觉缺失,四肢呈上运动神经元性瘫痪,括约肌障碍,四肢和躯干多无汗。常伴有枕部疼痛及头部活动受限。$C_{3\sim5}$ 节段受损将出现膈肌瘫痪,腹式呼吸减弱或消失。此外,如三叉神经脊束核受损,则出现同侧面部外侧痛、温觉丧失。如副神经核受累则可见同侧胸锁乳突肌及斜方肌无力和萎缩。如病变由枕骨大孔波及颅后窝,可引起延髓及小脑症状,如吞咽困难、饮水呛咳、共济失调和眼球震颤等。

2. **颈膨大($C_5 \sim T_2$)**　两上肢呈下运动神经元性瘫痪,两下肢呈上运动神经元性瘫痪。病灶平面以下各种感觉缺失,可有肩部和上肢的放射性痛,尿便障碍。$C_8 \sim T_1$ 节段侧角细胞受损产生 Horner 征。上肢腱反射的改变有助于受损节段的定位,如肱二头肌反射减弱或消失而肱三头肌反射亢进,提示病损在 C_5 或 C_6;肱二头肌反射正常而肱三头肌反射减弱或消失,提示病损在 C_7。

3. **胸髓($T_3 \sim L_2$)**　$T_{4\sim5}$ 脊髓节段是血供较差而最易发病的部位,损害时,该平面以下各种感觉缺失,双下肢呈上运动神经元性瘫痪,括约肌障碍,受损节段常伴有束带感。如病变位于 $T_{10\sim11}$ 时可导致腹直肌下半部无力,当患者于仰卧位用力抬头时,可见脐孔被腹直肌上半部牵拉而向上移动,称比弗征(Beevor sign)。如发现上($T_{7\sim8}$)、中($T_{9\sim10}$)和下($T_{11\sim12}$)腹壁反射消失,亦有助于各节段的定位。

4. **腰膨大($L_1 \sim S_2$)**　受损时出现双下肢下运动神经元性瘫痪,双下肢及会阴部位各种感觉缺失,括约肌障碍。腰膨大上段受损时,神经根痛位于腹股沟区或下背部,下段受损时表现为坐骨神经痛。如损害平面在 $L_{2\sim4}$ 则膝反射往往消失,如病变在 $S_{1\sim2}$ 则踝反射往往消失。如 $S_{1\sim3}$ 受损则出现阳痿。

5. **脊髓圆锥($S_{3\sim5}$ 和尾节)**　支配下肢运动的神经来自腰膨大,故脊髓圆锥损害无双下肢瘫痪,也无锥体束征。肛门周围和会阴部感觉缺失,呈鞍状分布,肛门反射消失和性功能障碍。髓内病变可出现分离性感觉障碍。脊髓圆锥为括约肌功能的副交感中枢,因此圆锥病变可出现真性尿失禁。见于外伤和肿瘤。

6. **马尾神经根**   马尾和脊髓圆锥病变的临床表现相似,但马尾损害时症状和体征可为单侧或不对称。根性疼痛和感觉障碍位于会阴部、股部和小腿,下肢可有下运动神经元性瘫痪,括约肌障碍常不明显。见于外伤性腰椎间盘脱出(L_1 或 L_2 以下)和马尾肿瘤。

第二节   脑与脊髓的血管

一、脑的血管

【解剖结构及生理功能】

(一) 脑的动脉

脑的动脉来源于颈内动脉和椎动脉(图 2-18)。以顶枕沟为界,大脑半球前 2/3 和部分间脑由颈内动脉分支供应,大脑半球后 1/3 及部分间脑、脑干和小脑由椎-基底动脉供应。由此,脑的动脉分为颈内动脉系和椎-基底动脉系。两系动脉又都可分为皮质支和中央支,前者供应大脑皮质及其深面的髓质,后者供应基底核、内囊及间脑等。

1. **颈内动脉**   起自颈总动脉,供应大脑半球前 2/3 和部分间脑(图 2-18)。行程中可分四段:颈部、岩部、海绵窦部和前床突部,后两者合称虹吸部,常弯曲,是动脉硬化的好发部位。主要分支有:①眼动脉:颈内动脉在穿出海绵窦处发出眼动脉,供应眼部;②后交通动脉:在视束下分出,与大脑后动脉吻合,是颈内动脉系和椎-基底动脉系的吻合支;③脉络膜前动脉:在视束下从颈内动脉分出,供应外侧膝状体、内囊后肢的后下部、大脑脚底的中 1/3 及苍白球等结构;④大脑前动脉:在视神经上方由颈内动脉分出,皮质支分布于顶枕沟以前的半球内侧面、额叶底面的一部分和额、顶两叶上外侧面的上部,中央支供应尾状核、豆状核前部和内囊前肢;⑤大脑中动脉:为颈内动脉的直接延续,皮质支供应大脑半球上外侧面的大部分和岛叶,中央支(豆纹动脉)供应尾状核、豆状核、内囊膝和后肢的前部,因其行程弯曲,在高血压动脉硬化时容易破裂,又称为出血动脉。

2. **椎动脉**   起自锁骨下动脉,两椎动脉经枕骨大孔入颅后合成基底动脉,供应大脑半球后 1/3 及部分间脑、脑干和小脑(图 2-18)。主要分支有:

(1) 椎动脉的主要分支:①脊髓前、后动脉:见本节脊髓的血管;②小脑下后动脉:为椎动脉的最大分支,供应小脑底面后部和延髓后外侧部,该动脉行程弯曲易发生血栓,引起交叉性感觉障碍和小脑性共济失调。

(2) 基底动脉的主要分支:①小脑下前动脉:从基底动脉起始段发出,供应小脑下面的前部;②迷路动脉(内听动脉):发自基底动脉或小脑下前动脉,供应内耳迷路;③脑桥动脉:为细小分支,供应脑桥基底部;④小脑上动脉:发自基底动脉末端,供应小脑上部;⑤大脑后动脉:为基底动脉的终末支,皮质支供应颞叶内侧面和底面及枕叶,中央支供应丘脑、内外侧膝状体、下丘脑和底丘脑等。大脑后动脉起始部与小脑上动脉之间夹有动眼神经,当颅内压增高时,海马旁回移至小脑幕切迹下方,使大脑后动脉向下移位,压迫并牵拉动眼神经,致动眼神经麻痹。

3. **大脑动脉(Willis)环**   由两侧大脑前动脉起始段、两侧颈内动脉末端、两侧大脑后动脉借前、后交通动脉连通形成,使颈内动脉系与椎-基底动脉系相交通(图 2-19)。正常情况下动脉环两侧的血液不相混合,当某一供血动脉狭窄或闭塞时,可一定程度通过大脑动脉环使血液重新分配和代偿,以维持脑的血液供应。后交通动脉和颈内动脉交界处、前交通动脉和大脑前动脉的连接处是动脉瘤的好发部位。

(二) 脑的静脉

脑的静脉分为大脑浅静脉和大脑深静脉两组(图 2-20)。

底面观

前交通动脉
颈内动脉
大脑前动脉
大脑中动脉
后交通动脉
脉络丛前动脉
脑桥动脉
动眼神经
基底动脉
大脑后动脉
小脑下前动脉
小脑上动脉
迷路动脉
小脑下后动脉
椎动脉

外侧面观

中央后沟动脉
中央沟动脉
顶叶后动脉
中央前沟动脉
角回动脉
额叶底外侧动脉
颞叶后动脉
大脑中动脉
颞叶中动脉
颞叶前动脉

内侧面观

额叶后内侧支
胼胝体周围动脉
额叶中内侧支
旁中央动脉
额叶前内侧支
楔前动脉
顶枕支
距状沟支
额叶底内侧动脉
颞叶后支
大脑前动脉
大脑后动脉
大脑中动脉
颞叶中间支
颞叶前支

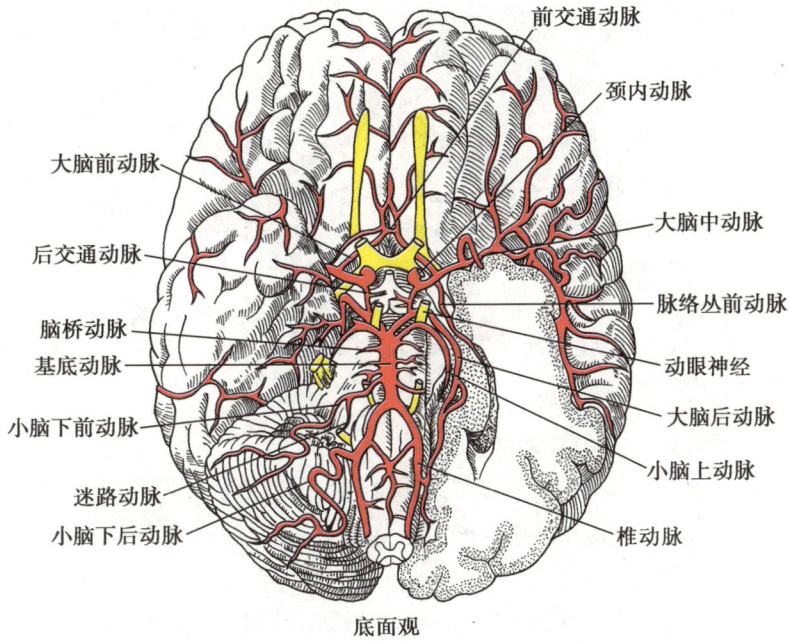

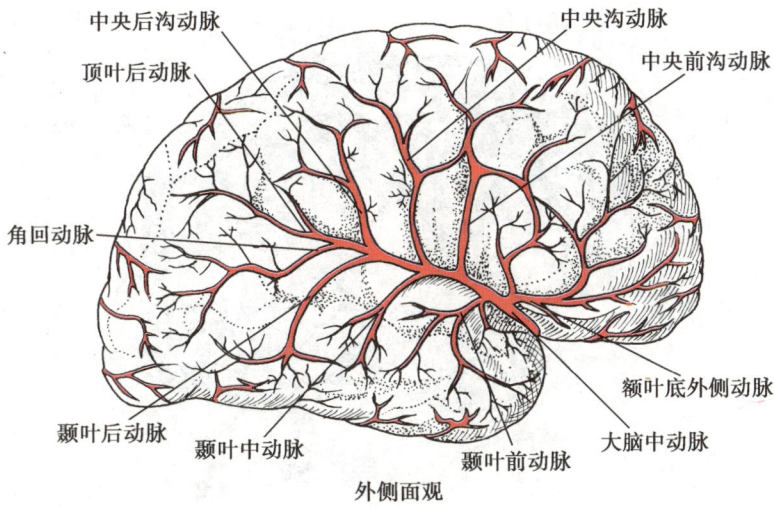

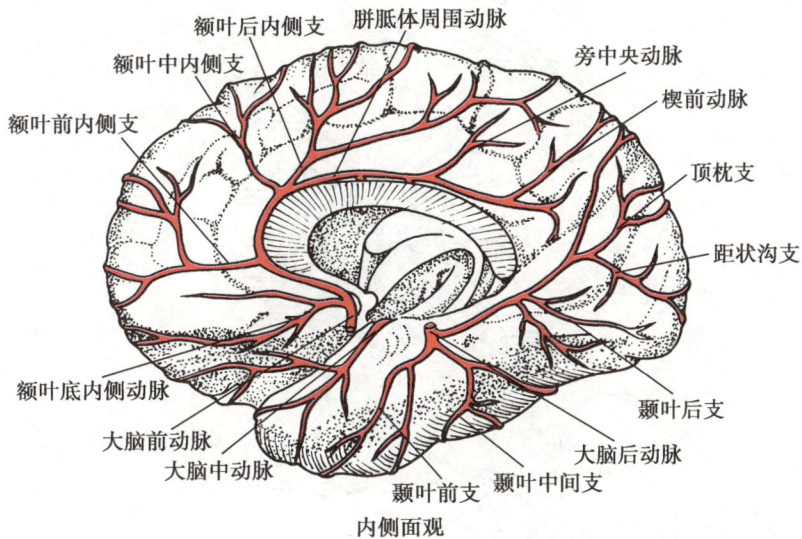

图 2-18 脑的动脉供应

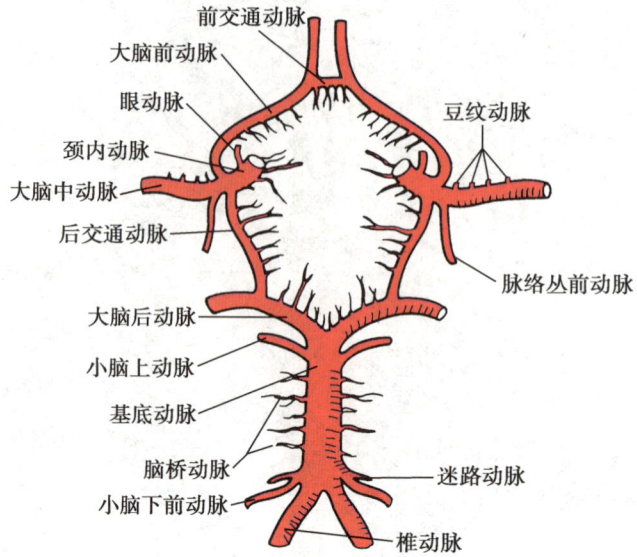

图 2-19   Willis 环的组成和分支

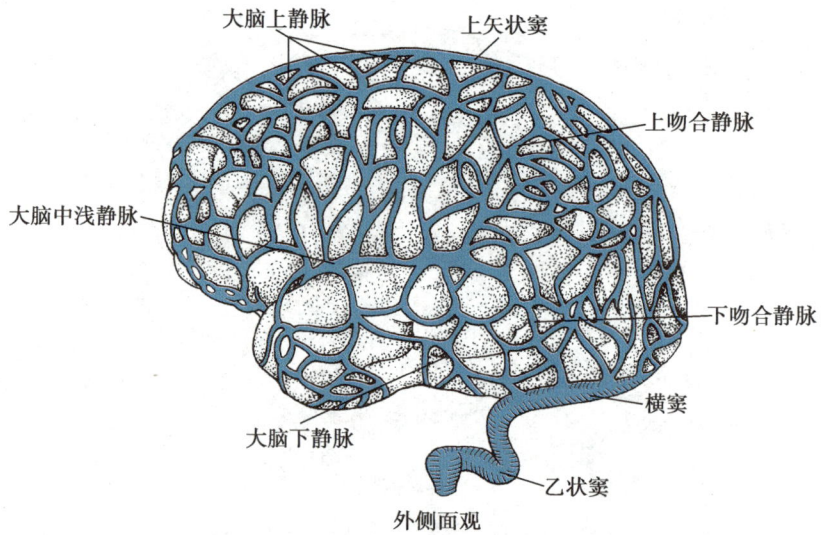

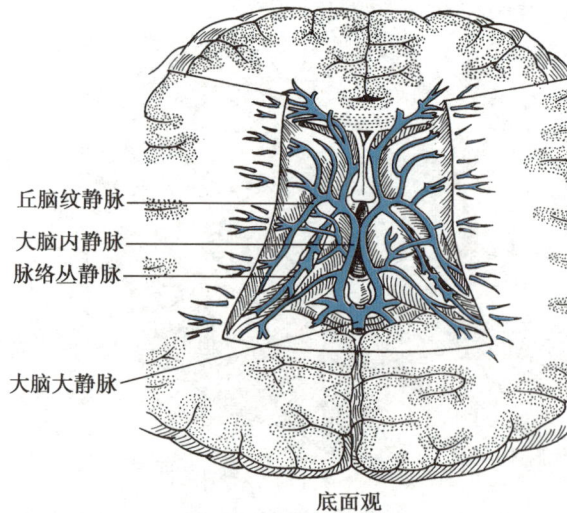

图 2-20   脑的静脉

1. 大脑浅静脉　分为大脑上静脉、大脑中静脉(大脑中浅静脉和大脑中深静脉)及大脑下静脉三组,收集大脑半球外侧面、内侧面及脑岛的血液,汇入脑各静脉窦(图 2-20),并与大脑内静脉相吻合。

2. 大脑深静脉　包括大脑内静脉和大脑大静脉(图 2-20)。大脑内静脉由脉络膜静脉和丘脑纹状静脉合成,两侧大脑内静脉汇合成大脑大静脉(Galen 静脉),收集半球深部髓质、基底核、间脑和脉络丛等处的静脉血,汇入直窦。

【病损表现及定位诊断】

脑血管疾病以动脉受累的疾病居多,其症状繁多复杂,不同血管分支的病变因损害不同区域而表现各异。

(一) 颈内动脉主干受累

颈内动脉主干受累可出现患侧单眼一过性黑矇、患侧 Horner 征、对侧偏瘫、偏身感觉障碍和偏盲,优势半球受累可出现失语症,非优势半球受累可出现体象障碍。

(二) 大脑中动脉受累

1. 主干　①三偏症状:病灶对侧中枢性面舌瘫及偏瘫、偏身感觉障碍、偏盲或象限盲;②优势半球受累可出现失语症,非优势半球受累可出现体象障碍;③可有不同程度的意识障碍。

2. 皮质支　①上分支分布于眶额部、额部、中央前回及顶叶前部,病损时出现对侧偏瘫和感觉缺失,面部及上肢重于下肢,Broca 失语(优势半球)和体象障碍(非优势半球);②下分支分布于颞极、颞叶前中后部及颞枕部,病损时出现 Wernicke 失语、命名性失语和行为异常等,常无偏瘫。

3. 深穿支　①对侧中枢性偏瘫,上下肢均等,可有面舌瘫;②对侧偏身感觉障碍;③可有对侧同向性偏盲;④优势半球可出现皮质下失语。

(三) 大脑前动脉受累

1. 主干　①病灶对侧中枢性面舌瘫及偏瘫,以面舌瘫及下肢瘫为重,可伴轻度感觉障碍;②尿潴留或尿急;③精神障碍如淡漠、反应迟钝、欣快、始动障碍和缄默等,常有强握与吸吮反射;④优势半球受累可出现上肢失用,也可出现 Broca 失语。详见第九章第二节。

2. 皮质支　①对侧下肢远端为主的中枢性瘫,可伴感觉障碍;②对侧下肢短暂性共济失调、强握反射及精神症状。

3. 深穿支　对侧中枢性面舌瘫及上肢近端轻瘫。

(四) 大脑后动脉受累

1. 主干　出现对侧偏瘫、偏身感觉障碍及偏盲,丘脑综合征,优势半球病变可有失读。

2. 皮质支　①对侧同向性偏盲或象限盲,而黄斑视力保存(黄斑回避现象),双侧病变可出现皮质盲;②优势侧颞下动脉受累可见视觉失认及颜色失认;顶枕动脉受累可有对侧偏盲,视幻觉痫性发作,优势侧病损可有命名性失语。

3. 深穿支　①丘脑穿通动脉受累产生红核丘脑综合征;②丘脑膝状体动脉受累可见丘脑综合征,详见第九章第二节;③中脑支受累出现 Weber 综合征或 Benedikt 综合征,详见本章第一节。

(五) 基底动脉受累

1. 主干　引起脑干广泛性病变,累及脑神经、锥体束及小脑,出现眩晕、呕吐、共济失调、瞳孔缩小、四肢瘫痪、肺水肿、消化道出血、昏迷和高热等,甚至死亡。

2. 基底动脉尖部　基底动脉尖分出了小脑上动脉和大脑后动脉,供应中脑、丘脑、小脑上部、颞叶内侧及枕叶,受累时可出现基底动脉尖部综合征,表现为:①眼球运动及瞳孔异常;②对侧偏盲或皮质盲;③严重的记忆障碍;④少数患者可有脑干幻觉,表现为大脑脚幻觉(以视幻觉为主,常白天消失,黄昏或晚上出现)及脑桥幻觉(罕见,主要表现为空间知觉障碍);⑤可有意识障碍。

3. 内听动脉　表现为病灶侧耳鸣、听力减退、眩晕、呕吐及眼球震颤。

4. 中脑支　可出现 Weber 综合征或 Benedikt 综合征。

5. 脑桥支　可出现 Millard-Gubler 综合征。

6. **脑桥旁正中动脉**　可出现 Foville 综合征。

7. **小脑上动脉**　可出现脑桥上部外侧综合征。

（六）椎动脉受累

椎动脉发出小脑下后动脉,此两动脉受累可出现 Wallenberg 综合征。

二、脊髓的血管

【解剖结构和生理功能】

（一）脊髓的动脉

脊髓的动脉供应来自椎动脉的脊髓前动脉和脊髓后动脉及来自根动脉(根前动脉和根后动脉)。在椎动脉下行过程中,不断得到根动脉的增强,共同提供脊髓的血液(图 2-21)。

1. **脊髓前动脉**　起源于两侧椎动脉的颅内部分,在达延髓的锥体交叉处合成一条,沿脊髓前正中裂下行,每 1cm 左右即分出 3～4 支沟连合动脉,左右交替地深入脊髓,供应脊髓横断面前 2/3 区域,包括脊髓前角、侧角、灰质连合、后角基部、前索和侧索前部。沟动脉系终末支,易发生缺血性病变。

2. **脊髓后动脉**　起源于同侧椎动脉颅内部分,左右各一根,沿脊髓全长后外侧沟下行,分支主要供应脊髓横断面后 1/3 区域,包括脊髓后角的其余部分、后索和侧索后部。脊髓后动脉并未形成一条完整连续的纵行血管,略呈网状,分支间吻合较好,故较少发生供血障碍。

3. **根动脉**　脊髓颈段还接受来自椎动脉及甲状腺下动脉分支供应,胸、腰、骶段分别接受来自肋间动脉、腰动脉、髂腰动脉和骶外动脉等分支供应。这些分支均沿脊神经根进入椎管,统称为根动脉,进入椎间孔后分为前后两股,即根前动脉、根后动脉,分别与脊髓前动脉与脊髓后动脉吻合,构成围绕脊髓的动脉冠,此冠状动脉环分出小分支供应脊髓表面结构,并发出小穿通支进入脊髓,为脊髓实质外周部分供血。大多数根动脉较细小,但 C_6、T_9、L_2 三处的根动脉较粗大。由于根动脉补充血供,使脊髓动脉血流十分丰富,不易发生缺血。

根据脊髓动脉分布的特点,循环最不充足的节段常位于相邻的两条根动脉分布区交界处,T_4 和 L_1 最易发生供血不足。

（二）脊髓的静脉

脊髓的静脉主要由脊髓前静脉和脊髓后静脉引流至椎静脉丛,后者向上与延髓静脉相通,在胸段与胸内奇静脉及上腔静脉相通,在腹部与下腔静脉、门静脉及盆腔静脉多处相通。椎静脉丛内压力很低,没有静脉瓣,血流方向常随胸、腹腔压力变化(如举重、咳嗽、排便等)而改变,是感染及恶性肿瘤转移入颅的可能途径。

【病损表现及定位诊断】

脊髓血管可发生缺血性病变和出血性病变,常发生于脊髓动脉系统,而血管畸形可发生在动静脉系统。因脊髓内结构紧密,较小的血管病变就可造成严重的后果。

（一）脊髓前动脉损害

脊髓前动脉损害为供应脊髓前 2/3 区域的脊髓前动脉发生闭塞所致,主要表现为病灶水平以下的上运动神经元性瘫痪,分离性感觉障碍(痛温觉缺失而深感觉正常)及膀胱直肠功能障碍,称为脊髓前动脉综合征。

（二）脊髓后动脉损害

脊髓后动脉损害为供应脊髓后 1/3 区域的脊髓后动脉闭塞所致,主要表现为病变水平以下的深感觉障碍,痛温觉及肌力保存,括约肌功能常不受累,称为脊髓后动脉综合征。

（三）根动脉损害

病变水平相应节段的下运动神经元性瘫痪,肌张力减低,肌萎缩,多无感觉障碍和锥体束损害,称为中央动脉综合征。

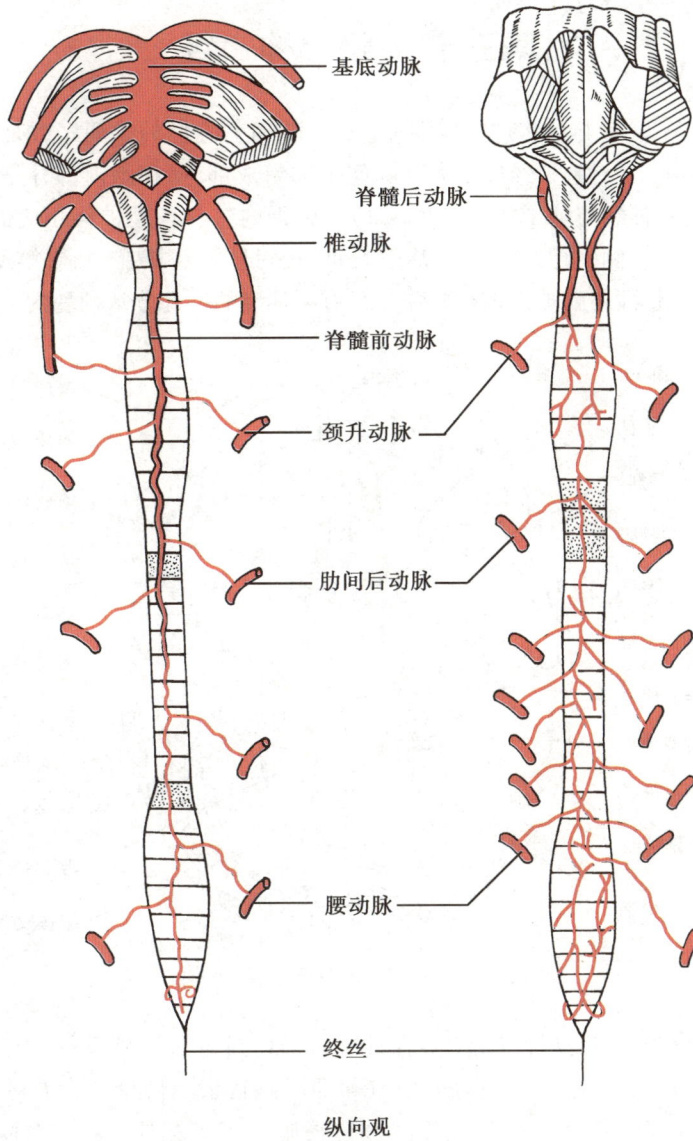

基底动脉

脊髓后动脉

椎动脉

脊髓前动脉

颈升动脉

肋间后动脉

腰动脉

终丝

纵向观

脊髓后动脉

根后动脉

根前动脉

冠状动脉环

脊髓前动脉

横断面

图 2-21 脊髓的血液供应

脊髓出血可表现为截瘫、病变水平以下感觉缺失、括约肌功能障碍等急性横贯性脊髓损害表现。脊髓动静脉畸形可如占位性病变一样对脊髓产生压迫症状,表现为病变节段以下的运动障碍和感觉障碍,也可破裂发生局灶性或弥漫性出血,出现脊髓局部损害的症状或横贯性脊髓损害的表现。

第三节 脑 神 经

脑神经（cranial nerves）为与脑相连的周围神经，共 12 对。它们的排列序数是以出入脑的部位前后次序而定的，其中第Ⅰ、Ⅱ对脑神经属于大脑和间脑的组成部分，在脑内部分是其 2 和 3 级神经元的纤维束，第Ⅲ神经对脑神经与脑干相连（图 2-22）。脑干内有与各脑神经相应的神经核，一般运动核靠近中线，感觉核在其外侧（见图 2-11）。其中第Ⅲ、Ⅳ对脑神经核在中脑，第Ⅴ、Ⅵ、Ⅶ、Ⅷ对脑神经核在脑桥，第Ⅸ、Ⅹ、Ⅺ、Ⅻ对脑神经核在延髓。只有副神经的一部分从颈髓的上 4 节前角发出。

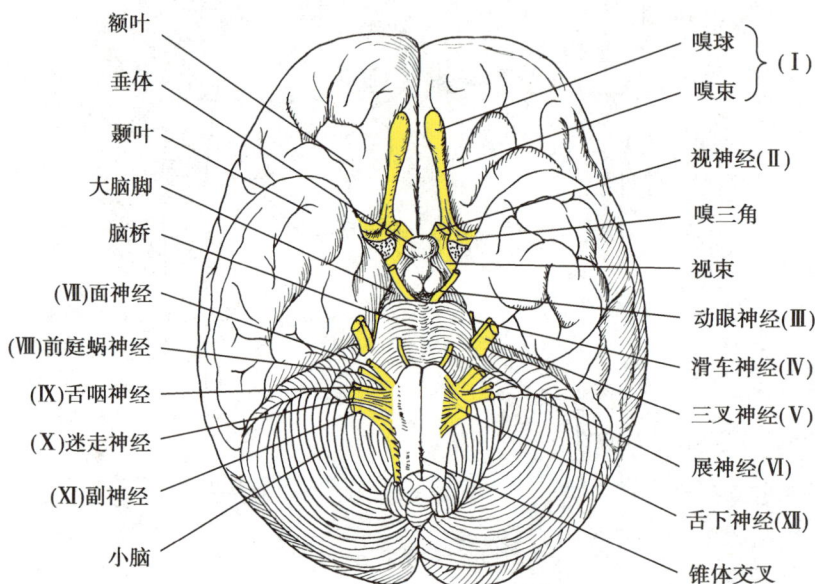

图 2-22 12 对脑神经进出脑的部位

脑神经按功能可分为：①运动性神经（第Ⅲ、Ⅳ、Ⅵ、Ⅺ、Ⅻ对）；②感觉性神经（第Ⅰ、Ⅱ、Ⅷ对）；③混合性神经（第Ⅴ、Ⅶ、Ⅸ、Ⅹ对）。有些脑神经（第Ⅲ、Ⅶ、Ⅸ、Ⅹ对）中还含有副交感神经纤维。12 对脑神经除面神经核下部及舌下神经核只受对侧皮质脑干束支配外，其余脑神经运动核均受双侧支配。

脑神经的主要解剖及生理功能见表 2-1。

表 2-1 脑神经的解剖及生理功能

脑神经	性质	进出颅部位	连接脑部位	功 能
嗅神经（Ⅰ）	感觉性	筛孔	端脑（嗅球）	传导嗅觉
视神经（Ⅱ）	感觉性	视神经孔	间脑（视交叉）	传导视觉
动眼神经（Ⅲ）	运动性	眶上裂	中脑（脚间窝）	支配提上睑肌、上直肌、下直肌、内直肌、下斜肌、瞳孔括约肌及睫状肌
滑车神经（Ⅳ）	运动性	眶上裂	中脑（前髓帆）	支配上斜肌
三叉神经（Ⅴ）	混合性	眶上裂（第一支）圆孔（第二支）卵圆孔（第三支）	脑桥（脑桥臂）	传导面部、鼻腔及口腔黏膜感觉，支配咀嚼肌
展神经（Ⅵ）	运动性	眶上裂	脑桥延髓沟（中部）	支配外直肌
面神经（Ⅶ）	混合性	内耳门-茎乳孔	脑桥延髓沟（外侧部）	支配面部表情肌、泪腺、唾液腺，传导舌前 2/3 味觉及外耳道感觉
前庭蜗神经（Ⅷ）	感觉性	内耳门	脑桥延髓沟（外侧端）	传导听觉及平衡觉

续表

脑神经	性质	进出颅部位	连接脑部位	功　　能
舌咽神经（Ⅸ）	混合性	颈静脉孔	延髓橄榄后沟（上部）	传导舌后 1/3 味觉和咽部感觉,支配咽肌、腮腺
迷走神经（Ⅹ）	混合性	颈静脉孔	延髓橄榄后沟（中部）	支配咽、喉肌和胸腹内脏运动
副神经（Ⅺ）	运动性	颈静脉孔	延髓橄榄后沟（下部）	支配胸锁乳突肌和斜方肌
舌下神经（Ⅻ）	运动性	舌下神经管	延髓前外侧沟	支配舌肌

一、嗅神经

【解剖结构及生理功能】

　　嗅神经(olfactory nerve,Ⅰ)为特殊内脏感觉神经,传导气味刺激所产生的嗅觉冲动,起于鼻腔上部(并向上鼻甲及鼻中隔上部延伸)嗅黏膜内的嗅细胞(1 级神经元)。嗅细胞是双极神经元,其中枢突集合成约 20 条嗅丝(嗅神经),穿过筛板的筛孔和硬脑膜达颅前窝,终止于嗅球(2 级神经元)。嗅球神经元发出的纤维再经嗅束至外侧嗅纹而终止于嗅中枢(颞叶钩回、海马回前部及杏仁核)。一部分纤维经内侧嗅纹及中间嗅纹分别终止于胼胝体下回及前穿质,与嗅觉的反射联络有关。嗅觉传导通路是唯一不在丘脑换神经元,而将神经冲动直接传到皮质的感觉通路(图 2-23)。

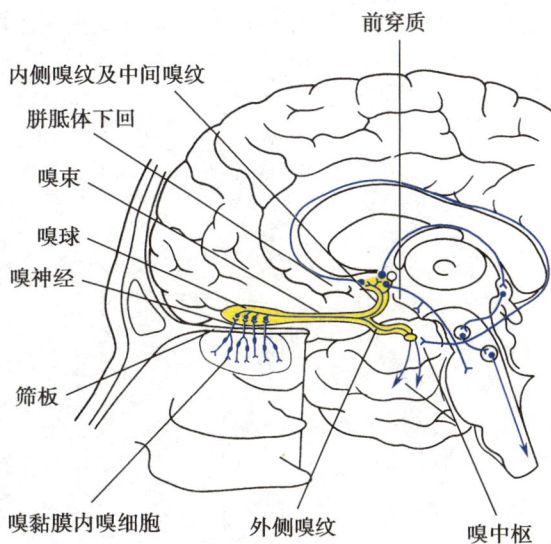

图 2-23　嗅觉传导通路

【病损表现及定位诊断】

（一）嗅中枢病变

　　嗅中枢病变不引起嗅觉丧失,因左右两侧有较多的联络纤维。但嗅中枢的刺激性病变可引起幻嗅发作,患者常发作性地嗅到特殊的气味,如臭鸡蛋、烧胶皮的气味。可见于颞叶癫痫的先兆期或颞叶海马附近的肿瘤。

（二）嗅神经、嗅球及嗅束病变

　　颅前窝颅底骨折累及筛板,可撕脱嗅神经造成嗅觉障碍,可伴脑脊液流入鼻腔;额叶底部肿瘤或嗅沟病变压迫嗅球、嗅束,可导致一侧或两侧嗅觉丧失。

（三）鼻腔局部病变

　　鼻腔局部病变往往产生双侧嗅觉减退或缺失,与嗅觉传导通路无关,见于鼻炎、鼻部肿物及外伤等。

二、视神经

【解剖结构及生理功能】

　　视神经(optic nerve,Ⅱ)为特殊的躯体感觉神经,是由视网膜神经节细胞的轴突聚集而成,主要传导视觉冲动。视网膜内的神经细胞主要分三层:最外层为视杆细胞和视锥细胞,它们是视觉感受器,前者位于视网膜周边,与周边视野有关,后者集中于黄斑中央,与中央视野(视敏度)有关;第二层为双级细胞(1 级神经元);第三层为视网膜神经节细胞(2 级神经元)。神经节细胞的轴突在视乳头处形成视神经,经视神经孔进入颅中窝,在蝶鞍上方形成视交叉(optic chiasma),来自视网膜鼻侧的纤维交叉至对侧,而颞侧的纤维不交叉,继续在同侧走行。不交叉的纤维与来自对侧视网膜的交叉纤维合成视束(optic tract),终止于外侧膝状体(3 级神经元)。在外侧膝状体换神经元后再发出纤维,经内囊

后肢后部形成视辐射(optic radiation),而终止于枕叶视皮质中枢(距状裂两侧的楔回和舌回),此区也称纹状区。黄斑的纤维投射于纹状区的中央部,视网膜周围部的纤维投射于纹状区的周边部。

在视觉径路中,尚有光反射纤维,在外侧膝状体的前方离开视束,经上丘臂进入中脑上丘和顶盖前区,与两侧动眼神经副核联系,司瞳孔对光反射。

视神经从其构造来看,并无周围神经的神经鞘膜结构,因此视神经不属于周围神经。由于其是在胚胎发育时间脑向外突出形成视器的一部分,故视神经外面包有三层脑膜延续而来的三层被膜,脑蛛网膜下腔也随之延续到视神经周围,因此当颅内压增高时,常出现视乳头水肿;若视神经周围的蛛网膜下腔闭塞(炎症粘连等)则不出现视乳头水肿。

【病损表现及定位诊断】

(一) 视神经不同部位损害所产生的视力障碍与视野缺损

视觉径路在脑内经过的路线是前后贯穿全脑的,视觉径路的不同部位损害,可产生不同程度的视力障碍及不同类型的视野缺损(图 2-24)。一般在视交叉以前的病变可引起单侧或双侧视神经麻痹,视交叉受损多引起双颞侧偏盲,视束病变多引起两眼对侧视野的偏盲(同向性偏盲)。

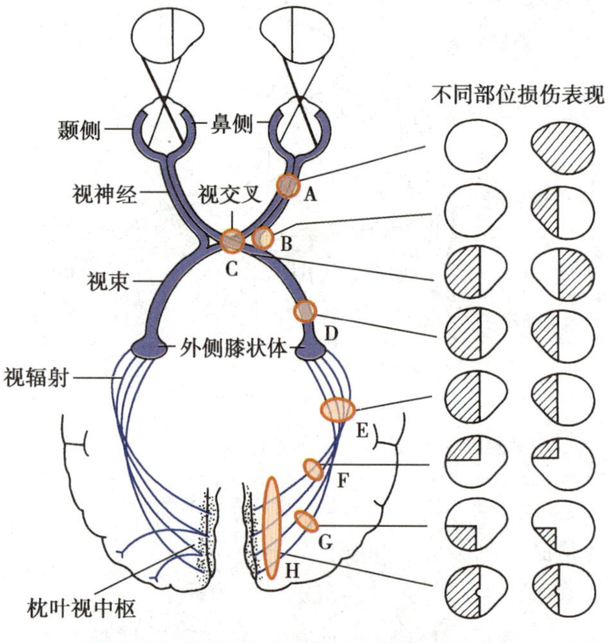

图 2-24 视觉传导通路及各部位损伤表现
A. 视神经损害;B. 视交叉外侧部损害;C. 视交叉正中部损害;D. 视束损害;E. 视辐射全部损害;F. 视辐射下部损害;G. 视辐射上部损害;H. 视中枢损害

1. 视神经损害 产生同侧视力下降或全盲。常由视神经本身病变、受压迫或高颅压引起。视神经病变的视力障碍重于视网膜病变。眼动脉或视网膜中央动脉闭塞可出现突然失明;视神经乳头炎或球后视神经炎可引起视力障碍及中央部视野缺损(中心暗点),视力障碍经数小时或数天达高峰;高颅压所致视乳头水肿多引起周边部视野缺损及生理盲点扩大;视神经压迫性病变,可引起不规则的视野缺损,最终产生视神经萎缩及全盲;癔症和视觉疲劳可引起重度周边视野缺损称管状视野(图 2-24A)。

2. 视交叉损害 视交叉外侧部病变引起同侧眼鼻侧视野缺损(图 2-24B),见于颈内动脉严重硬化压迫视交叉外侧部;视交叉正中部病变,可出现双眼颞侧偏盲(图 2-24C),常见于垂体瘤、颅咽管瘤和其他鞍内肿瘤的压迫等;整个视交叉损害,可引起全盲,如垂体瘤卒中。

3. 视束损害 一侧视束损害出现双眼对侧视野同向性偏盲(图 2-24D),偏盲侧瞳孔直接对光反射消失。常见于颞叶肿瘤向内侧压迫时。

4. 视辐射损害 视辐射全部受损,出现两眼对侧视野的同向偏盲(图 2-24E),见于病变累及内囊后肢时。部分视辐射受损出现象限盲,如视辐射下部受损,出现两眼对侧视野的同向上象限盲(图 2-24F),见于颞叶后部肿瘤或血管病;视辐射上部受损,出现两眼对侧视野的同向下象限盲(图 2-24G),见于顶叶肿瘤或血管病。

5. 枕叶视中枢损害 一侧枕叶视皮质中枢局限性病变,可出现对侧象限盲;一侧枕叶视中枢完全损害,可引起对侧偏盲,但偏盲侧对光反射存在,有黄斑回避现象(图 2-24H);枕叶视中枢刺激性损害,可使对侧视野出现闪光型幻视;枕叶前部受损引起视觉失认。多见于脑梗死、枕叶出血或肿瘤压迫等。

(二) 视乳头异常

1. 视乳头水肿(papilledema) 是颅内压增高的主要客观体征之一,其发生是由于颅内压增高影响视网膜中央静脉和淋巴回流所致。眼底检查早期表现为视乳头充血、边缘模糊不清、生理凹陷消失、静脉淤血;严重时视乳头隆起、边缘完全消失及视乳头周边或视网膜上片状出血。见于颅内占位性病变(肿瘤、脓肿或血肿)、脑出血、蛛网膜下腔出血、脑膜炎、静脉窦血栓等引起颅内压增高的疾病。视乳头水肿尚需与其他眼部疾病鉴别,见表2-2。

表2-2　视乳头水肿与其他眼部疾病的鉴别

症状和体征	视乳头水肿	视神经乳头炎	假性视乳头水肿	高血压性眼底改变
视力	早期常正常,晚期减退	早期迅速减退	正常	常不受影响
视野	晚期盲点扩大,周边部视野缺损	向心性视野缩小	正常	不定
眼底				
视乳头隆起	>2 个屈光度	<2 个屈光度	<2 个屈光度	可达 3 ~ 6 个屈光度
视网膜血管	静脉淤血	动脉、静脉充血	血管充盈	动脉硬化改变明显
出血	可见点片状出血	出血少见	无	多见且广泛

2. 视神经萎缩(optic atrophy)　表现为视力减退或消失,瞳孔扩大,对光反射减弱或消失。视神经萎缩可分为原发性和继发性。原发性视神经萎缩表现为视乳头苍白而界限清楚,筛板清晰,常见于视神经受压、球后视神经炎、多发性硬化及变性疾病等;继发性视神经萎缩表现为视乳头苍白,边界不清,不能窥见筛板,常见于视乳头水肿及视神经乳头炎的晚期。外侧膝状体后和视辐射的病变不出现视神经萎缩。

三、动眼、滑车和展神经

【解剖结构及生理功能】

动眼、滑车和展神经共同支配眼外肌,管理眼球运动,合称眼球运动神经(图2-25),其中动眼神经还支配瞳孔括约肌和睫状肌。

(一)动眼神经

动眼神经(oculomotor nerve,Ⅲ)为支配眼肌的主要运动神经,包括运动纤维和副交感纤维两种成分。动眼神经起自中脑上丘的动眼神经核,此核较大,可分为三部分:①外侧核:为运动核,左右各一,位于中脑四叠体上丘水平的导水管周围腹侧灰质中;发出动眼神经的运动纤维走向腹侧,经过红核组成动眼神经,由中脑脚间窝出脑,在大脑后动脉与小脑上动脉之间穿过,向前与后交通动脉伴行,穿过海绵窦之侧壁经眶上裂入眶,支配上睑提肌、上直肌、内直肌、下斜肌、下直肌。②正中核或称佩利阿(Perlia)核:位于中线上,两侧埃-魏(Edinger-Westphal,E-W)核之间,不成对,发出动眼神经的副交感纤维到达两眼内直肌,主管两眼的辐辏运动。③E-W 核:位于正中核的背外侧,中脑导水管周围的灰质中,发出动眼神经的副交感神经节前纤维入睫状神经节交换神经元,其节后纤维支配瞳孔括约肌和睫状肌,司瞳孔缩小及晶状体变厚而视近物,参与缩瞳和调节反射(图2-26)。

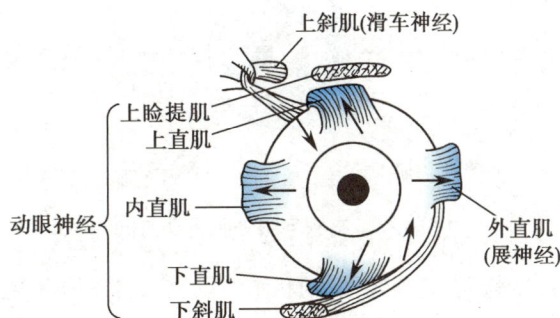

图 2-25　眼球运动神经

(二)滑车神经

滑车神经(trochlear nerve,Ⅳ)含运动性纤维,起自中脑动眼神经核下端、四叠体下丘的导水管周围腹侧灰质中的滑车神经核,其纤维走向背侧顶盖,在顶盖与前髓帆交界处交叉,经下丘下方出中脑,再绕大脑脚至腹侧脚底,穿过海绵窦外侧壁,与动眼神经伴行,经眶上裂入眶后,越过上直肌和上睑提

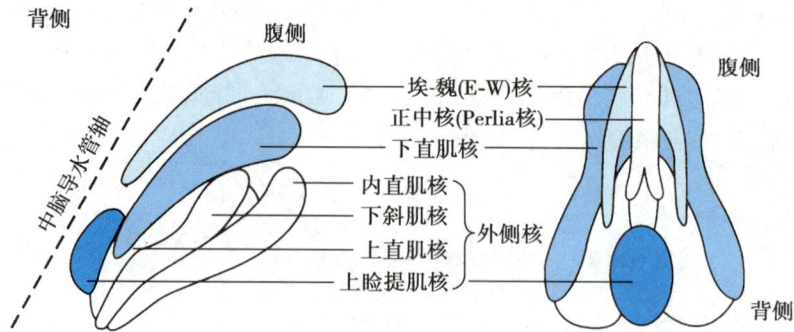

图 2-26　动眼神经各亚核

肌向前走行,支配上斜肌。

（三）展神经

展神经(abducent nerve,Ⅵ)含运动性纤维,起自脑桥中部被盖中线两侧的展神经核,其纤维从脑桥延髓沟内侧部出脑后,向前上方走行,越颞骨岩尖及鞍旁海绵窦的外侧壁,在颅底经较长的行程后,由眶上裂入眶,支配外直肌。

眼球运动是一项精细而协调的工作,在眼外肌中只有外直肌和内直肌呈单一水平运动,其他肌肉都有向几个方向运动的功能(图2-27),既可互相抵消,又可互相协同,以完成眼球向某一方向的运动,保证影像投射在两侧视网膜的确切位置。如上直肌与下斜肌同时收缩时眼球向上,而其内收与外展的力量及内旋与外旋的力量正好抵消;上斜肌与下斜肌协同外直肌外展时,向下与向上的力量及内旋与外旋的力量正好抵消。眼球运动过程中眼外肌的功能也进行相应的协调。如眼球外旋23°时,上直肌变成了纯粹的提肌,下直肌变为纯粹的降肌;眼球极度内旋时,上斜肌则变为降肌,下斜肌变成了提肌。各眼外肌的主要收缩方向是复视检查的基础。

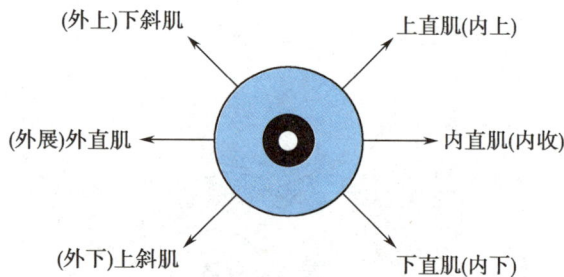

图 2-27　右眼各眼外肌运动方向

两眼的共同运动无论是随意性运动还是反射性运动永远都是同时和协调的,这就要求与眼球运动有关的所有神经核团间的相互紧密联系,这一功能是通过内侧纵束来实现的。两侧的内侧纵束,上自中脑背盖,下抵颈髓,紧靠中线,沿脑干下行,与皮质下的视觉中枢及听觉中枢(四叠体上丘及下丘)联系,并连接双侧动眼神经核和对侧展神经核,完成视听刺激引起头及眼向刺激侧不随意的反射性转动。内侧纵束还接受来自颈髓、前庭神经核、网状结构以及来自皮质和基底核的神经冲动。

【病损表现及定位诊断】

（一）不同部位的眼肌损害

根据损害部位不同可分为周围性、核性、核间性及核上性四种眼肌麻痹。如眼肌麻痹仅限于眼外肌而瞳孔括约肌功能正常,称眼外肌麻痹;相反瞳孔括约肌麻痹而眼外肌正常,称眼内肌麻痹;眼内肌与眼外肌均麻痹,称全眼肌麻痹。

1. 周围性眼肌麻痹（peripheral ophthalmoplegia）

（1）动眼神经麻痹:完全损害时表现为上睑下垂,眼球向外下斜视(由于外直肌及上斜肌的作用),不能向上、向内、向下转动,复视,瞳孔散大,光反射及调节反射均消失。常见于颅内动脉瘤、结核性脑膜炎、颅底肿瘤等。

（2）滑车神经麻痹:单纯滑车神经麻痹少见,多合并动眼神经麻痹。其单纯损害表现为眼球位置稍偏上,向外下方活动受限,下视时出现复视。

（3）展神经麻痹：患侧眼球内斜视，外展运动受限或不能，伴有复视。常见于鼻咽癌颅内转移、脑桥小脑脚肿瘤或糖尿病等。因展神经在脑底行程较长，在高颅压时常受压于颞骨岩尖部，或受牵拉而出现双侧麻痹，此时无定位意义。

动眼、滑车及展神经合并麻痹很多见，此时眼肌全部瘫痪，眼球只能直视前方，不能向任何方向转动，瞳孔散大，光反射及调节反射消失。常见于海绵窦血栓及眶上裂综合征。

2. 核性眼肌麻痹（nuclear ophthalmoplegia）　是指脑干病变（血管病、炎症、肿瘤）致眼球运动神经核（动眼、滑车和展神经核）损害所引起的眼球运动障碍。核性眼肌麻痹与周围性眼肌麻痹的临床表现类似，但有以下三个特点：①双侧眼球运动障碍：动眼神经核紧靠中线，病变时常为双侧动眼神经核的部分受累，引起双侧眼球运动障碍；②脑干内邻近结构的损害：展神经核病变常损伤围绕展神经核的面神经纤维，故同时出现同侧的周围性面神经麻痹；同时累及三叉神经和锥体束，出现三叉神经麻痹和对侧偏瘫；③分离性眼肌麻痹：核性眼肌麻痹可表现为个别神经核团选择性损害，如动眼神经核亚核多且分散，病变时可仅累及其中部分核团而引起某一眼肌受累，其他眼肌不受影响，称为分离性眼肌麻痹。动眼神经核性麻痹需与核下性麻痹相鉴别，见表2-3。

表2-3　动眼神经核性与核下性麻痹的鉴别

特征	动眼神经核性麻痹	动眼神经核下性麻痹
损伤范围	动眼神经核位于中线，两侧靠近，核性损伤多双侧	动眼神经除起始部外双侧距离较远，损伤多单侧
损伤程度	核群呈长柱状且分散，较小损害多呈部分损伤，呈分离性眼肌麻痹	完全性损害，呈全眼肌麻痹
眼轮匝肌	动眼神经核有部分纤维至面神经核而支配眼轮匝肌，核性损害可伴眼轮匝肌麻痹	不伴眼轮匝肌麻痹
瞳孔括约肌	瞳孔括约肌受 E-W 核副交感纤维支配，核性损害可不累及 E-W 核，瞳孔括约肌正常	损伤 E-W 核加入动眼神经的副交感纤维，瞳孔括约肌受累
其他结构	多伴脑干邻近结构受累，出现相应症状	多伴动眼神经邻近结构受累，出现相应症状

3. 核间性眼肌麻痹（internuclear ophthalmoplegia）　病变主要损害脑干的内侧纵束，故又称内侧纵束综合征。内侧纵束是眼球水平性同向运动的重要联络通路，它连接一侧动眼神经的内直肌核与对侧展神经核，同时还与脑桥的侧视中枢相连，而实现眼球的水平同向运动。核间性眼肌麻痹多见于脑干腔隙性梗死或多发性硬化。可表现为以下三种类型：

（1）前核间性眼肌麻痹：病变位于脑桥侧视中枢与动眼神经核之间的内侧纵束上行纤维（图2-28）。表现为双眼向对侧注视时，患侧眼球不能内收，对侧眼球可外展，伴单眼眼震。辐辏反射正常，支配内聚的核上通路位置平面高些而未受损。由于双侧内侧纵束位置接近，同一病变也可使双侧内侧纵束受损，出现双眼均不能内收。

（2）后核间性眼肌麻痹：病变位于脑桥侧视中枢与展神经核之间的内侧纵束下行纤维（图2-28）。表现为两眼向病灶同侧注视时，患侧眼球不能外展，对侧眼球内收正常；刺激前庭，患侧可出现正常外展动作；辐辏反射正常。

（3）一个半综合征（one and a half syndrome）：一侧脑桥被盖部病变，引起脑桥侧视中枢和对侧已交叉过来的联络同侧动眼神经内直肌核的内侧纵束同时受累（图2-28）。表现为患侧眼球水平注视时既不能内收又不能外展；对侧眼球水平注视时不能内收，可以外展，但有水平眼震。

4. 核上性眼肌麻痹（supranuclear ophthalmoplegia）　核上性眼肌麻痹亦称中枢性眼肌麻痹，是指由于大脑皮质眼球同向运动中枢、脑桥侧视中枢及其传导束损害，使双眼出现同向注视运动障碍。临床可表现出以下凝视麻痹：

（1）水平注视麻痹：①皮质侧视中枢（额中回后部）受损：可产生两眼侧视麻痹。破坏性病变（如脑出血）出现双眼向病灶对侧凝视麻痹，故表现双眼向病灶侧共同偏视；刺激性病变（如癫痫）

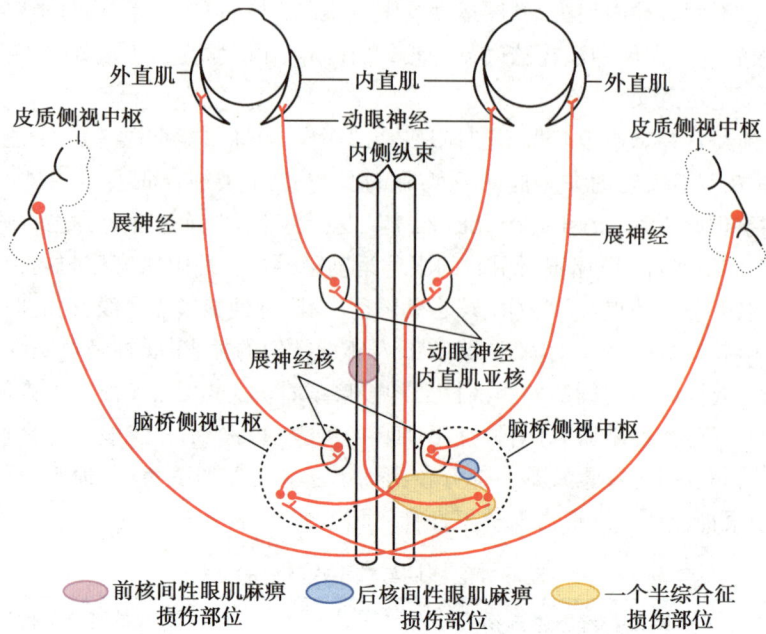

图 2-28　核间性眼肌麻痹

可引起双眼向病灶对侧共同偏视；②脑桥侧视中枢受损：位于展神经核附近的副展神经核及旁中线网状结构，发出的纤维到达同侧的展神经核和对侧的动眼神经内直肌核，支配双眼向同侧注视，并受对侧皮质侧视中枢控制。此处破坏性病变可造成双眼向病灶侧凝视麻痹，向病灶对侧共同偏视（图 2-29）。

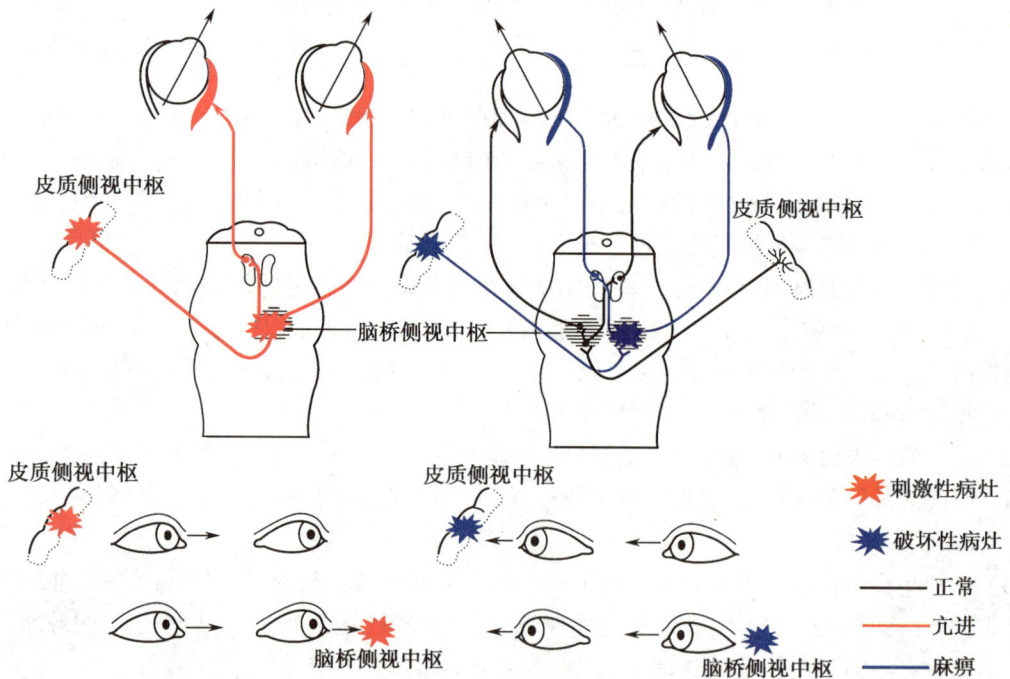

图 2-29　水平注视麻痹

（2）垂直注视麻痹：上丘是眼球垂直同向运动的皮质下中枢，上丘的上半司眼球的向上运动，上丘的下半司眼球的向下运动。上丘病变时可引起眼球垂直运动障碍。上丘上半受损时，双眼向上同向运动不能，称帕里诺综合征（Parinaud syndrome），常见于松果体区肿瘤。上丘上半刺激性病变可出现发作性双眼转向上方,称动眼危象。上丘下半损害时,可引起两眼向下同向注视障碍。

核上性眼肌麻痹临床上有三个特点:①双眼同时受累;②无复视;③反射性运动仍保存,即患者双眼不能随意向一侧运动,但该侧突然出现声响时,双眼可反射性转向该侧,这是由于颞叶有纤维与Ⅲ、Ⅳ和Ⅵ脑神经联系的缘故。

(二) 不同眼肌麻痹导致的复视

复视(diplopia)是眼外肌麻痹时经常出现的表现,是指某一眼外肌麻痹时,眼球向麻痹肌收缩的方向运动不能或受限,并出现视物双影。复视产生的原因主要是:当眼肌麻痹时患侧眼轴偏斜,注视物不能投射到双眼视网膜的对应点上,视网膜上不对称的刺激在视中枢引起两个影像的冲动,患者则感到视野中有一实一虚两个影像,即所谓的真像和假像。健眼能使外界物体的影像投射到黄斑区,视物为实像(即真像);有眼肌麻痹的患眼则使外界物体的影像投射到黄斑区以外的视网膜上,视物为虚像(即假像)。

复视成像的规律是:一侧外直肌麻痹时,眼球偏向内侧,虚像位于实像外侧;一侧内直肌麻痹时,眼球偏向外侧,虚像位于实像内侧;支配眼球向上运动的眼肌麻痹时,眼球向下移位,虚像位于实像之上;支配眼球向下运动的眼肌麻痹时,眼球向上移位,虚像位于实像之下。复视最明显的方位出现在麻痹肌作用力的方向上。临床上可根据复视最明显的方位结合实、虚像的位置关系来判断麻痹的眼外肌,如右侧外直肌麻痹,虚像在实像外侧,双眼向右侧转动时复视最明显。

(三) 不同部位损害所致的瞳孔改变

1. 瞳孔的大小 是由动眼神经的副交感神经纤维(支配瞳孔括约肌)和颈上交感神经节发出的节后神经纤维(支配瞳孔散大肌)共同调节的。当动眼神经的副交感神经纤维损伤时出现瞳孔散大,而交感神经纤维损伤时出现瞳孔缩小。在普通光线下瞳孔的直径约 $3 \sim 4mm$,一般认为瞳孔直径小于 $2mm$ 为瞳孔缩小,大于 $5mm$ 为瞳孔散大。

(1) 瞳孔缩小:见于颈上交感神经径路损害。交感中枢位于下丘脑(1级神经元),发出的纤维至 $C_8 \sim T_2$ 侧角的脊髓交感中枢(2级神经元),交换神经元后纤维经胸及颈交感干至颈上交感神经节(3级神经元),交换神经元后节后纤维经颈内动脉交感神经丛至上睑板肌、眼眶肌、瞳孔开大肌及汗腺和血管(图2-30)。一侧颈上交感神经径路损害常见于 Horner 综合征。如果损害双侧交感神经的中枢径路,则出现双侧瞳孔针尖样缩小,见于脑桥出血、脑室出血压迫脑干或镇静催眠药中毒等。

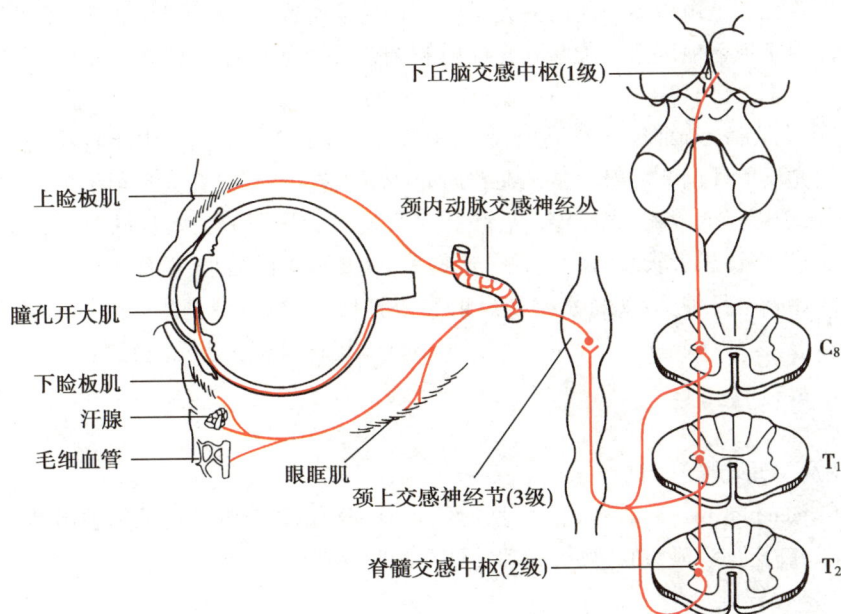

图 2-30　眼交感神经通路

（2）瞳孔散大：见于动眼神经麻痹。由于动眼神经的副交感神经纤维在神经的表面，所以当颞叶钩回疝时，可首先出现瞳孔散大而无眼外肌麻痹。视神经病变失明及阿托品类药物中毒时瞳孔也可散大。

2. **瞳孔光反射异常**　见于光反射通路损害。瞳孔对光反射是指受到光线刺激后瞳孔缩小的反射，分为直接光反射和间接光反射。其传导通路为：光线→视网膜→视神经→视交叉→视束→上丘臂→上丘→中脑顶盖前区→两侧 E-W 核→动眼神经→睫状神经节→节后纤维→瞳孔括约肌（图 2-31）。传导径路上任何一处损害均可引起瞳孔光反射消失和瞳孔散大。但由于司瞳孔光反射的纤维不进入外侧膝状体，所以外侧膝状体、视辐射及枕叶视觉中枢损害引起的中枢性失明不出现瞳孔散大及光反射消失。

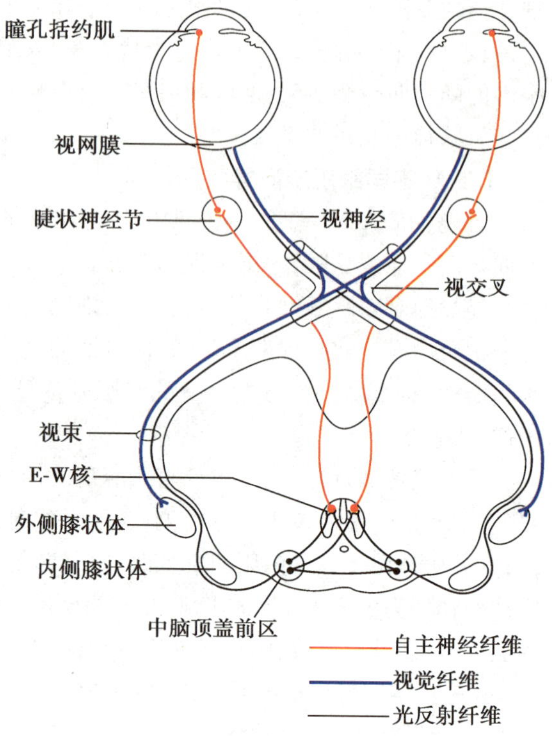

3. **辐辏及调节反射异常**　辐辏及调节反射是指注视近物时双眼会聚（辐辏）及瞳孔缩小（调节）的反射，两者也合称集合反射。辐辏及调节反射的传导通路是：

图 2-31　光反射通路

(辐辏反射)两眼内直肌←动眼神经正中核←

视网膜→视神经→视交叉→视束→外侧膝状体→枕叶纹状区→顶盖前区

(调节反射)瞳孔括约肌、睫状肌←动眼神经E-W核←

调节反射丧失见于白喉（损伤睫状神经）及脑炎（损伤中脑）。辐辏反射丧失见于帕金森综合征（由于肌强直）及中脑病变。

4. **阿-罗瞳孔（Argyll-Robertson pupil）**　表现为两侧瞳孔较小，大小不等，边缘不整，光反射消失而调节反射存在。是由于顶盖前区的光反射径路受损所致，常见于神经梅毒、偶见于多发性硬化及带状疱疹等。由于顶盖前区内支配瞳孔光反射和调节反射的神经纤维并不相同，所以调节反射仍然存在。

5. **埃迪瞳孔（Adie pupil）**　又称强直性瞳孔（tonic pupil）。多见于中年女性，表现为一侧瞳孔散大，直接、间接光反射及调节反射异常。在普通光线下检查，病变瞳孔光反射消失；但在暗处强光持续照射，瞳孔可出现缓慢的收缩，光照停止后瞳孔又缓慢散大。调节反射也同样反应缓慢，以一般方法检查瞳孔不缩小，但让患者较长时间注视一近物后，瞳孔可缓慢缩小，而且比正常侧还小，停止注视后可缓慢恢复。伴有全身腱反射（特别是膝反射和跟腱反射）减弱或消失。若同时伴有节段性无汗及直立性低血压等，称为埃迪综合征（Adie's syndrome），其病因和发病机制尚不清楚。

四、三叉神经

【解剖结构及生理功能】

三叉神经（trigeminal nerve，Ⅴ）为混合性神经，含有一般躯体感觉和特殊内脏运动两种神经纤维。感觉神经司面部、口腔及头顶部的感觉，运动神经支配咀嚼肌的运动。

（一）感觉神经纤维

第1级神经元位于三叉神经半月节，三叉神经半月节位于颞骨岩尖三叉神经压迹处，颈内动脉的外侧和海绵窦的后方。三叉神经半月节与脊髓后根神经节相似，含假单极神经细胞，其周围突分为眼神经、上颌神经和下颌神经三个分支,分布于头皮前部和面部的皮肤及眼、鼻、口腔内黏膜,分别经眶上裂、圆孔及卵圆孔入颅。其中枢突进入脑桥后,深感觉纤维终止于三叉神经中脑核;触觉纤维终止于三叉神经感觉主核;痛温觉纤维沿三叉神经脊束下降,终止于三叉神经脊束核。三叉神经脊束核是最长的脑神经核,从脑桥至第二颈髓后角,来自面部中央区(口周)的痛温觉纤维止于脊束核的上部;来自面部周围区(耳周)的纤维止于此核的下部。这种节段特点,在临床上有较重要的定位意义。由感觉主核及脊束核的 2 级神经元发出的纤维交叉至对侧组成三叉丘系上升,止于丘脑腹后内侧核,从丘脑 3 级神经元发出的纤维经内囊后肢最后终止于中央后回感觉中枢的下 1/3 区(图 2-32)。

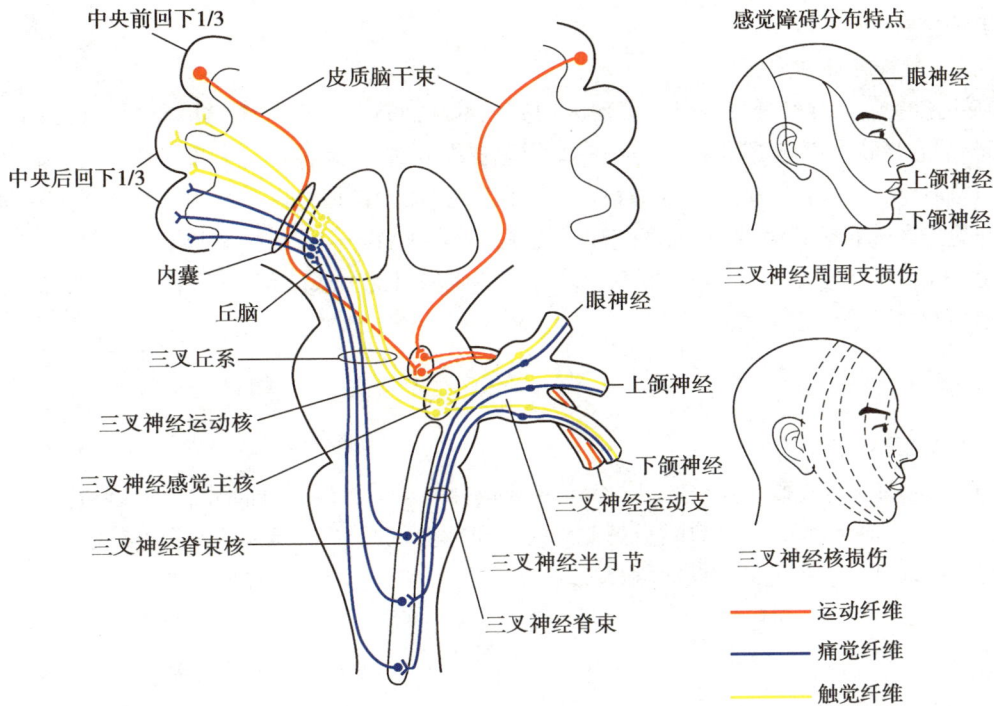

图 2-32　三叉神经传导通路

1. **眼神经(第1支)**　接受来自颅顶前部头皮、前额、鼻背、上睑的皮肤以及鼻腔上部、额窦、角膜与结膜等处的黏膜感觉,经眶上裂入颅。眼神经是角膜反射的传入纤维。

2. **上颌神经(第2支)**　分布于眼与口裂之间的皮肤、上唇、上颌牙齿和齿龈、硬腭和软腭、扁桃体窝前部、鼻腔、上颌窦及鼻咽部黏膜等,经圆孔入颅。

3. **下颌神经(第3支)**　是混合神经,与三叉神经运动支并行,感觉纤维分布于耳颞区和口裂以下的皮肤、下颌部的牙齿及牙龈、舌前 2/3、口腔底部黏膜、外耳道和鼓膜,经卵圆孔入颅。

（二）运动神经纤维

三叉神经运动纤维起自脑桥三叉神经运动核,发出纤维在脑桥的外侧出脑,经卵圆孔出颅,走行于下颌神经内,支配咀嚼肌(颞肌、咬肌、翼内肌、翼外肌)和鼓膜张肌等。主要司咀嚼运动和张口运动。翼内、外肌的功能是将下颌推向前下,故一侧神经麻痹时,张口时下颌向患侧偏斜。三叉神经运动核受双侧皮质脑干束支配。

（三）角膜反射通路

刺激角膜通过以下通路引起闭眼反应:角膜→三叉神经眼支→三叉神经半月神经节→三叉神经感觉主核→两侧面神经核→面神经→眼轮匝肌(出现闭眼反应)。角膜反射是由三叉神经的眼神经与面神经共同完成的。当三叉神经第 1 支(眼神经)或面神经损害时,均可出现角膜反射消失。

【病损表现及定位诊断】

（一）三叉神经周围性损害

周围性损害包括三叉神经半月节、三叉神经根或三个分支的病变。刺激性症状主要表现为三叉神经痛；破坏性症状主要表现为三叉神经分布区域感觉减弱或消失，咀嚼肌麻痹，张口时下颌向患侧偏斜。多见于颅中窝脑膜瘤、鼻咽癌颅底转移及三叉神经节带状疱疹病毒感染等。

1. **三叉神经半月节和三叉神经根的病变**　表现为三叉神经分布区的感觉障碍，角膜反射减弱或消失，咀嚼肌瘫痪。多数合并有第Ⅶ、Ⅷ对脑神经和同侧小脑损伤的症状和体征。

2. **三叉神经分支的病变**　表现为三叉神经各分支分布范围内的痛、温、触觉均减弱或消失。如为眼神经病变可合并角膜反射减弱或消失；如为下颌神经病变可合并同侧咀嚼肌无力或瘫痪，张口时下颌向患侧偏斜。

（二）三叉神经核性损害

1. **感觉核**　三叉神经脊束核损害表现为同侧面部洋葱皮样分离性感觉障碍，特点为：①分离性感觉障碍：痛温觉缺失而触觉和深感觉存在；②洋葱皮样分布：三叉神经脊束核很长，当三叉神经脊束核上部损害时，出现口鼻周围痛温觉障碍，而下部损害时，则面部周边区及耳廓区域痛温觉障碍，可产生面部洋葱皮样分布的感觉障碍。常见于延髓空洞症、延髓背外侧综合征及脑干肿瘤等。

2. **运动核**　一侧三叉神经运动核损害，产生同侧咀嚼肌无力或瘫痪，并可伴肌萎缩，张口时下颌向患侧偏斜。常见于脑桥肿瘤。

五、面神经

【解剖结构及生理功能】

面神经（facial nerve，Ⅶ）为混合性神经，其主要成分是运动神经，司面部的表情运动；次要成分为中间神经，含有内脏运动纤维、特殊内脏感觉纤维和躯体感觉纤维，司味觉和腺体（泪腺及唾液腺）的分泌，以及内耳、外耳道等处的皮肤感觉（图2-33）。

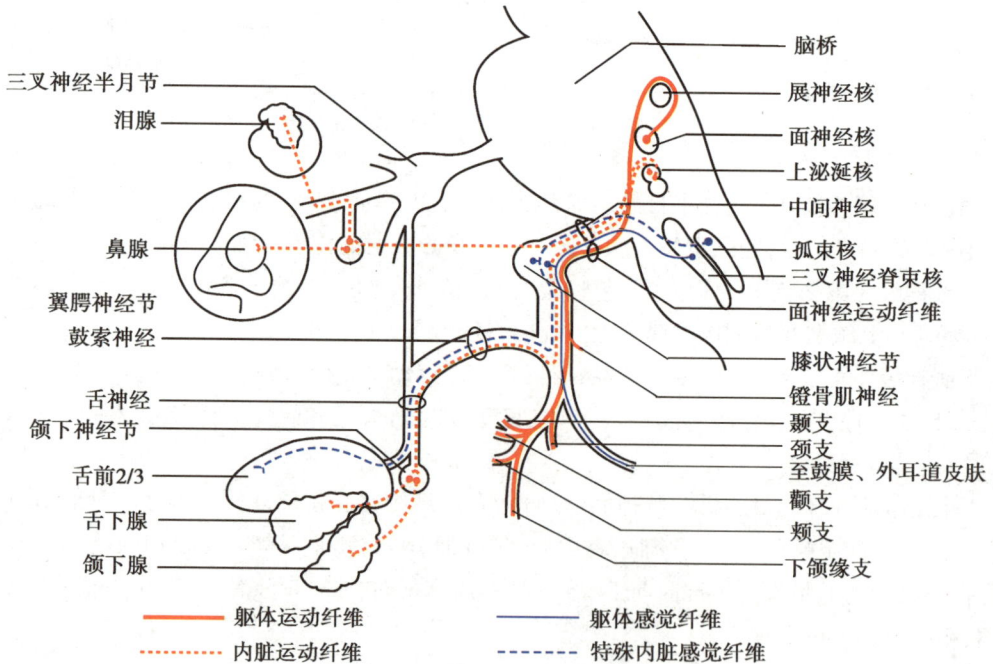

图2-33　面神经分支及分布

（一）运动纤维

运动纤维发自位于脑桥下部被盖腹外侧的面神经核，其纤维行于背内侧，绕过展神经核，再向前下行,于脑桥下缘邻近听神经处出脑。此后与位听神经并行,共同进入内耳孔,在内听道底部,面神经与位听神经分离,再经面神经管下行,在面神经管转弯处横过膝状神经节,沿途分出镫骨肌神经和鼓索神经,最后经茎乳孔出颅,穿过腮腺,支配除了咀嚼肌和上睑提肌以外的面部诸表情肌及耳部肌、枕肌、颈阔肌及镫骨肌等。支配上部面肌(额肌、皱眉肌及眼轮匝肌)的神经元受双侧皮质脑干束控制,支配下部面肌(颊肌及口轮匝肌)的神经元受对侧皮质脑干束控制。

（二）感觉纤维

面神经的感觉纤维为中间神经,分为以下两种:

1. **味觉纤维** 是感觉纤维中最主要的部分。味觉的第 1 级神经元在膝状神经节,周围突沿面神经下行,在面神经管内,离开面神经向前走,形成鼓索神经,参加到舌神经(三叉神经下颌支的分支)中,终止于舌前 2/3 味蕾,司舌前 2/3 味觉;中枢突形成面神经的中间神经,在运动支的外侧进入脑桥,与舌咽神经的味觉纤维一起,终止于孤束核(第 2 级神经元)。从孤束核发出纤维交叉至对侧,位于内侧丘系的内侧上行,终止于丘脑外侧核(第 3 级神经元),再发出纤维终止于中央后回下部。

2. **一般躯体感觉纤维** 感觉细胞也位于膝状神经节内,接受来自鼓膜、内耳、外耳及外耳道皮肤的感觉冲动。这些纤维病变时则产生耳痛。

（三）副交感神经纤维

副交感神经纤维司泪腺、舌下腺及颌下腺的分泌。从脑桥上泌涎核发出的副交感神经,经中间神经→鼓索神经→舌神经至颌下神经节,其节后纤维支配舌下腺及颌下腺的分泌。司泪腺分泌的纤维经中间神经加入岩浅大神经,至翼腭神经节,节后纤维支配泪腺。

【病损表现及定位诊断】

面神经损伤根据不同部位分中枢性及周围性,各有其特点。

（一）上运动神经元损伤所致的中枢性面神经麻痹

病变在一侧中央前回下部或皮质延髓束,临床仅表现为病灶对侧下面部表情肌瘫痪,即鼻唇沟变浅、口角轻度下垂,而上部面肌(额肌和眼轮匝肌)不受累,皱眉、皱额和闭眼动作均无障碍(图 2-34)。常见于脑血管病等。

（二）下运动神经元损伤所致的周围性面神经麻痹

病变在面神经核或核以下周围神经,临床表现为同侧面肌瘫痪,即患侧额纹变浅或消失,不能皱

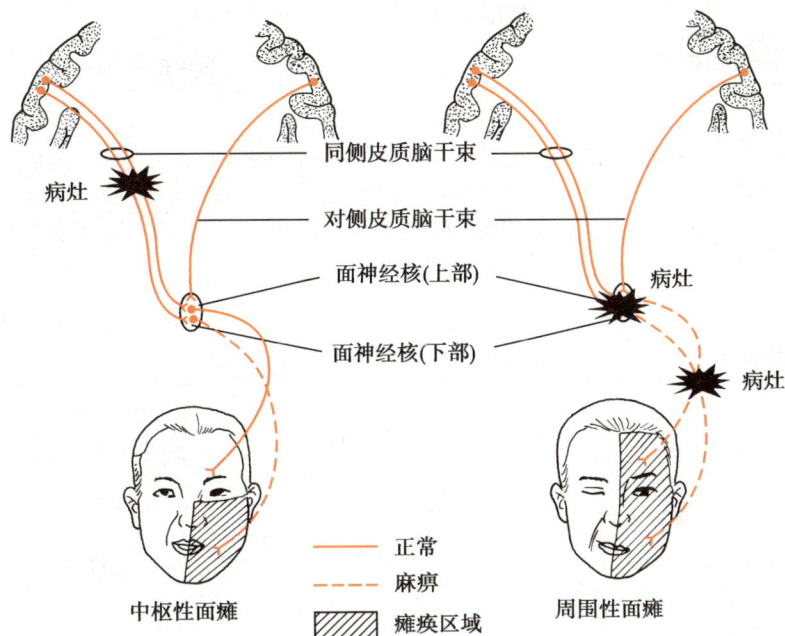

图 2-34 中枢性和周围性面神经麻痹

眉,眼裂变大,眼睑闭合无力,用力闭眼时眼球向上外方转动,显露白色巩膜,称为贝尔(Bell)征,患者鼻唇沟变浅,口角下垂并歪向健侧,鼓腮漏气,不能吹口哨,食物易残存于颊部与齿龈之间(图2-34)。周围性面神经麻痹时,还可以进一步根据伴发的症状和体征确定病变的具体部位(图2-35)。

1. 面神经管前损害

(1)面神经核损害:表现周围性面神经麻痹外,常伴有展神经麻痹,对侧锥体束征,病变在脑桥。常见于脑干肿瘤及血管病。

(2)膝状神经节损害:表现为周围性面神经麻痹,舌前2/3味觉障碍及泪腺、唾液腺分泌障碍(鼓索受累),可伴有听觉过敏(镫骨肌神经受累),耳后部剧烈疼痛,鼓膜和外耳道疱疹,称亨特综合征(Hunt syndrome)。见于膝状神经节带状疱疹病毒感染。

2. 面神经管内损害　表现为周围性面神经麻痹伴有舌前2/3味觉障碍及唾液腺分泌障碍,为面神经管内鼓索神经受累;如还伴有听觉过敏,则病变多在镫骨肌神经以上。

3. 茎乳孔以外病变　只表现为周围性面神经麻痹。

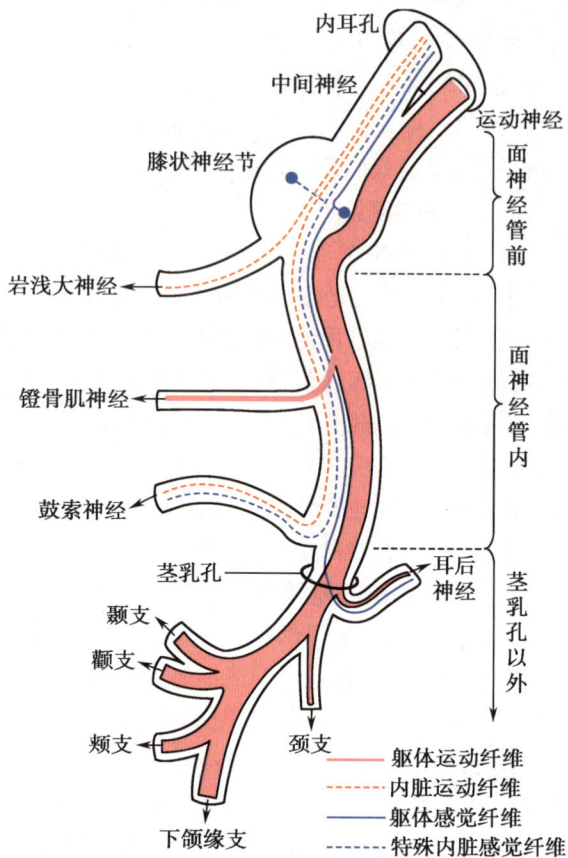

图2-35　面神经各节段

面神经麻痹的定位诊断,首先要区别是周围性面神经麻痹,还是中枢性面神经麻痹(表2-4)。如为周围性面神经麻痹,还要区分是脑干内还是脑干外。这种明确的定位对疾病的定性诊断有重要价值。

表2-4　周围性与中枢性面神经麻痹的鉴别

特征	周围性面神经麻痹	中枢性面神经麻痹
面瘫程度	重	轻
症状表现	面部表情肌瘫痪使表情动作丧失	病灶对侧下部面部表情肌瘫痪(鼻唇沟变浅和口角下垂),额支无损(两侧中枢支配),皱额、皱眉和闭眼动作无障碍;病灶对侧面部随意动作丧失而哭、笑等动作仍保存;常伴有病灶对侧偏瘫和中枢性舌下神经瘫
恢复速度	缓慢	较快
常见病因	面神经炎	脑血管疾病及脑部肿瘤

六、前庭蜗神经

【解剖结构及生理功能】

前庭蜗神经(vestibulocochlear nerve,Ⅷ)又称位听神经,是特殊躯体感觉性神经,由蜗神经和前庭神经组成。

(一)蜗神经

蜗神经(cochlear nerve)起自内耳螺旋神经节(蜗神经节)的双极神经元(1级神经元),其周围突感受内耳螺旋器（Corti 器）毛细胞的冲动,中枢突进入内听道组成蜗神经,终止于脑桥尾端的蜗神经前后核（2 级神经元）,发出的纤维一部分经斜方体至对侧,一部分在同侧上行,形成外侧丘系,终止于四叠体的下丘（听反射中枢）及内侧膝状体（3 级神经元）,内侧膝状体发出纤维经内囊后肢形成听辐射,终止于颞横回皮质听觉中枢（图 2-36）。蜗神经主要传导听觉。

（二）前庭神经

前庭神经（vestibular nerve）起自内耳前庭神经节的双极细胞（1 级神经元）,其周围突分布于三个半规管的椭圆囊、球囊和壶腹,感受身体和头部的空间移动。中枢突组成前庭神经,和蜗神经一起经内耳孔入颅腔,终止于脑桥和延髓的前庭神经核群（内侧核、外侧核、上核和脊髓核）（2 级神经元）。发出的纤维一小部分经过小脑下脚止于小脑的绒球小结叶;由前庭神经外侧核发出的纤维构成前庭脊髓束,止于同侧前角细胞,调节躯体平衡;来自其他前庭神经核的纤维加入内侧纵束,与眼球运动神经核和上颈髓联系,调节眼球及颈肌反射性活动（图 2-37）。前庭神经的功能为反射性调节机体的平衡,调节机体对各种加速度的反应。

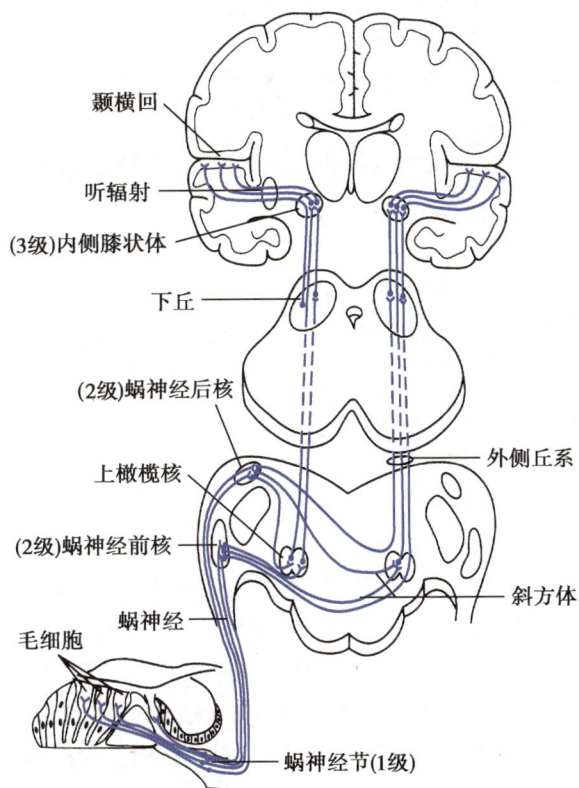

图 2-36　蜗神经传导通路

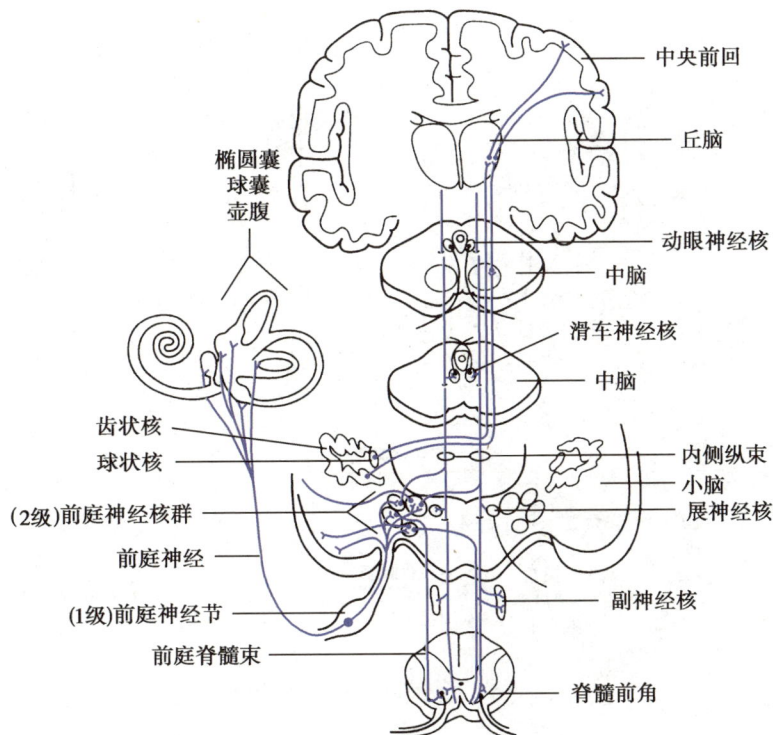

图 2-37　前庭神经传导通路

【病损表现及定位诊断】

（一）蜗神经

蜗神经损害时主要表现为听力障碍和耳鸣。详见第三章。

（二）前庭神经

前庭神经损害时可表现为眩晕、眼球震颤及平衡障碍。详见第三章。

七、舌咽、迷走神经

舌咽神经（glossopharyngeal nerve，Ⅸ）和迷走神经（vagus nerve，Ⅹ）均为混合性神经，都包括特殊内脏运动、一般内脏运动（副交感）、一般内脏感觉和躯体感觉四种成分，另外，舌咽神经还包含特殊内脏感觉纤维。两者有共同的神经核（疑核和孤束核）、共同的走行和共同的分布特点。疑核发出的纤维随舌咽神经和迷走神经支配软腭、咽、喉和食管上部的横纹肌，舌咽神经和迷走神经的一般内脏感觉纤维的中枢突终止于孤束核。

【解剖结构及生理功能】

（一）舌咽神经

1. **感觉神经** ①特殊内脏感觉纤维：其胞体位于下神经节，中枢突止于孤束核，周围突分布于舌后1/3味蕾，传导味觉；②一般内脏感觉纤维：其胞体亦位于下神经节，中枢突止于孤束核，周围突接受咽、扁桃体、舌后1/3、咽鼓管和鼓室等处黏膜，接受黏膜的感觉；分布于颈动脉窦和颈动脉小球的纤维（窦神经）与呼吸、血压和脉搏的调节有关；③一般躯体感觉纤维：其胞体位于上神经节，其周围突分布于耳后皮肤，中枢突到三叉神经脊束核，接受耳部皮肤的一般感觉（图2-38）。

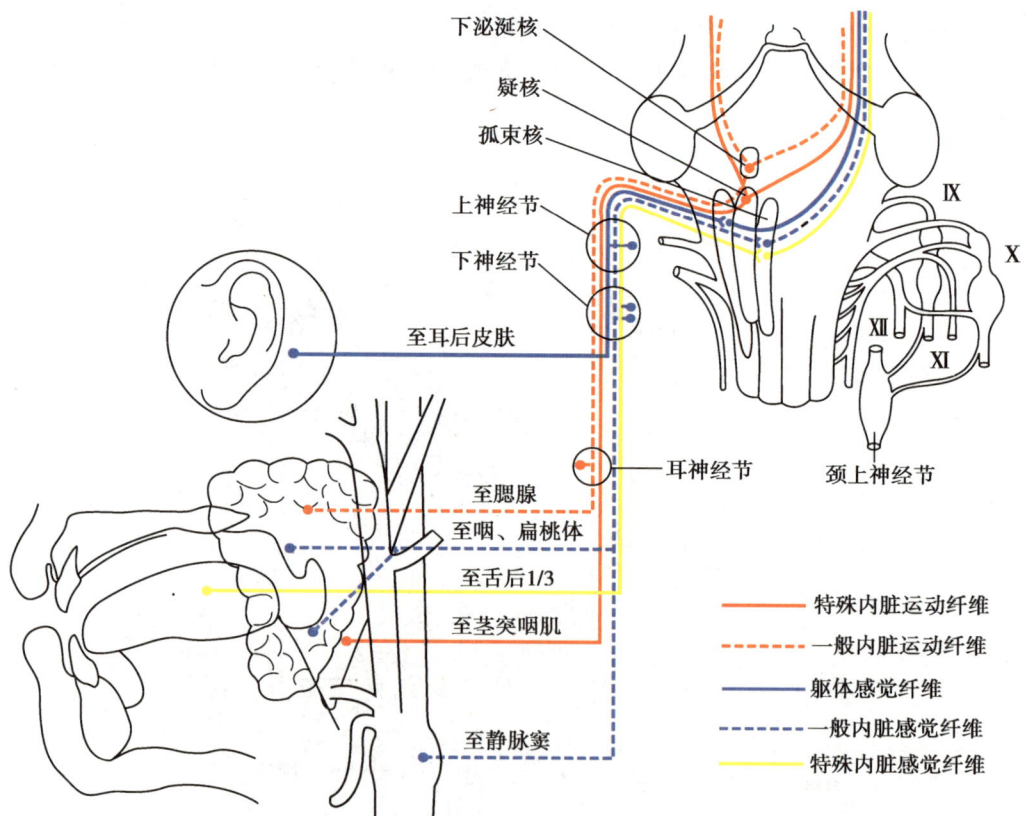

图2-38   舌咽神经的分支和分布

2. **特殊内脏运动纤维** 起自延髓疑核，经颈静脉孔出颅，支配茎突咽肌，功能是提高咽穹隆，与迷走神经共同完成吞咽动作（图2-38）。

3. 副交感纤维 为一般内脏运动纤维,起自下泌涎核,经鼓室神经、岩浅小神经,终止于耳神经节,其节后纤维分布于腮腺,司腮腺分泌(图2-38)。

（二）迷走神经

迷走神经是行程最长、分布范围最广的脑神经。

1. 感觉纤维 ①一般躯体感觉纤维:其胞体位于上神经节(颈静脉神经节)内,中枢突止于三叉神经脊束核,周围突分布于外耳道、耳廓凹面的一部分皮肤(耳支)及硬脑膜;②一般内脏感觉纤维:其胞体位于下神经节(结状神经节)内,中枢突止于孤束核,周围突分布于咽、喉、食管、气管及胸腹腔内诸脏器(图2-39)。

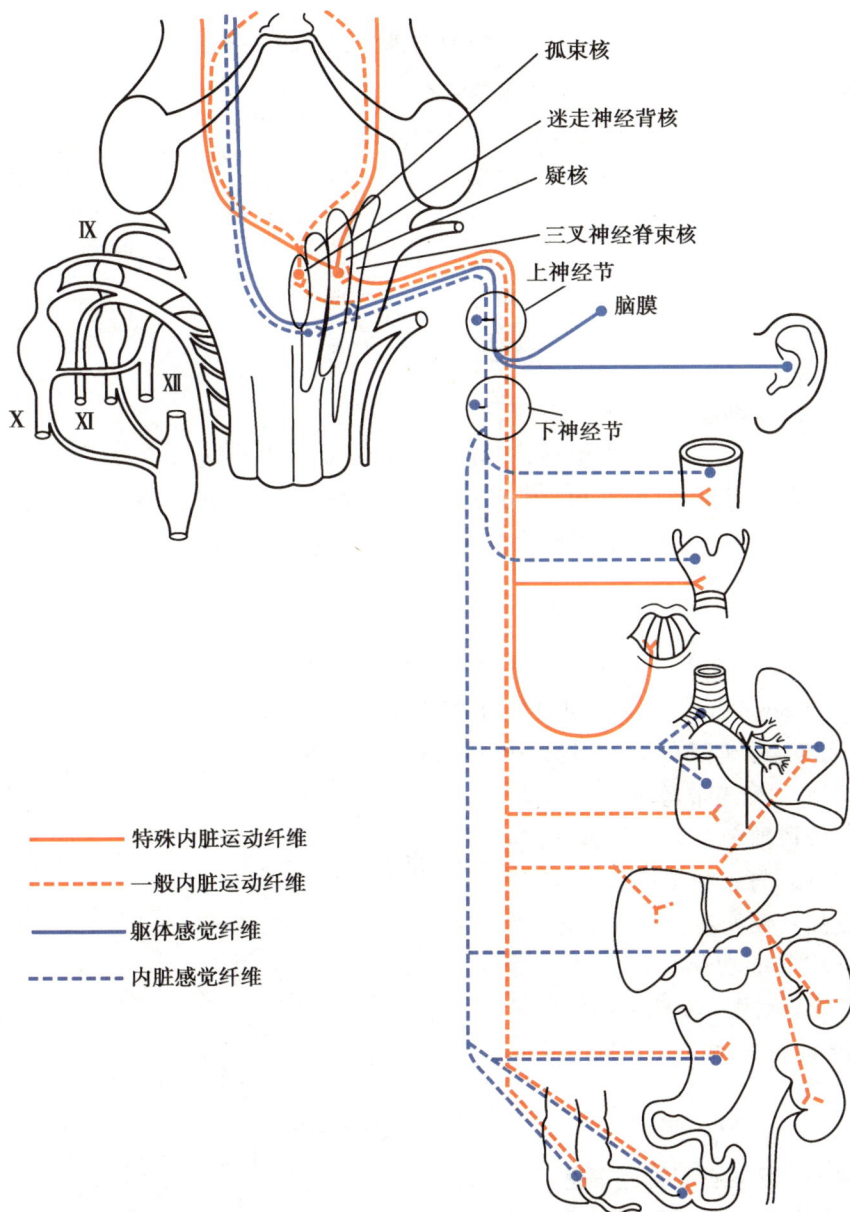

图2-39 迷走神经的分支及分布

2. 特殊内脏运动纤维 起自疑核,由橄榄体的背侧出延髓,经颈静脉孔出颅,支配软腭、咽及喉部的横纹肌(图2-39)。

3. 副交感纤维 为一般内脏运动纤维,起自迷走神经背核,其纤维终止于迷走神经丛的副交感神经节,发出的节后纤维分布于胸腹腔诸脏器,控制平滑肌、心肌和腺体的活动(图2-39)。

【病损表现及定位诊断】

（一）舌咽、迷走神经共同损伤

舌咽、迷走神经彼此相邻近，有共同的起始核，常同时受损，表现为声音嘶哑、吞咽困难、饮水呛咳及咽反射消失，称延髓麻痹（真性延髓麻痹），临床上也习惯称为延髓麻痹。一侧损伤时症状较轻，张口时可见瘫痪一侧的软腭弓较低，腭垂偏向健侧，患者发"啊"音时患侧软腭上抬受限，患侧咽部感觉缺失，咽反射消失，见于吉兰-巴雷综合征及 Wallenberg 综合征等。舌咽、迷走神经的运动核受双侧皮质脑干束支配，当一侧损害时不出现延髓麻痹症状，当双侧皮质延髓束损伤时才出现构音障碍和吞咽困难，而咽反射存在，称假性延髓麻痹，常见于两侧大脑半球的血管病变。真性延髓麻痹与假性延髓麻痹鉴别见表 2-5。

表 2-5   真性延髓麻痹与假性延髓麻痹的鉴别

特征	真性延髓麻痹	假性延髓麻痹
病变部位	舌咽、迷走神经，（一侧或两侧）	双侧皮质脑干束
下颌反射	消失	亢进
咽反射	消失	存在
强哭强笑	无	有
舌肌萎缩	可有	无
双锥体束征	无	常有

（二）舌咽、迷走神经单独受损

舌咽神经麻痹主要表现为咽部感觉减退或丧失、咽反射消失、舌后 1/3 味觉丧失和咽肌轻度瘫痪。迷走神经麻痹时出现声音嘶哑、构音障碍、软腭不能提升、吞咽困难、咳嗽无力和心动过速等。出现舌咽神经或迷走神经单独受损的症状，而无脑干受损的长束体征，提示脑干外神经根病变。

八、副神经

【解剖结构及生理功能】

副神经（accessory nerve，XI）为运动神经，由延髓支和脊髓支两部分组成，分别包括特殊内脏运动纤维和躯体运动纤维。延髓支起自延髓疑核，颅内部分在颈静脉孔处与脊髓部分相分离，加入迷走神经，构成喉返神经，支配声带运动；脊髓支起自颈髓第 1~5 节段前角腹外侧细胞柱，其纤维经枕大孔入颅，与延髓支汇合，再经颈静脉孔出颅，支配胸锁乳突肌和斜方肌（图 2-40）。胸锁乳突肌的功能是使头转向对侧，斜方肌支配耸肩动作。双侧胸锁乳突肌同时收缩时颈部前屈，双侧斜方肌同时收缩时头向后仰。

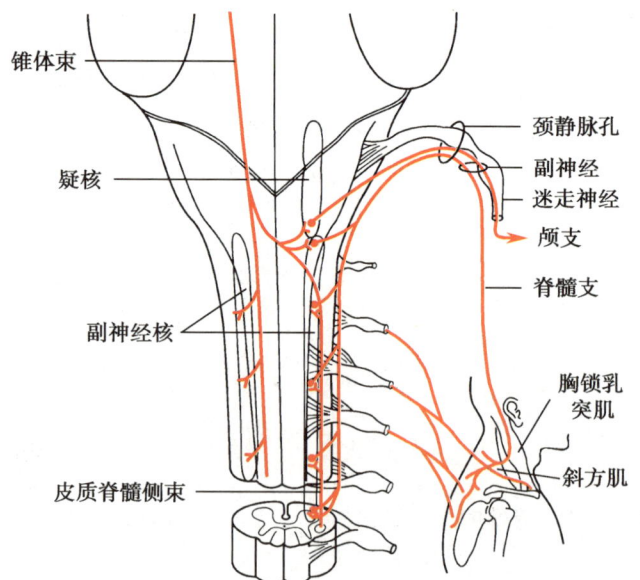

图 2-40   副神经的分支及分布

【病损表现及定位诊断】

（一）一侧副神经核或其神经损害

一侧副神经核或其神经损害表现为同侧胸锁乳突肌和斜方肌萎缩，患者向病变对侧转颈不能，患侧肩下垂并耸肩无力。颅后窝病变时，副神经常与迷走神经和舌咽神经同时受损（颈静脉孔综合征）。出颈静脉孔后，副神经主干和分支可因淋巴结炎、颈部穿刺以及外科手术等受损。由于副神经受两侧皮质脑干束支配,故一侧皮质脑干束损害,不出现副神经受损症状。

（二）双侧副神经核或其神经损害

双侧副神经核或其神经损害表现为双侧胸锁乳突肌均力弱,患者头前屈无力,直立困难,多呈后仰位,仰卧位时不能抬头。

九、舌下神经

【解剖结构及生理功能】

舌下神经(hypoglossal nerve,Ⅻ)为躯体运动神经,支配舌肌运动。位于延髓第四脑室底舌下神经三角深处的舌下神经核发出轴突在橄榄体与锥体之间出脑,经舌下神经管出颅,分布于同侧舌肌。舌向外伸出主要是颏舌肌向前牵拉的作用,舌向内缩回主要是舌骨舌肌的作用。舌下神经只受对侧皮质脑干束支配。

【病损表现及定位诊断】

（一）舌下神经核上性病变

一侧病变时,伸舌偏向病灶对侧。此因正常时两侧颏舌肌运动将舌推向前方,若一侧颏舌肌肌力减弱,则健侧肌运动将舌推向偏瘫侧,无舌肌萎缩及肌束颤动,称中枢性舌下神经麻痹。常见于脑血管病等。

（二）舌下神经及核性病变

一侧病变表现为患侧舌肌瘫痪,伸舌偏向患侧;两侧病变则伸舌受限或不能,同时伴有舌肌萎缩。舌下神经核的病变可伴有肌束颤动,见于肌萎缩侧索硬化或延髓空洞症等。

第四节　周　围　神　经

周围神经(peripheral nerve)是指脊髓及脑干软脑膜以外的所有神经结构,即除嗅、视神经以外的所有脑神经和脊神经。其中与脑相连的部分为脑神经(cranial nerves),与脊髓相连的为脊神经(spinal nerves)。分布于体表、骨、关节和骨骼肌的为躯体神经(somatic nerves);分布于内脏、血管、平滑肌和腺体的为内脏神经(visceral nerves)。多数周围神经为混合神经,包含感觉纤维、运动纤维、交感纤维、副交感纤维,还包被有结缔组织膜、血管及淋巴管等。

在脑神经、脊神经和内脏神经中,各自都含有感觉和运动成分。感觉传入神经由脊神经后根、后根神经节和脑神经的神经节构成,将皮肤、关节、肌腱和内脏神经的冲动由感受器传向中枢神经系统;运动传出神经由脊髓前角和侧角发出的脊神经前根和脑干运动核发出的脑神经构成,将神经冲动由中枢神经系统传出到周围的效应器。由于内脏神经的传出部分专门支配不直接受人意识控制的平滑肌、心肌和腺体的运动,故又将内脏传出神经称为自主神经(autonomic nerve)。自主神经又根据形态和功能分为交感神经(sympathetic nerve)和副交感神经(parasympathetic nerve)两部分。脑神经已在本章脑神经一节中详述,本节主要叙述脊神经和自主神经。

一、脊神经

【解剖结构及生理功能】

与脊髓相连的周围神经即脊神经,每对脊神经借前根和后根连于一个脊髓节段。前根属运动纤维,后根属感觉纤维,因此脊神经为混合性,一般含有躯体感觉纤维、躯体运动纤维、内脏传入纤维和内脏运动纤维4种成分。31对脊神经可分为5部分:8对颈神经,12对胸神经,5对腰神经,5对骶神经和1对尾神经。每条脊神经干在出椎间孔后立即分为前支、后支、脊膜支和交通支。前支分别交织成丛,即颈丛、臂丛、腰丛和骶丛,由各丛再发出分支分布于躯干前外侧和四肢的肌肉和皮肤,司肌肉运动和皮肤感觉;后支分成肌支和皮支,肌支分布于项、背和腰骶部深层肌,司肌肉运动,皮支分布于枕、项、背、腰、骶及臀部皮肤,司皮肤感觉;脊膜支分布于脊髓被膜、血管壁、骨膜、韧带和椎间盘等处,司一般感觉和内脏运动;交通支为连于脊神经与交感干之间的细支。

脊神经在皮肤的分布有明显的节段性,尤其是颈神经和胸神经的分布。如 T_2 分布于胸骨角水平;T_4 分布于乳头平面;T_6 分布于剑突水平;T_8 分布于肋弓下缘;T_{10} 分布于脐水平;T_{12} 和 L_1 分布于腹股沟水平。四肢的皮神经分布也有一定规律性。如分布到上肢的臂丛中 C_5 和 T_1 神经分布到上肢近端外侧和内侧,$C_{6～8}$ 神经分布于上肢远段及手部。这种分布规律对临床上判断损伤的节段定位具有重要的应用价值。

【病损表现及定位诊断】

周围神经损伤的临床表现是受损神经支配范围内的感觉、运动、反射和自主神经功能异常。其部位及范围随受损神经的分布而异,但有其共同的特性。

（一）脊神经病变导致的运动障碍

前根损害表现为支配节段下运动神经元性瘫痪,不伴有感觉障碍;神经丛和神经干损害为支配区内的运动、感觉、自主神经功能障碍;神经末梢损害为四肢远端对称性下运动神经元性瘫痪。如与呼吸肌有关的脊神经根受累,会出现呼吸肌麻痹引起呼吸困难。运动障碍也可分刺激性和麻痹性两类症状。

1. **刺激性症状**　可表现为肌束震颤、肌痉挛和肌肉痛性痉挛等。

（1）肌束震颤:为肌肉静息时观察到的肌肉颤动,可见于正常人,伴有肌肉萎缩时则为异常,见于运动神经元损伤导致的各种疾病。

（2）肌痉挛:为一个或多个运动单位短暂的自发性痉挛性收缩,较肌束震颤缓慢,持续时间长,邻近的运动单位常呈交替性、间断性收缩,如面神经损伤引起的偏侧面肌痉挛。

（3）肌肉痛性痉挛:为一块肌肉或一个肌群短暂的伴有疼痛的收缩,是一种生理现象,病理状态下出现频率增加,常见于活动较多的肌肉如腓肠肌,肌肉用力收缩时可诱发,按摩可减轻。

2. **麻痹性症状**　为下运动神经元性瘫痪,可出现肌力减弱或丧失、肌萎缩、肌张力低。

（1）肌力减弱或丧失:四肢对称性肌无力可见于多发性神经病及吉兰-巴雷综合征。前者的肌无力多出现在肢体远端,下肢重于上肢;后者的肌无力多出现在肢体和躯干,可伴有呼吸肌麻痹。

（2）肌萎缩:轴突变性或神经断伤时,由于肌肉失去神经营养作用而发生萎缩。临床上,数周内出现肌肉萎缩并进行性加重,如能在 12 个月内建立神经再支配,则有完全恢复的可能;多数情况下,肌萎缩与肌无力平行出现,但脱髓鞘性神经病时,虽有肌无力,但一般无轴突变性(轴索型除外),肌肉萎缩不明显。

（二）脊神经病变导致的感觉障碍

脊神经病变可出现分布区内的感觉障碍。后根损害为节段分布的感觉障碍,常有剧烈根痛;神经丛和神经干损害为分布区的感觉障碍,常伴有疼痛、下运动神经元性瘫痪和自主神经功能障碍;神经末梢损害为四肢远端对称分布的手套-袜套样感觉障碍,常伴有运动和自主神经功能障碍。感觉障碍可分刺激性和麻痹性两类症状,详见第三章。

（三）脊神经病变导致的反射变化

可出现浅反射及深反射减弱或消失。腱反射消失为神经病的早期表现,尤以踝反射丧失为最常见。在主要损伤小纤维的神经病后期才出现腱反射消失。

（四）脊神经病变导致的自主神经障碍

可出现多汗或无汗、黏膜苍白或发绀、皮温降低、皮肤水肿、皮下组织萎缩、角化过度、色素沉着、皮肤溃疡、毛发脱落、指甲光泽消失、甲质变脆、突起增厚及关节肿大。其他可有性功能障碍、膀胱直肠功能障碍、直立性低血压及泪腺分泌减少等。自主神经症状在病程较长或慢性多发性周围神经病中较为常见,如遗传性神经病或糖尿病性神经病。

（五）脊神经病变导致的其他症状

其他症状包括:①动作性震颤:可见于某些多发性神经病;②周围神经肿大:见于麻风、神经纤维瘤、施万细胞瘤、遗传性及慢性脱髓鞘性神经病;③畸形:慢性周围性神经病若发生在生长发育停止前可致手足和脊柱畸形,出现马蹄足、爪形手和脊柱侧弯等;④营养障碍:由于失用、血供障碍和感觉丧失,皮肤、指(趾)甲、皮下组织可发生营养性改变,以远端为明显,加之肢体远端痛觉丧失而易灼伤,可造成手指或足趾无痛性缺失或溃疡,常见于遗传性感觉性神经病。遗传性神经病或慢性周围神经病由于关节感觉丧失及反复损伤,可出现 Charcot 关节。

二、自主神经

【解剖结构及生理功能】

自主神经支配内脏器官(消化道、心血管、呼吸道及膀胱等)及内分泌腺、汗腺的活动和分泌,并参与调节葡萄糖、脂肪、水和电解质代谢,以及体温、睡眠和血压等。自主神经包括交感神经和副交感神经,两者在大脑皮质的调节下通过下丘脑、脑干及脊髓各节段既拮抗又协调地共同调节器官的生理活动,所有调节活动均在无意志控制下进行。自主神经可分为中枢部分和周围部分(图 2-41)。

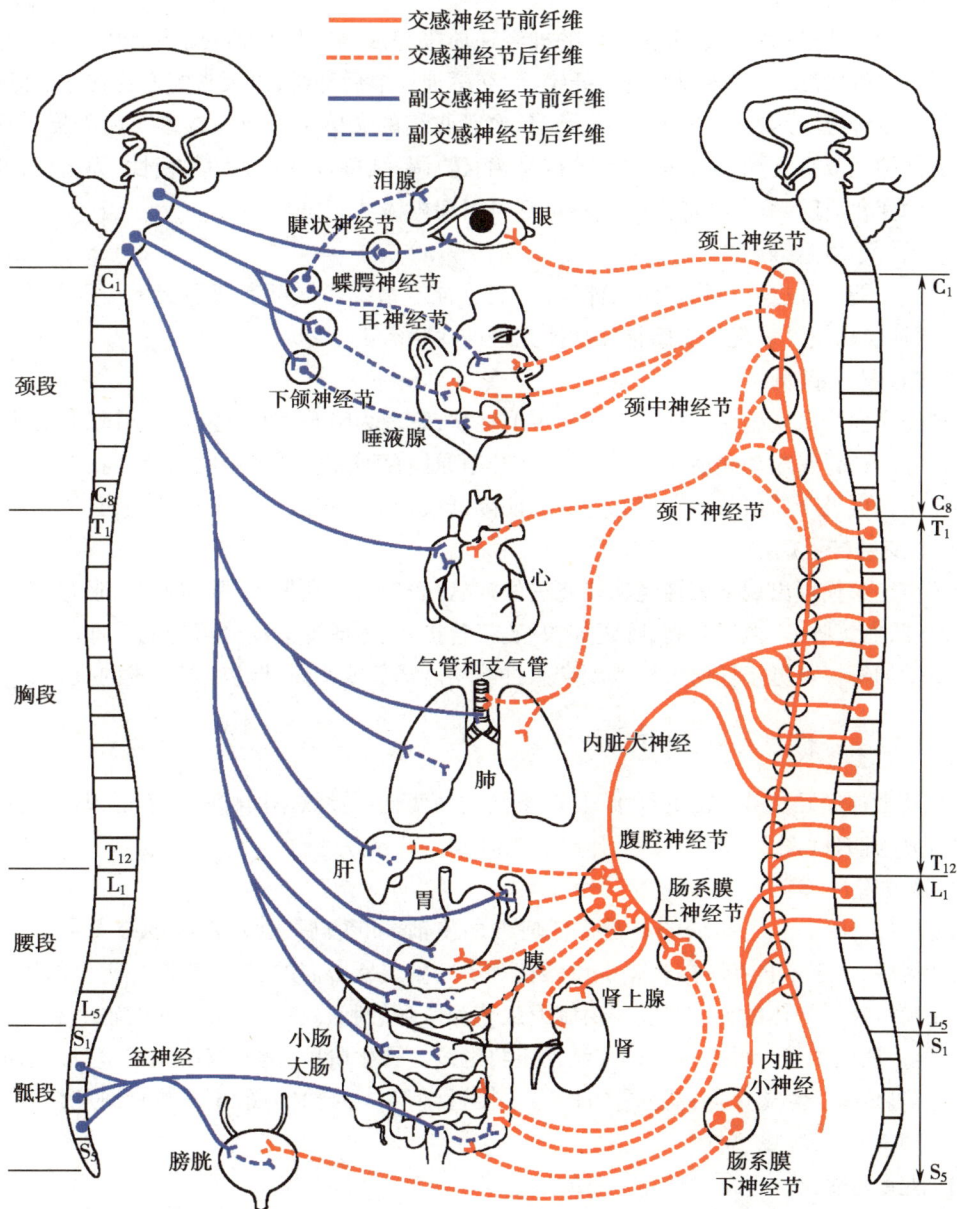

图 2-41　自主神经系统组成

（一）中枢自主神经

中枢自主神经包括大脑皮质、下丘脑、脑干的副交感神经核团以及脊髓各节段侧角区。大脑皮质各区均有自主神经的代表区，如旁中央小叶与膀胱、肛门括约肌调节有关；岛叶、边缘叶与内脏活动有关。下丘脑是自主神经的皮质下中枢，前区是副交感神经代表区，后区是交感神经代表区，共同调节机体的糖、水、盐、脂肪代谢，以及体温、睡眠、呼吸、血压和内分泌的功能。

（二）周围自主神经

1. 交感神经系统　节前纤维起始于 $C_8 \sim L_2$ 脊髓侧角神经元，经脊神经前根和白交通支到脊髓旁交感干的椎旁神经节和腹腔神经节并换元。节后纤维随脊神经分布到汗腺、血管、平滑肌，而大部分节后纤维随神经丛分布到内脏器官。交感神经兴奋时引起机体消耗增加、器官功能活动增强。

2. 副交感神经系统　节前纤维起自脑干和 $S_{2\sim4}$ 脊髓侧角核团，发出纤维在其支配的脏器附近或在脏器内神经节换元。节后纤维支配瞳孔括约肌、睫状肌、颌下腺、舌下腺、泪腺、鼻腔黏膜、腮腺、气管、支气管、心脏、肝、胰、脾、肾和胃肠等。副交感神经与交感神经作用互相拮抗，兴奋时可抑制机体耗损、增加储能。

自主神经的功能是通过神经末梢释放的神经递质来完成的，可分为胆碱能神经和肾上腺素能神经，前者包括交感神经及副交感神经节前纤维、副交感神经节后纤维，以及支配血管扩张、汗腺和子宫的交感神经节后纤维；后者包括支配心脏、肠道、血管收缩的交感神经节后纤维。内脏器官均受交感神经和副交感神经双重支配，两者既相互拮抗又相互协调，维持机体功能的平衡性、完整性，使机体适应内外环境的变化，任一系统功能亢进或不足都可引起机体功能失调。

【病损表现及定位诊断】

自主神经功能紊乱也称植物神经功能紊乱，交感神经系统病损可表现副交感神经功能亢进的症状，而副交感神经病损可表现为交感神经功能亢进的症状。

（一）交感神经病损

交感神经病损可出现副交感神经功能亢进的症状，表现为瞳孔缩小、唾液分泌增加、心率减慢、血管扩张、血压降低、胃肠蠕动和消化腺分泌增加、肝糖原储存增加以增加吸收功能、膀胱与直肠收缩促进废物的排出。可见于任何可导致交感神经功能降低或副交感神经功能亢进的疾病。

（二）副交感神经病损

副交感神经病损可出现交感神经功能亢进的症状，表现为瞳孔散大、眼裂增宽、眼球突出、心率加快、内脏和皮肤血管收缩、血压升高、呼吸加快、支气管扩张、胃肠道蠕动分泌功能受抑制、血糖升高及周围血容量增加等。可见于任何可导致副交感神经功能降低或交感神经功能亢进的疾病。

三、周围神经损伤的病理类型

周围神经由神经元及其发出的纤维组成，不同病理变化可导致不同的临床表现，常见的周围神经病理变化可分为四种（图2-42）。

（一）沃勒变性

沃勒变性（Wallerian degeneration）是指任何外伤使轴突断裂后，远端神经纤维发生的一切变化。神经纤维断裂后，由于不再有轴浆运输提供维持和更新轴突所必需的成分，其断端远侧的轴突自近向远发生变化和解体。解体的轴突和髓鞘由施万细胞和巨噬细胞吞噬。断端近侧的轴突和髓鞘可有同样的变化，但一般只到最近的一两个郎飞结而不再继续。再生阶段，施万细胞先增殖，形成神经膜管，成为断端近侧轴突再生支芽伸向远端的桥梁。接近细胞体的轴突断伤则可使细胞体坏死（图2-42B）。

（二）轴突变性

轴突变性（axonal degeneration）是常见的一种周围神经病理改变，可由中毒、代谢营养障碍以及免疫介导性炎症等引起。基本病理生理变化为轴突的变性、破坏和脱失，病变通常从轴突的远端向近端

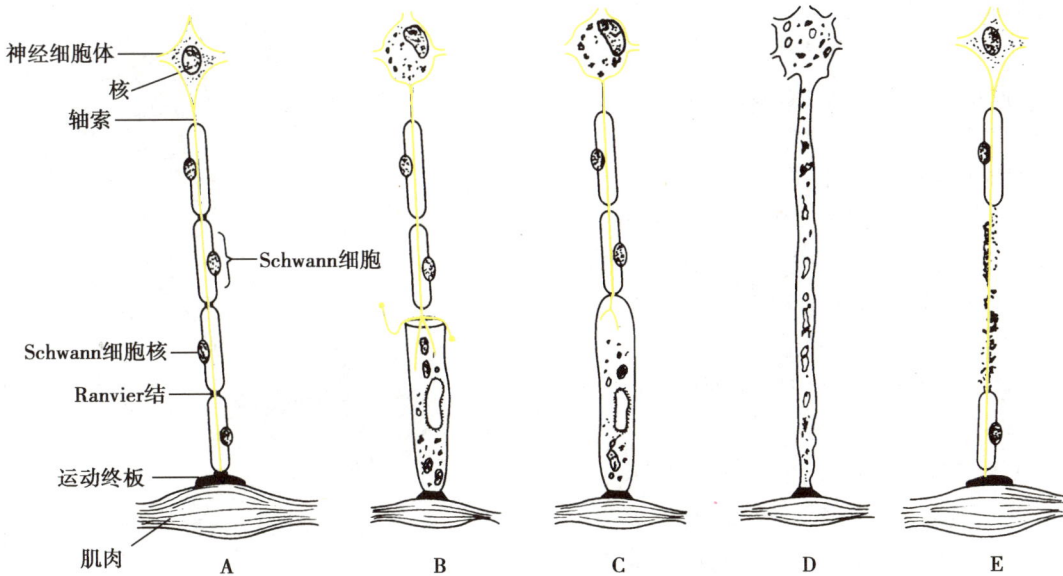

图2-42　周围神经损害的病理类型

A. 正常;B. 沃勒变性;C. 轴突变性;D. 神经元变性;E. 节段性脱髓鞘

发展,故有"逆死性神经病"(dying-back neuropathy)之称(图2-42C)。其轴突病变本身与沃勒变性基本相似,只是轴突的变性、解体以及继发性脱髓鞘均从远端开始。

(三)　神经元变性

神经元变性(neuronal degeneration)是神经元胞体变性坏死继发的轴突及髓鞘破坏,其纤维的病变类似于轴突变性,不同的是神经元一旦坏死,其轴突的全长在短期内即变性和解体,称神经元病(neuronopathy)(图2-42D)。可见于后根神经节感觉神经元病变,如有机汞中毒、大剂量维生素 B_6 中毒或癌性感觉神经病等;也可见于运动神经元病损,如急性脊髓灰质炎和运动神经元病等。

(四)　节段性脱髓鞘(segmental demyelination)

髓鞘破坏而轴突相对保存的病变称为脱髓鞘,可见于炎症、中毒、遗传性或后天性代谢障碍。病理上表现为神经纤维有长短不等的节段性脱髓鞘(segmental demyelination)破坏,施万细胞增殖(图2-42E)。在脱髓鞘性神经病时,病变可不规则地分布在周围神经的远端及近端,但长的纤维比短的更易于受损而发生传导阻滞,因此临床上运动和感觉障碍以四肢远端为重。

细胞体与轴突、轴突与施万细胞都有密切关系,因此四种病理变化相互关联。神经元病导致轴突变性,接近细胞体的沃勒变性可以使细胞坏死。轴突变性总是迅速继发脱髓鞘,轻度节段性脱髓鞘不一定继发轴突变性,但严重的脱髓鞘则可发生轴突变性。

第五节　肌　　肉

【解剖结构及生理功能】

肌肉(muscle)根据构造不同可分为平滑肌、心肌和骨骼肌。平滑肌主要分布于内脏的中空器官及血管壁,心肌为构成心壁的主要部分,骨骼肌主要存在于躯干和肢体;前两者受内脏神经支配,不直接受意识的管理,属于不随意肌;而骨骼肌直接受人的意识控制,属随意肌。本节主要讨论骨骼肌。

骨骼肌是执行运动功能的效应单位,也是机体能量代谢的重要器官。每块骨骼肌由数个至数百个肌束所组成,而肌束又是由数根至数千根并行排列的肌纤维(肌细胞)外包裹肌膜构成。一根肌纤维即是一个肌细胞,由细胞膜(肌膜)、细胞核(肌核)、细胞质(肌浆)和细胞器(线粒体和溶酶体)组成。

骨骼肌受运动神经支配。一个运动神经元发出一根轴突,在到达肌纤维之前分成许多神经末梢,每根末梢到达一根肌纤维形成神经肌肉接头(突触),一个运动神经元同时支配许多肌纤维(图 2-43)。来自运动神经的电冲动通过神经肌肉接头的化学传递引起骨骼肌收缩,进而完成各种自主运动。因此运动神经、神经肌肉接头及肌肉本身病变都可引起骨骼肌运动的异常,后两者引起的疾病统称为骨骼肌疾病。

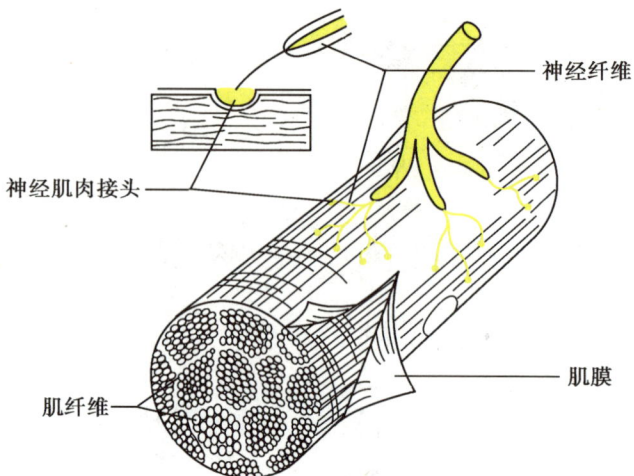

图 2-43   神经及其支配的肌肉

（图中标注：神经纤维、神经肌肉接头、肌纤维、肌膜）

【病损表现及定位诊断】

肌无力是肌肉疾病最常见的表现,另外还有病态性疲劳、肌痛与触痛、肌肉萎缩、肌肉肥大及肌强直等。神经肌肉接头及肌肉本身病变都可引起骨骼肌运动的异常,可见于重症肌无力累及神经肌肉接头,或炎症、离子通道或代谢障碍等累及肌肉本身的疾病等。

（一）神经肌肉接头损伤

突触前膜、突触间隙及突触后膜的病变影响了乙酰胆碱功能而导致运动冲动的电-化学传递障碍,可导致骨骼肌运动障碍。特点为病态性疲劳、晨轻暮重,可累及单侧或双侧,甚至全身肌肉都可无力。病程长时可出现肌肉萎缩。见于重症肌无力、癌性类肌无力综合征、高镁血症、肉毒杆菌中毒及有机磷中毒等。

（二）肌肉损伤

肌肉本身病变多表现为进行性发展的对称性肌肉萎缩和无力,可伴肌肉假性肥大,不伴有明显的失神经支配或感觉障碍的表现。由于特定肌肉萎缩和无力,出现特殊的体态(翼状肩)及步态(鸭步),可见于肌营养不良。伴有肌肉酸痛可见于肌炎;伴有肌强直可见于强直性肌病;伴有皮炎或结缔组织损害见于多发性皮肌炎。

第六节   运动系统

本节运动一词是指骨骼肌的活动,包括随意运动和不随意运动。随意运动指随本人意志而执行的动作,又称"自主运动";不随意运动为不经意志控制的自发动作。运动系统(movement system)由上运动神经元(锥体系统)、下运动神经元、锥体外系统和小脑组成,要完成各种精细而协调的复杂运动,需要整个运动系统的互相配合与协调。此外所有运动都是在接受了感觉冲动以后所产生的冲动,通过深感觉动态地感知使动作能准确执行。运动系统的任何部分损害均可引起运动障碍。

【解剖结构及生理功能】

（一）上运动神经元（锥体系统）

上运动神经元包括额叶中央前回运动区的大锥体细胞(Betz 细胞)及其轴突组成的皮质脊髓束(从大脑皮质至脊髓前角的纤维束)和皮质脑干束(从大脑皮质至脑干脑神经运动核的纤维束)。上运动神经元的功能是发放和传递随意运动冲动至下运动神经元,并控制和支配其活动(图 2-44)。上运动神经元损伤后可产生中枢性(痉挛性)瘫痪。

皮质脊髓束和皮质脑干束经放射冠分别通过内囊后肢和膝部下行。皮质脊髓束经中脑大脑脚中 3/5、脑桥基底部,在延髓锥体交叉处大部分纤维交叉至对侧,形成皮质脊髓侧束下行,终止于脊髓前角;小部分纤维不交叉形成皮质脊髓前束,在下行过程中陆续交叉,止于对侧脊髓前角;仅有少数纤维

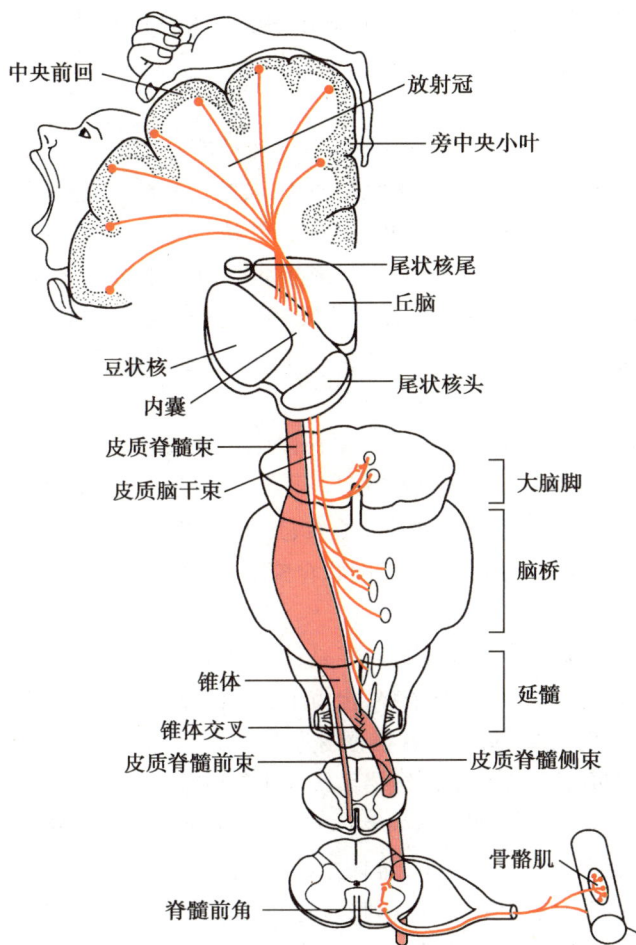

中央前回
放射冠
旁中央小叶
尾状核尾
丘脑
豆状核
尾状核头
内囊
皮质脊髓束
皮质脑干束
大脑脚
脑桥
延髓
锥体
锥体交叉
皮质脊髓前束
皮质脊髓侧束
脊髓前角
骨骼肌

图 2-44　锥体束传导通路

始终不交叉直接下行,陆续止于同侧前角。皮质脑干束在脑干各个脑神经核的平面上交叉至对侧,分别终止于各个脑神经运动核。需注意的是:除面神经核下部及舌下神经核受对侧皮质脑干束支配外,余脑干运动神经核均受双侧皮质脑干束支配。

尽管锥体束主要支配对侧躯体,但仍有一小部分锥体束纤维始终不交叉,支配同侧脑神经运动核和脊髓前角运动神经元。如眼肌、咀嚼肌、咽喉肌、额肌、颈肌及躯干肌等这些习惯左右同时进行运动的肌肉有较多的同侧支配。所以一侧锥体束受损,不引起以上肌肉的瘫痪,中枢性脑神经受损仅出现对侧舌肌和面肌下部瘫痪。而且,因四肢远端比近端的同侧支配更少,锥体束损害导致的四肢瘫痪一般远端较重。

另外,在大脑皮质运动区即 Brodmann 第四区,身体各部分均有相应的代表位置,其排列呈手足倒置关系,即头部在中央前回最下面,大腿在其最上面,小腿和足部则在大脑内侧面的旁中央小叶,这种"倒人形"排列见图 2-4。代表区的大小与运动精细和复杂程度有关,与躯体所占体积无关。上肢尤其是手和手指的区域特别大,躯干和下肢所占的区域最小。肛门及膀胱括约肌的代表区在旁中央小叶。

(二)下运动神经元

下运动神经元包括脊髓前角细胞、脑神经运动核及其发出的神经轴突。它是接受锥体系统、锥体外系统和小脑系统各方面冲动的最后通路,是冲动到达骨骼肌的唯一通路,其功能是将这些冲动组合起来,通过周围神经传递至运动终板,引起肌肉的收缩。由脑神经运动核发出的轴突组成的脑神经直接到达它们所支配的肌肉。由脊髓前角运动神经元发出的轴突经前根、神经丛(颈丛:$C_{1\sim4}$;臂丛:$C_5\sim T_1$;腰丛:$L_{1\sim4}$;骶丛:$S_5\sim C_0$)、周围神经到达所支配的肌肉。每一个前角细胞支配 50~200 根肌纤维,每个运动神经元及其所支配的一组肌纤维称为一个运动单位,它是执行运动功能的基本单位。下运动神经元损伤后可产生周围性(弛缓性)瘫痪。

人体要执行准确的随意运动,还必须维持正常的肌张力和姿势,它们与牵张反射有关。当肌肉被动牵拉引起梭内肌收缩时,其传入冲动经后根进入脊髓,激动脊髓前角 α 运动神经元使梭外肌收缩,肌张力增高,即牵张反射。维持肌张力的初级中枢主要在脊髓,但又受脊髓以上的中枢调节。脑部多个区域(如大脑皮质、前庭核、基底核、小脑和脑干网状结构等)可分别通过锥体束、前庭脊髓束或网状脊髓束等对牵张反射起着易化或抑制作用。锥体束和前庭脊髓束主要起易化作用,而网状脊髓束主要起抑制作用。由锥体束下行的冲动先激动脊髓前角 γ 运动神经元使梭内肌收缩,然后传入冲动经后根进入脊髓,一方面激动脊髓前角 α 运动神经元使梭外肌收缩,肌张力增高;另一方面激动其他节段的中间神经元,使支配拮抗肌的 α 运动神经元受到抑制,使拮抗肌的张力降低,以此形成了一组随意肌调节的完善反馈系统,使各种随意运动执行自如。正常情况下这些易化和抑制作用保持着平衡,维持正常的肌张力,当牵张反射的任何结构和脊髓以上的中枢及下行纤维受到损害,这种平衡则受到破坏,引起肌张力改变。当中枢下行纤维对脊髓 γ 运动神经元的抑制作用减弱或消失时,就引起肌张力增高;而脊髓参与牵张反射的结构受损则出现肌张力降低。

(三)锥体外系统

广义的锥体外系统(extrapyramidal system)是指锥体系统以外的所有躯体运动的神经系统结构,包括纹状体系统和前庭小脑系统。目前锥体外系统的解剖生理尚不完全明了,其结构复杂,纤维联系广泛,涉及脑内许多结构,包括大脑皮质、纹状体、丘脑、丘脑底核、中脑顶盖、红核、黑质、脑桥、前庭核、小脑、脑干的某些网状核以及它们的联络纤维等。这些结构共同组成了多条复杂的神经环路:①皮质—新纹状体—苍白球—丘脑—皮质环路;②皮质—脑桥—小脑—皮质环路;③皮质—脑桥—小脑—丘脑—皮质环路;④新纹状体—黑质—新纹状体环路;⑤小脑齿状核—丘脑—皮质—脑桥—小脑齿状核环路等。

狭义的锥体外系统主要指纹状体系统,包括纹状体(尾状核、壳核和苍白球)、红核、黑质及丘脑底核,总称为基底核。大脑皮质(主要是额叶)发出的纤维,止于新纹状体(尾状核和壳核),由此发出的纤维止于旧纹状体(苍白球),旧纹状体发出的纤维分别止于红核、黑质、丘脑底核和网状结构等处。由红核发出的纤维组成红核脊髓束,由网状结构发出的纤维组成网状脊髓束,均止于脊髓前角运动细胞,调节骨骼肌的随意运动(图 2-45)。

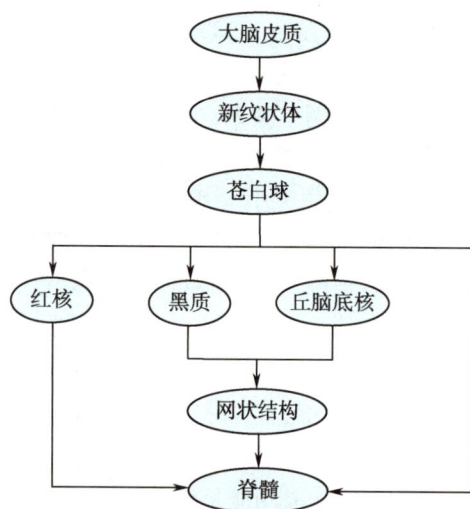

图 2-45   纹状体系统纤维联系

锥体外系统的主要功能是:调节肌张力,协调肌肉运动;维持和调整体态姿势;担负半自动的刻板动作及反射性运动,如走路时两臂摇摆等联带动作、表情运动、防御反应和饮食动作等。锥体系统和锥体外系统在运动功能方面是相互不可分割的整体,只有锥体外系统使肌肉保持稳定协调的前提下,锥体系统才能完成某些精确的随意运动,如写字、绘画及刺绣等。另外锥体外系统对锥体系统有一定的依赖性,如有些习惯性动作先由锥体系统发动起来,再在锥体外系统的管理下完成,如上述走路时两臂摆动的联合动作及表情动作等。

锥体外系统损伤后主要出现肌张力变化和不自主运动两大类症状:苍白球和黑质病变多表现为运动减少和肌张力增高综合征,如帕金森病;尾状核和壳核病变多表现为运动增多和肌张力减低综合征,如小舞蹈病;丘脑底核病变可发生偏侧投掷运动。

(四)小脑

小脑是协调随意运动的重要结构,它并不发出运动冲动,而是通过传入纤维和传出纤维与脊髓、前庭、脑干、基底核及大脑皮质等部位联系,达到对运动神经元的调节作用。小脑的主要功能是维持躯体平衡、调节肌张力及协调随意运动。小脑受损后主要出现共济失调与平衡障碍两大类症状。小脑的解剖生理功能及损伤定位详见本章第一节"六、小脑"。

【病损表现及定位诊断】

运动系统病变时,临床上常常产生瘫痪、肌萎缩、肌张力改变、不自主运动和共济失调等症状(详见第三章)。其中运动传导通路受损可以分为上运动神经元性瘫痪和下运动神经元性瘫痪两大类,本节主要叙述两种瘫痪的定位诊断。

(一)上运动神经元性瘫痪

上运动神经元性瘫痪的特点为肌张力增高,腱反射亢进,出现病理反射,无肌肉萎缩,但病程长者可出现失用性肌肉萎缩。上运动神经元各部位病变时瘫痪的特点为:

1. **皮质型** 因皮质运动区呈一条长带,故局限性病变时可出现一个上肢、下肢或面部的中枢性瘫痪,称单瘫。可见于肿瘤压迫、动脉皮质支梗死等。

2. **内囊型**　内囊是感觉、运动等传导束的集中地,损伤时出现"三偏"综合征,即偏瘫、偏身感觉障碍和偏盲。多见于急性脑血管病。

3. **脑干型**　出现交叉性瘫痪,即病变侧脑神经麻痹和对侧肢体中枢性瘫痪。多见于脑干肿瘤和(或)脑干血管闭塞。

4. **脊髓型**　脊髓横贯性损害时,因双侧锥体束受损而出现双侧肢体的瘫痪,如截瘫或四肢瘫。多见于脊髓炎、外伤或肿瘤产生的脊髓压迫症等。

(二) 下运动神经元性瘫痪

下运动神经元性瘫痪的特点为肌张力降低,腱反射减弱或消失,肌肉萎缩,无病理反射。下运动神经元各部位病变时瘫痪的特点为:

1. **脊髓前角细胞**　表现为节段性、弛缓性瘫痪而无感觉障碍。如 C_5 前角损害引起三角肌瘫痪和萎缩,$C_8 \sim T_1$ 损害引起手部小肌肉萎缩,L_3 损害使股四头肌萎缩无力,L_5 损害则使踝关节及足趾背屈不能。急性起病多见于脊髓灰质炎;缓慢进展性疾病还可出现肌束震颤,见于运动神经元病等。

2. **前根**　损伤节段呈弛缓性瘫痪,亦无感觉障碍。常同时损害后根而出现根性疼痛和节段性感觉障碍。见于髓外肿瘤的压迫、脊膜的炎症或椎骨病变。

3. **神经丛**　神经丛含有运动纤维和感觉纤维,病变时常累及一个肢体的多数周围神经,引起弛缓性瘫痪、感觉障碍及自主神经功能障碍,可伴有疼痛。

4. **周围神经**　神经支配区的肌肉出现弛缓性瘫痪,同时伴有感觉及自主神经功能障碍或疼痛。多发性周围神经病时出现对称性四肢远端肌肉瘫痪,伴手套-袜套样感觉障碍。

第七节　感　觉　系　统

感觉(sensory)是作用于各个感受器的各种形式的刺激在人脑中的直接反应。感觉包括两大类:特殊感觉(视觉、听觉、味觉和嗅觉)和一般感觉(浅感觉、深感觉和复合感觉)。感觉障碍是神经系统疾病常见的症状和体征,并对神经系统损伤的定位诊断有重要意义。特殊感觉在本章第三节"脑神经"中已分别介绍,本节仅讨论一般感觉。

一般感觉可分为以下 3 种:

1. **浅感觉**　指来自皮肤和黏膜的痛觉、温度觉及触觉。

2. **深感觉**　指来自肌腱、肌肉、骨膜和关节的运动觉、位置觉和振动觉。

3. **复合感觉**　又称皮质感觉,指大脑顶叶皮质对深浅感觉分析、比较、整合而形成的实体觉、图形觉、两点辨别觉、定位觉和重量觉等。

【解剖结构及生理功能】

(一) 各种感觉传导通路

各种一般感觉的神经末梢分别有其特异的感受器,接受刺激后经周围神经、脊髓(脊神经)或脑干(脑神经)、间脑传至大脑皮质的感觉中枢。

1. **痛觉、温度觉传导通路**　第 1 级神经元位于脊神经节内,周围突构成脊神经的感觉纤维,中枢突从后根外侧部进入脊髓后角,起始为第 2 级神经元,经白质前连合交叉至对侧外侧索,组成脊髓丘脑侧束,终止于丘脑腹后外侧核,再起始第 3 级神经元,轴突组成丘脑皮质束,至中央后回的中上部和旁中央小叶的后部(图 2-46)。

2. **触觉传导通路**　第 1 级神经元位于脊神经节内,周围突构成脊神经的感觉纤维,分布于皮肤触觉感受器,中枢突从后根内侧部进入脊髓后索,其中传导精细触觉的纤维随薄、楔束上行,走在深感觉传导通路中。传导粗略触觉的纤维入后角固有核,其轴突大部分经白质前连合交叉至对侧前索,小

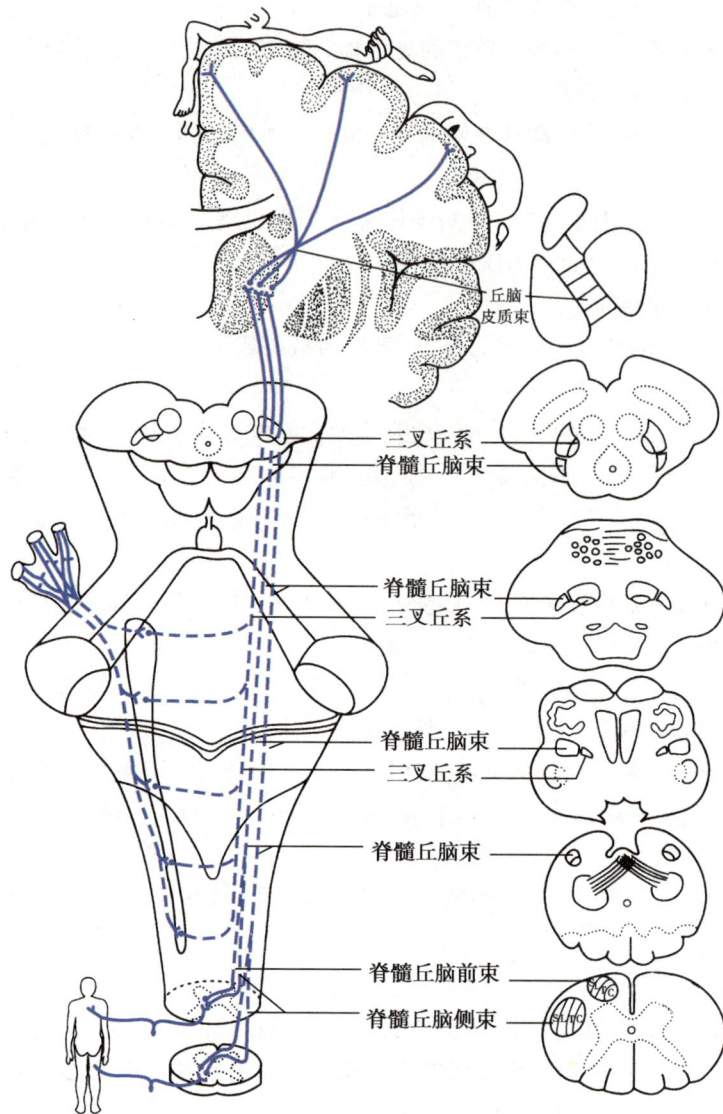

图 2-46   浅感觉传导通路

部分在同侧前索,组成脊髓丘脑前束上行,至延髓中部与脊髓丘脑侧束合成脊髓丘脑束(脊髓丘系),以后行程同脊髓丘脑侧束(图2-46)。

3. 深感觉传导通路   由三级神经元组成,第1级神经元位于脊神经节内,周围突分布于躯干、四肢的肌肉、肌腱、骨膜、关节等处的深部感受器;中枢突从后根内侧部入后索,分别形成薄束和楔束。薄束核和楔束核起始第2级神经元,交叉后在延髓中线两侧和锥体后方上行,形成内侧丘系,止于丘脑腹后外侧核。由此发出第3级神经元,形成丘脑皮质束,经内囊后肢,投射于大脑皮质中央后回的中上部及旁中央小叶后部(图2-47)。

(二)脊髓内感觉传导束的排列

脊髓内感觉传导束主要有传导浅感觉的脊髓丘脑束(脊髓丘脑侧束、脊髓丘脑前束)、传导深感觉的薄束和楔束及脊髓小脑束等。感觉传导束在髓内的排列不尽相同。脊髓丘脑侧束的排列由内向外依次为来自颈、胸、腰、骶的纤维;薄束和楔束位于后索,薄束在内,楔束在外,由内向外依次由来自骶、腰、胸、颈的纤维排列而成(见图2-17),髓内感觉传导束的这种层次排列特点对脊髓的髓内、髓外病变的诊断具有重要价值。如颈段的髓内肿瘤,浅感觉障碍是按颈、胸、腰、骶的顺序自上向下发展;而如为颈段的髓外肿瘤,感觉障碍的发展顺序则相反。

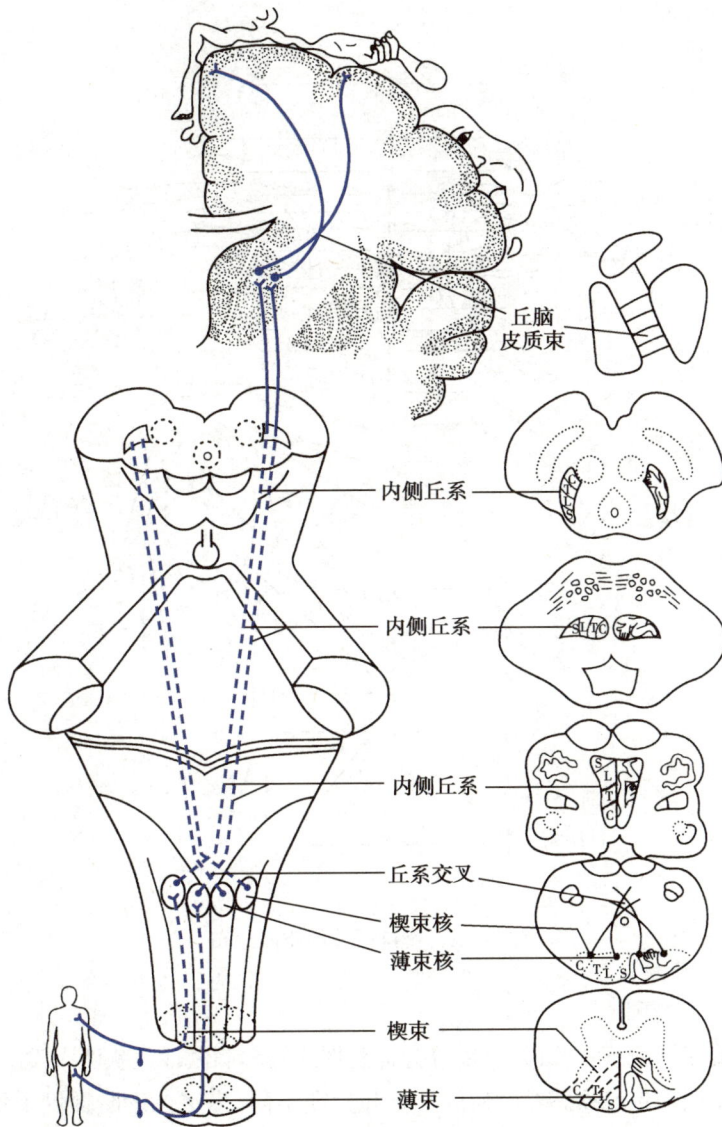

图 2-47　深感觉传导通路

（三）节段性感觉支配

每个脊神经后根的输入纤维来自一定的皮肤区域,该区域称为皮节。共有 31 个皮节,与神经根节段数相同。绝大多数的皮节是由 2～3 个神经后根重叠支配,因此单一神经后根损害时感觉障碍不明显,只有两个以上后根损伤才出现分布区的感觉障碍。因而脊髓损伤的上界应比查体的感觉障碍平面高出 1～2 个节段。这种节段性感觉分布现象在胸段最明显,如乳头平面为 T_4、脐平面为 T_{10}、腹股沟为 T_{12} 和 L_1 支配。上肢和下肢的节段性感觉分布比较复杂,但也仍有其节段性支配的规律,如上肢的桡侧为 $C_{5～7}$,前臂及手的尺侧为 C_8 及 T_1,上臂内侧为 T_2,股前为 $L_{1～3}$,小腿前面为 $L_{4～5}$,小腿及股后为 $S_{1～2}$,肛周鞍区为 $S_{4～5}$ 支配。脊髓的这种节段性感觉支配,对临床定位诊断有极重要的意义(图2-48)。

（四）周围性感觉支配

若干相邻的脊神经前支在颈部和腰骶部组成神经丛,如颈丛、腰丛和骶丛。再通过神经纤维的重新组合和分配,从神经丛发出多支周围神经,每支周围神经含多个节段的脊神经纤维,因此周围神经在体表的分布与脊髓的节段性分布不同。这是临床上鉴别周围神经损害和脊髓损害的一个重要依据。

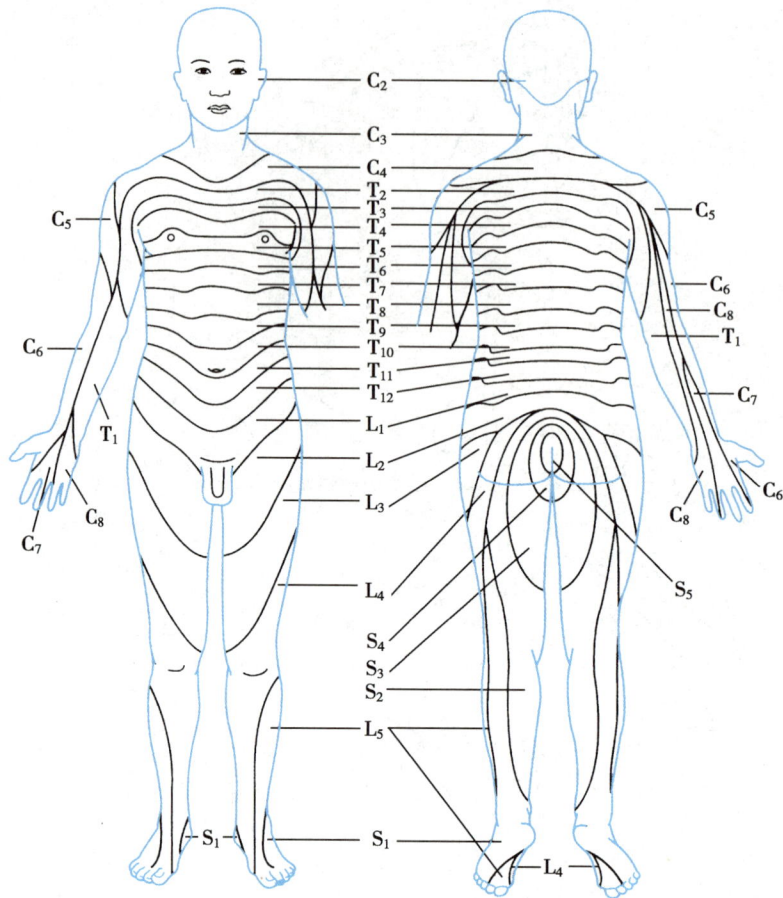

图2-48　脊神经节段皮肤分布

【病损表现及定位诊断】

感觉传导通路受损导致感觉障碍,可以分为抑制性症状和刺激性症状两大类。详见第三章。

感觉传导通路不同部位受损感觉障碍的分布和特征不同,为定位诊断提供了重要的线索。根据受损部位,可分类如下(图2-49)。

(一)神经干型感觉障碍

神经干型感觉障碍表现为受损害的某一神经干分布区内各种感觉减退或消失,如桡神经麻痹、尺神经麻痹、腓总神经损伤和股外侧皮神经炎等单神经病。

(二)末梢型感觉障碍

末梢型感觉障碍表现为四肢对称性的末端各种感觉障碍(温、痛、触觉和深感觉),呈手套-袜套样分布,远端重于近端,常伴有自主神经功能障碍,见于多发性神经病等。

(三)后根型感觉障碍

后根型感觉障碍为单侧节段性感觉障碍,感觉障碍范围与神经根的分布一致。常伴有剧烈的放射性疼痛(神经痛),如腰椎间盘脱出、髓外肿瘤等。

(四)髓内型感觉障碍

1. 后角型　后角损害表现为损伤侧节段性分离性感觉障碍,出现病变侧痛、温觉障碍,而触觉或深感觉保存。这是由于痛、温觉纤维进入后角,而一部分触觉和深感觉纤维不经过后角直接进入后索。见于脊髓空洞症、脊髓内肿瘤等。

2. 后索型　后索的薄束、楔束损害,则受损平面以下深感觉障碍和精细触觉障碍,出现感觉性共济失调。见于糖尿病、脊髓痨或亚急性联合变性等。

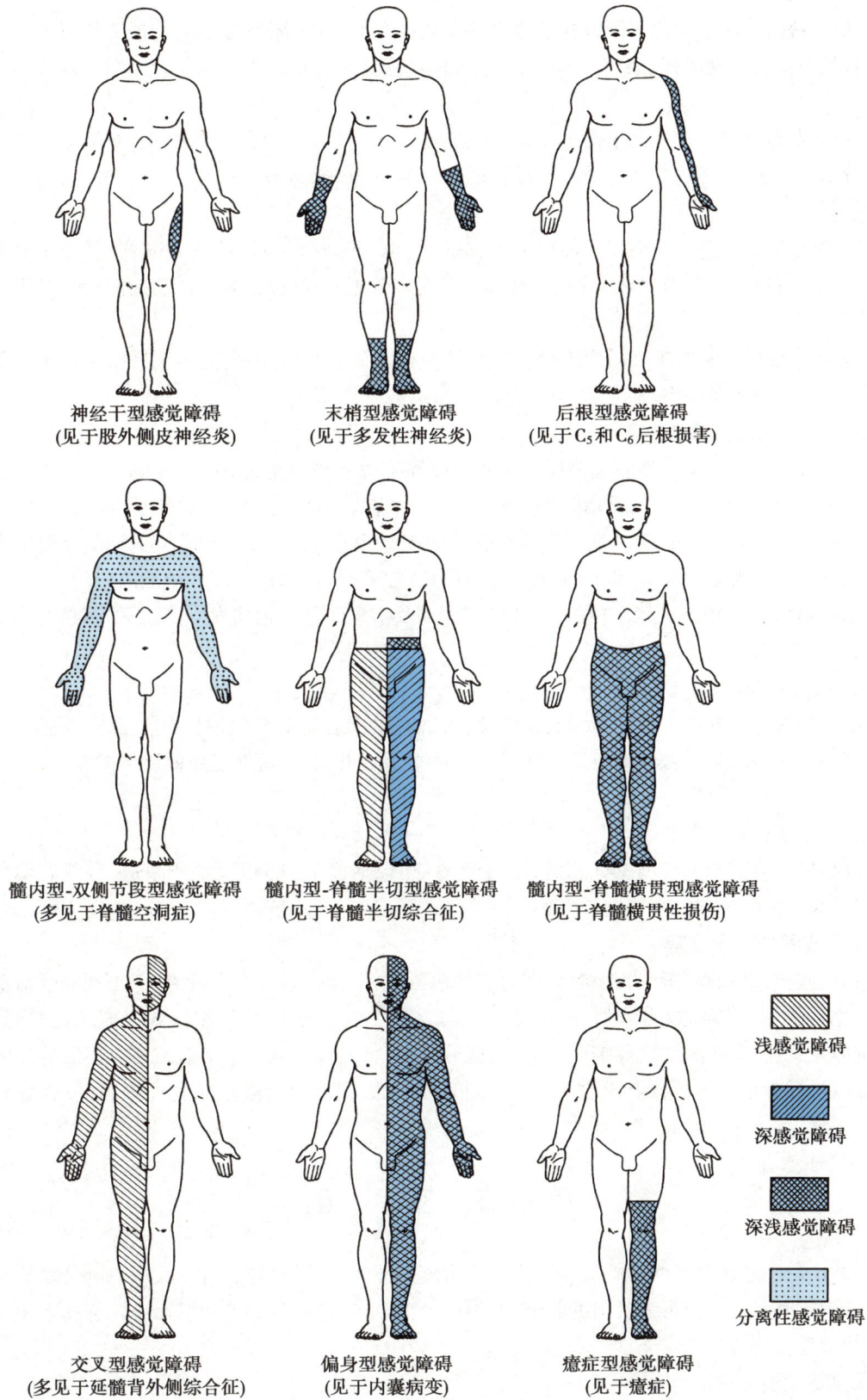

神经干型感觉障碍
(见于股外侧皮神经炎)

末梢型感觉障碍
(见于多发性神经炎)

后根型感觉障碍
(见于C$_5$和C$_6$后根损害)

髓内型-双侧节段型感觉障碍
(多见于脊髓空洞症)

髓内型-脊髓半切型感觉障碍
(见于脊髓半切综合征)

髓内型-脊髓横贯型感觉障碍
(见于脊髓横贯性损伤)

浅感觉障碍

深感觉障碍

深浅感觉障碍

分离性感觉障碍

交叉型感觉障碍
(多见于延髓背外侧综合征)

偏身型感觉障碍
(见于内囊病变)

癔症型感觉障碍
(见于癔症)

图 2-49　各种类型感觉障碍分布

3. **侧索型**   因影响了脊髓丘脑侧束,表现为病变对侧平面以下痛、温觉缺失而触觉和深感觉保存(分离性感觉障碍)。

4. **前连合型**   前连合为两侧脊髓丘脑束的交叉纤维集中处,损害时出现受损部位双侧节段性分布的对称性分离性感觉障碍,表现为痛、温觉消失而深感觉和触觉存在。见于脊髓空洞症和髓内肿瘤早期。

5. **脊髓半离断型**   病变侧损伤平面以下深感觉障碍及上运动神经元性瘫痪,对侧损伤平面以下1~2个节段痛、温觉缺失,亦称脊髓半切综合征(Brown-Sequard syndrome)。见于髓外占位性病变、脊髓外伤等。

6. **横贯性脊髓损害**   即病变平面以下所有感觉(温、痛、触、深)均缺失或减弱,平面上部可能有过敏带。如在颈胸段可伴有锥体束损伤的体征,表现为截瘫或四肢瘫、大小便功能障碍。常见于脊髓炎和脊髓肿瘤等。

7. **马尾圆锥型**   主要为肛门周围及会阴部呈鞍状感觉缺失,马尾病变出现后根型感觉障碍并伴剧烈疼痛,见于肿瘤、炎症等。

（五）脑干型感觉障碍

脑干型感觉障碍为交叉性感觉障碍。延髓外侧和脑桥下部一侧病变损害脊髓丘脑侧束及三叉神经脊束和脊束核,出现同侧面部和对侧半身分离性感觉障碍(痛、温觉缺失而触觉存在),如Wallenberg综合征等;延髓内部病变损害内侧丘系引起对侧的深感觉缺失,而位于延髓外侧的脊髓丘脑束未受损,故痛、温觉无障碍,即出现深、浅感觉分离性障碍;而脑桥上部和中脑的内侧丘系、三叉丘系和脊髓丘脑束已合并在一起,损害时出现对侧面部及半身各种感觉均发生障碍,但多伴有同侧脑神经麻痹,见于炎症、脑血管病、肿瘤等。

（六）丘脑型感觉障碍

丘脑为深浅感觉的第3级神经元起始部位,损害时出现对侧偏身(包括面部)完全性感觉缺失或减退。其特点是深感觉和触觉障碍重于痛、温觉,远端重于近端,并常伴发患侧肢体的自发性疼痛(丘脑痛)。多见于脑血管病。

（七）内囊型感觉障碍

内囊型感觉障碍为偏身型感觉障碍,即对侧偏身(包括面部)感觉缺失或减退,常伴有偏瘫及偏盲,称三偏综合征。见于脑血管病。

（八）皮质型感觉障碍

大脑皮质中央后回和旁中央小叶后部为皮质感觉中枢,受损时有两个特点:①出现病灶对侧的复合感觉(精细感觉)障碍,如实体觉、图形觉、两点辨别觉、定位觉和对各种感觉强度的比较障碍,而痛、温觉障碍轻;②皮质感觉区范围广,如部分区域损害,可出现对侧一个上肢或一个下肢分布的感觉缺失或减退,称为单肢感觉减退或缺失。如为刺激性病灶,则出现局限性感觉性癫痫(发作性感觉异常)。

第八节 反 射

反射(reflex)是最简单也是最基本的神经活动,它是机体对刺激的非自主反应,如触觉、痛觉或突然牵引肌肉等刺激。反应可为肌肉的收缩,肌肉张力的改变,腺体分泌或内脏反应。临床上主要研究肌肉收缩的反射。

【解剖结构及生理功能】

反射的解剖学基础是反射弧。反射弧的组成是:感受器→传入神经元(感觉神经元)→中间神经元→传出神经元(脊髓前角细胞或脑干运动神经元)→周围神经(运动纤维)→效应器官(肌肉、分泌腺等)。

　　反射活动需依赖于完整的反射弧而实现,反射弧中任何一处中断,均可引起反射的减弱和消失。同时反射弧还接受高级神经中枢的抑制和易化,因此当高级中枢病变时,可使原本受抑制的反射(深反射)增强,受易化的反射(浅反射)减弱。

　　每个反射弧都有其固定的脊髓节段及周围神经,故临床上可通过反射的改变判定病变部位。反射活动的强弱在正常个体间差异很大,但在同一个体两侧上下基本相同,因此在检查反射时要本身左右侧或上下肢对比。一侧或单个反射减弱、消失或增强,则临床意义更大。反射的普遍性消失、减弱或增强不一定是神经系统受损的表现。

　　生理反射是正常人应具有的反射,包括深反射和浅反射两大类。

　　1. **深反射(deep reflex)**　是刺激肌腱、骨膜的本体感受器所引起的肌肉迅速收缩反应,亦称腱反射或肌肉牵张反射,其反射弧是由感觉神经元和运动神经元直接连接组成的单突触反射弧。通常叩击肌腱引起深反射,肌肉收缩反应在被牵张的肌肉最明显。临床上常做的腱反射有肱二头肌反射($C_{5~6}$)、肱三头肌反射($C_{7~8}$)、桡骨膜反射($C_{5~6}$)、膝腱反射($L_{2~4}$)(图2-50)、跟腱反射($S_{1~2}$)等。

　　2. **浅反射(superficial reflex)**　是刺激皮肤、黏膜及角膜引起的肌肉快速收缩反应。浅反射的反射弧比较复杂,除了脊髓节段性的反射弧外,还有冲动到达大脑皮质(中央前、后回),然后随锥体束下降至脊髓前角细胞。因此中枢神经系统病变及周围神经系统病变均可出现浅反射的减弱或消失。临床上常用的有腹壁反射($T_{7~12}$)(图2-51)、提睾反射($L_{1~2}$)、跖反射($S_{1~2}$)、肛门反射($S_{4~5}$)、角膜反射和咽反射等。

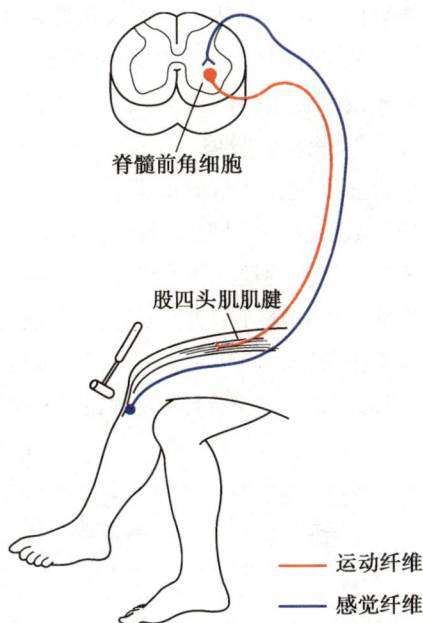

图2-50　深反射(膝腱反射)传导通路

脊髓前角细胞

股四头肌肌腱

—— 运动纤维
—— 感觉纤维

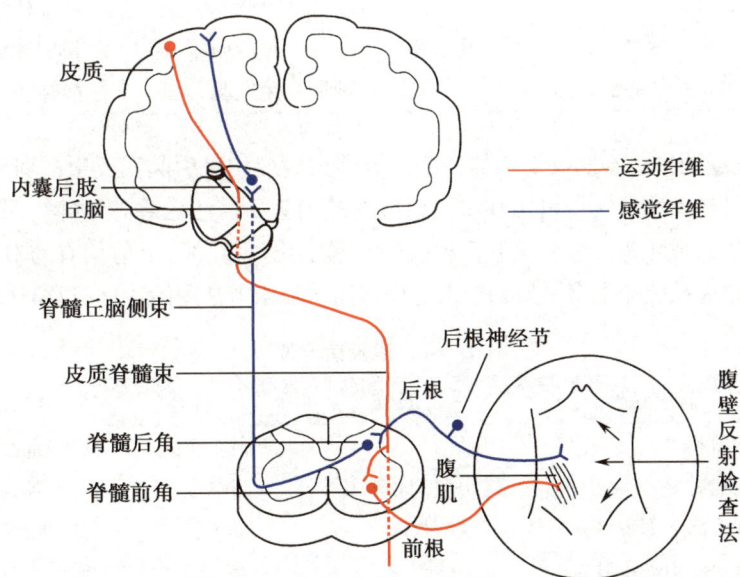

皮质

内囊后肢
丘脑

脊髓丘脑侧束

皮质脊髓束

脊髓后角

脊髓前角

—— 运动纤维
—— 感觉纤维

后根神经节

后根

腹肌

前根

腹壁反射检查法

图2-51　浅反射(腹壁反射)传导通路

【病损表现及定位诊断】

　　1. **深反射减弱或消失**　反射弧径路的任何部位损伤均可引起深反射的减弱或消失,如周围神经、脊髓前根、后根、后根节、脊髓前角、后角、脊髓后索的病变。深反射减弱或消失是下运动神经元性瘫痪的一个重要体征。在脑和脊髓损害的断联休克期可使深反射消失;肌肉本身或神经肌肉接头处发生病变也影响深反射,如重症肌无力或周期性瘫痪等;精神紧张或注意力集中在检查部位的患者也可出现深反射受到抑制;镇静安眠药物、深睡、麻醉或昏迷等也可出现深反射减弱或消失。

2. **深反射增强**　正常情况下,运动中枢对深反射的反射弧有抑制作用,当皮质运动区或锥体束损害而反射弧完整的情况下,损害水平以下的腱反射弧失去来自上运动神经元的下行抑制作用而出现释放症状,表现为腱反射增强或扩散现象(刺激肌腱以外区域也能引起腱反射的出现)。深反射亢进是上运动神经元损害的重要体征。在神经系统兴奋性普遍增高的神经症、甲状腺功能亢进、手足搐搦症及破伤风等患者虽然也可出现腱反射增强,但并无反射区的扩大。霍夫曼征(Hoffmann sign)和罗索里莫征(Rossolimo sign)的本质应属牵张反射,一侧出现时有意义,常提示锥体束损害,双侧对称出现无意义。临床上深反射的节段定位见表2-6。

表2-6　深反射定位

反射	检查法	反应	肌肉	神经	节段定位
下颌反射	轻叩微张的下颌中部	下颌上举	咀嚼肌	三叉神经下颌支	脑桥
肩胛反射	叩击两肩胛间	胛骨向内移动	大圆肌、肩胛下肌	肩胛下神经	$C_{5\sim6}$
肱二头肌反射	叩击置于肱二头肌肌腱上的检查者的手指	肘关节屈曲	肱二头肌	肌皮神经	$C_{5\sim6}$
肱三头肌反射	叩击鹰嘴上方肱三头肌肌腱	肘关节伸直	肱三头肌	桡神经	$C_{7\sim8}$
桡骨膜反射	叩击桡骨茎突	肘关节屈曲、旋前和手指屈曲	桡肌 肱三头肌 旋前肌 肱二头肌	正中神经 桡神经 肌皮神经	$C_{5\sim6}$
膝反射	叩击膝盖下髌韧带	膝关节伸直	股四头肌	股神经	$L_{2\sim4}$
跟腱反射	叩击跟腱	足向跖面屈曲	腓肠肌	坐骨神经	$S_{1\sim2}$
Hoffmann 征	弹刮中指指盖	其余各指屈曲	指深屈肌	正中神经	$C_7\sim T_1$
Rossolimo 征	叩击足趾基底部跖面	足趾向跖面屈曲	足底肌	胫神经	$L_5\sim S_1$

3. **浅反射减弱或消失**　脊髓反射弧的中断或锥体束病变均可引起浅反射减弱或消失。故上运动神经元性和下运动神经元性瘫痪均可出现浅反射减弱或消失。需注意昏迷、麻醉、深睡、一岁内婴儿浅反射也可消失,经产妇、肥胖者及老人腹壁反射往往不易引出。每种浅反射均有与节段相当的反射弧,因此浅反射减弱或消失在临床上有一定的节段定位作用。临床上常用的浅反射及节段性定位见表2-7。

表2-7　浅反射定位

反射	检查法	反应	肌肉	神经	节段定位
角膜反射	轻触角膜	闭眼	眼轮匝肌	三叉、面神经	脑桥
咽反射	轻触咽后壁	软腭上举和呕吐	诸咽喉肌	舌咽、迷走神经	延髓
上腹壁反射	划过腹部上部皮肤	上腹壁收缩	腹内斜肌	肋间神经	$T_{7\sim8}$
中腹壁反射	划过腹部中部皮肤	中腹壁收缩	腹内斜肌	肋间神经	$T_{9\sim10}$
下腹壁反射	划过腹部下部皮肤	下腹壁收缩	腹内斜肌	肋间神经	$T_{11\sim12}$
提睾反射	刺激大腿上部内侧皮肤	睾丸上举	提睾肌	生殖股神经	$L_{1\sim2}$
跖反射	轻划足底外侧	足趾及足向跖面屈曲	趾屈肌	坐骨神经	$S_{1\sim2}$
肛门反射	轻划或针刺肛门附近	肛门外括约肌收缩	肛门括约肌	肛尾神经	$S_{4\sim5}$

4. 病理反射　是锥体束损害的指征,常与下肢腱反射亢进、浅反射消失同时存在。Babinski(巴宾斯基)征是最重要的病理征,可由刺激下肢不同部位而产生。有时巴宾斯基征虽为阴性,但可引出其他形式的病理反射,包括 Chaddock 征、Oppenheim 征、Gordon 征、Schaeffer 征和 Gonda 征等。病理反射的检查法及表现详见第四章。

脊髓完全横贯性损害时可出现脊髓自动反射,它是巴宾斯基征的增强反应,又称防御反应或回缩反应。表现为刺激下肢任何部位均可出现双侧巴宾斯基征和双下肢回缩(髋膝屈曲、踝背屈)。若反应更加强烈时,还可合并大小便排空、举阳、射精、下肢出汗、竖毛及皮肤发红,称为总体反射。

(贾建平)

思 考 题

1. 额叶具有哪些功能区?病损的表现有哪些?
2. 走行内囊的纤维有哪些?内囊不同部位病损的表现如何?
3. 基底核病损主要临床表现及其结构基础是什么?
4. 丘脑综合征的表现及病损结构如何?
5. 延髓病损的综合征及其结构基础是什么?
6. 脑桥病损的综合征及其结构基础是什么?
7. 中脑病损的综合征及其结构基础是什么?
8. 小脑蚓部及小脑半球病损的表现有何异同?
9. 不同节段的脊髓横贯性损害的表现如何?
10. 不同分支的脑血管病损的表现如何?

参 考 文 献

[1] 柏树令,应大君.系统解剖学.北京:人民卫生出版社,2005.
[2] 史玉泉,周孝达.实用神经病学.3 版.上海:上海科学技术出版社,2004.
[3] 姚志彬.临床神经解剖学.广州:广东世界图书出版公司,2001.
[4] Felten DL,Józefowicz RF.奈特人体神经解剖彩色图谱.崔益群,译.北京:人民卫生出版社,2006.
[5] Duun P.神经系统疾病定位诊断学.刘宗惠,胡威夷,译.北京:海洋出版社,1995.

第三章　神经系统疾病的常见症状

概　　述

　　神经系统疾病常见症状包括意识障碍、认知障碍、运动障碍、感觉障碍和平衡障碍等多种表现。第二章中,对神经系统的解剖生理进行了比较详细的介绍,同时也对结构损害所产生的临床症状进行了描述,为掌握结构损害与临床症状的关系提供了理论基础。在神经科实践中,就诊患者提供的信息往往是症状,这就需要临床医师从症状入手,结合病史和查体,对症状进行定位和定性,以指导诊断和治疗。因此,应当培养医学生对神经科纷繁复杂的临床症状具有独立分析、去伪存真、抓主删次的能力,建立良好的临床科学思维。本章主要从神经科常见症状入手,沿着从症状到疾病这一分析思路叙述,以符合临床实际,提高医学生对神经科疾病的诊断能力。

第一节　意 识 障 碍

　　意识是指个体对周围环境及自身状态的感知能力。意识障碍可分为觉醒度下降和意识内容变化两方面。前者表现为嗜睡、昏睡和昏迷;后者表现为意识模糊和谵妄等。意识的维持依赖大脑皮质的兴奋。脑干上行网状激活系统(ascending reticular activating system)接受各种感觉信息的侧支传入,发放兴奋从脑干向上传至丘脑的非特异性核团,再由此弥散投射至大脑皮质,使整个大脑皮质保持兴奋,维持觉醒状态。因此,上行网状激活系统或双侧大脑皮质损害均可导致意识障碍。

一、以觉醒度改变为主的意识障碍 ☺

(一)嗜睡

　　嗜睡(somnolence)是意识障碍的早期表现。患者表现为睡眠时间过度延长,但能被叫醒,醒后可勉强配合检查及回答简单问题,停止刺激后患者又继续入睡。

(二)昏睡

　　昏睡(sopor)是一种比嗜睡较重的意识障碍。患者处于沉睡状态,正常的外界刺激不能使其觉醒,须经高声呼唤或其他较强烈刺激方可唤醒,对言语的反应能力尚未完全丧失,可作含糊、简单而不完全的答话,停止刺激后又很快入睡。

(三)昏迷

　　昏迷(coma)是一种最为严重的意识障碍。患者意识完全丧失,各种强刺激不能使其觉醒,无有目的的自主活动,不能自发睁眼。昏迷按严重程度可分为三级:

　　1. 浅昏迷　意识完全丧失,仍有较少的无意识自发动作。对周围事物及声、光等刺激全无反应,对强烈刺激如疼痛刺激可有回避动作及痛苦表情,但不能觉醒。吞咽反射、咳嗽反射、角膜反射以及瞳孔对光反射仍然存在。生命体征无明显改变。

　　2. 中昏迷　对外界的正常刺激均无反应,自发动作很少。对强刺激的防御反射、角膜反射和瞳孔对光反射减弱,大小便潴留或失禁。此时生命体征已有改变。

　　3. 深昏迷　对外界任何刺激均无反应,全身肌肉松弛,无任何自主运动。眼球固定,瞳孔散大,各种反射消失,大小便多失禁。生命体征已有明显改变,呼吸不规则,血压或有下降。

大脑和脑干功能全部丧失时称脑死亡,其确定标准是:患者对外界任何刺激均无反应,无任何自主运动,但脊髓反射可以存在;脑干反射(包括对光反射、角膜反射、头眼反射、前庭眼反射、咳嗽反射)完全消失,瞳孔散大固定;自主呼吸停止,需要人工呼吸机维持换气;脑电图提示脑电活动消失,呈一直线;经颅多普勒超声提示无脑血流灌注现象;体感诱发电位提示脑干功能丧失;上述情况持续时间至少12小时,经各种抢救无效;需除外急性药物中毒、低温和内分泌代谢疾病等。

二、以意识内容改变为主的意识障碍 ☺

(一)意识模糊

意识模糊(confusion)表现为注意力减退,情感反应淡漠,定向力障碍,活动减少,语言缺乏连贯性,对外界刺激可有反应,但低于正常水平。

(二)谵妄

谵妄(delirium)是一种急性的脑高级功能障碍,患者对周围环境的认识及反应能力均有下降,表现为认知、注意力、定向、记忆功能受损,思维推理迟钝,语言功能障碍,错觉,幻觉,睡眠觉醒周期紊乱等,可表现为紧张、恐惧和兴奋不安,甚至可有冲动和攻击行为。病情常呈波动性,夜间加重,白天减轻,常持续数小时和数天。引起谵妄的常见神经系统疾病有脑炎、脑血管病、脑外伤及代谢性脑病等。其他系统性疾病也可引起谵妄,如酸碱平衡及水电解质紊乱、营养物质缺乏、高热、中毒等。谵妄的常见病因见表3-1。

表3-1　谵妄的常见病因

分类	病因
颅内病变	脑膜炎、脑炎、脑外伤、蛛网膜下腔出血、癫痫等
药物过量或戒断后	抗高血压药物、西咪替丁、胰岛素、抗胆碱能药物、抗癫痫药物、抗帕金森病药物、阿片类、水杨酸类、类固醇等
化学品中毒	一氧化碳、重金属及其他工业毒物
其他	肝性脑病、肺性脑病、低氧血症、尿毒症性脑病、心力衰竭、心律不齐、高血压脑病、伴有发热的系统感染、各种原因引起的电解质紊乱、手术后、甲状腺功能减退、营养不良等

三、特殊类型的意识障碍

(一)去皮质综合征

去皮质综合征(decorticated syndrome,apallic syndrome)多见于因双侧大脑皮质广泛损害而导致的皮质功能减退或丧失,皮质下功能仍保存。患者表现为意识丧失,但睡眠和觉醒周期存在,能无意识地睁眼、闭眼或转动眼球,但眼球不能随光线或物品转动,貌似清醒但对外界刺激无反应。光反射、角膜反射甚至咀嚼动作、吞咽、防御反射均存在,可有吸吮、强握等原始反射,但无自发动作。大小便失禁。四肢肌张力增高,双侧锥体束征阳性。身体姿势为上肢屈曲内收,腕及手指屈曲,双下肢伸直,足屈曲,有时称为去皮质强直(decorticate rigidity)。该综合征常见于缺氧性脑病、脑炎、中毒和严重颅脑外伤等。

(二)去大脑强直

去大脑强直(decerebrate rigidity)是病灶位于中脑水平或上位脑桥时出现的一种伴有特殊姿势的意识障碍。表现为角弓反张、牙关紧闭、双上肢伸直旋内、双下肢伸直跖屈,病理征阳性,多有双侧瞳孔散大固定。随着病变损伤程度的加重,患者可表现为意识障碍的程度加深,本征较去皮质状态凶险,其特殊姿势、呼吸节律、瞳孔改变成为二者临床鉴别的关键。

(三)无动性缄默症

无动性缄默症(akinetic mutism)又称睁眼昏迷(coma vigil),由脑干上部和丘脑的网状激活系统受损引起,此时大脑半球及其传出通路无病变。患者能注视周围环境及人物,貌似清醒,但不能活动或言语,二便失禁。肌张力减低,无锥体束征。强烈刺激不能改变其意识状态,存在觉醒-睡眠周期。本症常见于脑干梗死。

(四) 植物状态

植物状态(vegetative state)是指大脑半球严重受损而脑干功能相对保留的一种状态。患者对自身和外界的认知功能全部丧失,呼之不应,不能与外界交流,有自发或反射性睁眼,偶可发现视物追踪,可有无意义哭笑,存在吸吮、咀嚼和吞咽等原始反射,有觉醒-睡眠周期,大小便失禁。持续植物状态(persistent vegetative state)指颅脑外伤后植物状态持续12个月以上,其他原因持续在3个月以上。

四、意识障碍的鉴别诊断

以下各综合征易被误诊为意识障碍,临床上应加以鉴别。

(一) 闭锁综合征

闭锁综合征(locked-in syndrome)又称去传出状态,病变位于脑桥基底部,双侧皮质脊髓束和皮质脑干束均受累。患者意识清醒,因运动传出通路几乎完全受损而呈失运动状态,眼球不能向两侧转动,不能张口,四肢瘫痪,不能言语,仅能以瞬目和眼球垂直运动示意与周围建立联系。本综合征可由脑血管病、感染、肿瘤、脱髓鞘病等引起。

(二) 意志缺乏症

意志缺乏症(abulia)患者处于清醒状态,运动感觉功能存在,记忆功能尚好,但因缺乏始动性而不语少动,对刺激无反应、无欲望,呈严重淡漠状态,可有额叶释放反射,如掌颏反射、吸吮反射等。本症多由双侧额叶病变所致。

(三) 木僵

木僵(stupor)表现为不语不动,不吃不喝,对外界刺激缺乏反应,甚至出现大小便潴留,多伴有蜡样屈曲、违拗症,言语刺激触及其痛处时可有流泪、心率增快等情感反应,缓解后多能清楚回忆发病过程。见于精神分裂症的紧张性木僵、严重抑郁症的抑郁性木僵、反应性精神障碍的反应性木僵等。

五、伴发不同症状和体征意识障碍的病因诊断

意识障碍可由不同的病因所引起,临床宜对具体问题具体分析,尤其是伴发不同症状或体征时对病因诊断有很大提示,详见表3-2。

表 3-2　伴发不同症状和体征意识障碍的常见病因

伴随症状或体征	可 能 病 因
头痛	脑炎、脑膜炎、蛛网膜下腔出血、脑外伤
视乳头水肿	高血压脑病、颅内占位病变
瞳孔散大	脑疝、脑外伤、乙醇中毒或抗胆碱能与拟交感神经药物中毒
肌震颤	乙醇或镇静药过量、拟交感神经药物中毒
偏瘫	脑梗死、脑出血、脑外伤
脑膜刺激征	脑膜炎、脑炎、蛛网膜下腔出血
肌强直	低钙血症、破伤风、弥漫性脑病
痫性发作	脑炎、脑出血、脑外伤、颅内占位病变、低血糖
发热	脑炎、脑膜炎、败血症
体温过低	低血糖、肝性脑病、甲状腺功能减退
血压升高	脑梗死、脑出血、蛛网膜下腔出血、高血压脑病
心动过缓	甲状腺功能减退、心脏疾患

第二节　认知障碍

认知是指人脑接受外界信息,经过加工处理,转换成内在的心理活动,从而获取知识或应用知识的过程。它包括记忆、语言、视空间、执行、计算和理解判断等方面。认知障碍是指上述几项认知功能中的一项或多项受损,当上述认知域有 2 项或 2 项以上受累,并影响个体的日常或社会能力时,可考虑为痴呆。

一、记忆障碍

记忆是信息在脑内储存和提取的过程,一般分为瞬时记忆、短时记忆和长时记忆三类。瞬时记忆为大脑对事物的瞬时映象,有效作用时间不超过 2 秒,所记的信息内容并不构成真正的记忆。瞬时记忆的信息大部分迅速消退,只有得到注意和复习的小部分信息才转入短时记忆中,短时记忆时间也很短,不超过 1 分钟,如记电话号码。短时记忆中的信息经过反复的学习、系统化,在脑内储存,进入长时记忆,可持续数分钟、数天,甚至终生。临床上记忆障碍的类型多是根据长时记忆分类的,包括遗忘、记忆减退、记忆错误和记忆增强等不同表现。

（一）遗忘

遗忘(amnesia)是对识记过的材料与情节不能再认与回忆,或者表现为错误的再认或回忆。根据遗忘的具体表现可分为顺行性遗忘、逆行性遗忘、进行性遗忘、系统成分性遗忘、选择性遗忘和暂时性遗忘等多种类型,其中前两者最为重要。

1. **顺行性遗忘**　指回忆不起在疾病发生以后一段时间内所经历的事件,近期事件记忆差,不能保留新近获得的信息,而远期记忆尚保存。常见于阿尔茨海默病的早期、癫痫、双侧海马梗死、间脑综合征、严重的颅脑外伤等。

2. **逆行性遗忘**　指回忆不起疾病发生之前某一阶段的事件,过去的信息与时间梯度相关的丢失。常见于脑震荡后遗症、缺氧、中毒、阿尔茨海默病的中晚期、癫痫发作后等。

（二）记忆减退

记忆减退指识记、保持、再认和回忆普遍减退。早期往往是回忆减弱,特别是对日期、年代、专有名词、术语概念等的回忆发生困难,以后表现为近期和远期记忆均减退。临床上常见于阿尔茨海默病、血管性痴呆、代谢性脑病等。

（三）记忆错误

1. **记忆恍惚**　包括似曾相识、旧事如新、重演性记忆错误等,与记忆减退过程有关。常见于颞叶癫痫、中毒、神经症、精神分裂症等。

2. **错构**　指患者记忆有时间顺序上的错误,如患者将过去生活中所经历的事件归之于另一无关时期,而患者并不自觉,并且坚信自己所说的完全正确。常见于更年期综合征、精神发育迟滞、乙醇中毒性精神病和脑动脉硬化症等。

3. **虚构**　指患者将过去事实上从未发生的事或体验回忆为确有其事,患者不能自己纠正错误。常见于柯萨科夫综合征(Korsakoff syndrome),可以由脑外伤、乙醇中毒、感染性脑病等引起。

（四）记忆增强

记忆增强指对远事记忆的异常性增加。患者表现出对很久以前所发生的、似乎已经遗忘的时间和体验,此时又能重新回忆起来,甚至一些琐碎的毫无意义的事情或细微情节都能详细回忆。多见于躁狂症、妄想或服用兴奋剂过量。

二、视空间障碍

视空间障碍指患者因不能准确地判断自身及物品的位置而出现的功能障碍,表现为患者停车时找不到停车位，回家时因判断错方向而迷路，铺桌布时因不能对桌布及桌角的位置正确判断而无法使桌布与桌子对齐，不能准确地将锅放在炉灶上而将锅摔到地上。患者不能准确地临摹立体图，严重时连简单的平面图也无法画出。生活中，可有穿衣困难，不能判断衣服的上下和左右，衣服及裤子穿反等。

三、执行功能障碍

执行功能是指确立目标、制订和修正计划、实施计划，从而进行有目的活动的能力，是一种综合运用知识、信息的能力。

执行功能障碍与额叶-皮质下环路受损有关。执行功能障碍时，患者不能作出计划，不能进行创新性的工作，不能根据规则进行自我调整，不能对多件事进行统筹安排。检查时，不能按照要求完成较复杂的任务。执行功能障碍常见于血管性痴呆、阿尔茨海默病、帕金森病痴呆、进行性核上性麻痹、路易体痴呆和额颞叶痴呆等。

四、计算力障碍

计算能力取决于患者本身的智力、先天对数字的感觉和数学能力，以及受教育水平。计算力障碍指计算能力减退，以前能作的简单计算无法正确作出。如"黄瓜 8 角 1 斤，3 元 2 角能买几斤"这样的问题，患者难以回答，或者要经过长时间地计算和反复地更正。日常生活中，患者买菜购物不知道该付多少钱，该找回多少。随着病情的进展，患者甚至不能进行如 2+3、1+2 等非常简单的计算，不能正确列算式，甚至不认识数字和算术符号。计算障碍是优势半球顶叶特别是角回损伤的表现。

五、失语

失语（aphasia）是指在神志清楚、意识正常、发音和构音没有障碍的情况下，大脑皮质语言功能区病变导致的言语交流能力障碍，表现为自发谈话、听理解、复述、命名、阅读和书写六个基本方面能力残缺或丧失，如患者构音正常但表达障碍，肢体运动功能正常但书写障碍，视力正常但阅读障碍，听力正常但言语理解障碍等。不同的大脑语言功能区受损可有不同的临床表现。迄今对失语症的分类尚未取得完全一致的意见，国内外较通用的是以解剖-临床为基础的分类法。由于汉语的特殊性，我国学者制定了汉语失语症分类法。下面简要介绍主要的失语类型：

（一）外侧裂周围失语综合征

外侧裂周围失语综合征包括 Broca 失语、Wernicke 失语和传导性失语，病灶位于外侧裂周围，共同特点是均有复述障碍。

1. Broca 失语　又称表达性失语或运动性失语，由优势侧额下回后部（Broca 区）病变引起。临床表现以口语表达障碍最突出，谈话为非流利型、电报式语言，讲话费力，找词困难，只能讲一两个简单的词，且用词不当，或仅能发出个别的语音。口语理解相对保留，对单词和简单陈述句的理解正常，句式结构复杂时则出现困难。复述、命名、阅读和书写均有不同程度的损害。常见于脑梗死、脑出血等可引起 Broca 区损害的神经系统疾病。

2. Wernicke 失语　又称听觉性失语或感觉性失语，由优势侧颞上回后部（Wernicke 区）病变引起。临床特点为严重听理解障碍，表现为患者听觉正常，但不能听懂别人和自己的讲话。口语表达为流利型，语量增多，发音和语调正常，但言语混乱而割裂，缺乏实质词或有意义的词句，难以理解，答非所问。复述障碍与听理解障碍一致，存在不同程度的命名、阅读和书写障碍。常见于脑梗死、脑出血等可引起 Wernicke 区损害的神经系统疾病。

3. 传导性失语　多数传导性失语患者病变累及优势侧缘上回、Wernicke 区等部位，一般认为本症是由于外侧裂周围弓状束损害导致 Wernicke 区和 Broca 区之间的联系中断所致。临床表现为流利性口语,患者语言中有大量错词,但自身可以感知到其错误,欲纠正而显得口吃,听起来似非流利性失语,但表达短语或句子完整。听理解障碍较轻,在执行复杂指令时明显。复述障碍较自发谈话和听理解障碍重,二者损害不成比例,是本症的最大特点。命名、阅读和书写也有不同程度的损害。

（二）经皮质性失语综合征

经皮质性失语综合征又称为分水岭区失语综合征,病灶位于分水岭区,共同特点是复述相对保留。

1. 经皮质运动性失语 病变多位于优势侧 Broca 区附近,但 Broca 区可不受累,也可位于优势侧额叶侧面,主要由于语言运动区之间的纤维联系受损,导致语言障碍,表现为患者能理解他人的言语,但自己只能讲一两个简单的词或短语,呈非流利性失语,类似于 Broca 失语,但程度较 Broca 失语轻,患者复述功能完整保留。本症多见于优势侧额叶分水岭区的脑梗死。

2. 经皮质感觉性失语 病变位于优势侧 Wernicke 区附近,表现为听觉理解障碍,对简单词汇和复杂语句的理解均有明显障碍,讲话流利,语言空洞、混乱而割裂,找词困难,经常是答非所问,类似于 Wernicke 失语,但障碍程度较 Wernicke 失语轻。复述功能相对完整,但常不能理解复述的含义。有时可将检查者故意说错的话完整复述,这与经皮质运动性失语患者复述时可纠正检查者故意说错的话明显不同。本症多见于优势侧颞、顶叶分水岭区的脑梗死。

3. 经皮质混合性失语 又称语言区孤立,为经皮质运动性失语和经皮质感觉性失语并存,突出特点是复述相对好,其他语言功能均严重障碍或完全丧失。本症多见于优势侧大脑半球分水岭区的大片病灶,累及额、顶、颞叶。

（三）完全性失语

完全性失语也称混合性失语,是最严重的一种失语类型。临床上以所有语言功能均严重障碍或几乎完全丧失为特点。患者限于刻板言语,听理解严重缺陷,命名、复述、阅读和书写均不能。

（四）命名性失语

命名性失语又称遗忘性失语,由优势侧颞中回后部病变引起。主要特点为命名不能,表现为患者把词"忘记",多数是物体的名称,尤其是那些极少使用的东西的名称。如令患者说出指定物体的名称时,仅能叙述该物体的性质和用途。别人告知该物体的名称时,患者能辨别对方讲的对或不对。自发谈话为流利型,缺实质词,赘话和空话多。听理解、复述、阅读和书写障碍轻。常见于脑梗死、脑出血等可引起优势侧颞中回后部损害的神经系统疾病。

（五）皮质下失语

皮质下失语是指丘脑、基底核、内囊、皮质下深部白质等部位病损所致的失语。本症常由脑血管病、脑炎引起。

1. 丘脑性失语 由丘脑及其联系通路受损所致。表现为急性期有不同程度的缄默和不语,以后出现语言交流、阅读理解障碍,言语流利性受损,音量减小,可同时伴有重复语言、模仿语言、错语、命名不能等。复述功能可保留。

2. 内囊、基底核损害所致的失语 内囊、壳核受损时,表现为语言流利性降低,语速慢,理解基本无障碍,常常用词不当。能看懂书面文字,但不能读出或读错,复述也轻度受损,类似于 Broca 失语。壳核后部病变时,表现为听觉理解障碍,讲话流利,但语言空洞、混乱而割裂,找词困难,类似于 Wernicke 失语。

六、失用

失用(apraxia)是指在意识清楚、语言理解功能及运动功能正常情况下,患者丧失完成有目的的复杂活动的能力。临床上,失用可大致分为以下几种:

（一）观念性失用

观念性失用（ideational apraxia）常由双侧大脑半球受累引起。观念性失用是对复杂精细的动作失去了正确概念，导致患者不能把一组复杂精细动作按逻辑次序分解组合，使得各个动作的前后次序混乱，目的错误，无法正确完成整套动作。如冲糖水，应是取糖→入杯→倒水→搅拌，而患者可能直接向糖中倒水。该类患者模仿动作一般无障碍。本症常由中毒、动脉硬化性脑病和帕金森综合征等导致大脑半球弥漫性病变的疾病引起。

（二）观念运动性失用

观念运动性失用（ideomotor apraxia）病变多位于优势半球顶叶。观念运动性失用是在自然状态下，患者可以完成相关动作，可以口述相关动作的过程，但不能按指令去完成这类动作。如向患者发出指令命其张口，患者不能完成动作，但给他苹果则会自然张嘴去咬。

（三）肢体运动性失用

肢体运动性失用（melokinetic apraxia）病变多位于双侧或对侧皮质运动区。主要表现为肢体，通常为上肢远端，失去执行精细熟练动作的能力，自发动作、执行口令及模仿均受到影响，如患者不能弹琴、书写和编织等。

（四）结构性失用

结构性失用（constructional apraxia）病变多位于非优势半球顶叶或顶枕联合区。结构性失用是指对空间分析和对动作概念化的障碍。表现为患者绘制或制作包含有空间位置关系的图像或模型有困难，不能将物体的各个成分连贯成一个整体。

（五）穿衣失用

穿衣失用（dressing apraxia）病变位于非优势侧顶叶。穿衣失用是指丧失了习惯而熟悉的穿衣操作能力。表现为患者穿衣时上下颠倒，正反及前后颠倒，扣错纽扣，将双下肢穿入同一条裤腿等。

七、失认

失认（agnosia）是指患者无视觉、听觉和躯体感觉障碍，在意识正常情况下，不能辨认以往熟悉的事物。临床上，失认可有以下几种：

（一）视觉失认

视觉失认病变多位于枕叶。患者的视觉足以看清周围物体，但看到以前熟悉的事物时却不能正确识别、描述及命名，而通过其他感觉途径则可认出，如患者看到手机不知为何物，但通过手的触摸和听到电话的来电立刻就可辨认出是手机。这种视觉性失认不是由于视力方面的问题导致的，多与枕叶视中枢损害有关。视觉失认包括：物体失认，不能辨别熟悉的物体；面容失认，不能认出既往熟悉的家人和朋友；颜色失认，不能正确地分辨红、黄、蓝、绿等颜色。

（二）听觉失认

听觉失认病变多位于双侧颞上回中部及其听觉联络纤维。听觉失认指患者听力正常但却不能辨认以前熟悉的声音，如以前能辨认出来的手机铃声、动物叫声、汽车声、钢琴声等。

（三）触觉失认

触觉失认病变多位于双侧顶叶角回及缘上回。触觉失认即实体觉缺失，患者无初级触觉和位置觉障碍，闭眼后不能通过触摸辨别以前熟悉的物品，如牙刷、钥匙、手机等，但如睁眼看到或用耳朵听到物体发出的声音就能识别。本症患者一般少有主诉，临床医师如不仔细检查很难发现。

（四）体象障碍

体象障碍病变多位于非优势半球顶叶。体象障碍指患者基本感知功能正常，但对自身躯体的存在、空间位置及各部位之间的关系失去辨别能力，临床可表现为：①偏侧忽视：对病变对侧的空间和物体不注意、不关心,似与己无关;②病觉缺失:患者对对侧肢体的偏瘫全然否认,甚至当把偏瘫肢体出示给患者时,仍否认瘫痪的存在;③手指失认:指不能辨别自己的双手手指和名称;④自体认识不能:患者否认对侧肢体的存在,或认为对侧肢体不是自己的;⑤幻肢现象:患者认为自己的肢体已不复存在,自己的手脚已丢失,或感到自己的肢体多出了一个或数个,例如认为自己有三只手等。

八、轻度认知障碍和痴呆

(一) 轻度认知障碍

轻度认知障碍(mild cognitive impairment,MCI)是介于正常衰老和痴呆之间的一种中间状态,是一种认知障碍综合征。与年龄和教育程度匹配的正常老人相比,患者存在轻度认知功能减退,但日常能力没有受到明显影响。

轻度认知障碍的核心症状是认知功能的减退,根据病因或大脑损害部位的不同,可以累及记忆、执行功能、语言、运用、视空间结构技能等其中的一项或一项以上,导致相应的临床症状,其认知减退必须满足以下两点:

1. **认知功能下降**　符合以下任一条:①主诉或者知情者报告的认知损害,客观检查有认知损害的证据;②客观检查证实认知功能较以往减退。

2. 日常基本能力正常,复杂的工具性日常能力可以有轻微损害。

根据损害的认知域,轻度认知障碍症状可以分为两大类:①遗忘型轻度认知障碍:患者表现有记忆力损害。根据受累的认知域数量,又可分为单纯记忆损害型(只累及记忆力)和多认知域损害型(除累及记忆力,还存在其他一项或多项认知域损害),前者常为阿尔茨海默病的早期导致,后者可由阿尔茨海默病、脑血管病或其他疾病(如抑郁)等引起。②非遗忘型轻度认知障碍:患者表现为记忆功能以外的认知域损害,记忆功能保留。也可以进一步分为非记忆单一认知域损害型和非记忆多认知域损害型,常由额颞叶变性、路易体痴呆等的早期病变导致。

(二) 痴呆

痴呆(dementia)是由于脑功能障碍而产生的获得性、持续性智能损害综合征,可由脑退行性变(如阿尔茨海默病、额颞叶变性等)引起,也可由其他原因(如脑血管病、外伤、中毒等)导致。与轻度认知障碍相比,痴呆患者必须有两项或两项以上认知域受损,并导致患者的日常或社会能力明显减退。

痴呆患者除以上认知症状(如记忆、语言、视觉空间技能、执行功能、运用、计算等)外,还可以伴发精神行为的异常。精神情感症状包括幻觉、妄想、淡漠、意志减退、不安、抑郁、焦躁等;行为异常包括徘徊、多动、攻击、暴力、捡拾垃圾、藏匿东西、过食、异食、睡眠障碍等。有些患者还有明显的人格改变。

痴呆是一种综合征,按其不同原因可有如下分类,见表3-3。

表3-3　痴呆的分类

变性病性痴呆(degenerative dementing disorders)

　阿尔茨海默病(Alzheimer's disease)

　额颞叶痴呆(Frontotemporal dementia)

　路易体痴呆病(Lewy body disease)

　帕金森病合并痴呆(Parkinson's disease with dementia)

　关岛型帕金森病-肌萎缩侧索硬化痴呆症

　皮质基底节变性(corticobasal degeneration)

　苍白球黑质色素变性(Hallerverden-Spatz disease)

　亨廷顿病(Huntington disease)

　进行性核上性麻痹(progressive supranuclear palsy)

续表

非变性病性痴呆（nondegenerativedementing disorders）
　血管性痴呆（vascular dementia）
　　脑缺血性痴呆
　　脑出血性痴呆
　　皮质下白质脑病（Binswanger 病）
　　合并皮质下梗死和白质脑病的常染色体显性遗传性脑动脉病（CADASIL）
　　淀粉样血管病
　炎性动脉病（如结节性多动脉炎、红斑狼疮等）
　正常颅压脑积水
　脑外伤性痴呆
　抑郁和其他精神疾病所致的痴呆综合征
　感染性疾病所致痴呆
　　神经梅毒、神经钩端螺旋体病、莱姆病等
　　艾滋病-痴呆综合征
　　病毒性脑炎
　　朊蛋白病（prion disease）
　　霉菌和细菌性脑膜炎/脑炎后
　　进行性多灶性白质脑病
　脑肿瘤或占位病变所致痴呆
　　脑内原发或转移脑瘤
　　慢性硬膜下血肿
　代谢性或中毒性脑病
　　类脂质沉积病
　　心肺衰竭
　　慢性肝性脑病
　　慢性尿毒症性脑病
　　贫血
　　慢性电解质紊乱
　　维生素 B_{12} 缺乏、叶酸缺乏
　　药物、酒精或毒品中毒
　　CO 中毒
　　重金属中毒

第三节　头　痛

　　头痛（headache）指外眦、外耳道与枕外隆突连线以上部位的疼痛，而面痛（facial pain）指上述连线以下到下颌部的疼痛。

　　头痛的主要临床表现为全头或局部的胀痛或钝痛、搏动性疼痛、头重感、戴帽感或勒紧感等，同时可伴有恶心、呕吐、眩晕和视力障碍等。临床上，多种疾病均可引起不同种类的头部疼痛，根据发生的速度、疼痛的部位、发生及持续的时间、疼痛的程度、疼痛的性质及伴随症状等可对头部疼痛加以鉴别诊断（详见第八章头痛）。

　　头痛的部位和发病快慢对病灶的诊断有一定的参考价值，详见表 3-4 和表 3-5。

表 3-4　头痛部位与疾病的可能关系

疼痛部位	病因
全头	脑肿瘤、颅内出血、颅内感染、紧张性头痛、低颅压性头痛
偏侧头部	血管性偏头痛、鼻窦炎性头痛、耳源性头痛、牙源性头痛
前头部	颅内肿瘤、鼻窦炎性头痛、丛集性头痛
眼部（单侧或双侧）	高颅压性头痛、丛集性头痛、青光眼、一氧化碳中毒性头痛
双颞部	垂体瘤、蝶鞍附近肿瘤
枕颈部	蛛网膜下腔出血、脑膜炎、后颅窝肿瘤、高颅压性头痛、高血压头痛、颈性头痛、肌挛缩性头痛

表 3-5　头痛发病快慢与疾病的关系

头痛的发病形式	病因
急性头痛	蛛网膜下腔出血、脑梗死、脑出血、脑炎、脑膜脑炎、癫痫、高血压脑病、腰穿导致的低颅压、青光眼、急性虹膜炎
亚急性头痛	颅内占位病变、良性颅内压增高、高血压性头痛
慢性头痛	偏头痛、丛集性头痛、紧张性头痛、药物依赖性头痛、鼻窦炎

第四节　痫性发作和晕厥

痫性发作和晕厥是临床上较为常见的发作症状,两者均可导致短暂的可逆性意识丧失,但两者具有不同的病理基础及临床特点,临床上需加以鉴别。

一、痫性发作

痫性发作(seizure)是指由于大脑皮质神经元异常放电而导致的短暂脑功能障碍。

根据痫性发作时的大脑病灶部位及发作时间的不同,痫性发作可有多种临床表现(详见第十五章癫痫),在此仅作概述:①意识障碍:发作初始,可有突发意识丧失,发作结束后,可有短暂的意识模糊,定向力障碍等;②运动异常:常见有肢体抽搐、阵挛等,依发作性质(如局限性或全面性)可有不同表现,如单手不自主运动、口角及眼睑抽动、四肢强直阵挛等;③感觉异常:发作时感觉异常可表现为肢体麻木感和针刺感,多发生于口角、舌、手指、足趾等部位;④精神异常:有些发作的类型可有精神异常,表现为记忆恍惚,如似曾相识和旧事如新等,情感异常如无名恐惧和抑郁等,以及幻觉错觉等;⑤自主神经功能异常:发作时自主神经功能异常可表现为面部及全身苍白、潮红、多汗、瞳孔散大及小便失禁等。

临床上,痫性发作的病因多种多样,可由原发性神经系统疾病引起,也可由其他系统疾病引起,表3-6 列出了发作的常见病因。

表 3-6　痫性发作的常见病因

分类	病因
原发性神经系统疾病	特发性癫痫、脑外伤、脑卒中或脑血管畸形、脑炎或脑膜炎
系统性疾病	低血糖、低血钠、低血钙、高渗状态、尿毒症、肝性脑病、高血压脑病、药物中毒、高热

二、晕厥

晕厥(syncope)是由于大脑半球及脑干血液供应减少导致的伴有姿势张力丧失的发作性意识丧失。其病理机制是大脑及脑干的低灌注,与痫性发作有明显的不同。

晕厥的临床表现有:①晕厥前期:晕厥发生前数分钟通常会有一些先兆症状,表现为乏力、头晕、恶心、面色苍白、大汗、视物不清、恍惚、心动过速等;②晕厥期:此期患者意识丧失,并伴有血压下降、脉弱及瞳孔散大,心动过速转变为心动过缓,有时可伴有尿失禁;③恢复期:晕厥患者得到及时处理很快恢复后,可留有头晕、头痛、恶心、面色苍白及乏力的症状。经休息后症状可完全消失。

晕厥不是一个单独的疾病,是由多种病因引起的一种综合征,其常见病因见表3-7。

表3-7　常见的晕厥原因

分类	病因
反射性晕厥	血管迷走性晕厥
	直立性低血压性晕厥
	颈动脉窦性晕厥
	排尿性晕厥
	吞咽性晕厥
	咳嗽性晕厥
	舌咽神经痛性晕厥
心源性晕厥	心律失常
	心瓣膜病
	冠心病及心肌梗死
	先天性心脏病
	原发性心肌病
	左房黏液瘤及巨大血栓形成
	心脏压塞
	肺动脉高压
脑源性晕厥	严重脑动脉闭塞
	主动脉弓综合征
	高血压脑病
	基底动脉型偏头痛
其他	哭泣性晕厥
	过度换气综合征
	低血糖性晕厥
	严重贫血性晕厥

三、痫性发作与晕厥的鉴别

痫性发作与晕厥有着完全不同的病因及发病机制,但其临床表现存在一定的相似之处,有时两者容易混淆。由于痫性发作与晕厥的治疗差别很大,因此对它们的鉴别尤为重要。表3-8列出了痫性发作与晕厥的鉴别要点。

表3-8　痫性发作与晕厥的鉴别要点

临床特点	痫性发作	晕厥
先兆症状	无或短(数秒)	可较长
与体位的关系	无关	通常在站立时发生
发作时间	白天夜间均可发生,睡眠时较多	白天较多
皮肤颜色	青紫或正常	苍白
肢体抽搐	常见	无或少见
伴尿失禁或舌咬伤	常见	无或少见
发作后头痛或意识模糊	常见	无或少见
神经系统定位体征	可有	无
心血管系统异常	无	常有
发作间期脑电图	异常	多正常

第五节　眩　　晕

眩晕(vertigo)是一种运动性或位置性错觉,造成人与周围环境空间关系在大脑皮质中反应失真,产生旋转、倾倒及起伏等感觉。眩晕与头昏不同,后者表现为头重脚轻、步态不稳等。临床上按眩晕的性质可分为真性眩晕与假性眩晕。存在自身或对外界环境空间位置的错觉为真性眩晕,而仅有一般的晕动感并无对自身或外界环境空间位置错觉称假性眩晕。按病变的解剖部位可将眩晕分为系统性眩晕和非系统性眩晕,前者由前庭神经系统病变引起,后者由前庭系统以外病变引起。

(一) 系统性眩晕

系统性眩晕是眩晕的主要病因,按照病变部位和临床表现的不同又可分为周围性眩晕与中枢性眩晕。前者指前庭感受器及前庭神经颅外段(未出内听道)病变而引起的眩晕,眩晕感严重,持续时间短,常见于梅尼埃病、良性发作性位置性眩晕、前庭神经元炎、迷路卒中等病;后者指前庭神经颅内段、前庭神经核、核上纤维、内侧纵束、小脑和大脑皮质病变引起的眩晕,眩晕感可较轻,但持续时间长,常见于椎-基底动脉供血不足、脑干梗死、小脑梗死或出血等病。两者鉴别见表3-9。

表 3-9　周围性眩晕与中枢性眩晕的鉴别

临床特征	周围性眩晕	中枢性眩晕
病变部位	前庭感受器及前庭神经颅外段(未出内听道)	前庭神经颅内段、前庭神经核、核上纤维、内侧纵束、小脑、大脑皮质
常见疾病	迷路炎、中耳炎、前庭神经元炎、梅尼埃病、乳突炎、咽鼓管阻塞、外耳道耵聍等	椎-基底动脉供血不足、颈椎病、小脑肿瘤、脑干(脑桥和延髓)病变、听神经瘤、第四脑室肿瘤、颞叶肿瘤、颞叶癫痫等
眩晕程度及持续时间	发作性、症状重、持续时间短	症状轻、持续时间长
眼球震颤	幅度小、多水平或水平加旋转、眼震快相向健侧或慢相向病灶侧	幅度大、形式多变、眼震方向不一致
平衡障碍	倾倒方向与眼震慢相一致、与头位有关	倾倒方向不定、与头位无一定关系
前庭功能试验	无反应或反应减弱	反应正常
听觉损伤	伴耳鸣、听力减退	不明显
自主神经症状	恶心、呕吐、出汗、面色苍白等	少有或不明显
脑功能损害	无	脑神经损害、瘫痪和抽搐等

(二) 非系统性眩晕

非系统性眩晕临床表现为头晕眼花、站立不稳,通常无外界环境或自身旋转感或摇摆感,很少伴有恶心、呕吐,为假性眩晕。常由眼部疾病(眼外肌麻痹、屈光不正、先天性视力障碍)、心血管系统疾病(高血压、低血压、心律不齐、心力衰竭)、内分泌代谢疾病(低血糖、糖尿病、尿毒症)、中毒、感染和贫血等疾病引起。

第六节　视 觉 障 碍

视觉障碍(disturbance of vision)可由视觉感受器至枕叶皮质中枢之间的任何部位受损引起,可分为两类:视力障碍和视野缺损。

(一) 视力障碍

视力障碍是指单眼或双眼全部视野的视力下降或丧失,可分为单眼视力障碍及双眼视力障碍两种。

1. 单眼视力障碍

(1) 突发视力丧失:可见于:①眼动脉或视网膜中央动脉闭塞。②一过性单眼视力障碍,又可称为一过性黑矇。临床表现为患者单眼突然发生短暂性视力减退或缺失,病情进展快,几秒钟内达高峰,持续1~5分钟后,进入缓解期,在10~20分钟内恢复正常。主要见于颈内动脉系统的短暂性脑缺血发作。

(2)进行性单眼视力障碍:可在几小时或数分钟内持续进展并达到高峰,如治疗不及时,一般为不可逆的视力障碍。常见于:①视神经炎:亚急性起病,单侧视力减退,可有复发缓解过程;②巨细胞(颞)动脉炎:本病最常见的并发症是视神经前部的供血动脉闭塞,可导致单眼失明;③视神经压迫性病变:见于肿瘤等压迫性病变,可先有视野缺损,并逐渐出现视力障碍甚至失明。Foster-Kennedy综合征是一种特殊的视神经压迫性病变,为额叶底部肿瘤引起的同侧视神经萎缩及对侧视乳头水肿,可伴有同侧嗅觉缺失。

2. 双眼视力障碍

(1)一过性双眼视力障碍:本症多见于双侧枕叶视皮质的短暂性脑缺血发作,起病急,数分钟到数小时可缓解,可伴有视野缺损。由双侧枕叶皮质视中枢病变引起的视力障碍又称为皮质盲(cortical blindness),表现为双眼视力下降或完全丧失、眼底正常、双眼瞳孔对光反射正常。

(2)进行性视力障碍:起病较慢,病情进行性加重,直致视力完全丧失。多见于原发性视神经萎缩、颅高压引起的慢性视乳头水肿、中毒或营养缺乏性视神经病(乙醇、甲醇及重金属中毒,维生素 B_{12} 缺乏等)。

(二)视野缺损

当眼球平直向前注视某一点时所见到的全部空间,叫做视野。视野缺损是指视野的某一区域出现视力障碍而其他区域视力正常。视野缺损可有偏盲及象限盲等。

1. 双眼颞侧偏盲   多见于视交叉中部病变,此时,由双眼鼻侧视网膜发出的纤维受损,患者表现为双眼颞侧半视野视力障碍而鼻侧半视力正常。常见于垂体瘤及颅咽管瘤。

2. 双眼对侧同向性偏盲   视束、外侧膝状体、视辐射及视皮质病变均可导致病灶对侧同向性偏盲。此时,由双眼病灶同侧视网膜发出的纤维受损,患者表现为病灶对侧半视野双眼视力障碍而同侧半视力正常。枕叶视皮质受损时,患者视野中心部常保留,称为黄斑回避(macular sparing),其可能原因是黄斑区部分视觉纤维存在双侧投射,以及接受黄斑区纤维投射的视皮质具有大脑前-后循环的双重血液供应。

3. 双眼对侧同向上象限盲及双眼对侧同向下象限盲   双眼对侧同向上象限盲主要由颞叶后部病变引起,表现为病灶对侧半视野上半部分视力障碍。双眼对侧同向下象限盲主要由顶叶病变引起,表现为病灶对侧半视野下半部分视力障碍。常见于颞、顶叶的肿瘤及血管病等。

第七节 听 觉 障 碍

听觉障碍可由听觉传导通路损害引起,表现为耳聋、耳鸣及听觉过敏。

(一)耳聋

耳聋(deafness)即听力的减退或丧失,临床上有两个基本类型:传导性耳聋和感音性耳聋。

1. 传导性耳聋   是由于外耳和中耳向内耳传递声波的系统病变引起的听力下降,声波不能或很少进入内耳 Corti 器从而引起神经冲动。临床特点为:低音调的听力明显减低或丧失,而高音调的听力正常或轻微减低;Rinne 试验阴性,即骨导大于气导;Weber 试验偏向患侧;无前庭功能障碍。多见于中耳炎、鼓膜穿孔、外耳道耵聍堵塞等。

2. 感音性耳聋   是由于 Corti 器、耳蜗神经和听觉通路病理改变所致。临床特点为:高音调的听力明显减低或丧失,低音调听力正常或轻微减低。Rinne 试验阳性,即气导大于骨导,但两者都降低;Weber 试验偏向健侧;可伴有前庭功能障碍。多见于迷路炎或听神经瘤等。双侧蜗神经核及核上听觉中枢径路损害可导致中枢性耳聋,如松果体瘤累及中脑下丘时可出现中枢性听力减退,一般程度较轻。

传导性耳聋和感音性耳聋的鉴别见表 3-10。

表 3-10　传导性耳聋与感音性耳聋的鉴别

检查方法	正常	传导性耳聋	感音性耳聋
Rinne 试验	气导>骨导	气导<骨导	气导>骨导(均缩短)
Weber 试验	居中	偏向患侧	偏向健侧

（二）耳鸣

耳鸣(tinnitus)是指在没有任何外界声源刺激的情况下,患者听到的一种鸣响感,可呈发作性,也可呈持续性,在听觉传导通路上任何部位的刺激性病变都可引起耳鸣。耳鸣分主观性耳鸣和客观性耳鸣,前者指患者自己感觉而无客观检查发现,后者指患者和检查者都可听到,用听诊器听患者的耳、眼、头、颈部等处常可听到血管杂音。神经系统疾病引起的耳鸣多表现为高音调(如听神经损伤后、脑桥小脑脚处听神经瘤或颅底蛛网膜炎),而外耳和中耳的病变多为低音调。

（三）听觉过敏

听觉过敏(hyperacusis)是指患者对于正常的声音感觉比实际声源的强度大。中耳炎早期三叉神经鼓膜张肌肌支刺激性病变,导致鼓膜张肌张力增高而使鼓膜过度紧张时,可有听觉过敏。另外,面神经麻痹时,引起镫骨肌瘫痪,使镫骨紧压在前庭窗上,小的振动即可引起内淋巴的强烈振动,产生听觉过敏。

第八节　眼球震颤

眼球震颤(nystagmus)是指眼球注视某一点时发生的不自主的节律性往复运动,简称眼震。按照眼震节律性往复运动的方向可将眼震分为水平性眼震、垂直性眼震和旋转性眼震。按照眼震运动的节律又可分为钟摆样眼震和跳动性眼震。钟摆样眼震指眼球运动在各个方向上的速度及幅度均相等,跳动性眼震指眼球运动在一个方向上的速度比另一个方向快,因此有慢相和快相之分,通常用快相表示眼震的方向。神经系统疾病出现的眼震大多属于跳动性眼震。

眼震可以是生理性的,也可由某种疾病引起,脑部不同部位的病变产生的眼震表现不同,下面介绍几种常见的眼震类型。

（一）眼源性眼震

眼源性眼震是指由视觉系统疾病或眼外肌麻痹引起的眼震,表现为水平摆动性眼震,幅度细小,持续时间长,可为永久性。本症多见于视力障碍、先天性弱视、严重屈光不正、先天性白内障、色盲、高度近视和白化病等。另外长期在光线不足的环境下工作也可导致眼源性眼震,如矿工井下作业等。

（二）前庭性眼震

前庭性眼震是指由于前庭终末器、前庭神经或脑干前庭神经核及其传导通路、小脑等的功能障碍导致的眼震,分为周围性和中枢性两类(表 3-11)。

1. **前庭周围性眼震**　前庭系统周围部包括半规管、前庭神经节、前庭神经内听道部分。这部分病变可引起前庭周围性眼震,表现为水平性或水平旋转性眼震,一般无垂直性眼震,持续时间较短,多呈发作性,一般不超过 3 周,幅度较中枢性眼震细小,可伴有眩晕、恶心、呕吐等前庭功能障碍,可有听力异常。Romberg 征阳性,肢体和躯干偏向患侧,与头位有一定的关系。注视可以抑制眼震和眩晕,无中枢神经系统症状和体征。常见于梅尼埃综合征、中耳炎、迷路卒中、迷路炎、颞骨岩部外伤、链霉素等药物中毒等。

2. **前庭中枢性眼震**　前庭系统中枢部包括前庭神经颅内部分和前庭神经核,这部分病变可引起前庭中枢性眼震。另外,脑干、小脑等结构与前庭神经核有密切的联系,这些部分的损害也可以导致前庭中枢性眼震。表现为眼震方向具有多样性,可为水平、垂直、旋转等,持续时间长,幅度大。除前庭神经核病变以外,眩晕程度轻,但持续时间长。听力及前庭功能一般正常。Romberg 征阳性,但倾倒方向无规律,与头位无一定的关系。注视一点时不能抑制眼震,常有脑干和小脑受损体征。常见于椎-基底动脉系统血管病、多发性硬化、蛛网膜炎、脑桥小脑脚肿瘤、脑干肿瘤、梅毒等。

表 3-11　前庭周围性和中枢性眼震的鉴别

特点	前庭周围性眼震	前庭中枢性眼震
病变部位	内耳或前庭神经内听道部分病变	多数为脑干或小脑,少数可为中脑
眼震的形式	多为水平眼震,慢相向患侧	为水平(多为脑桥病变)、垂直(多为中脑病变)、旋转(多为延髓病变)和形式多变(多为小脑病变)
持续时间	较短,多呈发作性	较长
与眩晕的关系	一致	不一致
闭目难立征	向眼震的慢相侧倾倒,与头位有一定的关系	倾倒方向不定,与头位无一定关系
听力障碍	常有	不明显
前庭功能障碍	明显	不明显或正常
中枢神经症状与体征	无	常有脑干和小脑受损体征

在前庭中枢性眼震的范畴中,脑干和小脑病变导致的眼震有其特征性,简述如下:

(1) 脑干病变的眼震:①延髓病变:多呈旋转性自发性眼震,例如左侧延髓部病变时,呈顺时针性旋转性眼震,右侧延髓部病变时,呈逆时针性眼震。常见于延髓空洞症、血管性病变、延髓肿瘤或感染性疾病。②脑桥病变:多呈水平性,少数可为水平旋转性眼震,为内侧纵束受损所致。常见于脑桥肿瘤、血管性病变、多发性硬化等。③中脑病变:多为垂直性眼震,常常在后仰时眼震明显,向下垂直性眼震较向上者多见。见于中脑松果体肿瘤或血管病、脑炎、外伤等。还有一种垂直旋转性眼震,称为跷板性眼震,表现为一眼上转伴内旋,同时另一眼下转伴外旋,交替升降。多为鞍旁肿瘤所致,也见于间脑-中脑移行区的病变。

(2) 小脑病变的眼震:小脑顶核、绒球和小结与前庭神经核联系密切,所以当小脑病变时眼震极为多见。小脑型眼震具有两个特点:一是眼震与头位明显相关,即当头处于某一位置时出现眼震;另一个特点是眼震方向不确定,多变,如由水平性变成旋转性等。小脑型眼震向病灶侧侧视时眼震更明显,速度更慢,振幅更大。

小脑蚓部病变可出现上跳性眼震,即快相向上的跳动性垂直眼震。绒球病变常出现水平性眼震,伴下跳性眼震成分,追随运动时明显。小结病变可出现快相向下下跳性眼震。小脑型眼震见于 Wernicke 脑病、延髓空洞症、Chiari 畸形、颅底凹陷症和延髓-颈连接区域的疾病。

第九节　构 音 障 碍

构音障碍(dysarthria)是和发音相关的中枢神经、周围神经或肌肉疾病导致的一类言语障碍的总称。患者具有语言交流所必备的语言形成及接受能力,仅表现为口语的声音形成困难,主要为发音困难、发音不清,或者发声、音调及语速的异常,严重者完全不能发音。不同病变部位可产生不同特点的构音障碍,具体如下:

(一) 上运动神经元损害

单侧皮质脊髓束病变时,造成对侧中枢性面瘫和舌瘫,主要表现为双唇和舌承担的辅音部分不清晰,发音和语音共鸣正常。最常见于累及单侧皮质脊髓束的脑出血和脑梗死。双侧皮质延髓束损害导致咽喉部肌肉和声带的麻痹(假性延髓麻痹),表现为说话带鼻音、声音嘶哑和言语缓慢。由于唇、舌、齿功能受到影响，以及发音时鼻腔漏气，致使辅音发音明显不清晰，常伴有吞咽困难、饮水呛咳、咽反射亢进和强哭强笑等。主要见于双侧多发脑梗死、皮质下血管性痴呆、肌萎缩侧索硬化、多发性硬化、进行性核上性麻痹等。

（二）基底核病变

此种构音障碍是由于唇、舌等构音器官肌张力高、震颤及声带不能张开所引起，导致说话缓慢而含糊，声调低沉，发音单调，音节颤抖样融合，言语断节及口吃样重复等。常见于帕金森病、肝豆状核变性等。

（三）小脑病变

小脑蚓部或脑干内与小脑联系的神经通路病变，导致发音和构音器官肌肉运动不协调，又称共济失调性构音障碍。表现为构音含糊，音节缓慢拖长，声音强弱不等甚至呈暴发样，言语不连贯，呈吟诗样或分节样。主要见于小脑蚓部的梗死或出血、小脑变性疾病和多发性硬化等。

（四）下运动神经元损害

支配发音和构音器官的脑神经核和（或）脑神经、司呼吸肌的脊神经病变，导致受累肌肉张力过低或张力消失而出现弛缓性构音障碍，共同特点是发音费力和声音强弱不等。面神经病变影响唇音和唇齿音发音，在双侧病变时更为明显；舌下神经病变使舌肌运动障碍，表现为舌音不清、言语含糊，伴有舌肌萎缩和舌肌震颤；迷走神经喉返支单侧损害时表现为声音嘶哑和复音现象，双侧病变时无明显发音障碍，但可影响气道通畅而造成吸气性哮鸣；迷走神经咽支和舌咽神经损害时可引起软腭麻痹，说话带鼻音并影响声音共鸣；膈神经损害时造成膈肌麻痹，使声音强度减弱，发音费力，语句变短。该类型构音障碍主要见于进行性延髓麻痹、急性脊髓炎、吉兰-巴雷综合征、脑干肿瘤、延髓空洞、副肿瘤综合征以及各种原因导致的颅底损害等。

（五）肌肉病变

发音和构音相关的肌肉病变时出现此类型构音障碍，表现类似下运动神经元损害，但多同时伴有其他肌肉病变，如重症肌无力、进行性肌营养不良和强直性肌病等。

第十节 瘫 痪

瘫痪（paralysis）是指个体随意运动功能的减低或丧失，可分为神经源性、神经肌肉接头性及肌源性等类型（表3-12）。本节主要叙述神经源性瘫痪。神经肌肉接头性及肌源性瘫痪的特点见第十九章。

表 3-12 瘫痪的分类

按瘫痪的病因	神经源性
	神经肌肉接头性
	肌源性
按瘫痪的程度	不完全性
	完全性
按瘫痪的肌张力状态	痉挛性
	弛缓性
按瘫痪的分布	单瘫
	偏瘫
	交叉瘫
	截瘫
	四肢瘫
按运动传导通路的不同部位	上运动神经元性瘫痪
	下运动神经元性瘫痪

（一）上运动神经元性瘫痪

上运动神经元性瘫痪也称痉挛性瘫痪（spastic paralysis），是由于上运动神经元，即大脑皮质运动区神经元及其发出的下行纤维病变所致。其临床表现有：

1. **肌力减弱**　一侧上运动神经元受损所致瘫痪可表现为一侧上肢或下肢的瘫痪，称为单瘫；也可表现为一侧肢体的上下肢瘫痪，称为偏瘫。双侧上运动神经元受损时表现为双下肢瘫痪，称为截瘫；也可表现为四肢瘫（图3-1）。上述由上运动神经元受损导致的瘫痪一般只表现在受单侧上运动神经元支配的肢体，而一些双侧支配的运动可不受影响，如眼、下颌、咽喉、颈、胸和腹部等处的运动。该类型瘫痪还有一些特点：瘫痪时肢体远端肌肉受累较重，尤其是手、指和面部等，而肢体近端症状较轻，这是由于肢体近端的肌肉多由双侧支配而远端多由单侧支配；上肢伸肌群比屈肌群瘫痪程度重，外旋肌群比内收肌群重，手的屈肌比伸肌重，而下肢恰好与上肢相反，屈肌群比伸肌群重。

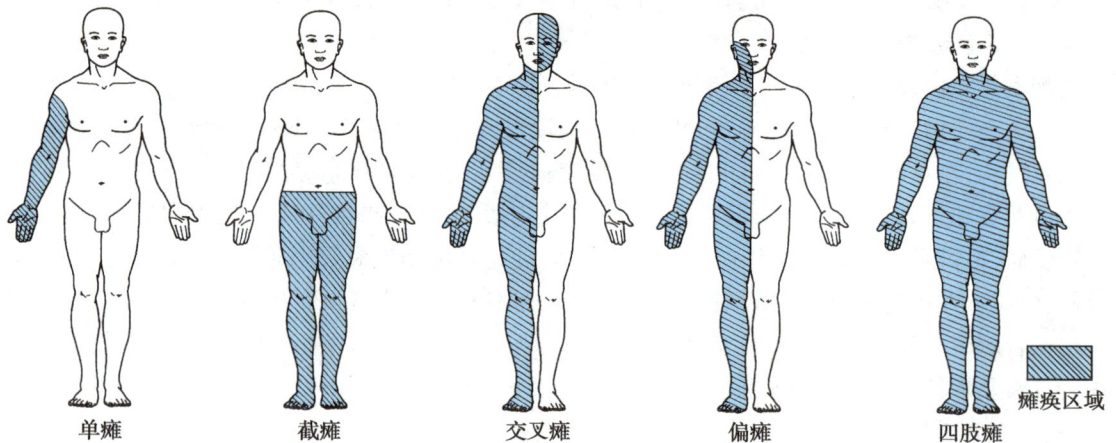

| 单瘫 | 截瘫 | 交叉瘫 | 偏瘫 | 四肢瘫 |

瘫痪区域

图3-1　瘫痪的几种常见形式

2. **肌张力增高**　上运动神经元性瘫痪时，患侧肢体肌张力增高，可呈现特殊的偏瘫姿势，如上肢呈屈曲旋前，下肢则伸直内收。由于肌张力的增高，患肢被外力牵拉伸展时，开始时出现抵抗，当牵拉持续到一定程度时，抵抗突然消失，患肢被迅速牵拉伸展，称之为"折刀"现象（clasp-knife phenomenon）。

3. **腱反射活跃或亢进**　上运动神经元性瘫痪时，腱反射可活跃甚至亢进。还可有反射扩散，如敲击桡骨膜不仅可引出肱桡肌收缩，还可引出肱二头肌或指屈肌反射。此外，腱反射过度亢进时还可有阵挛，表现为当牵拉刺激持续存在，可诱发节律性的肌肉收缩，如髌阵挛、踝阵挛等。

4. **浅反射的减退或消失**　浅反射通路经过皮质，并通过锥体束下传，因此，上运动神经元瘫痪时，损伤可导致浅反射的减退和消失，包括腹壁反射、提睾反射及跖反射等。

5. **病理反射**　正常情况下锥体束对病理反射有抑制作用，当上运动神经元瘫痪时，锥体束受损，病理反射就被释放出来，包括 Babinski 征、Oppenheim 征、Gordon 征、Chaddock 征等。

6. **无明显的肌萎缩**　上运动神经元性瘫痪时，下运动神经元对肌肉的营养作用仍然存在，因此肌肉无明显的萎缩。当长期瘫痪时，由于肌肉缺少运动，可表现为失用性肌萎缩。

（二）下运动神经元性瘫痪

下运动神经元性瘫痪又称弛缓性瘫痪（flaccid paralysis），指脊髓前角的运动神经元以及它们的轴突组成的前根、神经丛及其周围神经受损所致。脑干运动神经核及其轴突组成的脑神经运动纤维损伤也可造成弛缓性瘫痪。下运动神经元瘫痪临床表现为：①受损的下运动神经元支配的肌力减退；②肌张力减低或消失，肌肉松弛，外力牵拉时无阻力，与上运动神经元瘫痪时"折刀"现象有明显不同；③腱反射减弱或消失；④肌肉萎缩明显。

上运动神经元和下运动神经元性瘫痪的比较见表3-13。

表 3-13　上运动神经元和下运动神经元性瘫痪的比较

临床检查	上运动神经元瘫痪	下运动神经元瘫痪
瘫痪分布	整个肢体为主	肌群为主
肌张力	增高,呈痉挛性瘫痪	降低,呈弛缓性瘫痪
浅反射	消失	消失
腱反射	增强	减弱或消失
病理反射	阳性	阴性
肌萎缩	无或有轻度失用性萎缩	明显
皮肤营养障碍	多数无障碍	常有
肌束颤动或肌纤维颤动	无	可有
肌电图	神经传导速度正常,无失神经电位	神经传导速度异常,有失神经电位

第十一节　肌　萎　缩

肌萎缩(muscular atrophy)是指由于肌肉营养不良而导致的骨骼肌体积缩小,肌纤维变细甚至消失,通常是下运动神经元病变或肌肉病变的结果。临床上,可分为神经源性肌萎缩和肌源性肌萎缩。

(一) 神经源性肌萎缩

神经源性肌萎缩是指神经肌肉接头之前的神经结构病变所引起的肌萎缩,此类肌萎缩常起病急、进展较快,但随病因而异。

1. 当损伤部位在脊髓前角细胞时,受累肢体的肌萎缩呈节段性分布,伴肌力减低、腱反射减弱和肌束震颤,一般无感觉障碍;延髓运动神经核病变时,可出现延髓麻痹、舌肌萎缩和肌束震颤。常见于急性脊髓灰质炎、进行性脊肌萎缩症和肌萎缩侧索硬化症等。

2. 当损伤部位在神经根或神经干时,肌萎缩常呈根性或干性分布。单纯前根损伤所引起的肌萎缩和脊髓前角的损害相似,但后根同时受累则出现感觉障碍和疼痛。常见于腰骶外伤、颈椎病等。

3. 多神经根或神经丛的损害常出现以近端为主的肌萎缩,常见于急性炎症性脱髓鞘性多发性神经病。

4. 单神经病变时,肌萎缩按照单神经支配的范围分布。神经源性肌萎缩肌电图显示病变部位纤颤电位或高大运动单位电位,肌肉活检可见肌纤维数量减少并变细、细胞核集中和结缔组织增生。

(二) 肌源性肌萎缩

肌源性肌萎缩指神经肌肉接头突触后膜以后,包括肌膜、线粒体、肌丝等病变所引起的肌萎缩。肌萎缩分布不能以神经节段性、干性、根性或某一周围神经支配所能解释,多不伴皮肤营养障碍和感觉障碍,无肌束颤动。实验室检查血清酶如肌酸磷酸激酶等不同程度升高。肌电图呈肌源性损害。肌肉活检可见病变部位肌纤维肿胀、坏死、结缔组织增生和炎细胞浸润等。常见于进行性肌营养不良、强直性肌营养不良和肌炎等。

除上述两种肌萎缩外,临床上还可见到由于脑血管病等上运动神经元损害引起的失用性肌萎缩以及肌肉血管病变引起的缺血性肌萎缩。

第十二节　躯体感觉障碍

躯体感觉(somatic sensation)指作用于躯体感受器的各种刺激在人脑中的反映。一般躯体感觉包括浅感觉、深感觉和复合感觉。感觉障碍可以分为抑制性症状和刺激性症状两大类。

(一) 抑制性症状

感觉径路破坏时功能受到抑制,出现感觉(痛觉、温度觉、触觉和深感觉)减退或缺失。一个部位各种感觉缺失,称完全性感觉缺失。在意识清醒的情况下,某部位某种感觉障碍而其他感觉保存者称分离性感觉障碍。患者深浅感觉正常,但无视觉参加的情况下,对刺激部位、物体形状、重量等不能辨别者,称皮质感觉缺失。当一神经分布区有自发痛,同时又存在痛觉减退者,称痛性痛觉减退或痛性麻痹。

(二)刺激性或激惹性症状

感觉传导径路受到刺激或兴奋性增高时出现刺激性症状,可分为以下几种:

1. **感觉过敏** 指在正常人中不引起不适感觉或仅有轻微感觉的刺激,而在患者中却引起非常强烈、甚至难以忍受的感觉。常见于浅感觉障碍。

2. **感觉过度** 一般发生在感觉障碍的基础上,具有以下特点:①潜伏期长:刺激开始后不能立即感知,必须经历一段时间才出现;②感受性降低,兴奋阈增高:刺激必须达到一定的强度才能感觉到;③不愉快的感觉:患者所感到的刺激具有暴发性,呈现一种剧烈的、定位不明确的、难以形容的不愉快感;④扩散性:刺激有扩散的趋势,单点的刺激患者可感到是多点刺激并向四周扩散;⑤延时性:当刺激停止后在一定时间内患者仍有刺激存在的感觉,即出现"后作用",一般为强烈难受的感觉,常见于烧灼性神经痛、带状疱疹疼痛、丘脑的血管性病变。

3. **感觉倒错** 指对刺激产生的错误感觉,如冷的刺激产生热的感觉,触觉刺激或其他刺激误认为痛觉等。常见于顶叶病变或癔症。

4. **感觉异常** 指在没有任何外界刺激的情况下,患者感到某些部位有蚁行感、麻木、瘙痒、重压、针刺、冷热、肿胀,而客观检查无感觉障碍。常见于周围神经或自主神经病变。

5. **疼痛** 是感觉纤维受刺激时的躯体感受,是机体的防御机制。临床上常见的疼痛可有以下几种:①局部疼痛:是局部病变的局限性疼痛,如三叉神经痛引起的局部疼痛;②放射性疼痛:中枢神经、神经根或神经干刺激病变时,疼痛不仅发生在局部,而且扩散到受累神经的支配区,如神经根受到肿瘤或椎间盘的压迫,脊髓空洞症的痛性麻痹;③扩散性疼痛:是刺激由一个神经分支扩散到另一个神经分支而产生的疼痛,如牙疼时,疼痛扩散到其他三叉神经的分支区域;④牵涉性疼痛:内脏病变时出现在相应体表区的疼痛,如心绞痛可引起左胸及左上肢内侧痛,胆囊病变可引起右肩痛;⑤幻肢痛:是截肢后,感到被切断的肢体仍然存在,且出现疼痛,这种现象称幻肢痛,与下行抑制系统的脱失有关;⑥灼烧性神经痛:剧烈的烧灼样疼痛,多见于正中神经或坐骨神经损伤后,可能是由于沿损伤轴突表面产生的异位性冲动,或损伤部位的无髓鞘轴突之间发生了神经纤维间接触。

第十三节   共 济 失 调

共济运动指在前庭、脊髓、小脑和锥体外系共同参与下完成运动的协调和平衡。共济失调(ataxia)指小脑、本体感觉以及前庭功能障碍导致的运动笨拙和不协调,累及躯干、四肢和咽喉肌时可引起身体平衡、姿势、步态及言语障碍。临床上,共济失调可有以下几种:

(一)小脑性共济失调

小脑本身、小脑脚的传入或传出联系纤维、红核、脑桥或脊髓的病变均可产生小脑性共济失调。小脑性共济失调表现为随意运动的力量、速度、幅度和节律的不规则,即协调运动障碍,可伴有肌张力减低、眼球运动障碍及言语障碍。

1. **姿势和步态异常** 小脑蚓部病变可引起头和躯干的共济失调,导致平衡障碍,姿势和步态的异常。患者站立不稳,步态蹒跚,行走时两腿分开呈共济失调步态,坐位时患者将双手和两腿呈外展位分开以保持身体平衡。上蚓部病变时患者向前倾倒,下蚓部病变时患者向后倾倒。小脑半球控制同侧肢体的协调运动并维持正常的肌张力,一侧小脑半球受损,行走时患者向患侧倾倒。

2. **随意运动协调障碍** 小脑半球病变可引起同侧肢体的共济失调,表现为动作易超过目标(辨距不良),动作愈接近目标时震颤愈明显(意向性震颤),对精细运动的协调障碍,如书写时字迹愈来愈大,各笔画不匀等。

3. **言语障碍**　由于发声器官如口唇、舌、咽喉等肌肉的共济失调,患者表现为说话缓慢、发音不清和声音断续、顿挫或暴发式,呈暴发性或吟诗样语言。

4. **眼球运动障碍**　眼外肌共济失调可导致眼球运动障碍。患者表现为双眼粗大眼震,少数患者可见下跳性眼震、反弹性眼震等。

5. **肌张力减低**　小脑病变时常可出现肌张力降低,腱反射减弱或消失,当患者取坐位时两腿自然下垂叩击腱反射后,小腿不停摆动,像钟摆一样(钟摆样腱反射)。

(二) 大脑性共济失调

大脑额、颞、枕叶与小脑半球之间通过额桥束和颞枕桥束形成纤维联系,当其损害时可引起大脑性共济失调。由于大脑皮质和小脑之间纤维交叉,一侧大脑病变引起对侧肢体共济失调。大脑性共济失调较小脑性共济失调症状轻,多见于脑血管病、多发性硬化等损伤额桥束和颞枕桥束纤维联系的疾病。

1. **额叶性共济失调**　由额叶或额桥小脑束病变引起。患者症状出现在对侧肢体,表现类似小脑性共济失调,如体位性平衡障碍,步态不稳,向后或一侧倾倒,但症状较轻,Romberg 征、辨距不良和眼震很少见。常伴有肌张力增高,病理反射阳性,精神症状,强握反射等额叶损害表现。见于肿瘤、脑血管病等。

2. **颞叶性共济失调**　由颞叶或颞桥束病变引起。患者表现为对侧肢体的共济失调,症状较轻,早期不易发现,可伴有颞叶受损的其他症状或体征,如同向性象限盲和失语等。见于脑血管病及颅高压压迫颞叶时。

3. **顶叶性共济失调**　表现对侧肢体不同程度的共济失调,闭眼时症状明显,深感觉障碍多不重或呈一过性;两侧旁中央小叶后部受损可出现双下肢感觉性共济失调及大小便障碍。

4. **枕叶性共济失调**　由枕叶或枕桥束病变引起。患者表现为对侧肢体的共济失调,症状轻,常伴有深感觉障碍,闭眼时加重,可同时伴有枕叶受损的其他症状或体征,如视觉障碍等。见于肿瘤、脑血管病等。

(三) 感觉性共济失调

深感觉障碍使患者不能辨别肢体的位置及运动方向,出现感觉性共济失调。深感觉传导路径中脊神经后根、脊髓后索、丘脑至大脑皮质顶叶任何部位的损害都可出现深感觉性共济失调。表现为站立不稳,迈步的远近无法控制,落脚不知深浅,踩棉花感。睁眼时有视觉辅助,症状较轻,黑暗中或闭目时症状加重。感觉性共济失调无眩晕、眼震和言语障碍。多见于脊髓后索和周围神经病变,也可见于其他影响深感觉传导路的病变等。

(四) 前庭性共济失调

前庭损害时因失去身体空间定向能力,产生前庭性共济失调。临床表现为站立不稳,改变头位可使症状加重,行走时向患侧倾倒。伴有明显的眩晕、恶心、呕吐、眼球震颤。四肢共济运动及言语功能正常。多见于内耳疾病、脑血管病、脑炎及多发性硬化等。

第十四节　步态异常

步态(gait)是指行走、站立的运动形式与姿态。机体很多部位参与维持正常步态,故步态异常的临床表现及发病因素多种多样。一些神经系统疾病,虽然病变部位不同,但可出现相似的步态障碍。步态异常可分为以下几种:

(一) 痉挛性偏瘫步态

痉挛性偏瘫步态为单侧皮质脊髓束受损所致,表现为患侧上肢通常屈曲、内收、旋前,不能自然摆动,下肢伸直、外旋,迈步时将患侧盆骨部提的较高,或腿外旋画一半圈的环形运动,脚刮擦地面(图3-

2A）。常见于脑血管病或脑外伤恢复期及后遗症期。

（二）痉挛性截瘫步态

痉挛性截瘫步态又称"剪刀样步态"，为双侧皮质脊髓束受损步态。表现为患者站立时双下肢伸直位，大腿靠近，小腿略分开，双足下垂伴有内旋。行走时两大腿强烈内收，膝关节几乎紧贴，足前半和趾底部着地，用足尖走路，交叉前进，似剪刀状（图3-2B）。常见于脑瘫的患者。慢性脊髓病变也表现典型的剪刀样步态，如多发性硬化、脊髓空洞症、脊髓压迫症、脊髓外伤或血管病及炎症恢复期、遗传性痉挛性截瘫等。

（三）慌张步态

慌张步态表现为身体前屈，头向前探，肘、腕、膝关节屈曲，双臂略微内收于躯干前；行走时起步困难，第一步不能迅速迈出，开始行走后，步履缓慢，后逐渐速度加快，小碎步前进，双上肢自然摆臂减少，停步困难，极易跌倒；转身时以一脚为轴，挪蹭转身（图3-2C）。慌张步态是帕金森病的典型症状之一。

（四）摇摆步态

摇摆步态又称"鸭步"，指行走时躯干部，特别是臀部左右交替摆动的一种步态。是由于躯干及臀部肌群肌力减退，行走时不能固定躯干及臀部，从而造成摆臀现象（图3-2D）。多见于进行性肌营养不良症，也可见于进行性脊肌萎缩症、少年型脊肌萎缩症等疾病。

（五）跨阈步态

跨阈步态又称"鸡步"，是由于胫前肌群病变或腓总神经损害导致足尖下垂，足部不能背屈，行走

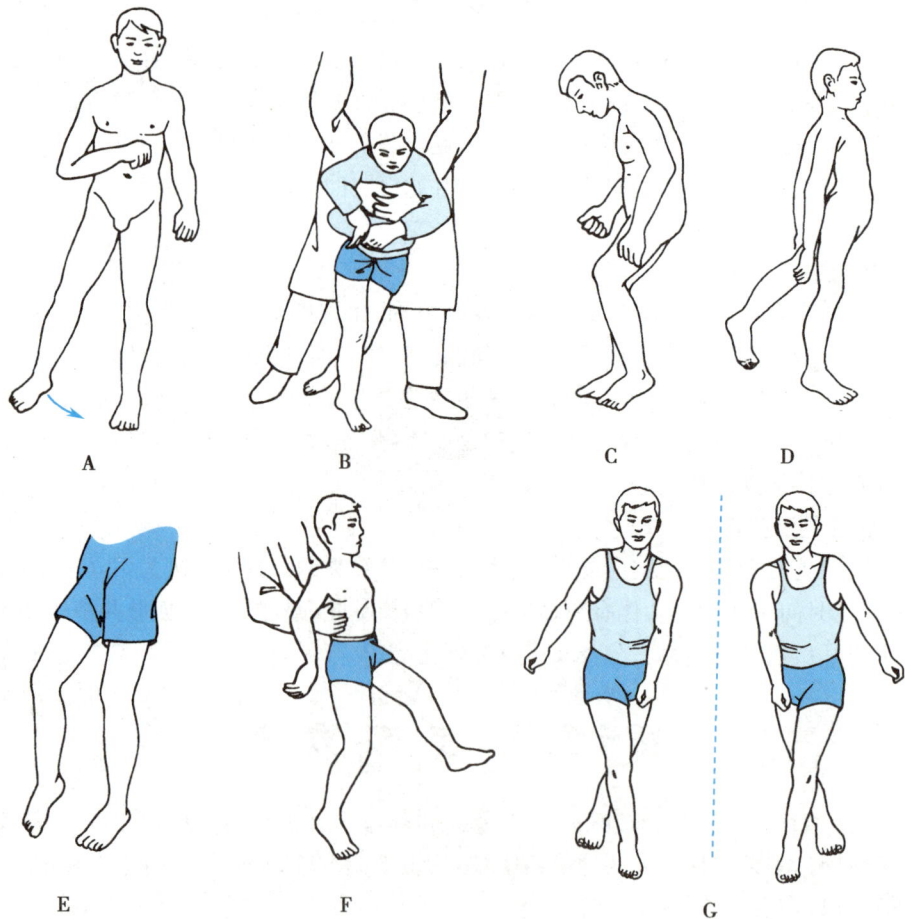

A   B   C   D

E   F   G

图3-2   各种异常步态

A. 痉挛性偏瘫步态；B. 痉挛性截瘫步态；C. 慌张步态；D. 摇摆步态；E. 跨阈步态；F. 感觉性共济失调步态；G. 小脑性共济失调步态

时,为避免上述因素造成的足尖拖地现象,向前迈步抬腿过高,脚悬起,落脚时总是足尖先触及地面,如跨门槛样(图3-2E)。常见于腓总神经损伤、脊髓灰质炎或进行性腓骨肌萎缩等。

（六）感觉性共济失调步态

感觉性共济失调步态是由于关节位置觉或肌肉运动觉受损引起,传入神经通路任何水平受累均可导致感觉性共济失调步态,如周围神经病变、神经根病变、脊髓后索受损、内侧丘系受损等病变。表现为肢体活动不稳,晃动,行走时姿势屈曲,仔细查看地面和双腿,寻找落脚点及外周支撑(图3-2F)。腿部运动过大,双脚触地粗重。失去视觉提示(如闭眼或黑暗)时,共济失调显著加重,闭目难立征阳性,夜间行走不能。多见于脊髓痨、脊髓小脑变性疾病、慢性乙醇中毒、副肿瘤综合征、脊髓亚急性联合变性、脊髓压迫症、多发性神经病及多发性硬化等。

（七）小脑步态

小脑步态是由于小脑受损所致。小脑步态表现为行走时两腿分开,步基宽大,站立时向一侧倾倒,步态不稳且向一侧偏斜(图3-2G)。倾倒方向与病灶相关,一般当一侧小脑半球受损时,患者行走向患侧倾倒,双足拖地,步幅、步频规律性差。小脑步态多见于遗传性小脑性共济失调、小脑血管病和炎症等。

第十五节　不自主运动

不自主运动(involuntary movement)指患者在意识清楚的情况下,出现的不受主观控制的无目的的异常运动。不自主运动主要包括以下几种:

（一）震颤

震颤(tremor)是主动肌与拮抗肌交替收缩引起的人体某一部位有节律的振荡运动。节律性是震颤与其他不随意运动区别,主动肌和拮抗肌参与的交替收缩可与阵挛(一组肌肉肌肉短暂的、闪电样的收缩)区别。震颤可为生理性、功能性和病理性,详见表3-14。本节主要叙述病理性震颤。

表3-14　震颤的分类

分类	特点	见于
生理性震颤	震颤细微	老年人
功能性震颤		
强生理性震颤	震颤幅度较大	剧烈运动、恐惧、焦虑、气愤
癔症性震颤	幅度不等,形式多变	癔症
其他功能性震颤	精细动作或疲劳时出现	精细工作如木匠、外科医生
病理性震颤		
静止性震颤	静止时出现,幅度小	帕金森病等
动作性震颤	特定姿势或运动时出现,幅度大	小脑病变等

1. **静止性震颤（static tremor）**　是指在安静和肌肉松弛的情况下出现的震颤,表现为安静时出现,活动时减轻,睡眠时消失,手指有节律的抖动,每秒约4~6次,呈"搓药丸样",严重时可发生于头、下颌、唇舌、前臂、下肢及足等部位。常见于帕金森病。

2. **动作性震颤（action tremor）**

（1）姿势性震颤(postural tremor):这种震颤在随意运动时不出现,当运动完成,肢体和躯干主动保持在某种姿势时才出现,如当患者上肢伸直,手指分开,保持这种姿势时可见到手臂的震颤。肢体放松时震颤消失,当肌肉紧张时又变得明显。姿势性震颤以上肢为主,头部及下肢也可见到。常见于特发性震颤、慢性乙醇中毒、肝性脑病、肝豆状核变性等。

（2）运动性震颤：又称意向性震颤（intention tremor），是指肢体有目的地接近某个目标时，在运动过程中出现的震颤，越接近目标震颤越明显。当到达目标并保持姿势时，震颤有时仍能持续存在。多见于小脑病变，丘脑、红核病变时也可出现此种震颤。

（二）舞蹈样运动

舞蹈样运动（choreic movement）多由尾状核和壳核的病变引起，为肢体不规则、无节律和无目的的不自主运动，表现为耸肩转颈、伸臂、抬臂、摆手和手指伸屈等动作，上肢比下肢重，远端比近端重，随意运动或情绪激动时加重，安静时减轻，入睡后消失。头面部可出现挤眉弄眼、噘嘴伸舌等动作。病情严重时肢体可有粗大的频繁动作。见于小舞蹈病或亨廷顿病等，也可继发于其他疾病，如脑炎、脑内占位性病变、脑血管病、肝豆状核变性等。

（三）手足徐动症

手足徐动症（athetosis）又称指划动作或易变性痉挛。表现为由于上肢远端的游走性肌张力增高或降低，而产生手腕及手指做缓慢交替性的伸屈动作。如腕过屈时，手指常过伸，前臂旋前，缓慢过渡为手指屈曲，拇指常屈至其他手指之下，而后其他手指相继屈曲。有时出现发音不清和鬼脸，亦可出现足部不自主动作。多见于脑炎、播散性脑脊髓炎、核黄疸和肝豆状核变性等。

（四）扭转痉挛

扭转痉挛（torsion spasm）病变位于基底核，又称变形性肌张力障碍，表现为躯干和四肢发生的不自主的扭曲运动。躯干及脊旁肌受累引起的围绕躯干或肢体长轴的缓慢旋转性不自主运动是本症的特征性表现。颈肌受累时出现的痉挛性斜颈是本症的一种特殊局限性类型。本症可为原发性遗传疾病，也可见于肝豆状核变性以及某些药物反应等。

（五）偏身投掷运动

偏身投掷运动（hemiballismus）为一侧肢体猛烈的投掷样的不自主运动，运动幅度大，力量强，以肢体近端为重。为对侧丘脑底核损害所致，也可见于纹状体至丘脑底核传导通路的病变。

（六）抽动症

抽动症（tics）为单个或多个肌肉的快速收缩动作，固定一处或呈游走性，表现为挤眉弄眼、面肌抽动、鼻翼扇动、噘嘴。如果累及呼吸及发音肌肉，抽动时会伴有不自主的发音，或伴有秽语，故称"抽动秽语综合征"。本病常见于儿童，病因及发病机制尚不清楚，部分病例由基底核病变引起，有些是与精神因素有关。

第十六节   尿 便 障 碍

尿便障碍包括排尿障碍和排便障碍，主要由自主神经功能紊乱所致，病变部位在皮质、下丘脑、脑干和脊髓。

一、排尿障碍

排尿障碍是自主神经系统病变的常见症状之一，主要表现为排尿困难、尿频、尿潴留、尿失禁及自动性排尿等，由排尿中枢或周围神经病变所致，也可由膀胱或尿路病变引起。由神经系统病变导致的排尿障碍可称为神经源性膀胱，主要有以下类型：

（一）感觉障碍性膀胱

病变损害脊髓后索或骶神经后根，导致脊髓排尿反射弧的传入障碍，又称感觉性无张力膀胱（图3-3A）。早期表现为排尿困难，膀胱不能完全排空，晚期膀胱感觉丧失，毫无尿意，尿潴留或尿液充盈至一定程度不能排出而表现为充盈性尿失禁。尿动力学检查，膀胱内压力很低，为 5～10cmH$_2$O，容量显著增大，达 500～600ml，甚至可达 600～1000ml 以上，残余尿增多，为 400～1000ml。本症多见于多发性硬化、亚急性联合变性及脊髓痨损害脊髓后索或后根，也可见于昏迷、脊髓休克期。

（二）运动障碍性膀胱

病变损害骶髓前角或前根，导致脊髓排尿反射弧的传出障碍，又称运动性无张力膀胱（图3-3B）。膀胱冷热感和膨胀感正常，尿意存在。早期表现为排尿困难，膀胱不能完全排空，有膀胱冷热感和膨胀感，尿意存在，严重时有疼痛感，晚期表现为尿潴留或充盈性尿失禁。尿动力学检查发现膀胱内压低，为$10 \sim 20 cmH_2O$，容量增大，达$400 \sim 500ml$，残余尿增多，为$150 \sim 600ml$。本症多见于急性脊髓灰质炎、吉兰-巴雷综合征等。

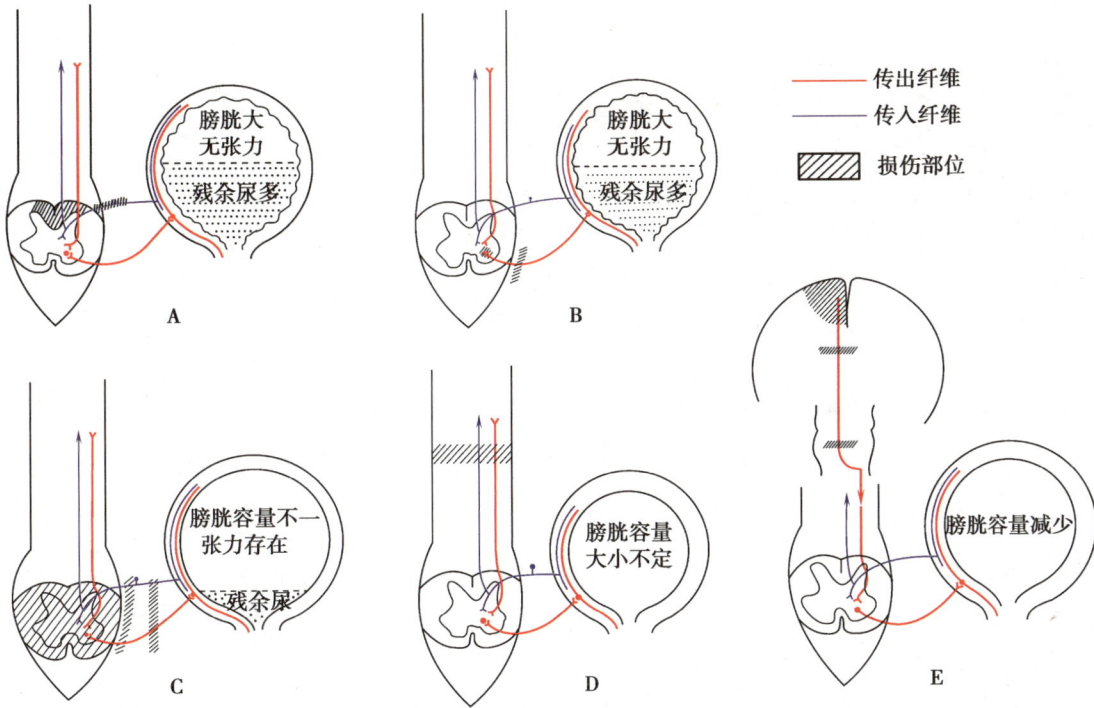

图3-3　排尿障碍的发生机制
A. 感觉障碍性膀胱；B. 运动障碍性膀胱；C. 自主性膀胱；D. 反射性膀胱；E. 无抑制性膀胱

（三）自主性膀胱

病变损害脊髓排尿反射中枢（$S_{2 \sim 4}$）或马尾或盆神经，使膀胱完全脱离感觉、运动神经支配而成为自主器官（图3-3C）。临床表现为尿不能完全排空，咳嗽和屏气时可出现压力性尿失禁，早期表现为排尿困难、膀胱膨胀，后期为充盈性尿失禁。如不及时处理，膀胱进行性萎缩，一旦合并膀胱感染，萎缩加速发展。患者常诉马鞍区麻木，查体发现感觉消失。尿动力学检查发现膀胱冷热感及膨胀感消失，膀胱内压随容量增加直线上升，膀胱容量略增大，约$300 \sim 400ml$，残余尿增多，为$100ml$以上。本症多见于腰骶段的损伤、肿瘤或感染导致的$S_{2 \sim 4}$（膀胱反射的脊髓中枢）、马尾或盆神经损害而排尿反射弧中断。

（四）反射性膀胱

当骶髓以上的横贯性病变损害两侧锥体束时，完全由骶髓中枢控制排尿，并引起排尿反射亢进，又称为自动膀胱（图3-3D）。由于从排尿高级中枢发出至骶部的传出纤维紧靠锥体束，故不仅丧失了控制外括约肌的能力，而且引起排尿动作所需的牵张反射亢进，导致尿频、尿急以及间歇性尿失禁。除急性偏瘫可出现短暂性的排尿障碍外，一侧锥体束损害一般不引起括约肌障碍。尿动力学检查，膀胱冷热感及膨胀感消失；膀胱内压随容量增加，不断出现无抑制性收缩波，且收缩压力逐渐升高，至一定压力时即自行排尿。膀胱容量大小不定，一般小于或接近正常；有残余尿，一般$100ml$以内。本症为骶段以上脊髓横贯性损害所致，多见于横贯性脊髓炎、脊髓高位完全性损伤或肿瘤。

（五）无抑制性膀胱

是由于皮质和锥体束病变使其对骶髓排尿中枢的抑制减弱所致（图 3-3E）。临床表现为尿频、尿急、尿失禁，常不能抑制，每次尿量少，排完后膀胱膨胀感存在。尿动力学检查发现膀胱冷热感及膨胀感正常，膀胱内压高于 $10cmH_2O$，膀胱不断出现无抑制性收缩波，膀胱内压随之升高，膀胱容量小于正常，无残余尿。本症病变部位于旁中央小叶、内囊或为弥漫性病变，多见于脑肿瘤特别是旁中央小叶附近的中线肿瘤、脑血管病、多发性硬化、颅脑手术后及脊髓高位损伤恢复期。

二、排便障碍

排便障碍是以便秘、便失禁、自动性排便以及排便急迫为主要表现的一组症状，可由神经系统病变引起，也可为消化系统或全身性疾病引起。本节主要叙述由神经系统病变引起的排便障碍。

（一）便秘

便秘是指 2～3 日或数日排便 1 次，粪便干硬。表现为便量减少、过硬及排出困难，可伴有腹胀、食欲缺乏、直肠会阴坠胀及心情烦躁等症状，严重时可有其他并发症，如排便过分用力时可诱发排便性晕厥、脑卒中及心肌梗死等。便秘主要见于：①大脑皮质对排便反射的抑制增强，如脑血管病、颅脑损伤、脑肿瘤等；② $S_{2\sim4}$ 以上的脊髓病变，如横贯性脊髓炎、多发性硬化、多系统萎缩等。

（二）大便失禁

大便失禁是指粪便在直肠肛门时，肛门内、外括约肌处于弛缓状态，大便不能自控，粪便不时地流出。在神经系统疾病中，大便失禁常见于深昏迷或癫痫发作患者。另外，大便失禁也是先天性腰骶部脊膜膨出、脊柱裂患者的主要表现之一。

（三）自动性排便

当脊髓病变时，由于中断了高级中枢对脊髓排便反射的抑制，排便反射增强，引起不受意识控制的排便，患者每日自动排便 4～5 次以上。主要见于各种脊髓病变，如脊髓外伤、横贯性脊髓炎等。

（四）排便急迫

由神经系统病变引起的排便急迫较为罕见，本症多由躯体疾病引起，有时可见于腰骶部神经刺激性病变，此时常伴有鞍区痛觉过敏。

第十七节　颅内压异常和脑疝

颅内压（intracranial pressure）是指颅腔内容物对颅腔内壁的压力。脑脊液循环通畅时，通常以侧卧位腰段蛛网膜下腔穿刺所测的脑脊液静水压力为代表，正常为 80～180mmH_2O，女性稍低，儿童 40～100mmH_2O。

颅腔内容物与颅腔容积相适应是维持正常颅内压的条件。颅腔内容物主要为脑组织、脑脊液和血液，三者的体积分别占颅腔容积的 80%～90%、10% 和 2%～11%。脑脊液是颅内三种内容物中最易改变的成分，因此在颅腔空间代偿功能中发挥着较大的作用；脑的自动调节功能（压力自动调节和代谢自动调节）主要是通过改变脑血流量来发挥作用的；而脑组织是相对恒定的，不会迅速改变体积来适应颅内压力的改变。三种内容物中任何一种体积变化必然导致其他两种内容物代偿性改变，以确保颅内压力的稳定。但是，这种空间的代偿能力是有限的，当超过一定范围后，即会导致颅内压的异常。

一、颅内压异常

（一）颅内压增高

颅内压增高（intracranial hypertension）是指在病理状态下，颅内压力超过 200mmH_2O。常以头痛、呕吐、视乳头水肿为主要表现，多为颅腔内容物的体积增加并超出颅内压调节代偿的范围，是颅内多种疾病所共有的临床综合征。以下从颅内压增高的病因及临床表现方面进行叙述。

1. 颅内压增高的常见机制和病因

(1) 脑组织体积增加：是指脑组织水分增加导致的体积增大，即脑水肿，是颅内压增高的最常见原因。根据脑组织水肿机制的不同分为以下两种：

1) 血管源性脑水肿：临床最常见，为血脑屏障破坏所致，以脑组织间隙的水分增加为主。常见于颅脑损伤、炎症、脑卒中及脑肿瘤等。

2) 细胞毒性脑水肿：由缺氧、缺血、中毒等原因所致的细胞膜结构受损，水分聚积于细胞内。常见于窒息、一氧化碳中毒、尿毒症、肝性脑病、药物及食物中毒等。

(2) 颅内占位性病变：为颅腔内额外增加的颅内容物。病变可为占据颅内空间位置的肿块，如肿瘤（原发或者转移）、血肿、脓肿、肉芽肿等。此外，部分病变周围也可形成局限性水肿，或病变阻塞脑脊液通路，进一步使颅内压增高。

(3) 颅内血容量增加：见于引起血管床扩张和脑静脉回流受阻的各种疾病。如各种原因造成的血液中二氧化碳蓄积，严重颅脑外伤所致的脑血管扩张，严重胸腹挤压伤所致上腔静脉压力剧增以及颅内静脉系统血栓形成等。

(4) 脑脊液增加（脑积水）：可由脑脊液的分泌增多、吸收障碍或循环受阻引起。分泌增多见于脉络丛乳头状瘤、颅内某些炎症；吸收障碍见于蛛网膜下腔出血后红细胞阻塞蛛网膜颗粒等；循环受阻除了可由发育畸形（导水管狭窄或闭锁，枕大孔附近畸形等）引起外，尚可因肿瘤压迫或炎症、出血后粘连、脑脊液循环通路阻塞所致。

(5) 颅腔狭小：见于颅缝过早闭合致颅腔狭小的狭颅症等。

2. 颅内压增高的类型

(1) 弥漫性颅内压增高：多由弥漫性脑实质体积增大所致，其颅腔部位压力均匀升高而不存在明显的压力差，故脑组织无明显移位，即使颅内压力很高，也不至于发生脑疝。解除压力后，神经功能恢复也较快。见于弥漫性脑膜脑炎、弥漫性脑水肿、交通性脑积水、蛛网膜下腔出血等。

(2) 局限性颅内压增高：多由颅内局灶性病变所致，其病变部位压力首先增高，与邻近脑组织形成压力差，脑组织通过移位将压力传递至邻近部位，故易发生脑疝。压力解除后，神经功能恢复较慢。见于颅内占位性病变、大量脑出血、大面积脑梗死等。

3. 颅内压增高的临床表现　　临床上根据颅内压增高的速度将颅内压增高分为急性和慢性两类。具体临床特点见表3-15。

表3-15　急性和慢性颅内压增高临床表现鉴别

临床表现	急性颅内压增高	慢性颅内压增高
头痛	极剧烈	持续钝痛，阵发性加剧，夜间痛醒
视乳头水肿	不一定出现	典型而具有诊断价值
单或双侧展神经麻痹	多无	较常见
意识障碍及生命体征改变	出现早而明显，甚至去脑强直	不一定出现，如出现则为缓慢进展
癫痫	多有，可为强直阵挛发作	可有，多为部分性发作
脑疝	发生快，有时数小时即可出现	缓慢发生甚至不发生
常见病因	蛛网膜下腔出血、脑出血、脑膜炎、脑炎等	颅内肿瘤、炎症及出血后粘连

4. 良性颅内压增高（benign intracranial hypertension）　　是指以颅内压增高为特征的一组综合征，又称为"假脑瘤"。临床表现为颅内压增高，伴头痛、呕吐及视力障碍，神经系统检查除视乳头水肿、展神经麻痹外，无其他神经系统定位体征，腰穿压力>200mmH$_2$O，头颅CT或MRI显示无脑室扩大或颅内占位病变。需排除颅内占位性病变、梗阻性脑积水、颅内感染、高血压脑病及其他脑内器质性病变才可诊断。多数患者可自行缓解，预后良好。

主要病因包括：①内分泌和代谢紊乱，如肥胖、月经不调、妊娠或产后（除外静脉窦血栓）、肾上腺功能亢进、甲状旁腺功能减退等；②颅内静脉窦血栓形成；③药物及毒物，如维生素 A、四环素等；④血液及结缔组织病；⑤脑脊液蛋白含量增高，如脊髓肿瘤和多发性神经炎；⑥其他疾病，如假性脑膜炎、空蝶鞍综合征及婴儿期的快速增长等；⑦原因不明。

（二）颅内压降低

颅内压降低又称低颅压（intracranial hypotension），是指脑脊液压力降低（<60mmH$_2$O）而出现的一组综合征。具体病因、发病机制、临床表现、诊断及治疗详见第八章第五节。

二、脑疝

脑疝（brain herniation）是颅内压增高的严重后果，是部分脑组织因颅内压力差而造成移位，当移位超过一定的解剖界限时则称之为脑疝。脑疝是神经系统疾病最严重的症状之一，如不及时发现或救治，可直接危及生命。临床上最常见、最重要的是小脑幕裂孔疝和枕骨大孔疝。

（一）小脑幕裂孔疝

因颅内压增高而移位的脑组织由上而下挤入小脑幕裂孔，统称为小脑幕裂孔疝（tentorial herniation）。可分为外侧型（钩回疝）和中央型（中心疝）。

1. 钩回疝　颞叶内侧海马回及钩回等结构疝入小脑幕裂孔而形成钩回疝。表现为颅内压增高的症状明显加重，意识障碍进行性恶化，动眼神经麻痹可为早期症状（尤其瞳孔改变），出现双侧锥体束损害体征，继而可出现去脑强直及生命体征的改变。最常继发于大脑半球的脑卒中。

2. 中心疝　中线或大脑深部组织病变使小脑幕上内容物尤其是丘脑、第三脑室、基底核等中线及其附近结构双侧性受到挤压、向下移位，并压迫下丘脑和中脑上部，通过小脑幕裂孔使脑干逐层受累。表现为明显的意识障碍，进行性加重，呼吸改变较明显，瞳孔可至疾病中晚期才出现改变，较易出现去皮质或去脑强直。多见于中线或大脑深部占位性病变，也可见于弥漫性颅内压增高。

（二）枕骨大孔疝

小脑扁桃体及邻近小脑组织向下移位经枕骨大孔疝入颈椎管上端称为枕骨大孔疝（herniation of foramen magnum）。可分为慢性和急性枕骨大孔疝。慢性枕骨大孔疝症状相对轻，而急性枕骨大孔疝多突然发生或在慢性脑疝基础上因某些诱因，如用力排便、不当的腰穿等导致。枕骨大孔疝表现为枕、颈部疼痛，颈强直或强迫头位，意识障碍，伴有后组脑神经受累表现。急性枕骨大孔疝可有明显的生命体征改变，如突发呼吸衰竭、循环功能障碍等。主要见于后颅窝占位性病变，也可见于严重脑水肿的颅内弥漫性病变。幕上病变先形成小脑幕裂孔疝，随病情进展合并不同程度的枕骨大孔疝。

第十八节　睡　眠　障　碍

睡眠是生命过程中不可或缺的部分。睡眠-清醒节律受 3 个系统因素调节，即：内稳态系统、昼夜生物节律系统和次昼夜生物节律系统。睡眠障碍是一种常见的疾病，它不仅引起患者的苦恼，影响日常生活活动能力，还会导致严重的并发症。睡眠障碍可以分为如下几种类型：

1. 失眠症（insomnia）　是常见的睡眠障碍，是指睡眠的深度、时间长短或觉醒出现问题，表现为入睡困难、维持睡眠困难、早醒和醒后不能恢复精神和体力。失眠可分为两大类，一类为原发性失眠；另一类为继发性失眠，继发于躯体疾病或心理障碍。

2. 睡眠节律障碍（circadian rhythm sleep disorder）　是指患者睡眠作息节律紊乱，易于在日间入睡，而在夜间正常睡眠时间段难以成眠。

3. 睡眠相关的呼吸障碍（sleep related breathing disorders）　是一组仅发生于睡眠期间的呼吸障碍，包括阻塞性睡眠呼吸暂停综合征、中枢性睡眠呼吸暂停综合征、上气道高阻力综合征和肥胖低气道综合征。其中最为常见的是阻塞性睡眠呼吸暂停综合征。

4. 异态睡眠（parasomnias） 不是睡眠和觉醒过程本身的疾病,而是在睡眠过程中表现出的中枢神经系统、自主神经系统活动改变和骨骼肌的活动干扰了正常睡眠。主要发生在部分唤醒、完全唤醒或睡眠不同阶段的转醒期,包括夜惊和梦魇、睡行症、遗尿、REM 期睡眠行为障碍。

5. 睡眠相关运动障碍（sleep-related movement disorder） 是指睡眠中出现的相对简单刻板的运动,造成睡眠紊乱和日间功能障碍的一组疾病。包括不宁腿综合征、周期性肢体运动障碍、睡眠相关的腿部痉挛、睡眠相关的磨牙、睡眠相关的节律性运动障碍。

（贾建平）

思 考 题

1. 简述意识障碍的分级及临床表现。
2. 简述失语的分类及主要临床特点。
3. 痫性发作与晕厥如何鉴别?
4. 周围性眩晕与中枢性眩晕如何鉴别?
5. 前庭周围性眼震与前庭中枢性眼震如何鉴别?
6. 上运动神经元性瘫痪与下运动神经元性瘫痪如何鉴别?
7. 简述小脑性共济失调的主要临床表现。
8. 简述病理性震颤的分类及主要临床表现。

参 考 文 献

［1］贾建平. 神经病学 第 6 版. 北京:人民卫生出版社,2009.

［2］贾建平. 神经病学. 北京:北京大学医学出版社,2003.

［3］贾建平. 临床痴呆病学. 北京:北京大学医学出版社,2008.

［4］王维治. 神经病学. 北京:人民卫生出版社,2006.

［5］Aminoff MJ,Greenberg DA,Simon RP. Clinical Neurology. 5th ed. New York:McGraw-Hill,2002.

［6］Ropper AH,Samuels MA. Adams and Victor's Principles of Neurology. 9th ed. New York:McGraw-Hill,2009.

［7］Rowland LP,Pedley TA. Merritt's Neurology. 12th ed. New York:Lippincott Williams & Wilkins,2009.

第四章　神经系统疾病的病史采集和体格检查

概　述

神经系统的临床检查包括病史采集、神经系统体格检查以及各种辅助检查，其中病史采集和体格检查是神经系统疾病正确诊断的关键。通过详细询问病史，获得疾病的起病形式、演变特点、既往治疗反应等病史信息，可以提供疾病定性/病因诊断的线索。神经系统体格检查则对于确定病变的部位至关重要。完成病史采集和神经系统体格检查后，结合既往病史、个人史和家族史资料进行综合分析，提出一系列可能疾病的诊断，必要时有针对性地选择辅助检查手段明确诊断。一个医生临床水平的高低，不仅仅在于是否掌握了丰富的理论知识，更重要的是通过病史和查体，能否快速、高效的获取诊断所必需的临床信息，后者更加依赖于认真、踏实的临床经验的积累。

随着科学技术的发展，辅助检查手段越来越多，大大地提高了临床诊断水平。但是，任何辅助检查手段都有局限性，不能替代详细的病史和体格检查。只有辅助检查的阳性结果和患者的临床表现相符合时，才能认为与疾病有特定关系。当然必要的阴性辅助检查结果对排除诊断也非常重要。毋庸置疑，神经系统查体永远不会过时，任何仪器设备的检查都无法将其替代；而且，随着检查技术的进步，需要更加准确的神经系统病史和查体信息来指导辅助检查的选择。神经系统（包括内科情况）的病史和查体仍处于无法替代的重要地位。神经科诊断技术应是对临床的补充，而非取而代之。对于所有的临床病史和体征以及其他特殊检查结果的意义，均需要神经科医师来综合做出最终的判断。

第一节　病 史 采 集

对于神经系统疾病的诊断，病史采集是最重要的。在很多情况下，医生可以从患者的主诉中获得其他方式无法得到的重要诊断信息。如果病史采集准确，甚至可以在进行体格检查或辅助检查之前，就能提示出最后的诊断。相反，病史不准确或不完善往往是导致错误诊断的关键因素。某些神经系统疾病，如偏头痛、三叉神经痛、晕厥以及原发性癫痫发作等，病史可能是诊断的唯一线索和依据，这些疾病往往仅表现为主观症状，而没有任何体征，对此只能通过患者或知情者的描述来了解病变的特点和演变过程，而体格检查和辅助检查只是为了排除其他疾病的可能性。

神经系统病史采集的基本原则与一般病史采集相同。医生首先向患者简单问候，然后请患者充分表达就诊目的。病史包括一般情况：年龄、性别、职业、居住地、左利手/右利手、主诉、现病史、发育情况（儿童）、系统回顾、既往病史、个人史和家族史。病史采集中应注意：①系统完整，在患者叙述中尽量不要打断，必要时可引导患者按症状出现先后顺序描述症状的发生和演变情况，阳性症状要记录，重要的阴性症状也不能忽视；②客观真实，询问过程中应注意患者提供病史的可靠性，对于关键信息，医生应加以分析，并向亲属或知情者进一步核实；③重点突出，尽量围绕主诉提问，引导患者减少无关情况和琐碎情节的叙述；④避免暗示，不要进行诱导性询问病史，更不能根据自己主观推测来让患者认同。最后，病史采集初步完成后，医生应当归纳患者最有关联的症状特点，必要时还应进一步核对。

一、主诉

采集病史过程中,最重要的一点就是注意倾听患者的主诉。主诉是患者在疾病过程中感受最痛苦,并促使其就诊的最主要原因,包括主要症状、发病时间和疾病变化或演变情况。医生在询问病史过程中应围绕主诉进行提问。询问问题时应为开放式提问,避免提示性问题。记录主诉时应该尽量使用患者自己的语言。主诉往往是疾病定位和定性诊断的第一线索。

二、现病史

现病史是主诉的延伸,包括发病后到本次就诊时症状发生和演变的过程,各种症状发生的时间关系和相互关系,以及发病前的诱因和前驱症状等。

通常让患者用自己的语言描述自己的症状。如果有患者使用诸如"眩晕""视物模糊"等"术语"描述症状时,应询问具体表现,以免产生误解。某些患者习惯描述以往就诊时其他医生的诊断用语,这时可根据患者的主诉适当提问,但避免诱导患者。某些患者对自身疾病缺乏认识,或表达能力受到疾病影响,或发病时意识状态不清,如痫性发作,晕厥等,此时通过家属或旁观者获得的信息尤其重要。

在采集现病史时,应将精力集中在患者本次就诊的主要问题上,重点了解目前困扰患者的主要症状。提问患者时应该采用开放式问题,比如"您来看病需要解决的主要问题是什么?"或"是什么原因促使您前来看病的?",这样从患者的回答中就可以了解到主要的问题;如果问患者"您有哪些不舒服?",患者的回答则可能也含糊不清。当明确患者的主诉或就诊的主要原因之后,则可进一步让患者按照时间顺序从头开始讲述病情经过。不同患者表达能力不同,是否能够快速获得准确的病史,依赖于医生的经验和水平,而不应责怪患者表达不清。有些患者需要直接提示后才会按照要求去讲述病史的经过。对于出现症状之前一段时间的情况也应该进行了解,以便能够发现某些前驱症状或诱发因素,特别是与免疫相关的因素,比如在吉兰-巴雷综合征发病前常有腹泻,蜱叮咬前常有野外露营史。许多患者往往主观地认为某些原因肯定与目前的疾病有关,对此,医生应该持谨慎态度,注意时间上的先后关系并不一定为因果关系。

在采集病史过程中,还要注意挖掘患者自己可能不会主动诉说的重要信息。对于现病史中的每一个症状都应该系统、清晰地描述,这往往需要医生进行针对性的提问。要准确地描述症状出现的时间;是持续存在,还是间断发生;如果是间断发生,还要描述其发生时的表现、每次持续时间、频率、严重程度和诱发因素。注意记录每一个症状加重和缓解的情况,比如是否受到季节变化的影响,一日之间有无波动,夜间是否加重,以及对治疗的反应等。一般而言,患者自己对症状的主动描述更有价值,不建议采用引导性提问,但必要时也可以给予一定的提示供其选择。

对于神经科的患者,要特别注意疾病的病程特点,这对于病因的判断具有重要提示作用。不同疾病的病程特点不同,有的稳定不变,有的时轻时重,有的间断出现,有的持续进展,有的发病后逐渐好转。急性发病之后不同程度的好转往往提示外伤或血管病。变性病则隐袭起病,逐渐进展,在不同时期发展速度可能有所不同。肿瘤也缓慢起病,持续加重,不同肿瘤加重的速度有所不同。某些肿瘤如出现出血或自发性坏死往往急性起病或恶化。多发性硬化通常表现为复发缓解的特点,而总体上逐渐加重,也有患者或长期稳定、或间断发作、或持续进展。感染性疾病起病相对较快,但并非急骤,之后逐渐好转,部分或完全恢复。在许多情况下,症状的出现往往早于体征,甚至神经系统的辅助检查也还不能发现异常。医生必须要了解患者主要症状的发展过程,明确患者有哪些异常及其严重程度,比如让患者确认最近何时还完全正常,何时不得不停止工作,何时开始使用支具,何时被迫卧床;另外还要明确促使患者就诊的主要原因。

一份详细的病史应注意挖掘者已经忘记或未重视的前期症状。如果患者既往有血管病、外伤或脱髓鞘疾病等病史,则可能会对目前症状的诊断有所帮助。对于一个出现脊髓病症状的患者,如果发现 5 年前有一过性视力减退的病史,诊断无疑会变得豁然开朗。

在实际工作中,不要忘记询问患者他自己最担心的是什么病,有时患者所担心的疾病根本不在医生考虑范围之内。神经科患者经常认为自己可能患了某种严重的疾病,比如脑肿瘤、肌萎缩侧索硬化、多发性硬化或肌营养不良等。这些疾病往往是众所周知的,患者或其家人有时会简单地认为患者的症状就是某种疾病所致。在某些情况下,只需要简单地告诉患者肯定不是某种疾病就可以了。

在临床工作中,常常需要多次询问病史,以便对以前采集的病史进行补充和修正。当诊断出现疑问时,这一过程显得更为重要。在一个或多个实习医生采集病史之后,主治医生仍需要再次追问病史,进行核实,并使得内容更加深入。经验丰富的医生所采集的病史更加深入、准确,因为在病史采集过程中,医生会根据自己的经验,针对患者的病情得出初步诊断,并能够从病史中寻找支持或否定的依据。在主治医师询问病史时,常常会得到许多新的重要信息,以致令实习医生和住院医生感到尴尬不安,甚至埋怨患者为何不告诉自己。导致这一现象的原因,除了主治医生采集病史的经验更加丰富以外,也还有其他一些因素。比如,当患者初次面对医生时,往往会忽略自己病史中某些重要的内容;也可能患者正感觉疼痛不适或困倦思睡,患者入院后实习医生采集病史时,已经较晚,时间往往比较仓促。而患者经过一定时间的休息、早餐之后,正处于良好状态,对于实习医生以前问过的问题,也经过了一段时间的思考;此时,主治医生开始查房,患者的回答也就更加准确。因此可以将上一次采集病史的过程看作一次"热身过程"。在经过一段时间之后,住院医生或实习医生自己还可以再次采集病史,重复并核对病史中的关键内容。

另外,很多患者就诊时携带以往的多种辅助检查结果,要客观地分析这部分资料的价值,选择有价值的关键内容,组成现病史的一部分。但应避免在现病史中笼统地写入大量的辅助检查结果,导致现病史混乱不清,对展示疾病的演变过程并无价值,且干扰书写者和阅读者的诊断思路。

（一）病史采集过程中的重点

1. 症状的发生情况　包括初发症状的发生时间、发病形式（急性、亚急性、慢性、隐袭性、发作性、间歇性或周期性）,发病前的可能诱因和原因。

2. 症状的特点　包括症状的部位、范围、性质和严重程度等。

3. 症状的发展和演变　症状的加重、减轻、持续进展或无变化等。症状加重减轻的可能原因和影响因素等。

4. 伴随症状及相互关联　主要症状之外的伴随症状的特点、发生时间以及相互影响。

5. 既往诊治情况　包括病程中各阶段检查的结果,诊断和治疗过程、具体的治疗用药或方法以及疗效等。

6. 与现病有关的其他疾病情况　是否合并存在其他系统疾病,这些疾病与现病的关系。

7. 病程中的一般情况　包括饮食、睡眠、体重、精神状态以及大小便的情况等。对儿童患者或幼年起病的成人患者还需了解营养和发育情况。

（二）神经系统疾病常见症状的问诊

神经系统的常见症状包括头痛、疼痛、感觉异常、眩晕、抽搐、瘫痪、视力障碍、睡眠障碍和意识丧失等,必须重点加以询问。

1. 头痛　头痛是神经系统最常见的症状,几乎是每个人都有过的体验,询问时应重点了解以下内容:

（1）头痛部位:整个头部疼痛、局部头痛还是部位变幻不定的头痛。如为局部疼痛,应询问是哪一侧,是前额、头顶还是枕后。颅外结构病变引起的头痛部位可以相对精确,如三叉神经痛、枕神经痛引起的头痛。幕上病灶常导致额、颞部疼痛,后颅窝病灶引起的疼痛多位于枕部和颈背部。部位变幻不定的疼痛高度提示良性病变。

（2）头痛发生形式:①突然发生还是缓慢加重:动脉瘤破裂引起的头痛可突然发生并立即达到高峰,而颅内肿瘤引起的头痛呈缓慢进展;②发作性还是持续性:偏头痛、三叉神经痛呈发作性,颅内占位性病变引起的头痛呈持续性;③头痛发作在一天中的变化:颅高压引起的头痛经常在凌晨发生,丛集性头痛多在夜间睡眠后发作;④头痛如有周期性发作,应注意与季节、气候、饮食、睡眠的关系,女性患者应询问与月经周期的关系。

（3）头痛性质:是胀痛、钝痛、跳痛还是刀割样、烧灼样、爆裂样或雷击样疼痛。血管性头痛常为跳痛,颅内占位多为钝痛或胀痛,蛛网膜下腔出血多为爆裂样或雷击样痛,三叉神经痛呈闪电刀割样疼痛。

（4）头痛加重因素:过度劳累、睡眠缺乏、气候改变或月经期诱发头痛提示良性病因。洗脸、咀嚼诱发颜面疼痛提示三叉神经痛;吞咽引起的咽后壁痛可能为舌咽神经痛;用力、低头、咳嗽和喷嚏可使颅高压引起的头痛加重。

（5）头痛程度:应询问疼痛强度,但应注意头疼程度缺少客观的评价标准,易受主观因素影响,应具体问题具体分析。

（6）头痛伴随症状:伴有闪光感常提示偏头痛,剧烈头痛伴有颈部发僵常提示蛛网膜下腔出血,伴有喷射样呕吐应考虑是否为颅高压。

（7）头痛先兆症状:眼前闪光、亮点和异彩等视觉先兆是诊断典型偏头痛的重要依据之一。

2. **疼痛**　疼痛也是神经系统疾病的常见症状,询问时应注意:

（1）疼痛部位:是表浅还是深部,是皮肤、肌肉、关节还是难以描述的部位,是固定性还是游走性,有无沿着神经根或周围神经支配区放射的现象。

（2）疼痛性质:是酸痛、胀痛、刺痛、烧灼痛还是闪电样疼痛,是放射性疼痛、扩散性疼痛还是牵涉痛。

（3）疼痛的发生情况:急性还是慢性,发作性还是持续性。

（4）疼痛的影响因素:触摸、握压是否加重疼痛,活动是否诱发或加重疼痛,疼痛与气候变化有无关系等。

（5）疼痛的伴随症状:是否伴有肢体瘫痪、感觉减退或异常,是否伴有皮肤的变化。

3. **感觉异常**　如麻木、冷热感、蚁走感、针刺感和电击感等,注意分布的范围、出现的形式(发作性或持续性),以及加重的因素等。

4. **眩晕**　眩晕是一种主观症状,患者感到自身或周围物体旋转、飘浮或翻滚。询问时应注意与头晕或头昏鉴别:头晕是头重脚轻、眼花和站立不稳感,但无外界物体或自身位置变化的错觉。头昏是脑子昏昏沉沉,而无视物旋转。对眩晕的患者,应询问有无恶心、呕吐、出汗、耳鸣和听力减退、心慌、血压和脉搏的改变,以及发作的诱因、持续的时间以及眩晕与体位的关系等。

5. **瘫痪**　应注意询问下述情况:

（1）发病形式:急性还是慢性起病,起病的诱因,以及症状的波动和进展情况。

（2）瘫痪的部位:四肢瘫、偏瘫、单瘫还是仅累及部分肌群的瘫痪,如为肢体瘫痪还应注意远端和近端的比较。

（3）瘫痪的性质和程度:痉挛性瘫痪还是弛缓性瘫痪,是否影响坐、立、行走、进食、言语、呼吸或上下楼等动作,或是否影响精细动作。

（4）瘫痪的伴随症状:有无肢体感觉麻木、疼痛、抽搐和肌肉萎缩等,以及括约肌功能障碍和阳痿等。

6. **抽搐**　应注意询问下述情况:

（1）最初发病的年龄。

（2）诱发因素:抽搐发作与睡眠、饮食、情绪和月经等的关系。

（3）发作的先兆:有无眼前闪光、闻到怪异气味、心慌、胸腹内气流上升的异常感觉以及不自主咀嚼等。

（4）抽搐的部位:是全身抽搐、局部抽搐还是由局部扩展至全身的抽搐。

（5）抽搐的形式：肢体是伸直、屈曲还是阵挛，有无颈部或躯干向一侧的扭转等。

（6）伴随症状：有无意识丧失、口吐白沫、二便失禁、摔伤或舌咬伤等。

（7）抽搐后症状：有无昏睡、头痛或肢体一过性瘫痪。

（8）发作的频率：每年、每月、每日、每周或每天的发作次数，以及最近一次发作的时间。

（9）以往的诊断和治疗情况。

7. 意识丧失   询问患者有无意识丧失，要让患者理解其真正含义。

（1）发生的诱因，有无药物或乙醇滥用，有无外伤。

（2）发生的频率和持续时间。

（3）有无心血管和呼吸系统的症状。

（4）有无四肢抽搐、舌咬伤、尿便失禁等伴随体征等。

（5）转醒后有无后遗症。

8. 视力障碍   应注意询问下述情况：

（1）发生的情况：急性、慢性、渐进性。是否有缓解和复发。

（2）发生后持续的时间。

（3）视力障碍的表现：视物模糊还是完全失明，双眼视力下降的程度，视野缺损的范围是局部还是全部，是否伴有复视或眼震。

9. 睡眠障碍   思睡还是失眠，如有失眠，是入睡困难、易醒还是早醒，是否有多梦或醒后再次入睡困难，以及失眠的诱因或影响睡眠的因素，睡眠中有无肢体不自主运动以及呼吸暂停等。

三、既往史

因为神经系统症状很可能与某系统性疾病相关，所以在临床工作中，既往史的内容也很重要。既往史的采集同内科疾病，但应特别注意与神经系统疾病有关的病史，着重询问以下内容：①头部外伤、脑肿瘤、内脏肿瘤以及手术史等；②感染病史如脑炎、结核病、寄生虫病、上呼吸道感染以及腮腺炎等；③内科疾病史如心脑血管病、高血压、糖尿病、胃肠道疾病、风湿病、甲亢和血液病等；④颈椎病和腰椎管狭窄病史等；⑤过敏及中毒史等。

除了曾经明确诊断的疾病，还应注意询问曾经发生但未接受诊治的情况。对婴幼儿患者还应询问母亲怀孕期情况和出生情况。

认真询问患者目前的服药情况非常重要，包括处方药和非处方药。许多药物都有很强的神经系统方面的副作用。例如：老年患者仅仅使用含有β受体阻滞剂的眼药水后，就有可能出现意识模糊；非甾体类解热镇痛药可能会导致无菌性脑膜炎；许多药物都能导致头昏、痉挛、感觉异常、头痛、乏力以及其他不良反应。质子泵抑制剂最常见的副作用为头痛。了解患者所服用的药物以及具体服用方法非常重要，临床工作中经常可以发现患者并未按照要求服药，比如在帕金森综合征的患者，有可能发现其长期大剂量服用氟桂利嗪。对于从柜台处购买的非处方药，许多患者并不将其看作是药品，此时往往需要一份有关该药物的说明书。有些患者为了保健而服用多种维生素，过量时也会出现某些神经系统的副作用。有些患者喜欢从其他的卫生保健人员或健康食品药品商店购买药物，认为这些药物是纯天然的，所以很安全，而实际上并非如此。让患者将所服用的所有处方或非处方药的药瓶都带来，仔细检查，往往会提示病因线索。

四、个人史

个人史询问的基本内容包括出生地、居住地、文化程度、职业、是否到过疫区、生活习惯、性格特点、左利手/右利手等。女性患者应询问月经史和婚育史等。儿童应注意围生期、疫苗接种和生长发育情况等。

要常规询问患者的职业史。详细的职业史往往可以提供重要的诊断信息。包括患者现在和过去的职业情况,尤其要重点了解是否接触某种神经毒物、有无防护、工作环境、接触时间,以及与其共同工作的其他人患病的情况。如果发现患者经常更换工作或患者的工作环境较差,可能会提示重要的诊断线索;如果患者已经不再工作,则要明确患者何时停止工作以及停止工作的原因。在某些情况下,还要注意了解患者的业余爱好,尤其是有无接触毒物,或反复的运动损伤。另外还要注意记录患者既往的居住史,特别是曾否到过热带地区或患有某种地方病的地区。

取得患者信任后,可根据需要进一步询问可能接触到的化学物质,有无烟酒嗜好和具体情况,是否存在吸毒和药物滥用史,如果患者已经改变原来的习惯,要追问其改变的原因。还要注意有无冶游史,是否有过应激事件。大部分患者不会坦陈其吸毒习惯,此时可以采用开放性提问,小心试探。比如可以询问患者:除了患病时服药外,是否还曾经服用其他药物,是否曾经大量服用医生所开药物之外的其他药物;除了口服方式外,是否采用过其他的用药方式。对某些患者需要重点询问有无不洁性行为。许多医生往往不知道如何以恰当的方式进行提问,患者通常也不愿与检查者谈论这一问题。为了不让这一话题显得过于突兀,可以先尝试询问患者有无性伴侣,性生活次数,对性生活是否满意,有无性功能障碍,之后可以询问有无不洁性交史,是否曾经感染过性传播疾病。

五、家族史

有相当部分的神经系统疾病是遗传性疾病或与遗传相关,询问家族史对于确定诊断有重要价值。

神经系统遗传病发生在有血缘关系的家族成员中,如两代以上出现相似疾病,或同胞中有两个在相近年龄出现相似疾病,应考虑到遗传病的可能。但患者家庭中其他成员基因异常的表型可能存在很大差异,由此造成疾病的严重程度、发病年龄均有所不同。发现遗传病后,应绘制家系图谱,供临床参考。

此外还要注意患者所提供家族史的准确性。有些患者家族中很多人可能患有某种疾病,但患者本人却没有意识到。以 Charcot-Marie-Tooth 疾病为例,很多家庭成员患有弓形足和鹤腿畸形,但患者本人并不认为有何异常。另外,还会遇到家族史中有患者患有某些慢性神经功能残疾,却可能被归因为其他疾病如"关节炎"。有时,还会遇到家族成员故意拒绝承认有某种疾病家族史的情况。

另外,还要询问患者父母之间有无血缘关系,是否为近亲结婚。在某些情况下,还要注意患者的种族背景,因为有些神经系统疾病具有特定的种族和地区性分布趋势。

六、病史采集的注意事项和技巧

想要采集到一份高质量的病史并非易事。病史采集需要一定的技巧和经验,这也能反映医生临床实践的水平高低。经常有医生对于患者记不住病程中的详细情况进行抱怨,甚至责备患者,需要注意的是,在病史采集中发挥主要作用的应该是病史采集者,而非患者。采集病史不仅需要时间,还需要沟通的技巧、亲切的态度,要耐心、含蓄,让患者感受到对他的理解和同情。医生应该对患者友好、热情,让患者体会到医生在关心他、并乐于为其提供帮助,整个交谈过程要自然,语言要得体。交谈开始时,应使患者尽量放松,而不要显得匆忙急躁。交谈可从一些小的问题开始,如"家住在哪里? 做什么工作?"等,不但可以让患者放松,还可以获得一些有价值的个人史方面的信息。病史采集过程也是建立良好医患关系的过程,医生和患者可以借此互相了解,逐步建立起友好和信任的关系。患者提供病史的方式,可以反映出患者理解力、观察力、注意力和记忆力。在检查过程中,不要过早地给出结论,因为有些患者很敏感,会认为医生的处理过于轻率,从而产生反感。应该反复核实病史中的关键问题,保证其准确性;并让患者体会到,在整个过程中,医生确实一直在认真倾听他们的诉述。临床病史的重要性是毋庸置疑的,将病史采集过程看作一门艺术也不为过。在病史采集时,扎实的基础理论知识无疑很重要,但更重要的是反复的临床实践,只有通过不断的磨炼,才能真正掌握病史采集的技巧。

在病史采集过程中,对于不同年龄、教育程度和文化背景的患者,医生提问的语气应该有所不同;并且要注意保证所采用的语言和词汇能被患者听懂,必要时可以使用与患者相同的方言,避免用高人一等的口气同患者谈话。整个谈话交流过程中,应该注意保护患者隐私,让患者感到舒适、放松。

记录病史时应该字迹清楚、内容准确、思路清晰,重点突出,去伪存真。诊断过程中,对于一个复杂的病例,首先是对临床资料进行筛选,只有抓住重点,才能得出正确的结论。在记录阳性症状的同时,也要记录重要的阴性症状,以此向以后的检查者表明,病史采集者没有忽视疾病的其他方面的症状。

对于初次就诊的患者应该注意收集以下几个方面的信息:患者对自身症状的描述,以前其他医生的诊断和处理,既往的医疗记录和护理人员提供的信息。这些资料都具有一定的价值。其中,患者对自身症状的介绍最为重要,有条件时应尽可能从患者本人处获得有关病情的第一手资料,这些原始资料对于得出正确的诊断非常重要。许多患者往往反复描述以前的治疗,而忽略自己病情的具体细节,此时,医生要善于调整话题,引导患者更多的叙述自己的病情。由于记忆力下降、理解错误或其他因素的影响,对于患者所提到的有关以前的治疗和诊断过程,检查者应该持谨慎的态度来对待和分析。不要相信患者所转述的其他医生的话;而应鼓励患者详细描述自己的症状,从中获取详细的病史资料。

一般而言,医生应尽量避免打断患者的诉述。然而当患者在某些明显无关的话题上喋喋不休时,医生则要及时地转换话题,引导其对病史中一些模糊的或不完整的细节进行更加详细地介绍,从而用最少的时间获取最多的有价值的信息。要允许患者尽可能用自己的语言进行叙述,但医生一定要确保理解患者所使用语言的准确含义,对于一些可能产生歧义的地方,一定要及时澄清。比如当患者说"头晕"时,要进一步追问究竟是"头昏"还是"眩晕"。

病史采集过程中,在医生和患者之间,究竟应该由谁来控制谈话的节奏和内容,并无固定的规则。患者自身不会练习如何更好地叙述病史,某些人可能叙述的比其他人要好,能够简略地介绍出病情的重点,而更多的患者往往会出现长篇累牍地诉述一些无关紧要的情况。此时如果医生不加干涉,显然会浪费不必要的时间,导致病史采集时间过长。当情况许可时,在病史采集的开始,可以先让患者说出自己的主要症状和问题,医生暂不加干涉。最佳的病史采集方式应该是既要避免生硬的"审问方式",又能保证患者的话题集中在关键的内容上。当患者停下来回想某些无关的细节时,可适当的引导他回到主题上。当患者的诉述条理清楚、重点突出时,可以鼓励患者一直说下去,尽量避免打断其思路,最后再就某些重要的细节进行核实。经验丰富的临床医生通常会一边问病史,一边推断,从而得出诊断。有些患者可能比别人需要医生更多的引导。有经验的临床医生通常会通过一个假说验证的过程来做出诊断。在病史采集中,医生会对某些关键的问题进行询问,以确认病史中可用来进行诊断和鉴别诊断的依据。

在采集病史过程中,针对不同类型的患者应该采取不同的方法。有些患者非常羞涩,不善表达,或情绪低落,对这样的患者应该尽量给予安慰和鼓励;对于喋喋不休的患者,要及时转换话题,避免将时间浪费在无关紧要的琐事上;对于闪烁其词、有意隐瞒的患者要细心追问;对于恐惧、有抵触情绪或偏执妄想的患者,提问时言语要谨慎,避免诱发患者产生疑惧;对于主诉繁多含糊的患者,要进一步要求其深入明确关键问题;欣快的患者往往会掩盖或忽略自己的症状;而抑郁焦虑的患者则往往会夸大其词;敏感或疑病的患者会过度关注自身的病情,反复诉述自身的不适。临床中所遇到患者的情况多种多样,采集病史时的方式要有所区别。同样的病症,抑郁焦虑的患者可能会感到明显的疼痛,并反复诉说,而对其他患者可能仅是极轻微的症状。若患者对于自身的病情漠不关心,某些患者可能是因为病理性欣快,而另一些患者则可能是保护性反应。同样一个问题,可能会使某些患者感到不快或愤怒,而另一些患者可能会觉得无所谓。即使是同一个患者,由于受到不同因素的影响,如疲劳、疼痛、情感冲突、性格或情绪的日夜波动等,对于同一个问题,也会有不同的反应。有些患者可能会故意隐瞒某些重要信息,有些则可能是并没有意识到这些信息的重要性,还有一些患者可能是由于尴尬,因而无法透露某些细节。

通过采集病史,医生可以了解到患者的言谈举止、行为和情感反应是否正常。患者的一言一行、一举一动,均有可能提供重要的诊断信息,比如:患者的语调、神态、眼神、面部表情是否正常,哭或笑的神态是否自然,是否有面色苍白、潮红、多汗,颈部是否有红斑皮疹,额纹是否对称,口角有无下垂,有无张口困难,瞳孔是否扩大,有无肌肉强直等。在叙述症状或回答家族史、婚姻史等问题时,要注意并记录患者有无坐立不安、踌躇犹豫,言谈举止和情感反应是否正常。上述这些表现以及患者对问题的反应对于判断患者的性格、人格以及情绪状态非常重要。

需要注意的是,患者所提供的病史并不一定完全准确。有些患者可能并不了解病情的全部情况,有些对于症状的理解可能会存在错误,有些则是别人对其症状的看法,有些可能故意更改或隐瞒某些信息。有些患者淡漠或反应迟钝,无法正常地表述主要的症状;有些患者则喋喋不休,所提供的病史杂乱无章;有些患者主诉繁多、模糊不清,难以理出头绪。婴幼儿、儿童、昏睡或意识模糊的患者,不能提供任何病史。躯体疼痛不堪或内心悲痛欲绝的患者,存在言语障碍表达困难的患者,智力低下或不懂检查者语言的患者,均难以提供满意的病史。在非优势半球顶叶病变的患者,往往存在症状忽略的表现,其所提供的病史也欠准确。对于上述采集病史存在困难或所提供病史可能不准确的患者,往往需要进一步从其他人那里获得更多的信息来进行补充或纠正,包括发病现场的目击者、患者家属、朋友或陪护人员;有时甚至整个病史都只能由其他人来提供。通过询问患者的家人,可以了解到患者行为、记忆力、听力、视力、语言能力等方面的变化。这些信息非常重要,但患者自身往往意识不到。因此,在许多情况下,为了获得完整准确的病史资料,不仅要询问患者本人,还需要向知情者来了解更多的情况。在采集病史时,患者往往有家人或知情者陪同,他们可以提供很多重要的补充信息;但是应该注意尽量避免完全让家属来代替患者诉述病情,除非患者自己无法提供病史。

在采集病史时,最好先不要阅读患者既往的病史记录。因为在获得诊断之前,如果已经知道患者过去的诊断结果,难免会影响自己的判断。因此应该先看患者,之后再查看过去的病历记录。当根据患者的具体情况得出诊断之后,再与先前医生得到的结论比较,如果二者相似,则可以进一步印证自己诊断的准确性。

对于先前医生的诊治过程,不管是来自病历资料还是患者提供的信息,一般有三种处理方式。第一种方式,完全接受以前的诊治思路,认为以前的诊断处理都是很正确的。第二种方式则完全相反,认为先前医生的诊治过程是完全错误的,他们的结论不可能正确,实际工作中相当一部分人会采用这样的处理方式;此时,即使以前的诊断是正确的,这些医生也不得不寻找其他的可能,做出不同的诊断。第三种方式是采用中立的观点,合理的应用这些信息。对以前医生的诊治不要妄下结论,而应将其与患者所提供的信息或其他来源的信息进行分析比较,既不完全相信,也不彻底否定。面对患者对过去的诊治过程的抱怨进行劝阻,也不要对其他医生妄加评论。对于涉及赔偿或法医学问题的患者,一份详细准确的病历记录尤其重要。

为了提高效率,在直接询问病史的同时,可以适当参考过去的病历记录。如果原来的记录条理清楚、资料完整,可以将其内容读给患者听,进行核实,对于病史较长的患者,采用这种方法可以节约大量的时间。在总结过去的检查结果时,可以画一个表格,分成两列:一列为结果均正常的检查项目,另一列为结果异常的检查项目,这样看起来就一目了然。

在采集病史时,许多医生喜欢一边提问,一边进行记录,这对于保证最后病史的准确性确实会有所帮助。在患者叙述病情时,可以选择关键内容,简单地记录下患者的原话,不要掺杂自己的意见。在以后据此分析病情时,往往具有很好的启发性。但需要注意的是,不要把精力都放在记录上,避免让患者认为你只是忙于记录而不关心他本人。最好是一边与患者谈话,一边随手记录。在书写病历时再对这些资料进行总结整理。

第二节　体　格　检　查

神经系统体格检查是神经科医生最重要的基本技能,检查获得的体征可为疾病的诊断提供重要的临床依据。病史采集完成后,应对患者进行详细的神经系统体格检查和全身体格检查,熟练地掌握神经系统体格检查方法及其技巧是非常重要的。在本节中,将体格检查分为九部分:一般检查、意识障碍、精神状态和高级皮质功能、脑神经、运动系统、感觉系统、腱反射、脑膜刺激征以及自主神经系统功能的检查。

神经系统检查需要一定的技巧和耐心,并且要边检查边思考。在检查过程中,许多环节还需要患者的配合。只有通过严格的训练,检查者才能具备敏锐的观察力,并做出准确的判断。体格检查应该按照一定的顺序进行,并且要认真、细致,只有这样才能获得细微的异常体征。每个临床医生在工作中最终都会根据经验形成一套固定的查体模式,但对于初学者,还是应该遵循一套固定的、系统的常规方法,直到对检查方法已经非常熟练。如果开始时即试图省略某些检查步骤,日后临床工作中极有可能因为漏检体征而做出不正确的诊断。至于究竟采用哪一种检查顺序并不重要,重要的是要严格按照所采用的检查模式进行系统的检查。

检查者必须要时刻意识到:轻微偏离异常的体征和明显异常的体征具有同样的意义,某些体征出现与否,尽管意义不同,但均具有重要的价值。通过观察患者的日常行为或不经意的动作,有时可以得到常规查体所得不到的体征或诊断线索,如穿脱衣服、系鞋带、在房间内张望,走进检查室的状态等。另外还要注意患者的态度、面部表情、对问题的反应、身体的动作以及语言表达等。

对于神经系统体征的理解和判断非常重要,这需要反复、深入、细致的检查和认真、准确的观察,比如:腱反射是否活跃,构音是否正常,感觉是否存在变化,不同人可能会有不同的结论。只有结合自己既往的经验,检查者才能做出正确的判断。然而,在这一判断过程中,无疑会存在个体误差,结论也会有所不同。对于所见体征的定量描述其实并非最重要的因素,关键在于如何将查体所见与整体相结合进行理解和判断。

在神经科的临床工作中,病史和体征的密切结合对于诊断最为重要。只有通过系统的检查和准确的判断,才能得出正确的结论。有些医生思维敏锐,通过直觉即可得出正确的诊断结论,但是在多数情况下,对于疾病的认识需要一个过程,需要在科学原则指导下深入细致地进行临床检查。

一、一般检查

一般检查是对患者全身健康状况的概括性观察,是体格检查过程中的第一步。一般检查包括一般情况(性别、年龄、发育、营养、面容表情)、生命体征(体温、呼吸、脉搏、血压)、意识状态(详见意识障碍检查部分)、体位、姿势、步态、皮肤黏膜、头面部、胸腹部和脊柱四肢等检查;同时也要注意患者服饰仪容、个人卫生、呼吸或身体气味,以及患者精神状态、对周围环境中人和物的反应、全身状况等。

一般状况检查以视诊为主,当视诊不能满意地达到检查目的时,应配合使用触诊、叩诊和听诊。检查者可在交谈及全身体检过程中完成一般情况检查。

1. **生命体征**   包括体温、脉搏、心率、呼吸和血压,是评估人体生命活动的存在和质量的重要征象,是体格检查时必须检查的项目之一。

(1)体温:正常人体温平均为37℃(口测法:36.3~37.2℃),24小时内体温波动一般不超过1℃。高热提示感染性或炎症性疾病(如脑炎、脑膜炎、肺炎或败血症等)、中暑或中枢性高热(脑干或下丘脑病变);体温过低提示为休克、革兰阴性菌败血症、一氧化碳中毒、低血糖、第三脑室肿瘤、甲状腺功能减退、肾上腺皮质功能减退以及冻伤或镇静安眠药(如巴比妥类)过量。

(2)脉搏:脉搏是指动脉搏动。检查时必须选择浅表动脉,如桡动脉、颞动脉、股动脉、足背动脉等,一般检查桡动脉。脉搏增快见于感染性疾病或甲亢危象;细数或不规则见于中毒与休克;急性颅内压增高时脉搏缓慢而有力;严重的脉搏过缓、过速或节律不齐提示心源性因素。

(3)心率:指每分钟心搏次数。正常成人在安静、清醒状态下心率范围为60~100次/分,老年人偏慢,女性稍快,儿童较快,小于3岁儿童多在100次/分以上。查体时可同时触诊脉搏及听诊心率,警惕心房颤动(脉率少于心率、心律绝对不规则、第一心音强弱不等)、房室传导阻滞等与神经科密切相关的心律失常。

(4)呼吸:观察患者的呼吸方式、节律和频率等。深而快的规律性呼吸常见于糖尿病酸中毒、尿毒症、败血症等,称为 Kussmual 呼吸;浅而快速的规律性呼吸见于休克、心肺疾患或安眠药中毒引起的呼吸衰竭,肺炎等缺氧性疾病可伴发绀和鼻翼扇动;吗啡、巴比妥类药物中毒时呼吸缓慢;中枢神经系统病变导致呼吸中枢抑制时,可有呼吸节律的改变。不同水平脑损害出现特殊的呼吸节律异常:①潮式呼吸(Cheyne-Stokes breathing):表现为呼吸由浅慢逐渐变为深快,再由深快变为浅慢,随后出现一段呼吸暂停后,然后重复上述周期性呼吸。潮式呼吸的周期可以长达30秒~2分钟,暂停时间可长达5~30秒。②中枢神经源性过度呼吸:呼吸深、均匀、持久,可达40~70次/分。③长吸式呼吸:吸2~3次呼1次或吸足气后呼吸暂停。④丛集式呼吸:频率、幅度不一的周期性呼吸。⑤共济失调式呼吸:呼吸频率和时间均不规律(图4-1)。昏迷患者呼吸形式的变化,有助于判断病变部位和病情的严重程度。其表现和定位见表4-1。

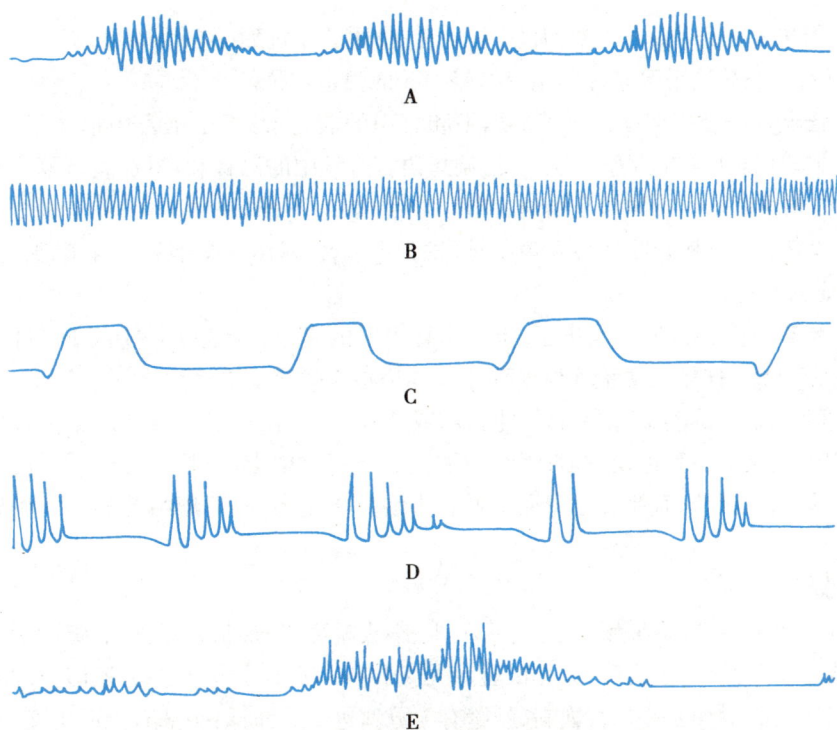

图4-1　脑干损害的呼吸节律改变

A. 潮式呼吸;B. 中枢神经源性过度呼吸;C. 长吸式呼吸;D. 丛集式呼吸;E. 共济失调式呼吸

表4-1　不同呼吸模式的表现和定位

呼吸模式	损害水平	瞳孔	反射性眼球运动	疼痛反应
潮式呼吸	间脑	小,对光反应(+)	头眼反射存在	伸展过度
神经源性过度呼吸	中脑被盖部	不规则,对光反应(±)	病变侧头眼反射消失	去皮质强直
长吸气呼吸	中脑下部和脑桥上部	针尖大小,对光反应(±)	病变侧头眼反射消失	去大脑强直
丛集式呼吸	脑桥下部	针尖大小,对光反应(±)	眼前庭反射消失	去大脑强直
共济失调性呼吸	延髓上部	针尖大小,对光反应(±)	眼前庭反射消失	弛缓或下肢屈曲

(5)血压:血压显著升高见于颅内压增高、高血压脑病或脑出血,脑梗死、尿毒症或蛛网膜下腔出血血压也可升高;血压过低可能为脱水、休克、心肌梗死、甲状腺功能减退、糖尿病性昏迷、肾上腺皮质功能减退以及镇静安眠药中毒等。

2. **体味或呼吸气味**　患者呼吸或口腔中某些特殊气味具有特殊诊断意义。酒味提示饮酒或乙醇中毒;烂苹果味提示糖尿病酮症酸中毒;肝臭味提示肝性脑病;氨味或尿味提示尿毒症;大蒜味提示敌敌畏中毒等。

3. 发育和体型　通常以年龄、智力、身高、体重和第二性征之间关系来判断,包括体格发育(身高和体重)、智力发育与性征发育。发育正常的成年人,其胸围等于身高的一半,两上肢展开的长度约等于身高,坐高等于下肢长度。身材矮小可见于线粒体脑肌病和某些遗传代谢病的患者。

4. 营养状态　营养状态的评估,通常是根据皮肤、皮下脂肪、毛发及肌肉发育情况等综合判断。营养状态的检查方法,用拇指和示指将前臂内侧或上臂背侧下 1/3 的皮下脂肪捏起观察其充实程度。观察全身营养状况,注意有无消瘦、恶病质或明显肌肉萎缩,有无肥胖或不均匀的脂肪沉积。

5. 面容表情　正常人表情自然,神态安怡。当某些疾病困扰,或当疾病发展到一定程度时可出现某些特征性面部表情,对某些疾病的诊断有重要价值,如表情呆板见于帕金森病;斧状脸见于强直性肌营养不良等。

6. 体位　指患者在卧位时所处的状态,常见有:身体活动自如的自主体位,不能调整和变换肢体位置的被动体位,以及被迫采取某种体位以减轻痛苦的强迫体位。

7. 语言、语调、语态和构音　语言是思维和意识的表达形式,由语言中枢支配,大脑半球受损(卒中等)可致失语(详见认知检查部分)。语调指语言过程中的语音和声调,发音器官及其支配的神经病变可引起语调异常。语态异常是指语言节奏紊乱,表达不畅,快慢不均,见于帕金森病、舞蹈病、肝豆状核变性和口吃等。构音障碍为发声困难、发音不清,但对语言文字的理解正常,见于延髓麻痹、小脑病变和帕金森病等。

8. 姿势与步态　姿势指举止的状态,步态指行走时的姿态。当患某些疾病时,可使姿态发生改变,并具有一定特征性(详见运动系统检查部分),体格检查时应予以注意。

9. 皮肤黏膜　皮肤、黏膜黄染提示肝性脑病或药物中毒;发绀多为心肺疾患;苍白见于休克、贫血或低血糖;樱红色提示一氧化碳中毒;潮红为阿托品类药物中毒、高热、乙醇中毒等;多汗提示有机磷中毒、甲亢危象或低血糖;面部黄色瘤提示可能为结节硬化病;皮下瘤结节和皮肤牛奶咖啡斑见于神经纤维瘤病。

10. 头颈部

(1)头颅部:①视诊:观察头颅大小,有否大头、小头畸形,外形是否对称,有无尖头、舟状头畸形,以及肿物、凹陷、手术切口及瘢痕等;透光试验对儿童脑积水有诊断价值。②触诊:头部有无压痛、触痛、隆起、凹陷,婴儿需检查囟门是否饱满,颅缝有无分离等。③叩诊:头部有无叩击痛,脑积水患儿叩击颅骨有空瓮音(Macewen 征)。④听诊:颅内血管瘤、血管畸形、大动脉部分阻塞时,病灶上方可闻及血管杂音,如闻及杂音,应注意其强度、音调及传导方向

(2)面部及五官:观察有无面部畸形、面肌抽动或萎缩、色素脱失或沉着,面部血管痣见于脑-面血管瘤病,面部皮脂腺瘤见于结节性硬化。观察眼部有无眼睑下垂、眼球内陷或外凸、角膜溃疡,以及角膜缘绿褐色的色素环(见于肝豆状核变性)等;有无鼻部畸形、鼻窦区压痛,口部唇裂、疱疹等。双瞳孔缩小提示有机磷或安眠药中毒;双瞳孔散大见于阿托品类药物中毒或深昏迷状态;双瞳孔不等大可能有脑疝形成。眼底视乳头水肿为颅内压增高表现。

(3)颈部:观察双侧是否对称,有无疼痛、颈强、活动受限、姿态异常(如痉挛性斜颈、强迫头位)和双侧颈动脉搏动是否对称等。强迫头位及颈部活动受限见于后颅窝肿瘤、颈椎病变;颈项粗短、后发际低、颈部活动受限见于颅底凹陷症和颈椎融合症;严重颈肌无力患者于坐立位时可表现为头部低垂,见于重症肌无力、肌病、运动神经元病等;颈动脉狭窄者颈部可闻及血管杂音。

(4)头颅外伤体征:视诊可见:①眶周瘀斑:或称浣熊眼(raccoon eyes);②Battle 征:耳后乳突骨表面肿胀变色;③鼓膜血肿:鼓膜后积血;④脑脊液鼻漏或耳漏:脑脊液自鼻或耳漏出,可提示颅底骨折。触诊可以证实凹陷性颅骨骨折或软组织肿胀。

11. 胸腹部　桶状胸、叩诊过清音、唇甲发绀、肺部听诊有啰音等提示有严重的肺气肿及肺部感染,可能合并肺性脑病。肝、脾大合并腹水者常为肝性脑病。腹部膨隆且有压痛可能为内出血或麻痹

性肠梗阻。

12. 躯干和四肢　注意有无脊柱前凸、后凸、侧弯畸形、脊柱强直和脊膜膨出（如脊髓空洞症和脊髓型共济失调可见脊柱侧凸），棘突隆起、压痛和叩痛；有无翼状肩胛；四肢有无肌萎缩、疼痛、压痛等；有无指趾发育畸形、弓形足。肌束震颤见于运动神经元病、有机磷中毒，双手扑翼样震颤多为中毒性或代谢性脑病。

二、意识状态的检查

意识是大脑功能活动的综合表现，是人对自身及外界环境进行认识和做出适宜反应的基础，包括觉醒状态与意识内容两个组成部分。觉醒状态是指与睡眠呈周期性交替的清醒状态，由脑干网状激活系统和丘脑非特异性核团维持和激活。意识内容是指人的知觉、思维、记忆、注意、智能、情感、意志活动等心理过程（精神活动），还有通过言语、听觉、视觉、技巧性运动及复杂反应与外界环境保持联系的机敏力，属大脑皮质的功能。

正常意识是指觉醒水平和意识内容都处于正常状态，语言流畅、思维敏锐、表达准确、行为和情绪正常，对刺激的反应敏捷，脑电生理正常。意识障碍是脑和脑干功能活动的抑制状态，表现为人对自身及外界认识状态以及知觉、记忆、定向和情感等精神活动不同程度的异常。脑和脑干功能活动的不同抑制程度决定了不同的意识障碍水平。

意识障碍可根据以觉醒度改变为主（嗜睡、昏睡、昏迷），以意识内容改变为主（意识模糊、谵妄状态），以意识范围改变为主（朦胧状态、漫游性自动症），及特殊类型（最低意识状态、去大脑皮质状态、植物状态）等进行分类。临床上常用的分类为以觉醒度改变为主的意识状态和以意识内容改变为主的意识状态。

对于意识障碍的患者，采集病史要简明扼要，重点询问昏迷发生的缓急、昏迷前是否有其他症状、是否有外伤史、中毒史、药物过量以及癫痫、高血压、冠心病、糖尿病、抑郁症或自杀史等。在进行全身和神经系统检查时，应当强调迅速、准确，不可能做得面面俱到，一方面注意生命体征是否平稳，另一方面应尽快确定有无意识障碍及其临床分级：先通过视诊观察患者的自发活动和姿势，再通过问诊和查体评估意识障碍程度，明确意识障碍的觉醒水平如嗜睡、昏睡、浅昏迷或深昏迷，以及是否有意识内容的改变如意识模糊或谵妄。意识障碍时的神经系统查体主要包括以下几个方面的检查：眼征、对疼痛刺激的反应、瘫痪体征、脑干反射、锥体束征和脑膜刺激征等。

国际上常用 Glasgow 昏迷评定量表评价意识障碍的程度（表 4-2），最高 15 分（无昏迷），最低 3 分，分数越低昏迷程度越深。通常 8 分以上恢复机会较大，7 分以下预后不良，3～5 分者有潜在死亡危险。但此量表有一定局限性：对眼肌麻痹、眼睑肿胀者不能评价其睁眼反应，对气管插管或切开者不能评价其语言活动，四肢瘫患者不能评价其运动反应。此后该量表被修订为 Glasgow-Pittsburg 量表，增加了瞳孔光反应、脑干反射、抽搐、自发性呼吸四大类检查，总分 35 分。在临床工作使用中要注意总分相同但单项分数不同者意识障碍程度可能不同，须灵活掌握量表的使用。

1. 眼征　包括以下几个方面：①瞳孔：检查其大小、形状、对称性以及直接、间接对光反射。一侧瞳孔散大、固定提示该侧动眼神经受损，常为钩回疝所致；双侧瞳孔散大和对光反应消失提示中脑受损、脑缺氧和阿托品类中毒等；双瞳孔针尖样缩小提示脑桥被盖损害如脑桥出血、有机磷中毒和吗啡类中毒等；一侧瞳孔缩小见于 Horner 征，如延髓背外侧综合征或颈内动脉夹层等。②眼底：是否有视乳头水肿、出血。水肿见于颅高压等；玻璃体膜下片状或块状出血见于蛛网膜下腔出血等。③眼球位置：是否有眼球突出或凹陷。突出见于甲亢、动眼神经麻痹和眶内肿瘤等；凹陷见于 Horner 征、颈髓病变以及瘢痕收缩等。④眼球运动：眼球同向性偏斜的方向在肢体瘫痪的对侧提示大脑半球病变；眼球同向性偏斜在肢体瘫痪的同侧提示脑干病变；垂直性眼球运动障碍如双眼向上或向下凝视提示中脑四叠体附近或下丘脑病变；眼球向下向内偏斜见于丘脑损害；分离性眼球运动可为小脑损害表现；眼球浮动说明昏迷尚未达到中脑功能受抑制的深度。

表 4-2　Glasgow 昏迷评定量表

检查项目	临床表现	评分
A 睁眼反应	自动睁眼	4
	呼之睁眼	3
	疼痛引起睁眼	2
	不睁眼	1
B 言语反应	定向正常	5
	应答错误	4
	言语错乱	3
	言语难辨	2
	不语	1
C 运动反应	能按指令发出动作	6
	对刺激能定位	5
	对刺激能躲避	4
	刺痛肢体屈曲反应	3
	刺痛肢体过伸反应	2
	无动作	1

2. **对疼痛刺激的反应**　用力按压眶上缘、胸骨检查昏迷患者对疼痛的运动反应,有助于定位脑功能障碍水平或判定昏迷的程度。出现单侧或不对称性姿势反应时,健侧上肢可见防御反应,病侧则无,提示瘫痪对侧大脑半球或脑干病变。观察面部疼痛表情时,可根据面肌运动,判断有无面瘫。疼痛引起去皮质强直(decorticate rigidity),表现为上肢屈曲、下肢伸直,与丘脑或大脑半球病变有关;去大脑强直(decerebrate rigidity)表现为四肢伸直、肌张力增高或角弓反张(opisthotonos),提示中脑功能受损,较去皮质强直脑功能障碍程度更为严重,但这两种反应都不能精确地定位病变部位。脑桥和延髓病变患者通常对疼痛无反应,偶可发现膝部屈曲(脊髓反射)。

3. **瘫痪体征**　先观察有无面瘫,一侧面瘫时,可见该侧鼻唇沟变浅,口角低垂,睑裂增宽,呼气时面颊鼓起,吸气时面颊塌陷。通过观察自发活动减少可判定昏迷患者的瘫痪肢体,偏瘫侧下肢常呈外旋位,足底疼痛刺激下肢回缩反应差或消失,可出现病理征,急性昏迷瘫痪者瘫痪侧肌张力多降低。坠落试验可检查瘫痪的部位:检查上肢时将患者双上肢同时托举后突然放开任其坠落,瘫痪侧上肢迅速坠落而且沉重,无瘫痪肢体则向外侧倾倒,缓慢坠落;检查下肢时将患者一侧下肢膝部屈曲提高,足跟着床,突然松手时瘫痪肢体不能自动伸直,并向外倾倒,无瘫痪肢体则呈弹跳式伸直,并能保持足垂直位(图 4-2)。

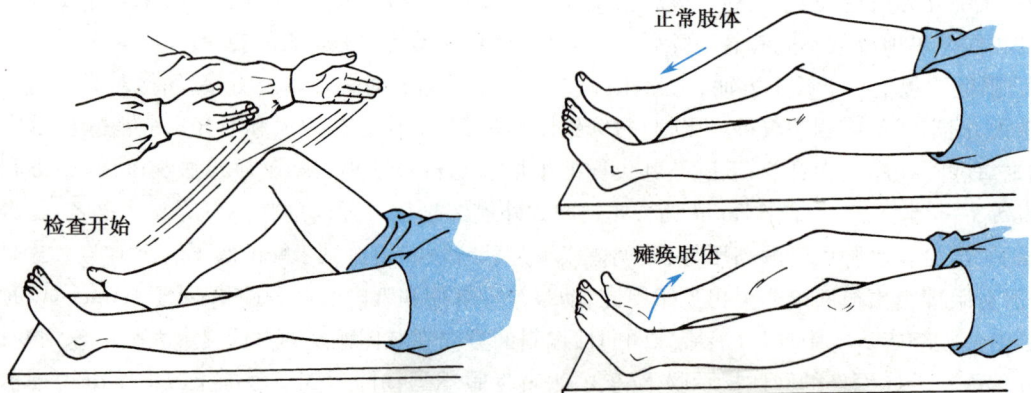

图 4-2　下肢坠落试验

4. 脑干反射　可通过睫脊反射、角膜反射、反射性眼球运动等脑干反射来判断是否存在脑干功能损害，其中反射性眼球运动包括头眼反射和眼前庭反射两种检查方法：①睫脊反射（ciliospinal reflex）：给予颈部皮肤疼痛刺激时可引起双侧瞳孔散大，此反射存在提示下位脑干、颈髓、上胸段脊髓及颈交感神经功能正常。②角膜反射（corneal reflex）：角膜反射是由三叉神经的眼神经与面神经共同完成的，当三叉神经第 1 支（眼神经）或面神经损害时，均可出现角膜反射消失。如果脑桥上部和中脑未受累及，角膜反射存在；一侧角膜反射消失见于同侧面神经病变（同侧脑桥），双侧角膜反射消失见于一侧三叉神经受损或双侧面神经受损，提示中脑或脑桥受累，双侧角膜反射消失提示昏迷程度较深。③头眼反射（oculocephalic reflex）：又称玩偶眼试验（dolls eye test），轻扶患者头部向左右、上下转动时眼球向头部运动相反方向移动，然后逐渐回到中线位。婴儿为正常反射，随着大脑发育而抑制。该反射涉及前庭核、脑桥侧视中枢、内侧纵束和眼球运动神经核，此反射在大脑半球弥漫性病变和间脑病变导致昏迷时出现并加强；脑干病变时此反射消失，如一侧脑干病变，头向该侧转动时无反射，向对侧仍存在。④眼前庭反射（oculovestibular reflex）：或称冷热水试验，用注射器向一侧外耳道注入 1ml 冰水，半球弥漫性病变而脑干功能正常时出现双眼向冰水灌注侧强直性同向运动；昏迷患者，如存在完全的反射性眼球运动提示脑桥至中脑水平的脑干功能完好；中脑病变时，眼前庭检查可显示灌注对侧眼球内收不能，同侧眼外展正常；脑桥病变时反应完全丧失。

5. 脑膜刺激征　包括颈强直、Kernig 征、Brudzinski 征等，见于脑膜炎、蛛网膜下腔出血、脑炎及颅内压增高等，深昏迷时脑膜刺激征可消失。脑膜刺激征伴发热常提示中枢神经系统感染，不伴发热合并短暂昏迷可能提示蛛网膜下腔出血。

6. 意识障碍的其他体征　意识障碍者感知能力、对环境的识别能力以及生活自理能力均发生了改变，尤其是昏迷者。由于患者的咳嗽、吞咽等各种反射减弱或消失，无自主运动，患者不能控制排便、排尿以及留置导尿等多种因素，患者除生命体征常有改变外，可出现营养不良、肺部或泌尿系统感染、大小便失禁、口腔炎、结膜炎、角膜炎、角膜溃疡和压疮等，久卧者还可发生关节僵硬和肢体挛缩畸形等。

三、精神状态和高级皮质功能检查

精神状态和高级皮质功能检查用于判断患者所患的是神经性疾病还是精神性疾病，明确精神症状背后潜在的神经疾病基础，并协助确定是局灶性脑损害还是弥漫性脑损害。除原发性精神疾病外，在神经疾病中，精神状态和高级皮质功能异常可由以下原因导致：卒中或肿瘤引起的额、颞叶病变，颅内感染，代谢性脑病，以阿尔茨海默病为代表的神经变性病等。检查患者的精神状态时要注意观察其外表行为、动作举止和谈吐思维等。高级皮质功能可分为认知功能和非认知功能两大部分，认知功能检查主要包括记忆力、计算力、定向力、失语、失用、失认、抽象思维和判断、视空间技能等方面；非认知功能检查包括人格改变、行为异常、精神症状（幻觉、错觉和妄想）和情绪改变等。本节主要介绍认知功能障碍的检查方法。

（一）记忆

记忆是获得、存储和再现以往经验的过程，包括信息的识记、保持和再现三个环节。一般分为瞬时记忆、短时记忆和长时记忆三类。记忆障碍可仅涉及一段时期和部分内容，检查记忆应当注意全面分析检查结果。

1. 瞬时记忆检查方法　顺行性数字广度测验是用于检测注意力和瞬时记忆的有效手段。检查者给出患者若干位的数字串，一般从 3 或 4 位数字开始给起，一秒钟给出一个，让患者重复刚才的数串。然后逐渐增加给出数串的长度，直到患者不能完整重复为止。所用的数串必须是随机、无规律可循的，比如不能使用电话号码。逆行性数字广度试验则是让患者反向说出所给出的数串，这是一种更为复杂的测试，需要保存和处理数串的能力。一般顺行性数字广度试验的成绩优于逆行性数字广度试验，后者成绩不应低于前者 2 个以上。

2. 短时记忆检查方法　先让患者记一些非常简单的事物,比如皮球、国旗或树木,或更为复杂一些的短句比如"张三,复兴路42号,上海",其中各条目应属于不同的类别,确认记住这些条目后再继续进行其他测试,约5分钟后再次询问患者对这些词条的回忆情况。有严重记忆障碍的患者不仅不能回忆起刚才的词条,可能连所问所指是什么都想不起来。有些患者在提醒下可以想起来,或者在词表中可以找出。在提示或词汇表的帮助下回忆起来的患者提示能储留信息但有提取障碍;当提醒及词汇表都没有作用时,提示有存储障碍。早期痴呆的患者可能仅表现提取障碍。

3. 长时记忆检查方法　包括在学校学习的基础知识,如国家首都、著名人物;当前信息如在位主席、总理及相关公众人物;自己的相关信息,如家庭住址和电话号码等。

（二）计算力

计算力可通过让患者正向或反向数数、数硬币、找零钱来进行检查。一般常从最简单的计算开始,如2+2＝?;或者提出简单的数学计算题,如:芹菜2元1斤,10元买几斤? 检查计算能力更常用的方法是从100中连续减7(如果不能准确计算,则让患者从100连续减3)。此时还需注意力和集中力的参与协助。

（三）定向力

检查时可细分为时间定向力(星期几、年月日、季节)、地点定向力(医院或家的位置)和人物定向力(能否认出家属和熟悉的人)。该检查需要患者在注意力集中的状态下进行。

（四）失语（aphasia）

检查前应首先确定患者意识清楚,检查配合。临床检查包括六个方面:口语表达、听理解、复述、命名、阅读和书写能力,对其进行综合评价有助于失语的临床诊断。

1. 口语表达　检查时注意患者谈话语量、语调和发音,说话是否费力,有无语法功能或语句结构错误,有无实质词或错语、找词困难、刻板语言,能否达义等。具体分如下几种:

（1）言语流畅性:有无言语流利程度的改变,可分为流利性言语和非流利性言语。

（2）语音障碍:有无在发音、发声器官无障碍的情况下言语含糊不清,是否影响音调和韵律。

（3）找词困难:有无言语中不能自由想起恰当的词汇,或找词的时间延长。

（4）错语、新语、无意义杂乱语及刻板言语:有无表达中使用:①语音或语义错误的词;②无意义的新创造出的词;③意义完全不明了的成串的音或单词;④同样的、无意义的词、词组或句子的刻板持续重复。

（5）语法障碍:有无难以组成正确句型的状态:①失语法症:常表现为表达的句子中缺乏语法功能词,典型表现为电报式语言;②语法错乱:表现为助词错用或词语位置顺序不合乎语法规则。

2. 听理解障碍　指患者可听到声音,但对语义的理解不能或不完全。听理解具体检查方法:要求患者执行简单的口头指令(如:"张嘴""睁眼""闭眼"等)和含语法的复合句(如:"用左手摸鼻子""用右手摸左耳朵"等)。

3. 复述　要求患者重复检查者所用的词汇或短语等内容,包括常用词(如铅笔、苹果、大衣)、不常用词、抽象词、短语、短句和长复合句等。注意能否一字不错或不漏地准确复述,有无复述困难、错语复述、原词句缩短、延长或完全不能复述等。

4. 命名　让患者说出检查者所指的常用物品如手电、杯子、牙刷、钢笔或身体部分的名称,不能说出时可描述物品的用途等。

5. 阅读　通过让患者朗读书报的文字和执行写在纸上的指令等,判定患者对文字的朗读和理解能力。

6. 书写　要求患者书写姓名、地址、系列数字和简要叙事以及听写或抄写等判定其书写能力。

（五）失用（apraxia）

失用症通常很少被患者自己察觉,也常被医生忽视。检查时可给予口头和书面命令,观察患者执行命令、模仿动作和实物演示能力等。注意观察患者穿衣、洗脸、梳头和用餐等动作是否有序协调,能否完成目的性简单的动作如伸舌、闭眼、举手、书写和系纽扣等。可先让患者做简单的动作(如刷牙、拨电话号码、握笔写字等),再做复杂动作(如穿衣、划火柴和点香烟等)。

(六) 失认(agnosia)

失认是指感觉通路正常而患者不能经由某种感觉辨别熟识的物体,此种障碍并非由于感觉、言语、智能和意识障碍引起,主要包括视觉失认、听觉失认、触觉失认。体象失认也为失认的一种,系自身认识缺陷,多不作为常规体检。

1. **视觉失认**　给患者看一些常用物品,照片、风景画和其他实物,令其辨认并用语言或书写进行表达。

2. **听觉失认**　辨认熟悉的声音,如铃声、闹钟、敲击茶杯和乐曲声等。

3. **触觉失认**　令患者闭目,让其触摸手中的物体加以辨认。

(七) 视空间技能和执行功能

可让患者画一个钟面、填上数字,并在指定的时间上画出表针,此项检查需视空间技能和执行功能相互协助,若出现钟面缺失或指针不全,提示两者功能障碍。

四、脑神经检查

在临床工作中,脑神经检查对神经系统疾病定位诊断有重要意义。对脑神经进行检查时,应确定是否有异常、异常的范围及其关联情况。

(一) 嗅神经

属于中枢神经,是特殊的感觉神经。

1. **检查方法**　首先询问患者有无嗅幻觉等主观嗅觉障碍,然后让患者闭目,先后堵塞一侧鼻孔,用带有花香或其他香味(非挥发性、非刺激性气味)的物质如香皂、牙膏和香烟等置于患者受检鼻孔。患者应该能够区分有无气味,并说出牙膏与香烟的气味不同即可。醋酸、乙醇和甲醛溶液等刺激性物质可刺激三叉神经末梢,不宜被用于嗅觉检查。鼻腔有炎症或阻塞时不能做此检查。

2. **异常表现和定位**

(1) 嗅觉丧失或减退:头面部外伤累及嗅神经常导致双侧嗅觉丧失;嗅沟处病变如脑膜瘤等压迫嗅球、嗅束多引起一侧嗅觉丧失;嗅觉减退也可见于帕金森病和阿尔茨海默病等。

(2) 嗅觉过敏:多见于癔症。

(3) 幻嗅:嗅中枢的刺激性病变可引起幻嗅发作,如颞叶癫痫。幻嗅还可见于精神分裂症、乙醇戒断和阿尔茨海默病等。

(二) 视神经

属于中枢神经,主要检查视力、视野和眼底。

1. **视力**　代表视网膜黄斑中心凹处的视敏度,分为远视力和近视力。

(1) 远视力:通常采用国际标准视力表,自上而下分为12行,被检者距视力表5m,使1.0这一行与被检眼在同一高度,两眼分别检查,把能分辨的最小视标记录下来,例如右眼1.5,左眼1.2。视力的计算公式为$V=d/D$,V为视力,d为实际看见某视标的距离,D为正常眼看见该视标的距离,如5/10指患者在5m处能看清正常人在10m处能看清的视标,视力为0.5。戴眼镜者必须测裸眼视力和矫正视力。

(2) 近视力:常用的有标准视力表,被检眼距视标30cm测定,在充足的照明下,分别查左眼和右眼,自上而下逐行认读视标,直到不能分辨的一行为止,前一行标明的视力即代表患者的实际视力。

正常远视力标准为1.0,如在视力表前1m处仍不能识别最大视标,可从1m开始逐渐移近,辨认指数或眼前手动,记录距离表示视力。如在50cm处能说出指数,则视力=指数/50cm;如不能辨认眼前手动,可在暗室中用电筒照射眼,记录看到光亮为光感,光感消失为失明。

2. **视野**   是双眼向前方固视不动时所能看到的空间范围,分为周边视野和中心视野(中央30°以内)。

(1)周边视野检查:①手动法(对向法)粗略测试,患者与检查者相距约1m对面而坐,测试左眼时,受试者遮其右眼,左眼注视检查者右眼,检查者遮其左眼,用示指或视标在两人中间等距离处分别从颞上、颞下、鼻上和鼻下等方位自周围向中央移动,嘱患者看到后告知,可与检查者的正常视野比较😊;②用周边视野计可精确测定,常用者为直径3mm的白色视标,半径为330mm的视野计,其范围是鼻侧约60°,颞侧约90°,上方约55°,下方约70°,外下方视野最大。

(2)中心视野检查:目标可以是检查者的脸,患者遮住一只眼睛,然后询问是否可以看到整个检查者的脸。如果只能看到一只眼睛或没看到嘴,则可能存在中心视野缺损。😊必要时可用精确的视野计检查。在中心视野里有一椭圆形的生理盲点,其中心在固视点外侧。

3. **眼底**   眼底检查时患者背光而坐,眼球正视前方。检查右眼时,医生站在患者右侧,右手持检眼镜用右眼观察眼底;左眼相反。从离开患者50cm处开始寻找并逐渐窥入瞳孔,观察时检眼镜要紧贴患者面部,一般不需散瞳。😊正常眼底可见视乳头呈圆形或椭圆形,边缘清楚,色淡红,视乳头中央区域的生理凹陷清晰,动静脉伴行,动脉色红,静脉色暗,动静脉比例为2:3。检查后应记录视乳头的形状大小、色泽、边缘以及视网膜和血管情况。

4. **异常表现和定位**

(1)视力障碍和视野缺损:单侧视交叉前和双侧视交叉后病变均可引起视力减退,如双侧视皮质病变可导致皮质盲。视觉传入通路上的病变可引起视野缺损,如一侧枕叶病变出现对侧偏盲和黄斑回避。视交叉中部病变(如垂体瘤、颅咽管瘤)使来自双眼鼻侧的视网膜纤维受损,引起双颞侧偏盲;视束或外侧膝状体病变引起对侧同向性偏盲;视辐射下部受损(颞叶后部病变)引起对侧同向性上象限盲,视辐射上部受损(顶叶肿瘤或血管病变)引起对侧同向性下象限盲。

(2)视乳头异常(图4-3):①视乳头水肿(papilledema):是最常见的视乳头异常,表现为视乳头异常粉红或鲜红,边缘模糊,血管被肿胀的视乳头拱起,静脉扩张,可见出血和渗出,是颅内压增高的客观体征;②视神经萎缩(optic atrophy):根据病因分为原发性视神经萎缩和继发性视神经萎缩。前者表现为视乳头普遍苍白而边界清楚,见于中毒、眶后肿瘤直接压迫、球后视神经炎、视神经脊髓炎、部分变性病等。继发性视神经萎缩表现为视乳头普遍苍白而边界不清楚,常见于视乳头水肿和视乳头炎的晚期等。

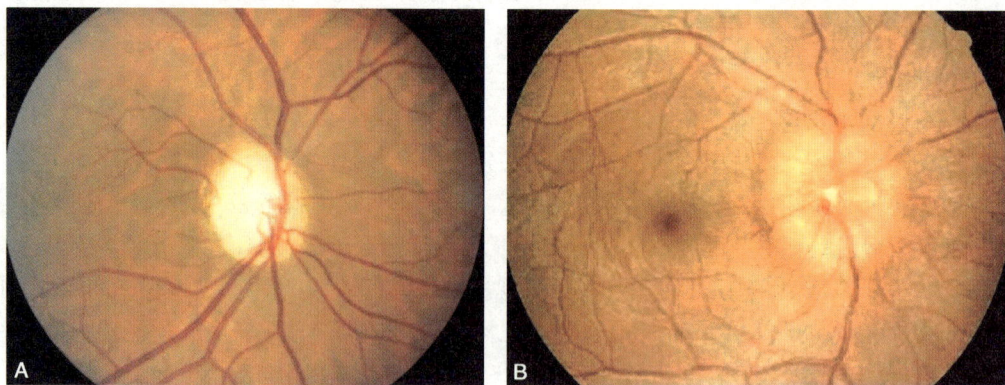

图4-3   视乳头异常
A. 视神经萎缩;B. 视乳头水肿

(三)动眼、滑车和展神经

此三对脑神经共同支配眼球运动,可同时检查。

1. **外观**   观察睑裂是否对称,是否有上睑下垂。观察眼球有否前突或内陷、斜视和同向偏斜、眼震等自发运动。

2. 眼球运动　　让患者头部不动,检查者将示指置于患者眼前 30cm 处向左、右、上、下、右上、右下、左上、左下 8 个方向移动,嘱患者两眼注视检查者的手指并随之向各方向转动,并检查辐辏动作。观察有无眼球运动受限及受限方向和程度,有无复视和眼球震颤。

3. 瞳孔及其反射　　观察瞳孔大小、形状、位置及是否对称。正常瞳孔呈规则圆形,双侧等大,位置居中,直径 3~4mm。小于 2mm 为瞳孔缩小,大于 5mm 为瞳孔扩大,但儿童的瞳孔稍大,老年人稍小。需要在亮处和暗处分别观察瞳孔大小以及以下内容:

(1)对光反射(light reflex):是光线刺激引起的瞳孔收缩,感光后瞳孔缩小称为直接对光反射,对侧未感光的瞳孔也收缩称为间接对光反射。检查时嘱患者注视远处,用电筒光从侧方分别照射瞳孔,观察收缩反应是否灵敏和对称。如受检侧视神经损害,则直接和间接光反射均迟钝或消失;如受检侧动眼神经损害,则直接光反射消失,间接光反射保留。

(2)调节反射(accommodation reflex):患者两眼注视远方,再突然注视面前 20cm 处正上方的近物(辐辏动作),出现两眼会聚、瞳孔缩小。

4. 异常表现和定位

(1)眼睑下垂(ptosis):Horner 综合征、动眼神经麻痹、外伤等可引起单侧眼睑下垂。Miller-Fisher 综合征可引起双侧眼睑下垂。单侧或双侧眼睑下垂也可见于某些肌病和神经肌肉接头疾病,需注意鉴别。

(2)眼外肌麻痹(extraocular muscle palsy):①中枢性眼肌麻痹:如核上性水平凝视麻痹见于脑外伤、丘脑出血及累及脑桥的血管病、变性病和副肿瘤性脑病;垂直凝视麻痹见于影响到中脑被盖区的广泛病变。核间性眼肌麻痹和一个半综合征多见于脑卒中和多发性硬化。②周围性眼肌麻痹:可见于动眼、滑车和展神经核性和神经本身的损害(图 4-4),如各种脑干综合征、海绵窦病变、脑动脉瘤和小脑幕裂孔疝等。

(3)眼震(nystagmus):可表现为钟摆样、急跳性、凝视诱发性、垂直样、跷跷板样和旋转性眼震等,见于多种病因,如前庭(中枢性或周围性)和小脑性病变等。检查时应记录出现眼震时的凝视位置、方向、幅度,是否有头位改变等诱发因素和眩晕等伴随症状。

(4)瞳孔(pupil):单纯瞳孔不等大可见于 20% 的正常人群,通常这种差异<1mm。瞳孔异常通常为一侧性,扩大见于中脑顶盖区病变、动眼神经麻痹、睫状肌及其神经节内副交感神经病变;缩小见于交感神经通路病变、阿-罗瞳孔等。除大小不等外,瞳孔异常表现还包括反应差和形状不规则等。检查瞳孔的大小、反应性和形状可为评价自视神经到中脑的神经系统通路病变提供信息。

(四)三叉神经

为混合神经,主要支配面部感觉和咀嚼肌运动。

1. 面部感觉　　用圆头针、棉签末端搓成的细毛及盛冷热水试管(或音叉表面)分别测试面部三叉神经分布区皮肤的痛、温和触觉,用音叉测试振动觉,两侧及内外对比。

2. 咀嚼肌运动　　首先观察是否有颞肌、咬肌萎缩。检查肌容积时,嘱患者张闭口,同时用双手触诊双侧颞肌或咬

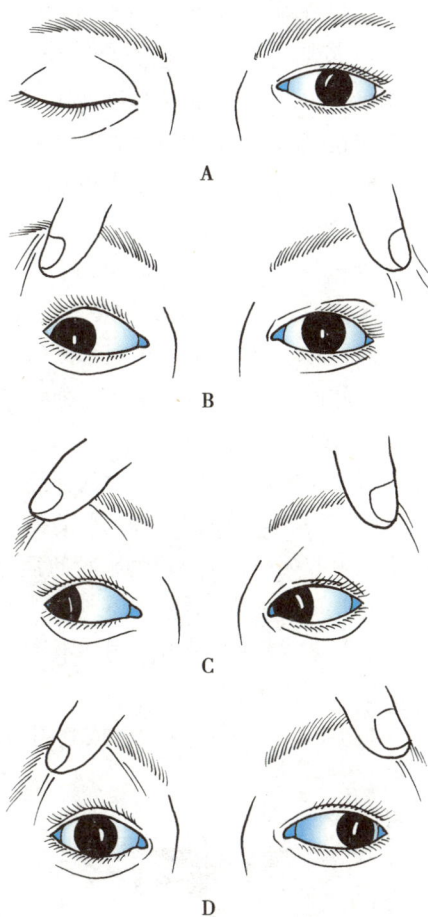

图 4-4　右眼完全性动眼神经麻痹

A. 上睑下垂;B. 上视不能;C. 外展正常;D. 内收不能

肌。检查咬肌和颞肌肌力时,用双手压紧双侧颞肌或咬肌,让患者做咀嚼动作,感知两侧肌张力和肌力是否对称等。检查翼状肌时,嘱患者张口,以上下门齿中缝为标准,判定下颌有无偏斜,如下颌偏斜提示该侧翼状肌瘫痪,健侧翼状肌收缩使下颌推向病侧(图4-5)。

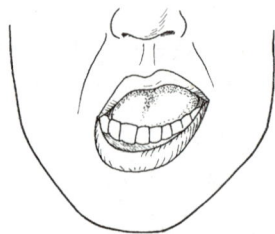

图4-5　右侧三叉神经损害致张口时下颌偏向右侧

3. 反射

(1)角膜反射(corneal reflex)(V₁-Ⅶ反射):检查者用细棉絮轻触角膜外缘,注意勿触及睫毛、巩膜和瞳孔前面。正常表现为双眼瞬目动作,受试侧瞬目称为直接角膜反射,对侧瞬目为间接角膜反射。细棉絮轻触结合膜也可引起同样反应,称为结合膜反射。叩击眉间区,正常表现为双眼瞬目动作不超过10次,称为眉间反射。

(2)下颌反射(jaw reflex)(V₃-V₃反射):嘱患者略张口,检查者将拇指置于患者下颌中央,然后轻叩拇指,引起患者下颌快速上提,正常人一般不易引出。

4. 异常表现及定位
三叉神经眼支、上颌支或下颌支区域内各种感觉缺失见于周围性病变;洋葱皮样分离性感觉障碍见于核性病变;咀嚼肌无力或萎缩见于三叉神经运动纤维受损;前伸下颌时,中枢性三叉神经损害下颌偏向病灶对侧,周围性(核性及神经本身)三叉神经损害下颌偏向病灶同侧;检查一侧角膜反射发现双侧角膜反射消失,见于受试侧三叉神经麻痹,此时健侧受试则双侧角膜反射存在;下颌反射亢进,见于双侧皮质脑干束病变。

(五) 面神经

为混合神经,主要支配面部表情肌运动,尚支配舌前2/3味觉纤维。

1. 面肌运动
先观察额纹、眼裂、鼻唇沟和口角是否对称、有无肌痉挛,然后让患者做蹙额、皱眉、瞬目、示齿、鼓腮和吹哨等动作,可分别检查面神经的五个周围分支:①颞支:皱眉和蹙额;②颧支:用力闭目,使眼睑不被检查者扒开;③颊支:笑、露齿和鼓腮;④下颌缘支:撅嘴、吹哨;⑤颈支:使口角伸向外下,冷笑。观察有无瘫痪及是否对称。

2. 感觉
首先检查患者的味觉。嘱患者伸舌,检查者以棉签蘸少许食糖、食盐、醋或奎宁溶液,轻涂于一侧舌前2/3,患者不能讲话、缩舌和吞咽,然后让患者用手指出事先写在纸上的甜、咸、酸、苦四个字之一。患者于测试前要禁食和禁烟数小时,测试时需屏气以避免嗅觉的干扰。先试可疑侧,再试对侧,每试一种溶液需用温水漱口。面神经损害可使舌前2/3味觉丧失。此外,尚需检查外耳道和耳后皮肤的痛、温和触觉及有无疱疹;询问患者是否有听觉过敏现象。

3. 反射

(1)角膜反射:见第V对脑神经。

(2)眼轮匝肌反射:检查者的拇、示指将患者的外眦拉向一侧,用诊锤敲击拇指可引起同侧眼轮匝肌明显收缩(闭目),对侧眼轮匝肌轻度收缩。周围性面瘫时眼轮匝肌反射减低,中枢性面瘫面肌痉挛时此反射增强。

(3)掌颏反射:敲击或划手掌引起同侧颏肌收缩,该病理反射提示皮质脑干束受损。双侧掌颏反射阳性也可见于正常老年人。

4. 副交感
膝状神经节或其附近病变可导致同侧泪液减少,膝状神经节远端病变可导致同侧泪液增多。

5. 主要异常表现及定位

(1)周围性面瘫导致眼裂上、下的面部表情肌均瘫痪,右侧面神经麻痹时的睫毛征(图4-6)。

表现为患侧鼻唇沟变浅、瞬目减慢、皱纹减少以及眼睑闭合不全,睫毛征阳性。正常人在强力闭眼时,睫毛多埋在上下眼睑之中;当面神经麻痹时,嘱患者强力闭眼,则睫毛外露(图4-6),

图4-6　右侧面神经麻痹时的睫毛征

称睫毛征阳性,可见于面神经管病变、Bell 麻痹等。刺激性病变可表现为面肌痉挛。

(2) 中枢性面瘫只造成眼裂以下的面肌瘫痪。可见于脑桥小脑脚肿瘤,颅底、脑干病变等。

(六) 位听神经

位听神经分为蜗神经和前庭神经两部分。

1. 蜗神经　蜗神经常用耳语、表声或音叉进行检查,声音由远及近,测量患者单耳(另侧塞住)能够听到声音的距离,再同另侧耳比较,并与检查者比较。用电测听计检测可获得准确资料。

(1) Rinne 试验:比较骨导(bone conduction,BC)与气导(air conduction,AC)的听敏度,将振动的音叉(频率 128 Hz)置于受试者耳后乳突部(骨导),听不到声音后速将音叉置于该侧耳旁(气导),直至气导听不到声音,再检查另一侧。正常情况下,气导能听到的时间长于骨导能听到的时间,即气导>骨导,称为 Rinne 试验阳性。传导性耳聋时,骨导>气导,称为 Rinne 试验阴性;感音性耳聋时,虽气导>骨导,但两者时间均缩短。

(2) Weber 试验:将振动的音叉置于患者额顶正中,比较双侧骨导。正常时两耳感受到的声音相同,传导性耳聋时患侧较响,称为 Weber 试验阳性;感音性耳聋时健侧较响,称为 Weber 试验阴性。

2. 前庭神经　检查时可观察患者的自发性症状如眩晕、呕吐、眼球震颤和平衡障碍等,也可进行冷热水试验和转椅试验,分别通过变温和加速刺激引起两侧前庭神经核接受冲动不平衡而诱发眼震。冷热水试验时患者仰卧,头部抬起 30°,灌注热水时眼震快相向同侧,冷水时快相向对侧,正常时眼震持续 1.5~2 秒,前庭神经受损时该反应减弱或消失。转椅试验让患者闭目坐在旋转椅上,头部前屈 80°,向一侧快速旋转后突然停止,让患者睁眼注视远处,正常应出现快相与旋转方向相反的眼震,持续约 30 秒,如<15 秒提示前庭功能障碍。

3. 异常表现和定位　蜗神经的刺激性病变出现耳鸣,破坏性病变出现耳聋。传导性耳聋见于外耳或中耳病变;感音性耳聋主要见于内耳或耳蜗神经病变。眩晕、呕吐、眼球震颤和平衡障碍见于前庭神经病变;冷热水试验和转椅试验有助于前庭功能障碍的评价。

(七) 舌咽神经、迷走神经

二者在解剖与功能上关系密切,常同时受累,故同时检查。

1. 运动检查　患者发音是否有声音嘶哑、带鼻音或完全失音。嘱患者发"啊"音,观察双侧软腭抬举是否一致,悬雍垂是否偏斜。一侧麻痹时,病侧腭弓低垂,软腭上提差,悬雍垂偏向健侧(图 4-7);双侧麻痹时,悬雍垂虽居中,但双侧软腭抬举受限,甚至完全不能。此外需询问患者是否有饮水呛咳。

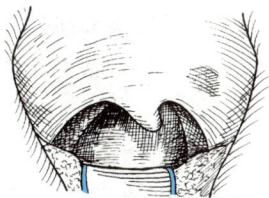

图 4-7　右侧舌咽、迷走神经麻痹致悬雍垂偏向左侧

2. 感觉　用棉签或压舌板轻触患者两侧软腭及咽后壁黏膜,询问其有无感觉。

3. 味觉　舌咽神经支配舌后 1/3 味觉,检查法同面神经。

4. 反射

(1) 咽反射(gag reflex):嘱患者张口,用压舌板分别轻触两侧咽后壁,正常出现咽肌收缩和舌后缩(作呕反应),舌咽、迷走神经损害时,患侧咽反射减弱或消失。

(2) 眼心反射(oculocardiac reflex):检查者用中指与示指对双侧眼球逐渐施加压力 20~30 秒,正常人脉搏可减少 10~12 次/分。此反射由三叉神经眼支传入,迷走神经心神经支传出,迷走神经功能亢进者反射加强(脉搏减少 12 次/分以上),迷走神经麻痹者反射减退或消失。

(3) 颈动脉窦反射(carotid sinus reflex):检查者用示指与中指压迫一侧颈总动脉分叉处引起心率减慢,反射由舌咽神经传入,由迷走神经传出。颈动脉窦过敏患者按压时可引起心率过缓、血压下降和晕厥,须谨慎行之。

5. 异常表现和定位

（1）真性延髓麻痹：一侧或双侧舌咽、迷走神经下运动神经元损害引起腭、舌和声带麻痹或肌肉本身的无力被称为真性延髓麻痹。一侧舌咽、迷走神经麻痹时吞咽困难不明显。

（2）假性延髓麻痹：双侧皮质脑干束受损产生假性延髓麻痹，咽反射存在甚至亢进，而肌肉萎缩不明显，常伴有下颌反射活跃和强哭强笑等。

（3）迷走神经受刺激时可出现咽肌、舌肌和胃痉挛。

（八）副神经

为运动神经，司向对侧转颈及同侧耸肩。检查时让患者对抗阻力向两侧转颈和耸肩（图4-8），检查胸锁乳突肌和斜方肌上部功能，比较双侧的肌力和坚实度😊。副神经损害时向对侧转颈和同侧耸肩无力或不能，同侧胸锁乳突肌和斜方肌萎缩、垂肩和斜颈。

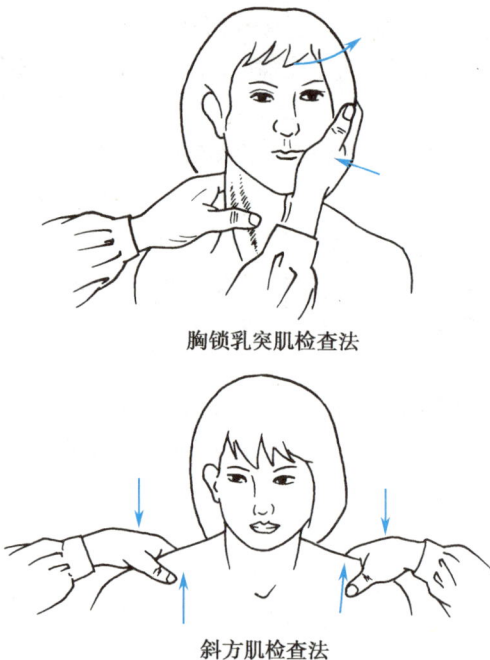

胸锁乳突肌检查法

斜方肌检查法

图4-8   副神经检查方法

（九）舌下神经

为运动神经，常与舌咽、迷走神经一起引起真性延髓麻痹。观察舌在口腔内位置及形态，然后观察有否伸舌偏斜、舌肌萎缩和肌束颤动。嘱患者做舌的侧方运动，以舌尖隔着面颊顶住检查者手指，比较两侧舌肌肌力。

异常表现及定位：①核下性病变伸舌偏向病侧，伴同侧舌肌萎缩。双侧舌下神经麻痹时舌不能伸出口外，出现吞咽困难和构音障碍。②核性损害除上述核下性病变的表现外，还可见舌肌束颤😊。③一侧核上性损害伸舌偏向病灶对侧，无舌肌萎缩或束颤。

五、运动系统检查

运动系统检查包括观察肌容积、肌张力、肌力、不自主运动、共济运动、姿势和步态等。可检测患者主动运动或对抗阻力的能力，并观察肌肉的运动幅度和运动持续时间。

（一）肌容积（muscle bulk）

观察和比较双侧对称部位肌肉体积，有无肌萎缩、假性肥大，若有观察其分布范围。除用肉眼观察外，还可以比较两侧肢体相同部位的周径，相差大于1cm者为异常。观察有无束颤，还可以用叩诊锤叩击肌腹诱发束颤。下运动神经元损害和肌肉疾病可见肌萎缩；进行性肌营养不良可见肌肉假肥大，表现为外观肥大、触之坚硬，但肌力弱，常见于腓肠肌和三角肌。

（二）肌张力（muscle tone）

肌张力是肌肉松弛状态的紧张度和被动运动时遇到的阻力。检查时嘱患者肌肉放松，触摸感受肌肉硬度，并被动屈伸肢体体知阻力😊。

1. 肌张力减低   表现为肌肉弛缓柔软，被动运动阻力减低，关节活动范围扩大。见于下运动神经元病变（如多发性神经病、脊髓前角灰质炎）、小脑病变、某些肌源性病变以及脑和脊髓急性病变的休克期等。

2. 肌张力增高   表现为肌肉较硬，被动运动阻力增加，关节活动范围缩小，见于锥体系和锥体外系病变。前者表现为痉挛性肌张力增高，上肢屈肌和下肢伸肌张力增高明显，被动运动开始时阻力大，结束时变小，称为折刀样肌张力增高；后者表现为强直性肌张力增高，伸肌与屈肌张力均增高，向各方向被动运动时阻力均匀，也称为铅管样（不伴震颤）或齿轮样肌张力增高（伴震颤）（图4-9）。

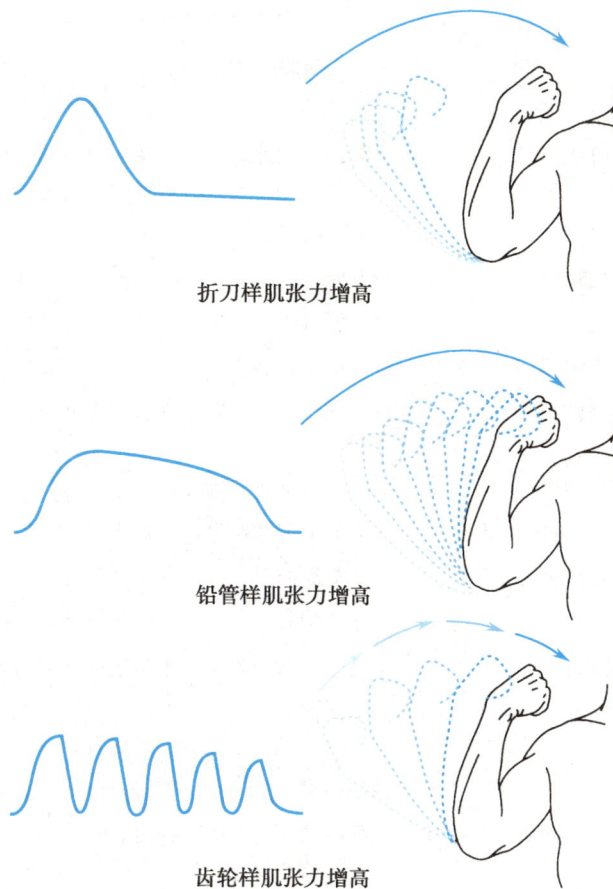

折刀样肌张力增高

铅管样肌张力增高

齿轮样肌张力增高

图4-9　肌张力增高

（三）肌力（muscle strength）

肌力是指肌肉的收缩力，一般以关节为中心检查肌群的伸、屈、外展、内收、旋前和旋后等功能，适用于上运动神经元病变及周围神经损害引起的瘫痪。但对单神经损害（如尺神经、正中神经、桡神经、腓总神经）和局限性脊髓前角病变（如脊髓前角灰质炎），需要对相应的单块肌肉分别进行检查。

1. **六级（0～5级）肌力记录法**　检查时让患者依次做有关肌肉收缩运动，检查者施予阻力，或嘱患者用力维持某一姿势时，检查者用力改变其姿势，以判断肌力（表4-3）。

表4-3　肌力的六级记录法

0 级	完全瘫痪，肌肉无收缩
1 级	肌肉可收缩，但不能产生动作
2 级	肢体能在床面上移动，但不能抵抗自身重力，即不能抬起
3 级	肢体能抵抗重力离开床面，但不能抵抗阻力
4 级	肢体能做抗阻力动作，但不完全
5 级	正常肌力

2. **肌群肌力测定**　可分别选择下列运动：①肩：外展、内收；②肘：屈、伸；③腕：屈、伸；④指：屈、伸；⑤髋：屈、伸、外展、内收；⑥膝：屈、伸；⑦踝：背屈、跖屈；⑧趾：背屈、跖屈；⑨颈：前屈、后伸；⑩躯干：仰卧位抬头和肩，检查者给予阻力，观察腹肌收缩力；俯卧位抬头和肩，检查脊旁肌收缩力。

3. 各主要肌肉肌力检查方法见表4-4。

表 4-4　主要肌肉肌力检查方法

肌肉	节段	神经	功能	检查方法
三角肌	$C_{5\sim6}$	腋神经	上臂外展	上臂水平外展位,检查者将肘部向下压
肱二头肌	$C_{5\sim6}$	肌皮神经	前臂屈曲和外旋	维持肘部屈曲、前臂外旋位,检查者使其伸直并加阻力
肱桡肌	$C_{5\sim6}$	桡神经	前臂屈曲、旋前	前臂旋前,之后屈肘,检查者加阻力
肱三头肌	$C_{7\sim8}$	桡神经	前臂伸直	肘部做伸直动作,检查者加阻力
腕伸肌	$C_{6\sim8}$	桡神经	腕部伸直	维持腕部背曲位,检查者自手背下压
腕屈肌	$C_6 \sim T_1$	正中神经、尺神经	腕部屈曲	维持腕部掌曲位,检查者自手掌上抬
伸指总肌	$C_{6\sim8}$	桡神经	$2\sim5$ 指掌指关节伸直	维持指部伸直,检查者在近端指节处加压
拇指伸肌	$C_{7\sim8}$	桡神经	拇指关节伸直	伸拇指,检查者加阻力
拇屈肌	$C_7 \sim T_1$	正中神经、尺神经	拇指关节屈曲	屈拇指,检查者加阻力
指屈肌	$C_7 \sim T_1$	正中神经、尺神经	指关节屈曲	屈指,检查者于指节处上抬
桡侧腕屈肌	$C_{6\sim7}$	正中神经	腕屈曲和外展	维持腕部屈曲,检查者在桡侧掌部加压
尺侧腕屈肌	$C_7 \sim T_1$	尺神经	腕骨屈曲和内收	维持腕部屈曲,检查者在尺侧掌部加压
髂腰肌	$L_{2\sim4}$	腰丛、股神经	髋部屈曲	仰卧,屈膝,维持髋部屈曲,检查者将大腿往足部推
股四头肌	$L_{2\sim4}$	股神经	膝部伸直	仰卧,伸膝,检查者屈曲之
股内收肌	$L_{2\sim5}$	闭孔神经、坐骨神经	股部内收	仰卧,下肢伸直,两膝并拢,检查者分开之
股二头肌	$L_4 \sim S_2$	坐骨神经	膝部屈曲	俯卧,维持膝部屈曲,检查者加阻力
臀大肌	$L_5 \sim S_2$	臀下神经	髋部伸直	仰卧,膝部屈曲90°,将膝部抬起,检查者加阻力
胫前肌	$L_{4\sim5}$	腓深神经	足部背屈	足部背屈,检查者加阻力
腓肠肌	$L_5 \sim S_2$	胫神经	足部跖屈	膝部伸直,跖屈足部,检查者加阻力
拇伸肌	$L_4 \sim S_{11}$	腓深神经	趾伸直和足部背屈	趾背屈,检查者加阻力
拇屈肌	$L_5 \sim S_2$	胫神经	趾跖屈	趾跖屈,检查者加阻力
趾伸肌	$L_4 \sim S_1$	腓深神经	足 $2\sim5$ 趾背屈	伸直足趾,检查者加阻力
趾屈肌	$L_5 \sim S_2$	胫神经	足趾跖屈	跖屈足趾,检查者加阻力

4. **轻瘫检查法**　不能确定的轻瘫可用以下方法检查:①上肢平伸试验:双上肢平举,掌心向上,轻瘫侧上肢逐渐下垂和旋前(掌心向内)(图 4-10A)☺;②Barre 分指试验:相对分开双手五指并伸直,轻瘫侧手指逐渐并拢屈曲;③小指征:双上肢平举,手心向下,轻瘫侧小指常轻度外展;④Jackson 征:仰卧位双腿伸直,轻瘫侧下肢常呈外旋位;⑤下肢轻瘫试验:俯卧位,双膝关节均屈曲成直角,轻瘫侧小腿逐渐下落(图 4-10B)。

（四）不自主运动（involuntary movement）

观察患者是否有不能随意控制的舞蹈样动作、手足徐动、肌束颤动、肌痉挛、震颤(静止性、动作性和姿势性)和肌张力障碍等☺,以及出现的部位、范围、程度和规律,与情绪、动作、寒冷、饮酒等的关系,并注意询问既往史和家族史。

（五）共济运动（coordination movement）

首先观察患者日常活动,如吃饭、穿衣、系纽扣、取物、书写、讲话、站立及步态等是否协调,有无动

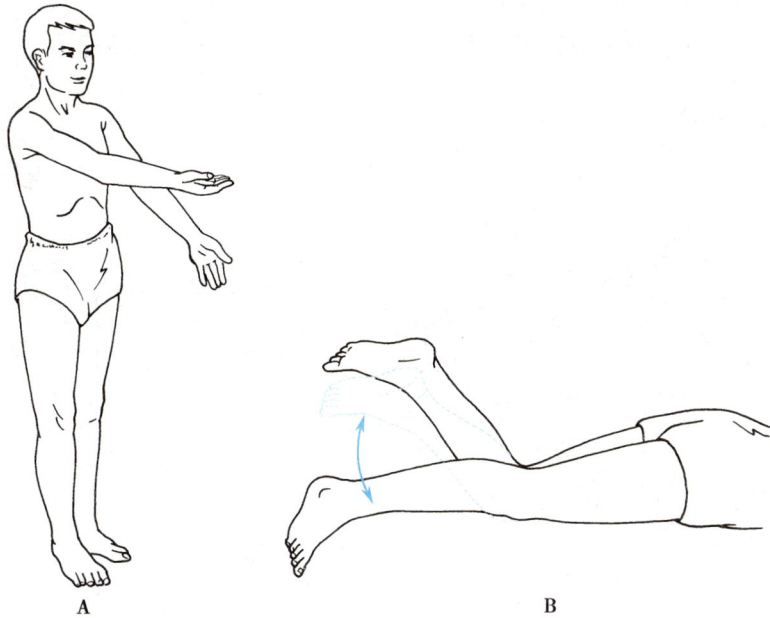

图 4-10　轻瘫检查法
A. 上肢轻瘫试验；B. 下肢轻瘫试验

作性震颤和语言顿挫等，然后再检查以下试验：

1. **指鼻试验（finger-to-nose test）**　嘱患者用示指尖触及前方距其 0.5m 检查者的示指，再触自己的鼻尖，用不同方向、速度、睁眼与闭眼反复进行，两侧比较😊。小脑半球病变可见指鼻不准，接近目标时动作迟缓或出现动作（意向）性震颤，常超过目标（过指），称为辨距不良（dysmetria）。感觉性共济失调睁眼指鼻时无困难，闭眼时发生障碍（图 4-11）。

2. **反击征**　也称为 Holmes 反跳试验。嘱患者收肩屈肘，前臂旋后、握拳，肘关节放于桌上或悬空

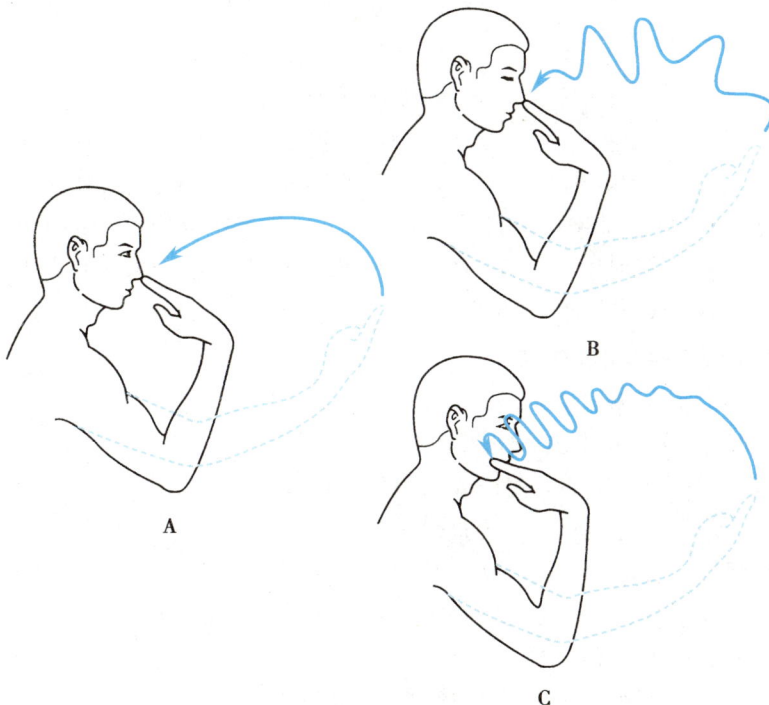

图 4-11　指鼻试验
A. 正常；B. 感觉性共济失调；C. 小脑性共济失调

靠近身体,检查者用力拉其腕部,受试者屈肘抵抗,检查者突然松手。正常情况下屈肘动作立即停止,不会击中自己。小脑疾病患者失去迅速调整能力,屈肘力量使前臂或掌部碰击自己的肩膀或面部(图4-12)。

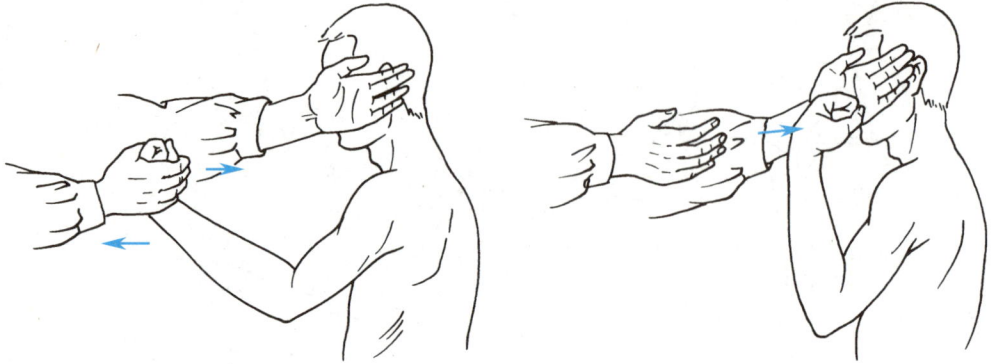

图 4-12　反击征

3. **跟-膝-胫试验**(heel-knee-shintest)　取仰卧位,上举一侧下肢,用足跟触及对侧膝盖,再沿胫骨前缘下移(图4-13)。小脑损害抬腿触膝时出现辨距不良和意向性震颤,下移时摇晃不稳;感觉性共济失调闭眼时足跟难寻到膝盖。

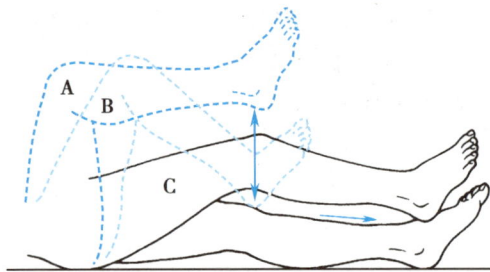

图 4-13　跟-膝-胫试验
A. 上举一侧下肢;B. 用足跟触及对侧下肢;
C. 沿胫骨前缘下移

4. **轮替试验**　嘱患者用前臂快速旋前和旋后(图4-14),或一手用手掌、手背连续交替拍打对侧手掌,或用足趾反复快速叩击地面等。小脑性共济失调患者动作笨拙,节律慢而不协调,称轮替运动障碍(dysdiadochokinesia)。

5. **起坐试验**　取仰卧位,双手交叉置于胸前,不用支撑设法坐起。正常人躯干屈曲并双腿下压,小脑病变患者髋部和躯干屈曲,双下肢向上抬离床面,起坐困难,称联合屈曲征。

6. **闭目难立征试验**(Romberg test)　患者双足并拢站立,双手向前平伸、闭目(图4-15)。闭眼时出现摇摆甚至跌倒,称为 Romberg 征阳性,提示关节位置觉丧失的深感觉障碍。后索病变时出现感觉性共济失调,睁眼站立稳,闭眼时不稳;小脑或前庭病变时睁眼闭眼均不稳,闭眼更明显。小脑蚓部病变向前后倾倒,小脑半球和前庭病变向病侧倾倒。

(六)　姿势与步态(stance and gait)

检查者须从前面、后面和侧面分别观察患者的姿势、步态、起步情况、步幅和速度等。要求患者快速从坐位站起,以较慢然后较快的速度正常行走,然后转身。要求患者足跟或足尖行走,以及双足一前一后地走直线。走直线时可令患者首先睁眼然后闭眼,观察能否保持平衡。站立时的阔基底和行走时的双足距离宽提示平衡障碍,可见于小脑和感觉性共济失调、弥漫性脑血管病变和额叶病变等。

常见异常步态包括痉挛性偏瘫步态、痉挛性截瘫步态、慌张步态、摇摆步态、跨阈步态、感觉性共济失调步态、小脑步态等,详见第三章步态异常。

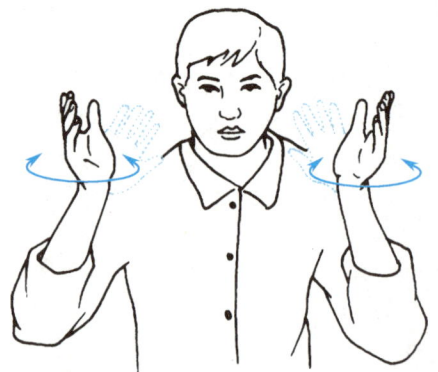

图 4-14　轮替试验

六、感觉系统检查

感觉系统检查主观性强,宜在环境安静、患者情绪稳定的情况下进行。检查者应耐心细致,尽量使患者充分配合。检查时自感觉缺失部位查向正常部位,自肢体远端查向近端,注意左右、远近端对比,必要时重复检查,切忌暗示性提问,以获取准确的资料。

(一)浅感觉(superficial sensation)

1. **痛觉**　检查时用大头针的尖端和钝端交替轻刺皮肤,询问是否疼痛。

2. **触觉**　检查时可让患者闭目,用棉花捻成细条轻触皮肤,询问触碰部位,或者让患者随着检查者的触碰数说出"1、2、3…"。

3. **温度觉**　用装冷水(0~10℃)和热水(40~50℃)的玻璃试管,分别接触皮肤,辨别冷、热感。如痛、触觉无改变,一般可不必再查温度觉。如有感觉障碍,应记录部位、范围和是否双侧对称等。

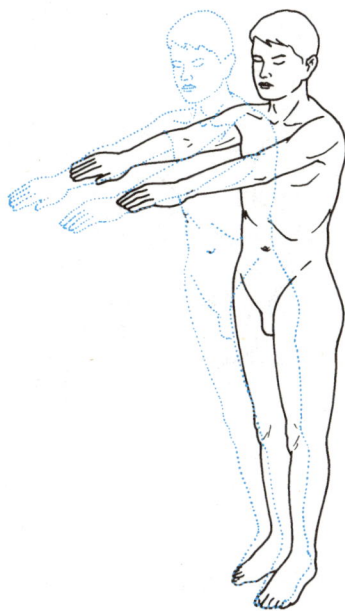

图4-15　闭目难立征

(二)深感觉(deep sensation, proprioceptive sensation)

1. **运动觉**　患者闭目,检查者用拇指和示指轻轻夹住患者手指或足趾末节两侧,上下移动5°左右,让患者辨别"向上""向下"移动,如感觉不明显可加大活动幅度或测试较大关节。

2. **位置觉**　患者闭目,检查者将其肢体摆成某一姿势,请患者描述该姿势或用对侧肢体模仿。

3. **振动觉**　将振动的音叉柄置于骨隆起处,如手指、桡尺骨茎突、鹰嘴、锁骨、足趾、内外踝、胫骨、膝、髂前上棘和肋骨等处,询问有无振动感和持续时间,并两侧对比。

(三)复合(皮质)感觉(synesthesia sensation, cortical sensation)

1. **定位觉**　患者闭目,用手指或棉签轻触患者皮肤后,让其指出接触的部位。

2. **两点辨别觉**　患者闭目,用分开一定距离的钝双脚规接触皮肤,如患者感觉为两点时再缩小间距,直至感觉为一点为止,两点须同时刺激,用力相等。正常值指尖为2~4mm,手背2~3cm,躯干6~7cm。

3. **图形觉**　患者闭目,用钝针在皮肤上画出简单图形,如三角形、圆形或1、2、3等数字,让患者辨出,应双侧对照。

4. **实体觉**　患者闭目,令其用单手触摸常用物品如钥匙、纽扣、钢笔、硬币等,说出物品形状和名称,注意两手对比。

七、反射检查

反射(reflex)检查包括深反射、浅反射、阵挛和病理反射等。反射的检查比较客观,较少受到意识活动的影响,但检查时患者应保持安静和松弛状态。检查时应注意反射的改变程度和两侧是否对称,后者尤为重要。根据反射的改变可分为亢进、活跃(或增强)、正常、减弱和消失。

(一)深反射

深反射为肌腱和关节反射。

1. **肱二头肌反射(biceps reflex)**　由 $C_{5~6}$ 支配,经肌皮神经传导。患者坐位或卧位,肘部屈曲成直角,检查者左拇指(坐位)或左中指(卧位)置于患者肘部肱二头肌肌腱上,用右手持叩诊锤叩击左手指,反射为肱二头肌收缩,引起屈肘(图4-16)。

2. **肱三头肌反射(triceps reflex)**　由 $C_{6~7}$ 支配,经桡神经传导。患者坐位或卧位,患者上臂外

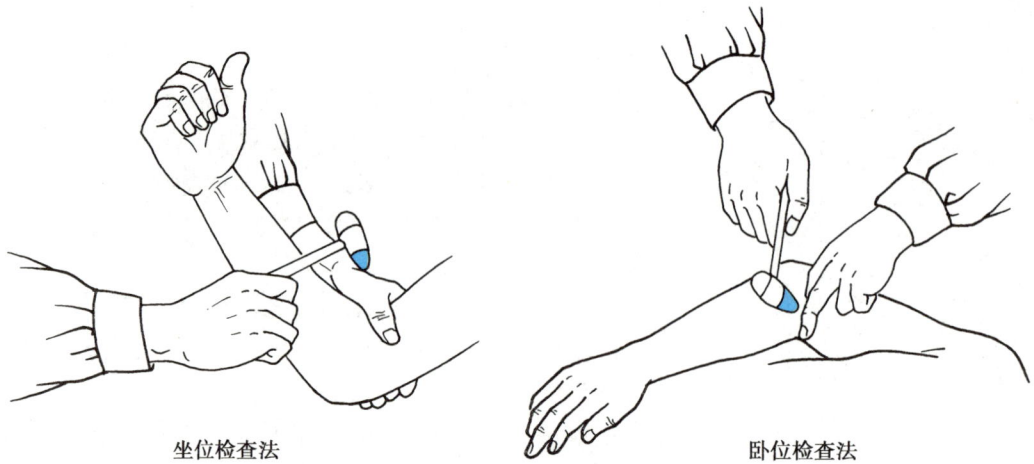

坐位检查法　　　　　　　　　　　卧位检查法

图 4-16　肱二头肌反射

展,肘部半屈,检查者托持其上臂,用叩诊锤直接叩击鹰嘴上方肱三头肌肌腱,反射为肱三头肌收缩,引起前臂伸展(图4-17)😊。

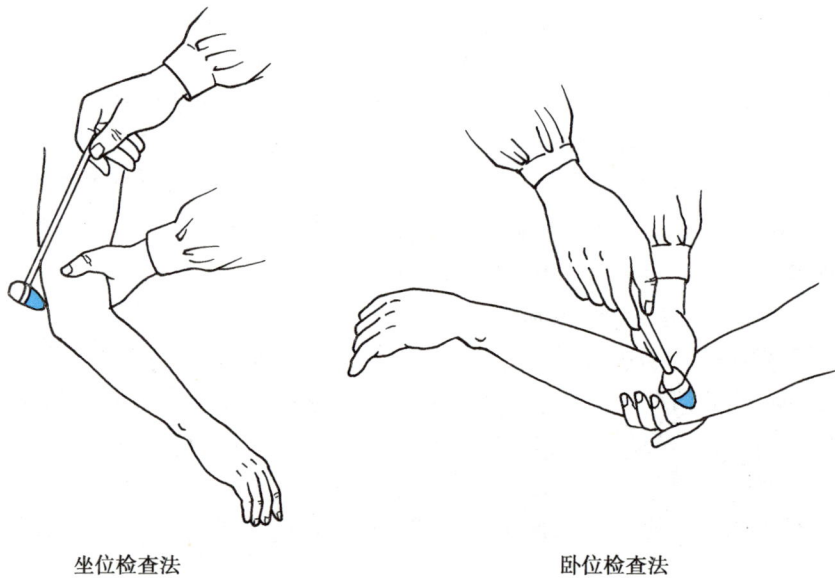

坐位检查法　　　　　　　　　　　卧位检查法

图 4-17　肱三头肌反射

3. **桡骨膜反射(radial reflex)**　由 $C_{5\sim8}$ 支配,经桡神经传导。患者坐位或卧位,前臂半屈半旋前位,检查时叩击桡骨下端,反射为肱桡肌收缩,引起肘部屈曲、前臂旋前(图4-18)。

4. **膝反射(knee jerk)**　由 $L_{2\sim4}$ 支配,经股神经传导。患者取坐位时膝关节屈曲90°,小腿自然下垂,与大腿成直角;仰卧位时检查者用左手从双膝后托起关节呈120°屈曲,右手用叩诊锤叩击髌骨下股四头肌肌腱,反射为小腿伸展(图4-19)😊。

5. **踝反射(ankle reflex)**　由 $S_{1\sim2}$ 支配,经胫神经传导。患者取仰卧位,屈膝约90°,呈外展位,检查者用左手使足背屈成直角,叩击跟腱,反射为足跖屈;或俯卧位,屈膝90°,检查者用左手按足跖,再叩击跟腱;或患者跪于床边,足悬于床外,叩击跟腱(图4-20)😊。

6. **阵挛(clonus)**　是腱反射高度亢进表现,见于锥体束损害。常见的有:①髌阵挛(knee clonus):患者仰卧,下肢伸直,检查者用拇、示两指捏住髌骨上缘,突然而迅速地向下方推动,髌骨发生连续节律性上下颤动😊;②踝阵挛(ankle clonus):较常见,检查者用左手托患者腘窝,使膝关节半屈曲,

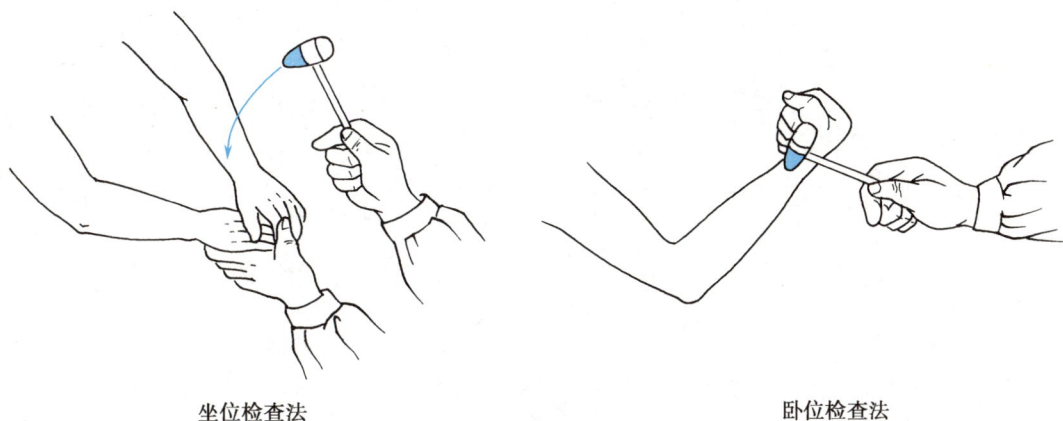

坐位检查法　　　　　　　　　　　　　卧位检查法

图4-18　桡骨膜反射

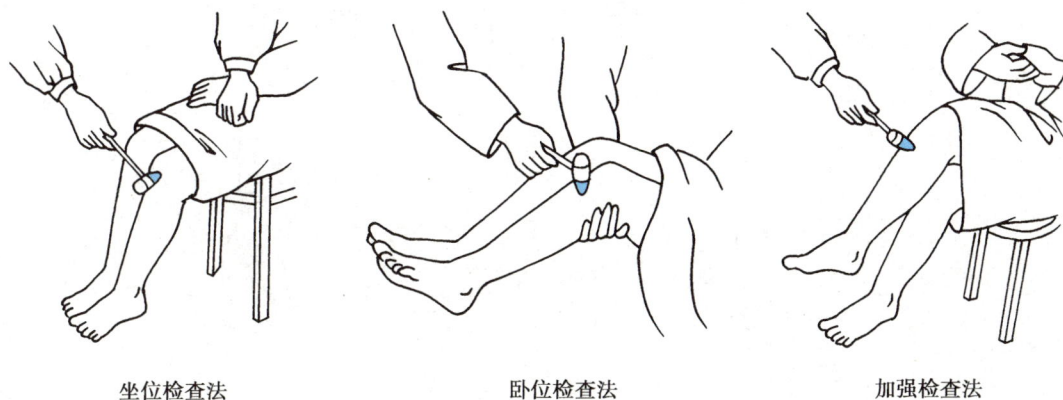

坐位检查法　　　　　　卧位检查法　　　　　　加强检查法

图4-19　膝反射

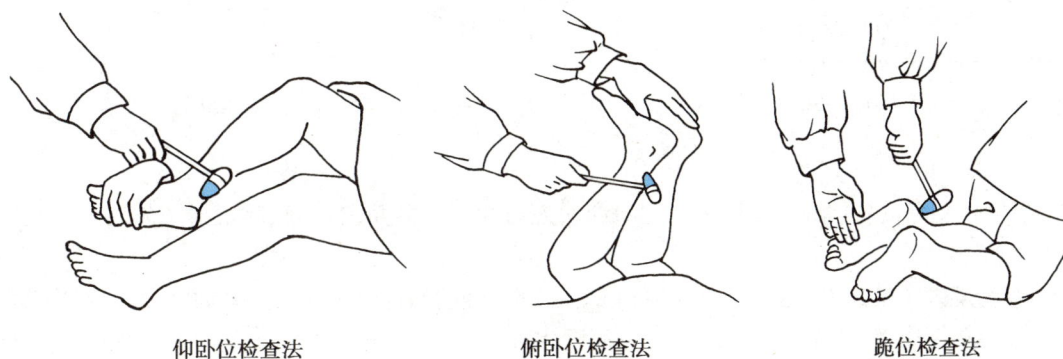

仰卧位检查法　　　　　　俯卧位检查法　　　　　　跪位检查法

图4-20　踝反射

右手握足前部,迅速而突然用力,使足背屈,并用手持续压于足底,跟腱发生节律性收缩,导致足部交替性屈伸动作(图4-21)。

7. Hoffmann征　由C_7～T_1支配,经正中神经传导。患者手指微屈,检查者左手握患者腕部,右手示指和中指夹住患者中指,以拇指快速地向下拨动患者中指指甲,阳性反应为拇指屈曲内收和其他各指屈曲(图4-22)。

8. Rossolimo征　由L_5～S_1支配,经胫神经传导。患者仰卧,双下肢伸直,检查者用手指或叩诊锤急促地弹拨或叩击足趾跖面,阳性反应为足趾向跖面屈曲(图4-23)。以往该征与Hoffmann征被列入病理反射,实际上是牵张反射,阳性可视为腱反射亢进表现,见于锥体束损害,也见于腱反射活跃的正常人。

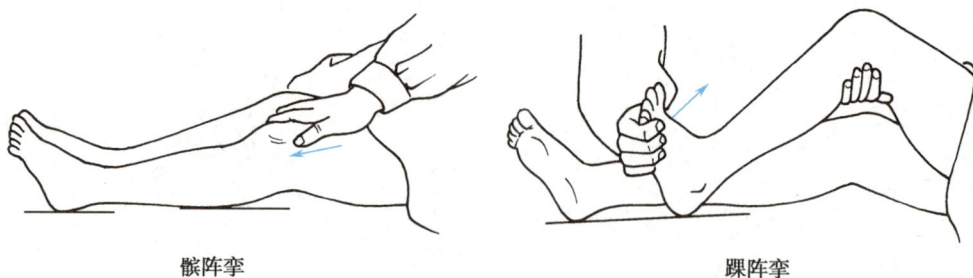

髌阵挛   踝阵挛

图 4-21   阵挛

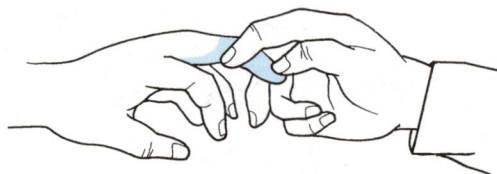

图 4-22   Hoffmann 征

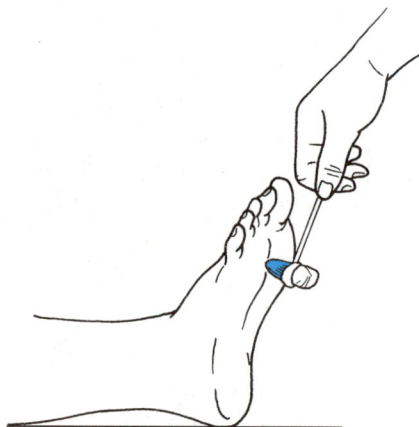

图 4-23   Rossolimo 征   图 4-24   腹壁反射

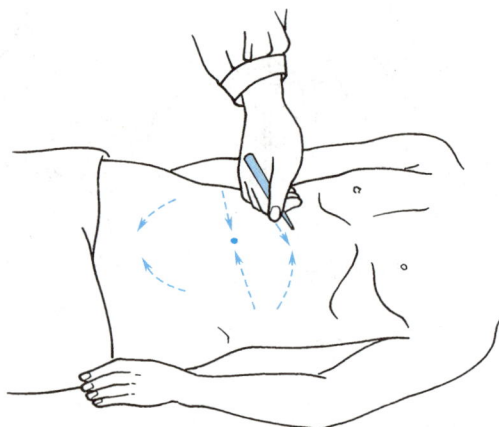

（二）浅反射

浅反射是刺激皮肤、黏膜、角膜等引起肌肉快速收缩反应。角膜反射、咽反射和软腭反射见脑神经检查。

1. 腹壁反射（abdominal reflex）   由 $T_{7\sim12}$ 支配，经肋间神经传导。患者仰卧，双下肢略屈曲使腹肌松弛，用钝针或竹签沿肋弓下缘（$T_{7\sim8}$）、脐孔水平（$T_{9\sim10}$）和腹股沟上（$T_{11\sim12}$）平行方向，由外向内轻划两侧腹壁皮肤，反应为该侧腹肌收缩，脐孔向刺激部分偏移，分别为上、中、下腹壁反射（图 4-24）。肥胖者和经产妇可引不出。

2. 提睾反射（cremasteric reflex）   由 $L_{1\sim2}$ 支配，经生殖股神经传导。用钝针自上向下轻划大腿上部内侧皮肤，反应为该侧提睾肌收缩使睾丸上提。年老体衰患者可引不出。

3. 跖反射（plantar reflex）   由 $S_{1\sim2}$ 支配，经胫神经传导。用竹签轻划足底外侧，自足跟向前至小趾根部足掌时转向内侧，反射为足趾跖屈（图 4-25A）。

4. 肛门反射（anal reflex）   由 $S_{4\sim5}$ 支配，经肛尾神经传导。用竹签轻划肛门周围皮肤，正常反射表现为肛门外括约肌收缩。

（三）病理反射（pathologic reflex）

1. Babinski 征   是经典的病理反射，提示锥体束受损。检查方法同跖反射，阳性反应为：趾背屈，可伴其他足趾扇形展开（图 4-25B），也称为伸性跖反射。

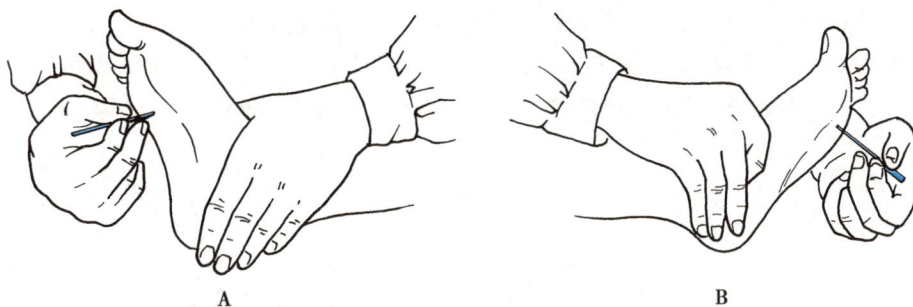

图 4-25　跖反射和 Babinski 征
A. 正常跖反射；B. Babinski 征

2. **Babinski 等位征（图 4-26）**　包括：①Chaddock 征：由外踝下方向前划至足背外侧；②Oppen-heim 征：用拇指和示指沿胫骨前缘自上向下用力下滑；③Scheffer 征：用手挤压跟腱；④Gordon 征：用手挤压腓肠肌；⑤Gonda 征：用力下压第 4、5 足趾，数分钟后突然放松；⑥Pussep 征：轻划足背外侧缘。阳性反应均为拇背屈。至于这些等位征阳性反应的病理意义，临床上一般认为同 Babinski 征。

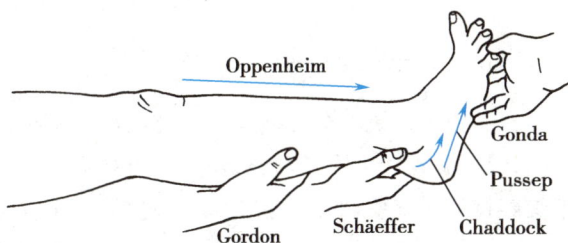

图 4-26　Babinski 等位征

3. **强握反射**　指检查者用手指触摸患者手掌时被强直性握住的一种反射。新生儿为正常反射，成人见于对侧额叶运动前区病变。

4. **脊髓自主反射**　脊髓横贯性病变时，针刺病变平面以下皮肤引起单侧或双侧髋、膝、踝部屈曲（三短反射）和 Babinski 征阳性。若双侧屈曲并伴腹肌收缩、膀胱及直肠排空，以及病变以下竖毛、出汗、皮肤发红等，称为总体反射。

八、脑膜刺激征检查

脑膜刺激征包括颈强直、Kernig 征和 Brudzinski 征等，颈上节段的脊神经根受刺激引起颈强直，腰骶节段脊神经根受刺激，则出现 Kernig 征和 Brudzinski 征。脑膜刺激征见于脑膜炎、蛛网膜下腔出血、脑水肿及颅内压增高等，深昏迷时脑膜刺激征可消失。检查方法包括：

1. **屈颈试验**　患者仰卧，检查者托患者枕部并使其头部前屈而表现不同程度的颈强，被动屈颈受限，称为颈强直，但需排除颈椎病。正常人屈颈时下颌可触及胸骨柄，部分老年人和肥胖者除外。

2. **Kernig 征**　患者仰卧，下肢于髋、膝关节处屈曲成直角，检查者于膝关节处试行伸直小腿（图 4-27），如伸直受限并出现疼痛，大、小腿间夹角＜135°，为 Kernig 征阳性。如颈强（＋）而 Kernig 征

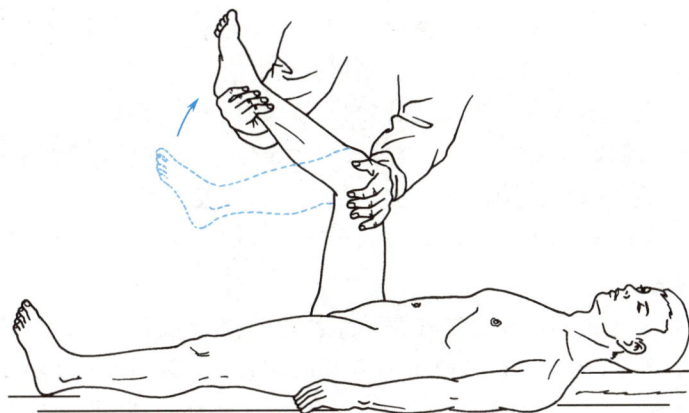

图 4-27　Kernig 征

（一），称为颈强-Kernig 征分离，见于后颅窝占位性病变和小脑扁桃体疝等。

3. **Brudzinski 征**　患者仰卧屈颈时出现双侧髋、膝部屈曲（图 4-28）；一侧下肢膝关节屈曲位，检查者使该侧下肢向腹部屈曲，对侧下肢亦发生屈曲（下肢征），均为 Brudzinski 征（+）。

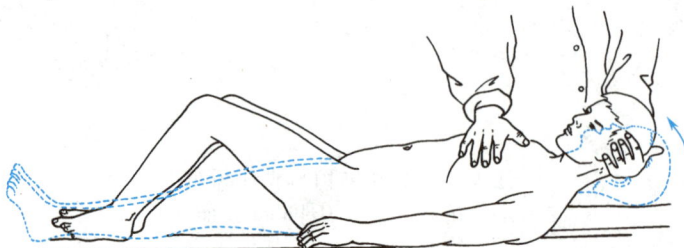

图 4-28　Brudzinski 征

九、自主神经检查

自主神经系统由交感神经和副交感神经系统组成。交感神经系统受刺激产生：心动过速、支气管扩张、肾上腺素和去甲肾上腺素释放（维持血压）、胃肠道蠕动减弱、排尿抑制、排汗增加和瞳孔扩大。副交感神经系统受刺激产生：心动过缓、支气管收缩、唾液和泪液分泌增加、胃肠蠕动增加、勃起亢进、排尿增加和瞳孔缩小。自主神经检查包括一般检查，内脏和括约肌功能、自主神经反射和相关的实验室检查等。

（一）一般检查

注意皮肤黏膜和毛发指甲的外观和营养状态、泌汗情况和瞳孔反射等情况。

1. **皮肤黏膜**　颜色（苍白、潮红、发绀、红斑、色素沉着、色素脱失等）、质地（光滑、变硬、增厚、变薄、脱屑、干燥、潮湿等）、温度（发热、发凉）以及水肿、溃疡和压疮等。

2. **毛发和指甲**　多毛、毛发稀疏、局部脱毛、指（趾）甲变厚、变形、松脆、脱落等。

3. **出汗**　全身或局部出汗过多、过少或无汗等。汗腺分泌增多时，可通过肉眼观察；无汗或少汗可通过触摸感知皮肤的干湿度，必要时可进行两侧对比。

4. **瞳孔**　正常的瞳孔对光反射和调节反射见脑神经部分。

（二）内脏及括约肌功能

注意胃肠功能（如胃下垂、腹胀、便秘等），排尿障碍及性质（尿急、尿频、排尿困难、尿潴留、尿失禁、自动膀胱等），下腹部膀胱区膨胀程度等。

（三）自主神经反射

1. **竖毛试验**　皮肤受寒冷或搔划刺激，可引起竖毛肌（由交感神经支配）收缩，局部出现竖毛反应，毛囊隆起如鸡皮状，逐渐向周围扩散，刺激后 7~10 秒最明显，15~20 秒后消失。竖毛反应一般扩展至脊髓横贯性损害的平面停止，可帮助判断脊髓损害的部位。

2. **皮肤划痕试验**　用钝竹签在两侧胸腹壁皮肤适度加压划一条线，数秒钟后出现白线条，稍后变为红条纹，为正常反应；如划线后白线条持续较久超过 5 分钟，为交感神经兴奋性增高；红条纹持续较久（数小时）且明显增宽或隆起，为副交感神经兴奋性增高或交感神经麻痹。

3. **眼心反射**　详见脑神经检查。迷走神经麻痹者无反应。交感神经功能亢进者压迫后脉搏不减慢甚至加快，称为倒错反应。

4. **血压和脉搏的卧立位试验**　让患者安静平卧数分钟，测血压和一分钟脉搏，然后嘱患者直立，2 分钟后复测血压和脉搏。正常人血压下降范围为 10mmHg，脉搏最多增加 10~12 次/分。特发性直立性低血压和 Shy-Drager 综合征的患者，站立后收缩压降低 ≥20mmHg，舒张压降低 ≥10mmHg，脉搏次数增加或减少超过 10~12 次/分，提示自主神经兴奋性增高。

5. 汗腺分泌发汗试验（碘淀粉法）　先将碘 2g、蓖麻油 10ml 与 96% 乙醇 100ml 配制成碘液，涂满全身，待干后均匀涂淀粉，皮下注射毛果芸香碱 10mg 使全身出汗。淀粉遇湿后与碘发生反应，使出汗处皮肤变蓝，无汗处皮色不变。该试验可指示交感神经功能障碍范围。头、颈及上胸部交感神经支配来自 $C_8 \sim T_1$ 脊髓侧角，节后纤维由颈上（至头）和颈中神经节（至颈、上胸）发出；上肢交感神经支配来自 $T_{2\sim8}$，节后纤维由颈下神经节发出；躯干交感神经支配来自 $T_{5\sim12}$；下肢来自 $T_{10} \sim L_3$。但此节段性分布可以有较大的个体差异。

在本节中，详细介绍了神经系统的查体内容，在临床实际工作中，并非需要对每项内容均按部就班的全部进行检查。随着经验的积累，每个医生可能会形成自己的查体风格，在结合病史进行高效、快速查体的基础上，根据具体情况，按照临床思路，有选择性的再进行重点筛查，寻找有临床意义的体征。并根据查体过程中的所见，动态调整诊断思路，和进一步的查体方向，乃至重新询问病史，以获得正确诊断疾病的依据。

（崔丽英）

思 考 题

1. 如何通过呼吸节律异常的特点判断颅内病变的部位？
2. 简述昏迷患者脑干反射的检查方法。
3. 简述意识障碍的分类及其特点。
4. 肌张力增高有几种常见类型？病变部位如何？
5. 列举常见的步态异常和临床意义。
6. 简述 Babinski 征的检查方法和临床意义，以及其等位征的检查方法。

参 考 文 献

[1] 贾建平. 神经病学. 7 版. 北京：人民卫生出版社，2013.
[2] Campbell WW. Delong 神经系统检查. 7 版. 崔丽英，译. 北京：科学出版社，2014.
[3] Ropper AH，Samuels MA，Klein JP. Adams and Victor's Principles of Neurology. 10th ed. New York：McGraw-Hill，2014.
[4] Louis ED，Mayer SA，Rowland LP. Merritt's Neurology. 13th ed. Alphen aan den Rijn：Wolters Kluwer，2015.

第五章　神经系统疾病的辅助检查

概　　述

经过详细询问病史和仔细查体之后,临床医师能得出部分疾病的临床诊断。但是,多数情况下,还需要进行实验室检查。实验室检查在某种意义上来说是为了求证病史和查体而进行的,这些辅助检查对疾病的临床诊断和鉴别诊断具有十分重要的意义。随着技术的进步,检查的手段越来越多,目前临床比较常用的辅助检查包括:脑脊液、神经影像学、神经电生理学、血管超声、放射性核素、病理、基因诊断等检查。本章主要介绍临床比较常用的检查技术及其临床应用。

第一节　腰椎穿刺和脑脊液检查

脑脊液(cerebrospinal fluid,CSF)为无色透明的液体,充满在各脑室、蛛网膜下腔和脊髓中央管内,对脑和脊髓具有保护、支持和营养作用。CSF产生于各脑室脉络丛(plexus chorioideus),主要是侧脑室脉络丛,其产生的量占CSF总量的95%左右。CSF经室间孔(Monro孔)进入第三脑室、中脑导水管、第四脑室,最后经第四脑室正中孔(Magendie孔)和两个侧孔(Luschka孔)流到脑和脊髓表面的蛛网膜下腔和脑池。大部分CSF经脑穹隆面的蛛网膜颗粒吸收至上矢状窦(superior sagittal sinus),小部分经脊神经根间隙吸收(图5-1)。

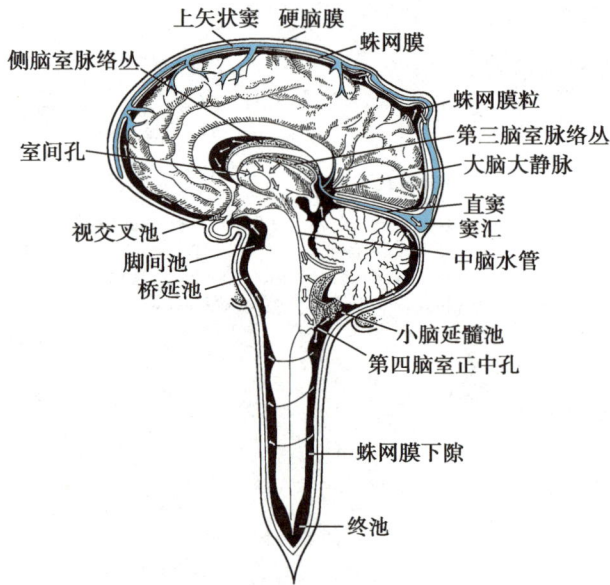

成人CSF总量平均为130ml,其生成速度为0.3~0.5ml/min,每日生成约500ml。正常情况下血液中的各种化学成分只能选择性地进入CSF中,这种功能称为血脑屏障(blood-brain barrier,BBB)。在病理情况下,BBB破坏和其通透性增高可使CSF成分发生改变。CSF生理、生化等特性的改变,对中

图5-1　脑脊液循环

枢神经系统感染、蛛网膜下腔出血、脑膜癌病和脱髓鞘等疾病的诊断、鉴别诊断、疗效和预后判断具有重要的价值。通常经腰椎穿刺采集CSF,特殊情况下也可行小脑延髓池穿刺或侧脑室穿刺;诊断性穿刺还可注入显影剂和空气等进行造影;治疗性穿刺(therapeutic puncture)主要是注入药物或行内外引流术等。

一、腰椎穿刺

腰椎穿刺(lumbar puncture)是神经内科应用非常普遍的辅助检查,对于疾病的诊断有重要价值,应正确掌握其适应证、禁忌证和并发症。

1. 适应证

（1）留取 CSF 做各种检查以辅助中枢神经系统疾病如感染性疾病、蛛网膜下腔出血、免疫炎性疾病和脱髓鞘疾病、脑膜癌病等的诊断。

（2）怀疑颅内压异常。

（3）动态观察 CSF 变化以助判断病情、预后及指导治疗。

（4）注入放射性核素行脑、脊髓扫描。

（5）注入液体或放出 CSF 以维持、调整颅内压平衡，或注入药物治疗相应疾病。

2. 禁忌证

（1）颅内压明显升高，或已有脑疝迹象，特别是怀疑后颅窝存在占位性病变。

（2）穿刺部位有感染灶、脊柱结核或开放性损伤。

（3）明显出血倾向或病情危重不宜搬动。

（4）脊髓压迫症的脊髓功能处于即将丧失的临界状态。

3. 并发症及其防治

（1）低颅压综合征：指侧卧位腰椎穿刺脑脊液压力在 $60 \sim 80 mmH_2O$ 以下，较为常见。患者于坐起后头痛明显加剧，平卧或头低位时头痛即可减轻或缓解。多因穿刺针过粗、穿刺技术不熟练、过度引流脑脊液或术后起床过早等，使脑脊液自脊膜穿刺孔不断外流。故应使用较细的无创针穿刺，术后至少去枕平卧 $4 \sim 6$ 小时。一旦出现低颅压症状，宜多饮水和卧床休息，严重者可每日滴注生理盐水 $1000 \sim 1500 ml$。

（2）脑疝形成：在颅内压增高时，当腰椎穿刺放脑脊液过多过快时，可在穿刺当时或术后数小时内发生脑疝，造成意识障碍、呼吸骤停甚至死亡。因此，须严格掌握腰椎穿刺指征，怀疑后颅窝占位病变者应先做影像学检查明确，有颅内高压征兆者可先使用脱水剂后再做腰穿。如腰穿证实压力升高，应不放或少放脑脊液，并即刻给予脱水、利尿剂治疗以降低颅内压。

（3）神经根痛：如针尖刺伤马尾神经，会引起暂时性神经根痛，一般不需要特殊处理。

（4）其他：包括少见的并发症，如感染、出血等。对于强直性脊柱炎或严重的局部钙化等，不当的操作可能造成脊神经根的损害，甚至诱发脊髓损害。以上问题，应在术前做充分评估，必要时行腰椎影像学检查和外科处理。

4. 操作和测压

（1）操作：通常取弯腰侧卧位（多左侧卧位）（图5-2），患者屈颈抱膝，尽量使得脊柱前屈，背部要与检查床垂直，脊柱与床平行。穿刺部位的确定是沿双侧髂棘最高点做一连线，与脊柱中线相交处为第四腰椎棘突，然后选择第 $4 \sim 5$ 或第 $3 \sim 4$ 椎间隙进针。局部常规消毒铺巾后，用 2% 的利多卡因在穿刺点局部做皮内和皮下麻醉，然后将针头刺入韧带后，回抽无血液，边退针，边注入麻醉剂。麻醉生效后，一手固定穿刺部位皮肤，一手持穿刺针沿棘突方向缓慢刺入。进针过程中针尖遇到骨质时，应将针退至皮下待纠正角度后再进行穿刺。成人进针约 $4 \sim 6cm$ 时，即可穿破硬脊膜而达蛛网膜下腔，抽出针芯流出脑脊液，测压和留取脑脊液后，再放入针芯拔出穿刺针。穿刺点稍加压止血，敷以消毒纱布并用胶布固定。术后平卧 $4 \sim 6$ 小时。

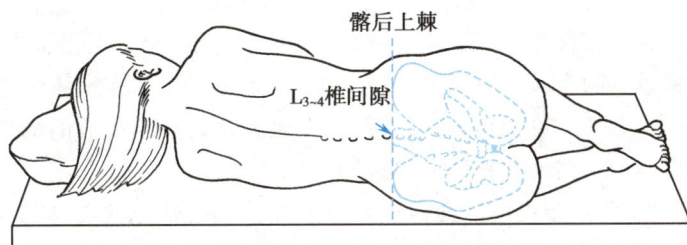

图5-2　腰椎穿刺体位（左侧卧位）

（2）压力：一般采用测压管进行检查，腰椎穿刺成功后接上压力管，嘱患者充分放松，并缓慢伸直下肢。脑脊液在压力管中上升到一定的高度而不再继续上升，此时的压力即为初压。放出一定量的脑脊液后再测的压力为终压。侧卧位的正常压力一般成人为 $80 \sim 180mmH_2O$，$>200mmH_2O$ 提示颅内压增高，$<80mmH_2O$ 提示颅内压降低。压力增高见于颅内占位性病变、脑外伤、颅内感染、蛛网膜下腔出血、静脉窦血栓形成、良性颅内压增高等。压力降低主要见于低颅压、脱水、休克、脊髓蛛网膜下腔梗阻和脑脊液漏等。

二、脑脊液检查

1. 常规检查

（1）性状：正常 CSF 无色透明。如 CSF 为血性或粉红色可用三管试验法加以鉴别，连续用 3 个试管接取 CSF，如前后各管为均匀一致的血色提示为蛛网膜下腔出血；前后各管的颜色依次变淡可能为穿刺损伤出血。血性 CSF 离心后如变为无色，可能为新鲜出血或损伤；离心后为黄色提示为陈旧性出血。CSF 呈云雾状，通常是细菌感染引起细胞数增多所致，见于各种化脓性脑膜炎，严重者可呈米汤样；CSF 放置后有纤维蛋白膜形成，见于结核性脑膜炎。CSF 蛋白含量过高时，外观呈黄色，离体后不久自动凝固，称为弗洛因综合征（Froin syndrome），见于椎管梗阻等。微绿色脑脊液可见于绿脓假单胞菌性脑膜炎和甲型链球菌性脑膜炎。

（2）细胞数：正常 CSF 白细胞数为 $(0 \sim 5) \times 10^6/L$，主要为单核细胞。白细胞增加多见于脑脊髓膜和脑实质的炎性病变：白细胞明显增加且以多个核细胞为主见于急性化脓性脑膜炎；白细胞轻度或中度增加，且以单个核细胞为主，多见于病毒性感染；大量淋巴细胞或单核细胞增加为主多为亚急性或慢性感染；脑的寄生虫感染时可见较多的嗜酸性粒细胞。

2. 生化检查

（1）蛋白质：正常人 CSF 蛋白质含量为 0.15 ~ 0.45g/L。CSF 蛋白明显增高常见于化脓性脑膜炎、结核性脑膜炎、吉兰-巴雷综合征、中枢神经系统恶性肿瘤、脑出血、蛛网膜下腔出血及椎管梗阻等，尤以椎管梗阻时增高显著。CSF 蛋白降低见于腰穿或硬膜损伤引起 CSF 丢失、身体极度虚弱和营养不良者。

（2）糖：正常成人 CSF 糖含量为血糖的 1/2 ~ 2/3，正常值为 2.5 ~ 4.4mmol/L（45 ~ 60mg/dl），< 2.25mmol/L 为异常。糖含量明显降低见于化脓性脑膜炎，轻至中度降低见于结核性或真菌性脑膜炎（特别是隐球菌性脑膜炎）以及脑膜癌病。糖含量增高见于糖尿病。

（3）氯化物：正常 CSF 含氯化物 120 ~ 130mmol/L，较血氯水平为高，约为血的 1.2 ~ 1.3 倍。氯化物含量降低常见于结核性、细菌性、真菌性脑膜炎及全身性疾病引起的电解质紊乱患者，尤以结核性脑膜炎最为明显。高氯血症患者其 CSF 的氯化物含量也可增高。

3. 特殊检查

（1）细胞学检查：通常采用玻片离心法收集脑脊液细胞，经瑞-吉常规染色后可在光学油镜下进行逐个细胞的辨认和分类，还可根据需要进行有关的特殊染色，为多种中枢神经系统疾病的病理、病因诊断提供客观依据。CSF 化脓性感染可见中性粒细胞增多；病毒性感染可见淋巴细胞增多；结核性脑膜炎呈混合性细胞反应；中枢神经系统寄生虫感染以嗜酸性粒细胞增高为主。CSF 中发现肿瘤细胞对于中枢神经系统肿瘤和转移瘤有确定诊断价值。因此，细胞学检查对于脑膜癌病、中枢神经系统白血病等的诊断有非常重要的意义。蛛网膜下腔出血时，如在吞噬细胞胞质内同时见到被吞噬的新鲜红细胞、褪色的红细胞、含铁血黄素和胆红素，则为出血未止或复发出血的征象。如系腰椎穿刺损伤者则不会出现此类激活的单核细胞和吞噬细胞。

（2）蛋白电泳：正常脑脊液蛋白电泳图的条区与血清电泳图相似，主要分为前白蛋白、白蛋白、α_1 球蛋白、α_2 球蛋白、β_1 球蛋白、β_2 球蛋白与 γ 球蛋白等。CSF 中蛋白量增高时，前白蛋白比例降低，甚至可消失，常见于各种类型的脑膜炎；血清来源的白蛋白容易通过血脑屏障，CSF 蛋白增高常伴随白蛋白的增高。α 球蛋白增加主要见于颅内感染和肿瘤等。β 球蛋白增高常见于肌萎缩侧索硬化和某些退行性疾病如帕金森病、外伤后偏瘫等。γ 球蛋白增高而总蛋白量正常见于多发性硬化和神经梅毒等。

（3）免疫球蛋白（immunoglobulin，Ig）：正常 CSF-Ig 含量低，IgG 平均含量为 10 ~ 40mg/L，IgA 平均为 1 ~ 6mg/L，IgM 含量极微。CSF-Ig 含量增高见于中枢神经系统炎性反应（细菌、病毒、螺旋体及真菌等感染）、多发性硬化、其他原因所致的脱髓鞘病变和中枢神经系统血管炎等。结核性脑膜炎和化脓性脑膜炎时 IgG 和 IgA 均上升，前者更明显，结核性脑膜炎时 IgM 也升高。CSF-IgG 指数及中枢神经系统 24 小时 IgG 合成率的增高可作为中枢神经系统内自身合成免疫球蛋白的标志。

（4）寡克隆区带（oligoclonal bands，OB）：是指在 γ 球蛋白区带中出现的一个不连续的、在外周血不能见到的区带，是检测鞘内 Ig 合成的重要方法。一般临床上检测的是 IgG 型 OB，是诊断多发性硬化的重要辅助指标。但 OB 阳性并非多发性硬化的特异性改变，也可见于其他神经系统感染疾病。

（5）病原学检查：腰椎穿刺脑脊液检查是诊断中枢神经系统感染最为重要的检查手段，病原学检查可以确定中枢神经系统感染的类型。

1）病毒学检测：通常使用酶联免疫吸附试验（enzyme linked immunosorbent assay，ELISA）方法检查病毒抗体，例如，单纯疱疹病毒（herpes simplex virus，HSV）、巨细胞病毒（cytomegalovirus，CMV）、风疹病毒（rubella virus，RV）和 EB 病毒（Epstein-Barr virus，EBV）等。以 HSV 为例来说明病毒抗体检查的临床意义，脑脊液 HSV IgM 型抗体阳性，或血与脑脊液 HSV IgG 抗体滴度比值小于 40，或者双份脑脊液 HSV IgG 抗体滴度比值大于 4 倍，符合上述三种情况之一均提示中枢神经系统近期感染 HSV。

2）新型隐球菌检测：临床常用脑脊液墨汁染色的方法，阳性提示新型隐球菌感染，墨汁染色虽然特异性高，但敏感性不够高，常需多次检查才有阳性结果；新型隐球菌感染的免疫学检查包括特异性抗体和特异性抗原的测定，特异性抗体检测一般采用间接酶联免疫吸附法，可采用乳胶凝集试验检测隐球菌荚膜多糖抗原，该方法简便、快速、敏感性高。

3）结核杆菌检测：CSF 涂片和结核杆菌培养是中枢神经系统结核感染的常规检查方法。涂片抗酸染色简便，但敏感性较差。CSF 结核杆菌培养是诊断中枢神经系统结核感染的"金标准"，但阳性率低，检查周期长（4 ~ 8 周）。针对 CSF 结核杆菌的分子生物学检查如聚合酶链反应（polymerase chain reaction，PCR）技术可提高结核菌阳性检出率。

4）寄生虫抗体检测：脑脊液囊虫特异性抗体检测、血吸虫特异性抗体检测对于脑囊虫病、血吸虫病有重要诊断价值。

5）其他细菌学检查：CSF 细菌培养结合药敏试验不仅能准确地诊断细菌感染类型，而且可以指导抗生素的选用。

（6）特殊蛋白的检测：CSF 中特殊蛋白的检测有助于疾病的识别。例如，脑脊液 14-3-3 蛋白的检测，虽然并非特异性，却可以支持散发型克雅病（Creutzfeldt-Jakobdisease，CJD）的诊断。CSF 中总 tau 蛋白、磷酸化 tau 蛋白及 β 淀粉样蛋白（Aβ$_{42}$）的检测对阿尔茨海默病（Alzheimer disease，AD）的早期诊断有一定价值，AD 患者 CSF 中 Aβ$_{42}$ 水平下降，总 tau 蛋白或磷酸化 tau 蛋白升高。

近年来，对免疫相关性疾病的研究有较大进展，催生了新的临床检测项目。例如神经节苷脂抗体的检测，有助于急性吉兰-巴雷综合征和神经节苷脂抗体谱系疾病的诊断。水通道蛋白抗体的检测，有助于视神经脊髓炎谱系疾病的诊断。Hu、Yo 和 Ri 等副肿瘤相关抗原抗体指标，对于肿瘤相关的中枢性损害有重要意义。N-甲基-D-天冬氨酸（N-methyl-D-aspartic acid，NMDA）受体抗体的检测，已经在临床用于诊断抗 NMDA 受体脑炎。

第二节　神经系统影像学检查

一、头颅平片和脊柱 X 线平片

由于 X 线检查价格便宜，对头颅骨、脊椎疾病的诊断价值较大，因此，目前仍不失为神经系统基本的检查手段之一。近几年产生了计算机 X 线摄影和数字 X 线摄影,大大提高了图像清晰度、对比度以及信息的数字化程度。

1. 头颅 X 线检查（X-rays examination of skull ） 头颅平片包括正位和侧位,还可有颅底、内听道、视神经孔、舌下神经孔及蝶鞍像等特殊部位影像。头颅平片主要观察颅骨的厚度、密度及各部位结构,颅缝的状态,颅底的裂和孔,蝶鞍及颅内钙化灶等。

2. 脊柱 X 线检查（X-rays examination of spine ） 脊柱 X 线检查主要观察脊柱的生理弯曲,椎体有无发育异常、骨质破坏、骨折、脱位、变形或骨质增生、椎弓根的形态及椎弓根间距有无变化,椎间孔有无扩大、椎间隙有无狭窄、椎板及棘突有无破裂或脊柱裂、脊椎横突有无破坏、椎旁有无软组织阴影等。通常包括前后位、侧位和斜位。

二、数字减影血管造影

数字减影血管造影(digital substraction angiography, DSA)是将传统的血管造影与电子计算机相结合而派生的一项影像技术,具有重要的实用价值,尤其在脑血管疾病的诊断和治疗方面。其原理是将 X 线投照人体所得到的光学图像,经影像增强视频扫描及数模转换,最终经数字化处理后,骨骼、脑组织等影像被减影除去,而充盈造影剂的血管图像保留,产生实时动态的血管图像。

1. 全脑血管造影术 全脑血管造影是经肱动脉或股动脉插管,在颈总动脉和椎动脉注入含碘造影剂(泛影葡胺等),然后在动脉期、毛细血管期和静脉期分别摄片,即可显示颅内动脉、毛细血管和静脉的形态、分布和位置。

（1）适应证:颅内外血管性病变,例如动脉狭窄、侧支循环评估、动脉瘤、动静脉畸形、颅内静脉系统血栓形成等;自发性脑内血肿或蛛网膜下腔出血病因检查;观察颅内占位性病变的血供与邻近血管的关系及某些肿瘤的定性。

（2）禁忌证:碘造影剂严重过敏者;穿刺部位局部感染者;有严重出血倾向或出血性疾病者;严重心、肝或肾功能不全者;脑疝晚期、脑干功能衰竭者。

2. 脊髓血管造影术

（1）适应证:脊髓血管性病变,如脊髓血管畸形和脊髓硬脊膜动静脉瘘等;部分脑蛛网膜下腔出血而脑血管造影阴性者;了解脊髓肿瘤与血管的关系;脊髓富血性肿瘤的术前栓塞。

（2）禁忌证:碘过敏者;有严重出血倾向或出血性疾病者;严重心、肝或肾功能不全者;严重高血压或动脉粥样硬化患者。

3. 正常脑血管 DSA 表现 常规脑血管造影常根据颅骨的自然标志来描述脑血管形态及走向。DSA 已将颅骨及软组织影减去,仅显示脑血管影像(图 5-3),描述血管影像通常人为地将每条血管分成若干段。DSA 被认为是血管成像的"金标准",但其费用较昂贵,为有创性检查,有放射性辐射。DSA 和其他血管成像技术如 CT 血管成像(CTA)、MR 血管成像(MRA)具有一定的互补性。

4. 血管性病变 DSA 表现

（1）颅内动脉瘤:DSA 可清楚地显示动脉瘤的形状和发生的部位。其形态可分为三种:囊性动脉瘤、梭形动脉瘤和夹层动脉瘤。造影可发现瘤体周围脑动脉粗细不均,呈痉挛状态。巨大动脉瘤伴血栓形成时,可见瘤体内充盈缺损。

（2）脑动静脉畸形:动静脉畸形的供应动脉可为单一增粗的动脉,也可见多支动脉供血。供应动脉常扩张迂曲,而病变周围的脑动脉可因"盗血"现象而显影很差。引流静脉可分为三组:浅表引流、深部引流和双向引流。

（3）颅内外动脉狭窄:DSA 可清楚地显示其狭窄的部位、程度以及有无溃疡形成。动脉狭窄或闭塞多发生在颈内动脉起始部,可见动脉迂曲,管腔不规则狭窄。出现溃疡时,可见狭窄区有龛影形成。DSA 能准确地评估侧支循环情况,可以用来很好地预测卒中患者的病情进展及预后情况。根据动态血流情况将侧支循环分为 5 级:0 级:没有侧支血流到缺血区域;1 级:缓慢的侧支血流到缺血周边区

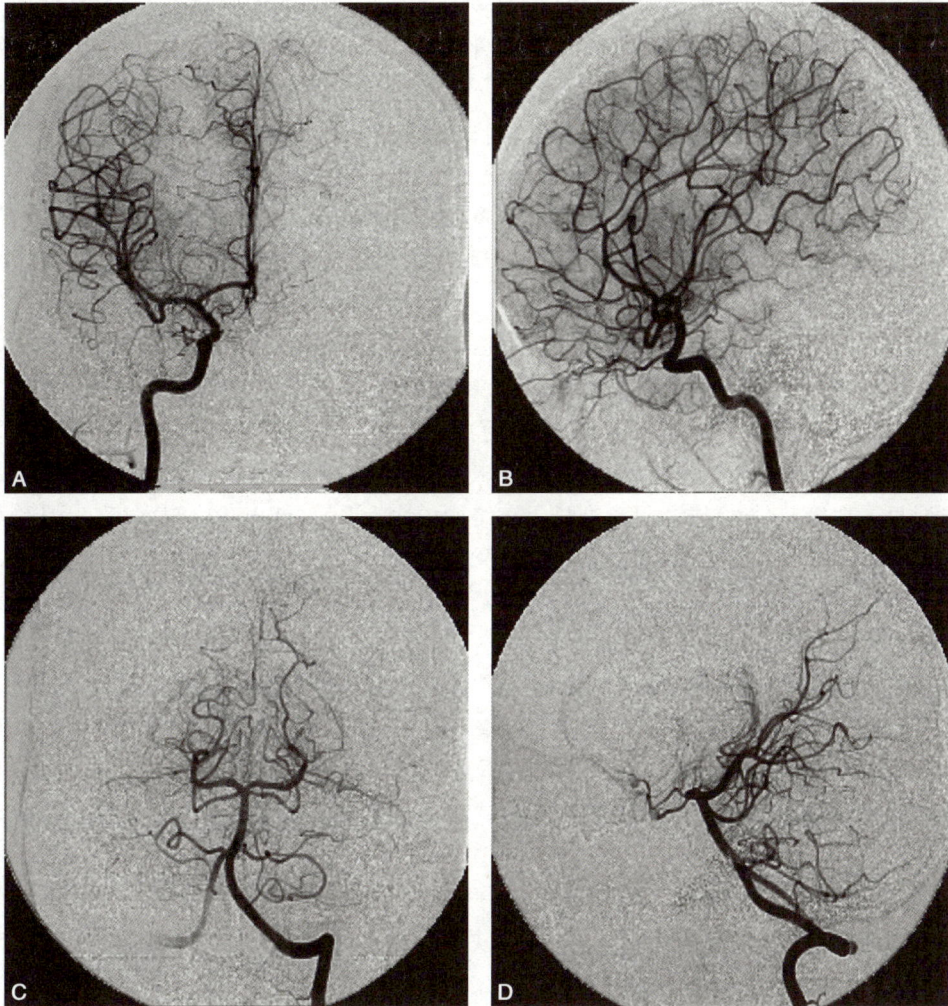

图 5-3　正常脑血管 DSA 影像

A. 颈内动脉及其分支(前后位);B. 颈内动脉及其分支(侧位);C. 椎基底动脉主要分支(前后位);D. 椎基底动脉主要分支(侧位)

域,伴持续的灌注缺陷;2 级:快速的侧支血流到缺血周边区域,伴持续的灌注缺陷,仅有部分到缺血区域;3 级:静脉晚期可见缓慢但完全的血流到缺血区域;4 级:通过逆行灌注血流快速而完全地灌注到整个缺血区域。

(4)静脉窦血栓形成:经动脉顺行性造影,不仅能显示各静脉窦的充盈形态、病变静脉窦闭塞程度,还能通过对比剂测定静脉窦显影时间,一般超过 6 秒为静脉窦显影延迟。

(5)DSA 对动脉夹层的诊断:DSA 是诊断颈动脉夹层的可靠手段,最常见的表现是线样征(指从颈动脉窦以远开始逐渐变细,通常为偏心且不规则),还有"珍珠"征(指管腔)、局灶性狭窄、远端扩张为夹层动脉瘤、"火焰"征、管腔内血栓形成、血管"串珠样"狭窄(通常提示存在肌纤维营养不良或其他血管病)。DSA 诊断夹层有一定的局限性,即动脉壁的厚度及外形不可见,不能显影管壁内的血肿形态,有时需要结合血管壁高分辨磁共振等影像手段明确诊断。

三、电子计算机断层扫描

电子计算机断层扫描(computed tomography,CT)是以电子计算机数字成像技术与 X 线断层扫描技术相结合的一项医学影像技术。其扫描检查方便、迅速、安全,密度分辨率明显优于传统 X 线图像,可大大提高病变诊断的准确性,对中枢神经系统疾病有重要的诊断价值。

1. **基本原理与装置**   CT 的基本原理是利用各种组织对 X 线的不同吸收系数,通过计算机处理获得断层图像。CT 装置主要由数据收集、计算机图像处理、终端图像显示三大部分组成,另外尚有图像储存、输出装置、控制台和可移动诊断床。

2. **CT 扫描技术**   以下是临床比较常用的扫描技术:

(1)CT 平扫:又称非强化(非增强)扫描,即未用血管内对比剂的普通扫描。

(2)增强 CT:应用血管内对比剂的扫描。经静脉注入造影剂(甲泛葡胺或泛影葡胺)后进行 CT 检查,如果存在血脑屏障的破坏(如肿瘤或脑炎),则病变组织区域呈现高信号的增强效应,可以更清晰地显示病变,提高诊断的阳性率。

(3)螺旋 CT:在扫描过程中,X 线球管围绕机架连续旋转曝光,曝光同时检查床同步匀速运动,探测器同时采集数据。由于扫描轨迹呈螺旋线,故称螺旋扫描,又称体积或容积扫描。螺旋 CT 扫描更快,分辨率更高,扫描层厚可以薄至 1mm,可以更清楚地显示微小病变。

(4)CT 血管成像(computerized tomography angiography,CTA):静脉注射含碘造影剂后进行 CT 扫描,可以同时显示血管及骨性结构,可清晰显示三维颅内血管系统,能多角度观察病变,因此可部分取代 DSA 检查。头颈部 CTA 可以清楚显示主动脉弓、颈总动脉、颈内动脉、颈外动脉、无名动脉、锁骨下动脉、椎基底动脉、Willis 动脉环,以及大脑前、中、后动脉及其主要分支,对闭塞性血管病变可提供重要的诊断依据,可以明确血管狭窄的程度。CTA 还可以分析斑块形态及 CT 值,判断斑块性质,鉴别软、硬斑块以及溃疡斑块。CTA 检测脑动脉瘤具有较高的敏感度和特异度,但对于<3mm 的小动脉瘤敏感度略有下降。CTA 可用于颅内外动脉夹层的诊断,特别是夹层的超急性期诊断。CTA 原始的轴位图像可显示夹层部位半月形的壁间血肿,可以看到血管的逐渐闭塞。与 DSA 相比,CTA 不需要动脉插管,简便快捷,但不能显示小血管分支的病变。CTA 还可以预测血肿扩大,可以辅助观察血肿周边血流灌注情况。

(5)CT 灌注成像(CT perfusion imaging,CTP):是在静脉注射造影剂后对选定兴趣层面行同层动态扫描,以获得脑组织造影剂浓度的变化,从而反映了组织灌注量的变化。利用数学模型可计算出局部脑血流量(regional cerebral blood flow,rCBF)、局部脑血容量(regional cerebral blood volume,rCBV)、平均通过时间(mean transit time,MTT)以及达峰时间(time to peak,TTP),利用这些参数组成新的数字矩阵,最后通过数/模转换,获得直观、清楚的各参数彩色图像,即为脑 CTP 图像。CTP 能够动态反映脑组织的血流灌注情况,在检测缺血性脑损伤及区分梗死灶和缺血半暗带上准确性很高,对于急性缺血性血管病的早期诊断和指导溶栓治疗有重要价值。

3. **常见中枢神经系统病变的 CT 表现**   对于神经系统疾病,CT 扫描主要用于脑出血、脑梗死、脑肿瘤、脑积水、脑萎缩以及某些椎管内疾病的诊断。特殊情况下,还可用碘造影剂增强组织显影,以明确诊断。

(1)脑血管疾病:CT 扫描是脑出血和蛛网膜下腔出血的首选检查;对急性缺血性脑卒中患者应首先完成急诊 CT,以排除脑出血;在 rt-PA 溶栓治疗前,应完成 CT 检查,以排除脑出血;CT 是监测脑梗死后恶性脑水肿及出血转化的常用技术;CT 可作为脑静脉窦血栓形成的首选检查技术,当显示双侧大脑皮质及皮质下区脑水肿及脑出血时,应考虑脑静脉窦血栓形成的可能。

CT 扫描可诊断早期脑出血。脑内血肿的 CT 表现和病程有关。新鲜血肿为边缘清楚、密度均匀的高密度病灶,血肿周围可有低密度水肿带;约 1 周后,高密度灶向心性缩小,周边低密度带增宽;约 4 周后变成低密度灶。

脑梗死为低密度病灶,低密度病灶的分布与血管供应区分布一致。继发出血时可见高、低密度混杂。值得注意的是,CT 扫描对于幕下病变显示效果较差,脑梗死发生后 24 小时内,由于梗死灶尚未完全形成,CT 扫描也往往不能发现明显异常。对于疑似脑梗死的超早期(6 小时之内)患者,可行 CTP 联合 CTA 检查。可根据 CTP 区分梗死组织和缺血半暗带,CBF 轻度下降、CBV 正常、TTP 明显延迟的组织为缺血半暗带,而 CBF 下降伴 CBV 下降、TTP 无延迟的组织为梗死区。而 CTA 能够很好显示缺血区供血动脉的狭窄或闭塞,明确脑缺血的原因。CTP 和 CTA 联合检查对于超早期脑梗死的诊断和治疗有重要价值(图 5-4)。

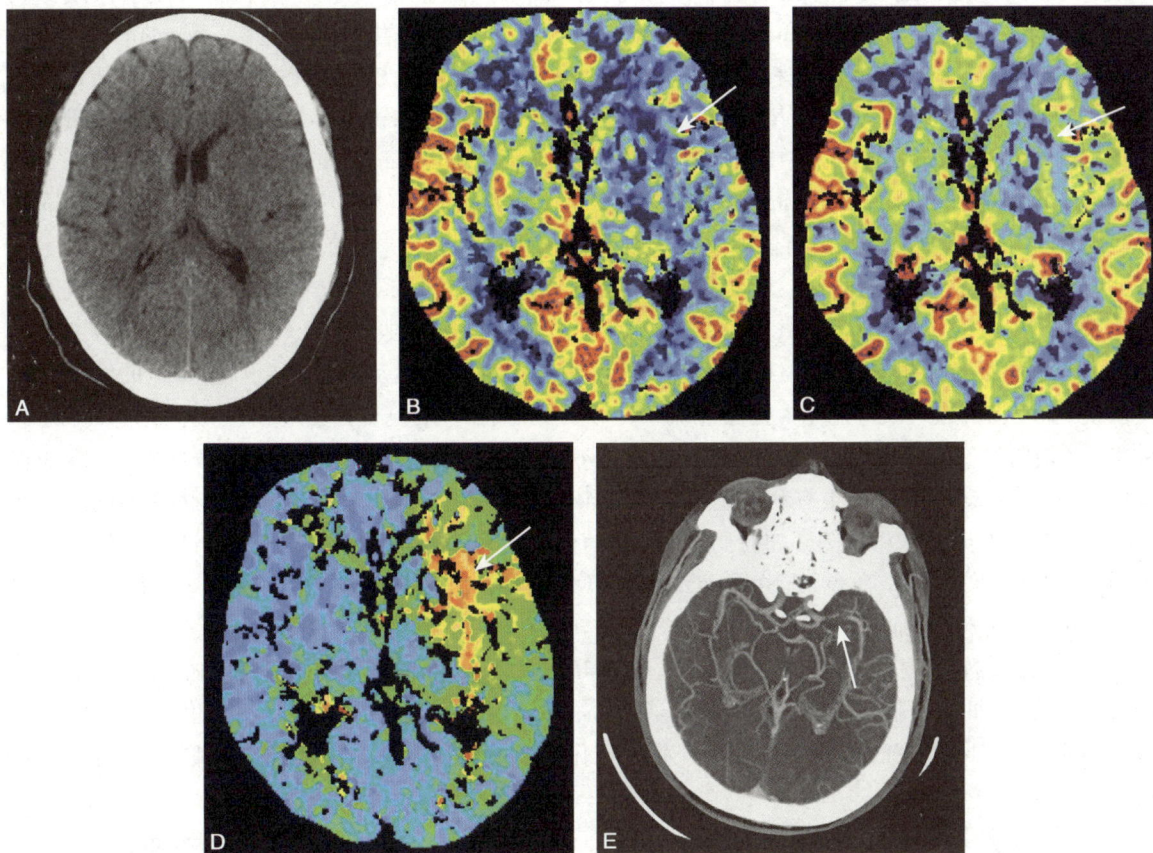

图 5-4　发病 2 小时脑梗死患者 CT、CTP、CTA

A. CT 平扫未见病灶;B. CTP 示左侧基底核区较大范围 CBF 下降(箭头所示蓝色区域);C. CTP 示左侧基底核区 CBV 下降(箭头所示蓝色区域),范围明显小于 CBF 下降区域,提示存在缺血半暗带;D. CTP 示整个左侧大脑中动脉供血区 TTP 延长(箭头所示黄色区域);E. CTA 示左侧大脑中动脉 M1 段血流中断

(2)颅内感染:常需作增强扫描。脑炎在 CT 上表现为界限不清的低密度影或不均匀混合密度影;脑脓肿呈环状薄壁强化;结核球及其他感染性肉芽肿表现为小的结节状强化灶;结核性脑膜炎可因颅底脑池增厚而呈片状强化。

(3)颅内肿瘤:CT 对颅内肿瘤诊断的主要根据:①肿瘤的特异发病部位,如垂体瘤位于鞍内,听神经瘤位于脑桥小脑脚,脑膜瘤位于硬脑膜附近等;②病变的特征包括囊变、坏死、钙化等,病灶数目和灶周水肿的大小也是判断病灶性质的依据;③增强后的病变形态是最重要的诊断依据。但某些特殊类型颅内肿瘤的诊断通常需要结合其他检查手段。

(4)颅脑损伤:CT 可发现颅内血肿和脑挫伤,骨窗可发现颅骨骨折。

(5)脑变性疾病:脑变性疾病早期 CT 显示不明显,晚期可表现为不同部位的萎缩:大脑、小脑、脑干、局限性皮质或基底核萎缩。

(6)脊髓、脊柱疾病:常规 CT 扫描即能显示脊柱、椎管和椎间盘病变,对于诊断椎间盘突出、椎管狭窄比较可靠。CT 平扫和增强还可用于脊髓肿瘤的诊断,但准确性不及 MRI。

四、磁共振成像

磁共振成像(magnetic resonance imaging,MRI)是 20 世纪 80 年代初用于临床的一种生物磁学核自旋成像技术。与 CT 相比,MRI 能显示人体任意断面的解剖结构,对软组织的分辨率高,无骨性伪影,可清楚显示脊髓、脑干和后颅窝等处的病变。而且MRI没有电离辐射,对人体无放射性损害。但MRI检查时间较长,并且体内有磁性金属置入物的患者不能接受MRI检查。

1. 各种磁共振成像技术介绍　近年来除常规的磁共振成像外,出现了多种新的磁共振成像技术,包括磁共振动脉造影(magnetic resonance angiography,MRA)、磁共振静脉造影(magnetic resonance venography,MRV)、磁共振灌注加权成像(perfusion-weighted imaging,PWI)和磁共振弥散加权成像(diffusion-weighted imaging,DWI)、磁共振波谱成像(magnetic resonance spectroscopy,MRS)、弥散张量成像(diffusion tensor imaging,DTI)、磁敏感加权成像(sensitivity weighted imaging,SWI)、高分辨磁共振(high resolution magnetic resonance imaging,HRMRI)以及功能磁共振成像(functional magnetic resonance imaging,fMRI)等,大大推进了神经科学的发展。以下将各种成像技术进行简要介绍。

(1) 磁共振成像及增强扫描:MRI主要包括三个系统,即磁体系统、谱仪系统和电子计算机图像重建系统。检查时,患者被置于磁场中,其磁矩取向按磁力线方向排列接受一系列的射频脉冲后,低能级的原子核吸收射频能量并跃迁至高能级,打乱组织内的质子运动,脉冲停止后,质子的能级和相位恢复到激发前状态,该过程称为弛豫(relaxation)。所用的时间为弛豫时间,分为纵向弛豫时间(简称 T_1)和横向弛豫时间(简称 T_2)。T_1 加权像(T_1 weight imaging,T_1WI)可清晰显示解剖细节,T_2 加权像(T_2 weight imaging,T_2WI)更有利于显示病变。MRI的黑白信号对比度来源于患者体内不同组织产生 MR 信号的差异,T_1 短的组织(如脂肪)产生强信号呈白色,T_1 长的组织(如体液)产生低信号为黑色;T_2 长的组织信号强呈白色,T_2 短的组织信号低为黑色。空气和骨皮质无论在 T_1 和 T_2 上均为黑色。T_1WI 上,梗死、炎症、肿瘤和液体呈低信号,在 T_2WI 上,上述病变则为高信号。

液体衰减翻转恢复序列(fluid-attenuated inversion recovery,FLAIR)是一种脑脊液信号被抑制的 T_2 加权序列,由于抑制了脑室及脑裂内的脑脊液信号,FLAIR 成像可以更加清晰地显示侧脑室旁及脑沟裂旁的病灶,对于脑梗死、脑白质病变、多发性硬化等疾病敏感性较高,已经成为临床常用的成像技术。

增强扫描是指静脉注入顺磁性造影剂钆-二乙三胺五醋酸(gadolinium-diethylenetriamine pentaacetate,Gd-DTPA)后再进行 MR 扫描,通过改变氢质子的磁性作用可改变弛豫时间,获得高 MRI 信号,产生有效的对比效应,增加对肿瘤及炎症病变的敏感性。

(2) 磁共振血管造影(magnetic resonance angiography,MRA):血管由于血流速度快,从发出脉冲到接收信号时,被激发的血液已从原部位流走,信号已经不存在,因此,在 T_1WI 和 T_2WI 上均呈黑色,此现象称流空效应。MRA 是根据 MR 成像平面血液产生"流空效应"的一种磁共振成像技术。通过抑制背景结构信号将血管结构分离出来,可显示成像范围内所有大血管及主要分支(图5-5)。目前的 MRA 序列技术包括三维时间飞跃(3 division time of flight,3D TOF)序列、多块重叠薄层采集和增强 MRA(contrast enhanced MRA,CE-MRA)等。MRA 优点是不需要插管、方便省时、无创及无放射损伤。缺点是信号变化复杂,易产生伪影,对末梢血管的评估准确性不如 CTA 及 DSA。临床主要用于颅内血管狭窄或闭塞、颅内动脉瘤、脑血管畸形等的诊断。CE-MRA 对血管壁内血肿敏感度很高,可以显示血管腔的不规则,血管直径或血管阻塞的变化,以及假性动脉瘤的形成,能够准确地评估动脉夹层,监测血管再通、血管阻塞的进程。

磁共振通过不同的成像方法,还可以显示静脉和静脉窦,即磁共振静脉血管成像(magnetic resonance venography,MRV)。临床主要用于颅内静脉、静脉窦血栓的诊断。优点是无辐射、无需造影剂,应用方便,尤其对孕妇、肾功能

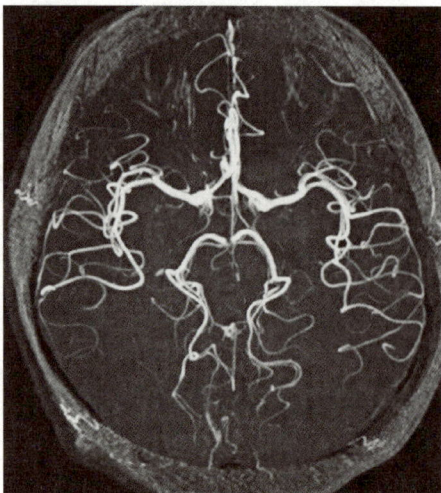

图5-5　MRA 显示正常血管

不全患者。缺点是易受伪影的影响,对血流慢的静脉窦和小静脉显示不准确。MRI 联合 MRV 是诊断静脉窦血栓形成的首要检查方法,并且也是随诊的主要检查方法。

(3)磁共振弥散加权与灌注加权成像:MRI 弥散加权成像(diffusion-weighted imaging,DWI)是广义的功能性 MRI 技术,是在常规基础上施加一对强度相等、方向相反的弥散敏感梯度,利用回波平面等快速扫描技术产生图像。DWI 多数在缺血 2 小时内(最早在缺血数分钟后)即可出现异常信号,是最精确诊断急性脑梗死病灶的技术,对超急性期脑梗死的诊断价值远优于 CT 和常规 T_2WI。目前对超急性和急性脑梗死的诊断,DWI 已属不可缺少的手段。DWI 也可用于辅助区分新旧脑梗死病灶,对于多发性硬化新旧脱髓鞘病灶的判断也有一定价值。

MRI 灌注加权成像(perfusion-weighted imaging,PWI)是利用快速扫描技术及对 Gd-DTPA 的首次通过脑组织进行检测,通过 MR 信号随时间的改变评价组织微循环的灌注情况。从原始数据还可以重建出相对脑血容量(rCBV)、相对脑血流量(rCBF)、平均通过时间(MTT)等反映血流动力学状态的图像,弥补常规 MRI 和 MRA 不能显示的血流动力学和脑血管功能状态的不足。PWI 能判断缺血区域及程度,对识别低灌注区域优于 CTP,常用于短暂性脑缺血发作(transient ischemic attack,TIA)、超急性和急性期脑梗死的诊断。

DWI 和 PWI 对缺血半暗带(ischemic penumbra)的临床界定具有重要意义。PWI 低灌注区可反映脑组织缺血区,而 DWI 异常区域可反映脑组织坏死区,DWI 与 PWI 比较的不匹配(mismatch)区域提示为脑缺血半暗区,是治疗时间窗或半暗带存活时间的客观影像学依据,可为临床溶栓治疗以及脑保护治疗提供依据(图 5-6)。

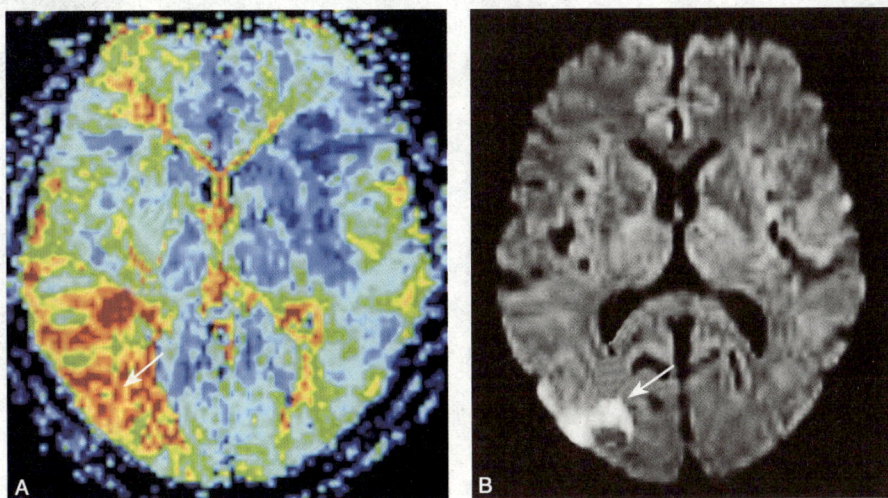

图 5-6　超急性脑梗死患者的 PWI 和 DWI

A. PWI 示右侧颞枕交界区低灌注(箭头所示红色区域);B. DWI 示右侧颞枕交界区高信号(箭头所示),范围明显小于 PWI 的低灌注区,存在 PWI 和 DWI 不匹配

(4)磁共振波谱成像(magnetic resonance spectroscopy,MRS):MRS 是一种利用磁共振现象和化学位移作用进行一系列特定原子核及其化合物分析的方法,能够无创性检测活体组织内化学物质的动态变化及代谢的改变。目前临床上氮-乙酰天门冬氨酸(N-acetyl-aspartate,NAA)、肌酸(creatine,Cr)、胆碱(choline,Cho)、肌醇(myoinositol,MI)和乳酸(lactic acid,Lac)的测定较为常用,用于代谢性疾病(如线粒体脑病)、脑肿瘤、癫痫等疾病的诊断和鉴别诊断。

(5)弥散张量成像(diffusion tensor imaging,DTI):DTI 是活体显示神经纤维束轨迹的唯一方法,可以显示大脑白质纤维束的结构如内囊、胼胝体、外囊等结构,对于脑梗死、多发性硬化、脑白质病变、脑肿瘤等的诊断和预后评估有重要价值。

(6)磁敏感加权成像(sensitivity weighted imaging,SWI):是一项新的对组织磁化率差异及血氧水平依赖效应敏感的对比增强技术,采用三维采集、薄层重建、完全流动补偿及长回波时间的梯度回波序列。SWI 序列可早期诊断脑出血、发现缺血性脑卒中出血转化及微出血,为缺血性脑卒中血流动力学改变提供信息(图 5-7)。SWI 也用于静脉血栓或静脉窦血栓形成的诊断。

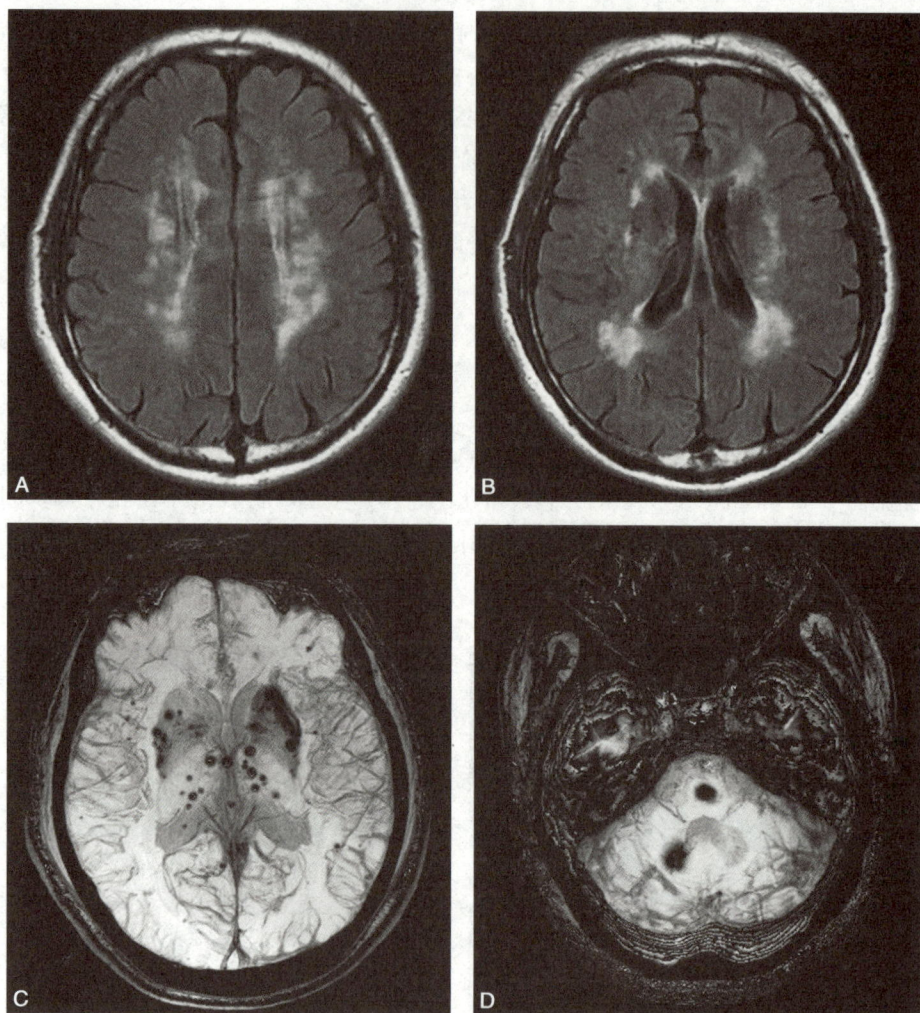

图 5-7　磁敏感加权成像(SWI)

A、B. FLAIR 显示双侧半卵圆、放射冠、基底节区多发斑点、斑片、条片状高信号,为缺血、梗死灶及软化灶;C、D. SWI 显示双侧基底节区、丘脑、双侧颞叶、枕叶、脑干、右侧小脑多发小圆形低信号,为多发微出血灶

(7)高分辨磁共振(high resolution magnetic resonance imaging,HRMRI):3.0T HRMRI 是近年已经应用于临床的新型血管成像技术,不仅可以进行管腔成像,而且能够直观显示管壁结构。HRMRI 可以用来准确评估动脉狭窄程度、诊断血管夹层、观察血管壁斑块内出血,是鉴别动脉粥样硬化斑块类型、评估斑块风险最有效的检查方法(图 5-8)。

(8)功能磁共振成像(functional magnetic resonance imaging,fMRI):fMRI 借助快速 MRI 扫描技术,测量人脑在视觉活动、听觉活动、局部肢体活动以及思维活动时,相应脑功能区脑组织的血流量、血流速度、血氧含量和局部灌注状态等的变化,并将这些变化显示于 MRI 图像上。目前主要用于癫痫患者手术前的评估、认知功能的研究等。

2. 磁共振在神经系统疾病诊断中的临床应用　与 CT 比较,MRI 有如下优势:可提供冠状位、矢状位和横位三维图像,图像清晰度高,对人体无放射性损害,不出现颅骨伪影,可清楚显示脑干及后颅窝病变等。MRI 主要用于脑梗死、脑炎、脑肿瘤、颅脑先天发育畸形和颅脑外伤等的诊断;除此之外,

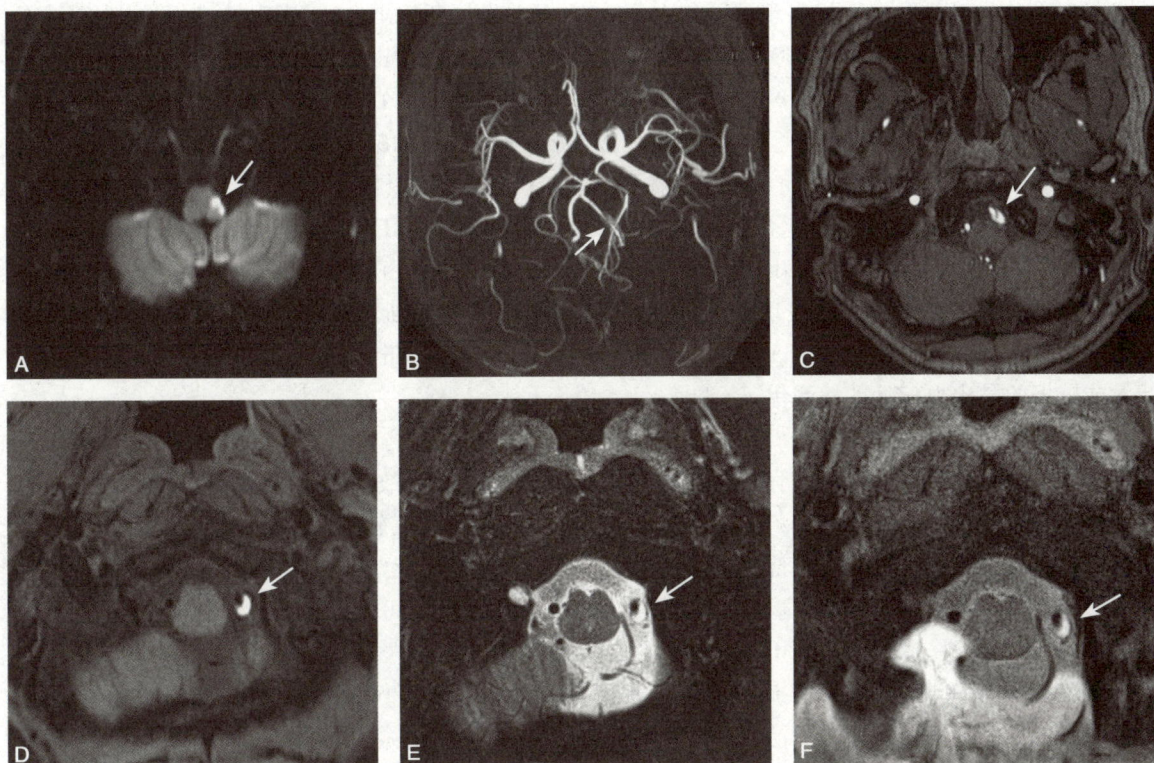

图5-8　椎动脉夹层的高分辨磁共振成像（HRMRI）

A. DWI 显示左侧延髓背外侧急性梗死灶（箭头）；B. 3D TOF MRA 显示左侧椎动脉夹层，真腔较细，信号较高；假腔信号相对较低（箭头）；C. TOF 原始轴位图像显示左侧椎动脉被管腔内线状低信号分为右前方的真腔和左后方的假腔（箭头）；D～F. 分别为 HRMRI T_1 加权像、T_2 加权像以及质子密度加权像显示假腔内壁间血肿呈明显高信号（箭头）

MRI 图像对脑灰质与脑白质可产生明显的对比度，常用于脱髓鞘疾病、脑白质病变及脑变性疾病的诊断；对脊髓病变如脊髓肿瘤、脊髓空洞症、椎间盘脱出、脊椎转移瘤和脓肿等诊断更有明显的优势。然而，MRI 检查急性颅脑损伤、颅骨骨折、急性出血性病变和钙化灶等不如 CT。

（1）脑梗死：不同时期信号有所变化：①超急性期：发病 12 小时内，血管正常流空消失，T_1WI 和 T_2WI 信号变化不明显，但出现脑沟消失，脑回肿胀，灰白质分界消失，DWI 可出现高信号；②急性期：发病后 12～24 小时，梗死灶呈等 T1 或稍长 T_1、长 T_2 信号，DWI 可高信号（图5-9）；③起病后 1～3 天：

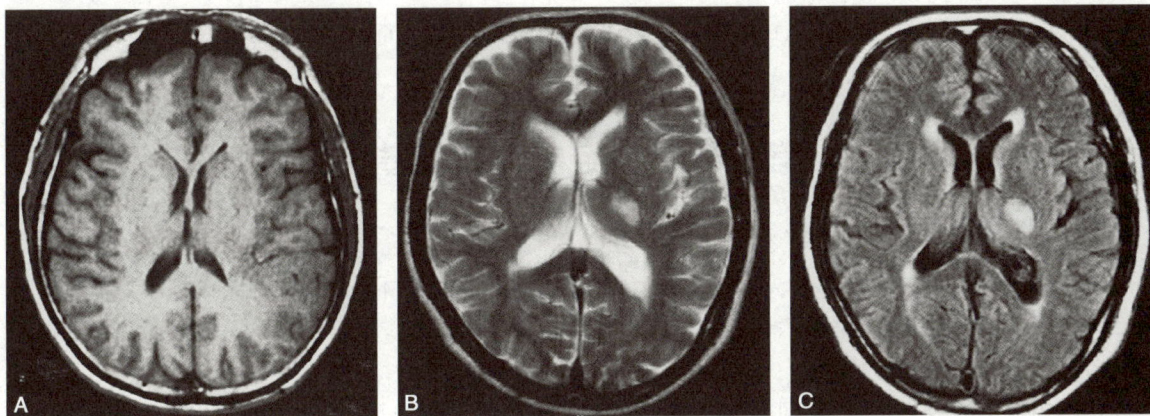

图5-9　急性脑梗死 MRI

A. T_1WI 未显示明确病灶；B. T_2WI 示左侧内囊后肢长 T_2 异常信号；C. FLAIR 病灶显示更为清晰，左侧内囊后肢高信号

长 T_1、长 T_2 信号,DWI 高信号,出现水肿和占位效应,可并发梗死后出血;④病程 4~7 天:水肿及占位效应明显,显著长 T_1、长 T_2 信号,DWI 信号开始降低;⑤病程 1~2 周:水肿及占位效应逐渐消退,病灶呈长 T_1 信号,T_2 信号继续延长,DWI 信号继续降低,T_2WI 信号强于 DWI 信号;⑥2 周以上:由于囊变与软化,T_1 与 T_2 更长,边界清晰,呈扇形,出现局限性脑萎缩征象,如脑室扩大、脑沟加宽。

(2)脑出血:脑出血不同时期 MRI 信号不同,取决于含氧血红蛋白、脱氧血红蛋白、正铁血红蛋白和含铁血黄素的变化。大致说来,出血后 7 天内 T_1WI 显示等信号、T_2WI 显示稍低信号;出血后 1~4周,T_1WI 和 T_2WI 均显示高信号;出血 1 个月后,T_1WI 显示低信号,T_2WI 显示中心高信号、周边低信号。由于 MRI 平扫缺乏特征性表现,不建议用于早期脑出血的诊断。然而最近的研究发现,磁共振梯度回波序列(gradient echo,GRE)能够早期检测脑出血,对急性脑出血诊断的准确率与 CT 相似,对新发或陈旧的微出血病灶的检测优于 CT。

(3)脑肿瘤:MRI 在发现低分化的、比较小的肿瘤以及转移瘤方面优于 CT。其信号强度特征与肿瘤的含水量有关,但瘤内和瘤周的出血、水肿、坏死、囊变、钙化等改变,均可影响肿瘤的信号强度和特征。增强扫描有助于肿瘤的诊断,特别是对软脑膜、硬脑膜和脊膜转移瘤的诊断有很大帮助。

(4)脑血管病变:MRA 可发现多种脑血管异常,利用流空效应可发现动静脉畸形,不仅可显示血管畸形的部位和大小,有时还能显示其供应动脉及引流静脉;MRA 可发现中等大小以上的动脉瘤,但小于 5mm 者易漏诊。MRA 联合 MRI 可以准确地诊断动脉夹层。

MRA 在诊断闭塞性脑血管疾病方面优势较大,可以发现颅内和颅外较大血管分支的病变,但对末梢血管的评估准确性不如 CTA 及 DSA。MRV 联合 MRI 是诊断颅内静脉窦血栓形成的无创、敏感和准确的检查方法,并且是随诊的主要手段。

(5)脑白质病变和脱髓鞘病:MRI 在观察白质结构方面非常敏感,如脑白质营养不良和多发性硬化。多发性硬化的典型 MRI 表现为脑室周围的白质内存在与室管膜垂直的椭圆形病灶,在 T_2WI 上为高信号,T_1WI 为稍低或低信号。

(6)颅内感染:在诊断单纯疱疹脑炎时头颅 MRI 扫描非常敏感,典型表现为颞叶、海马及边缘系统的长 T_2 信号。脑膜炎急性期 MRI 可显示脑组织广泛水肿,脑沟裂及脑室变小,有时可见脑膜强化;慢性结核性脑膜炎常有颅底脑膜的明显强化。

(7)神经系统变性疾病:MRI 在诊断痴呆时比 CT 有优越性,可用海马容积测量法观察海马萎缩的程度,其程度与阿尔茨海默病的严重程度相关;橄榄脑桥小脑萎缩(OPCA)可见脑桥和小脑的萎缩。

(8)椎管和脊髓病变:MRI 是目前检查椎管和脊髓的最佳手段。在矢状面 MRI 图像上,可直接地观察椎骨骨质、椎间盘、韧带和脊髓。对椎管狭窄、椎管内肿瘤、炎症以及脊髓空洞症等疾病有重要的诊断价值。

(9)神经系统发育异常疾病:MRI 可清楚显示小脑扁桃体下疝、脊髓空洞症、脑积水等先天性疾病。

第三节   神经电生理检查

一、脑电图

脑电图(electroencephalography,EEG)是脑生物电活动的检查技术,通过测定自发的有节律的生物电活动以了解脑功能状态,是癫痫诊断和分类的最客观手段。

1. 脑电图电极的安放

(1)电极的安放方法:目前国际脑电图学会建议使用的电极安放方法是采用国际 10-20 系统电极放置法,其特点是电极的排列与头颅大小及形状成比例,电极名称与脑解剖分区相符。放置方法:以顶点为圆心,分别向颞侧的各等分点(分 10 等份)引直线,然后以矢状线各等分点为半径作同心圆,按相交点确定电极放置位置(图 5-10)。参考电极通常置于双耳垂或乳突。共放置 21 个电极,可根据需要增减电极。电极可采用单极和双极的连接方法。

（2）特殊电极

1）蝶骨电极：将不锈钢针灸针作为电极，在耳屏切迹前 1.5～3.0cm,颧弓中点下方 2cm 垂直刺入 4～5cm 进行记录。该方法与常规方法比较可明显提高颞叶癫痫脑电图诊断的阳性率。

2）鼻咽电极：主要用于检测额叶底部和颞叶前内侧的病变,但因易受呼吸和吞咽动作影响,而且患者有明显的不适感而限制了该技术的应用。

3）深部电极：将电极插入颞叶内侧的海马及杏仁核等较深部位进行记录。主要用于癫痫的术前定位,属非常规的检测方法,其主要并发症是出血和感染。

2. 脑电图的描记和诱发试验 脑电图的描记要在安静、闭目、觉醒或睡眠状态下进行记录,房间温度不宜过高或过低。常采用诱发试验提高脑电图的阳性率。常用的诱发方法及临床意义如下：

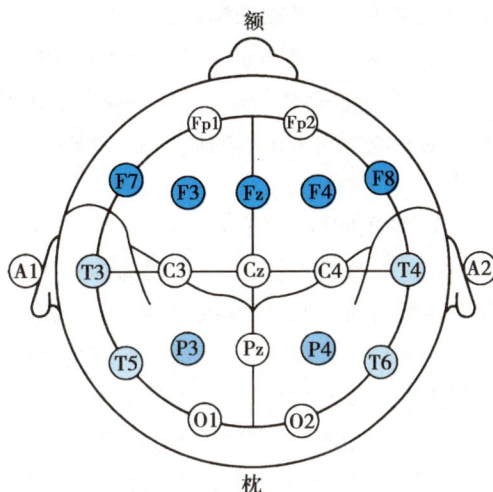

图 5-10 国际 10-20 系统电极位置

（1）睁闭眼诱发试验：主要用于了解 α 波对光反应的情况,方便易行,是常规的诱导方法。其操作为在描记中嘱受检者睁眼,持续 5 秒后再令其安静闭目,间隔 5～10 秒后可再重复,一般连续做 2～3 次。睁眼后 α 节律抑制,闭目后恢复正常或增强为正常反应。

（2）过度换气：其原理是让患者加快呼吸频率和深度,引起短暂性呼吸性碱中毒,使常规检测中难以记录到的、不明显的异常变得明显。过度换气频率一般为 20～25 次/分,持续时间通常为 3 分钟,检查时应密切观察患者有无任何不适反应,如头痛及肢端麻木等,一旦 EEG 上出现痫性放电最好停止过度换气,以免临床上出现癫痫发作。儿童过度换气时出现对称性慢波可为正常反应,成人则应视为异常。过度换气时出现痫样放电、节律异常、不对称性反应均应被视为异常。

（3）闪光刺激：方法是将闪光刺激器置于受检者眼前 20～30cm 处,刺激光源给予不同频率的间断闪光刺激,每种频率刺激 10～20 秒,间歇 10～15 秒后更换刺激频率,观察脑波有无变化。闪光刺激是 EEG 的常规检查项目之一,特别是对光敏性癫痫具有重要价值。

（4）睡眠诱发试验：通过自然或药物引起睡眠诱发脑电图异常。主要用于清醒时脑电图正常的癫痫患者,不合作的儿童及精神异常患者。半数以上的癫痫发作与睡眠有关,部分患者在睡眠中发作,因此睡眠诱发试验可提高 EEG 检查的阳性率,尤其对夜间发作和精神运动性发作更适用。睡眠EEG 记录时间一般在 20 分钟以上,最好为整夜睡眠记录。

（5）其他：包括药物诱发等,常用的致痫药物有戊四氮和贝美格等静脉注射,目前临床上已经很少应用。

3. 正常 EEG

（1）正常成人 EEG：在清醒、安静和闭眼放松状态下,脑电的基本节律为 8～13Hz 的 α 节律,波幅为 20～100μV,主要分布在枕部和顶部;β 活动的频率为 14～25Hz,波幅为 5～20μV,主要分布在额叶和颞叶;部分正常人在大脑半球前部可见少量 4～7Hz 的 θ 波;频率在 4Hz 以下称为 δ 波,清醒状态下的正常人几乎没有该节律波,但入睡可出现,而且由浅入深逐渐增多。频率为 8Hz 以下的脑电波称为慢波。

（2）儿童 EEG：与成人不同的是以慢波为主,随着年龄的增加慢波逐渐减少,而 α 波逐渐增多,14～18 岁接近于成人脑电波。

（3）睡眠 EEG：根据眼球运动可分为：

1）非快速眼动相(non-rapid eye movement, NREM)：①第 1 期（困倦期）,由清醒状态向睡眠期过渡阶段,α 节律逐渐消失,被低波幅的慢波取代,在顶部出现短暂的高波幅双侧对称的负相波称为"V"波;②第 2 期（浅睡期）,在低波幅脑电波的基础上出现睡眠纺锤波(12～14Hz);③第 3、4 期（深睡期),第3期在睡眠纺锤波的基础上出现高波幅慢波(δ波),但其比例在50%以下;第4期睡眠纺锤波逐渐减少至消失,δ波的比例达50%以上。

2)快速眼动相(rapid eye movement,REM):从 NREM 第4期的高波幅 δ 波为主的脑电图,变为以低波幅 θ 波和间歇出现的低波幅 α 波为主的混合频率脑电图,其 α 波比清醒时慢 1~2Hz,混有少量快波。

4. 常见的异常 EEG

(1)弥漫性慢波:背景活动为弥漫性慢波,是常见的异常表现,无特异性。见于各种原因所致的弥漫性脑损害、缺氧性脑病、脑膜炎、中枢神经系统变性病、脱髓鞘性脑病等。

(2)局灶性慢波:是局部脑实质功能障碍所致。见于局灶性癫痫、单纯疱疹脑炎、脑脓肿、局灶性硬膜下或硬膜外血肿等。

(3)三相波:通常为中至高波幅、频率为 1.3~2.6Hz 的负-正-负或正-负-正波。主要见于 Creutzfeldt-Jakob 病(CJD)、肝性脑病和其他原因所致的中毒代谢性脑病。

(4)癫痫样放电

1)棘波:突发一过性顶端为尖的波形,持续 20~70 毫秒,主要成分为负相,波幅多变,典型棘波上升支陡峭,下降支可有坡度。见于癫痫。

2)尖波:波形与棘波相似,仅时限宽于棘波,为 70~200 毫秒,常为负相,波幅 100~200μV。常见于癫痫。

3)3Hz 棘慢波综合:一个棘波继之以一个慢波,易为过度换气诱发,常见于典型失神发作。

4)多棘波:两个以上高幅双相棘波呈节律性出现,常见于肌阵挛及强直阵挛发作。

5)尖慢复合波:由一个尖波及其后的慢波组成,见于癫痫发作。

6)多棘慢复合波:一个以上棘波随之一个慢波,频率为 2~3Hz,常为散在单个出现,两侧同步对称,常见于肌阵挛癫痫。

7)高幅失律:为高波幅的尖波、棘波发放,然后有一电活动静止期。见于婴儿痉挛、苯丙酮酸尿症等患者。

50% 以上患者在癫痫发作的间期记录到癫痫样放电,放电的不同类型则通常提示不同的癫痫综合征,如多棘波和多棘慢复合波通常伴有肌阵挛,见于全身性癫痫和光敏感性癫痫等。双侧同步对称,每秒 3 次、重复出现的高波幅棘慢复合波提示失神发作。

常见的正常及异常脑电图波形如图5-11 所示。

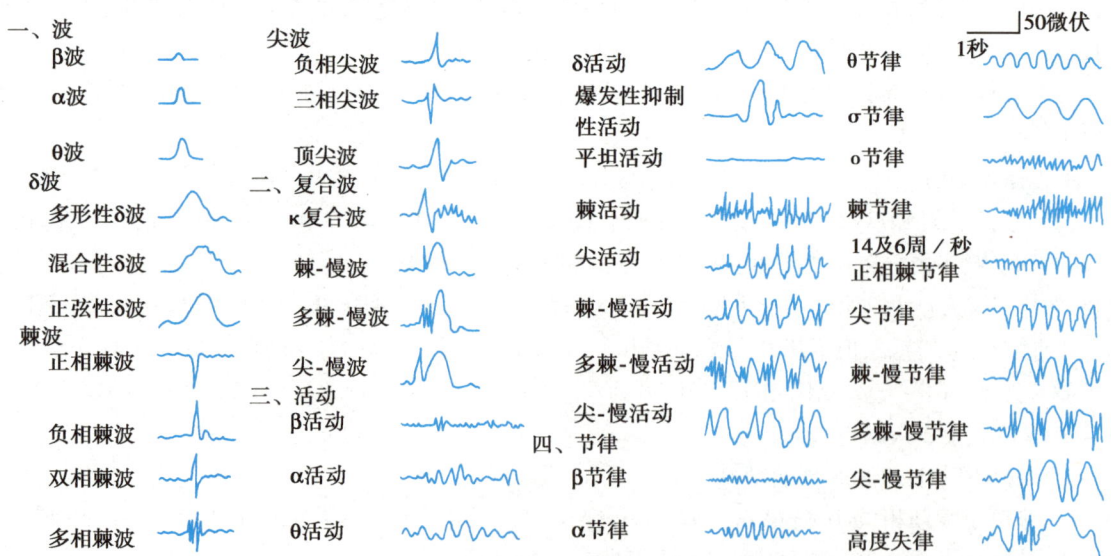

图 5-11   正常及异常脑电图波

5. EEG 的临床应用 EEG 检查主要用于癫痫的诊断、分类和病灶的定位;对区别脑部器质性或功能性病变和弥漫性或局限性损害以及脑炎、中毒性和代谢性等各种原因引起的脑病等的诊断均有辅助诊断价值。

二、脑磁图

脑磁图(magnetoencephalography,MEG)是对脑组织自发的神经磁场的记录。用声音、光和电刺激后探测和描记的脑组织神经磁场称为诱发脑磁场。该技术始于 20 世纪 70 年代,随着计算机技术和影像学信息处理技术的进展,特别是超导量子干涉装置(superconducting quantum interference device,SQUID)的应用,使脑磁图仪的设计和性能方面发生了根本的改变,90 年代开始用于临床研究,但因价格昂贵等原因尚未作为常规辅助检查手段应用于临床。

MEG 的工作原理是使用 SQUID 多通道传感探测系统,探测神经元兴奋性突触后电位产生的电流形成的生物电磁场。与 EEG 比较,前者有良好的空间分辨能力,可检测出直径小于 3.0mm 的癫痫灶,定位误差小,灵敏度高,而且可与 MRI 和 CT 等解剖学影像信息结合进行脑功能区定位和癫痫放电的病灶定位,有助于难治性癫痫的外科治疗。但因为该检查价格昂贵,目前仅少数医院应用。

三、诱发电位

诱发电位(evoked potential,EP)是神经系统在感受外来或内在刺激时产生的生物电活动。绝大多数诱发电位(又称信号)的波幅很小,仅 $0.1 \sim 20\mu V$,湮没在自发脑电活动(波幅 $25 \sim 80\mu V$)或各种伪迹(统称噪声)之中,必须采用平均技术与叠加技术:即给予重复多次同样刺激,使与刺激有固定时间关系(锁时)的诱发电活动逐渐增大而显露。目前能对躯体感觉、视觉和听觉等感觉通路以及运动通路、认知功能进行检测。

1. 躯体感觉诱发电位(somatosensory evoked potential,SEP) SEP 是刺激肢体末端感觉神经,在躯体感觉上行通路不同部位记录的电位。SEP 起源于周围神经中直径较大的快速传导的有髓传入纤维。SEP 能评估周围神经及其近端(例如神经根)、脊髓后索、脑干、丘脑及皮质感觉区的功能状态。

(1)检测方法:刺激电极置于周围神经干体表部位。常用的刺激部位为上肢的正中神经和尺神经,下肢的胫后神经和腓总神经等。

(2)波形的命名:SEP 各波的命名原则是极性+正常平均潜伏期(波峰向下为 P,向上为 N),例如潜伏期为 21 毫秒,波峰向上的波称为 N21。

(3)SEP 异常的判断标准和影响因素:SEP 异常的判断标准:①潜伏期>平均值+3 个标准差(standard deviation,SD);②波幅明显降低伴波形分化不良或波形消失;③双侧各相应波幅差值>50%。影响因素主要是年龄、性别和温度、身高。检测中应注意肢体皮肤温度应保持在 34℃左右。

(4)SEP 的临床应用:可用于各种感觉通路受损的诊断和客观评价,主要用于吉兰-巴雷综合征(GBS)、颈椎病、后侧索硬化综合征、多发性硬化(MS)、亚急性联合变性等,还可用于脑死亡的判断和脊髓手术的监护等。

2. 视觉诱发电位(visual evoked potential,VEP) VEP 是对视神经进行光刺激时,经头皮记录的枕叶皮质产生的电活动。

(1)检测方法:检测方法有模式翻转刺激技术诱发 VEP(pattern reversal visual evoked potential,PRVEP)和闪光刺激 VEP。PRVEP 的优点是波形简单易于分析、阳性率高和重复性好,而闪光刺激 VEP 受视敏度影响小,适用于 PRVEP 检测不能合作者。

(2)波形命名:PRVEP 由 NPN 组成的三相复合波,分别按各自的平均潜伏期命名为 N75、P100 和 N145。正常情况下 P100 潜伏期最稳定而且波幅高,是最为可靠的成分,是分析 VEP 时最常用的波形(图 5-12)。

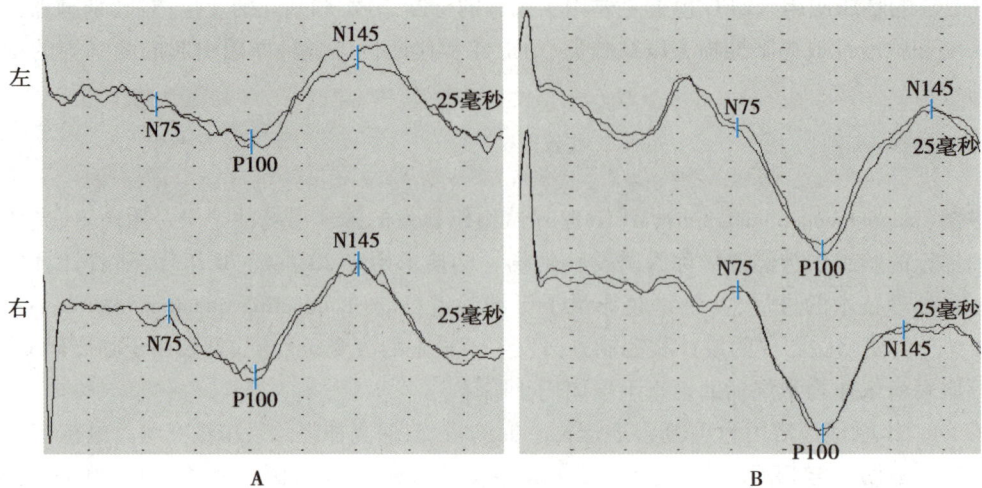

图 5-12　视觉诱发电位

A. 正常 VEP:双侧 P100 对称;B. 异常 VEP:P100 潜伏期显著延长

（3）VEP 异常的判断标准和影响因素:VEP 异常的判断标准:①潜伏期>平均值+3SD;②波幅<3μV 以及波形分化不良或消失;③两眼间 P100 潜伏期差值大于 8～10 毫秒。VEP 主要受视力、性别和年龄的影响。

（4）VEP 的临床应用:视通路病变,特别对视神经脊髓炎、多发性硬化患者可提供早期视神经损害的客观依据。

3. **脑干听觉诱发电位**（brainstem auditory evoked potential, BAEP）　BAEP 指耳机传出的短声（click）刺激听神经,经头皮记录的电位。BAEP 不受受试者意识状态的影响。

（1）波形命名:正常 BAEP 通常由 5 个波组成,依次以罗马数字命名为 Ⅰ、Ⅱ、Ⅲ、Ⅳ和Ⅴ。

（2）BAEP 异常判断标准:①各波潜伏期延长>平均值+3SD,和（或）波间期延长>平均值+3SD;②波形消失或波幅 Ⅰ/Ⅴ值>200%;③（Ⅲ～Ⅴ）/（Ⅰ～Ⅲ）>1.0。

（3）BAEP 的临床应用:主要用于客观评价听力、脑桥小脑脚肿瘤、多发性硬化（MS）、脑死亡的诊断、手术监护等。

4. **运动诱发电位**（motor evoked potential, MEP）　MEP 包括电刺激以及磁刺激。磁刺激近年来被广泛应用于临床,经颅磁刺激运动诱发电位（transcranial magnetic stimulation motor evoked potential, TMS-MEP）指经颅磁刺激大脑皮质运动细胞、脊神经根及周围神经运动通路,在相应的肌肉上记录的复合肌肉动作电位。MEP 的主要检测指标为各段潜伏期和中枢运动传导时间（central motor conduction time, CMCT）。

（1）检测方法:上肢 MEP 检测是将磁刺激器置于上肢对应的大脑皮质运动区、C_7 棘突和 Erb 点,在拇短展肌等肌肉上记录诱发电位;下肢 MEP 测定是将磁刺激器置于下肢对应的大脑皮质运动区、L_4 棘突及腘窝,在胫前肌和伸趾短肌上记录诱发电位。

（2）异常的判断标准及影响因素:异常的判断标准为:各波潜伏期或 CMCT 延长>平均值+2.58SD、上肢易化状态下波形消失。各波潜伏期与身高有明显的相关性;CMCT 与身高无相关性。

（3）MEP 的临床应用:主要用于运动通路病变的诊断,如多发性硬化、肌萎缩侧索硬化、脊髓型颈椎病、脑血管病等。

5. **事件相关电位**（event-related potential, ERP）　ERP 指大脑对某种信息进行认知加工（注意、记忆和思维等）时,通过叠加和平均技术在头颅表面记录的电位。ERP 主要反映认知过程中大脑的电生理变化。ERP 中应用最广泛的是 P300 电位。

（1）检测方法:将能区分开的两种或两种以上的感觉刺激随机编排成刺激序列,小概率、不规律出现的刺激称为靶刺激,另一种为非靶刺激。受试者选择性注意靶刺激,在靶刺激呈现后约250~500毫秒内从头皮上记录的正性电位称为 P300。

（2）P300 检查的注意事项:受试者必须保持清醒状态,瞌睡和注意力不集中均影响 P300 检查的结果。

（3）P300 电位的影响因素:P300 潜伏期与年龄呈正相关,波幅与年龄的关系尚不肯定,但 70 岁以后波幅逐渐降低。

（4）P300 检查的临床应用:用于各种脑部疾病（包括痴呆、帕金森病、抑郁症、乙醇中毒等）引起的认知功能障碍的评价。

四、肌电图和神经传导速度

肌电图（electromyography,EMG）和神经传导速度（nerve conduction velocity,NCV）是神经系统的重要辅助检查,两者通常联合应用,其适应证是脊髓前角细胞及以下病变,主要用于周围神经、神经肌肉接头和肌肉病变的诊断。肌电图包括常规肌电图、运动单位计数、单纤维肌电图等;广义的神经传导速度包括运动神经传导速度、感觉神经传导速度、F 波、H 反射以及重复神经电刺激等,通常意义的神经传导速度主要指运动神经传导速度和感觉神经传导速度。

1. **肌电图**　肌电图或常规 EMG,指用同心圆针电极记录的肌肉安静状态下和不同程度随意收缩状态下各种电活动的一种技术。

（1）正常 EMG

1）静息状态:观察插入电位,针电极插入肌肉时引起的短暂电位发放即插入电位,停止移动针电极时插入电活动也迅速消失,于 300 毫秒左右恢复静息状态。

2）轻收缩状态:观察运动单位动作电位（motor unit action potential,MUAP）,它是单个前角细胞支配的所有肌纤维同步放电的总和。就 MUAP 的时限、波幅、波形及多相波百分比而言,不同肌肉各有其不同的正常值范围（图 5-13A）。

3）大力收缩状态:观察募集现象,即观察肌肉在大力收缩时运动电位的多少及其发放频率的快

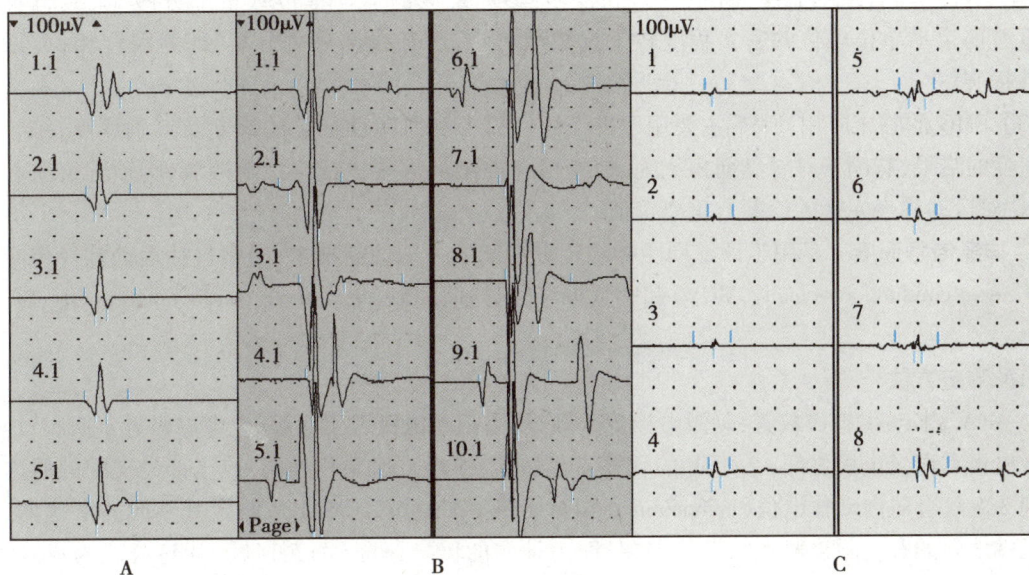

图 5-13　运动单位动作电位（MUAPs）

A. 正常 MUAP（右拇短展肌记录）;B. 神经源性损害时 MUAP 表现（右拇短展肌记录）:MUAP 时限增宽,波幅增高及多相波百分比增高;C. 肌源性损害时 MUAP 表现（右三角肌记录）:MUAP 时限缩短,波幅降低及多相波百分比增高

注:图中 100μV 为电压,1.1 和 1 等数字为 MUAP 的序号

慢。正常情况下,大力收缩时肌电图上呈密集的相互重叠的难以分辨基线的许多运动单位电位,即为干扰相。

（2）异常 EMG

1）插入电位的改变:插入电位减少或消失见于严重的肌肉萎缩、肌肉纤维化和脂肪组织浸润以及肌纤维兴奋性降低等;插入电位的延长或增多提示肌肉易激惹或肌膜不稳定,见于失神经支配的肌肉或炎性肌病。

2）异常自发电位:①纤颤电位(fibrillation potential):由失神经支配的肌纤维对乙酰胆碱的敏感性增高或肌肉细胞膜电位的稳定性下降所致的单个肌纤维的自发放电。纤颤电位多呈双相,起始为正相,后为负相,时限 1~2 毫秒,波幅 20~200μV,频率 2~30Hz,声音为尖而高调的嗒嗒声。见于神经源性损害和肌源性损害。②正锐波(positive shape potential):其产生机制及临床意义同纤颤电位;为一正相尖形主峰向下的双相波,形似"V"字形,时限 10~100 毫秒,波幅差异很大,一般为 50~200μV,频率 4~10Hz,声音呈遥远的雷鸣样音。③束颤电位(fasciculation potential):指在安静的时候出现单个或部分运动单位电位支配肌纤维的自发放电,波形与正常的运动单位电位类似,见于神经源性损害。④其他:例如复合重复放电(complex repetitive discharges,CRD)和肌颤搐(myokymia)电位。

3）肌强直放电(myotonic discharge):与安静时肌膜氯离子通透性减小有关,多见于肌肉自主收缩或受机械刺激后。波幅通常为 10μV~1mV,频率为 25~100Hz。放电过程中波幅和频率逐渐衰减,扩音器可传出"飞机俯冲或摩托车减速"样声音。见于各种原因所致的肌强直。

4）异常 MUAP:①神经源性损害:表现为 MUAP 时限增宽、波幅增高及多相波百分比增高(图 5-13B),见于脊髓前角细胞病变、神经根病变、神经丛和周围神经病等;②肌源性损害:表现为 MUAP 时限缩短,波幅降低及多相波百分比增高(图 5-13C),见于进行性肌营养不良、炎性肌病和其他原因所致的肌病。

5）异常募集相:①单纯相:指肌肉大力收缩时,参加发放的运动单位数量明显减少,在肌电图上表现为单个独立的电位,见于神经源性损害;②病理干扰相:肌纤维变性或坏死使运动单位变小,在肌肉大力收缩时参与募集的运动单位数量明显增加,表现为低波幅干扰相,被称为病理干扰相,见于各种原因导致的肌源性损害;③混合相:参加发放的运动单位数量部分减少,大力收缩时相互重叠的运动单位电位的密集程度较干扰相稍有降低,基线部分可分辨,即为混合相,可见于神经源性损害。

（3）EMG 的临床应用:EMG 主要用于神经源性损害和肌源性损害的诊断及鉴别诊断,结合神经传导速度的结果,有助于对脊髓前角细胞、神经根和神经丛病变进行定位。四肢、胸锁乳突肌和脊旁肌 EMG 对运动神经元病的诊断有重要价值。

2. 神经传导速度   是用于评定周围神经传导功能的一项诊断技术,通常包括运动神经传导速度(motor nerve conduction velocity,MCV)和感觉神经传导速度(sensory nerve conduction velocity,SCV)的测定。

（1）测定方法

1）MCV 测定:①电极放置:刺激电极置于神经干,记录电极置于肌腹,参考电极置于肌腱;地线置于刺激电极和记录电极之间;②MCV 的计算:超强刺激神经干远端和近端,在该神经支配的肌肉上可记录到 2 次复合肌肉动作电位(compound muscle action potential,CMAP),测定其不同的潜伏期,用远端和近端之间的距离除以两点间潜伏期差,即为神经的传导速度(图 5-14)。计算公式为:神经传导速度(m/s)= 两点间距离(cm)×10/两点间潜伏期差(ms)。波幅的测定通常取峰-峰值。

2）SCV 测定:①电极放置:刺激手指或脚趾末端,顺向性地在近端神经干收集(顺向法),或刺激神经干而逆向地在手指或脚趾末端收集(逆向法);地线固定于刺激电极和记录电极之间;②SCV 计算:记录潜伏期和感觉神经动作电位(sensory nerve action potential,SNAP),用刺激电极与记录电极之间的距离除以潜伏期为 SCV。

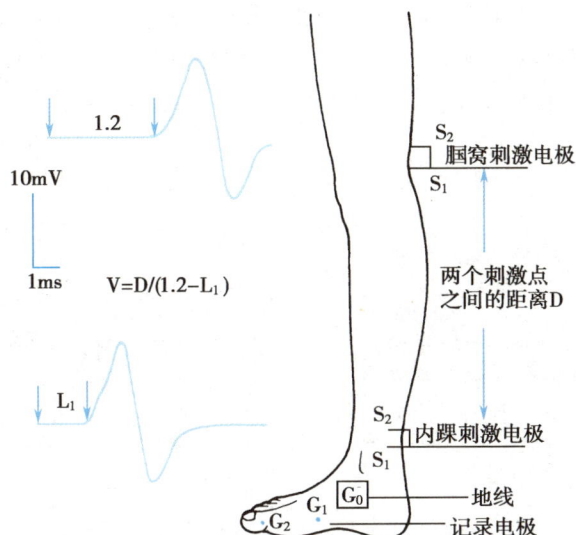

图 5-14　运动神经传导速度计算方法

（2）异常 NCV 及临床意义：MCV 和 SCV 异常表现为传导速度减慢和波幅降低，前者主要反映髓鞘损害，后者为轴索损害。

（3）NCV 的临床应用：NCV 的测定用于各种原因的周围神经病的诊断和鉴别诊断，能够发现周围神经病的亚临床病灶，能区分是轴索损害还是髓鞘脱失；结合 EMG 可以鉴别前角细胞、神经根、周围神经及肌源性损害等。

3. F 波与 H 反射

（1）F 波（F-wave）：F 波是以超强电刺激神经干在 M 波（CMAP）后的一个较晚出现的小的肌肉动作电位。

1）测定方法：①电极放置：同 MCV 测定，不同的是阴极放在近端；②潜伏期的测定：通常连续测定 10～20 个 F 波，然后计算其平均值，F 波的出现率为 80%～100%。F 波出现率的减少或潜伏期延长均提示神经传导异常。

2）临床意义及应用：F 波有助于周围神经病的早期诊断、病变部位的确定。由于 F 波可以反映运动神经近端的功能，对神经根病变的诊断有重要的价值，可弥补 MCV 的不足，临床用于吉兰-巴雷综合征（GBS）、遗传性运动感觉神经病、神经根型颈椎病等的诊断。

（2）H 反射（H-reflex）：H 反射是利用较小电量刺激神经，冲动经感觉神经纤维向上传导至脊髓，再经单一突触连接传入下运动神经元而引发肌肉电活动。

1）测定方法：电极放置：刺激电极置于腘窝胫神经处，记录电极置于腓肠肌肌腹，最佳刺激强度依个人不同反应而定。

2）临床意义及应用：H 反射相对稳定地出现于正常成人 S_1 根所支配的肌肉，其他部位则较少见。若 H 反射消失则表示该神经根或其相关的反射弧病损。临床用于吉兰-巴雷综合征（GBS）、腰椎病、腰骶神经根病变的诊断。

4. 重复神经电刺激（repetitive nerve stimulation，RNS）

RNS 指超强重复刺激神经干后在相应肌肉记录复合肌肉动作电位，是检测神经肌肉接头功能的重要手段。RNS 可根据刺激的频率分为低频（≤5Hz）RNS 和高频（10～30Hz）RNS。

（1）测定方法：①电极放置：刺激电极置于神经干，记录电极置于该神经所支配的肌肉，地线置于两者之间；②神经和肌肉的选择：临床通常选择面神经支配的眼轮匝肌、腋神经支配的三角肌、尺神经支配的小指展肌。高频刺激通常选用尺神经。

（2）正常值的计算和异常的判断：确定波幅递减是计算第 4 或第 5 波比第 1 波波幅下降的百分

比;波幅递增是计算最高波幅比第 1 波波幅上升的百分比。正常人低频刺激波幅减低在 10% ~15%（图 5-15A），高频刺激波幅减低在 30% 以下,而波幅增加在 50% 以下。低频波幅减低>15%（部分定为 10%）（图 5-15B）和高频刺激波幅减低>30% 为异常,称为波幅递减;高频刺激波幅增加>100% 为异常,称为波幅递增。

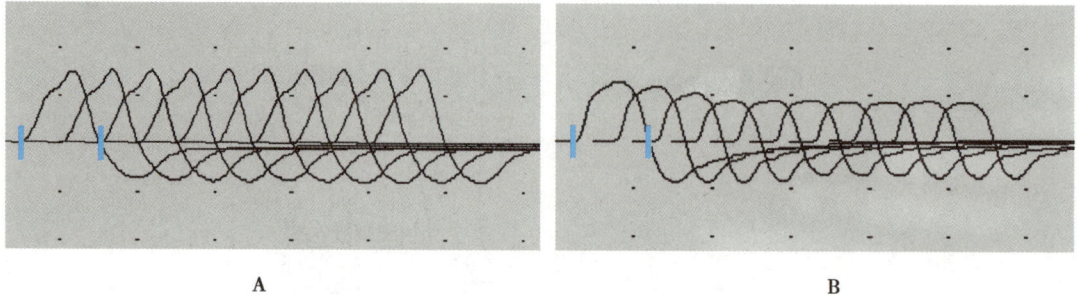

A   **B**

图 5-15　低频重复神经电刺激（RNS）（左尺神经记录,2Hz）
A. 正常低频 RNS;B. 异常低频 RNS:第 5 波较第 1 波波幅递减 15% 以上,见于重症肌无力患者

（3）RNES 的临床意义:检测神经肌肉接头的功能状态,主要用于重症肌无力的诊断以及和 Lambert-Eaton 综合征的鉴别。重症肌无力表现为低频或高频刺激波幅递减;而后者表现为低频刺激波幅递减,高频刺激波幅递增。

第四节　头颈部血管超声检查

一、颈动脉超声检查

颈动脉超声检查是广泛应用于临床的一项无创性检测手段,可客观检测和评价颈部动脉的结构、功能状态或血流动力学的改变。对头颈部血管病变,特别是缺血性脑血管疾病的诊断具有重要的意义。

颈动脉超声检测技术包括二维显像、彩色多普勒血流影像及多普勒血流动力学分析等技术。颈部血管的超声检测一般采用高频线阵 5.0 ~10.0MHz 探头。颈部血管的检测通常包括:双侧颈总动脉、颈内动脉颅外段、颈外动脉、椎动脉颅外段、锁骨下动脉、无名动脉等。

1. 颈动脉彩色多普勒超声观察指标

（1）二维图像的检测指标

1）血管的位置:观察血管的起源、走行及与周围血管的关系,有无变异、移位、受压及动静脉畸形等。

2）血管壁结构:观察内膜、中膜和外膜三层结构,内膜是否光滑、增厚或动脉粥样硬化斑块的位置、大小、形状及超声性质,有无夹层动脉瘤等。

3）血管内径的测量:通过管径的检测及血流动力学的改变以判断血管结构及功能状态的改变,评价血管狭窄的程度。

（2）彩色多普勒血流显像检测指标

1）血流方向:正常血流方向的判断取决于红细胞与探头发射声波之间的相对运动。当红细胞朝向探头运动时,为正向,以红色表示,反之,背离探头的血流以蓝色显示。

2）彩色血流的显像与血管病变的观察:由于血流在血管腔内的流动为层流状态,因此,正常颈动脉血流的彩色显像为中间明亮周边相对减弱。血流的明亮状态与充盈状态,可以反映血管壁结构的变化,当发现血流"充盈缺损"特征时,往往提示血管狭窄性病变的存在。正常颈动脉二维及彩色血流显像见图 5-16。

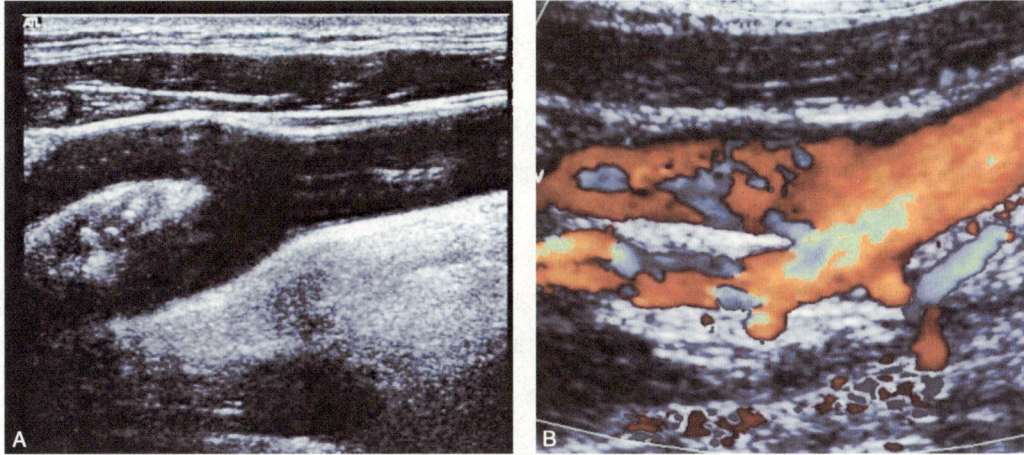

图 5-16 正常颈动脉超声显像
A. 正常颈动脉二维显像；B. 正常颈动脉彩色血流显像

2. 临床应用

（1）颈动脉粥样硬化：表现为内膜不均匀增厚、斑块形成、血管狭窄或闭塞等，根据血管的残余管径及血流动力学参数变化，计算血管狭窄的程度（图 5-17）。

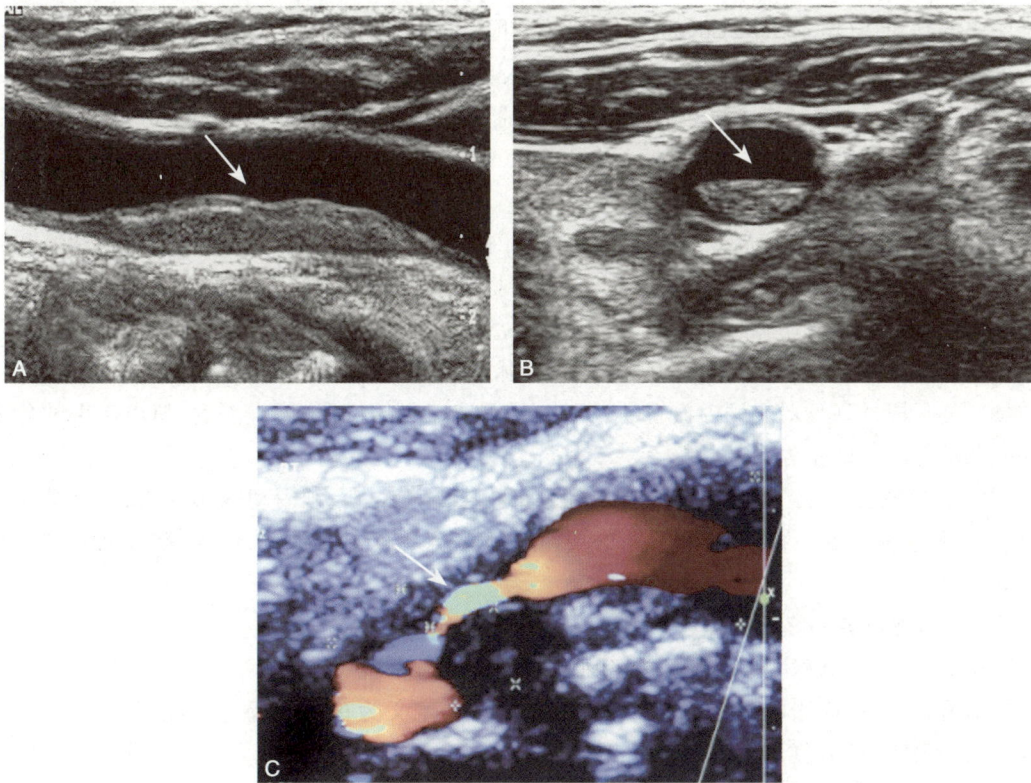

图 5-17 颈动脉粥样硬化斑块的超声显像
A. 颈动脉粥样硬化斑块的纵切面超声显像，箭头显示斑块的位置；B. 颈动脉粥样硬化斑块的横切面超声显像，箭头显示斑块的位置；C. 颈动脉狭窄，箭头显示狭窄的血管腔，血流充盈不全

观察斑块的部位、形态、表面纤维帽的完整性及斑块内声学特征，测量斑块大小。识别斑块的形态学特点对于临床治疗可能有一定价值：斑块内新生血管、复杂斑块、斑块溃疡、低回声、斑块内运动等斑块特征可能与症状性颈动脉狭窄患者相关；而不均质回声及不伴溃疡的表面不规则斑块与症状

无相关性。应注意客观评估斑块的易损性。单纯以"软斑"或"硬斑"提示为易损或非易损斑块是不客观的,并且斑块受血流剪切应力的影响,易损性不是一成不变的。检查结果的解释应科学客观,应告知患者针对危险因素的治疗控制。

有卒中危险因素的患者应该考虑接受颈部动脉超声检查。推荐对颈动脉狭窄高危患者进行筛查,以发现有血流动力学意义的狭窄;对有短暂缺血性视网膜病变或者短暂神经系统症状及脑梗死的患者,应进行颈动脉超声,以发现颈动脉狭窄。值得注意的是超声检查可能无法区分血管的不全闭塞和完全闭塞,其结果的最终确定通常要进行其他检查如 CTA、MRA 或 DSA。

(2)锁骨下动脉盗血综合征:由于锁骨下动脉或无名动脉起始部狭窄或闭塞,导致病变远端肢体血液供应障碍及椎基底动脉系统缺血,超声显示病变血管狭窄,患侧椎动脉血流方向部分或完全逆转。

(3)先天性颈内动脉肌纤维发育不良:超声显示动脉管腔粗细不均,内膜和中膜结构显示不清,管腔内血流充盈不均呈"串珠样"改变。

(4)颈内动脉瘤:根据动脉瘤的病理基础和结构特征可分为真性动脉瘤、假性动脉瘤和夹层动脉瘤。夹层动脉瘤是由于动脉内膜与中膜之间分离,使病变血管出现双腔结构(真腔与假腔),假腔内血流的灌注与血栓的形成造成真腔管径减小,血管狭窄。

(5)大动脉炎:表现为血管壁内膜、中膜及外膜结构分界不清,动脉内膜和中膜的结构融合,外膜表面粗糙,管壁均匀性增厚,管腔向心性狭窄等。

二、经颅多普勒超声检查

经颅多普勒超声(transcranial doppler,TCD)是利用颅骨薄弱部位作为检测声窗,应用多普勒频移效应研究脑底动脉主干血流动力学的一种无创的检测技术。1982 年 Rune Aaslid 首先建立了 TCD 诊断方法。由于实时、便携、无创、可反复检查、可长程监测的优点,TCD 在临床上得到广泛应用,在神经系统疾病诊断中占有重要地位。

(一)检测方法和观察指标

1. 颅内动脉检查方法   2MHz 探头用于检查颅内动脉。最常用的检查部位是颞窗、枕窗和眼窗。①颞窗:位于颧弓上方的眼眶外缘与耳屏之间,可以探测到大脑中动脉、大脑前动脉、大脑后动脉、颈内动脉终末段和前后交通动脉。在>50 岁的患者中,5% ~ 10% 颞窗缺如。②枕窗:位于枕骨粗隆下,可以探测到椎动脉颅内段、小脑后下动脉和基底动脉。③眼窗:位于闭合眼睑上方,可探测到眼动脉和颈内动脉虹吸段。TCD 对于颅内血管的识别主要通过探头的位置、检查深度、超声声束的角度、血流方向及颈动脉压迫试验等确定。

2. 颅外动脉检查方法   使用 4MHz 探头在颈部检查颈总动脉、颈内动脉颅外段、颈外动脉、锁骨下动脉近端、椎动脉近端及椎动脉寰枢段,必要时还需检查滑车上动脉、枕动脉、颞浅动脉、颌内动脉以及桡动脉等。

3. TCD 检测参数和临床意义

(1)检测深度:检测深度是识别颅内各血管的重要依据。

(2)血流方向:被检测血管血流朝向探头时血流方向定义为正向,血流频谱位于基线上方;背离探头时定义为负向,频谱位于基线下方。当多普勒取样容积位于血管的分支处或血管走向弯曲时,可以检测到双向血流频谱。

(3)血流速度:血流速度的单位为 cm/s,主要包括峰值流速(peak velocity 或 systolic velocity,Vp 或 Vs)、舒张末期流速(diastolic velocity,Vd)和平均血流速度(mean velocity,Vm),其中 Vm=Vp+(Vd×2)/3。血管管径大小、远端阻力或近端压力的改变均会引起血流速度的变化。

(4)搏动指数(pulsatility index,PI):PI 是评价远端血管床阻力及脑血流灌注状态高低的指标,其计算式为 PI=(Vp−Vd)/Vm。正常颅内动脉的 PI 值为 0.65 ~ 1.10。PI 减低为低阻力频谱,可见于闭塞或严重狭窄远端的低平血流、动静脉畸形或动静脉瘘等。PI 增高,为高阻力频谱,见于颅内压增高,也见于闭塞或严重狭窄的近端低速高阻血流。

（5）频谱形态：频谱形态反映血液在血管内流动的状态。正常情况下血液在血管内流动呈规律的层流状态，处于血管中央的红细胞流动最快，周边逐渐减慢。正常层流状态 TCD 频谱周边显示为明亮的色彩，表示血管腔中心高流速细胞的运动状态；频谱中间接近基线水平为蓝色的"频窗"，表示血管腔周边相对低流速细胞的运动状态。当血管管腔狭窄时，狭窄部位的血流速度会增高，会出现低频增强、"频窗"消失、涡流或湍流等紊乱的频谱形态（图5-18）。

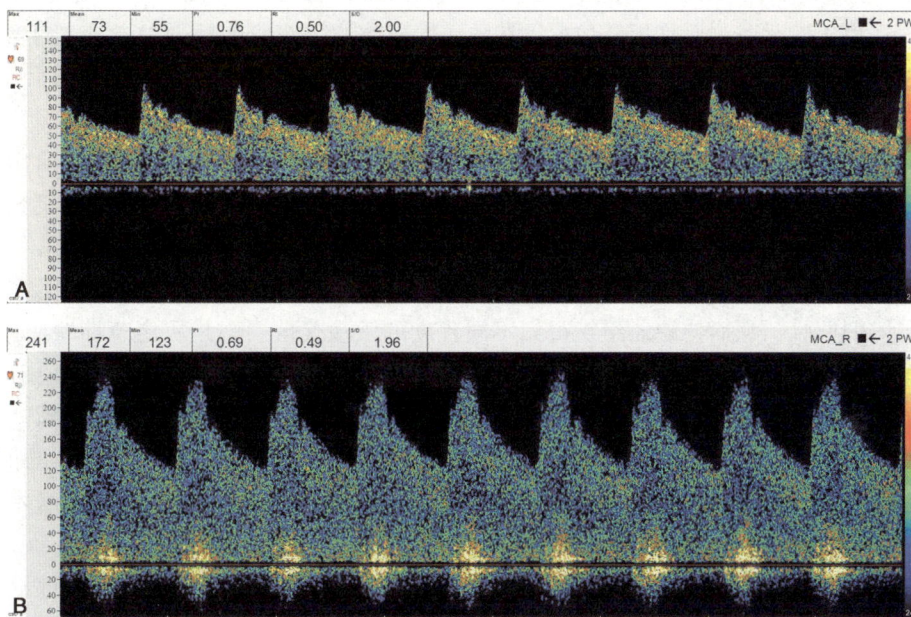

图5-18　大脑中动脉 TCD 血流频谱

A. 正常大脑中动脉血流频谱：平均流速 73cm/s，近基线处"频窗"清晰；B. 大脑中动脉狭窄血流频谱：平均流速高达 172cm/s，"频窗"消失，出现涡流

（6）声频信号：正常层流状态的血流声频信号柔和悦耳；当出现血管狭窄、动静脉畸形或动静脉瘘时，血流紊乱，并产生粗糙的血管杂音。

（二）TCD 的临床应用

1. 颅内、外动脉狭窄或闭塞的诊断　TCD 可以诊断颅内、颅外动脉狭窄或闭塞。

（1）TCD 诊断动脉狭窄的主要依据：①血流速度增高：收缩期血流速度最直观，而平均血流速度诊断狭窄的特异度更高，参见表5-1；②频谱形态异常：正常的层流状态消失，出现紊乱的血流频谱是血管狭窄的重要依据；③声频改变：正常血流的声频信号柔和悦耳，而狭窄处血流声频粗糙、出现机械样或鸥鸣样杂音。

表5-1　颅内血管狭窄血流速度诊断标准（>40 岁年龄组）

颅内血管	临界值（cm/s）		诊断值（cm/s）	
	收缩期峰值流速	平均血流速度	收缩期峰值流速	平均血流速度
大脑中动脉	140~160	80~100	>160	>100
大脑前动脉	100~120	60~80	>120	>80
大脑后动脉	80~100	50~70	>100	>70
颈内动脉虹吸部	100~120	60~80	>120	>80
椎动脉和基底动脉	80~100	50~70	>100	>70

值得注意的是在血管迂曲的部位血流速度也会增高,也会出现异常的血流频谱,应仔细加以鉴别。此外,当血管狭窄节段较长或狭窄极为严重时,血流速度可以不增快,因此不能仅凭血流速度的增高诊断狭窄,应该注意进行综合分析给出诊断。

TCD 诊断血管狭窄的特异度和敏感度,按高低顺序依次是大脑中动脉 M1 段、颈内动脉末端、大脑后动脉 P1 和 P2 段,对椎基底动脉颅内段狭窄的特异度和敏感度较低。TCD 不能直接观察到颈内动脉水平段、大脑中动脉 M2 段及其远端的血流。50 岁以上的受检者有 5% ~ 10% 没有颞窗。

(2)在急性缺血性卒中诊断和治疗中的应用:TCD 检查无创、操作方便、可以床边进行、能反复多次实时操作,还可以实时监测血管再通情况。在缺血性卒中的急性期进行 TCD 检查对于发现血管闭塞或狭窄的位置、明确脑缺血发病机制、了解侧支循环建立情况、指导临床选择合理的治疗决策起到重要作用。因此,对于急性缺血性卒中患者应尽早进行 TCD 检查。

(3)对血管事件高危患者进行头颈部血管狭窄、闭塞的筛查:对于有卒中危险因素的患者可以用 TCD 筛查颅内及颈部血管狭窄或闭塞。对于无症状颅内动脉狭窄或闭塞患者,应定期进行 TCD 随访。

(4)对脑侧支循环的评价及意义:脑侧支循环是指当大脑的供血动脉严重狭窄或闭塞时,血流通过其他血管达到缺血区,从而使缺血组织得到不同程度的灌注代偿。它是决定急性缺血性卒中后最终梗死体积和缺血半暗带的主要因素。人脑侧支循环代偿一般通过三级侧支循环途径来建立:一级侧支循环指通过 Willis 环的血流代偿。它作为最重要的代偿途径,可迅速使左右侧大脑半球及前后循环的血流互相沟通。二级侧支循环指通过眼动脉、软脑膜吻合支以及其他相对较小的侧支与侧支吻合支之间实现的血流代偿。三级侧支循环属于新生血管,部分病例在缺血后一段时间才可以形成。对于不同个体、不同病变,侧支循环的建立和代偿能力差异较大。TCD 可以提供血流速度、血流方向、频谱形态等血流动力学信息,配合颈总动脉压迫试验对侧支循环进行评估。此外,还可以结合二氧化碳或血管扩张剂的刺激观察脑血流变化,间接判定侧支循环功能状态。

2. **微栓子监测** 微栓子信号(microembolic signals, MES)是由于微栓子与循环血流的声阻抗不同,产生不同于循环血流的声频特征,表现为血流频谱中与血流方向一致、短时程的高强度音频信号。第九届国际脑血流动力学会议调查委员会对 MES 的特征规定如下:短时程,通常短于 300ms;高强度,通常高于背景血流 3dB 或以上;单方向,与血流方向一致,出现于血流频谱中;伴有尖锐"鸟鸣"或"哨音"或"呻吟"的高音频信号。采用双或多深度探头监测时,MES 存在双深度时间差,有利于 MES 的识别。出现栓子信号提示相关动脉的粥样硬化斑块的易损性或者急性卒中进展的可能性。栓子监测可帮助判断栓子来源和评估抗栓治疗效果。随机发生在双侧 MCA 的栓子可能源于主动脉弓、心脏或肺动静脉瘘;而始终发生于一侧 MCA 的栓子,可能源于该侧颈内动脉系统。

3. **评价右向左分流(right to left shunt,RLS)** 评估右向左分流的 TCD 发泡试验,又称对比增强 TCD,是通过肘静脉推注对比剂进入右心房,如果存在右向左分流,则微气泡通过分流进入左心和体循环,TCD 即可监测到进入脑动脉的气泡微栓子信号(图 5-19)。隐源性卒中患者建议行 TCD 发泡试验筛查 RLS。绝大多数 RLS 是由心脏卵圆孔未闭引起,少数 RLS 是肺动静脉瘘导致。因此,当发泡试验提示 RLS 存在时,应考虑经食道超声或胸部 CT 血管造影进一步探查。

4. **评价脑血管舒缩反应性** TCD 脑血管舒缩反应性检测技术已用于评价有症状或无症状颈内动脉颅外段狭窄或闭塞、脑内小动脉病变、脑外伤和动脉瘤性蛛网膜下腔出血。该检测技术可以反映血管狭窄后脑内小动脉和毛细血管床血管容积代偿潜力,可以帮助临床诊断和评估治疗效果。脑血管舒缩反应能力的下降是血管狭窄性病变患者临床预后差的依据之一。

5. **评估卧立位血压变化与脑血流动态调节** 观察蹲立体位改变或者倾斜床体位改变过程中血压改变和脑血流速度改变及其两者之间的关系,可以评估脑血流自动调节潜力。主动直立或倾斜试验过程中出现无症状的或者头晕、晕厥前兆的血压下降,且血压下降幅度>20/10mmHg 的标准,或收缩压<90mmHg,即可诊断直立性低血压。结合 TCD 监测,可以提前预警短暂脑缺血发作的发生,提高

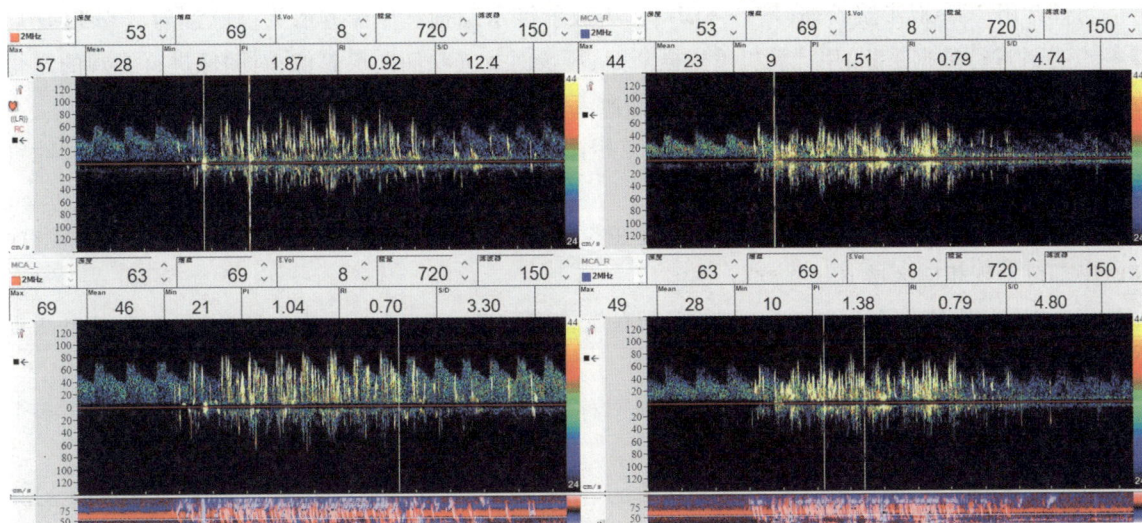

图 5-19　TCD 发泡试验监测双侧大脑中动脉血流

TCD 双通道双深度监测到 RLS 进入双侧大脑中动脉的大量气泡微栓子信号,显示为血流频谱中雨帘状的大量亮黄色高强度信号

检查的安全性。

6. **诊断和监测自发性蛛网膜下腔出血所致血管痉挛**　蛛网膜下腔出血患者常规进行 TCD 检查,动态观察双侧半球动脉和颅外段颈内动脉血流速度、搏动指数及 Lindegaard 指数的变化。当大脑中动脉或前动脉平均血流速度>120cm/s 或者血流速度迅速增加(每天平均血流速度增加>25cm/s),椎基底动脉平均血流速度>80cm/s,都提示血管痉挛的可能。Lindegaard 指数(即血管痉挛指数,为颅内大脑中动脉平均血流速度与颅外段颈内动脉平均血流速度比值):健康人为 1.7±0.4,当 Lindegaard 指数>3 时,常提示发生血管痉挛,而≤3 则认为其血流动力学改变为全脑充血状态。

7. **判断脑血流循环停止**　TCD 可以通过探测脑血流循环停止来帮助诊断脑死亡。我国脑死亡判定标准中将 TCD 列为脑死亡三项确认试验之一。脑死亡时 TCD 可表现为脑血流信号消失、呈振荡波或者钉子波。注意应对双侧大脑中动脉、颈内动脉虹吸部、椎基底动脉进行检测,仅一条动脉血流信号改变不能诊断脑死亡。

第五节　放射性核素检查

某些神经疾病可能仅表现为脑功能的变化,而脑结构和形态变化不明显或无变化,因此临床上需要应用显示脑功能的显像方法。核医学显像即放射性核素显像,是一类能反映功能和代谢的显像方法,包括单光子发射计算机断层(single photon emission computed tomography,SPECT)和正电子发射计算机断层(position emission tomography,PET)。SPECT 大多使用能通过血脑屏障的放射性药物,显示局部脑血流的分布;PET 主要使用正电子放射性核素及其标记化合物,显示局部脑葡萄糖代谢、脑受体分布与数量和脑血流分布。

一、单光子发射计算机断层

SPECT 提供的三维显像方法为脑血流量变化的显示和测定提供了比较准确、安全和价廉的方法,可辅助某些神经科疾病的诊断。

1. **基本原理**　静脉注射可通过血脑屏障的放射性显像剂,应用设备采集信息和重建图像。由于脑组织摄取和清除显像剂的量与血流量成正比,从而可获得脑内各部位局部血流量的断层图像。SPECT 的主要不足之处是组织解剖结构显示欠清晰。

目前常用^{99m}Tc-双半胱乙酯(^{99m}Tc-ECD)作为放射性示踪剂。显像方法为静脉注射^{99m}Tc-ECD后15~60分钟进行数据采集,用计算机重建横断面、冠状面及矢状面断层影像,对图像进行客观的定量分析、测定,并计算出脑血流量(CBF)和局部脑血流量(rCBF)。

2. **临床应用**   与 CT 和 MRI 等结构性影像相比,SPECT 显像可获得前两者无法获得的脑功能资料,对于某些疾病诊断有一定的优越性。

(1)短暂性脑缺血发作(TIA):TIA 患者在没有脑组织结构的改变时 CT 和 MRI 往往正常,而 SPECT 却可发现相应区域 rCBF 降低。

(2)癫痫:发作期病灶区的 rCBF 增高,而在发作间歇期 rCBF 降低。据此原理,可配合脑电图提高手术前病灶定位的准确性。

(3)痴呆:阿尔茨海默病患者典型表现是对称性颞顶叶 rCBF 降低;血管性痴呆可见散在、多个 rCBF 减低区;额颞叶痴呆则呈双侧额叶低灌注。

(4)锥体外系疾病:帕金森病可见纹状体的 rCBF 降低;亨廷顿病可见到额、顶和尾状核的 rCBF 降低。

二、正电子发射计算机断层

PET 是显示脑代谢和功能的图像,如局部脑葡萄糖代谢、氨基酸代谢、氧代谢和脑血流,还可显示神经受体的位置、密度及分布。随着 PET/CT 和 PET/MRI 等具有同时反映解剖结构和功能代谢的先进仪器的问世以及多模态显像和新型显像剂的成功应用,PET 能够做到更精确地定位和定量,从分子水平上展示脑内生理、病理变化状态。

1. **基本原理**   将发射正电子的放射性核素如^{18}F 标记的氟代脱氧葡萄糖(^{18}F-FDG)引入体内,通过血液循环到达脑部而被摄取。利用 PET 系统探测这些正电子核素发出的信号,用计算机进行断层图像重建。常用脑显像包括:脑葡萄糖代谢显像,神经递质、受体和转运蛋白显像,β 淀粉蛋白(amyloid,Aβ)或 tau 蛋白显像以及脑血流灌注显像。

2. **临床应用**   PET 弥补了单纯解剖形态成像的不足,能反映局部脑功能的变化,在疾病还未引起脑的结构改变时就能发现脑局部代谢的异常,临床上有很重要的用途。

(1)癫痫:难治性癫痫需外科治疗时,PET 能帮助确定低代谢活动的癫痫病灶的位置。癫痫患者发作期表现为癫痫灶的代谢增加,而在发作间歇期表现为可发现代谢减低区,其准确率可达80%,明显优于 CT 和 MRI 因此,对于手术前原发性癫痫的病灶定位具有重要意义。有助于外科手术切除癫痫病灶的定位。

(2)痴呆:PET 可用于痴呆的鉴别诊断,AD 可表现为双侧对称性的顶叶和颞叶^{18}F-FDG 下降(图5-20 A、D)。AD 患者出现的代谢减低主要与对应区域的脑组织萎缩、代谢物质利用减少有关,因此 AD 经过矫正脑萎缩后与常人无明显差别;而血管性痴呆糖代谢的表现与 AD 不同,当前者去除脑梗死组织后,残留的正常脑组织仍然表现为葡萄糖代谢率的降低。此外,近年来研发成功的几种新型显像剂能够显示脑内 β 淀粉蛋白和 tau 蛋白。例如 β 淀粉蛋白标记配体^{11}C-PIB PET 成像技术可显示脑内的 Aβ 沉积,能实现 AD 的早期诊断(图5-20B、C、E、F)。

(3)帕金森病:联合应用多巴胺转运蛋白(dopamine transporter,DAT)和多巴胺 D2 受体(dopamine D2 receptor,D2R)显像能完整地评估帕金森病的黑质-纹状体通路变性程度,对帕金森病的早期诊断、鉴别诊断和病情严重程度评估均有一定价值。

(4)肿瘤:主要用于脑肿瘤放射治疗后辐射坏死与肿瘤复发或残存的鉴别诊断,前者表现为代谢减低,后者则为代谢增高。在检查脑部原发性肿瘤方面也很有价值,能敏感地发现早期病灶,帮助判断肿瘤的恶性程度。

PET 的主要不足是仪器设备和检查费用昂贵,仅在少数大型医院应用。

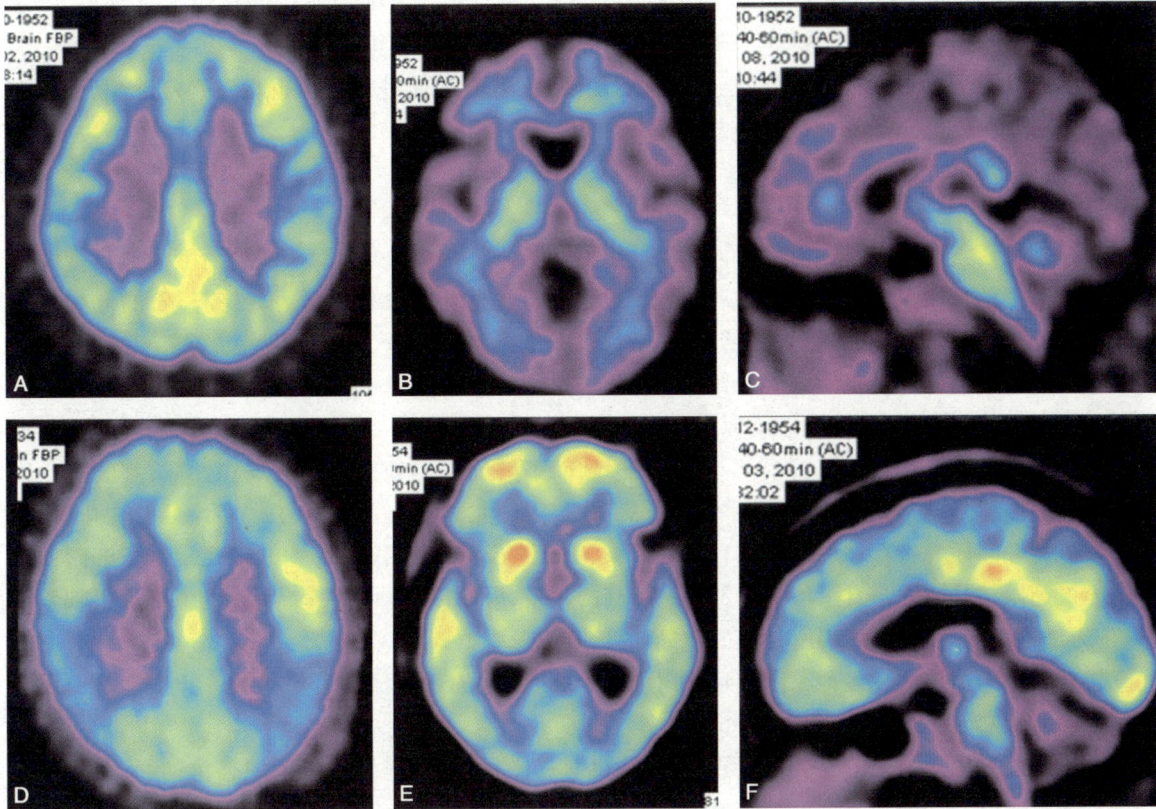

图 5-20　正常人与 AD 患者的^{18}F-FDG PET 和^{11}C-PIB PET 脑显像比较

A. 正常人脑^{18}F-FDG PET；B、C. 分别为正常人脑^{11}C-PIB PET 横断面和矢状面，显示 PIB 摄取量极低；
D. AD 患者脑^{18}F-FDG PET 显示双侧顶叶皮质对称性低代谢；E、F. 分别为 AD 患者脑^{11}C-PIB PET 横断面和矢状面，显示 AD 患者 PIB 的摄取明显增加

第六节　脑、神经和肌肉活组织检查

脑、神经和肌肉活组织检查的主要目的是为了明确病因，得出病理诊断，并且通过病理检查的结果进一步解释临床和神经电生理的改变。但是活组织检查受取材的部位、大小和病变分布的限制，也有一定的局限性，有时即使病理结果阴性，也不能排除诊断。

一、脑活组织检查

脑活组织检查（biopsy of brain tissue）是通过取材局部脑组织进行病理检查的一种方法，可为某些脑部疾病的诊断提供重要的依据。

脑活检取材方式分为手术活检和立体定向穿刺活检，取决于病变的部位。脑深部或功能区的局灶性病变，宜采用立体定向穿刺活检，在头部 CT 或 MRI 指导下，不同深度多点取材，尽可能反映疾病病理变化的全貌。较浅的、靠近皮质的局灶性病变，切除后对脑功能影响不大，或立体定向穿刺未能明确诊断时可以手术活检。脑活检后的标本要根据临床需要和组织特性，选择恰当的病理技术处理。通常将标本制成不同的切片，采用不同的染色技术显示病变。还可从脑活检组织中分离病毒或检测病毒抗原，应用聚合酶链反应（PCR）检测病毒特异性 DNA 或原位杂交技术确定病毒的类型等。

脑活检主要用于：①脑感染性疾病抗感染治疗效果不好需要进一步查明病因；②临床疑诊为某些遗传代谢性疾病，如脑白质营养不良、神经节苷脂沉积病、肌阵挛性癫痫、线粒体脑病和溶酶体病等；③神经影像学提示的脑内占位性病变诊断，鉴别肿瘤、炎症和胶质增生等；④不明原因进行性痴呆，如

路易体痴呆、Creutzfeld-Jakob 病等的诊断与鉴别诊断。⑤炎症性疾病如亚急性硬化性全脑炎、肉芽肿、结节病及血管炎等。

脑活检是一种创伤性检查,有可能造成脑功能缺失,有时即使进行活检也难以确定诊断,须权衡利弊,严格掌握适应证。

二、神经活组织检查

腓肠神经活组织检查是最常用的神经活组织检查(nerve biopsy),有助于确定周围神经病变的性质和病变程度的判断,是周围神经疾病病因诊断的重要依据。经取材后,标本可经过石蜡和树脂包埋,切片后根据诊断的要求,进行常规组织学染色(HE,Masson 三色)、刚果红染色、锇酸染色以及各种免疫组织化学染色等,电镜样品还需铅、铀染色。

在神经活检的切片上,光镜下可观察到有髓纤维的密度、大中小纤维的比例和分布、髓鞘有无脱失、轴索有无变性、有无"洋葱球"和再生簇形成,从而了解周围神经损害的程度和性质,判断病变性质是脱髓鞘性还是轴索性或神经元性神经病,病程处于急性或慢性过程;除了神经纤维的变化,还可以观察到神经间质是否存在炎性反应和新生血管,有无异常物质的沉积等。电镜观察可了解胞质内细胞器的超微结构,如线粒体、溶酶体、糖原、脂滴的数量、分布以及功能状态,所以电镜是观察轴索内部、施万细胞,尤其是无髓纤维所必需的,对病因诊断十分重要。

神经活检的适应证是各种原因所致的周围神经病,儿童的适应证还可包括疑诊异染性脑白质营养不良、肾上腺脑白质营养不良和 Krabbe 病等。

周围神经病的原因十分复杂,腓肠神经活检也有局限性,因为腓肠神经为纯感觉神经,对于纯运动神经病变或以运动神经损害为主的神经病变,腓肠神经活检不能或不能全面反映神经病理的变化及程度,需要做尺神经活检。一些中毒、代谢及遗传性周围神经病缺乏特异性病理改变,因此周围神经病的诊断仍需结合临床和其他实验室检查结果进行综合考虑。

三、肌肉活组织检查

肌肉活组织检查(muscle biopsy)是临床常用的病理检查手段,主要的临床适应证包括:①肌肉疾病的诊断与鉴别诊断,如炎症性疾病包括多发性肌炎、皮肌炎等,肌营养不良,先天性肌病,代谢性肌病如脂质沉积病、糖原累积病、线粒体疾病等、Lafora 病、蜡样脂褐素沉积症等;②鉴别神经源性或肌源性肌损害,如脊肌萎缩症的鉴别;③确定系统性疾病(如内分泌性肌病等)伴有肌无力者是否有肌肉组织受累、肌肉间质有无血管炎症或异常物质沉积等。关于肌肉活检的取材,慢性进行性病变时应选择轻至中度受累的肌肉,急性病变应选择受累较重甚至伴疼痛的肌肉。切忌选择肌力低下非常明显,已有严重萎缩的肌肉,因为这样的肌肉肌纤维残存较少或已经被脂肪或结缔组织所代替,难以获得充分的病理信息;同时应避免在肌电图检测部位附近取材,因针刺部位可能伴有炎细胞浸润而易导致误诊为肌炎。原则上选择肌肉丰富、操作简便、损伤较轻的肱二头肌作为取材部位,其次是股四头肌、三角肌和腓肠肌等。

肌肉活检标本可根据需要进行处理和染色,光镜或电镜下观察。冷冻切片可以很好地进行组织化学染色,已经替代了过去的甲醛固定、石蜡包埋切片。染色方法有很多种,主要有组织学染色、组织化学染色、免疫组化染色和生物化学染色等。选择何种染色主要取决于所患疾病。常规进行苏木素-伊红(HE)染色、改良 Gomori 染色和 NADH-TR 染色,以上三种染色可以提供绝大多数肌肉病理信息,绝大部分肌肉疾病都可以借此确诊。除此之外一般还进行染糖原的 PAS 染色,染脂肪的油红 O 染色,染神经肌肉接头和小角化纤维的非特异性酯酶染色,鉴别肌纤维类型的 ATP 酶染色等。根据病情需要还可进一步行免疫组化染色,如用于肌营养不良的抗肌萎缩蛋白及相关蛋白染色,用于炎症肌病的淋巴细胞亚群和免疫球蛋白染色等。

肌肉病理检查因受取材和方法学等方面的限制,虽然可以为临床诊断提供很大的帮助,但仍有一定的局限性,只有结合家族史、临床表现和其他检查的结果才能对疾病作出最后诊断。

第七节　基因诊断技术

神经系统遗传病约占人类遗传病的60%,具有家族性和终生性的特点。以往对其诊断主要依靠病史、体征、家系调查、生化和酶学等辅助检查,但这些常规诊断方法难以对遗传病作出早期诊断、症状前诊断或产前诊断。基因诊断(gene diagnosis)又称分子诊断,指运用分子生物学的技术方法来分析受检者的某一特定基因的结构(DNA 水平)或功能(RNA 水平)是否异常,以此来对相应的疾病进行诊断,是重要的病因诊断技术之一。基因诊断不仅能对一些疾病作出确切的诊断,也能确定与疾病有关联的状态,如对疾病的易感性、发病类型和阶段的确定等。基因诊断的途径主要包括:DNA 检测、基因连锁分析和 mRNA 检测。常用的基因诊断的技术包括:核酸分子杂交技术、聚合酶链反应(PCR)、基因测序和基因芯片等。

一、基因诊断常用的技术和方法

根据原理通常分为以下几类:

1. **核酸分子杂交技术**　核酸分子杂交技术是将分子杂交与组织化学相结合的一项技术,其利用标记的已知核酸探针,与待测样品 DNA 或 RNA 片段进行核酸分子杂交,对特定的 DNA 或 RNA 序列进行定量或定性检测,是最早应用于基因诊断的基本技术之一。根据杂交方式不同分为 Southern 印迹杂交、Northern 印迹杂交、原位杂交、斑点杂交和免疫印迹杂交等。

2. **聚合酶链反应扩增技术(polymerase chain reaction,PCR)**　PCR 技术利用体内 DNA 复制原理,在模板 DNA、引物和四种脱氧核糖核苷三磷酸存在的条件下,依赖 DNA 聚合酶进行酶促反应,从而获得大量靶 DNA,由于其特异性和高效性,已经广泛应用于遗传性疾病的基因诊断。

3. **DNA 测序**　DNA 测序是分离并扩增患者相关基因片段后,测定其核苷酸序列,探究 DNA 变异性质,是基因诊断最直接、最准确的技术。目前第二代测序技术应用四种荧光标记的双脱氧核苷酸确定 DNA 序列,自动化程度高,更省时直观。

4. **基因芯片技术**　基因芯片技术是将 DNA 寡核苷酸有序的排列形成二位 DNA 探针阵列,与荧光标记样品杂交,然后通过共聚焦显微镜检测杂交信号的强度,获得待测样品的大量基因序列信息。生物芯片技术与其他学科的交叉融合,可用于基因表达水平的检测、药物筛选、个体化医疗、DNA 序列分析及生物信息学研究等。

5. **外显子捕获技术**　外显子组捕获技术通过全外显子组的扫描,结合生物信息分析技术,找到遗传病患者特异的单核苷酸多态性(single nucleotide polymorphisms,SNPs),经过验证即可发现某种单基因病的致病基因。

6. **全基因组关联分析(genome wide association study,GWAS)**　全基因组关联分析是指在全基因组层面上,开展多中心、大样本、反复验证 SNPs 与疾病的关联研究,以揭示遗传病的相关基因。GWAS 将在多基因遗传病和肿瘤易感基因的检测以及相关疾病的诊断中发挥重要作用。

二、基因诊断的临床意义

基因诊断可以弥补神经系统遗传性疾病临床(表型)诊断的不足,利于早期诊断,并为遗传病的分类提供新的方法和依据,为遗传病的治疗提供新的出路。

1. **遗传性疾病**　根据受累遗传物质的不同分类,神经系统遗传性疾病主要包括单基因遗传病、多基因遗传病、线粒体遗传病、染色体病和体细胞遗传病(主要为癌症)。目前基因诊断在神经系统遗传性疾病中的应用主要包括:①单基因遗传病的诊断、鉴别诊断及病因的确定:如 Duchenne 型进行性肌营养不良、亨廷顿病、遗传性脊髓小脑共济失调、脊髓性肌萎缩、Charcot-Marie-Tooth 病、家族性淀粉样变性、Wilson 病、遗传性肌张力障碍、Leigh 病、强直性肌营养不良等;②为表型多样性疾病的基因分型提供依据：如脊髓小脑共济失调主要为基因分型；③对单基因和多基因遗传性疾病易感人群进行早期诊断和干预：如检测 Wilson 病基因和阿尔茨海默病的载脂蛋白 E 基因，确定易感人群进行早期干预，阻止或延缓出现临床症状；④神经系统遗传性疾病的产前诊断和咨询。表 5-2 列出了常见遗传性神经系统疾病的遗传方式及基因定位。

表 5-2 常见遗传性神经系统疾病的遗传方式及基因定位

疾　　病	遗传方式	相关位点
头痛与偏头痛		
偏瘫性偏头痛 1 型	AD	19p13
脑血管疾病		
伴皮质下梗死和白质脑病的常染色体显性遗传型脑动脉病（CADASIL）	AD	19p13.2
神经系统变性疾病		
脊髓小脑性共济失调	AD	6p23,12q24,14q32.1
Friedreich 共济失调	AR	9q21.1
齿状核红核苍白球路易体萎缩症	AD	12p13.31
亨廷顿舞蹈症	AD	4p16.3
帕金森病	AD	4q21、12q12
帕金森病	AR	6q25、1p36
早发性阿尔茨海默病	AD	21q21,14q23.3,1q31-42
脊髓性肌萎缩症	AR	5q12.2-13.3
X 连锁隐性遗传性脊髓延髓肌萎缩	XLR	Xq11-12
运动障碍性疾病		
高钾性周期麻痹	AD	19p13
多巴反应性肌张力障碍	AR	14q32.1
发作性运动诱发性运动障碍	AD	16p11.2
癫痫		
全面性癫痫伴热性惊厥附加症	AD	2q24
良性新生儿家族性惊厥	AD	20q13.3
青少年肌阵挛性癫痫	AD	5q34-q35
周围神经病		
腓骨肌萎缩症ⅠA 型	AD	17p11.2
X-连锁腓骨肌萎缩症	XLD	Xq13.1
自主神经疾病		
红斑性肢痛病	AD	2q24
神经-肌肉接头及肌肉疾病		
Duchenne 型肌营养不良	XLR	Xp21.2
强制性肌营养不良 1 型	AD	19q13.2
强制性肌营养不良 2 型	AD	3q13
先天性肌强直	AD/AR	7q35
智力缺陷综合征		
Rett 综合征	XLD	Xq28
脆性 X 综合征	XLR	Xq27.3
神经皮肤综合征		
周围神经纤维瘤	AD	17q11.2
双侧听神经纤维瘤病	AD	22q11-13.1
结节性硬化症	AD	9q34,16p13.3

续表

疾　　病	遗传方式	相关位点
线粒体病		
线粒体脑肌病（MELAS）	mtDNA	mtDNA
Leber 遗传性视神经病	mtDNA	mtDNA
类脂质沉积病		
脑苷脂沉积病	AR	1q21
神经鞘磷脂沉积病	AR	11p15/18q11-q12/14q24
脑半乳糖苷沉积病	AR	14p21-p31
异染性白质脑病	AR	22q13
神经节苷脂沉积病	AR	15q23-q24/5q13
肾上腺脑白质营养不良	XLD	Xq28
氨基酸代谢病		
Fabry 病	XLR	Xq22.1
苯丙酮尿症	AR	12q22-12q24
同型胱氨酸尿症	AR	21q22.3
重金属代谢障碍疾病		
肝豆状核变性	AR	13q14.3
Menkes 病	XLR	Xq13.3
Cockayne 综合征	AR	10q11,5q12

注：AD：常染色体显性遗传；AR：常染色体隐性遗传；XLD：X 连锁显性遗传；XLR：X 连锁隐性遗传；mtDNA：线粒体 DNA

2. 感染性疾病　病原体的检测应用基因诊断方法来检测血液、脑脊液、其他体液、组织标本的病原体，有利于早期、快速、准确地诊断神经系统感染性疾病。目前常用的包括：病毒感染（单纯疱疹病毒、E-B 病毒等）、细菌感染（结核、新型隐球菌、脑膜炎双球菌等）、螺旋体感染（神经莱姆病）、弓形虫感染和 Prion 蛋白病。

3. 药物基因组学的临床应用　药物基因组学是在药物遗传学的基础上发展起来的、以功能基因组学与分子药理学为基础的一门学科，采用基因组学的信息和研究方法，通过分析 DNA 的遗传变异和监测基因表达谱，探讨对药物反应的个体差异，从分子水平证明和阐述药物疗效以及药物作用的靶位、作用模式和毒副作用。神经科常将药物基因组学应用于癫痫、抗凝药、免疫抑制药、心脑血管病药物、抗抑郁药物等的筛选和个体化治疗。合理用药的核心是个体化用药。药物基因组学通过对患者的基因检测指导临床个体化用药，使患者既能获得最佳治疗效果，又能避免药物不良反应，真正达到个体化用药的目的。

随着越来越多神经遗传疾病的基因被克隆，不仅为其分子发病机制的探讨奠定了基础，也使得遗传病的诊断由临床水平过渡到基因水平（包括产前基因诊断、症状前基因诊断、临床基因诊断等不同层次），从而大大地提高了诊断速度和准确性。同时，我们也要注意，基因诊断的基础仍然是临床诊断，对许多遗传疾病在明确其基因突变类型及其分布规律之前尚不能进行基因诊断。只有在临床诊断正确的基础上建立的基因诊断方法才是可靠的。

第八节　神经系统主要辅助检查的选择原则

目前神经系统辅助检查种类很多，大体上可归纳为以下几类：①脑脊液检查：腰椎穿刺压力、脑脊液常规、生化及其他检查；②结构影像学检查：X 线平片、CT、常规 MRI 等；③功能影像学检查：SPECT、PET、fMRI 等；④血管方面的检查：颈部血管超声检查、TCD、CTA、MRA 和 DSA；⑤电生理检查：脑电图和脑磁图反映脑部电活动，肌电图和神经传导速度则检查周围神经和肌肉，而诱发电位既可检查中枢也可检查周围神经系统;⑥基因诊断:主要适用于遗传性疾病的诊断;⑦病理检查:主要用于其他检查难以明确诊断时。

选择合理恰当的辅助检查有利于神经系统疾病的定位和定性诊断。然而,必须清楚地认识到,任何辅助检查均有其局限性,绝不能以辅助检查代替详尽的病史询问和全面、仔细的体格检查,更不能以辅助检查代替临床思维。临床医师必须熟悉或了解各项辅助检查方法的适应证和优缺点(表5-3),才能正确选择检查项目,明确检查结果的可靠性及其意义,对检查结果作出合理的解释。

表5-3　神经系统主要辅助检查的适应证和优缺点

检测方法	适应证	优点	缺点
脑脊液检查	中枢神经系统感染、蛛网膜下腔出血、脑膜癌病、吉兰-巴雷综合征等,以及颅内压的判断	简便,费用低,对于中枢神经系统炎症的定性很有价值,其他检查难以取代	有创检查
头颅X线平片	颅骨病变,如头颅畸形、骨折、颅颈畸形等	简便,价廉	组织影像重叠,分辨率低
CT扫描	颅内疾病,如脑出血、脑梗死、脑内钙化病灶、脑肿瘤等。螺旋CT可以血管成像	快速,安全,显示组织结构比较清晰。对于钙化和出血显影清楚	存在骨伪影,对幕下结构分辨差
磁共振成像(MRI)	颅内、脊髓疾病,如脑梗死、脑肿瘤、脑白质病变、椎管内占位病变等。可以血管成像	无放射线辐射,显示组织结构清晰,对幕下和椎管内病灶分辨率高	较耗时,费用较高。体内有金属置入物时患者不能检查。对钙化灶和急性期脑出血的诊断不如CT
单光子发射计算机体层扫描成像(SPECT)	癫痫、痴呆等血流变化	能显示结构性影像尚不能显影的病灶	组织结构显示不满意,接触放射性物质
正电子发射计算机体层扫描成像(PET)	帕金森病、癫痫、痴呆等疾病的血流、代谢和受体变化	可反映脑功能情况	费用高,组织结构显示不满意,接触放射性物质
数字减影血管造影(DSA)	颅内外血管狭窄、动静脉畸形、动脉瘤、动脉夹层、脑静脉系统血栓等血管性疾病	显示血管结构清楚,是很多脑血管性疾病诊断的"金标准"	有创检查,费用高,需用造影剂
经颅多普勒超声(TCD)	脑血管疾病、颅内高压、重症监护等	简便,费用低,无创性	检测结果受操作者和操作过程影响较大
脑电图(EEG)	对癫痫、脑炎、代谢性脑病等有诊断价值	简便,无创,费用低,可作动态监测	诊断特异性较差
脑磁图	癫痫病灶的确定,认知活动的研究等	对脑内生理和病理活动的空间定位较好	临床资料尚需积累,费用昂贵
肌电图和神经传导速度	鉴别肌源性疾病或神经源性疾病,鉴别前角病变或周围神经病变	是周围神经和肌肉病必不可缺的检查,能帮助定位和发现亚临床病变	对定性诊断帮助较小,往往需要结合临床和其他辅助检查才能作出诊断
诱发电位(EP)	帮助诊断神经传导通路病变,特别是对定位有帮助	简便,无创,费用低	对定性诊断无价值
基因诊断	遗传性疾病的诊断	使得遗传病的诊断由临床水平过渡到基因水平,大大地提高了诊断速度和准确性	许多遗传疾病基因突变类型不明或多变,基因诊断不能脱离临床诊断
活组织检查	某些脑、周围神经和肌肉病变	对定性诊断帮助大	有创性,有些疾病即使依靠病理检查尚不能确定诊断

笔记

(王　伟)

思 考 题

1. 腰椎穿刺的适应证、禁忌证和并发症是什么？

2. 临床常用的脑脊液检查有哪些？有什么临床意义？

3. 脑 CT、MRI 及 DSA 的适应证有哪些？

4. 异常脑电图有哪些？有什么临床意义？

5. 各种不同诱发电位的临床应用有哪些？

6. 肌电图检查的适应证有哪些？如何鉴别神经源性和肌源性损害？

7. 神经传导速度测定和重复神经电刺激检查的临床意义是什么？

8. TCD 的临床应用范围是什么？

9. 肌活检和神经活检的适应证是什么？

10. 基因诊断的临床意义是什么？

11. 针对一位急性脑梗死患者，应该选择哪些可能的辅助检查来帮助进行病因分型诊断、指导治疗和判断预后？

12. 针对一位疑诊颅内感染的患者，应该如何选择合适的辅助检查帮助明确诊断、指导治疗？

参 考 文 献

［1］汤晓芙. 临床肌电图学. 北京：北京医科大学中国协和医科大学联合出版社，2002.

［2］吴江. 神经病学. 2 版. 北京：人民卫生出版社，2012.

［3］中华医学会神经病学分会，中华医学会神经病学分会脑血管病学组，中华医学会神经病学分会神经影像学协作组. 中国脑血管超声临床应用指南. 中华神经科杂志，2016，49：507-518.

［4］中华医学会神经病学分会，中华医学会神经病学分会脑血管病学组. 中国脑血管病影像应用指南. 中华神经科杂志，2016，49：164-178.

［5］Ropper AH，Samuels MA. Adams and Victor's Principles of Neurology. 9th ed. New York：McGraw-Hill，2009.

［6］Albert MS，DeKosky ST，Dickson D，et al. The diagnosis of mild cognitive impairment due to Alzheimer's disease：recommendations from the National Institute on Aging-Alzheimer's Association workgroups on diagnostic guidelines for Alzheimer's disease. Alzheimers Dement，2011，7：270-279.

［7］Meyers PM，Schumacher HC，Higashida RT，et al. Indications for the performance of intracranial endovascular neurointerventional procedures：a scientific statement from the American Heart Association Council on Cardiovascular Radiology and Intervention，Stroke Council，Council on Cardiovascular Surgery and Anesthesia，Interdisciplinary Council on Peripheral Vascular Disease，and Interdisciplinary Council on Quality of Care and Outcomes Research. Circulation，2009，119：2235-2249.

［8］Powers WJ，Rabinstein AA，Ackerson T，et al. on behalf of the American Heart Association Stroke Council. 2018 Guidelines for the early management of patients with acute ischemic stroke：a guideline for healthcare professionals from the American Heart Association/American Stroke Association. Stroke. 2018，49：e001-e266.

第六章　神经心理学检查

概　　述

神经心理学是研究行为表现和脑功能损害关系的一门新兴学科,是神经科学和心理学的完美结合。神经心理检查是神经心理学的重要组成部分,在神经科及精神科等临床医学领域有着广泛的应用,为许多脑部疾病的诊断提供帮助,如痴呆、帕金森病、脑外伤、脑血管病等。随着世界人口的老龄化,痴呆日益为人们所重视,神经心理学检查成为痴呆诊断不可缺少的工具。

第一节　神经心理学检查在神经科的应用及意义

一、神经心理学的概念及历史发展

神经心理学是心理学与神经科学交叉的一门学科,它从神经科学的角度来研究心理学的问题,把脑当作心理活动的物质本体来研究脑与心理或脑与行为的关系。它综合了神经解剖学、神经生理学、神经药理学、神经化学和实验心理学及临床心理学的研究成果,把心理和脑的功能结构建立量的关系,用代表脑功能结构的解剖、生理、生化的术语来解释心理现象或行为。

近代的神经心理学起源于 19 世纪后叶 Broca、Wernicke 等人对语言表达、理解的神经机制的临床研究。"神经心理学"一词最早由 Boring 于 1929 年提出。20 世纪 60 年代,Sperry 等人利用"割裂脑"手术研究大脑两半球功能分工及协同活动,深入了优势半球的概念,推动了神经心理学的发展。Luria 于 1973 年出版了《神经心理学原理》,正式创立了神经心理学这一门学科。1974 年,Davison 将神经心理学的研究分为三个领域,即实验心理学、行为神经病学与临床神经心理学,采用不同的对象和方法研究脑和心理(行为)的关系。

我国神经心理学发展历史较短,20 世纪 80 年代引入了一批量表,如韦氏记忆测验、韦克斯勒成人智力量表、Halstead-Reitan 成套神经心理测验,并根据汉语特点制定了一些本土量表,如汉语失语症检查法、临床记忆量表等,这些测验工具被广泛用于痴呆的诊断及鉴别诊断。近年来,神经心理学得到越来越多的关注,已逐渐扩展到认知障碍相关疾病(如帕金森病、亨廷顿病和运动神经元病等)的研究,丰富了各种脑病的症状谱,并为诊断和鉴别诊断提供依据,也越来越多用于受损脑功能的康复评估和指导。

神经心理学已经成为当今"脑科学时代"最为活跃的学科之一,而我国神经心理学起步晚,目前神经心理学的专业人才不足,修订的量表版本差异大,临床应用范围相对局限等,仍然需要更多的重视。

二、神经心理学的意义

神经心理学是用脑的功能结构来解释心理现象或行为的学科,临床神经心理学通过利用各种标准化和数量化的神经心理测验方法来测定大脑损伤患者的记忆、智力、语言等,从而进行疾病的诊断,判断药物或手术治疗的疗效,并能帮助制定促进功能恢复的康复计划。

1. **为认知功能障碍患者的诊断和治疗提供依据**　认知功能障碍是神经科重要的临床症状,认知功能的评估目前仍主要依靠神经心理学检查。通过详细的临床检查以及多种有针对性的神经心理学量表测定,可以客观地对患者认知功能损伤的部位及性质进行初步诊断,并可根据病情的严重程度来制定临床治疗方案,从而为临床诊治提供客观依据。

2. **为脑损伤患者康复治疗方案的制订和康复状况的评估提供依据**　脑卒中、脑肿瘤术后、颅脑外伤等都可能导致认知功能的损伤,通过临床检查和神经心理学量表评定,可以揭示患者认知损伤的加工环节和严重程度,进而为患者制定个性化的康复治疗方案,并可对患者的药物及康复训练疗效进行评估。

3. **为研究脑结构与功能的关系提供新策略**　不同的脑区和结构损伤有不同的认知障碍表现,神经心理学测量可以定位病灶部位,如情景记忆的缺陷提示颞叶内侧和海马的病变。因此,通过对脑损伤位置及性质的研究,结合不同的神经心理学变化,有助于揭示脑结构与认知功能加工的关系。近年来,随着神经心理学研究技术的改进,还可以在无创伤及大脑半球功能完整的情况下研究各种高级心理功能与左右脑的关系。

三、神经心理学检查方法

传统神经心理学检查方法以行为学检查为主,检查方法简单易行,部分检查在患者床边即可完成。心理评估的计算机化突破了传统神经心理学测验的局限性,在心理评估领域的用途越来越广。

1. **问诊及体格检查**　细致全面的问诊和体格检查是神经心理学检查的重要内容和环节,有助于患者认知功能障碍的诊断。通过与患者交谈,可全面了解各认知域的损害情况,如记忆障碍(近事遗忘、远事遗忘、语义性遗忘)、语言障碍(感觉性、运动性、混合性、命名性等)、定向障碍(时间、地点、人物)、计算力、判断力、精神行为症状(如淡漠、退缩、抑郁、激越、幻觉等)等。通过观察患者的表情,有助于发现患者是否存在抑郁等症状;口头指令、动作模仿、实物模仿等可以了解患者有无失用及失用的形式;患者向右侧凝视,提示患者可能存在左侧空间忽视;额叶释放症状阳性,提示患者可能存在额叶认知功能减退。

2. **神经心理学量表**　神经心理测验是最主要,也是最有成效的临床神经心理学检查方法。目前我国已经编制或者翻译的涉及认知障碍的神经心理测验种类繁多,大多数神经心理测验需由经过专业培训的测评人员一对一完成。某些耗时短、不需要或只需要纸和笔即可完成的单项或筛查测验可在床边或门诊就诊时完成,而耗时较长的成套测验则不适合。自评量表一般操作简单,如 Zung 抑郁自评量表,不需要专门训练;他评量表是他人对受试者进行评定,可以由医师直接评定,如 Hamilton 抑郁量表,也可根据知情者提供的信息进行评定,如神经精神问卷、日常生活能力量表等。心理测验实施过程中通常要结合行为观察,以对个体进行全面的评估,以保证结果解释的准确性。

3. **基于计算机的神经心理测查**　计算机的发展实现了心理评估的计算机化。计算机技术不仅替代了某些传统的纸-笔测验,还使传统量表难以测查的认知功能障碍相关检查得以实现,如通过电脑屏幕快速呈现图像,可以检测视觉对消障碍的患者;同时还促进了新的测验方法的产生,如将项目反应理论方法与计算机结合编制而成的计算机化自适应测验,计算机会根据受试者的前后回答自动给出相应难度的问题,从而达到在最短的时间内,准确地测量受试者心理特征的目的。目前这类心理学实验范式越来越多,能更灵活更有目的地测查患者的某一认知功能,对发现和理解认知功能障碍的产生机制具有重要的意义。

第二节　常用的神经心理学量表及其检查方法

一、认知功能评定

(一)总体认知功能评定

评定认知功能损害的特征和严重程度,是认知障碍和痴呆在临床及科研中的重要环节。总体认知功能评定能够：①为认知障碍和痴呆诊断提供客观证据；②明确认知损害特征，帮助判断认知障碍和痴呆的类型及原因；③通过定期评估，评价认知障碍和痴呆的治疗效果及转归；④通过选择合适的测验和指标，能够客观反映早期轻微的认知损害，并能较准确地筛查和评估轻度认知功能损害（mild cognitive impairment，MCI）患者。

通过对总体认知功能的评估能较全面地了解患者的认知状态、认知特征，对认知障碍和痴呆的诊断、亚型判断和病因分析有重要作用。目前记忆、计算力、注意力等认知主诉在临床非常常见，因此熟练掌握认知评估量表特别重要。

1. 简易精神状态评价量表（mini-mental state examination，MMSE）　也被称为 Folstein 测试，是由 Folstein 等人于 1975 年编制的一份广泛应用于国内外临床及科研的认知筛查量表，是目前世界上最有影响力、最普及、最常用的量表之一。主要用于整体认知功能的简单评定和痴呆的筛查（附表 6-1）。

该量表由 20 个问题共 30 项组成，内容覆盖定向力、记忆力、注意力、计算能力、语言能力和视空间认知能力 6 个方面，共计 30 分。目前世界不同地区的不同研究中应用多种分界值，我国现有的分界值各地差异也较大：北京医科大学精神卫生研究所制定的文盲组界定值≤14 分，非文盲组≤19 分；上海精神卫生中心制定的文盲组界定值≤17 分，小学组≤20 分，初中或以上组≤24 分；北京协和医院神经内科阿尔茨海默病（Alzheimer's disease，AD）课题组制定的文盲组界定值≤19 分，小学组≤22 分，初中及以上组≤26 分。首都医科大学宣武医院神经变性病与记忆障碍疾病临床诊疗与研究中心制定的文盲组界定值 16～17 分，小学组 19～20 分，初中及以上组 23～24 分。该量表的测验成绩与文化水平密切相关，使用该量表时应予以注意。以上海精神卫生中心界值为例，在初中以上文化人群中，正常认知：25～30 分；轻度痴呆：21～24 分；中度痴呆：14～20 分；重度痴呆：0～13 分。MMSE 对识别正常老人和痴呆有较好的价值，但对识别 MCI 患者作用有限。

2. 蒙特利尔认知评估量表（Montreal cognitive assessment，MoCA）　由 Ziad Nasreddin 在 1996 年于蒙特利尔创立，主要用于 MCI 患者和早期 AD 患者的筛查。内容覆盖 8 个认知域，共计 30 分，包括短时记忆与延迟回忆、视空间能力、执行能力、注意力、计算力和工作记忆、语言、定向。首都医科大学宣武医院神经变性病与记忆障碍疾病临床诊疗与研究中心制定的文盲组界定值 13～14 分，小学组 19～20 分，初中及以上组 24～25 分（附表 6-2）。

3. Mattis 痴呆评估量表（Mattis dementia rating scale，DRS）　包括 5 个因子：注意、启动-保持、概念形成、结构、记忆。该量表对额叶和额叶-皮质下功能障碍敏感，适用于帕金森病痴呆、路易体痴呆、额颞叶痴呆、小血管性痴呆等额叶-皮质下痴呆的诊断、评定和随访。

4. 艾登布鲁克认知测试修订版（Addenbrooke's cognitive examination-revised，ACE-R）　是一个快速的认知测试，它能评估五个认知领域，包括注意力、定向力、记忆、口头表达的流畅性、语言视觉空间认知能力。总分 100 分，分值越高，认知能力越好。简明艾登布鲁克认知测试（mini-Addenbrooke's cognitive examination，M-ACE）包括 4 个项目，分别是定向力、记忆、语言流畅性和画钟测验，总分 30 分。适用于区分正常认知人群与轻度智力障碍人群。

5. 阿尔茨海默病评估量表认知部分（Alzheimer disease assessment scale-cog，ADAS-cog）　由 12 个条目组成，覆盖记忆力、定向力、语言、注意力等，可评定 AD 认知症状的严重程度及治疗变化，常用于轻中度 AD 的疗效评估（通常将改善 4 分作为临床上药物显效的判断标准），是美国药品与食品监管局认可的疗效主要评估工具之一。由于 ADAS-cog 偏重于记忆和语言功能，注意/执行功能项目少，不能够敏感地反映出血管性痴呆的认知变化，Mohs 等在 ADAS-cog 基础上增加了数字倒背、数字划销、符号数字转换、言语流畅性和迷宫测验等 5 个反映注意/执行功能的分测验，称为血管性痴呆评估量表（Vascular dementia assessment scale-cog，VaDAS-cog）。

6. 临床痴呆评定量表（Clinical Dementia Rating scale，CDR）　包括记忆、定向、判断和解

决问题、工作及社交能力、家庭生活和爱好、独立生活能力六个项目组成,可以作出"正常 CDR=0、可疑痴呆 CDR=0.5、轻度痴呆 CDR=1、中度痴呆 CDR=2、重度痴呆 CDR=3"五级判断。其使用简单,广泛应用于痴呆分级与分期,并可用于评估 AD 的进展。

7. **全科医生认知评价量表**(the General Practitioner Assessment of Cognition,GPCOG)　是一种专为全科医生设计的,旨在帮助全科医生诊断痴呆的量表。包括两部分,分别为患者评估部分和知情者评估部分,包含 8 个问题,共计 15 分。

8. **老年认知功能减退知情者问卷**(Informant Questionnaire on Cognitive Decline in the Elderly,IQCODE)　通过询问知情者/照料者,评价老年人日常认知功能与 10 年前的变化,从而获知病患的认知衰退程度。

(二) 记忆功能评定

1. **记忆的分类**　记忆指信息在脑内的编码、存储和提取三个基本过程。根据记忆保持时间的不同,可将记忆分为短时记忆(又称工作记忆)和长时记忆;长时记忆又可分为外显记忆(又称陈述性记忆,指可以被有意识地获取和回忆的记忆,包括情景记忆和语义记忆)和内隐记忆(又称程序性记忆,指不能被有意识地回忆的习得性反应,包括运动技能习得、经典条件反射和预习)。记忆功能的评定对于痴呆的诊断与鉴别诊断非常重要,不同类型的痴呆记忆损害的类型与特点不同,例如情景记忆障碍是 AD 早期诊断与鉴别诊断的重要依据。

2. **床边检查**　床边详细询问患者病史有助于发现并初步评定患者的记忆损害类型与程度。例如,通过询问患者其家庭住址,过去的经历,近一天所食的食物种类,日常生活中有无丢三落四,做饭是否忘记放盐等,并要求患者复述和延时回忆 3 个物体(如皮球、国旗、树木)的名称,有助于快速初步了解患者记忆的基本情况。在询问病史的过程中,需要与患者的照料者核实患者所述日常生活情况是否正确。

3. **记忆功能检测量表**

(1) Rey 听觉词语测验(Rey auditory verbal learning test,RAVLT):测试材料为两个词表,各包含 15 个常用具体名词,分别为词表 A(目标词表)和词表 B(干扰词表)。测试时检查者先读出词表 A 中的 15 个词,读完后受试者立即复述,如此共进行 5 遍,分别记录受试者每次回答的内容,即为即刻回忆。然后读出 B 组干扰词表后要求受试者先回忆词表 B 中的词,再回忆词表 A 中的词,即为短时延迟自由回忆。给予非言词测验间隔 20 分钟后,再请受试者回忆词表 A 中的词,即为长时延迟自由回忆。

(2) California 词语学习测验(California verbal learning test):与 RAVLT 相似,测试材料为 A、B 两个词表,各包括 4 种语义类别(如花朵类、国名类)的 16 个名词(如牡丹、巴西)。检查者先读出词表 A 的 16 个名词,要求受试者听完后立即回忆,如此重复 5 次,再读出词表 B,也要求立即回忆,再自由和以语义类别为线索分别回忆词表 A,即为短时延迟自由及线索回忆。接下来的 20 分钟请受试者完成一些非言词测验,再对词表 A 作自由和以语义类别为线索的回忆及再认,即为长时延迟自由及线索回忆、长时延迟再认。分析指标包括:语义串连程度、首因和近因效应、学习效率、5 次学习重复词语数、前摄和倒摄干扰作用、短时和长时延迟记忆储存、插入错误和重复数、再认鉴别能力等。

(3) 韦氏记忆量表(Wechsler memory scale,WMS):由 Wechsler 于 1945 年制定,是国内外广泛应用的成套记忆量表,是评估可疑记忆障碍的标准工具。该量表由 6 个子测试组成。包括:常识和定向力、注意力、数字广度、逻辑记忆、词语配对关联、视觉再现。通过这 6 个子测试,可以得到记忆的总体水平,即记忆商(memory quotient,MQ)。目前国内广泛应用的 WMS 是 1980 年龚耀先等修订的韦氏记忆量表修订版(Wechsler memory scale-Revised,WMS-R)。

(4) 其他:除上述量表外,常用的记忆功能检测量表还有 Rey-Osterrich 复杂图形测验(Complex

Figure Test,CFT）、Rivermead 行为记忆测验（Rivermead behavioral memory test,RBMT）、Hopkins 词语学习测验、WHO-UCLA 词语学习测验等。

（三）失语症检查

失语（aphasia）是指在意识清楚、发音和构音没有障碍的情况下,大脑皮质语言功能病变导致的言语交流能力障碍,表现为口语表达、听理解、阅读、书写四个基本方面能力残缺或缺失。其中,口语表达包括自发谈话、复述、命名;听理解包括语音辨认和语义理解。

国外常用的失语症检查量表有美国的波士顿诊断性失语症测验（The Boston diagnostic aphasia Examination,BDAE）、加拿大的西部失语症成套测验（Western Aphasia Battery,WAB）和日本的标准失语症检查（Standard Language Test of Aphasia,SLTA）。为适应汉语语言特点和我国的文化特色,国内研究者在国外失语症检查量表的基础上进行改进,并制定了适合于国内的失语症检查量表。目前国内常用的失语症检查量表有汉语失语成套测试和波士顿诊断性失语症检查汉语版。

1. 汉语失语成套测试（Aphasia Battery of Chinese，ABC） 是 1992 年高素荣教授等在国外失语症成套测验的基础上制定的。检查内容包括以下几个方面:

（1）口语表达:①谈话:鼓励受试者自发谈话,包括回答一些简单的问答、看图说话。过程中注意受试者的语量、语调、发音、用力程度、用词是否正确以及是否有错语、语法错误和强迫言语;②复述:包括词复述和句复述,注意复述中有无构音错误、词序错误、语音错误;③命名:包括词命名（指实物,问受试者是什么）、列名（如尽可能列举蔬菜的名称）、颜色命名（如天空是什么颜色的等）和反应命名（如切菜用什么等）。

（2）听理解:①判断题,即向受试者提出问题,并要求其回答"是"或"否";②听辨认,将实物或图片摆在受试者视野范围内,让受试者指出提到的东西;③口头指令,发布口头指令,让受试者按照指令去做,如"摸一下铅笔,再摸一下钥匙"。

（3）阅读:包括视-读、听字-辨认、字-画匹配、读指令并执行、读句选答案填空。

（4）书写:包括写姓名、地址,抄写,系列书写数字"1~24",听写,看图写字,写病情。

（5）其他神经心理学检查:包括意识、近事记忆、结构与视空间、运用、计算及利手检查。

2. 波士顿诊断性失语症检查汉语版 是在原版检测工具 BDAE 基础上进行修订的。它包括对话及自发谈话、听理解、言语表达、阅读、书写五个测试。

（四）视觉失认症检查

失认（agnosia）,可粗略的理解为"不能识别"。失认症可分为视觉失认症、听觉失认症、触觉失认症。视觉失认症（visual agnosia）临床上最常见,表现为在视力和语义功能正常的情况下,不能辨认或命名视觉可见的物体,但却可以通过触觉或语言描述辨识出物体。从症状学的角度,视觉失认可分为物体失认、面孔失认、颜色失认、空间失认等。

1. 物体失认 物体失认指患者在视力正常、语言功能完好的情况下,不能辨认简单的物体。常用临床测试方法有 Addenbrookes 认知功能检查、形状匹配测验与功能匹配测验。

（1）Addenbrookes 认知功能检查:通过素描画像来检测受试者的视觉辨别与命名能力。

（2）形状匹配测验:要求受试者从右边四个图形中选出一张与左侧图形一样的图,失认症患者无法正确匹配图形模板。

（3）功能匹配测验（图 6-1）:要求受试者从上面两个物体图形中选出一张与下图物体功能一样的物体。

2. 面孔失认 表现为患者不能识别原来熟悉的面孔,但能够通过人物特性如声音、步态或衣着来正确辨认,严重时可影响对他人

图 6-1　功能匹配测验

性别的区分,其至难以区分镜像中的自己与他人。面孔失认主要通过描述、识别、命名、配对等任务测查。

3. 颜色失认　表现为患者能够感知并辨别颜色,但却难以完成提取颜色信息的任务。颜色失认相关的检查包括听色辨认,颜色命名,颜色匹配,图画填色、错觉图画测验等。其中错觉图画测验是呈现一些颜色不合适的图画,如绿色的狗,让受试者确认。

4. 空间失认　表现为患者不能识别物体空间位置和物体间的空间关系。主要包括视空间定向障碍、立体视障碍、道路地图失认、视觉性共济失调、自体认识不能、Balint综合征等。目前常用的检测方法有临摹画花,自发画钟,线段等分和线段划消等。

（五）失用症检查

失用(apraxia)又称为运用不能症,是指在意识清楚、语言理解能力和运动功能正常情况下,患者不能准确执行有目的的复杂活动。失用症包括观念性失用、观念运动性失用、肢体运动性失用、颊面性失用、结构性失用、穿衣失用等,按照从难到易的原则,分3个水平进行测定:

1. 床边检查　患者运动身体不同部位(头部和四肢)作出有意义和无意义的姿势,可让患者按照指令用各种姿势完成一个任务,让患者不仅能够理解指令,并能够在没有采用真实物品的前提下完成动作。如:让患者用手势演示如何使用牙刷、用剪刀剪纸、用锤子将钉子敲入墙中。观念性失用患者表现为动作步骤错误,不能组织每个步骤成为系列活动。观念运动性失用患者表现为动作重复、笨拙,不能完成简单具体的动作。颊面性失用患者表现为不能完成眨眼、舔唇、伸舌、吹灭火柴、咳嗽等口面部动作。肢体性失用患者不能按照指令完成任务。

2. 动作模仿　模仿检查者的动作。当患者不能用姿势完成指令时,检查者可做示范性动作,让患者进行模仿。观念性失用患者能够很好地模范各种动作,而观念运动性失用患者不能正确模仿检测者的手势或动作。

3. 实物操作　使用实物操作检查是最容易实现的操作。让患者使用真实的实物。如牙膏牙刷、信封、邮票、剪刀、纸等完成指令。观念性失用患者表现为动作步骤顺序和挑选工具错误。

其他神经心理检查方法有:MMSE中的五边形测试、韦氏成人智力测试中的方格设计测试、Benton线条方向测试、视觉物体和空间感知成套测试等,可用于检测结构性失用患者,表现为不能按照要求完成图像制作。

（六）忽视症检查

忽视症,即单侧空间忽视症(unilateral spatial neglect),是突出的注意障碍之一,通常指脑损伤(多见于右侧的顶枕颞交界区的损伤)后以对侧空间刺激不能注意、报告、表征为主要表现的认知功能障碍。根据性质可分为感觉忽视和运动忽视,其中感觉忽视又可分为视觉、听觉、触觉等忽视,患者可表现一种或多种模式的忽视。其中以视觉忽视最常见。

忽视症的临床检查方法通常较简单易行,只需要笔和纸在床边即能完成。常用的检查方法包括线段划消、线段等分、自发画钟、临摹图画等(图6-2)。临床中常联合应用来提高对忽视症的甄别率,对忽视症严重程度及病程的评估具有重要临床意义。

1. 线段划消（Albert test）　患者正对测试用纸,纸上呈现指向不同的线段数十条,要求受试者尽可能无遗漏的划去所有线段。忽视症患者常常划掉右侧空间线段而不划或少划左侧空间线段。

2. 自发画钟（clock drawing by memory）　要求患者凭记忆画出完整钟面并在正确位置标注出12个刻度。患者常画出完整的轮廓,但只标出右半部分钟面的刻度;或者虽然标出了12个刻度,但全部标在右半个钟面上。

3. 线段等分（line bisection test）　测试纸中央呈现一条水平线段(长度大于5cm),要求患者根据自己的主观判断并标出线段中点。这是一个检测忽视症的常用方法,左侧空间忽视症患者的主

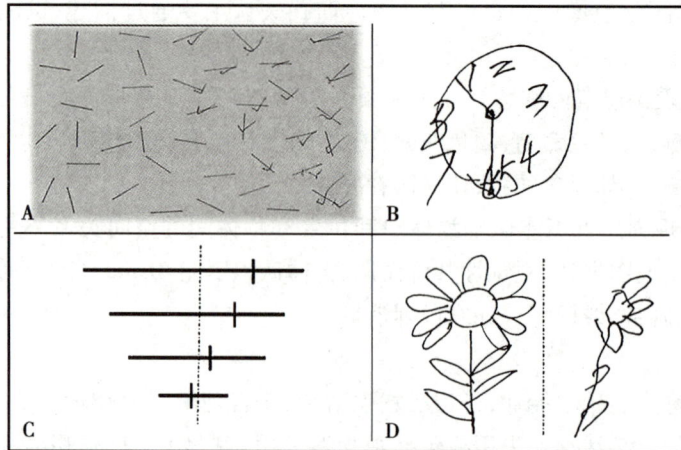

图 6-2　忽视证检查

A. 线段划消；B. 自发画钟；C. 线段等分；D. 临摹画花

观中点常常向右侧偏移，即主观中点位于客观中点右方。偏移程度与忽视严重程度相关。

4. 临摹画花（daisy copying）　要求患者尽可能正确的临摹出呈现在测试纸上的雏菊简图。忽视症患者常常遗漏左半部分的花瓣或叶子。

忽视症应与失认症相鉴别，患者不存在视觉、听觉、躯体感觉及意识障碍，需要神经系统检查排除其他原因所引起的异常。

（七）执行功能检查

执行功能（executive function，EF）指有效地启动并完成有目的的活动的能力，是一项复杂的过程，涉及计划、启动、顺序、运行、反馈、决策和判断，其核心成分包括抽象思维、工作记忆、定势转移和反应抑制等。执行功能障碍常影响语言流畅性，使患者语量减少、刻板言语，还可导致思维固化、提取障碍、注意缺陷等。目前常用的检查方法包括：

1. 威斯康星卡片分类测验（Wisconsin card sorting test，WCST）　首先由 Berg 于 1948 年应用，目前已成为广泛使用的执行功能评价工具。主要检测抽象概括、工作记忆、认知转移等方面的能力。测验中，给受试者呈现 5 张卡片，包括 1 张随测验题目改变的应答卡和 4 张代表不同类型的刺激卡。要求受试者按照指导语提示的对错，找出当前卡片的分类标准，并据此选出与应答卡图案相匹配的刺激卡。连续进行 10 次正确分类后，转换到下一个分类标准。如果连续完成 6 组正确分类或者用完 128 张卡片，测试结束。评定指标包括总正确应答次数、错误应答次数、坚持性错误次数、非坚持性错误数、总应答执行次数等。

2. Stroop 测试（stroop test）　该测验反映选择性抑制和冲动控制能力。测试共包括 3 张卡片：A 卡用黑色字体写有红、绿、蓝、黄四个字；B 卡标有红、绿、蓝、黄 4 种颜色的斑点；C 卡以不同于字的颜色写成红、绿、黄、蓝四个字；字数或点数均为 50。要求被试者：①试读 A 卡上的字；②读 B 卡上斑点的颜色；③读 C 卡上的字；④读 C 卡文字的颜色。记录受试者读 C 卡上字的颜色时的错误次数和反应时间。

3. 词语流畅性测验（verbal fluency test）　该测验主要对额叶执行功能障碍及轻度语义记忆损害较敏感。要求受试者在规定类别中说出尽可能多的词汇，限时 60 秒。记录正确词语数和重复数。

4. 数字广度测验（digit span test）　该测验广泛应用于测试听觉词语短期记忆（工作记忆）。测试者读出一组数字，要求患者在听完后立即按顺序或倒序复述。数字的数目由少到多（一般从 3 位到 9 位），完全正确复述则得分，以能正确复述的最高位数计分。正序复述可反映短时记忆功能，倒序复述反应执行功能。

5. 伦敦塔测验（tower of London test，TOL）　该测验主要检测受试者解决问题的能力。受试者会同时看到两幅图片，每幅图片上有三种不同颜色的球摆放在三个桩上，但两幅图中球的排列不同。移动其中一幅图中的球，就可使其排列与另一幅中相同，要求受试者说出最少的移动次数。注意每次只能移动一个球。记录规定时间内答对的题目数目，如果被试连续五次不正确，则停止测试。

（八）视空间能力检查

视空间能力主要是指对物象的识别及空间定位，其广义上包括视空间感知功能、视空间结构能力、视空间工作记忆、视空间执行能力以及视空间注意力等，普遍认为狭义上指视空间感知功能。其检查方式多样，侧重点不一，包括：画钟试验、绘制连锁图形（例如数字"8"）、积木测验等。

画钟试验（the Clock Drawing Test，CDT）是最常用的检测手段，要求受试者独立画出一个表盘，标记 12 位阿拉伯数字，并标出指定的时间（例如 8 点 20 分）。国际上普遍采用 4 分法计分：画出完整闭锁的表盘，1 分；表盘上 12 个数字顺序正确，无遗漏，1 分；在表盘上数字分配的位置正确，1 分；指针分配的位置正确，1 分。0~2 分表明认知功能水平下降。图积木测验（block design）和临摹立体图形主要检测受试者的三维空间能力。根据不同实际情况，临床上选择应用相应的视空间能力检查方式（图 6-2B）。

（九）社会认知检查

社会认知是个人对他人的心理状态、行为动机、意向等做出推测与判断的过程。社会认知研究的目的是通过认知加工理论理解社会心理学现象的内在逻辑，它涉及社会刺激的感知、判断和记忆，信息加工的社会与感情因素的作用，认知过程的行为预后与人际关系结局。常用的检查方法包括错误信念任务、失言察觉任务、眼区阅读测验成人版和复杂人际间情绪识别测验等。

二、非认知功能评定量表

认知功能障碍在临床和科研中非常重要，非认知功能障碍在临床实践中的意义也不可忽视，往往表现为疾病的原发障碍或伴随疾病共生的状态，已经成为协助神经内科疾病诊疗的一个重要方面。其中精神行为症状是常见的非认知功能障碍之一，常表现有焦虑、抑郁、冷漠、激越、惊恐、妄想、幻觉、睡眠障碍等，因此做好非功能认知障碍的评估，对疾病的诊断及用药有着重要作用。

1. 神经精神症状问卷（the neuropsychiatric inventory，NPI）　于 1994 年由 Cummings 等人编制的由照料者回答的量表，它主要评价痴呆患者 10 项常见的行为障碍，1997 年原作者进行了修订，增加为 12 项题目。NPI 有很好的信度和效度，不同项目的评定者间信度为 0.93~1.0，频率和严重程度的重测信度分别为 0.79 和 0.86，而且受文化背景影响较小，在国内外广泛应用于各种痴呆的精神行为症状的评估、药物疗效的判定等方面。

该量表由主试者根据知情者提供的信息进行评定，首先询问患者出现智能或记忆障碍后是否有该项症状，如有，评价其出现的频率、严重程度和该项症状引起照料者的苦恼程度。频率为 4 级评定（1~4 分）：1 分=偶尔，每周少于一次；2 分=经常，每周约一次；3 分=频繁，每周数次但不是每天都有；4 分=十分频繁，每天一次或更多。严重程度为 3 级评定（1~3 分）：1 分=轻度，可以觉察但不明显；2 分=中度，明显但不十分突出；3 分=重度，非常突出的变化。该项症状引起照料者的苦恼程度为 6 级评定（0~5 分）：0 分=不苦恼；1 分=极轻度的苦恼，照料者无需采取措施应对；2 分=轻度苦恼，照料者很容易应对；3 分=中度苦恼，照料者难以自行应对；4 分=重度苦恼，照料者难以应对；5 分=极度苦恼，照料者无法应对。对患者的评分和照料者的评分分开计算。

2. 日常生活活动量表（activity of daily living，ADL）　是常用的评价老年人日常活动能力的工具，不同的专家或协作组织编制了多个 ADL 量表，如 AD 协作研究 ADL 问卷（Alzheimer disease cooperative study-ADL inventory,ADCS/ADL)、Lawton 等制定的 ADL 等,一般都包括对 BADL 和 IADL 的评测,在国内外临床和研究中广泛使用。下面介绍国内常用的日常生活活动量表。

该量表共 20 项,前 8 项测查 BADL,后 12 项评估 IADL,每项评分标准为 4 级,1 分＝自己完全可以做;2 分＝有些困难,自己尚能完成;3 分＝需要帮助;4 分＝根本没法做。总分 20～80 分,分数越高能力越差。研究提示划界分在 23 分时对痴呆的敏感度和特异度兼顾最好,分别为 63％ 和 86％。研究者建议应当根据年龄或文化程度制定不同的划界分:40～65 岁年龄段建议以 21 分为划界分,75 岁以上为 25 分;文盲组划界分为 23 分,大学及以上者 21 分。

3. 社会功能调查表（functional activity questionnaire, FAQ）　由 Pfeffer 等人于 1982 年编制,又称 Pfeffer 门诊患者功能缺损调查表(Pfeffe outpatient disability questionnaire,POD)。由主试者根据知情者提供的信息对患者的 10 项功能进行评定,每项功能均为 0～3 分四级评定:0 分＝正常;1 分＝有些困难,自己尚能完成;2 分＝需要帮助;3 分＝完全依赖别人。当被试从来不做但现在能做评定为 0 分,从来不做但有困难评定为 1 分。总分范围 0～30 分,越高表示能力越差。FAQ 主要评定一些需要复杂认知功能参与的社会性活动,与认知功能的水平显著相关,早期轻度痴呆患者敏感。国外推荐痴呆划界分为 9 分。国内以 ≥5 分为分界值,敏感度为 92％,特异度为 87％。

4. Hachinski 缺血量表（Hachinski ischemic scale, HIS）　由 Hachinski 编制,后由 Rosen 等做了修改,多用于 AD 和血管性痴呆的鉴别诊断,评定须在痴呆诊断确认后进行。该量表操作简单容易掌握。HIS 由 13 个项目组成,总分 18 分。评价分值越高,血管性痴呆的可能性越大:得分<4 分属于 AD,>7 分属于血管性痴呆,4～7 分属于混合性痴呆。

HIS 对痴呆的病因鉴别是可靠的,鉴别多发梗死性痴呆和 AD 的敏感性和特异性均大于 70％。但也存在不足,对识别单纯的血管性痴呆(vascular dementia,VaD)和非 VaD 的效果较好,对其他病因或混合性病因所致的痴呆难以鉴别。

5. 抑郁自评量表（self-rating depression scale, SDS）　由 Zung 于 1965 年编制的广泛应用于国内外临床及科研的抑郁量表。SDS 由 20 个陈述句和相应问题条目组成,每一条目相当于一个有关症状,均按四级评分。20 个条目反应抑郁症状的四组特异性症状:①精神性一般情感症状,包括抑郁心境和哭泣两个条目;②躯体性症状,包括情绪日间差异、睡眠障碍、食欲减退、性欲减退、体重减轻、便秘、心动过速、易疲劳共八个条目;③精神运动性障碍,包括精神运动性迟滞和激越两个条目;④抑郁的心理障碍,包括思维紊乱,无望感、易激惹、犹豫不决、自我贬值、空虚感、反复思考自杀和不满足,共八个条目。SDS 的评分不受年龄、性别、经济状况等因素的影响,但如果受试者文化程度较低或智力水平稍差则不能进行自评。

6. 焦虑自评量表（self-rating anxiety scale, SAS）　由 Zung 1971 年编制,是一分析患者主观症状的简便易行的临床工具。从量表构造的形式到具体评定方法都与抑郁自评量表(SDS)十分相似,用于评定焦虑患者的主观感受,已作为咨询门诊中了解焦虑症状的一种自评工具。SAS 测量的是最近一周内的症状水平,共 20 个项目,根据各项目所定义的症状出现的频度分四级:没有或很少时间、小部分时间、相当多时间、绝大部分或全部时间。SAS 评分不受年龄、性别、经济状况等因素的影响,但如果受试者文化程度较低或智力水平稍差则不能进行自评。

7. 汉密尔顿抑郁量表（Hamilton depression scale, HAMD）　由 Hamilton 于 1960 年编制,是临床上评定抑郁状态时应用最为普遍的量表。本量表有 17 项、21 项、24 项等 3 个版本。HAMD 一般采用五级评分法,各级的标准为:无;轻度;中度;重度;极重度;少数项目采用三级评分法,即:无;轻-中度;重度。HAMD 以总分和因子分积分两种方式评价,HAMD 可归纳 7 类因子结构:①焦虑/躯体化;②体重;③认知障碍;④日夜变化;⑤阻滞;⑥睡眠障碍;⑦绝望感;因子分可以更简捷清晰地反映患者的实际特点。

HAMD 适用于具有抑郁症状的成年患者。一般采用交谈与观察的方式,由经过培训的两名评定者进行评定,检查结束后,两名评定者分别独立评分。总分可以评价病情的严重程度及治疗效果,即病情越轻,总分越低;病情愈重,总分愈高;总分超过 35 分,可能为严重抑郁;超过 20 分,可能是轻或中等度的抑郁;如小于 8 分,患者就没有抑郁症状。HAMD17 项版本划界分分别为 24 分、17 分和 7 分。

8. **汉密尔顿焦虑量表（Hamilton Anxiey scale，HAMA）**　由 Hamilton 于 1959 年编制,是临床上常用量表之一。本量表包括 14 个项目,采用 0～4 分五级评分法,各级标准为:0 分=无症状;1 分=轻;2 分=中等;3 分=重;4 分=极重。主要用于评定神经症及其他患者的焦虑症状的严重程度。评定时除 14 项需要结合观察外,所有项目根据患者口述进行评分,同时特别强调患者的主观体验。HAMA 分躯体性焦虑和精神性焦虑两大因子结构:①躯体性焦虑(somatic anxiety);包括肌肉系统、感觉系统、心血管系统症状、呼吸系统症状、胃肠道系统症状、生殖泌尿系统症状、自主神经系统症状等 7 项。②精神性焦虑(psychic anxiety);包括焦虑心境、紧张、害怕、失眠、认知功能、抑郁心境及会谈时行为表现等 7 项。HAMA 总分能很好地反映焦虑状态的严重程度,总分超过 29 分可能为严重焦虑;超过 21 分肯定有明显焦虑;超过 14 分肯定有焦虑;超过 7 分可能有焦虑;如果小于 6 分患者就没有焦虑。

9. **匹兹堡睡眠质量指数量表（Pittsburgh sleep quality index，PSQI）**　是由美国匹兹堡大学医学中心精神科睡眠和生物节律研究中心睡眠专家 Buysse 等人于 1993 年编制。此表引进国内并进行信度和效度检验,适合国内患者应用。PSQI 由 19 个自我评定问题和 5 个由睡眠同伴评定的问题组成,仅 19 个自我评定问题计分。19 个自我评定问题共包括主观睡眠质量、入睡时间、睡眠时间、睡眠效率、睡眠障碍、睡眠药物、日间功能障碍 7 个因子,按 0～3 分四级评分法。各因子得分总和为匹兹堡睡眠质量指数量表的总分,总分范围为 0～21 分,得分越高,表示睡眠质量越差。主要用于评定被试者最近一个月的睡眠质量。

在临床工作中,评定的量表种类繁多,不同种类和功能的量表,其内容各不相同,评定方法、应用对象都不尽相同,一般而言,作为量表使用者,应根据自己的研究目的来选择最合适患者、信效度高的量表。临床评定量表的使用为我们全面分析患者资料、建立诊断和协助用药提供参考,也使临床工作和科研更加快速和简便,更加具有科学性。

(杜怡峰　张杰文)

思　考　题

1. 简述神经心理学的概念。
2. 常用的记忆功能检测量表有哪些？进行记忆量表测试的意义有什么？
3. Rey 听觉词语测验和 California 词语学习测验的异同点有哪些？
4. 视觉失认与偏盲的区别是什么？
5. 面孔失认与痴呆表现中熟人辨识不能的区别是什么？
6. 简述物体失认的常用检测方法。
7. 空间失认具体包括哪些种类？
8. 简述失语症的概念及国内常用的失语症检查量表。
9. 常见的非认知评估方法主要包括哪些？
10. 日常生活活动量表主要包括哪些项目？具体如何施测？

附表 6-1　MMSE 简易智能精神状态检查量表(中文版)

姓名:_____性别:_____年龄:_____文化程度_____

照料者姓名:_____家庭住址:_____电话:_____

评定时间:_____既往病史:_____

项目			记录	评分	
Ⅰ定向力 (10 分)	星期几			0	1
	几号			0	1
	几月			0	1
	什么季节			0	1
	哪一年			0	1
	省市			0	1
	区县			0	1
	街道或乡			0	1
	什么地方			0	1
	第几层楼			0	1
Ⅱ记忆力 (3 分)	皮球			0	1
	国旗			0	1
	树木			0	1
Ⅲ注意力和计算力 (5 分)	100-7			0	1
	-7			0	1
	-7			0	1
	-7			0	1
	-7			0	1
Ⅳ回忆能力 (3 分)	皮球			0	1
	国旗			0	1
	树木			0	1
Ⅴ语言能力 (9 分)	命名能力	手表		0	1
		铅笔		0	1
	复述能力	四十四只石狮子		0	1
	三步命令	右手拿纸		0	1
		两手对折		0	1
		放在大腿上		0	1
	阅读能力	请闭上您的眼睛		0	1
	书写能力			0	1
	结构能力			0	1
总分					

附表 6-2 MoCA 量表(中文版)

姓名:_____ 性别:____ 出生日期:_____ 教育水平:_____ 检查日期:_____

视空间与执行功能	画钟表(11点过10分)(3分)	得分

复制立方体

戊 结束　甲

5　乙　2

1 开始

丁　4　3

丙

【 】　　　　【 】

【 】　　【 】　　【 】
轮廓　　数字　　指针　　__/5

命名

【 】　　　　　　【 】　　　　　　【 】　__/3

记忆	读出下列词语,而后由患者重复上述过程2次 5分钟后回忆		面孔	天鹅绒	教堂	菊花	红色	不计分
		第一次						
		第二次						

注意	读出下列数字,请患者重复(每秒一个)	顺背 【 】2 1 8 5 4 倒背 【 】7 4 2	__/2

读出下列数字,每当数字1出现时,患者必须用手敲打一下桌面,错误数大于或等于2不给分
【 】5 2 1 3 9 4 1 1 8 0 6 2 1 5 1 9 4 5 1 1 1 4 1 9 0 5 1 1 2　__/1

100连续减7　【 】93　【 】86　【 】79　【 】72　【 】65
4~5个正确给3分,2~3个正确给2分,1个正确给1分,全都错误给0分　__/3

语言	重复:我只知道今天张亮是来帮过忙的人【 】 狗在房间的时候,猫总是躲在沙发下面【 】	__/2
	流畅性:在1分钟内尽可能的说出动物的名字 【 】___ (N≥11名称)	__/1

抽象	词语相似性:如香蕉-桔子=水果 [ ]火车-自行车 [ ]手表-尺子	__/2

延迟回忆	回忆时不能提示	面孔	天鹅绒	教堂	菊花 【 】	红色 【 】	仅根据非提示回忆计分	__/5
选项	分类提示							
	多选提示							

定向	【 】日期　【 】月份　【 】年代　【 】星期几　【 】地点　【 】城市	__/6

总分　__/30

参 考 文 献

[1] 贾建平.中国痴呆与认知障碍诊治指南(2015年版).北京:人民卫生出版社,2016.

[2] 贾建平,陈生弟.神经病学.北京:人民卫生出版社,2016.

[3] Hodges JR.临床神经心理学认知评估手册.2版.武汉:华中科技大学出版社,2013.

[4] 贾建平.临床痴呆病学.北京:北京大学医学出版社,2007.

［5］汤慈美. 神经心理学. 北京：人民军医出版社,2001.

［6］郭起浩,秦震,吕传真. 阿尔茨海默病认知功能量表述评. 中华神经科杂志,2000,33(3):179-182.

［7］Martinaud O. Visual agnosia and focal brain injury. Rev Neurol (Paris),2017,173(7-8):451-460.

［8］Susilo T,Duchaine B. Advances in developmental prosopagnosia research. Curr Opin Neurobiol,2013,23(3): 423-429.

［9］Freud E,Ganel T,Avidan G,et al. Functional dissociation between action and perception of object shape in developmental visual object agnosia. Cortex,2016,76:17-27.

［10］Cooper SA. Higher visual function:hats,wives and disconnections. Pract Neurol,2012,12(6):349-357.

［11］范继中. 视空间忽视及有关神经心理学检查. 医学科技,1988,1:94-97.

［12］Mares I,Custodio P,Fonseca J,et al. To read or not to read:a neurophysiological study. Neurocase,2015,21(6): 793-801.

［13］单春雷,于美霞,徐兆强,等. 汉语纯失读症患者的评价与初步分析. 中国康复医学杂志,2004,1:12-15.

［14］da Silva MNM,Millington RS,Bridge H,et al. Visual dysfunction in posterior cortical atrophy. Front Neurol,2017, 8:389.

［15］Cooper SA,O'Sullivan M. Here,there and everywhere:higher visual function and the dorsal visual stream. Pract Neurol,2016,16(3):176-183.

［16］Salmon DP. Executive functions can help when deciding on the frontotemporal dementia diagnosis. Neurology, 2013,80:2174-2175.

［17］Marshall GA,Rentz DM,Frey MT,et al. Executive function and instrumental activities of daily living in mild cognitive impairment and Alzheimer's disease. Alzheimers Dement,2011,7:300-308.

［18］王瑶,曹云鹏. 痴呆患者视空间功能的研究进展. 国际神经病学神经外科学杂志,2017,44(1):110-112.

［19］Gallagher HL,Frith CD. Functional imaging of 'theory of mind'. TRENDS in Cognitive Sciences,2003,7(2): 77-83.

［20］Hachinski VC,Hiff LD,Zilhka E,et al. Cerebral blood flow in dementia. Arch Neurol,1975,32(9):632-637.

［21］Lawton MP,Brody EM. Assessment of older people:self-maintaing and instrumental activities of daily living. Gerontologist,1969,9(3):179-186.

［22］韩学青,冯峰,陈建,等. 日常生活能力量表辅助诊断痴呆值的界定. 中国临床康复,2005,9:13-15.

［23］许贤豪. 神经心理量表检测指南. 北京：中国协和医科大学出版社,2007.

［24］解恒革,王鲁宁,于欣,等. 北京部分城乡社区老年人和痴呆患者神经精神症状的调查. 中华流行病学杂志, 2004,25(10):829-832.

［25］汪向东,王希林,马弘,等. 心理卫生评定量表手册(增订版). 北京：中国心理卫生杂志社,1999.

［26］Paykel ES,Brugha T,Fryers T. Size and burden of depressive disorders in Europe. Eur Neuro psychopharmacol, 2005,15:411-423.

［27］刘贤臣. 心理卫生评定量表手册. 北京：中国心理卫生杂志社,1999.

第七章　神经系统疾病的诊断原则

概　　述

医学是一门复杂的科学,任何一种疾病的临床表现都不尽相同。疾病的诊断是临床医师对患者病情进行调查研究的过程,要求临床医师运用所学的知识进行正确地分析、综合和推理。临床医师从实践中积累知识,从误诊中得到教益,并通过周详的病史采集、细致的体格检查以及有关的辅助检查后,根据收集来的资料,进行全面的综合分析,才能对疾病作出初步诊断。只要遵循疾病诊断的基本原则、运用正确的临床思维方法、并且在诊断过程中重视证据、重视调查研究及验证,这样我们就能够尽早地作出正确的临床诊断,减少误诊的发生,从而为临床医师选择适当的治疗方法提供依据,并可以初步判断疾病的转归和预后。

第一节　诊疗程序

确定某种疾病是否为神经系统疾病或病变是否主要累及神经系统是神经科医师首先需要解决的问题。许多神经系统症状是由其他系统疾病引起,某些神经系统的疾病也可能以其他系统或器官的症状作为主诉。一些内、外、妇、儿科疾病常合并有神经系统损害,还有些疾病,例如骨、关节、周围血管结缔组织等疾病,其症状也可类似神经系统疾病。因此,临床医师确定神经系统疾病诊断时,要强调整体观念,避免只专重视局部而忽视整体的片面观点,要全面了解病情和病损可能累及的器官和系统、确定诊断方向,这样才能作出正确的诊断。同时神经病学作为一门独立的学科,其病变损害可涉及的范围十分广泛,包括了中枢神经系统(脑、脊髓)、周围神经系统和全身骨骼肌,而且它们相互之间的联系非常密切。所以,神经病学的临床诊断更为强调定位的内容,通常以病变部位作为划分疾病的主线,然后再以定性的方式串联各种疾病。

一、定位诊断

定位诊断是根据疾病所表现的神经系统症状、体征,再结合神经解剖、神经生理和神经病理等方面的知识确定疾病损害的部位。而许多神经系统病变的发生都具有与一定解剖部位相关的特性,定位诊断一旦确定,也为定性诊断提供了重要的诊断信息。神经系统的病变部位根据其病损范围可分为局灶性、多灶性、弥漫性和系统性病变。局灶性病变指只累及神经系统的单一局限部位,如面神经麻痹、尺神经麻痹、脊髓肿瘤等。多灶性病变指病变分布在两个或两个以上的部位,如多发性硬化、视神经脊髓炎等。弥漫性病变常比较广泛侵犯中枢和(或)周围神经系统、肌肉,如中毒性脑病、病毒性脑炎等。系统性病变指病变选择性地损害某一特定功能解剖系统或传导束,如肌萎缩性侧索硬化症、亚急性脊髓联合变性等。需要注意的是定位诊断通常要遵循一元论的原则,尽量用一个局灶性病变解释患者的全部症状和体征,如果无法解释,再考虑多灶性(包括播散性)或弥漫性病变的可能。

在分析病变的分布和范围之后,还需进一步明确其具体部位,现将大脑、脑干、小脑、脊髓以及周围神经病变的主要特点分述于下,以便于临床定位思考:

(一)大脑病变

临床主要表现有意识水平和内容及精神障碍、偏瘫、偏身感觉障碍、偏盲、癫痫发作等。各脑叶病变亦有各自不同的特点,如额叶损害主要表现为随意运动障碍、局限性癫痫、运动性失语、认知功能障碍等症状;顶叶损害主要表现为皮质型感觉障碍、失读、失用等;颞叶损害主要表现为精神症状、感觉性失语、精神运动性癫痫等;枕叶损害主要表现为视野受损、皮质盲等。此外,大脑半球深部基底核的损害,可以出现肌张力改变,运动异常及不自主运动等锥体外系症状。

(二) 脑干病变

一侧脑干病变多表现有病变同侧周围性脑神经麻痹和对侧肢体中枢性偏瘫,即交叉性瘫痪,或病变同侧面部及对侧偏身痛温觉减退的交叉性感觉障碍,其病变的具体部位根据受损脑神经平面而作出判断。脑干两侧或弥漫性损害时常引起双侧多数脑神经和双侧长束受损症状。

(三) 小脑病变

小脑蚓部损害主要引起躯干的共济失调,小脑半球损害则引起同侧肢体的共济失调。有时可出现小脑性语言和辨距不良。

(四) 脊髓病变

脊髓横贯性损害常有受损部位以下的运动、感觉及括约肌三大功能障碍,呈完全的或不完全的截瘫或四肢瘫、传导束型感觉障碍和尿便功能障碍。可根据感觉障碍的最高平面、运动障碍、深浅反射的改变和自主神经功能的障碍,大致确定脊髓损害的范围。脊髓的单侧损害,可出现脊髓半切损害综合征,表现为病变平面以下对侧痛、温觉减退或丧失,同侧上运动神经元性瘫痪和深感觉减退或丧失。脊髓的部分性损害可仅有锥体束和前角损害症状如肌萎缩侧索硬化症,亦可仅有锥体束及后索损害症状如亚急性脊髓联合变性,或可因后角、前联合受损仅出现节段性痛觉和温度觉障碍,但轻触觉保留,呈分离性感觉障碍,如脊髓空洞症。

(五) 周围神经病变

由于脊神经是混合神经,受损时在其支配区有运动、感觉和自主神经的症状。运动障碍为下运动神经元性瘫痪,感觉障碍的范围与受损的周围神经支配区一致。前根、后根的损害分别出现根性分布的运动、感觉障碍;多发性神经病出现四肢远端的运动、感觉障碍。

(六) 肌肉病变

病变损害肌肉或神经-肌肉接头时,最常见的症状是肌无力,另外还有病态性疲劳、肌痛与触痛、肌肉萎缩、肌肉假性肥大及肌强直等,无明显的感觉障碍。

二、定性诊断

定性诊断是确定疾病病因(性质)的诊断,它建立在定位诊断的基础上,将年龄、性别、病史特点、体检所见以及各种神经影像学等辅助检查结合在一起进行综合分析。病史中特别要重视起病急缓和病程特点这两方面资料。一般而言,当急性发病,迅速达到疾病的高峰,应考虑血管病变、炎症、外伤及中毒等;当发病缓慢隐匿且进行性加重,病程中无明显缓解现象,则多为肿瘤或变性疾病;发病形式呈间歇发作性,则多为癫痫、偏头痛或周期性瘫痪等。

现将神经系统几类主要疾病的临床特点列述于下,为临床定性诊断作参考:

(一) 血管性疾病

起病急骤,症状在短时间内(数秒、数分钟、数小时或数天)达到高峰。多见于中、老年人,既往常有高血压、动脉粥样硬化、心脏病、糖尿病或高脂血症等病史。神经系统症状表现为头痛、头晕、呕吐、肢体瘫痪、意识障碍、失语等。计算机断层扫描(CT)、磁共振(MRI)、数字减影血管造影(DSA)等影像学检查可获得比较确切的中枢神经系统损害的证据,如各类脑血管病。

(二) 感染性疾病

起病呈急性或亚急性,病情多于数日、少数于数周内达到高峰,伴有畏寒发热、外周血白细胞增加或血沉增快等全身感染中毒的症状,神经系统症状和体征较广泛。针对性地进行血及脑脊液的微生物学、免疫学、寄生虫学等有关检查可进一步明确感染的性质和原因。

（三）变性疾病

起病及病程经过缓慢，呈进行性加重。各年龄段均可发病，如阿尔茨海默病常于60岁以后起病，但有些变性疾病也可于青壮年发生，如运动神经元病。临床症状各异，如阿尔茨海默病主要为认知功能障碍，帕金森病主要为肌张力增高和运动障碍，运动神经元病主要为延髓麻痹、肢体无力和肌肉萎缩。

（四）外伤

有外伤史，呈急性起病；但也有外伤较轻，经过一段时间以后发病，如慢性硬膜下血肿。需详细询问外伤经过，以区别其是否先发病而后外伤，如癫痫发作后或脑卒中后的头部外伤。X线及CT检查有助于诊断。

（五）肿瘤

起病缓慢，病情呈进行性加重。但某些恶性肿瘤或转移瘤发展迅速，病程较短。颅内肿瘤除常有的癫痫发作、肢体瘫痪和麻木等局灶定位症状外，尚有头痛、呕吐、视乳头水肿等颅内压增高的征象。除原发于中枢神经系统的肿瘤外，还应注意部分癌肿的颅内转移。可呈弥漫性分布，早期除颅内压增高症状外，可无局灶性神经系统受累症状。脑脊液检查可有蛋白质含量增加，有时可检出肿瘤细胞。CT、MRI等检查可以发现转移瘤来源。

（六）脱髓鞘性疾病

常呈急性或亚急性起病，有缓解和复发的倾向，部分病例起病缓慢，呈进行性加重。常见疾病有多发性硬化、急性播散性脑脊髓炎等。MRI、脑脊液和诱发电位检查有助于诊断。

（七）代谢和营养障碍性疾病

常发病缓慢，病程相对较长；大多数临床表现无特异性，多在全身症状的基础上出现神经功能障碍的体征，可依据组织、体液中相应酶、蛋白质、脂质等的异常作出诊断。有些疾病常引起较固定的神经症状，如维生素B_1缺乏常发生多发性神经病，维生素B_{12}缺乏发生亚急性脊髓联合变性，糖尿病引起多发性周围神经病。

（八）其他

包括中毒和遗传性疾病等。神经系统中毒性疾病呈急性或慢性发病，其原因有化学品、毒气、生物毒素、食物、药物中毒等，诊断中毒时需要结合病史及必要的化验检查方能确定。神经系统遗传病多于儿童及青年期发病，家族中可有同样疾病，其症状和体征繁多，部分具有特征性，如先天性肌强直症出现的肌强直、肝豆状核变性的角膜色素环等，为这些疾病的诊断提供了重要依据。

第二节　临床思维方法

作为自然科学领域中生物应用科学的医学，其任务是防病治病，保障人类健康。在科技日新月异的今天，神经科学已成为医学和生命科学的前沿学科，时代要求培养一支基础扎实、临床能力好、技术水平高、科研能力强的高素质技术队伍，为此培养神经科医师临床思维方法十分重要。当今世界科学技术迅猛发展，极大地促进了医学科学的发展，从而给临床医疗奠定了坚实的科学基础。现代技术的发展也使临床医学日趋形象化、客观化、数字化。使科学分析更加精密，使临床诊治疾病的水平大大提高。但是，现代技术永远不能完全取代传统的体格检查和科学的临床思维。由于神经科有其发展的特殊性，使之有别于其他医学学科，因此，建立符合神经科本身特点的临床思维方法对神经科疾病的诊断及治疗至关重要。

临床思维的培养应以循证医学理念为指导，要求临床医师应用已掌握的医学理论知识和临床经验，结合患者的临床资料进行综合分析、逻辑推理。从错综复杂的线索中，找出主要矛盾，并加以解决，这是一个观察事物并思考问题的过程。正确的临床思维是医师长期从事临床实践的经验总结，也是临床医师的基本功。

应对神经科医师按照如下步骤进行临床思维的培养锻炼：①养成全面细致的习惯，通过详细的问诊、查体及实验室检查，收集可靠翔实的临床资料，剔除一些无关紧要的体征和不可靠的临床资料，以避免其分散我们临床判断的注意力；②将上述资料综合分析，利用神经解剖学、生理学的基本知识，尽可能合理地解释出病变的部位,确定疾病相关的功能与解剖结构的异常,进行定位诊断;③根据病变的部位、病史与体征及相关的实验室检查结果,最终分析判断疾病的病因,作出定性诊断;④明确疾病性质后,制订一个合理的治疗方案;⑤根据疾病的性质、部位、患者的综合状态等因素评估疾病对患者生理功能、心理状况、社会适应能力等方面的影响,评估患者的预后。

上述培养神经科医师临床思维的过程绝不是一成不变的教条,要始终把握"具体问题具体分析"的原则,善于抓住疾病的主要矛盾,透过现象抓住其本质特征。

随着医学科学的发展,疾病的诊断也显露出一些不可避免的局限性,遵循上述的临床思维方法,在大多数情况下,神经病学的诊断可以作出解剖学诊断。然而,即使是最严格地运用临床方法和实验室检查,仍然有许多患者诊断不明。通常在这种情况下,我们可以遵循以下的经验:①集中分析主要的可靠而肯定的症状和体征,通常检查到的体征要比询问到的主观症状来得更可靠,而运动系统或反射等体征要比感觉系统的体征更肯定。②避免过早地下结论和作出诊断,思路过早地局限于病史或体检中的某些体征,会忽略了其他诊断的可能性。诊断应当随着新资料的获得而加以调整;病情在不断变化,随着时间的推移,诊断将会进一步明确。③当临床表现不符合所考虑的疾病特点时,就应该考虑另一种疾病的可能。一般情况下遇到常见病不典型表现的概率,要比遇见罕见病典型表现的概率大得多。④临床医师不要根据自己对主要症状和体征的经验性认识作出诊断,而要通过对临床现象的归类和分析进行判断。⑤尽可能进行组织活检,获取细胞病理学资料,这样不仅有利于诊断,也有利于为以后的临床研究做准备。

临床医学是一个非常复杂的过程,不仅有诊断过程的内环境,而且与外环境密切相关;不仅有技术问题,而且还包含有精神、社会文化背景等方面的问题。其次,医学已从生物医学模式向生物-心理-社会医学模式转变,疾病已表现为一个多系统、多结构、多层次的病理状态。不仅许多疾病的概念在变化,而且对疾病的病理机制的认识也在发展。疾病的认识过程日趋复杂,有自然、社会、心理等多方面因素的参与。此外,医学基础科学不断进展,大量新的检测手段应用于临床,疾病诊断标准也在不断发展。这些因素导致疾病的诊断存在着不可避免的局限性,因此在临床实践中,十分强调对临床资料的综合分析,提倡辩证思维的分析方法,避免对疾病认识的片面性和不真实性,减少误诊、误治,提高诊断率和治愈率。

医学是一门实践性很强的科学,青年医师只有在日常的医疗工作中不断实践,才能真正地掌握各种临床检查技术,为日后工作打下坚实的基础。青年医师还要善于学习,不断总结。医学知识的更新速度日益加快,文献资料浩如烟海,来自本书的系统知识远远不能满足临床实践的需要,所以必须紧密地结合临床实践,勤奋学习,尽快掌握新的理论和知识,只有夯实基础理论,才能不断提高医疗水平。另外,青年医师还要向专家学习,学习他们在长期实践中积累的丰富经验、检查技巧、严谨与灵活的思维以及分析解决问题的方法等,这一切都有助于临床能力和自我素质的提高。同时在平常的临床工作中,要勤于思考,注重观察,不断总结经验教训,增强处理疑难问题的能力,努力探索,不断培养和增强临床科研意识和能力。

（陈生弟）

思 考 题

1. 神经系统疾病诊断的基本步骤是什么,需要注意哪些要点?
2. 神经系统病变按其损害的部位或病灶的分布,主要分为哪几种类型,有何临床特征?
3. 神经系统疾病的性质主要有哪几种类型,需要重视哪些特点?

参 考 文 献

[1] 贾建平.神经病学.7 版.北京:人民卫生出版社,2013.
[2] 陈生弟.神经病学.2 版.北京:科学出版社,2010.

第八章 头 痛

概 述

头痛(headache)是临床常见的症状,通常指局限于头颅上半部,包括眉弓、耳轮上缘和枕外隆突连线以上部位的疼痛。头痛大致可分为原发性和继发性两类。前者不能归因于某一确切病因,也可称为特发性头痛,常见的如偏头痛、紧张型头痛;后者由某些疾病诱发,病因可涉及各种颅内病变如脑血管疾病、颅内感染、颅脑外伤,全身性疾病,如发热、内环境紊乱以及滥用精神活性药物等。

【头痛的发病机制】

头痛的发病机制复杂,主要是由于颅内、外痛敏结构内的痛觉感受器受到刺激,经痛觉传导通路传导到达大脑皮质而引起。颅内痛敏结构包括静脉窦、脑膜前动脉及中动脉、颅底硬脑膜、三叉神经(Ⅴ)、舌咽神经(Ⅸ)和迷走神经(Ⅹ)、颈内动脉近端部分及邻近 Willis 环分支、脑干中脑导水管周围灰质和丘脑感觉中继核等;颅外痛敏结构包括颅骨骨膜、头部皮肤、皮下组织、帽状腱膜、头颈部肌肉和颅外动脉、第 2 和第 3 颈神经、眼、耳、牙齿、鼻窦、口咽部和鼻腔黏膜等。机械、化学、生物刺激和体内生化改变等均可作用于颅内外痛敏结构而引起头痛。如颅内、外动脉扩张或受牵拉,颅内静脉和静脉窦的移位或受牵引,脑神经和颈神经受到压迫、牵拉或炎症刺激,颅、颈部肌肉痉挛、炎症刺激或创伤,各种原因引起的脑膜刺激,颅内压异常,颅内 5-羟色胺能神经元投射系统功能紊乱等。

【头痛国际分类】

各国对头痛的分类和诊断曾使用不同的标准。国际头痛协会(international headache society,IHS)于 1988 年制定了头痛的分类和诊断标准,成为头痛分类和诊断的国际规范。2004 年,IHS 推出了国际头痛疾病分类第 2 版(the international classification of headache disorders 2nd edition,ICHD-2),2013年 IHS 推出国际头痛疾病分类第 3 版试用版(the international classification of headache disorders 3nd edition,ICHD-3(beta version)),为头痛诊断和分类的最新版本(表 8-1)。

表 8-1 头痛疾患的国际分类

1	原发性头痛
1.1	偏头痛(migraine)
1.2	紧张型头痛(tension-type headache)
1.3	三叉自主神经头面痛
1.4	其他原发性头痛
2	继发性头痛
2.1	头和(或)颈部外伤引起的头痛
2.2	头颅和颈部血管疾病引起的头痛
2.3	非血管性颅内疾病引起的头痛
2.4	物质或物质戒断引起的头痛
2.5	感染引起的头痛
2.6	内环境紊乱引起的头痛
2.7	头颅、颈、眼、耳、鼻、鼻窦、牙齿、口腔或其他颜面部结构病变引起的头痛或面痛
2.8	精神疾病引起的头痛
3	痛性脑神经病及其他面痛和其他头痛

【头痛的诊断与治疗】

详细的病史能为头痛的诊断提供第一手资料。在病史采集中应重点询问头痛的起病方式、发作频率、发作时间、持续时间、头痛的部位、性质、疼痛程度及伴随症状;注意询问头痛诱发因素、前驱症状、头痛加重和减轻的因素。另外,还应全面了解患者年龄与性别、睡眠和职业状况、既往病史和伴随疾病、外伤史、服药史、中毒史和家族史等一般情况对头痛发病的影响😊。在头痛的诊断过程中,应首先区分是原发性或是继发性。任何原发性头痛的诊断应建立在排除继发性头痛的基础之上。全面详尽的体格检查尤其是神经系统和头颅、五官的检查,有助于发现头痛的病变所在。适时恰当地选用神经影像学或腰穿脑脊液等辅助检查,能为颅内器质性病变提供客观依据。

头痛的防治原则包括病因治疗、对症治疗和预防性治疗。病因明确的病例应尽早去除病因,如颅内感染应抗感染治疗,颅内高压者宜脱水降颅压,颅内肿瘤需手术切除等。对于病因不能立即纠正的继发性头痛及各种原发性头痛急性发作,可给予止痛等对症治疗以终止或减轻头痛症状,同时亦应对头痛伴随症状如眩晕、呕吐等予以适当的对症治疗。对慢性头痛呈反复发作者应给予适当的预防性治疗,以防头痛频繁发作。

第一节　偏　头　痛

偏头痛(migraine)是临床常见的原发性头痛,其特征是发作性、多为偏侧、中重度、搏动样头痛,一般持续 4～72 小时,可伴有恶心、呕吐,声、光刺激或日常活动均可加重头痛,处于安静环境、休息可缓解头痛。偏头痛是一种常见的慢性神经血管性疾病,患病率为 5%～10%。

【病因】

偏头痛的病因尚不明确,可能与下列因素有关:

1. **内因**　偏头痛具有遗传易感性,约 60% 的偏头痛患者有家族史,其亲属出现偏头痛的风险是一般人群的 3～6 倍。家族性偏瘫性偏头痛(familial hemiplegic migraine,FHM)呈高度外显率的常染色体显性遗传,根据突变基因 FHM 分为三类,突变基因依次为 CACNA1A 基因、ATP1A2 基因和SCN1A 基因。此外,与神经系统兴奋性相关的基因突变与偏头痛的常见类型有关,提示偏头痛与大脑神经细胞的兴奋性紊乱相关。本病女性多于男性,多在青春期发病,月经期容易发作,妊娠期或绝经后发作减少或停止。这提示内分泌和代谢因素参与偏头痛的发病。

2. **外因**　环境因素也参与偏头痛的发作。偏头痛发作可由某些食物和药物所诱发。食物包括含酪胺的奶酪、含亚硝酸盐的肉类和腌制食品、含苯乙胺的巧克力、含谷氨酸钠的食品添加剂及葡萄酒等;药物包括口服避孕药和血管扩张剂如硝酸甘油等。另外,强光、过劳、应激以及应激后的放松、睡眠过度或过少、禁食、紧张、情绪不稳等也是偏头痛的诱发因素。

【发病机制】

偏头痛的发病机制尚不十分清楚,目前主要有以下学说:

1. **血管学说**　该学说认为偏头痛是原发性血管疾病,由血管舒缩功能障碍引起。颅内血管收缩引起偏头痛先兆症状,随后颅外、颅内血管扩张导致搏动性的头痛产生。颈动脉压迫、血管收缩剂麦角生物碱如麦角胺可缓解头痛支持这一理论。但是,新近的多个影像学研究包括氙 CT 脑血流成像、SPECT、PET 及 fMRI 等证实,偏头痛发作时并非一定存在血管扩张。目前认为,血管扩张只是偏头痛发生的伴随现象,而非必要条件。

2. **神经学说**　该学说认为偏头痛是原发性神经功能紊乱性疾病。偏头痛先兆是由皮质扩展性抑制(cortical spreading depressing,CSD)引起。CSD 是指各种有害刺激引起的起源于大脑后部皮质(枕叶)的神经电活动抑制带,此抑制带以 2～5mm/min 的速度向邻近皮质扩展,并伴随出现扩展性血量减少(spreading oligemia);两者均不按照脑动脉分布扩展,而是按大脑皮质细胞构筑模式进行,向前扩展一般不超越中央沟。CSD 能很好地解释偏头痛先兆症状。另外,5-羟色胺(5-HT)能神经元家族广泛地分布于脑中,许多有效抗偏头痛药可作为中枢性 5-HT 受体激动剂或部分激动剂起作用,这提示神经功能紊乱参与偏头痛的发作过程。

3. **三叉神经血管学说** 该学说近年来受到广泛重视。颅内痛觉敏感组织的周围神经纤维随三叉神经眼支进入三叉神经节,或入第 1、2 颈神经(C_1、C_2)后根至 C_1、C_2 脊神经节,然后发出神经纤维至三叉神经血管复合体(trigeminovascular complex),换元后发出神经纤维,经脑干交叉后投射至丘脑。当三叉神经节及其纤维受刺激后,可引起 P 物质、降钙素基因相关肽(calcitonin gene-related peptide,CGRP)和其他神经肽释放增加。这些活性物质作用于邻近脑血管壁,可引起血管扩张而出现搏动性头痛,还可使血管通透性增加,血浆蛋白渗出,产生无菌性炎症,刺激痛觉纤维传入中枢,形成恶性循环。已有研究显示,5-HT 受体激动剂曲普坦类制剂可通过作用于三叉神经血管复合体和丘脑腹后内侧核的 5-HT 受体,终止偏头痛急性发作;CGRP 受体拮抗剂微量渗入三叉神经血管复合体可有效抑制三叉神经血管系统痛觉信息的传递。提示三叉神经血管复合体与丘脑的神经功能紊乱也参与偏头痛的发病。

4. **视网膜-丘脑-皮质机制** 偏头痛是一种与感觉模式失调有关的疾病,如偏头痛患者在发作前后对光、声、触觉和嗅觉敏感。近来,对盲人偏头痛的研究发现从视网膜神经节细胞到丘脑后部的一条非影像形成视觉通路的激活可能是光线调节偏头痛的机制之一。

【临床表现】

偏头痛多起病于儿童和青春期,中青年期达发病高峰,女性多见,男女患者比例约为 1:2 ~ 1:3,常有遗传背景。ICHD-3 的偏头痛分型见表 8-2。

表 8-2 国际头痛协会偏头痛分型

1			无先兆偏头痛(migraine without aura)
2			有先兆偏头痛(migraine with aura)
	2.1		典型先兆偏头痛性头痛(migraine with typical aura)
		2.1.1	典型先兆伴头痛(typical aura with headache)
		2.1.2	典型先兆不伴头痛(typical aura without headache)
	2.2		脑干先兆性偏头痛(migraine with brainstem aura)
	2.3		偏瘫性偏头痛(hemiplegic migraine)
		2.3.1	家族性偏瘫型偏头痛(familial hemiplegic migraine)
		2.3.2	散发性偏瘫型偏头痛(sporadic hemiplegic migraine)
	2.4		视网膜型偏头痛(retinal migraine)
3			慢性偏头痛(chronic migraine)
4			偏头痛并发症(complications of migraine)
	4.1		偏头痛持续状态(status migrainosus)
	4.2		无梗死的持续先兆(persistent aura without infarction)
	4.3		偏头痛性脑梗死(migrainous infarction)
	4.4		偏头痛先兆诱发的痫性发作(migraine aura-triggered seizure)
5			很可能的偏头痛(probable migraine)
	5.1		很可能的无先兆偏头痛(probable migraine without aura)
	5.2		很可能的有先兆偏头痛(probable migraine with aura)
6			与偏头痛可能相关的周期性疾病(episodic syndromes that may be associated with migraine)
	6.1		复发型胃肠功能紊乱(recurrent gastrointestinal disturbance)
		6.1.1	周期性呕吐综合征(cyclical vomiting syndrome)
		6.1.2	腹型偏头痛(abdominal migraine)
	6.2		良性发作性眩晕(benign paroxysmal vertigo)
	6.3		良性发作性斜颈(benign paroxysmal torticollis)

下面介绍偏头痛主要类型的临床表现：

1. 无先兆偏头痛（migraine without aura） 是最常见的偏头痛类型，约占80%。临床表现为反复发作的一侧或双侧额颞部疼痛，呈搏动性，疼痛持续时伴颈肌收缩可使症状复杂化。常伴有恶心、呕吐、畏光、畏声、出汗、全身不适、头皮触痛等症状。本型发作频率高，可严重影响患者工作和生活，常需要频繁应用止痛药治疗，易合并出现新的头痛类型——药物过度使用性头痛（medication overuse headache，MOH）。本型偏头痛常与月经有明显的关系。

2. 有先兆偏头痛（migraine with aura） 约占偏头痛患者的10%。发作前数小时至数日可有倦怠、注意力不集中和打哈欠等前驱症状。在头痛之前或头痛发生时，常以可逆的局灶性神经系统症状为先兆，表现为视觉、感觉、言语和运动的缺损或刺激症状。最常见为视觉先兆，如视物模糊、暗点、闪光、亮点亮线或视物变形；其次为感觉先兆，言语和运动先兆少见。先兆症状一般在5～20分钟逐渐形成，持续不超过60分钟；不同先兆可以接连出现。头痛在先兆同时或先兆后60分钟内发生，表现为一侧或双侧额颞部或眶后搏动性头痛，常伴有恶心、呕吐、畏光或畏声、苍白或出汗、多尿、易激惹、气味恐怖及疲劳感等。活动可使头痛加重，睡眠后可缓解头痛。头痛可持续4～72小时，消退后常有疲劳、倦怠、烦躁、无力和食欲差等，1～2日后常可好转。

（1）典型先兆偏头痛（migraine with typical aura）：为最常见的先兆偏头痛类型，先兆表现为完全可逆的视觉、感觉或言语症状，无肢体无力表现。与先兆同时或先兆后60分钟内出现符合偏头痛特征的头痛，即为典型先兆伴头痛。当先兆后60分钟内不出现头痛，则称为典型先兆不伴头痛。

（2）脑干先兆性偏头痛（basilar-type migraine）：既往也称基底型偏头痛，先兆症状明显源自脑干，临床可见构音障碍、眩晕、耳鸣、听力减退、复视、双眼鼻侧及颞侧视野同时出现视觉症状、共济失调、意识障碍、双侧同时出现感觉异常，但无运动无力症状。在先兆同时或先兆60分钟内出现符合偏头痛特征的头痛，常伴恶心、呕吐。

（3）偏瘫性偏头痛（hemiplegic migraine）：临床少见。先兆除必须有运动无力症状外，还应包括视觉、感觉和言语三种先兆之一，先兆症状持续5分钟～24小时，症状完全可逆，在先兆同时或先兆60分钟内出现符合偏头痛特征的头痛。如在偏瘫性偏头痛患者的一级或二级亲属中，至少有一人具有包括运动无力的偏头痛先兆，则为家族性偏瘫性偏头痛；若无，则称为散发性偏瘫性偏头痛。

（4）视网膜性偏头痛（retinal migraine）：为反复发生的完全可逆的单眼视觉障碍，包括闪烁、暗点或失明，并伴偏头痛发作，在发作间期眼科检查正常。与基底型偏头痛视觉先兆症状常累及双眼不同，视网膜性偏头痛视觉症状仅局限于单眼，且缺乏起源于脑干或大脑半球的神经缺失或刺激症状。

3. 慢性偏头痛（chronic migraine） 偏头痛每月头痛发作超过15天，连续3个月或3个月以上，且每月至少有8天的头痛具有偏头痛性头痛特点，并排除药物过量引起的头痛，可考虑为慢性偏头痛。

4. 偏头痛并发症

（1）偏头痛持续状态（status migrainosus）：偏头痛发作持续时间≥72小时，而且疼痛程度较严重，但其间可有因睡眠或药物应用获得的短暂缓解期。

（2）无梗死的持续先兆：指有先兆偏头痛患者在一次发作中出现一种先兆或多种先兆症状持续1周以上，多为双侧性；本次发作其他症状与以往发作类似；需神经影像学排除脑梗死病灶。

（3）偏头痛性脑梗死：极少数情况下在偏头痛先兆症状后出现颅内相应供血区域的缺血性梗死，此先兆症状常持续60分钟以上，而且缺血性梗死病灶为神经影像学所证实，称为偏头痛性脑梗死。

（4）偏头痛先兆诱发的痫性发作：极少数情况下偏头痛先兆症状可触发痫性发作，且痫性发作发生在先兆症状中或后1小时以内。

5. 常为偏头痛前驱的儿童周期性综合征 可视为偏头痛等位症，临床可见周期性呕吐、反复发作的腹部疼痛伴恶心呕吐即腹型偏头痛、良性儿童期发作性眩晕。发作时不伴有头痛，随着时间的推移可发生偏头痛。

【诊断】

根据偏头痛发作类型、家族史和神经系统检查,通常可作出临床诊断。脑部 CT、CTA、MRI、MRA 检查可以排除脑血管疾病、颅内动脉瘤和占位性病变等颅内器质性疾病。下面介绍 ICHD-3 偏头痛诊断标准。

1. **无先兆偏头痛诊断标准**

(1) 符合(2)~(4)特征的至少 5 次发作。

(2) 头痛持续 4~72 小时(未经治疗或治疗无效)。

(3) 至少有下列中的 2 项头痛特征:①单侧性;②搏动性;③中或重度头痛;④日常活动(如步行或上楼梯)会加重头痛,或头痛时会主动避免此类活动。

(4) 头痛过程中至少伴有下列 1 项:①恶心和(或)呕吐;②畏光和畏声。

(5) 不能归因于其他疾病。

2. **有先兆偏头痛诊断标准**

(1) 符合(2)~(4)特征的至少 2 次发作。

(2) 至少出现以下一种完全可逆的先兆症状:①视觉症状,包括阳性表现(如闪光、亮点或亮线)和(或)阴性表现(如视野缺损);②感觉异常,包括阳性表现(如针刺感)和(或)阴性表现(如麻木);③言语和(或)语言功能障碍;④运动症状⑤脑干症状⑥视网膜症状。

(3) 至少满足以下 2 项:①至少 1 个先兆症状逐渐发展时间≥5 分钟,和(或)至少 2 个先兆症状连续出现;②每个先兆症状持续 5~60 分钟;③至少 1 个先兆症状是单侧的;④头痛伴随先兆发生,或发生在先兆之后,间隔时间少于 60 分钟。

(4) 不能归因于其他疾病,且排除短暂性脑缺血发作。

3. **慢性偏头痛诊断标准**

(1) 每月头痛(紧张型头痛性或偏头痛性)≥15 天,持续 3 个月以上,且符合标准(2)和(3)。

(2) 患者至少有 5 次发作符合无先兆偏头痛标准的(2)~(4)和(或)有先兆偏头痛诊断标准的(2)和(3)。

(3) 头痛持续 3 个月以上,每月发作≥8 天且符合下列任 1 项:①无先兆偏头痛标准的(3)和(4);②有先兆偏头痛诊断标准的(2)和(3)。

(4) 不能归因于其他疾病。

【鉴别诊断】

1. **丛集性头痛(cluster headache)** 是较少见的一侧眼眶周围发作性剧烈疼痛,持续 15 分钟~3 小时,发作从隔天 1 次到每日 8 次。本病具有反复密集发作的特点,但始终为单侧头痛,并常伴有同侧结膜充血、流泪、流涕、前额和面部出汗和 Horner 征等。

2. **紧张型头痛(tension-type headache,TTH)** 是双侧枕部或全头部紧缩性或压迫性头痛,常为持续性,很少伴有恶心、呕吐,部分病例也可表现为阵发性、搏动性头痛。多见于青、中年女性,情绪障碍或心理因素可加重头痛症状。

3. **症状性偏头痛(symptomatic migraine)** 缘于头颈部血管性病变的头痛如缺血性脑血管疾病、脑出血、未破裂的囊状动脉瘤和动静脉畸形;缘于非血管性颅内疾病的头痛如颅内肿瘤;缘于颅内感染的头痛如脑脓肿、脑膜炎等。这些继发性头痛在临床上也可表现为类似偏头痛性质的头痛,可伴有恶心、呕吐,但无典型偏头痛发作过程,大部分病例有局灶性神经功能缺失或刺激症状,颅脑影像学检查可显示病灶。缘于内环境紊乱的头痛如高血压危象、高血压脑病、子痫或先兆子痫等,可表现为双侧搏动性头痛,头痛在发生时间上与血压升高密切相关,部分病例神经影像学检查可出现可逆性脑白质损害表现。

4. **药物过度使用性头痛** 属于继发性头痛。头痛发生与药物过度使用有关,可呈类偏头痛样或同时具有偏头痛和紧张型头痛性质的混合性头痛,头痛在药物停止使用后 2 个月内缓解或回到原来的头痛模式。药物过度使用性头痛对预防性治疗措施无效。

【治疗】

偏头痛的治疗目的是减轻或终止头痛发作,缓解伴发症状,预防头痛复发。治疗包括药物治疗和非药物治疗两个方面。非药物治疗主要是加强宣教,帮助患者确立科学、正确的防治观念和目标,保持健康的生活方式,寻找并避免各种偏头痛诱因。药物性治疗分为发作期治疗和预防性治疗。

1. **发作期的治疗** 临床治疗偏头痛通常应在症状起始时立即服药。治疗药物包括非特异性止痛药如非甾体类抗炎药(non-steroidal anti-inflammatory drugs,NSAIDs)和阿片类药物,特异性药物如麦角类制剂和曲普坦类药物(表8-3)。药物选择应根据头痛程度、伴随症状、既往用药情况等综合考虑,可采用阶梯法、分层选药,进行个体化治疗。

表8-3 偏头痛特异性治疗药物

药物	用法用量	日最大剂量	半衰期(小时)
麦角类制剂			
麦角胺	1～2mg PO/SL/PR	6mg PO/SL/PR	2.0
双氢麦角胺	1～2mg IM;1～3mg PO	4mg IM;9mg PO	2.5
曲普坦类			
舒马曲普坦	6mg SC;25～100mg PO	12mg SC;300mg PO	2.0
那拉曲普坦	2.5mg PO	5mg PO	5.0～6.3
利扎曲普坦	5～10mg PO	30mg PO	2.0
佐米曲普坦	2.5～5mg PO	10mg PO	3.0
阿莫曲普坦	6.25～12.5mg PO	25mg PO	3.5

注:PO:口服;SL:舌下含服;PR:经直肠给药;IM:肌内注射;SC:皮下注射

(1)轻-中度头痛:单用 NSAIDs 如阿司匹林(aspirin)、萘普生(naproxen)、布洛芬(ibuprofen)、双氯芬酸(diclofenac)等有效,如无效再用偏头痛特异性治疗药物。阿片类制剂如哌替啶对偏头痛急性发作亦有效,因其具有成瘾性,不推荐常规应用,但对于有麦角类制剂或曲普坦类应用禁忌的病例,如合并有心脏病、周围血管病或妊娠期偏头痛,则可给予哌替啶治疗以终止偏头痛急性发作。

(2)中-重度头痛:严重发作可直接选用偏头痛特异性治疗药物(表8-3)以尽快改善症状,部分患者虽有严重头痛但以往发作对 NSAIDs 反应良好者,仍可选用 NSAIDs。麦角类制剂为5-HT1 受体非选择性激动剂,半衰期长、头痛的复发率低,适用于发作持续时间长的患者,曲普坦类为5-HT1 B/1 D 受体选择性激动剂。复方制剂如麦角胺咖啡因合剂可治疗某些中-重度的偏头痛发作。麦角类和曲普坦类药物不良反应包括恶心、呕吐、心悸、烦躁、焦虑、周围血管收缩,大量长期应用可引起高血压和肢体缺血性坏死。因具有强力的血管收缩作用,严重高血压、心脏病和孕妇患者均为禁忌。另外,如麦角类和曲普坦类药物应用过频,则会引起药物过量使用性头痛,建议每周用药不超过2～3天。

近年来发展起来的 CGRP 受体拮抗剂有望成为终止偏头痛急性发作安全有效的特异性药物。

(3)伴随症状:恶心、呕吐者有必要合用止吐剂(如甲氧氯普胺10mg肌内注射),严重呕吐者可给予小剂量奋乃静、氯丙嗪。伴有烦躁者可给予苯二氮䓬类药物以促使患者镇静和入睡。

2. **预防性治疗** 适用于:①频繁发作,尤其是每周发作1次以上严重影响日常生活和工作的患者;②急性期治疗无效,或因副作用和禁忌证无法进行急性期治疗者;③可能导致永久性神经功能缺损的特殊变异型偏头痛,如偏瘫性偏头痛、基底型偏头痛或偏头痛性梗死等。药物治疗应小剂量单药开始,缓慢加量至合适剂量,同时注意副作用。偏头痛发作频率降低50%以上可认为预防性治疗有效。有效的预防性治疗需要持续约6个月,之后可缓慢减量或停药。临床用于偏头痛预防的药物见表8-4。

表8-4　偏头痛预防性治疗常用药物

药物	用法用量	不良反应	注意事项
β肾上腺素能受体阻滞剂			
普萘洛尔	10~60毫克/次,2次/日	抑郁、低血压、不能耐受活动、阳痿等	应从小剂量开始,缓慢增加剂量,以心率不低于60次/分为限;哮喘、房室传导阻滞、心力衰竭患者禁忌
美托洛尔	100~200毫克/次,1次/日		
钙离子拮抗剂			
氟桂利嗪	5~10毫克/次,1次/睡前	疲劳感、体重增加、抑郁、锥体外系症状	
维拉帕米	160~320mg/d	便秘、下肢水肿、房室传导阻滞	从小剂量开始用药
抗癫痫药			
丙戊酸	400~600毫克/次,2次/日	嗜睡、体重增加、脱发、震颤、肝功能损害	
托吡酯	25~200mg/d	意识模糊、感觉异常、认知障碍、体重减轻、肾结石	
加巴喷丁	900~1800mg/d	疲劳感、头昏	
抗抑郁药			
阿米替林	25~75mg/d,睡前	嗜睡	
5-HT受体拮抗剂			
苯噻啶	0.5~3mg/d	嗜睡、体重增加	

【预后】

大多数偏头痛患者的预后良好。偏头痛症状可随年龄的增长而逐渐缓解,部分患者可在60~70岁时偏头痛不再发作。

第二节　丛集性头痛

丛集性头痛(cluster headache)是一种原发性神经血管性头痛,表现为一侧眼眶周围发作性剧烈疼痛,有反复密集发作的特点,伴有同侧眼结膜充血、流泪、瞳孔缩小、眼睑下垂以及头面部出汗等自主神经症状,常在一天内固定时间发作,可持续数周至数月。

【发病机制】

发病机制尚不明确。丛集性头痛患者发作期脑静脉血中CGRP明显增高,提示三叉神经血管复合体参与丛集性头痛的发病,但不能解释头痛发作的昼夜节律性。丛集性头痛发作存在昼夜节律性和同侧颜面部的自主神经症状,推测可能与下丘脑的神经功能紊乱有关。功能神经影像学fMRI和PET研究证实丛集性发作期存在下丘脑后部灰质的异常激活,而下丘脑后部灰质的深部脑刺激术可缓解难治性丛集性头痛,这更支持丛集性头痛可能原发于下丘脑神经功能紊乱。因此,丛集性头痛可能是下丘脑神经功能障碍引起的、三叉神经血管复合体参与的原发性神经血管性头痛。

【临床表现】

平均发病年龄较偏头痛晚,约为25岁,部分患者可有家族史。以男性多见,约为女性的4~5倍。头痛突然发生,无先兆症状,几乎发生于每日同一时间,常在晚上发作,使患者从睡眠中痛醒。头痛位于一侧眶周、眶上、眼球后和(或)颞部,呈尖锐、爆炸样、非搏动性剧痛。头痛持续15分钟至3小时不等。发作频度不一,从一日 8 次至隔日 1 次。疼痛时常伴有同侧颜面部自主神经功能症状,表现为结膜充血、流泪、流涕等副交感亢进症状,或瞳孔缩小和眼睑下垂等交感神经麻痹症状,较少伴有恶心、呕吐。部分患者的交感神经麻痹症状(瞳孔缩小、眼睑下垂)可持续存在,且在发作期加重。头痛发作几乎均为单侧,近 15% 的患者下一次发作可转移至另一侧。头痛发作可持续数周至数月(常为 6 ~ 12 周),在此期间患者头痛呈成串发作,故名丛集性头痛。丛集发作期常在每年的春季和(或)秋季;丛集发作期后可有数月或数年的间歇期。在丛集期,饮酒或血管扩张药可诱发头痛发作,而在间歇期,两者均不会引起头痛发作。

【诊断】

根据中青年男性出现发作性单侧眶周、眶上和(或)颞部严重或极度严重的疼痛,可伴有同侧结膜充血、流泪、眼睑水肿、流涕、前额和面部出汗、瞳孔缩小、眼睑下垂等自主神经症状,发作时坐立不安、易激惹,并具有反复密集发作的特点,神经影像学排除引起头痛的颅内器质性疾患,可作出丛集性头痛的诊断。当至少有两次丛集期,且每期持续 7 ~ 365 天,两次丛集期之间无痛间歇期≥1 个月,则称为发作性丛集性头痛(episodic cluster headache);一旦丛集期>1 年,无间歇期或间歇期<1 个月,则称为慢性丛集性头痛(chronic cluster headache)。

【鉴别诊断】

1. **发作性偏侧头痛(paroxysmal hemicrania）**　好发于女性,也表现为一侧眶周、眶上和(或)颞部剧烈头痛,可伴同侧结膜充血、流泪、鼻塞、流涕、前额和面部出汗、瞳孔缩小、眼睑下垂等。本病头痛发作持续时间为 2 ~ 30 分钟,发作频率常为每天 5 次以上,治疗剂量的吲哚美辛能完全控制头痛发作。

2. **SUNCT 综合征(short-lasting unilateral neuralgiform headache attacks with conjunctiva injection and tearing syndrome，SUNCT syndrome）**　为短暂单侧神经痛样头痛伴结膜充血和流泪,其特点是在眶颞区域出现短暂严重单侧疼痛伴同侧脑神经自主神经功能障碍,表现为同侧结膜充血、流泪、鼻塞或鼻溢及不明显出汗。发作持续时间以秒计算,吲哚美辛效果不佳是 SUNCT 的特征性表现。

【治疗】

1. **急性期的治疗**　吸氧疗法为头痛发作时首选的治疗措施,给予吸入纯氧,流速 10 ~ 12L/min,10 ~ 20 分钟,可有效阻断头痛发作,约 70% 患者有效。吸氧疗法无禁忌证,并且安全而无明显不良反应。舒马曲普坦皮下注射或经喷鼻吸入、佐米曲普坦经喷鼻吸入,可迅速缓解头痛,心脑血管疾病和高血压病是禁忌证。若吸氧或曲普坦类药物效果不佳或不耐受,可予以 4% ~ 10% 利多卡因 1ml 经患侧鼻孔滴入或双氢麦角胺静脉注射。

2. **预防性治疗**　急性期治疗并不能缩短丛集性发作持续时间及减少发作次数,因此一旦诊断丛集性头痛应立即给予预防性治疗。预防性药物包括维拉帕米、糖皮质激素和锂制剂等。维拉帕米 240 ~ 320mg/d 可有效预防丛集性头痛发作,可在用药 2 ~ 3 周内发挥最大疗效。糖皮质激素如泼尼松 60 ~ 100mg/d 至少持续 5 天,后以 10mg/d 逐渐减量。锂制剂同样可预防丛集性头痛发作,起效较维拉帕米缓慢,治疗窗窄,仅适用于其他药物无效或有禁忌证者。锂制剂主要不良反应为甲状腺功能亢进、震颤和肾功能损害等。其他用于丛集性头痛的预防药物还包括托吡酯、丙戊酸、苯噻啶、吲哚美辛和褪黑激素(melatonin)等。

第三节　紧张型头痛

紧张型头痛(tension-type headache,TTH)以往称紧张性头痛(tension headache)或肌收缩性头痛(muscle contraction headache),是双侧枕部或全头部紧缩性或压迫性头痛。约占头痛患者的 40%,是原发性头痛中最常见的类型。

【病因与发病机制】

病理生理学机制尚不清楚,目前认为"周围性疼痛机制"和"中枢性疼痛机制"与紧张型头痛的发病有关。前者在发作性紧张型头痛的发病中起重要作用,是由于颅周肌肉或肌筋膜结构收缩或缺血、细胞内外钾离子转运异常、炎症介质释放增多等导致痛觉敏感度明显增加,引起颅周肌肉或肌筋膜结构的紧张和疼痛。"中枢性疼痛机制"可能是引起慢性紧张型头痛的重要机制。慢性紧张型头痛患者由于脊髓后角、三叉神经核、丘脑、皮质等功能和(或)结构异常,对触觉、电和热刺激的痛觉阈明显下降,易产生痛觉过敏。中枢神经系统功能异常可有中枢神经系统单胺能递质慢性或间断性功能障碍。神经影像学研究证实慢性紧张型头痛患者存在灰质结构容积减少,提示紧张型头痛患者存在中枢神经系统结构的改变。另外,应激、紧张、抑郁等与持续性颈部及头皮肌肉收缩有关,也能加重紧张型头痛。

【临床表现】

典型病例多在 20 岁左右发病,发病高峰 40~49 岁,终身患病率约为 46%,两性均可患病,女性稍多见,男女比例约为 4:5。头痛部位不定,可为双侧、单侧、全头部、颈项部、双侧枕部、双侧颞部等。通常呈持续性轻中度钝痛,呈头周紧箍感、压迫感或沉重感。许多患者可伴有头昏、失眠、焦虑或抑郁等症状,也可出现恶心、畏光或畏声等症状。体检可发现疼痛部位肌肉触痛或压痛点,颈肩部肌肉有僵硬感,捏压时肌肉感觉舒适。头痛期间日常生活与工作常不受影响。传统上认为紧张型疼痛与偏头痛是不同的两种疾病,但部分病例却兼有两者的头痛特点,如某些紧张型头痛患者可表现为偏侧搏动样头痛,发作时可伴呕吐。

【诊断】

根据患者的临床表现,排除头颈部疾病如颈椎病、占位性病变和炎症性疾病等,通常可以确诊。ICHD-3 最新紧张型头痛诊断标准如下:

1. **偶发性紧张型头痛**(infrequent episodic tension-type headache)

(1)符合(2)~(4)特征的至少 10 次发作;平均每月发作<1 天;每年发作<12 天。

(2)头痛持续 30 分钟至 7 天。

(3)至少有下列中的 2 项头痛特征:①双侧头痛;②性质为压迫感或紧箍样(非搏动样);③轻或中度头痛;④日常活动(如步行或上楼梯)不会加重头痛。

(4)符合下列 2 项:①无恶心和呕吐;②无畏光、畏声,或仅有其一。

(5)不能归因于 ICHD-3 的其他诊断。

根据触诊颅周肌肉是否有压痛可分为伴颅周压痛的偶发性紧张型头痛、不伴颅周压痛的偶发性紧张型头痛两类。

2. **频发性紧张型头痛**(frequent episodic tension-type headache)

(1)符合(2)~(4)特征的至少 10 次发作;平均每月发作≥1 天且<15 天,至少 3 个月以上;每年发作≥12 天且<180 天。

(2)头痛持续 30 分钟至 7 天。

(3)至少有下列中的 2 项头痛特征:①双侧头痛;②性质为压迫感或紧箍样(非搏动样);③轻或中度头痛;④日常活动(如步行或上楼梯)不会加重头痛。

(4)符合下列 2 项:①无恶心和呕吐;②无畏光、畏声,或仅有其一。

(5)不能归因于 ICHD-3 的其他诊断。

根据触诊颅周肌肉是否有压痛可分为伴颅周压痛的频发性紧张型头痛、不伴颅周压痛的频发性紧张型头痛两类。

3. **慢性紧张型头痛**(chronic tension-type headache)

(1)符合(2)~(4)特征;平均每月发作≥15 天,3 个月以上;每年发作≥180 天。

(2)头痛持续数小时或数天或持续不断。

（3）至少有下列中的 2 项头痛特征：①双侧头痛；②性质为压迫感或紧箍样（非搏动样）；③轻或中度头痛；④日常活动（如步行或上楼梯）不会加重头痛。

（4）符合下列 2 项：①无畏光、畏声及轻度恶心症状，或仅有其一；②无中-重度恶心和呕吐。

（5）不能归因于其他疾病。

根据触诊颅周肌肉是否有压痛可分为伴颅周压痛的慢性紧张型头痛、不伴颅周压痛的慢性紧张型头痛两类。

4. 很可能的紧张型头痛

很可能的偶发性紧张型头痛：

（1）偶发性紧张型头痛诊断标准中（2）～（4）特征仅一项不满足。

（2）发作不符合无先兆偏头痛诊断标准。

（3）不能归因于其他疾病。

很可能的频发性紧张型头痛：

（1）频发性紧张型头痛诊断标准中（2）～（4）特征仅一项不满足。

（2）发作不符合无先兆偏头痛诊断标准。

（3）不能归因于其他疾病。

很可能的慢性紧张型头痛：

（1）头痛平均每月发作≥15 天，3 个月以上；每年发作≥180 天，且符合慢性紧张型头痛诊断标准的（2）、（3）项。

（2）无畏光、畏声及轻度恶心症状，或仅有其一。

（3）不能归因于 ICHD-3 的其他诊断，但药物过量者符合药物过量性头痛任一亚型的诊断标准。

【治疗】

1. 药物治疗

（1）对症治疗：对发作性紧张型头痛，特别是偶发性紧张型头痛患者，适合对症治疗。治疗可采用非甾体类抗炎药如阿司匹林、对乙酰氨基酚等，可单一用药或复合制剂。但需注意切勿滥用镇痛药物，因其本身可引起药物性过度使用性头痛。

（2）预防治疗：对于频发性和慢性紧张型头痛应采用预防性治疗，包括三环类抗抑郁药如阿米替林、多塞平，也可试用 5-羟色胺再摄取抑制剂；肌肉松弛剂如盐酸乙哌立松、巴氯芬等。

2. 非药物疗法　包括松弛治疗、物理治疗、生物反馈和针灸治疗等，也可改善部分病例的临床症状。

第四节　药物过度使用性头痛

药物过度使用性头痛（medication overuse headache，MOH），曾被称为药源性头痛（drug-induced headache）、药物误用性头痛（medication-misuse headache）。MOH 是仅次于紧张型头痛和偏头痛的第三大常见头痛类型，患病率约 1%～2%。头痛患者在发作期过度使用急性对症药物（通常超过 3 个月），促使原有头痛如偏头痛或紧张型头痛转为慢性，头痛往往较为严重，致残率和疾病负担较高。

【发病机制】

目前，MOH 的发病机制尚不清楚，研究表明药物过度使用本身并不足以导致 MOH，可能与个人因素及遗传因素有关，个人因素包括原有头痛类型及特点，低收入、低教育水平、女性、已婚等。遗传因素包括慢性头痛家族史，脑源性神经营养因子（brain-derived neurotrophic factor，BDNF）Val66Met 及多巴胺转运体基因（SLC6A3，也称为 DAT1）的多态性有关。发病机制的研究主要仍基于动物实验，可能的机制包括三叉神经节中降钙素基因相关肽（CGRP）、神经元型一氧化氮合酶（nNOS）、P 物质上调；中枢三叉神经元感受野扩大、伤害感受性阈值降低；弥散性有毒物质抑制性控制作用（diffuse noxious inhibitory control）减弱,以及皮质扩展性抑制（cortically spreading depression,CSD）易感性增加等。

【临床表现】

女性多见,男女患病比率约为1:3.5,多见于30岁以上患者。患者常有慢性头痛史,并长期服用治疗头痛的急性药物。MOH患者原发性头痛为偏头痛者最多见,约占65%,其次为紧张型头痛,占27%,偏头痛合并紧张型头痛或其他类型原发性头痛者占8%。头痛每天发生或几乎每天发生,原有头痛的特征包括程度、部位、性质等发生变化,常伴有所使用止痛药物的其他副作用。患者往往有焦虑、抑郁等情绪障碍或药物滥用的家族史。

【诊断】

ICHD-3 药物过度使用性头痛的诊断标准见表8-5。

表8-5 药物过度使用性头痛的诊断标准

（1）头痛≥15天/月
（2）规律过度使用一种或多种用于头痛急性治疗和（或）对症治疗的药物超过3个月
（3）不能归因于 ICHD-3 的其他诊断

注:MOH患者最常见的原发性头痛病史是偏头痛或(和)紧张型头痛,其他原发性头痛只占小部分,如慢性丛集性头痛或新发每日持续头痛

临床上诊断药物过度使用性头痛十分重要。在头痛天数≥15天/月,大于3个月的患者中,近一半有药物过度使用性头痛。研究表明,大多数MOH患者撤除过度使用的药物后头痛好转。教育患者药物过度使用性头痛的原因和后果是治疗的基础手段。对头痛有频发倾向的患者预防药物过度使用十分重要。部分药物过度使用性头痛患者与其他药物成瘾患者有相似性。依赖程度量表（Severity of Dependence Scale,SDS）可以评估头痛患者药物过度使用风险。

【治疗】

MOH的复发率高,1年内复发率达22%~44%,4~6年累计复发率约为40%~60%。治疗目标包括减轻头痛程度、减少发作频率,减少急性对症药物的使用量,提高急性对症药物及预防性药物的疗效,减轻残疾和提高生活质量。

1. **撤去过度使用的药物** 治疗MOH首先要撤去过度使用的药物,大多数药物可以立即撤去,包括曲坦类、麦角类、对乙酰氨基酚、阿司匹林等。有些药物突然停药会出现严重的撤药症状,需缓慢撤药,包括阿片类、苯巴比妥类,尤其是苯二氮䓬类药物。对于过度使用巴比妥类药物,院外难以停止服药以及伴有严重抑郁患者建议住院治疗。自律性高、具有强烈撤药动机、非巴比妥类药物过度使用、过度使用单种药物,不伴有精神障碍等患者可选择门诊治疗。撤药后至少随访1年,1年后头痛仍有改善,提示撤药治疗成功。

2. **预防性治疗** 应尽早给予预防性治疗,可减少头痛发作频率从而减少止痛药物的用量。托吡酯和局部注射A型肉毒毒素治疗有效。还可考虑丙戊酸盐、加巴喷丁、唑尼沙胺、左乙拉西坦、氯硝西泮等。

3. **治疗戒断症状** 常见的戒断症状包括:恶心、呕吐、焦虑、睡眠障碍、戒断性头痛、低血压、心动过速等。戒断症状通常持续2~10天,平均3.5天,也可持续达4周。曲坦类药物最短（平均4.1天）,其次是麦角类,镇痛药。恶心、呕吐者可选用甲氧氯普胺,呕吐明显者及时补液。苯二氮䓬类用于镇静,戒断性头痛可参考治疗慢性、难治性头痛的药物,新近有研究表明泼尼松能有效减轻戒断性头痛。

4. **行为治疗** 包括生物反馈、松弛训练、压力管理和认知行为治疗等。

5. **治疗原发性头痛** 应当有效治疗原发性头痛,如慢性偏头痛和慢性紧张型头痛等。

【预后】

多数患者在撤药第一年后头痛缓解。病程长、多种镇痛药物联合使用、药物使用剂量大、过度使

用巴比妥类药物或阿片类药物以及紧张型头痛容易复发,往往迁延不愈。

第五节   低颅压性头痛

低颅压性头痛(intracranial hypotension headache)是脑脊液压力降低(<60mmH$_2$O)导致的头痛,多为体位性。患者常在直立 15 分钟内出现头痛或头痛明显加剧,卧位后头痛缓解或消失。

【病因与发病机制】

低颅压性头痛包括自发性(特发性)和继发性两种。自发性病因不明,既往多认为可能与血管舒张障碍引起脑脊液分泌减少或吸收增加有关,目前已证实多数自发性低颅压与自发性脑脊液漏(spontaneous CSF leak)有关。继发性可由多种原因引起,其中以硬膜或腰椎穿刺后低颅压性头痛最为多见,头颈部外伤及手术、脑室分流术、脊柱创伤或手术等使 CSF 漏出增多等也会导致低颅压头痛。另外,脱水、糖尿病酮症酸中毒、尿毒症、全身严重感染、脑膜脑炎、过度换气和低血压等可使 CSF 生成减少。

由于脑脊液量减少、压力降低、脑组织移位下沉等使颅内痛敏结构,如脑膜、血管和三叉、舌咽、迷走等脑神经受到牵张从而引起头痛。

【临床表现】

本病见于各种年龄,自发性者多见于体弱女性,继发性者无明显性别差异。头痛以双侧枕部或额部多见,也可为颞部或全头痛,但很少为单侧头痛,呈轻至中度钝痛或搏动样疼痛。头痛特点是与体位有明显关系,立位时出现或加重,卧位时减轻或消失,头痛多在变换体位后 15～30 分钟内出现。可伴有后颈部疼痛或僵硬、恶心、呕吐、畏光或畏声、耳鸣、眩晕等。脑组织下坠压迫脑神经也可引起视物模糊或视野缺损(视神经或视交叉受压)、面部麻木或疼痛(三叉神经受压)、面瘫或面肌痉挛(面神经受压)。部分病例可并发硬膜下出血,极少数病例可出现意识障碍、帕金森样症状、痴呆等。

【辅助检查】

1. 脑脊液检查   腰穿脑脊液压力<60mmH$_2$O;部分病例压力测不出,甚至放不出 CSF,称"干性穿刺"。少数病例 CSF 细胞数轻度增加,蛋白质、糖和氯化物正常。对于颅脑 MRI 检查已显示弥漫性硬脑膜强化的患者,应慎行腰穿检查。

2. 神经影像学   颅脑 MRI 检查可表现为弥漫性硬脑膜强化、硬膜下积液、脑静脉窦扩大、垂体增大、小脑扁桃体下疝畸形(Arnold-Chiari 畸形)等。脊髓造影和放射性核素脑池造影能准确定位脑脊液漏出的部位。大多数自发性脑脊液漏发生在颈、胸椎连接处水平或在胸椎处。

【诊断】

根据体位性头痛的典型临床特点应疑诊低颅压头痛,腰穿测定脑脊液压力降低(<60mmH$_2$O)可以确诊。根据病因可将低颅压头痛分为硬脊膜穿刺后头痛、脑脊液瘘性头痛(CSF fistula headache)和自发性(或特发性)低颅压性头痛三类。

【鉴别诊断】

本病应注意与产生体位性头痛的某些疾病相鉴别,如体位性心动过速综合征(POTS)、脑和脊髓肿瘤、脑室梗阻综合征、寄生虫感染、脑静脉血栓形成、亚急性硬膜下血肿等。

【治疗】

1. 病因治疗   针对病因进行治疗,如控制感染、纠正脱水和糖尿病酮症酸中毒等。对手术或创伤后存在脑脊液漏者可行瘘口修补术等。

2. 药物治疗   咖啡因可阻断腺苷受体,使颅内血管收缩,增加 CSF 压力和缓解头痛。可用苯甲酸咖啡因 500mg,皮下或肌内注射,或加入 500～1000ml 乳化林格液缓慢静脉滴注。

3. 硬膜外血贴疗法   是用自体血 10～20ml 缓慢注入腰或胸段硬膜外间隙,血液从注射点向上下扩展数个椎间隙,可压迫硬膜囊和阻塞脑脊液漏出口,迅速缓解头痛,适用于腰穿后头痛和自发性低颅压头痛。

4. 对症治疗 包括卧床休息（平卧或头低脚高位）、大量饮水（5000ml/d）、静脉补液（生理盐水 3500~4000ml/d;5% 葡萄糖液 2800~3000ml/d）、穿紧身裤和束腹带,给予适量镇痛剂等。

【预后】

部分自发性低颅压头痛患者能在 2 周内自发缓解,部分持续数月甚至数年。

（罗本燕）

思 考 题

1. 头痛的诊断思路有哪些?
2. 如何鉴别原发性与继发性头痛?
3. 简述偏头痛的主要临床特点及其治疗。
4. 简述紧张型头痛的临床表现及其治疗。
5. 简述药物过度使用性头痛的治疗原则。

参 考 文 献

[1] 王维治. 临床神经病学. 8 版. 北京:人民卫生出版社,2015.

[2] 头痛分类和诊断专家共识组. 头痛分类和诊断专家共识. 中华神经科杂志,2007,40:439-495.

[3] 中华医学会疼痛学分会头面痛学组. 中国偏头痛诊断治疗指南. 中国疼痛医学杂志,2011,17:65-86.

[4] Headache Classification Committee of the International Headache Society (IHS). (2013) The International Classification of Headache Disorders. 3rd ed (beta version). Cephalalgia,2013,33(9):629-808.

[5] Ropper AH,Samuels MA,Klein JP. Adams and Victor's Principles of Neurology. 10th ed. New York:McGraw-Hill,2014.

[6] Lainez MJ,GuillamonE. Cluster headache and other TACs:pathophysiology and neurostimulation options. Headache, 2017,57(2):327-335.

[7] May A. Cluster headache:Epidemiology,clinical features,and diagnosis. [2017]. https://www-uptodate-com. hlsw. tzuchi. com. tw/contents/cluster-headache-epidemiology-clinical-features-and-diagnosis.

[8] Garza Ivan,Schwedt TJ. Medication overuse headache:Etiology,clinical features,and diagnosis. [2017]. https://www-uptodate-com. hlsw. tzuchi. com. tw/contents/medication-overuse-headache-etiology-clinical-features-and-diagnosis.

[9] Sun-Edelstein C,Lay CL. Spontaneous intracranial hypotension:Pathophysiology,clinical features,and diagnosis. [2017]. https://www-uptodate-com. hlsw. tzuchi. com. tw/contents/spontaneous-intracranial-hypotension-pathophysiology-clinical-features-and-diagnosis.

[10] Taylor FR. Tension-type headache in adults:Pathophysiology,clinical features,and diagnosis. [2017]. https://www-uptodate-com. hlsw. tzuchi. com. tw/contents/tension-type-headache-in-adults-pathophysiology-clinical-features-and-diagnosis.

第九章　脑血管疾病

概　　述

脑血管疾病(cerebrovascular disease,CVD)是脑血管病变导致脑功能障碍的一类疾病的总称。它包括血管腔闭塞或狭窄、血管破裂、血管畸形、血管壁损伤或通透性发生改变等各种脑血管病变引发的局限性或弥漫性脑功能障碍,但不包括血流动力学异常等因素导致的全脑缺血或缺氧所引发的弥漫性脑功能障碍。脑卒中(stroke)为脑血管疾病的主要临床类型,包括缺血性脑卒中和出血性脑卒中,以突然发病、迅速出现局限性或弥散性脑功能缺损为共同临床特征,为一组器质性脑损伤导致的脑血管疾病。

【流行病学】

脑血管疾病是危害中老年人身体健康和生命的主要疾病之一,给患者、家庭和社会带来沉重的负担和痛苦。脑卒中是目前导致人类死亡的第二位原因,它与心脏病、恶性肿瘤构成人类三大致死疾病。脑卒中也是成人首要的致残疾病,约 2/3 幸存者遗留有不同程度的残疾。全世界每 6 个人在一生中就有 1 个人患有脑卒中;每 6 秒钟就有 1 个人死于脑卒中;每 6 分钟就有 1 个人因脑卒中而永久致残。脑血管疾病的发病率、患病率和死亡率随着年龄的增长而增高。随着人口老龄化的加剧,脑血管疾病造成的危害日趋严重。

我国脑血管疾病的发病呈现北高南低、东高西低的地理分布特征。与西方发达国家不同,我国脑卒中的发病率和死亡率明显高于心脏病。近年来卒中在我国全死因排名中的顺位明显前移。2008年国家卫生部公布的第三次全国死因调查,卒中(136.64/10 万)已超过恶性肿瘤(135.88/10 万)成为中国第一致死病因。根据 2017 年发表的 Ness-China 中国脑卒中流行病学调查研究,我国卒中发病率为 345.1/10 万人年,死亡率为 159.2/10 万人年,患病率为 1596.0/10 万人年,每年新发病例约 240万,每年死亡病例约 110 万,存活者约 1100 万。

【脑血管病的病因】

各种原因如动脉硬化、血管炎、先天性血管病、外伤、药物、血液病及各种栓子和血流动力学改变都可引起急性或慢性的脑血管疾病。根据解剖结构和发病机制不同,可将脑血管疾病的病因归为以下几类:

1. **血管壁病变**　以高血压性动脉硬化和动脉粥样硬化所致的血管损害最为常见,其次为结核、梅毒、结缔组织疾病和钩端螺旋体等病因所致的动脉炎,再次为先天性血管病(如动脉瘤、血管畸形和先天性狭窄)和各种原因(如外伤、颅脑手术、插入导管、穿刺等)所致的血管损伤,另外还有药物、毒物、恶性肿瘤所致的血管病损等。

2. **心脏病和血流动力学改变**　如高血压、低血压或血压的急骤波动,以及心功能障碍、传导阻滞、风湿性或非风湿性心脏瓣膜病、心肌病及心律失常,特别是心房纤颤(简称房颤)。

3. **血液成分和血液流变学改变**　包括各种原因所致的血液凝固性增加和出血倾向,如脱水、红细胞增多症、高纤维蛋白原血症等高黏血症,抗凝血酶Ⅲ、蛋白 C、蛋白 S 缺乏和第Ⅴ因子基因突变等遗传性高凝状态,应用抗凝剂、抗血小板药物、弥散性血管内凝血和各种血液系统疾病等导致的凝血机制异常。

4. **其他病因**　包括空气、脂肪、癌细胞和寄生虫等栓子,脑血管受压、外伤、痉挛等。

【脑血液循环调节及病理生理】

脑是机体代谢最旺盛的器官。正常成人的脑重为1500g,占体重的2%～3%,但在安静状态下流经脑组织的血液为50～100ml/(100g·min),占每分心搏出量的20%。脑组织氧消耗量为3.5ml/(100g·min),占全身耗氧量的20%～30%。脑葡萄糖消耗量为5mg/(100g·min),24小时约需108g。脑的能量来源主要依赖于糖的有氧代谢,几乎无能量储备,因此脑组织对缺血、缺氧性损害十分敏感。

脑组织的血流量分布不均,通常灰质的血流量高于白质,大脑皮质的血液供应最丰富,其次为基底核和小脑皮质。不同脑组织细胞对缺血、缺氧性损害的敏感性不同:神经元最不能耐受,其次为神经胶质细胞,最后为血管内皮细胞。不同部位的神经元对缺血、缺氧性损害的敏感性亦不相同:大脑新皮质(第3、5、6层)的锥体神经元、海马CA1锥体神经元和小脑Purkinje细胞对缺血、缺氧性损害最敏感,脑干运动神经核对缺血、缺氧耐受性较高。

脑血流具有自身调节功能。在正常情况下,平均动脉压在50～150mmHg范围内脑血流保持不变。脑血流的自身调节功能在许多病理情况下发生紊乱,如高血压患者脑血流自身调节的上、下限均上移,故对低血压的耐受能力减弱;多数重症急性脑卒中患者脑血流自动调节的下限上移至平均动脉压120mmHg左右,故在血压<180/100mmHg时,尤其是在合并高颅压时,不能满足最低50～70mmHg的脑灌注压需要,导致脑缺血加重。

脑细胞缺血缺氧性损害分为2个时相。第1个时相称"突触传递衰竭",其局部脑血流(rCBF)的阈值为20ml/(100g·min)。此时,脑自发电活动消失,脑细胞功能完全丧失,但仍有血氧连续进入脑细胞内,只要及时增加脑供血供氧,脑细胞功能仍可恢复,脑损害是可逆的。第2个时相为"膜泵衰竭",其rCBF阈值为10ml/(100g·min)。此时,从毛细血管释放的氧弥散到脑细胞线粒体所需的有效氧分压梯度消失,脑细胞停止获氧,因细胞膜离子泵功能衰竭导致细胞内外离子平衡破坏,出现脑细胞水肿、坏死等一系列不可逆的损害。

如果全脑的血供完全中断6秒,患者即出现意识丧失,10秒自发脑电活动消失,5分钟最易损的特定神经元出现不可逆性损伤。心搏骤停时,如果持续时间超过5～10分钟,体温正常的患者难以恢复意识;如果心肺复苏超过10～20分钟,通常大脑皮质会出现广泛性的选择性神经元坏死。在正常血糖水平时,一般rCBF<16ml/(100g·min)持续达1～2小时,脑组织即发生梗死;但在高血糖时,出现脑梗死的时间<1小时;但rCBF为16～20ml/(100g·min)时,发生脑梗死则需数小时,甚至更长时间。

【诊断与处理原则】

根据突然发病、迅速出现局限性或弥散性脑损害的症状和体征,临床可初步考虑脑卒中。结合脑部血管病变导致疾病的证据,如神经功能缺损符合血管分布的特点,脑CT、MRI、MRA、DSA等检查发现相应的病灶或相关的疾病证据,以及伴有的卒中危险因素,如高龄、高血压、心脏病、高脂血症、糖尿病和吸烟等,一般较容易作出诊断。

以下症状突然出现时应考虑脑卒中的可能:①一侧肢体(伴或不伴面部)无力或麻木;②一侧面部麻木或口角歪斜;③说话不清或理解语言困难;④双眼向一侧凝视;⑤一侧或双眼视力丧失或模糊;⑥眩晕伴呕吐;⑦既往少见的严重头痛、呕吐;⑧意识障碍或抽搐。但单纯依靠症状和体征等临床表现不能完全区别缺血性或出血性脑血管病,必须依靠脑CT等神经影像学检查才能作出鉴别诊断。

过去,急性脑卒中一直缺少针对卒中原发脑损害的有效治疗方法,因此急性脑卒中的治疗主要是一般内科支持治疗和处理卒中合并症。1996年美国NINDS试验证实,对有选择的发病3小时以内的急性缺血性脑卒中患者采用重组组织型纤溶酶原激活剂(rtPA)静脉溶栓治疗可以非常有效减少患者残障和改善预后,从此开创了急性脑卒中治疗的新时代。由于急性脑卒中约70%～80%为缺血性脑卒中,且目前缺少其他针对卒中原发脑损害的治疗方法,因此开展急性缺血性脑卒中的超早期溶栓治疗成为了当前急性脑卒中的一个主要医疗任务。为开展超早期溶栓治疗急性缺血性脑卒中,人们提出了"时间就是大脑"的口号,并进行了一系列医疗体制的改革。

卒中是急症,患者发病后是否及时送达医院并获得早期诊断和早期治疗,是能否达到最好救治效果的关键。有条件的城市应组建和完善院前卒中快速转运系统,卒中发病后应拨打120或999急救电话,通过急救车将患者快速安全地转运到最近的能提供急性缺血性脑卒中溶栓治疗的医院。急诊室对疑似卒中患者应像对急性心肌梗死或严重外伤那样予以优先分诊和处理。能治疗急诊脑卒中的医院应开通卒中绿色通道,最大限度减少卒中治疗的院内延误。

对疑似卒中患者的初始评估包括气道、呼吸及循环,以便发现需要立即干预抢救的情况。如果患者生命体征平稳,对初步诊断卒中的患者,首先应了解卒中发病时间及溶栓治疗的可能性。对于不能提供卒中发病时间或者睡醒后发现卒中症状者,发病时间定义为最近的处于清醒且无症状的时间或者知道"正常"的最后时间。如果患者在溶栓治疗的时间窗内且有潜在溶栓治疗的指征,应尽快做脑CT,进行溶栓筛查、准备和治疗。

卒中单元(stroke unit)是一种多学科合作的组织化病房管理系统,其核心工作人员包括临床医师、专业护士、物理治疗师、职业治疗师、语言训练师和社会工作者。卒中单元虽然不是卒中的一种治疗方法,但它显著改善住院卒中患者管理,为卒中患者提供全面和优质的药物治疗、肢体康复、语言训练、心理康复和健康教育。因而,患者在卒中单元进行治疗较非卒中单元能明显地提高治疗的效果和满意度。目前,卒中单元已被循证医学证实是卒中治疗的最佳途径。有条件的医院,所有急性脑血管病患者都应收入到卒中单元进行治疗。

脑血管病的治疗应以循证医学的证据为基础,但目前临床上采用的许多脑血管病的治疗方法尚缺少足够的循证医学证据。临床医师应将个人经验与循证医学证据有机地结合起来,重视临床指南的指导作用,并充分考虑患者的要求,制订患者经济可承受的有效、合理和实用的个体化诊疗方案。

(贺茂林)

第一节　脑血管疾病的分类

一、脑血管疾病的分类

脑血管疾病的分类方法对临床进行疾病诊断、治疗和预防有很大的指导意义,中华医学会神经病学分会和脑血管病学组结合1995年中国脑血管病分类方法及近年来国内外对脑血管病分类的新认识,对以往的脑血管病分类经过多次讨论、修订,重新改写成了《中国脑血管疾病分类2015》。该分类主要根据脑血管病的病因和发病机制、病变血管、病变部位及临床表现等因素将脑血管病归为13类。本版分类包括了几乎所有相对常见的脑血管疾病,是系统全面了解脑血管病的重要参考,为临床医师提供了一种清晰、全面、实用的脑血管病分类方法。具体分类方法见表9-1。

表9-1　2015年中国脑血管疾病分类

一、缺血性脑血管病	(1)心源性
(一)短暂性脑缺血发作	(2)动脉源性
1. 颈动脉系统	(3)脂肪性
2. 椎-基底动脉系统	(4)其他(反常栓塞、空气栓塞)
(二)脑梗死(急性缺血性脑卒中)	3. 小动脉闭塞性脑梗死
1. 大动脉粥样硬化性脑梗死	4. 脑分水岭梗死
(1)颈内动脉闭塞综合征	5. 出血性脑梗死
(2)大脑前动脉闭塞综合征	6. 其他原因所致脑梗死
(3)大脑中动脉闭塞综合征	7. 原因未明脑梗死
(4)大脑后动脉闭塞综合征	(三)脑动脉盗血综合征
(5)椎-基底动脉闭塞综合征	1. 锁骨下动脉盗血综合征
(6)小脑后下动脉闭塞综合征	2. 颈动脉盗血综合征
(7)其他	3. 椎-基底动脉盗血综合征
2. 脑栓塞	(四)慢性脑缺血

续表

二、出血性脑血管病

（一）蛛网膜下腔出血

1. 动脉瘤破裂

2. 脑血管畸形

3. 中脑周围非动脉瘤性蛛网膜下腔出血

4. 其他原因

5. 原因未明

（二）脑出血

1. 高血压脑出血

2. 脑血管畸形或动脉瘤脑出血

3. 淀粉样脑血管病脑出血

4. 药物性脑出血

5. 瘤卒中

6. 脑动脉炎脑出血

7. 其他原因脑出血

8. 原因未明脑出血

（三）其他颅内出血

1. 硬膜下出血

2. 硬膜外出血

三、头颈部动脉粥样硬化、狭窄或闭塞（未导致脑梗
　　死）

1. 头颈部动脉粥样硬化

2. 颈总动脉狭窄或闭塞

3. 颈内动脉狭窄或闭塞

4. 大脑前动脉狭窄或闭塞

5. 大脑中动脉狭窄或闭塞

6. 大脑后动脉狭窄或闭塞

7. 椎动脉狭窄或闭塞

8. 基底动脉狭窄或闭塞

9. 多发性脑动脉狭窄或闭塞

10. 其他头颈部动脉狭窄或闭塞

四、高血压脑病

五、颅内动脉瘤

（一）先天性动脉瘤

（二）动脉粥样硬化性动脉瘤

（三）感染性动脉瘤

（四）假性动脉瘤

（五）其他（夹层动脉瘤等）

六、颅内血管畸形

（一）脑动静脉畸形

（二）海绵状血管瘤

（三）静脉性血管畸形

（四）颈内动脉海绵窦瘘

（五）毛细血管扩张症

（六）脑-面血管瘤病

（七）颅内-颅外血管交通性动静脉畸形

（八）硬脑膜动静脉瘘

（九）其他

七、脑血管炎

（一）原发性中枢神经系统血管炎

（二）继发性中枢神经系统血管炎

1. 感染性疾病导致的脑血管炎

2. 免疫相关性脑血管炎

3. 其他

八、其他脑血管疾病

（一）脑底异常血管网症（moyamoya 病）

（二）肌纤维发育不良

（三）脑淀粉样血管病

（四）伴有皮质下梗死及白质脑病的常染色体显性遗
　　传性脑动脉病和伴有皮质下梗死及白质脑病的
　　常染色体隐性遗传性脑动脉病

（五）头颈部动脉夹层

（六）可逆性脑血管收缩综合征

（七）其他

九、颅内静脉系统血栓形成

（一）脑静脉窦血栓形成

1. 上矢状窦血栓形成

2. 横窦、乙状窦血栓形成

3. 直窦血栓形成

4. 海绵窦血栓形成

（二）脑静脉血栓形成

1. 脑浅静脉血栓形成

2. 脑深静脉血栓形成

（三）其他

十、无急性局灶性神经功能缺损症状的脑血管病

（一）无症状性脑梗死

（二）脑微出血

十一、脑卒中后遗症

（一）脑梗死后遗症

（二）蛛网膜下腔出血后遗症

（三）脑出血后遗症

十二、血管性认知障碍

（一）非痴呆性血管性认知障碍

（二）血管性痴呆

1. 多发梗死性痴呆

2. 关键部位的单个梗死痴呆（如丘脑梗死）

3. 脑小血管病性痴呆

4. 低灌注性痴呆

5. 出血性痴呆

6. 其他

十三、脑卒中后情感障碍

二、缺血性脑卒中病因分型

对缺血性脑卒中患者进行病因分型有助于预后判断、指导治疗和二级预防决策。目前，在临床试验和临床实践中应用最为广泛的卒中分型系统是比较类肝素药物治疗急性缺血性脑卒中试验（the trial of org 10172 in acute stroke treatment，TOAST）分型和中国缺血性卒中亚型（Chinese ischemic stroke subclassification，CISS）分型。

（一）TOAST 分型

1. 大动脉粥样硬化（large artery atherosclerosis，LAA） 具有颅内、颅外大动脉或其皮质分支因粥样硬化所致的明显狭窄（>50%），或有血管堵塞的临床表现或影像学表现。

（1）临床表现：包括如失语、忽视、意识改变及运动障碍等皮质损害，或脑干、小脑损害体征；间歇性跛行、同一血管支配区域的 TIA、颈部血管杂音或搏动减弱等病史支持该亚型的诊断。

（2）头部影像学（CT 或 MRI）表现：大脑皮质、脑干、小脑或半球皮质下梗死灶直径>1.5cm。

（3）辅助检查：颈部血管彩色超声或 DSA 显示，颅内或颅外大动脉狭窄>50%，但应排除心源性栓塞的可能。若颈部血管彩色超声或血管造影无异常所见或改变轻微，则该型诊断不能确立。

2. 心源性栓塞（cardioembolism） 由来源于心脏的栓子致病。临床表现和影像学表现同大动脉粥样硬化型。若患者于发病前有 1 根以上血管所支配区域的 TIA 或脑卒中，或存在系统性栓塞，则支持心源性栓塞型的诊断，应可以确定至少有一种栓子是来源于心脏。应排除大动脉粥样硬化所致的栓塞或血栓形成。对于存在心源性栓塞中度危险因素且无其他病因的患者，应定为"可能"心源性栓塞。

3. 小动脉闭塞（small-artery occlusion） 此亚型在其他分型方法中被称为腔隙性梗死。临床表现为腔隙综合征，包括纯运动性卒中、纯感觉性卒中、感觉运动性卒中、共济失调轻偏瘫综合征、构音障碍-手笨拙综合征等，无大脑皮质受累的表现。有高血压、糖尿病病史者支持该型诊断。CT 或 MRI 检查无异常发现，或脑干、皮质下梗死灶直径<1.5cm。若患者有潜在的心源性栓子或同侧颈内动脉颅外段狭窄>50%，可排除该亚型诊断。

4. 有其他明确病因（stroke of other determined cause） 除外以上 3 种明确的病因，由其他少见病因所致的脑卒中。如凝血障碍性疾病，血液成分改变（红细胞增多症），各种原因引起的血管炎（结核、钩体病、梅毒等），血管畸形（动-静脉畸形、烟雾病等）。临床和影像学表现为急性缺血性脑卒中，辅助检查可提示有关病因。但应排除心源性栓塞型和大动脉粥样硬化型。

5. 不明原因型（stroke of undetermined cause） 经全面检查未发现病因者，辅助检查不完全者或存在两种或多种病因，不能确诊者。

（二）CISS 分型

1. 大动脉粥样硬化 包括主动脉弓和颅内/颅外大动脉粥样硬化。

（1）主动脉弓粥样硬化（aortic arch atherosclerosis，AA）

1）急性多发梗死病灶，特别是累及双侧前循环和（或）前后循环同时受累。

2）没有与之相对应的颅内或颅外大动脉粥样硬化性病变（易损斑块或狭窄≥50%）的证据。

3）没有心源性卒中（CS）潜在病因的证据。

4）没有可以引起急性多发梗死灶的其他病因如血管炎、凝血异常以及肿瘤性栓塞的证据。

5）存在潜在病因的主动脉弓动脉粥样硬化证据[经高分辨 MRI/MRA 和（或）经食管超声证实的主动脉弓斑块≥4mm 和（或）表面有血栓]。

（2）颅内外大动脉粥样硬化

1）无论何种类型梗死灶（除外了穿支动脉区孤立梗死灶），有相应颅内或颅外大动脉粥样硬化证据（易损斑块或狭窄≥50%）。

2）对于穿支动脉区孤立梗死灶类型，以下情形也归到此类：其载体动脉有粥样硬化斑块（HR-

MRI)或任何程度的粥样硬化性狭窄(TCD、MRA、CTA 或 DSA)。

3)需排除心源性卒中。

4)排除其他可能的病因。

2. 心源性卒中（cardiogenic stroke，CS）

（1）急性多发梗死灶,特别是累及双侧前循环或前后循环共存的在时间上很接近的包括皮质在内的梗死灶。

（2）无相应颅内外大动脉粥样硬化证据。

（3）不存在能引起急性多发梗死灶的其他原因,如血管炎、凝血系统疾病、肿瘤性栓塞等。

（4）有心源性卒中证据。

（5）如果排除了主动脉弓粥样硬化,为肯定的心源性,如果不能排除,则考虑为可能的心源性。心源性卒中的潜在病因包括:二尖瓣狭窄,心脏瓣膜置换,既往 4 周内的心肌梗死,左心室附壁血栓,左心室室壁瘤,任何有记录的永久性或阵发性房颤或房扑、伴有或不伴有超声自发显影或左房栓子,病窦综合征,扩张性心肌病,射血分数<35%,心内膜炎,心内肿物,伴有原位血栓的卵圆孔未闭(PFO),在脑梗死发生之前伴有肺栓塞或深静脉血栓形成的卵圆孔未闭(PFO)。

3. 穿支动脉疾病（penetrating artery disease，PAD）　由于穿支动脉口粥样硬化或小动脉纤维玻璃样变所导致的急性穿支动脉区孤立梗死灶称为穿支动脉疾病。诊断标准:

（1）与临床症状相吻合的发生在穿支动脉区的急性孤立梗死灶,不考虑梗死灶大小。

（2）载体动脉无粥样硬化斑块(HR-MRI)或任何程度狭窄(TCD、MRA、CTA 或 DSA)。

（3）同侧近端颅内或颅外动脉有易损斑块或>50% 的狭窄,孤立穿支动脉急性梗死灶归类到不明原因(多病因)。

（4）有心源性栓塞证据的孤立穿支动脉区梗死灶归类到不明原因(多病因)。

（5）排除了其他病因。

4. 其他病因（other etiologies，OE）　存在其他特殊疾病(如血管相关性疾病、感染性疾病、遗传性疾病、血液系统疾病、血管炎等)的证据,这些疾病与本次卒中相关,且可通过血液学检查、脑脊液检查以及血管影像学检查证实,同时排除了大动脉粥样硬化或心源性卒中的可能性。

5. 病因不确定（undetermined etiology，UE）

（1）未发现能解释本次缺血性卒中的病因。

（2）多病因:发现两种以上病因,但难以确定哪一种与该次卒中有关。

（3）无确定病因:未发现确定的病因,或有可疑病因但证据不够强,除非再做更深入的检查。

（4）检查欠缺:常规血管影像或心脏检查都未能完成,难以确定病因。

（许予明）

第二节　短暂性脑缺血发作

短暂性脑缺血发作(transient ischemic attack,TIA)是由于局部脑或视网膜缺血引起的短暂性神经功能缺损,临床症状一般不超过 1 小时,最长不超过 24 小时,且无责任病灶的证据。凡神经影像学检查有神经功能缺损对应的明确病灶者不宜称为 TIA。传统的 TIA 定义,只要临床症状在 24 小时内消失,且不遗留神经系统体征,而不管是否存在责任病灶。近来研究证实,对于传统 TIA 患者,如果神经功能缺损症状超过 1 小时,绝大部分神经影像学检查均可发现对应的脑部小梗死灶。因此,许多传统的 TIA 病例实质上是小卒中。

【病因及发病机制】

TIA 的发病与动脉粥样硬化、动脉狭窄、心脏病、血液成分改变及血流动力学变化等多种病因有关,其发病机制主要有以下两种类型:

1. 血流动力学改变   是在各种原因(如动脉硬化和动脉炎等)所致的颈内动脉系统或椎-基底动脉系统的动脉严重狭窄基础上,血压的急剧波动和下降导致原来靠侧支循环维持血液供应的脑区发生的一过性缺血。血流动力型 TIA 的临床症状比较刻板,发作频率通常密集,每次发作持续时间短暂,一般不超过 10 分钟。

2. 微栓塞   主要来源于动脉粥样硬化的不稳定斑块或附壁血栓的破碎脱落、瓣膜性或非瓣膜性心源性栓子及胆固醇结晶等。微栓子阻塞小动脉常导致其供血区域脑组织缺血,当栓子破碎移向远端或自发溶解时,血流恢复,症状缓解。微栓塞型 TIA 的临床症状多变,发作频率通常稀疏,每次发作持续时间一般较长。

【临床表现】

1. 一般特点   TIA 好发于中老年人,男性多于女性,患者多伴有高血压、动脉粥样硬化、糖尿病或高血脂等脑血管病危险因素。发病突然,局部脑或视网膜功能障碍历时短暂,最长时间不超过 24 小时,不留后遗症状。由于微栓塞导致的脑缺血范围很小,一般神经功能缺损的范围和严重程度比较有限。偶见新鲜松散的大血栓(如阵发性房颤)阻塞颈动脉后栓子很快破碎、自溶和血管再通,表现短暂性、大面积严重脑缺血症状。TIA 常反复发作。血流动力学改变导致的 TIA,因每次发作缺血部位基本相同,而临床表现相似或刻板;微栓塞导致的 TIA,因每次发作受累的血管和部位有所不同,而临床表现多变。

2. 颈内动脉系统 TIA   神经功能缺损的中位持续时间为 14 分钟。临床表现与受累血管分布有关。大脑中动脉(middle cerebral artery, MCA)供血区的 TIA 可出现缺血对侧肢体的单瘫、轻偏瘫、面瘫和舌瘫,可伴有偏身感觉障碍和对侧同向偏盲,优势半球受损常出现失语和失用,非优势半球受损可出现空间定向障碍。大脑前动脉(anterior cerebral artery, ACA)供血区缺血可出现人格和情感障碍、对侧下肢无力等。颈内动脉(internal carotid artery, ICA)的眼支供血区缺血表现眼前灰暗感、云雾状或视物模糊,甚至为单眼一过性黑矇、失明。颈内动脉主干供血区缺血可表现为眼动脉交叉瘫[患侧单眼一过性黑矇、失明和(或)对侧偏瘫及感觉障碍],Horner 交叉瘫(患侧 Horner 征、对侧偏瘫)。

3. 椎-基底动脉系统 TIA   神经功能缺损的中位持续时间为 8 分钟。最常见表现是眩晕、平衡障碍、眼球运动异常和复视。可有单侧或双侧面部、口周麻木,单独出现或伴有对侧肢体瘫痪、感觉障碍,呈现典型或不典型的脑干缺血综合征。此外,椎-基底动脉系统 TIA 还可出现下列几种特殊表现的临床综合征:

(1)跌倒发作(drop attack):表现为下肢突然失去张力而跌倒,无意识丧失,常可很快自行站起,系脑干下部网状结构缺血所致。有时见于患者转头或仰头时。

(2)短暂性全面遗忘症(transient global amnesia, TGA):发作时出现短时间记忆丧失,对时间、地点定向障碍,但谈话、书写和计算能力正常,一般症状持续数小时,然后完全好转,不遗留记忆损害。发病机制仍不十分清楚,部分发病可能是大脑后动脉颞支缺血累及边缘系统的颞叶海马、海马旁回和穹隆所致。

(3)双眼视力障碍发作:双侧大脑后动脉距状支缺血导致枕叶视皮质受累,引起暂时性皮质盲。

值得注意的是,椎-基底动脉系统 TIA 患者很少出现孤立的眩晕、耳鸣、恶心、晕厥、头痛、尿便失禁、嗜睡或癫痫等症状,往往合并有其他脑干或大脑后动脉供血区缺血的症状和(或)体征。

【辅助检查】

发病 1 周内的患者建议就诊当天进行急诊脑 CT 平扫或 MRI 检查。脑 CT 平扫或 MRI 可以排除小量脑出血及其他可能存在的脑部病变,是最重要的初始诊断性检查。脑 CT 平扫或普通 MRI(T_1 加权、T_2 加权及质子相)检查大多正常,但部分病例弥散加权 MRI(DWI)可以在发病早期显示一过性缺血灶,缺血灶多呈小片状,一般体积 1~2ml。初始检查内容:血常规(包括血小板计数),凝血功能,血糖,血脂,血电解质,肝肾功能,心电图,经胸超声心动图,脑 CT 或 MRI,及无创性颅内、外血管病变检查(颈部血管超声、经颅多普勒超声、CTA 或 MRA)。初始检查项目一般要求在 48 小时内完成,最好

24 小时内完成。

为进行鉴别诊断和排除需要特殊治疗的 TIA 病因,以及评估预后,还可能需要动态心电图监测、经食管超声心动图、DSA 等检查,以及蛋白 C、蛋白 S、抗凝血酶Ⅲ等易栓状态的筛查。对于多次发生单眼一过性黑矇的老年高血压患者,应该直接关注同侧颈动脉;而对于有自然流产、静脉血栓和多次 TIA 发作史的年轻女性,则应该初始评估抗磷脂抗体(抗磷脂抗体综合征)。

【诊断及鉴别诊断】

1. **诊断** 大多数 TIA 患者就诊时临床症状已消失,故诊断主要依靠病史。中老年患者突然出现局灶性脑功能损害症状,符合颈内动脉或椎-基底动脉系统及其分支缺血表现,并在短时间内症状完全恢复(多不超过 1 小时),应高度怀疑为 TIA。如果神经影像学检查没有发现神经功能缺损对应的病灶,临床即可诊断 TIA。

TIA 的诊断还应区分不同类型的发病机制,明确是否脑缺血由低灌注等血流动力学改变所致,并需寻找微栓子的来源和病因。如果患者存在高度或中度心源性脑栓塞危险栓子来源(详见本章第三节有关心源性脑栓塞部分),而没有脑缺血责任血管的栓子来源或其他病因,通常考虑 TIA 的微栓子来源于心脏。

2. **鉴别诊断**

(1)脑梗死:TIA 在神经功能缺损症状消失前需与脑梗死鉴别。脑梗死在发病早期脑 CT、普通 MRI 等神经影像学检查也可正常,但 DWI 在发病早期可显示缺血灶,有利于进行鉴别诊断。如果患者神经功能缺损症状已持续存在超过 1 小时,因绝大部分患者均持续存在神经功能缺损对应的缺血灶,通常应考虑脑梗死诊断。由微栓子所致的 TIA,脑组织局部缺血的范围较小,其神经功能缺损的程度一般较轻;因此,对于神经功能缺损范围广泛且程度严重的患者,即使急性脑血管病的发病只有数分钟,也基本不考虑 TIA 的诊断,而应诊断急性脑梗死,积极进行溶栓筛查和治疗。

(2)癫痫的部分性发作:特别是单纯部分性发作,常表现为持续数秒至数分钟的肢体抽搐或麻木针刺感,从躯体的一处开始,并向周围扩展,可有脑电图异常,CT/MRI 检查可能发现脑内局灶性病变。

(3)梅尼埃病(Ménière disease):发作性眩晕、恶心、呕吐与椎-基底动脉 TIA 相似,但每次发作持续时间往往超过 24 小时,伴有耳鸣、耳阻塞感,反复发作后听力减退等症状,除眼球震颤外,无其他神经系统定位体征。发病年龄多在 50 岁以下。

(4)心脏疾病:阿-斯综合征(Adams-Strokes syndrome),严重心律失常如室上性心动过速、多源性室性期前收缩、室速或室颤、病态窦房结综合征等,可因阵发性全脑供血不足出现头昏、晕倒和意识丧失,但常无神经系统局灶性症状和体征,动态心电图监测、超声心动图检查常有异常发现。

(5)其他:颅内肿瘤、脓肿、慢性硬膜下血肿、脑内寄生虫、低血糖等亦可出现类似 TIA 发作症状。原发或继发性自主神经功能不全亦可因血压或心律的急剧变化出现短暂性全脑供血不足,出现发作性意识障碍。基底动脉型偏头痛,常有后循环缺血发作,应注意排除。

【治疗】

TIA 是急症。TIA 发病后 2 天或 7 天内为卒中的高风险期,对患者进行紧急评估与干预可以减少卒中的发生。临床医师还应提前做好有关的准备工作,一旦 TIA 转变成脑梗死,不要因等待凝血功能等结果而延误溶栓治疗。

TIA 发病 1 周内,具备下列指征者建议入院治疗:进展性 TIA;神经功能缺损症状持续时间超过 1 小时;栓子可能来源于心脏(如心房颤动);已知高凝状态;TIA 短期卒中风险评估(如 ABCD^2 评分,见表 9-2)为高危患者。如果症状发作在 72 小时内,建议有以下情况之一者也入院治疗:①ABCD^2 评分>2;②ABCD^2 评分 0~2,但门诊不能在 2 天之内完成 TIA 系统检查;③ABCD^2 评分 0~2,但 DWI 已显示对应小片状缺血灶或缺血责任大血管狭窄率>50%。

表 9-2　TIA 的 ABCD^2 评分

	TIA 的临床特征	得分
年龄（A）	>60 岁	1
血压（B）	收缩压>140mmHg 或舒张压>90mmHg	1
临床症状（C）	单侧无力	2
	不伴无力的言语障碍	1
症状持续时间（D）	>60 分钟	2
	10～59 分钟	1
糖尿病（D）	有	1

1. 药物治疗

（1）抗血小板治疗：非心源性栓塞性 TIA 推荐抗血小板治疗。发病 24 小时内，具有卒中高复发风险（ABCD^2 评分≥4）的急性非心源性 TIA 或轻型缺血性脑卒中患者（NIHSS 评分≤3），应尽早给予阿司匹林联合氯吡格雷治疗 21 天。发病 30 天内伴有症状性颅内动脉严重狭窄（狭窄率70%～99%）的 TIA 患者，应尽早给予阿司匹林联合氯吡格雷治疗 90 天。其他 TIA 或小卒中一般单独使用：①阿司匹林（50～325mg/d）；②氯吡格雷（75mg/d）；③阿司匹林和缓释的双嘧达莫（分别为 25mg 和 200mg，2 次/天）。

（2）抗凝治疗：心源性栓塞性 TIA 一般推荐抗凝治疗，可在神经影像学检查排除脑出血后尽早开始实施。主要包括肝素、低分子肝素、华法林及新型口服抗凝药（如达比加群、利伐沙班、阿哌沙班、依度沙班等）。一般短期使用肝素后改为口服抗凝剂华法林治疗，华法林治疗目标为国际标准化比值（international normalized ratio，INR）达到 2～3，用药量根据结果调整。高度卒中风险的 TIA 患者应选用半衰期较短和较易中和抗凝强度的肝素；一旦 TIA 转变成脑梗死，可以迅速纠正凝血功能指标的异常，使之符合溶栓治疗的入选标准。频繁发作的 TIA 或椎-基底动脉系统 TIA，及对抗血小板治疗无效的病例也可考虑抗凝治疗。对人工心脏瓣膜置换术后等高度卒中风险的 TIA 患者口服抗凝剂治疗无效时还可加用小剂量阿司匹林或双嘧达莫联合治疗。

（3）扩容治疗：纠正低灌注，适用于血流动力型 TIA。

（4）溶栓治疗：对于新近发生的符合传统 TIA 定义的患者，即使神经影像学检查发现有明确的脑梗死责任病灶，目前也不作为溶栓治疗的禁忌证。若 TIA 再次发作，临床有脑梗死的诊断可能，不应等待，应按照卒中指南积极进行溶栓治疗。

（5）其他：对有高纤维蛋白原血症的 TIA 患者，可选用降纤酶治疗。活血化瘀性中药制剂对 TIA 患者也可能有一定的治疗作用。

2. TIA 的外科治疗和血管介入治疗
对适合颈动脉内膜切除术（carotid endarterectomy，CEA）或颈动脉血管成形和支架置入术（carotid angioplasty and stenting，CAS）者，最好在 48 小时之内手术，不应延误治疗（详见第十章）。

3. 控制危险因素
详见本章第六节。

【预后】

TIA 患者早期发生卒中的风险很高，发病 7 天内脑梗死的发生率为 4%～10%，发病 90 天内发生率为 10%～20%（平均11%）。发作间隔时间缩短、发作持续时间延长、临床症状逐渐加重的进展性 TIA 是即将发展为脑梗死的强烈预警信号。TIA 患者不仅易发生脑梗死，也易发生心肌梗死和猝死。最终 TIA 部分发展为脑梗死，部分继续发作，部分自行缓解。

第三节　脑　梗　死

脑梗死（cerebral infarction）又称缺血性脑卒中，是指各种脑血管病变所致脑部血液供应障碍，导致局部脑组织缺血、缺氧性坏死,而迅速出现相应神经功能缺损的一类临床综合征。脑梗死是卒中最常见类型,约占70%~80%。

依据局部脑组织发生缺血坏死的机制可将脑梗死分为三种主要病理生理学类型:脑血栓形成(cerebral thrombosis)、脑栓塞(cerebral embolism)和血流动力学机制所致的脑梗死。脑血栓形成和脑栓塞均是由于脑供血动脉急性闭塞或严重狭窄所致,约占全部急性脑梗死的80%~90%。前者急性闭塞或严重狭窄的脑动脉是因为局部血管本身存在病变而继发血栓形成所致,故称为脑血栓形成;后者急性闭塞或严重狭窄的脑动脉本身没有明显病变或原有病变无明显改变,是由于栓子阻塞动脉所致,故称为脑栓塞。血流动力学机制所致的脑梗死,其供血动脉没有发生急性闭塞或严重狭窄,是由于近端大血管严重狭窄加上血压下降,导致局部脑组织低灌注,从而出现的缺血坏死,约占全部急性脑梗死的10%~20%。

在分析脑梗死病因时,目前国内外广泛使用脑梗死的TOAST分型。TOAST分型按病因分为5种类型:①大动脉粥样硬化型;②心源性栓塞型;③小动脉闭塞型;④其他病因型:指除以上3种明确病因的分型外,其他少见的病因,如各种原因血管炎、血管畸形、夹层动脉瘤、肌纤维营养不良等所致的脑梗死;⑤不明原因型:包括两种或多种病因、辅助检查阴性未找到病因和辅助检查不充分等情况。尽管临床上进行了全面和仔细的评估,约30%的脑梗死患者仍然病因不明。

本节将以大动脉粥样硬化型脑梗死为重点,介绍不同类型脑梗死的相关问题。

一、大动脉粥样硬化型脑梗死

动脉粥样硬化是脑梗死最常见的病因,但符合TOAST分型标准的大动脉粥样硬化型脑梗死患者并不是很多。在美国43万例首次脑梗死发病研究中,大动脉粥样硬化型脑梗死约占16%。白种人颅内动脉粥样硬化性狭窄较少,近2/3大动脉粥样硬化型脑梗死由颈动脉病变所致。与白种人不同,中国人颅内动脉粥样硬化性狭窄较常见,甚至比颈动脉粥样硬化性狭窄还要多见。

【病因及发病机制】

动脉粥样硬化是本病的根本病因。脑动脉粥样硬化主要发生在管径500μm以上的动脉,以动脉分叉处多见,如颈总动脉与颈内、外动脉分叉处,大脑前、中动脉起始段,椎动脉在锁骨下动脉的起始部,椎动脉进入颅内段,基底动脉起始段及分叉部。动脉粥样硬化随着年龄增长而加重,高龄、高血压病、高脂血症、糖尿病、吸烟等是其重要的危险因素。

脑动脉粥样硬化的病理变化,从动脉内中膜增厚,形成粥样硬化斑块,到斑块体积逐渐增大,血管狭窄,甚至闭塞。粥样硬化斑块分为易损斑块和稳定斑块两种类型。易损斑块又称不稳定斑块,或"罪犯斑块"。其特点为斑块表面溃疡、破裂、血栓形成,斑块内出血,薄纤维帽,大脂质核,及严重血管狭窄等。目前认为易损斑块破裂是动脉粥样硬化导致血栓栓塞事件的重要原因。斑块破裂导致血管胶原暴露,血小板黏附于胶原表面,被胶原激活后发生肿胀和变形,随后释放血小板颗粒,再从颗粒中释放出ADP、血小板第Ⅳ因子、血栓素A2、5-HT等物质,使血液中的血小板不断在局部黏附和聚集,并随着内源性和外源性凝血途径的启动,凝血酶将纤维蛋白原转变为纤维蛋白,后者与受损内膜基质中的纤维连接蛋白结合,使黏附的血小板堆固定于受损的内膜表面,形成不可逆血小板血栓。动脉粥样硬化血管内皮损伤及血小板激活并在受损的内皮上黏附和聚集是动脉血栓形成的基础,血流缓慢(尤其是产生涡流时)和血液凝固性增高在血栓形成中也起着重要作用。

脑动脉阻塞后是否导致脑梗死,与缺血脑组织的侧支循环和缺血程度有关,也与缺血持续时间和缺血脑组织对缺血的耐受性有关。大动脉粥样硬化型脑梗死有多种发病机制:①原位血栓形成:是大动脉粥样硬化型脑梗死最主要的发病机制。血栓性阻塞导致大动脉急性闭塞或严重狭窄,发展相对较慢,其症状常在数小时或数天不断进展,临床主要表现为大面积脑梗死。②动脉-动脉栓塞:相当常见,为动脉粥样硬化血管壁上的血栓栓子发生脱落,阻塞远端的动脉。脑梗死在主干病变血管的供血区域内,一般梗死灶较小,症状较局限。③斑块内破裂出血:单纯斑块内破裂出血导致血管急性完闭塞较少,常合并局部血栓形成导致脑梗死,或导致血管严重狭窄,在合并低灌注时出现局部脑缺血核心区梗死,或在缺血核心区发生梗死的同时出现血管交界区分水岭梗死。④低灌注:大动脉粥样硬化导致的严重血管狭窄没有明显改变,但合并低灌注导致血管交界区发生分水岭梗死。⑤载体动脉病变堵塞穿支动脉:动脉粥样硬化病变或血栓形成累及载体动脉分支开口,导致穿支动脉闭塞发生脑梗死。

【病理】

颈内动脉系统脑梗死占80%,椎-基底动脉系统脑梗死占20%。闭塞好发的血管依次为颈内动脉、大脑中动脉、大脑后动脉、大脑前动脉及椎-基底动脉等。闭塞血管内可见动脉粥样硬化改变、血栓形成或栓子。局部血液供应中断引起的脑梗死多为白色梗死(即贫血性梗死)。如果闭塞的血管再开通,再灌流的血液可经已损害的血管壁大量渗出,使白色梗死转变成红色梗死(即出血性梗死)。

脑梗死首先表现为凝固性坏死,然后是坏死组织液化,最后有可能形成囊腔。脑细胞死亡有坏死性细胞死亡和细胞凋亡(程序性细胞死亡)两种方式。最早的形态学改变发生在细胞死亡12~24小时后,其典型神经元凝固性坏死的形态学改变为神经元核裂解,细胞质嗜伊红,称红色神经元。与凋亡性细胞死亡不同,缺血坏死性细胞死亡与细胞质和线粒体肿胀相关联,并在随后出现细胞膜的分解。这两种细胞死亡方式可以并存,通常坏死性细胞死亡主要发生在脑梗死发病数小时内,而凋亡在发病数周内都可出现。脑梗死1天后,梗死灶开始出现边界模糊水肿区,并出现大量炎性细胞浸润。梗死1~2天后,大量毛细血管和内皮细胞增生,中性粒细胞被巨噬细胞替代。脑梗死3~5天脑水肿达高峰,大面积梗死时脑组织高度肿胀,可向对侧移位,导致脑疝形成。在脑梗死发生的数天内,巨噬细胞数量迅速增加,吞噬大量细胞和组织碎片,并最终返回血液循环。7~14天脑梗死的坏死组织转变为液化的蜂窝状囊腔。3~4周后,小病灶形成胶质瘢痕,大病灶可形成中风囊。

【病理生理】

局部脑缺血由中心坏死区及周围缺血半暗带(ischemic penumbra)组成。中心坏死区由于脑缺血非常严重,已达到致死性缺血缺氧程度,因而脑细胞很快出现死亡;缺血半暗带的神经功能受损,且随着缺血时间延长和缺血程度加重,将会进一步发生梗死;但如果能在短时间内,迅速恢复缺血半暗带血供或采用其他有效治疗,则该区脑组织的损伤是可逆的,神经细胞有可能存活并恢复功能。一般中心坏死区定义为血流量在"膜泵衰竭"的血流阈值以下[即 rCBF<10ml/(100g·min)]的缺血区域;而缺血半暗带为"突触传递衰竭"的血流阈值以下[即 rCBF<20ml/(100g·min)]的缺血区域。缺血半暗带具有动态的病理生理学过程。随着缺血时间的延长和严重程度的加重,中心坏死区越来越大,缺血半暗带越来越小。大部分缺血半暗带存活的时间仅有数小时,因此急性脑梗死的治疗必须在发病早期进行。如果脑组织已经发生坏死,这部分脑组织的功能必然出现损害,以后所有的治疗方法都将无济于事,或只能让周围健存的脑组织进行有限的部分功能代偿。

脑梗死闭塞的血管发生自然再开通十分常见。脑组织一旦发生缺血,即使很快恢复供血,还会发生一系列"瀑布式"缺血级联反应,继续造成脑损害。目前已明确一系列导致神经细胞损伤的神经生化学和分子生物学机制,如神经细胞内钙超载、兴奋性氨基酸细胞毒性作用、自由基(free radical)和再灌注损伤(reperfusion injury)、神经细胞凋亡等,并针对这些机制设计了许多神经保护药物。挽救缺血半暗带是急性脑梗死治疗的一个主要目的;而恢复缺血脑组织的供血和对缺血脑组织实施保护是挽救缺血半暗带的两个基本治疗途径。

有效挽救缺血半暗带脑组织的治疗时间,称为治疗时间窗(therapeutic time window,TTW)。目前研究表明,在严格选择病例的条件下,急性缺血性脑卒中溶栓治疗的时间窗一般不超过6小时;机械取栓的治疗时间窗一般不超过8小时,个别患者可延长至24小时。如果血运重建的时间超过其TTW,则不能有效挽救缺血脑组织,甚至可能因再灌注损伤和继发脑出血而加重脑损伤。

【临床表现】

1. **一般特点**　动脉粥样硬化型脑梗死多见于中老年。常在安静或睡眠中发病,部分病例有 TIA

前驱症状如肢体麻木、无力等,局灶性体征多在发病后 10 余小时或 1 ~ 2 日达到高峰,临床表现取决于梗死灶的大小和部位,以及侧支循环和血管变异。患者一般意识清楚,当发生基底动脉血栓或大面积脑梗死时,可出现意识障碍,甚至危及生命。

2. 不同脑血管闭塞的临床特点

(1)颈内动脉闭塞的表现:严重程度差异较大。症状性闭塞可表现为大脑中动脉和(或)大脑前动脉缺血症状。当大脑后动脉起源于颈内动脉而不是基底动脉时,这种血管变异可使颈内动脉闭塞时出现整个大脑半球的缺血。颈内动脉缺血可出现单眼一过性黑矇,偶见永久性失明(视网膜动脉缺血)或 Horner 征(颈上交感神经节后纤维受损)。颈部触诊可发现颈动脉搏动减弱或消失,听诊有时可闻及血管杂音,高调且持续到舒张期的血管杂音提示颈动脉严重狭窄,但血管完全闭塞时血管杂音消失。

(2)大脑中动脉闭塞的表现

1)主干闭塞:导致三偏症状,即病灶对侧偏瘫(包括中枢性面舌瘫和肢体瘫痪)、偏身感觉障碍及偏盲(三偏),伴双眼向病灶侧凝视,优势半球受累出现失语,非优势半球受累出现体象障碍,并可以出现意识障碍,大面积脑梗死继发严重脑水肿时,可导致脑疝,甚至死亡。

2)皮质支闭塞:①上部分支闭塞导致病灶对侧面部、上下肢瘫痪和感觉缺失,但下肢瘫痪较上肢轻,而且足部不受累,双眼向病灶侧凝视程度轻,伴 Broca 失语(优势半球)和体象障碍(非优势半球),通常不伴意识障碍;②下部分支闭塞较少单独出现,导致对侧同向性上四分之一视野缺损,伴Wernicke 失语(优势半球),急性意识模糊状态(非优势半球),无偏瘫。

3)深穿支闭塞:最常见的是纹状体内囊梗死,表现为对侧中枢性均等性轻偏瘫、对侧偏身感觉障碍,可伴对侧同向性偏盲。优势半球病变出现皮质下失语,常为底节性失语,表现为自发性言语受限、音量小、语调低、持续时间短暂。

(3)大脑前动脉闭塞的表现

1)分出前交通动脉前的主干闭塞:可因对侧动脉的侧支循环代偿而不出现症状,但当双侧动脉起源于同一个大脑前动脉主干时,就会造成双侧大脑半球的前、内侧梗死,导致双下肢截瘫、二便失禁、意志缺失、运动性失语和额叶人格改变等。

2)分出前交通动脉后的大脑前动脉远端闭塞:导致对侧的足和下肢的感觉运动障碍,而上肢和肩部的瘫痪轻,面部和手部不受累。感觉丧失以辨别觉丧失为主,也可不出现。可以出现尿失禁(旁中央小叶受损)、淡漠、反应迟钝、欣快和缄默等(额极与胼胝体受损),对侧出现强握及吸吮反射和痉挛性强直(额叶受损)。

3)皮质支闭塞:导致对侧中枢性下肢瘫,可伴感觉障碍(胼周和胼缘动脉闭塞);对侧肢体短暂性共济失调、强握反射及精神症状(眶动脉及额极动脉闭塞)。

4)深穿支闭塞:导致对侧中枢性面舌瘫、上肢近端轻瘫(内囊膝部和部分内囊前肢受损)。

(4)大脑后动脉闭塞的表现:因血管变异多和侧支循环代偿差异大,故症状复杂多样。主干闭塞可以出现皮质支和穿支闭塞的症状,但其典型临床表现是对侧同向性偏盲、偏身感觉障碍,不伴有偏瘫,除非大脑后动脉起始段的脚间支闭塞导致中脑大脑脚梗死才引起偏瘫。

1)单侧皮质支闭塞:引起对侧同向性偏盲,上部视野较下部视野受累常见,黄斑区视力不受累(黄斑区的视皮质代表区为大脑中、后动脉双重供应)。优势半球受累可出现失读(伴或不伴失写)、命名性失语、失认等。

2)双侧皮质支闭塞:可导致完全型皮质盲,有时伴有不成形的视幻觉、记忆受损(累及颞叶)、不能识别熟悉面孔(面容失认症)等。

3)大脑后动脉起始段的脚间支闭塞:可引起中脑中央和下丘脑综合征,包括垂直性凝视麻痹、昏睡甚至昏迷;旁正中动脉综合征,主要表现是同侧动眼神经麻痹和对侧偏瘫,即 Weber 综合征(病变位于中脑基底部,动眼神经和皮质脊髓束受累);同侧动眼神经麻痹和对侧共济失调、震颤,即 Claude 综合征(病变位于中脑被盖部,动眼神经和结合臂);同侧动眼神经麻痹和对侧不自主运动和震颤,即Benedikt综合征(病变位于中脑被盖部,动眼神经、红核和结合臂)。

4)大脑后动脉深穿支闭塞:丘脑穿通动脉闭塞产生红核丘脑综合征,表现为病灶侧舞蹈样不自主运动、意向性震颤、小脑性共济失调和对侧偏身感觉障碍;丘脑膝状体动脉闭塞产生丘脑综合征(丘脑的感觉中继核团梗死),表现为对侧深感觉障碍、自发性疼痛、感觉过度、轻偏瘫、共济失调、手部疼挛和舞蹈-手足徐动症等。

(5)椎-基底动脉闭塞的表现:血栓性闭塞多发生于基底动脉起始部和中部,栓塞性闭塞通常发生在基底动脉尖。基底动脉或双侧椎动脉闭塞是危及生命的严重脑血管事件,引起脑干梗死,出现眩晕、呕吐、四肢瘫痪、共济失调、肺水肿、消化道出血、昏迷和高热等。脑桥病变出现针尖样瞳孔。

1)闭锁综合征(locked-in syndrome):基底动脉的脑桥支闭塞致双侧脑桥基底部梗死,临床表现详见第二章第一节。

2)脑桥腹外侧综合征(Millard-Gubler syndrome):基底动脉短旋支闭塞,表现为同侧面神经、展神经麻痹和对侧偏瘫,详见第二章第一节。

3)脑桥腹内侧综合征(Foville syndrome):又称"福维尔综合征",基底动脉的旁中央支闭塞,同侧周围性面瘫、对侧偏瘫和双眼向病变同侧同向运动不能,详见第二章第一节。

4)基底动脉尖综合征(top of the basilar syndrome):基底动脉尖端分出小脑上动脉和大脑后动脉,闭塞后导致眼球运动障碍及瞳孔异常、觉醒和行为障碍,可伴有记忆力丧失、对侧偏盲或皮质盲。中老年卒中,突发意识障碍并较快恢复,出现瞳孔改变、动眼神经麻痹、垂直凝视麻痹,无明显运动和感觉障碍,应想到该综合征的可能,如有皮质盲或偏盲、严重记忆障碍更支持该诊断。CT及MRI显示双侧丘脑、枕叶、颞叶和中脑多发病灶可确诊。

5)延髓背外侧综合征(Wallenberg syndrome):由小脑后下动脉或椎动脉供应延髓外侧的分支动脉闭塞所致,详见第二章第一节。

3. **特殊类型的脑梗死**　常见以下几种类型:

(1)大面积脑梗死:通常由颈内动脉主干、大脑中动脉主干或皮质支闭塞所致,表现为病灶对侧完全性偏瘫、偏身感觉障碍及向病灶对侧凝视麻痹。病程呈进行性加重,易出现明显的脑水肿和颅内压增高征象,甚至发生脑疝死亡。

(2)分水岭脑梗死(cerebral watershed infarction,CWSI):是由相邻血管供血区交界处或分水岭区局部缺血导致,也称边缘带(border zone)脑梗死,多因血流动力学原因所致。典型病例发生于颈内动脉严重狭窄伴全身血压降低时;此时,局部缺血脑组织的血供严重依赖于血压,小的血压波动即可能导致卒中或TIA。通常症状较轻,纠正病因后病情易得到有效控制。可分为以下类型:

1)皮质前型:见于大脑前、中动脉分水岭脑梗死,病灶位于额中回,可沿前后中央回上部带状走行,直达顶上小叶。表现为以上肢为主的偏瘫及偏身感觉障碍,伴有情感障碍、强握反射和局灶性癫痫,优势侧半球病变还可出现经皮质运动性失语。

2)皮质后型:见于大脑中、后动脉或大脑前、中、后动脉皮质支分水岭区梗死,病灶位于顶、枕、颞交界区。常见偏盲、象限盲,以下象限盲为主,可有皮质性感觉障碍,无偏瘫或瘫痪较轻。约半数病例有情感淡漠、记忆力减退或Gerstmann综合征(优势半球角回受损)。优势半球侧病变出现经皮质感觉性失语,非优势半球侧病变可见体象障碍。

3)皮质下型:见于大脑前、中、后动脉皮质支与深穿支分水岭区梗死或大脑前动脉回返支(Heubner动脉)与大脑中动脉豆纹动脉分水岭区梗死,病灶位于大脑深部白质、壳核和尾状核等。表现为纯运动性轻偏瘫或感觉障碍、不自主运动等。

(3)出血性脑梗死:是由于脑梗死灶内的动脉自身滋养血管同时缺血,导致动脉血管壁损伤、坏死,在此基础上如果血管腔内血栓溶解或其侧支循环开放等原因使已损伤血管血流得到恢复,则血液会从破损的血管壁漏出,引发出血性脑梗死,常见于大面积脑梗死后。

（4）多发性脑梗死（multiple infarction）：指两个或两个以上不同供血系统脑血管闭塞引起的梗死。当存在高黏血症和高凝状态时，患者的多个脑动脉狭窄可以同时形成血栓，导致多发性脑梗死。一般由反复多次发生脑梗死所致。

【辅助检查】

对初步诊断脑卒中的患者，如果在溶栓治疗时间窗内，最初辅助检查的主要目的是进行溶栓指征的紧急筛查。血糖化验对明确溶栓指征是必需的。如果有出血倾向或不能确定是否使用了抗凝药，还必需化验全血细胞计数（包括血小板）、凝血酶原时间（PT）、国际标准化比值（INR）和活化部分凝血活酶时间（APTT）。脑 CT 平扫是最重要的初始辅助检查，可排除脑出血和明确脑梗死诊断。

卒中常规实验室检查的目的是排除类卒中或其他病因，了解脑卒中的危险因素。所有患者都应做的辅助检查项目：①脑 CT 平扫或 MRI；②血糖；③全血细胞计数、PT、INR 和 APTT；④肝肾功能，电解质，血脂；⑤肌钙蛋白、心肌酶谱等心肌缺血标志物；⑥氧饱和度；⑦心电图；⑧胸部 X 线检查。

部分患者必要时可选择的检查项目：①毒理学筛查；②血液酒精水平；③妊娠试验；④动脉血气分析（若怀疑缺氧）；⑤腰穿（怀疑蛛网膜下腔出血而 CT 没显示，或怀疑脑卒中继发于感染性疾病）；⑥脑电图（怀疑癫痫发作）等。

1. **脑 CT**　急诊脑 CT 平扫可准确识别绝大多数颅内出血，并帮助鉴别非血管性病变（如脑肿瘤），是疑似脑卒中患者首选的影像学检查方法。多数病例发病 24 小时后脑 CT 逐渐显示低密度梗死灶，发病后 2～15 日可见均匀片状或楔形的明显低密度灶（图 9-1）。大面积脑梗死有脑水肿和占位效应，出血性梗死呈混杂密度。病后 2～3 周为梗死吸收期，由于病灶水肿消失及吞噬细胞浸润可与周围正常脑组织等密度，CT 上难以分辨，称为"模糊效应"。增强扫描有诊断意义，梗死后 5～6 日出现增强现象，1～2 周最明显，约 90% 的梗死灶显示不均匀强化。头颅 CT 是最方便、快捷和常用的影像学检查手段，缺点是对脑干、小脑部位病灶及较小梗死灶分辨率差。

2. **多模式 CT**　灌注 CT 等多模式 CT 检查可区别可逆性和不可逆性缺血，帮助识别缺血半暗带，但其在指导急性脑梗死治疗方面的作用目前还没有确定。

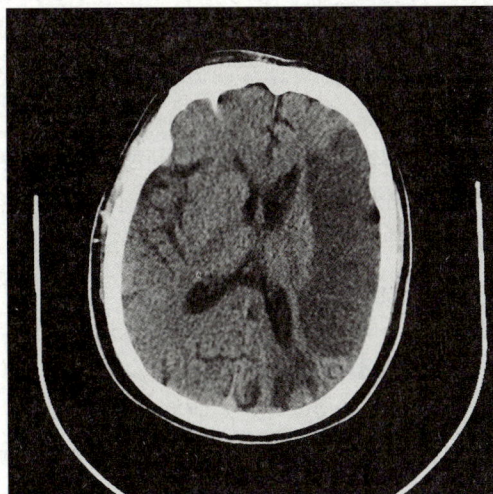

图 9-1　CT 扫描示低密度脑梗死病灶

3. **MRI**　普通 MRI（T_1 加权、T_2 加权及质子相）在识别急性小梗死灶和后颅窝梗死方面明显优于平扫脑 CT。MRI 可清晰显示早期缺血性梗死，梗死灶 T_1 呈低信号、T_2 呈高信号（图 9-2），出血性梗死时 T_1 加权像有高信号混杂。MRI 弥散加权成像（DWI）在症状出现数分钟内就可显示缺血灶，虽然超早期显示的缺血灶有些是可逆的，但在发病 3 小时以后显示的缺血灶基本代表了脑梗死的大小。灌注加权成像（PWI）可显示脑血流动力学状况和脑组织缺血范围。弥散-灌注不匹配（PWI 显示低灌注区而无与其相应大小的 DWI 异常）可提示可能存在的缺血半暗带大小。T_2 加权梯度回波磁共振成像（GRE-T_2^*WI）和磁敏感加权成像（SWI）可以发现脑 CT 不能显示的无症状性微出血。MRI 还有无电离辐射和不需碘造影剂的优点。缺点有费用较高，检查时间较长，一些患者有检查禁忌证（如有心脏起搏器、金属植入物或幽闭恐惧症等）。

4. **血管病变检查**　常用检查方法包括颈动脉双功超声、经颅多普勒（TCD）、磁共振血管成像（MRA）、CT 血管成像（CTA）和数字减影血管造影（DSA）等。

颈动脉双功超声对发现颅外颈动脉血管病变，特别是狭窄和斑块，很有帮助。TCD 对评估颅内外血管狭窄、闭塞、痉挛或侧支循环有一定帮助，也用于检查微栓子和监测治疗效果，缺点是受操作人员技术水平和骨窗影响较大。

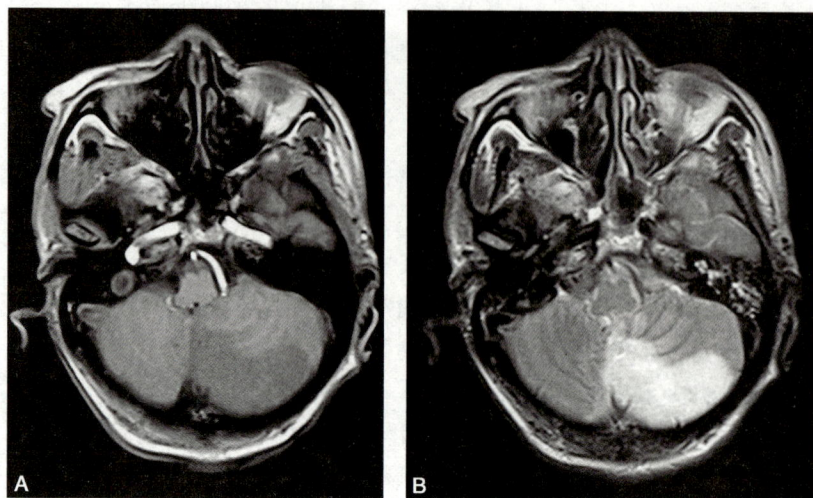

图9-2　MRI 显示小脑梗死
A. T_1加权像；B. T_2加权像

CTA 和 MRA 可以发现血管狭窄、闭塞及其他血管病变，如动脉炎、脑底异常血管网病（烟雾病）（moyamoya disease）、动脉瘤和动静脉畸形等，及评估侧支循环状态，为卒中的血管内治疗提供依据。但 MRA 对远端或分支显示不清。DSA 是脑血管病变检查的"金标准"，缺点为有创和存在一定风险。

5. 其他检查　对心电图正常但可疑存在阵发性心房纤颤的患者可行动态心电图监测。超声心动图和经食管超声可发现心脏附壁血栓、心房黏液瘤、二尖瓣脱垂和卵圆孔未闭等可疑心源性栓子来源。蛋白 C、蛋白 S、抗凝血酶Ⅲ等化验可用于筛查遗传性高凝状态。糖化血红蛋白、同型半胱氨酸、抗凝脂抗体等其他化验检查有利于发现脑梗死的危险因素，对鉴别诊断也有价值。

【诊断及鉴别诊断】

1. 诊断　第一步，需明确是否为卒中。中年以上的患者，急性起病，迅速出现局灶性脑损害的症状和体征，并能用某一动脉供血区功能损伤解释，排除非血管性病因，临床应考虑急性脑卒中。第二步，明确是缺血性还是出血性脑卒中。CT 或 MRI 检查可排除脑出血和其他病变，帮助进行鉴别诊断。当影像学检查发现责任梗死灶时，即可明确诊断。当缺乏影像学责任病灶时，如果症状或体征持续 24 小时以上，也可诊断急性脑梗死。第三步，需明确是否适合溶栓治疗。卒中患者首先应了解发病时间及溶栓治疗的可能性。若在溶栓治疗时间窗内，应迅速进行溶栓适应证筛查，对有指征者实施紧急血管再灌注治疗。此外，还应评估卒中的严重程度（如 NIHSS 卒中量表），了解脑梗死发病是否存在低灌注及其病理生理机制，并进行脑梗死病因分型。

大动脉粥样硬化型脑梗死的 TOAST 分型诊断标准：①血管影像学检查证实有与脑梗死神经功能缺损相对应的颅内或颅外大动脉狭窄>50% 或闭塞，且血管病变符合动脉粥样硬化改变；或存在颅内或颅外大动脉狭窄>50% 或闭塞的间接证据，如影像学（CT 或 MRI）显示大脑皮质、脑干、小脑或皮质下梗死灶的直径>1.5cm，临床表现主要为皮质损害体征，如失语、意识改变、体象障碍等，或有脑干、小脑损害体征。②有至少一个以上动脉粥样硬化卒中危险因素（如高龄、高血压、高血脂、糖尿病、吸烟等）或系统性动脉粥样硬化（如斑块、冠心病等）证据。③排除心源性栓塞所致脑梗死，具体见本章有关心源性脑栓塞部分。

2. 鉴别诊断　主要需与以下疾病相鉴别：

（1）脑出血：脑梗死有时与脑出血的临床表现相似，但活动中起病、病情进展快、发病当时血压明显升高常提示脑出血，CT 检查发现出血灶可明确诊断（表9-3）。

表 9-3　脑梗死与脑出血的鉴别要点

	脑梗死	脑出血
发病年龄	多为 60 岁以上	多为 60 岁以下
起病状态	安静或睡眠中	动态起病（活动中或情绪激动）
起病速度	10 余小时或 1~2 天症状达到高峰	10 分钟至数小时症状达到高峰
全脑症状	轻或无	头痛、呕吐、嗜睡、打哈欠等颅压高症状
意识障碍	无或较轻	多见且较重
神经体征	多为非均等性偏瘫（大脑中动脉主干或皮质支）	多为均等性偏瘫（基底核区）
CT 检查	脑实质内低密度病灶	脑实质内高密度病灶
脑脊液	无色透明	可有血性

（2）脑栓塞：起病急骤，局灶性体征在数秒至数分钟达到高峰，常有栓子来源的基础疾病如心源性（心房颤动、风湿性心脏病、冠心病、心肌梗死、亚急性细菌性心内膜炎等）、非心源性（颅内外动脉粥样硬化斑块脱落、空气、脂肪滴等）。大脑中动脉栓塞最常见。

（3）颅内占位病变：颅内肿瘤、硬膜下血肿和脑脓肿可呈卒中样发病，出现偏瘫等局灶性体征，颅内压增高征象不明显时易与脑梗死混淆，须提高警惕，CT 或 MRI 检查有助确诊。

【治疗】

挽救缺血半暗带，避免或减轻原发性脑损伤，是急性脑梗死治疗的最根本目标。"时间就是大脑"，对有指征的患者，应力争尽早实施再灌注治疗。临床医师应重视卒中指南的指导作用，根据患者发病时间、病因、发病机制、卒中类型、病情严重程度、伴发的基础疾病、脑血流储备功能和侧支循环状态等具体情况，制定适合患者的最佳个体化治疗方案。

1. 一般处理

（1）吸氧和通气支持：必要时可给予吸氧，以维持氧饱和度>94%。对脑干梗死和大面积脑梗死等病情危重患者或有气道受累者，需要气道支持和辅助通气。轻症、无低氧血症的卒中患者无需常规吸氧。

（2）心脏监测和心脏病变处理：脑梗死后 24 小时内应常规进行心电图检查，有条件者可根据病情进行 24 小时或更长时间的心电监护，以便早期发现阵发性心房纤颤或严重心律失常等心脏病变；避免或慎用增加心脏负担的药物。

（3）体温控制：对体温>38℃的患者应给予退热措施。发热主要源于下丘脑体温调节中枢受损、并发感染或吸收热、脱水等情况。体温升高可以增加脑代谢耗氧及自由基产生，从而增加卒中患者死亡率及致残率。对中枢性发热患者，应以物理降温为主（冰帽、冰毯或乙醇擦浴），必要时予以人工亚冬眠治疗，如存在感染应给予抗生素治疗。

（4）血压控制：约 70% 脑梗死患者急性期血压升高，主要原因：病前存在高血压、疼痛、恶心呕吐、颅内压增高、尿潴留、焦虑、卒中后应激状态等。多数患者在卒中后 24 小时内血压自发降低。病情稳定而无颅内高压或其他严重并发症的患者，24 小时后血压水平基本可反映其病前水平。

急性脑梗死血压的调控应遵循个体化、慎重、适度原则。①准备溶栓者，血压应控制在收缩压<180mmHg、舒张压<100mmHg。②发病 72 小时内，通常收缩压≥200mmHg 或舒张压≥110mmHg，或伴有急性冠脉综合征、急性心衰、主动脉夹层、先兆子痫/子痫等其他需要治疗的合并症，才可缓慢降压治疗，且在卒中发病最初 24 小时内降压一般不应超过原有血压水平的 15%。可选用拉贝洛尔、尼卡地平等静脉药物，避免使用引起血压急剧下降和不易调控血压的药物，如舌下含服短效硝苯地平。③卒中后若病情稳定，持续血压≥140mmHg/90mmHg，可于发病数天后恢复发病前使用的降压药物或开始启动降压治疗。④对卒中后低血压和低血容量，应积极寻找和处理原因，必要时采用扩容升压措施，可静脉输注 0.9% 氯化钠溶液纠正低血容量，纠正可能引起心输出量减少的心律失常。

（5）血糖：脑卒中急性期高血糖较常见，可以是原有糖尿病的表现或应激反应。血糖超过

10mmol/L 时应给予胰岛素治疗,并加强血糖监测,注意避免低血糖,血糖值可控制在 7.7～10mmol/L 之间。发生低血糖(<3.36mmol/L)时,可用 10%～20% 的葡萄糖口服或静脉注射纠正。

(6)营养支持:卒中后呕吐、吞咽困难等可引起脱水及营养不良,导致神经功能恢复减慢。应重视卒中后液体及营养状况评估。急性脑卒中入院 7 天内应开始肠内营养,对营养不良或有营养不良风险的患者可使用营养补充剂。不能正常经口进食者可鼻饲,持续时间长者(>2～3 周)可行经皮内镜下胃造口术(PEG)管饲补充营养。

2. 特异性治疗　指针对缺血损伤病理生理机制中某一特定环节进行的干预。

(1)静脉溶栓:是目前最主要的恢复血流措施,rtPA 和尿激酶(urokinase)是我国目前使用的主要溶栓药。

1)rtPA 静脉溶栓:发病 3 小时内或 3～4.5 小时,应按照适应证和禁忌证严格筛选患者,尽快给予 rtPA 静脉溶栓治疗。使用方法:rtPA 0.9mg/kg(最大剂量 90mg)静脉滴注,其中 10% 在最初 1 分钟内静脉推注,其余持续滴注 1 小时。溶栓药用药期间及用药 24 小时内应严密监护患者,定期进行血压和神经功能检查。如出现严重头痛、高血压、恶心和呕吐,或神经症状体征明显恶化,考虑合并脑出血时,应立即停用溶栓药物并行脑 CT 检查。

迄今为止,发病 3 小时内 rtPA 标准静脉溶栓疗法是唯一被严格的临床科学试验证实具有显著疗效并被批准应用于临床的急性脑梗死药物治疗方法。每溶栓治疗 100 例急性脑梗死,就有 32 例在发病 3 个月时临床完全或基本恢复正常,溶栓较安慰剂增加了 13 例完全恢复,但同时也增加了 3 例症状性脑出血,净获益 29 例。适应证:①有急性脑梗死导致的神经功能缺损症状;②症状出现<3 小时;③年龄≥18 岁;④患者或家属签署知情同意书。禁忌证:①既往有颅内出血史;②近 3 个月有重大头颅外伤史或卒中史;③可疑蛛网膜下腔出血;④已知颅内肿瘤、动静脉畸形、动脉瘤;⑤近 1 周内有在不易压迫止血部位的动脉穿刺,或近期颅内、椎管内手术史;⑥血压升高:收缩压≥180mmHg,或舒张压≥100mmHg;⑦活动性内出血;⑧急性出血倾向,包括血小板计数低于 $100×10^9$/L 或其他情况,如 48 小时内接受过肝素治疗(APTT 超出正常范围上限);已口服抗凝药,且 INR>1.7 或 PT>15 秒;目前正在使用凝血酶抑制剂或 Xa 因子抑制剂,各种敏感的实验室检查异常(如 APTT、INR、血小板计数、ECT、TT 或恰当的 Xa 因子活性测定等);⑨血糖<2.7mmol/L;⑩CT 提示多脑叶梗死(低密度影>1/3 大脑半球)。相对禁忌证:①轻型卒中或症状快速改善的卒中;②妊娠;③痫性发作后出现的神经功能损害症状;④近 2 周内有大型外科手术或严重外伤;⑤近 3 周内有胃肠或泌尿系统出血;⑥近 3 个月内有心肌梗死史。

国内外卒中指南对发病 3～4.5 小时 rtPA 标准静脉溶栓疗法均给予了最高推荐,但目前循证医学的证据还不够充分。因时间延长,其疗效只有 3 小时内 rtPA 标准静脉溶栓疗法的一半;因入选溶栓的标准更严格,其症状性脑出血发生率相似。适应证:①有急性脑梗死导致的神经功能缺损症状;②症状持续时间在发病 3～4.5 小时;③年龄 18～80 岁;④患者或家属签署知情同意书。禁忌证同 3 小时内 rtPA 静脉溶栓。相对禁忌证:①年龄>80 岁;②严重卒中(NIHSS>25);③口服抗凝药(不考虑 INR 水平);④有糖尿病和缺血性卒中病史。

2)尿激酶静脉溶栓:我国"九五"攻关课题研究结果表明,尿激酶静脉溶栓治疗发病 6 小时内急性脑梗死相对安全、有效。如没有条件使用 rtPA,且发病在 6 小时内,对符合适应证和禁忌证的患者,可考虑静脉给予尿激酶。使用方法:尿激酶 100 万～150 万 IU,溶于生理盐水 100～200ml,持续静脉滴注 30 分钟。适应证:①有急性脑梗死导致的神经功能缺损症状;②症状出现<6 小时;③年龄 18～80 岁;④意识清楚或嗜睡;⑤脑 CT 无明显早期脑梗死低密度改变;⑥患者或家属签署知情同意书。禁忌证同 3 小时内 rtPA 静脉溶栓。

(2)血管内介入治疗:包括动脉溶栓、桥接、机械取栓、血管成形和支架术等,详见第十章第四节。采用 rtPA 标准静脉溶栓治疗,大血管闭塞的血管再通率较低(ICA<10%,MCA<30%),疗效欠佳。对 rtPA 标准静脉溶栓治疗无效的大血管闭塞患者,在发病 6 小时内给予补救机械取栓,每治疗 3～7 个

患者,就可多 1 个临床良好结局。对最后看起来正常的时间为 6~24 小时的前循环大血管闭塞患者,在特定条件下也可进行机械取栓。对非致残性卒中患者(改良 Rankin 量表评分 0~2),如果有颈动脉血运重建的二级预防指征,且没有早期血运重建的禁忌证时,应在发病 48 小时~7 天之间进行颈动脉内膜切除术(CEA)或颈动脉血管成形和支架置入术(CAS),而不是延迟治疗。

(3) 抗血小板治疗:常用的抗血小板聚集剂包括阿司匹林和氯吡格雷。未行溶栓的急性脑梗死患者应在 48 小时之内尽早服用阿司匹林(150~325mg/d),但在阿司匹林过敏或不能使用时,可用氯吡格雷替代。一般 2 周后按二级预防方案选择抗栓治疗药物和剂量。如果发病 24 小时内,患者 NIHSS 评分≤3,应尽早给予阿司匹林联合氯吡格雷治疗 21 天,以预防卒中的早期复发。由于目前安全性还没有确定,通常大动脉粥样硬化型脑梗死急性期不建议阿司匹林联合氯吡格雷治疗,在溶栓后 24 小时内也不推荐抗血小板或抗凝治疗,以免增加脑出血风险。合并不稳定型心绞痛和冠状动脉支架置入是特殊情况,可能需要双重抗血小板治疗,甚至联合抗凝治疗。

(4) 抗凝治疗:一般不推荐急性期应用抗凝药来预防卒中复发、阻止病情恶化或改善预后。但对于合并高凝状态、有形成深静脉血栓和肺栓塞风险的高危患者,可以使用预防剂量的抗凝治疗。对于大多数合并房颤的急性缺血性脑卒中患者,可在发病后 4~14 天之间开始口服抗凝治疗,进行卒中二级预防。

(5) 脑保护治疗:脑保护剂包括自由基清除剂、阿片受体阻断剂、电压门控性钙通道阻断剂、兴奋性氨基酸受体阻断剂、镁离子和他汀类药物等,可通过降低脑代谢、干预缺血引发细胞毒性机制减轻缺血性脑损伤。大多数脑保护剂在动物实验中显示有效,但目前还没有一种脑保护剂被多中心、随机双盲的临床试验研究证实有明确的疗效。他汀类药物在内皮功能、脑血流、炎症等方面发挥神经保护作用,近来研究提示脑梗死急性期短期停用他汀与病死率和致残率增高相关。推荐急性脑梗死病前已服用他汀的患者,继续使用他汀。

(6) 扩容治疗:纠正低灌注,适用于血流动力学机制所致的脑梗死。

(7) 其他药物治疗:①降纤治疗:疗效尚不明确。可选药物有巴曲酶(batroxobin)、降纤酶(defibrase)和安克洛酶(ancrod)等,使用中应注意出血并发症;②中药制剂:临床上常应用丹参、川芎嗪、三七和葛根素等,以通过活血化瘀改善脑梗死症状,但目前尚缺乏大规模临床试验证据;③针灸:中医也有应用针刺治疗急性脑梗死,但其疗效尚需高质量大样本的临床研究进一步证实;④丁基苯酞、人尿激肽原酶是近年国内开发的两个新药,对脑缺血和微循环均有一定改善作用。

3. 急性期合并症处理

(1) 脑水肿和颅内压增高:治疗目标是降低颅内压、维持足够脑灌注(脑灌注压>70mmHg)和预防脑疝发生。推荐床头抬高 20°~45°,避免和处理引起颅内压增高的因素,如头颈部过度扭曲、激动、用力、发热、癫痫、呼吸道不通畅、咳嗽、便秘等。可使用 20% 甘露醇每次 125~250ml 静滴,每 6~8 小时一次;对心、肾功能不全患者可改用呋塞米 20~40mg 静脉注射,每 6~8 小时一次;可酌情同时应用甘油果糖每次 250~500ml 静滴,1~2 次/日;还可用注射用七叶皂苷钠和白蛋白辅助治疗。

对于发病 48 小时内、60 岁以下的恶性大脑中动脉梗死伴严重颅内压增高患者,施行去骨瓣减压术是有效挽救生命的措施。60 岁以上患者手术减压可降低死亡和严重残疾,但独立生活能力并未显著改善。对具有占位效应的小脑梗死患者施行去骨瓣减压术可有效防治脑疝和脑干受压。去骨瓣减压术的最佳时机尚不明确,一般将脑水肿引起的意识水平降低作为选择手术的标准。

(2) 梗死后出血:脑梗死出血转化发生率约为 8.5%~30%,其中有症状的约为 1.5%~5%。症状性出血转化应停用抗栓治疗等致出血药物,无症状性脑出血转化一般抗栓治疗可以继续使用。需抗栓治疗时,应权衡利弊,一般可于症状性出血病情稳定后数天或数周后开始抗血小板治疗;对于再发血栓风险相对较低或全身情况较差者,可用抗血小板药物代替华法林。除非合并心脏机械瓣膜,症状性脑出血后至少 4 周内应避免抗凝治疗。

(3) 癫痫:不推荐预防性应用抗癫痫药物。孤立发作一次者或急性期痫性发作控制后,不建议长期使用抗癫痫药物。卒中后2~3个月再发的癫痫,按常规进行抗癫痫长期药物治疗。

（4）感染:脑卒中患者（尤其存在意识障碍者）急性期容易发生呼吸道、泌尿系等感染,感染是导致病情加重的重要原因。应实施口腔卫生护理以降低卒中后肺炎的风险。患者采用适当的体位,经常翻身叩背及防止误吸是预防肺炎的重要措施。肺炎的治疗主要包括呼吸支持（如氧疗）和抗生素治疗;尿路感染主要继发于尿失禁和留置导尿,尽可能避免插管和留置导尿,间歇导尿和酸化尿液可减少尿路感染。一旦发生感染应及时根据细菌培养和药敏试验应用敏感抗生素。

（5）上消化道出血:高龄和重症脑卒中患者急性期容易发生应激性溃疡,建议常规应用静脉抗溃疡药;对已发生消化道出血患者,应进行冰盐水洗胃、局部应用止血药（如口服或鼻饲云南白药、凝血酶等）;出血量多引起休克者,必要时输注新鲜全血或红细胞成分输血,及进行胃镜下止血或手术止血。

（6）深静脉血栓形成（deep vein thrombosis,DVT）和肺栓塞（pulmonary embolism,PE）:高龄、严重瘫痪和房颤均增加DVT风险,DVT增加PE风险。应鼓励患者尽早活动,下肢抬高,避免下肢静脉输液（尤其是瘫痪侧）。对发生DVT和PE风险高的患者可给予较低剂量的抗凝药物进行预防性抗凝治疗,如低分子肝素4000IU左右,皮下注射,1次/日。

（7）吞咽困难:约50%的卒中患者入院时存在吞咽困难。为防治卒中后肺炎与营养不良,应重视吞咽困难的评估与处理。患者开始进食、饮水或口服药物之前应筛查吞咽困难,识别高危误吸患者。对怀疑误吸的患者,可进行造影、光纤内镜等检查来确定误吸是否存在,并明确其病理生理学机制,从而指导吞咽困难的治疗。

（8）心脏损伤:脑卒中合并的心脏损伤是脑心综合征的表现之一,主要包括急性心肌缺血、心肌梗死、心律失常及心力衰竭。应密切观察心脏情况,必要时进行动态心电监测和心肌酶谱检查,及时发现心脏损伤,并及时治疗。措施包括:减轻心脏负荷,慎用增加心脏负担的药物,注意输液速度及输液量,对高龄患者或原有心脏病患者甘露醇用量减半或改用其他脱水剂,积极处理心脏损伤。

4. 早期康复治疗　应制定短期和长期康复治疗计划,分阶段、因地制宜地选择治疗方法。卒中发病24小时内不应进行早期、大量的运动。在病情稳定的情况下应尽早开始坐、站、走等活动。卧床者注意良肢位摆放,尽量减少皮肤摩擦和皮肤受压,保持良好的皮肤卫生,防止皮肤皲裂,使用特定的床垫、轮椅坐垫和座椅,直到恢复行走能力。应重视语言、运动和心理等多方面的康复训练,常规进行卒中后抑郁的筛查,并对无禁忌证的卒中后抑郁患者进行抗抑郁治疗,目的是尽量恢复患者日常生活自理能力。

5. 早期开始二级预防　不同病情患者卒中急性期长短有所不同,通常规定卒中发病2周后即进入恢复期。对于病情稳定的急性卒中患者,应尽可能早期安全启动卒中的二级预防（详见本章第六节）,并向患者进行健康教育。

【预后】

本病发病30天内的病死率约为5%~15%,致残率达50%以上。存活者中40%以上复发,且复发次数越多病死率和致残率越高。预后受年龄、伴发基础疾病、是否出现合并症等多种因素影响。

近来研究表明,NIHSS基线评分是早期死亡风险最强的预测指标之一。NIHSS基线评分在0~7、8~13、14~21、22~42不同区间时,其急性脑梗死30天病死率分别为4.2%、13.9%、31.6%和53.5%。溶栓治疗前,如果NIHSS基线评分>20,溶栓合并症状性脑出血的发生率高达17%,如果基线脑CT显示早期脑梗死低密度改变大于1/3大脑中动脉分布区,症状性脑出血的发生率则高达31%。大动脉粥样硬化型脑梗死复发风险与其血管狭窄程度直接相关。如果症状性颅内动脉狭窄>70%,其年卒中发生率为18%,而动脉狭窄<70%者,仅为6%。一般症状性颅内动脉狭窄患者卒中复发风险高于颈动脉狭窄患者。

二、心源性脑栓塞

脑栓塞（cerebral embolism）是指各种栓子随血流进入脑动脉,使血管急性闭塞或严重狭窄,导致局部脑组织缺血、缺氧性坏死,而迅速出现相应神经功能缺损的一组临床综合征。脑栓塞栓子来源可分为心源性、非心源性和来源不明性三种类型。动脉粥样硬化性血栓栓子脱落导致脑栓塞比较常见,其他非心源性脑栓塞如脂肪栓塞、空气栓塞、癌栓塞、感染性脓栓、寄生虫栓和异物栓等均较少见。脑栓塞在临床上主要指心源性脑栓塞。近来研究表明,心源性脑栓塞较大动脉粥样硬化型脑梗死可能更常见,约占全部脑梗死的20%。

【病因及发病机制】

心源性脑栓塞的栓子通常来源于心房、心室壁血栓及心脏瓣膜赘生物,少数来源于心房黏液瘤,也见于静脉栓子经未闭合的卵圆孔和缺损的房间隔迁移到脑动脉(称为反常栓塞)。导致脑栓塞的病因有:非瓣膜性心房颤动(atrial fibrillation,AF,简称房颤)、风湿性心脏病、急性心肌梗死、左心室血栓、充血性心力衰竭、人工心脏瓣膜、扩张性心肌病及其他较少见的原因,如感染性心内膜炎、非细菌性血栓性心内膜炎、病态窦房结综合征、左心房黏液瘤、房间隔缺损、卵圆孔未闭、心房扑动、二尖瓣脱垂、二尖瓣环状钙化、心内膜纤维变性等。

非瓣膜性心房颤动是心源性脑栓塞最常见的病因,约占心源性脑栓塞50%。栓子主要来源于左心耳。其主要发病机制是房颤导致血流缓慢淤滞,在低剪切率和其他因素作用下激活凝血级联反应,最后形成红细胞-纤维蛋白血栓(红色血栓),导致脑栓塞。

风湿性心脏瓣膜病患者约10%~20%发生脑栓塞,栓子主要成分为红色血栓和血小板-纤维蛋白血栓(白色血栓)。狭窄的瓣膜表面不规则,逐渐出现粘连、钙化等心脏瓣膜病变,均可以激活血小板,导致血栓形成。风湿性心脏瓣膜病常合并房颤,导致心房和心室扩大,这些因素均显著增加了血栓形成的可能性。

急性心肌梗死导致的脑栓塞约占心源性脑栓塞的10%。大多数栓子来源于左心室心肌梗死形成的附壁血栓,心尖部尤为多见;少数来源于左心房。急性心肌梗死还可以继发高凝状态,促进心脏血栓形成。这种继发高凝状态甚至还可在心梗后数天或数周内导致静脉血栓形成或诱发动脉血栓形成,导致血栓栓塞事件。

感染性心内膜炎约20%发生脑栓塞。其瓣膜和心内膜赘生物栓子主要由血小板、纤维蛋白、红细胞和炎性细胞组成。病原体通常由很厚的纤维素包裹,这给抗生素治疗带来很大困难。栓子一般较小,尸检时常见皮质和皮质下多发小梗死,较大的梗死多见于金黄色葡萄球菌性心内膜炎患者。少数患者出现梗死后出血转化。与心房黏液瘤或癌栓子一样,感染栓子可破坏动脉引起脑出血或蛛网膜下腔出血。

非细菌性血栓性心内膜炎是导致脑栓塞的重要病因,主要见于癌症、系统性红斑狼疮和抗磷脂抗体综合征等高凝状态疾病。虽然本病没有细菌性心内膜炎的证据,但纤维瓣膜增厚,心脏瓣膜和邻近的心内膜上出现许多赘生物。这些赘生物主要是血小板和纤维蛋白的混合物。

【病理】

80%以上心脏来源的栓子导致脑栓塞。栓子常停止于颅内血管的分叉处或管腔的狭窄部位。80%心源性脑栓塞见于颈内动脉系统,其中大脑中动脉尤为多见,特别是上部的分支最易受累,但大脑前动脉很少发生脑栓塞;约20%心源性脑栓塞见于椎-基底动脉系统,其中基底动脉尖部和大脑后动脉较多见。因穿支动脉从载体动脉分出时几乎成90°角,故很少发生栓塞。

心源性脑栓塞病理改变与大动脉粥样硬化型脑梗死基本相同,但由于栓塞性梗死发展较快,没有时间建立侧支循环,因此栓塞性脑梗死较血栓性脑梗死临床发病更快,局部脑缺血常更严重。脑栓塞引起的脑组织坏死分为缺血性、出血性和混合性梗死,其中出血性更常见,约占30%~50%,可能由于栓塞血管内栓子破碎向远端前移,恢复血流后栓塞区缺血坏死的血管壁在血压作用下发生破裂出血。除脑梗死外,有时还可发现身体其他部位如肺、脾、肾、肠系膜、四肢、皮肤和巩膜等栓塞证据。

【临床表现】

心源性脑栓塞可发生于任何年龄,风湿性心脏病引起的脑栓塞以青年女性为多,非瓣膜性心房颤动、急性心肌梗死引起的脑栓塞以中老年人为多。典型脑栓塞多在活动中急骤发病，无前驱症状，局灶性神经功能缺损体征在数秒至数分钟即达到高峰。

临床神经功能缺损和脑实质影像学表现与大动脉粥样硬化型脑梗死基本相同，但可能同时出现多个血管支配区的脑损害。因大多数栓子阻塞大脑中动脉及分支，临床常表现为上肢瘫痪重，下肢瘫痪相对较轻，感觉和视觉功能障碍不明显。栓子移动可能最后阻塞皮质分支，表现为单纯失语或单纯偏盲等大脑皮质功能缺损症状。不同部位血管栓塞会造成相应的血管闭塞综合征，详见大动脉粥样硬化型脑梗死部分。

心源性脑栓塞容易复发和出血。病情波动较大，病初严重，主干动脉阻塞或继发血管痉挛时，可在发病早期出现意识障碍，但因为血管的再通，部分病例临床症状可迅速缓解；有时因并发出血，临床症状可急剧恶化；有时因栓塞再发，稳定或一度好转的局灶性体征可再次加重。发病时出现头痛或癫痫发作相对多见。

反常栓塞多在促进右向左分流的活动过程中发病，如用力排便、咳嗽、喷嚏、性交等。患者常有久坐、近期手术等诱发下肢深静脉血栓形成的因素，或存在脱水、口服避孕药等导致高黏血症或高凝状态的原因，有些患者在发生脑栓塞的前后并发了肺栓塞（表现为气急、发绀、胸痛、咯血和胸膜摩擦音等）。

近1/6卒中由房颤导致，房颤引起的心源性脑栓塞是80岁以上人群脑梗死的首要病因。阵发性房颤患者在房颤出现时容易引起脑栓塞，总体发生脑栓塞的风险与持续性房颤和永久性房颤相似。单纯风湿性二尖瓣关闭不全引起脑栓塞相对较少，而二尖瓣狭窄则较多，但房颤导致栓子脱落仍是二尖瓣狭窄引起脑栓塞的主要原因。约2%急性心肌梗死在发病3月内发生心源性脑栓塞，发病1~2周内栓塞风险最高。大多数心脏附壁血栓在急性心肌梗死发病2周内形成；前壁心肌梗死导致左室射血分数<40%的患者约18%出现左心室血栓，而左室射血分数较高的心梗患者左心室血栓形成率低于10%。

感染性心内膜炎常见于各种心脏瓣膜病、先天性心脏病、阻塞性肥厚型心肌病，以及风湿免疫性疾病而长期服用糖皮质激素患者，发生脑栓塞主要在抗生素治疗之前或第1周内。脑栓塞并发颅内感染，常出现头痛、发热和弥漫性脑部症状（如记忆力下降、嗜睡、谵妄等）。有时感染性心内膜炎发生脑出血或蛛网膜下腔出血，颅内出血发生前数小时或数天可出现TIA或缺血性卒中（感染性栓子栓塞所致）。

大多数心源性脑栓塞患者伴有房颤、风湿性心脏病、急性心肌梗死等提示栓子来源的病史。大约1%心源性脑栓塞同时并发全身性栓塞，出现肾栓塞（腰痛、血尿等）、肠系膜栓塞（腹痛、便血等）和皮肤栓塞（出血点或瘀斑）等疾病表现。

【辅助检查】

有关卒中的常规辅助检查部分详见本节大动脉粥样硬化型脑梗死。

患者有发热和白细胞增高时，应进行血培养，排除感染性心内膜炎。感染性心内膜炎产生含细菌栓子，一般脑脊液白细胞数增高，蛋白多增高，发生出血性梗死时，脑脊液可呈血性或镜下检出红细胞。部分感染性心内膜炎进行 GRE-T$_2^*$WI 和 SWI 检查时可以发现脑沟和皮质多发性微出血。怀疑非细菌性血栓性心内膜炎时，应进行抗磷脂抗体等免疫学自身抗体检测。

有卵圆孔未闭和不明原因的脑梗死时，应探查下肢深静脉血栓等静脉栓子来源，化验蛋白C、蛋白S、抗凝血酶Ⅲ等筛查高凝状态。经胸超声心动图（TTE）、经食管超声心动图（TEE）以及经颅多普勒超声发泡实验可用于探查卵圆孔未闭和右向左分流通道。

心电图检查可作为确定心肌梗死、房颤和其他心律失常的依据。阵发性房颤有时可能需要长时程连续动态心电图监测才能发现。

探查心脏栓子的来源首选 TTE 和 TEE，但心脏 MRI 优于超声心动图检查。一般心脏 MRI 检查指征：①TTE 诊断可疑左心室血栓；②进一步评估 TTE 发现的心脏肿块；③TEE 检查结果不一致；④不能耐受或不能进行 TEE 检查。

【诊断及鉴别诊断】

心源性脑栓塞是由不同疾病导致的一个临床综合征。除了明确脑梗死和心源性脑栓塞的诊断外,还需明确导致心源性脑栓塞的病因。有关脑梗死的诊断详见本节大动脉粥样硬化型脑梗死章节。

心源性脑栓塞的诊断主要基于:①有潜在的心源性栓子来源,要求至少存在一种高度或中度心源性脑栓塞危险因素;②已排除大动脉粥样硬化型脑梗死、小动脉闭塞型脑梗死以及明确的其他原因脑梗死;③临床表现和神经影像学改变支持脑栓塞诊断。

心源性脑栓塞高度危险因素:二尖瓣狭窄伴心房颤动、心房颤动(非孤立)、机械心脏瓣膜、病态窦房结综合征、4 周内心肌梗死、左心房或左心耳血栓、左心室血栓、扩张型心肌病、左室壁节段性运动异常、左心房黏液瘤、感染性心内膜炎。心源性脑栓塞中度危险因素:二尖瓣脱垂、二尖瓣环状钙化、二尖瓣狭窄不伴心房颤动、房间隔缺损、卵圆孔未闭、心房扑动、孤立性心房颤动、生物心脏瓣膜、非细菌性血栓性心内膜炎、充血性心力衰竭、4 周~6 个月的心肌梗死等。

根据骤然起病,数秒至数分钟达到高峰,出现偏瘫、失语等局灶性神经功能缺损,既往有栓子来源的基础疾病,如房颤、风湿性心脏病等病史,CT 或 MRI 检查排除脑出血和其他病变,即可初步作出心源性脑栓塞诊断。脑梗死发病时出现意识障碍,或主要神经功能缺损症状在发病早期迅速改善,则更支持诊断。血管影像学检查证实没有与脑梗死神经功能缺损相对应的颅内或颅外大血管动脉粥样硬化性狭窄(>50%),或同时出现多个血管支配区的梗死灶,或合并身体其他脏器栓塞,则可明确诊断。

【治疗】

1. **脑栓塞治疗** 与大动脉粥样硬化型脑梗死治疗原则基本相同(详见本节有关内容)。心源性脑栓塞急性期一般不推荐抗凝治疗,急性期的抗凝不比抗血小板更有效,但显著增加了脑出血和全身出血的风险。对大部分房颤导致的卒中患者,可在发病 4~14 天开始口服抗凝治疗,预防卒中复发。存在出血转化的高危患者(如大面积梗死、早期影像学出血转化表现、血压控制不佳或出血倾向),抗凝一般推迟到 14 天以后。无症状性脑出血转化的抗凝或抗血小板治疗一般不受影响。症状性出血转化或合并脑出血时,应权衡利弊,一般可在病情稳定后数天或数周后启动抗血小板治疗,除非心脏机械瓣膜,症状性脑出血发病至少 4 周内应避免抗凝治疗,但下肢深静脉血栓和肺栓塞的高危患者可在脑出血停止后 1~4 天开始给予预防剂量的抗凝治疗。

2. **原发病治疗** 针对性治疗原发病有利于脑栓塞病情控制和防止复发。有心律失常者,应予以纠正。对感染性栓塞应使用抗生素,并禁用溶栓和抗凝治疗,防止感染扩散;对非细菌性血栓性心内膜炎,口服抗凝剂(如华法林)治疗其高凝状态的疗效欠佳,可采用肝素或低分子肝素治疗。心房黏液瘤可行手术切除。反常栓塞在卵圆孔未闭和深静脉血栓并存的情况下,可以考虑经导管卵圆孔封堵术治疗。

【预后】

总体来说,心源性脑栓塞比其他类型脑梗死预后差,致残率高。这主要与来源于心房和心室腔的血栓较大有关。急性期病死率为 5%~15%,多死于严重脑水肿、脑疝、肺部感染和心力衰竭。如栓子来源不能消除,10%~20%的脑栓塞患者可能在病后 1~2 周内再发,再发病死率更高。

三、小动脉闭塞型脑梗死

小动脉闭塞型脑梗死又称腔隙性缺血性脑卒中(lacunar ischemic stroke),是指大脑半球或脑干深部的小穿通动脉,在长期高血压等危险因素基础上,血管壁发生病变,最终管腔闭塞,导致动脉供血区脑组织发生缺血性坏死(其梗死灶直径<1.5~2.0cm),从而出现急性神经功能损害的一类临床综合征。约占全部脑梗死的 20%~30%。腔隙性脑梗死(lacunar infarct)主要指小动脉闭塞型脑梗死,累及的部位包括脑深部白质、基底核、丘脑和脑桥等。部分小病灶位于脑的相对静区,与 1 个穿支动脉供血区内的皮质下小梗死或出血相一致,放射学检查或尸检时才得以证实,推测为血管源性的腔隙

(lacunes)。还有部分皮质小梗死也无明显的神经缺损症状,与大动脉疾病、心源性脑栓塞或其他非小血管病机制相关。脑内无症状性小腔隙很多见,患病率是有症状者的 5~6 倍,不属于小动脉闭塞型脑梗死范畴。

【病因及发病机制】

目前认为小动脉硬化是其主要病因。小动脉硬化为年龄相关或血管危险因素相关的小血管病。高龄、高血压、糖尿病、吸烟和家族史是本病发病的主要危险因素,而高胆固醇血症、过量饮酒、既往卒中病史等因素,与本病的发病相关性较小。脑的深部小梗死灶或皮质下小梗死是单个小穿通动脉闭塞引起的。小穿通动脉通常直径小于 $500\mu m$,从大脑中动脉主干、Willis 环血管(大脑前动脉 A1 段、前交通动脉、大脑后动脉 P1 段、后交通动脉)、椎基底动脉等发出,深入到大脑或脑干的灰质和白质。这些穿通动脉靠近主干动脉且血管较小,在高血压等因素的作用下容易出现脂质透明变性(lipohyalinosis)和微粥样硬化斑(microatheroma)等小动脉硬化病理改变。早先认为脂质透明变性是导致小穿通动脉闭塞的主要原因。但现在认为微粥样硬化斑才是导致小穿通动脉闭塞或狭窄的最主要原因。其他发病机制还有载体动脉粥样硬化病变或血栓形成累及小穿通动脉开口。当小穿通动脉狭窄时,低灌注是导致脑组织缺血坏死的重要机制。偶尔,责任小穿通动脉的组织病理学检查显示没有明显的血管病变,推测动脉-动脉栓塞或心源性栓塞阻塞小穿通动脉可能是其发病机制。

【病理】

从组织病理学上来看,小动脉闭塞型脑梗死与其他脑梗死没有不同,开始表现为凝固性坏死,随后出现巨噬细胞,并通过吞噬作用去除坏死组织,最后形成由增生的星形胶质细胞所包围的囊腔。

腔隙性梗死灶呈不规则圆形、卵圆形或狭长形,直径在 0.2~20mm,多为 3~4mm。病灶常位于脑深部核团(壳核约 37%、丘脑 14%、尾状核 10%)、脑桥(16%)和内囊后肢(10%),较少发生在大脑脚、锥体、内囊前肢和小脑。

小动脉病变主要表现为纤维素样坏死、微粥样硬化斑、脂质透明变性、微动脉瘤等小动脉硬化改变。微粥样硬化斑是最常见的引起小穿通动脉闭塞或狭窄的病变,通常见于小动脉的起始段至前半段。从组织病理学上来看,微粥样硬化斑与大血管动脉粥样硬化相似。

脂质透明变性引起小穿通动脉闭塞或狭窄主要见于直径<$200\mu m$ 的深穿支,且几乎只见于高血压患者。闭塞的小穿通动脉具有动脉粥样硬化形成和纤维素样坏死的特征,伴有动脉内中膜脂质和嗜酸性纤维蛋白沉积。

【临床表现】

1. 一般特点　多见于中老年患者,男性多于女性。中国人发病率较白种人高。本病首次发病的平均年龄约为 65 岁,随着年龄增长发病逐渐增多。半数以上的病例有高血压病史,突然或逐渐起病,出现偏瘫或偏身感觉障碍等局灶症状。通常症状较轻、体征单一、预后较好,一般无头痛、颅内压增高和意识障碍等表现。

2. 常见的腔隙综合征　Fisher 根据临床和病理学资料,将本病归纳为 21 种临床综合征,其中常见的 5 种如下:

(1) 纯运动性轻偏瘫(pure motor hemiparesis,PMH):是最常见类型,约占 60%,病变多位于内囊、放射冠或脑桥。表现为对侧面部及上下肢大体相同程度轻偏瘫,无感觉障碍、视觉障碍和皮质功能障碍(如失语等),多不出现眩晕、耳鸣、眼震、复视及小脑性共济失调等。常常突然发病,数小时内进展,许多患者遗留受累肢体的笨拙或运动缓慢。

(2) 纯感觉性卒中(pure sensory stroke,PSS):较常见,特点是偏身感觉缺失,可伴感觉异常,如麻木、烧灼或沉重感、刺痛、僵硬感等;病变主要位于对侧丘脑腹后外侧核。

(3) 共济失调性轻偏瘫(ataxic-hemiparesis):病变对侧轻偏瘫伴小脑性共济失调,偏瘫下肢重于上肢(足踝部明显),面部最轻,共济失调不能用无力来解释,可伴锥体束征。病变位于脑桥基底部、内囊或皮质下白质。

（4）构音障碍-手笨拙综合征（dysarthric-clumsy hand syndrome，DCHS）：约占20%，起病突然，症状迅速达高峰，表现为构音障碍、吞咽困难、病变对侧中枢性面舌瘫、面瘫侧手无力和精细动作笨拙（书写时易发现），指鼻试验不准，轻度平衡障碍。病变位于脑桥基底部、内囊前肢或膝部。

（5）感觉运动性卒中（sensorimotor stroke，SMS）：以偏身感觉障碍起病，再出现轻偏瘫，病灶位于丘脑腹后核及邻近内囊后肢，是丘脑膝状体动脉分支或脉络膜后动脉丘脑支闭塞所致。

腔隙状态（lacunar state）是本病反复发作引起多发性腔隙性梗死，累及双侧皮质脊髓束和皮质脑干束，出现严重精神障碍、认知功能下降、假性延髓性麻痹、双侧锥体束征、类帕金森综合征和尿便失禁等。

【辅助检查】

辅助检查同大动脉粥样硬化型脑梗死，详见本章节的相关内容。神经影像学检查是确诊的主要依据。CT可见内囊基底核区、皮质下白质单个或多个圆形、卵圆形或长方形低密度病灶，直径<1.5 ~ 2.0cm，边界清晰，无占位效应。MRI呈T_1低信号、T_2高信号（图9-3、图9-4），可较CT更为清楚地显示腔隙性脑梗死病灶。

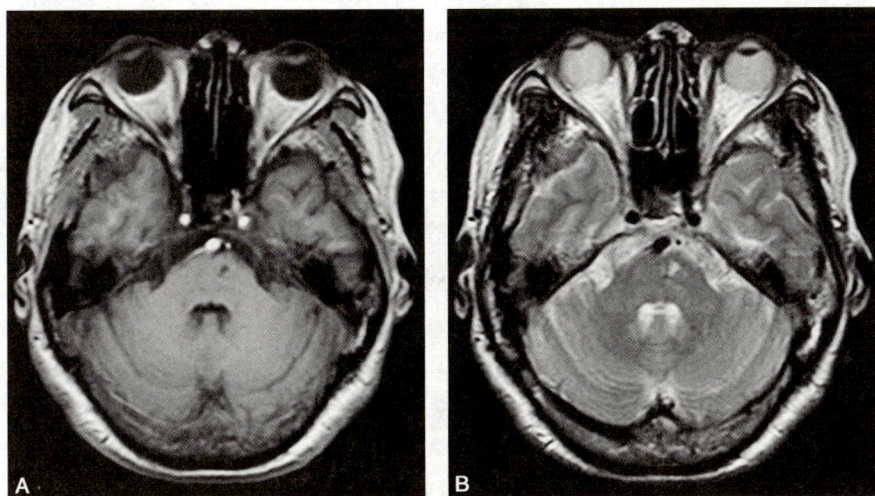

图9-3　MRI显示脑桥腔隙性梗死
A. T_1加权像；B. T_2加权像

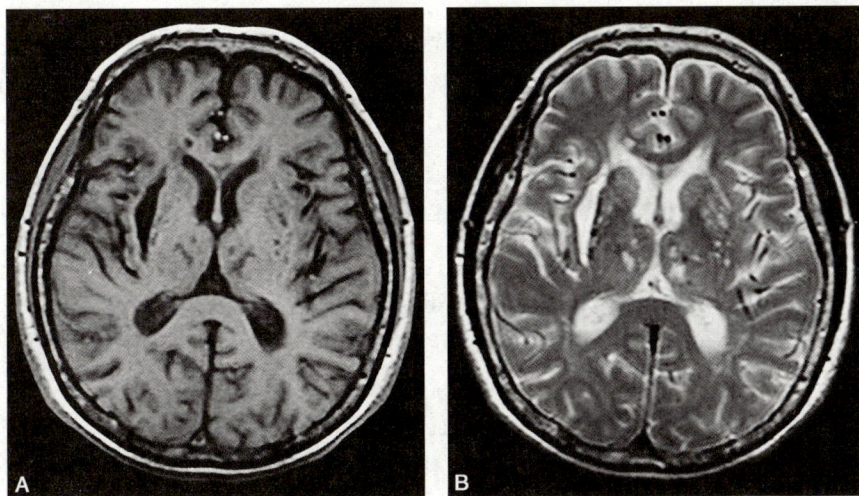

图9-4　MRI显示丘脑和基底核多发性腔隙性梗死
A. T_1加权像；B. T_2加权像

【诊断及鉴别诊断】

1. **诊断**　中老年发病，有长期高血压、糖尿病等危险因素病史，急性起病，出现局灶性神经功能缺损症状，临床表现为腔隙综合征，即可初步诊断本病。如果 CT 或 MRI 检查证实有与神经功能缺失一致的脑部腔隙病灶，梗死灶直径<1.5～2.0cm，且梗死灶主要累及脑的深部白质、基底核、丘脑和脑桥等区域，符合大脑半球或脑干深部的小穿通动脉病变，即可明确诊断。

2. **鉴别诊断**　需与小量脑出血、感染、囊虫病、moyamoya 病、脑脓肿、颅外段颈动脉闭塞、脑桥出血、脱髓鞘病和转移瘤等鉴别。

【治疗】

本类型脑梗死与大动脉粥样硬化型脑梗死治疗类似，详见本章节的有关内容。少数脑梗死患者发病早期表现为小卒中，但实际最后是严重卒中，甚至是致死性卒中，临床上难以区别。溶栓治疗对这些患者同样是至关重要的。近来的研究表明，对于神经系统症状轻微或快速自发缓解的急性脑梗死患者，溶栓治疗也有较好的疗效。虽有研究提示严重脑白质病变和微出血及多发性腔隙性脑梗死是溶栓后脑出血的独立危险因素，但不是溶栓治疗的禁忌证。对发病 24 小时内、NIHSS 评分≤3 的急性脑梗死患者，阿司匹林短期联合氯吡格雷较单用阿司匹林有更好的疗效；但长期联合抗血小板治疗增加出血风险，没有益处。高血压是小动脉闭塞型脑梗死最重要的危险因素，降压治疗能有效预防卒中复发和认知功能衰退，尤其要强调积极控制高血压。

【预后】

小动脉闭塞型脑梗死比其他类型脑梗死一般预后好，死亡率和致残率较低。发病后 1 年内，约70%～80%患者临床完全恢复或基本恢复正常，而其他类型脑梗死仅 50%恢复良好。发病 30 天的病死率<4%，其他类型脑梗死约为 5%～15%。国外报道本病卒中年复发率<10%，可能低于或相似于其他类型脑梗死。但研究表明，我国的小动脉闭塞型脑梗死患者有相对较高的复发率。

（贺茂林）

第四节　脑　出　血

脑出血（intracerebral hemorrhage，ICH）是指非外伤性脑实质内出血，发病率为每年（60～80）/10万，在我国约占全部脑卒中的 20%～30%。虽然脑出血发病率低于脑梗死，但其致死率却高于后者，急性期病死率为 30%～40%。

【病因及发病机制】

1. **病因**　最常见病因是高血压合并细小动脉硬化，其他病因包括动-静脉血管畸形、脑淀粉样血管病变、血液病（如白血病、再生障碍性贫血、血小板减少性紫癜、血友病、红细胞增多症和镰状细胞病等）、抗凝或溶栓治疗等。

2. **发病机制**　高血压脑出血的主要发病机制是脑内细小动脉在长期高血压作用下发生慢性病变破裂所致。颅内动脉具有中层肌细胞和外层结缔组织少及外弹力层缺失的特点。长期高血压可使脑细小动脉发生玻璃样变性、纤维素样坏死，甚至形成微动脉瘤或夹层动脉瘤，在此基础上血压骤然升高时易导致血管破裂出血。豆纹动脉和旁正中动脉等深穿支动脉，自脑底部的动脉直角发出，承受压力较高的血流冲击，易导致血管破裂出血，故又称出血动脉。非高血压性脑出血，由于其病因不同，故发病机制各异。

一般高血压性脑出血在 30 分钟内停止出血，血肿保持相对稳定，其临床神经功能缺损仅在出血后 30～90 分钟内进展。近年研究发现 72.9%的脑出血患者出现不同程度的血肿增大，少数高血压性脑出血发病后 3 小时内血肿迅速扩大，血肿形态往往不规则，密度不均一，尤其是使用抗凝治疗及严重高血压控制不良时，其临床神经功能缺损的进展可延长至 24～48 小时。多发性脑出血多见于淀粉样血管病、血液病和脑肿瘤等患者。

【病理】

绝大多数高血压性 ICH 发生在基底核的壳核及内囊区,约占 ICH 的70%,脑叶、脑干及小脑齿状核出血各占约10%。壳核出血常侵入内囊,如出血量大也可破入侧脑室,使血液充满脑室系统和蛛网膜下腔;丘脑出血常破入第三脑室或侧脑室,向外也可损伤内囊;脑桥或小脑出血则可直接破入到蛛网膜下腔或第四脑室。

高血压性 ICH 受累血管依次为大脑中动脉深穿支豆纹动脉、基底动脉脑桥支、大脑后动脉丘脑支、供应小脑齿状核及深部白质的小脑上动脉分支、顶枕交界区和颞叶白质分支。非高血压性 ICH 出血灶多位于皮质下。

病理检查可见血肿中心充满血液或紫色葡萄浆状血块,周围水肿,并有炎细胞浸润。血肿较大时引起颅内压增高,可使脑组织和脑室移位、变形,重者形成脑疝。幕上的半球出血,血肿向下挤压下丘脑和脑干,使之移位,并常常出现小脑幕疝。如下丘脑和脑干等中线结构下移可形成中心疝,如小脑大量出血可发生枕大孔疝。1~6个月后血肿溶解,胶质增生,小出血灶形成胶质瘢痕,大出血灶形成椭圆形中风囊,囊腔内有含铁血黄素等血红蛋白降解产物和黄色透明黏液。

【临床表现】

1. 一般表现　ICH 常见于50岁以上患者,男性稍多于女性,寒冷季节发病率较高,多有高血压病史。多在情绪激动或活动中突然发病,发病后病情常于数分钟至数小时内达到高峰。少数也可在安静状态下发病。前驱症状一般不明显。

ICH 患者发病后多有血压明显升高。由于颅内压升高,常有头痛、呕吐和不同程度的意识障碍,如嗜睡或昏迷等。

2. 局限性定位表现　取决于出血量和出血部位。

(1)基底核区出血

1)壳核出血:最常见,约占 ICH 病例的50%~60%,系豆纹动脉尤其是其外侧支破裂所致,可分为局限型(血肿仅局限于壳核内)和扩延型。常有病灶对侧偏瘫、偏身感觉缺失和同向性偏盲,还可出现双眼球向病灶对侧同向凝视不能,优势半球受累可有失语。

2)丘脑出血:约占 ICH 病例的10%~15%,系丘脑膝状体动脉和丘脑穿通动脉破裂所致,可分为局限型(血肿仅局限于丘脑)和扩延型。常有对侧偏瘫、偏身感觉障碍,通常感觉障碍重于运动障碍。深浅感觉均受累,而深感觉障碍更明显。可有特征性眼征,如上视不能或凝视鼻尖、眼球偏斜或分离性斜视、眼球会聚障碍和无反应性小瞳孔等。小量丘脑出血致丘脑中间腹侧核受累可出现运动性震颤和帕金森综合征样表现;累及丘脑底核或纹状体可呈偏身舞蹈-投掷样运动;优势侧丘脑出血可出现丘脑性失语、精神障碍、认知障碍和人格改变等。

3)尾状核头出血:较少见,多由高血压动脉硬化和血管畸形破裂所致,一般出血量不大,多经侧脑室前角破入脑室。常有头痛、呕吐、颈强直、精神症状,神经系统功能缺损症状并不多见,故临床酷似蛛网膜下腔出血。

(2)脑叶出血:约占脑出血的5%~10%,常由脑动静脉畸形、血管淀粉样病变、血液病等所致。出血以顶叶最常见,其次为颞叶、枕叶、额叶,也有多发脑叶出血的病例。如额叶出血可有偏瘫、尿便障碍、Broca 失语、摸索和强握反射等;颞叶出血可有 Wernicke 失语、精神症状、对侧上象限盲、癫痫;枕叶出血可有视野缺损;顶叶出血可有偏身感觉障碍、轻偏瘫、对侧下象限盲,非优势半球受累可有构象障碍。

(3)脑干出血

1)脑桥出血:约占脑出血的10%,多由基底动脉脑桥支破裂所致,出血灶多位于脑桥基底部与被盖部之间。大量出血(血肿>5ml)累及双侧被盖部和基底部,常破入第四脑室,患者迅即出现昏迷、双侧针尖样瞳孔、呕吐咖啡样胃内容物、中枢性高热、中枢性呼吸障碍、眼球浮动、四肢瘫痪和去大脑强直发作等。小量出血可无意识障碍,表现为交叉性瘫痪和共济失调性偏瘫,两眼向病灶侧凝视麻痹或核间性眼肌麻痹。

2）中脑出血：少见，常有头痛、呕吐和意识障碍，轻症表现为一侧或双侧动眼神经不全麻痹、眼球不同轴、同侧肢体共济失调，也可表现为 Weber 或 Benedikt 综合征；重症表现为深昏迷，四肢弛缓性瘫痪，可迅速死亡。

3）延髓出血：更为少见，临床表现为突然意识障碍，影响生命体征，如呼吸、心率、血压改变，继而死亡。轻症患者可表现不典型的 Wallenberg 综合征。

（4）小脑出血：约占脑出血的10%。多由小脑上动脉分支破裂所致。常有头痛、呕吐，眩晕和共济失调明显，起病突然，可伴有枕部疼痛。出血量较少者，主要表现为小脑受损症状，如患侧共济失调、眼震和小脑语言等，多无瘫痪；出血量较多者，尤其是小脑蚓部出血，病情迅速进展，发病时或病后12～24小时内出现昏迷及脑干受压征象，双侧瞳孔缩小至针尖样、呼吸不规则等。暴发型则常突然昏迷，在数小时内迅速死亡。

（5）脑室出血：约占脑出血的3%～5%，分为原发性和继发性脑室出血。原发性脑室出血多由脉络丛血管或室管膜下动脉破裂出血所致，继发性脑室出血是指脑实质出血破入脑室。常有头痛、呕吐，严重者出现意识障碍如深昏迷、脑膜刺激征、针尖样瞳孔、眼球分离斜视或浮动、四肢弛缓性瘫痪及去脑强直发作、高热、呼吸不规则、脉搏和血压不稳定等症状。临床上易误诊为蛛网膜下腔出血。

【辅助检查】

1. CT 和 CTA 检查　颅脑 CT 扫描是诊断 ICH 的首选方法，可清楚显示出血部位、出血量大小、血肿形态、是否破入脑室以及血肿周围有无低密度水肿带和占位效应等。病灶多呈圆形或卵圆形均匀高密度区，边界清楚（图9-5），脑室大量积血时多呈高密度铸型，脑室扩大。1 周后血肿周围有环形增强，血肿吸收后呈低密度或囊性变。脑室积血多在 2～3 周内完全吸收，而较大的脑实质内血肿一般需 6～7 周才可彻底消散。脑出血后动态 CT 检查还可评价出血的进展情况，并进行及时处理，减少

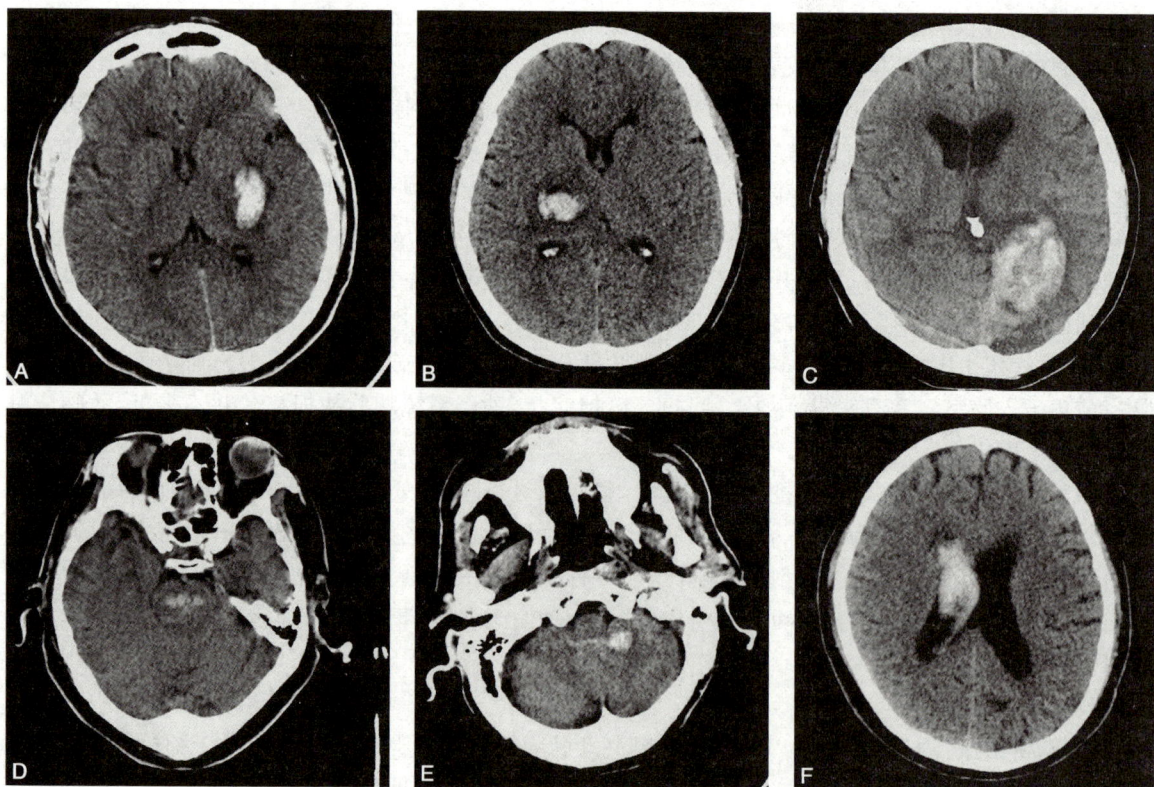

图9-5　CT 显示不同部位高密度出血灶

A. 左侧壳核出血；B. 右丘脑出血；C. 左侧枕叶出血；D. 脑桥出血；E. 左小脑出血；F. 脑室出血

因血肿扩大救治不及时给患者转归所带来的影响。

2. MRI 和 MRA 检查 对发现结构异常,明确脑出血的病因很有帮助。MRI 对检出脑干和小脑的出血灶和监测脑出血的演进过程优于 CT 扫描,对急性脑出血诊断不及 CT。脑出血时 MRI 影像变化规律如下:

(1)超急性期(<24 小时)为长 T_1、长 T_2 信号,与脑梗死、水肿不易鉴别。

(2)急性期(2~7 天)为等 T_1、短 T_2 信号。

(3)亚急性期(8 天至 4 周)为短 T_1、长 T_2 信号。

(4)慢性期(>4 周)为长 T_1、长 T_2 信号。

MRA 可发现脑血管畸形、血管瘤等病变。

3. 脑脊液检查 脑出血患者一般无需进行腰椎穿刺检查,以免诱发脑疝形成,如需排除颅内感染和蛛网膜下腔出血,可谨慎进行。

4. DSA 脑出血患者一般不需要进行 DSA 检查,除非疑有血管畸形、血管炎或 moyamoya 病又需外科手术或血管介入治疗时才考虑进行。DSA 可清楚显示异常血管和造影剂外漏的破裂血管及部位。

5. 其他检查 包括血常规、血液生化、凝血功能、心电图检查和胸部 X 线摄片检查。外周白细胞可暂时增高,血糖和尿素氮水平也可暂时升高,凝血活酶时间和部分凝血活酶时间异常提示有凝血功能障碍。

【诊断及鉴别诊断】

1. 诊断 中老年患者在活动中或情绪激动时突然发病,迅速出现局灶性神经功能缺损症状以及头痛、呕吐等颅高压症状应考虑脑出血的可能,结合头颅 CT 检查,可以迅速明确诊断。

2. 鉴别诊断

(1)首先应与其他类型的脑血管疾病如急性脑梗死、蛛网膜下腔出血等鉴别。

(2)对发病突然、迅速昏迷且局灶体征不明显者,应注意与引起昏迷的全身性疾病如中毒(乙醇中毒、镇静催眠药物中毒、一氧化碳中毒)及代谢性疾病(低血糖、肝性脑病、肺性脑病和尿毒症等)鉴别。

(3)对有头部外伤史者应与外伤性颅内血肿相鉴别。

【治疗】

治疗原则为安静卧床、脱水降颅压、调整血压、防治继续出血、加强护理防治并发症,以挽救生命,降低死亡率、残疾率和减少复发。

1. 内科治疗

(1)一般处理:一般应卧床休息 2~4 周,保持安静,避免情绪激动和血压升高。有意识障碍、消化道出血者宜禁食 24~48 小时,必要时应排空胃内容物。注意水电解质平衡、预防吸入性肺炎和早期积极控制感染。明显头痛、过度烦躁不安者,可酌情适当给予镇静止痛剂;便秘者可选用缓泻剂。

(2)降低颅内压:脑水肿可使颅内压增高,并致脑疝形成,是影响脑出血死亡率及功能恢复的主要因素。积极控制脑水肿、降低颅内压(intracranial pressure,ICP)是脑出血急性期治疗的重要环节。不建议应用激素治疗减轻脑水肿。

(3)调整血压:一般认为 ICH 患者血压升高是机体针对 ICP 为保证脑组织血供的一种血管自动调节反应,随着 ICP 的下降血压也会下降,因此降低血压应首先以进行脱水降颅压治疗为基础。但如果血压过高,又会增加再出血的风险,因此需要控制血压。调控血压时应考虑患者的年龄、有无高血压史、有无颅内高压、出血原因及发病时间等因素。

一般来说,当收缩压>200mmHg 或平均动脉压>150mmHg 时,要用持续静脉降压药物积极降低血压;当收缩压>180mmHg 或平均动脉压>130mmHg 时,如果同时有疑似颅内压增高的证据,要考虑监测颅内压,可用间断或持续静脉降压药物来降低血压,但要保证脑灌注压>60~80mmHg;如果没有颅内压增高的证据,降压目标则为 160/90mmHg 或平均动脉压 110mmHg。降血压不能过快,要加强监测,防止因血压下降过快引起脑低灌注。脑出血恢复期应积极控制高血压,尽量将血压控制在正常范围内。

(4)止血治疗:止血药物如氨基己酸、氨甲苯酸、巴曲酶等对高血压动脉硬化性出血的作用不大。如果有凝血功能障碍,可针对性给予止血药物治疗,例如肝素治疗并发的脑出血可用鱼精蛋白中和,华法林治疗并发的脑出血可用维生素 K_1 拮抗。

(5)亚低温治疗:是脑出血的辅助治疗方法,可能有一定效果,可在临床当中试用。

(6)其他:抗利尿激素分泌异常综合征,又称稀释性低钠血症,可发生于约 10% 的 ICH 患者。因经尿排钠增多,血钠降低,从而加重脑水肿。应限制水摄入量在 800～1000ml/d,补钠 9～12g/d。脑耗盐综合征系因心钠素分泌过高所致的低钠血症,治疗时应输液补钠。低钠血症宜缓慢纠正,否则可导致脑桥中央髓鞘溶解症。中枢性高热大多采用物理降温,有学者提出可用多巴胺能受体激动剂如溴隐亭进行治疗。下肢深静脉血栓形成高危患者,一般在 ICH 出血停止、病情稳定和血压控制良好的情况下,可给予小剂量的低分子肝素进行预防性抗凝治疗。

2. **外科治疗**　严重脑出血危及患者生命时内科治疗通常无效,外科治疗则有可能挽救生命;但如果患者预期幸存,外科治疗较内科治疗通常增加严重残疾风险。主要手术方法包括:去骨瓣减压术、小骨窗开颅血肿清除术、钻孔血肿抽吸术和脑室穿刺引流术等。

目前对于外科手术适应证、方法和时机选择尚无一致性意见,主要应根据出血部位、病因、出血量及患者年龄、意识状态、全身状况决定。一般认为手术宜在早期(发病后 6～24 小时内)进行。

通常下列情况需要考虑手术治疗:

(1)基底核区中等量以上出血(壳核出血≥30ml,丘脑出血≥15ml)。

(2)小脑出血≥10ml 或直径≥3cm,或合并明显脑积水。

(3)重症脑室出血(脑室铸型)。

(4)合并脑血管畸形、动脉瘤等血管病变。

3. **康复治疗**　脑出血后,只要患者的生命体征平稳、病情不再进展,宜尽早进行康复治疗。早期分阶段综合康复治疗对恢复患者的神经功能,提高生活质量有益。

【预后】

脑出血总体预后较差。脑水肿、颅内压增高和脑疝形成是致死的主要原因。预后与出血量、出血部位、意识状态及有无并发症有关。脑干、丘脑和大量脑室出血预后较差。与脑梗死不同,不少脑出血患者起初的严重神经功能缺损可以相对恢复良好,甚至可以完全恢复正常。如果血压控制良好,一般高血压脑出血的复发相对较低,但动-静脉血管畸形所致脑出血例外,年再发率接近 2%。

第五节　蛛网膜下腔出血

颅内血管破裂,血液流入蛛网膜下腔,称之为蛛网膜下腔出血(subarachnoid hemorrhage,SAH)。分为外伤性和自发性两种情况。自发性又分为原发性和继发性两种类型。原发性蛛网膜下腔出血为脑底或脑表面血管病变(如先天性动脉瘤、脑血管畸形、高血压脑动脉硬化所致的微动脉瘤等)破裂,血液流入到蛛网膜下腔,占急性脑卒中的 10% 左右;继发性蛛网膜下腔出血为脑内血肿穿破脑组织,血液流入蛛网膜下腔。本节重点介绍先天性动脉瘤破裂所致的原发性蛛网膜下腔出血,即动脉瘤性蛛网膜下腔出血。

【病因及发病机制】

1. **病因**

(1)颅内动脉瘤:是最常见的病因(约占 75%～80%)。其中囊性动脉瘤占绝大多数,还可见高血压、动脉粥样硬化所致梭形动脉瘤、夹层动脉瘤及感染所致的真菌性动脉瘤等。

（2）血管畸形：约占 SAH 病因的 10%，其中动静脉畸形（AVM）占血管畸形的 80%。多见于青年人，90% 以上位于幕上，常见于大脑中动脉分布区。

（3）其他：如 moyamoya 病（占儿童 SAH 的 20%）、颅内肿瘤、垂体卒中、血液系统疾病、颅内静脉系统血栓和抗凝治疗并发症等。此外，约 10% 患者病因不明。

2. **发病机制**

（1）动脉瘤：囊性动脉瘤可能与遗传和先天性发育缺陷有关，尸检发现约 80% 的患者 Willis 环动脉壁弹力层及中膜发育异常或受损，随年龄增长由于动脉壁粥样硬化、高血压和血涡流冲击等因素影响，动脉壁弹性减弱，管壁薄弱处逐渐向外膨胀突出，形成囊状动脉瘤。体积从 2mm～3cm 不等，平均 7.5mm。炎症动脉瘤是由动脉炎或颅内炎症引起的血管壁病变。

（2）脑动静脉畸形：是发育异常形成的畸形血管团，血管壁薄弱处于破裂临界状态，激动或不明显诱因可导致破裂。

（3）其他：如肿瘤或转移癌直接侵蚀血管，引起血管壁病变，最终导致破裂出血。

【病理及病理生理】

1. **病理**　动脉瘤主要位于 Willis 环及其主要分支血管，尤其是动脉的分叉处，80%～90% 位于脑底动脉环前部，特别是后交通动脉和颈内动脉的连接处（约 40%）、前交通动脉与大脑前动脉分叉处（约 30%）、大脑中动脉在外侧裂第一个主要分支处（约 20%）。后循环动脉瘤最常见于基底动脉尖端或椎动脉与小脑后下动脉的连接处，动脉瘤多为单发，约 20% 为多发，多位于两侧相同动脉（又称为“镜像动脉瘤”）。动脉瘤随着年龄的增长，破裂的概率增加，高峰年龄为 35～65 岁，动脉瘤的大小与破裂有关，直径大于 10mm 极易出血；不规则或多囊状，位于穹隆处的动脉瘤易破裂。动静脉畸形由异常血管交通形成，常见于大脑中动脉分布区。蛛网膜下腔出血可见呈紫红色的血液沉积在脑底池和脊髓池中，如鞍上池、脑桥小脑脚池、环池、小脑延髓池和终池等。出血量大时可形成薄层血凝块覆盖于颅底血管、神经和脑表面，蛛网膜呈无菌性炎症反应及软膜增厚，导致脑组织与血管或神经粘连。脑实质内广泛白质水肿，皮质可见多发斑片状缺血灶。

2. **病理生理**　SAH 能引起一系列病理生理改变：

（1）血液流入蛛网膜下腔刺激痛觉敏感结构引起头痛，颅内容积增加使 ICP 增高可加剧头痛，导致玻璃体下视网膜出血，甚至发生脑疝。

（2）颅内压达到系统灌注压时脑血流急剧下降，血管瘤破裂伴发的冲击作用可能是约 50% 的患者发病时出现意识丧失的原因。

（3）颅底或脑室内血液凝固使 CSF 回流受阻，30%～70% 的患者早期出现急性阻塞性脑积水，血红蛋白及含铁血黄素沉积于蛛网膜颗粒也可导致 CSF 回流受阻，出现交通性脑积水和脑室扩张。

（4）蛛网膜下腔血细胞崩解释放各种炎症物质引起化学性脑膜炎，CSF 增多使 ICP 增高。

（5）血液及分解产物直接刺激引起下丘脑功能紊乱，如发热、血糖升高、急性心肌缺血和心律失常等。

（6）血液释放的血管活性物质如 5-HT、血栓烷 A_2（TXA2）和组胺等可刺激血管和脑膜，引起血管痉挛，严重者致脑梗死。

（7）动脉瘤出血常限于蛛网膜下腔，一般不造成局灶性脑损害，神经系统检查很少发现局灶体征，但大脑中动脉动脉瘤、动静脉畸形破裂较常见局灶性异常。

【临床表现】

1. **一般症状**　SAH 临床表现差异较大，轻者可没有明显临床症状和体征，重者可突然昏迷甚至死亡。以中青年发病居多，起病突然（数秒或数分钟内发生），多数患者发病前有明显诱因（剧烈运动、过度疲劳、用力排便、情绪激动等）。

一般症状主要包括：

（1）头痛：动脉瘤性 SAH 的典型表现是突发异常剧烈全头痛，患者常将头痛描述为“一生中经历的最严重的头痛",头痛不能缓解或呈进行性加重。多伴发一过性意识障碍和恶心、呕吐。约 1/3 的动脉瘤性 SAH 患者发病前数日或数周有轻微头痛的表现,这是小量前驱(信号性)出血或动脉瘤受牵拉所致。动脉瘤性 SAH 的头痛可持续数日不变,2 周后逐渐减轻,如头痛再次加重,常提示动脉瘤再次出血。但动静脉畸形破裂所致 SAH 头痛常不严重。局部头痛常可提示破裂动脉瘤的部位。

(2) 脑膜刺激征:患者出现颈强、Kernig 征和 Brudzinski 征等脑膜刺激征,以颈强直最多见,而老年、衰弱患者或小量出血者,可无明显脑膜刺激征。脑膜刺激征常于发病后数小时出现,3 ~ 4 周后消失。

(3) 眼部症状:20% 患者眼底可见玻璃体下片状出血,发病 1 小时内即可出现,是急性颅内压增高和眼静脉回流受阻所致,对诊断具有提示。此外,眼球活动障碍也可提示动脉瘤所在的位置。

(4) 精神症状:约 25% 的患者可出现精神症状,如欣快、谵妄和幻觉等,常于起病后 2 ~ 3 周内自行消失。

(5) 其他症状:部分患者可以出现脑心综合征、消化道出血、急性肺水肿和局限性神经功能缺损症状等。

2. 动脉瘤的定位症状

(1) 颈内动脉海绵窦段动脉瘤:患者有前额和眼部疼痛、血管杂音、突眼及 Ⅲ、Ⅳ、Ⅵ 和 V_1 脑神经损害所致的眼动障碍,其破裂可引起颈内动脉海绵窦瘘。

(2) 颈内动脉-后交通动脉瘤:患者出现动眼神经受压的表现,常提示后交通动脉瘤。

(3) 大脑中动脉瘤:患者出现偏瘫、失语和抽搐等症状,多提示动脉瘤位于大脑中动脉的第一分支处。

(4) 大脑前动脉-前交通动脉瘤:患者出现精神症状、单侧或双侧下肢瘫痪和意识障碍等症状,提示动脉瘤位于大脑前动脉或前交通动脉。

(5) 大脑后动脉瘤:患者出现同向偏盲、Weber 综合征和第 Ⅲ 脑神经麻痹的表现。

(6) 椎-基底动脉瘤:患者可出现枕部和面部疼痛、面肌痉挛、面瘫及脑干受压等症状。

3. 血管畸形的定位症状　动静脉畸形患者男性发生率为女性的 2 倍,多在 10 ~ 40 岁发病,常见的症状包括痫性发作、轻偏瘫、失语或视野缺损等,具有定位意义。

4. 常见并发症

(1) 再出血(recurrence of hemorrhage):是 SAH 主要的急性并发症,指病情稳定后再次发生剧烈头痛、呕吐、痫性发作、昏迷甚至去脑强直发作,颈强直、Kernig 征加重,复查脑脊液为鲜红色。20% 的动脉瘤患者病后 10 ~ 14 日可发生再出血,使死亡率约增加一倍,动静脉畸形急性期再出血者较少见。

(2) 脑血管痉挛(cerebrovascular spasm,CVS):发生于蛛网膜下腔中血凝块环绕的血管,痉挛严重程度与出血量相关,可导致约 1/3 以上病例脑实质缺血。临床症状取决于发生痉挛的血管,常表现为波动性的轻偏瘫或失语,有时症状还受侧支循环和脑灌注压的影响,对载瘤动脉无定位价值,是死亡和致残的重要原因。病后 3 ~ 5 天开始发生,5 ~ 14 天为迟发性血管痉挛高峰期,2 ~ 4 周逐渐消失。TCD 或 DSA 可帮助确诊。

(3) 急性或亚急性脑积水(hydrocephalus):起病 1 周内约 15% ~ 20% 的患者发生急性脑积水,由于血液进入脑室系统和蛛网膜下腔形成血凝块阻碍脑脊液循环通路所致。轻者出现嗜睡、思维缓慢、短时记忆受损、上视受限、展神经麻痹、下肢腱反射亢进等体征,严重者可造成颅内高压,甚至脑疝。亚急性脑积水发生于起病数周后,表现为隐匿出现的痴呆、步态异常和尿失禁。

(4) 其他:5% ~ 10% 的患者发生癫痫发作,不少患者发生低钠血症。

【辅助检查】

1. 头颅 CT　临床疑诊 SAH 首选头颅 CT 平扫检查。出血早期敏感性高,可检出 90% 以上的 SAH,显示大脑外侧裂池、前纵裂池、鞍上池、脑桥小脑脚池、环池和后纵裂池高密度出血征象(图 9-6)。但出血量较少时,CT 扫描显示不清。根据 CT 结果可以初步判断或提示颅内动脉瘤的位置:如位

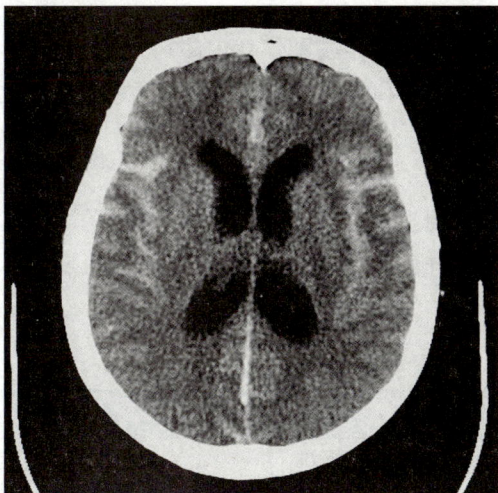

图9-6　CT显示蛛网膜下腔出血

于颈内动脉段常是鞍上池不对称积血;大脑中动脉段多见外侧裂积血;前交通动脉段则是前间裂基底部积血;而出血在脚间池和环池,一般无动脉瘤,但5%病例可由后循环动脉瘤引起。动态CT检查有助于了解出血的吸收情况,有无再出血、继发脑梗死、脑积水及其程度。

2. 头颅MRI　当SAH发病后数天CT检查的敏感性降低时,MRI可发挥较大作用。由于血红蛋白分解产物如去氧血红蛋白和正铁血红蛋白的顺磁效应,对于亚急性期出血,尤其是当出血位于大脑表面时,MRI比CT敏感,通过磁共振梯度回波T_2加权成像等方法常可显示出血部位。在动静脉畸形引起的脑内血肿已经吸收后,MRI检查可以提示动静脉畸形存在。对确诊SAH而DSA阴性的患者,MRI用来检查其他引起SAH的原因。当颅内未发现出血原因时,应行脊柱MRI检查排除脊髓海绵状血管瘤或动静脉畸形等。

3. CT血管成像(CTA)和MR血管成像(MRA)　主要用于有动脉瘤家族史或破裂先兆者的筛查,动脉瘤患者的随访,及DSA不能进行及时检查时的替代方法。

CTA检查比DSA更为快捷、创伤较小,尤为适用于危重患者,同时已被证实对较大动脉瘤的灵敏度接近于DSA,并可补充DSA的结果,较好地确定动脉瘤瘤壁是否钙化、瘤腔内是否有血栓形成、动脉瘤与出血的关系以及动脉瘤位置与骨性标志的关系。目前,随着CTA检查设备的不断改进,国际高水准的卒中中心CTA已逐步取代DSA成为诊断有无动脉瘤的首选方法。MRA检查不使用对比剂和放射线,对直径3~15mm动脉瘤检出率达84%~100%,但急诊应用受许多因素的限制,其空间分辨率较差,不能清晰地显示动脉瘤颈和载瘤动脉。

4. DSA　条件具备、病情许可时应争取尽早行全脑DSA检查,以确定有无动脉瘤、出血原因、决定治疗方法和判断预后。DSA仍是临床明确有无动脉瘤的诊断"金标准",可明确动脉瘤的大小、位置、与载瘤动脉的关系(图9-7)、有无血管痉挛等解剖学特点。但约20%~25%的SAH患者DSA不能发现出血来源或原因。

5. 腰椎穿刺　如果CT扫描结果阴性,强烈建议行腰穿CSF检查。通常CT检查已明确诊断者,腰穿不作为临床常规检查。均匀血性CSF是SAH的特征性表现。腰穿误伤血管所致的血性CSF,其颜色从第1管至第3管逐渐变淡。血性CSF离心后上清液发生黄变,或者发现吞噬的红细胞、含铁血黄素或胆红素结晶的吞噬细胞,这些均提示CSF中红细胞已存在一段时间,支持SAH的诊断。血性CSF每1000个红细胞约导致蛋白增高1mg/dl;最初白细胞与红细胞的比例与周围血相似,约为1:700;数天后,由于血液引起的无菌性化学性脑膜炎,可能出现反应性白细胞增多。

6. TCD　可作为非侵入性技术监测SAH后脑血管痉挛情况。

7. 其他　血常规、凝血功能和肝功能等检查有助于寻找其他出血原因;心电图可显示T波高尖或明显倒置、PR间期缩短和出现高U波等异常。

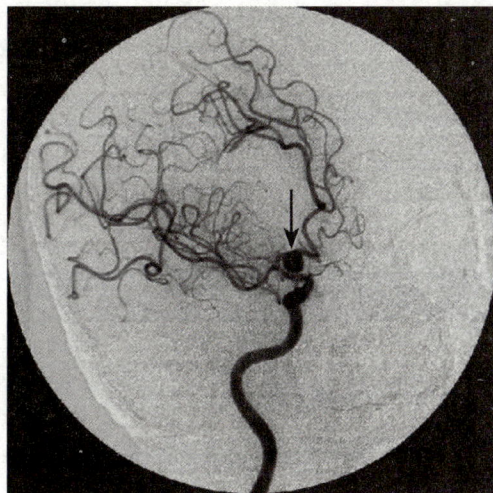

图9-7　脑动脉瘤DSA

【诊断及鉴别诊断】

1. **诊断**　突然发生的持续性剧烈头痛、呕吐、脑膜刺激征阳性,伴或不伴意识障碍,检查无局灶性神经系统体征,应高度怀疑蛛网膜下腔出血。同时 CT 证实脑池和蛛网膜下腔高密度征象或腰穿检查示压力增高和血性脑脊液等可临床确诊。

2. **鉴别诊断**

(1) 高血压性脑出血:也可出现血性脑脊液,但此时应有明显局灶性体征如偏瘫、失语等。原发性脑室出血与重症 SAH 患者临床上难以鉴别,小脑出血、尾状核头出血等因无明显的肢体瘫痪临床上也易与 SAH 混淆,但 CT 和 DSA 检查可以鉴别(表9-4)。

表9-4　蛛网膜下腔出血与脑出血的鉴别要点

	蛛网膜下腔出血	脑出血
发病年龄	粟粒样动脉瘤多发于 40~60 岁,动静脉畸形青少年多见,常在 10~40 岁发病	50~65 岁多见
常见病因	粟粒样动脉瘤、动静脉畸形	高血压、脑动脉粥样硬化
起病速度	急骤,数分钟症状达到高峰	数十分钟至数小时达到高峰
血压	正常或增高	通常显著增高
头痛	极常见,剧烈	常见,较剧烈
昏迷	常为一过性昏迷	重症患者持续性昏迷
局灶体征	颈强直、Kernig 征等脑膜刺激征阳性,常无局灶性体征	偏瘫、偏身感觉障碍及失语等局灶性体征
眼底	可见玻璃体膜下片状出血	眼底动脉硬化,可见视网膜出血
头部 CT	脑池、脑室及蛛网膜下腔高密度出血征	脑实质内高密度病灶
脑脊液	均匀一致血性	均匀一致血性

(2) 颅内感染:细菌性、真菌性、结核性和病毒性脑膜炎等均可有头痛、呕吐及脑膜刺激征,故应注意与 SAH 鉴别。SAH 后发生化学性脑膜炎时,CSF 白细胞增多,易与感染混淆,但后者发热在先。SAH 脑脊液黄变和淋巴细胞增多时,易与结核性脑膜炎混淆,但后者 CSF 糖、氯降低,头部 CT 正常。

(3) 脑肿瘤:约 1.5% 的脑肿瘤可发生瘤卒中,形成瘤内或瘤旁血肿合并 SAH;癌瘤颅内转移、脑膜癌病或 CNS 白血病也可见血性 CSF,但根据详细的病史、CSF 检出瘤或(和)癌细胞及头部 CT 可以鉴别。

(4) 其他:如偏头痛、颈椎疾病、鼻窦炎、酒精中毒、CO 中毒等由于部分症状与 SAH 类似,容易造成误诊。特别是某些老年 SAH 患者,头痛、呕吐不显著,以突发精神障碍为主要症状,临床工作中应予注意。

【治疗】

急性期治疗目的是防治再出血,降低颅内压,减少并发症,治疗原发病和预防复发。SAH 应急诊收入院诊治,需要遵循分级管理、多模态检测、优化脑灌注和脑保护以及预防脑血管痉挛的原则,并尽早查明病因,决定是否外科治疗。手术治疗选择和预后判断主要依据 SAH 的临床病情分级,一般可采用 Hunt-Hess 分级(表9-5)。Hunt-Hess 分级 ≤ Ⅲ级时,多早期行手术夹闭动脉瘤或者介入栓塞治疗。建议同时在医院内提供外科或血管内治疗。

表9-5　动脉瘤性 SAH 患者 Hunt-Hess 临床分级

级别	标　　准
0 级	未破裂动脉瘤
Ⅰ 级	无症状或轻微头痛
Ⅱ 级	中-重度头痛、脑膜刺激征、脑神经麻痹
Ⅲ 级	嗜睡、意识混沌、轻度局灶性神经体征
Ⅳ 级	昏迷、中或重度偏瘫、有早期去脑强直或自主神经功能紊乱
Ⅴ 级	昏迷、去大脑强直、濒死状态

1. 一般处理

（1）保持生命体征稳定：有条件时应收入重症监护室，密切监测生命体征和神经系统体征的变化；保持气道通畅，维持稳定的呼吸、循环系统功能。

（2）降低高颅压：主要使用脱水剂，如甘露醇、呋塞米、甘油果糖或甘油氯化钠，也可以酌情选用白蛋白。

（3）避免用力和情绪波动，保持大便通畅：烦躁者予镇静药，头痛予镇痛药。注意慎用阿司匹林等可能影响凝血功能的非甾体类消炎镇痛药物或吗啡、哌替啶等可能影响呼吸功能的药物。

（4）其他对症支持治疗：包括维持水、电解质平衡，给予高纤维、高能量饮食，加强护理，注意预防尿路感染和吸入性肺炎等。

2. 预防再出血

（1）绝对卧床休息：4～6周。

（2）调控血压：防止血压过高导致再出血，同时注意维持脑灌注压。如果平均动脉压>125mmHg或收缩压>180mmHg，可在血压监测下静脉持续输注短效安全的降压药。最好选用尼卡地平、拉贝洛尔和艾司洛尔等降压药。一般应将收缩压控制在160mmHg以下。若患者出现急性神经系统症状，则最好不要选择硝普钠，因为硝普钠有升高颅内压的不良反应，长时间输注还有可能引起中毒。

（3）抗纤溶药物：SAH不同于脑内出血，出血部位没有脑组织的压迫止血作用，可适当应用止血药物，如氨基己酸、氨甲苯酸和酚磺乙胺等抗纤溶药物。抗纤溶药物虽然可以减少再出血，但增加了SAH患者缺血性卒中的发生率。尽管较早的研究证实，抗纤溶药的总体结果是阴性的，但新近的证据提示，早期短程（<72小时）应用抗纤溶药结合早期治疗动脉瘤，随后停用抗纤溶药，并预防低血容量和血管痉挛（包括同时使用尼莫地平），是较好的治疗策略。如果患者的血管痉挛风险低和（或）推迟手术能产生有利影响，也可以考虑用抗纤溶药预防再出血。

（4）破裂动脉瘤的外科和血管内治疗：动脉瘤夹闭或血管内治疗是预防SAH再出血最有效的治疗方法。与动脉瘤完全闭塞相比较，行动脉瘤包裹术、夹闭不全及不完全栓塞动脉瘤，再出血风险较高。因此，应尽可能完全闭塞动脉瘤。血管内治疗或手术治疗方法的选择应根据患者的病情及动脉瘤的特点由多学科医师来讨论决定。Hunt-Hess分级≤Ⅲ级时，推荐发病3天内进行治疗。Ⅳ、Ⅴ级患者手术治疗或内科治疗的预后均差，是否需进行血管内治疗或手术治疗仍有较大争议，但经内科治疗病情好转后可行延迟性（10～14天）血管内治疗或手术治疗。

3. 脑血管痉挛防治　口服尼莫地平能有效减少SAH引发的不良结局。推荐早期使用口服或静脉泵入尼莫地平改善患者预后。其他钙拮抗剂的疗效仍不确定。应在破裂动脉瘤的早期管理阶段即开始防治脑血管痉挛，维持正常循环血容量，避免低血容量。在出现迟发性脑缺血时，推荐升高血压治疗。不建议容量扩张和球囊血管成形术来预防脑血管痉挛的发生。症状性脑血管痉挛的可行治疗方法是脑血管成形术和（或）选择性动脉内血管扩张器治疗，尤其是在升高血压治疗后还没有快速见到效果时，可视临床具体情况而定。

4. 脑积水处理　SAH急性期合并症状性脑积水应进行脑脊液分流术治疗。对SAH后合并慢性症状性脑积水患者，推荐进行永久的脑脊液分流术。

5. 癫痫的防治　可在SAH出血后的早期，对患者预防性应用抗惊厥药。不推荐对患者长期使用抗惊厥药，但若患者有以下危险因素，如癫痫发作史、脑实质血肿、脑梗死或大脑中动脉动脉瘤，可考虑使用。

6. 低钠血症及低血容量的处理　某些患者可能需要联合应用中心静脉压、肺动脉楔压、液体平衡和体重等指标来监测血容量变化。应避免给予大剂量低张液体和过度使用利尿药。可用等张液来纠正低血容量，使用醋酸氟氢可的松和高张盐水来纠正低钠血症。

7. 放脑脊液疗法　每次释放CSF 10～20ml，每周2次，可以促进血液吸收和缓解头痛，也可能减少脑血管痉挛和脑积水发生。但应警惕脑疝、颅内感染和再出血的危险。

8. 预防

（1）控制危险因素：包括高血压、吸烟、酗酒、吸毒等。

（2）筛查和处理高危人群尚未破裂的动脉瘤：破裂动脉瘤患者经治疗后每年新发动脉瘤的概率为 1%～2%，对此类患者进行远期的影像学随访具有一定的意义。若在动脉瘤破裂前就对其进行干预，则有可能避免 SAH 带来的巨大危害。但预防性处理未破裂动脉瘤目前的争议很大，应谨慎处理，充分权衡其获益和风险。

【预后】

SAH 总体预后较差，其病死率高达 45%，存活者亦有很高的致残率。SAH 预后与病因、出血部位、出血量、有无并发症及是否得到适当治疗有关。动脉瘤性 SAH 死亡率高，约 12% 的患者到达医院前死亡，20% 死于入院后，存活者一半遗留永久性残疾，主要是认知功能障碍。未经外科治疗者约20% 死于再出血，死亡多在出血后最初数日。90% 的颅内 AVM 破裂患者可以恢复，再出血风险较小。

第六节　脑血管疾病的危险因素及其预防

脑血管病的危险因素是指经流行病学研究证明的、与脑血管疾病发生和发展有直接关联的因素。对 CVD 危险因素的识别和干预，是 CVD 预防和治疗的重要基础，是降低其发病率和死亡率的关键。

【脑血管病的危险因素】

CVD 往往是多种危险因素共同作用的结果，单一危险因素与 CVD 的发病并不一定有着必然的因果关系。对任何个体来说，一个或多个危险因素存在，虽不能预测脑血管病的发病，但将增加脑血管病发病的概率。CVD 的危险因素分为可干预危险因素和不可干预危险因素两大类，其中可干预危险因素是 CVD 预防的主要针对目标。

1. 不可干预的危险因素

（1）年龄：脑血管病的发病率、患病率和死亡率均与年龄呈正相关。55 岁以后发病率明显增加，每增加 10 岁，卒中发生率约增加 1 倍。

（2）性别：流行病学资料显示，男性卒中的发病率高于女性。

（3）遗传因素：父亲或母亲有卒中史的子女均增加卒中风险，其相对危险度（relative risk，RR 值）分别是 2.4 和 1.4。心源性脑栓塞家族史比其他类型卒中家族史增加卒中风险较少。某些遗传性疾病如伴皮质下梗死和白质脑病的常染色体显性遗传性动脉病、Fabry 病和遗传性高凝状态均增加卒中的发生率。

（4）种族：黑人比白种人发生卒中的风险高，中国人和日本人发生卒中的风险也较高。

2. 可干预的危险因素

（1）高血压：是脑卒中最重要的可干预的危险因素。收缩压和舒张压的升高都与脑卒中的发病风险正相关，并呈线性关系。研究表明收缩压>160mmHg 和（或）舒张压>95mmHg，卒中相对风险约为血压正常者的 4 倍。在控制了其他危险因素后，收缩压每升高 10mmHg，卒中发病的相对危险增加49%，舒张压每增加 5mmHg，卒中发病的相对危险增加 46%。

（2）吸烟：可以影响全身血管和血液系统，如加速血管硬化、升高血浆纤维蛋白原水平、促使血小板聚集、降低高密度脂蛋白水平等。尼古丁还可刺激交感神经促使血管收缩、血压升高。吸烟者与不吸烟者相比，其缺血性卒中的 RR 值是 1.9，蛛网膜下腔出血的 RR 值是 2.9。另有研究表明吸烟可以使出血性卒中的风险升高 2～4 倍。长期被动吸烟者比不暴露于吸烟环境者发生卒中的相对危险增加 1.82 倍。

（3）糖尿病：是缺血性卒中的独立危险因素，其 RR 值波动在 1.8～6.0，但不是出血性卒中的独立危险因素。

（4）心房颤动：在调整其他血管危险因素后，单独心房颤动可以使卒中的风险增加 3～4 倍。

（5）其他心脏病：如心脏瓣膜修补术后、心肌梗死、扩张型心肌病、心脏病的围术期、心导管和血管内治疗、心脏起搏器和射频消融等均增加栓塞性卒中的发生率。

（6）血脂异常：与缺血性卒中发生率之间存在着明显的相关性。总胆固醇每增加 1mmol/L，缺血性卒中相对风险升高 25%。高密度脂蛋白每增加 1mmol/L，缺血性卒中相对风险降低 47%。多数研究显示低胆固醇水平出血性卒中的相对风险升高。

（7）无症状性颈动脉狭窄：是明确的卒中独立危险因素，其 RR 值是 2.0。短期（2～3 年）随访研究显示，无症状颈动脉狭窄（50%～99%）脑卒中发生率为每年 1%～3.4%；长期随访研究显示，无症状颈动脉狭窄（50%～99%）10 年脑卒中发病率为 9.3%，15 年脑卒中发病率为 16.6%。

（8）镰状细胞贫血：基因异常的纯合子患者，20 岁前脑卒中累计发病率超过 11%，且大部分在儿童期发病。

（9）绝经后雌激素替代治疗：研究显示雌激素加孕激素替代治疗明显增加缺血性脑卒中的风险。

（10）膳食和营养：每天增加摄入蔬菜和水果，脑卒中相对危险度减少。每日维生素 C、维生素 E 及类胡萝卜素摄入量与脑卒中的风险无显著相关性。低钠、高钾摄入可降低脑卒中风险，可能与降低血压有关。

（11）运动和锻炼：与缺乏运动的人群相比，体力活动能够降低卒中或死亡风险 27%；与不锻炼的人群相比，中等运动程度能够降低卒中风险 20%。

（12）肥胖：肥胖人群易患心脑血管病，这与肥胖可导致高血压、高血脂、高血糖是分不开的。国内研究表明，肥胖者缺血性卒中发病的 RR 值是 2.0。

（13）饮酒过量：轻、中度饮酒对卒中有保护作用，而过量饮酒使卒中风险升高。

（14）其他：包括代谢综合征、口服避孕药、药物滥用、睡眠呼吸障碍病、偏头痛、高同型半胱氨酸血症、高脂蛋白血症、高脂蛋白相关的磷脂酶 A2 升高、高凝、炎症、感染、血流动力学异常、血黏度增高、纤维蛋白原升高及血小板聚集功能亢进等。

【脑血管病的预防】

循证医学证据表明，对 CVD 的危险因素进行早期干预，可以有效地降低 CVD 的发病率。

1. 脑血管病的一级预防　指首次脑血管病发病的预防，即对有卒中倾向、尚无卒中病史的个体，通过早期改变不健康的生活方式，积极控制各种可控危险因素，达到使脑血管病不发生或推迟发生的目的。主要预防措施包括：

（1）高血压：防治措施包括限制食盐摄入量、减少膳食中脂肪含量、减轻体重、适当体育运动、减少饮酒量及长期坚持降压药物治疗。普通高血压应控制在 140/90mmHg 以下，对高血压合并糖尿病或肾病者，血压一般应控制在 130/80mmHg 以下。老年人（年龄>65 岁）收缩压一般应降至 150mmHg 以下，如能耐受，还可进一步降低。

（2）吸烟：吸烟者应戒烟，可用尼古丁替代品及口服戒烟药。

（3）高脂血症：血脂异常患者依据其危险分层决定血脂的目标值。主要以低密度脂蛋白胆固醇（LDL-C）作为血脂的调控目标，将 LDL-C 降至 2.59mmol/L 以下或使 LDL-C 水平比基线下降 30%～40%。但已发生心血管事件或高危的高血压患者、糖尿病患者，不论基线 LDL-C 水平如何，均提倡采用他汀类药物治疗，将 LDL-C 降至 2.07mmol/L 以下。血脂调控首先应进行治疗性生活方式改变，改变生活方式无效者采用药物治疗。

（4）糖尿病：糖尿病患者应改进生活方式，首先控制饮食，加强体育锻炼。理想血糖控制为糖化血红蛋白、空腹血糖、餐后血糖及血糖波动均控制良好，一般目标为糖化血红蛋白小于 7%。2～3 个月血糖控制仍不满意者，应选用口服降糖药或使用胰岛素治疗。糖尿病患者在严格控制血糖、血压的基础上，联合他汀类药物可有效降低卒中的风险。糖尿病合并高血压患者降压药物首先选择 ACEI 或 ARB。

（5）心房颤动：应根据心房颤动患者的卒中危险分层、出血风险评估、患者意愿以及当地医院是否可以进行必要的抗凝监测，决定进行何种抗栓治疗。有任何一种高度危险因素（如风湿性心脏瓣膜病、人工心脏瓣膜置换、动脉栓塞）或≥2 种中度危险因素（如年龄超过 75 岁、高血压、糖尿病、心力衰竭等）的心房颤动患者，应选择华法林抗凝治疗。对于无其他卒中危险因素者，建议使用阿司匹林抗血小板治疗；仅有一种中度危险因素者，建议使用阿司匹林或华法林抗凝治疗。

（6）无症状性颈动脉狭窄：卒中高危患者（狭窄>70%、预期寿命>5 年），在有条件的医院（围手术期卒中和死亡发生率<3% 的医院）可以考虑行颈动脉内膜切除术；但 CAS 是否可以替代 CEA 治疗目前尚不明确。对于行 CEA 风险较高的患者，可以考虑做 CAS。

（7）阿司匹林：推荐在卒中风险足够高（10 年心脑血管事件风险为 6% ~ 10%）的个体中使用小剂量阿司匹林（每日 50 ~ 150mg）进行心脑血管病的一级预防。不推荐阿司匹林用于低危人群的卒中一级预防。不推荐其他抗血小板药物用于卒中一级预防。

（8）膳食和营养：每日饮食种类应多样化，使能量和营养的摄入趋于合理；采用包括水果、蔬菜和低脂奶制品以及总脂肪和饱和脂肪含量较低的均衡食谱。建议降低钠摄入量和增加钾摄入量，推荐的食盐摄入量≤6g/d。每日总脂肪摄入量应<总热量的 30%，饱和脂肪<10%。

（9）运动和锻炼：采用适合自己的体力活动来降低卒中的危险性。中老年人和高血压患者进行体力活动之前，应考虑进行心脏应激检查，全方位考虑患者的运动限度，个体化制订运动方案。成年人（部分高龄和身体因病不适合运动者除外）每周至少有 5 天，每天 30 ~ 45 分钟的体力活动（如快走、慢跑、骑自行车或其他有氧代谢运动等）。

（10）饮酒过量：不饮酒者不提倡用少量饮酒的方法预防心脑血管疾病。饮酒者应适度，不要酗酒；男性饮酒的酒精含量不应超过 25g/d，女性减半。

（11）其他：对于有心肌梗死、颈动脉狭窄、高同型半胱氨酸血症、肥胖等脑血管病危险因素者，应采取相应措施，进行干预和处理。

2. 脑血管病的二级预防　指再次脑血管病发病的预防。通常将 TIA 患者作为卒中二级预防对待。

（1）调控可干预的危险因素：基本与一级预防相同。但对不伴已知冠心病的非心源性卒中患者，推荐更积极地强化他汀类药物治疗，降低 LDL-C 至少 50% 或目标 LDL-C<70mg/dl（1.81mmol/L），以获得最大益处。症状性颈动脉狭窄>50%，且围术期并发症和死亡风险估计<6% 时，可考虑行 CEA 或 CAS。对于能参加体力活动的缺血性卒中或 TIA 患者，每周要进行 1 ~ 3 次至少 30 分钟的中等强度体力活动，通常定义为使运动者出汗或心率显著增高的剧烈活动。

（2）抗血小板聚集治疗：非心源性卒中推荐抗血小板治疗。可单独应用阿司匹林（50 ~ 325mg/d），或氯吡格雷（75mg/d），或小剂量阿司匹林和缓释的双嘧达莫（分别为 25mg 和 200mg，2 次/天）。

（3）抗凝治疗：对已明确诊断心源性脑栓塞或脑梗死伴心房颤动的患者一般推荐使用华法林抗凝治疗。

（4）干预短暂性脑缺血发作：反复 TIA 发作患者发生卒中风险极大，应积极寻找并治疗 TIA 的病因。

（宋海庆）

第七节　其他动脉性疾病

一、脑底异常血管网病

脑底异常血管网病又称烟雾病（moyamoya disease），是颈内动脉虹吸部及大脑前动脉、大脑中动脉起始部严重狭窄或闭塞，软脑膜动脉、穿通动脉等小血管代偿增生形成脑底异常血管网为特征的一种脑血管疾病。1955 年由日本学者最早报道，其脑血管造影可见脑底密集成堆的小血管，酷似烟雾，故称为烟雾病。患病率为(3.16～10.5)/10万,女性多发。

【病因及发病机制】

病因复杂,遗传因素和获得性环境因素均与其发病有关。烟雾病多发生在亚洲,日本报道最多。部分烟雾病有家族史,有些合并其他先天性疾病(如镰状细胞贫血、Down综合征等),提示遗传因素在其病因中可能起重要作用。多数为散发,且部分患者病前有上呼吸道感染或扁桃体炎、血管炎、颅脑外伤等病史,获得性环境因素可能与烟雾病的发生和发展有关。我国研究报道部分病例与钩端螺旋体感染有关。

发病机制是Willis环主要分支血管狭窄或闭塞后侧支循环形成代偿,逐渐形成脑底异常血管网。

【病理】

Willis环及其分支动脉变细、变硬,切面可见狭窄或闭塞。脑底和半球深部可见畸形增生及扩张的血管网,管壁菲薄,偶见动脉瘤形成。受累动脉内膜明显增厚、内弹力纤维层高度迂曲断裂,中膜萎缩变薄,外膜改变不明显,无炎症细胞浸润和动脉硬化改变。可见脑梗死、脑出血或蛛网膜下腔出血等病理改变。

【临床表现】

多见于儿童及青壮年,存在5岁和40岁左右两个发病年龄高峰。常见的临床表现有:TIA、脑卒中、头痛、癫痫发作和智能减退等。可分为缺血型和出血型两组症状,不同年龄发病的临床表现不同。

儿童患者以缺血性卒中或反复发生的TIA为主。常见偏瘫、偏身感觉障碍和(或)偏盲,优势侧半球受损可有失语,非优势侧半球受损多有失用或忽视。TIA反复发作可表现为两侧肢体交替出现的轻偏瘫等。约10%病例出现脑出血或SAH。头痛是其常见症状,可能与脑底形成的异常血管网中的血管舒缩功能异常有关。部分有智能减退和癫痫发作等。

成年患者常表现为出血性卒中,如脑室出血、SAH、脑内出血等,多由于侧支血管或动脉瘤破裂所致,常无动脉硬化的证据,可反复发生。也有约20%表现为缺血性卒中,部分病例也可表现为反复晕厥。

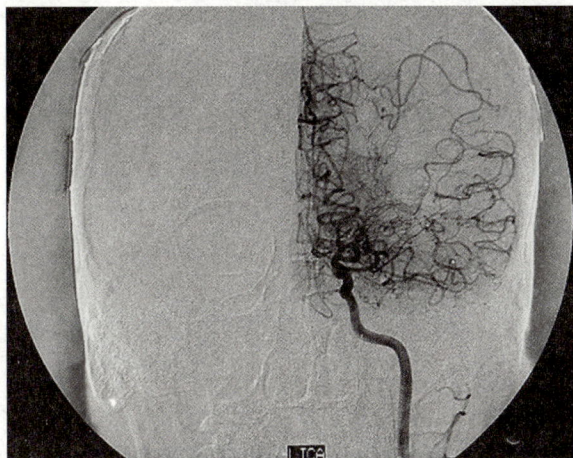

图9-8　DSA示烟雾病

【辅助检查】

1. **实验室检查**　免疫和感染病原学方面的检查,有助于进一步明确病因。

2. **CT或MRI**　出现脑出血、脑梗死、SAH等相应的CT、MRI影像学表现。烟雾病患者的MRI可见多数异常血管流空影;CTA或MRA可能发现烟雾病特征性的血管狭窄和颅底异常血管网。

3. **脑血管造影**　DSA显示双侧颈内动脉虹吸段、大脑前、中动脉起始段狭窄,甚至闭塞,伴颅底异常血管网(图9-8),可伴发动脉瘤。

【诊断及鉴别诊断】

儿童和青壮年患者,反复发生不明原因的TIA、脑梗死、脑出血和蛛网膜下腔出血,而无高血压及动脉硬化证据,考虑本病诊断。DSA、CTA和MRA显示特征性的烟雾状颅底血管病变可以确诊本病。实验室检查对确定有无结缔组织疾病、钩端螺旋体感染是必要的。

【治疗】

1. **对症治疗**　根据不同的卒中类型(出血性、缺血性)给予相应的治疗。癫痫发作者应给予抗癫痫药物治疗。

2. **病因治疗**　如发病与钩端螺旋体、结核和病毒感染有关,应针对病因进行治疗。对发作频繁、颅内动脉狭窄严重或闭塞者可考虑血管重建等外科手术治疗,如颞上动脉-大脑中动脉直接搭桥术等。血管重建可以改善脑部血供,但远期疗效尚待证实。

二、脑动脉盗血综合征

脑动脉盗血综合征(steal syndrome)是指各种原因引起的主动脉弓及其附近大动脉血管严重狭窄和闭塞,狭窄远端的动脉内压力明显下降,邻近的脑动脉血流逆流至压力较低的动脉代偿其供血,导致被盗血的脑动脉供血显著减少,引起脑组织缺血,出现相应的临床症状体征。

【临床表现】

临床上主要包括以下 3 种类型:

1. **锁骨下动脉盗血综合征(subclavian steal syndrome)**　指当一侧锁骨下动脉或无名动脉在其近心端发出椎动脉前狭窄或闭塞时,颅内血流经患侧椎动脉逆流进入锁骨下动脉,代偿患侧上肢的血液供应。临床上活动患侧上肢可诱发出现椎-基底动脉供血不足的症状,如发作性头晕、视物旋转、复视、共济失调、构音障碍、吞咽困难、晕厥等;严重时也可经后交通动脉从颈内动脉盗血,出现颈内动脉系统缺血症状,如偏瘫、偏身感觉障碍和失语等。动脉粥样硬化是其最常见原因,其次为特异性或非特异性动脉炎。

2. **颈内动脉盗血综合征(carotid steal syndrome)**　指当一侧颈内动脉闭塞时,其远端动脉压力降低,经前交通动脉从健侧颈内动脉盗血,出现健侧颈内动脉系统缺血的临床表现;或经后交通动脉从椎-基底动脉盗血,产生椎-基底动脉系统缺血的临床表现。当双侧颈内动脉闭塞时则由椎-基底动脉和颈外动脉代偿供血,可同时有大脑及小脑受损的症状体征。其病因多为动脉粥样硬化斑块形成。

3. **椎-基底动脉盗血综合征(vertebrobasilar steal syndrome)**　指当椎基底动脉明显狭窄或闭塞时,可引起颈内动脉血流经后交通动脉逆流入椎-基底动脉进行代偿,出现一侧颈内动脉系统缺血的临床表现,如偏瘫、偏身感觉障碍和失语等,此型临床较少见。

【诊断】

患侧上肢动脉搏动显著减弱或消失,患侧血压低于健侧 20mmHg 以上,同侧颈部闻及收缩期杂音,超声检查发现血管狭窄或闭塞,活动患肢可诱发或加重椎-基底动脉供血不足症状等,临床可诊断锁骨下动脉盗血综合征。血管造影检查发现造影剂逆流入患侧血管可确诊动脉盗血综合征。

【治疗】

治疗根据病变部位及病因而定。若缺血症状严重可以考虑手术治疗,如血管内膜剥离、血管内支架或血管重建术等。不宜使用扩血管和降血压药物。

三、脑淀粉样血管病

脑淀粉样血管病(cerebral amyloid angiopathy,CAA)是由淀粉样物质在软脑膜和大脑皮质小动脉中层沉积导致的脑血管疾病。临床特点是反复多部位的血管破裂导致的多灶性自发性的脑实质出血。CAA 是老年脑血管病的一种类型,患病率随着年龄的增加而增高,55 岁以前较少发病,90 岁以上人群患病率高达 50%。其病因不清楚,可能与遗传、感染及免疫有关。病理特征是大脑皮质、脑膜的小血管和毛细血管管壁内有纤维淀粉样物沉着,刚果红染色后在偏振显微镜下呈特殊的黄绿色双折光,也称嗜刚果红性血管病。可伴有微血管瘤形成和纤维素样坏死。

【临床表现】

1. **脑出血**　以反复发生的多发性脑叶出血最为多见。CAA 与高血压无关,因其血管非常脆弱,轻微的外伤或剧烈活动均可导致脑出血,出血的好发部位是脑叶,尤其是枕叶、枕顶区或额叶皮质和皮质下白质,而脑干及大脑深部结构很少受累。血肿可同时或相继发生于不同脑叶,较易破入蛛网膜下腔。

2. **痴呆**　30%的CAA患者晚期表现为痴呆。患者有不同程度的认知障碍和行为异常,表现为记忆力、定向力、计算力、综合分析能力和语言障碍,或伴有各种精神症状。

3. **TIA和脑梗死**　CAA也可以表现为反复发作的TIA和脑梗死。TIA以颈内动脉系统多见,表现为一过性偏身感觉障碍、轻偏瘫或命名性失语。也可有椎-基底动脉系统TIA,表现为发作性眩晕、耳鸣、共济失调等。脑梗死多见于枕叶、颞叶、顶叶与额叶,并出现相应的症状和体征。

【辅助检查】

CT、MRI显示呈点、片或大块状的多灶性脑叶出血,可同时伴有缺血性病灶。MRI梯度回波发现多发脑叶陈旧的点状出血灶提示CAA可能。脑活检可见动脉壁内淀粉样物质广泛沉积。

【诊断】

老年患者、无高血压病史、CT或MRI证实的复发性、多灶性脑叶出血,排除其他原因后,可临床拟诊CAA。神经病理学检查是诊断CAA最可靠的方法。

【治疗】

CAA的治疗与其他原因脑出血的内科治疗大体相似。继发癫痫患者应予抗癫痫治疗。表现为脑梗死的CAA避免应用抗凝药物,慎用抗血小板类药物。

第八节　颅内静脉窦及脑静脉血栓形成

颅内静脉窦及脑静脉血栓形成是一组由于多种病因导致的脑静脉系统血管病,统称脑静脉系统血栓形成(cerebral venous thrombosis,CVT)。与动脉血栓形成相比,CVT的发病率相对较低,约为每年(1.5~2.5)/100万,占所有卒中的1%。多见于老年人和产褥期妇女。其临床症状因病因、病变部位不同而表现各异。

【病因与发病机制】

CVT绝大部分归结于各种原因所致的血凝异常,极少数与硬膜穿刺和外伤有关。另有约20%的患者原因不明。其中血凝异常主要包括以下几个方面:

1. **血液高凝状态**　如妊娠和产褥期。

2. **遗传性凝血机制异常**　蛋白S缺乏、抗凝血酶Ⅲ缺乏、凝血因子Ⅱ、因子Ⅳ基因突变、Von Willebrand病等。

3. **血流动力学异常**　脱水、休克、恶病质、血小板病、原发性红细胞增多症、缺铁性贫血、弥散性血管内凝血、骨髓移植术后等。

4. **全身疾病**　白塞病、肿瘤、系统性红斑狼疮、肾病综合征、血管炎、溃疡性结肠炎和抗磷脂抗体综合征等。

5. **药物引起**　口服避孕药、皮质醇激素和雄激素等。

6. **感染或肿瘤浸润**　中耳炎、鼻窦炎、牙脓肿、扁桃体炎、肿瘤栓子、结节病、慢性脑膜炎、硬膜下积脓和癌性脑膜炎等。

【病理】

静脉和静脉窦内可见红色血栓。血栓性静脉窦闭塞使静脉回流受阻,静脉压升高,导致脑组织淤血、肿胀,引起脑细胞变性、坏死;脑脊液吸收降低,引起颅内压增高,脑皮质及皮质下出现点片状出血灶,部分患者可发生出血性梗死,加重脑水肿和颅内高压。

感染引起者以海绵窦和横窦急性血栓形成多见,重者可发生脑膜炎和(或)脑脓肿;非感染者以上矢状窦多见。

【临床表现】

由于CVT发生的部位、范围、阻塞速度、发病年龄、病因不同,其临床表现多种多样。但共同的常见临床表现包括高颅压症状、卒中症状以及脑病样症状。头痛是颅内压增高最常见的临床表现,可见于75%～95%的患者,有时是唯一的表现。头痛严重而持续,呕吐多为喷射性,可见视乳头水肿。卒中症状包括出血性或缺血性静脉梗死的症状,以多发性小出血多见。脑病样症状虽然少见,但最为严重,临床表现有癫痫、精神异常、意识混乱、意识模糊、甚至昏迷等。

1. 上矢状窦血栓形成(superior sagittal sinus thrombosis)　上矢状窦是非感染性静脉窦血栓形成最常见的部位。最常见于脱水和衰弱的婴儿,也见于创伤、肿瘤、口服避孕药、妊娠、血液病和免疫系统疾病等,有时原因不明。感染性上矢状窦血栓少见。一般症状包括:急性或亚急性起病、全身衰弱、发热、头痛、视乳头水肿等。局灶体征:婴幼儿可见颅缝分离、囟门隆起、额浅静脉怒张迂曲。有时可并发颅内出血、癫痫、偏瘫、失语、偏盲等。有时无局灶体征,颅内高压为唯一的症状。老年患者症状轻微,仅有头痛、头晕等。

2. 海绵窦血栓形成(cavernous sinus thrombosis)　多见于眶部、鼻窦及上面部化脓性感染或全身性感染,非感染性的海绵窦血栓罕见。多从一侧急骤起病,迅速扩散至对侧,出现脓毒血症、发热等全身中毒症状,眼球疼痛和眼眶部压痛。主要表现为脑神经受损和眼静脉回流受阻征象。多有Ⅲ、Ⅳ、Ⅵ、V_{1-2}脑神经受损,出现眼睑下垂、眼球运动受限或固定、复视、瞳孔扩大、对光反应消失、角膜反射消失等。眼静脉回流受阻可出现眼睑、眶周、球结膜水肿和眼球突出等。眼底可见视乳头水肿及出血,视力通常不受累。可并发脑膜炎或脑脓肿,若垂体受累发生脓肿和坏死,可引起水盐代谢紊乱。CSF检查可见细胞数增高。如病情进展快,累及脑深静脉,出现昏迷则提示预后不良。

3. 侧窦血栓形成(lateral sinus thrombosis)　包括横窦(transverse portion of lateral sinus)和乙状窦(sigmoid portion of lateral sinus)血栓形成,常由化脓性乳突炎或中耳炎引起。主要的症状包括:

(1)化脓性中耳炎的感染和中毒症状:耳后乳突红肿热痛、发热、寒战及外周血白细胞增高,头皮及乳突周围静脉怒张。

(2)脑神经受累症状:高颅压或局部感染扩散到局部的岩骨致第Ⅵ对脑神经麻痹,可出现复视;第Ⅸ、Ⅹ、Ⅺ脑神经可因扩张的颈静脉压迫,而出现颈静脉孔综合征(吞咽困难,饮水呛咳,声音嘶哑及同侧胸锁乳突肌和斜方肌无力)。

(3)高颅压症状:头痛、呕吐、视乳头水肿等,严重者出现昏迷和癫痫发作。腰穿时压颈试验患侧压力不升,健侧压力迅速升高,CSF细胞数和蛋白增高。

4. 直窦血栓形成(straight sinus thrombosis)　多与海绵窦、上矢状窦、横窦和乙状窦血栓同时发生,单独发生者少见,病情较重。可因急剧的颅内高压,出现昏迷、抽搐和去大脑强直。如累及到大脑大静脉,会造成明显的脑静脉回流障碍,脑内可发生大量出血甚至破入脑室。

5. 大脑大静脉血栓形成(Galen vein thrombosis)
大脑深静脉引流脑深部的白质、基底核和间脑的静脉。大脑大静脉(Galen静脉)接受大脑深静脉回流。Galen静脉血栓形成常见于产褥期、脱水和血液病等非感染性疾病,多因静脉窦血栓形成所致,累及间脑和基底核等脑深部结构。早期可出现颅内压增高,精神症状,病情严重时出现昏迷、高热、痫性发作、去脑强直等。存活患者可遗留手足徐动症、舞蹈症等。

【辅助检查】

1. CT

(1)直接征象:包括:①空delta征(empty delta sign):增强时可显示脑静脉窦壁强化呈高密度与腔内低密度形成对比,又称"空三角征"(图9-9),见于25%～30%的患

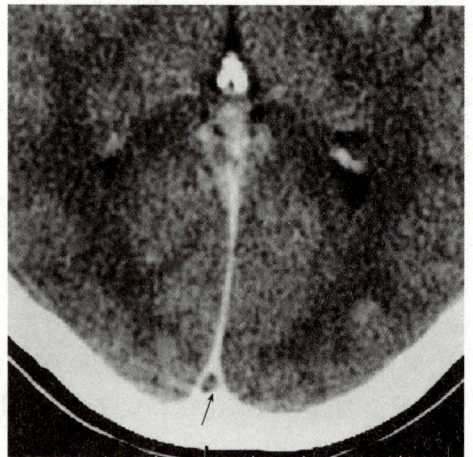

图9-9　CT增强扫描显示上矢状窦血栓形成的空delta征
箭头所示低密度为血栓

者;②高密度三角征(dense triangle sign):在非增强的冠状层面显示出上矢状窦的后部为高密度的三角形影像,提示为新鲜血栓;③束带征(cord sign):与扫描平面平行的血管显示高密度影,提示新鲜血栓形成,特异性较低。

(2)间接征象:包括:①局灶性或弥漫性脑水肿,表现为脑室和脑沟缩小,脑白质低密度;②静脉性梗死表现的低密度灶,有时可见梗死区内有高密度的出血灶,偶见蛛网膜下腔出血;③大脑镰和小脑幕增强。CT正常不能排除CVT,但有助于排除其他疾病如肿瘤、脑炎、脑脓肿和蛛网膜下腔出血等。

2. MRI　不同时间表现不同。急性期(1~5天)发现正常血液流空现象消失,可见T_1等信号、T_2低信号;亚急性期(1~2周)T_1、T_2均呈高信号;恢复期(2周后),可重新出现血液流空现象。MRI正常不能排除CVT。

3. **磁共振静脉血管造影**(magnetic resonance venography, MRV)　MRV主要直接征象为脑静脉(窦)内血流高信号缺失,间接征象为病变远侧侧支循环形成、深静脉扩张或其他引流静脉显现,为临床诊断的主要手段。

4. DSA　是诊断CVT的"金标准",表现为病变的静脉窦在静脉时相不显影。

5. **脑脊液检查**　早期主要是颅内压增高,细胞数和生化指标常在正常范围,中、后期脑脊液蛋白常轻、中度增高。伴有出血者,脑脊液可见红细胞,蛋白可以明显升高。化脓性血栓形成可见中性粒细胞数增多。

【诊断与鉴别诊断】

诊断主要根据典型的病史、高颅压症状,以及CT、MRI、MRV等影像特征。DSA颅内静脉血管造影可以明确诊断。本病需要与良性颅内压增高、中枢神经系统感染、颅内肿瘤以及脑出血等相鉴别。

【治疗】

本组疾病治疗的原则包括针对基础病因的治疗,静脉血栓本身的治疗及对症治疗等。

1. **病因治疗**　是CVT的根本治疗之一,主要有:

(1)感染患者,应根据不同的病原体及早选用敏感、足量、足疗程的抗生素治疗。

(2)严重脱水者,应进行补液,维持水电解质平衡。

(3)有自身免疫性疾病如系统性红斑狼疮、白塞病者可予以激素治疗。

(4)对于血液系统疾病应给予相应的治疗。

(5)血黏度增高者,采用扩容、降低血黏度等治疗。

2. **抗血栓治疗**

(1)抗凝治疗:越早越好,即使有小量颅内出血或产后1个月也可酌情使用,可以明显降低死亡率和改善患者的预后。可选用低分子肝素,但应注意存在颅内出血的危险,故用药前和用药期间应监测凝血时间和部分凝血活酶时间。远期治疗可选用口服抗凝药华法林,应检测INR,根据情况调整剂量,目标INR为2.0~3.0,维持6~12个月。

(2)溶栓治疗:可应用尿激酶和rt-PA静脉溶栓,但尚无证据表明其治疗优于抗凝治疗,可以作为抗凝治疗后仍继续恶化的第二选择。有条件可行血管介入局部溶栓。

(3)介入治疗:血管介入静脉内导管机械性溶栓治疗和血管成形术等。

3. **对症治疗**

(1)降颅压治疗可应用甘露醇、甘油果糖、呋塞米、白蛋白等药物。CVT所致的急性高颅压在药物无效时考虑相应的手术治疗,如脑室引流术、静脉搭桥术等。

(2)有癫痫发作时可进行抗癫痫治疗。

【预后】

CVT总体预后较好,一半以上的患者能够痊愈,死亡率不超过10%,少数有复发。预后不良的因素包括高龄、伴发颅内出血、癫痫发作、昏迷、精神障碍、脑深静脉血栓形成、后颅窝病灶、原发病灶加重或出现新发病灶、中枢神经系统感染或肿瘤等。

（汪　凯）

第九节　遗传性脑血管病

目前研究认为：脑血管病是遗传和环境因素相互作用的一类多因素疾病。随着分子生物学技术的飞速发展及人类基因组计划的全面实施，脑血管病的遗传学研究也取得了重大进展。目前已报道多个单基因致病的遗传性脑血管病，包括 CADASIL、CARASIL、Fabry 病等。

一、伴有皮质下梗死和白质脑病的常染色体显性遗传性脑动脉病

伴有皮质下梗死和白质脑病的常染色体显性遗传性脑动脉病（cerebral autosomal dominant arteriopathy with subcortical infarcts and leukoencephalopathy，CADASIL）是一种中年发病的、非动脉硬化性、遗传性小动脉脑血管疾病。临床上以反复皮质下缺血性脑卒中发作、痴呆、假性延髓性麻痹和偏头痛为特征。其发病与 19 号染色体上 Notch3 基因突变有关。

【病理】

脑室旁及半卵圆中心白质脱髓鞘，基底核区、皮质下多发性腔隙性梗死以及脑小动脉特异性改变，皮质一般正常。脑小动脉特异性改变表现为脑及软脑膜小动脉壁增厚，管腔明显变窄。动脉平滑肌细胞之间间隙疏松，血管内皮细胞可正常或肿胀；血管的内弹力膜断裂，中膜嗜伊红样物质沉积。电镜下可见小动脉和毛细血管平滑肌细胞的基底膜上有颗粒状嗜锇物质的沉积，主要见于脑血管，其他器官（如肝、脾、肾、肌肉、皮肤等）的动脉也可出现。

【临床表现】

一般在 20 岁之后出现有先兆的偏头痛，中年时表现为反复发作的 TIA 和缺血性脑卒中，50～60 岁逐渐出现皮质下痴呆，多数在 65 岁左右死亡。

1. **偏头痛**　约 40% 的患者有偏头痛发作史，绝大多数为有先兆的偏头痛。其中首次发作的平均年龄为 26 岁，发作频度不等。

2. **脑卒中**　CADASIL 最常见的临床表现是缺血性卒中和 TIA 发作，见于 85% 有症状的患者。多在 40～50 岁发病，无其他的脑卒中危险因素，2/3 表现为腔隙综合征，反复发作可导致严重的步态障碍、尿失禁和假性延髓性麻痹。

3. **痴呆**　见于 60% 有症状的患者。痴呆多在 50～60 岁出现，可早至 35 岁。起病形式隐匿，进行性加重，也可突然起病，多为皮质下痴呆。

4. **其他症状**　可有精神症状，如人格改变和严重的抑郁。10% 的患者可发生癫痫。有时也可见可逆性急性脑病样的症状，也可有亚临床的周围神经病或视网膜病变。

【辅助检查】

MRI 显示双侧大脑半球白质内多发的大小不等的、斑片状长 T_1、长 T_2 信号病灶，常位于双侧颞叶、顶叶、额叶皮质下及脑室周围基底核区，脑干亦常受累。CADASIL 早期的白质病变特征性地见于颞极，称 O'Sullivan 征。

【诊断】

诊断要点如下：

1. 有家族史。

2. 中年发病，出现原因不明的、反复发作的缺血性卒中，呈进行性加重，早期有先兆的偏头痛发作，晚期出现痴呆。

3. CT 或 MRI 显示广泛的脑白质病变及多发的基底核区腔隙性梗死灶。

4. 皮肤或周围血管活检发现颗粒状嗜锇物质，遗传学发现 Notch3 基因的突变有助诊断。

【治疗】

主要是对症治疗,尚无有效的病因治疗。

二、伴有皮质下梗死和白质脑病的常染色体隐性遗传性脑动脉病

伴有皮质下梗死和白质脑病的常染色体隐性遗传性脑动脉病(cerebral autosomal recessive arteriopathy with subcortical infarcts and leukoencephalopathy,CARASIL)是一种神经系统隐性遗传性血管病,以青年期早发的痴呆、卒中、腰痛、脱发为主要临床表现。其发病与 10 号染色体的 HtrA1 基因突变有关。

【病理】

CARASIL 的病理学改变主要累及白质,表现为脑白质的小动脉呈现明显的动脉硬化性表现,而其他脑区小动脉病变并不突出,皮质下 U 型纤维保存。镜下可见中膜严重玻璃样变,内膜纤维化增厚,平滑肌细胞脱失,内弹力层增厚、断裂及管腔向心性狭窄。有研究认为 CARASIL 的动脉硬化性病变不及 CADASIL 明显。

【临床表现】

青中年期发病,约半数患者的父母为近亲血缘,符合常染色体隐性方式遗传,部分病例无家族史,病程一般为 5~20 年。

1. **脑卒中**　约半数以上患者以卒中为首发症状。可出现偏瘫、言语不利,共济失调、饮水呛咳、吞咽困难等急性卒中体征,随着病程进展,假性延髓麻痹体征明显,平均发病年龄为 30 岁左右。

2. **认知和情感障碍**　部分患者会出现记忆力减退,计算力、定向力障碍,晚期可发展为无动性缄默和去大脑强直。疾病进程中强哭强笑、易激惹等性格改变,抑郁少见。

3. **脱发**　脱发是 CARASIL 的神经系统外的特异临床表现,男性患者约在 20 岁即可出现脱发,全头脱发明显,身体其他部位并无毛发减少。女性患者脱发症状可不突出。

4. **腰痛**　腰痛与 CARASIL 伴随的脊柱病变相关,患者可表现为急性反复腰痛、腰椎间盘病变以及关节退化。腰椎 MRI 等检查可见椎体僵直、椎间盘变性突出以及椎间盘融合,好发于腰椎上段及胸椎下段,约半数以上患者存在脊柱退行性病变,尤以颈椎明显。

【辅助检查】

MRI 扫描表现为双侧大脑半球脑室旁深部白质对称性病变以及多发性皮质下梗死,约半数患者行 DSA 检查可见轻度小动脉管壁不整及蛇行样改变。CADASIL 特征性的 O'Sullivan 征在 CARASIL 中少见,有助于影像学鉴别。

【诊断】

诊断要点如下:

1. 具有符合常染色体隐性遗传特点的家族史,无家族史亦不能排除 CARASIL 可能。

2. 青中年发病,反复出现缺血性卒中发作,呈进行性加重伴有强哭强笑、易激惹等性格改变,晚期出现痴呆。

3. CT 或 MRI 显示广泛的脑白质病变及多发的基底核区腔隙性梗死灶。

4. 早期出现脱发及急性复发性腰痛,腰椎 MRI 等检查显示脊柱僵直和椎间盘病变。

5. 临床高度怀疑 CARASIL,需经 HtrA1 基因检测确诊。

【治疗】

主要是对症治疗,尚无有效的病因治疗。

三、Fabry 病

Fabry 病是一种 X 连锁不完全性显性遗传的溶酶体贮积病,致病基因位于 Xq22,为 GLA 基因。GLA 基因编码 α-半乳糖苷酶,该酶位于溶酶体内,为神经酰胺三己糖苷(Gb3)分解代谢所必需。GLA

基因突变引起的酶功能缺失可导致 Gb3 在全身器官的血管内皮细胞内积聚,造成多系统损害,往往在儿童至青少年时期出现临床症状,并随病程进展而逐渐加重,许多患者尤其是男性患者常在中青年死于严重的肾衰竭或心脑血管并发症。

流行病学研究显示:全部卒中患者中约有 1% ~ 2% 伴有 Fabry 病。由于典型 Fabry 病患者通常伴有心脏、肾脏和血管的损害,部分患者合并高血压病,因此,即使对那些病因已明的卒中患者,仍有相当部分的比例可能合并 Fabry 病。

【病理】

病理检查:有助于 Fabry 病诊断,可获取肾脏、皮肤、心肌或神经组织。光镜下可见相应的组织细胞空泡改变,电镜下相应的组织细胞(如肾小球足细胞、肾小管上皮细胞、血管内皮细胞和平滑肌细胞、心肌细胞、神经束衣细胞以及皮肤的汗腺等)胞质内充满嗜锇"髓样小体",为 Fabry 病特征性病理表现。

【临床表现】

Fabry 病常为多器官、多系统受累,出现神经系统、皮肤、眼、心脏、肾脏等症状,男性患者临床表型多重于女性患者。

1. **脑卒中**　一般表现为早发卒中,可以短暂性脑缺血发作(TIA)或缺血性卒中形式出现,随受累部位不同表现为偏瘫、偏盲、眩晕、共济失调和构音障碍等,以后循环受累多见,预后较差。非特异性症状包括注意力不集中、头痛、认知功能障碍等。

2. **周围神经系统**　神经疼痛约出现在 2/3 以上的患者,是儿童时期早期和较为常见的症状之一,多数患者青春期后疼痛程度可能会减轻,表现为下肢远端为主的肢端疼痛,具有慢性或间断发作的特点,少汗或无汗是早期和较为常见的临床症状之一。

3. **其他系统表现**　①皮肤血管角质瘤:Fabry 病典型表现,表现为皮肤小而凸起的红色斑点,多分布于"坐浴"区(生殖器、阴囊、臀部和大腿内侧),也可出现在背部、口周等其他部位;②肾脏:表现为肾功能受累合并蛋白尿,30 岁左右可能出现终末期肾衰竭;③心脏:多为疾病的晚期表现,常表现为肥厚性心肌病、心脏瓣膜病变、快速性心律失常等,严重者可导致心力衰竭、心肌梗死;④眼:多数患者可有眼部受累,主要表现为角膜沉积物,晶状体混浊,结膜血管和视网膜血管迂曲病变,严重者可导致视力降低甚至丧失。

【辅助检查】

GLA 基因检测是 Fabry 病诊断的"金标准"。高度怀疑 Fabry 病患者 α-半乳糖苷酶酶活性检测最为简易快速,可采取外周血白细胞、血浆、血清或培养的皮肤成纤维细胞等。血、尿 Gb3 检测可作为 Fabry 病的一项生化诊断指标,Fabry 病男性患者血、尿 Gb3 均明显高于健康人,部分女性患者血、尿 Gb3 可高于健康人。

近半数 Fabry 病患者可在头部 MRI 检查中发现室周、皮质下或深部白质病变。约 1/3 的 Fabry 病患者可在丘脑枕部发现对称的短 T_1 信号。Fabry 病卒中发生时的影像学改变无特异性,与动脉粥样硬化不同,Fabry 病患者 MRA 常见血管扩张、迂曲。这种改变可出现于任何大动脉,但以基底动脉最为明显。患卒中的 Fabry 病患者,其基底动脉直径较其他病因所致的卒中患者及不伴卒中的 Fabry 病患者均明显增粗。有学者认为基底动脉直径可作为预测 Fabry 病患者卒中风险的指标之一。

【诊断】

诊断要点如下:

1. 符合 X 连锁遗传特点的家族史,无家族史亦不能排除 Fabry 病可能。

2. 神经系统、心脏、肾脏、皮肤、眼和外周血管的多系统受累,卒中发病时通常年龄较轻,男性多见,排除其他病因引起的卒中后应考虑 Fabry 病可能。

3. GLA 基因检测,α-半乳糖苷酶酶活性检测,血、尿 Gb3 检测可作为 Fabry 病的诊断依据。

【治疗】

1. **酶替代疗法**　使用外源性酶制剂替代体内缺失的α-半乳糖苷酶是目前治疗Fabry病的主要手段。多个随机对照及开放扩展临床试验结果均显示重组人类α-半乳糖苷酶替代治疗Fabry病可减少患者细胞内Gb3的沉积，有效减轻患者的肢端疼痛、胃肠道症状，改善心肌肥厚，稳定肾功能，从而改善患者的生活质量和预后。

2. **对症治疗**　对症治疗主要针对各脏器受累情况给予相应的处理。

（许予明）

第十节　血管性认知障碍

血管性认知障碍（vascular cognitive impairment，VCI）是指脑血管病危险因素（如高血压病、糖尿病和高脂血症等）、明显（如脑梗死和脑出血等）或不明显的脑血管病（如白质疏松和慢性脑缺血）引起的，从轻度认知障碍到痴呆的一大类综合征，涵盖了血管源性认知损害从轻到重的整个发病过程。VCI的概念是在重新认识血管性痴呆（vascular dementia，VaD）概念的基础上提出的，旨在及早发现血管病变导致的认知变化，进行早期干预，以延缓甚至阻止痴呆的发生。流行病学研究表明，我国65岁以上老年人VaD的患病率约为1.1%~3.0%，年发病率在(5~9)/1000人，但还缺乏完整可靠的VCI流行病学资料。随着人口老龄化的提高，若不采取干预措施，1/3的人将会患卒中和（或）痴呆。卒中后64%的患者存在不同程度的认知障碍，1/3的人会发展为明显的痴呆。VaD已成为仅次于阿尔茨海默病的导致老年期痴呆的第二大病因，长期以来受到广泛关注。

【病因与发病机制】

缺血性卒中、出血性卒中、白质疏松、慢性脑缺血、脑血管病危险因素（高血压、糖尿病和高血脂等）均可导致VCI。发病机制一般认为是脑血管病或其危险因素引起的病变涉及额叶、颞叶及边缘系统，或病变损害了足够容量的脑组织，导致记忆、注意、执行功能和语言等高级认知功能的受损。

【分类】

VCI按照病因可分为五大类，具体见表9-6。

表9-6　VCI的病因分类

分类	包括疾病
1. 危险因素相关性	高血压病、糖尿病、高脂血症等
2. 缺血性	
（1）大血管性	多发性脑梗死、关键部位梗死等
（2）小血管性	Bingswanger病、伴有皮质下梗死和白质脑病的常染色体显性遗传脑动脉病（CADASIL）、腔隙性脑梗死等
（3）低灌注性	血容量不足、心脏射血障碍或其他原因导致血压偏低等
3. 出血性	脑出血、蛛网膜下腔出血、脑淀粉样血管病、慢性硬膜下血肿等
4. 其他脑血管病性	脑静脉窦血栓形成、脑动静脉畸形等
5. 脑血管病合并AD	脑血管病伴AD、AD伴脑血管病

【临床表现】

VCI临床表现具有明显的异质性；按照起病形式可以分为：①急性或突然起病，如多发梗死性、关键部位梗死性或颅内出血所致的认知障碍；②慢性或隐袭起病，如脑小血管病所致认知障碍。按照认知损害程度可以分为非痴呆型血管性认知障碍（vascular cognitive impairment no dementia，VCIND）和VaD。

1. **非痴呆型血管性认知障碍（vascular cognitive impairment no dementia，VCIND）**　多有脑血管病危险因素，如高血压和糖尿病等，或有明显或不明显的脑血管病史。表现为认知功能轻度损害,但未达到痴呆的诊断标准。认知损害可以突然出现,也可隐袭起病,表现为记忆力下降,抽象思维、判断力损害,伴个性改变,但日常生活能力基本正常。

2. **血管性痴呆(vascular dementia,VaD)**　多在60岁以后发病,有卒中史,呈阶梯式进展,波动病程,表现为认知功能显著受损达到痴呆标准,伴有局灶性神经系统受损的症状体征。但部分皮质下小血管病导致的痴呆可以缓慢起病,持续进展,临床缺乏明确的卒中病史。VaD患者的认知障碍表现为执行功能受损显著,如制订目标、计划性、主动性、组织性和抽象思维以及解决冲突的能力下降;常有近记忆力和计算力的减低。可伴有表情淡漠、少语、焦虑、抑郁或欣快等精神症状。依据病灶特点和病理机制的不同,临床上将VaD分为多种类型,不同类型痴呆临床表现不同。

(1)多发梗死性痴呆(multi-infarct dementia,MID):由多发性脑梗死累及大脑皮质或皮质下区域所引起的痴呆综合征,是VaD的最常见类型。MID常常表现为反复多次突然发病的脑卒中,阶梯式加重、波动病程的认知功能障碍以及病变血管累及皮质和皮质下区域的相应局灶性神经功能缺损症状体征。

(2)关键部位梗死性痴呆(strategic infarct dementia,SID):是指由重要皮质、皮质下功能区域的数个小面积梗死灶,有时甚至是单个梗死病灶所引起的痴呆。这些与高级认知功能密切相关的部位包括角回、内囊、基底核、海马、丘脑、扣带回、穹隆等。三个血管供血区的梗死易导致SID:①大脑后动脉梗死累及颞叶的下内侧、枕叶、丘脑,表现为遗忘、视觉障碍,左侧病变有经皮质感觉性失语,右侧病变有空间失定向;②大脑前动脉影响了额叶内侧部,表现为淡漠和执行功能障碍;③大脑前、中、后动脉深穿支病变可累及丘脑和基底核而出现痴呆。丘脑性痴呆主要累及了丘脑前核、丘脑乳头体束,表现为注意力、始动性、执行功能和记忆受损,垂直凝视麻痹、内直肌麻痹,会聚不能,构音障碍和轻偏瘫。内囊膝部受累,表现为认知功能突然改变,注意力波动,精神错乱,注意力缺乏、意志力丧失、执行功能障碍,局灶体征如偏瘫和构音障碍轻微。

(3)分水岭梗死性痴呆(dementia with border-zone infarction):属于低灌注性血管性痴呆,是由于大脑前、中、后动脉供血区交界区域的长期低灌注,严重缺血形成分水岭区域脑梗死导致的认知功能严重受损。影像学检查在本病的诊断中有重要作用,CT或MRI呈动脉供血区交界区域梗死灶。分水岭梗死性痴呆的认知功能障碍常常表现为经皮质性失语、记忆减退、失用症和视空间功能障碍等。

(4)出血性痴呆:脑实质内出血、蛛网膜下腔出血后引起的痴呆。出血病灶常累及壳核、内囊、丘脑、脑叶等部位,导致痴呆。丘脑出血导致认知功能障碍和痴呆常见。脑淀粉样血管病(cerebral amyloid angiopathy,CAA)是老年人出血性痴呆比较常见的病因,详见本章第六节。硬膜下血肿也可以导致痴呆,常见于老年人,部分患者认知障碍可以缓慢出现。

(5)皮质下动脉硬化性脑病(Binswanger disease):呈进行性、隐匿性病程,表现为伴有反复发作的局限性神经功能缺损的痴呆,常伴有明显的假性延髓性麻痹、步态不稳、尿失禁和锥体束受损体征等。部分患者可无明确的卒中病史。神经影像学的主要特征是脑白质弥漫性疏松性病变,皮质不受累。CT表现为脑室周围、半卵圆中心白质的低密度。MRI表现为侧脑室周围白质对称性、弥漫性斑片状T_2高信号;可伴有多发性皮质下梗死灶,脑室扩大。临床诊断依据隐匿性痴呆的发病过程,有脑血管病的危险因素,脑血管局灶的症状体征,以及CT、MRI脑室周围弥漫性白质病变等。

(6)伴有皮质下梗死和白质脑病的常染色体显性遗传性脑动脉病(CADASIL):是一种遗传性血管病,晚期发展为血管性痴呆。

【辅助检查】

1. **实验室检查**　包括:①查找VCI的危险因素,如糖尿病、高脂血症、高同型半胱氨酸血症、抗心磷脂抗体综合征等。②排除其他导致认知障碍的原因,如甲状腺功能低下、HIV感染、维生素B_{12}缺乏、结缔组织病、梅毒性血管炎、肝肾功能不全等。

2. **神经心理检查**　常见特征为额叶-皮质下功能损害,抽象思维、概念形成和转换、信息处理速度等执行功能损害突出,而记忆力相对保留,但执行功能障碍不能作为VCI的特征性诊断指标,应对VCI进行全面的神经心理学评估。Hachinski缺血量表(Hachinski ischemic score,HIS)≥7分支持VaD

诊断,可与 AD 等神经变性疾病鉴别。

3. 神经影像学检查　提供支持 VCI 的病变证据,如卒中病灶的部位、体积,白质病变的程度等。MRI 对白质病变、腔隙性梗死等小血管病较 CT 更敏感。神经影像学检查还能帮助对 VCI 进行分型诊断,并排除其他原因导致的认知障碍,如炎症、肿瘤、正常颅压脑积水等。

【诊断】

2011 年中华医学会神经病学分会痴呆与认知障碍学组写作组在 VCI 病因分类的基础上,提出以下 VCI 及其分类诊断标准(表 9-7)。

表 9-7　**VCI 及其分类诊断标准**

一、VCI 的诊断
(一) VCI 诊断
诊断 VCI 需具备以下 3 个核心要素:
1. 认知损害　主诉或知情者报告有认知损害,而且客观检查也有认知损害的证据;或(和)客观检查证实认知功能较以往减退。
2. 血管因素　包括血管危险因素、卒中病史、神经系统局灶体征、影像学显示的脑血管病证据,以上各项不一定同时具备。
3. 认知障碍与血管因素有因果关系　通过询问病史、体格检查、实验室和影像学检查确定认知障碍与血管因素有因果关系,并能除外其他导致认知障碍的原因。
(二) VCI 的程度诊断
1. VCIND　日常能力基本正常;复杂的工具性日常能力可以有轻微损害;不符合痴呆诊断标准。
2. VaD　认知功能损害明显影响日常生活能力、职业或社交能力,符合痴呆诊断标准。
二、VCI 诊断成立后需进行以下分类诊断
1. 危险因素相关性 VCI
(1) 有长期血管危险因素(如高血压病、糖尿病、血脂异常等)。
(2) 无明确的卒中病史。
(3) 影像学无明显的血管病灶(关键部位无血管病灶,非关键部位大于 1cm 的血管病灶等于或少于 3 个)。
2. 缺血性 VCI
(1) 大血管性
1) 明确的脑卒中病史。
2) 认知障碍相对急性发病,或呈阶梯样进展。
3) 认知障碍与卒中有明确的因果及时间关系。
4) 影像学显示大脑皮质或皮质下病灶(直径>1.5cm)。
(2) 小血管性
1) 有或无明确脑卒中病史。
2) 认知障碍相对缓慢发病。
3) 影像学显示有多发腔隙性脑梗死或广泛白质病变,或两者并存。
(3) 低灌注性
1) 有导致低灌注的病因:如心脏骤停、急性心肌梗死、降压药物过量、失血性休克、脑动脉狭窄等。
2) 认知障碍与低灌注事件之间有明确的因果及时间关系。
3. 出血性 VCI
(1) 明确的脑出血病史(包括脑实质出血、蛛网膜下腔出血、硬膜下血肿等)。
(2) 认知障碍与脑出血之间有明确的因果及时间关系。
(3) 急性期影像学可见相应的出血证据。
4. 其他脑血管病性 VCI
(1) 除上述以外的血管病变,如脑静脉窦血栓形成、脑动静脉畸形等。
(2) 认知障碍与血管病变之间有明确的因果及时间关系。
(3) 影像学显示有相应的病灶。
5. 脑血管病合并 AD
(1) 脑血管病伴 AD
1) 首先有脑血管发病病史,发病后一段时间内逐渐出现以情景记忆为核心的认知障碍,这种记忆障碍不符合血管病变导致记忆障碍的特征。
2) 影像学有脑血管病的证据,同时存在海马和内侧颞叶萎缩。
3) 高龄发病,有 AD 家族史支持诊断。
4) 脑脊液总 tau 蛋白和异常磷酸化 tau 蛋白增高,$A\beta_{42}$ 降低支持诊断。
(2) AD 伴脑血管病
1) 临床符合 AD 特征:隐袭起病,缓慢进展,以情景记忆为核心认知损害。病程中发生脑血管病,可使已存在的认知损害加重。
2) 影像学有海马和内侧颞叶萎缩,同时有本次脑血管病的证据。
3) 高龄发病,有 AD 家族史支持诊断。
4) 脑脊液 tau 蛋白和异常磷酸化 tau 蛋白增高,$A\beta_{42}$ 降低支持诊断。

【鉴别诊断】

（1）阿尔茨海默病（Alzheimer's disease，AD）：AD 起病隐匿，进展缓慢，记忆等认知功能障碍突出，多数无偏瘫等局灶性神经系统定位体征，神经影像学表现为显著的脑皮质萎缩，Hachinski 缺血量表≤4 分（改良 Hachinski 缺血量表≤2 分）支持 AD 诊断。

（2）Pick 病：起病较早（多在 50～60 岁），进行性痴呆，早期即有明显的人格改变和社会行为障碍、语言功能受损，记忆等认知功能的障碍相对较晚。CT 或 MRI 主要是显著的额叶和（或）颞叶萎缩。

（3）路易体痴呆（dementia with Lewy bodies，DLB）：三大核心症状，即波动性的认知障碍、反复生动的视幻觉、锥体外系症状。DLB 伴有短暂的意识障碍、反复跌倒以及晕厥可被误诊为 VaD，但影像学上无梗死灶，神经系统检查无定位体征。

（4）帕金森病痴呆（Parkinson disease dementia，PDD）：帕金森病痴呆早期出现锥体外系受累症状如静止性震颤、肌强直、运动迟缓等表现。认知功能的损害一般出现在晚期，而且以注意力、计算力、视空间、记忆力等受损为主。一般无卒中病史，无局灶性神经系统定位体征，影像学上无梗死、出血及白质病变等。

【治疗】

VCI 如能早期诊断，预后相对较好。治疗主要包括病因治疗、改善认知功能和对症治疗。

1. **病因治疗**　预防和治疗脑血管病及其危险因素是 VCI 治疗最根本的方法。包括抗血小板聚集、降脂、防治高血压、糖尿病等。

2. **认知症状的治疗**　胆碱酯酶抑制剂多奈哌齐和非竞争性 NMDA 受体拮抗剂美金刚对 VaD 患者的认知功能可能有改善作用，但这些药物对 VCIND 患者的疗效尚不清楚。维生素 E、维生素 C、银杏叶制剂、吡拉西坦、尼麦角林等可能有一定的辅助治疗作用。

3. **对症治疗**　出现的抑郁症状，可选用选择性 5-羟色胺再摄取抑制剂（SSRIs）；出现幻觉、妄想、激越和冲动攻击行为等，可短期使用非典型抗精神病药物如奥氮平、利培酮等。

【预后】

预后与引起血管损害的基础疾病和颅内血管病灶的部位有关。平均生存时间为 8～10 年，主要死亡原因为肺部感染和心脑血管疾病。

（贾建平）

思 考 题

1. 颈内动脉系统和椎-基底动脉系统 TIA 的主要临床表现有何不同？
2. 脑血栓形成急性期的治疗方法有哪些？静脉溶栓的适应证是什么？
3. 腔隙性脑梗死最常见的 5 种临床类型是什么？有哪些表现？
4. 脑出血的治疗原则是什么？
5. 蛛网膜下腔出血的并发症有哪些？如何预防？
6. 脑血管病有哪些可控危险因素？如何预防？
7. 简述血管性认知障碍的定义及病因分类。
8. 简述脑血管病分类。

参 考 文 献

[1] 罗祖明. 脑血管疾病治疗学. 北京：人民卫生出版社，1999.

[2] 饶明俐. 中国脑血管病防治指南. 北京：人民卫生出版社，2007.

[3] 王维治. 神经病学. 5 版. 北京：人民卫生出版社，2004.

[4] 吴江. 神经病学. 2 版. 北京：人民卫生出版社，2012.

［5］中华医学会神经病学分会痴呆与认知障碍学组写作组. 血管性认知障碍诊治指南. 中华神经科杂志,2011,44:142-147.

［6］中华医学会神经病学分会,中华医学会神经病学分会脑血管病学组. 中国脑血管病疾病分类2015. 中华神经科杂志,2017,50(3):168-171.

［7］Furie KL,Kasner SE,Adams RJ,et al. Guidelines for the prevention of stroke in patients with stroke or transient ischemic attack:a guideline for healthcare professionals from the American Heart Association/American Stroke Association. Stroke,2011,42:227-276.

［8］Adams HP,Zoppo GD,Alberts MJ,et al. Guidelines for the early management of adults with ischemic stroke:a guideline from the American Heart Association//American Stroke Association Stroke Council,Clinical Cardiology Council,Cardiovascular Radiology and Intervention Council,and the Atherosclerotic Peripheral Vascular Disease and Quality of Care Outcomes in Research Interdisciplinary Working Groups. The American Academy of Neurology affirms the value of this guideline as an educational tool for neurologists. Stroke,2007,38:1655-1711.

［9］Morgenstern LB,Hemphill JC,Anderson C,et al. Guidelines for the management of spontaneous intracerebral hemorrhage:a statement for healthcare professionals from the American Heart Association/American Stroke Association council on stroke. Stroke,2010,41:2108-2129.

［10］Goldstein LB,Bushnell CD,Adams RJ,et al. Guidelines for the primary prevention of stroke:A guideline for healthcare professionals from the American Heart Association/American Stroke Association. Stroke,2011,42:517-584.

［11］Han SW,Kim SH,Lee JY,et al. A new subtype classification of ischemic stroke based on treatment and etiologic mechanism. Eur Neurol,2007,57:96-102.

［12］Gao S,Wang YJ,Xu AD,et al. Chinese ischemic stroke subclassification. Front Neurol,2011,2:6.

第十章 脑血管病的介入诊疗

概　述

近年来,随着神经影像学(CT、MR、DSA 等)、导管技术、材料、计算机等科学的迅速发展,血管内介入技术已成为脑血管病的重要防治手段之一。其基本原理是在 X 线透视监视下,经人体血管的自然通道,在导引器械(如导管、导丝等)的帮助下,递送造影剂或特殊材料进入中枢神经系统血管病变区域内,以达到诊断和(或)治疗的效果。诊疗对象可以是颅内、头面颈部、椎管内的血管性病变,主要包括脑动脉瘤(cerebral aneurysm)、脑动静脉畸形(arteriovenous malformation,AVM)、硬脑膜动静脉瘘(dural arteriovenous fistula,DAVF)、动脉狭窄或闭塞性病变等。相关治疗技术包括:血管内病变栓塞术、血管成形术、支架置入术、机械取栓术等。因整个诊疗过程均在病变相关的血管腔内发生,故称为血管内介入诊疗。与传统外科诊疗方法相比,具有微创、高效等优点,是脑血管病防治的一个重要手段。

第一节 脑血管病的介入诊断

一、全脑血管造影术

数字减影血管造影(digital subtraction angiography,DSA),是一项通过计算机进行辅助成像的 X 线血管造影技术,20 世纪 70 年代以来逐渐应用于临床。在检查过程中,应用计算机对两帧不同时相的数字化图像进行减影处理,消除两帧图像中骨骼、软组织等相同成分,得到只有造影剂充盈的血管图像(图 10-1)。由于 DSA 能全面、精确、动态地显示脑血管的结构和相关病变,被认为是诊断脑血管病的"金标准"。

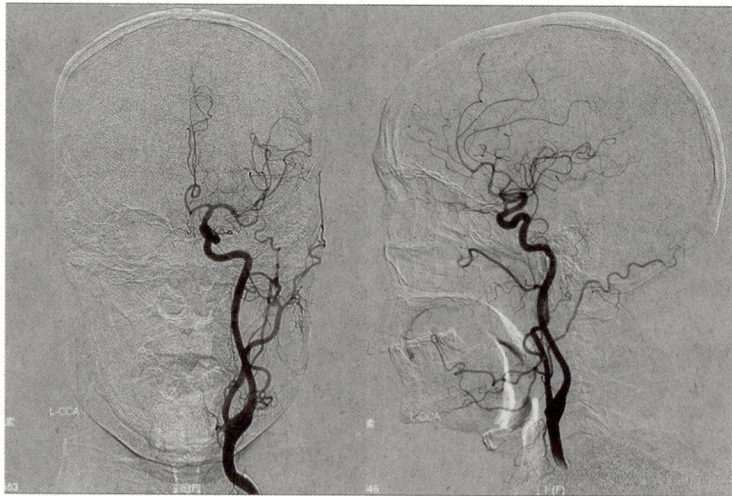

图 10-1　正常前循环血管造影（正、侧位）

DSA 作为一种有创性检查,存在一定操作风险及术后并发症可能,严重时可危及生命。随着医生操作技术的提高、器材和造影剂质量的改善,目前血管造影导致的并发症发生率约为 0.1% ~ 0.3%,

但仍未完全杜绝。因此,进行全脑血管造影需严格掌握其指征。

【适应证】

1. 脑血管疾病的诊断和疗效随访,如动脉瘤、动静脉畸形、硬脑膜动静脉瘘、烟雾病、大动脉狭窄或闭塞、静脉窦狭窄或阻塞等。

2. 了解肿瘤的血供情况,如脑膜瘤、血管母细胞瘤、颈静脉球瘤等。

3. 颈、面、眼部和颅骨、头皮及脊髓的血管性病变。

【禁忌证】

1. 对造影剂和麻醉剂严重过敏者。

2. 严重出血倾向或出血性疾病者。

3. 未能控制的严重高血压患者。

4. 严重肝、肾、心、肺功能障碍者。

5. 全身感染未控制或穿刺部位局部感染者。

6. 患者一般情况极差、生命体征不稳定、休克或濒死状态。

【操作方法及注意事项】

1. **操作方法** 一般采用局部麻醉的方式进行血管造影,大多选择经股动脉进行穿刺,置入动脉鞘☺,然后以不同的造影导管,根据患者的检查目的分别在不同的血管进行造影成像。对于部分患者,也可以选择桡动脉或直接经颈动脉进行穿刺造影。

2. **注意事项**

(1)造影术前及术后应严格进行体格检查和神经系统查体,及时发现造影可能带来的并发症。

(2)全脑血管造影时,为预防血栓形成或栓子脱落,常应用肝素,具体的剂量根据不同的疾病进行选择。

(3)全脑血管造影应包括主动脉弓造影,双侧颈动脉颅外段造影,双侧颈动脉颅内段造影,双侧锁骨下动脉造影,及双侧椎动脉颅内段造影。

(4)造影前后应密切注意患者的肝肾功能,观察患者的尿量,以防造影剂性肾脏损害的发生。

(5)全脑血管造影后,局部穿刺点予以压迫止血,该侧下肢制动,必要时可使用穿刺点的封堵或缝合止血器材。

二、前循环系统

前循环系统向脑前部供应血流,由颈总动脉、颈外动脉、颈内动脉、大脑前动脉、大脑中动脉及各级分支组成。供血范围约占脑的 3/5,包括眼部、大脑半球的额叶、颞叶、岛叶、顶叶皮质和白质以及基底神经节等。

1. **颈总动脉(common carotid artery,CCA)** 双侧起点不同,右侧于胸锁关节后方起自头臂干,左侧起自主动脉弓。右颈总动脉平均长度约 9.5cm,左颈总动脉平均长约 12.5cm,内径约 5 ~ 7mm,男女略有差别。约 50% 的人群其颈总动脉在 $C_{4~5}$ 水平分为颈内、颈外动脉,颈总动脉分叉处是动脉粥样硬化斑块形成的好发部位。

2. **颈外动脉(external carotid artery,ECA)** 一般自甲状软骨上缘(C_4)水平由颈总动脉发出,先行于颈内动脉的前内侧,而后经其前方转至外侧,上升并发出甲状腺上动脉、舌动脉、面动脉、咽升动脉、耳后动脉、枕动脉、颞浅动脉及上颌动脉。颈外动脉变异较常见,并且与颈内动脉之间存在广泛的潜在吻合。这些吻合在颈内动脉闭塞性病变时,可为颅内结构提供代偿性供血。

3. **颈内动脉(internal carotid artery,ICA)** 是颈总动脉两个终末分支中较大的一支,内径约 4 ~ 5mm,其起始部位于颈外动脉的后外侧,之后转向其后内侧,经颈动脉管入颅,穿过海绵窦,止于前床突上方,分出大脑前动脉和大脑中动脉。其他重要的分支还包括眼动脉、后交通动脉和脉络膜前动脉。

4. 大脑前动脉（anterior cerebral artery，ACA）   为颈内动脉的终末分支之一。在视神经上方向前内走行，进入大脑纵裂，与对侧同名动脉借前交通动脉（anterior communicating artery，AComA）相连，然后沿胼胝体沟向后行。主要为额顶叶内侧面、尾状核、基底节、胼胝体及额叶底面供血。

5. 大脑中动脉（middle cerebral artery，MCA）   可视为颈内动脉的直接延续，从大脑外侧裂深部发出，在脑岛的表面走向后外方，为整个大脑半球外侧面广泛区域包括颞叶、额叶的前外侧、岛叶、顶叶以及基底节区供血。

三、后循环系统

后循环系统又称椎-基底动脉系统，由椎动脉、基底动脉、大脑后动脉及其各级分支组成，供血范围约占脑部的 2/5，包括脑干、小脑、枕叶、颞叶后部和丘脑等（图 10-2）。

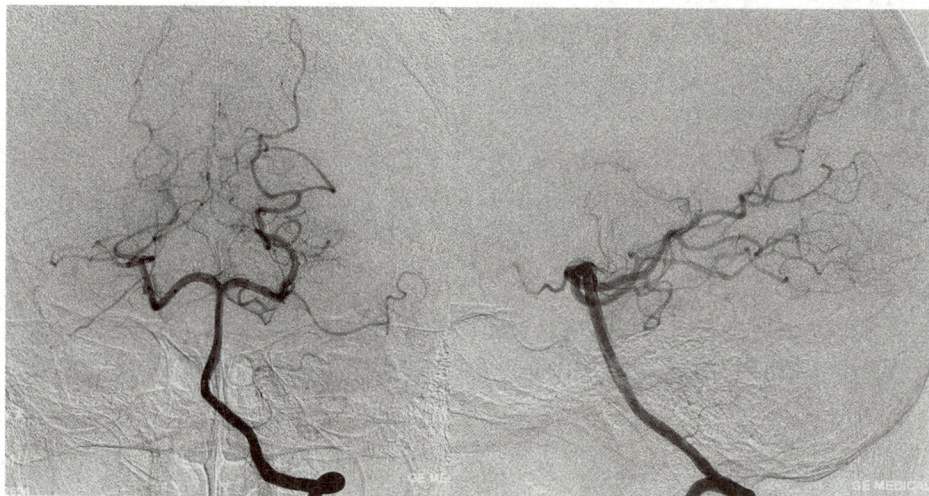

图 10-2   正常后循环血管造影（正、侧位）

1. 椎动脉（vertebral artery，VA）   左右各一条，是锁骨下动脉的第一个大的分支。一般于第 6 颈椎进入横突孔，上行于 $C_6 \sim C_2$ 的横突孔内，出第 2 颈椎横突孔后向外侧行走，穿寰椎横突孔，向后内行于寰椎后弓上的水平沟内，穿过枕部硬膜，经枕骨大孔入颅，斜行于脑桥下缘，双侧椎动脉合并成一条基底动脉。分支包括脑膜后动脉、脊髓前动脉、脊髓后动脉、小脑后下动脉。椎动脉直径为 $2 \sim 5mm$，约 90% 的双侧椎动脉管径不对称，或仅有单侧发育。

2. 基底动脉（basilar artery，BA）   由双侧椎动脉于脑桥下缘汇合而成，沿脑桥基底沟上行至脑桥上缘，分为左右大脑后动脉两个终支。主要分支有脑桥穿支、小脑前下动脉、小脑上动脉、大脑后动脉。基底动脉平均直径约 4mm。

四、侧支循环

脑侧支循环是指当大脑的供血动脉严重狭窄或闭塞时，血流通过其他血管（侧支或新形成的血管吻合）到达缺血区，从而使缺血组织得到不同程度的灌注代偿。正确认识和评估侧支代偿有助于临床决策及预后判断。

按照不同血流代偿途径，脑侧支循环可分为三级：一级侧支循环指通过 Willis 环的血流代偿；二级侧支循环指通过眼动脉、软脑膜吻合支及其他相对较小的侧支与侧支吻合支之间实现的血流代偿；三级侧支循环属于新生血管即毛细血管，部分病例在缺血一段时间后才可形成。其中，Willis 环是脑血管主要的侧支循环途径。

Willis 环又称脑底动脉环，位于大脑底部下方，蝶鞍上方，由前交通动脉和双侧大脑前动脉起始段、颈内动脉末端、后交通动脉及大脑后动脉近段组成,可使两侧半球和前、后循环联系起来。当构成 Willis 环的近心端主干血管闭塞或两侧灌注压不等时,Willis 环可在一定程度上使脑血流重新分布,以维持脑的血液供应。据统计,国人中约有 48% 存在 Willis 环发育不全或异常。

五、颅内外静脉系统

1. **颅外静脉系统**　主要包括头皮静脉、导静脉、板障静脉、眼眶静脉、面静脉、颈内静脉、颈外静脉及椎静脉等。

2. **颅内静脉系统**　颅内静脉系统包括静脉窦和脑静脉,其中脑静脉包括大脑静脉及小脑静脉(图 10-3)。

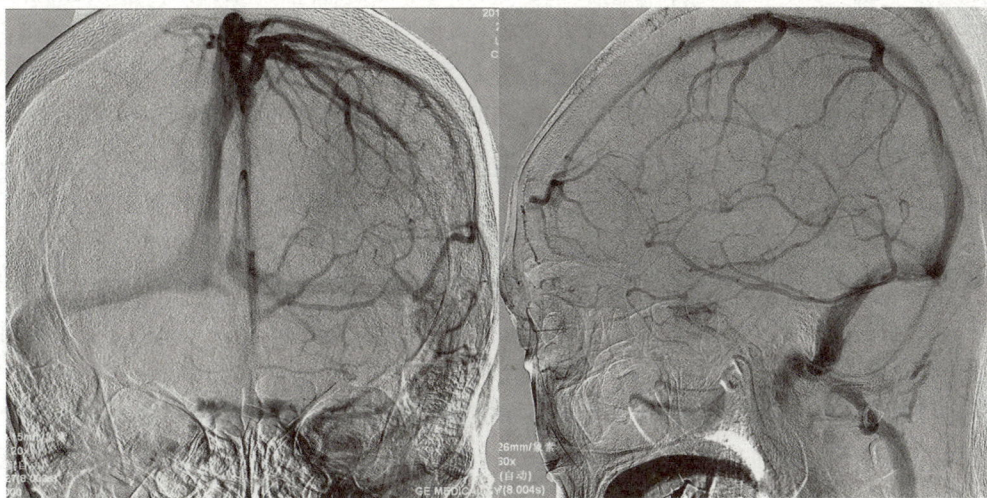

图 10-3　正常颅内静脉系统血管造影(正、侧位)

(1)静脉窦:位于硬脑膜的骨膜层(外层)及脑膜层(内层)之间。窦壁由坚实的纤维性硬膜构成,没有瓣膜,壁内不含肌组织。其管道多为复杂的小梁状结构,内含许多交叉的带状、索状及桥状结构。

静脉窦收集浅部及深部大脑静脉、脑膜及颅骨的血液,并通过导静脉网状结构与颅外静脉系统相通。主要的静脉窦有上矢状窦、下矢状窦、直窦、横窦、乙状窦、海绵窦、岩上窦及岩下窦。

(2)大脑的静脉:不与动脉伴行,分为浅、深两组。浅静脉收集皮质及皮质下白质的静脉血,并直接注入邻近的静脉窦。深静脉收集大脑深部白质、基底节、间脑、脑室脉络丛等处的静脉血,最后汇成一条大脑大静脉(又称 Galen 静脉),向后注入直窦。在脑表面或白质内,浅、深两组间存在广泛吻合。

(3)小脑的静脉:位于小脑表面的软膜内,分为上、下两组。小脑上静脉由小脑上面的小静脉汇合而成,其中部分向前、向内注入直窦和大脑内静脉,部分向外注入横窦和岩下窦。小脑下静脉较粗大,注入乙状窦和枕窦。

(焦力群)

第二节　脑血管病介入治疗术前评估及围手术期用药

介入诊疗已经成为脑血管病不可或缺的检查和治疗手段,但其犹如一把双刃剑,如果术前评估不全面、围手术期治疗不规范,可能将给患者带来灾难性的伤害。

一、术前评估

术前评估是保证脑血管介入手术安全的前提,通过对患者基础状况、脑功能储备的评估,可以筛查出真正需要手术、能够耐受手术的患者;通过病变局部情况及手术入路的评估,可以准备手术器材、合理设计手术方案。

1. **基础状况**　患者基础状况在很大程度决定了患者是否能够耐受手术及手术的必要性。①一般状况:年龄过大、恶性肿瘤晚期或其他恶病质、期望寿命小于 2 年,责任血管已导致严重的改良 Rankin 量表评分(modified Rankin scale,mRS)变化(mRS≥3)、或影像显示责任血管供血区大面积脑梗死,手术风险较大,患者获益小。血糖控制不佳的糖尿病、未控制的甲状腺功能亢进症及体内有明显活动性炎症者,均暂时不宜手术。②心肺功能:心功能Ⅲ级以上、明显肺功能异常者全麻耐受差,手术风险大;基础心率≤50 次/分,阿托品试验阳性或动态心电图监测有长间歇者,需在临时心脏起搏器保护下手术。合并严重冠状动脉狭窄者,应避免术中、术后长时间低血压,以防低血流灌注诱发急性冠脉综合征。③肾功能:可根据患者的基础肾功能采取相应的防治措施:对单纯血肌酐升高者,术前、术中、术后应充分静脉补液加强水化;减少肾毒性药物,如利尿剂、甘露醇及多巴胺的应用;选择合适的造影剂,如低渗或等渗含碘造影剂;尽量限制造影剂用量;术后监测肾功能。对正在服用二甲双胍者,若肾小球滤过率估计值(estimated glomerular filtration rate,eGFR)≥60ml/(min·1.73m^2),术前不需停用二甲双胍,用造影剂后停用 2～3 天,根据复查肾功能恢复用药;若 eGFR 为 30～59ml/(min·1.73m^2)者,术前需停服二甲双胍48 小时,术后48 小时根据重新评估的肾功能决定是否恢复应用;当 eGFR<30ml/(min·1.73m^2),避免使用二甲双胍及碘造影剂。有研究认为,维生素 C、维生素 E、N-乙酰半胱氨酸及他汀类药物有利于预防造影剂肾病发生。④出血风险评估:需要考虑患者术后能否耐受双联抗血小板药物治疗,患者是否存在未控制的消化性溃疡,或不明原因的大便隐血,或未控制的其他出血性疾病等。对长期口服华法林者,通常在术前 5 天左右停用华法林,并使 INR 降至1.5 以下;若患者存在较高血栓风险,可采用低分子肝素或普通肝素过渡。

2. **病变血管的评估**　通过多种影像学检查,对病变的性质、长短、形态、与周围血管间的关系、手术入路等进行评估,有助于手术器材的准备及手术方案的设计。

(1)评估方法

1)超声检查:简便、经济。颈动脉彩色超声可提供颈部各大动脉的走形、直径、血管内膜、有无斑块、斑块的形态、回声、有无引起血管狭窄、狭窄的程度、有无反常血流等。低回声提示软斑,斑块的稳定性较差;强回声提示硬斑,其稳定性较好,若斑块内发生出血,可见极低回声区,高度提示斑块不稳定。经颅多普勒(TCD)可提供颅内动脉的血流速度、血流频谱、侧支代偿,并可监测有无微栓子脱落。超声检查的缺点是结果受操作者技术水平影响较大,客观性较差,只能作为筛查手段。近年来开展的颈动脉斑块超声造影,通过注射造影剂观察斑块周围造影剂分布,判断斑块的稳定性,血流丰富者多提示斑块稳定性差。

2)磁共振血管成像(MRA):是临床应用广泛的血管评估方法,用 3.0T 的 MRI 仪器,检查颅内血管时无需注射对比剂,无创、简便、经济。可显示主动脉弓以上颅内外大动脉及 Willis 环的形态、分支、有无狭窄等。缺点是当血流缓慢或血流复杂时会造成信号缺失,夸大狭窄程度,对弓上大血管分叉病变(如椎动脉开口)及颈内动脉虹吸段病变误差较大;对钙化斑块的显示也存在较大局限性;对体内有金属异物者相对禁忌(心脏起搏器患者绝对禁忌)。

3)CT 血管成像(CTA):需注射对比剂,且有一定辐射。主要优点是可显示因血流动力学原因在 MRA 甚至 DSA 上不能显影的极重度狭窄血管;并能清楚显示颅内动脉狭窄或闭塞后的侧支代偿情况。尤其 CTA 原始图或动态 CTA 显示更清晰。

4)数字减影血管造影(DSA):除了提供血管的形态学信息、侧支代偿情况外,还可提供整个手术入路的信息。被认为是检查血管的"金指标"。主要缺点是有创伤、费用高,对管壁结构的判断不如高分辨 MRI,且有 0.3%～0.5% 的卒中或死亡风险。

5)高分辨磁共振(HRMRI):可提供动脉粥样硬化斑块形态、斑块内成分(如脂质化程度、有无出血等)、有无炎症及炎症程度等信息,并与其他非动脉粥样硬化性血管病鉴别。

6）其他：光学相干断层扫描（optical coherence tomography，OCT）、血管内超声（intravenous ultrasound，IVUS）等近年来也逐渐用于临床。

（2）狭窄程度的测量：由于各种无创检查的缺陷，支架术前血管狭窄率的计算必须以 DSA 为标准，并以狭窄表现最严重的角度投照、测量；狭窄程度是对病变血管实施手术及材料选择的重要依据。

1）颅内血管病变：参照华法林-阿司匹林治疗症状性颅内动脉狭窄（warfarin-aspirin symptomatic intracranial disease，WASID）计算法（图 10-4）：狭窄率（%）=（1-狭窄最重处血管直径/狭窄近端正常血管直径）×100%

2）颅外血管病变：参照北美症状性颈动脉内膜切除试验（North American symptomatic carotid endarterectomy trial，NASCET）协作研究组的标准（图 10-5）：狭窄率（%）=（1-狭窄最重处血管直径/狭窄远端正常血管直径）×100%

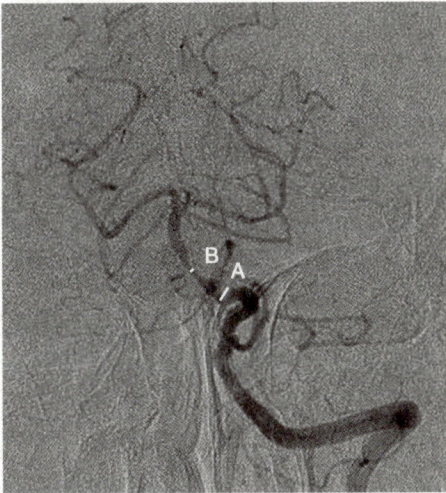

图 10-4　颅内动脉狭窄率的测量
狭窄率（%）=（1-B/A）×100%

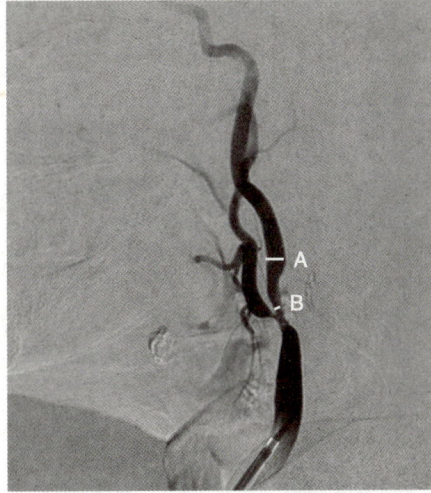

图 10-5　颅外动脉狭窄率的测量
狭窄率（%）=（1-B/A）×100%

（3）病变的性质、形态及与周围血管的关系：各种血管炎的活动期、先天性血管发育不良及烟雾病都是介入治疗的禁忌，术前应该根据病史及辅助检查对病变性质进行评估。另外，病变的形态与手术的成功率、近远期并发症密切相关。颅外动脉狭窄可参考血管超声、斑块超声造影、CTA 及 DSA 对病变评估：斑块内出血或钙化严重、溃疡性斑块、斑块周边血供丰富均增加手术风险。颅内动脉狭窄可参考 DSA 及 HRMRI 对病变评估：病变动脉直径<2mm，血管狭窄≥20mm，狭窄处明显成角或富含穿支，手术成功率低，并发症和再狭窄的风险高。也可根据 DSA 的 Mori 分型预测手术的成功及风险。该分型依据狭窄血管的结构和颅内血管成形的经验，结合狭窄血管长度和几何形态，将狭窄的颅内动脉分为三型：A 型指狭窄长度<5mm，狭窄同心和中等程度的偏心；B 型指狭窄长度<10mm，狭窄极度偏心，中等成角；C 型指狭窄长度>10mm，极度成角（>90°）。其中 A 型病变手术成功率高，C 型病变手术难度及风险增加。另外，如果实施动脉瘤填塞手术，应该依据瘤体的形状、瘤颈与瘤体的比值、动脉瘤与载瘤动脉及其周围结构的关系，选择合适的治疗手段及方案。

（4）手术路径的评估：手术路径是指动脉穿刺点至预计导丝头端着陆点间的行程。是决定手术器材（导丝、导管、支架、球囊、弹簧圈等）能否安全到位，减少主干血管的移位及分支血管的牵拉、撕裂的重要依据。

路径全程的血管走形及形态：从穿刺血管至导丝头端着陆点的全程明显迂曲，尤其局部迂曲角度为锐角者，均可造成导管、导丝、支架到位困难，可给予导丝近端支撑或同轴中间导管套管技术作为解决方案。还应关注病变血管段是否有成角、病变远端血管能否满足保护装置或微导丝头端着陆。对颅内血管病变实施手术时，在减少对远端血管牵拉的前提下，应尽量将微导丝置于相对较直、内径较粗、分支较少的血管。

3. 脑血管储备力的评估   脑血管储备力是在生理或病理状况下,脑血管反应性(cerebrovascular reactivity,CVR)、侧支循环、脑代谢储备协同作用维持脑血流正常稳定的能力。当脑动脉狭窄引起脑血流下降时,脑血管可通过扩张及侧支循环开放这两种代偿机制保证脑血流量(CBF)稳定,脑组织同时通过增加对氧的摄取维持氧代谢,表现为氧摄取分数增加。因此,临床可以见到,脑动脉狭窄程度相似的不同患者,由于脑血管储备力的差异,临床预后明显不同。

(1)侧支循环代偿的评估:脑侧支循环是指当脑供血动脉狭窄或闭塞导致血流量降低时,血流通过其他血管(固有侧支或新形成的血管吻合)到达缺血区,使缺血组织得到不同程度的灌注代偿。侧支循环的好坏可决定急性缺血性卒中最终梗死的体积和缺血半暗带的大小;良好的侧支代偿,可减少梗死体积,改善预后,并可预防脑梗死复发。准确而完整的侧支评估有助于制定脑梗死治疗方案并预测预后。颅内的侧支循环一般分为三级:一级侧支循环为通过 Willis 环的血流代偿,主要指前、后交通动脉,是侧支代偿最重要的途径。二级侧支循环为通过眼动脉、软脑膜吻合支及其他相对较小的侧支与侧支吻合实现的血流代偿;三级侧支循环则属于新生血管,多在缺血后一段时间才形成。由于血管发育的个体化差异,包括脑底 Wills 环的固有侧支发育并不一定健全,因此,当颈部或颅内动脉狭窄或闭塞时,可造成临床病情轻重差异较大。侧支代偿良好时,急性缺血性卒中患者动脉溶栓或取栓治疗的时间窗可适当延长;且出血转化的风险降低。侧支代偿良好的颅内外动脉狭窄,狭窄解除后发生过度灌注的风险也较低。

1)直接评估方法:可采用 TCD、MRA、CTA 及 DSA 直接观察侧支代偿情况,其中 DSA 被认为是"金标准",可清晰显示各级侧支循环的解剖结构,但因其系有创检查,且费用高,临床使用率低。研究发现,CTA 原始图对侧支代偿的评估,与 DSA 有较高的一致性。在不适合或无条件进行 DSA 检查时,可用 CTA 评估软脑膜侧支,用 MRA 评估 Willis 环。常用的侧支直接评估方法见表 10-1 及表 10-2。

表 10-1   基于颅内 CTA 原始图的侧支分级(Tan 评分系统)

侧支代偿级别	脑 CTA 原始图表现
0 分	闭塞血管流域缺乏侧支代偿
1 分	闭塞血管流域侧支分布达 0 ~ ≤50%
2 分	闭塞血管流域侧支分布达 50% ~ <100%
3 分	闭塞血管流域侧支分布达 100%

表 10-2   基于 DSA 的脑动脉侧支循环分级(ASITN/SIR 法)

侧支代偿级别	DSA 表现
0 级	没有侧支血流到缺血区域
1 级	有缓慢侧支血流到缺血周边区域,但部分区域持续无血流
2 级	快速的侧支血流到缺血周边区域,伴持续的灌注缺陷,仅有部分到缺血区域
3 级	静脉晚期可见缓慢但完全的侧支血流到缺血区域
4 级	通过侧支逆向灌注血流迅速且完全地灌注整个缺血区域

注:0~1 级为侧支循环较差,2 级为侧支循环中等,3~4 级为侧支循环较好

2)间接评估方法:采用阿尔伯塔脑卒中计划早期诊断评分(Alberta stroke program early CT score,ASPECT)标准,选择包括基底节区及侧脑室体结构的两个脑 CT 横轴位断面,分别给尾状核、豆状核、内囊、岛叶及 $M_1 \sim M_6$ 供血区域赋予分值,每个区域赋 1 分,如该区域出现病灶,则减 1 分。ASPECT 评分≥6 分,提示侧支循环良好。该方法简便易行,已被广泛用于临床。也可采用 CT 灌注、MRI 灌注等方法评估。

(2)CVR 及脑代谢储备的评估:目前临床应用较少。CVR 的评估主要基于 CO_2 的扩血管作用,通过吸入 CO_2 或口服乙酰唑胺引起脑组织内 CO_2 浓度增大,观察缺血区域脑血管的反应状况。若用药

前后缺血区 CBF 均低,提示侧支循环不足;若用药前缺血区 CBF 下降,用药后改善,提示侧支循环代偿不足,但血管反应性良好。也可采用 PET、氙 CT 等方法评价脑代谢功能。

二、围手术期用药

1. **抗血小板治疗**　是预防围手术期脑缺血事件的重要举措,但抗血小板药物的安全性、剂量和药物联用时间尚不统一。目前临床研究所采取的方案均为:择期手术至少术前 3~5 天联合应用阿司匹林 100~300mg 和氯吡格雷 75mg;如患者需行急诊介入,则应口服负荷剂量抗血小板药物(阿司匹林 300mg 和氯吡格雷 300mg)。术后应继续口服阿司匹林 300mg 联合氯吡格雷 75mg 至少 3 个月,然后改为阿司匹林或氯吡格雷单药治疗终生。

2. **抗凝治疗**　缺血性脑血管病的造影手术多推荐一次性静脉推注肝素 2000U,是否需要全程肝素盐水导管滴注尚无共识。支架、球囊扩张及动脉瘤填塞等治疗手术全程应全身肝素化,肝素初始剂量为肝素 70U/kg 体重,以后手术时间每延长 1 小时追加初始剂量肝素的 1/2。急诊取栓一般不推荐肝素化。静脉窦血栓介入术后需抗凝。

3. **控制血压**　术前、术中均应控制血压接近正常。为防止过度灌注综合征的发生,对重度狭窄或闭塞病变的患者,术后血压应低于术前基础血压 20~30mmHg(但须大于 90/60mmHg);对双侧颈动脉重度狭窄,而此次手术仅解除了单侧血管狭窄者,血压不能太低;对长期血压偏高合并重度血管狭窄者,也要兼顾患者对降压的耐受性。术后控制血压可选用乌拉地尔等,避免选用尼莫地平等扩张脑血管的药物。

4. **他汀类治疗**　对动脉粥样硬化血管狭窄,常规术前及术后终生应用他汀类药物,大多选择高强度他汀类药物,如阿托伐他汀钙或瑞舒伐他汀钙,并根据治疗后 LDL 达标情况调整用药(一般推荐 LDL 为 1.8mmol/L)。

5. **其他**　术前常规应用苯巴比妥钠注射液 0.1~0.2g 肌注镇静。术中血管痉挛时,可用维拉帕米(5mg 稀释到 20ml 生理盐水中,1~2ml/min,每根血管 5mg)或罂粟碱(稀释为 1mg/ml,每次 1~5ml,总量 <90mg)导管内推注,注意罂粟碱作用时间短,可导致低血压、颅内高压、癫痫甚至血管痉挛加重。

(张桂莲)

第三节　脑血管疾病介入诊疗设备及器材

一、血管造影机

血管造影机是进行血管内介入操作的基础设备,目前使用的是数字减影血管造影(DSA)系统(图 10-6)。DSA 系统主要由五部分组成:

1. **X 线发生和显像系统**　包括 X 线机、光学系统、电视摄像机和监视器、影像增强器等。

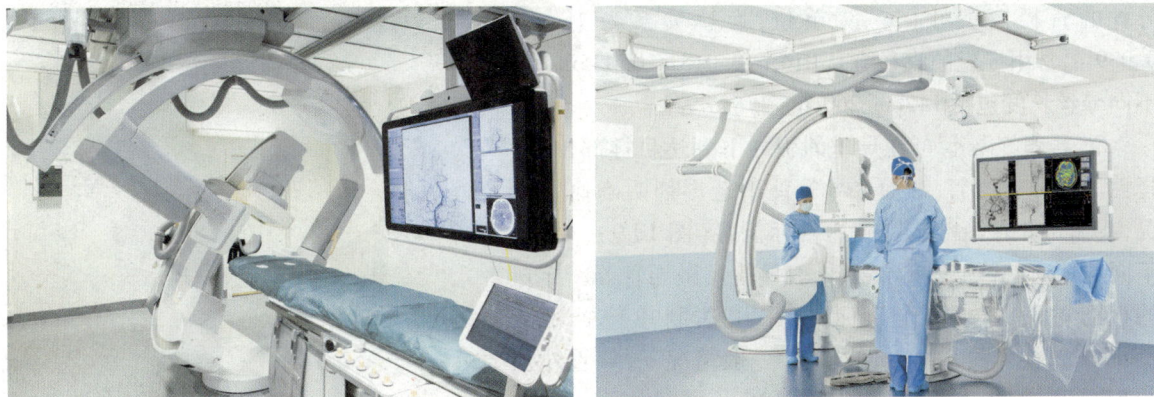

图 10-6　DSA 系统

2. **机械系统**　包括 C 型臂和血管造影床,理想的机械系统应易于操控,投照方便。

3. **高压注射器**　即造影剂注射器,它的作用是保证在特定时间内将造影剂集中注入血管内,高浓度地充盈目标血管,从而获取高对比度的影像。

4. **影像数据采集和存储系统**　DSA 成像要求 25 帧/秒以上的实时减影,因此必须通过专用的硬件来实现。

5. **计算机系统**　主要用于系统控制和图像后处理,包括流程控制系统和图像后处理、储存、传输系统等。

二、介入器材

1. **血管鞘**　包含一个单向阀和注射端的导管,是介入诊疗中器材导入撤出、抽取血样、压力监测和药物注射等操作的路径(图 10-7)。通过血管鞘可以快速交换介入器材,而不造成血管穿刺点的损伤。

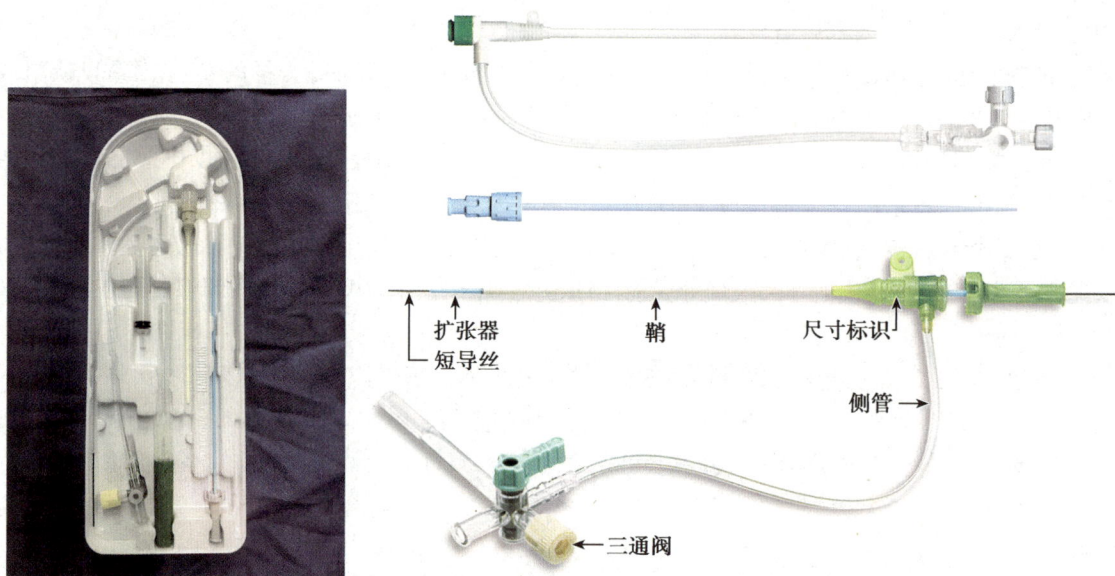

扩张器　短导丝　鞘　尺寸标识　侧管　三通阀

图 10-7　血管鞘

2. **导丝**　作为将其他介入器材输送至目标血管的载体,通常由一根坚硬的轴心金属丝外面紧密缠绕弹簧圈组成(图 10-8)。导丝表面覆有一层光滑的亲水涂层,以减少导丝与导管的摩擦力,增加导丝通过病变的能力。导丝的直径以英寸(in)为单位,换算关系为 1mm = 0.039in,常用导丝的直径有 0.014in、0.018in、0.035in 等,不同导丝长度包括 145cm、260cm、300cm 等。

3. **导管**　导管可在导丝的引导下到达目标部位,选择性进入分支血管,继而经导管注射造影剂明确血管情况,或输送介入治疗装置到达目标位置(图 10-9)。根据不同功能,又分为诊断导管、导引导管及微导管等。导管的直径一般以外径作为标准,采用法制单位标准 F(French),换算关系为 1mm = 3F。一般情况下,导管外径在 5F~9F 之间,长度范围在 65~125cm 之间。

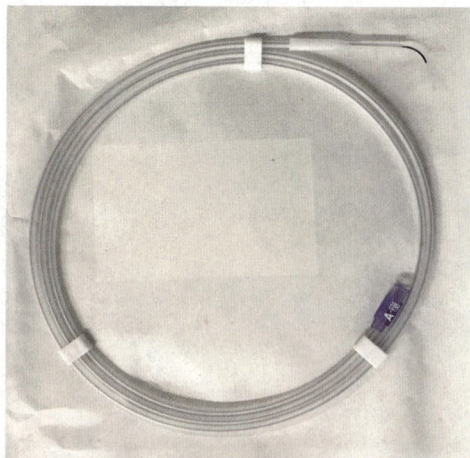

图 10-8　导丝

4. **附件**　包括三通阀、Y 型阀、灌注线输液管、穿刺针、扩张器、加压输液袋等。

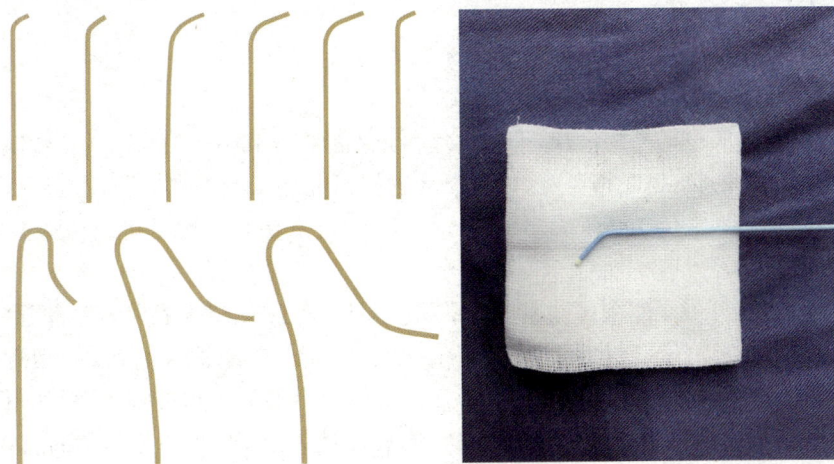

图 10-9　导管

第四节　缺血性脑血管病的介入治疗

缺血性脑血管病(ischemic cerebrovascular disease,ICVD)主要是指由于颅内外动脉狭窄或闭塞导致的脑血管病,占所有脑血管病的80%以上。缺血性脑血管病的治疗,关键在于早期诊断、早期干预。近年来,随着神经血管影像诊断技术和介入治疗技术的发展,通过介入手段恢复脑组织血运已成为预防和治疗缺血性脑血管病的重要方法之一。

一、大动脉狭窄的介入治疗

(一) 颈动脉狭窄与介入治疗

颈动脉狭窄

颈动脉狭窄是指由于动脉粥样硬化、动脉夹层、肌纤维发育不良、炎症、放疗、肿瘤等原因导致的颈动脉管腔变细变窄,其中以动脉粥样硬化最为常见。

【流行病学特点】

动脉粥样硬化性颈动脉狭窄好发于中老年人,男性多于女性。据报道,国人缺血性脑血管病患者中存在颈动脉狭窄≥50%的约占26%。患者可合并肥胖、高血压、糖尿病、高脂血症、高同型半胱氨酸血症、冠心病、长期吸烟和(或)饮酒史等动脉硬化的危险因素。

【好发部位及狭窄程度判定】

病变部位多位于颈总动脉分叉和颈内动脉起始段。目前有多种狭窄程度计算方法,临床应用最为广泛的是北美症状性颈动脉内膜切除试验(NASCET)所采取的方法。计算公式为:狭窄程度(%)=(1-最窄处管径/狭窄病变远端正常颈内动脉管径)×100%(图10-10)。依照颈动脉狭窄程度分为4级:<50%为轻度狭窄,50%~69%为中度狭窄,70%~99%为重度狭窄,99%~100%为极重度狭窄或次全闭塞。

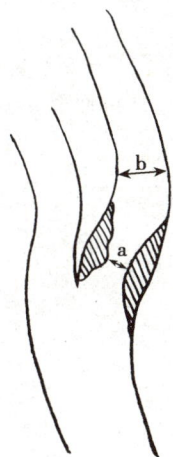

图 10-10　NASCET
颈动脉狭窄程度计算
方式
狭窄程度(%)=(1-a/b)×100%

【临床表现】

根据临床表现可分为症状性和非症状性两大类。症状性患者可表现为颈内动脉供血区的TIA或脑梗死,包括同侧一过性黑矇或视力丧失、失语、对侧面部、肢体感觉和(或)运动功能障碍等。非症状性患者可以完全无症状,也可以表现为头痛、头昏、头晕、记忆力减退等不典型症状。

【影像学检查】

主要的检查方法包括颈动脉超声、MRA、CTA、DSA 等。

【治疗】

目前常用的治疗方法包括药物治疗、手术治疗和介入治疗。其中药物治疗包括危险因素干预、抗血小板聚集药物如阿司匹林、氯吡格雷等,他汀类药物据研究也具有一定的稳定斑块作用;手术治疗主要是指颈动脉内膜切除术(carotid endarterectomy,CEA);介入治疗主要是指颈动脉支架置入术(carotid artery stenting,CAS)。

20 世纪 90 年代初,开展了多项国际多中心随机对照研究,证实 CEA 在降低颈动脉中重度狭窄患者卒中风险方面优于药物治疗,自此 CEA 被认为是治疗颈动脉狭窄的"金标准"。但近年来,随着介入技术和材料科学的迅猛发展,CAS 逐渐成为治疗颈动脉狭窄的另一重要替代手段。目前大量研究表明,在长期卒中预防方面,CAS 和 CEA 无显著差别,CAS 更适用于外科手术高危的患者。

颈动脉内膜切除术(CEA)

【适应证】

1. **绝对指征**　有症状性颈动脉狭窄,且无创检查颈动脉狭窄度≥70% 或血管造影发现狭窄超过 50%。

2. **相对指征**　①无症状性颈动脉狭窄,且无创检查狭窄度≥70% 或血管造影发现狭窄≥60%;②无症状性颈动脉狭窄,且无创检查狭窄度<70%,但血管造影或其他检查提示狭窄病变处于不稳定状态;③有症状性颈动脉狭窄,无创检查颈动脉狭窄度处于 50%～69%。

【禁忌证】

1. 12 个月内颅内自发出血。

2. 30 天内曾发生大面积脑卒中或心肌梗死。

3. 3 个月内有进展性脑卒中。

4. 伴有较大的颅内动脉瘤,不能提前处理或同时处理者。

5. 慢性完全闭塞无明显脑缺血症状者。

6. 凝血功能障碍,对肝素以及抗血小板类药物有禁忌证者。

7. 无法耐受麻醉者。

8. 重要脏器如心、肺、肝和肾等严重功能不全者等。

颈动脉支架置入术(CAS)(图 10-11、图 10-12)

【适应证】

1. **症状性患者**　6 个月内有过病变血管责任供血区非致残性缺血性卒中或 TIA,血管造影证实

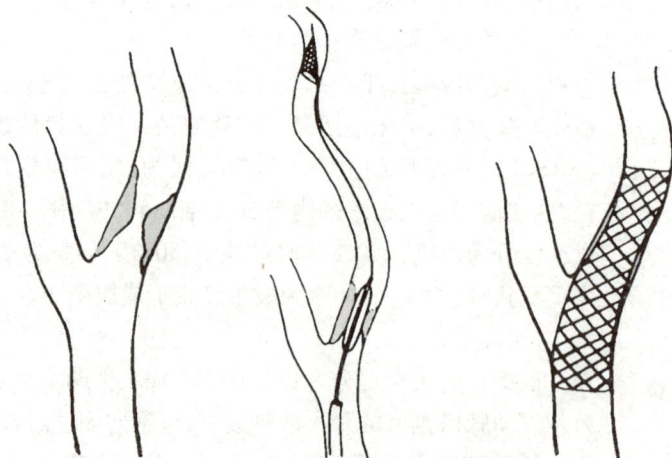

图 10-11　颈动脉支架置入术流程图

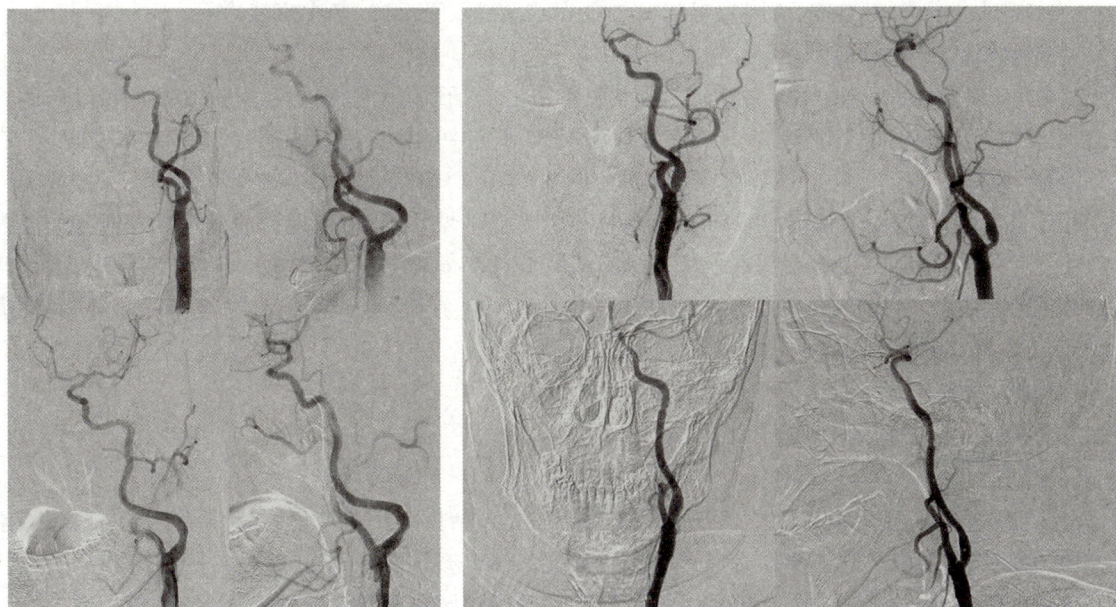

图 10-12　颈动脉支架置入术

病变颈动脉狭窄超过 50%；或无创性血管成像证实病变颈动脉狭窄超过 70%。

2. **无症状性患者**　虽然没有神经系统定位症状,血管造影证实病变颈内动脉狭窄超过 60%；或无创性血管成像证实病变颈动脉狭窄超过 70%。

【禁忌证】

1. 3 个月内颅内出血。

2. 3 周内曾发生心肌梗死或大面积脑梗死。

3. 伴有颅内动脉瘤或血管畸形等病变,不能提前处理或同时处理者。

4. 胃肠道疾病伴有活动性出血者。

5. 难以控制的高血压。

6. 对肝素以及抗血小板类药物有禁忌证者。

7. 对造影剂过敏者。

8. 重要脏器如心、肺、肝和肾等严重功能不全者。

9. 动脉走行迂曲,导管、球囊、支架等器械到位困难者。

10. 预期生存期不足 2 年者。

需要指出的是随着器械材料和技术的进步,CAS 的适应证逐步扩大,许多既往的绝对禁忌证已经变为相对禁忌证。

【并发症】

常见的并发症包括:脑栓塞、脑出血、过度灌注综合征、术中心率血压下降、心肌梗死、动脉夹层、血管痉挛、支架后再狭窄等。

（二）颅内动脉狭窄与介入治疗

颅内动脉狭窄

颅内动脉狭窄(intracranial artery stenosis,ICAS)是指由于动脉粥样硬化、Moyamoya 病、中枢神经系统血管炎、动脉夹层等原因导致的颅内动脉管腔变细变窄,其中以动脉粥样硬化最为常见。

【流行病学特点】

动脉粥样硬化性 ICAS 存在明显的人种差异,黄种人和黑人较白人更容易发生颅内动脉粥样硬化。在我国,33%～50% 的脑卒中和 50% 以上的 TIA 患者存在 ICAS。其他可能的危险因素包括:年龄、高血压、糖尿病、血脂异常、高同型半胱氨酸血症、冠心病、吸烟史、卒中家族史等。

【好发部位及狭窄程度判定】

病变部位多发生于中等管径的颅内动脉及其主要分支,包括颈内动脉颅内段、大脑中动脉、椎动脉颅内段、基底动脉等。颅内动脉狭窄程度计算多采取 WASID 研究中的方法进行评定(详见本章第二节)。

【临床表现】

部分患者可无症状。症状性 ICAS 依据责任血管供血区域不同,可表现为前循环 TIA 或脑梗死症状,如同侧一过性黑矇或视力丧失、失语、对侧面部、肢体感觉和(或)运动功能障碍等;以及后循环 TIA 或脑梗死症状,如眩晕、晕厥、复视、双眼黑矇、视力下降、视野缺损、后组脑神经功能障碍、共济失调、肢体麻木和(或)无力等。

【影像学检查】

主要的检查方法包括 TCD、MRA、CTA、DSA 等。

【治疗】

包括规范药物治疗和介入治疗。规范药物治疗主要包括抗血小板聚集、强化降脂、控制危险因素等;介入治疗包括颅内动脉狭窄球囊成形术或支架置入术。现有的临床证据表明药物治疗的安全性优于支架治疗,因此欧美和国内指南并不推荐症状性颅内动脉狭窄患者首选介入治疗,而是作为优化内科药物治疗失败患者的备选。

颅内动脉支架置入术(图 10-13)

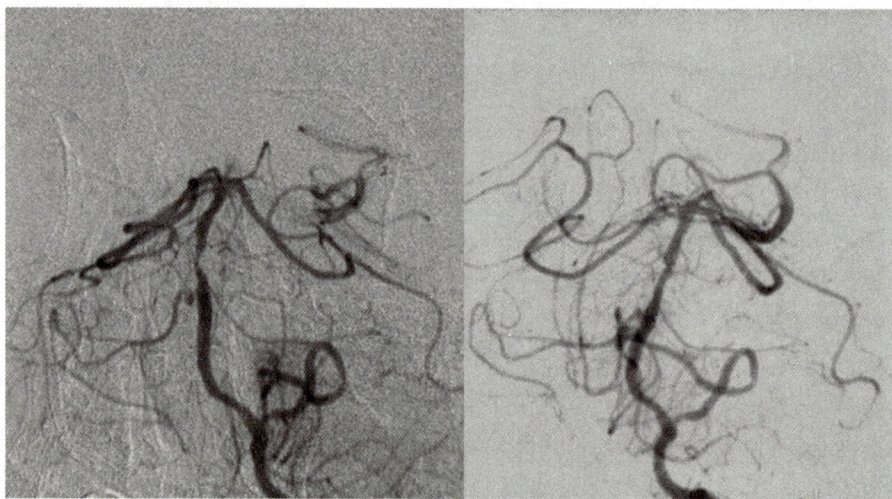

图 10-13　颅内动脉支架置入术

【适应证】

国际上对于颅内动脉支架置入术的适应证存在一定的争议,一般认为,症状性颅内动脉粥样硬化性重度狭窄(70% ~99%),规范药物治疗无效的患者可以实施。

对于支架置入困难或风险高的患者,可行颅内动脉球囊成形术。

【禁忌证】

基本同颈动脉支架置入术。

【并发症】

常见并发症包括:蛛网膜下腔出血、脑内血肿、脑栓塞、穿支动脉闭塞、动脉夹层、支架内血栓形成、血管痉挛、支架后再狭窄等。

(三)其他脑供血动脉狭窄与介入治疗

颅外段椎动脉狭窄

颅外段椎动脉狭窄发病原因与颅外段颈动脉狭窄类似,均以动脉粥样硬化性狭窄多见,但有其解剖及病理学特点:①椎动脉走行常扭曲且直径相对较小,两侧椎动脉发育多不对称;②与颈动脉斑块相比,椎动脉起始段处多为质地较硬、光滑的斑块,发生溃疡及斑块内出血概率较低。

【流行病学特点】

占颅外脑供血动脉狭窄的 25% ~ 40% ,仅次于颈内动脉颅外段。有国外研究表明,20% 的后循环缺血患者合并有椎动脉起始段狭窄,颅外段椎动脉狭窄导致的 TIA 患者,其 5 年内后循环卒中发生率可达 30% 。其危险因素与颈动脉粥样硬化性狭窄病变基本一致。

【好发部位及狭窄程度判定】

好发于椎动脉起始段。狭窄程度计算多采取椎动脉支架试验(vertebral artery stenting trial , VAST)中的方法,狭窄程度(%) = (1 - 椎动脉最窄处管径 / 狭窄病变远端正常椎动脉管径) × 100% 。狭窄程度分级与颈动脉狭窄相同(图 10-14)。

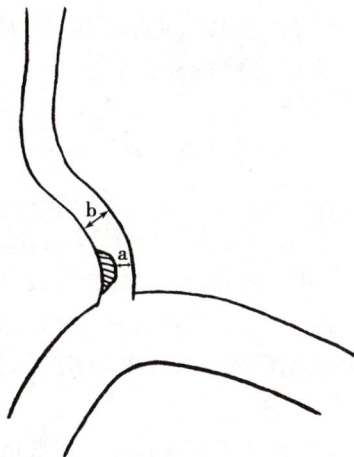

图 10-14 VAST 椎动脉起始段狭窄程度计算方式

狭窄程度(%) = (1 - a / b) × 100%

【临床表现】

可表现为后循环 TIA 或脑梗死,如眩晕、呕吐、晕厥、复视、双眼黑矇、视力下降、视野缺损、饮水呛咳、构音障碍、共济失调、肢体麻木和(或)无力等。也可完全无症状。

【诊断方法】

主要的检查方法包括颈部血管超声、CTA、DSA 等。

【治疗】

包括药物治疗、手术治疗和介入治疗。首选药物治疗,包括抗血小板聚集、调脂、控制危险因素等;手术治疗包括椎动脉内膜切除术等;介入治疗因操作简单,安全性高,目前已成为症状性颅外段椎动脉狭窄的重要治疗手段。椎动脉起始段含有大量弹性纤维和平滑肌,球囊血管成形术后容易因弹性回缩而导致再狭窄,故多采用支架置入术。

颅外段椎动脉支架置入术(图 10-15)

【适应证】

药物治疗无效的症状性颅外段椎动脉重度狭窄(70% ~ 99%)。

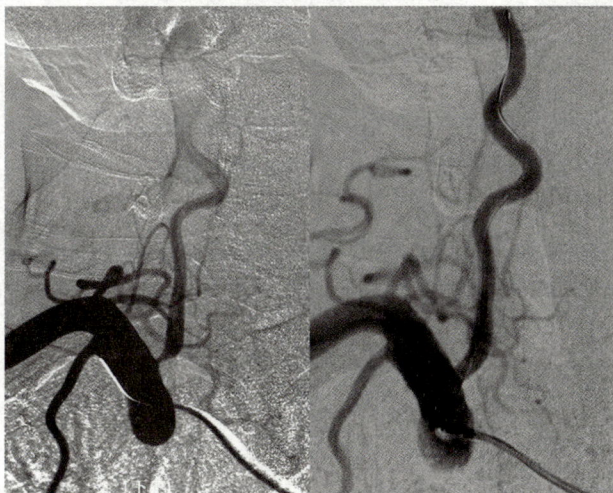

图 10-15 颅外段椎动脉支架置入术

【禁忌证】

同颈动脉支架置入术。

【并发症】

与颈动脉支架相比,颅外段椎动脉支架置入术并发症相对少见,但因为局部解剖差异及受血管搏动影响,支架术后再狭窄及支架断裂发生率更高。

锁骨下动脉狭窄

锁骨下动脉狭窄是指由动脉粥样硬化、大动脉炎、肌纤维发育不良等原因导致的锁骨下动脉管腔变细变窄,同样以动脉粥样硬化性狭窄最为常见。

【流行病学特点】

颅外动脉粥样硬化性病变导致的缺血

性脑血管病患者中,约 11.6% 存在锁骨下动脉狭窄,左侧较右侧多见。与其他动脉粥样硬化性血管疾病相比,此病患者相对年轻,男性略多于女性。

【临床表现】

多无症状,少数严重病变可引起血流动力学异常,导致锁骨下动脉盗血综合征(subclavian steal syndrome,SSS)(图 10-16)。可表现为:①后循环缺血:眩晕、晕厥、复视、共济失调、构音障碍、吞咽困难、肢体感觉或运动异常等;②上肢缺血:上肢活动后无力而休息后好转、感觉异常、桡动脉搏动减弱或消失、患侧血压较健侧低 20mmHg 以上等。

【诊断】

主要的检查方法包括双上肢血压差测量、颈部血管超声、CTA、DSA 等。

图 10-16 锁骨下动脉盗血示意图

【治疗】

包括药物治疗、手术治疗和介入治疗。药物治疗包括抗血小板聚集、调脂、控制危险因素等;手术治疗包括动脉旁路移植术等;介入治疗主要指锁骨下动脉支架置入术,因其技术简单、安全性高而逐渐成为锁骨下动脉狭窄的主要治疗手段。

锁骨下动脉支架置入术(图 10-17)

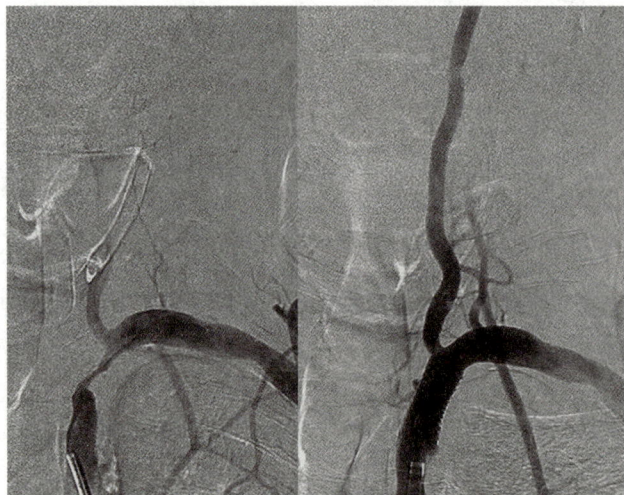

图 10-17 锁骨下动脉支架置入术

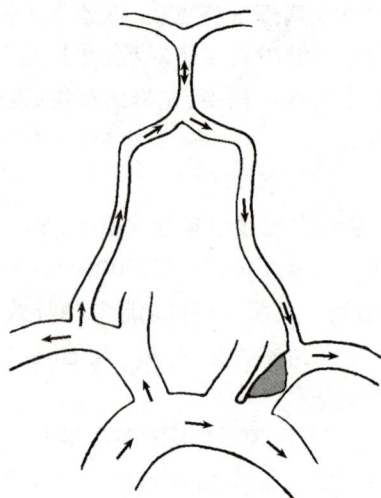

【适应证】

药物治疗无效的症状性锁骨下动脉重度狭窄(70%～99%)。

【禁忌证】

同颈动脉支架置入术。

【并发症】

锁骨下动脉支架置入术并发症相对少见,但需警惕术后椎动脉闭塞、支架术后再狭窄、支架断裂等。

二、急性脑梗死的介入治疗

急性脑梗死是临床常见的脑血管急危重症之一,一旦发生,必须尽快合理的干预,才能最大限度地降低其危害。急性脑梗死发病 4.5 小时内,除一般内科治疗外,应在排除禁忌证的情况下,尽快通过静脉途径给予重组组织型纤溶酶原激活剂(recombinant tissue plasminogen activator,rt-PA)溶栓治疗。但该治疗有严格的时间窗限制,并且对颈内动脉末段、大脑中动脉、基底动脉等大血管闭塞再通率较低。近年来,在静脉溶栓基础上,动脉溶栓和一些新型血管内治疗器械(如血栓抽吸系统、可回收取栓支架等)相继应用于临床,显著提高了闭塞血管再通率。常用的介入治疗方法主要包括动脉溶栓、机械取栓等。

(一)动脉溶栓

是指在 DSA 的监视下,通过血管内介入技术,将溶栓药物经微导管直接注入责任血管闭塞处,以达到血管再通的目的。与静脉溶栓相比,这种方法能提高血栓部位的溶栓药物浓度,增大溶栓药物与血栓的接触面,并且能实时控制给药并评价循环情况,从而在减少溶栓药物用量的同时提高血管再通率。

（二）机械取栓

是指在 DSA 的监视下，通过血管内介入技术，使用特殊装置如可回收支架或血栓抽吸系统去除血栓，以达到血管再通的目的 😊。近年来，已有数项大型随机对照研究证实，对于急性大动脉闭塞的患者，应用可回收支架进行机械取栓具有很好的效果，目前已成为部分急性脑梗死首选的介入治疗手段（图 10-18）。

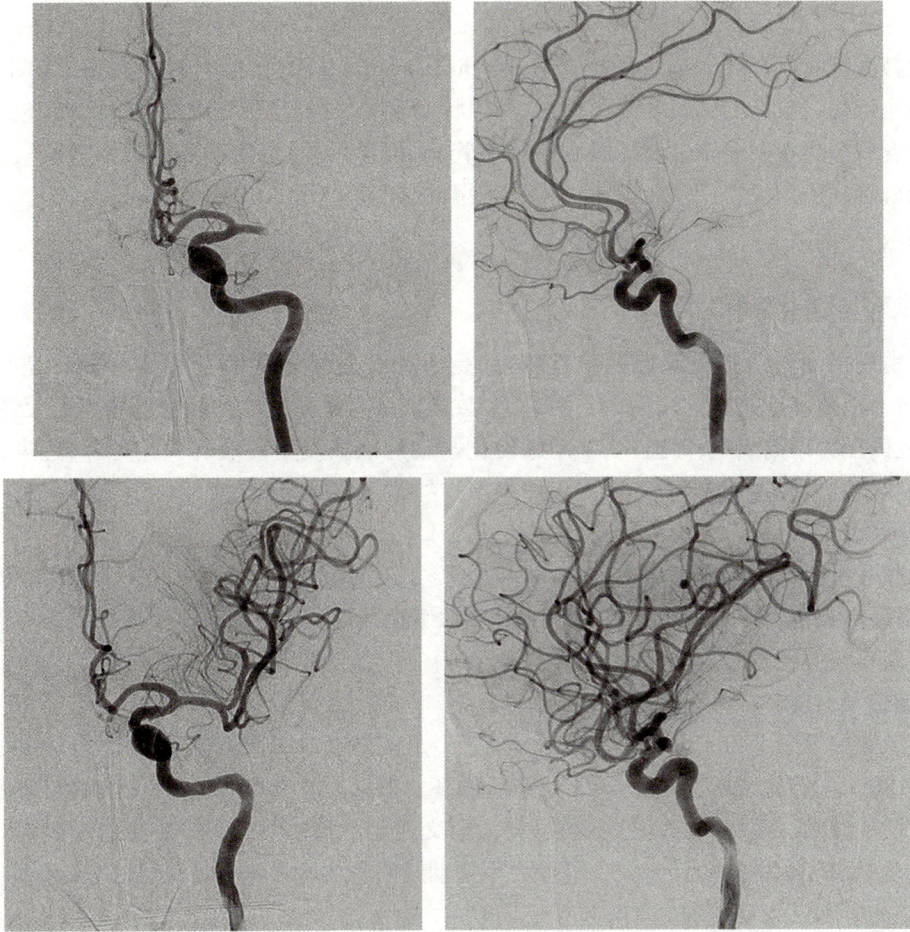

图 10-18　机械取栓

【适应证】

急性缺血性脑卒中，无创影像学检查证实为大动脉闭塞，静脉溶栓效果不佳的患者；目前认为，前循环大动脉闭塞发病时间在 6 小时以内，后循环大动脉闭塞发病时间在 24 小时内可采用机械取栓，但随着该领域的快速发展，在精准影像指导下，时间窗正逐步延长。

【禁忌证】

1. 活动性出血或已知有出血倾向者。
2. CT 或 MRI 显示大面积脑梗死（梗死体积超过 1/3 大脑中动脉供血区）。
3. 血小板计数低于 $100×10^9/L$。
4. 严重心、肝、肾功能不全或严重糖尿病患者。
5. 近 2 周内进行过大型外科手术。
6. 近 3 周内有胃肠或泌尿系统出血。
7. 血糖<2.7mmol 或>22.2mmol/L。
8. 药物无法控制的严重高血压。

9. 预期生存期<90 天。

10. 妊娠。

【并发症】

常见并发症包括:脑出血、脑栓塞、缺血再灌注损伤、过度灌注综合征、动脉夹层、再通后二次闭塞等。

第五节　出血性脑血管病的介入治疗

出血性脑血管病(hemorrhagic cerebrovascular disease,HCVD)是指能引起蛛网膜下腔出血或脑实质出血的脑血管病,包括动脉瘤、动静脉畸形、海绵状血管瘤、颈内动脉海绵窦瘘、硬脑膜动静脉瘘等。出血性脑血管病虽然在发病率上低于缺血性脑血管病,但预后差,致残率和死亡率较高。近年来,针对出血性脑血管病的介入治疗发展迅速,随着各种新材料、新技术的出现,治疗范围不断扩大,疗效也在逐渐提高。

一、脑动脉瘤的介入治疗

脑动脉瘤是指颅内动脉管壁上的异常膨出,是引起自发性蛛网膜下腔出血的首位病因(约占75% ~80%)。造成脑动脉瘤的病因尚不明确,多数学者认为是在颅内动脉管壁局部先天性缺陷的基础上,合并腔内压力增高引起,高血压、脑动脉硬化与动脉瘤的发生发展有关。另外,感染、外伤等也可以导致动脉瘤的发生。

【流行病学】

颅内动脉瘤世界范围内的患病率约为0.2% ~9%,多为单发,约20% ~30%为多发,可发生于任何年龄,发病高峰在40 ~60 岁,女性稍多。颅内动脉瘤在我国具有患病率高、破裂风险不明、破裂后致死率和致残率高等特点。

【好发部位及分类】

颅内动脉瘤好发于 Willis 环及其主要分支血管,尤其是动脉分叉处或血流动力学改变的部位。其中,80% ~90%位于前循环,10% ~20%位于后循环。根据动脉瘤形态,可以分为囊性动脉瘤、梭形动脉瘤和夹层动脉瘤。根据载瘤动脉不同可分为前交通动脉瘤、颈内动脉-后交通动脉瘤、大脑中动脉瘤和基底动脉瘤等。根据动脉瘤大小可分为小型动脉瘤(<5mm)、中型动脉瘤(5 ~10mm)、大型动脉瘤(11 ~25mm)和巨大动脉瘤(>25mm)。

【临床表现】

未破裂动脉瘤可无症状,较大的动脉瘤可压迫邻近的脑组织或脑神经出现相应的局灶症状,如癫痫、偏瘫、失语、动眼神经麻痹、视力视野障碍等。动脉瘤破裂前可有先兆症状,如头枕背部疼痛、眩晕、眼外肌麻痹、运动感觉障碍等。动脉瘤一旦破裂,可引起蛛网膜下腔出血,表现为突发持续性剧烈头痛、恶心、呕吐、畏光、意识障碍、脑膜刺激征、偏瘫等,严重者可导致死亡。

【影像学检查】

主要的检查方法包括 CT、MRI、CTA、MRA、DSA 等。

【治疗】

主要包括显微手术夹闭和介入治疗。应根据不同病情选择个体化的治疗方案。

介入治疗包括多种方法,其中,颅内动脉瘤弹簧圈栓塞术是目前首选的介入治疗方式(图 10-19、图 10-20)。在 DSA 的监视下,经微导管向动脉瘤腔内送入弹簧圈后解脱留置,通过弹簧圈的机械闭塞及继发的腔内血栓形成,将动脉瘤隔绝于载瘤动脉的血液循环之外,从而达到

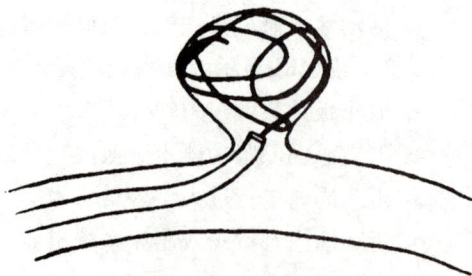

图 10-19　颅内动脉瘤弹簧圈栓塞术示意图

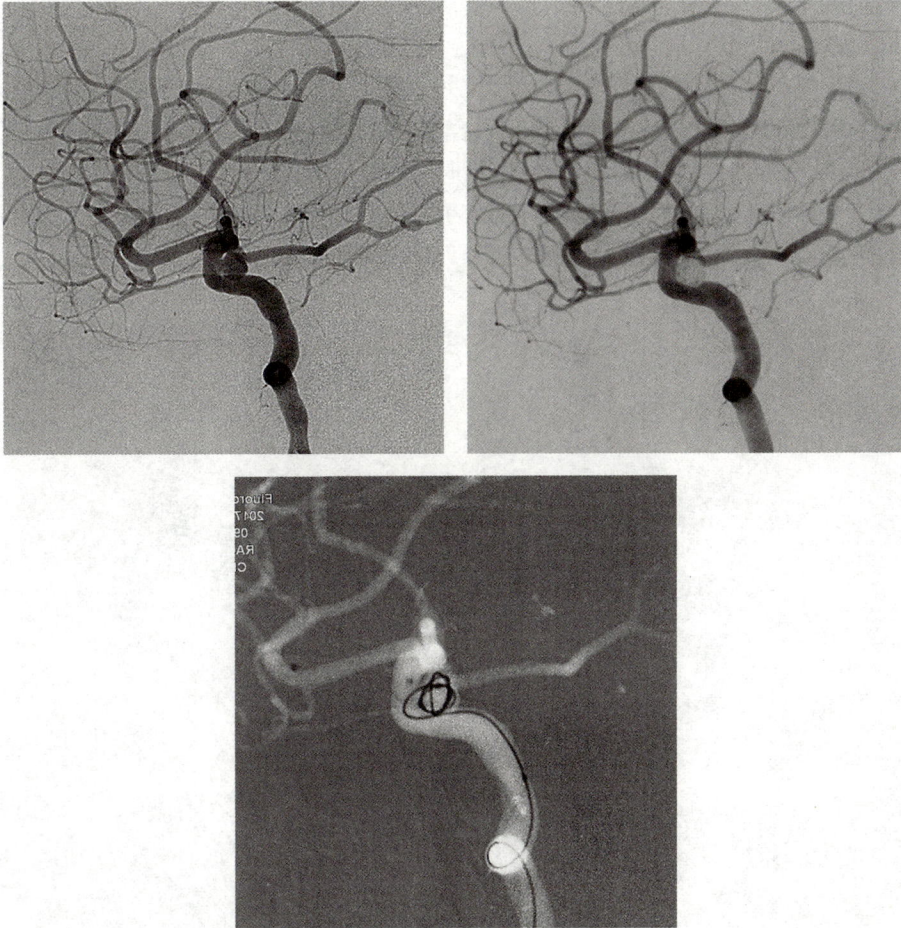

图 10-20　颅内动脉瘤弹簧圈栓塞术

防止动脉瘤破裂的目的。

在单纯弹簧圈栓塞技术的基础上,根据动脉瘤大小、部位、瘤颈宽度等不同又发展出球囊辅助栓塞、支架辅助栓塞、弹簧圈联合液体栓塞剂栓塞等技术。近年来应用血流导向装置(如密网支架等)治疗颅内大型宽颈动脉瘤取得了满意的效果,但长期疗效仍需进一步观察。

【并发症】

颅内动脉瘤介入栓塞术常见并发症包括动脉瘤破裂出血、载瘤动脉闭塞、血管痉挛、弹簧圈移位、动脉瘤复发等。

二、脑血管畸形的介入治疗

脑血管畸形是指脑血管的先天性非肿瘤性发育异常,包括动静脉畸形、海绵状血管瘤、毛细血管扩张症和静脉畸形,以动静脉畸形最为常见。

脑动静脉畸形(arteriovenous malformation,AVM)在病变部位脑动脉和脑静脉之间缺乏毛细血管,致使动脉与静脉直接相通,形成动静脉之间的短路,导致一系列脑血流动力学的紊乱。目前病因尚不明确,可能与胚胎期血管生成的调控机制障碍有关。

【流行病学特点】

AVM 是脑血管畸形中最常见的类型,在成人中总体发生率约为 18/10 万,多见于 40 岁以下人群,男性发病率高于女性,可发生于脑的任何部位,绝大多数位于小脑幕上。

【临床表现】

常见的临床表现包括颅内出血、癫痫、头痛、局灶性神经功能障碍等。

【影像学检查】

包括 CT、MRI、CTA、MRA、DSA 等。

【治疗】

包括显微手术切除、介入治疗、放射治疗及联合治疗等。治疗方式的选择应结合病变大小、部位及结构综合考虑,单一治疗方法无法达到理想效果时,常联合应用两种或三种治疗手段。目前介入栓塞治疗可分为手术前栓塞术、放射性治疗前栓塞术、根治性栓塞术和姑息性栓塞术,常用的液体栓塞材料包括 ONYX 胶(图 10-21)和 NBCA 胶等。

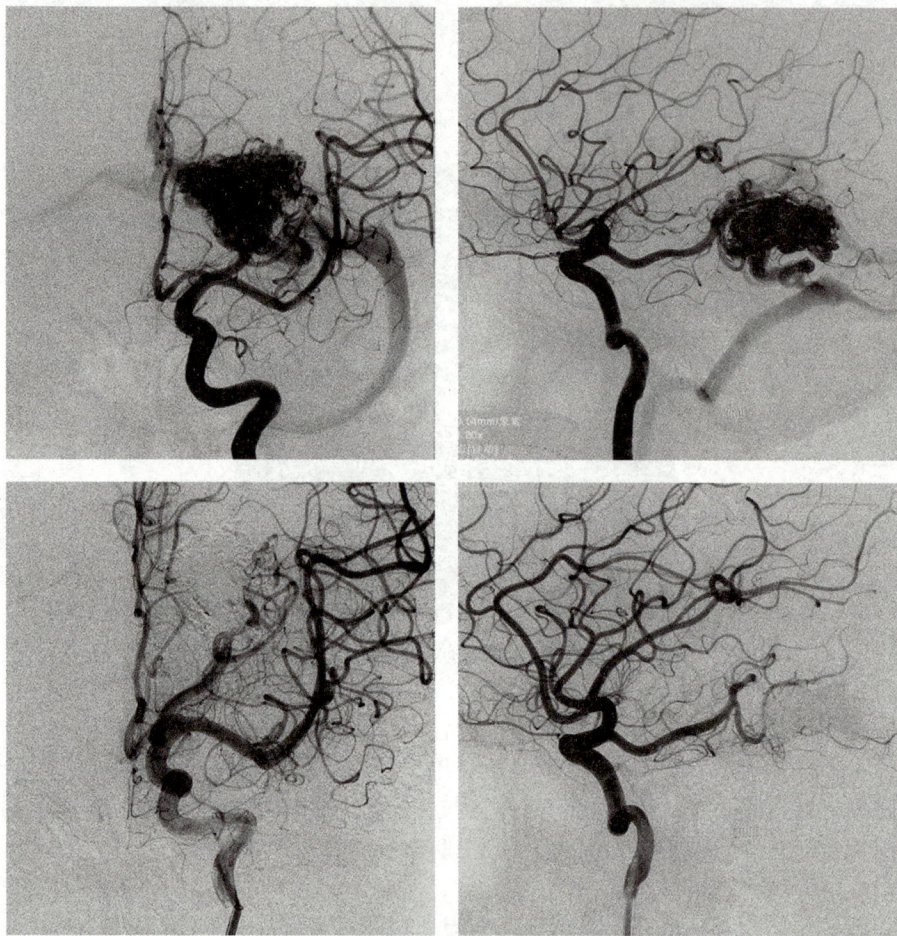

图 10-21   脑 AVM 栓塞术

【并发症】

AVM 介入栓塞并发症包括脑出血、误栓正常脑供血动脉、栓塞材料易位等。

(焦力群)

第六节   静脉性脑血管病的介入治疗

静脉性脑血管病最常见的是颅内静脉系统血栓形成(cerebral venous sinus thrombosis, CVST),病变部位可原发于脑内浅静脉、深静脉或静脉窦。除了针对各种不同的病因治疗外,各国指南目前推荐首选肝素及华法林全身抗凝治疗,而且大部分患者可获得病情缓解,但抗凝治疗仅可阻止血栓的发展及改善侧支循环,对已形成的血栓,单纯抗凝无效,静脉窦血栓的病死率仍高达 5% ~15%。然而,目前尚无循证医学证据支持全身静脉溶栓治疗 CVST。根据一些非随机对照临床研究发现,介入治疗对部分经内科规范化药物治疗不缓解的严重静脉窦血栓患者具有治疗价值,其中主要包括经导管动脉溶栓术、接触性静脉溶栓术、经导管机械碎栓或取栓术、球囊扩张及支架置入术等。对于复杂的重症患者,或许要采用多模式治疗。

一、静脉窦血栓的介入治疗

1. **溶栓治疗术**　包括经导管接触性静脉溶栓术和经导管动脉溶栓术。

(1) 经导管接触性静脉溶栓术:是指通过导管介入技术,将微导管经颈静脉送入到颅内静脉窦血栓内,经微导管团注单剂量溶栓药,使纤溶酶原转化为纤溶酶,溶解血栓中的纤维蛋白,达到溶栓目的。对血栓形成时间较长、一次性溶栓效果不佳者,可将微导管置于静脉窦血栓远端,术后持续微量泵泵入溶栓药物数小时至数天。接触性静脉溶栓的优点是可增加血栓局部药物浓度,提高溶栓效果;同时,减少了溶栓药物用量,降低了全身系统性出血的风险。由于 CVST 发病率低,起病隐袭,进展缓慢,症状持续时间不等,目前尚无溶栓与安慰剂或抗凝治疗 RCT 研究证实其安全性及有效性。

1) 适应证:经足量抗凝治疗无效,且无颅内严重出血、病程<1 周的不伴静脉窦狭窄的重症患者,可在严密监护下慎重实施静脉窦局部溶栓。

2) 用法用量:溶栓的最佳药物种类、剂量和给药方式仍在探索中。部分临床观察发现,尿激酶或重组组织型纤溶酶原激活物(rt-PA)可能均有效;与尿激酶相比,rt-PA 可能具有一定优势,如生物半衰期短(7～8 分钟),抗原性小;但有文献报道,rt-PA 增加脑出血风险。尿激酶的用法:每天 50 万～150 万 U,分 2～4 次,静脉窦脉冲式喷射,可 3～7 天;rt-PA 的用法:总剂量 23～300mg,单次注射后持续输注;具体用药疗程依患者症状及影像学检查证实静脉窦基本通畅来确定。

(2) 经导管动脉溶栓术:是指采用导管介入技术,沿颈动脉顺行将导管送入颅内动脉,后经导管注射溶栓药的溶栓方式。适于脑部深静脉、脑皮质静脉血栓及静脉窦溶栓不能接触到的颅内静脉窦血栓患者。由于动脉溶栓药物需要经过正常的血液循环通路,经过动脉系统、毛细血管系统到达静脉端的血栓位置,才能发挥溶栓效果,因此,在静脉窦完全闭塞,静脉窦内无有效的循环通路时,溶栓药不能到达静脉系统,经动脉给药,不能产生有效的溶栓作用。因此,对颅内静脉血栓实施动脉溶栓,是建立在静脉部分开通的基础上,是对静脉途径溶栓的有效补充。

2. **经导管机械碎栓或取栓术**　经导管机械碎栓或取栓术是指通过神经介入技术,采用微导丝、微导管、微球囊、可回收支架等辅助材料对静脉窦血栓进行血管内碎解或取出体外,以实现血管再通的方法。对于病程较短的患者,也可以同时配合溶栓技术。对抗凝治疗开始后症状持续加重或经溶栓治疗出现新发症状性出血或入院时有意识障碍或严重颅内出血的急性及亚急性 CVST 患者,在有神经介入条件的医院,可作为一种选择性的治疗。但其安全性及有效性尚需大样本进一步研究证实。

3. **球囊扩张及支架置入术**　对慢性静脉窦血栓、经过正规药物治疗>6 个月,而症状无改善,影像学检查发现有静脉窦局部狭窄的患者,在有条件的医院可进行逆行静脉造影,测量狭窄两端的压力,当狭窄远近端压力差>10～12mmHg 时,可考虑实施狭窄部位静脉窦内球囊扩张及支架成形术。但目前研究多为回顾性病例观察,其长期疗效和安全性仍需进一步评估。

二、静脉窦狭窄的介入治疗

近年来的研究发现,静脉窦狭窄造成颅内高压是特发性颅内高压综合征(idiopathic intracranial hypertension,IIH)的重要原因之一;随着 MRV 及静脉窦内逆行造影及测压技术的发展,静脉窦狭窄的诊断及其在 IIH 的作用备受关注,研究发现,大于 90% 的 IIH 患者合并静脉窦狭窄,静脉窦狭窄可以改变部分 IIH 患者脑静脉系统的血流动力学状况,加重脑循环障碍。但是,术前需要综合影像检查,尤其 DSA 循环周期延长可与先天性静脉窦发育异常鉴别。

静脉窦球囊扩张及支架置入术☺除了手术入路选择颈静脉入路,其他手术的操作要点与动脉内球囊扩张及支架置入相似,这里不再赘述。关键点是术前必须确认局限性静脉窦狭窄在颅内压增高中的关键作用,也就是静脉窦狭窄两侧存在明显的压力差。目前,多数学者认为,对症状持续加重的 IIH 应尽早行 DSA 检查及窦内压力测定,测压可采用微导管末端接脑压管或压力传感器的方法,当压力差>12mmHg 时,应实施支架置入术(图 10-22、图 10-23)。但是,与动脉血管结构明显不同,颅内静脉窦存在小梁等特殊结构,支架成形术是否破坏小梁结构影响静脉窦功能,有待进一步观察。

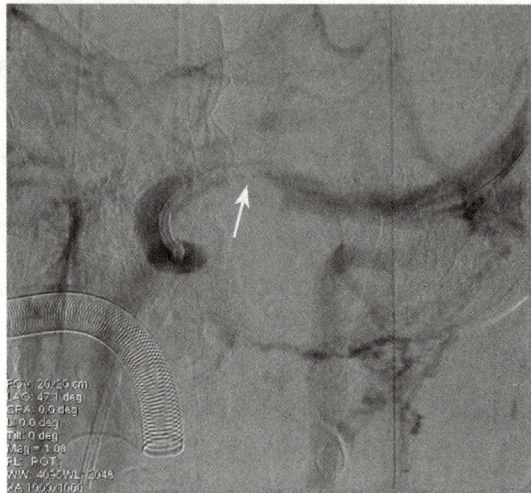

图 10-22   乙状窦狭窄支架术前
箭头示狭窄处

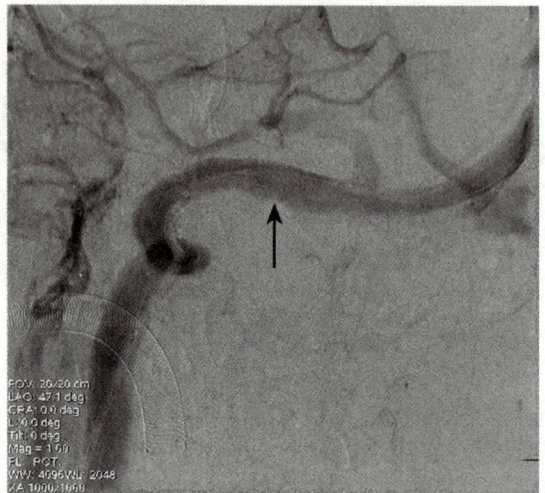

图 10-23   乙状窦狭窄支架术后
箭头示狭窄消失

总之,由于静脉性脑血管病少见,静脉窦结构特殊,目前静脉窦的介入治疗证据尚不充分,其有效性及安全性需进一步研究证实。

第七节   脑血管病介入诊疗并发症及其处理

脑血管病介入诊疗手术并发症包括围手术期并发症及远期并发症,前者是指术后 30 天内发生的神经功能缺失症状和其他血管病(如冠心病),后者是指手术 30 天后和手术有直接联系、导致神经功能缺失症状的并发症,主要为手术血管的再狭窄。本节主要阐述围手术期的并发症。

一、围手术期并发症及其防治措施

(一)造影剂相关并发症

造影剂也叫对比剂,是脑血管介入手术必备药物,可提供必要的影像学信息,偶发下列不良反应。

1. **造影剂过敏**   包括速发过敏反应及迟发过敏反应。

(1)速发过敏反应:是指应用造影剂后 1 小时内发生的不良反应。

1)发病机制:主要为 IgE 介导的过敏反应。老年人、既往过敏性疾病史、血液病、代谢病、脱水、服用 β 受体阻滞剂或 ACEI 类药物均是其危险因素。

2)临床表现:可表现为脸红、瘙痒、皮疹,严重者支气管痉挛、抽搐、意识丧失、心律失常、休克甚至危及生命。

3)预防和治疗:对高危患者,可预防性用抗组胺类药物、皮质类固醇激素;但也有人认为,更换造影剂可能更好。值得注意的是,过敏性休克可发生于既往对造影剂未过敏者;术中一旦出现其他原因不可解释的休克,要警惕过敏性休克;一旦确诊,应尽快首选肾上腺素 0.3~0.5mg/次,股外侧肌注射,必要时重复或静脉注射。

(2)迟发过敏反应:是指应用造影剂后 1 小时~7 天内发生的不良反应。

1)发病机制:主要为 T 细胞介导的Ⅳ型变态反应。既往过敏史、系统性红斑狼疮、肾衰竭、接受白介素-2 治疗、用肼酞嗪降压药及非离子型二聚体含碘造影剂等均可能是其危险因素。

2）临床表现：最常见皮肤瘙痒和各种皮疹，严重者可表现为 Stevens-Johnson 综合征、中毒性表皮坏死松解症或血管炎。多具自限性，约75%在3天内痊愈。

3）预防和治疗：注意危险人群的观察；避免使用皮试中交叉反应阳性的造影剂；可延时查看皮试或检测淋巴细胞转化实验。一旦发生迟发过敏反应，可外用皮质类固醇激素，口服抗组胺药；严重时全身使用类固醇激素。

2. 造影剂肾病（contrast-induced nephropathy，CIN）　指用造影剂后72小时内血肌酐增加≥25%或0.5mg/dl（44.2μmol/L），排除其他原因者。发生率为5%~14%。

（1）发病机制：目前认为，造影剂肾病是多因素共同作用的结果，主要包括：①造影剂通过调节内源性 NO 合成及内皮素、前列腺素、血管紧张素 A Ⅱ 的释放，引起肾血管先短暂扩张，后持久收缩，引起肾缺血；②造影剂对肾小管上皮细胞的毒性作用；③造影剂引起肾小管液体重吸收，导致氧耗量及活性氧（ROS）释放增加；④造影剂促使组织细胞碎片管型产生，堵塞肾小管。年龄大于70岁、糖尿病肾病、贫血、肾功能不全及充血性心力衰竭史、24小时内新发心肌梗死、围手术期低血压、脱水、应用肾毒性药、非甾体类抗炎药、ACEIs 或 ARBs 类药均是造影剂肾病的危险因素。另外，动脉注射造影剂、造影剂用量过大、3天内使用多种造影剂及造影剂渗透压高等也是诱因。

（2）临床表现：多无明显不适，或表现为急性肾功能不全的症状，严重者危及生命。

（3）预防和治疗：注重危险因素识别及术后观察，做好术前评估（见本章第二节），尽量选择低渗或等渗造影剂并限制用量，术前术中术后充分静脉补充生理盐水或碳酸氢钠水化。严重肾功损害者及时请肾病专科会诊，但术后即刻血液透析对预防 CIN 效果不确定。

3. 造影剂脑病（contrast-induced encephalopathy，CIE）　指应用碘造影剂后短时间内出现的精神行为异常、意识障碍、癫痫发作、肢体瘫痪等中枢神经系统损害，并排除急性脑梗死、脑出血和其他脑部疾病者。较少见。其中以皮质盲伴意识模糊最常见，发生率为0.3%~2.9%。

（1）发病机制：目前尚不清楚，主要与下列因素有关：①血脑屏障的破坏。认为生理状态下枕叶血脑屏障最薄弱，易受造影剂破坏，导致视力、视野损害。②与前循环相比，椎基底动脉的交感神经支配相对不完整，脑血管自动调节保护能力差。③脑血管痉挛。认为高压快速注射造影剂，可引起血流动力学改变，导致脑血管痉挛。④机体的特异质反应。另外，高血压、脑缺血、肾功能不全、造影剂过量、高渗性造影剂、后循环介入诊疗手术及患者情绪紧张等均可能促使发病。

（2）临床表现：患者突然烦躁不安、意识模糊、抽搐，对周围人及空间失去定向力，记忆障碍，视力或视野部分或完全损害，但瞳孔大小、形状及对光反射正常。也可表现为各种形式的肢体瘫痪、失语、失用；或发热、头痛、颈抵抗等无菌性脑膜炎表现；多为一过性，可持续数小时至数日不等，偶见报道引起永久性瘫痪者。发病时脑 CT 检查多见造影剂在后颅窝滞留，脑 MRI-Flair 可见顶枕区稍高点片状高信号病灶，随临床症状的好转，脑 CT 及 MRI 恢复至术前。

（3）预防和治疗：由于发生率低，目前尚无循证医学治疗证据。主要是补液及对症处理，对无禁忌证者可适当应用类固醇激素。

4. 其他　罕见，可为以唾液腺肿大为主的碘源性涎腺炎；以头面皮肤及口唇肿胀为主的血管源性水肿等。

（二）与操作相关的并发症

包括操作诱发原发病的改变及操作直接引起的并发症。

1. 穿刺部位及邻近组织损伤　包括穿刺局部血肿、动脉夹层、假性动脉瘤、动静脉瘘及后腹膜血肿等，以局部血肿最多见，发生率约6%。

（1）主要原因：穿刺血管自身存在严重病变；重复穿刺；股动脉穿刺部位过高、穿刺损伤髂动脉、穿透股动脉后壁或同时累及股动脉分支；术后压迫不当或穿刺肢体未有效制动。

（2）临床表现：穿刺部位皮下淤血，并痛性包块者，多为血肿；若包块搏动明显，且与脉搏一致，听诊可闻及吹风样血管杂音,可能为假性动脉瘤或动静脉瘘;少数动静脉瘘可伴胸闷、心悸等心力衰竭症状;超声检查可鉴别以上三种诊断。后腹膜血肿时,患者腰痛,胸腰部肌肉紧张,有压痛及叩击痛,大量出血时,血压可下降,甚至休克;CT检查有助于确诊。

（3）预防和治疗:细致规范穿刺;穿刺导丝有阻力或通过肾动脉开口时要透视;术后依穿刺肢体的肤色及动脉搏动适度加压包扎;可依穿刺血管情况及患者意愿选择血管缝合或闭合,以缩短穿刺肢体的制动时间。血肿、假性动脉瘤、动静脉瘘经局部压迫(可在超声指导下),多可缓解或消失。压迫无效的假性动脉瘤可在超声引导下经皮穿刺注射促凝物质(如凝血酶)。上述方法仍无效或后腹膜血肿者,应及时请外科会诊。

2. 脑缺血事件发作　是神经介入常见并发症之一,发生率为3%～15%。包括TIA及急性脑梗死。

（1）病因及发病机制:多种原因可引起脑缺血事件的发生,包括:高压注射造影剂、导丝导管操作导致斑块或附壁血栓脱落;操作导致血管痉挛或动脉夹层;抗凝不足或导管内滴注不连续,导管内形成血凝块;球囊扩张或支架置入时斑块被切割成碎屑,或其他栓子(如空气、栓塞材料)引起栓塞;球囊扩张或支架释放时引起斑块挤压移位导致"雪犁效应"(snow-plowing)或血管穿支受牵拉闭塞;低灌注;内皮损伤、支架折裂或未完全贴壁导致血小板聚集、支架内急性血栓等。

（2）临床表现:多发于术中注射造影剂、导丝、导管推进、球囊扩张、支架释放和脑保护装置移动中,或术后短时间内。可因受损血管的大小、部位不同而表现各异。若小血管或非重要功能脑区血管闭塞,可无症状或突发一侧肢体麻木、无力或语言障碍;若颈内动脉、大脑中动脉或基底动脉等大血管闭塞,患者突发意识不清、抽搐及肢体瘫痪,严重者危及生命。需急诊颅脑CT排除颅内出血。

（3）预防和治疗:①规范手术操作,导管需冲洗并持续加压滴注;严防导管内空气存在;血管入路高度迂曲或管内存在不稳定斑块者,导管应在导丝引导下缓慢推进。②术前准备要充分,支架治疗前要有足够疗程的双联抗血小板治疗。③穿刺成功后术中需全程全身肝素化。④出现血管痉挛时,立即减少或停止操作,必要时应用维拉帕米或罂粟碱(详见第二节围手术期用药)等扩血管药。⑤颈内动脉起始部支架置入,可依病变状况选择近端或远端脑保护装置;该部位病变球囊扩张时,要快打快抽,避免血流阻断时间过长。⑥对富含穿支的颅内动脉狭窄,尽量选用小球囊预扩张,防止"雪犁效应"发生。⑦支架术后继续双联抗血小板治疗至少3个月。⑧一旦发现短暂性或持续性新发神经系统体征,应尽快评估治疗血管和其他脑血管。对急性血栓形成或栓塞者,必要时可急诊溶栓或取栓;对空气栓塞者,应尽早高压氧治疗。

3. 血管迷走反射　是神经介入另一常见并发症。

（1）病因和发病机制:球囊扩张或支架释放后刺激颈动脉窦压力感受器;术中大血管明显受牵拉;拔除血管鞘时及拔鞘后加压过度等均可引起迷走神经兴奋性增加。

（2）临床表现:最常见于颈内动脉开口支架置入术,多发于术中及术后48小时内,可持续数分钟、数天至2周。主要表现为突发性低血压(发生率32.6%)及心率减慢(发生率15.9%);严重者可一过性心脏骤停,出现意识不清、抽搐等阿斯综合征表现。

（3）预防和治疗包括:①做好术前心脏评估,对心动过缓者,行阿托品试验或动态心电图检查,必要时术前安置临时心脏起搏器。②术中备用阿托品及多巴胺。在球囊扩张和(或)支架置入前和(或)中,根据心率及血压,可预防性应用阿托品。若术中单纯血压过低,补液及应用多巴胺即可。③若患者能够配合,必要时嘱其用力咳嗽。④拔鞘后包扎加压要适度。⑤注意颈动脉窦敏感性的个体差异。

4. 脑过度灌注综合征（cerebral hyperperfusion syndrome,CHS）　是脑血管狭窄被解除后,成倍增加的脑血流超过了脑血管的自动调节范围而产生的一种综合征。发生率约1.2%,其中0.3%～1.8%发生脑出血,死亡率高。

（1）病因及发病机制:脑动脉狭窄导致脑血管长期处于低灌注状态,支架置入后使原来狭窄、闭塞的血管恢复血流,血液重新分配,病灶周围组织自动调节功能丧失,导致血液过度灌注,引发脑水肿,严重者可脑出血。危险因素包括高龄、长期高血压、手术侧血管高度狭窄、对侧血管高度狭窄或闭塞、Willis 环不完整、术后血压管理不当等。

(2)临床表现:可发生于术后即刻或数周内,多于术后 1 周内。常无前驱症状,表现为手术侧头痛、呕吐、欣快感、癫痫、发热、局灶性神经功能障碍等;颈内动脉开口支架术后血压不降或上升;脑 CT 扫描显示半球肿胀、弥漫高密度征或脑出血。

(3)预防之和治疗包括:①重视高危患者的识别及早期临床症状的发现;②术后采用 TCD 密切监测脑血流量,尤其注意 MCA 血流增加100%者;③术后可用乌拉地尔、拉贝洛尔等适度控制血压,对高危患者血压应低于术前基础血压 20 ~ 30mmHg,但应>90/60mmHg,注意不宜选用增加脑血流的降压药;④一旦发生 CHS,主要是对症处理。

5. 颅内出血　是颅内血管内治疗最严重的并发症之一,也是最主要的致死原因,包括脑出血及蛛网膜下腔出血。

(1)病因及发生机制:下列因素可增加颅内出血风险:高血压、动脉粥样硬化、脑血管畸形;动脉溶栓;动脉瘤填塞弹簧圈选择偏大;支架处狭窄段较长且明显成角;支架、球囊选择过大;支架后的高灌注;术中导丝导管穿破血管或牵拉穿支撕裂等。

(2)临床表现:突然剧烈头痛最常见,轻者伴局灶性神经功能障碍或脑膜刺激征,重者可伴发恶心、呕吐及意识水平快速下降。怀疑颅内出血且病情许可者,应尽快行头颅 CT 扫描。

(3)预防和治疗:严格适应证,规范手术操作,选择合适的术式及器材。术中一旦发现血管破裂,立即充盈球囊压迫止血;并立即鱼精蛋白中和肝素,停止应用抗血小板药;必要时输注新鲜冷冻血浆或血小板;控制高颅压。如出血量较大,应请神经外科干预。

二、远期再狭窄及其防治策略

再狭窄是指支架术后血管内膜增生出现大于 50% 的支架内再狭窄。随着术后时间的延长其发生率逐渐增加。

【病因及发生机制】

合并糖尿病等基础病变、狭窄部位病变性质;支架对管壁的刺激或支架未完全覆盖病变,导致血管内膜过度增生;颈部动脉过度钙化、扭曲,引起支架慢性折裂;球囊预扩时撕裂斑块下的平滑肌;支架前血管偏细、术后残余狭窄率高及颈内动脉床突段支架均可诱发再狭窄。

【临床表现】

可无症状,或表现为相应血管供血区的脑缺血性事件。影像学发现支架内再狭窄。

【预防和治疗】

术中适度预扩;术后定期影像学(如 CTA)随访;无症状再狭窄者可继续观察;对症状性再狭窄经综合评估后可再次球囊扩张、支架内支架置入、血管旁路术或颈动脉内膜剥脱术。药物涂层支架或生物可降解支架有望用于再狭窄。

(张桂莲)

思 考 题

1. DSA 的适应证和禁忌证有哪些?

2. 全脑血管造影应包括哪些血管?

3. 脑血管介入治疗术前评估包括哪些方面? 为何要对病变部位进行详细评估?

4. 简述脑血管介入治疗术前术后的抗血小板治疗。

5. 颈动脉狭窄、颅内动脉狭窄、颅外段椎动脉狭窄各自采用哪种测量方法? 各自计算方法如何?

6. 颈动脉支架置入术手术适应证和禁忌证有哪些?

7. 常见颈动脉支架置入术围手术期并发症有哪些?

8. 急性脑梗死机械取栓适应证有哪些?

9. 何为动脉溶栓? 与静脉溶栓相比有何获益?

10. 目前常用的动脉瘤介入治疗技术哪有几种?

11. 简述脑血管畸形的定义及分类。

12. 简述静脉窦血栓的介入治疗方法及适应证。

参考文献

[1] 凌锋,李铁林.介入神经放射影像学.北京:人民卫生出版社,2002.

[2] 陈左权,张鸿祺,高亮,等.神经介入技术.上海:上海科学技术出版社,2017.

[3] 中国卒中学会脑血流与代谢分会.缺血性卒中脑侧支循环评估与干预中国指南(2017).中华内科杂志, 2017,56(6):460-471.

[4] Liebeskind DS,Tomsick TA,Foster LD,et al. Collaterals at angiography and outcomes in the Interventional Management of Stroke(IMS)Ⅲ trial. Stroke,2014,45:759-764.

[5] 中华医学会神经病学分会,中华医学会神经病学分会神经血管介入协作组.脑血管造影术操作规范中国专家共识.中华神经科杂志,2018,51(1):7-13.

[6] 刘承基,凌锋.脑脊髓血管外科学.北京:中国科学技术出版社,2013.

[7] 焦力群,马妍.脑血运重建:颅内外血管搭桥手术技术.北京:北京大学医学出版社,2015.

[8] Brott TG,Hobson RW,Howard G,et al. Stenting versus endarterectomy for treatment of carotid-artery stenosis. The New England journal of medicine,2010,363:11-23.

[9] Derdeyn CP,Fiorella D,Lynn MJ,et al. Intracranial stenting:SAMMPRIS. Stroke,2013,44:S41-S44.

[10] Powers WJ,Derdeyn CP,Biller J,et al. 2015 American Heart Association/American Stroke Association Focused Update of the 2013 Guidelines for the Early Management of Patients With Acute Ischemic Stroke Regarding Endovascular Treatment:A Guideline for Healthcare Professionals From the American Heart Association/American Stroke Association. Stroke,2015,46:3020-3035.

[11] Writing G,Naylor AR,Ricco JB,et al. Management of Atherosclerotic Carotid and Vertebral Artery Disease:2017 Clinical Practice Guidelines of the European Society for Vascular Surgery(ESVS). European journal of vascular and endovascular surgery :the official journal of the European Society for Vascular Surgery,2017.

[12] 高峰,徐安定.急性缺血性卒中血管内治疗中国指南2015.中国卒中杂志,2015,10(7):590-606.

[13] Thompson BG,Brown RDJr,Amin-Hanjani S,et al. Guidelines for the Management of Patients With Unruptured Intracranial Aneurysms:A Guideline for Healthcare Professionals From the American Heart Association/American Stroke Association. Stroke,2015,46:2368-2400.

[14] Cenzato M,Boccardi E,Beghi E,et al. European consensus conference on unruptured brain AVMs treatment(Supported by EANS,ESMINT,EGKS,and SINCH). Actaneurochirurgica,2017,159:1059-1064.

[15] 缪中荣.缺血性脑血管病介入治疗进展2015.北京:人民卫生出版社,2015.

[16] 中华医学会神经病学分会,中华医学会神经病学分会脑血管病学组.中国颅内静脉系统血栓形成诊断和治疗指南2015.中华神经科杂志,2015,48(10):819-829.

[17] ThomsenHS. European Society of Urogenital Radiology(ESUR)guidelines on the safe use of iodinated contrast media. Eur J Radiol,2006,60:307-313.

[18] 中华医学会神经病学分会,中华医学会神经病学分会脑血管病学组,中华医学会神经病学分会神经血管介入协作组.中国缺血性脑血管病血管内介入诊疗指南.中华神经科杂志,2015,48(10):830-837.

第十一章 神经系统变性疾病

概　述

　　传统认为,神经变性疾病是一组原因不明的慢性进行性的损害中枢神经系统的疾病,有时可累及周围神经系统。由于现在科技的发展,包括分子影像、分子病理、分子诊断和神经生物学的发展,使我们对许多变性疾病的病因和发展有了新的认识。在当前社会老龄化加速的过程中,神经变性疾病已成为一个备受关注的热点领域。

　　神经变性疾病常具有下列特征:①多选择性损害特定的解剖结构和特定的神经元,如肌萎缩侧索硬化主要累及皮质-脑干-脊髓的运动神经元,表现为上运动神经元和下运动神经元损害的症状和体征;②起病相对隐袭,缓慢进行性加重。在疾病早期有较长的无症状期,当出现临床症状时多无缓解过程;③多具有家族聚集性,可分为家族性和散发性,如阿尔茨海默病分为散发性和家族性;④治疗相对困难,多无对因治疗药物。但是目前对于神经变性疾病的药物临床试验已成为一个热点研究领域,多分为对症治疗和病因修饰治疗,可能在将来有新的药物问世。

第一节　运动神经元病

　　运动神经元病(motor neuron disease,MND)是一系列以上、下运动神经元损害为突出表现的慢性进行性神经系统变性疾病。临床表现为上、下运动神经元损害的不同组合,特征表现为肌无力和萎缩、延髓麻痹及锥体束征,通常感觉系统和括约肌功能不受累。多中年发病,病程为 $2 \sim 6$ 年,亦有少数病程较长者。男性多于女性,患病比例为 $(1.2 \sim 2.5):1$。年发病率为 1.5/10 万 $\sim 2.7/10$ 万,患病率约为 2.7/10 万 $\sim 7.4/10$ 万。

【病因与发病机制】

　　关于 MND 的病因和发病机制,目前有多种假说:遗传机制、氧化应激、兴奋性毒性、神经营养因子障碍、自身免疫机制、病毒感染及环境因素等。虽然确切致病机制迄今未明,但目前较为统一的认识是,在遗传背景基础上的氧化损害和兴奋性毒性作用共同损害了运动神经元,主要影响了线粒体和细胞骨架的结构和功能。有资料显示,老年男性、外伤史、过度体力劳动(如矿工、重体力劳动者等)都可能是发病的危险因素。此外,可能有关的因素还有:

　　1. **感染和免疫**　有学者认为 ALS 发病与朊病毒、人类免疫缺陷病毒(human immunodeficiency virus,HIV)有关。免疫功能测定有发现 ALS 患者 CSF 免疫球蛋白升高,血中 T 细胞数目和功能异常,免疫复合物形成,抗神经节苷脂抗体阳性,甚至检测到乙酰胆碱受体的抗体,推测 ALS 的血清可能对前角细胞等神经组织存在毒性作用。

　　2. **金属元素**　有学者认为 ALS 发病与某些金属中毒或某些元素缺乏有关。有不少人注意到MND 的患者有铝接触史,并发现患者血浆和 CSF 中铝含量增高。Canaradi 认为铝的逆行性轴索流动可引起前角细胞中毒,导致 ALS。环境中金属元素含量的差异可能是某些地区 ALS 地理性高发病率的原因。

　　3. **遗传因素**　本病大多为散发,5% ~ 10% 的患者有家族史,遗传方式主要为常染色体显性遗传。最常见的致病基因是铜(锌)超氧化物歧化酶(superoxide dismutase 1,SOD-1)基因,约20% 的家族性 ALS 和 2% 的散发性 ALS 与此基因突变有关。近年来,研究者又发现 1 号染色体上 TAR DNA 结合蛋白(TAR DNA binding protein,TDP-43)基因突变与家族性和散发性 ALS 均相关;9 号染色体上的 C9orf72 基因非编码区 GGGGCC 六核苷酸重复序列与 25% 左右的家族性 ALS 有关。这些研究为揭示 ALS 的发病机制带来了新的希望。

4. **营养障碍**　Poloni 等发现 ALS 患者血浆中维生素 B_1 及单磷酸维生素 B_1 均减少,Ask-Upmark 报道 5 例患者胃切除后发生 ALS,提示营养障碍可能与 ALS 发病有关。

5. **神经递质**　ALS 患者 CSF 中抑制性神经递质 GABA 水平较对照组明显降低,而去甲肾上腺素较对照组为高,病情越严重,这种变化越明显。近年来的研究认为兴奋性氨基酸(主要是谷氨酸和天门冬氨酸)的神经细胞毒性作用在 ALS 发病中起着重要作用。

总之,目前对本病的病因及发病机制仍不明确,可能为各种原因引起神经系统有毒物质堆积,特别是自由基和兴奋性氨基酸的增加,损伤神经细胞而致病。

【病理】

肉眼可见脊髓萎缩变细。光镜下脊髓前角细胞变性脱失,以颈髓明显,胸腰髓次之;大脑皮质运动区的锥体细胞也发生变性、脱失。ALS 患者的神经元细胞胞质内有一种泛素化包涵体,研究发现其主要成分为 TDP-43,是 ALS 的特征性病理改变。脑干运动神经核中以舌下神经核变性最为突出,疑核、三叉神经运动核、迷走神经背核和面神经核也有变性改变,动眼神经核则很少被累及。病变部位可见不同程度的胶质增生,吞噬活动不明显。脊神经前根变细,轴索断裂,髓鞘脱失,纤维减少。锥体束的变性自远端向近端发展,出现脱髓鞘和轴突变性。有时还可见到其他传导束的变化,如皮质的联系纤维、后纵束、红核脊髓束以及脑干和脊髓内多种其他传导束。肌肉呈现失神经支配性萎缩。在亚急性与慢性病例中可见肌肉内有神经纤维的萌芽,可能为神经再生的证据。晚期,体内其他组织如心肌、胃肠道平滑肌亦可出现变性改变。

【临床表现】

通常起病隐匿,缓慢进展,偶见亚急性进展者。由于损害部位的不同,临床表现为肌无力、肌萎缩和锥体束征的不同组合。损害仅限于脊髓前角细胞,表现为无力和肌萎缩而无锥体束征者,为进行性肌萎缩(progressive muscular atrophy,PMA)。单独损害延髓运动神经核而表现为咽喉肌和舌肌无力、萎缩者,为进行性延髓麻痹(progressive bulbar palsy,PBP)。仅累及锥体束而表现为无力和锥体束征者为原发性侧索硬化(primary lateral sclerosis,PLS)。如上、下运动神经元均有损害,表现为肌无力、肌萎缩和锥体束征者,则为 ALS。但不少病例先出现一种类型的表现,随后又出现另一类型的表现,最后演变成 ALS。因此,在疾病早期有时较难确定属哪一类型。

1. **肌萎缩侧索硬化**　为最多见的类型,也称为经典型,其他类型称为变异型。大多数为获得性,少数为家族性。发病年龄多在 30~60 岁,多数 45 岁以上发病。男性多于女性。呈典型的上、下运动神经元同时损害的临床特征。常见首发症状为一侧或双侧手指活动笨拙、无力,随后出现手部小肌肉萎缩,以大、小鱼际肌,骨间肌,蚓状肌为明显,双手可呈鹰爪形,逐渐延及前臂、上臂和肩胛带肌群。随着病程的延长,肌无力和萎缩扩展至躯干和颈部,最后累及面肌和咽喉肌。少数病例肌萎缩和无力从下肢或躯干肌开始。受累部位常有明显肌束颤动。双上肢肌萎缩,肌张力不高,但腱反射亢进,Hoffmann 征阳性;双下肢痉挛性瘫痪,肌萎缩和肌束颤动较轻,肌张力高,腱反射亢进,Babinski 征阳性。患者一般无客观的感觉障碍,但常有主观的感觉症状,如麻木等。括约肌功能常保持良好。患者意识始终保持清醒。延髓麻痹一般发生在本病的晚期,在少数病例可为首发症状。舌肌常先受累,表现为舌肌萎缩、束颤和伸舌无力。随后出现腭、咽、喉、咀嚼肌萎缩无力,以致患者构音不清,吞咽困难,咀嚼无力。由于同时有双侧皮质延髓束受损,故可有假性延髓性麻痹。面肌中口轮匝肌受累最明显。眼外肌一般不受影响。预后不良,多在 3~5 年内死于呼吸肌麻痹或肺部感染。

2. **进行性肌萎缩**　发病年龄在 20~50 岁,多在 30 岁左右,略早于 ALS,男性较多。运动神经元变性仅限于脊髓前角细胞和脑干运动神经核,表现为下运动神经元损害的症状和体征。首发症状常为单手或双手小肌肉萎缩、无力,逐渐累及前臂、上臂及肩胛带肌群。少数病例肌萎缩可从下肢开始。受累肌肉萎缩明显,肌张力降低,可见肌束颤动,腱反射减弱,病理反射阴性。一般无感觉和括约肌功能障碍。本型进展较慢,病程可达10年以上或更长。晚期发展至全身肌肉萎缩、无力,生活不能自理,最后常因肺部感染而死亡。

3. 进行性延髓麻痹　少见。发病年龄较晚,多在40岁或50岁以后起病。主要表现为进行性发音不清、声音嘶哑、吞咽困难、饮水呛咳、咀嚼无力。舌肌明显萎缩,并有肌束颤动,唇肌、咽喉肌萎缩,咽反射消失。有时同时损害双侧皮质脑干束,出现强哭强笑、下颌反射亢进,从而真性和假性延髓麻痹共存。病情进展较快,多在1~2年内因呼吸肌麻痹或肺部感染而死亡。

4. 原发性侧索硬化　临床上罕见。多在中年以后发病,起病隐袭。常见首发症状为双下肢对称性僵硬、乏力,行走呈剪刀步态。缓慢进展,逐渐累及双上肢。四肢肌张力呈痉挛性增高,腱反射亢进,病理反射阳性,一般无肌萎缩和肌束颤动,感觉无障碍,括约肌功能不受累。如双侧皮质脑干束受损,可出现假性延髓麻痹表现。进展慢,可存活较长时间。

既往认为MND是一种纯运动系统的疾病,没有智能、感觉系统、锥体外系及自主神经系统损害的临床表现。但是,临床观察确实发现了一小部分MND患者出现了运动系统以外的表现,如痴呆、锥体外系症状、感觉异常和膀胱直肠功能障碍等,少部分患者中还可出现眼外肌运动障碍。习惯上,将伴有这些少见表现的MND称为不典型MND。其确切发病机制仍不清楚,可能MND患者伴有其他疾病,或者MND疾病累及其他系统。

【辅助检查】

1. 肌电图　有很高的诊断价值,呈典型的神经源性损害。ALS患者往往在延髓、颈、胸与腰骶不同神经节段所支配的肌肉出现进行性失神经支配和慢性神经再生支配现象。主要表现为静息状态下可见纤颤电位、正锐波,小力收缩时运动单位时限增宽、波幅增大、多相波增加,大力收缩时募集相减少,呈单纯相;运动神经传导检查可能出现复合肌肉动作电位(compound muscle action potential, CMAP)波幅减低,较少出现运动神经传导速度异常,感觉神经传导检查多无异常。

2. 脑脊液检查　腰穿压力正常或偏低,脑脊液检查正常或蛋白有轻度增高,免疫球蛋白可能增高。

3. 血液检查　血常规检查正常。血清肌酸磷酸激酶活性正常或者轻度增高而其同工酶不高。免疫功能检查,包括细胞免疫和体液免疫均可能出现异常。

4. CT和MRI检查　脊髓变细(腰膨大和颈膨大处较明显),余无特殊发现。

5. 肌肉活检　可见神经源性肌萎缩的病理改变。

【诊断】

根据中年以后隐袭起病,慢性进行性加重的病程,临床主要表现为上、下运动神经元损害所致肌无力、肌萎缩、肌束震颤、延髓麻痹及锥体束征的不同组合,无感觉障碍,肌电图呈神经源性损害,脑脊液正常,影像学无异常,一般不难作出临床诊断。

世界神经病学联盟于1994年在西班牙首次提出该病的EI Escorial诊断标准,2000年又发表此标准的修订版,具体如下:

1. 诊断ALS必须符合以下3点

(1)临床、电生理或病理检查显示下运动神经元病变的证据。

(2)临床检查显示上运动神经元病变的证据。

(3)病史或检查显示上述症状或体征在一个部位内扩展或者从一个部位扩展到其他部位。

2. 同时必须排除以下2点

(1)电生理或病理检查提示患者有可能存在导致上下运动神经元病变的其他疾病。

(2)神经影像学提示患者有可能存在导致上述临床或电生理变化的其他疾病。

3. 进一步根据临床证据的充足程度,可以对ALS进行分级诊断(表11-1)。

表 11-1　修订的 EI Escorial 肌萎缩侧索硬化临床诊断标准

临床诊断确定性	临床特点
确诊 ALS	至少有 3 个部位的上、下运动神经元病变的体征
很可能 ALS	至少有 2 个部位的上、下运动神经元病变的体征,而且,某些上运动神经元体征必须位于下运动神经元体征近端(之上)
实验室支持很可能 ALS	只有 1 个部位的上、下运动神经元病变的体征,或一个部位的上运动神经元体征,加肌电图显示的至少两个肢体的下运动神经元损害证据
可能 ALS	只有 1 个部位的上、下运动神经元病变的体征,或有 2 处或以上的上运动神经元体征,或者下运动神经元体征位于上运动神经元体征近端(之上)

注:将 ALS 神经元变性的部位分为 4 个:延髓、颈髓、胸髓、腰骶髓

【鉴别诊断】

MND 需要与其他以上运动神经元和(或)下运动神经元病变为主要症状的疾病鉴别(表 11-2)。

表 11-2　运动神经元病的相关鉴别疾病

特发性 　肌萎缩侧索硬化 　肌萎缩侧索硬化的变异型 　　进行性延髓麻痹 　　原发性侧索硬化 　　进行性肌萎缩 　单肢肌萎缩(良性局灶性肌萎缩) 感染或感染后 　脊髓灰质炎 　脊髓灰质炎后综合征(postpolio syndrome) 　逆转录病毒相关综合征(retroviruses-associated syndromes) 　西尼罗河脑炎(West Nile encephalitis) 遗传性 　家族性肌萎缩侧索硬化	脊肌萎缩症 　近端成人或青年起病型(Kugelberg-Welander disease) 　X-连锁的延髓脊髓肌萎缩(Kennedy disease) 　远端脊肌萎缩症 己糖胺酶 A 缺乏症 其他需鉴别的疾病 　颈椎病或腰椎病 　中毒(如铅中毒) 　放疗后综合征 　免疫介导的脱髓鞘性运动神经病 　　多灶性运动神经病伴传导阻滞 　　不典型的慢性炎性脱髓鞘性多发神经根神经病 淋巴瘤和其他恶性肿瘤相关的运动神经病

1. **颈椎病或腰椎病**　颈椎病可有手部肌肉萎缩,压迫脊髓时还可致下肢腱反射亢进、双侧病理反射阳性等上、下运动神经元病变的症状和体征。亦可呈慢性进行性病程,两者鉴别有时较困难。但颈椎病的肌萎缩常局限于上肢,多见手肌萎缩,不像 ALS 那样广泛,常伴上肢或肩部疼痛,客观检查常有感觉障碍,可有括约肌障碍,无延髓麻痹表现;腰椎病也常局限于单下肢,伴有腰或腿部疼痛。胸锁乳突肌及胸椎椎旁肌针极肌电图检查无异常。颈椎 X 线片、CT 或 MRI 显示颈椎骨质增生、椎间孔变窄、椎间盘变性或脱出,甚至脊膜囊受压,有助于鉴别。对于老年人,颈椎病同时合并腰椎病时,临床与肌电图更易与 ALS 混淆,此时后者胸椎椎旁肌针极肌电图异常自发电位有助于鉴别。

2. **延髓和脊髓空洞症**　临床上也常有双手小肌肉萎缩,肌束颤动,可进展为真性延髓性麻痹,也可出现锥体束征。但临床进展缓慢,常合并其他畸形,且有节段性分离性感觉障碍,MRI 可显示延髓或脊髓空洞,有助于鉴别。

3. **多灶性运动神经病**(multifocal motor neuropathy, MMN)　呈慢性进展的局灶性下运动神经元损害,推测是与抗神经节苷脂(GM1)抗体相关的自身免疫性疾病。MMN 临床表现多为非对称性肢体无力、萎缩、肌束颤动,而感觉受累很轻。腱反射可以保留。节段性运动神经传导测定可显示有多灶性运动传导阻滞,血清抗 GM1 抗体滴度升高,静脉注射免疫球蛋白有效,可与之鉴别。

4. **颈段脊髓肿瘤**　可有上肢肌萎缩和四肢腱反射亢进,双侧病理反射阳性。但一般无肌束颤动,常有神经根痛和传导束性感觉障碍。腰穿可发现椎管阻塞,脑脊液蛋白含量增高。椎管造影、CT

或 MRI 显示椎管内占位病变有助于确诊。

5. 上肢周围神经损伤　可有上肢的肌无力和肌萎缩,但多累及一侧,且有感觉障碍,可与之鉴别。

6. 良性肌束颤动　正常人有时可出现粗大的肌束颤动,但无肌无力和肌萎缩,肌电图检查正常。

7. 脊肌萎缩症（spinal muscle atrophy，SMA）　是一组遗传性疾病,大部分为隐性遗传,与 5 号染色体上的运动神经元存活基因相关。临床上以进行性对称性近端肌无力萎缩为主要表现,选择性累及下运动神经元,没有上运动神经元受累。其中最严重的 SMA 发病在婴儿期（Werdnig-Hoffmann 病）,多数 2 岁内死亡。起病于儿童、青少年或成人的 SMA（Kugelberg-Welander 病）则预后良好。

【治疗】

MND 的治疗包括病因治疗、对症治疗和各种非药物治疗。必须指出的是,MND 是一组异质性疾病,致病因素多样且相互影响,故其治疗必须是多种方法的联合应用。期望用单个药物或单种治疗完全阻断疾病的进展是不现实的。

当前病因治疗的发展方向包括抗兴奋性氨基酸毒性、神经营养因子、抗氧化和自由基清除、新型钙通道阻滞剂、抗细胞凋亡、基因治疗及神经干细胞移植。利鲁唑（riluzole）具有抑制谷氨酸释放的作用,每次 50mg,每天 2 次,服用 18 个月,能延缓病程、延长延髓麻痹患者的生存期。自由基清除剂依达拉奉在一定条件下可以延缓疾病的进程。也有试用泼尼松、环磷酰胺等治疗本病,但必须定期复查血象和肝功能,用药后延髓麻痹症状在部分病例中可改善,但对四肢无力、肌萎缩的患者帮助不大。

对症治疗包括针对吞咽、呼吸、构音、痉挛、疼痛、营养障碍等并发症和伴随症状的治疗。吞咽困难者应鼻饲饮食。有呼吸衰竭者可行气管切开并机械通气。在对症治疗的同时,要充分注意药物可能发生的不良反应。临床应用时需仔细权衡利弊、针对患者的情况个体化用药。

【预后】

运动神经元病的预后因不同的疾病类型和发病年龄而不同。原发性侧索硬化进展缓慢、预后良好;部分进行性肌萎缩患者的病情可以维持较长时间,但不会改善;肌萎缩侧索硬化、进行性延髓麻痹以及部分进行性肌萎缩患者的预后差,病情持续性进展,多于 5 年内死于呼吸肌麻痹或肺部感染。

第二节　阿尔茨海默病

阿尔茨海默病（Alzheimer's disease，AD）是发生于老年和老年前期、以进行性认知功能障碍和行为损害为特征的中枢神经系统退行性病变。临床上表现为记忆障碍、失语、失用、失认、视空间能力损害、抽象思维和计算力损害、人格和行为改变等。AD 是老年期最常见的痴呆类型,约占老年期痴呆的 50% ~70%。随着对 AD 认识的不断深入,目前认为 AD 在痴呆阶段之前还存在一个极为重要的痴呆前阶段,此阶段可有 AD 病理生理改变,但没有或仅有轻微临床症状。

【流行病学】

AD 是老年期最常见的慢性疾病之一,世界卫生组织（WHO）估计全球 65 岁以上老年人群 AD 的患病率为 4% ~7%,AD 患病率与年龄密切相关,年龄平均每增加 6.1 岁,患病率升高 1 倍;在 85 岁以上的老年人群中,AD 的患病率可高达 20% ~30%。2001 年全球 AD 患者超过 2000 万,预计 2040 年将超过 8000 万。AD 是造成老年人失去日常生活能力的最常见疾病,同时也是导致老年人死亡的第五位病因。AD 不仅给患者带来巨大的痛苦,给家庭和社会也带来沉重精神压力和医疗、照料负担。2010 年全世界用于 AD 的费用估计为 6040 亿美元。因此,AD 已经成为影响全球的公共健康和社会可持续发展的重大问题。

【病因和发病机制】

AD 可分为家族性 AD 和散发性 AD。家族性 AD 呈常染色体显性遗传,多于 65 岁前起病,最为常见的是位于 21 号染色体的淀粉样前体蛋白(amyloid precursor protein,APP)基因、位于 14 号染色体的早老素 1(presenilin 1,PS1)基因及位于 1 号染色体的早老素 2(presenilin 2,PS2)基因突变。携带有 APP 和 PS1 基因突变的人群几乎 100% 会发展为 AD,而携带有 PS2 基因突变的人群,发展为 AD 的概率约为 95%。对于占 90% 以上的散发性 AD,尽管候选基因众多,目前认为载脂蛋白 E(apolipoprotein E,APOE)基因最为有关。APOEε4 携带者是散发性 AD 的高危人群,研究显示携带一个 APOEε4 等位基因的人群,其罹患 AD 的风险约为正常人的 3.2 倍,而携带有两个 APOEε4 等位基因的人群,其罹患 AD 的风险约为正常人的 8~12 倍。

有关 AD 的发病机制,现有多种学说,其中影响较广的有 β-淀粉样蛋白(β-amyloid,Aβ)瀑布假说(the amyloid cascade hypothesis),认为 Aβ 的生成与清除失衡是导致神经元变性和痴呆发生的起始事件。家族性 AD 的三种基因突变均可导致 Aβ 的过度生成,是该学说的有力佐证。而 Down 综合征患者因体内多了一个 APP 基因,在早年就出现 Aβ 沉积斑块,也从侧面证明了该学说。另一重要的学说为 tau 蛋白学说,认为过度磷酸化的 tau 蛋白影响了神经元骨架微管蛋白的稳定性,从而导致神经原纤维缠结形成,进而破坏了神经元及突触的正常功能。近年来,也有学者提出了神经血管假说,提出脑血管功能的失常导致神经元细胞功能障碍,并且 Aβ 清除能力下降,导致认知功能损害。除此之外,尚有细胞周期调节蛋白障碍、氧化应激、炎性机制、线粒体功能障碍等多种假说。

AD 发病的危险因素有低教育程度、膳食因素、吸烟、女性雌激素水平降低、高血压、高血糖、高胆固醇、高同型半胱氨酸、血管因素等。

【病理】

AD 的大体病理表现为脑的体积缩小和重量减轻,脑沟加深、变宽,脑回萎缩,颞叶特别是海马区萎缩(图 11-1)。组织病理学上的典型改变为 β 淀粉样物质在神经细胞外沉积形成的神

图 11-1　阿尔茨海默病脑组织冠状切面
可见双侧海马明显萎缩,海马旁回变窄,侧脑室相应扩大

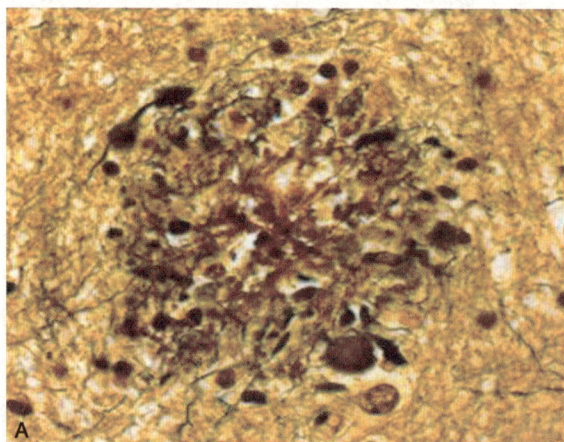

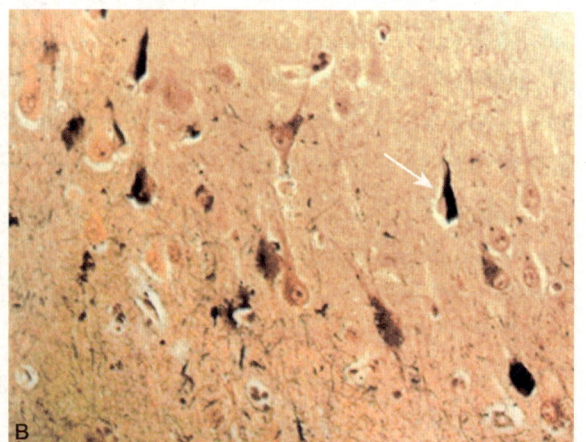

经炎性斑和过度磷酸化的 tau 蛋白在神经细胞内聚集形成的神经原纤维缠结,神经元缺失和胶质细胞增生(图 11-2)。

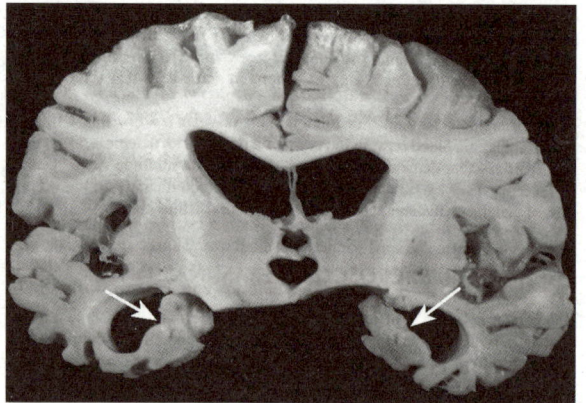

图 11-2　阿尔茨海默病脑内病理表现
A. 神经炎性斑;B. 神经原纤维缠结(箭头)

1. **神经炎性斑（neuritic plaques，NP）**　在 AD 患者的大脑皮质、海马、某些皮质下神经核如杏仁核、前脑基底神经核和丘脑存在大量的 NP。NP 以 Aβ 沉积为核心，核心周边是更多的 Aβ 和各种细胞成分。自 20 世纪 70 年代以来，相继有研究者制定了诊断 AD 所需大脑皮质 NP 数量的神经病理诊断标准，目前广泛使用的是美国学者 Mirra 等 1991 年提出的半定量诊断标准，用图像匹配的方法估计三个脑叶新皮质严重受累区 NP 的数量。

2. **神经原纤维缠结（neurofibrillary tangles，NFT）**　大脑皮质和海马存在大量 NFT，NFT 主要在神经元胞体内产生，有些可扩展到近端树突干。含 NFT 的神经元细胞大多已呈退行性变化。NFT 也常见于杏仁核、前脑基底神经核、某些下丘脑神经核、脑干的中缝核和脑桥的蓝斑。轻度 AD 患者，NFT 可能仅限于内嗅皮质和海马。

AD 的病理改变可能先于症状多年出现，即有病理改变存在而无认知受损的表现。病理改变和认知功能受损同时存在时，患者多为中度或重度的 AD。如果认知受损的情况下仅仅观察到了轻度的 AD 病理改变，很可能存在其他疾病，不诊断 AD。

【临床表现】

AD 通常隐匿起病，持续进行性发展，主要表现为认知功能减退和非认知性神经精神症状。按照最新分期，AD 包括两个阶段：痴呆前阶段和痴呆阶段。

1. **痴呆前阶段**　此阶段分为轻度认知功能障碍发生前期（pre-mild cognitive impairment，pre-MCI）和轻度认知功能障碍期（mild cognitive impairment，MCI）。AD 的 pre-MCI 期没有任何认知障碍的临床表现或者仅有极轻微的记忆力减退主诉，这个概念目前主要用于临床研究。AD 的 MCI 期，即 AD 源性 MCI，是引起非痴呆性认知损害（cognitive impairment not dementia，CIND）的多种原因中的一种，主要表现为记忆力轻度受损，学习和保存新知识的能力下降，其他认知域，如注意力、执行能力、语言能力和视空间能力也可出现轻度受损，但不影响基本日常生活能力，达不到痴呆的程度。

2. **痴呆阶段**　即传统意义上的 AD，此阶段患者认知功能损害导致了日常生活能力下降，根据认知损害的程度大致可以分为轻、中、重三度。

（1）轻度：主要表现是记忆障碍。首先出现的是近事记忆减退，常将日常所做的事和常用的一些物品遗忘。随着病情的发展，可出现远期记忆减退，即对发生已久的事情和人物的遗忘。部分患者出现视空间障碍，外出后找不到回家的路，不能精确地临摹立体图。面对生疏和复杂的事物容易出现疲乏、焦虑和消极情绪，还会表现出人格方面的障碍，如不爱清洁、不修边幅、暴躁、易怒、自私多疑。

（2）中度：除记忆障碍继续加重外，工作、学习新知识和社会接触能力减退，特别是原已掌握的知识和技巧出现明显的衰退。出现逻辑思维、综合分析能力减退，言语重复、计算力下降，明显的视空间障碍，如在家中找不到自己的房间，还可出现失语、失用、失认等，有些患者还可出现癫痫、强直-少动综合征。此时患者常有较明显的行为和精神异常，性格内向的患者变得易激惹、兴奋欣快、言语增多，而原来性格外向的患者则可变得沉默寡言，对任何事情提不起兴趣，出现明显的人格改变，甚至做出一些丧失羞耻感（如随地大小便等）的行为。

（3）重度：此期的患者除上述各项症状逐渐加重外，还有情感淡漠、哭笑无常、言语能力丧失、以致不能完成日常简单的生活事项如穿衣、进食。终日无语而卧床，与外界（包括亲友）逐渐丧失接触能力。四肢出现强直或屈曲瘫痪，括约肌功能障碍。此外，此期患者常可并发全身系统疾病的症状，如肺部及尿路感染、压疮以及全身性衰竭症状等，最终因并发症而死亡。

【辅助检查】

1. **实验室检查**　血、尿常规，血生化检查均正常。CSF 检查可发现 $Aβ_{42}$ 水平降低，总 tau 蛋白和磷酸化 tau 蛋白增高。

2. **脑电图**　AD 的早期脑电图改变主要是波幅降低和 α 节律减慢。少数患者早期就有脑电图 α 波明显减少，甚至完全消失，随病情进展，可逐渐出现较广泛的 θ 活动，以额、顶叶明显。晚期则表现为弥漫性慢波。

3. **影像学**　CT 检查见脑萎缩、脑室扩大；头颅 MRI 检查显示的双侧颞叶、海马萎缩（图 11-3）。SPECT 灌注成像和氟脱氧葡萄糖 PET 成像可见顶叶、颞叶和额叶，尤其是双侧颞叶的海马区血流和代谢降低。使用各种配体的 PET 成像技术（如 PIB-PET、AV45-PET）可见脑内的 Aβ 沉积（图 11-4）。

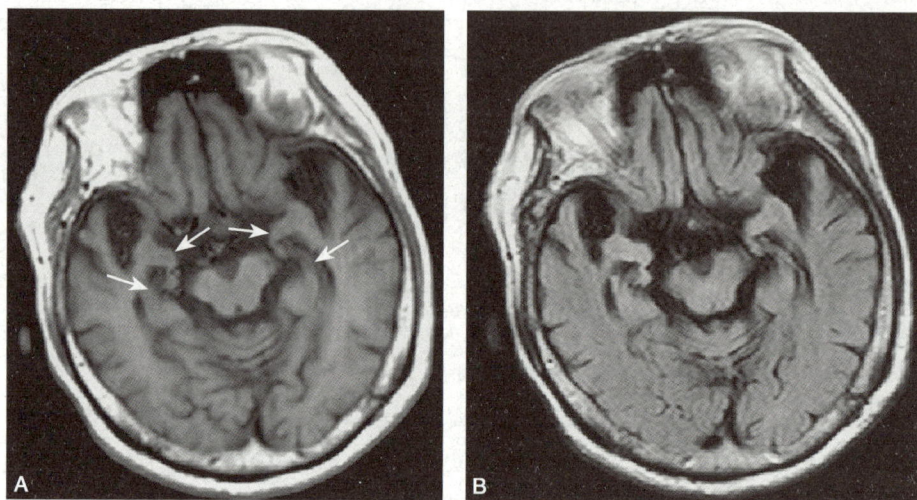

图 11-3　MRI 显示阿尔茨海默病颞叶和海马萎缩

A. T₁加权像：双侧脑室颞角扩大，颞叶萎缩，以内颞叶、海马钩回萎缩明显（箭头）；

B. FLAIR 像：萎缩的内颞叶、海马钩回呈高信号

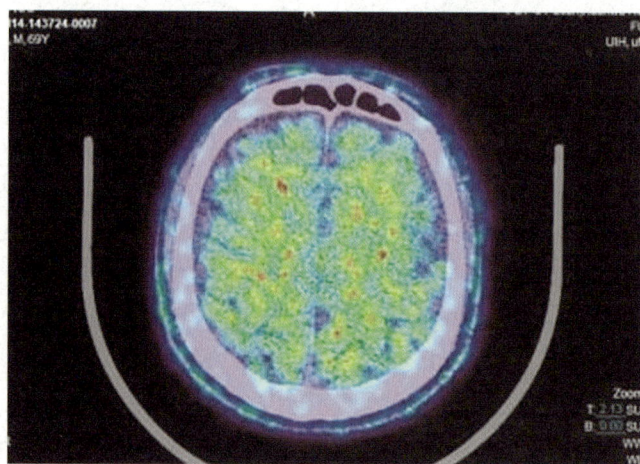

图 11-4　¹⁸F-AV45 PET 显示脑内 Aβ 沉积

4. **神经心理学检查**　对 AD 的认知评估领域应包括记忆功能、言语功能、定向力、应用能力、注意力、知觉（视、听、感知）和执行功能七个领域。临床上常用的工具可分为：①大体评定量表，如简易精神状况检查量表（MMSE）、蒙特利尔认知测验（MoCA）、阿尔茨海默病认知功能评价量表（ADAS-cog）、长谷川痴呆量表（HDS）、Mattis 痴呆量表、认知能力筛查量表（CASI）等；②分级量表，如临床痴呆评定量表（CDR）和总体衰退量表（GDS）；③精神行为评定量表，如汉密尔顿抑郁量表（HAMD）、神经精神问卷（NPI）；④用于鉴别的量表，Hachinski 缺血量表。还应指出的是，选用何种量表，如何评价测验结果，必须结合临床表现和其他辅助检查结果综合得出判断。

5. 基因检查　有明确家族史的患者可进行 APP、PS1、PS2 和 APOEε4 基因检测,突变的发现有助于确诊和疾病的提前预防。

【诊断】

应用最广泛的 AD 诊断标准是由美国国立神经病语言障碍卒中研究所和阿尔茨海默病及相关疾病学会(the National Institute of Neurological and Communicative Disorders and Stroke and the Alzheimer Diseases and Related Disorders Associations,NINCDS-ADRDA)1984 年制定的,2011 年美国国立老化研究所和阿尔茨海默协会对此标准进行了修订,制定了 AD 不同阶段的诊断标准(NIA-AA),并推荐 AD 痴呆阶段和 MCI 期的诊断标准用于临床。

1. AD 痴呆阶段的临床诊断标准

(1)很可能的 AD 痴呆

1)核心临床标准:①符合痴呆诊断标准;②起病隐袭,症状在数月至数年中逐渐出现;③有明确的认知损害病史;④表现为遗忘综合征(学习和近记忆下降,伴 1 个或 1 个以上其他认知域损害)或者非遗忘综合征(语言、视空间或执行功能三者之一损害,伴 1 个或 1 个以上其他认知域损害)。

2)排除标准:①伴有与认知障碍发生或恶化相关的卒中史,或存在多发或广泛脑梗死,或存在严重的白质病变;②有路易体痴呆的核心症状;③有额颞叶痴呆的显著特征;④有原发性进行性失语的显著性特征;⑤有其他引起进行性记忆和认知功能损害的神经系统疾病,或非神经系统疾病,或药物过量或滥用证据。

3)支持标准:①在以知情人提供和正规神经心理测验得到的信息为基础的评估中,发现进行性认知下降的证据;②找到致病基因(APP、PS1 或 PS2)突变的证据。

(2)可能的 AD 痴呆:有以下任一情况时,即可诊断。

1)非典型过程:符合很可能的 AD 痴呆诊断标准中的第 1 条和第 4 条,但认知障碍突然发生,或病史不详,或认知进行性下降的客观证据不足。

2)满足 AD 痴呆的所有核心临床标准,但具有以下证据:①伴有与认知障碍发生或恶化相关的卒中史,或存在多发或广泛脑梗死,或存在严重的白质病变;②有其他疾病引起的痴呆特征,或痴呆症状可用其他疾病和原因解释。

2. AD 源性 MCI 的临床诊断标准

(1)符合 MCI 的临床表现:①患者主诉,或者知情者、医师发现的认知功能改变;②一个或多个认知领域受损的客观证据,尤其是记忆受损;③日常生活能力基本正常;④未达痴呆标准。

(2)发病机制符合 AD 的病理生理过程:①排除血管性、创伤性、医源性引起的认知功能障碍;②有纵向随访发现认知功能持续下降的证据;③有与 AD 遗传因素相关的病史。

在临床研究中,MCI 和 Pre-MCI 期的诊断标准还采纳了两大类 AD 的生物标志物。一类反映 Aβ 沉积,包括脑脊液 $Aβ_{42}$ 水平和 PET 淀粉样蛋白成像;另一类反映神经元损伤,包括脑脊液总 tau 蛋白和磷酸化 tau 蛋白水平、结构 MRI 显示海马体积缩小或内侧颞叶萎缩、氟脱氧葡萄糖 PET 成像、SPECT 灌注成像等。目前对这些生物标志物的理解有限,其临床应用还有待进一步改进和完善。

【鉴别诊断】

详见本章第五节"痴呆的鉴别诊断"。

【治疗】

AD 患者认知功能衰退目前治疗困难,综合治疗和护理有可能减轻病情和延缓发展。

1. 生活护理　包括使用某些特定的器械等。有效的护理能延长患者的生命及改善患者的生活质量,并能防止摔伤、外出不归等意外的发生。

2. 非药物治疗　包括职业训练、音乐治疗等。

3. 药物治疗

（1）改善认知功能：①乙酰胆碱酯酶抑制剂（AChEI）：包括多奈哌齐、卡巴拉汀、石杉碱甲等，主要提高脑内乙酰胆碱的水平，加强突触传递。②NMDA 受体拮抗剂：美金刚能够拮抗 N-甲基-D-门冬氨酸（NMDA）受体，具有调节谷氨酸活性的作用，现已用于中重度 AD 患者的治疗。③临床上有时还使用脑代谢赋活剂如奥拉西坦等。

（2）控制精神症状：很多患者在疾病的某一阶段出现精神症状，如幻觉、妄想、抑郁、焦虑、激越、睡眠紊乱等，可给予抗抑郁药物和抗精神病药物，前者常用选择性 5-HT 再摄取抑制剂，如氟西汀、帕罗西汀、西酞普兰、舍曲林等，后者常用不典型抗精神病药，如利培酮、奥氮平、喹硫平等。这些药物的使用原则是：①低剂量起始；②缓慢增量；③增量间隔时间稍长；④尽量使用最小有效剂量；⑤治疗个体化；⑥注意药物间的相互作用。

4. 支持治疗　重度患者自身生活能力严重减退，常导致营养不良、肺部感染、泌尿系感染、压疮等并发症，应加强支持治疗和对症治疗。

目前，还没有确定的能有效逆转认知缺损的药物，针对 AD 发病机制不同靶点的药物开发尚处于试验阶段。处于 AD 痴呆前阶段的患者，宜饮食调整（地中海饮食）、体力锻炼和认知训练结合起来延缓认知功能下降。

【预后】

AD 病程约为 5～10 年，少数患者可存活 10 年或更长的时间，多死于肺部感染、泌尿系感染及压疮等并发症。

第三节　额颞叶痴呆

额颞叶痴呆（frontotemporal dementia，FTD）是一组与额颞叶变性有关的非阿尔茨海默病痴呆综合征，其临床表现和病理学特征均具有明显的异质性。通常包括两大类：以人格和行为改为主要特征的行为异常型 FTD（behavioural-variant FTD，bvFTD）和以语言功能隐匿性下降为主要特征的原发性进行性失语（primary progressive aphasia，PPA），后者又可以分为进行性非流利性失语（progressive non-fluent aphasia，PNFA）和语义性痴呆（semantic dementia，SD）。FTD 在早发性痴呆中约占第二位，在 45～65 岁人群中患病率为 15/10 万～22/10 万，约占 AD 在这个年龄段患病率的 1/2。

【病因及发病机制】

FTD 的病因及发病机制尚不清楚。研究显示 FTD 患者额叶及颞叶皮质 5-羟色胺（5-hydroxytryptamine，5-HT）能递质减少，脑组织及脑脊液中多巴胺释放亦有下降，胆碱能系统通常无异常。但近年已有学者发现在不具有 Pick 小体的 FTD 患者的颞叶中，毒蕈碱样乙酰胆碱受体的数量明显减少。这种胆碱受体神经元损害比突触前胆碱能神经元受损更为严重，并且胆碱酯酶抑制剂治疗无效。

大约 30%～50% 的 FTD 患者有遗传家族史，其中约 50% 的家族性 FTD 存在 17 号染色体微管结合蛋白 tau 基因（MAPT）和颗粒体蛋白（granulin，GRN）基因突变，在少数家系中还发现 VCP、CHMP2B、TARDP 和 FUS 基因突变。17 号染色体连锁伴帕金森病的 FTD（FTDP-17）是一种重要的家族性 FTD 亚型，由 tau 基因突变所致。tau 是微管组装和稳定的关键蛋白，对神经系统的发育起重要作用。在成人大脑中，tau 蛋白有 6 种异构体，其中 3 种有 3 个微管结合域，称为 3R-tau；另外 3 种异构体有 4 个微管结合域，称为 4R-tau。tau 蛋白基因的突变可以导致 tau 蛋白过度磷酸化，影响微管形成，促使微管崩解，并在神经元内形成不溶性沉积物，引起神经元损害。PGRN 蛋白是广泛表达的多功能生长因子，对个体发育、细胞周期进展、损伤修复和炎症都起重要作用，PGRN 基因突变可导致其功能下降或丧失。

【病理】

FTD 的共同病理特征是额颞叶变性（frontotemporal lobe degeneration，FTLD），在大体标本上的主要病理特征是脑萎缩，主要累及额叶和（或）颞叶，通常表现为双侧不对称性，多数患者左半球受累严重，杏仁核萎缩较海马明显，灰质和白质均可受累，侧脑室呈轻、中度扩大。组织学可见萎缩脑叶皮质各层的神经元数目均明显减少，尤以Ⅱ、Ⅲ层最为显著，残存神经元多呈不同程度的变性和萎缩；皮质以及皮质下白质星形胶质细胞呈弥漫性增生伴海绵状改变。

按细胞内的异常沉积蛋白质的不同，FTLD 分为三种主要亚型：

1. **FTLD-tau**　占所有 FTLD 病例的 40%，又可以分为 3R-tau 和 4R-tau 两个亚组；3R-tau 见于 Pick 病，4R-tau 见于 FTDP-17，均属于 tau 蛋白病的范畴，tau 蛋白病还包括进行性核上性麻痹和皮质基底核变性综合征等。

2. **FTLD-TDP**　占所有 FTLD 病例的 50%，见于 FTD-MND、SD 和部分 bvFTD。

3. **FTLD-fus**　占所有 FTLD 病例的 10%，也是额颞叶变性中的一个重要类型。

【临床表现】

发病年龄在 45~70 岁，绝大部分患者在 65 岁以前发病，无明显性别差异。起病隐匿，进展缓慢。40% 的 bvFTD 患者有家族史，而 SD 患者的家族史罕见。临床上以明显的人格、行为改变和语言障碍为特征，可以合并帕金森综合征和运动神经元病症状。

1. **行为异常型 FTD（bvFTD）**　是最常见的 FTD 亚型。人格、情感和行为改变出现早且突出，并贯穿于疾病的全过程。患者常常表现为固执、易激惹或者情感淡漠，之后逐渐出现行为异常、举止不当、刻板行为、对外界漠然、无同情心以及冲动行为。部分患者可出现特征性的 Kluver-Bucy 综合征，表现为迟钝、淡漠；口部过度活动，把拿到手的任何东西都放入口中试探；易饥饿、过度饮食、肥胖等食性改变；性行为增加等。90% 患者部分或完全缺乏自知力，尤其是男性患者。随着病情进展，患者会出现认知障碍，但较阿尔茨海默病的认知障碍轻，尤其是空间定向保存较好，但行为、判断和语言能力明显障碍。患者变得不能思考，言语减少，词汇贫乏，刻板语言和模仿语言，甚至缄默。晚期患者可以出现妄想以及感知觉障碍等精神症状，部分患者可以出现锥体系或锥体外系损害的表现。

2. **原发性进行性失语（PPA）**　包括 PNFA 和 SD 两种类型。PFNA 多在 60 岁缓慢起病，表现为语言表达障碍，对话能力下降，语言减少，找词困难，语音和语法错误。患者不愿意交谈，喜欢听而不喜欢说，最后变得缄默不语，阅读和写作困难，但理解力相对保留，日常生活能力保留，行为和性格改变极为罕见。SD 以语义记忆损害出现最早，并且最严重，患者语言流利、语法正确，但是不能理解单词含义，找词困难，语言不能被他人理解，丧失物品常识，伴有不同程度面孔失认，命名性失语是特异性表现。晚期可出现行为异常，但视空间、注意力和记忆力相对保留。

【辅助检查】

1. **实验室检查**　血、尿常规，血生化检查正常。目前尚缺乏敏感性和特异性俱佳的识别早期 FTD 的标志物，有研究提示 FTD 患者血清或 CSF 的 tau/Aβ_{42} 水平降低，FTD-MND 患者脑脊液 TDP-43 含量可能增高，GRN 基因突变的 FTD 患者血清或 CSF 的颗粒体蛋白前体水平降低。

2. **影像学检查**　可见 CT 或者 MRI 有特征性的额叶和（或）前颞叶萎缩，脑回变窄、脑沟增宽，侧脑室额角扩大，额叶皮质和前颞极皮质变薄，而顶枕叶很少受累。上述改变可在疾病早期出现，多呈双侧不对称性。SPECT 多表现为不对称性额、颞叶血流减少；PET 多显示不对称性额、颞叶代谢减低，有利于本病的早期诊断。

3. **神经心理学检查**　可应用简易智能精神状态评估量表、额叶评估测验和剑桥认知功能评估量表等对 FTLD 进行初步筛查。

【诊断】

诊断标准见表 11-3~表 11-5。

表 11-3　PNFA 的诊断标准

Ⅰ. PNFA 的临床诊断

至少具有下列核心特征之一：

1. 语言生成中的语法缺失。

2. 说话费力、断断续续、带有不一致的语音错误和失真(言语失用)。

至少具有下列其他特征中的 2 个及以上：

(1)对语法较复杂句子的理解障碍。

(2)对词汇的理解保留。

(3)对客体的语义知识保留。

Ⅱ. 有影像学检查支持的 PNFA 的诊断

应具有下列两项标准：

1. 符合 PNFA 的临床诊断。

2. 影像学检查必须至少具有以下结果中的 1 个及以上：

(1)MRI 显示明显的左侧额叶后部和岛叶萎缩。

(2)SPECT 或 PET 显示明显的左侧额叶后部和岛叶低灌注或代谢低下。

Ⅲ. 具有明确病理证据的 PNFA

应符合下列标准 1 以及标准 2 或 3

1. 符合 PNFA 的临床诊断。

2. 特定的神经退行性病变的病理组织学证据(例如,FTLD-tau、FTLD-TDP、AD 相关的病理改变)。

3. 存在已知的致病基因突变。

注:AD:阿尔茨海默病;FTLD:额颞叶变性;PPA:原发性进行性失语症

表 11-4　SD 的诊断标准

Ⅰ. SD 的临床诊断

必须同时具有下列核心特征：

1. 命名障碍。

2. 词汇的理解障碍。

同时具有下列标准的至少 3 项：

1. 客体的语义知识障碍(低频率或低熟悉度的物品尤为明显)。

2. 表层失读或失写。

3. 复述功能保留。

4. 言语生成(语法或口语)功能保留。

Ⅱ. 有影像学结果支持的 SD

必须同时具有下列核心特征：

1. SD 的临床诊断。

2. 影像学检查显示以下结果中的至少一项：

(1)显著的前颞叶萎缩。

(2)SPECT 或 PET 显示有显著的前颞叶低灌注或代谢低下。

Ⅲ. 具有明确病理证据的 SD

应符合下列标准 1 以及标准 2 或 3：

1. SD 的临床诊断。

2. 特定的神经退行性病变的病理组织学证据(例如,FTLD-tau、FTLD-TDP、AD 或其他相关的病理改变)。

3. 存在已知的致病基因突变。

注:AD:阿尔茨海默病;FTLD:额颞叶变性;PPA:原发性进行性失语症

表 11-5　bvFTD 的国际标准

Ⅰ 神经系统退行性病变

必须存在行为和(或)认知功能进行性恶化才符合 bvFTD 的标准

Ⅱ 疑似 bvFTD

必须存在以下行为/认知表现(A~F)中的至少 3 项,且为持续性或复发性,而非单一或罕见事件

A. *早期脱抑制行为[至少存在下列 A1~A3 中的 1 个]

　　A1. 不恰当的社会行为

　　A2. 缺乏礼仪或社会尊严感缺失

　　A3. 冲动鲁莽或粗心大意

B. *早期出现冷漠和(或)迟钝

C. *早期出现缺乏同情/移情[至少存在下列 C1、C2 中的 1 个]

　　C1. 对他人的需求和感觉缺乏反应

　　C2. 缺乏兴趣、人际关系或个人情感

D. *早期出现持续性/强迫性/刻板性行为[至少存在下列 D1~D3 中的 1 个]:

　　D1. 简单重复的动作

　　D2. 复杂强迫性/刻板性行为

　　D3. 刻板语言

E. 口欲亢进和饮食改变[至少存在下列 E1~E3 中的 1 个]:

　　E1. 饮食好恶改变

　　E2. 饮食过量,烟酒摄入量增加

　　E3. 异食癖

F. 神经心理表现:执行障碍合并相对较轻的记忆及视觉功能障碍[至少存在下列 F1~F3 中的 1 个]:

　　F1. 执行功能障碍

　　F2. 相对较轻的情景记忆障碍

　　F3. 相对较轻的视觉功能障碍

Ⅲ 可能为 bvFTD

必须存在下列所有症状(A~C)才符合标准

A. 符合疑似 bvFTD 的标准

B. 生活或社会功能受损(照料者证据,或临床痴呆评定量表或功能性活动问卷评分的证据)

C. 影像学结果符合 bvFTD[至少存在下列 C1~C2 中的 1 个]

　　C1. CT 或 MRI 显示额叶和(或)前颞叶萎缩

　　C2. PET 或 SPECT 显示额叶和(或)前颞叶低灌注或低代谢

Ⅳ 病理确诊为 bvFTD

必须存在 A 标准以及 B 或 C 标准中的 1 项

A. 符合疑似 bvFTD 或可能的 bvFTD

B. 活检或尸检有 FTLD 的组织病理学证据

C. 存在已知的致病基因突变

Ⅴ bvFTD 的排除标准

诊断 bvFTD 时标准 A、B、C 均必须为否定结果;疑似 bvFTD 诊断时,标准 C 可为肯定结果

A. 缺陷状态更有可能由其他神经系统非退行性疾病或内科疾病引起

B. 行为异常更符合精神病学诊断

C. 生物标记物强烈提示 AD 或其他神经退行性病变

注:*作为一般指南,"早期"指症状出现后的 3 年内

【鉴别诊断】

详见本章第五节"痴呆的鉴别诊断"。

【治疗】

本病目前尚无有效治疗方法,主要以对症治疗为主。乙酰胆碱酯酶抑制剂通常无效。对于易激惹、好动、有攻击行为的患者可以给予选择性 5-HT 再摄取抑制剂、小剂量地西泮等。如患者出现 Kluver-Bucy 综合征,应注意控制饮食。病程晚期主要是防止呼吸道、泌尿系统感染以及压疮等。有条件者可以由经过培训的看护者给予适当的生活及行为指导和对症处理。

【预后】

预后较差,病程 5~12 年,多死于肺部感染、泌尿系感染及压疮等并发症。

第四节　路易体痴呆

路易体痴呆(dementia with Lewy bodies,DLB)是一种神经系统变性疾病,临床主要表现为波动性认知障碍、帕金森综合征和以视幻觉为突出表现的精神症状。20 世纪 80 年代前,路易体痴呆的病例报道并不多,直至后来细胞免疫组化方法的诞生使之检出率大幅度提高。有学者认为 DLB 发病仅次于 AD,在神经变性病所致的痴呆中居第二位。

【病因与发病机制】

DLB 的病因和发病机制尚未明确。多为散发,虽然偶有家族性发病,但是并没有明确的遗传倾向。病理提示 Lewy 体中的物质为 α-突触核蛋白(α-synuclein)和泛素(ubiquitin)等,这些异常蛋白的沉积可能导致神经元功能紊乱和凋亡。

1. **α-突触核蛋白基因突变**　α-突触核蛋白是一种由 140 个氨基酸组成的前突触蛋白,以新皮质、海马、嗅球、纹状体和丘脑含量较高,基因在第 4 号染色体上。正常情况下 α-突触核蛋白二级结构为 α 螺旋。研究证明,α-突触核蛋白基因突变可导致蛋白折叠错误和排列混乱。纤维状或凝团状的 α-突触核蛋白积聚物,与其他蛋白质一起形成了某种包涵物,即通常所说的 Lewy 体。α-突触核蛋白基因有 4 个外显子,如 209 位的鸟嘌呤变成了腺嘌呤,即导致氨基酸序列 53 位的丙氨酸被苏氨酸替代,破坏了蛋白的 α 螺旋,而易于形成 β 片层结构,后者参与了蛋白质的自身聚集并形成淀粉样结构。Feany 等采用转基因方法在果蝇表达野生型和突变型 α-突触核蛋白,可观察到发育至成年后,表达突变型基因的果蝇出现运动功能障碍,脑干多巴胺能神经元丢失,神经元内出现 Lewy 体等。

2. **Parkin 基因突变**　泛素-蛋白水解酶系统(ubiquitin proteasome system)存在于真核细胞的内质网和细胞质内,主要包括泛素和蛋白水解酶两种物质,它们能高效、高选择性地降解细胞内受损伤的蛋白,避免异常蛋白的沉积,因此发挥重要的蛋白质质量控制作用。在此过程中,受损蛋白必须要和泛素结合才能被蛋白水解酶识别,该过程称为泛素化。泛素化需要多种酶的参与,其中有一种酶称为底物识别蛋白(Parkin 蛋白或 E3 酶),该酶由 Parkin 基因编码。如果 Parkin 基因突变导致底物识别蛋白功能损害或丧失,则上述变异的 α-突触核蛋白不能被泛素化降解而在细胞内聚集,最终引起细胞死亡。

【病理】

大体观察可以见到中脑黑质颜色变化、基底节区的萎缩。大脑半球的萎缩程度与正常老人相近。1912 年德国病理学家 Lewy 首先发现路易体。这是一种见于神经元内圆形嗜酸性(HE 染色)的包涵体,它们弥漫分布于大脑皮质,并深入边缘系统(海马和杏仁核等)、黑质或脑干其他核团。20 世纪 80 年代通过细胞免疫染色方法发现 Lewy 体内含有泛素蛋白,以后又用抗 α-突触核蛋白抗体进行免疫标记,使诊断率进一步提高。

Lewy 体并不为 DLB 所特有,帕金森病等神经退行性疾病也可出现;另外 DLB 神经元中或脑内可能还有以下非特异性变化:神经炎性斑、神经原纤维缠结、局部神经元丢失、微空泡变、突触消失、神经递质枯竭等,这些变化在帕金森病和 AD 也可见到,但分布和严重程度不一,因此可以鉴别。

【临床表现】

DLB 发病年龄在 50～85 岁,临床表现可归结为 3 个核心症状:波动性认知障碍、视幻觉和帕金森综合征。

1. **波动性认知障碍(fluctuating cognition)**　认知功能损害常表现为执行功能(executive function)和视空间功能障碍(visuospatial impairment),而近事记忆功能早期受损较轻。视空间功能障碍常表现得比较突出,患者很可能在一个熟悉的环境中迷路,比如在吃饭的间隙去洗手间,出来后可能无法找到回自己餐桌的路。

相对于 AD 渐进性恶化的病程,DLB 的临床表现具有波动性。患者常出现突发而又短暂的认知障碍,可持续几分钟,几小时或几天,之后又戏剧般地恢复。比如一个患者在和别人正常对话,突然沉默不语,两眼发直,几小时后突然好转。患者本人对此可有特征性的主观描述"忽然什么都不知道了,如同坠入云里雾里",在此期间患者认知功能、定向能力、语言能力、视空间能力、注意力和判断能力都有下降。

2. **视幻觉(visual hallucination)**　50%～80% 的患者在疾病早期就有视幻觉。视幻觉的内容活灵活现,但不一定是痛苦恐怖的印象,有时甚至是愉快的幻觉,以至患者乐意接受。早期患者可以分辨出幻觉和实物,比较常见的描述包括在屋子内走动的侏儒和宠物等。视幻觉常在夜间出现。听幻觉、嗅幻觉也可存在,出现听幻觉时患者可能拿着未连线的电话筒畅聊,或者拿着亲友的照片窃窃私语。后期患者无法辨别幻觉,对于旁人否定会表现得很激惹。

3. **帕金森综合征(Parkinsonism)**　主要包括运动迟缓、肌张力增高和静止性震颤,详细可参见第十四章第一节。与经典的帕金森病相比,DLB 的静止性震颤常常不太明显。

4. **其他症状**　有睡眠障碍、自主神经功能紊乱和性格改变等。快速动眼期睡眠行为障碍(rapid eye movement sleep behavior disorder)被认为是 DLB 最早出现的症状。患者在快速动眼期睡眠会出现肢体运动和梦呓。自主神经功能紊乱常见的有体位性低血压、性功能障碍、便秘、尿潴留、多汗、少汗、晕厥、眼干口干等。自主神经紊乱可能由于脊髓侧角细胞损伤所致。性格改变常见的有攻击性增强、抑郁等。

【辅助检查】

1. **实验室检查**　DLB 没有特异性的实验室检查方法,因此检查的目的是鉴别诊断。需要进行的检查有:血常规、甲状腺功能、维生素 B_{12} 浓度、梅毒抗体、莱姆病抗体、HIV 抗体检查等。

2. **影像学检查**　MRI 和 CT 没有典型的表现,SPECT 和 PET 发现 DLB 患者枕叶皮质代谢率下降,纹状体多巴胺能活性降低,有一定鉴别意义。

3. **神经心理学检查**　认知功能障碍主要表现在视空间功能障碍,比如让患者画钟面,虽然钟面上的数字、时针、分针和秒针一应俱全,但是相互间关系完全是混乱的,数字可能集中在一侧钟面,而时针分针长短不成比例。又比如画一幢立体的小屋,虽然各个部件齐全,但是空间关系错误,患者完全不顾及透视关系(图 11-5)。

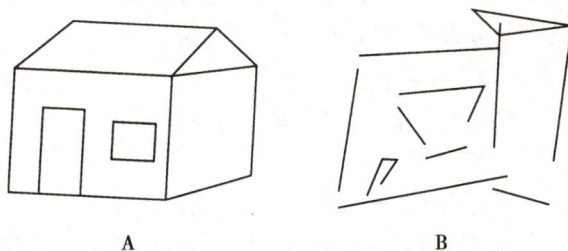

图 11-5　路易体痴呆患者临摹的小屋
A. 正确的小屋图形;B. 路易体痴呆患者临摹的图形

【诊断】

2005 年 McKeith 等对 DLB 诊断标准进行了修订,具体如下:

1. **诊断 DLB 必须具备的症状**

(1)进行性认知功能下降,以致明显影响社会或职业功能。

(2)认知功能以注意、执行功能和视空间功能损害最明显。

（3）疾病早期可以没有记忆损害，但随着病程发展，记忆障碍越来越明显。

2. **三个核心症状**　如果同时具备以下三个特点之二则诊断为很可能的 DLB，如只具备一个，则诊断为可能的 DLB。

（1）波动性认知功能障碍，患者的注意和警觉性变化明显。

（2）反复发作的详细成形的视幻觉。

（3）自发的帕金森综合征症状。

3. **提示性症状**　具备一个或一个以上的核心症状，同时还具备一个或一个以上的提示性症状，则诊断为很可能的 DLB；无核心症状，但具备一个或一个以上的提示性症状可诊断为可能的 DLB。

（1）REM 期睡眠障碍。

（2）对抗精神病类药物过度敏感。

（3）SPECT 或 PET 提示基底核多巴胺能活性降低。

4. **支持证据（DLB 患者经常出现，但是不具有诊断特异性的症状）**

（1）反复跌倒、晕厥或短暂意识丧失。

（2）自主神经功能紊乱（如直立性低血压、尿失禁）。

（3）其他感官的幻觉、错觉。

（4）系统性妄想。

（5）抑郁。

（6）CT 或 MRI 提示颞叶结构完好。

（7）SPECT/PET 提示枕叶皮质的代谢率降低。

（8）间碘苄胍（MIBG）闪烁扫描提示心肌摄取率降低。

（9）脑电图提示慢波，颞叶出现短阵尖波。

5. **不支持 DLB 诊断的条件**

（1）脑卒中的局灶性神经系统体征或神经影像学证据。

（2）检查提示其他可导致类似临床症状的躯体疾病或脑部疾病。

（3）痴呆严重时才出现帕金森综合征的症状。

6. **对症状发生顺序的要求**　对于路易体痴呆，痴呆症状一般早于或与帕金森综合征同时出现。对于明确的帕金森病患者合并的痴呆，应诊断为帕金森病痴呆。如果需要区别帕金森病痴呆和 DLB，则应参照"1 年原则"（1-year rule），即帕金森症状出现后 1 年内发生痴呆，可考虑 DLB，而 1 年后出现的痴呆应诊断为 PDD。

【鉴别诊断】

详见本章第五节"痴呆的鉴别诊断"。

【治疗】

目前尚无特异性治疗方法，用药主要是对症治疗。

对于改善认知，目前疗效比较肯定的是胆碱酯酶抑制剂，可作为首选药物，多奈哌齐对改善视幻觉有一定作用，利斯的明对改善淡漠、焦虑、幻觉和错觉有效。同时，胆碱酯酶抑制剂对改善运动障碍也有一定效果。美金刚对于临床整体情况和行为障碍有轻度缓解作用。

当胆碱酯酶抑制剂对精神症状无效时，可谨慎选用新型非典型抗精神病药物如奥氮平、氯氮平、喹硫平，这些药物相对安全。经典抗精神病药物如氟哌啶醇和硫利达嗪可用于 AD，但禁忌用于 DLB。这类药物会加重运动障碍，导致全身肌张力增高，重者可出现抗精神药物恶性综合征（neuroleptic malignancy syndrome）而危及生命。选择性 5-HT 受体再摄取抑制剂对改善情绪有一定作用。

左旋多巴可加重视幻觉，对于改善 DLB 患者的帕金森症状疗效并不显著，故应当慎用。当运动障碍影响日常生活能力时,可酌情从最小剂量、缓慢增量给药。

【预后】

本病预后不佳。寿命预期为 5~7 年,较 AD 短。患者最终死因常为营养不良、肺部感染、摔伤、压疮等。

第五节　痴呆的鉴别诊断

不同类型的痴呆,临床表现各不相同。除认知功能缺损外,精神行为的异常也常有出现,且在多种痴呆综合征中各有侧重,了解这些疾病的精神症状可帮助鉴别诊断(表 11-6)。

表 11-6　各种神经精神症状及对应的痴呆综合征

神经精神症状	痴呆综合征
抑郁	阿尔茨海默病
	帕金森病
	血管性痴呆
	皮质基底节变性
	路易体痴呆
幻觉	路易体痴呆
	帕金森病,经多巴胺能药物治疗后
	血管性痴呆,视觉中枢梗死
谵妄	路易体痴呆
	阿尔茨海默病晚期
	帕金森病,经多巴胺能药物治疗后
情感淡漠	进行性核上性麻痹
	额颞叶痴呆
	路易体痴呆
	阿尔茨海默病
	血管性痴呆
失抑制	额颞叶痴呆
激越和(或)攻击	阿尔茨海默病
	路易体痴呆
	额颞叶痴呆
REM 期睡眠行为障碍	路易体痴呆
	帕金森病

阿尔茨海默病是老年期痴呆的最常见类型,在本章第二节中已有详述,在此仅简述其他几类常见痴呆与之相比的特点。

1. **血管性痴呆 (vascular dementia, VaD)**　包括缺血性或出血性脑血管病,或者是心脏和循环障碍引起的低血流灌注所致的各种临床痴呆,是痴呆的常见类型之一。AD 与 VaD 在临床表现上有不少类似之处,但病因、病理大相径庭,治疗和预后也不相同(表 11-7)。VaD 常常相对突然起病(以天到周计),呈波动性进程,这在反复发生的皮质或皮质下损害的患者(多发梗死性痴呆)中常见。然而,需要注意的是,皮质下小血管性痴呆起病相对隐匿,发展进程较缓慢。神经心理学测验如 Stroop 色词测验、言语流畅性测验、MMSE、数字符号转换测验、结构模仿、迷宫测验等有助于两者的鉴别。Hachinski 缺血评分量表≥7 分提示 VaD,≤4 分提示 AD,5 分或 6 分提示为混合性痴呆。这一评分标准简明易行,应用广泛。但缺点是未包含影像学指标。

表 11-7　　阿尔茨海默病(AD)与血管性痴呆(VaD)的鉴别要点

	AD	VaD
性别	女性多见	男性多见
病程	进展性,持续进行性发展	波动性进展
自觉症状	少	常见,头痛、眩晕、肢体麻木等
认知功能	全面性痴呆,人格损害	斑片状损害,人格相对保留
伴随症状	精神行为异常	局灶性神经系统症状体征
神经心理学检查	突出的早期情景记忆损害	情景记忆损害常不明显,执行功能受损常见
CT/MRI	脑萎缩	脑梗死灶或出血灶
PET/SPECT	颞、顶叶对称性血流低下	局限性、非对称性血流低下

2. **额颞叶痴呆（frontotemporal dementia，FTD）**　FTD 的形态学特征是额极和颞极的萎缩。但疾病早期,这些改变并不明显,随着疾病的进展,MRI、SPECT 等检查上才可见典型的局限性脑萎缩和代谢低下。在视觉空间短时记忆、词语的即刻、延迟、线索记忆和再认、内隐记忆、注意持续性测验中,FTD 患者的表现比 AD 患者要好,而 Wisconsin 卡片分类测验、Stroop 测验、连线测验 B 等执行功能表现比 AD 患者差。FTD 记忆缺损的模式属于"额叶型"遗忘,非认知行为,如自知力缺乏、人际交往失范、反社会行为、淡漠、意志缺失等,是鉴别 FTD 与 AD 的重要依据(表 11-8)。

表 11-8　　额颞叶痴呆与阿尔茨海默病的鉴别要点

	FTD	AD
自知力丧失	常见,早期即出现	常见,疾病晚期出现
进食改变	食欲旺盛,酷爱碳水化合物类物质	厌食、体重减轻更多见
刻板行为	常见	罕见
言语减少	常见	疾病晚期出现
失抑制	常见	可有,但程度较轻
欣快	常见	罕见
情感淡漠	常见,严重	常见,不严重
自我忽视(自我照料能力差)	常见	较少,疾病晚期出现
记忆损害	疾病晚期才出现	早期出现,严重
执行功能障碍	早期出现,进行性加重	大部分患者晚期才出现
视空间能力	相对保留	早期受累
计算能力	相对保留	早期受累

3. **路易体痴呆（dementia with Lewy bodies，DLB）**　DLB 患者与 AD 相比,回忆及再认功能均相对保留,而言语流畅性、视觉感知及操作任务的完成等方面损害更为严重。在认知水平相当的情况下,DLB 患者较 AD 患者功能损害更为严重,运动及神经精神障碍更重。同时,该类痴呆患者的生活自理能力更差。

4. **帕金森病痴呆（Parkinson disease dementia，PDD）**　PDD 指帕金森病患者的认知损害达到痴呆的程度。相对于其他认知领域的损害,PDD 患者的执行功能受损尤其严重。PDD 患者的短时记忆、长时记忆能力均有下降,但严重度比 AD 轻。视空间功能缺陷也是常见的表现,其程度较 AD 重。

PDD 与 DLB 在临床和病理表现上均有许多重叠。反复的视幻觉发作在两种疾病中均较常见。但帕金森病患者痴呆表现通常在运动症状 10 年甚至更长时间以后方才出现。然而,除了症状出现顺序、起病年龄的不同以及对左旋多巴胺制剂反应的些微差别外,DLB 与 PDD 患者在认知损害领域、神经心理学表现、睡眠障碍、自主神经功能损害、帕金森病症状、神经阻断剂高敏性以及对胆碱酯酶抑制剂的疗效等诸多方面均十分相似。因此有学者指出,将两者截然分开是不科学的。DLB 与 PDD 可能是广义 Lewy 体疾病谱中的不同表现。

5. 其他

(1)正常颅压性脑积水:以进行性智能衰退、共济失调步态和尿失禁三大主征为特点。部分老年期正常颅压性脑积水可与血管性痴呆混淆,但前者起病隐匿,亦无明确卒中史。正常颅压性脑积水是可治性痴呆的常见病因,除了病史问询和详细体检外,确定脑积水的类型还需结合 CT、MRI、脑室脑池扫描等才能作出判断。

(2)亨廷顿病(Huntington disease,HD):为常染色体显性遗传病,多于 35～40 岁发病。最初表现为全身不自主运动或手足徐动,伴有行为异常,如易激惹、淡漠、压抑等。数年后智能逐渐衰退。早期智能损害以记忆力、视空间功能障碍和语言欠流畅为主,后期发展为全面认知衰退,运用障碍尤其显著。根据典型的家族史、运动障碍和进行性痴呆,结合影像学检查手段,诊断不难。

(3)进行性核上性麻痹(progressive supranuclear palsy,PSP):为神经变性疾病,目前病因仍不明确。病理在一些皮质下结构中可见神经原纤维缠结、颗粒空泡变性、神经元丢失等。临床多为隐匿起病,表现为性格改变、情绪异常、步态不稳、视觉和语言障碍。主要特点为核上性眼肌麻痹、轴性肌强直、帕金森综合征、假性延髓性麻痹和痴呆。典型患者诊断不难,但在疾病早期和症状不典型的病例需与帕金森病、小脑疾病和基底核疾病相鉴别。

(4)感染、中毒、代谢性疾病:痴呆还可能是多种中枢神经系统感染性疾病如 HIV、神经梅毒、朊蛋白病、脑炎等的表现之一。维生素 B_{12} 缺乏、甲状腺功能减退、酒精中毒、一氧化碳中毒、重金属中毒等均可出现痴呆。

对于痴呆及其亚型的诊断,需综合临床、影像、神经心理、实验室检查、病理等多方面检查共同完成。

第六节　多系统萎缩

多系统萎缩(multiple system atrophy,MSA)是一组成年期发病、散发性的神经系统变性疾病,临床表现为不同程度的自主神经功能障碍、对左旋多巴类药物反应不良的帕金森综合征、小脑性共济失调和锥体束征等症状。由于在起病时累及这三个系统的先后不同,所以造成的临床表现各不相同。但随着疾病的发展,最终出现这三个系统全部损害的病理和临床表现。国外流行病学调查显示 50 岁以上人群中 MSA 的年发病率约为 3/10 万,中国尚无完整的流行病学资料。

【病因和发病机制】

病因不清。目前认为 MSA 的发病机制可能有两条途径:一是原发性少突胶质细胞病变假说,即先出现以 α-突触核蛋白(α-synuclein)阳性包涵体为特征的少突胶质细胞变性,导致神经元髓鞘变性脱失,激活小胶质细胞,诱发氧化应激,进而导致神经元变性死亡;二是神经元本身 α-突触核蛋白异常聚集,造成神经元变性死亡。α-突触共核蛋白异常聚集的原因尚未明确,可能与遗传易感性和环境因素有关。

MSA 患者很少有家族史,全基因组单核苷酸多态性关联分析显示,α-突触核蛋白基因(SNCA)rs11931074、rs3857059 和 rs3822086 位点多态性可增加 MSA 患病风险。其他候选基因包括:tau 蛋白基因(MAPT)、Parkin 基因等。环境因素的作用尚不十分明确,有研究提示职业、生活习惯(如有机溶剂、塑料单体和添加剂暴露、重金属接触、从事农业工作)可能增加 MSA 发病风险,但这些危险因素尚未完全证实。

【病理】

MSA 的病理学标志是在神经胶质细胞胞质内发现嗜酸性包涵体,其他特征性病理学发现还有神经元丢失和胶质细胞增生。病变主要累及纹状体-黑质系统、橄榄-脑桥-小脑系统和脊髓的中间内、外侧细胞柱和 Onuf 核。MSA 包涵体的核心成分为 α-突触核蛋白（α-synuclein），是特有的病理特征。因此，MSA 和帕金森病、路易体痴呆一起被归为突触核蛋白病（synucleinopathy）。

【临床表现】

成年期发病，50~60 岁多见，平均发病年龄为 54.2 岁（31~78 岁），男性发病率稍高，缓慢起病，逐渐进展。首发症状多为自主神经功能障碍、帕金森综合征和小脑性共济失调，少数患者也有以肌萎缩起病的。不论以何种神经系统的症状群起病，当疾病进一步进展都会出现两个或多个系统的神经症状群。既往 MSA 包括 Shy-Drager 综合征（Shy-Drager syndrome，SDS）、纹状体黑质变性（striatonigral degeneration，SND）和橄榄脑桥小脑萎缩（olivopontocerebellar atrophy，OPCA）。目前 MSA 主要分为两种临床亚型，其中以帕金森综合征为突出表现的临床亚型称为 MSA-P 型，以小脑性共济失调为突出表现者称为 MSA-C 型。

1. 自主神经功能障碍（autonomic dysfunction）　往往是首发症状，也是最常见的症状之一。常见的临床表现有：尿失禁、尿频、尿急和尿潴留、男性勃起功能障碍、体位性低血压、吞咽困难、瞳孔大小不等和 Horner 综合征、哮喘、呼吸暂停和呼吸困难，严重时需气管切开。斑纹和手凉是自主神经功能障碍所致，有特征性。男性最早出现的症状是勃起功能障碍，女性为尿失禁。

2. 帕金森综合征（parkinsonism）　是 MSA-P 亚型的突出症状，也是其他亚型的常见症状之一。MSA 帕金森综合征的特点主要表现为运动迟缓，肌强直和震颤，双侧同时受累，但可轻重不同。抗胆碱能药物可缓解部分症状，多数对左旋多巴（L-dopa）治疗反应不佳，1/3 患者有效，但维持时间不长，且易出现异动症（dyskinesias）等不良反应。

3. 小脑性共济失调（cerebellar ataxia）　是 MSA-C 亚型的突出症状，也是其他 MSA 亚型的常见症状之一。临床表现为进行性步态和肢体共济失调，从下肢开始，以下肢的表现为突出，并有明显的构音障碍和眼球震颤等小脑性共济失调。检查可发现下肢受累较重的小脑病损体征。当合并皮质脊髓束和锥体外系症状时常掩盖小脑体征的发现。

4. 其他

（1）20% 的患者出现轻度认知功能损害。

（2）常见吞咽困难、发音障碍等症状。

（3）睡眠障碍，包括睡眠呼吸暂停、睡眠异常和 REM 睡眠行为异常等。

（4）其他锥体外系症状：肌张力障碍、腭阵挛和肌阵挛皆可见，手和面部刺激敏感的肌阵挛是 MSA 的特征性表现。

（5）部分患者出现肌肉萎缩，后期出现肌张力增高、腱反射亢进和巴宾斯基征，有时出现视神经萎缩。少数有眼肌麻痹、眼球向上或向下凝视麻痹。

【辅助检查】

1. 立卧位血压　测量平卧位和直立位的血压和心率，站立 3 分钟内血压较平卧时下降 ≥30/15mmHg，且心率无明显变化者为阳性（体位性低血压）。

2. 膀胱功能评价　有助于早期发现神经源性膀胱功能障碍。尿动力学实验可发现逼尿肌反射兴奋性升高，尿道括约肌功能减退，疾病后期出现残余尿增加。膀胱 B 超有助于膀胱排空障碍的诊断。

3. 肛门括约肌肌电图　往往出现失神经改变，此项检查正常有助于排除 MSA。

4. [123]I-间碘苄胍（[123]I-MIBG）心肌显像　此检查有助于区分自主神经功能障碍是交感神经节前或节后病变。帕金森病患者心肌摄取 ^{123}I-MIBG 能力降低，而 MSA 患者交感神经节后纤维相对完整，无此改变。

5. 影像学检查　MRI 发现壳核、脑桥、小脑中脚和小脑等有明显萎缩，第四脑室、脑桥小脑脚池扩大。高场强（1.5T 以上）MRI T_2 加权像可见壳核背外侧缘条带状弧形高信号、脑桥基底部"十字征"（图 11-6）和小脑中脚高信号。[18]F-脱氧葡萄糖 PET 显示纹状体或脑干低代谢。

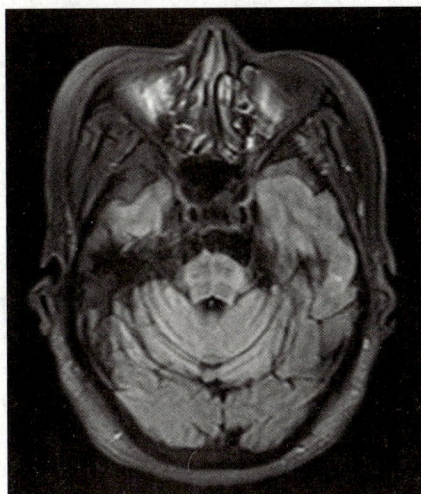

图 11-6　MRI 示脑桥基底部"十字征"

【诊断】

根据成年期缓慢起病、无家族史、临床表现为逐渐进展的自主神经功能障碍、帕金森综合征和小脑性共济失调等症状及体征,应考虑本病。临床诊断可参照 2008 年修订的 Gilman 诊断标准。

1. **很可能的 MSA**　成年起病(>30 岁)、散发、进行性发展,同时具有以下表现:

(1) 自主神经功能障碍:尿失禁伴男性勃起功能障碍,或体位性低血压(站立 3 分钟内血压较平卧时下降≥30/15mmHg)。

(2) 下列两项之一:①对左旋多巴类药物反应不良的帕金森综合征(运动迟缓,伴强直、震颤或姿势反射障碍);②小脑功能障碍:步态共济失调,伴小脑性构音障碍、肢体共济失调或小脑性眼动障碍。

2. **可能的 MSA**　成年起病(>30 岁)、散发、进行性发展,同时具有以下表现:

(1) 下列两项之一:①帕金森综合征:运动迟缓,伴强直、震颤或姿势反射障碍;②小脑功能障碍:步态共济失调,伴小脑性构音障碍、肢体共济失调或小脑性眼动障碍。

(2) 至少有 1 项提示自主神经功能障碍的表现:无其他原因解释的尿急、尿频或膀胱排空障碍,男性勃起功能障碍,或体位性低血压(但未达很可能 MSA 标准)。

(3) 至少有 1 项下列表现

1) 可能的 MSA-P 或 MSA-C:①巴氏征阳性,伴腱反射活跃;②喘鸣。

2) 可能的 MSA-P:①进展迅速的帕金森综合征;②对左旋多巴类药物不敏感;③运动症状之后 3 年内出现姿势反射障碍;④步态共济失调、小脑性构音障碍、肢体共济失调或小脑性眼动障碍;⑤运动症状之后 5 年内出现吞咽困难;⑥MRI 显示壳核、小脑脑桥脚、脑桥或小脑萎缩;⑦FDG-PET 显示壳核、脑干或小脑低代谢。

3) 可能的 MSA-C:①帕金森综合征(运动迟缓和强直);②MRI 显示壳核、小脑脑桥脚、脑桥萎缩;③FDG-PET 显示壳核、脑干或小脑低代谢;④SPECT 或 PET 显示黑质纹状体突触前多巴胺能纤维失神经改变。

3. 确诊的 MSA 需经脑组织尸检病理学证实在少突胶质细胞胞浆内存在以 α 突触核蛋白为主要成分的嗜酸性包涵体,并伴有橄榄脑桥小脑萎缩或黑质纹状体变性。

4. MSA 的支持点和不支持点见表 11-9。

表 11-9　MSA 诊断的支持点和不支持点

支持点	不支持点
1. 口面部肌张力障碍	1. 经典的搓丸样静止性震颤
2. 不相称的颈项前屈	2. 临床符合周围神经病
3. 脊柱严重前屈或(和)侧屈	3. 非药物所致的幻觉
4. 手足挛缩	4. 75 岁以后发病
5. 叹气样呼吸	5. 有共济失调或帕金森综合征家族史
6. 严重的发音障碍	6. 符合 DSM-Ⅳ痴呆诊断标准
7. 严重的构音障碍	7. 提示多发性硬化的白质损害
8. 新发或加重的打鼾	
9. 手足冰冷	
10. 强哭强笑	
11. 肌阵挛样姿势性或动作性震颤	

【鉴别诊断】

在疾病早期,特别是临床上只表现为单一系统症状时,各亚型需要排除各自的相关疾患。在症状发展完全,累及多系统后,若能排除其他疾病则诊断不难。

1. **MSA-P 应与下列疾病鉴别**

(1) 血管性帕金森综合征(vascular parkinsonism,VP):双下肢症状突出的帕金森综合征,表现为步态紊乱,并有锥体束征和假性延髓性麻痹。

(2) 进行性核上性麻痹:特征表现有垂直性核上性眼肌麻痹,特别是下视麻痹。

(3) 皮质基底节变性(corticobasal degeneration,CBD):有异己手(肢)综合征(alien hand syndrome)、失用、皮质感觉障碍、不对称性肌强直、肢体肌张力障碍、刺激敏感的肌阵挛等有鉴别价值的临床表现。

(4) 路易体痴呆:肌强直较运动缓慢和震颤更严重,较早出现的认知功能障碍,特别是注意力和警觉性波动易变最突出,自发性幻觉、对抗精神病药物过度敏感,极易出现锥体外系等不良反应。

2. **MSA-C 应与多种遗传性和非遗传性小脑性共济失调相鉴别。**

【治疗】

目前尚无特异性治疗方法,主要是针对自主神经障碍和帕金森综合征进行对症治疗。

1. **体位性低血压** 首选非药物治疗,如弹力袜、高盐饮食、夜间抬高床头等。无效可选用药物治疗:①血管 α-受体激动剂盐酸米多君,能迅速升高血压(30~60 分钟),给予 2.5mg,每日 2~3 次,最大剂量是 40mg/d,忌睡前服用(以免卧位高血压);②氟氢可的松:可口服,0.1~0.6mg/d,也有改善低血压的效应;③另外有麻黄碱、非甾体抗炎药如吲哚美辛等。然而鉴于后两类药物副作用较多,不推荐用于 MSA 患者的体位性低血压的常规治疗。

2. **排尿功能障碍** 曲司氯铵(20mg,每日 2 次)、奥昔布宁(2.5~5mg,每日 2~3 次)、托特罗定(2mg,每日 2 次)能改善早期出现的逼尿肌痉挛症状。

3. **帕金森综合征** 左旋多巴对少数患者有效,多巴胺受体激动剂无显著疗效;帕罗西汀可能有助于改善患者的运动功能;双侧丘脑底核高频刺激对少数 MSA-P 亚型患者可能有效。

4. **其他** 肌张力障碍可选用肉毒杆菌毒素。

【预后】

诊断为 MSA 的患者多数预后不良。从首发症状进展到运动障碍(锥体系、锥体外系和小脑性运动障碍)和自主神经系统功能障碍的平均时间为 2 年(1~10 年);从发病到需要协助行走、轮椅、卧床不起和死亡的平均间隔时间各自为 3 年、5 年、8 年和 9 年。研究显示,MSA 对自主神经系统的损害越重,患者的预后越差。

(贾建平)

思 考 题

1. 除运动系统表现外,不典型运动神经元病还可有哪些临床特点?

2. 简述阿尔茨海默病的诊断标准。

3. 简述额颞叶痴呆的分型和临床特点。

4. 简述路易体痴呆的临床表现。

5. 简述各型痴呆的鉴别诊断。

6. 简述多系统萎缩的分型。

参 考 文 献

[1] 贾建平. 神经病学. 北京:人民卫生出版社,2009.

[2] 李焰生,黄坚,庄建华. 运动神经元疾病. 上海:第二军医大学出版社,2001.

［3］Brooks BR,Miller RG,Swash M,et al. World Federation of Neurology Research Group on Motor Neuron Diseases. El Escorial revisited:revised criteria for the diagnosis of amyotrophic lateral sclerosis. Amyotroph Lateral Scler Other Motor Neuron Disord,2000,1(5):293-299.

［4］Albert MS,DeKosky ST,Dickson D,et al. The diagnosis of mild cognitive impairment due to Alzheimer's disease: recommendations from the National Institute on Aging-Alzheimer's Association workgroups on diagnostic guidelines for Alzheimer's disease. Alzheimers Dement,2011,7(3):270-279.

［5］McKhann GM,Knopman DS,Chertkow H,et al. The diagnosis of dementia due to Alzheimer's disease: recommendations from the National Institute on Aging-Alzheimer's Association workgroups on diagnostic guidelines for Alzheimer's disease. Alzheimers Dement,2011,7(3):263-269.

［6］McKhann GM,Albea MS,Grossman M,et al. Clinical and pathological diagnosis of frontotemporal dementia:report of the Work Group on Frontotemporal Dementia and Pick's Disease. Arch Neurol,2001,58(11):1803-1809.

［7］Mackenzie IR,Neumann M,Bigio EH,et al. Nomenclature and nosology for neuropathologic subtypes of frontotemporal lobar degeneration: an update. Acta Neuropathol,2010,119:1-4.

［8］McKeith IG,Dickson DW,Lowe J,et al. Diagnosis and management of dementia with Lewy bodies: third report of the DLB consortium. Neurology,2005,65:1863-1872.

［9］Gilman S,Wenning GK,Low PA,et al. Second consensus statement on the diagnosis of multiple system atrophy. Neurology,2008,71:670-676.

第十二章　中枢神经系统
感染性疾病

概　述

病原微生物侵犯中枢神经系统(central nervous system,CNS)的实质、被膜及血管等引起的急性或慢性炎症性(或非炎症性)疾病即为中枢神经系统感染性疾病。这些病原微生物包括病毒、细菌、真菌、螺旋体、寄生虫、立克次体和朊蛋白等。临床中依据中枢神经系统感染部位的不同可分为：①脑炎、脊髓炎或脑脊髓炎：主要侵犯脑和(或)脊髓实质；②脑膜炎、脊膜炎或脑脊膜炎：主要侵犯脑和(或)脊髓软膜；③脑膜脑炎：脑实质与脑膜合并受累。病原微生物主要通过三种途径进入CNS：①血行感染：病原体通过昆虫叮咬、动物咬伤损伤皮肤黏膜后进入血液或使用不洁注射器、输血等直接进入血流，面部感染时病原体也可经静脉逆行入颅，或孕妇感染的病原体经胎盘传给胎儿；②直接感染：穿透性颅外伤或邻近组织感染后病原体蔓延进入颅内；③神经干逆行感染：嗜神经病毒(neurotropic virus)如单纯疱疹病毒、狂犬病毒等首先感染皮肤、呼吸道或胃肠道黏膜，经神经末梢进入神经干，然后逆行进入颅内。

第一节　病毒感染性疾病

神经系统病毒感染是指病毒进入神经系统及相关组织引起的炎性或非炎性改变。根据病原学中病毒核酸的特点，病毒可以分为DNA病毒和RNA病毒。能够引起神经系统感染的病毒很多，具有代表性的引起人类神经系统感染的病毒有：DNA病毒中的单纯疱疹病毒、水痘-带状疱疹病毒、巨细胞病毒等；RNA病毒中的脊髓灰质炎病毒、柯萨奇病毒等。病毒进入中枢神经系统可以引起急性脑炎和(或)脑膜炎综合征，也可形成潜伏状态和持续感染状态，造成复发性和慢性感染。

一、单纯疱疹病毒性脑炎

单纯疱疹病毒性脑炎(herpes simplex virus encephalitis,HSE)是由单纯疱疹病毒(herpes simplex virus,HSV)感染引起的一种急性CNS感染性疾病，又称为急性坏死性脑炎，是CNS最常见的病毒感染性疾病。本病呈全球分布，一年四季均可发病，无明显性别差异，任何年龄均可发病。国外HSE发病率为(4~8)/10万，患病率为10/10万；国内尚缺乏准确的流行病学资料。在中枢神经系统中，HSV最常侵及大脑颞叶、额叶及边缘系统，引起脑组织出血性坏死和(或)变态反应性脑损害。未经治疗的HSE病死率高达70%以上。

【病因及发病机制】

HSV是一种嗜神经DNA病毒，有两种血清型，即HSV-1和HSV-2。患者和健康携带病毒者是主要传染源，主要通过密切接触与性接触传播，亦可通过飞沫传播。HSV首先在口腔和呼吸道或生殖器引起原发感染，机体迅速产生特异性免疫力而康复，但不能彻底消除病毒，病毒以潜伏状态长期存在体内，而不引起临床症状。神经节中的神经细胞是病毒潜伏的主要场所，HSV-1主要潜伏在三叉神经节，HSV-2潜伏在骶神经节。当人体受到各种非特异性刺激使机体免疫力下降，潜伏的病毒再度活化，经三叉神经轴突进入脑内,引起颅内感染。成人超过 2/3 的 HSV-1 脑炎是由再活化感染而引起,其余由原发感染引起。而 HSV-2 则大多数由原发感染引起。在人类大约 90% HSE 由 HSV-1 引起。仅 10% 由 HSV-2 所致,且 HSV-2 所引起的 HSE 主要发生在新生儿,是新生儿通过产道时被 HSV-2 感染所致。

【病理】

病理改变主要是脑组织水肿、软化、出血、坏死,双侧大脑半球均可弥漫性受累,常呈不对称分布,以颞叶内侧、边缘系统和额叶眶面最为明显,亦可累及枕叶,其中脑实质中出血性坏死是一重要病理特征。镜下血管周围有大量淋巴细胞浸润形成袖套状,小胶质细胞增生,神经细胞弥漫性变性坏死。神经细胞和胶质细胞核内可见嗜酸性包涵体,包涵体内含有疱疹病毒的颗粒和抗原,是其最有特征性的病理改变。

【临床表现】

1. 任何年龄均可患病,约 2/3 的病例发生于 40 岁以上的成人。原发感染的潜伏期为 2~21 天,平均 6 天,前驱期可有发热、全身不适、头痛、肌痛、嗜睡、腹痛和腹泻等症状。多急性起病,约 1/4 患者有口唇疱疹史,病后体温可高达 38.4~40.0℃。病程为数日至 1~2 个月。

2. 临床常见症状包括头痛、呕吐、轻微的意识和人格改变、记忆丧失、轻偏瘫、偏盲、失语、共济失调、多动(震颤、舞蹈样动作、肌阵挛)、脑膜刺激征等。约 1/3 的患者出现全身性或部分性癫痫发作。部分患者可因精神行为异常为首发或唯一症状而就诊于精神科,表现为注意力涣散、反应迟钝、言语减少、情感淡漠、表情呆滞、呆坐或卧床、行动懒散,甚至不能自理生活;或表现木僵、缄默;或有动作增多、行为奇特及冲动行为等。

3. 病情常在数日内快速进展,多数患者有意识障碍,表现为意识模糊或谵妄,随病情加重可出现嗜睡、昏睡、昏迷或去皮质状态,部分患者在疾病早期迅即出现昏迷。重症患者可因广泛脑实质坏死和脑水肿引起颅内压增高,甚至脑疝形成而死亡。

【辅助检查】

1. **血常规检查**　可见白细胞计数轻度增高。

2. **脑电图检查**　常出现弥漫性高波幅慢波,以单侧或双侧颞、额区异常更明显,甚至可出现颞区的尖波与棘波。

3. **头颅 CT 检查**　大约有 50% 的 HSE 患者出现局灶性异常(一侧或两侧颞叶和额叶低密度灶),若在低密度灶中有点状高密度灶,提示有出血。在 HSE 症状出现后的最初 4~5 天内,头颅 CT 检查可能是正常的。

4. **头颅 MRI 检查**　头颅 MRI 对早期诊断和显示病变区域帮助较大,典型表现为在颞叶内侧、额叶眶面、岛叶皮质和扣带回出现局灶性水肿,MRI T_2 加权像上为高信号,在 FLAIR 像上更为明显(图 12-1)。尽管 90% 的患者在 1 周内可以出现上述表现,但一周内 MRI 正常不能排除诊断。

5. **脑脊液常规检查**　压力正常或轻度增高,重症者可明显增高;有核细胞数增多为 (50~100)×10⁶/L,可高达 1000×10⁶/L,以淋巴细胞为主,可有红细胞数增多,除外腰椎穿刺损伤则提示出血性坏死性脑炎;蛋白质呈轻、中度增高,糖与氯化物正常。

6. **脑脊液病原学检查**　包括:①检测 HSV 特异性 IgM、IgG 抗体:采用 Western 印迹法、间接免疫荧光测定及 ELISA 法,采用双份血清和双份做 HSV-1 抗体的动态观察,双份抗体有增高的趋势,滴度在 1:80 以上,病程中 2 次及 2 次以上抗体滴度呈 4 倍以上增加,血与脑脊液的抗体比值

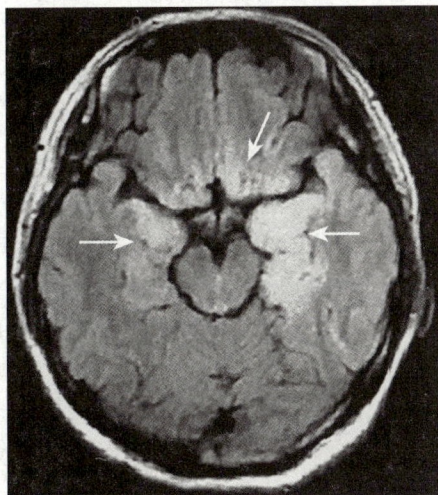

图 12-1　单纯疱疹病毒性脑炎 MRI FLAIR 像

<40,均可确诊;②检测脑脊液中 HSV-DNA:用 PCR 检测病毒 DNA,可早期快速诊断,标本最好在发病后 2 周内送检。

7. 脑活检　是诊断单纯疱疹病毒性脑炎的"金标准"。可发现非特异性的炎性改变,细胞核内出现嗜酸性包涵体,电镜下可发现细胞内病毒颗粒。

【诊断及鉴别诊断】

1. 临床诊断　①口唇或生殖道疱疹史,或本次发病有皮肤、黏膜疱疹;②起病急,病情重,有发热、咳嗽等上呼吸道感染的前驱症状;③明显精神行为异常、抽搐、意识障碍及早期出现的局灶性神经系统损害体征;④脑脊液红、白细胞数增多,糖和氯化物正常;⑤脑电图以颞、额区损害为主的脑弥漫性异常;⑥头颅 CT 或 MRI 发现颞叶局灶性出血性脑软化灶;⑦特异性抗病毒药物治疗有效支持诊断。

确诊尚需选择如下检查:①双份血清和检查发现 HSV 特异性抗体有显著变化趋势;②脑组织活检或病理发现组织细胞核内包涵体,或原位杂交发现 HSV 病毒核酸;③脑脊液的 PCR 检测发现该病毒 DNA;④脑组织或脑脊液标本 HSV 分离、培养和鉴定。

2. 本病需要与下列疾病鉴别

(1) 带状疱疹病毒性脑炎:带状疱疹病毒可以长期潜伏在脊神经后根以及脑和脊髓的感觉神经节,当机体免疫力低下时,病毒被激活、复制、增殖,沿感觉神经传到相应皮肤引起皮疹,另一方面沿神经上行传播,进入中枢神经系统引起脑炎或脑膜炎。本病多见于中老年人,发生脑部症状与发疹时间不尽相同,多数在疱疹后数天或数周,亦可在发病之前,也可无任何疱疹病史。临床表现包括发热、头痛、呕吐、意识模糊、共济失调、精神异常及局灶性神经功能缺失体征。病变程度相对较轻,预后较好。患者多有胸腰部带状疱疹的病史,头颅 CT 无出血性坏死的表现,血清及脑脊液检出该病毒抗体和病毒核酸阳性,可资鉴别。

(2) 肠道病毒性脑炎:该类病毒除引起病毒性脑膜炎外,也是病毒性脑炎的常见病因之一。多见于夏秋季,呈流行性或散发性发病。表现为发热、意识障碍、平衡失调、癫痫发作以及肢体瘫痪等,一般恢复较快,在发病 2～3 周后症状即自然缓解。病程初期的胃肠道症状、脑脊液中 PCR 检出病毒核酸可帮助诊断。

(3) 巨细胞病毒性脑炎:本病临床少见,常见于免疫缺陷如艾滋病或长期应用免疫抑制剂的患者。临床呈亚急性或慢性病程,表现意识模糊、记忆力减退、情感障碍、头痛和局灶性脑损害的症状和体征。约 25% 患者 MRI 可见弥漫性或局灶性白质异常。脑脊液正常或有单核细胞增多,蛋白增高。因患者有艾滋病或应用免疫抑制剂的病史,体液检查找到典型的巨细胞,PCR 检测出脑脊液中该病毒核酸可资鉴别。

(4) 急性播散性脑脊髓炎:多在感染或疫苗接种后急性发病,表现为脑实质、脑膜、脑干、小脑和脊髓等部位受损的症状和体征,故症状和体征表现多样,重症患者也可有意识障碍和精神症状。因病变主要在脑白质,癫痫发作少见。影像学显示皮质下脑白质多发病灶,以脑室周围多见,分布不均,大小不一,新旧并存,免疫抑制剂治疗有效,病毒学和相关抗体检查阴性。而 HSE 为脑实质病变,精神症状突出,智能障碍较明显,少数患者可有口唇疱疹史,一般不会出现脊髓损害的体征。

【治疗】

早期诊断和治疗是降低本病死亡率的关键,主要包括抗病毒治疗,辅以免疫治疗和对症支持治疗。

1. 抗病毒药物治疗

(1) 阿昔洛韦(acyclovir):为一种鸟嘌呤衍生物,能抑制病毒 DNA 的合成。阿昔洛韦首先在病毒感染的细胞内,经病毒胸苷激酶作用转化为单磷酸阿昔洛韦,再经宿主细胞中激酶作用转变为三磷酸阿昔洛韦,与 DNA 合成的底物 2'-脱氧尿苷发生竞争,阻断病毒 DNA 链的合成。常用剂量为 15～30mg/(kg·d),分 3 次静脉滴注,连用 14～21 天。若病情较重,可延长治疗时间或再重复治疗一个疗程。不良反应有谵妄、震颤、皮疹、血尿、血清转氨酶暂时性升高等。对临床疑诊又无条件作病原学检查的病例可用阿昔洛韦进行诊断性治疗。近年已发现对阿昔洛韦耐药的 HSV 株,这类患者可试用膦甲酸钠和西多福韦治疗。

（2）更昔洛韦(ganciclovir)：对阿昔洛韦耐药并有 DNA 聚合酶改变的 HSV 突变株对更昔洛韦亦敏感。用量是 5～10mg/(kg·d),每 12 小时一次,静脉滴注,疗程 14～21 天。主要不良反应是肾功能损害和骨髓抑制(中性粒细胞、血小板减少),并与剂量相关,停药后可恢复。

2. 肾上腺皮质激素　对肾上腺皮质激素治疗本病尚有争议,但肾上腺皮质激素能控制 HSE 炎症反应和减轻水肿,对病情危重、头颅 CT 见出血性坏死灶以及白细胞和红细胞明显增多者可酌情使用。地塞米松 10～15mg,静脉滴注,每日 1 次,10～14 天;或甲泼尼龙 800～1000mg,静脉滴注,每日 1 次,连用 3～5 天后改用泼尼松口服,每日 60mg 清晨顿服,以后逐渐减量。

3. 对症支持治疗　对重症及昏迷的患者至关重要,注意维持营养及水、电解质的平衡,保持呼吸道通畅。必要时可小量输血或给予静脉高营养;高热者给予物理降温,抗惊厥;颅内压增高者及时给予脱水降颅内压治疗。并需加强护理,预防压疮及呼吸道感染等并发症。恢复期可进行康复治疗。

【预后】

预后取决于疾病的严重程度和治疗是否及时。本病如未经抗病毒治疗、治疗不及时或不充分,病情严重则预后不良,死亡率可高达 60%～80%。如发病前几日内及时给予足量的抗病毒药物治疗或病情较轻,多数患者可治愈。但约 10% 患者可遗留不同程度的瘫痪、智能下降等后遗症。

二、病毒性脑膜炎

病毒性脑膜炎(viral meningitis)是一组由各种病毒感染引起的脑膜急性炎症性疾病,临床以发热、头痛和脑膜刺激征为主要表现。本病大多呈良性过程。

【病因及发病机制】

85%～95% 病毒性脑膜炎由肠道病毒引起。该病毒属于微小核糖核酸病毒科,有 60 多个不同亚型,包括脊髓灰质炎病毒、柯萨奇病毒 A 和 B、埃可病毒等,其次为流行性腮腺炎、单纯疱疹病毒和腺病毒。

肠道病毒主要经粪-口途径传播,少数通过呼吸道分泌物传播;大部分病毒在下消化道发生最初的感染,肠道细胞上有与肠道病毒结合的特殊受体,病毒经肠道入血,产生病毒血症,再经脉络丛侵犯脑膜,引发脑膜炎症改变。

【病理】

脑膜弥漫性增厚,镜下可见脑膜有炎性细胞浸润,侧脑室和第四脑室的脉络丛亦可有炎性细胞浸润,伴室管膜内层局灶性破坏的血管壁纤维化以及纤维化的基底软脑膜炎。

【临床表现】

1. 本病以夏秋季为高发季节,在热带和亚热带地区可终年发病。儿童多见,成人也可罹患。多为急性起病,出现病毒感染的全身中毒症状如发热、头痛、畏光、肌痛、恶心、呕吐、食欲减退、腹泻和全身乏力等,并可有脑膜刺激征。病程在儿童常超过 1 周,成人病程可持续 2 周或更长时间。

2. 临床表现可因患者的年龄、免疫状态和病毒种类及亚型的不同而异,如幼儿可出现发热、呕吐、皮疹等症状,而颈强轻微甚至缺如;手-足-口综合征常发生于肠道病毒 71 型脑膜炎,非特异性皮疹常见于埃可病毒 9 型脑膜炎。

【辅助检查】

脑脊液压力正常或增高,白细胞数正常或增高,可达 $(10～1000)×10^6/L$,早期以多形核细胞为主,8～48 小时后以淋巴细胞为主。蛋白质可轻度增高,糖和氯化物含量正常。

【诊断】

本病诊断主要根据急性起病的全身感染中毒症状、脑膜刺激征、脑脊液淋巴细胞数轻、中度增高,除外其他疾病等,确诊需脑脊液病原学检查。

【治疗】

本病是一种自限性疾病,主要是对症治疗、支持治疗和防治并发症。对症治疗如头痛严重者可用止痛药,癫痫发作可选用卡马西平或苯妥英钠等抗癫痫药物,脑水肿在病毒性脑膜炎不常见,可适当应用甘露醇。抗病毒治疗可明显缩短病程和缓解症状,目前针对肠道病毒感染临床上使用或试验性使用的药物有免疫血清球蛋白(immune serum globulin,ISG)和抗微小核糖核酸病毒药物普来可那立(pleconaril)。

三、其他病毒感染性脑病或脑炎

除单纯疱疹病毒性脑炎外,下面简单介绍由特定病毒引起的几种脑炎或脑病,包括进行性多灶性白质脑病、亚急性硬化性全脑炎和进行性风疹性全脑炎。

(一)进行性多灶性白质脑病

进行性多灶性白质脑病(progressive multifocal leucoencephalopathy,PML)是一种由人类多瘤病毒中的 JC 病毒,又称乳头多瘤空泡病毒引起的罕见的亚急性致死性的脱髓鞘疾病。常发生于细胞免疫功能低下的患者。

病理改变以中枢神经系统脑白质内广泛多灶性部分融合的脱髓鞘病变为主。

亚急性或慢性起病,常以人格改变和智能减退起病,其他神经系统症状和体征包括偏瘫、感觉异常、视野缺损、共济失调等。

脑电图显示非特异的弥漫性或局灶性慢波;CT 可发现白质内多灶性低密度区,无增强效应;MRI可见病灶部位 T_2 均质高信号,T_1 低信号或等信号。

本病缺乏有效的治疗方法,α-干扰素可试用于本病治疗。病程通常持续数月,80% 的患者于 9 个月内死亡。

(二)亚急性硬化性全脑炎

亚急性硬化性全脑炎(subacute sclerosing panencephalitis,SSPE)是由麻疹缺陷病毒感染所致,发病率约为(5~10)/100 万儿童。

本病多见于 12 岁以下的儿童,患儿 2 岁前常患麻疹,经 6~8 年的无症状期后隐匿起病,缓慢进展,不发热。临床可分为:①早期:表现为认知和行为改变,如健忘、学习成绩下降、淡漠、注意力不集中、性格改变、坐立不安等;②运动障碍期:数周或数月后出现共济失调、肌阵挛(响声可诱发)、舞蹈手足徐动、肌张力障碍、失语和失用症,也可有癫痫发作;③强直期:肢体肌强直,腱反射亢进,Babinski征阳性,去皮质或去大脑强直,可有角弓反张,最终死于合并感染或循环衰竭。

辅助检查脑脊液细胞数、蛋白质、糖含量正常,免疫球蛋白增高,可出现寡克隆带;血清和脑脊液麻疹病毒抗体升高。脑电图可见 2~3 次/秒慢波同步性暴发,肌阵挛期 5~8 秒出现一次。CT 示皮质萎缩和多个或单个局灶性白质低密度病灶,脑室扩大。

目前尚无有效的治疗方法,以支持疗法和对症治疗为主,加强护理,预防并发症。患者多在 1~3 年内死亡,偶有持续 10 年以上的病例。

(三)进行性风疹全脑炎

进行性风疹全脑炎(progressive rubella panencephalitis,PRP)是由风疹病毒感染引起的儿童和青少年的慢性脑炎。多为先天性风疹感染,在全身免疫功能低下时发病,少数为后天获得性感染。自风疹疫苗应用以来,本病发病已非常罕见。

本病约在 20 岁发病,行为改变、认知障碍和痴呆常为首发症状,小脑性共济失调明显,癫痫和肌阵挛不明显,无头痛、发热和颈强直等症状。病程与 SSPE 相似,发展至昏迷、脑干受累于数年内死亡。

脑电图为弥漫性慢波,无周期性。CT 可见脑室扩大。脑脊液淋巴细胞增多和蛋白升高;血清和脑脊液抗风疹病毒抗体滴度升高。

本病应注意与 SSPE 鉴别。目前无特异治疗。

第二节　细菌感染性疾病

由于各种细菌侵害神经系统所致的炎症性疾病称为神经系统细菌感染。细菌感染是神经系统常见疾病之一,病原菌常常侵袭力强,可侵犯中枢神经系统软脑膜,脑、脊髓实质,或感染邻近的组织如静脉窦、周围神经等。本节将对神经系统常见的细菌感染性疾病进行讨论和叙述。

一、化脓性脑膜炎

化脓性脑膜炎(purulent meningitis)是由化脓性细菌感染所致的脑脊膜炎症,是中枢神经系统常见的化脓性感染。通常急性起病,好发于婴幼儿和儿童。

【病因及发病机制】

化脓性脑膜炎最常见的致病菌为肺炎球菌、脑膜炎双球菌及流感嗜血杆菌 B 型,其次为金黄色葡萄球菌、链球菌、大肠杆菌、变性杆菌、厌氧杆菌、沙门菌及铜绿假单胞菌等。

感染的来源可因心、肺以及其他脏器感染波及脑室和蛛网膜下腔系统,或由颅骨、椎骨或脑实质感染病灶直接蔓延引起,部分也可以通过颅骨、鼻窦或乳突骨折或神经外科手术侵入蛛网膜下腔引起感染,由腰椎穿刺引起者罕见。

致病细菌经血液循环侵入蛛网膜下腔后,由于缺乏有效的免疫防御,细菌大量繁殖,菌壁抗原成分及某些介导炎性反应的细胞因子刺激血管内皮细胞,促使中性粒细胞进入中枢神经系统,诱发一系列软脑膜的炎性病理改变。

【病理】

基本病理改变是软脑膜炎、脑膜血管充血和炎性细胞浸润。表现为:①软脑膜及大脑浅表血管充血,脑表面被蛛网膜下腔的大量脓性渗出物所覆盖,脑沟及脑基底池脓性分泌物沉积;②脑膜有炎性细胞浸润,早期以中性粒细胞为主,后期则以淋巴细胞、浆细胞为主,成纤维细胞明显增多;③蛛网膜下腔出现大量多形核细胞及纤维蛋白渗出物,蛛网膜纤维化,渗出物被局部包裹;④室管膜和脉络膜有炎性细胞浸润,血管充血,严重者有静脉血栓形成;⑤脑实质中偶有局灶性脓肿存在。

【临床表现】

各种细菌感染引起的化脓性脑膜炎临床表现类似,主要如下:

1. **感染症状**　发热、寒战或上呼吸道感染表现等。

2. **脑膜刺激征**　表现为颈项强直,Kernig 征和 Brudzinski 征阳性。但新生儿、老年人或昏迷患者脑膜刺激征常常不明显。

3. **颅内压增高**　表现为剧烈头痛、呕吐、意识障碍等。腰穿时检测颅内压明显升高,有的在临床上甚至形成脑疝。

4. **局灶症状**　部分患者可出现局灶性神经功能损害的症状,如偏瘫、失语等。

5. **其他症状**　部分患者有比较特殊的临床特征,如脑膜炎双球菌脑膜炎(又称流行性脑脊髓膜炎)菌血症时出现的皮疹,开始为弥散性红色斑丘疹,迅速转变成皮肤瘀点,主要见于躯干、下肢、黏膜以及结膜,偶见于手掌及足底。

【辅助检查】

1. **血常规检查**　白细胞计数增加,通常为(10~30)×10^9/L,以中性粒细胞为主,偶可正常或超过 40×10^9/L。

2. **脑脊液检查**　压力常升高;外观混浊或呈脓性;细胞数明显升高,以中性粒细胞为主,通常为(1000~10 000)×10^6/L;蛋白质升高;糖含量下降,通常低于 2.2mmol/L;氯化物降低。涂片革兰染色阳性率在 60% 以上,细菌培养阳性率在 80% 以上。

3. **影像学检查**   MRI 诊断价值高于 CT,早期可正常,随病情进展 MRI 的 T_1 加权像上显示蛛网膜下腔高信号,可不规则强化,T_2 加权像呈脑膜高信号。后期可显示弥散性脑膜强化、脑水肿等。

4. **其他**   血细菌培养常可检出致病菌;如有皮肤瘀点,应活检并行细菌染色检查。

【诊断】

根据急性起病的发热、头痛、呕吐,查体有脑膜刺激征,颅压升高、白细胞明显升高,即应考虑本病。确诊须有病原学证据,包括细菌涂片检出病原菌、血细菌培养阳性等。

【鉴别诊断】

1. **病毒性脑膜炎**   脑脊液白细胞计数通常低于 $1000×10^6/L$,糖及氯化物一般正常或稍低,细菌涂片或细菌培养结果阴性。

2. **结核性脑膜炎**   通常亚急性起病,脑神经损害常见,脑脊液检查白细胞计数升高往往不如化脓性脑膜炎明显,病原学检查有助于进一步鉴别。

3. **隐球菌性脑膜炎**   通常隐匿起病,病程迁延,脑神经尤其是视神经受累常见,脑脊液白细胞计数通常低于 $500×10^6/L$,以淋巴细胞为主,墨汁染色可见新型隐球菌,乳胶凝集试验可检测出隐球菌抗原。

【治疗】

1. **抗菌治疗**   应掌握的原则是及早使用抗生素,通常在确定病原菌之前使用广谱抗生素,若明确病原菌则应选用敏感的抗生素。

(1) 未确定病原菌:三代头孢的头孢曲松或头孢噻肟常作为化脓性脑膜炎首选用药,对脑膜炎双球菌、肺炎球菌、流感嗜血杆菌及 B 型链球菌引起的化脓性脑膜炎疗效比较肯定。

(2) 确定病原菌:应根据病原菌选择敏感的抗生素。

1) 肺炎球菌:对青霉素敏感者可用大剂量青霉素,成人每天 2000 万 ~2400 万 U,儿童每天 40 万 U/kg,分次静脉滴注。对青霉素耐药者,可考虑用头孢曲松,必要时联合万古霉素治疗。2 周为一疗程,通常开始抗生素治疗后 24 ~36 小时内复查脑脊液,以评价治疗效果。

2) 脑膜炎球菌:首选青霉素,耐药者选用头孢噻肟或头孢曲松,可与氨苄西林或氯霉素联用。对青霉素或 β-内酰胺类抗生素过敏者可用氯霉素。

3) 革兰阴性杆菌:对铜绿假单胞菌引起的脑膜炎可使用头孢他啶,其他革兰阴性杆菌脑膜炎可用头孢曲松、头孢噻肟或头孢他啶,疗程常为 3 周。

2. **激素治疗**   激素可以抑制炎性细胞因子的释放,稳定血脑屏障。对病情较重且没有明显激素禁忌证的患者可考虑应用。通常给予地塞米松 10mg 静脉滴注,连用 3 ~5 天。

3. **对症支持治疗**   颅内压高者可脱水降颅内压。高热者使用物理降温或使用退热剂。癫痫发作者给予抗癫痫药物以终止发作。

【预后】

病死率及致残率较高。预后与病原菌、机体情况和是否及早有效应用抗生素治疗密切相关。少数患者可遗留智力障碍、癫痫、脑积水等后遗症。

二、结核性脑膜炎

结核性脑膜炎(tuberculous meningitis,TBM)是由结核杆菌引起的脑膜和脊膜的非化脓性炎症性疾病。在肺外结核中大约有 5% ~15% 的患者累及神经系统,其中又以结核性脑膜炎最为常见,约占神经系统结核的 70%。近年来,因结核杆菌的基因变异、抗结核药物研制相对滞后和 AIDS 患者的增多,国内外结核病的发病率及病死率逐渐增高。

【病因及发病机制】

TBM 约占全身性结核病的 6%。结核杆菌经血播散后在软脑膜下种植,形成结核结节,结节破溃后大量结核菌进入蛛网膜下腔引起 TBM。

【病理】

脑底处破裂的结核结节周围结核性渗出物在蛛网膜下腔中扩散,至基底池和外侧裂。光镜下渗出物由纤维蛋白网络中带有不同数量细菌的多形核细胞、巨噬细胞、淋巴细胞和红细胞组成。随着疾病的进展,淋巴细胞和结缔组织占优势。渗出物经过的小动脉和中动脉,以及其他一些血管(毛细血管和静脉)可被感染,形成结核性血管炎,导致血管堵塞,引起脑梗死。慢性感染时,结核性渗出物可使基底池、第四脑室流出通路阻塞,引起脑积水。

【临床表现】

多起病隐匿,慢性病程,也可急性或亚急性起病,可缺乏结核接触史,症状往往轻重不一,其自然病程发展一般表现为:

1. **结核中毒症状**　低热、盗汗、食欲减退、全身倦怠无力、精神萎靡不振。

2. **脑膜刺激症状和颅内压增高**　早期表现为发热、头痛、呕吐及脑膜刺激征。颅内压增高在早期由于脑膜、脉络丛和室管膜炎性反应,脑脊液生成增多,蛛网膜颗粒吸收下降,形成交通性脑积水所致。颅内压多为轻、中度增高,通常持续1~2周。晚期蛛网膜、脉络丛粘连,呈完全或不完全性梗阻性脑积水,颅内压多明显增高,表现头痛、呕吐和视乳头水肿。严重时出现去脑强直发作或去皮质状态。

3. **脑实质损害**　如早期未能及时治疗,发病4~8周时常出现脑实质损害症状,如精神萎靡、淡漠、谵妄或妄想,部分性、全身性癫痫发作或癫痫持续状态,昏睡或意识模糊;肢体瘫痪如因结核性动脉炎所致,可呈卒中样发病,出现偏瘫、交叉瘫等;如由结核瘤或脑脊髓蛛网膜炎引起,表现为类似肿瘤的慢性瘫痪。

4. **脑神经损害**　颅底炎性渗出物的刺激、粘连、压迫,可致脑神经损害,以动眼、外展、面和视神经最易受累,表现视力减退、复视和面神经麻痹等。

5. **老年人TBM的特点**　头痛、呕吐较轻,颅内压增高症状不明显,约半数患者脑脊液改变不典型,但在动脉硬化基础上发生结核性动脉内膜炎而引起脑梗死较多。

【辅助检查】

血常规检查大多正常,部分患者血沉可增高,伴有抗利尿激素异常分泌综合征的患者可出现低钠和低氯血症。约半数患者皮肤结核菌素试验阳性或胸部X线片可见活动性或陈旧性结核感染证据。脑脊液压力增高可达400mmH$_2$O或以上,外观无色透明或微黄,静置后可有薄膜形成;淋巴细胞数显著增多,常为(50~500)×10^6/L;蛋白质增高,通常为1~2g/L,糖及氯化物下降,典型脑脊液改变可高度提示诊断。脑脊液抗酸染色仅少数为阳性,脑脊液培养出结核菌可确诊,但需大量脑脊液和数周时间。CT和MRI可显示基底池、皮质脑膜、脑实质多灶的对比增强和脑积水。

【诊断及鉴别诊断】

1. **诊断**　根据结核病病史或接触史,出现头痛、呕吐等症状,脑膜刺激征,结合脑脊液淋巴细胞数增多、蛋白质增高及糖含量减低等特征性改变,脑脊液抗酸涂片、结核分枝杆菌培养和PCR检查等可作出诊断。

2. **鉴别诊断**　与隐球菌脑膜炎鉴别,两者的临床过程和脑脊液改变极为相似,应尽量寻找结核菌和新型隐球菌感染的实验室证据。还需要与脑膜癌病相鉴别,后者系有身体其他脏器的恶性肿瘤转移到脑膜所致,通过全面检查可发现颅外的癌性病灶。极少数患者合并脑结核瘤,表现连续数周或数月逐渐加重的头痛,伴有病性发作及急性局灶性脑损伤,增强CT和MRI显示大脑半球等部位的单发病灶,脑脊液检查通常多为正常,此时需要与脑脓肿及脑肿瘤相鉴别。

【治疗】

本病的治疗原则是早期给药、合理选药、联合用药及系统治疗,只要患者临床症状、体征及实验室检查高度提示本病,即使抗酸染色阴性亦应立即开始抗结核治疗。

1. **抗结核治疗**　异烟肼(isonicotinyl hydrazide,INH)、利福平(rifampicin,RFP)、吡嗪酰胺(pyrazi-

namide,PZA)或乙胺丁醇(ethambutol,EMB)、链霉素(streptomycin,SM)是治疗 TBM 最有效的联合用药方案(表12-1),儿童因乙胺丁醇的视神经毒性作用、孕妇因链霉素对听神经的影响而尽量不选用。

表 12-1　主要的一线抗结核药物

药物	儿童日用量	成人日用量	用药途径	用药时间
异烟肼	10~20mg/kg	600mg,1 次/日	静脉滴注,口服	1~2 年
利福平	10~20mg/kg	450~600mg,1 次/日	口服	6~12 个月
吡嗪酰胺	20~30mg/kg	1500mg/d,500mg,3 次/日	口服	2~3 个月
乙胺丁醇	15~20mg/kg	750mg,1 次/日	口服	2~3 个月

(1)异烟肼:异烟肼可抑制结核杆菌 DNA 合成,破坏菌体内酶活性,对细胞内、外结核杆菌均有杀灭作用。无论脑膜有无炎症,均能迅速渗透到脑脊液中。单独应用易产生耐药性。主要不良反应有末梢神经炎、肝损害等。

(2)利福平:利福平与细菌的 RNA 聚合酶结合,干扰 mRNA 的合成,抑制细菌的生长繁殖,导致细菌死亡。对细胞内外结核杆菌均有杀灭作用。利福平不能透过正常的脑膜,只部分通过炎性脑膜,是治疗结脑的常用药物。单独应用也易产生耐药性。主要不良反应有肝毒性、过敏反应等。

(3)吡嗪酰胺:在酸性环境中杀菌作用较强,pH 5.5 时杀菌作用最强,能杀灭酸性环境中缓慢生长的吞噬细胞内的结核杆菌,对中性和碱性环境中的结核杆菌几乎无作用。吡嗪酰胺渗入吞噬细胞后进入结核杆菌体内,菌体内的酰胺酶使其脱去酰胺基,转化为吡嗪酸而发挥杀菌作用。吡嗪酰胺能够自由通过正常和炎性脑膜,是治疗结核性脑膜炎的重要抗结核药物。主要不良反应有肝损害、关节酸痛、肿胀、强直、活动受限、血尿酸增加等。

(4)乙胺丁醇:与二价锌离子络合,干扰多胺和金属离子的功能,影响戊糖代谢和脱氧核糖核酸、核苷酸的合成,抑制结核杆菌的生长。对生长繁殖状态的结核杆菌有作用,对静止状态的细菌几乎无影响。主要不良反应有视神经损害、末梢神经炎、过敏反应等。

(5)链霉素:为氨基糖苷类抗生素,仅对吞噬细胞外的结核菌有杀灭作用,为半效杀菌药。主要通过干扰氨酰基-tRNA 与核蛋白体 30S 亚单位结合,抑制 70S 复合物的形成,抑制肽链延长、蛋白质合成,致细菌死亡。链霉素能透过部分炎性的血脑屏障,是结核性脑膜炎早期治疗的重要药物之一。主要不良反应有耳毒性和肾毒性。

WHO 的建议应至少选择三种药物联合治疗,常用异烟肼、利福平和吡嗪酰胺,轻症患者治疗 3 个月后可停用吡嗪酰胺,再继续用异烟肼和利福平 7 个月。耐药菌株可加用第四种药如链霉素或乙胺丁醇。利福平不耐药菌株,总疗程 9 个月已足够;利福平耐药菌株需连续治疗 18~24 个月。由于中国人为异烟肼快速代谢型,成年患者每日剂量可加至 900~1200mg,但应注意保肝治疗,防止肝损害。

2. **皮质类固醇激素**　用于脑水肿引起的颅内压增高,伴局灶性神经体征和蛛网膜下腔阻塞的重症患者,可减轻中毒症状,抑制炎性反应及减轻脑水肿。成人常选用泼尼松 60mg 口服,3~4 周后逐渐减量,2~3 周内停药。

3. **药物鞘内注射**　蛋白质定量明显增高、有早期椎管梗阻、肝功能异常致使部分抗结核药物停用、慢性、复发或耐药的情况下,在全身药物治疗的同时可辅以鞘内注射,异烟肼 50mg、地塞米松 5~10mg、α-糜蛋白酶 4000U、透明质酸酶 1500U,每隔 2~3 天 1 次,注药宜缓慢;症状消失后每周 2 次,体征消失后 1~2 周 1 次,直至脑脊液检查正常。脑脊液压力较高的患者慎用此法。

4. **降颅内压**　颅内压增高者可选用渗透性利尿剂,如 20% 甘露醇、甘油果糖或甘油盐水等,同时需及时补充丢失的液体和电解质。

5. **对症及全身支持治疗**　对重症及昏迷的患者至关重要,注意维持营养及水、电解质的平衡,保持呼吸道通畅。必要时可小量输血或给予静脉高营养;高热者给予物理降温,抗惊厥;并需加强护理,预防压疮等并发症。

【预后】

预后与患者的年龄、病情、治疗是否及时有关,发病时昏迷是预后不良的重要指征;临床症状体征完全消失,脑脊液的白细胞数、蛋白质、糖和氯化物恢复正常提示预后良好。即使经过适当的治疗,仍有约 1/3 的 TBM 患者死亡。

第三节　新型隐球菌脑膜炎

新型隐球菌脑膜炎(cryptococcosis meningitis)是中枢神经系统最常见的真菌感染,由新型隐球菌感染引起,病情重,病死率高。本病发病率虽低,但临床表现与结核性脑膜炎颇相似,故临床常易误诊。

【发病机制】

新型隐球菌广泛分布于自然界,如水果、奶类、土壤、鸽粪和其他鸟类的粪便中,为条件致病菌,当宿主的免疫力低下时致病。鸽子和其他鸟类可为中间宿主,鸽子饲养者新型隐球菌感染发生率要比一般人群高出几倍。新型隐球菌 CNS 感染可单独发生,但更常见于全身性免疫缺陷性疾病、慢性衰竭性疾病时,如获得性免疫缺陷综合征、淋巴肉瘤等。最初常感染皮肤和黏膜,经上呼吸道侵入体内。

【病理】

大体可见脑膜广泛增厚和血管充血,脑组织水肿,脑回变平,脑沟和脑池可见小的肉芽肿、结节和脓肿,蛛网膜下腔内有胶样渗出物,脑室扩大。镜下早期病变可见脑膜有淋巴细胞、单核细胞浸润,在脑膜、脑池、脑室和脑实质中可见大量的隐球菌菌体,但脑实质很少有炎性反应。

【临床表现】

1. 起病隐匿,进展缓慢。早期可有不规则低热或间歇性头痛,后持续并进行性加重;免疫功能低下的患者可呈急性发病,常以发热、头痛、恶心、呕吐为首发症状。

2. 神经系统检查多数患者有明显的颈强直和 Kernig 征。少数出现精神症状如烦躁不安、人格改变、记忆衰退。大脑、小脑或脑干的较大肉芽肿引起肢体瘫痪和共济失调等局灶性体征。大多数患者出现颅内压增高症状和体征,如视乳头水肿及后期视神经萎缩,不同程度的意识障碍,脑室系统梗阻出现脑积水。由于脑底部蛛网膜下腔渗出明显,常有蛛网膜粘连而引起多数脑神经受损的症状,常累及听神经、面神经和动眼神经等。

【辅助检查】

1. **脑脊液检查**　压力常增高,淋巴细胞数轻度、中度增多,一般为 $(10 \sim 500) \times 10^6/L$,以淋巴细胞为主,蛋白质含量增高,糖含量降低。脑脊液离心沉淀后涂片做墨汁染色,检出隐球菌可确定诊断。脑脊液真菌培养亦是常用的检查方法。

2. **影像学检查**　CT 和 MRI 可帮助诊断脑积水。多数患者的肺部 X 线检查可有异常,可类似于结核性病灶、肺炎样改变或肺部占位样病灶。

【诊断及鉴别诊断】

1. **诊断**　诊断依据慢性消耗性疾病或全身性免疫缺陷性疾病的病史,慢性隐匿病程,临床表现脑膜炎的症状和体征,脑脊液墨汁染色检出隐球菌可确诊。

2. **鉴别诊断**　由于本病与结核性脑膜炎的临床表现及脑脊液常规检查的结果非常相似,故临床常常容易误诊,脑脊液病原体检查可鉴别。也要注意与部分治疗的化脓性脑膜炎、其他的真菌感染性脑膜炎和细菌性脑脓肿相鉴别。根据临床特点及病原学检测,结合影像学检测手段不难进行鉴别。

【治疗】

1. **抗真菌治疗**

(1) 两性霉素 B:是目前药效最强的抗真菌药物,但因其不良反应多且严重,主张与 5-氟胞嘧啶联合治疗,以减少其用量;成人首次用两性霉素 B 1 ~ 2mg/d,加入 5% 葡萄糖液 500ml 内静脉滴注,6

小时滴完;以后每日增加剂量 2~5mg,直至 1mg/(kg·d),通常维持 12 周;也可经小脑延髓池、侧脑室或椎管内给药,以增加脑的局部或脑脊液中药物浓度。该药副作用较大,可引起高热、寒战、血栓性静脉炎、头痛、恶心、呕吐、血压降低、低钾血症、氮质血症等,偶可出现心律失常、癫痫发作、白细胞或血小板减少等。

(2)氟康唑(fluconazole):为广谱抗真菌药,耐受性好,口服吸收良好,血及脑脊液中药浓度高,对隐球菌脑膜炎有特效,每日 200~400mg,每日 1 次口服,5~10 天血药浓度可达稳态,疗程一般 6~12 个月。不良反应为恶心、腹痛、腹泻、胃肠胀气及皮疹等。

(3)5-氟胞嘧啶(flucytosine,5-FC):可干扰真菌细胞中嘧啶生物合成。单用疗效差,且易产生耐受性,与两性霉素 B 合用可增强疗效,剂量 50~150mg/(kg·d),分 3~4 次,一疗程为数周至数月。不良反应有恶心、厌食、白细胞及血小板减少、皮疹及肝肾功能损害。

2. 对症及全身支持治疗 颅内压增高者可用脱水剂,并注意防治脑疝;有脑积水者可行侧脑室分流减压术,并注意水电解质平衡。因本病病程较长,病情重,机体慢性消耗很大,应注意患者的全身营养、全面护理,防治肺部感染及泌尿系统感染。

【预后】

本病常进行性加重,预后不良,死亡率较高。未经治疗者常在数月内死亡,平均病程为 6 个月。治疗者也常见并发症和神经系统后遗症,可在数年内病情反复缓解和加重。

第四节 自身免疫性脑炎

自身免疫性脑炎(antoimmune encephalitis)是一类由自身免疫机制介导的针对中枢神经系统抗原产生免疫反应所导致的脑炎,临床主要表现为精神行为异常、认知功能障碍和急性或亚急性发作的癫痫等。

自身免疫性脑炎约占所有脑炎病例的 10%~20%,其中以抗 N-甲基-D-天冬氨酸受体(NMDAR)脑炎最为常见,约占所有自身免疫性脑炎病例的 80%,其次为抗富含亮氨酸胶质瘤失活蛋白 1(leucine-rich glioma inactivated 1,LGI 1)抗体相关脑炎、抗 γ-氨基丁酸 B 型受体(GABABR)相关脑炎。这些脑炎主要累及边缘系统。

【病理】

病理上主要表现为以淋巴细胞为主的炎细胞浸润脑实质,并在血管周围形成套袖样改变。根据主要受累部位的不同,病理上可以分为三型:灰质受累为主型、白质受累为主型和血管炎型。

【临床表现】

抗 NMDAR 脑炎常有发热、头痛等前驱症状。

自身免疫性脑炎发病时主要表现为精神行为异常、认知功能障碍、近事记忆力下降、急性或亚急性癫痫发作、语言功能障碍、运动障碍、不自主运动、自主神经功能障碍以及不同程度的意识障碍甚至昏迷等。

自身免疫性脑炎可出现睡眠障碍,主要表现为嗜睡、睡眠觉醒周期紊乱、和白天过度睡眠等。

【辅助检查】

脑脊液有核细胞可以正常或增多,脑脊液自身免疫性脑炎相关抗体检测阳性。

影像学检查:头颅 MRI T_2 或者 FLAIR 可见边缘系统有异常信号。

脑电图检查:可见癫痫样放电、弥漫性或者多灶分布的慢波节律。

【诊断及鉴别诊断】

诊断主要是根据患者的临床表现,结合脑脊液、影像学及脑电图检查,确诊主要依据为脑脊液中自身免疫性脑炎相关抗体检测阳性。

需与下列疾病鉴别:

1. **病毒性脑炎**　病毒性脑炎急性期脑脊液自身免疫性脑炎相关抗体检测阴性,可检测到相关病毒核酸。少数单纯疱疹病毒性脑炎患者在恢复期可重新出现脑炎的症状,此时脑脊液单纯疱疹病毒核酸检测已为阴性,而抗 NMDAR 抗体阳性,属于感染后自身免疫性脑炎。

2. **代谢性脑病**　包括肝性脑病、尿毒症脑病等,鉴别主要依靠有相关病史,且脑脊液自身免疫性脑炎相关抗体检测阴性。

【治疗及预后】

1. **免疫治疗**

（1）糖皮质激素:可采用甲泼尼龙冲击治疗,开始为甲泼尼龙 1000mg/d,静脉滴注连续三天后改为甲泼尼龙 500mg/d,连续滴注 3 天之后改为泼尼松口服逐渐减量。

（2）免疫球蛋白:总剂量按患者体重 2g/kg 计算,分 3~5 天静脉滴注。

对于重症患者,可联合使用免疫球蛋白与糖皮质激素。

2. **对症支持治疗**　癫痫发作者可给予抗癫痫治疗。精神症状明显者可给予相关抗精神症状治疗。

3. **预后**　大部分患者预后良好,部分患者病情好转或稳定后可以复发。

第五节　朊蛋白病

朊蛋白病(prion disease)是一类由具传染性的朊蛋白(prion protein,PrP)所致的中枢神经系统变性疾病,由于这类疾病的特征性病理学改变是脑的海绵状变性,故又称为海绵状脑病。它是一种人畜共患、中枢神经系统慢性非炎症性致死性疾病。

自 1995 年英国发现疯牛病(mad cow disease,MCD)以来,迄今已在许多国家流行,新的人类海绵状脑病变异型的发现再次引起了国际医学界的极大重视。Prusiner 研究证实,该类疾病是由一种既具有传染性又缺乏核酸的非病毒性致病因子朊蛋白所致。PrP 高度耐受高压消毒或甲醛溶液等常规理化处理,须采用特殊高压消毒程序或次氯酸钠(漂白粉)消毒。

人类 PrP 由位于第 20 号染色体短臂上的 PRNP 基因所编码,有两种异构体,分别是存在于正常细胞的 PrPc 和引起动物及人类朊蛋白病的 PrPsc。两种异构体的序列并无差别,但蛋白的空间构型不同,PrPc 是一种细胞内膜结合蛋白,是保持神经系统信息传递不可缺少的重要物质。若 PrPc 基因发生突变,则可使可溶性的 PrPc 转化为 PrPsc。PrPsc 不仅存在于细胞内膜,在细胞外的淀粉样蛋白丝和斑块中也有发现,PrPsc 还可促进 PrPc 转化为 PrPsc。人体内 PrPsc 的增殖可能是一个 PrPc 分子与一个 PrPsc 分子结合,形成一个杂合二聚体(或三聚体),此二聚体会转化成两个 PrPsc 分子,依此呈指数增殖。

人类朊蛋白病病因有两个方面:一方面为外源性朊蛋白的感染,主要为携带朊蛋白的动物和少数的医源性感染,途径主要是通过破损的皮肤黏膜侵入人体,而新近的研究结果提示消化道也可能是朊蛋白的感染途径之一;另一方面为遗传的朊蛋白基因突变引起。

目前已知的人类朊蛋白病主要有克-雅病(Creutzfeldt-Jakob disease,CJD)、格斯特曼综合征(Gerstmann syndrome,GSS)、致死性家族性失眠症(fatal familial insomnia,FFI)、Kuru 病。

一、克-雅病

Creutzfeldt-Jakob 病(CJD)是最常见的人类朊蛋白病,主要累及皮质、基底核和脊髓,故又称皮质-纹状体-脊髓变性(corticostriatospinal degeneration)。临床以进行性痴呆、肌阵挛、锥体束或锥体外系损伤症状为主要表现。本病呈全球性分布,发病率为 1/100 万。患者多为中老年人,平均发病年龄 60 岁。

【病因及发病机制】

CJD 的病因为外源性朊蛋白感染和内源性朊蛋白基因突变。外源性朊蛋白感染可通过角膜、硬脑膜移植,经肠道外给予人生长激素制剂和埋藏未充分消毒的脑电极等而传播。手术室和病理实验室工作人员以及制备脑源性生物制品者要提高警惕,医务人员应避免身体破损处、结膜和皮肤与患者的脑脊液、血液或组织相接触。变异型 CJD 患者脑组织的动物传染实验证实,其与疯牛病(MCD)具有相似的种系特异性,变异型 CJD 被认为是牛海绵状脑病即疯牛病传播给人类所致。内源性发病原因为家族性 CJD 患者自身的朊蛋白基因突变导致,为常染色体显性遗传。健康人体内存在的正常的朊蛋白,即 PrPc,在外来致病的朊蛋白或遗传性突变导致 PrPc 变为 PrPsc 时,PrPsc 会促进 PrPc 转化为越来越多的 PrPsc,致使神经细胞逐渐失去功能,导致神经细胞死亡,而引起中枢神经系统发生病变。

【病理】

大体可见脑呈海绵状变,皮质、基底核和脊髓萎缩变性;显微镜下可见神经元丢失、星形胶质细胞增生、海绵状变性,即细胞胞质中空泡形成和感染脑组织内可发现异常 PrP 淀粉样斑块,无炎性反应。变异型 CJD 的病理学改变为海绵状变性以丘脑最为明显,且海绵状区域出现的 PrP 阳性的淀粉样斑块与传统的类型不同。

【临床表现】

CJD 分为散发型、医源型(获得型)、遗传型和变异型四种类型。80%～90% 的 CJD 呈散发型。发病年龄为 25～78 岁,平均 58 岁,男女均可罹患。

1. 患者多隐匿起病,缓慢进行性发展,临床可分为以下三期:

(1)初期:表现为易疲劳、注意力不集中、失眠、抑郁和记忆减退等类似神经衰弱和抑郁症的表现,可有头痛、眩晕、共济失调等。

(2)中期:大脑皮质、锥体外系、锥体束及小脑受损的症状交替或相继出现。大脑皮质受损表现为进行性痴呆,一旦出现记忆障碍,病情将迅速进展,患者外出找不到家,人格改变,痴呆,可伴有失语、皮质盲;锥体外系受损的表现为面部表情减少、震颤、动作缓慢、手足徐动、肌张力增高等。小脑受损出现共济失调、步态不稳。脊髓前角细胞或锥体束损害可引起肌萎缩、肌张力增高、腱反射亢进、Babinski 征阳性。此期约 2/3 患者出现肌阵挛,最具特征性。

(3)晚期:出现尿失禁、无动性缄默、昏迷或去皮质强直状态,多因压疮或肺部感染而死亡。

2. 变异型 CJD　特点是发病较早(平均约 30 岁),病程较长(>1 年),小脑必定受累出现共济失调,早期突出的精神异常和行为改变,痴呆发生较晚,通常无肌阵挛和特征性脑电图改变。

【辅助检查】

1. 免疫荧光检测脑脊液中 14-3-3 蛋白可呈阳性。脑组织大量神经元破坏可导致 14-3-3 蛋白释出至脑脊液,如 CJD、脑梗死急性期及脑膜脑炎发病过程中。排除其他病可作为临床诊断可疑 CJD 患者的重要指标;也可检测血清 S100 蛋白,因 CJD 患者 S100 蛋白随病情进展呈持续性增高。

2. 疾病中晚期脑电图可出现弥漫性慢波,伴有典型的周期性每秒 1～2 次的尖波或棘波。

3. 脑部 CT 和 MRI 早期可无明显异常,中、晚期可见脑萎缩;MRI 显示双侧尾状核、壳核 T_2 加权像呈对称性均质高信号,很少波及苍白球,无增强效应,T_1 加权像可完全正常,此征象对 CJD 的诊断颇有意义。

【诊断及鉴别诊断】

1. 诊断　可采用以下标准:①在 2 年内发生的进行性痴呆;②肌阵挛、视力障碍、小脑症状、无动性缄默等四项中具有其中两项;③脑电图周期性同步放电的特征性改变。具备以上三项可诊断为很可能(probable)CJD;仅具备①②两项,不具备第③项诊断可能(possible)CJD;如患者脑活检发现海绵状态和 PrPsc 者,则为确诊的 CJD。

2. 鉴别诊断　CJD 的精神和智力下降需与 Alzheimer 病、进行性核上性麻痹、遗传性进行性舞蹈病相鉴别,前者病情进展迅速,有其他局灶性损害表现,而后几种疾病多进展缓慢,脑电图检查无典型的周期性三相波。锥体外系损害需与橄榄脑桥小脑萎缩、肝豆状核变性、帕金森病鉴别,这些病无肌阵挛,脑电图检查中无典型周期性三相波。结合 CJD 的临床特点,再结合影像学、脑电生理、免疫学等方面的检查不难与其他神经系统疾病鉴别。

【治疗及预后】

本病尚无有效治疗。90% 病例于病后 1 年内死亡,病程迁延数年者罕见。

二、格斯特曼综合征

格斯特曼综合征(Gerstmann syndrome,GSS)是一种以慢性进行性小脑共济失调、构音障碍和痴呆为主要表现的疾病。其病因为人朊蛋白基因—PRNP 的遗传性基因突变所致,能引起 GSS 特征性的临床和病理综合征的突变有 P102L、A117V、F198S 和 Q217R,其中 P102L 亚型最常见。

病理特点为大脑弥漫性 PrP 淀粉样蛋白斑块,且形态多种多样,部分病例大脑皮质出现海绵状变性,以 217 亚型最明显。

好发年龄为 15 ~ 79 岁,以小脑共济失调、锥体束征和痴呆为主要表现,病程较长可持续 5 年左右,常见步态不稳、失明、耳聋、肌阵挛、下肢肌肉无力萎缩和远端感觉减退、腱反射减低、记忆力下降等症状。

最有价值的辅助检查是脑电图,在疾病晚期与 CJD 有相似特征性改变,即在慢波背景上出现 1 ~ 2Hz 周期性棘波、尖波或三相波。

本病无特殊治疗,患者存活时间为 1 ~ 11 年,是朊蛋白病中存活时间最长的一种。

三、致死性家族性失眠症

致死性家族性失眠症(fatal familial insomnia,FFI)是一种常染色体显性遗传性朊蛋白疾病,其病因亦为人朊蛋白基因 178 位密码子中的天冬氨酸(Asp)被天冬酰胺(Asn)替换所致。

病理部位主要在丘脑前腹侧和背内侧核。皮质常显示轻至中度的星形胶质细胞增生,常累及深层。有的病例可累及海马回下脚、下橄榄体、小脑皮质。

临床表现为:①顽固性失眠,患者入睡困难、夜间易醒、多梦、梦游,并进行性加重,伴有惊恐发作、恐怖等;②随意运动障碍,主要为共济失调、构音障碍、吞咽困难、肌阵挛等;③自主神经功能障碍,可有多汗、流涎、多泪、血压升高、发热和心动过速等。晚期可出现呼吸急促、反常呼吸、情感障碍、皮质性痴呆、木僵、运动减少、震颤、不能站立,最后进入昏迷,突然死亡。

本病脑电图可有特殊表现,即:睡眠期间表现为梭形波,快速眼运动相异常;在觉醒期间表现为进行性扁平背景活动,不能用药物诱导出睡眠活动。

本病亦无特殊治疗,死亡率 100%,平均存活时间为 14 个月。

第六节　螺旋体感染性疾病

螺旋体在自然界和动物体内广泛存在,是介于细菌和原虫之间的单细胞微生物,其中对人类有致病性并可累及中枢神经系统的螺旋体主要有:①密螺旋体:主要代表性疾病为梅毒,导致真皮、皮下组织和血管内皮炎症和坏死;②疏螺旋体:代表性疾病为莱姆病,可引起发热和自身免疫反应性损伤;③钩端螺旋体:代表性疾病为钩端螺旋体病,导致炎症、发热和坏死。本节将重点介绍此三种疾病。

一、神经梅毒

神经梅毒(neurosyphilis)系由苍白密螺旋体(treponema pallidum)感染人体后出现的脑脊膜、血管或脑脊髓实质损害的一组临床综合征,是晚期(Ⅲ期)梅毒全身性损害的重要表现。20 世纪 50 年代以后神经梅毒在我国几乎绝迹,但 70 年代后发病率又有上升趋势,目前在世界范围内艾滋病的流行使罹患神经梅毒患者有所增加。

【病因和发病机制】

神经梅毒的病因为感染了苍白密螺旋体,感染途径有两种,后天感染主要传播方式是不正当的性行为,男同性恋者是神经梅毒的高发人群。先天梅毒则是通过胎盘由患病母亲传染给胎儿。约 10% 未经治疗的早期梅毒患者最终发展为神经梅毒。感染后脑膜炎改变可导致蛛网膜粘连从而引起脑神经受累或循环受阻发生阻塞性脑积水。增生性动脉内膜炎可导致血管腔闭塞,脑组织的缺血、软化,神经细胞的变性、坏死和神经纤维的脱髓鞘。

【病理】

神经梅毒病理改变可分为间质型和主质型两类病变,间质型病理包括脑膜炎、增生性动脉内膜炎和梅毒样树胶肿。脑膜炎肉眼可见脑膜增厚,镜下可见软脑膜组织血管周围和蛛网膜下腔大量淋巴细胞和浆细胞浸润。增生性动脉内膜炎以脑底动脉环、豆纹动脉、基底动脉和脊髓动脉病变为主,可见动脉周围炎性细胞浸润,并可见小动脉闭塞引起脑、脊髓局灶性缺血坏死。梅毒样树胶肿分布在大脑的硬膜和软膜处,镜下表现为小血管周围组织增生,中央区坏死,外周单核及上皮样细胞围绕。主质型病理主要表现为脑组织神经细胞弥漫性变性、坏死和脱失,伴有胶质细胞的增生及神经纤维的斑块样脱髓鞘。脊髓痨可见脊髓后索和后根变性萎缩,镜下可见明显的脱髓鞘,腰骶段最明显。梅毒性视神经萎缩可见视神经纤维变性、胶质增生和纤维化。

【临床表现】

本病常见类型有无症状型神经梅毒,脑膜神经梅毒,脑膜、脊髓膜血管梅毒,脊髓痨和麻痹性神经梅毒及先天性神经梅毒。

1. **无症状型神经梅毒** 瞳孔异常是唯一提示本病的体征,根据血清学试验和检查白细胞数超过 $5×10^6$/L 可诊断,MRI 可发现脑膜有增强信号。

2. **脑膜神经梅毒** 常发生于原发性梅毒感染后 1 年内,主要为青年男性,发热、头痛和颈强等症状颇似急性病毒性脑膜炎。亚急性或慢性起病者以颅底脑膜炎多见,脑神经 Ⅱ、Ⅲ、Ⅳ、Ⅴ、Ⅵ、Ⅶ、Ⅷ可受累,偶见双侧面瘫或听力丧失;若影响脑脊液通路可致高颅压、阻塞性或交通性脑积水。

3. **脑膜、脊髓膜血管梅毒** 脑脊膜与血管的联合病变出现于原发感染后 5~30 年,神经症状缓慢出现或突然发生,体征取决于闭塞的血管。脑内囊基底核区 Heubner 动脉、豆纹动脉等最常受累,出现偏瘫、偏身感觉障碍、偏盲和失语等,颇似脑梗死的症状体征,发病前可有持续数周的头痛、人格改变等前驱症状。脊髓膜血管梅毒可表现横贯性(脊膜)脊髓炎,运动、感觉及排尿异常,需与脊髓痨鉴别。

4. **脊髓痨** 见于梅毒感染后 15~20 年,起病隐匿,表现脊髓症状,如下肢针刺样或闪电样疼痛、进行性感觉性共济失调、括约肌及性功能障碍等。阿-罗瞳孔(Argyll-Robertson pupil)是其重要体征,其他体征可见膝反射和踝反射消失,小腿震动觉、位置觉缺失和 Romberg 征阳性。10%~15% 的患者可出现内脏危象,胃危象表现为突然胃痛,伴呕吐,持续数天,钡餐透视可见幽门痉挛,疼痛可迅速消失;肠危象表现为肠绞痛、腹泻和里急后重;咽喉危象表现为吞咽和呼吸困难;排尿危象表现为排尿痛和排尿困难。病情进展缓慢,可自发或经治疗后缓解,针刺样疼痛和共济失调常持续存在。

5. **麻痹性神经梅毒** 也称麻痹性痴呆或梅毒性脑膜脑炎。多见于初期感染后的 10~30 年,发病年龄通常在 40~50 岁,以进行性痴呆合并神经损害为主,常见记忆力丧失、精神行为改变,后期出现严重痴呆、四肢瘫,可出现癫痫发作。

6. **先天性神经梅毒** 梅毒螺旋体在妊娠期 4~7 个月时由母体传播给胎儿,可为除脊髓痨以外的其他所有临床类型,多表现为脑积水及哈钦森三联症(间质性角膜炎、畸形齿、听力丧失)。

【辅助检查】

脑脊液淋巴细胞数显著增多(100~300)$×10^6$/L,蛋白质含量增高达 0.4~2g/L,糖含量减低或正常。临床上常检查非特异性螺旋体检测实验包括性病检查实验(venereal disease research laboratory,VDRL)、快速血浆抗体实验(rapid plasma regain,RRR)、梅毒螺旋体凝集实验(treponema pallidum agglutination assay,TPHA），如实验阳性,则提示可能为神经梅毒。特异性螺旋体血清学实验包括螺旋体固定术实验(treponema pallidum immobilization,TPI)和荧光密螺旋体抗体吸附试验(fluorescent treponemal antibody-absorption test,FTA-ABS),可作为神经梅毒的确诊实验,但不能用作疗效评价。胎传梅毒产前诊断可采用羊膜穿刺抽取羊水,用单克隆抗体检测梅毒螺旋体。

【诊断及鉴别诊断】

1. **诊断**　神经梅毒的诊断主要根据性混乱、艾滋病的病史或先天性梅毒感染史,神经系统受损的临床表现,如脑膜和脑血管损害症状体征,特别是阿-罗瞳孔,脑脊液检查淋巴细胞数增多,血清和脑脊液梅毒试验阳性。

2. **鉴别诊断**　本病需与其他各种原因的脑膜炎、脑炎、脑血管病、痴呆、脊髓病和周围神经病等鉴别,血液密螺旋体抗体效价增高及脑脊液密螺旋体抗体阳性具有重要价值。

【治疗】

1. **病因治疗**　本病的治疗应早期开始。①青霉素G:为首选药物,安全有效,可预防晚期梅毒的发生,剂量为1800万~2400万U/d,每次300万~400万U,每4小时一次,静脉滴注,10~14天为一疗程;②头孢曲松钠2g/d静脉滴注,连用14天;③对β-内酰胺类抗生素过敏者可选多西环素200mg,每日2次,连用30天。治疗后须在第3、6、12个月及第2、3年进行临床检查和血清、脑脊液梅毒试验,在第6个月脑脊液白细胞数仍增高、血清VDRL试验仍呈4倍增加者,可静脉注射大剂量青霉素重复治疗。

2. **对症治疗**　闪电样疼痛可用卡马西平,内脏危象用阿托品和吩噻嗪类有效。

【预后】

大多数神经梅毒经积极治疗和监测,均能得到较好转归。但神经梅毒的预后与梅毒的类型有关。35%~40%麻痹性神经梅毒患者不能独立生活,未经治疗可于3~4年死亡;脊髓梅毒预后不定,大多数患者可停止进展或改善,但部分病例治疗开始后病情仍在进展。

二、神经莱姆病

神经莱姆病(Lyme neuroborreliosis)是伯氏疏螺旋体引起的神经系统感染。我国自1985年首次报道,目前经流行病学调查及病原学证实23个省(直辖市、自治区)存在Lyme病自然疫源地。

【病因及发病机制】

病原体伯氏包柔螺旋体(Borrelia burgdorferi)通过蜱咬虫媒传递,感染人和动物,但被感染的蜱咬后不一定患病。蜱叮咬人体后,伯氏包柔螺旋体侵入皮肤并在局部孵育(Ⅰ期),多数在局部皮肤播散,形成慢性游走性红斑(erythema chronic migrans,ECM);数日至数周内(Ⅱ期),螺旋体经淋巴管进入淋巴结,或经血液播散到各个器官,此时机体产生针对伯氏包柔螺旋体鞭毛蛋白的IgG和IgM抗体,进而诱导机体的特异性免疫反应,通过循环免疫复合物的形成而致血管损伤,引起心肌、视网膜、肌肉、骨骼、滑膜、脾、肝、脑膜和大脑病变;约10%患者转变为严重的慢性病变(Ⅲ期),且治疗效果不佳。

【临床表现】

本病多发生在夏季,病程分三期。

Ⅰ期　在蜱叮咬后3~32天,除ECM外,可有头痛、肌痛、颈强直及罕见的面神经瘫痪,ECM常在3~4周后消失。

Ⅱ期　自发生股部、腹股沟或腋窝ECM后数周,出现无菌性脑膜炎或脑膜脑炎,表现为脑膜刺激征如头痛、颈强,常同时出现或先后出现双侧面神经麻痹以及畏光、眼球活动疼痛、疲劳、易怒、情绪不稳定、记忆和睡眠障碍、关节或肌肉疼痛、食欲下降和咽痛等;常累及周围神经、多个和单个神经根,出现剧烈神经根痛或肢体无力,脑脊液淋巴细胞数增多。可出现心脏传导障碍、心肌炎、心包炎、心脏扩大或心功能不全等。

Ⅲ期　常见于原发感染后数月,特征是出现慢性关节炎,常见于 HLA-DR2 阳性患者。少数患者可见慢性脑脊髓病,如记忆和认知障碍、视神经和括约肌功能异常等。

【辅助检查】

血常规正常,血沉快,血清 GOT、GPT 及 LDH 增高。脑脊液检查可见淋巴细胞数增多(100～200)×10^6/L,蛋白质轻度增高,糖含量正常。用 ELISA 法可迅速检出脑脊液和血清中伯氏包柔螺旋体特异性抗体。患者血液、脑脊液和皮肤可分离培养伯氏包柔螺旋体,但不作为常规检查。

脑电图、头颅 CT 和 MRI 检查多为正常,慢性期 CT 及 MRI 可显示脑部的多灶性病变及脑室周围损害。

【诊断】

1. **诊断**　主要根据流行病学、脑膜炎、神经根炎、脑病和脊髓病等临床表现和特异性血清学诊断试验,蜱咬伤史和 ECM 等可高度提示诊断。

2. **鉴别诊断**　本病应与特发性面神经麻痹、无菌性脑膜炎、脑血管病、脑肿瘤、多发性硬化等鉴别,血清学试验对鉴别诊断有帮助。

【治疗】

1. 伯氏疏螺旋体对四环素、氨苄西林和头孢曲松高度敏感。早期治疗:①四环素:250mg 口服,每日 4 次,每疗程 10～30 天;②多西环素,100mg 口服,每日 2 次,或阿莫西林 500mg,每日 4 次,3～4 周;③克拉霉素:250mg 口服,每日 2 次,10～30 天。

2. 脑膜炎或中枢神经系统受累可用头孢曲松(2g/d),青霉素(2000 万 U/d,分次静滴)或头孢噻肟(2g,每日 3 次),疗程 3～4 周。

三、神经系统钩端螺旋体病

钩端螺旋体病(leptospirosis)是由各种不同型的致病螺旋体引起的自然疫源性人畜共患急性传染病。神经系统钩端螺旋体病是由钩端螺旋体引起的以神经系统损害为突出表现的临床综合征。

【病因及发病机制】

人类钩端螺旋体病是由细螺旋体(Leptospira)中的单独类别 *L. interrogan* 引起,分三个亚型:犬型(Canicola)、波摩那型(Pomona)和黄疸出血型。受染动物的组织、尿液或被污染的地下水、土壤或蔬菜等为主要传染源。钩端螺旋体可以通过皮肤、呼吸道、消化道和生殖系统进入人体,一方面在组织、血液和脏器中增殖引起直接损伤,另一方面引发机体的非特异性免疫反应导致间接损害。

【临床表现】

患者常在感染后 1～2 周突然发病。临床经过分为三个阶段:

1. **早期(钩体血症期)**　有发热、头痛、全身乏力、眼结膜充血、腓肠肌压痛和浅表淋巴结肿大等感染中毒症状,一般持续 2～4 天。

2. **中期(钩体血症极期及后期)**　病后 4～10 日,表现为脑膜炎的症状和体征,剧烈头痛、频繁呕吐、颈强直和脑膜刺激征;个别病例可见大脑或脑干损害,脑脊液中可分离出钩端螺旋体。

3. **后期(后发症期或恢复期)**　大部分患者完全恢复,部分患者则出现以下类型神经系统损害的症状和体征,称为神经系统后发症。包括:①后发脑膜炎型:多为急性期后变态反应,表现脑膜刺激征,脑脊液淋巴细胞数增多,蛋白质含量可超过 1g/L,可检测到钩端螺旋体 IgM 抗体,但不能分离出螺旋体;②钩体脑动脉炎:是常见的神经系统严重并发症,急性期退热后半个月至 5 个月发病;病理改变为多发性脑动脉炎,血管内膜增厚致血管阻塞,引起脑梗死;头颅血管造影显示脑动脉闭塞或狭窄,头颅 CT 或 MRI 示大脑半球多发性或双侧梗死灶;由于大脑动脉主干闭塞和侧支循环的建立,个别病例可逐渐形成脑底异常血管网,表现为烟雾病;③脊髓损害:表现为双下肢麻木无力和尿便障碍,查体可有横贯性脊髓损害的体征;④周围神经病:可出现多脑神经损害、臂丛炎和坐骨神经炎的表现。

【治疗及预后】

疾病早期应给予青霉素治疗,疗程至少1周。对青霉素过敏者,可用四环素,疗程不得少于1周。脑膜炎和有变态反应性脑损害患者可加用糖皮质激素治疗,脑梗死患者可予血管扩张剂治疗。

无并发症的青年患者通常预后良好。50岁以上患者病后常有严重肝病和黄疸,病死率达50%。

第七节　脑寄生虫病

神经系统寄生虫感染(nervous system parasitic infection)是指寄生虫引起的脑、脊髓及周围神经的损害,可以分为中枢神经系统寄生虫感染和周围神经系统寄生虫感染。本节重点介绍以脑损害为主的常见中枢神经系统寄生虫感染。

一、脑囊虫病

脑囊虫病(cerebral cysticercosis)是由猪绦虫蚴虫(囊尾蚴)寄生脑组织形成包囊所致。50%~70%的患者可有中枢神经系统受累,是最常见的CNS寄生虫感染。本病主要发生于东北、华北、西北和山东一带,目前呈下降趋势。

【病因及发病机制】

人是猪绦虫(有钩绦虫)的中间和终末宿主。感染途径有两种,最常见的是外源性感染,即人体摄入带有被虫卵污染的食物,或是因不良卫生习惯虫卵被摄入体内致病;少见原因为内源性感染即肛门-口腔转移而形成的自身感染或者是绦虫的节片逆行入胃,虫卵进入十二指肠内孵化溢出六钩蚴,蚴虫经血液循环分布全身并发育成囊尾蚴,寄生在脑实质、脊髓、脑室和蛛网膜下腔形成囊肿。

【病理】

典型的包囊大小为5~10mm,有薄壁包膜或多个囊腔。儿童常见由数百个囊尾蚴组成的粟粒样包囊。囊虫寄生在脑部,产生异体蛋白和异物反应,出现病灶周围炎性细胞浸润、水肿、血管增生和成纤维细胞增生,随后幼虫被纤维包裹产生脑组织肿胀、坏死和神经纤维脱髓鞘改变。慢性期产生脑萎缩、视神经萎缩、囊虫机化和钙化。机化和钙化的囊虫可以使慢性炎症继续,成为对周围脑组织机械和化学刺激的根源。

【临床表现】

脑囊虫病自感染到出现症状,数日至30年不等,临床表现与囊虫数量、大小及感染部位有关。根据包囊存在的位置不同,临床表现分为四种基本类型:

1. **脑实质型**　临床表现与包囊的位置有关。皮质的包囊引起全身性和部分性痫性发作,可突然或缓慢出现偏瘫、感觉缺失、偏盲和失语;小脑的包囊引起共济失调;血管受损后可引发卒中,出现肢体无力、瘫痪、病理反射阳性。极少数患者包囊的数目很多,并分布于额叶或颞叶等部位可发生精神症状和智能障碍。罕见的情况是,在感染初期发生急性弥漫性脑炎,引起意识障碍直至昏迷。

2. **蛛网膜型**　脑膜的包囊破裂或死亡可引起脑膜刺激症状、交通性脑积水和脑膜炎等表现;包囊在基底池内转化为葡萄状后不断扩大,引起阻塞性脑积水;脊髓蛛网膜受累出现蛛网膜炎和蛛网膜下腔完全阻塞。

3. **脑室型**　在第三和第四脑室内的包囊可阻断循环,导致阻塞性脑积水。包囊可在脑室腔内移动,并产生一种球状活瓣(ball-valve)作用,可突然阻塞第四脑室正中孔,导致颅内压突然急骤增高,引起眩晕、呕吐、意识障碍和跌倒,甚至死亡,即布龙征(Brun sign)发作,少数患者可在没有任何前驱症状的情况下突然死亡。

4. **脊髓型**　非常罕见,可在颈胸段出现硬膜外的损害。

【辅助检查】

1. **血和脑脊液检查**　血常规检查嗜酸性粒细胞数增多。脑脊液检查可能正常或淋巴细胞数增多和压力升高,蛋白质含量正常或轻度升高,糖、氯化物正常。ELISA 检测血清和脑脊液囊虫抗体阳性。

2. 头颅 CT 检查   能显示囊虫的位置、数量、大小、是否钙化以及脑水肿、脑积水和脑室形态。脑囊虫在 CT 所见主要为集中或散在的直径 0.5～1.0cm 的圆形或类圆形阴影,可呈低密度、高密度或高低混杂密度影;增强扫描头节可强化。

3. 头颅 MRI 检查   根据囊虫感染的先后时间不同,可分为不同时期,有不同表现。特征性的表现为多发小囊型,多散在分布于脑实质的皮质区,能见到囊壁内侧偏于一侧有一点状影为头节,增强后囊壁或头节不增强或轻度增强(图 12-2)。

【诊断及鉴别诊断】

1. 诊断   曾居住在流行病区,并有癫痫、脑膜炎或颅内压升高表现,皮下软组织包囊或粪便中发现虫卵可提示诊断。血清囊虫抗体试验、皮下结节的囊虫活检和头部 CT、MRI 检查有助诊断。

2. 鉴别诊断   孤立的囊虫需与巨大单发的蛛网膜囊肿或脑脓肿鉴别;多发囊泡型囊虫需与多发性脑转移瘤、多发性腔隙性脑梗死鉴别。另外还须与各种脑膜炎及其他病因所致的癫痫鉴别。

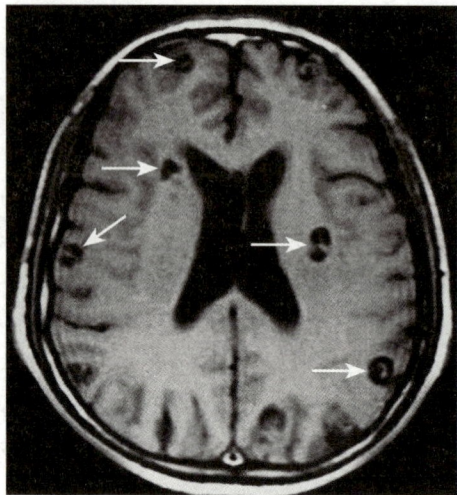

图 12-2   脑囊虫 MRI 表现
囊壁内侧偏于一侧有一点状影为头节,
增强后囊壁或头节不增强或轻度增强

【治疗】

常用药物有吡喹酮和阿苯达唑。①吡喹酮(praziquantel):是广谱抗寄生虫药,应先从小量开始,每日剂量为200mg,分 2 次口服,根据用药反应可逐渐加量,每日剂量不超过1g,成人总剂量为300mg/kg,囊虫数量少、病情较轻者,加量可较快;囊虫数量多、病情较重者,加量宜缓慢;2～3 个月后再进行第二疗程的治疗,共治疗 3～4 个疗程;②阿苯达唑(albendazole):又称丙硫咪唑,广谱抗寄生虫药,从小量开始,逐渐加量,成人总剂量为 300mg/kg,1 个月后再进行第 2 疗程,共治疗 3～4 个疗程。用药后,死亡的囊尾蚴可引起严重的急性炎症反应和脑水肿,可导致颅内压急骤增高,并可引起脑疝,用药过程中必须严密监测,应给予皮质类固醇或脱水剂治疗。

对单个病灶(尤其是在脑室内者)可手术摘除,有脑积水者可行脑脊液分流术以缓解症状,有癫痫者可使用抗癫痫药物控制发作。

二、脑型血吸虫病

我国脑型血吸虫病(cerebral schistosomiasis)大多数由日本血吸虫引起,3%～5% 的日本血吸虫患者中枢神经系统受累,多发于青壮年,男性多于女性,主要流行于长江中下游流域及南方十三省。中华人民共和国成立后我国血吸虫病曾得到基本控制,但近年来发病率又有增高趋势。

【病因及发病机制】

血吸虫卵由粪便污染水源,在中间宿主钉螺内孵育成尾蚴,人接触疫水后经皮肤或黏膜侵入人体,在门静脉系统发育为成虫,成虫侵入末梢小血管或淋巴管,逆行到达肠系膜上、下静脉,在肠壁黏膜下产卵,部分产卵异位于脑的小静脉可引起大脑损害,或经血液循环进入脑内。

【病理】

脑血吸虫病虫卵以卵栓的方式沉积于脑引起脑病理变化,另外成虫或虫卵分泌的代谢产物引起中枢神经系统中毒或过敏反应。主要病理改变为虫卵寄生后引起脑实质细胞坏死和钙沉积,炎性渗出物含有嗜酸性粒细胞和巨大细胞,形成肉芽肿,多侵犯大脑皮质。

【临床表现】

临床可分急性型和慢性型两型。①急性型：较少见，常暴发起病，在感染后 4～6 周出现症状，以脑膜脑炎为主要表现，如发热、头痛、意识模糊、嗜睡、昏迷、偏瘫、部分性及全身性痫性发作等；亦可表现为急性脊髓炎型，与常见的急性脊髓炎表现相同；②慢性型：一般发生于感染后 3～6 个月，长者可达 1～2 年，主要表现为慢性血吸虫脑病，虫卵所致肉芽肿形成。临床表现可为肿瘤型，出现颅内压升高症状如头痛、呕吐、视乳头水肿，以及局灶性神经系统损害体征；可为癫痫型，出现部分性及全身性痫性发作也很常见；亦可为脊髓压迫型，肉芽肿形成可引起急性不完全性横贯性脊髓损害的症状和体征。

【辅助检查】

急性脑型血吸虫病患者的外周血嗜酸性粒细胞、淋巴细胞数均增多。便检可以直接查到血吸虫的虫卵。如脑内肉芽肿病灶较大或由脊髓损害引起部分性蛛网膜下腔梗阻，使脑脊液压力升高，脑脊液可有轻至中度淋巴细胞数增多和蛋白质增高。免疫学检查可检测出特异性抗原。CT 和 MRI 可见脑和脊髓病灶。

【诊断】

诊断可根据患者来自血吸虫病疫区，并有疫水接触、有胃肠不适史，临床表现有颅内压增高、癫痫发作等，血中嗜酸性粒细胞增多，粪便和尿液中检出血吸虫卵。血清学试验和直肠活检亦有助于诊断。

【治疗】

药物治疗首选吡喹酮，对人类的三种血吸虫（日本、埃及和曼氏血吸虫）感染都有效。常用二日疗法，每次剂量为 10mg/kg，1 日 3 次口服。急性病例需连服 4 日。硝硫氰胺是近年来新合成的抗血吸虫药，可部分通过血脑屏障进入脑组织，成人总剂量 20～26mg/kg，分 3 次口服，每日 1 次。癫痫可给予抗癫痫药物。巨大肉芽肿病灶可行外科手术切除。若有蛛网膜下腔阻塞时常需用糖皮质激素和椎板切除减压术治疗。本病经治疗后预后较好。

三、脑棘球蚴病

脑棘球蚴病（cerebral echinococcosis）又称脑包虫病，是一种由细粒棘球绦虫的幼虫（棘球蚴）侵入颅内，形成包虫囊肿所致疾病。本病主要见于畜牧地区，我国西北、内蒙古、西藏、四川西部、陕西、河北等地均有散发。任何年龄都可罹患，农村儿童多见。

【发病机制及病理】

细粒棘球绦虫寄生于犬科动物的小肠内，人、羊、牛、马和猪等为中间宿主。人类误食被犬粪中排出的虫卵污染的饮水和蔬菜后而被感染。虫卵在人的十二指肠孵化成六钩蚴后，穿入门静脉，随血至肝、肺、脑等处，数月后发育成包虫囊肿。

脑内包虫囊肿常见于两侧大脑半球的大脑中动脉供血区，多为单发，也可见于小脑、脑室和颅底部。多数包虫可于数年后死亡，囊壁钙化，少数包虫囊肿继续生长，形成巨大囊肿。

【临床表现】

临床常见头痛、呕吐、视乳头水肿等颅内压增高的症状，颇似脑肿瘤，以及局灶性神经系统体征、癫痫发作等，病情缓慢进展，并随着脑内囊肿的增大病情逐渐加重。

【辅助检查】

CT 和 MRI 通常可发现单一的非增强的、与脑脊液密度相当的类圆形囊肿。囊肿未破裂时，嗜酸性粒细胞计数正常。60%～90% 包虫补体结合试验阳性。囊肿的破裂可导致过敏反应，通常不做脑穿刺活检。

【诊断及鉴别诊断】

诊断主要依据：①有畜牧区居住史；②出现颅内压增高的症状或局灶性神经系统症状及体征；

③包虫补体结合试验阳性；④血和脑脊液中嗜酸性粒细胞数增高；⑤CT/MRI 上发现肺包虫囊肿。此外，还需与脑肿瘤、脑囊虫病、脑脓肿等鉴别。

【治疗】

治疗需采取手术彻底摘除囊肿，但不宜穿破囊肿，否则引起过敏性休克和头节移植复发。阿苯达唑可使囊肿缩小、阻止过敏性反应和外科手术后的继发性棘球蚴病，剂量为每次 400mg，每日 2 次，连用 30 日。

四、脑型肺吸虫病

脑型肺吸虫病（cerebral paragonimiasis）是由卫氏并殖吸虫和墨西哥并殖吸虫侵入人体，移行入脑导致的中枢神经系统损害所引起的疾病。我国华北、华东、西南、华南的 22 个省、直辖市、自治区均有流行。

【发病机制及病理】

通常在食用生的或未煮熟的水生贝壳类如淡水蟹或蝲蛄（均为肺吸虫的第二中间宿主）后被感染，幼虫在小肠脱囊而出，穿透肠壁进入腹腔中移行，再穿过膈肌而达肺内发育为成虫。成虫可从纵隔沿颈内动脉周围软组织上行入颅，虫体在脑内移行时可直接引起脑组织的损害，且虫体所产生的代谢产物及大量沉积，可导致组织和异物反应。

病理为脑实质内出现互相沟通的多房性小囊肿，呈隧道式破坏，为虫体移行破坏脑组织引起，多位于颞、枕、顶叶，邻近的脑膜呈炎性粘连增厚；镜下可见病灶内组织坏死和出血，坏死区见有多数虫体或虫卵。

【临床表现】

10% ~15% 的肺吸虫病患者可累及中枢神经系统，依据临床症状可为：急性脑膜炎型、慢性脑膜炎型、急性化脓性脑膜脑炎型、脑梗死型、癫痫型、亚急性进展性脑病型、慢性肉芽肿型（肿瘤型）和晚期非活动型（慢性脑综合征）。可表现为发热、头痛、呕吐、部分性及全身性癫痫发作、偏瘫、失语、共济失调、视觉障碍、视乳头水肿、精神症状和痴呆等症状和体征。

【辅助检查】

急性期脑脊液检查可见多形核细胞增多，慢性期以淋巴细胞增多为主；蛋白质和球蛋白增高，糖降低。可有贫血、外周血嗜酸性粒细胞增多、血沉增快和血-球蛋白升高。CT 可见脑室扩大和钙化的肿块。痰液和粪便中查到虫卵、肺吸虫补体结合试验和皮肤试验阳性有助于诊断。

【诊断及鉴别诊断】

诊断主要依据：①在疫区有食用河蟹或饮生水史；②有颅内压增高的症状和体征；③肺吸虫补体结合试验或皮内试验阳性；④血中嗜酸性粒细胞增高，脑脊液中可检出嗜酸性粒细胞；⑤影像学可发现肺吸虫囊肿或钙化灶。此外，尚需与蛛网膜下腔出血、脑脓肿、结核性脑膜炎、脑肿瘤、脑囊虫病及原发性癫痫鉴别。

【治疗】

急性和亚急性脑膜脑炎患者可用吡喹酮或硫氯酚治疗。每次口服吡喹酮 10mg/kg，每日 3 次，总剂量为 120 ~150mg/kg；硫氯酚的成人剂量为 3g/d，儿童 50mg/（kg·d），分 3 次口服，10 ~15 日为一疗程，通常需重复治疗 2 ~3 疗程，疗程间隔为 1 个月。慢性肿瘤型需要外科手术治疗。

【预后】

在早期进展过程中，病死率可达 5% ~10%；晚期慢性肉芽肿形成则预后较好。

第八节   艾滋病所致神经系统障碍

艾滋病即获得性免疫缺陷综合征（acquired immunodeficiency syndrome，AIDS），是由人类免疫缺陷病毒-1(HIV-1)感染所致。10%~27%的艾滋病患者出现神经系统损害综合征。

【流行病学】

自1981年美国首次报道艾滋病以来,全球已有200多个国家和地区有报道,目前发病率还在逐年上升,成为严重威胁人类健康和生存的全球性问题。目前,我国的艾滋病疫情处于总体低流行、特定人群和局部地区高流行的态势。我国艾滋病流行具有艾滋病疫情上升速度有所减缓,性传播逐渐成为主要传播途径,疫情地区分布差异大,流行因素广泛存在等特点。

【病因及发病机制】

病原体是一种有包膜的,含RNA依赖的DNA聚合酶(反转录酶)的RNA反转录病毒(retrovirus)。有两个亚型,HIV-1能引起免疫缺陷和AIDS,呈世界性分布;HIV-2仅在非洲西部和欧洲的非洲移民及其性伴中发生,很少引起免疫缺陷和AIDS。

本病的高危人群包括同性恋和混乱性交、异性性接触、药瘾、血友病、多次输血和HIV感染者的婴儿。HIV感染后细胞免疫系统缺陷和中枢神经系统的直接感染是艾滋病神经系统损害的病因。病毒进入血液后与细胞表面CD4受体结合,破坏CD4$^+$淋巴细胞,引起机体严重的细胞免疫缺陷,导致机体对许多机会性致病菌(真菌、病毒、寄生虫)和某些肿瘤(如Kaposi肉瘤和淋巴瘤)的易感性增高,使HIV感染者继发脑弓形虫病、新型隐球菌性脑膜炎、系统性淋巴瘤等中枢神经系统疾病。HIV病毒也是一种危险的嗜神经病毒,可以透过血脑屏障直接进入中枢神经系统。病毒损害的途径包括持续性的胞内感染、免疫介导的间接损伤、由受染单核细胞和巨噬细胞释放的细胞因子、兴奋性毒性氨基酸、胞内钙超载、自由基、脂质炎性介质(花生四烯酸和血小板活化因子)、HIV基因产物如包膜糖蛋白gp120的间接细胞毒性等引起组织的炎症损害。

【临床表现】

临床上依据起病快慢、病程长短、病毒侵及神经系统的部位不同及是否伴有其他病原体感染可将AIDS的神经系统感染分为以下三类:

1. HIV原发性神经系统感染

(1) HIV急性原发性神经系统感染:初期可无症状,但神经系统表现可为HIV感染的首发症状,包括:①急性可逆性脑病:表现为意识模糊、记忆力减退和情感障碍;②急性化脓性脑膜炎:表现头痛、颈强、畏光和四肢关节疼痛,偶见皮肤斑丘疹,可有脑膜刺激征;③单发脑神经炎(如Bell麻痹)、急性上升性或横贯性脊髓炎、炎症性神经病(如Guillain-Barré综合征)。

(2) HIV慢性原发性神经系统感染:包括:①AIDS痴呆综合征:是一种隐匿进展的皮质下痴呆,约见于20%的AIDS患者。早期出现淡漠、回避社交、性欲降低、思维减慢、注意力不集中和健忘等,可见抑郁或躁狂、运动迟缓、下肢无力、共济失调,也可出现帕金森综合征等。晚期出现严重痴呆、无动性缄默、运动不能、截瘫和尿失禁等。CT或MRI显示皮质萎缩、脑室扩大和白质改变等。②复发性或慢性脑膜炎:表现为慢性头痛和脑膜刺激征,可伴有脑神经损害,以三叉、面和听神经受累最多,CSF呈慢性炎性反应,HIV培养阳性。③慢性进展性脊髓病:胸髓后索及侧索病变明显,可见脊髓白质空泡样变性(空泡样脊髓病),表现为进行性痉挛性截瘫,伴深感觉障碍、感觉性共济失调和痴呆,多数在数周至数月内完全依赖轮椅,少数在数年内呈无痛性进展,颇似亚急性联合变性,原位杂交或HIV分离培养可证实。④周围神经病:可表现远端对称性多发性神经病、进行性多发性神经根神经病和神经节神经炎等,其中以多发性神经病最常见。⑤肌病:炎性肌病最为常见,表现为亚急性起病的近端肢体肌无力,CPK或LDH增高。

2. 机会性中枢神经系统感染　自广泛应用抗反转录病毒药物以来,AIDS患者各种机会性感染发生率降低或病情减轻。

(1) 脑弓形体病:是AIDS常见的机会性感染,病情缓慢进展,出现发热、意识模糊状态和局灶性或多灶性脑病症状和体征,如脑神经麻痹或轻偏瘫、癫痫发作、头痛和脑膜刺激征等。MRI可发现基底核一处或多处大块病灶,有环形增强;PCR可检出弓形体DNA;确诊有赖于脑活检。

（2）真菌感染：以新型隐球菌感染引起脑膜炎最常见。

（3）病毒感染：单纯疱疹病毒、巨细胞病毒、带状疱疹病毒等引起脑膜炎、脑炎和脊髓炎，乳头多瘤空泡病毒引起进行性多灶性白质脑病。

（4）细菌感染：分枝杆菌、李斯特菌、金黄色葡萄球菌等引起各种脑膜炎，以结核性脑膜炎较多见。

（5）寄生虫感染：一般很少见，但近来有脑卡氏肺囊虫感染的报道。

3. **继发性中枢神经系统肿瘤**   AIDS 患者细胞免疫功能被破坏使对某些肿瘤的易感性增加，原发性淋巴瘤是 AIDS 中最常见的一种肿瘤，发生率为 0.6% ~ 3%。Kaposi 肉瘤罕见。

4. **继发性脑卒中**   肉芽肿性脑血管炎可引起多发性脑血管闭塞；非细菌性血栓性心内膜炎继发脑栓塞；血小板减少导致脑出血或蛛网膜下腔出血。

【辅助检查】

根据病情应进行皮肤、淋巴结、骨髓及胸膜活检、病毒和真菌血培养等检查，以排除机会性感染和肿瘤。脑脊液病原学检查可帮助诊断 CMV 感染、弓形体病或 PML，但阴性结果也不能排除。无症状 HIV 感染中常有脑脊液异常，须严格除外其他疾病方可诊断。患者可出现脑电图的局灶性异常。CT 和 MRI 可识别弥漫性脑损害病灶。MRS 和铊-SPECT 可鉴别肿瘤和感染。

【诊断及鉴别诊断】

1. **艾滋病神经综合征的诊断**   需根据流行病学资料、患者临床表现、免疫学和病毒学检查综合判定，CT 显示进行性脑萎缩有助于艾滋病合并痴呆的诊断；确诊主要靠脑活检、HIV 抗原及抗体测定，可行立体定向进行脑活检，ELISA 法测定 p24 核心抗原具有实用价值。脊髓病可做钆增强脊髓 MRI 检查；脑脊液检查可帮助诊断脊髓病、周围神经病；肌电图和神经传导速度检查有助于诊断周围神经病和肌病，必要时辅以肌肉和神经组织活检。

2. **鉴别诊断**   儿童艾滋病患者须与先天性免疫缺陷鉴别，前者常见腮腺炎及血清 IgA 增高，后者则少见，病史和 HIV 抗体也有助于鉴别；成人需要与应用皮质激素、血液或组织细胞恶性肿瘤等引起的获得性免疫缺陷及其他病原微生物引发的脑膜炎、脑炎等进行鉴别。

【治疗】

本病治疗原则是积极抗 HIV 治疗、增强患者免疫功能和处理机会性感染及肿瘤等神经系统并发症。

1. **抗 HIV 治疗**   目前临床常用的抗 HIV 药物包括：①核苷反转录酶抑制剂：齐多夫定、拉米夫定等；②非核苷反转录酶抑制剂：奈韦拉平等；③蛋白酶抑制剂：印地那韦等。主张用高效抗反转录病毒疗法治疗，在患者 CD4 细胞计数≤350×10^6/L 时开始治疗，采用"鸡尾酒疗法"，各类药物通过不同的组合以增强疗效。由于抗 HIV 药物的抗病毒能力、依从性、耐药性和毒性，加之药物还不能将病毒完全从体内清除，最近有学者主张采用间断疗法。

2. **增加免疫功能**   可应用异丙肌苷、甘草酸、香菇多糖、白介素-2、胸腺刺激素等或进行骨髓移植、胸腺移植、淋巴细胞输注等免疫重建。

3. **治疗机会性感染**   针对脑弓形体病用乙胺嘧啶和磺胺嘧啶，单纯疱疹病毒感染用阿昔洛韦，真菌感染用两性霉素 B。巨细胞病毒所致的神经根病的进行性疼痛可用更昔洛韦及三环类抗抑郁药如阿米替林等治疗。

4. **其他**   如中医药及针灸治疗，研究证实部分中药和针灸可提高 AIDS 患者免疫系统功能，并能一定程度的抑制 HIV。

【预后】

病情稳定进展或因伴发机会性感染急剧恶化，半数 AIDS 患者在 1 ~ 3 年内死亡。

（谢   鹏）

思　考　题

1. 临床如何确诊单纯疱疹病毒性脑炎？如何进行病因治疗？
2. 结核性脑膜炎与新型隐球菌脑膜炎如何鉴别诊断和治疗？
3. 简述自身免疫性脑炎的诊断和治疗。
4. 何为朊蛋白？CJD 的临床诊断标准是什么？
5. 神经梅毒的临床表现是什么？如何治疗？

参 考 文 献

［1］ 中华医学会神经病学分会.中国自身免疫性脑炎诊治专家共识.中华神经科杂志,2017,50(2):91-98.

［2］ 林世和,赵节绪,江新梅,等.国人 Creutzfeldt-Jakob 病若干特殊性.中华神经科杂志,1998,31:330-332.

［3］ 张哲夫,万康林,张金声,等.我国 Lyme 病的流行病学和病原学研究.中华流行病学杂志,1997,18:8-11.

［4］ Brandt T,Caplan LR,Dichgans J. Infections and Inflammatory Disease. 2nd ed. Amsterdam：Academic Press,2003.

［5］ Manji H. Neuropathy in HIV infection. Curr Opin Neurol,2000,13：589-592.

［6］ Poser S,Mollenhauer B,Kraubeta A,et al. How to improve the clinical diagnosis of Creutzfeldt-Jakob disease. Brain,1999,122:2345-2351.

［7］ Victor M,Ropper AH. Adams and Victor's Principles of neurology. 9th ed. New York；McGram-Hill,2009.

［8］ Marais S,Thwaites G,Schoeman JF,et al. Tuberculous meningitis：a uniform case defi nition for use in clinical research. Lancet Infect Dis,2010,10：803-812.

第十三章 中枢神经系统脱髓鞘疾病

概　述

　　髓鞘（myelin sheath）是包裹在有髓神经纤维轴突外面的脂质细胞膜，由髓鞘形成细胞的细胞膜所组成。中枢神经系统（central nervous system，CNS）的髓鞘形成细胞是少突胶质细胞（oligodendrocytes），周围神经系统的是施万细胞（Schwann cells）。髓鞘的主要生理作用是：①有利于神经冲动的快速传导；②对神经轴突起绝缘作用；③对神经轴突起保护作用。

　　中枢神经系统脱髓鞘疾病（CNS demyelinating diseases）是一组脑和脊髓髓鞘破坏或髓鞘脱失为主要特征的疾病，脱髓鞘是其病理过程中具有特征性的表现，包括遗传性（髓鞘形成障碍性疾病）和获得性两大类。前者主要是由于遗传因素导致某些酶的缺乏引起的神经髓鞘磷脂代谢紊乱，统称为脑白质营养不良。包括异染性脑白质营养不良、肾上腺脑白质营养不良、球样细胞脑白质营养不良和类纤维蛋白脑白质营养不良等。此类疾病比较罕见，临床表现各异，多有发育迟滞、智能进行性减退、惊厥、进行性瘫痪、肌张力变化、共济失调、视神经萎缩、眼球震颤、感音性耳聋及家族史等，确诊需要病理或酶学等检查。

　　获得性中枢神经系统脱髓鞘疾病又分为继发于其他疾病的脱髓鞘病和原发性免疫介导的炎性脱髓鞘病。前者包括缺血-缺氧性疾病（如一氧化碳中毒后迟发性白质脑病）、营养缺乏性疾病（如亚急性联合变性）、脑桥中央髓鞘溶解症、病毒感染引起的疾病（如麻疹病毒感染后发生的亚急性硬化性全脑炎和乳头多瘤空泡病毒引起的进行性多灶性白质脑病）等。后者是临床上通常所指的中枢神经系统脱髓鞘病，主要包括中枢神经系统特发性炎性脱髓鞘疾病（idiopathic inflammatory demyelinating diseases，IIDDs）。IIDDs 是一组在病因上与自身免疫相关，在病理上以中枢神经系统髓鞘脱失及炎症为主的疾病。由于疾病之间存在着组织学、影像学以及临床症候上的某些差异，构成了脱髓鞘病的一组疾病谱。除了多发性硬化（multiple sclerosis，MS）、视神经脊髓炎（neuromyelitis optica，NMO）、同心圆性硬化（Balo 病）、急性播散性脑脊髓炎（ADEM）等外，还包括临床孤立综合征（clinically isolated syndromes，CIS）等。常见的临床症状有肢体麻木、视力下降、肢体无力、大小便障碍等。这类疾病主要病理特点：①神经纤维髓鞘破坏，呈多发性小的播散性病灶，或由一个或多个病灶融合而成的较大病灶；②脱髓鞘病损分布于中枢神经系统白质，沿小静脉周围炎症细胞的袖套状浸润；③神经细胞、轴突及支持组织保持相对完整，无沃勒变性或继发传导束变性。这部分疾病是本章的主要内容。

第一节　多发性硬化

　　多发性硬化（multiple sclerosis，MS）是一种免疫介导的中枢神经系统慢性炎性脱髓鞘性疾病。本病最常累及的部位为脑室周围、近皮质、视神经、脊髓、脑干和小脑。主要临床特点为病灶的空间多发性（dissemination of lesions in space，DIS）和时间多发性（dissemination of lesions in time，DIT）。

【病因学及发病机制】

　　1. **病毒感染与自身免疫反应**　MS 病因及发病机制迄今不明，MS 与儿童期接触的某种环境因素如病毒感染有关,曾高度怀疑一些病毒如 EB 病毒、人类疱疹病毒 6 型(HHV-6)、麻疹病毒、人类嗜 T 淋巴细胞病毒 Ⅰ 型(human T lymphotropic virus-Ⅰ,HTLV-Ⅰ),但从未在 MS 患者脑组织证实或分离出病毒。

目前的资料支持 MS 是自身免疫性疾病。MS 的组织损伤及神经系统症状被认为是直接针对髓鞘抗原的免疫反应所致,如针对自身髓鞘碱性蛋白(myelin basic protein,MBP)产生的免疫攻击,导致中枢神经系统白质髓鞘的脱失,临床上出现各种神经功能的障碍。

分子模拟(molecular mimicry)学说认为患者感染的病毒可能与 MBP 或髓鞘少突胶质细胞糖蛋白(myelin oligodendrocyte glycoprotein,MOG)存在共同抗原,即病毒氨基酸序列与 MBP、MOG 等神经髓鞘组分的某段多肽氨基酸序列相同或极为相近。推测(外界病原体)感染(机体)后体内激活 T 细胞并生成相应抗体,在攻击外界病原体的同时,其可与神经髓鞘多肽片段发生交叉(免疫)反应从而导致脱髓鞘病变。

2. **遗传因素**　MS 有明显的家族倾向,两同胞可同时罹患,约15% 的 MS 患者有一个患病的亲属。患者的一级亲属患病风险较一般人群大 12~15 倍。MS 遗传易感性可能受多数微效基因的相互作用影响,与 6 号染色体组织相容性抗原 HLA-DR 位点相关。

3. **环境因素**　MS 发病率随纬度增高而呈增加趋势,离赤道越远发病率越高,南北半球皆然。提示日照减少和维生素 D 缺乏可能会增加罹患 MS 的风险。MS 高危地区包括美国北部、加拿大、冰岛、英国、北欧、澳洲的塔斯马尼亚岛和新西兰南部,患病率为 40/10 万或更高。赤道国家发病率小于 1/10万,亚洲和非洲国家发病率较低,约为 5/10 万。我国属于低发病区,与日本相似。

【病理】

MS 病理特点为炎性脱髓鞘,进展阶段主要病理为神经元变性。病理可见中枢神经系统白质内多发性脱髓鞘斑块,多位于侧脑室周围,伴反应性神经胶质增生,也可有轴突损伤。病变可累及大脑白质、视神经、脊髓、脑干和小脑。脑和脊髓冠状切面肉眼可见较多粉灰色分散的形态各异的脱髓鞘病灶,大小不一,直径为 1~20mm,以半卵圆中心和脑室周围,尤其是侧脑室前角最多见。镜下可见急性期髓鞘崩解和脱失,轴突相对完好,少突胶质细胞轻度变性和增生,可见小静脉周围炎性细胞(单核、淋巴和浆细胞)浸润。病变晚期轴突崩解,神经细胞减少,代之以神经胶质形成的硬化斑。

【临床表现】

1. **年龄和性别**　起病年龄多在 20~40 岁,10 岁以下和 50 岁以上患者少见,男女患病之比约为1:2。

2. **起病形式**　以急性/亚急性起病多见,隐匿起病仅见于少数病例。

3. **临床特征**　绝大多数患者在临床上表现为空间和时间多发性。空间多发性是指病变部位的多发,时间多发性是指缓解-复发的病程。少数病例在整个病程中呈现单病灶征象。单相病程多见于以脊髓症候起病的缓慢进展型多发性硬化和临床少见的病势凶险的急性多发性硬化。

4. **临床症状和体征**　由于多发性硬化患者大脑、脑干、小脑、脊髓可同时或相继受累,故其临床症状和体征多种多样,主要特点如下:

(1)肢体无力:最多见,大约 50% 的患者首发症状包括一个或多个肢体无力。运动障碍一般下肢比上肢明显,可为偏瘫、截瘫或四肢瘫,其中以不对称瘫痪最常见。腱反射早期正常,以后可发展为亢进,腹壁反射消失,病理反射阳性。

(2)感觉异常:浅感觉障碍表现为肢体、躯干或面部针刺麻木感,异常的肢体发冷、蚁走感、瘙痒感以及尖锐、烧灼样疼痛及定位不明确的感觉异常。疼痛感可能与脊髓神经根部的脱髓鞘病灶有关,具有显著特征性。亦可有深感觉障碍。

(3)眼部症状:常表现为急性视神经炎或球后视神经炎,多为急性起病的单眼视力下降,有时双眼同时受累。眼底检查早期可见视乳头水肿或正常,以后出现视神经萎缩。约 30% 的病例有眼肌麻痹及复视。眼球震颤多为水平性或水平加旋转性。病变侵犯内侧纵束引起核间性眼肌麻痹,侵犯脑桥旁正中网状结构(paramedian pontine reticular formation,PPRF)导致一个半综合征。

（4）共济失调：30%～40%的患者有不同程度的共济运动障碍，但 Charcot 三主征（眼震、意向性震颤和吟诗样语言）仅见于部分晚期多发性硬化患者。

（5）发作性症状：是指持续时间短暂、可被特殊因素诱发的感觉或运动异常。发作性的神经功能障碍每次持续数秒至数分钟不等，频繁、过度换气、焦虑或维持肢体某种姿势可诱发，是多发性硬化比较特征性的症状之一。强直痉挛、感觉异常、构音障碍、共济失调、癫痫和疼痛不适是较常见的多发性硬化发作性症状。其中，局限于肢体或面部的强直性痉挛，常伴放射性异常疼痛，亦称痛性痉挛，发作时一般无意识丧失和脑电图异常。被动屈颈时会诱导出刺痛感或闪电样感觉，自颈部沿脊柱放散至大腿或足部，称为莱尔米特征（Lhermitte sign），是因屈颈时脊髓局部的牵拉力和压力升高、脱髓鞘的脊髓颈段后索受激惹引起。

（6）精神症状：在多发性硬化患者中较常见，多表现为抑郁、易怒和脾气暴躁，部分患者出现欣快、兴奋，也可表现为淡漠、嗜睡、强哭强笑、反应迟钝、智能低下、重复语言、猜疑和被害妄想等。可出现记忆力减退、注意力损害。

（7）其他症状：膀胱功能障碍是多发性硬化患者的主要痛苦之一，包括尿频、尿急、尿潴留、尿失禁，常与脊髓功能障碍合并出现。此外，男性多发性硬化患者还可出现原发性或继发性性功能障碍。

CIS 定义为因首次发生的中枢神经系统脱髓鞘事件所导致的一组临床综合征，临床上既可表现为孤立的视神经炎、脑干脑炎、脊髓炎或某个解剖部位受累后症状体征（通常不包括脑干脑炎以外的其他脑炎），亦可出现多部位同时受累的复合临床表现。常见的有视力下降、肢体麻木、肢体无力、大小便障碍等；病灶特点表现为时间上的孤立，且临床症状持续 24 小时以上。

多发性硬化尚可伴有周围神经损害和多种其他自身免疫性疾病，如风湿病、类风湿综合征、干燥综合征、重症肌无力等。多发性硬化合并其他自身免疫性疾病的机制是由于机体的免疫调节障碍引起多个靶点受累的结果。

【临床分型】

美国多发性硬化协会 1996 年根据病程将 MS 分为以下四种亚型（表13-1）：复发缓解型 MS（relapsing-remitting MS,RR-MS）、继发进展型 MS（secondary progressive MS,SP-MS）、原发进展型 MS（primary progressive MS,PP-MS）和进展复发型 MS（progressive-relapsing MS,PR-MS）。该分型与 MS 的治疗决策有关：

表 13-1　多发性硬化的临床分型

临床分型	临床表现
复发缓解型 MS	最常见，80%～85%的 MS 患者最初表现为复发缓解病程，以神经系统症状急性加重，伴完全或不完全缓解为特征
继发进展型 MS	大约50%的 RR-MS 患者在发病约10年后，残疾持续进展，无复发，或伴有复发和不完全缓解
原发进展型 MS	约占10%，发病时残疾持续进展，且持续至少1年，无复发
进展复发型 MS	约占5%，发病时残疾持续进展，伴有复发和不完全缓解

注：复发型 MS（relapsing MS）包括 RR-MS、PR-MS 及伴有复发的 SP-MS

【辅助检查】

脑脊液检查、磁共振成像和诱发电位三项检查对多发性硬化的诊断具有重要意义。

1. 脑脊液（CSF）检查　可为原发进展型 MS 临床诊断以及 MS 的鉴别诊断提供的重要依据。

（1）CSF 单个核细胞（mononuclear cell,MNC）数：轻度增高或正常，一般在 $15\times10^6/L$ 以内，约 1/3 急性起病或恶化的病例可轻至中度增高，通常不超过 $50\times10^6/L$，超过此值应考虑其他疾病而非 MS。约 40% MS 病例 CSF 蛋白轻度增高。

（2）IgG 鞘内合成检测：MS 的 CSF-IgG 增高主要为 CNS 内合成，是 CSF 重要的免疫学检查。

①CSF-IgG指数：是 IgG 鞘内合成的定量指标，约 70% 以上 MS 患者增高，测定这组指标也可计算 CNS 24 小时 IgG 合成率，意义与 IgG 指数相似；②CSF-IgG 寡克隆区带（oligoclonal bands，OB）：是 IgG 鞘内合成的定性指标，OB 阳性率可达 95% 以上。应同时检测 CSF 和血清，只有 CSF 中存在 OB 而血清缺如，且 OB 检测需用等电聚焦法检测方视为有效。才支持 MS 诊断。

2. **诱发电位**　包括视觉诱发电位（VEP）、脑干听觉诱发电位（BAEP）和体感诱发电位（SEP）等，50% ~ 90% 的 MS 患者可有一项或多项异常。

3. **MRI 检查**　分辨率高，可识别无临床症状的病灶，使 MS 诊断不再只依赖临床标准。可见大小不一类圆形的 T_1 低信号、T_2 高信号，常见于侧脑室前角与后角周围、半卵圆中心及胼胝体，或为融合斑，多位于侧脑室体部，视神经可见水肿、增粗（图 13-1 ~ 图 13-5）；脑干、小脑和脊髓可见斑点状不规则 T_1 低信号及 T_2 高信号斑块；病程长的患者多数可伴脑室系统扩张、脑沟增宽等脑白质萎缩征象。

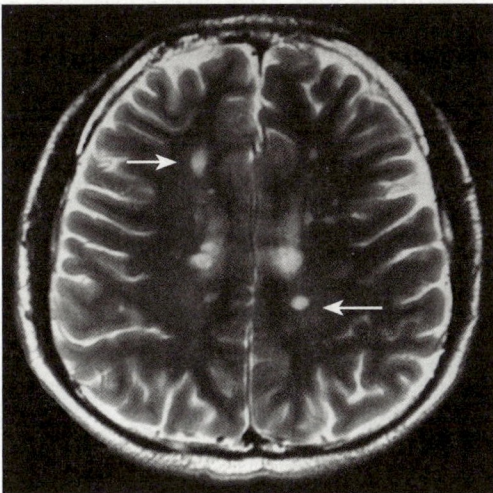

图 13-1　多发性硬化 MRI 表现
脑 MRI 扫描 T_2 加权像可见双侧脑室旁大小不一类圆形高信号脱髓鞘病灶

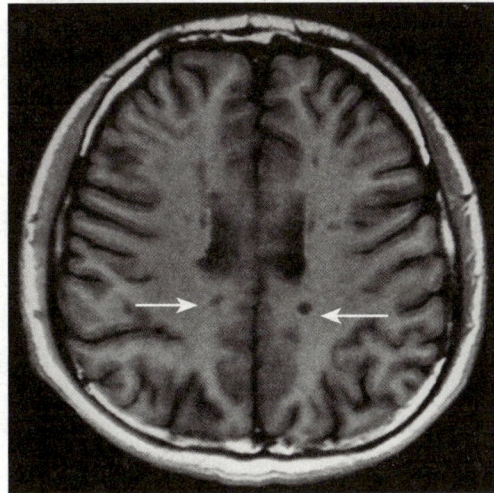

图 13-2　多发性硬化 MRI 表现
脑 MRI 扫描 T_1 加权像可见双侧侧脑室旁圆形、类圆形低信号病灶

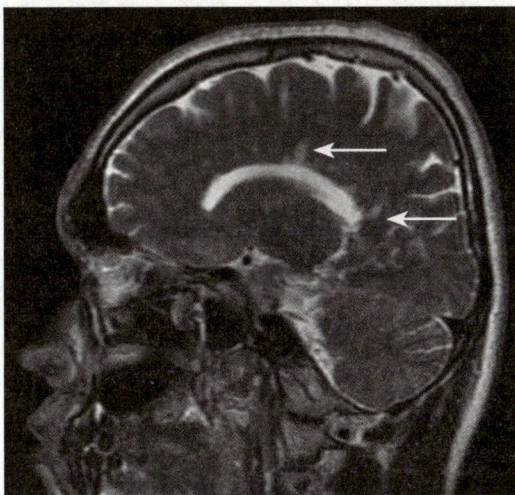

图 13-3　多发性硬化患者 MRI 表现
T_2 加权像可见垂直于侧脑室长轴的高信号病灶 Dawson 手指征

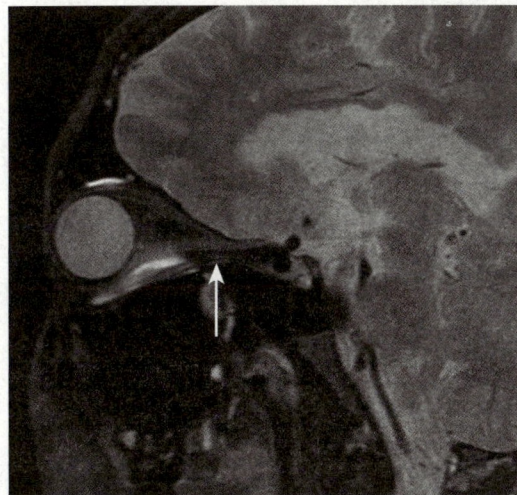

图 13-4　多发性硬化患者视神经损害 MRI 表现
压脂像可见右侧视神经水肿、增粗

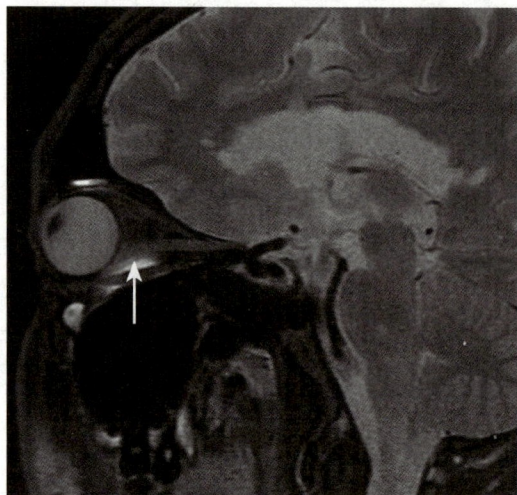

图13-5   多发性硬化患者视神经损害 MRI 表现
T_2压脂像可见左侧视神经增粗

【诊断及鉴别诊断】

1. **诊断**   ①从病史和神经系统检查,表明中枢神经系统白质内同时存在着两处以上的病灶。②起病年龄在 10~50 岁之间。③有缓解与复发交替的病史,每次发作持续 24 小时以上;或呈缓慢进展方式而病程至少 1 年以上。④可排除其他病因。如符合以上四项,可诊断为"临床确诊的多发性硬化";如①、②中缺少一项,可诊断为"临床可能的多发性硬化";如仅为一个发病部位,首次发作,诊断为"临床可疑的多发性硬化"。

目前国内外普遍采用的诊断标准有 Poser 诊断标准(表 13-2)和 McDonald 诊断标准(表 13-3)。

2. **鉴别诊断**   MS 需与以下各类白质病变相鉴别:

(1)非特异性炎症:主要与中枢神经系统其他类型的脱髓鞘疾病如急性播散性脑脊髓炎(ADEM)和视神经脊髓炎(NMO)鉴别,具体见第二节和第三节。还应注意与其他系统性疾病累及中枢神经系统鉴别,如桥本脑病、神经白塞病、神经系统结节病、狼疮脑病等。

表 13-2   Poser(1983 年)诊断标准

诊断分类	诊断标准(符合其中一条)
临床确诊 MS(clinical definite MS,CDMS)	①病程中两次发作和两个分离病灶临床证据;②病程中两次发作,一处病变临床证据和另一部位亚临床证据
实验室检查支持确诊 MS(laboratory supported definite MS,LSDMS)	①病程中两次发作,一个病变临床证据,CSF OB/IgG(+);②病程中一次发作,两个分离病灶临床证据,CSF OB/IgG(+);③病程中一次发作,一处病变临床证据和另一病变亚临床证据,CSF OB/IgG(+)
临床可能 MS(clinical probable MS,CPMS)	①病程中两次发作,一处病变临床证据;②病程中一次发作,两个不同部位病变临床证据;③病程中一次发作,一处病变临床证据和另一部位病变亚临床证据
实验室检查支持可能 MS(laboratory supported probable MS,LSPMS)	病程中两次发作,CSF OB/IgG(+),两次发作需累及 CNS 不同部位,须间隔至少一个月,每次发作需持续 24 小时

表 13-3   2010 年修订的 McDonald 诊断标准

临床表现	附加证据
2 次或 2 次以上发作[a] 客观临床证据提示 2 个或 2 个以上 CNS 不同部位的病灶或提示 1 个病灶并有 1 次先前发作的合理证据[b]	无[c]
2 次或 2 次以上发作[a] 客观临床证据提示 1 个病灶	由以下 2 项证据的任何一项证实病灶的空间多发性(DIS): ①MS 4 个 CNS 典型病灶区域(脑室周围、近皮质、幕下和脊髓)[d]中至少 2 个区域有≥1 个 T_2病灶 ②等待累及 CNS 不同部位的再次临床发作[a]

续表

临床表现	附加证据
1 次发作[a] 客观临床证据提示 2 个或 2 个以上 CNS 不同部位的病灶	由以下 3 项证据的任何一项证实病灶的时间多发性（DIT）： ①任何时间 MRI 检查同时存在无症状的钆增强和非增强病灶 ②随访 MRI 检查有新发 T_2 病灶和（或）钆增强病灶，不管与基线 MRI 扫描的间隔时间长短 ③等待再次临床发作[a]
1 次发作[a]；客观临床证据提示 1 个病灶（临床孤立综合征）	由以下 2 项证据的任何一项证实病灶的空间多发性： ①MS 4 个 CNS 典型病灶区域（脑室周围、近皮质、幕下和脊髓）[d]中至少 2 个区域有 ≥1 个 T_2 病灶 ②等待累及 CNS 不同部位的再次临床发作[a] 由以下 3 项证据的任何一项证实病灶的时间多发性 ①任何时间 MRI 检查同时存在无症状的钆增强和非增强病灶 ②随访 MRI 检查有新发 T_2 病灶和（或）钆增强病灶，不管与基线 MRI 扫描的间隔时间长短 ③等待再次临床发作[a]
提示 MS 神经功能障碍隐袭性进展（PP-MS）	疾病进展 1 年（回顾性或前瞻性确定）并具备下列 3 项中的任何 2 项[d]： ①MS 典型病灶区域（脑室周围、近皮质或幕下）有 ≥1 个 T_2 病灶，以证实脑内病灶的空间多发性 ②脊髓内有 ≥2 个 T_2 病灶，以证实脊髓病灶的空间多发性 ③CSF 阳性结果[等电聚焦电泳证据有寡克隆带和（或）IgG 指数增高]

注：临床表现符合上述诊断标准且无其他更合理的解释时，可明确诊断为 MS；当临床怀疑 MS，但不完全满足上述诊断标准时，诊断为"可能的 MS"；当用其他诊断能更合理地解释临床表现时，可排除 MS。

[a] 一次发作定义为：由患者报告的或客观观察到的，在没有发热或感染的情况下发生在当前或过去，持续 24 小时以上的一次典型的急性 CNS 脱髓鞘事件。发作应当由同时期的神经系统检查记录证实。在缺乏神经系统检查证据时，某些具有 MS 典型症状和演化特征的过去事件亦可为先前的脱髓鞘事件提供合理证据。发作性症状的报告（既往或当前）应当是至少持续 24 小时的多次发作。在确诊 MS 前，需确定至少一次发作必须由以下三种证据之一所证实：①神经系统检查的客观发现；②自诉先前有视力障碍患者的阳性 VEP 结果；③MRI 检查发现的脱髓鞘病灶与既往神经系统症状所提示的 CNS 脱髓鞘区域一致。

[b] 根据 2 次发作的客观临床发现所作出的临床诊断最为可靠。在缺乏客观神经系统检查所发现的证据时，证实一次既往发作的合理证据包括具有典型症状和炎性脱髓鞘事件演化特征的过去事件。但至少有 1 次发作必须被客观发现所支持。

[c] 不需要附加证据。但基于这些标准对 MS 作出诊断时，仍需要影像学证据。当所进行的影像学检查或其他检查（如 CSF）结果为阴性时，诊断 MS 需格外谨慎，需要考虑其他诊断。对 MS 作出诊断前必须满足：临床表现无其他更合理的解释，且必须有客观证据来支持 MS 的诊断。

[d] 钆增强病灶不作为诊断 DIS 的必须条件。对有脑干或脊髓综合征的患者，其责任病灶应被排除，不予计数

（2）血管病：多发腔隙性脑梗死、CADASIL、各种原因造成的血管炎、脊髓硬脊膜动静脉瘘和动静脉畸形等，需通过活检、血管造影等鉴别。

（3）感染：包括莱姆病、HIV、结核、梅毒、Whipple 病、热带痉挛性截瘫等，可结合病史、其他系统伴随表现、病原学检查、脑脊液实验室检验结果等进行鉴别。

（4）代谢性/中毒性：脑桥中央髓鞘溶解、Wernicke 脑病、亚急性脊髓联合变性、放射性脑病、缺氧性脑病、CO 中毒、药物中毒等。

（5）先天和遗传性疾病：脑白质营养不良、脊髓小脑变性、Friedreich 共济失调、Arnold-Chiari 畸形、线粒体病如 MELAS、Leigh 病、Leber 病，可通过临床特点和基因检测协诊。

（6）肿瘤相关：原发中枢神经系统淋巴瘤、大脑胶质瘤病、脊髓肿瘤等；此类疾病临床及影像表现可与 MS 相似，必要时需通过活检进一步鉴别。

（7）其他：可逆性脑病、颈椎病脊髓型等。

【治疗】

多发性硬化的治疗包括急性发作期治疗、缓解期治疗即疾病修饰治疗（disease-modifying therapies，DMTs）和对症治疗。急性期治疗以减轻症状、尽快减轻神经功能缺失、残疾程度为主。疾病

调节治疗以减少复发、减少脑和脊髓病灶数、延缓残疾累积及提高生存质量为主。

1. 急性发作期治疗

（1）大剂量甲泼尼龙（methylprednisolone）冲击治疗是 MS 急性发作期的首选治疗方案,短期内能促进急性发病 MS 患者的神经功能恢复。治疗的原则为大剂量、短疗程,不主张小剂量长时间应用。临床上常用两种方法:①对于病情较轻者,甲泼尼龙 1g/d 加入生理盐水 500ml,静脉滴注 3～4 小时,3～5天停药;②对于病情较严重者,从 1g/d 开始,共冲击 3～5 天,以后剂量阶梯依次减半,每个剂量使用 2～3 天,直至停药,原则上总疗程不超过 3 周。若在激素减量过程中病情再次加重或出现新的体征和（或）出现新的 MRI 病灶,可再次使用甲泼尼龙 1g/d 冲击治疗。任何形式的延长糖皮质激素用药对神经功能恢复无长期获益,并且可能导致严重不良反应。

（2）对激素治疗无效者和处于妊娠或产后阶段的患者,可选择静脉注射大剂量免疫球蛋白（intravenous immunoglobulin,IVIG）或血浆置换（plasma exchange）治疗,但疗效尚不明确。IVIG 用量为 0.4g/（kg·d）,连续用 5 天为 1 个疗程,5 天后如果没有疗效,则不建议患者继续使用;如果有疗效且疗效明显时,可继续每周使用 1 天,连用 3～4 周。血浆置换对既往无残疾的急性重症 MS 患者有一定治疗效果。

2. 疾病免疫修饰治疗

针对不同时期的 MS 病理特点,应用疾病修饰药物（disease-modifying drugs,DMDs）进行长期治疗。对复发型 MS,目标在于抑制和调节免疫,控制炎症,减少复发;对进展型 MS,一方面要控制复发,一方面神经保护和神经修复可能有效。

（1）复发型 MS:一线 DMDs 包括 β-干扰素（interferon-β,IFN-β）和醋酸格拉默（glatiramer acetate,GA）;对疾病活动性较高或对一线 DMDs 治疗效果不佳的患者,可选用二线 DMDs 治疗,包括那他珠单抗（natalizumab）和米托蒽醌（mitoxantrone）。芬戈莫德（fingolimod）和特立氟胺（teriflunomide）是目前被美国 FDA 批准用于复发型 MS 患者的两种口服药物,口服 DMDs 能改善患者的依从性。其他药物包括硫唑嘌呤（azathioprine）和静注人免疫球蛋白（IVIG）。

1）β-干扰素:IFN-β 能抑制 T 淋巴细胞的激活,减少炎性细胞穿透血脑屏障进入中枢神经系统。推荐用于治疗 RR-MS 患者,在欧洲也被批准用于治疗 SP-MS。包括 IFN-β1a 和 IFN-β1b 两类重组制剂。IFN-β1a 与人类生理性 IFN-β 结构基本无差异,IFN-β1b 缺少一个糖基,17 位上由丝氨酸取代了半胱氨酸。

IFN-β1a 有两种规格,22μg（6MIU）和 44μg（12MIU）,用法:44μg 皮下注射,3 次/周,不能耐受高剂量的患者,22μg（6MIU）皮下注射,3 次/周。IFN-β1b 常用剂量为 250μg 皮下注射,隔日 1 次。IFN-β1a 和 IFN-β1b 通常均需持续用药 2 年以上,因 MS 患者使用干扰素-β 治疗能产生中和抗体,通常用药 3 年后临床疗效下降。

常见不良反应为流感样症状（疲倦、寒战、发热、肌肉疼痛、出汗）及注射部位红肿、疼痛,大多数症状可逐渐消失,采用逐渐增量的方法可减少流感样症状的发生,睡前注射或注射前服用非甾体类抗炎药可减轻流感样症状。IFN-β 禁用于妊娠或哺乳期妇女。

2）醋酸格拉默:一种结构类似于髓鞘碱性蛋白的合成氨基酸聚合物,可能通过激活其反应性 Th2 细胞,促进抗炎性细胞因子的产生,诱导髓鞘反应性 T 细胞的免疫耐受而发挥抗炎作用。被批准用于治疗 RR-MS 患者。用法:20mg 皮下注射,1 次/日。此药耐受性较好,但可引起局部注射反应,包括红肿、硬结、压痛、发热、瘙痒。

3）那他珠单抗:为重组 α4-整合素（淋巴细胞表面的蛋白）单克隆抗体,α4-整合素与其在血脑屏障内皮细胞上的配体血管细胞黏附分子 1 结合后淋巴细胞方可进入中枢神经系统,因此那他珠单抗能阻止激活的 T 细胞通过血脑屏障。因其增加进行性多灶性白质脑病发生的风险,通常被推荐用于对其他治疗效果不佳或不能耐受的患者。用法:300mg 静脉注射,每 4 周 1 次。

4）米托蒽醌:一种具有细胞毒性和免疫抑制作用的蒽醌衍生物。通过减少 B 淋巴细胞,抑制辅助性 T 淋巴细胞功能,促进抑制性 T 细胞的活性而发挥免疫抑制作用。推荐用于 SP-MS、PR-MS 患者及重症 RR-MS 患者。对心脏功能正常的患者,通常按 $12mg/m^2$ 给药,静脉滴注,每 3 个月一次,总累积剂量 $140mg/m^2$(大约为 2~3 年内 8~12 次给药剂量)。常见副作用包括胃肠道反应、肝功能异常、脱发、感染、白细胞和血小板减少等,少见但严重的副作用包括心脏毒性和白血病,治疗期间需监测心脏功能、肝功能和血象。

5）芬戈莫德:一种针对淋巴细胞鞘氨醇 1-磷酸(s1P)受体的免疫调节剂,在体内经磷酸化后与淋巴细胞表面的 s1P 受体结合,改变淋巴细胞的迁移,促使细胞进入淋巴组织,减少中枢神经系统内淋巴细胞的浸润。2010 年被美国 FDA 批准用于治疗 RR-MS 患者。用法:0.5mg 口服,1 次/日。常见不良反应有头痛、流感、腹泻、背痛、肝转氨酶升高和咳嗽等。

6）特立氟胺:为来氟米特的活性产物,通过抑制线粒体内的二氢乳清酸脱氢酶(dihydroorotate dehydrogenase,DHODH)而抑制嘧啶合成,进而抑制淋巴细胞增殖。用法:7mg 或 14mg 口服,1 次/日。两种剂量均能降低复发率,高剂量能延缓残疾进展。常见不良反应有腹泻、肝功能损害、流感、恶心、脱发。妊娠妇女和缺乏有效避孕措施的育龄期妇女禁用。

7）硫唑嘌呤:具有细胞毒性及免疫抑制作用,对降低年复发率可能有效,但不能延缓残疾进展。对无条件应用一、二线 DMDs 或治疗无效的患者,在充分评估疗效/风险比的前提下,可选择硫唑嘌呤治疗。推荐剂量为 1~2mg/(kg·d) 口服,1~2 次/日,用药期间需严密监测血常规及肝、肾功能,长期应用会增加恶性肿瘤发生的风险。

8）富马酸二甲酯(Dimethyl fumarate,DMF):是一种治疗 RR-MS 的免疫抑制药物,主要是通过激活核转录因子 Nrf2 发挥其作用。用法:120mg 口服,2 次/日或 240mg 2 次/日。常见不良反应包括恶心、腹泻、腹痛等胃肠道症状及面部潮红、头痛等。

9）利妥昔单抗(rituximab):是一种 B 细胞 CD20+抗原抑制剂单克隆抗体,可用于治疗 RR-MS 及 SP-MS,用法:600mg/24 周,共 96 周(4 次)。不良反应为皮疹、头痛、瘙痒、心律失常、鼻炎、荨麻疹等。

10）奥他丽珠单抗(ocrelizumab):是一种 B 细胞 CD20+抗原抑制剂单克隆抗体,用于治疗 RR-MS 或 PP-MS。用法:开始剂量:300mg 静脉输注,两周以后给予第二次 300mg 静脉输注,随后剂量:每 6 个月 600mg 静脉输注。不良反应:皮肤瘙痒、头痛、呼吸道感染等。

11）阿仑单抗(alemtuzumab):是一种靶向 CD52 细胞溶解单抗,适用于 RR-MS、PP-MS 特别是已对治疗 MS 两种或更多药物疗效不佳的患者。用法:第一疗程:12mg/d,静脉注射连续使用 5 天;第二疗程:在第一疗程之后 1 年静脉注射 12mg/d,连续使用 3 天。常见的不良反应为:皮疹、头痛、发热、恶心、泌尿系感染,疲乏、失眠、关节炎等。

（2）继发进展型 MS:米托蒽醌为目前被美国 FDA 批准用于治疗 SP-MS 的唯一药物,能延缓残疾进展。其他药物如环孢素 A(cyclosporine A)、甲氨蝶呤(methotrexate,MTX)、环磷酰胺(cyclophosphamide,CTX)可能有效。对不伴复发的 SP-MS,目前治疗手段较少。

（3）原发进展型 MS:目前尚无有效的治疗药物,主要是对症治疗和康复治疗。β-干扰素及血浆置换治疗无效。环孢素 A、甲氨蝶呤、环磷酰胺可能有效。

3. 对症治疗

（1）疲劳:药物治疗常用金刚烷胺(amantadine)或莫达非尼(modafinil),用量均为 100~200mg/d,早晨服用。职业治疗、物理治疗、心理干预及睡眠调节可能有一定作用。

（2）行走困难:中枢性钾通道拮抗剂达方吡啶(dalfampridine),是一种能阻断神经纤维表面的钾离子通道的缓释制剂,2010 年被美国 FDA 批准用来改善各种类型 MS 患者的行走能力。推荐剂量为 10mg 口服,2 次/日,间隔 12 小时服用,24 小时剂量不应超过 20mg。常见不良反应包括泌尿道感染、失眠、头痛、恶心、背痛、灼热感、消化不良、鼻部及喉部刺痛等。

（3）膀胱功能障碍:可使用抗胆碱药物解除尿道痉挛、改善储尿功能,如索利那新(solifenacin)、托特罗定(tolterodine)、非索罗定(fesoterodine)、奥昔布宁(oxybutynin),此外,行为干预亦有一定效果。尿液排空功能障碍患者,可间断导尿,3~4 次/日。混合性膀胱功能障碍患者,除间断导尿外,可联合抗胆碱药物或抗痉挛药物治疗,如巴氯芬(baclofen)、多沙唑嗪(doxazosin)、坦索罗辛(tamsulosin)等。

（4）疼痛:对急性疼痛如 Lhermitte sign,卡马西平或苯妥英钠可能有效。度洛西汀(duloxetine)和普瑞巴林(pregabalin)对神经病理性疼痛可能有效。对慢性疼痛如痉挛性疼痛,可选用巴氯芬或替扎尼定(tizanidine)治疗。加巴喷丁(gabapentin)和阿米替林(amitriptyline)对感觉异常如烧灼感、紧束感、瘙痒感可能有效。配穿加压长袜或手套对缓解感觉异常可能也有一定效果。

（5）认知障碍:目前仍缺乏疗效肯定的治疗方法。可应用胆碱酯酶抑制剂如多奈哌齐(donepezil)和认知康复治疗。

（6）抑郁:可应用选择性 5-羟色胺再摄取抑制剂(SSRI)类药物。心理治疗也有一定效果。

（7）其他症状:如男性患者勃起功能障碍可选用西地那非(sildenafil)治疗。眩晕症状可选择美克洛嗪(meclizine)、昂丹司琼(ondansetron)或东莨菪碱(scopolamine)治疗。

【预后】

急性发作后患者至少可部分恢复,但复发的频率和严重程度难以预测。提示预后良好的因素包括女性、40 岁以前发病、单病灶起病、临床表现视觉或感觉障碍、最初 2~5 年的低复发率等,出现锥体系或小脑功能障碍提示预后较差。尽管最终可能导致某种程度功能障碍,但大多数 MS 患者预后较乐观,约半数患者发病后 10 年只遗留轻度或中度功能障碍,病后存活期可长达 20~30 年,但少数可于数年内死亡。

第二节　视神经脊髓炎

视神经脊髓炎(neuromyelitis optica,NMO)是免疫介导的主要累及视神经和脊髓的原发性中枢神经系统炎性脱髓鞘病。Devic(1894)首次描述了单相病程的 NMO,称为 Devic 病。视神经脊髓炎在中国、日本等亚洲人群的中枢神经系统脱髓鞘病中较多见,而在欧美西方人群中较少见。

【病因及发病机制】

NMO 的病因及发病机制尚不清楚。长期以来关于 NMO 是独立的疾病实体,还是多发性硬化(MS)的亚型一直存在争议。2004 年 Lennon 等在 NMO 患者血清中发现了一种较为特异的抗体,其靶抗原位于星形胶质细胞足突的水通道蛋白4(aquaporin-4,AQP4),在 NMO 的发病机制中发挥了重要作用。目前认为 NMO 的可能发病机制为,AQP4-Ab 与 AQP4 特异性结合,并在补体参与下激活了补体依赖和抗体依赖的细胞毒途径,继而造成星形胶质细胞坏死,炎症介质释放和炎性反应浸润,最终导致少突胶质细胞的损伤以及髓鞘脱失。由于 NMO 在免疫机制、病理改变、临床和影像改变、治疗和预后等方面均与 MS 有差异,故大部分学者认为 NMO 是不同于 MS 的疾病实体。

【病理】

NMO 的病灶主要位于视神经和脊髓,部分患者有脑部非特异性病灶。病理改变是白质脱髓鞘、坏死甚至囊性变,脊髓病灶长于 3 个椎体节段,病灶位于脊髓中央,脱髓鞘及急性轴索损伤程度较重。浸润的炎性细胞包括巨噬细胞、淋巴细胞(以 B 淋巴细胞为主),中性粒细胞及嗜酸性粒细胞。血管周围可见抗体和补体呈玫瑰花环样沉积,可见病灶血管透明性变。

【临床表现】

1. 多在 5~50 岁发病,平均年龄 39 岁,女性多发,女:男比例5~10:1。

2. 单侧或双侧视神经炎(optic neuritis,ON)以及急性脊髓炎(acute myelitis)是本病主要表现,其初期可为单纯的视神经炎或脊髓炎,亦可两者同时出现,但多数先后出现,间隔时间不定。

3. 视神经炎可单眼、双眼间隔或同时发病。多起病急,进展快,视力下降可至失明,伴眶内疼痛,眼球运动或按压时明显。眼底可见视乳头水肿,晚期可见视神经萎缩,多遗留显著视力障碍。

4. 横贯性脊髓炎,症状常在几天内加重或达到高峰,表现为双下肢瘫痪、双侧感觉障碍和尿潴留,且程度较重。累及脑干时可出现眩晕、眼震、复视、顽固性呃逆和呕吐、饮水呛咳和吞咽困难。根性神经痛、痛性肌痉挛和 Lhermitte 征也较为常见。

5. 部分 NMO 患者可伴有其他自身免疫性疾病,如系统性红斑狼疮、干燥综合征、混合结缔组织病、重症肌无力、甲状腺功能亢进、桥本甲状腺炎、结节性多动脉炎等,血清亦可检出抗核抗体、抗SSA/SSB 抗体、抗心磷脂抗体等。

6. 经典 Devic 病为单时相病程,80% ~90% 的 NMO 患者呈现反复发作病程,称为复发型 NMO,常见于亚洲人群。此外,有一些发病机制与 NMO 类似的非特异性炎性脱髓鞘病,其 NMO-IgG 阳性率亦较高。Wingerchuk 将其归纳并提出了视神经脊髓炎谱系疾病(neuromyelitis optica spectrum disorders,NMOSDs)的概念。NMOSDs 有六组核心临床症状,除上述视神经炎、急性脊髓炎外,还可以有下列特征性表现的一项或多项:①最后区综合征:可为单一首发症状,表现为顽固性呃逆、恶心、呕吐,不能用其他原因解释;②急性脑干综合征:可发生在脑干及第四脑室周边,表现为头晕、复视、共济失调等;③急性间脑综合征:病变主要位于下丘脑,可有嗜睡、发作性睡病样表现、顽固性低钠血症、体温调节异常等症状;④大脑综合征:主要损害大脑半球白质或胼胝体,具体表现为意识水平下降、认知语言等高级皮质功能减退、头痛等。部分病变无明显临床表现。

【辅助检查】

1. **脑脊液**　细胞数正常或轻中度增高,约 1/3 的单相病程及复发型患者 MNC>50×10^6/L;复发型患者 CSF 蛋白轻中度增高,脑脊液蛋白电泳可检出寡克隆区带,但检出率较 MS 低。

2. **血清 NMO-IgG(AQP4 抗体)**　NMO 血清 AQP4 抗体多为阳性,而 MS 多为阴性,为鉴别NMO 与 MS 的依据之一。血清 NMO-IgG 是 NMO 相对特异性自身抗体标志物,其强阳性提示疾病复发可能性较大。

3. **MRI 检查**　NMO 患者脊髓 MRI 的特征性表现为脊髓长节段炎性脱髓鞘病灶,连续长度一般≥3 个椎体节段,轴位像上病灶多位于脊髓中央,累及大部分灰质和部分白质(图 13-6、图 13-7)。病灶主要见于颈段、胸段,急性期病灶处脊髓肿胀,严重者可见空洞样改变,增强扫描后病灶可强化。颈段病灶可向上延伸至延髓下部,恢复期病变处脊髓可萎缩。视神经 MRI 提示受累视神经肿胀增粗,T$_2$加权像呈"轨道样"高信号。增强扫描可见受累视神经有小条状强化表现。超过半数患者最初脑 MRI检查正常,随病程进展,复查 MRI 可发现脑内脱髓鞘病灶,多位于皮质下区、下丘脑、丘脑、第三脑室、第四脑室周围、大脑脚等部位,这些病灶不符合 MS 的影像诊断标准。

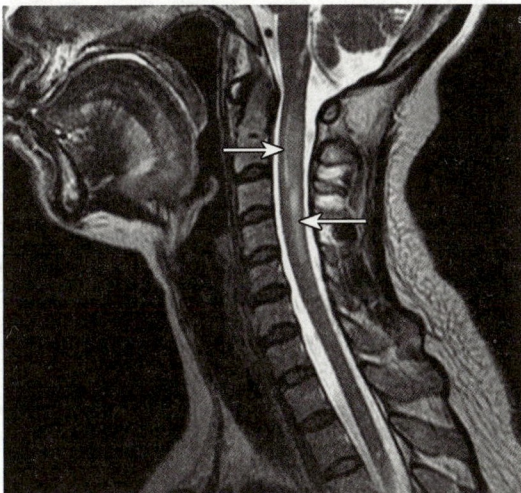

图 13-6　视神经脊髓炎 MRI 表现

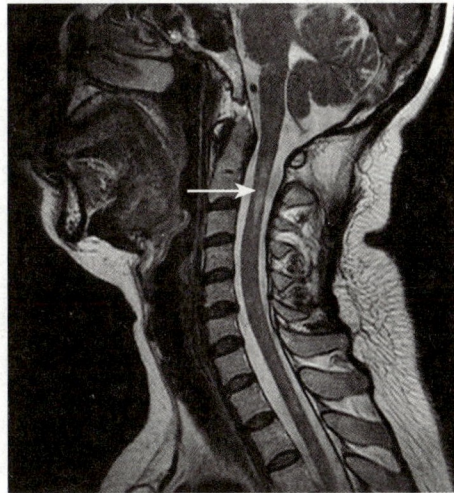

图 13-7　视神经脊髓炎颈段 MRI 表现
颈段脊髓 MRI 扫描 T$_2$加权像示线样征:C$_{1~5}$水平脊髓条片状高信号影,病灶处脊髓肿胀,STIR 像可见 C$_{1~5}$椎间隙水平高信号病灶

4. 视觉诱发电位   P100 潜伏期显著延长,有的波幅降低或引不出波形。在少数无视力障碍患者中也可见 P100 延长。

5. 血清其他自身免疫抗体   NMO 患者可出现血清 ANAs 阳性,包括 ANA、抗 dsDNA、抗着丝粒抗体(ACA)、抗 SSA 抗体、抗 SSB 抗体等。

【诊断及鉴别诊断】

1. 诊断   根据同时或相继发生的视神经炎、急性横贯性脊髓炎的临床表现,结合脑和脊髓 MRI 以及 NMO-IgG 血清学检测结果可做出临床诊断。目前国内外普遍采用 2006 年 Wingerchuk 修订的 NMO 诊断标准(表 13-4)和 2015 年国际 NMO 诊断小组(IPND)制定的 NMOSD 诊断标准(表 13-5)。新的诊断标准将 NMO 纳入 NMOSD 统一命名,着重强调了 AQP4-IgG 的诊断特异性。

表 13-4   2006 年 Wingerchuk 修订的 NMO 诊断标准

必要条件:	(2)头颅 MRI 不符合 MS 诊断标准
(1)视神经炎	(3)血清 NMO-IgG 阳性
(2)急性脊髓炎	诊断:
支持条件:	具备全部必要条件和支持条件中的任意 2
(1)脊髓 MRI 异常病灶≥3 个椎体节段	条,即可诊断 NMO

表 13-5   成人 NMOSD 诊断标准(IPND,2015)

AQP4-IgG 阳性的 NMOSD 诊断标准:

(1)至少 1 项核心临床特征

(2)用可靠的方法检测 AQP4-IgG 阳性[推荐细胞分析法(CBA)]

(3)排除其他诊断

AQP4-IgG 阴性或 AQP4-IgG 未知状态的 NMOSD 诊断标准:

(1)在 1 次或多次临床发作中,至少 2 项核心临床特征并满足下列全部条件:

1)至少 1 项核心临床特征为视神经炎、急性长节段横贯性脊髓炎或延髓最后区综合征

2)空间多发(两个或以上不同的核心临床特征)

3)满足 MRI 附加条件

(2)用可靠的方法检测 AQP4-IgG 阴性或未检测

(3)排除其他诊断

核心临床特征:

(1)视神经炎

(2)急性脊髓炎

(3)最后区综合征,无其他原因能解释的发作性呃逆、恶心、呕吐

(4)急性脑干综合征

(5)症状性发作性睡病、间脑综合征,同时 MRI 伴有 NMOSD 特征性间脑病变

(6)大脑综合征伴有 NMOSD 特征性大脑病变

AQP4-IgG 阴性或未知状态下的 NMOSD MRI 附加条件:

(1)急性视神经炎:需脑 MRI 有下列表现之一:

1)脑 MRI 正常或仅有非特异性白质病变

2)视神经长 T_2 或 T_1 增强信号>1/2 视神经长度,或病变累及视交叉

(2)急性脊髓炎:长脊髓病变≥3 个连续椎体节段,或有脊髓炎病史的患者相应脊髓萎缩≥3 个连续椎体节段

(3)最后区综合征:延髓背侧/最后区病变

(4)急性脑干综合征:脑干室管膜周围病变

注:NMOSD:视神经脊髓炎谱系疾病;AQP4-IgG:水通道蛋白 4 抗体

2. 鉴别诊断　NMO 主要与 MS 相鉴别,根据两者不同的临床表现、影像学特征、血清 NMO-IgG 以及相应的临床诊断标准进行鉴别(表 13-6)。此外,还应与 Leber 视神经病、亚急性坏死性脊髓病、亚急性联合变性、脊髓硬脊膜动静脉瘘、梅毒性视神经脊髓病、脊髓小脑性共济失调、遗传性痉挛性截瘫、脊髓肿瘤、脊髓血管病、热带痉挛性截瘫及某些结缔组织病,如系统性红斑狼疮、白塞氏病、干燥综合征、系统性血管炎等伴发的脊髓损伤相鉴别。

表 13-6　视神经脊髓炎与多发性硬化的临床及辅助检查的鉴别

临床特点	视神经脊髓炎	多发性硬化
种族	亚洲人多发	西方人多发
前驱感染或预防接种史	多无	可诱发
发病年龄	5～50 岁多见,中位数 39 岁	儿童和 50 岁以上少见,中位数 29 岁
性别(女：男)	(5～10)：1	2：1
发病严重程度	中重度多见	轻、中度多见
发病遗留障碍	可致盲或严重视力障碍	致盲率较低
临床病程	>85% 为复发型,少数为单时相型,无继发进展过程	85% 为复发-缓解型,最后大多发展成继发-进展型,10% 为原发-进展型,5% 为进展-复发型
血清 NMO-IgG	大多阳性	大多阴性
脑脊液细胞	多数患者白细胞>5×10^6/L,少数患者白细胞>50×10^6/L,中性粒细胞较常见,甚至可见嗜酸性粒细胞	多数正常,白细胞<50×10^6/L,以淋巴细胞为主
脑脊液寡克隆区带阳性	较少见(<20%)	常见(>70%～95%)
IgG 指数	多正常	多增高
脊髓 MRI	长脊髓病灶>3 个椎体节段,轴位像多位于脊髓中央,可强化	脊髓病灶<2 个椎体节段,多位于白质,可强化
脑 MRI	早期可无明显病灶,或皮质下、下丘脑、丘脑、延髓最后区、导水管周围斑片状、片状高信号病灶,无明显强化	近皮质下白质、小脑及脑干、侧脑室旁白质圆形、类圆形、条片状高信号病灶,可强化

【治疗】

视神经脊髓炎的治疗包括急性发作期治疗、缓解期治疗和对症治疗。

1. 急性发作期治疗　以减轻急性期症状、缩短病程、改善残疾程度和防治并发症为目的,主要治疗方法有糖皮质激素、血浆置换以及静脉滴注免疫球蛋白(IVIG),对合并其他自身免疫疾病的患者,可选择激素联合其他免疫抑制剂如环磷酰胺治疗。

(1)糖皮质类激素:首选大剂量甲泼尼龙冲击疗法,能减轻炎性反应、促进 NMO 病情缓解。从 1g/d 开始,静脉滴注 3～4 小时,共 3 天,此后改为 500mg/d,250mg/d,直至减量至 60～80mg 时改为口服,酌情逐渐减量,对激素依赖性患者,激素减量过程要慢,每周减 5mg,至维持量(15～20mg/d),小剂量激素维持时间应较 MS 长一些。

(2)静脉滴注免疫球蛋白(IVIG):无血浆置换条件的患者,可使用静脉滴注免疫球蛋白(IVIG)治疗,用量为 0.4g/(kg·d),静脉滴注,一般连续用 5 天为一个疗程。

(3)血浆置换:对大剂量甲泼尼龙冲击疗法反应较差的患者,应用血浆置换疗法可能有一定效果。一般建议置换 3～5 次,每次用血浆 2～3L,多数置换 1～2 次后奏效。

(4)激素联合其他免疫抑制剂:在激素冲击治疗收效不佳时,尤其是合并其他自身免疫疾病的患者,可选择激素联合其他免疫抑制剂治疗。

2. 缓解期治疗　主要通过抑制免疫达到降低复发率,延缓残疾累积的目的,需长期治疗。一线药物包括硫唑嘌呤、吗替麦考酚酯(mycophenolatemofetil,MMF)、利妥昔单抗(rituximab)和甲氨蝶呤。二线药物可选用环磷酰胺、米托蒽醌、那他珠单抗等。

(1)硫唑嘌呤:按2~3mg/(kg·d)单用或联合口服小剂量泼尼松[0.75mg/(kg·d)]。通常在硫唑嘌呤起效后(4~5个月)将泼尼松渐减量至小剂量长期维持。其副作用主要为白细胞降低、肝功能损害、恶心呕吐等胃肠道反应。用药期间需严密监测血常规及肝、肾功能。

(2)吗替麦考酚酯:又称霉酚酸酯,其活性产物是霉酚酸,后者是高效、选择性、非竞争性、可逆性的次黄嘌呤单核苷酸脱氢酶抑制剂,可抑制鸟嘌呤核苷酸的经典合成途径,对淋巴细胞具有高度选择作用。通常1~3g/d,分2次口服,单用或联合口服小剂量泼尼松,其不良反应主要为胃肠道症状、骨髓抑制和机会性感染。

(3)利妥昔单抗:一种针对B细胞表面CD20的单克隆抗体,用法:1000mg静脉滴注,共用2次(间隔2周)为一个疗程,或按体表面积375mg/m²静脉滴注,每周1次,连用4周为一疗程。间隔6~9月可进行第二疗程治疗。每次静脉滴注前1小时使用止痛药(如对乙酰氨基酚)和抗过敏药(如苯海拉明),可减少输注相关不良反应的发生并降低其程度。

(4)甲氨蝶呤:甲氨蝶呤耐受性及依从性较好,适用于不能耐受硫唑嘌呤副作用的患者。一般推荐15mg/w单用,或者与小剂量泼尼松合用。

(5)环磷酰胺:对降低年复发率可能有效,按7~25mg/kg静脉滴注,每月1次,共用6个月。可同时静脉滴注美司钠(uromitexan),以预防出血性膀胱炎。用药期间需监测血常规,肝肾功能。

(6)米托蒽醌:每月12mg/m²,共6个月,之后每3个月12mg/m²,共9个月。

(7)那他珠单抗:一种选择性地与整合素α4结合的重组人单克隆抗体,对其他治疗效果不佳的患者可能有效。用法:300mg静脉注射,每4周1次。长期应用会增加进行性多灶性白质脑病的发生风险。

3. 对症治疗　见本章第一节多发性硬化。

【预后】

NMO的临床表现较MS严重,且多数NMO早期的年复发率高于MS,导致全盲或截瘫等严重残疾。单相型病损重于复发型,但长期预后如视力、肌力、感觉功能均较复发型好,不复发且遗留的神经功能障碍不再进展。单相型患者5年生存率约90%。复发型NMO预后差,5年内约有半数患者单眼视力损伤较重或失明,约50%复发型NMO患者发病5年后不能独立行走。复发型患者5年生存率约68%,1/3患者死于呼吸衰竭。与MS不同,NMO基本不发展为继发进展型。

第三节　急性播散性脑脊髓炎

急性播散性脑脊髓炎(acute disseminated encephalomyelitis,ADEM)是广泛累及脑和脊髓白质的急性炎症性脱髓鞘疾病,通常发生在感染后、出疹后或疫苗接种后。其病理特征为多灶性、弥散性髓鞘脱失。

【病因及发病机制】

ADEM的发病机制不清。可能的机制是机体在病毒感染、疫苗接种后机体免疫功能被过度激活,导致自身免疫反应,或是由于某种因素引起了隐蔽抗原的释放,机体错误识别这些抗原,从而导致机体发生针对自身髓鞘的免疫攻击。

【病理】

病理表现主要是静脉周围出现炎性脱髓鞘,病变散布于大脑、脑干、小脑和脊髓的灰质和白质,以白质为主,病灶多围绕在小和中等静脉周围,自0.1mm至数毫米(融合时)不等,脱髓鞘区可见小神经胶质细胞,血管周围有炎性细胞浸润形成的血管袖套。常见多灶性脑膜浸润,程度多不严重。

【临床表现】

该病好发儿童和青壮年,多为散发,无季节性,感染或疫苗接种后1～2周急性起病,患者常突然出现高热、头痛、头昏、全身酸痛,严重时出现痫性发作、昏睡和深昏迷等;脊髓受累可出现受损平面以下的四肢瘫或截瘫;锥体外系受累可出现震颤和舞蹈样动作;小脑受累可出现共济运动障碍。急性坏死性出血性脑脊髓炎(acute necrotizing hemorrhagic encephalomyelitis)又称为急性出血性白质脑炎,亦称 Weston-Hurst 综合征,认为是 ADEM 暴发型。常见于青壮年,病前1～2周内可有上呼吸道感染病史,起病急骤,病情凶险,症状体征2～4日内到高峰,死亡率高。表现高热、意识模糊或昏迷进行性加深、烦躁不安、痫性发作、偏瘫或四肢瘫;CSF 压力增高、细胞数增多;EEG 弥漫慢活动;CT 见大脑、脑干和小脑白质不规则低密度区。

【辅助检查】

1. 外周血白细胞增多,血沉加快。脑脊液压力增高或正常,CSF 单核细胞(MNC)增多,急性坏死性出血性脑脊髓炎则以多核细胞为主,红细胞常见,蛋白轻度至中度增高,以 IgG 增高为主,可发现寡克隆带。

2. EEG 常见弥漫的 θ 和 δ 波,亦可见棘波和棘慢复合波。

3. CT 显示白质内弥散性多灶性大片或斑片状低密度区,急性期呈明显增强效应。MRI 可见脑和脊髓灰白质内散在多发的 T_1 低信号、T_2 高信号病灶(图 13-8)。

【诊断及鉴别诊断】

1. **诊断**　根据感染或疫苗接种后急性起病的脑实质弥漫性损害、脑膜受累和脊髓炎症状,CSF-MNC 增多、EEG 广泛中度异常、CT 或 MRI 显示脑和脊髓内多发散在病灶等可作出临床诊断。

临床特征:①中枢神经系统炎性脱髓鞘疾病的首次临床发作;②急性或亚急性起病;③中枢神经系统的进行性多发脑白质病变;④中枢神经系统的进行性多发脑白质病变;⑤表现为多个神经系统受累症状;⑥出现脑病症状:精神行为异常、刺激症状和(或)睡眠障碍及意识障碍;⑦临床和(或)头颅 MRI 改变;⑧排除其他原因。

头颅 MRI FLAIR 和 T_2 像上的病变特征及变化:①严重的(病灶>1～2cm)进行性多发脑白质病灶,呈高信号,双侧大脑半球均累及,左右可不对称,幕上、皮质下白质受累为主,头颅 MRI 偶尔也会只在脑白质产生严重的(病灶>1～2cm)突发病变;②灰质、基底节区、下丘脑也可出现病灶;③由于头颅 MRI 的异常,各段脊髓 MRI 异常提示髓内病变。头颅 MRI 无法显示出之前所破坏的脑白质的变化过程。

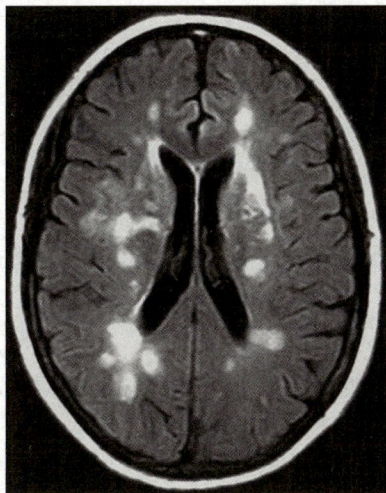

图 13-8　急性播散性脑脊髓炎的 MRI 表现
T_1 加权像可见双侧大脑半球脑白质非对称分布片状病灶

2. **鉴别诊断**

(1)单纯疱疹病毒性脑炎:单纯疱疹病毒性脑炎高热、抽搐多见,急性播散性脑脊髓炎相对较少见,脑脊液检查前者单纯疱疹病毒抗体滴度增高,病程中2次及2次以上抗体滴度呈4倍以上增加,且单纯疱疹病毒性脑炎 MRI 表现大脑颞叶、额叶的长 T_1、长 T_2 异常信号,而 ADEM 则表现为弥漫性的长 T_1、长 T_2 异常信号,以白质损害为主。

(2)多发性硬化:ADEM 与 MS 的鉴别要点见表 13-7。

表 13-7   急性播散性脑脊髓炎与多发性硬化的鉴别要点

临床特点	MS	ADEM
性别	女>男	无性别差异
"感冒样"前驱	不一定有	经常有
脑病症状	疾病早期很少	常见
发病次数	多次	单次或多次,少数为复发型或多相型
MRI 的灰白质大片病灶	很少	经常见到
MRI 追踪改变	有复发和新病灶出现	病灶可消失或仅有少许后遗症
CSF 白细胞增多	很少见(若有,不多于 50 个)	不同程度
寡克隆带	经常阳性	多为一过性阳性
对皮质激素反应	很好	非常好

【治疗】

早期足量应用糖皮质激素是治疗 ADEM 的主要方法,作用机制是抑制炎性脱髓鞘的过程,减轻脑和脊髓的充血水肿,保护血脑屏障。目前主张静滴甲泼尼龙 500~1000mg/d 或地塞米松 20mg/d 进行冲击治疗,以后逐渐减为泼尼松口服。

对糖皮质激素疗效不佳者可考虑用血浆置换或免疫球蛋白冲击治疗。

【预后】

ADEM 多为单相病程,病程历时数周,预后与发病诱因和病情的严重程度有关,多数患者可以恢复。据报道死亡率为 5%~30%,存活者常遗留明显的功能障碍,儿童恢复后常伴精神发育迟滞或癫痫发作等。

第四节　弥漫性硬化和同心圆性硬化

一、弥漫性硬化

弥漫性硬化(diffuse sclerosis)是亚急性或慢性广泛的脑白质脱髓鞘疾病。Schilder(1912)首先以弥漫性轴周脑炎(encephalitis periaxalis diffusa)报告,故又称为 Schilder 病。

【病因和病理】

病因迄今未明确。一般认为属于自身免疫性疾病,其依据是:脱髓鞘病灶内血管周围有淋巴细胞浸润,约半数患者的脑脊液 IgG 升高。因此有人认为本病是发生于幼年或少年期严重 MS 的变异型。

脱髓鞘病变常侵犯大脑半球或整个脑叶,病变常不对称,多以一侧枕叶为主,也可对称性受累。视神经、脑干和脊髓也可发现与 MS 相似的病灶,新鲜病灶可见血管周围淋巴细胞浸润和巨噬细胞反应,晚期胶质细胞增生,也可见组织坏死和空洞。

【临床表现】

1. 幼儿或青少年期发病,男性较多。多呈亚急性、慢性进行性恶化病程,停顿或改善极为罕见,极少缓解-复发。

2. 视力障碍可早期出现如视野缺损、同向性偏盲及皮质盲等;也常见痴呆或智能减退、精神障碍、皮质聋、不同程度偏瘫或四肢瘫和假性延髓麻痹等;可有癫痫发作、共济失调、锥体束征、视乳头水肿、眼肌麻痹或核间性眼肌麻痹、眼球震颤、面瘫、失语症和尿便失禁等。

【辅助检查】

1. **脑脊液**　细胞数正常或轻度增多,蛋白轻度增高,一般不出现寡克隆带。

2. **脑电图**　可见高波幅慢波占优势的慢波出现。多见视觉诱发电位(VEP)异常,与视野及视力障碍一致。

3. CT　显示脑白质大片状低密度区,以枕、顶和颞区为主,累及一侧或两侧半球,多不对称。MRI 可见脑白质 T_1 低信号、T_2 高信号的弥漫性病灶。

【诊断及鉴别诊断】

1. **诊断**　儿童或青少年发病,病程表现为进行性发展,临床多为视力障碍、智能障碍、精神衰退及运动障碍等脑白质广泛受损的表现,影像学上多为脑内白质,尤其是单侧枕叶的大片状脱髓鞘改变,根据这些病史、病程及特征性临床表现,并结合神经影像学、CSF、EEG 等辅助检查综合判定,可做出临床诊断。

2. **鉴别诊断**　本病临床上易与肾上腺脑白质营养不良(adrenoleukodystrophy,ALD)混淆,ALD 为性连锁遗传,仅累及男性,肾上腺萎缩伴周围神经受累及神经传导速度(NCV)异常,血极长链脂肪酸(VLCFA)含量增高。

【治疗】

本病目前尚无有效的治疗方法,主要采取对症及支持疗法,加强护理。文献报告用糖皮质激素和环磷酰胺可使部分病例临床症状有所缓解。

【预后】

本病预后不良。发病后呈进行性恶化,多数患者在数月至数年内死亡,平均病程 6.2 年,但也有存活十余年的病例。死因多为合并感染。

二、同心圆性硬化

Balo 同心圆性硬化(concentric sclerosis)又称 Balo 病,较少见,是具有特异性病理改变的大脑白质脱髓鞘疾病,即病灶内髓鞘脱失带与髓鞘保存带呈同心圆层状交互排列,形成树木年轮状改变,故名之。镜下可见淋巴细胞为主的炎性细胞浸润,病变分布及临床特点与多发性硬化相似,一般认为本病是 MS 的变异型。

本病临床表现:①患者多为青壮年,急性起病,多以精神障碍,如沉默寡言、淡漠、反应迟钝、无故发笑和重复语言等为首发症状,之后出现轻偏瘫、失语、眼外肌麻痹、眼球浮动和假性延髓麻痹等;②体征包括轻偏瘫、肌张力增高及病理征等;③MRI 显示额、顶、枕和颞叶白质洋葱头样或树木年轮样黑白相间类圆形病灶,直径 1.5 ~ 3cm,低信号环为脱髓鞘区,等信号为正常髓鞘区,共有 3 ~ 5 个环相间(图 13-9)。

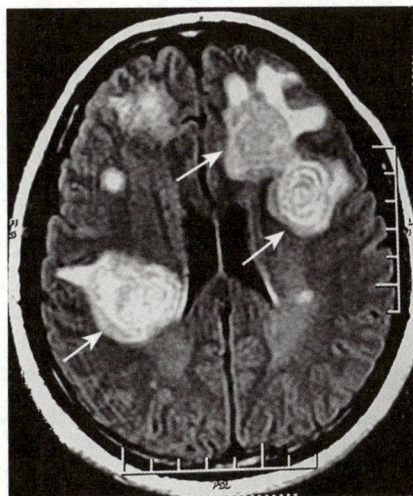

图 13-9　同心圆性硬化的 MRI 表现
脑 MRI 扫描 T_2 加权像显示左额叶、双顶叶白质洋葱头样黑白相间类圆形病灶,低信号环为脱髓鞘区,等信号为正常髓鞘区

治疗上可试用糖皮质激素治疗,多数患者可恢复,部分患者死于并发症。

第五节　脑白质营养不良

脑白质营养不良是一组由于遗传因素导致髓鞘形成缺陷,不能完成正常发育的疾病,代表性疾病有异染性脑白质营养不良、肾上腺脑白质营养不良等。这组疾病儿童多见,神经系统受累广泛,智能、视力、听力、运动、共济、肌张力等均可受累。

一、异染性脑白质营养不良

异染性脑白质营养不良(metachromatic leukodystrophy)是一种神经鞘脂沉积病。有家族倾向,为常染色体隐性遗传。本病是 22 号染色体上芳基硫酯酶 A(arylsulfatase-A)基因发生变异,导致芳基硫酯酶 A 不足,不能催化硫脑苷脂水解而在体内沉积,引起中枢神经系统脱髓鞘。发病率为(0.8～2.5)/10 万。

【临床表现】

1. 幼儿型(1～4 岁)多见,男多于女。1～2 岁发育正常,后出现双下肢无力、步态异常、痉挛和易跌倒,伴语言障碍及智能减退。病初腱反射活跃,但周围神经受累时腱反射减弱或消失。可有视力减退、视神经萎缩、斜视、眼震、上肢意向性震颤和吞咽困难等。

2. 少数为少年型,成人型极少。常以精神障碍、行为异常、记忆力减退为首发症状。晚期出现构音障碍、四肢活动不灵活、锥体束征、痫性发作、共济失调、眼肌麻痹、周围神经病等。晚期可见视乳头苍白萎缩,个别病例偶见视网膜樱桃红点。

3. 尿液芳基硫酸酯酶 A 明显缺乏,活性消失,硫脑苷脂阳性支持本病诊断。头部 CT 可见脑白质或脑室旁对称的不规则低密度区,无占位效应,不强化。MRI 呈 T_1 低信号、T_2 高信号。

【诊断】

婴幼儿出现进行性运动障碍、视力减退和精神异常,CT 或 MRI 证实两侧半球对称性白质病灶,尿芳基硫酸酯酶 A 活性消失,即可临床诊断。

【治疗】

目前本病无有效疗法,仍以支持和对症治疗为主。基因疗法用腺病毒等载体将芳基硫酸酯酶 A 基因转染患者骨髓,但尚处于探索阶段。由于维生素 A 是合成硫苷脂的辅酶,患儿应避免或限制摄入富含维生素 A 的食物。

【预后】

本病预后差。婴幼患儿发病后 1～3 年常因四肢瘫而卧床不起,伴严重语言和认知障碍,可存活数年。成人病例进展相对缓慢,存活时间较长。

二、肾上腺脑白质营养不良

肾上腺脑白质营养不良(adrenoleukodystrophy,ALD)是一种脂质代谢障碍病。呈 X 性连锁隐性遗传,基因定位在 Xq28。由于体内过氧化物酶缺乏、长链脂肪酸(C23～C30)代谢障碍,脂肪酸在体内尤其脑和肾上腺皮质沉积,导致脑白质脱髓鞘和肾上腺皮质病变。

【病理】

枕叶、顶叶及颞叶白质可见对称的大片状脱髓鞘病灶,可累及脑干、视神经,偶累及脊髓,周围神经不受损。本病血管周围炎性细胞浸润位于脱髓鞘病灶中央,是区别于多发性硬化的病理特点,并有肾上腺皮质萎缩、睾丸间质纤维化和输精管萎缩等。脑内和肾上腺中含大量长链脂肪酸。

【临床表现】

1. 本病多在儿童期(5～14 岁)发病,通常均为男孩,可有家族史。脑部损害或肾上腺皮质功能不全均可为首发症状,病程缓慢进展。

2. 神经系统早期症状常表现学龄儿童成绩退步,个性改变,易哭、傻笑等情感障碍,步态不稳和上肢意向性震颤等;晚期出现偏瘫或四肢瘫、假性延髓麻痹、皮质盲和耳聋等;重症病例可见痴呆、癫痫发作和去大脑强直等。

3. 肾上腺皮质功能不足表现,如色素沉着,肤色变黑,口周及口腔黏膜、乳晕、肘和膝关节、会阴和阴囊等处明显。血清皮质类固醇水平、尿 17-羟类固醇下降。

4. CT 或 MRI 所见酷似其他脑白质营养不良,CT 可见两侧脑室三角区周围白质大片对称的低密度区,有增强效应。MRI 多显示两侧大脑白质、胼胝体、皮质脊髓束、视束等对称性异常,无占位效应,边缘可增强,双侧脑室后部白质病变为主,呈蝶样分布,小脑、脑干白质也可受累。

【诊断】

男孩出现步态不稳、行为异常、偏瘫、皮质盲、耳聋等,缓慢进行性加重,应考虑本病可能,如伴肾上腺皮质功能减退表现如肤色变黑,ACTH 试验异常可临床诊断。血清或皮肤培养成纤维细胞中长链脂肪酸浓度高于正常具有诊断价值。

临床上本病须注意与其他类型脑白质营养不良和 Schilder 病等鉴别。

【治疗】

1. 肾上腺皮质激素替代治疗可能延长生命,减少色素沉着,偶可部分缓解神经系统症状,但通常不能阻止髓鞘破坏。

2. 食用富含不饱和脂肪酸饮食,避免食用含长链脂肪酸食物。65% 的患者服用 Lorenzo 油(三芥酸甘油酯与三酸甘油酯按 4:1 混合)1 年后,血浆长链脂肪酸水平显著下降或正常,但不能改变已发生的神经系统症状。

【预后】

本病预后差,一般在出现神经症状后 1~3 年死亡。

第六节　脑桥中央髓鞘溶解症

脑桥中央髓鞘溶解症(central pontine myelinolysis,CPM)是一种少见的可致死性的中枢神经系统脱髓鞘疾病,以脑桥基底部对称性脱髓鞘为病理特征。患者通常有严重的营养不良、电解质紊乱等基础疾病。

【病因及病理】

本病的病因及发病机制尚未完全阐明,但临床发现绝大多数患者存在酒精中毒晚期或 Wernicke 脑病、慢性肾衰竭透析治疗后、肝功能衰竭或肝移植后、进展性淋巴瘤、癌症晚期和严重烧伤等基础疾病,以及各种原因所致的恶病质、营养不良、严重感染及败血症、脱水及电解质紊乱、急性出血性胰腺炎等。一般认为,CPM 的病理生理机制与脑内渗透压平衡失调有关,推测低钠血症时脑组织处于低渗状态,快速补充高渗盐水可使血浆渗透压迅速升高而导致脑组织脱水和血脑屏障破坏,有害物质迅速透过血脑屏障而导致髓鞘脱失。

显微镜下,本病的特征性病理改变为脑桥基底部呈对称性分布的神经纤维髓鞘完全溶解脱失,而轴突及桥核神经细胞相对完好,可见吞噬细胞和星形细胞反应,但无少突胶质细胞反应和炎症现象。病灶边界清楚,直径可为数毫米或占据整个脑桥基底部,也可累及被盖部。当病变累及脑桥外的其他部位如内囊、胼胝体、丘脑、基底神经节等部位时称脑桥外髓鞘溶解(extrapontine myelinolysis,EPM)。

【临床表现】

1. 本病病例均为散发,男女皆可发病,可发生于任何年龄,儿童病例也不少见,特别是在严重烧伤的患儿。本病的显著特点是,患者常为慢性酒精中毒晚期或常伴严重威胁生命的疾病,其临床表现常被其他症状所掩盖,故易误诊漏诊。

2. 患者常在原发疾病基础上突然发生脑桥基底部中线附近的皮质脊髓束、皮质延髓束、上行网状激活系统等受累的症状,出现假性球麻痹、中枢性四肢瘫和不同程度的意识障碍等典型临床表现。患者首发症状经常为声音嘶哑和发音困难,有些患者可见眼球震颤以及眼球协同运动受限或眼球凝视障碍等,严重的患者可出现缄默症和四肢瘫,通常上肢症状重于下肢,而感觉和理解能力相对完整,可通过眼球活动示意,表现为假性昏迷和完全或不完全闭锁综合征(locked-in syndrome)。病灶若波及中脑,则出现瞳孔对光反应消失、眼球运动障碍等。

【辅助检查】

1. **神经影像**　CT 有时可显示脑桥中央和脑桥外侧对称性低密度病灶,但检出率很低,常为阴性。MRI 是目前最有效的辅助检查手段,可显著提高 CPM 的生前诊断率。

CPM 头颅 MRI 扫描显示脑桥基底部呈现长 T_1、长 T_2 异常信号,有时呈特征性的蝙蝠翅样,无明显占位效应,增强扫描强化不明显(图 13-10)。MRI 往往在临床表现 1~2 周后才显示病变,因此最初的

MRI 正常并不能排除髓鞘溶解症。EPM 则对称性累及基底节、丘脑及小脑皮质下等部位，在 FLAIR 加权中异常信号更为清楚。弥散加权像(diffusion weighted imagine，DWI)对早期的脱髓鞘病变更为敏感。

2. 脑干听觉诱发电位(BAEP)也可发现脑桥被盖部病变，但不能确定病灶范围，可表现为Ⅰ~Ⅴ波间潜伏期的异常延长。

3. 脑电图检查可见弥漫性低波幅慢波，且与意识状态有关，无特征性。

4. 18-荧光脱氧葡萄糖正电子发射计算机断层成像(PET)显示脑桥病灶区早期高代谢，晚期低代谢改变。

5. 血离子化验常可发现低钠血症。

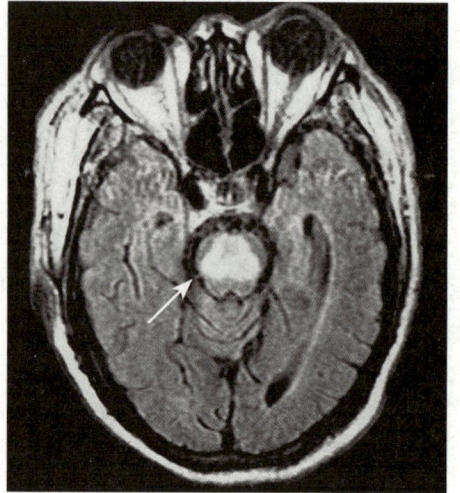

图 13-10　CPM 的 MRI 表现
脑 MRI 扫描 FLAIR 像可见脑桥基底部特征性蝙蝠翅膀样病灶，呈对称分布高信号，无增强效应

【诊断及鉴别诊断】

1. **诊断**　慢性酒精中毒、严重全身性疾病和低钠血症纠正过快(24 小时纠正幅度>15mmol/L，48 小时>18mmol/L 易出现 CPM)的患者突然出现皮质脊髓束和皮质脑干束受损症状，如突发四肢弛缓性瘫、假性延髓麻痹，数日内迅速进展为完全性或不完全性闭锁综合征，应高度怀疑 CPM 的可能。有的 CPM 患者的临床表现可能被代谢性疾病出现的昏迷所掩盖。MRI 有助于明确诊断。

2. **鉴别诊断**　本病应与脑桥基底部梗死、肿瘤和多发性硬化等鉴别。MRI 显示 CPM 无显著占位效应，病灶对称，不符合血管分布特征，随病情好转可恢复正常。

【治疗】

目前 CPM 仍以对症支持治疗为主，积极处理原发病。

临床上在纠正低钠血症时应注意缓慢进行，不要用高渗盐水，升高血钠的幅度不得超过每小时 1mmol/L，24 小时升高不得超过 10mmol/L。急性期可用呋塞米等利尿药，以及给予甘露醇等脱水剂控制和治疗脑水肿。慢性酒精中毒患者应戒酒并给予维生素 B_1，如有营养不良可适当补充营养，如有感染可应用抗生素，全身衰竭的患者应给予静脉补液及能量支持疗法，如患者有严重贫血可酌情给予输血或红细胞。早期应用大剂量糖皮质激素冲击疗法可能有利于抑制本病的进展，也可试用高压氧、血浆置换及免疫球蛋白静脉滴注等，但疗效有待于进一步观察和评价。

【预后】

CPM 的预后与临床表现严重程度、原发病及影像学表现均无关。多数 CPM 患者预后极差，病情进展可出现癫痫发作、昏迷，死亡率极高，多于发病后数日或数周内死亡。少数存活者遗留痉挛性四肢瘫等严重神经功能障碍，也有完全康复的患者。

(楚　兰)

思考题

1. 中枢神经系统脱髓鞘疾病的分类有哪些？临床孤立综合征是什么？

2. 多发性硬化依据病程怎样进行临床分型？分型的意义何在？

3. 多发性硬化的临床表现有哪些特点？

4. 2010 年修订的 McDonald 多发性硬化诊断标准中，证实时间多发性和空间多发性的证据分别是什么？

5. 复发缓解型多发性硬化如何治疗？

6. Wingerchuk(2006 年)修订的视神经脊髓炎诊断标准和 IPND(2015 年)制定的视神经脊髓炎谱

系疾病的诊断标准各是什么？

　　7. 视神经脊髓炎如何治疗？

　　8. 急性播散性脑脊髓炎的临床表现有哪些特点？

　　9. 肾上腺脑白质营养不良的临床表现有哪些特点？

　　10. 哪些情况下容易发生脑桥中央髓鞘溶解症？

参 考 文 献

［1］ 中华医学会神经病学分会神经免疫学组,中国免疫学会神经免疫分会.中国多发性硬化诊断和治疗专家共识.中华神经科杂志,2010,43:516-521.

［2］ 吴卫平.视神经脊髓炎与多发性硬化的早期鉴别.中国神经免疫学和神经病学杂志,2011,18:232-235.

［3］ 戚晓昆.中枢神经系统炎性脱髓鞘疾病的新分类.中华神经科杂志,2008,41:73-75.

［4］ 王维治.神经系统脱髓鞘疾病.北京:人民卫生出版社,2011.

［5］ Poser CM,Paty DW,Scheinberg L,et al. New diagnostic criteria for multiple sclerosis:guidelines for research protocols. Ann Neurol,1983,13:227-231.

［6］ Polman CH,Reingold SC,Banwell B,et al. Diagnostic criteria for multiple sclerosis:2010 revisions to the McDonald criteria. Ann Neurol,2011,69:292-302.

［7］ Weinstock-Guttman B. An update on new and emerging therapies for relapsing-remitting multiple sclerosis. Am J Manag Care,2013,19(17 Suppl):s343-s354.

［8］ Wingerchuk DM,Lennon VA,Pittock SJ,et al. Revised diagnostic criteria for neuromyelitis optica. Neurology,2006,66:1485-1489.

［9］ 中国免疫学会神经免疫分会,中华医学会神经病学分会神经免疫学组,中国医师协会神经内科分会神经免疫专业委员会.中国视神经脊髓炎谱系疾病诊断与治疗指南.中国神经免疫学和神经病学杂志,2016,23:155-166.

［10］ Wingerchuk DM,Banwell B,Bennett JL,et al. International consensus diagnostic criteria for neuromyelitis optica spectrum disorders. Neurology,2015,85(2):177-189.

［11］ Sato D,Callegaro D,Lana-Peixoto MA,et al. Treatment of neuromyelitis optica:an evidence based review. ArqNeuropsiquiatr,2012,70:59-66.

［12］ Carroll WM,Fujihara K. Neuromyelitis optica. Curr Treat Options Neurol,2010,12:244-255.

［13］ Hara T. Acute disseminated encephalomyelitis(ADEM):its diagnostic criteria and therapy. NihonRinsho,2013,71:887-892.

［14］ 陈柳静.脑桥中央和脑桥外髓鞘溶解症的临床与影像学特征.中国神经精神疾病杂志,2011,37:498-500.

［15］ 唐鹤飞.渗透性髓鞘溶解症的影像学特征及非典型表现.中国实用神经疾病杂志,2014,17:115-116.

［16］ 李子艳.脑桥中央髓鞘溶解症的研究进展.中国当代药,2011,18:8-9.

第十四章 运动障碍性疾病

概　　述

运动障碍性疾病(movement disorders),以往称为锥体外系疾病(extrapyramidal diseases),是一组以随意运动迟缓、不自主运动、肌张力异常、姿势步态障碍等运动症状为主要表现的神经系统疾病,大多与基底核病变有关。

基底核是大脑皮质下一组灰质核团,由尾状核、壳核、苍白球、丘脑底核和黑质组成。在人、猴等高等动物,基底核对运动功能的调节主要通过大脑皮质-基底核-丘脑-大脑皮质环路间的联系而实现。

在这一环路中,尾状核、壳核接受大脑感觉运动皮质的投射纤维(即传入纤维),其传出纤维经直接通路和间接通路抵达基底核传出纤维的发出单位—内侧苍白球/黑质网状部。直接通路是指新纹状体→内侧苍白球/黑质网状部,间接通路是指新纹状体→外侧苍白球→丘脑底核→内侧苍白球/黑质网状部。基底核传出纤维主要投射到丘脑(腹外侧核、腹前核),再由此返回到大脑感觉运动皮质,对皮质的运动功能进行调节(参见第二章第一节)。尾状核、壳核还接受黑质致密部发出的多巴胺能纤维的投射,此通路对基底核输出具有重要调节作用。

基底核病变常导致大脑皮质-基底核-丘脑-大脑皮质环路活动异常。例如,黑质-纹状体多巴胺能通路病变将导致基底核输出增加,皮质运动功能受到过度抑制,导致以强直-少动为主要表现的帕金森综合征;纹状体、丘脑底核病变可导致基底核输出减少,皮质运动功能受到过度易化,导致以不自主运动为主要表现的舞蹈症、投掷症。在帕金森病的外科治疗上,损毁一侧丘脑底核或内侧苍白球,或施加高频电刺激作用于这两个核团,均可使帕金森病的对侧症状获得缓解,可能是纠正了基底核异常输出所致。

帕金森病的主要病理改变是黑质-纹状体多巴胺能通路变性。以亨廷顿病为代表的各种舞蹈症的主要病变部位在纹状体,投掷症的病变部位在丘脑底核。但某些以运动障碍为主要表现的疾病,其病变部位尚未明确,如特发性震颤、肌张力障碍等。

基底核病变所表现的姿势与运动异常被称作锥体外系症状,大致可分为三类,即肌张力异常(过高或过低)、运动迟缓、异常不自主运动(震颤、舞蹈症、投掷症、手足徐动症、肌张力障碍)。一般没有瘫痪,感觉及共济运动也不受累。根据临床特点,运动障碍性疾病一般可分为肌张力增高-运动减少和肌张力降低-运动过多两大综合征,前者代表性疾病为帕金森病,后者代表性疾病为亨廷顿病。

运动障碍性疾病具有明显的运动行为症状,症状诊断大多不难。例如,一个面部表情缺乏、动作缓慢、慌张步态、静止性震颤的患者便会想到帕金森病;扭转痉挛和其他肌张力障碍所表现的广泛性或局限性姿势异常会使人过目难忘;舞蹈手足徐动症所表现的稀奇古怪的面部表情、手及头部不停地扭动、姿势变幻莫测,还有偏侧投掷症患者的粗大快速的投掷样动作均有显著特点。运动障碍性疾病早期或症状不典型的患者有时诊断并不容易。病因诊断须依靠详细询问病史、体检和选择恰当的辅助检查。

第一节　帕金森病

帕金森病(Parkinson disease,PD),又名震颤麻痹(paralysis agitans),是一种常见于中老年的神经系统变性疾病,临床上以静止性震颤、运动迟缓、肌强直和姿势平衡障碍为主要特征。由英国医师詹姆士·帕金森(James Parkinson)于1817年首先报道并系统描述。我国65岁以上人群患病率为1700/10万,与欧美国家相似,患病率随年龄增加而升高,男性稍高于女性。

【病因及发病机制】

主要病理改变为黑质多巴胺(DA)能神经元变性死亡,但为何会引起黑质多巴胺能神经元变性死亡尚未完全明了。

1. **环境因素**　20世纪80年代初发现一种嗜神经毒1-甲基4-苯基1,2,3,6-四氢吡啶(MPTP)在人和灵长类均可诱发典型的帕金森综合征,其临床、病理、生化及对多巴替代治疗的敏感性等特点均与人类帕金森病甚为相似。MPTP在脑内经单胺氧化酶B(MAO-B)催化转变为强毒性的1-甲基-4-苯基-吡啶离子(MPP^+),后者被多巴胺转运体(DAT)选择性地摄入黑质多巴胺能神经元内,抑制线粒体呼吸链复合物 I 活性,使ATP生成减少,并促进自由基产生和氧化应激反应,导致多巴胺能神经元变性、丢失。MPTP在化学结构上与某些杀虫剂和除草剂相似,有学者认为环境中与该神经毒结构类似的化学物质可能是帕金森病的病因之一,并且通过类似的机制造成多巴胺能神经元变性死亡。机体内的物质包括多巴胺代谢也会产生某些氧自由基,而体内的抗氧化功能(如还原型谷胱甘肽、谷胱甘肽过氧化物酶等)可以有效地清除这些氧自由基等有害物质。可是在帕金森病患者的黑质中存在复合物 I 活性和还原型谷胱甘肽含量明显降低,以及氧化应激增强,提示抗氧化功能障碍及氧化应激可能与帕金森病的发病和病情进展有关。

2. **遗传因素**　20世纪90年代后期发现在意大利、希腊和德国的个别家族性帕金森病患者存在α-突触核蛋白(α-synuclein)基因突变,呈常染色体显性遗传,其表达产物是路易小体的主要成分。到目前至少发现有23个单基因(Park 1~23)与家族性帕金森病连锁的基因位点,其中6个致病基因已被克隆,即α-synuclein(Park 1,4q22.1)、Parkin(Park 2,6q26)、UCH-L1(Park 5,4p13)、PINK1(Park 6,1p36.12)、DJ-1(Park 7,1p36.23)和LRRK2(Park 8,12p12)基因。α-synuclein和LRRK2基因突变呈常染色体显性遗传,Parkin、PINK1、DJ-1基因突变呈常染色体隐性遗传。UCH-L1基因突变最早报道于一个德国家庭的2名同胞兄妹,其遗传模式可能是常染色体显性遗传。绝大多数上述基因突变未在散发性病例中发现,只有LRRK2基因突变见于少数(1.5%~6.1%)散发性帕金森病。迄今已经发现许多基因易感性可能是帕金森病发病的易感因素。目前认为约10%的患者有家族史,绝大多数患者为散发性。

3. **神经系统老化**　帕金森病主要发生于中老年人,40岁以前发病少见,提示神经系统老化与发病有关。有资料显示30岁以后,随年龄增长,黑质多巴胺能神经元始呈退行性变,多巴胺能神经元渐进性减少。尽管如此,但其程度并不足以导致发病,老年人群中患病者也只是少数,所以神经系统老化只是帕金森病的促发因素。

4. **多因素交互作用**　目前认为帕金森病并非单因素所致,而是多因素交互作用下发病。除基因突变导致少数患者发病外,基因易感性可使患病概率增加,但并不一定发病,只有在环境因素、神经系统老化等因素的共同作用下,通过氧化应激、线粒体功能紊乱、蛋白酶体功能障碍、炎性和(或)免疫反应、钙稳态失衡、兴奋性毒性、细胞凋亡等机制导致黑质多巴胺能神经元大量变性、丢失,才会导致发病。

【病理】

1. **基本病变**　主要有两大病理特征,其一是黑质致密区多巴胺能神经元及其他含色素的神经元大量变性丢失,出现临床症状时丢失至少达50%以上。其他部位含色素的神经元,如蓝斑、脑干的中缝核、迷走神经背核等也有较明显的丢失。其二是在残留的神经元胞质内出现嗜酸性包涵体,即路易小体(Lewy bodies),由细胞质蛋白质所组成的玻璃样团块,其中央有致密的核心,周围有细丝状晕圈。α-突触核蛋白、泛素、热休克蛋白是形成路易小体的重要成分,阐明这些重要成分的改变在帕金森病发病机制中的作用已成为目前的研究热点。近年来Braak提出了帕金森病发病的六个病理阶段,认为病理改变并非由中脑黑质开始,而是始于延髓Ⅸ、Ⅹ运动神经背核、前嗅核等结构,随疾病进展,逐渐累及脑桥→中脑→新皮质。近来的研究提示可能是始于肠腔，故提出脑肠学说，甚至基于α-突触核蛋白在外周多部位（包括胃窦部、结肠、下颌下腺、周围神经等）异常聚积而提出帕金森病可能是一全身性疾病。这对于进一步深刻认识帕金森病的早期病理改变，了解其发病特征，寻找到该病的早期生物标志物，实现对疾病的早期预警和早期诊断及有效的神经保护治疗具有重要的意义。

2. **生化改变**　黑质多巴胺能神经元通过黑质-纹状体通路将多巴胺输送到纹状体，参与基底核的运动调节。由于帕金森病患者的黑质多巴胺能神经元显著变性丢失，黑质-纹状体多巴胺能通路变性，纹状体多巴胺递质水平显著降低，降至70%～80%以上时则出现临床症状。多巴胺递质降低的程度与患者的症状严重度呈正相关。

纹状体中多巴胺与乙酰胆碱（ACh）两大递质系统的功能相互拮抗，两者之间的平衡对基底核运动功能起着重要调节作用。纹状体多巴胺水平显著降低，造成乙酰胆碱系统功能相对亢进。这种递质失衡及皮质-基底核-丘脑-皮质环路活动紊乱和肌张力增高、动作减少等运动症状的产生密切有关。中脑-边缘系统和中脑-皮质系统的多巴胺水平的显著降低是智能减退、情感障碍等高级神经活动异常的生化基础。多巴替代治疗药物和抗胆碱能药物对帕金森病的治疗原理正是基于纠正这种递质失衡。

【临床表现】

发病年龄平均约55岁，多见于60岁以后，40岁以前相对少见。男性略多于女性。隐匿起病，缓慢进展。

1. **运动症状（motor symptoms）**　常始于一侧上肢，逐渐累及同侧下肢，再波及对侧上肢及下肢，呈"N"型进展。

（1）静止性震颤（static tremor）：常为首发症状，多始于一侧上肢远端，静止位时出现或明显，随意运动时减轻或停止，紧张或激动时加剧，入睡后消失 😊。典型表现是拇指与示指呈"搓丸样"（pill-rolling）动作，频率为4～6Hz。令患者一侧肢体运动如握拳或松拳，可使另一侧肢体震颤更明显，该试验有助于发现早期轻微震颤。少数患者可不出现震颤，部分患者可合并轻度姿势性震颤（postural tremor）。

（2）肌强直（rigidity）：被动运动关节时阻力增高，且呈一致性，类似弯曲软铅管的感觉，故称"铅管样强直"（lead-pipe rigidity）；在有静止性震颤的患者中可感到在均匀的阻力中出现断续停顿，如同转动齿轮，称为"齿轮样强直"（cogwheel rigidity）。颈部躯干、四肢、肌强直可使患者出现特殊的屈曲体姿，表现为头部前倾，躯干俯屈，肘关节屈曲，腕关节伸直，前臂内收，髋及膝关节略为弯曲。

（3）运动迟缓（bradykinesia）：随意运动减少，动作缓慢、笨拙。早期以手指精细动作如解或扣纽扣、系鞋带等动作缓慢，逐渐发展成全面性随意运动减少、迟钝，晚期因合并肌张力增高，导致起床、翻身均有困难。体检见面容呆板，双眼凝视，瞬目减少，酷似"面具脸"（masked face）；口、咽、腭肌运动徐缓时，表现语速变慢，语音低调；书写字体越写越小，呈现"小字征"（micrographia）；做快速重复性动作如拇、示指对指时表现运动速度缓慢和幅度减小 😊。

（4）姿势步态障碍（postural instability）：在疾病早期，表现为走路时患侧上肢摆臂幅度减小或消失，下肢拖曳。随病情进展，步伐逐渐变小变慢，启动、转弯时步态障碍尤为明显，自坐位、卧位起立时困难。有时行走中全身僵住，不能动弹，称为"冻结（freezing）"现象。有时迈步后，以极小的步伐越走越快，不能及时止步，称为前冲步态（propulsion）或慌张步态（festination）😊。

2. **非运动症状（non-motor symptoms）**　也是十分常见和重要的临床症状，可以早于或伴随运动症状而发生。

（1）感觉障碍：疾病早期即可出现嗅觉减退（hyposmia）或睡眠障碍，尤其是快速眼动期睡眠行为异常（rapid eye movement sleep behavior disorder，RBD）。中、晚期常有肢体麻木、疼痛。有些患者可伴有不安腿综合征（restless leg syndrome，RLS）。

（2）自主神经功能障碍：临床常见，如便秘、多汗、溢脂性皮炎（油脂面）等。吞咽活动减少可导致流涎。疾病后期也可出现性功能减退、排尿障碍或体位性低血压。

（3）精神和认知障碍：近半数患者伴有抑郁，并常伴有焦虑。约 15%～30% 的患者在疾病晚期发生认知障碍乃至痴呆，以及幻觉，其中视幻觉多见。

【辅助检查】

1. **血、唾液、脑脊液**　常规检查均无异常。在少数患者中可以发现血 DNA 基因突变；可以发现脑脊液和唾液中 α-突触核蛋白、DJ-1 蛋白含量有改变。

2. **嗅棒及经颅超声**　嗅觉测试可发现早期患者的嗅觉减退；经颅超声（transcranial sonography, TCS）可通过耳前的听骨窗探测黑质回声，可以发现绝大多数 PD 患者的黑质回声异常增强（单侧回声面积>20mm²）（图 14-1）；心脏间碘苄胍（metaiodobenzylguanidine，MIBG）闪烁照相术可显示心脏交感神经元的功能，研究提示早期 PD 患者的总 MIBG 摄取量减少。

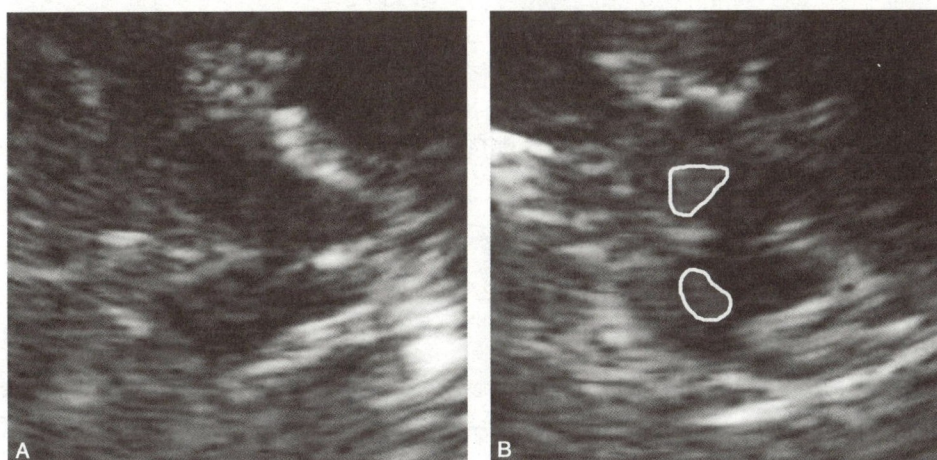

图 14-1　颅脑超声
A 为正常人；B 为 PD 患者

3. **分子影像**　结构影像如 CT、MRI 检查无特征性改变；分子影像 PET 或 SPECT 检查在疾病早期甚至亚临床期即能显示异常，有较高的诊断价值。其中以 ^{123}I-β-CIT、^{11}C-CFT、^{99m}Tc-TRODAT-1 作示踪剂行多巴胺转运体（DAT）功能显像可显示显著降低（图 14-2），以 ^{18}F-多巴作示踪剂行多巴摄取 PET 显像可显示多巴胺递质合成减少；以 ^{123}I-IBZM 作示踪剂行 D₂ 多巴胺受体功能显像其活性在早期呈失神经超敏，后期低敏。

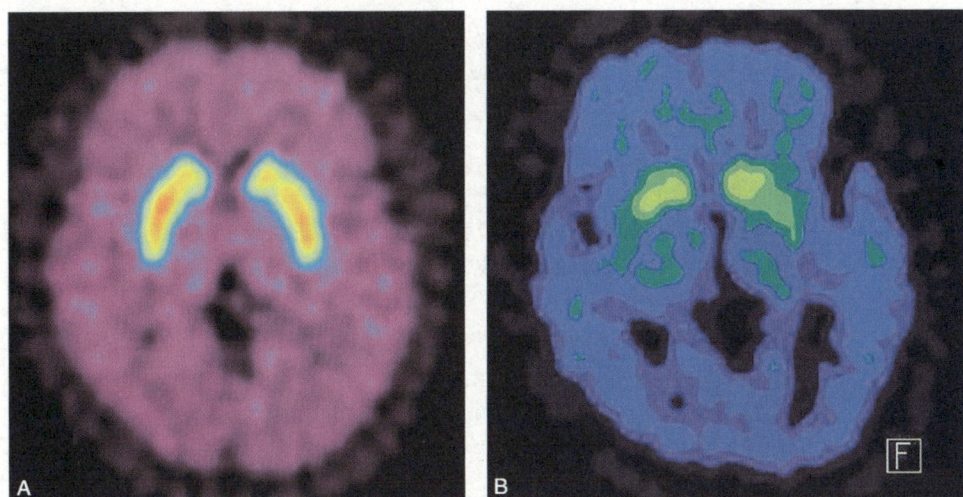

图 14-2　^{11}C-CFT 核素显像
A 为正常人；B 为中晚期 PD 患者

4. 病理　外周组织,如胃窦部和结肠黏膜、下颌下腺、周围神经等部位可以检见 α-突触核蛋白异常聚积。

【分类、诊断及鉴别诊断】

(一) 分类(表 14-1)

表 14-1　帕金森病与帕金森综合征分类

1. 原发性

原发性帕金森病

少年型帕金森综合征

2. 继发性(后天性、症状性)帕金森综合征

感染:脑炎后、慢病毒感染

药物:神经安定剂(吩噻嗪类及丁酰苯类)、利血平、甲氧氯普胺、α-甲基多巴、锂、氟桂嗪、桂利嗪

毒物:MPTP 及其结构类似的杀虫剂和除草剂、一氧化碳、锰、汞、二硫化碳、甲醇、乙醇

血管性:多发性脑梗死、低血压性休克

外伤:拳击性脑病

其他:甲状旁腺功能异常、甲状腺功能减退、肝脑变性、脑瘤、正常颅压性脑积水

3. 遗传变性性帕金森综合征

常染色体显性遗传路易小体病、亨廷顿病、肝豆状核变性、泛酸激酶相关性神经变性病(PKAN)、多系统萎缩-小脑型(MSA-C)、脊髓小脑变性、家族性基底节钙化、家族性帕金森综合征伴周围神经病、神经棘红细胞增多症

4. 多系统变性(帕金森叠加综合征)

进行性核上性麻痹、多系统萎缩-帕金森症型(MSA-P)、帕金森综合征-痴呆-肌萎缩性侧索硬化复合征、皮质基底节变性、阿尔茨海默病、偏侧萎缩-偏侧帕金森综合征

(二) 诊断

国际帕金森病及运动障碍学会及我国帕金森病及运动障碍学组和专委会制定了帕金森病临床诊断标准(2016 版)(表 14-2)。

表 14-2　中国帕金森病的诊断标准(2016 版)

诊断标准 (必备条件)	1. 运动迟缓:启动或在持续运动中肢体运动幅度减小或速度缓慢; 2. 至少存在下列 1 项:肌强直或静止性震颤。
支持标准 (支持条件)	1. 患者对多巴胺能药物的治疗具有明确且显著有效。在初始治疗期间,患者的功能可恢复或接近正常水平。在没有明确记录的情况下,初始治疗的显著应答可定义为以下两种情况: 　a. 药物剂量增加时症状显著改善,剂量减少时症状显著加重。以上改变可通过客观评分(治疗后 UPDRS-Ⅲ评分改善超过 30%)或主观描述(由患者或看护者提供的可靠而显著的病情改变); 　b. 存在明确且显著的「开/关期」症状波动,并在某种程度上包括可预测的剂末现象。 2. 出现左旋多巴诱导的异动症; 3. 临床体检观察到单个肢体的静止性震颤(既往或本次检查); 4. 以下辅助检测阳性有助于特异性鉴别帕金森病与非典型性帕金森综合征:存在嗅觉减退或丧失,或头颅超声显示黑质异常高回声(>20mm²),或心脏间碘苄胍(MIBG)闪烁显像法显示心脏去交感神经支配。

续表

排除标准 （不应存在下列情况）	1. 存在明确的小脑性共济失调，如小脑性步态、肢体共济失调、或者小脑性眼动异常（持续的凝视诱发的眼震、巨大方波跳动、超节律扫视）； 2. 出现向下的垂直性核上性凝视麻痹，或者向下的垂直性扫视选择性减慢； 3. 在发病后 5 年内，患者被诊断为高度怀疑的行为变异型额颞叶痴呆或原发性进行性失语； 4. 发病 3 年后仍局限于下肢的帕金森样症状； 5. 多巴胺受体阻滞剂或多巴胺耗竭剂治疗诱导的帕金森综合征，其剂量和时程与药物性帕金森综合征相一致； 6. 尽管病情为中等严重程度（即根据 MDS-UPDRS，评定肌强直或运动迟缓的计分大于 2 分），但患者对高剂量（不少于 600mg/d）左旋多巴治疗缺乏显著的治疗应答； 7. 存在明确的皮质复合感觉丧失（如在主要感觉器官完整的情况下出现皮肤书写觉和实体辨别觉损害），以及存在明确的肢体观念运动性失用或进行性失语； 8. 分子神经影像学检查突触前多巴胺能系统功能正常； 9. 存在明确可导致帕金森综合征或疑似与患者症状相关的其他疾病，或者基于全面诊断评估，由专业评估医师判断其可能为其他综合征，而非帕金森病。
警示征象 （支持判断其他疾病）	1. 发病后 5 年内出现快速进展的步态障碍，以至于需要经常使用轮椅； 2. 运动症状或体征在发病后 5 年内或 5 年以上完全不进展，除非这种病情的稳定是与治疗相关； 3. 发病后 5 年内出现球部功能障碍，表现为严重的发音困难、构音障碍或吞咽困难（需进食较软的食物，或通过鼻胃管、胃造瘘进食）； 4. 发病后 5 年内出现吸气性呼吸功能障碍，即在白天或夜间出现吸气性喘鸣或者频繁的吸气性叹息； 5. 发病后 5 年内出现严重的自主神经功能障碍，包括： a. 体位性低血压，即在站起后 3 分钟内，收缩压下降至少 30mmHg 或舒张压下降至少 20mmHg，并排除脱水、药物或其他可能解释自主神经功能障碍的疾病； b. 发病后 5 年内出现严重的尿潴留或尿失禁（不包括女性长期存在的低容量压力性尿失禁），且不是简单的功能性尿失禁（如不能及时如厕）。对于男性患者来说，尿潴留必须不是由于前列腺疾病引起的，且伴发勃起障碍。 6. 发病后 3 年内由于平衡障碍导致反复（>1 次/年）跌倒； 7. 发病后 10 年内出现不成比例的颈部前倾或手足挛缩； 8. 发病后 5 年内不出现任何一种常见的非运动症状，包括嗅觉减退，睡眠障碍（睡眠维持性失眠、日间过度嗜睡、快动眼期睡眠行为障碍），自主神经功能障碍（便秘、日间尿急、症状性体位性低血压），精神障碍（抑郁、焦虑、幻觉）； 9. 出现其他原因不能解释的锥体束征； 10. 起病或病程中表现为双侧对称性的帕金森综合征症状，没有任何侧别优势，且客观体检亦未观察到明显的侧别性。

1. 临床确诊的帕金森病需要具备　①不存在绝对排除标准；②至少存在两条支持性标准；③没有警示征象。

2. 临床很可能的帕金森病需要具备　①不符合绝对排除标准；②如果出现警示征象则需要通过支持性标准来抵消：如果出现 1 条警示征象，必须需要至少 1 条支持性标准抵消；如果出现 2 条警示征象，必须需要至少 2 条支持性标准抵消；如果出现 2 条以上警示征象，则诊断不能成立。

（三）鉴别诊断

本病需与其他原因引起的帕金森综合征鉴别（表 14-1）。

1. 继发性帕金森综合征　共同特点是有明确病因可寻，如感染、药物、中毒、脑动脉硬化、外伤等，相关病史是鉴别诊断的关键。继发于甲型脑炎后的帕金森综合征，目前已罕见。多种药物均可引起药物性帕金森综合征，一般是可逆的。拳击手中偶见头部外伤引起的帕金森综合征。老年人基底核区多发性腔隙性梗死可引起血管性帕金森综合征,患者有高血压、动脉硬化及卒中史,步态障碍较明显,震颤少见,常伴锥体束征。

2. 伴发于其他神经变性疾病的帕金森综合征　不少神经变性疾病具有帕金森综合征表现。这些神经变性疾病各有其特点,有些有遗传性,有些为散发性,除程度不一的帕金森样表现外,还有其他征象,如不自主运动、垂直性眼球凝视障碍(进行性核上性麻痹)、小脑性共济失调(MSA-C)、早期出现且严重的痴呆和视幻觉(路易体痴呆)、角膜色素环阳性(肝豆状核变性)、皮质复合感觉缺失和锥体束征(皮质基底核变性)等。另外,这些疾病所伴发的帕金森症状,常以强直、少动为主,震颤少见,一般以双侧起病(除皮质基底核变性外),对左旋多巴治疗不敏感。

3. 其他　PD 早期患者尚需鉴别下列疾病:临床较常见的原发性震颤,1/3 有家族史,各年龄段均可发病,姿势性或动作性震颤为唯一表现,无肌强直和运动迟缓,饮酒或服用普萘洛尔后震颤可显著减轻。抑郁症可伴有表情贫乏、言语单调、随意运动减少,但无肌强直和震颤,抗抑郁药治疗有效。早期帕金森病症状限于一侧肢体,患者常主诉一侧肢体无力或不灵活,若无震颤,易误诊为脑血管病,仔细体检易于鉴别。

【治疗】

世界不同国家已有多个帕金森病治疗指南,在参照国外治疗指南的基础上,结合我国的临床研究和经验以及国情,我国帕金森病及运动障碍学组制定的中国帕金森病治疗指南如下。

(一) 治疗原则

1. 综合治疗　应对 PD 的运动症状和非运动症状采取综合治疗,包括药物治疗、手术治疗、运动疗法、心理疏导及照料护理。药物治疗作为首选,且是整个治疗过程中的主要治疗手段,手术治疗则是药物治疗的一种有效补充手段。目前应用的治疗手段,无论药物或手术,只能改善症状,不能阻止病情的发展,更无法治愈。因此,治疗不仅立足当前,而且需长期管理,以达到长期获益。

2. 用药原则　以达到有效改善症状,提高工作能力和生活质量为目标。提倡早期诊断、早期治疗,不仅可以更好地改善症状,而且可能达到延缓疾病的进展。坚持"剂量滴定"以避免产生药物急性副作用,力求实现"尽可能以小剂量达到满意临床效果"的用药原则,可避免或降低运动并发症尤其是异动症的发生率;治疗应遵循一般原则,也应强调个体化特点,不同患者的用药选择需要综合考虑患者的疾病特点(是以震颤为主,还是以强直少动为主)和疾病严重度、有无认知障碍、发病年龄、就业状况、有无共病、药物可能的副作用、患者的意愿、经济承受能力等因素。尽量避免、推迟或减少药物的副作用和运动并发症。

(二) 早期 PD 治疗

1. 疾病一旦发生将随时间推移而渐进性加重,疾病早期阶段较后期阶段进展快。目前的观点是早期诊断、早期治疗。早期治疗可以采用非药物治疗(运动疗法等)和药物治疗。一般开始多以单药治疗,但也可小剂量两药(体现多靶点)联用,力求疗效最佳,维持时间更长,而运动并发症发生率更低。

2. 首选药物原则

(1) 老年前(<65 岁)患者,且不伴智能减退,可有如下选择:①非麦角类 DR 激动剂;②MAO-B 抑制剂,或加用维生素 E;③金刚烷胺:若震颤明显而其他抗 PD 药物效果不佳则可选用抗胆碱能药;④复方左旋多巴+儿茶酚-氧位-甲基转移酶(COMT)抑制剂,即达灵复(Stalevo);⑤复方左旋多巴:一般在①、②、③方案治疗效果不佳时加用。

首选药物并非完全按照以上顺序,需根据不同患者的情况,而选择不同方案。若顺应美国、欧洲治疗指南应首选①方案,也可首选②方案,或可首选④方案;若由于经济原因不能承受高价格的药物,则可首选③方案;若因特殊工作之需,力求显著改善运动症状,或出现认知功能减退,则可首选⑤或④方案,或可小剂量应用①、②或③方案时,同时小剂量合用⑤方案。

(2) 老年(≥65 岁)患者,或伴智能减退:首选复方左旋多巴,必要时可加用 DR 激动剂、MAO-B

抑制剂或 COMT 抑制剂。苯海索尽可能不用,尤其老年男性患者,因有较多副作用,除非有严重震颤,并明显影响患者的日常生活能力。

（3）治疗药物

1）抗胆碱能药:主要有苯海索(benzhexol),用法 1～2mg,3 次/日。此外有丙环定、甲磺酸苯扎托品、东莨菪碱、环戊哌丙醇和比哌立登。主要适用于震颤明显且年轻患者,老年患者慎用,闭角型青光眼及前列腺肥大患者禁用。主要副作用有口干、视物模糊、便秘、排尿困难,影响认知,严重者有幻觉、妄想。

2）金刚烷胺(amantadine):用法 50～100mg,2～3 次/日,末次应在下午 4 时前服用。对少动、强直、震颤均有改善作用,对改善异动症有帮助。副作用有下肢网状青斑、踝部水肿、不宁、意识模糊等。肾功能不全、癫痫、严重胃溃疡、肝病患者慎用,哺乳期妇女禁用。

3）复方左旋多巴(苄丝肼左旋多巴、卡比多巴左旋多巴):是治疗本病最基本、最有效的药物,对强直、少动、震颤等均有良好疗效。初始用量 62.5～125mg,2～3 次/日,根据病情而渐增剂量至疗效满意和不出现不良反应为止,餐前 1 小时或餐后 1 个半小时服药。以往主张尽可能推迟应用,因为早应用会诱发异动症;现有证据提示早期应用小剂量(400mg/d 以内)并不增加异动症的产生。复方左旋多巴有标准片、控释片、水溶片等不同剂型。①复方左旋多巴标准片:有美多芭(madopar)和卡左双多巴控释片;②复方左旋多巴控释片:有美多芭液体动力平衡系统(madopar-HBS)和卡左双多巴控释片,特点是血药浓度比较稳定,且作用时间较长,有利于控制症状波动,减少每日的服药次数,但生物利用度较低,起效缓慢,故将标准片转换为控释片时,每日首剂需提前服用,剂量应作相应增加;③弥散型美多芭(madopar dispersible):特点是易在水中溶解,便于口服,吸收和起效快,且作用时间与标准片相仿。适用于晨僵、餐后"关闭"状态、吞咽困难患者。

副作用有周围性和中枢性两类,前者为恶心、呕吐、低血压、心律失常(偶见);后者有症状波动、异动症和精神症状等。活动性消化道溃疡者慎用,闭角型青光眼、精神病患者禁用。

4）DR 激动剂:目前大多推崇非麦角类 DR 激动剂为首选药物,尤其用于早发型患者。因为这类长半衰期制剂能避免对纹状体突触后膜 DR 产生"脉冲"样刺激,可以减少或推迟运动并发症的发生。激动剂均应从小剂量开始,渐增剂量至获得满意疗效而不出现副作用为止。副作用与复方左旋多巴相似,不同之处是症状波动和异动症发生率低,而体位性低血压和精神症状发生率较高。DR 激动剂有两种类型,麦角类包括溴隐亭(bromocriptine)、培高利特(pergolide)、α-二氢麦角隐亭(dihydroergo-cryptine)、卡麦角林(cabergoline)和麦角乙脲(lisuride);非麦角类包括普拉克索(pramipexole)、罗匹尼罗(ropinirole)、吡贝地尔(piribedil)、罗替高汀(rotigotine)和阿扑吗啡(apomorphine)。麦角类 DR 激动剂会导致心脏瓣膜病变和肺胸膜纤维化现已不主张使用,而非麦角类 DR 激动剂没有该副作用。目前国内上市的非麦角类 DR 激动剂有:①吡贝地尔缓释片:初始剂量 25mg,每日 2 次,第二周增至50mg,每日 2 次,有效剂量 150mg/d,分 3 次口服,最大不超过 250mg/d。②普拉克索:有常释剂和缓释剂。常释剂的用法:初始剂量 0.125mg,每日 3 次,每周增加 0.125mg,每日 3 次,一般有效剂量 0.5～0.75mg,每日 3 次,最大不超过 4.5mg/d;缓释剂的用法:每日的剂量与常释剂相同,只需每日 1 次服用。③罗匹尼罗:有常释剂和缓释剂,国内仅有缓释剂,起始剂量 2mg,第 2 周开始剂量增至 4mg,若不能有效控制症状,则可渐增剂量,每次增加日剂量 2mg,每次间隔一周或更长,直至达到 8mg/d。一般有效剂量 4～8mg/d,最大日剂量 24mg。国内上市的麦角类 DR 激动剂有:①溴隐亭:0.625mg,每日 1次,每隔 5 天增加 0.625mg,有效剂量 3.75～15mg/d,分 3 次口服;②α-二氢麦角隐亭:2.5mg,每日 2次,每隔 5 天增加 2.5mg,有效剂量 30～50mg/d,分 3 次口服。

上述 5 种药物之间的剂量转换为:吡贝地尔:普拉克索:罗匹尼罗:溴隐亭:α-二氢麦角隐亭 =100:1:5:10:60。

5）MAO-B 抑制剂:其能阻止脑内多巴胺降解,增加多巴胺浓度。与复方左旋多巴合用可增强疗效,改善症状波动,单用有轻度的症状改善作用。目前国内有司来吉兰(selegiline)和雷沙吉兰(rasagiline)。司来吉兰的用法为 2.5~5mg,每日 2 次,应早、中午服用,勿在傍晚或晚上应用,以免引起失眠,或与维生素 E 2000IU 合用;雷沙吉兰的用法为 1mg,每日 1 次,早晨服用;新剂型 zydis selegiline(口腔黏膜崩解剂)的吸收、作用、安全性均好于司来吉兰标准片,用法为 1.25~2.5mg/d,目前国内尚未上市。胃溃疡者慎用,原则上禁与 5-羟色胺再摄取抑制剂(SSRI)合用。

6)COMT 抑制剂:恩他卡朋(entacapone)和托卡朋(tolcapone)通过抑制左旋多巴在外周的代谢,使血浆左旋多巴浓度保持稳定,并能增加其进脑量。托卡朋还能阻止脑内多巴胺降解,使脑内多巴胺浓度增加。COMT 抑制剂与复方左旋多巴合用,可增强后者的疗效,改善症状波动。恩托卡朋每次 100~200mg,服用次数与复方左旋多巴次数相同,若每日服用复方左旋多巴次数较多,也可少于复方左旋多巴次数,须与复方左旋多巴同服,单用无效。托卡朋每次 100mg,每日 3 次,第一剂与复方左旋多巴同服,此后间隔 6 小时服用,可以单用,每日最大剂量为 600mg。副作用有腹泻、头痛、多汗、口干、转氨酶升高、腹痛、尿色变黄等。托卡朋有可能导致肝功能损害,须严密监测肝功能,尤其在用药前 3 个月。

(三) 中晚期 PD 治疗

中晚期 PD、尤其是晚期 PD 的临床表现极其复杂,其中有疾病本身的进展,也有药物副作用或运动并发症的因素参与。对中晚期 PD 患者的治疗,一方面继续力求改善运动症状,另一方面需要妥善处理一些运动并发症和非运动症状。

1. 运动并发症的治疗 运动并发症(症状波动和异动症)是中晚期患者常见的症状,也是最棘手的治疗难题。

(1)症状波动的治疗:症状波动(motor fluctuation)主要有两种形式:①疗效减退(wearing-off)或剂末现象(end of dose deterioration):指每次用药的有效作用时间缩短,症状随血药浓度波动而发生波动,可增加每日服药次数或增加每次服药剂量,或改用缓释剂,或加用雷沙吉兰或恩他卡朋(治疗剂末现象的 A 级证据),也可加用 DR 激动剂;②"开-关"现象(on-off phenomenon):指症状在突然缓解("开期")与加重("关期")之间波动,"开期"常伴异动症,可应用长效 DR 激动剂,或微泵持续输注左旋多巴甲酯或乙酯。

(2)异动症的治疗:异动症(abnormal involuntary movements,AIMs)又称为运动障碍(dyskinesia),常表现为不自主的舞蹈样、肌张力障碍样动作,可累及头面部、四肢、躯干。主要有三种形式:①剂峰异动症(peak-dose dyskinesia):常出现在血药浓度高峰期(用药 1~2 小时),与用药过量或多巴胺受体超敏有关,可适当减少复方左旋多巴单次剂量(若此时运动症状有加重可加用 DR 激动剂或 COMT 抑制剂),加用金刚烷胺或氯氮平,若在使用复方左旋多巴控释剂,则应换用常释剂,避免控释剂的累积效应。②双相异动症(biphasic dyskinesia):发生于剂初和剂末,若在使用复方左旋多巴控释剂应换用常释剂,最好换用水溶剂,可以有效缓解剂初异动症;加用长半衰期的 DR 激动剂或加用延长左旋多巴血浆清除半衰期、增加曲线下面积(AUC)的 COMT 抑制剂,可以缓解剂末异动症,也可能有助于改善剂初异动症;微泵持续输注 DR 激动剂或左旋多巴甲酯或乙酯更有效。③肌张力障碍(dystonia):表现为足或小腿痛性肌疼挛,多发生于清晨服药之前,可在睡前服用复方左旋多巴控释剂或长效 DR 激动剂,或在起床前服用弥散型多巴丝肼或标准片;发生于"关"期或"开"期的肌张力障碍可适当增加或减少复方左旋多巴用量。

(3)步态障碍的治疗:有些 PD 患者会出现开步及转身困难(冻结步态),也是摔跤的最常见原因,目前缺乏有效的治疗措施,MAO-B 抑制剂和金刚烷胺对少数患者可能有帮助。主动调整身体重心、踏步走、大步走、听口令、听音乐或拍拍子行走或跨越物体(真实的或假想的)等可能有益。必要时使用助行器甚至轮椅,做好防护。

2. 非运动症状的治疗

(1)睡眠障碍:睡眠障碍主要包括失眠、快速眼动期睡眠行为异常(RBD)、白天过度嗜睡(EDS)。频繁觉醒可能使得震颤在浅睡眠期再次出现,或者夜间运动不能而导致翻身困难,或者夜尿增多。若与夜间 PD 症状相关,加用左旋多巴控释剂、DR 激动剂或 COMT 抑制剂会有效。若正在服用司来吉兰或金刚烷胺,尤其在傍晚服用者,需纠正服药时间。有些患者则需用镇静安眠药。EDS 可与 PD 的严重程度和认知功能减退有关,也与抗 PD 药物 DR 激动剂或左旋多巴应用有关。若在每次服药后出现嗜睡,则需减量有助于改善 EDS,也可用控释剂代替常释剂,可能有助于避免或减轻服药后嗜睡。

(2)感觉障碍:主要有嗅觉减退、疼痛或麻木、不宁腿综合征(RLS)。其中嗅觉减退最常见,多发生在运动症状之前多年,尚无措施能够改善嗅觉障碍。疼痛或麻木在晚期患者也较多见,如果在抗 PD 药物治疗"开期"疼痛或麻木减轻或消失,"关期"复现,则提示由 PD 所致,可以调整治疗以延长"开期";如果"开期"不能改善有可能由于其他疾病或原因引起,可以选择相应的治疗措施。对伴有 RLS 的 PD 患者,在入睡前 2 小时内选用 DR 激动剂或复方左旋多巴等治疗有效。

(3)自主神经功能障碍:最常见有便秘,其次有泌尿障碍和体位性低血压等。对于便秘,增加饮水量和高纤维含量的食物对大部分患者行之有效,停用抗胆碱能药,必要时应用通便药。有泌尿障碍的患者需减少晚餐后的摄水量,也可试用奥昔布宁、莨菪碱等外周抗胆碱能药。体位性低血压患者应适当增加盐和水的摄入量,睡眠时抬高头位,穿弹力裤,不宜快速改变体位,α-肾上腺素能激动剂米多君治疗有效。

(4)精神障碍:精神症状表现形式多种多样,如生动的梦境、抑郁、焦虑、错觉、幻觉、欣快、轻躁狂、精神错乱和意识模糊等。治疗原则是:若与抗 PD 药物有关,则须依次逐减或停用抗胆碱能药、金刚烷胺、司来吉兰或 DR 激动剂,待症状明显缓解乃至消失为止。对经药物调整无效的严重幻觉、精神错乱、意识模糊可加用非经典抗精神病药如氯氮平、喹硫平、奥氮平等。对于认知障碍和痴呆,可应用胆碱酯酶抑制剂,如利斯的明(rivastigmine)、多奈哌齐(donepezil)、加兰他敏(galantamine)或石杉碱甲(huperzine A)。

(四) 手术及干细胞治疗

早期药物治疗显效,而长期治疗疗效明显减退,同时出现异动症者可考虑手术治疗。需强调的是手术仅是改善症状,而不能根治疾病,术后仍需应用药物治疗,但可减少剂量。手术须严格掌握适应证,帕金森叠加综合征是手术的禁忌证。手术对肢体震颤和(或)肌强直有较好疗效,但对躯体性中轴症状如步态障碍无明显疗效。手术方法主要有神经核毁损术和脑深部电刺激术(DBS),后者因其相对微创、安全和可调控性而作为主要选择。手术靶点包括苍白球内侧部、丘脑腹中间核和丘脑底核。

有临床试验显示将异体胚胎中脑黑质细胞移植到患者的纹状体,可纠正多巴胺递质缺乏,改善帕金森病的运动症状,但此项技术存在供体来源有限及伦理问题。正在兴起的干细胞(包括诱导型多能干细胞、胚胎干细胞、神经干细胞、骨髓基质干细胞)移植结合神经营养因子基因治疗等有望克服这一障碍,是正在探索中的一种较有前景的新疗法。

(五) 中医、康复及心理治疗

中药或针灸和康复(运动)治疗作为辅助手段对改善症状也可起到一定作用。对患者进行语言、进食、走路及各种日常生活训练和指导,日常生活帮助如设在房间和卫生间的扶手、防滑橡胶桌垫、大把手餐具等,可改善生活质量。教育与心理疏导也是不容忽视的辅助措施。

【预后】

本病是一种慢性进展性疾病,无法治愈。在临床上常采用 Hoehn-Yahr 分级法(分 5 级)记录病情轻重。患者运动功能障碍的程度及对治疗的评判常采用统一帕金森病评分量表(UPDRS)。多数患者在疾病的前几年可继续工作,但数年后逐渐丧失工作能力。至疾病晚期,由于全身僵硬、活动困难,终至不能起床,最后常死于肺炎等各种并发症。

第二节　肝豆状核变性

肝豆状核变性(hepatolenticular degeneration,HLD)又称威尔逊病(Wilson disease,WD),于 1912 年

由 Wilson 首先描述,是一种遗传性铜代谢障碍所致的肝硬化和以基底核为主的脑部变性疾病。临床特征为进行性加重的锥体外系症状、精神症状、肝硬化、肾功能损害及角膜色素环(Kayser-Fleischer ring,K-F 环)。

本病的患病率各国报道不一,一般在(0.5~3)/10 万,欧美国家罕见,但在意大利南部和西西里岛、罗马尼亚某些地区、日本的某些地区、东欧犹太人及我国的患病率较高。

【病因及发病机制】

本病的病因和发病机制十分复杂,先后提出了六种发病学说,即胃肠道对铜的吸收增多、铜蓝蛋白异常、异常蛋白质的存在、胆道排铜障碍、溶酶体缺陷、控制基因突变,这些均未能满意解释而逐渐被否定。1985 年 WD 基因被精确定位于 13q14.3,1993 年 WD 基因被克隆。WD 是基因突变导致的遗传性疾病,其基因突变的数目众多,已达 295 种,而且突变的类型相当复杂,纯合突变较少而复合杂合突变(携带两个不同突变)多见。目前证实 ATP7B 基因突变是本病的主要原因,ATP7B 基因主要在肝脏表达,表达产物 P 型铜转运 ATP 酶(ATP7B 酶)位于肝细胞 Golgi 体,负责肝细胞内的铜转运。由于其功能部分或全部丧失,不能将多余的铜离子从细胞内转运出去,使过量铜离子在肝、脑、肾、角膜等组织沉积而致病。然而 ATP7B 酶如何改变导致发病至今仍未阐明。

【病理】

病理改变主要累及肝、脑、肾、角膜等处。肝脏外表及切面均可见大小不等的结节或假小叶,病变明显者像坏死性肝硬化,肝细胞常有脂肪变性,并含铜颗粒。电镜下可见肝细胞内线粒体变致密,线粒体嵴消失,粗面内质网断裂。脑部以壳核最明显,其次为苍白球及尾状核,大脑皮质亦可受侵。壳核最早发生变性,然后病变范围逐渐扩大到上述诸结构。壳核萎缩,岛叶皮质内陷,壳核及尾状核色素沉着加深,严重者可形成空洞。镜检可见壳核内神经元和髓鞘纤维显著减少或完全消失,胶质细胞增生。其他受累部位镜下可见类似变化。在角膜边缘后弹力层及内皮细胞质内,有棕黄色的细小铜颗粒沉积。

【临床表现】

多见于 5~35 岁,少数可迟至成年期,男稍多于女。以肝脏症状起病者平均年龄约 11 岁,以神经症状起病者平均年龄约 19 岁。

1. **神经症状**   主要是锥体外系症状,表现为肢体舞蹈样及手足徐动样动作,肌张力障碍,怪异表情,静止性、意向性或姿势性震颤,肌强直,运动迟缓,构音障碍,吞咽困难,屈曲姿势及慌张步态等。20 岁之前起病常以肌张力障碍、帕金森综合征为主,年龄更大者多表现震颤、舞蹈样或投掷样动作。小脑损害导致共济失调和语言障碍,锥体系损害出现腱反射亢进、病理反射和假性延髓麻痹等,下丘脑损害产生肥胖、持续高热及高血压,少数患者可有癫痫发作。病情常缓慢发展,呈阶段性缓解或加重,亦有进展迅速者,特别是年轻患者。

2. **精神症状**   主要表现为情感障碍和行为异常,如淡漠、抑郁、欣快、兴奋躁动、动作幼稚或怪异、攻击行为、生活懒散等,少数可有各种幻觉、妄想、人格改变、自杀等。

3. **肝脏症状**   约 80% 患者发生肝脏受损的征象。大多数表现为非特异性慢性肝病症状群,如倦怠、无力、食欲缺乏、肝区疼痛、肝大或缩小、脾大及脾功能亢进、黄疸、腹水、蜘蛛痣、食管静脉曲张破裂出血及肝性脑病等。10%~30% 的患者发生慢性活动性肝炎,少数患者呈现无症状性肝、脾大,或仅转氨酶持续升高。因肝损害还可使体内激素代谢异常,导致内分泌紊乱,出现青春期延迟、月经不调或闭经,男性乳房发育等。极少数患者以急性肝衰竭和急性溶血性贫血起病,多于短期内死亡。

4. **眼部异常**   K-F 环是本病最重要的体征,见于 95%~98% 患者,绝大多数双眼,个别为单眼。大多在出现神经系统受损征象时就可发现此环,位于角膜与巩膜交界处,在角膜的内表面上,呈绿褐色或金褐色,宽约 1.3mm,光线斜照角膜时看得最清楚,但早期常需用裂隙灯检查方可发现(图 14-3)。少数患者可出现晶状体浑浊、暗适应下降及瞳孔对光反应迟钝等。

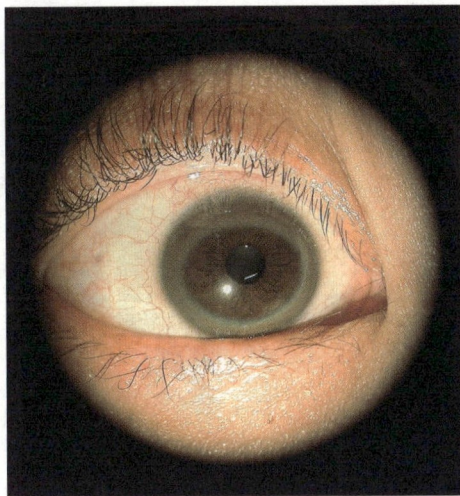

图 14-3 K-F 环
可见角膜内一圈绿褐色环

5. 其他 大部分患者有皮肤色素沉着,尤以面部及双小腿伸侧明显。铜离子在近端肾小管和肾小球沉积,造成肾小管重吸收障碍,出现肾性糖尿、蛋白尿、氨基酸尿等;少数患者可发生肾小管性酸中毒。尚有肌无力、肌萎缩、骨质疏松、骨和软骨变性等。

【辅助检查】

1. 血清铜蓝蛋白及铜氧化酶活性 正常人铜蓝蛋白值为 0.26~0.36g/L,WD 患者显著降低,甚至为零。血清铜蓝蛋白降低是重要的诊断依据之一,但血清铜蓝蛋白值与病情、病程及驱铜治疗效果无关。应注意正常儿童血清铜蓝蛋白水平随年龄改变有特殊变化,新生儿只有成人的 1/5,以后迅速升高,在 2~3 个月时达到成人水平。12 岁前儿童血清铜蓝蛋白的矫正公式为:矫正后铜蓝蛋白值 = 血清铜蓝蛋白测定值×[(12-年龄)×1.7]。血清铜氧化酶活性强弱与血清铜蓝蛋白含量成正比,故测定铜氧化酶活性可间接反映血清铜蓝蛋白含量,其意义与直接测定血清铜蓝蛋白相同。应注意血清铜蓝蛋白降低还可见于肾病综合征、慢性活动性肝炎、原发性胆汁性肝硬化、某些吸收不良综合征、蛋白-热量不足性营养不良等。

2. 人体微量铜

(1)血清铜:正常人血清铜为 14.7~20.5μmol/L,90% WD 的血清铜降低。血清铜也与病情、治疗效果无关。

(2)尿铜:大多数患者 24 小时尿铜含量显著增加,未经治疗时增高数倍至数十倍,服用排铜药物后尿铜进一步增高,待体内蓄积铜大量排出后,尿铜量又渐降低,这些变化可作为临床排铜药物剂量调整的参考指标。正常人尿铜排泄量少于 50μg/24h,未经治疗患者多为 200~400μg/24h,个别高达 1200μg/24h。对一些尿铜改变不明显的可疑患者可采用青霉胺负荷试验。口服青霉胺后正常人和未经治疗的患者尿铜均明显增高,但患者比正常人更显著,可作为一种辅助诊断方法。

(3)肝铜量:被认为是诊断 WD 的"金标准"之一。经体检及生化检查未确诊的病例测定肝铜量是必要的。绝大多数患者肝铜含量在 250μg/g 干重以上(正常 50μg/g 干重)。

3. 肝肾功能 以肝损害为主要表现者可出现不同程度的肝功能异常,如血清总蛋白降低、γ-球蛋白增高等;以肾功能损害为主者可出现尿素氮、肌酐增高及蛋白尿等。

4. 影像学检查 CT 显示双侧豆状核区低密度灶,MRI 显示 T_1 低信号、T_2 高信号(图 14-4);大脑皮质萎缩。约 96% 患者的骨关节 X 线平片可见骨质疏松、骨关节炎或骨软化等,最常见于手部。

5. 离体皮肤成纤维细胞培养 经高浓度铜培养液传代孵育的患者皮肤成纤维细胞,其胞质内铜/蛋白比值远高于杂合子及对照组。

6. 基因检测 WD 具有高度的遗传异质性,致病基因突变位点和突变方式复杂,故尚不能取代常规筛查手段。利用常规手段不能确诊的病例,或对症状前期患者或基因携带者筛选时,可考虑基因检测。

【诊断及鉴别诊断】

1. 诊断 临床诊断主要根据 4 条标准:①肝病史、肝病征或锥体外系表现;②血清铜蓝蛋白显著降低和(或)肝铜增高;③角膜 K-F 环;④阳性家族史。符合①、②、③或①、②、④可确诊 Wilson 病;符合①、③、④为很可能的 Wilson 病;符合②、③、④为很可能症状前 Wilson 病;如具有 4 条中的 2 条则为可能的 Wilson 病。

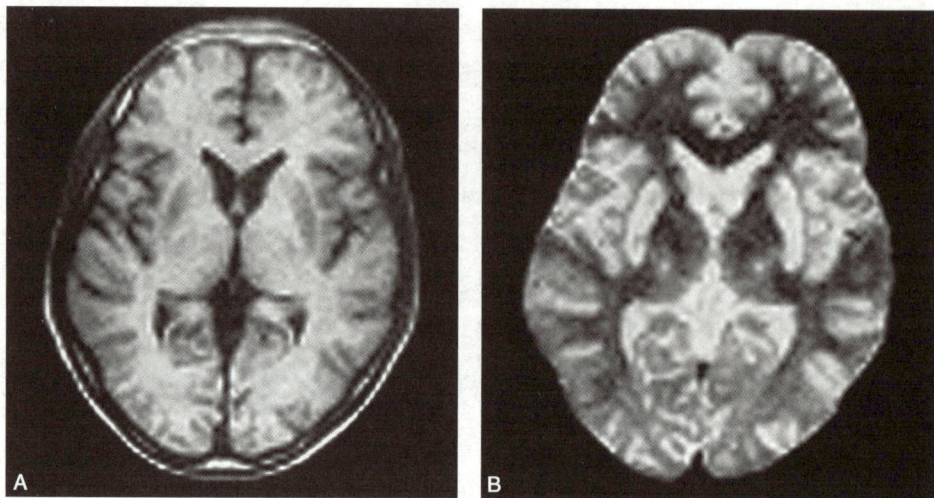

图 14-4   MRI 显示双侧豆状核对称性分布异常信号影像
A. T_1 加权像为低信号；B. T_2 加权像为高信号

2. **鉴别诊断**   本病临床表现复杂多样，鉴别诊断上应从肝脏及神经系统两个方面的主要征象考虑，须重点鉴别的疾病有急（慢）性肝炎、肝硬化、小舞蹈病、亨廷顿病、原发性肌张力障碍、帕金森病和精神病（如精神分裂症、躁狂症、抑郁症）等。

【治疗】

治疗的基本原则是低铜饮食、用药物减少铜的吸收和增加铜的排出；治疗越早越好，对症状前期患者也需及早进行治疗。

1. **低铜饮食**   应尽量避免食用含铜多的食物，如坚果类、巧克力、豌豆、蚕豆、玉米、香菇、贝壳类、螺类和蜜糖、各种动物肝和血等。可食用高氨基酸、高蛋白饮食促进尿铜的排泄。

2. **阻止铜吸收**

（1）锌剂：能竞争性抑制铜在肠道吸收，促进粪铜排泄。尿铜排泄也有一定增加。锌剂可能增加肠细胞与肝细胞合成金属硫蛋白而减弱游离铜的毒性。常用的为硫酸锌 200mg，3 次/日；醋酸锌 50mg，3 次/日；葡萄糖酸锌 70mg，3 次/日，以及甘草锌等。副作用轻，偶有恶心、呕吐等消化道症状。

（2）四硫钼酸铵（tetrathiomolybdate，TM）：在肠黏膜中形成铜与白蛋白的复合物，后者不能被肠吸收而随粪便排出；另能限制肠黏膜对铜的吸收。剂量为 20～60mg，每日 6 次（3 次在就餐时、另 3 次在两餐之间服用）。由于过量的钼可能滞留在肝、脾及骨髓内，故不能用作维持治疗。副作用较少，主要是消化道症状。

3. **促进排铜**   各种驱铜药物均为铜络合剂，通过与血液及组织中的铜形成无毒的复合物从尿排出。

（1）D-青霉胺（D-penicillamine）：是治疗 Wilson 病的首选药物，药理作用不仅在于络合血液及组织中的过量游离铜从尿中排出，而且能与铜在肝中形成无毒的复合物而消除铜在游离状态下的毒性。动物实验还证明，青霉胺能诱导肝细胞合成金属铜硫蛋白（copper metallothionein），也有去铜毒的作用。首次使用应作青霉素皮试，成人量每日 1～1.5g，儿童为每日 20mg/kg，分 3 次口服，需终生用药。有时需数月方起效，可动态观察血清铜代谢指标及裂隙灯检查 K-F 环监测疗效。少数患者可引起发热、药疹、白细胞减少、肌无力、震颤（暂时加重）等，极少数可发生骨髓抑制、狼疮样综合征、肾病综合征等严重毒副作用。

（2）三乙基四胺（trietyl tetramine）：也是一种络合剂，其疗效和药理作用与 D-青霉胺基本相同。成人用量为 1.2g/d。副作用小，可用于使用青霉胺出现毒性反应的患者。

（3）二巯丁二酸钠（Na-DMS）：是含有双巯基的低毒高效重金属络合剂，能与血中游离铜、组织中已与酶系统结合的铜离子结合，形成解离及毒性低的硫醇化合物从尿排出。溶于10%葡萄糖液40ml中缓慢静注，每次1g，每日1~2次，5~7日为一疗程，可间断使用数个疗程。排铜效果优于二巯丙醇（BAL），副作用较轻，牙龈出血和鼻出血较多，可有口臭、头痛、恶心、乏力、四肢酸痛等。

（4）其他：如二巯丙醇（BAL）、二巯丙磺酸（DMPS）、依地酸钙钠（EDTA Na-Ca）也有治疗作用，但现较少用。

4. 中药治疗　大黄、黄连、姜黄、鱼腥草、泽泻、莪术等由于具有利尿及排铜作用而对 WD 可能有效，少数患者服药后早期出现腹泻、腹痛，其他不良反应少。但须强调的是单独使用中药治疗 WD，效果常不满意，中西医结合治疗效果会更好。推荐用于症状前患者、早期或轻症患者、儿童患者以及长期维持治疗者。

5. 对症治疗　如有肌强直及震颤者可用金刚烷胺和（或）苯海索，症状明显者可用复方左旋多巴。依据精神症状酌情选用抗精神病药、抗抑郁药、促智药。无论有无肝损害均需护肝治疗，可选用葡醛内酯、肌苷、维生素 C 等。

6. 手术治疗　包括脾切除和肝移植。脾切除适用于：严重脾功能亢进患者，长期白细胞和血小板显著减少，经常出血或（和）感染；因白细胞和血小板降低青霉胺不能应用；或青霉胺效果不明显。经各种治疗无效的严重病例可考虑肝移植。

【预后】

本病早期诊断并早期驱铜治疗，一般较少影响生活质量和生存期，少数病情严重者预后不良。

第三节　小舞蹈病

小舞蹈病（chorea minor）又称 Sydenham 舞蹈病（Sydenham chorea）、风湿性舞蹈病，于1686年由 Thomas Sydenham 首先描述，是风湿热在神经系统的常见表现。本病多见于儿童和青少年，其临床特征为舞蹈样动作、肌张力降低、肌力减退和（或）精神症状。

【病因及发病机制】

早在1780年Slott即已提出本病与风湿病有关，现已证实本病是由 A 组 β 溶血性链球菌感染引起的自身免疫反应所致。部分患儿咽拭子培养 A 族溶血性链球菌呈阳性，血液和脑脊液中可查到抗神经元抗体，该抗体能与尾状核、丘脑底核及其他部位神经元上的抗原结合。血清中的抗神经元抗体滴度随着舞蹈症的好转而降低，随着病情加重而升高。这些资料提示机体针对链球菌感染的免疫应答反应中产生的抗体，与某种未知基底核神经元抗原存在交叉反应，引起免疫炎性反应而致病。

【病理】

病理改变主要为黑质、纹状体、丘脑底核、小脑齿状核及大脑皮质充血、水肿、炎性细胞浸润及神经细胞弥漫性变性，有的病例出现散在动脉炎、点状出血，有时脑组织可呈现栓塞性小梗死，软脑膜可有轻度炎性改变，血管周围有少量淋巴细胞浸润。尸解病例中90%发现有风湿性心脏病。

【临床表现】

多见于5~15岁，男女之比约为1:3。无季节、种族差异。病前常有上呼吸道炎、咽喉炎等 A 组 β 溶血性链球菌感染史。大多数为亚急性起病，少数可急性起病。

1. 舞蹈症　可以是全身性，也可以是一侧较重，主要累及面部和肢体远端。表现为挤眉、弄眼、撅嘴、吐舌、扮鬼脸，上肢各关节交替伸屈、内收，下肢步态颠簸，精神紧张时加重，睡眠时消失。患儿可能会用有意识地主动运动去掩盖不自主运动。不自主舞蹈样动作可干扰随意运动，导致步态笨拙、持物跌落、动作不稳、暴发性言语。舞蹈症常在发病2~4周内加重，3~6个月内自发缓解。约20%的患儿会复发，通常在2年内。少数在初次发病十年后再次出现轻微的舞蹈症。

2. 肌张力低下和肌无力　可有明显的肌张力减低和肌无力。当患儿举臂过头时，手掌旋前（旋前肌征)。检查者请患儿紧握检查者的第二、三手指时能感到患儿手的紧握程度不恒定,时紧时松(挤奶妇手法或盈亏征)。有时肌无力可以是本病的突出征象,以致患儿在急性期不得不卧床。

3. 精神障碍 患儿常伴某些精神症状,如焦虑、抑郁、情绪不稳、激惹、注意力缺陷多动障碍(attention deficit hyperactivity disorder,ADHD)、偏执-强迫行为(obsessive-compulsive behavior)等。有时出现精神症状先于舞蹈症。

4. 其他 约1/3患儿可伴其他急性风湿热表现,如低热、关节炎、心瓣膜炎、风湿结节等。

【辅助检查】

1. 血清学检查 白细胞增多,血沉加快,C反应蛋白效价升高,抗链球菌溶血素"O"滴度增加;由于本病多发生在链球菌感染后2~3个月,甚至6~8个月,故不少患儿发生舞蹈样动作时链球菌检查常为阴性。

2. 喉拭子培养 可检出A族溶血型链球菌。

3. 脑电图及影像学检查 脑电图为轻度弥漫性慢活动,无特异性。多数患儿的头颅CT显示尾状核区低密度灶及水肿,MRI显示尾状核、壳核、苍白球增大,T_2加权像信号增强,随症状好转而消退。

【诊断及鉴别诊断】

1. 诊断 诊断主要依据儿童或青少年起病、有风湿热或链球菌感染史、亚急性或急性起病的舞蹈症,伴肌张力低下、肌无力或(和)精神症状应考虑本病。合并其他风湿热表现及自限性病程可进一步支持诊断。

2. 鉴别诊断 对无风湿热或链球菌感染史、单独出现的小舞蹈病需与其他原因引起的舞蹈症鉴别,如少年型亨廷顿病、神经棘红细胞增多症、肝豆状核变性、各种原因(药物、感染、脑缺氧、核黄疸)引起的症状性舞蹈病。还需与抽动秽语综合征、扭转痉挛鉴别。

【治疗】

1. 对症治疗 对舞蹈症状可选用多巴胺受体拮抗剂,如氯丙嗪12.5~25mg,氟哌啶醇0.5~1mg,奋乃静2~4mg或硫必利50~100mg,每日3次口服。前两种药物易诱发锥体外系副作用,需注意观察,一旦发生,需减少剂量。也可选用多巴胺耗竭剂,如丁苯那嗪(tetrabenazine)25mg,每日2~3次口服。或可选用增加GABA含量的药物,如丙戊酸钠200mg,每日3次口服。加用苯二氮䓬类药,如地西泮、氯硝西泮或硝西泮则可更有效地控制舞蹈症。

2. 病因治疗 在确诊本病后,无论病症轻重,均需应用抗链球菌治疗,目的在于最大限度地防止或减少小舞蹈病复发及避免心肌炎、心瓣膜病的发生。一般应用青霉素80万单位肌注,2次/日,1~2周为一疗程。以后可给予长效青霉素120万单位肌注,每月1次。有人认为青霉素治疗应维持至少5年。不能使用青霉素,可改用其他链球菌敏感的抗生素,如头孢类。

3. 免疫疗法 鉴于患儿患病期间体内有抗神经元抗体,故理论上免疫治疗可能有效。可应用糖皮质激素,也有报道用血浆置换、免疫球蛋白静脉注射治疗本病,可缩短病程及减轻症状。

【预后】

本病为自限性,即使不经治疗,3~6个月后也可自行缓解;适当治疗可缩短病程。约1/4患儿可复发。

第四节 亨 廷 顿 病

亨廷顿病(Huntington disease,HD)又称亨廷顿舞蹈病(Huntington chorea)、慢性进行性舞蹈病(chronic progressive chorea)、遗传性舞蹈病(hereditary chorea),于1842年由Waters首报,1872年由美国医师George Huntington系统描述而得名,是一种常染色体显性遗传的基底核和大脑皮质变性疾病,临床上以隐匿起病、缓慢进展的舞蹈症、精神异常和痴呆为特征。该病的外显率非常高,受累个体的后代一半发病,可发生于所有人种,白种人发病率最高,我国较少见。

【病因及发病机制】

本病的致病基因 IT15(interesting transcript 15)位于第 4 号染色体 4p16.3,基因的表达产物为约含 3144 个氨基酸的多肽,命名为 Huntingtin,在 IT15 基因 5′端编码区内的三核苷酸(CAG)重复序列拷贝数异常增多。拷贝数越多,发病年龄越早,临床症状越重。在 Huntingtin 内,(CAG)n 重复编码一段长的多聚谷氨酰胺功能区,故认为本病可能由于一种毒性的功能获得(gain of function)所致。

【病理及生化改变】

1. **病理变化**　主要位于纹状体和大脑皮质,黑质、视丘、视丘下核、齿状核亦可轻度受累。大脑皮质突出的变化为皮质萎缩,特别是第 3、5 和 6 层神经节细胞丧失,合并胶质细胞增生。尾状核、壳核神经元大量变性、丢失。投射至外侧苍白球的纹状体传出神经元(含 γ-氨基丁酸与脑啡肽,参与间接通路)较早受累,是引起舞蹈症的基础;随疾病进展,投射至内侧苍白球的纹状体传出神经元(含 γ-氨基丁酸与 P 物质,参与直接通路)也遭殃及,是导致肌强直及肌张力障碍的原因。

2. **生化改变**　纹状体传出神经元中 γ-氨基丁酸、乙酰胆碱及其合成酶明显减少,多巴胺浓度正常或略增加;与 γ-氨基丁酸共存的神经调质脑啡肽、P 物质亦减少,生长抑素和神经肽 Y 增加。

【临床表现】

本病多见于 30～50 岁,5%～10% 的患者发病于儿童和青少年,10% 在老年。患者的连续后代中有发病提前倾向,称之为早现现象(anticipation),父系遗传(paternal descent)的早现现象更明显。绝大多数有阳性家族史。隐匿起病,缓慢进展,无性别差异。

1. **锥体外系症状**　以舞蹈样不自主运动最常见、最具特征性,通常为全身性,程度轻重不一,典型表现为手指弹钢琴样动作和面部怪异表情,累及躯干可产生舞蹈样步态,可合并手足徐动及投掷症。随着病情进展,舞蹈样不自主运动可逐渐减轻,而肌张力障碍及动作迟缓、肌强直、姿势不稳等帕金森综合征渐趋明显。

2. **精神障碍及痴呆**　精神障碍可表现为情感、性格、人格改变及行为异常,如抑郁、激惹、幻觉、妄想、暴躁、冲动、反社会行为等。患者常表现出注意力减退、记忆力降低、认知障碍及智能减退,呈进行性加重。

3. **其他**　快速眼球运动(扫视)常受损。可伴癫痫发作,舞蹈样不自主运动大量消耗能量可使体重明显下降,睡眠和(或)性功能障碍常见。晚期出现构音障碍和吞咽困难。

【辅助检查】

1. 基因检测 CAG 重复序列拷贝数增加,大于 40 具有诊断价值。该检测方法结合临床有较高的诊断价值,可通过该方法确诊此病。

2. 电生理及影像学检查脑电图呈弥漫性异常,无特异性。CT 及 MRI 显示大脑皮质和尾状核萎缩,脑室扩大。MRI T_2 加权像示壳核信号增强。MR 波谱(MRS)示大脑皮质及基底核乳酸水平增高。[18]F-脱氧葡萄糖 PET 检测显示尾状核、壳核代谢明显降低。

【诊断及鉴别诊断】

1. **诊断**　根据发病年龄,慢性进行性舞蹈样动作、精神症状和痴呆,结合家族史可诊断本病,基因检测可确诊,还可发现临床前期患者。

2. **鉴别诊断**　本病应与小舞蹈病、良性遗传性舞蹈病、发作性舞蹈手足徐动症、老年性舞蹈病、棘状红细胞增多症、肝豆状核变性、迟发性运动障碍鉴别。

【治疗】

目前尚无有效治疗措施。对舞蹈症状可选用:①多巴胺受体阻滞剂:氟哌啶醇 1～4mg,每日 3 次;氯丙嗪 12.5～50mg,每日 3 次;奋乃静 2～4mg,每日 3 次;硫必利 100～200mg,每日 3 次;以及匹莫齐特等。均应从小剂量开始,逐渐增加剂量,用药过程中应注意锥体外系副作用;②中枢多巴胺耗竭剂:丁苯那嗪 25mg,每日 3 次;③补充中枢 γ-氨基丁酸或拟胆碱药物:一般疗效不佳。

【预后及预防】

本病病程约 10 ~ 25 年,平均 19 年。最后常因吞咽困难,营养不良,活动障碍,卧床不起,发生并发症而死亡。对确诊患者的家族应给予必要的遗传咨询,应劝告其不要生育,避免患儿出生。

第五节　肌张力障碍

肌张力障碍(dystonia)是一种由肌肉不自主间歇或持续性收缩所导致的异常重复运动和(或)异常姿势的运动障碍疾病。

肌张力障碍以往根据起病年龄(早发型、晚发型)、症状分布(局灶型、节段型、多灶型、偏身型、全身型)以及病因(原发性或特发性、肌张力障碍叠加、遗传变性病、发作性肌张力障碍、继发性或者症状性)进行临床分型;2013 年后学界普遍接受以临床特征及病因两大主线为基础的新分类法。按照临床特征分类:发病年龄(婴幼儿期、儿童期、青少年期、成年早期、成年晚期)、症状分布(局灶型、节段型、多灶型、偏身型、全身型)、时间模式(疾病进程:稳定型、进展型;变异性:持续型、动作特异型、发作型、日间波动型等)、伴随症状(单纯型、复合型、复杂型);按照病因学分类:神经系统病理性(有神经系统退行性变证据、有结构性病变证据、无神经系统退行性变或结构性病变证据)、遗传或获得性、特发性。

【病因及发病机制】

原发性肌张力障碍多为散发,少数有家族史,呈常染色体显性或隐性遗传,或 X 染色体连锁遗传,最多见于 7 ~ 15 岁儿童或少年。常染色体显性遗传的原发性扭转痉挛绝大部分是由于 DYT1 基因突变所致,该基因定位在 9q32-34,外显率为 30% ~ 50%。多巴反应性肌张力障碍也是常染色体显性遗传,为三磷酸鸟苷环水解酶-1(GCH-1)基因突变所致。在菲律宾 Panay 岛,有一种肌张力障碍—帕金森综合征,呈 X-连锁隐性遗传。家族性局限性肌张力障碍,通常为常染色体显性遗传,外显率不完全。

继发性(症状性)肌张力障碍指有明确病因的肌张力障碍,病变部位包括纹状体、丘脑、蓝斑、脑干网状结构等处,见于感染(脑炎后)、变性病(肝豆状核变性、苍白球黑质红核色素变性、进行性核上性麻痹、家族性基底核钙化)、中毒(一氧化碳等)、代谢障碍(大脑类脂质沉积、核黄疸、甲状旁腺功能低下)、脑血管病、外伤、肿瘤、药物(吩噻嗪类及丁酰苯类神经安定剂、左旋多巴、甲氧氯普胺)等。

发病机制不明。曾报道脑内某些部位的去甲肾上腺素、多巴胺和 5-羟色胺等递质浓度异常。可能存在额叶运动皮质的兴奋抑制通路异常,而导致皮质感觉运动整合功能障碍。

【病理】

原发性扭转痉挛可见非特异性的病理改变,包括壳核、丘脑及尾状核的小神经元变性死亡,基底核的脂质及脂色素增多。继发性扭转痉挛的病理学特征随原发病不同而异。痉挛性斜颈、Meige 综合征、书写痉挛和职业性痉挛等局限性肌张力障碍病理上无特异性改变。

【临床表现】

1. 扭转痉挛(torsion spasm)　于 1911 年由 Oppenheim 首先命名,是指全身性扭转性肌张力障碍(torsion dystonia),又称畸形性肌张力障碍(dystonia musculorum deformans),临床上以四肢、躯干甚至全身的剧烈而不随意的扭转运动和姿势异常为特征😊。按病因可分为原发性和继发性两型。

各种年龄均可发病。儿童期起病者多有阳性家族史,症状常从一侧或两侧下肢开始,逐渐进展至广泛的不自主的扭转运动和姿势异常,导致严重的功能障碍。成年起病者多为散发,症状常从上肢或躯干开始,大约 20% 的患者最终可发展为全身性肌张力障碍,一般不会严重致残。

早期表现为一侧或两侧下肢的轻度运动障碍,足呈内翻跖曲,行走时足跟不能着地,随后躯干和四肢发生不自主的扭转运动。最具特征性的是以躯干为轴的扭转或螺旋样运动。常引起脊柱前凸、侧凸和骨盆倾斜。颈肌受累则出现痉挛性斜颈。面肌受累时则出现挤眉弄眼、牵嘴歪舌、舌伸缩扭动等。肌张力在扭转运动时增高，扭转运动停止后则转为正常或减低。自主运动或精神紧张时扭转痉挛加重，睡眠时完全消失。

常染色体显性遗传者的家族成员中，可有多个同病成员或有多种顿挫型局限性症状，如眼睑痉挛、斜颈、书写痉挛、脊柱侧弯等症状，且多自上肢开始，可长期局限于起病部位，即使进展成全身型，症状亦较轻微。

2. Meige 综合征　于 1910 年由法国医师 Henry Meige 首先描述，主要表现为眼睑痉挛（blepharospasm）和口-下颌肌张力障碍（oromandibular dystonia），可分为三型：①眼睑痉挛；②眼睑痉挛合并口-下颌肌张力障碍；③口-下颌肌张力障碍。第 Ⅱ 型为 Meige 综合征的完全型；第 Ⅰ、Ⅲ 型为不完全型。临床上主要累及眼肌和口、下颌部肌肉。眼肌受累者表现为眼睑刺激感、眼干、畏光和瞬目频繁，后发展成不自主眼睑闭合，痉挛可持续数秒至数分钟。多数为双眼，少数由单眼起病，渐及双眼，影响读书、行走甚至导致功能性"失明"。眼睑痉挛常在精神紧张、强光照射、阅读、注视时加重，在讲话、唱歌、张口、咀嚼、笑时减轻，睡眠时消失。口、下颌肌受累者表现为张口闭口、撇嘴、咧嘴、缩唇、伸舌扭舌、龇牙、咬牙等。严重者可使下颌脱臼，牙齿磨损以至脱落，撕裂牙龈，咬掉舌和下唇，影响发声和吞咽。痉挛常由讲话、咀嚼触发，触摸下巴、压迫颏下部等可获减轻，睡眠时消失。

3. 痉挛性斜颈（spasmodic torticollis）　于 1652 年由荷兰医师 Tulpius 首先提出，多见于 30～50 岁，也可发生于儿童或老年人，男女比例为 1：2。因以胸锁乳突肌、斜方肌为主的颈部肌群阵发性不自主收缩，引起头向一侧扭转或阵挛性倾斜。早期表现为周期性头向一侧转动或前倾、后仰，后期头常固定于某一异常姿势。受累肌肉常有痛感，亦可见肌肉肥大，可因情绪激动而加重，手托下颌、面部或枕部时减轻，睡眠时消失。

4. 手足徐动症（athetosis）　也称指痉症或易变性痉挛（mobile spasm），是肢体远端为主的缓慢弯曲的蠕动样不自主运动，极缓慢的手足徐动导致姿势异常颇与扭转痉挛相似，后者主要侵犯肢体近端、颈肌和躯干肌，典型表现以躯干为轴扭转。

5. 书写痉挛（writer cramp）和其他职业性痉挛　指在执行书写、弹钢琴、打字等职业动作时手和前臂出现的肌张力障碍和异常姿势，患者常不得不用另一只手替代，而做与此无关的其他动作时则为正常。患者书写时手臂僵硬，握笔如握匕首，肘部不自主地向外弓形抬起，腕和手弯曲，手掌面向侧面，笔和纸几乎呈平行状态。

6. 多巴反应性肌张力障碍（dopa-responsive dystonia，DRD）　又称伴有明显昼间波动的遗传性肌张力障碍（hereditary progressive dystonia with marked diurnal fluctuation，HPD）或称 Segawas 病，由 Segawas（1976 年）首先报道。本病多于儿童期发病，女性多见，男：女之比为 1：（2～4）。缓慢起病，通常首发于下肢，表现为上肢或下肢的肌张力障碍和异常姿势或步态，步态表现为腿僵直、足屈曲或外翻，严重者可累及颈部。肌张力障碍亦可合并运动迟缓、齿轮样肌强直、姿势反射障碍等帕金森综合征之表现。症状具有昼间波动，一般在早晨或午后症状轻微，运动后或晚间加重。此种现象随年龄增大会变得不明显，一般在起病后 20 年内病情进展明显，20～30 年趋于缓和，至 40 年病情几乎稳定。对小剂量左旋多巴有戏剧性和持久性反应是其显著的临床特征。长期服用左旋多巴无需增加剂量，且不会出现左旋多巴的运动并发症。

7. 发作性运动障碍（paroxysmal dyskinesias）　表现为突然出现且反复发作的运动障碍（可有肌张力障碍型或舞蹈手足徐动症型），发作间期正常。Demirkiran（1995 年）根据病因、诱发因素、临床症状、发作时间将发作性运动障碍分成 4 类：①发作性运动诱发性运动障碍：突然从静止到运动或改变运动形式诱发；②发作性过度运动诱发性运动障碍：在长时间运动后发生，如跑步、游泳等；③发作性非运动诱发性运动障碍：自发发生，或可因饮用酒、茶、咖啡或饥饿、疲劳等诱发；④睡眠诱发性发作性运动障碍：在睡眠中发生。

【辅助检查】

对疑患继发性肌张力障碍者可予以如下辅助检查:头颅 CT 或 MRI(排除脑部器质性损害),颈部 MRI(排除脊髓病变所致颈部肌张力障碍)、血细胞涂片(排除神经-棘红细胞增多症)、代谢筛查(排除遗传性代谢疾病)、铜代谢测定及裂隙灯检查(排除 Wilson 病)。对儿童期起病的扭转痉挛可行 DYT1 基因突变检测。

【诊断及鉴别诊断】

根据病史、不自主运动和(或)异常姿势的特征性表现和部位等,症状诊断通常不难。在明确肌张力障碍诊断后要尽量寻找病因。原发性肌张力障碍除可伴有震颤外,一般无其他阳性神经症状和体征。若在起病时即为静止性肌张力障碍、较早出现持续的姿势异常、语言功能早期受累、起病突然、进展迅速以及偏侧肌张力障碍均提示为继发性,应积极寻找病因。若伴有其他神经系统症状和体征,如肌痉挛、痴呆、小脑症状、视网膜改变、肌萎缩、感觉症状等,也提示继发性肌张力障碍。

肌张力障碍需与其他类似不自主运动症状鉴别,主要有:

1. 扭转痉挛应与舞蹈症、僵人综合征(stiff-person syndrome)鉴别。扭转痉挛与舞蹈症的鉴别要点是舞蹈症的不自主运动速度快、运动模式变幻莫测、无持续性姿势异常,并伴肌张力降低,而扭转痉挛的不自主运动速度慢、运动模式相对固定、有持续性姿势异常,并伴肌张力增高。僵人综合征表现为发作性躯干肌(颈脊旁肌和腹肌)和四肢近端肌紧张、僵硬和强直,而面肌和肢体远端肌常不受累,僵硬可明显限制患者的主动运动,且常伴有疼痛,肌电图检查在休息和肌肉放松时均可出现持续运动单位电活动,易与扭转痉挛区别。

2. 痉挛性斜颈应与颈部骨骼肌先天性异常所致的先天性斜颈(Klippel-Feil 畸形、胸锁乳突肌血肿后纤维化)、局部疼痛刺激所引起的症状性斜颈鉴别。症状性斜颈除有相应的病因外,斜颈姿势常固定不变,感觉性刺激不能使其减轻,运动也不会使其加重,同时能检出相应的体征,这些都与肌张力障碍不同。

3. Meige 综合征应与颞下关节综合征、下颌错位咬合、面肌痉挛、神经症相鉴别。面肌痉挛亦好发于老年女性,表现为一侧面肌和眼睑的抽搐样表现,不伴有口-下颌的不随意运动。

【治疗】

治疗措施有药物、局部注射 A 型肉毒素(botulinum toxin A)和外科治疗。对局灶型或节段型肌张力障碍首选局部注射 A 型肉毒素,对全身性肌张力障碍宜采用口服药物加选择性局部注射 A 型肉毒素。药物或 A 型肉毒素治疗无效的严重病例可考虑外科治疗。对继发性肌张力障碍的患者需同时治疗原发病。

1. **药物治疗**

(1)抗胆碱能药:给予可耐受的最大剂量苯海索 20~30mg/d,分 3~4 次口服,可能控制症状。

(2)地西泮 2.5~5mg、硝西泮 5~7.5mg 或氯硝西泮 1~2mg,3 次/日,部分病例有效。

(3)氟哌啶醇、吩噻嗪类或丁苯那嗪可能有效,但达到有效剂量时可能诱发轻度帕金森综合征。

(4)左旋多巴:对一种特发性扭转痉挛变异型(多巴反应性肌张力障碍)有戏剧性效果。

(5)巴氯芬(baclofen)和卡马西平也可能有效。

2. **A 型肉毒素局部注射**疗效较佳,注射部位选择痉挛最严重的肌肉或肌电图显示明显异常放电的肌群,如痉挛性斜颈可选择胸锁乳突肌、颈夹肌、斜方肌等三对肌肉中的四块做多点注射;眼睑痉挛和口-下颌肌张力障碍分别选择眼裂周围皮下和口轮匝肌多点注射;书写痉挛注射受累肌肉有时会有帮助。剂量应个体化,疗效可维持 3~6 个月,重复注射有效。

3. **手术**对严重痉挛性斜颈患者可行副神经和上颈段神经根切断术,部分病例可缓解症状,但可复发。丘脑损毁术或脑深部电刺激术对某些偏身及全身性肌张力障碍可能有效。

第六节 其他运动障碍性疾病

一、原发性震颤

原发性震颤（essential tremor，ET）又称特发性震颤，是以震颤为唯一表现的常见运动障碍性疾病，1/3患者有阳性家族史，呈常染色体显性遗传😊。发病机制和病理变化均未明了。目前已鉴定了五个基因位点，分别位于3q13.31（DRD3，ETM1）、2p25-p22（ETM2），6p23（ETM3），16p11.2（FUS，ETM4）和11q14.1（TENM4，ETM5）。

本病隐匿起病，缓慢进展，也可长期缓解。可见于任何年龄，但多见于40岁以上的中、老年人。震颤是唯一的临床症状，主要表现为姿势性震颤和动作性震颤，往往见于一侧上肢或双上肢，头部也常累及，下肢较少受累。震颤频率为6~12Hz。部分患者饮酒后震颤可暂时减轻，情绪激动或紧张、疲劳、寒冷等可使震颤加重。

患者如果经常出现姿势性和（或）动作性震颤，饮酒后震颤减轻，有阳性家族史，不伴有其他神经系统症状和体征应考虑ET的可能性。需与早期帕金森病、甲亢等鉴别。

本病治疗一线用药为普萘洛尔、扑痫酮，如果单一药物不能有效控制震颤，可考虑两药合用；若合并焦虑症状可加用苯二氮䓬类药，如阿普唑仑等。二线用药包括苯二氮䓬类药、加巴喷丁、托吡酯、A型肉毒素。具体用法为普萘洛尔（propranolol）30~90mg/d，或阿罗洛尔（arotinolol）30mg/d，分3次口服，需长期应用。扑痫酮（primidone）100~150mg，3次/日，或苯二氮䓬类（如阿普唑仑、氯硝西泮等）均有效，与普萘洛尔或阿罗洛尔合用疗效更佳。有报道托吡酯对部分患者也可能有效。药物均需从小剂量开始，渐增剂量，需注意副作用和禁忌证。

少数症状严重、一侧为主，且对药物治疗反应不佳的患者可行丘脑损毁术或脑深部电刺激术（DBS）。

二、抽动秽语综合征

抽动秽语综合征（tics-coprolalia syndrome）又称Tourette综合征（Tourette syndrome，TS），Itard于1825年首先报道，法国医师Tourette于1885年对此进行了详细描述。遗传因素可能是其病因。发病机制不明，应用多巴胺受体拮抗剂或多巴胺耗竭剂及选择性5-羟色胺再摄取抑制剂（SSRI）能够有效控制抽动症状，提示纹状体多巴胺能和5-羟色胺能活动过度或多巴胺受体超敏可能与其有关。

本病多在2~15岁间起病，男女之比为（3~4）:1。临床特征是由表情肌、颈肌或上肢肌肉迅速、反复、不规则抽动起病，表现为挤眼、噘嘴、皱眉、摇头、仰颈、提肩等；以后症状加重，出现肢体及躯干的暴发性不自主运动，如躯干扭转、投掷运动、踢腿等。抽动发作频繁，少则一日十几次，多则可达数百次。约有30%~40%的患儿因口喉部肌肉抽动而发出重复性暴发性无意义的单调怪声，似如犬吠声、喉鸣声、咳嗽声等，半数有秽亵言语。85%的患儿有轻至中度行为异常，表现为注意力不集中、焦躁不安、强迫行为、秽亵行为或破坏行为。约有半数患儿可能同时伴注意力缺陷多动障碍（attention deficit hyperactivity disorder，ADHD）。抽动在精神紧张时加重，精神松弛时减轻，入睡后消失。患儿的智力不受影响。神经系统检查除不自主运动外一般无其他阳性体征。

脑电图检查可表现为高幅慢波、棘波、棘慢复合波等，动态脑电图异常率可达50%，但对诊断无特异性。PET和SPECT检查可显示颞、额、基底核区糖代谢及脑灌注量降低。

本病诊断可参照美国精神疾病诊断统计手册第4版（DSM-Ⅳ）的诊断标准：①18岁前发病；②在疾病期间有时存在多发性的运动和一或多种发声抽动；③抽动一天内发作许多次（通常是一阵阵），几乎是每天或一年多期间歇性地发作，在此期间从未有连续超过3个月的无抽动发作；④疾病造成患者很大的痛苦或严重影响患者的社交、学习和其他重要功能；⑤疾病不是由于兴奋剂或其他疾病（如亨廷顿病或病毒性脑炎）的直接生理性反应所致。

本病需与小舞蹈病和习惯性痉挛鉴别。

药物治疗联合心理疏导是治疗本病的有效措施。主要药物有氟哌啶醇、舒必利、硫必利或利培酮,应从小剂量开始,逐渐增加至有效剂量,症状控制后,应逐渐减量,并维持一段时间(3个月或更长),可使许多患儿恢复正常。其他药物有匹莫齐特、可乐定、丁苯那嗪、氯硝西泮、托吡酯及三环类抗抑郁药或SSRI等。国外报道对个别药物不能有效控制的严重患儿可试用DBS治疗。

三、迟发性运动障碍

迟发性运动障碍(tardive dyskinesia,TD)又称迟发性多动症,于1968年由Crane首先报道,是抗精神病药物诱发持久的刻板重复的不自主运动,常见于长期(1年以上)应用抗精神病药(多巴胺受体拮抗剂)治疗的精神病患者,减量或停服后最易发生。一般认为是在长期阻断纹状体多巴胺能受体后,后者反应超敏所致。也可能与基底核γ-氨基丁酸功能受损有关。

本病多发生于老年患者,尤其是女性,临床特征是节律性刻板重复的舞蹈-手足徐动样不自主运动,可见于口、面部、躯干或四肢,也可有颈或腰部肌张力障碍或动作不宁。老年人口部运动具有特征性,年轻患者肢体受累常见,儿童口面部症状较突出。不自主运动常在用药数月至数年后出现,症状大多不呈进行性加重,但可能持久不愈,治疗困难。无用药史时与亨廷顿病不易区别。

本病重在预防,使用抗精神病药物应有明确指征,精神病患者亦宜更换药物。治疗时必须先停服致病药物,对症治疗可选用硫必利、舒必利、利血平、丁苯那嗪等,对控制症状有所帮助。需继续治疗精神病的患者可用非经典抗精神病药氯氮平、利培酮(risperidone)、奥氮平(olanzapine)、喹硫平(quetiapine)等替代经典抗精神病药。

(陈生弟)

思　考　题

1. 运动障碍性疾病临床上分为哪两种类型? 举例简述各自的临床特征。
2. 帕金森病的生化病理基础是什么? 有哪些主要的临床特征?
3. 帕金森病的治疗原则是什么? 常用的药物治疗有哪些?
4. 肝豆状核变性主要的临床特征是什么? 常用的药物治疗有哪些?
5. 什么是肌张力障碍? 临床上有哪几种类型? 扭转性肌张力障碍有哪些主要的临床表现?
6. 简述原发性震颤的临床表现及治疗。

参　考　文　献

[1] 陈生弟. 神经病学. 北京:科学出版社,2011.

[2] 贾建平,陈生弟. 神经病学. 7版. 北京:人民卫生出版社,2013.

[3] 陈生弟. 神经与精神疾病. 北京:人民卫生出版社,2016.

[4] 中华医学会神经病学分会帕金森病及运动障碍学组. 中国帕金森病诊断标准(2016版). 中华神经科杂志,2016,49:268-271.

[5] 中华医学会神经病学分会帕金森病及运动障碍学组. 中国帕金森病治疗指南(第三版). 中华神经科杂志,2014,47:1-6.

[6] Chen SD,Chan P,Sun SG,et al. The recommendation of Chinese Parkinson's disease and movement disorder society consensus on therapeutic management of Parkinson's disease. Translational Neurodegeneration,2016,5:12.

[7] Ropper AH,Samuels MA. Adams and Victor's Principles of Neurology. 9th ed. New York:McGraw-Hill,2009.

[8] Watts RL,Standaert DG,ObesoJ A. Movement Disorders:Neurologic Principles & Practice. 3rd ed. New York:McGraw-Hill,2011.

[9] Jankovic J,Tolosa E. Parkinson Disease and Movement Disorders. 5th ed. New York:Lippincott Williams & Wilkins,2006.

[10] Fahn S,Jankovic J,Mark H. Principles & Practice of Movement Disorders. 2nd ed. Oxford:Elsevier Limited,2011.

第十五章 癫痫

概述

癫痫(epilepsy)是多种原因导致的脑部神经元高度同步化异常放电所致的临床综合征,临床表现具有发作性、短暂性、重复性和刻板性的特点。异常放电神经元的位置不同及异常放电波及的范围差异,导致患者的发作形式不一,可表现为感觉、运动、意识、精神、行为、自主神经功能障碍或兼有之。临床上每次发作或每种发作的过程称为痫性发作(seizure),一个患者可有一种或数种形式的痫性发作。在癫痫发作中,一组具有相似症状和体征特性所组成的特定癫痫现象统称为癫痫综合征。

【流行病学】

癫痫是神经系统常见疾病,流行病学资料显示癫痫的年发病率为(50~70)/10万;患病率约为5‰;死亡率为(1.3~3.6)/10万,为一般人群的2~3倍。我国目前约有900万以上癫痫患者,每年新发癫痫患者65万~70万,30%左右为难治性癫痫,我国的难治性癫痫患者至少在200万以上。

【病因】

癫痫不是独立的疾病,而是一组疾病或综合征,引起癫痫的病因非常复杂,根据病因学不同,癫痫可分为三大类:

1. **症状性癫痫(symptomatic epilepsy)** 由各种明确的中枢神经系统结构损伤或功能异常所致,如:脑外伤、脑血管病、脑肿瘤、中枢神经系统感染、寄生虫、遗传代谢性疾病、皮质发育障碍、神经系统变性疾病、药物和毒物等。

2. **特发性癫痫(idiopathic epilepsy)** 病因不明,未发现脑部有足以引起癫痫发作的结构性损伤或功能异常,可能与遗传因素密切相关,常在某一特定年龄段起病,具有特征性临床及脑电图表现。如:伴中央颞区棘波的良性儿童癫痫、家族性颞叶癫痫等。

3. **隐源性癫痫(cryptogenic epilepsy)** 临床表现提示为症状性癫痫,但现有的检查手段不能发现明确的病因。其约占全部癫痫的60%~70%。

【影响发作的因素】

1. **年龄** 特发性癫痫与年龄密切相关,如婴儿痉挛症在1岁内起病,儿童失神癫痫发病高峰在6~7岁,肌阵挛癫痫起病在青春期前后。各年龄段癫痫的常见病因也不同:0~2岁多为围生期损伤、先天性疾病和代谢障碍等;2~12岁多为急性感染、特发性癫痫、围生期损伤和热性惊厥等;12~18岁多为特发性癫痫、颅脑外伤、血管畸形和围生期损伤等;18~35岁多为颅脑外伤、脑肿瘤和特发性癫痫等;35~65岁多为脑肿瘤、颅脑外伤、脑血管疾病和代谢障碍等;65岁以后多为脑血管疾病、脑肿瘤、阿尔茨海默病伴发等。

2. **遗传因素** 可影响癫痫易患性:如儿童失神发作患者的兄弟姐妹在5~16岁有40%以上出现3Hz棘-慢波的异常脑电图,但仅1/4出现失神发作。症状性癫痫患者的近亲患病率为15‰,高于普通人群。有报告单卵双胎儿童发生失神和全面强直-阵挛的一致率很高。

3. **睡眠** 癫痫发作与睡眠-觉醒周期有密切关系:如全面强直-阵挛发作常在晨醒后发生;婴儿痉

挛症多在醒后和睡前发作;伴中央颞区棘波的良性儿童癫痫多在睡眠中发作等。

4. **内环境改变**   内分泌失调、电解质紊乱和代谢异常等均可影响神经元放电阈值,导致痫性发作。如少数患者仅在月经期或妊娠早期发作,为月经期癫痫和妊娠性癫痫;疲劳、睡眠缺乏、饥饿、便秘、饮酒、闪光、感情冲动和一过性代谢紊乱等都可导致痫性发作。

【发病机制】

癫痫的发病机制非常复杂,至今尚未能完全了解其全部机制,但发病的一些重要环节已被探知。

1. **痫性放电的起始**   神经元异常放电是癫痫发病的电生理基础。正常情况下,神经元自发产生有节律性的电活动,但频率较低。致痫灶神经元的膜电位与正常神经元不同,在每次动作电位之后出现阵发性去极化漂移(paroxysmal depolarization shift,PDS),同时产生高幅高频的棘波放电。神经元异常放电可能由于各种病因导致离子通道蛋白和神经递质或调质异常,出现离子通道结构和功能改变,引起离子异常跨膜运动所致。

在癫痫发病机制中,对于神经元异常放电的起源需区分两个概念:①癫痫病灶(lesion):是癫痫发作的病理基础,指可直接或间接导致痫性放电或癫痫发作的脑组织形态或结构异常,CT 或 MRI 通常可显示病灶,有的需要在显微镜下才能发现;②致痫灶(seizure focus):是脑电图出现一个或数个最明显的痫性放电部位,痫性放电可因病灶挤压、局部缺血等导致局部皮质神经元减少和胶质增生所致。研究表明直接导致癫痫发作的并非癫痫病理灶而是致痫灶。单个病灶(如肿瘤、血管畸形等)产生的致痫灶多位于病灶边缘,广泛癫痫病灶(如颞叶内侧硬化及外伤性瘢痕等)所致的致痫灶常包含在病灶内,有时可在远离癫痫灶的同侧或对侧脑区。

2. **痫性放电的传播**   异常高频放电反复通过突触联系和强直后的易化作用诱发周边及远处的神经元同步放电,从而引起异常电位的连续传播。异常放电局限于大脑皮质的某一区域时,表现为部分性发作;若异常放电在局部反馈回路中长期传导,表现为部分性发作持续状态;若异常放电通过电场效应和传导通路,向同侧其他区域甚至一侧半球扩散,表现为 Jackson 发作;若异常放电不仅波及同侧半球还可同时扩散到对侧大脑半球,表现为继发性全面性发作;若异常放电的起始部分在丘脑和上脑干,并仅扩及脑干网状结构上行激活系统时,表现为失神发作;若异常放电广泛投射至两侧大脑皮质并使网状脊髓束受到抑制时则表现为全身强直-阵挛性发作。

3. **痫性放电的终止**   目前机制尚未完全明了,可能机制为脑内各层结构的主动抑制作用,即癫痫发作时,癫痫灶内产生巨大突触后电位,后者激活负反馈机制,使细胞膜长时间处于过度去极化状态,从而抑制异常放电扩散,同时减少癫痫灶的传入性冲动,促使发作放电的终止。

【病理】

癫痫的病因错综复杂,病理改变亦呈多样化,我们通常将癫痫病理改变分为两类,即引起癫痫发作的病理改变(即癫痫发作的病因)和癫痫发作引起的病理改变(即癫痫发作的后果),这对于明确癫痫的致病机制以及寻求外科手术治疗具有十分重要的意义。

由于医学伦理学限制,目前关于癫痫的病理研究大部分来自难治性癫痫患者手术切除的病变组织,在这类患者中,海马硬化(hippocampal sclerosis,HS)具有一定的代表性。海马硬化又称阿蒙角硬化(Ammon horn sclerosis,AHS)或颞叶中央硬化(mesial temporal sclerosis,MTS),它既可以是癫痫反复发作的结果,又可能是导致癫痫反复发作的病因,与癫痫治疗成败密切相关。海马硬化肉眼观察表现为海马萎缩、坚硬;组织学表现为双侧海马硬化病变多呈现不对称性,往往发现一侧有明显的海马硬化表现,而另一侧海马仅有轻度的神经元脱失;此外,也可波及海马旁回、杏仁核、钩回等结构。镜下典型表现是神经元脱失和胶质细胞增生,且神经元的脱失在癫痫易损区更为明显,比如 CA1 区、CA3 区和门区。

苔藓纤维出芽(mossy fiber sprouting)是海马硬化患者另一重要的病理表现。颗粒细胞的轴突称为苔藓纤维,正常情况下只投射至门区及 CA3 区,反复癫痫发作触发苔藓纤维芽生,进入齿状回的内分子层(主要是颗粒细胞的树突)和 CA1 区,形成局部异常神经环路,导致癫痫发作。

海马硬化患者还可发现齿状回结构的异常。最常见的是颗粒细胞弥散增宽(disperse of dentate granular cells),表现为齿状回颗粒细胞宽度明显宽于正常对照,颗粒层和分子层界限模糊,这可能是癫痫发作导致颗粒细胞的正常迁移被打断,或者是癫痫诱发神经发生的结果。此外,很多学者报道在癫痫患者海马门区发现异形神经元,同时伴有细胞骨架结构的异常。

而对于非海马硬化的患者,反复的癫痫发作是否一定发生神经元脱失等海马的神经病理改变,尚无定论。国外有学者收集癫痫患者的尸检标本发现,长期反复发作的癫痫患者并不一定有神经元显著的脱失。随着分子生物学等基础学科的迅速发展,癫痫发作所引起的细胞超微构架损伤及分子病理机制将逐步明朗化。

第一节　癫痫的分类

癫痫分类非常复杂:癫痫发作分类是指根据癫痫发作时的临床表现和脑电图特征进行分类;癫痫综合征分类是指根据癫痫的病因、发病机制、临床表现、疾病演变过程、治疗效果等综合因素进行分类。

目前应用最广泛的是国际抗癫痫联盟(ILAE)1981 年癫痫发作分类和 1989 年癫痫综合征分类(表 15-1、表 15-2)。

表 15-1　国际抗癫痫联盟(ILAE,1981 年)癫痫发作分类

1. 部分性发作
 1.1　单纯部分性发作
  运动性发作:局灶性运动性、旋转性、Jackson、姿势性、发音性
  感觉性发作:特殊感觉(嗅觉、视觉、味觉、听觉)
      躯体感觉(痛、温、触、运动、位置觉)
      眩晕
  自主神经性发作(心慌、烦渴、排尿感等)
  精神症状性发作:言语障碍、记忆障碍、认知障碍、情感变化、错觉、结构性幻觉
 1.2　复杂部分性发作
  单纯部分性发作后出现意识障碍:从单纯部分性发作开始继之以意识障碍或自动症
  开始即有意识障碍:包括仅有意识障碍或自动症
 1.3　部分性发作继发全面性发作
  单纯部分性发作继发全面发作
  复杂部分性发作继发全面发作
  单纯部分性发作继发复杂部分性发作再继发全面性发作
2. 全面性发作
 2.1　失神发作
  典型失神发作
  不典型失神发作:有短暂强直、阵挛或自主神经症状等一种或数种成分
 2.2　强直性发作
 2.3　阵挛性发作
 2.4　强直阵挛性发作
 2.5　肌阵挛发作
 2.6　失张力发作
3. 不能分类的发作

表 15-2   国际抗癫痫联盟(ILAE,1989 年)癫痫和癫痫综合征的分类

1. 与部位相关的(局灶性、局限性和部分性)癫痫和癫痫综合征 　1.1 特发性癫痫(与年龄有关) 　　伴中央-颞部棘波的良性儿童癫痫 　　伴枕叶阵发性放电的良性儿童癫痫 　　原发性阅读性癫痫 　1.2 症状性癫痫 　　颞叶癫痫 　　额叶癫痫 　　顶叶癫痫 　　枕叶癫痫 　　儿童慢性进行性部分性癫痫状态 　1.3 隐源性癫痫 　　推测癫痫是症状性的,但病因尚未找到 2. 全面性癫痫和癫痫综合征 　2.1 特发性癫痫(与年龄有关) 　　良性家族性新生儿惊厥 　　良性新生儿惊厥 　　慢波睡眠中持续棘慢复合波癫痫 　　良性婴儿肌阵挛癫痫 　　儿童失神癫痫 　　青少年失神癫痫 　　青少年肌阵挛型癫痫 　　觉醒时全面强直阵挛发作性癫痫 　　其他全面性特发性癫痫 　　特殊活动诱发的癫痫 　2.2 隐源性和(或)症状性癫痫 　　West 综合征 　　Lennox-Gastaut 综合征 　　肌阵挛-站立不能性癫痫 　　肌阵挛失神发作性癫痫	2.3 症状性或继发性癫痫及癫痫综合征 　　无特殊病因 　　早发性肌阵挛性脑病 　　伴暴发抑制的早发性婴儿癫痫性脑病(Ohtahara 综合征) 　　其他症状性全面性癫痫特殊综合征 　　特殊促发方式的癫痫综合征 　　其他疾病状态下的特异性癫痫综合征 3. 不能确定为部分性或全面性的癫痫或癫痫综合征 　3.1 兼有全面性或部分性发作 　　新生儿发作 　　婴儿期严重肌阵挛癫痫 　　发生于慢波睡眠期有持续性棘慢波的癫痫 　　获得性癫痫性失语(Landau-Kleffner 综合征) 　　其他不能确定的癫痫 　3.2 未能确定为全面性或部分性癫痫 　　包括所有临床及脑电图不能归入全身或局限型明确诊断的全面强直阵挛发作的病例,如许多睡眠大发作的病例不能明确为全身或局灶类型。 4. 特殊综合征 　4.1 热性惊厥、其他全面性特发性癫痫 　4.2 孤立发作或孤立性癫痫状态、特殊活动诱发的癫痫 　4.3 仅出现于急性代谢或中毒情况的发作

2001 年 ILAE 又提出了新的癫痫发作和癫痫综合征的分类,见表 15-3 和表 15-4。

表 15-3   2001 年 ILAE 癫痫发作分类

1. 自限性发作 　1.1 全面性发作 　　强直-阵挛性发作 　　强直性发作 　　阵挛性发作 　　典型失神发作 　　不典型失神发作 　　肌阵挛性失神发作 　　肌阵挛性发作 　　眼睑肌阵挛发作 　　肌阵挛失张力发作 　　负性肌阵挛发作 　　失张力发作 　　痉挛(指婴儿痉挛) 　　全面性癫痫综合征中的反射性发作	1.2 部分性发作 　　伴有初级感觉症状的发作 　　伴有经验性感觉症状的发作 　　局灶阵挛性发作 　　伴有非对称性强直性发作(辅助运动区发作) 　　伴典型自动症的发作 　　伴有运动过多自动症的发作 　　伴有局灶负性肌阵挛 　　伴抑制性运动发作 　　发笑性发作 　　偏侧肌阵挛发作 　　部分继发全身性发作 　　局灶性癫痫反射性发作综合征 2. 持续性癫痫发作 　2.1 全面性癫痫持续状态

续表

	全面性强直-阵挛性持续状态			闪光刺激诱发的反射性癫痫
	全面性强直发作持续状态			其他视觉刺激诱发的反射性癫痫
	全面性阵挛发作持续状态		3.2	思考诱发的反射性癫痫部分性感觉发作
	全面性肌阵挛发作持续状态		3.3	音乐诱发的反射性癫痫部分性运动发作
	失神性癫痫持续状态		3.4	进食诱发的反射性癫痫部分性癫痫综合征中
2.2	部分性癫痫持续状态			的反射动作
	Kojewnikow 部分性持续性癫痫状态		3.5	躯体感觉诱发的反射性癫痫痴笑发作
	持续性先兆		3.6	本体感觉诱发的反射性癫痫偏侧阵挛发作
	边缘系统性癫痫持续状态		3.7	阅读诱发的反射性癫痫部分性继发全面性
	伴有轻偏瘫的偏侧抽搐状态			发作
3. 反射性癫痫			3.8	热水刺激诱发的反射性癫痫
3.1	视觉刺激诱发的反射性癫痫痉挛		3.9	惊吓诱发的反射性癫痫

表 15-4　2001 年 ILAE 癫痫和癫痫综合征的分类

1. 特发性婴儿和儿童局灶性癫痫			5. 癫痫性脑病	
1.1	良性婴儿癫痫发作(非家族性)		5.1	早发性肌阵挛性脑病
1.2	伴中央颞区棘波的良性儿童癫痫		5.2	大田原(Ohtahara)综合征
1.3	良性早发性儿童枕叶癫痫(Panayiotopoulos 型)		5.3	West 综合征
1.4	迟发性儿童枕叶癫痫(Gastaut 型)		5.4	Dravet 综合征(婴儿严重肌阵挛癫痫)
2. 家族性(常染色体显性遗传)局灶性癫痫			5.5	非进行性脑病的肌阵挛持续状态
2.1	良性家族性新生儿癫痫		5.6	Lennox-Gastaut 综合征
2.2	良性家族性婴儿癫痫		5.7	Landau-Kleffner 综合征
2.3	常染色体显性夜发性额叶癫痫		5.8	慢波睡眠中持续棘-慢复合波的癫痫
2.4	家族性颞叶癫痫		6. 进行性肌阵挛癫痫	
2.5	不同病灶的家族性部分性癫痫			蜡样脂褐质沉积症
3. 症状性(或可能为症状性)局灶性癫痫				神经氨酸沉积症
3.1	边缘叶癫痫			Lafora 病
	伴海马硬化的内侧颞叶癫痫			Univerricht-Lundborg 病
	根据特定病因确定的内侧颞叶癫痫			神经轴性营养不良
	根据部位和病因确定的其他类型			肌阵挛癫痫伴破碎肌红纤维(MERRF)
3.2	新皮质癫痫			齿状核-红核-苍白球-路易体萎缩
	Rasmussen 综合征		7. 反射性癫痫	
	偏侧抽搐-偏瘫综合征		7.1	特发性光敏性枕叶癫痫
	表现根据部位和病因确定的其他类型		7.2	其他视觉敏感性癫痫青少年失神癫痫
	婴儿早期游走性部分性发作		7.3	原发性阅读性癫痫青少年肌阵挛癫痫
4. 特发性全面性癫痫			7.4	惊吓性癫痫仅有全面性强直阵挛性发作的
4.1	良性婴儿肌阵挛癫痫			癫痫
4.2	肌阵挛-猝倒发作的癫痫		8. 可不诊断为癫痫的癫痫发作	
4.3	儿童失神癫痫		8.1	良性新生儿癫痫发作
4.4	肌阵挛失神癫痫		8.2	高热癫痫(癫痫发作可能导致进行性功能障碍)
4.5	不同表型的特发性全面性癫痫		8.3	反射性发作
	青少年失神癫痫		8.4	乙醇戒断性发作
	青少年肌阵挛癫痫		8.5	药物或其他化学物质诱发的发作
	仅全身性强直-阵挛性发作的癫痫		8.6	外伤后即刻或早发性发作
			8.7	单次发作或单次簇性发作
4.6	伴热性惊厥的全面性癫痫		8.8	极少反复的发作(oligo-epilepsy)

一、癫痫发作的分类

癫痫临床表现丰富多样,但都具有如下共同特征:①发作性,即症状突然发生,持续一段时间后迅速恢复,间歇期正常;②短暂性,即发作持续时间非常短,通常为数秒钟或数分钟,除癫痫持续状态外,很少超过半小时;③重复性,即第一次发作后,经过不同间隔时间会有第二次或更多次的发作;④刻板性,指每次发作的临床表现几乎一致。

1. 部分性发作(partial seizure)   是指源于大脑半球局部神经元的异常放电,包括单纯部分性、复杂部分性、部分性继发全面性发作三类,前者为局限性发放,无意识障碍,后两者放电从局部扩展到双侧脑部,出现意识障碍。

(1) 单纯部分性发作(simple partial seizure):发作时程短,一般不超过1分钟,发作起始与结束均较突然,无意识障碍。可分为以下四型:

1) 部分运动性发作:表现为身体某一局部发生不自主抽动,多见于一侧眼睑、口角、手或足趾,也可波及一侧面部或肢体,病灶多在中央前回及附近,常见以下几种发作形式:①Jackson发作:异常运动从局部开始,沿大脑皮质运动区移动,临床表现抽搐自手指—腕部—前臂—肘—肩—口角—面部逐渐发展,称为Jackson发作;严重部分运动性发作患者发作后可留下短暂性(半小时至36小时内消除)肢体瘫痪,称为Todd麻痹。②旋转性发作:表现为双眼突然向一侧偏斜,继之头部不自主同向转动,伴有身体的扭转,但很少超过180°,部分患者过度旋转可引起跌倒,出现继发性全面性发作。③姿势性发作:表现为发作性一侧上肢外展、肘部屈曲、头向同侧扭转、眼睛注视着同侧。④发音性发作:表现为不自主重复发作前的单音或单词,偶可有语言抑制。

2) 部分感觉性发作:躯体感觉性发作常表现为一侧肢体麻木感和针刺感,多发生在口角、舌、手指或足趾,病灶多在中央后回躯体感觉区;特殊感觉性发作可表现为视觉性(如闪光或黑矇等)、听觉性、嗅觉性和味觉性;眩晕性发作表现为坠落感、飘动感或水平/垂直运动感等。

3) 自主神经性发作:出现苍白、面部及全身潮红、多汗、立毛、瞳孔散大、呕吐、腹痛、肠鸣、烦渴和欲排尿感等。病灶多位于岛叶、丘脑及周围(边缘系统),易扩散出现意识障碍,成为复杂部分性发作的一部分。

4) 精神性发作:可表现为各种类型的记忆障碍(如似曾相识、似不相识、强迫思维、快速回顾往事)、情感障碍(无名恐惧、忧郁、欣快、愤怒)、错觉(视物变形、变大、变小,声音变强或变弱)、复杂幻觉等。病灶位于边缘系统。精神性发作虽可单独出现,但常为复杂部分性发作的先兆,也可继发全面性强直-阵挛发作。

(2) 复杂部分性发作(complex partial seizure,CPS):占成人癫痫发作的50%以上,也称为精神运动性发作,病灶多在颞叶,故又称为颞叶癫痫,也可见于额叶、嗅皮质等部位。由于起源、扩散途径及速度不同,临床表现有较大差异,主要分以下类型:

1) 仅表现为意识障碍:一般表现为意识模糊,意识丧失较少见。由于发作中可有精神性或精神感觉性成分存在,意识障碍常被掩盖,表现类似失神。成人"失神"几乎毫无例外是复杂部分性发作,但在小儿应注意与失神性发作鉴别。

2) 表现为意识障碍和自动症:经典的复杂部分性发作可从先兆开始,先兆是痫性发作出现意识丧失前的部分,患者对此保留意识,以上腹部异常感觉最常见,也可出现情感(恐惧)、认知(似曾相识)和感觉性(嗅幻觉)症状,随后出现意识障碍、呆视和动作停止。发作通常持续1~3分钟。

自动症(automatisms)是指在癫痫发作过程中或发作后意识模糊状态下出现的具有一定协调性和适应性的无意识活动。自动症均在意识障碍的基础上发生,伴有遗忘。自动症可表现为反复咂嘴、撅嘴、咀嚼、舔舌、牙或吞咽(口-消化道自动症);或反复搓手、拂面,不断地穿衣、脱衣、解衣扣、摸索衣服(手足自动症);也可表现为游走、奔跑、无目的的开门、关门、乘车、上船;还可出现自言自语、叫喊、唱歌(语言自动症)或机械重复原来的动作。自动症并非复杂部分性发作所特有,在其他发作(如失神发作)或发作后意识障碍情况下也可出现。自动症出现的机制可能为高级控制功能解除,原始自动行为的释放。意识障碍严重程度、持续时间和脑低级功能相对完整等满足了自动行为出现的条件,临床上以复杂部分性发作自动症最常见。

3)表现为意识障碍与运动症状:复杂部分性发作可表现为开始即出现意识障碍和各种运动症状,特别在睡眠中发生,可能与放电扩散较快有关。运动症状可为局灶性或不对称强直、阵挛和变异性肌张力动作,各种特殊姿势(如击剑样动作)等,也可为不同运动症状的组合或先后出现,与放电起源部位及扩散过程累及区域有关。

(3)部分性发作继发全面性发作:单纯部分性发作可发展为复杂部分性发作,单纯或复杂部分性发作均可泛化为全面性强直阵挛发作。

2. 全面性发作(generalized seizure)　最初的症状学和脑电图提示发作起源于双侧脑部,多在发作初期就有意识丧失。

(1)全面强直-阵挛发作(generalized tonic-clonic seizure,GTCS):意识丧失、双侧强直后出现阵挛是此型发作的主要临床特征。可由部分性发作演变而来,也可在疾病开始即表现为全面强直-阵挛发作。早期出现意识丧失、跌倒,随后的发作分为三期:

1)强直期:表现为全身骨骼肌持续性收缩。眼肌收缩出现眼睑上牵、眼球上翻或凝视;咀嚼肌收缩出现张口,随后猛烈闭合,可咬伤舌尖;喉肌和呼吸肌强直性收缩致患者尖叫一声,呼吸停止;颈部和躯干肌肉的强直性收缩致颈和躯干先屈曲,后反张;上肢由上举后旋转为内收旋前,下肢先屈曲后猛烈伸直,持续 10~20 秒钟后进入阵挛期。

2)阵挛期:肌肉交替性收缩与松弛,呈一张一弛交替性抽动,阵挛频率逐渐变慢,松弛时间逐渐延长,本期可持续 30~60 秒或更长。在一次剧烈阵挛后,发作停止,进入发作后期。以上两期均可发生舌咬伤,并伴呼吸停止、血压升高、心率加快、瞳孔散大、光反射消失、唾液和其他分泌物增多;Babinski 征可为阳性。

3)发作后期:此期尚有短暂阵挛,以面肌和咬肌为主,导致牙关紧闭,可发生舌咬伤。本期全身肌肉松弛,括约肌松弛,尿液自行流出可发生尿失禁。呼吸首先恢复,随后瞳孔、血压、心率渐至正常。肌张力松弛,意识逐渐恢复。从发作到意识恢复约历时 5~15 分钟。醒后患者常感头痛、全身酸痛、嗜睡,部分患者有意识模糊,此时强行约束患者可能发生伤人和自伤。GTCS 典型脑电图改变是,强直期开始逐渐增强的 10 次/秒棘波样节律,然后频率不断降低,波幅不断增高,阵挛期弥漫性慢波伴间歇性棘波,痉挛后期呈明显脑电抑制,发作时间愈长,抑制愈明显。

(2)强直性发作(tonic seizure):多见于弥漫性脑损害的儿童,睡眠中发作较多。表现为与强直-阵挛性发作中强直期相似的全身骨骼肌强直性收缩,常伴有明显的自主神经症状,如面色苍白等,如发作时处于站立位可剧烈摔倒。发作持续数秒至数十秒。典型发作期 EEG 为暴发性多棘波。

(3)阵挛性发作(clonic seizure):几乎都发生在婴幼儿,特征是重复阵挛性抽动伴意识丧失,之前无强直期。双侧对称或某一肢体为主的抽动,幅度、频率和分布多变,为婴儿发作的特征,持续 1 分钟至数分钟。EEG 缺乏特异性,可见快活动、慢波及不规则棘-慢波等。

(4)失神发作(absence seizure):分典型和不典型失神发作,临床表现、脑电图背景活动及发作期改变、预后等均有较大差异。

1)典型失神发作:儿童期起病,青春期前停止发作。特征性表现是突然短暂的(5~10 秒)意识丧失和正在进行的动作中断,双眼茫然凝视,呼之不应,可伴简单自动性动作,如擦鼻、咀嚼、吞咽等,或伴失张力如手中持物坠落或轻微阵挛,一般不会跌倒,事后对发作全无记忆,每日可发作数次至数百次。发作后立即清醒,无明显不适,可继续先前活动。醒后不能回忆。发作时 EEG 呈双侧对称 3Hz棘-慢综合波(图 15-1)。

2)不典型失神:起始和终止均较典型失神缓慢,除意识丧失外,常伴肌张力降低,偶有肌阵挛。EEG 显示较慢的(2.0~2.5Hz)不规则棘-慢波或尖-慢波,背景活动异常。多见于有弥漫性脑损害患

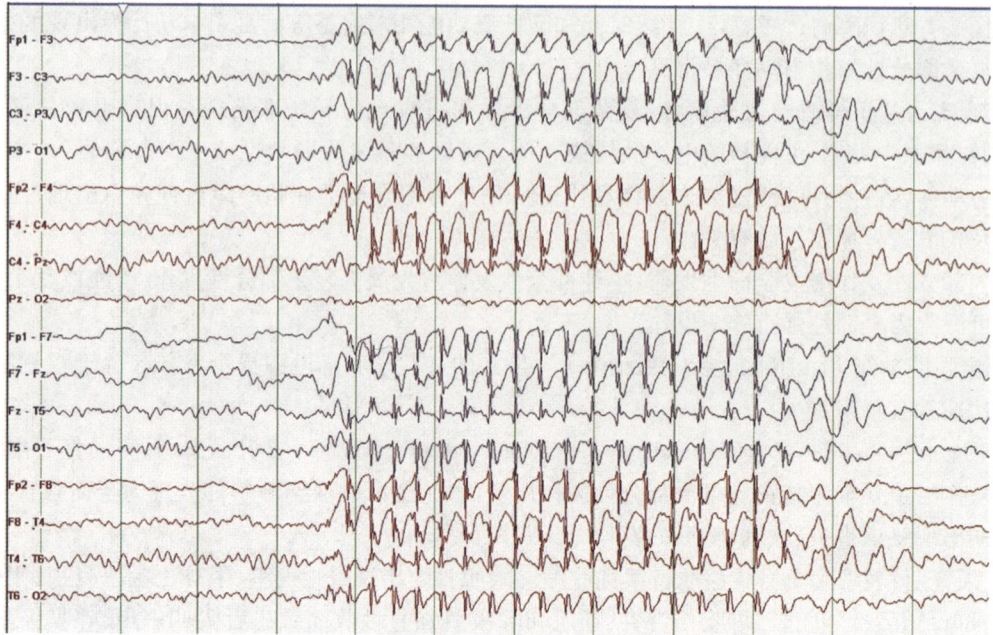

图15-1   典型失神发作的脑电图表现

发作时 EEG 各导联呈双侧对称 3Hz 棘-慢综合波

儿,预后较差。

（5）肌阵挛发作（myoclonic seizure）：表现为快速、短暂、触电样肌肉收缩,可遍及全身,也可限于某个肌群或某个肢体,常成簇发生,声、光等刺激可诱发。可见于任何年龄,常见于预后较好的特发性癫痫患者,如婴儿良性肌阵挛性癫痫；也可见于罕见的遗传性神经变性病以及弥漫性脑损害。发作期典型 EEG 改变为多棘-慢波。

（6）失张力发作（atonic seizure）：是姿势性张力丧失所致。部分或全身肌肉张力突然降低导致垂颈（点头）、张口、肢体下垂（持物坠落）或躯干失张力跌倒或猝倒发作,持续数秒至 1 分钟,时间短者意识障碍可不明显,发作后立即清醒和站起。EEG 示多棘-慢波或低电位活动。

2001 年 ILAE 新提出了几种经过临床验证的癫痫发作类型：

1. **痴笑发作**   Gascon 和 Lombroso 在 1971 年提出痴笑性癫痫的诊断标准：没有诱因的、刻板的、反复发作的痴笑,常伴有其他癫痫表现,发作期和发作间期 EEG 有痫样放电,无其他疾病能解释这种发作性痴笑。痴笑是这种发作的主要特点,也可以哭为主要临床表现,对药物耐药,如为合并的发作可能治疗有效。

2. **持续性先兆**   ILAE 在新癫痫分类中把持续性先兆作为癫痫一种亚型,也将其视为部分感觉性癫痫的同义词。从临床观点看,可分为 4 种亚型：躯体感觉（如波及躯干、头部及四肢的感觉迟钝等）；特殊感觉（如视觉、听觉、嗅觉、平衡觉及味觉）；自主神经症状明显的持续性先兆；表现为精神症状的持续性先兆。

二、癫痫或癫痫综合征的分类

癫痫发作是指一次发作的全过程,而癫痫或癫痫综合征则是一组疾病或综合征的总称。

1. **与部位有关的癫痫**

（1）与年龄有关的特发性癫痫

1）伴中央-颞部棘波的良性儿童癫痫（benign childhood epilepsy with centrotemporal spike）：3～13 岁起病,9～10 岁为发病高峰,男孩多见,部分患者有遗传倾向。发作表现为一侧面部或口角短暂的运动性发作,常伴躯体感觉症状,多在夜间发病,发作有泛化倾向。发作频率稀疏,每月或数月1次,少有短期内发作频繁者。EEG 表现为在背景活动正常基础上,中央-颞区高波幅棘-慢波。常由睡眠激活,有扩散或游走(从一侧移至另一侧)倾向。卡马西平或丙戊酸钠治疗有效,但目前认为卡马西平可能诱导脑电图出现睡眠期癫痫性电持续状态(ESES 现象),不利于患者脑电的恢复。多数患者青春期自愈。

2)伴有枕区阵发性放电的良性儿童癫痫(childhood epilepsy with occipital paroxysms):好发年龄1~14 岁,发作开始表现为视觉症状、呕吐,随之出现眼肌阵挛、偏侧阵挛,也可合并全面强直-阵挛性发作及自动症。EEG 示一侧或双侧枕区阵发性高波幅棘-慢波或尖波,呈反复节律性发放,仅在闭眼时见到。可选用卡马西平或丙戊酸钠治疗。

3)原发性阅读性癫痫:由阅读诱发,无自发性发作,临床表现为阅读时出现下颌阵挛,常伴有手臂的痉挛,如继续阅读则会出现全面强直-阵挛性发作。

(2)症状性癫痫

1)颞叶癫痫(temporal lobe epilepsy):表现为单纯部分性发作、复杂部分性发作、继发全面性发作或这些发作形式组合。常在儿童或青年期起病,40%有高热惊厥史,部分患者有阳性家族史。根据发作起源可分为海马杏仁核发作和外侧颞叶发作。高度提示为颞叶癫痫的发作类型有:表现自主神经和(或)精神症状、嗅觉、听觉性(包括错觉)症状的单纯部分性发作(如上腹部胃气上升感);以消化系统自动症为突出表现的复杂部分性发作,如吞咽、咂嘴等。典型发作持续时间长于1 分钟,常有发作后朦胧,事后不能回忆,逐渐恢复。EEG 常见单侧或双侧颞叶棘波,也可为其他异常(包括非颞叶异常)或无异常。

2)额叶癫痫(frontal lobe epilepsy):可发病于任何年龄,表现为单纯或复杂部分性发作,常有继发性全面性发作。发作持续时间短,形式刻板性,通常表现强直或姿势性发作及双下肢复杂的自动症,易出现癫痫持续状态。可仅在夜间入睡中发作。发作期 EEG 表现为暴发性快节律、慢节律、暴发性棘波、尖波,或棘慢复合波。

3)顶叶癫痫(parietal lobe epilepsy):可发病于任何年龄。常以单纯部分性感觉发作开始,而后继发全面性发作。视幻觉或自身认知障碍(如偏身忽略)少见。发作期 EEG 表现为局限性或广泛性棘波。

4)枕叶癫痫(occipital lobe epilepsy):主要表现为伴有视觉症状的单纯部分性发作,可有或无继发性全面性发作。常和偏头痛伴发。基本的视觉发作可为一过性掠过眼前的视觉表现,可以是阴性视觉症状(盲点、黑矇),也可为阳性视觉症状(闪光、光幻视),还可表现为错觉(视错觉、视物大小的改变)和复杂视幻觉(丰富多彩的复杂场面)。

5)儿童慢性进行性部分持续性癫痫状态(Kojewnikow syndrome):可发生于任何年龄段,通常表现为部位固定的单纯运动性部分性发作,后期出现发作同侧的肌阵挛。EEG 背景活动正常,有局限性阵发异常(棘波或慢波)。常可发现病因,包括肿瘤、线粒体脑肌病和血管病等,除病因疾病有所进展外,癫痫综合征本身一般不具有进展性。

6)特殊促发方式的癫痫综合征:促发发作是指发作前始终存在环境或内在因素所促发的癫痫。发作可由非特殊因素(不眠、戒酒或过度换气)促发,也可由特殊感觉或知觉促发(反射性癫痫),突然呼唤促发(惊吓性癫痫)。

(3)隐源性:从癫痫发作类型、临床特征、常见部位推测其是继发性癫痫,但病因不明。

2. 全面性癫痫和癫痫综合征

(1)与年龄有关的特发性癫痫

1)良性家族性新生儿惊厥(benign neonatal familial convulsions):常染色体显性遗传。出生后2~3 天发病,表现为阵挛或呼吸暂停,EEG 无特征性改变,约14%患者以后发展为癫痫。

2)良性新生儿惊厥(benign neonatal convulsions):生后5 天左右起病,表现为频繁而短暂的阵挛或呼吸暂停性发作,EEG 有尖波和 δ 波交替出现。发作不反复,精神运动发育不受影响。

3）良性婴儿肌阵挛癫痫（benign myoclonic epilepsy in infancy）:1~2 岁发病,男性居多,特征为短暂暴发的全面性肌阵挛,EEG 可见阵发性棘-慢复合波。

4）儿童失神性癫痫（childhood absence epilepsy）:发病高峰 6~7 岁,女孩多见,有明显的遗传倾向。表现为频繁的失神发作,可伴轻微的其他症状,但无肌阵挛性失神。EEG 示双侧同步对称的 3Hz 棘-慢波,背景活动正常,过度换气易诱发痫性放电甚至发作。丙戊酸钠和拉莫三嗪治疗效果好,预后良好,大部分痊愈,少数病例青春期后出现 GTCS,但少数还有失神发作。

5）青少年失神癫痫（juvenile absence epilepsy）:青春期发病,男女间无差异,发作频率少于儿童失神癫痫,80% 以上出现全面强直-阵挛发作。EEG 示广泛性棘-慢复合波,预后良好。

6）青少年肌阵挛癫痫（juvenile myoclonic epilepsy）:好发于 8~18 岁,表现为肢体的阵挛性抽动,多合并全面强直-阵挛发作和失神发作,常为光敏性,对抗癫痫药物反应良好,但停药后常有复发。

7）觉醒时全面强直-阵挛性癫痫（epilepsy with generalized tonic-clonic seizure on awaking）:好发于 10~20 岁,清晨醒来或傍晚休息时发病,表现为全面强直-阵挛性发作,可伴有失神或肌阵挛发作。

（2）隐源性或症状性（cryptogenic or symptomatic）:推测其是症状性,但病史及现有的检测手段未能发现病因。

1）West 综合征:又称婴儿痉挛征,出生后 1 年内起病,3~7 个月为发病高峰,男孩多见。肌阵挛性发作、智力低下和 EEG 高度节律失调（hypsarrhythmia）是本病特征性三联征,典型肌阵挛发作表现为快速点头状痉挛、双上肢外展,下肢和躯干屈曲,下肢偶可为伸直。症状性多见,一般预后不良。早期用 ACTH 或皮质类固醇疗效较好。5 岁之前 60%~70% 发作停止,40% 转变为其他类型发作如 Lennox-Gastaut 综合征或强直阵挛发作。

2）Lennox-Gastaut 综合征:好发于 1~8 岁,少数出现在青春期。强直性发作、失张力发作、肌阵挛发作、非典型失神发作和全面强直-阵挛性发作等多种发作类型并存,精神发育迟滞,EEG 示棘-慢复合波（1~2.5Hz）和睡眠中 10Hz 的快节律是本综合征的三大特征,易出现癫痫持续状态。治疗可选用丙戊酸钠、托吡酯和拉莫三嗪等,大部分患儿预后不良。

3）肌阵挛-失张力发作性癫痫（epilepsy with myoclonic-astatic seizures）又称肌阵挛-猝倒性癫痫:2~5 岁发病,男孩多于女孩,首次发作多为全面强直-阵挛性发作,持续数月后,出现肌阵挛发作、失神发作和每日数次的跌倒发作,持续 1~3 年。EEG 早期表现为 4~7Hz 的慢波节律,以后出现规则或不规则的双侧同步的 2~3Hz 棘-慢复合波和（或）多棘-慢复合波,病程和预后不定。

4）伴有肌阵挛失神发作的癫痫（epilepsy with myoclonic absences）:约在 7 岁起病,男孩多见,特征性表现为失神伴随严重的双侧节律性阵挛性跳动。EEG 可见双侧同步对称、节律性的 3Hz 棘-慢复合波,类似失神发作,但治疗效果差,且有精神发育不全。

（3）症状性或继发性

1）无特殊病因:①早发性肌阵挛性脑病（early myoclonic encephalopathy）:起病于出生后 3 个月以内,初期为非连续的单发肌阵挛（全面性或部分性）,然后为怪异的部分发作,大量的肌阵挛或强直痉挛。EEG 示抑制暴发性活动,可进展为高度节律失调,病情严重,第一年即可死亡。②伴暴发抑制的婴儿早期癫痫性脑病（early infantile epileptic encephalopathy suppression-burst）:又称为大田原综合征,发生于出生后数月内,常为强直性痉挛,可以出现部分发作,肌阵挛发作罕见。在清醒和睡眠状态时 EEG 均见周期性暴发抑制的波形。预后不良,可出现严重的精神运动迟缓及顽固性发作,常在 4~6 个月时进展为 West 综合征。③其他症状性全面性癫痫。

2）特殊综合征:癫痫发作可并发于许多疾病,包括以癫痫发作为表现或为主要特征的疾病,包括畸形（胼胝体发育不全综合征、脑回发育不全等）和证实或疑为先天性代谢异常的疾病（苯丙酮尿症、蜡样脂褐质沉积病等）。

3. 不能确定为部分性或全面性的癫痫或癫痫综合征

（1）既有全面性又有部分性发作

1）新生儿癫痫（neonatal seizures）：多见于未成熟儿，临床表现常被忽略。

2）婴儿重症肌阵挛性癫痫（severe myoclonic epilepsy in infancy）：又称 Dravet 综合征。出生后 1 年内发病，初期表现为全身或一侧的阵挛发作，以后有从局部开始的、频繁的肌阵挛，部分患者有局灶性发作或不典型失神，从 2 岁起精神运动发育迟缓并出现其他神经功能缺失。

3）慢波睡眠中持续棘-慢复合波癫痫（epilepsy with continuous spike-waves during slow-wave sleep）：由各种发作类型联合而成，通常是良性病程，但常出现神经精神紊乱。

4）Landau-Kleffner 综合征：也称获得性癫痫性失语，发病年龄 3～8 岁，男多于女，隐匿起病，表现为语言听觉性失认及自发言语的迅速减少，本病罕见，15 岁以前病情及脑电图均可有缓解。

（2）未能确定为全面性或部分性癫痫：包括所有临床及脑电图发现不能归入全面或部分性明确诊断的病例，例如许多睡眠大发作的病例。

4. **特殊综合征**　包括热性惊厥、孤立发作或孤立性癫痫状态和出现在急性代谢或中毒情况下（乙醇、药物中毒、非酮性高血糖性昏迷）的发作。

2001 年 ILAE 新提出的几个经过临床验证的癫痫和癫痫综合征：

1. **家族性颞叶癫痫**　常染色体显性遗传，外显率 60%，多发生于青少年或成年早期，平均发病年龄 24 岁，部分患者有热性惊厥或热性惊厥家族史。临床多表现为颞叶起源的部分性发作。MRI 多正常，部分有弥漫性点状 T_2 高信号；连锁分析未发现与颞叶癫痫或热性惊厥已知位点相连锁。可选用卡马西平、苯妥英钠、丙戊酸钠治疗，预后良好。应注意与颞叶内侧癫痫相鉴别，后者平均发病年龄 9 岁，6% 有热性惊厥史，少见有家族史，EEG 常见局灶性痫样放电，MRI 示海马 T_2 高信号，通常比较难治。

2. **不同病灶的家族性部分性癫痫**　常染色体显性遗传，连锁分析证实与 2 号染色体长臂和 22 号染色体 q11～q12 区域有关，外显率 62%，平均发病年龄 13 岁（2 个月～43 岁）。临床特征为不同家庭成员的部分性癫痫起于不同皮质，额叶和颞叶是最常受累的区域，所有患者几乎都表现为单纯或复杂部分性发作。50%～60% 患者 EEG 有发作间期痫性放电，睡眠中更易记录到，神经系统体格检查和影像学检查均阴性。85%～96% 对传统抗癫痫药反应良好。与以前报道的家族性部分性癫痫不同的是后者家庭成员的部分性癫痫都是起自相同的皮质区域。

3. **婴儿早期游走性部分性发作**　发病年龄 13 天～7 个月，发作早期表现为运动和自主神经症状，包括呼吸暂停、发绀、面部潮红，后期发作多样化，可由一种发作类型转变成另一种类型，临床可表现为双眼斜视伴眼肌痉挛、眼睑颤搐、肢体痉挛、咀嚼运动等，也可出现继发性全面发作，肌阵挛罕见，两次发作间期，婴儿无精打采、流涎、嗜睡、不能吞咽。

4. **非进行性脑病的肌阵挛持续状态**　平均发病年龄为 12 个月，多有脑病和神经功能障碍，表现为或多或少较典型的部分运动性发作、肌阵挛失神及粗大肌阵挛，肌阵挛表现为面部和（或）肢体远端肌肉的阵挛，初期发生在不同的肌肉，呈游走性和非同步性，随后出现频率不同、但节律一致的肌阵挛运动，在有明显失神时更突出，慢波睡眠中失神和肌阵挛消失。

5. **惊吓性癫痫**　1989 年国际分类中将其作为一种有特殊诱因的癫痫症状，在此次国际分类中将其作为癫痫综合征，归于反射性癫痫中。是突然、未预料到的、通常由某种声音引起的发作，表现为惊跳，随后出现短暂、不对称性强直，多有跌倒，也可有阵挛，发作频繁，持续时间少于 30 秒。大多数患者仅对一种刺激敏感，反复刺激可能有短时间耐受。卡马西平能改善有单侧体征、局限性神经功能损伤和局限性脑电图异常患者的发作，拉莫三嗪和氯硝西泮作为辅助治疗也有部分疗效，长期控制癫痫发作比较困难，有报道手术能控制伴有轻偏瘫的惊吓性发作。

第二节　癫痫的诊断

癫痫是多种病因所致的疾病，其诊断需遵循三步原则：首先明确发作性症状是否为癫痫发作；其次是哪种类型的癫痫或癫痫综合征；最后明确发作的病因是什么。

【病史和体检】

完整和详尽的病史对癫痫的诊断、分型和鉴别诊断都具有非常重要的意义。由于患者发作时大多数有意识障碍,难以描述发作情形,故应详尽询问患者的亲属或目击者。病史需包括起病年龄、发作的详细过程、病情发展过程、发作诱因、是否有先兆、发作频率和治疗经过;既往史应包括母亲妊娠是否异常及妊娠用药史,围生期是否有异常,过去是否患过什么重要疾病,如颅脑外伤、脑炎、脑膜炎、心脏疾病或肝肾疾病;家族史应包括各级亲属中是否有癫痫发作或与之相关的疾病(如偏头痛)。详尽的问诊及全身及神经系统查体是必需的。

【辅助检查】

1. 脑电图(EEG) 是诊断癫痫最重要的辅助检查方法。EEG 对发作性症状的诊断有很大价值,有助于明确癫痫的诊断及分型和确定特殊综合征。理论上任何一种癫痫发作都能用脑电图记录到发作或发作间期痫样放电,但实际工作中由于技术和操作上的局限性,常规头皮脑电图仅能记录到49.5% 患者的痫性放电,重复 3 次可将阳性率提高到 52%,采用过度换气、闪光刺激等诱导方法还可进一步提高脑电图的阳性率,但仍有部分癫痫患者的脑电图检查始终正常。在部分正常人中偶尔也可记录到痫样放电,因此,不能单纯依据脑电活动的异常或正常来确定是否为癫痫。

近年来广泛应用的 24 小时长程脑电监测和视频脑电图(video-EEG)使发现痫样放电的可能性大为提高,后者可同步监测记录患者发作情况及相应脑电图改变,可明确发作性症状及脑电图变化间的关系。

2. 神经影像学检查 包括 CT 和 MRI,可确定脑结构异常或病变,对癫痫及癫痫综合征诊断和分类颇有帮助,有时可作出病因诊断,如颅内肿瘤、灰质异位等。MRI 较敏感,特别是冠状位和海马体积测量能较好地显示海马病变(图 15-2)。国际抗癫痫联盟神经影像学委员会于 1997 年提出以下情况应做神经影像学检查:①任何年龄、病史或脑电图提示为部分性发作;②在 1 岁以内或成人未能分型的发作或明显的全面性发作;③神经或神经心理证明有局限性损害;④一线抗癫痫药物无法控制发作;⑤抗癫痫药不能控制发作或发作类型有变化以及可能有进行性病变者。功能影像学检查如 SPECT、PET 等能从不同的角度反映脑局部代谢变化,辅助癫痫灶的定位。

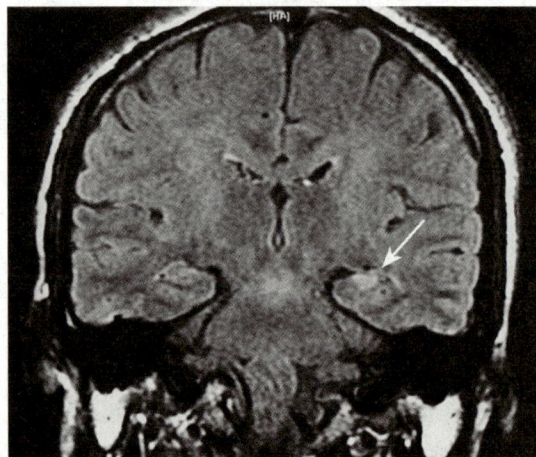

图 15-2 冠状位 MRI 提示左侧海马硬化

【鉴别诊断】

1. 晕厥(syncope) 为脑血流灌注短暂全面下降,缺血缺氧所致意识瞬时丧失和跌倒。多有明显的诱因,如久站、剧痛、见血、情绪激动和严寒等,胸腔内压力急剧增高,如咳嗽、哭泣、大笑、用力、憋气、排便和排尿等也可诱发。常有恶心、头晕、无力、震颤、腹部沉重感或眼前发黑等先兆。与癫痫发作比较,跌倒时较缓慢,表现为面色苍白、出汗,有时脉搏不规则,偶可伴有抽动、尿失禁。少数患者可出现四肢强直-阵挛性抽搐,但与痫性发作不同,多发生于意识丧失 10 秒钟以后,且持续时间短,强度较弱。单纯性晕厥发生于直立位或坐位,卧位时也出现发作多提示痫性发作。晕厥引起的意识丧失极少超过 15 秒,以意识迅速恢复并完全清醒为特点,不伴发作后意识模糊,除非脑缺血时间过长。

2. 假性癫痫发作(pseudoepileptic seizures) 又称癔症样发作,是一种非癫痫性的发作性疾病,是由心理障碍而非脑电紊乱引起的脑部功能异常。可有运动、感觉和意识模糊等类似癫痫发作症状,难以区分。发作时脑电图上无相应的痫性放电和抗癫痫治疗无效是鉴别的关键(表 15-5)。但应注意,10% 假性癫痫发作患者可同时存在真正的癫痫,10% ~20% 癫痫患者中伴有假性发作。

表 15-5 癫痫发作与假性癫痫发作的鉴别

特 点	癫痫发作	假性癫痫发作
发作场合	任何情况下	有精神诱因及有人在场
发作特点	突然刻板发作	发作形式多样,有强烈自我表现,如闭眼、哭叫、手足抽动和过度换气等
眼位	上睑抬起、眼球上窜或向一侧偏转	眼睑紧闭、眼球乱动
面色和黏膜	发绀	苍白或发红
瞳孔	散大、对光反射消失	正常、对光反射存在
对抗被动运动	不能	可以
摔伤、舌咬伤、尿失禁	可有	无
持续时间及终止方式	约 1~2 分钟,自行停止	可长达数小时、需安慰及暗示
锥体束征	Babinski 征常(+)	(−)

3. **发作性睡病(narcolepsy)** 可引起意识丧失和猝倒,易误诊为癫痫。根据突然发作的不可抑制的睡眠、睡眠瘫痪、入睡前幻觉及猝倒症四联征可鉴别。

4. **基底动脉型偏头痛** 因意识障碍应与失神发作鉴别,但其发生缓慢,程度较轻,意识丧失前常有梦样感觉;偏头痛为双侧,多伴有眩晕、共济失调、双眼视物模糊或眼球运动障碍,脑电图可有枕区棘波。

5. **短暂性脑缺血发作(TIA)** TIA 多见于老年人,常有动脉硬化、冠心病、高血压、糖尿病等病史,临床症状多为缺失症状(感觉丧失或减退、肢体瘫痪)、肢体抽动不规则,也无头部和颈部的转动,症状常持续 15 分钟到数小时,脑电图无明显痫性放电;而癫痫见于任何年龄,以青少年为多,前述危险因素不突出,癫痫多为刺激症状(感觉异常、肢体抽搐),发作持续时间多为数分钟,极少超过半小时,脑电图上多有痫性放电。

6. **低血糖症** 血糖水平低于 2mmol/L 时可产生局部癫痫样抽动或四肢强直发作,伴意识丧失,常见于胰岛 β 细胞瘤或长期服降糖药的 2 型糖尿病患者,病史有助于诊断。

第三节 癫痫的治疗

目前癫痫治疗仍以药物治疗为主,药物治疗应达到三个目的:控制发作或最大限度地减少发作次数;长期治疗无明显不良反应;使患者保持或恢复其原有的生理、心理和社会功能状态。近年来抗癫痫药物(antiepileptic drugs,AEDs)治疗的进步、药代动力学监测技术的发展,新型 AEDs 的问世都为有效治疗癫痫提供了条件。

【药物治疗】

1. **药物治疗的一般原则**

(1)确定是否用药:人一生中偶发一至数次癫痫的概率高达 5%,且 39% 癫痫患者有自发性缓解倾向,故并非每个癫痫患者都需要用药。一般说来,半年内发作两次以上者,一经诊断明确,就应用药;首次发作或间隔半年以上发作一次者,可在告之抗癫痫药可能的不良反应和不经治疗的可能后果的情况下,根据患者及家属的意愿,酌情选择用或不用抗癫痫药。

(2)正确选择药物:根据癫痫发作类型、癫痫及癫痫综合征类型选择用药。70%~80% 新诊断癫痫患者可以通过服用一种抗癫痫药物控制癫痫发作,所以治疗初始的药物选择非常关键,可以增加治疗成功的可能性;如选药不当,不仅治疗无效,而且还会导致癫痫发作加重。2006 年在对大量循证医学资料汇总后,国际抗癫痫联盟推出针对不同发作类型癫痫的治疗指南,可供临床参考(表 15-6)。该指南对临床资料的筛选十分严格,很多癫痫发作类型由于缺乏符合条件的研究资料,未能确定其一线用药,在实际工作中需要结合临床经验及患者个体观察来选择药物。根据目前临床用药习惯,部分癫痫综合征的选药可参考表 15-7。

表 15-6   癫痫初始治疗的选药原则(根据发作类型)

发作类型和癫痫综合征	药　物
成人部分性发作	A 级:卡马西平、苯妥英钠 B 级:丙戊酸钠 C 级:加巴喷丁、拉莫三嗪、奥卡西平、苯巴比妥、托吡酯、氨己烯酸
儿童部分性发作	A 级:奥卡西平 B 级:无 C 级:卡马西平、苯巴比妥、苯妥英钠、托吡酯、丙戊酸钠
老年人部分性发作	A 级:加巴喷丁、拉莫三嗪 B 级:无 C 级:卡马西平
成人全面强直-阵挛发作	A 级:无 B 级:无 C 级:卡马西平、拉莫三嗪、奥卡西平、苯巴比妥、苯妥英钠、托吡酯、丙戊酸钠
儿童全面强直-阵挛发作	A 级:无 B 级:无 C 级:卡马西平、苯巴比妥、苯妥英钠、托吡酯、丙戊酸钠
儿童失神发作	A 级:无 B 级:无 C 级:乙琥胺、拉莫三嗪、丙戊酸钠
伴中央-颞部棘波的良性儿童癫痫	A 级:无 B 级:无 C 级:卡马西平、丙戊酸钠

注:A、B、C 代表效能/作用的证据水平由高到低排列;A、B 级:该药物应考虑作为该类型的初始单药治疗;C 级:该药物可考虑作为该类型的初始单药治疗

表 15-7   根据癫痫综合征的选药原则

综合征	一线药物	添加药物	可考虑使用的药物	可能加重发作的药物
儿童失神癫痫、青少年失神癫痫或其他失神综合征	丙戊酸钠、乙琥胺、拉莫三嗪	丙戊酸钠、乙琥胺、拉莫三嗪	氯硝西泮、唑尼沙胺、左乙拉西坦、托吡酯、氯巴占	卡马西平、奥卡西平、苯妥英钠、加巴喷丁、普瑞巴林、替加宾、氨己烯酸
青少年肌阵挛癫痫	丙戊酸钠、拉莫三嗪	左乙拉西坦、托吡酯	氯硝西泮、唑尼沙胺、氯巴占、苯巴比妥	卡马西平、奥卡西平、苯妥英钠、加巴喷丁、普瑞巴林、替加宾、氨己烯酸
仅有全身强直-阵挛发作的癫痫	丙戊酸钠、拉莫三嗪、卡马西平、奥卡西平	左乙拉西坦、托吡酯、丙戊酸钠、拉莫三嗪、氯巴占	苯巴比妥	
特发性全面性癫痫	丙戊酸钠、拉莫三嗪	左乙拉西坦、丙戊酸钠、拉莫三嗪、托吡酯	氯硝西泮、唑尼沙胺、氯巴占、苯巴比妥	卡马西平、奥卡西平、苯妥英钠、加巴喷丁、普瑞巴林、替加宾、氨己烯酸
婴儿痉挛(WEST 综合征)	类固醇、氨己烯酸	托吡酯、丙戊酸钠、氯硝西泮、拉莫三嗪		
Lennox-Gastaut 综合征	丙戊酸钠	拉莫三嗪	托吡酯、左乙拉西坦、卢菲酰胺、非氨酯	卡马西平、奥卡西平、加巴喷丁、普瑞巴林、替加宾、氨己烯酸

续表

综合征	一线药物	添加药物	可考虑使用的药物	可能加重发作的药物
儿童良性癫痫伴中央颞区棘波、Panayiotopoulos综合征或晚发性儿童枕叶癫痫（Gastaut 型）	卡马西平、奥卡西平、左乙拉西坦、丙戊酸钠、拉莫三嗪	卡马西平、奥卡西平、左乙拉西坦、丙戊酸钠、拉莫三嗪、托吡酯、加巴喷丁、氯巴占	苯巴比妥、苯妥英钠、唑尼沙胺、普瑞巴林、替加宾、氨己烯酸	
婴儿严重肌阵挛癫痫（Dravet 综合征）	丙戊酸钠、托吡酯	氯巴占、司替戊醇、左乙拉西坦、氯硝西泮		卡马西平、奥卡西平、加巴喷丁、拉莫三嗪、苯妥英钠、普瑞巴林、替加宾、氨己烯酸
癫痫性脑病伴慢波睡眠期持续棘慢波	丙戊酸钠、氯硝西泮、类固醇	左乙拉西坦、拉莫三嗪、托吡酯		卡马西平、奥卡西平
Landau-kleffner 综合征	丙戊酸钠、类固醇、氯硝西泮	左乙拉西坦、托吡酯、拉莫三嗪		卡马西平、奥卡西平
肌阵挛-失张力癫痫	丙戊酸钠、托吡酯、氯硝西泮、氯巴占	拉莫三嗪、左乙拉西坦		卡马西平、奥卡西平、苯妥英钠、加巴喷丁、普瑞巴林、替加宾、氨己烯酸

（3）药物的用法：用药方法取决于药物代谢特点、作用原理及不良反应出现规律等，因而差异很大。从药代动力学角度，剂量与血药浓度关系有三种方式，代表性药物分别为苯妥英钠、丙戊酸钠和卡马西平。由图15-3可知，苯妥英钠常规剂量无效时增加剂量极易中毒，须非常小心；丙戊酸治疗范围大，开始可给予常规剂量；卡马西平由于自身诱导作用使代谢逐渐加快，半衰期缩短，需逐渐加量，1周左右达到常规剂量。拉莫三嗪、托吡酯应逐渐加量，1个月左右达治疗剂量，否则易出现皮疹、中枢神经系统不良反应等。根据药物的半衰期可将日剂量分次服用。半衰期长者每日1～2次，如苯妥英钠、苯巴比妥等；半衰期短的药物每日服3次。抗癫痫药物的药代动力学和剂量见表15-8。

（4）严密观察不良反应：大多数抗癫痫药物都有不同程度的不良反应，应用抗癫痫药物前应检查肝肾功能和血尿常规，用药后还需每月监测血尿常规，每季度监测肝肾功能，至少持续半年。不良反应包括特异性、剂量相关性、慢性及致畸性（表15-9）。以剂量相关性不良反应最常见，通常发生于用药初始或增量时，与血药浓度有关。多数常见的不良反应为短暂性的，缓慢减量即可明显减少。多数抗癫痫药物为碱性，饭后服药可减轻胃肠道反应。较大剂量于睡前服用可减少白天镇静作用。

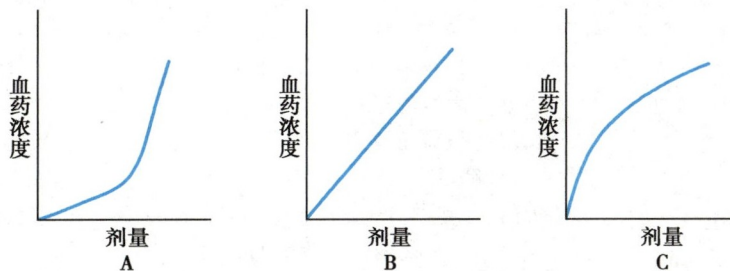

图 15-3　剂量和血药浓度的关系
A. 随着苯妥英钠用药剂量增加，血药浓度逐渐上升，到一定阶段，血药浓度随着药量增加陡然上升，易出现药物中毒，说明此种药物治疗剂量和中毒剂量接近；B. 随着丙戊酸钠用药剂量增加，血药浓度以相同比例增加，安全血药浓度范围较大；C. 随着卡马西平用药剂量增加，血药浓度逐渐上升，到一定阶段，血药浓度上升缓慢，需逐渐加量达到有效治疗浓度

表 15-8　抗癫痫药物的药代动力学和剂量

	生物利用度(%)	一级动力学	蛋白结合率(%)	半衰期(h)	血浆达峰浓度时间(h)	活性代谢产物	对肝酶的作用
卡马西平	75～85	是	65～85	25～34(初用药) 8～20(几周后)	4～8	有	诱导自身诱导
氯硝西泮	>80	是	85	20～60	1～4	有	
苯巴比妥	80～90	是	45～50	40～90	1～6	无	诱导
苯妥英钠	95	否	90	12～22	3～9	无	诱导
扑痫酮	80～100	是	20～30	10～12	2～4	有	间接诱导
丙戊酸钠	70～100	否	90～95	8～15	1～4	有	抑制
非氨脂	≥80	是	30	14～25	1～4	有	抑制
加巴喷丁	<60	否	0	5～7	2～3	无	无
拉莫三嗪	98	是	55	15～30	2～3	无	无
左乙拉西坦	<100	是	0	6～8	0.6～1.3	无	无
奥卡西平	<95	是	40	8～25	4.5～8	有	弱诱导
替加宾	≥90	是	96	4～13	0.5～1.5	无	无
托吡脂	≥80	是	13	20～30	2～4	无	抑制
氨己烯酸	≥60	是	0	5～8	1～3	无	无
唑尼沙胺	≥50	否	50	50～70	2～6	无	无

表 15-9　抗癫痫药物的不良反应

药物	剂量相关的副作用	长期治疗的副作用	特异体质副作用	对妊娠的影响
卡马西平	头晕、视物模糊、恶心、困倦、中性粒细胞减少、低钠血症	低钠血症	皮疹、再生障碍性贫血、stevens-Johnson综合征、肝损害	FDA 妊娠安全分级* D 级,能透过胎盘屏障,可能导致神经管畸形
氯硝西泮	常见:镇静(成人比儿童更常见)、共济失调	易激惹、攻击行为、多动(儿童)	少见,偶见白细胞减少	FDA 妊娠安全分级 D 级,能透过胎盘屏障,有致畸性及胎儿镇静、肌张力下降
苯巴比妥	疲劳、嗜睡、抑郁、注意力涣散、多动、易激惹(见于儿童)、攻击行为、记忆力下降	少见皮肤粗糙、性欲下降、突然停药可出现戒断症状,焦虑、失眠等	皮疹、中毒性表皮溶解症、肝损害	FDA 妊娠安全分级 D 级,能透过胎盘屏障,可发生新生儿出血
苯妥英钠	眼球震颤、共济失调、厌食、恶心、呕吐、攻击行为、巨幼红细胞性贫血	痤疮、齿龈增生、面部粗糙、多毛、骨质疏松、小脑及脑干萎缩(长期大量使用)、性欲缺乏、维生素 K 和叶酸缺乏	皮疹、周围神经病、Stevens-Johnson 综合征、肝毒性	FDA 妊娠安全分级 D 级,能透过胎盘屏障,可能导致胎儿头面部畸形、心脏发育异常、精神发育缺陷及新生儿出血
扑痫酮	同苯巴比妥	同苯巴比妥	皮疹、血小板减少、狼疮样综合征	FDA 妊娠安全分级 D 级,同苯巴比妥
丙戊酸钠	震颤、厌食、恶心、呕吐、困倦	体重增加、脱发、月经失调或闭经、多囊卵巢综合征	肝毒性(尤其在 2 岁以下的儿童)、血小板减少、急性胰腺炎(罕见)、丙戊酸钠脑病	FDA 妊娠安全分级 D 级,能透过胎盘屏障,可能导致神经管畸形及新生儿出血

续表

药物	剂量相关的副作用	长期治疗的副作用	特异体质副作用	对妊娠的影响
加巴喷丁	嗜睡、头晕、疲劳、复视、感觉异常、健忘	较少	罕见	FDA 妊娠安全分级 C 级
拉莫三嗪	复视、头晕、头痛、恶心、呕吐、困倦、共济失调、嗜睡	攻击行为、易激惹	皮疹、Stevens-Johnson 综合征、中毒性表皮溶解症、肝衰竭、再生障碍性贫血	FDA 妊娠安全分级 C 级
奥卡西平	疲劳、困倦、复视、头晕、共济失调、恶心	低钠血症	皮疹	FDA 妊娠安全分级 C 级
左乙拉西坦	头痛、困倦、易激惹、感染、类流感综合征	较少	无报告	FDA 妊娠安全分级 C 级
托吡酯	厌食、注意力、语言、记忆障碍、感觉异常、无汗	肾结石、体重下降	急性闭角型青光眼（罕见）	FDA 妊娠安全分级 C 级

注:* FDA 妊娠安全分级:美国药品和食品管理局(FDA)根据药物对动物或人类所具有的不同程度的致畸性,将药物对妊娠的影响分为五级:其中,C 级——动物研究表明,药物对胎仔有致畸或杀死胚胎的作用,但对孕妇没有充分的对照研究;或对孕妇和动物都没有研究,必须经过医师评估,权衡利弊后才能使用;D 级——有危害人类胎儿的明确证据,但在某些情况下(如孕妇存在严重的、危及生命的疾病,没有更安全的药物可供使用,或其他药物虽安全但使用无效)孕妇用药益处大于危害

(5)尽可能单药治疗:抗癫痫药物治疗的基本原则是尽可能单药治疗,70% ~80% 左右的癫痫患者可以通过单药治疗控制发作。单药治疗应从小剂量开始,缓慢增量至能最大限度地控制癫痫发作而无不良反应或不良反应很轻,即为最低有效剂量;如不能有效控制癫痫发作,则满足部分控制且不出现不良反应。监测血药浓度以指导用药,减少用药过程中的盲目性。

(6)合理的联合治疗:尽管单药治疗有着明显的优势,但是约20%患者在两种单药治疗后仍不能控制发作,此时应该考虑合理的联合治疗。所谓合理的多药联合治疗即"在最低程度增加不良反应的前提下,获得最大限度的发作控制"。

下列情况可考虑合理的联合治疗:①有多种类型的发作;②针对药物的不良反应,如苯妥英钠治疗部分性发作时出现失神发作,除选用广谱抗癫痫药外,也可合用氯硝西泮治疗苯妥英钠引起的失神发作;③针对患者的特殊情况,如月经性癫痫患者可在月经前后加用乙酰唑胺,以提高临床疗效;④对部分单药治疗无效的患者可以联合用药。

联合用药应注意:①不宜合用化学结构相同的药物,如苯巴比妥与扑痫酮,氯硝西泮和地西泮;②尽量避开副作用相同的药物合用,如苯妥英钠可引起肝肾损伤,丙戊酸可引起特异过敏性肝坏死,因而在对肝功有损害的患者联合用药时要注意这两种药的不良反应;③合并用药时要注意药物的相互作用,如一种药物的肝酶诱导作用可加速另一种药物的代谢,药物与蛋白的竞争性结合也会改变另一种药物起主要药理作用的血中游离浓度。

(7)增减药物、停药及换药原则:①增减药物:增药可适当的快,减药一定要慢,必须逐一增减,以利于确切评估疗效和毒副作用;②AEDs 控制发作后必须坚持长期服用,除非出现严重的不良反应,不宜随意减量或停药,以免诱发癫痫持续状态;③换药:如果一种一线药物已达到最大可耐受剂量仍然不能控制发作,可加用另一种一线或二线药物,至发作控制或达到最大可耐受剂量后逐渐减掉原有的药物,转换为单药,换药期间应有 5 ~7 天的过渡期;④停药:应遵循缓慢和逐渐减量的原则,一般说来,全面强直-阵挛性发作、强直性发作、阵挛性发作完全控制 4 ~5 年后,失神发作停止半年后可考虑停药,但停药前应有缓慢减量的过程,一般不少于 1 ~1.5 年无发作者方可停药。有自动症者可能需要长期服药。

2. 常用的抗癫痫药

(1)传统 AEDs

1）苯妥英钠（phenytoin，PHT）：对 GTCS 和部分性发作有效，可加重失神和肌阵挛发作。胃肠道吸收慢，代谢酶具有可饱和性，饱和后增加较小剂量即达到中毒剂量，小儿不易发现毒副反应，婴幼儿和儿童不宜服用，成人剂量 200mg/d，加量时要慎重。半衰期长，达到稳态后成人可日服 1 次，儿童日服 2 次。

2）卡马西平（carbamazepine，CBZ）：是部分性发作的首选药物，对复杂部分性发作疗效优于其他 AEDs，对继发性 GTCS 亦有较好的疗效，但可加重失神和肌阵挛发作。由于对肝酶的自身诱导作用，半衰期初次使用时为 20～30 小时，常规治疗剂量 10～20mg/（kg·d），开始用药时清除率较低，起始剂量应为 2～3mg/（kg·d），一周后渐增至治疗剂量。治疗 3～4 周后，半衰期为 8～12 小时，需增加剂量维持疗效。

3）丙戊酸钠（valproate，VPA）：是一种广谱 AEDs，是全面性发作，尤其是 GTCS 合并典型失神发作的首选药，也用于部分性发作。胃肠道吸收快，可抑制肝的氧化、结合、环氧化功能，与血浆蛋白结合力高，故与其他 AEDs 有复杂的交互作用。半衰期短，联合治疗时半清除期为 8～9 小时。常规剂量成人 600～1800mg/d，儿童 10～40mg/（kg·d）。

4）苯巴比妥（phenobarbital，PB）：常作为小儿癫痫的首选药物，较广谱，起效快，对 GTCS 疗效好，也用于单纯及复杂部分性发作，对发热惊厥有预防作用。半衰期长达 37～99 小时，可用于急性脑损害合并癫痫或癫痫持续状态。常规剂量成人 60～90mg/d，小儿 2～5mg/（kg·d）。

5）扑痫酮（primidone，PMD）：经肝代谢为具有抗痫作用的苯巴比妥和苯乙基丙二酰胺。适应证是 GTCS，以及单纯和复杂部分性发作。

6）乙琥胺（ethosuximide，ESX）：仅用于单纯失神发作。吸收快，约 25% 以原型由肾脏排泄，与其他 AEDs 很少相互作用，几乎不与血浆蛋白结合。

7）氯硝西泮（clonazepam，CNZ）：直接作用于 GABA 受体亚单位，起效快，但易出现耐药使作用下降。作为辅助用药，小剂量常可取得良好疗效，成人试用 1mg/d，必要时逐渐加量；小儿试用 0.5mg/d。

（2）新型 AEDs

1）托吡酯（topiramate，TPM）：为天然单糖基右旋果糖硫代物，为难治性部分性发作及继发 GTCS 的附加或单药治疗药物，对于 Lennox-Gastaut 综合征和婴儿痉挛症等也有一定疗效。半清除期 20～30 小时。常规剂量成人 75～200mg/d，儿童 3～6mg/（kg·d），应从小剂量开始，在 3～4 周内逐渐增至治疗剂量。远期疗效好，无明显耐药性，大剂量也可用作单药治疗。卡马西平和苯妥英钠可降低托吡酯的血药浓度，托吡酯也可降低苯妥英钠和口服避孕药的疗效。

2）拉莫三嗪（lamotrigine，LTG）：为部分性发作及 GTCS 的附加或单药治疗药物，也用于 Lennox-Gastaut 综合征、失神发作和肌阵挛发作的治疗。胃肠道吸收完全，经肝脏代谢，半衰期 14～50 小时，合用丙戊酸钠可延长 70～100 小时。成人起始剂量 25mg/d，之后缓慢加量，维持剂量 100～300mg/d；儿童起始剂量 2mg/（kg·d），维持剂量 5～15mg/（kg·d）；与丙戊酸钠合用剂量减半或更低，儿童起始剂量 0.2mg/（kg·d），维持剂量 2～5mg/（kg·d）。经 4～8 周逐渐增加至治疗剂量。

3）加巴喷丁（gabapentin，GBP）：用于 12 岁以上及成人的部分性癫痫发作和 GTCS 的辅助治疗。不经肝代谢，以原型由肾排泄。起始剂量 100mg，3 次/天，维持剂量 900～1800mg/d，分 3 次服用。

4）非尔氨酯（felbamate，FBM）：对部分性发作和 Lennox-Gastaut 综合征有效，可作为单药治疗。起始剂量 400mg/d，维持剂量 1800～3600mg/d。90% 以原型经肾排泄。

5）奥卡西平（oxcarbazepine，OXC）：是一种卡马西平的 10-酮衍生物，适应证与卡马西平相同，主要用于部分性发作及继发全面性发作的附加或单药治疗。但稍有肝酶诱导作用，无药物代谢的自身诱导作用及极少药代动力学相互作用。在体内不转化为卡马西平或卡马西平环氧化物，对卡马西平有变态反应的患者 2/3 能耐受奥卡西平。成人初始剂量 300mg/d，每日增加 300mg，单药治疗剂量 600～1200mg/d。奥卡西平 300mg 相当于卡马西平 200mg，故替换时用量应增加 50%。

6）氨己烯酸（vigabatrin，VGB）：用于部分性发作、继发性 GTCS 和 Lennox-Gastaut 综合征，对婴儿

痉挛症有效,也可用于单药治疗。主要经肾脏排泄,不可逆抑制 GABA 转氨酶,增强 GABA 能神经元作用。起始剂量 500mg/d,每周增加 500mg,维持剂量 2~3g/d,分 2 次服用。

7）替加宾(tiagabine,TGB):作为难治性复杂部分性发作的辅助治疗。胃肠道吸收迅速,1 小时达峰浓度。半衰期 4~13 小时,无肝酶诱导或抑制作用,但可被苯妥英钠、卡马西平及苯巴比妥诱导,半衰期缩短为 3 小时。开始剂量 4mg/d,一般用量 10~15mg/d。

8）唑尼沙胺(zonisamide,ZNS):对 GTCS 和部分性发作有明显疗效,也可治疗继发全面性发作、失张力发作、West 综合征、Lennox-Gastaut 综合征、不典型失神发作及肌阵挛发作。因在欧洲和美国发现有些患者发生肾结石,故已少用。

9）左乙拉西坦(levetiracetam,LEV):为吡拉西坦同类衍生物,作用机制尚不明,目前认为其能特异结合于突触小泡蛋白 SV2A。对部分性发作伴或不伴继发 GTCS、肌阵挛发作等都有效。口服吸收迅速,半衰期 6~8 小时。耐受性好,无严重不良反应。

10）普瑞巴林(pregabalin):本药为 γ-氨基丁酸类似物,结构、作用与加巴喷丁类似,具有抗癫痫活性,但本药的抗癫痫机制尚不明确。主要用于癫痫部分性发作的辅助治疗。

【药物难治性癫痫】

不同的癫痫发作及癫痫综合征具有不同的临床特点及预后,即使是相同癫痫综合征的患者,预后也有差别。整体来说,1/3 左右的癫痫患者经过一段时间的单药治疗,甚至小部分患者不进行治疗也可以获得长期的缓解。另有约 1/3 的患者采用单药或者合理的多药联合治疗,可以有效地控制发作,获得满意的疗效。因此 70% 左右的癫痫患者预后良好。多项研究证实,尽管予以合理的药物治疗,另外仍然有 30% 左右患者的癫痫发作迁延不愈,称为难治性癫痫(intractable epilepsy);难以控制的癫痫发作对患者的身体健康造成严重损害,其病死率显著高于正常人群水平。目前对难治性癫痫尚无统一定义,国内提出的有关难治性癫痫的定义为“频繁的癫痫发作至少每月 4 次以上,适当的 AEDs 正规治疗且药物浓度在有效范围以内,至少观察 2 年,仍不能控制并且影响日常生活,除外进行性中枢神经系统疾病或者颅内占位性病变者”。

难治性癫痫的一个普遍特征是对于不同作用机制的 AEDs 都呈现一定程度的耐药性。这种癫痫耐药性的产生可能涉及多种机制和多种因素。目前对于药物难治性的机制,有 2 种假说越来越受到重视,一种为目标假说(target hypothesis)即认为药物作用靶点目标的改变,造成对 AEDs 的敏感性降低,可能是形成癫痫耐药的基础;另外一种为多药转运体假说(multidrug transporters),认为由于先天或者获得性的原因导致了多药转运体的过度表达,使 AEDs 通过血-脑屏障时被主动泵出增加,导致药物不能有效地到达靶点,局部的 AEDs 达不到有效治疗浓度,从而导致癫痫的难治性。

一般来说,存在多种发作类型或复杂部分性发作的,比其他类型的发作预后相对要差。对治疗药物反应良好、尤其是对第一种 AEDs 即有效者,是预后良好的重要指征,早期就对 AEDs 反应不良者提示癫痫不容易控制。从病因学角度看,特发性癫痫预后良好,具有病因或潜在病因的症状性癫痫及隐源性癫痫的整体预后较差,出现难治性的比例明显增高。由于难治性癫痫可能造成患者智能及躯体损害,并带来一系列心理、社会问题,已成为癫痫治疗、预防和研究的重点。对于难治性癫痫应当早期识别,以便尽早采用更加积极的治疗措施,但需要认识到由于诊断错误、选药不当、用量不足、依从性差等因素造成的所谓“医源性难治性癫痫”。

【手术治疗】

患者经过长时间正规单药治疗,或先后用两种 AEDs 达到最大耐受剂量,以及经过一次正规的、联合治疗仍不见效,可考虑手术治疗。同前所述,20%~30% 的癫痫发作患者用各种 AEDs 治疗难以控制发作,如治疗 2 年以上、血药浓度在正常范围之内,每月仍有 4 次以上发作、出现对 AEDs 耐药者,考虑难治性癫痫。应当采用适当的手术治疗来减轻患者的发作,并有机会使患者获得发作的完全控制。

手术适应证:效果比较理想的多为部分性发作,主要是起源于一侧颞叶的难治性复杂部分性发作,如致痫灶靠近大脑皮质、可为手术所及且切除后不会产生严重的神经功能缺陷者,疗效较好。目前认为,癫痫病灶的切除术必须有特定的条件,基本点为:①癫痫灶定位须明确;②切除病灶应相对局限;③术后无严重功能障碍的风险。癫痫手术治疗涉及多个环节,需要在术前结合神经电生理学、神经影像学、核医学、神经心理学等多重检测手段进行术前综合评估,对致痫源区进行综合定位,是癫痫外科治疗成功与否的关键。

常用的方法有:①前颞叶切除术和选择性杏仁核、海马切除术;②颞叶以外的脑皮质切除术;③癫痫病灶切除术;④大脑半球切除术;⑤胼胝体切开术;⑥多处软脑膜下横切术。除此以外,还有迷走神经刺激术、慢性小脑电刺激术、脑立体定向毁损术等,理论上对于各种难治性癫痫都有一定的疗效。

第四节　癫痫持续状态

癫痫持续状态(status epilepticus,SE)或称癫痫状态,传统定义认为癫痫持续状态指"癫痫连续发作之间意识尚未完全恢复又频繁再发,或癫痫发作持续 30 分钟以上未自行停止"。目前观点认为,如果患者出现全面强直阵挛性发作持续 5 分钟以上即有可能发生神经元损伤,对于 GTCS 的患者若发作持续时间超过 5 分钟就该考虑癫痫持续状态的诊断,并须用 AEDs 紧急处理。癫痫状态是内科常见急症,若不及时治疗可因高热、循环衰竭、电解质紊乱或神经元兴奋毒性损伤导致永久性脑损害,致残率和死亡率均很高。任何类型的癫痫均可出现癫痫持续状态,其中全面强直-阵挛发作最常见,危害性也最大。

癫痫持续状态最常见的原因是不恰当地停用 AEDs 或因急性脑病、脑卒中、脑炎、外伤、肿瘤和药物中毒等引起,个别患者原因不明。不规范 AEDs 治疗、感染、精神因素、过度疲劳、孕产和饮酒等均可诱发。

【分类】

新近研究证实:非癫痫持续状态的单个惊厥性抽搐的发作时间一般不会超过 2 分钟,因而以 30 分钟作为诊断时限并非很恰当,从临床实际出发,持续 10 分钟的行为和电抽搐活动是一个更符合实际的标准,而这也是要求开始静脉给药的时间点。可根据发作起始局限累及一侧大脑半球某个部分、或是双侧大脑半球同时受累进一步分为全面性发作持续状态(generalized status epilepticus)与部分性发作持续状态(partial status epilepticus)。

1. **全面性发作持续状态**

(1) 全面性强直-阵挛发作持续状态:是临床最常见、最危险的癫痫持续状态,表现强直-阵挛发作反复发生,意识障碍伴高热、代谢性酸中毒、低血糖、休克、电解质紊乱(低血钾、低血钙)和肌红蛋白尿等,可发生脑、心、肝、肺等多脏器功能衰竭,自主神经和生命体征改变。

(2) 强直性发作持续状态:多见于 Lennox-Gastaut 综合征患儿,表现不同程度意识障碍(昏迷较少),间有强直性发作或其他类型发作,如肌阵挛、不典型失神、失张力发作等,EEG 出现持续性较慢的棘-慢或尖-慢波放电。

(3) 阵挛性发作持续状态:阵挛性发作持续状态时间较长时可出现意识模糊甚至昏迷。

(4) 肌阵挛发作持续状态:特发性肌阵挛发作患者很少出现癫痫持续状态,严重器质性脑病晚期如亚急性硬化性全脑炎、家族性进行性肌阵挛癫痫等较常见。特发性患者 EEG 显示和肌阵挛紧密联系的多棘波,预后较好;继发性的 EEG 通常显示非节律性反复的棘波,预后较差。

(5) 失神发作持续状态:主要表现为意识水平降低,甚至只表现反应性下降、学习成绩下降;EEG 可见持续性棘-慢波放电,频率较慢(<3Hz)。多由治疗不当或停药诱发。

2. **部分性发作持续状态**

(1) 单纯部分性发作持续状态:临床表现以反复的局部颜面或躯体持续抽搐为特征,或持续的躯体局部感觉异常为特点,发作时意识清楚,EEG 上有相应脑区局限性放电。病情演变取决于病变性质,部分隐源性患者治愈后可能不再发。某些非进行性器质性病变后期可伴有同侧肌阵挛。Rasmussen 综合征(部分性连续癫痫)早期出现肌阵挛及其他形式发作,伴进行性弥漫性神经系统损害表现。

（2）边缘叶性癫痫持续状态：常表现为意识障碍和精神症状，又称精神运动性癫痫状态，常见于颞叶癫痫，须注意与其他原因导致的精神异常鉴别。

（3）偏侧抽搐状态伴偏侧轻瘫：多发生于幼儿，表现一侧抽搐，伴发作后一过性或永久性同侧肢体瘫痪。

另外，目前也倾向于可根据是否存在惊厥性发作将癫痫持续状态分为惊厥性持续状态（convulsive status epilepticus，CSE）与非惊厥性持续状态（non-convulsive status epilepticus，NCSE）。

【治疗】

癫痫持续状态的治疗目的为：保持稳定的生命体征和进行心肺功能支持；终止呈持续状态的癫痫发作，减少癫痫发作对脑部神经元的损害；寻找并尽可能根除病因及诱因；处理并发症。

1. 一般措施

（1）对症处理：保持呼吸道通畅，吸氧，必要时做气管插管或切开，尽可能对患者进行心电、血压、呼吸、脑电的监测，定时进行血气分析、生化全项检查；查找诱发癫痫持续状态的原因并治疗；有牙关紧闭者应放置牙套。

（2）建立静脉通道：静脉注射生理盐水维持，值得注意的是葡萄糖溶液能使某些抗癫痫药沉淀，尤其是苯妥英钠。

（3）积极防治并发症：脑水肿可用20%甘露醇125~250ml快速静滴；预防性应用抗生素，控制感染；高热可给予物理降温；纠正代谢紊乱如低血糖、低血钠、低血钙、高渗状态及肝性脑病等，纠正酸中毒，并给予营养支持治疗。

2. 药物选择 理想的抗癫痫持续状态的药物应有以下特点：①能静脉给药；②可快速进入脑内，阻止癫痫发作；③无难以接受的不良反应，在脑内存在足够长的时间以防止再次发作。控制癫痫持续状态的药物都应静脉给药，难以静脉给药的患者如新生儿和儿童，可以直肠内给药。因此，药物的选择应基于特定的癫痫持续状态类型及它们的药代动力学特点和易使用性。

（1）地西泮治疗：首先用地西泮10~20mg静脉注射，每分钟不超过2mg，如有效，再将60~100mg地西泮溶于5%葡萄糖生理盐水中，于12小时内缓慢静脉滴注。儿童首次剂量为0.25~0.5mg/kg，一般不超过10mg。地西泮偶尔会抑制呼吸，需停止注射，必要时加用呼吸兴奋剂。

（2）地西泮加苯妥英钠：首先用地西泮10~20mg静脉注射取得疗效后，再用苯妥英钠0.3~0.6g加入生理盐水500ml中静脉滴注，速度不超过50mg/min。用药中如出现血压降低或心律不齐时需减缓静滴速度或停药。

（3）苯妥英钠：部分患者也可单用苯妥英钠，剂量和方法同上。

（4）10%水合氯醛：20~30ml加等量植物油保留灌肠，每8~12小时1次，适合肝功能不全或不宜使用苯巴比妥类药物者。

（5）副醛：8~10ml（儿童0.3ml/kg）植物油稀释后保留灌肠。可引起剧咳，有呼吸疾病者勿用。

经上述处理，发作控制后，可考虑使用苯巴比妥0.1~0.2g肌注，每日2次，巩固和维持疗效。同时鼻饲抗癫痫药，达稳态浓度后逐渐停用苯巴比妥。上述方法均无效者，需按难治性癫痫持续状态处理。发作停止后，还需积极寻找癫痫状态的原因予以处理。对同存的并发症也要给予相应的治疗。

3. 难治性癫痫持续状态 难治性癫痫持续状态是指持续的癫痫发作，对初期的一线药物地西泮、氯硝西泮、苯巴比妥、苯妥英钠等无效，连续发作1小时以上者。癫痫持续状态是急症，预后不仅与病因有关，还与成功治疗的时间有关。如发作超过1小时，体内环境的稳定性被破坏，将引发中枢神经系统许多不可逆损害，因而难治性癫痫状态治疗的首要任务就是要迅速终止发作，可选用下列药物：

（1）异戊巴比妥：是治疗难治性癫痫持续状态的标准疗法，几乎都有效。成人每次0.25~0.5g，1~4岁的儿童每次0.1g，大于4岁的儿童每次0.2g，用注射用水稀释后缓慢静注，每分钟不超过100mg。低血压、呼吸抑制、复苏延迟是其主要的不良反应，因而在使用中往往需行气管插管，机械通气来保证生命体征的稳定。

(2) 咪达唑仑:由于其起效快,1~5分钟出现药理学效应,5~15分钟出现抗癫痫作用,使用方便,对血压和呼吸的抑制作用比传统药物小。近年来,已广泛替代异戊巴比妥,有成为治疗难治性癫痫状态标准疗法的趋势。常用剂量为首剂静注 0.15~0.2mg/kg,然后按 0.06~0.6mg/(kg·h)静滴维持。新生儿可按 0.1~0.4mg/(kg·h)持续静脉滴注。

(3) 丙泊酚:是一种非巴比妥类的短效静脉用麻醉剂,能明显增强 GABA 能神经递质的释放,可在几秒钟内终止癫痫发作和脑电图上的痫性放电,平均起效时间 2.6 分钟。建议剂量 1~2mg/kg 静注,继之以 2~10mg/(kg·h)持续静滴维持。控制发作所需的血药浓度为 2.5μg/ml,突然停用可使发作加重,逐渐减量则不出现癫痫发作的反跳。丙泊酚可能的不良反应包括诱导癫痫发作,但并不常见,且在低于推荐剂量时出现,还可出现其他中枢神经系统的兴奋症状,如肌强直、角弓反张、舞蹈手足徐动症。儿童静注推荐剂量超过 24 小时,可能出现横纹肌溶解、难治性低氧血症、酸中毒、心衰等不良反应。

(4) 利多卡因:对苯巴比妥治疗无效的新生儿癫痫状态有效,终止发作的首次负荷剂量为 1~3mg/kg,大多数患者发作停止后仍需静脉维持给药。虽在控制癫痫发作的范围内很少有毒副反应发生,但在应用利多卡因的过程中仍应注意其常见的不良反应:如烦躁、谵妄、精神异常、心律失常及过敏反应等。心脏传导阻滞及心动过缓者慎用。

(5) 也可选用氯氨酮、硫喷妥钠等进行治疗。

(洪　震)

思 考 题

1. 癫痫的定义是什么?什么叫难治性癫痫?
2. 简述癫痫发作的分类。
3. 简述癫痫综合征的分类。
4. 单纯部分性发作与复杂部分性发作如何鉴别?
5. 什么叫失神发作?
6. 伴中央-颞区棘波的良性儿童癫痫如何诊断?
7. Lennox-Gastaut 综合征如何诊断?
8. 简述癫痫治疗的一般原则。
9. 什么叫癫痫持续状态?
10. 简述癫痫持续状态的处理原则。

参考文献

[1] 王维治. 神经病学. 北京:人民卫生出版社,2004.

[2] 吴江. 神经病学. 2 版. 北京:人民卫生出版社,2012.

[3] 吴逊. 神经病学-癫痫和发作性疾病. 北京:人民军医出版社,2001.

[4] 洪震,江澄川. 现代癫痫学. 上海:复旦大学出版社,2007.

[5] Commission on Classification and Terminology of the International League Against Epilepsy. Proposal for revised clinical and electroencephalographic classification of epileptic seizures. Epilepsia,1981,22:489-501.

[6] Commission on Classification and Terminology of the International League Against Epilepsy. Proposal for revised classification of epilepsy and epileptic syndromes. Epilepsia,1989,30:389-399.

[7] Engel J. ILAE Commission report:A proposed diagnostic scheme for people with epileptic seizures and with epilepsy//Report of the ILAE task force on classification and terminology. Epilepsia,2001,42:796-803.

[8] Fisher RS,van Emde Boas W,Blume W,et al. Epileptic seizures and epilepsy:definitions proposed by the international league against epilepsy(ILAE)and the international bureau for epilepsy(IBE). Epilepsia,2005,46:470-472.

[9] Glauser T,Ben-Menachem E,Bourgeois B,et al. ILAE treatment guidelines:evidence-based analysis of antiepileptic drug efficacy and effectiveness as initial monotherapy for epileptic seizures and syndromes. Epilepsia,2006,47: 1094-1120.

第十六章　脊　髓　疾　病

概　述

脊髓是中枢神经系统的重要组成部分,是脑干向下延伸的部分,上端于枕骨大孔水平与延髓相接,下端至第1腰椎下缘形成脊髓圆锥。脊髓自上而下分为31个节段发出31对脊神经,包括颈(C)神经8对、胸(T)神经12对、腰(L)神经5对、骶(S)神经5对、尾(Co)神经1对。脊髓呈前后稍扁的圆柱形,全长粗细不等,有颈膨大($C_5 \sim T_2$)和腰膨大($L_1 \sim S_2$)两个膨大部,分别发出支配上肢及下肢的神经根。脊髓内部由灰质和白质组成,分别含有大量神经细胞核团和上下行传导束,为各种运动和感觉的初级中枢和重要的反射中枢。脊髓的解剖结构及生理功能详见第二章第一节。

【脊髓损害的临床表现】

主要为运动障碍、感觉障碍、括约肌功能障碍及其他自主神经功能障碍,前两者对脊髓病变水平的定位很有帮助。

1. **不完全性脊髓损害**　根据损害的部位,如前角、后角、中央管附近、侧角、前索、后索、侧索等,出现不同的症状和体征;脊髓半侧损害可引起脊髓半切综合征(Brown-Sequard syndrome),表现为受损平面以下同侧上运动神经元性瘫痪、深感觉障碍及对侧痛温觉障碍,详见第二章第一节。

2. **脊髓横贯性损害**　在受累节段以下双侧上运动神经元瘫痪、感觉全部缺失、括约肌功能障碍。严重横贯性损害急性期呈现脊髓休克(spinal shock),表现为周围性瘫痪,一般持续2~4周后,反射活动逐渐恢复,转变为中枢性瘫痪。判定脊髓横贯性损害平面主要依据感觉障碍平面、反射改变及节段性症状,如根痛或根性分布感觉障碍、节段性肌萎缩、腱反射缺失等。高颈段、颈膨大、胸段、腰膨大、脊髓圆锥各脊髓节段和马尾损害分别有不同的症状和体征,详见第二章第一节。

【脊髓疾病的定性】

各种脊髓疾病所引起的脊髓损害常具有特殊的好发部位,因此,确定了病变在脊髓横断面上的位置及其所在解剖层次以后,就可以大体上推测出病变的性质,再通过临床的特殊检查及实验室检查便可确立病因诊断。

1. **从病变所在脊髓横断面上的位置来判断**

(1)后根:神经纤维瘤、神经根炎(带状疱疹)、椎间盘后突、继发性椎管狭窄。

(2)后根及后索:脊髓肿瘤、脊髓痨、多发性硬化、脊髓血管性病变。

(3)后索、脊髓小脑束及侧索:遗传性共济失调症。

(4)后索及侧索:亚急性联合变性、结核性脊膜脊髓炎。

(5)侧索及前角:肌萎缩侧索硬化、后纵韧带骨化、颈椎病。

(6)前角及前根:脊髓灰质炎、流行性乙型脑脊髓炎、脊髓前动脉综合征。

(7)脊髓中央灰质及前角:脊髓空洞症、脊髓血肿、脊髓过伸性损伤、髓内肿瘤。

(8)脊髓半切:脊髓髓外肿瘤、脊髓损伤、脊柱结核。

(9)脊髓横切:脊髓外伤、横贯性脊髓炎、脊髓压迫症晚期、硬脊膜外脓肿、转移癌、结核等。

2. **从病变所在的解剖层次上来判断**

(1)髓内病变:脊髓炎、脊髓血管病、血管畸形、代谢或维生素缺乏导致的脊髓病变、脊髓空洞症、室管膜瘤、星形细胞瘤、血管网织细胞瘤。

（2）髓外硬脊膜内病变：神经鞘瘤、脊膜瘤。

（3）硬脊膜外病变：脊索瘤、转移癌、脂肪血管瘤、脓肿等。

第一节　急性脊髓炎

急性脊髓炎（acute myelitis）是指各种感染后引起自身免疫反应所致的急性横贯性脊髓炎性病变，又称急性横贯性脊髓炎，是临床上最常见的一种脊髓炎，以病损平面以下肢体瘫痪、传导束性感觉障碍和尿便障碍为特征。

【病因与发病机制】

病因不明，包括不同的临床综合征，如感染后脊髓炎和疫苗接种后脊髓炎、脱髓鞘性脊髓炎（急性多发性硬化）、坏死性脊髓炎和副肿瘤性脊髓炎等。多数患者在出现脊髓症状前 1~4 周有发热、上呼吸道感染、腹泻等病毒感染症状，但其脑脊液未检出病毒抗体，脊髓和脑脊液中未分离出病毒，推测可能与病毒感染后自身免疫反应有关，并非直接感染所致，为非感染性炎症性脊髓炎（myelitis of noninfectious inflammatory type）。

【病理】

病变可累及脊髓的任何节段，但以胸髓（$T_{3~5}$）最为常见，其原因为该处的血液供应不如他处丰富，易于受累；其次为颈髓和腰髓。急性横贯性脊髓炎通常局限于 1 个节段，多灶融合或多个节段散在病灶较少见；脊髓内如有 2 个以上散在病灶称为播散性脊髓炎。肉眼可见受累节段脊髓肿胀、质地变软，软脊膜充血或有炎性渗出物。切面可见病变脊髓软化、边缘不清、灰质与白质界限不清。镜下可见软脊膜和脊髓内血管扩张、充血，血管周围炎细胞浸润，以淋巴细胞和浆细胞为主。灰质内神经细胞肿胀、尼氏小体溶解，并可出现细胞破碎、溶解、消失；白质内髓鞘脱失和轴索变性，病灶中可见胶质细胞增生。脊髓严重损害时可软化形成空腔。

【临床表现】

本病可见于任何年龄，但以青壮年多见。男女发病率无明显差异。发病前 1~2 周常有上呼吸道感染、消化道感染症状，或有预防接种史。外伤、劳累、受凉等为发病诱因。急性起病，起病时有低热，病变部位神经根痛，肢体麻木无力和病变节段束带感；亦有患者无任何其他症状而突然发生瘫痪。大多在数小时或数日内出现受累平面以下运动障碍、感觉缺失及膀胱、直肠括约肌功能障碍。以胸段脊髓炎最为常见，尤其是 $T_{3~5}$ 节段，颈髓、腰髓次之。

1. **运动障碍**　急性起病，迅速进展，早期为脊髓休克期，出现肢体瘫痪、肌张力减低、腱反射消失、病理反射阴性。一般持续 2~4 周则进入恢复期，肌张力、腱反射逐渐增高，出现病理反射，肢体肌力的恢复常始于下肢远端，然后逐步上移。脊髓休克期长短取决于脊髓损害严重程度和有无发生肺部感染、尿路感染、压疮等并发症。脊髓严重损伤时，常导致屈肌张力增高。下肢任何部位的刺激或膀胱充盈，均可引起下肢屈曲反射和痉挛，伴有出汗、竖毛、尿便自动排出等症状，称为总体反射，常提示预后不良。

2. **感觉障碍**　病变节段以下所有感觉丧失，在感觉缺失平面的上缘可有感觉过敏或束带感；轻症患者感觉平面可不明显。随病情恢复感觉平面逐步下降，但较运动功能的恢复慢且差。

3. **自主神经功能障碍**　早期表现为尿潴留，脊髓休克期膀胱容量可达 1000ml，呈无张力性神经源性膀胱，因膀胱充盈过度，可出现充盈性尿失禁。随着脊髓功能的恢复，膀胱容量缩小，尿液充盈到 300~400ml 即自行排尿称为反射性神经源性膀胱，出现充溢性尿失禁。病变平面以下少汗或无汗、皮肤脱屑及水肿、指（趾）甲松脆和角化过度等。病变平面以上可有发作性出汗过度、皮肤潮红、反射性心动过缓等，称为自主神经反射异常（autonomic dysreflexia）。

【辅助检查】

1. **脑脊液检查**　压颈试验通畅，少数病例脊髓水肿严重可有不完全梗阻。脑脊液压力正常，外观无色透明,细胞数和蛋白含量正常或轻度增高,以淋巴细胞为主,糖、氯化物正常。

2. 电生理检查

(1)视觉诱发电位(VEP):正常,可作为与视神经脊髓炎及多发性硬化的鉴别依据。

(2)下肢体感诱发电位(SEP):波幅可明显减低。

(3)运动诱发电位(MEP)异常,可作为判断疗效和预后的指标。

(4)肌电图:可正常或呈失神经改变。

3. 影像学检查　脊柱 X 线平片正常。若脊髓严重肿胀,MRI 显示病变部脊髓增粗,病变节段髓内多发片状或较弥散的 T_2 高信号,强度不均,可有融合(图 16-1)。部分病例可始终无异常。

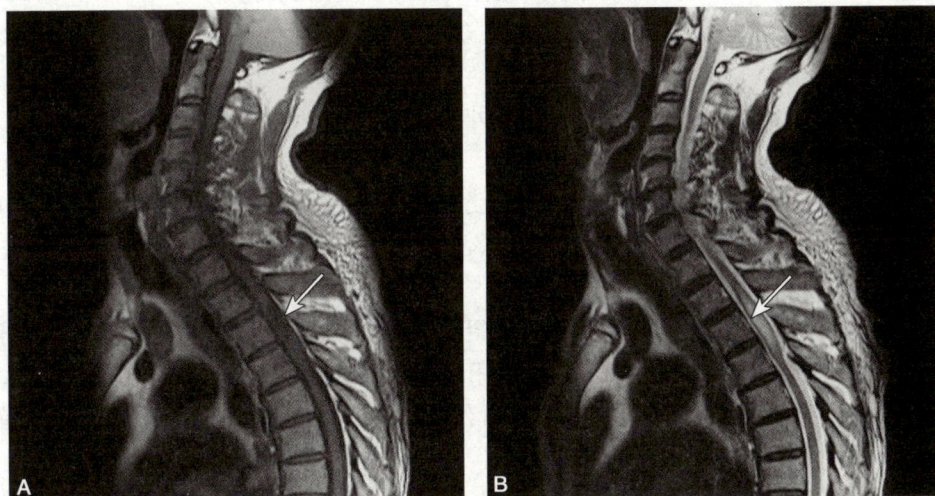

图 16-1　急性脊髓炎的 MRI 表现

A. T_1 加权像显示上胸段水平脊髓局限性增粗,呈较低信号;B. T_2 加权像显示相应节段呈较高信号

【诊断及鉴别诊断】

1. 诊断　根据急性起病,病前有感染或预防接种史,迅速出现的脊髓横贯性损害的临床表现,结合脑脊液检查和 MRI 检查,诊断并不难。

2. 鉴别诊断　需与下列疾病鉴别:

(1)视神经脊髓炎:属于脱髓鞘疾病,除有横贯性脊髓炎的症状外,还有视力下降或 VEP 异常,视神经病变可出现在脊髓症状之前、同时或之后。

(2)脊髓血管病

1)缺血性:脊髓前动脉闭塞综合征容易和急性脊髓炎相混淆,病变水平相应部位出现根痛、短时间内出现截瘫、痛温觉缺失、尿便障碍,但深感觉保留。

2)出血性:脊髓出血少见,多由外伤或脊髓血管畸形引起,起病急骤伴有剧烈背痛,肢体瘫痪和尿便潴留。可呈血性脑脊液,MRI 检查有助于诊断。

(3)亚急性坏死性脊髓炎(subacute necrotic myelitis):较多见于 50 岁以上男性,缓慢进行性加重的双下肢无力、腱反射亢进、锥体束征阳性,常伴有肌肉萎缩,病变平面以下感觉减退。随病情进展,症状逐渐加重而出现完全性截瘫、尿便障碍,肌萎缩明显,肌张力减低、反射减弱或缺失。脑脊液蛋白增高,细胞数多为正常。脊髓碘油造影可见脊髓表面有扩张的血管。此病可能是一种脊髓的血栓性静脉炎,脊髓血管造影可明确诊断。

(4)急性脊髓压迫症:脊柱结核或转移癌,造成椎体破坏,突然塌陷而压迫脊髓,出现急性横贯性损害。脊柱影像学检查可见椎体破坏、椎间隙变窄或椎体寒性脓肿等改变,转移癌除脊柱影像学检查外可做全身骨扫描。

（5）急性硬脊膜外脓肿：临床表现与急性脊髓炎相似，但有化脓性病灶及感染病史，病变部位有压痛，椎管有梗阻现象，外周血及脑脊液白细胞增高，脑脊液蛋白含量明显升高，MRI 可帮助诊断。

（6）急性炎症性脱髓鞘性多发性神经病：肢体呈弛缓性瘫痪，末梢型感觉障碍，可伴脑神经损害，括约肌功能障碍少见，即使出现一般也在急性期数天至 1 周内恢复。

（7）人类 T 淋巴细胞病毒 1 型相关脊髓病（HTLV-1 associated myelopathy，HAM）：是人类 T 淋巴细胞 1 型病毒慢性感染所致的免疫异常相关的脊髓病变，以缓慢进行性截瘫为临床特征。

【治疗】

急性脊髓炎应早期诊断、早期治疗、精心护理，早期康复训练对预后也十分重要。

1. **一般治疗**　加强护理，防治各种并发症是保证功能恢复的前提。

（1）高颈段脊髓炎有呼吸困难者应及时吸氧，保持呼吸道通畅，选用有效抗生素来控制感染，必要时气管切开行人工辅助呼吸。

（2）排尿障碍者应保留无菌导尿管，每 4～6 小时放开引流管 1 次。当膀胱功能恢复，残余尿量少于 100ml 时不再导尿，以防膀胱挛缩，体积缩小。

（3）保持皮肤清洁，按时翻身、拍背、吸痰，易受压部位加用气垫或软垫以防发生压疮。皮肤发红部位可用 10% 乙醇或温水轻揉，并涂以 3.5% 安息香酊，有溃疡形成者应及时换药，应用压疮贴膜。

2. **药物治疗**

（1）皮质类固醇激素：急性期，可采用大剂量甲泼尼龙短程冲击疗法，500～1000mg 静脉滴注，每日 1 次，连用 3～5 天，有可能控制病情进展，也可用地塞米松 10～20mg 静脉滴注，每日 1 次，7～14 天为一疗程。使用上述药物后改用泼尼松口服，按每公斤体重 1mg 或成人每日剂量 60mg，维持 4～6 周逐渐减量停药。

（2）大剂量免疫球蛋白：每日用量可按 0.4g/kg 计算，成人每次用量一般 20g 左右，静脉滴注，每日 1 次，连用 3～5 天为一疗程。

（3）维生素 B 族：有助于神经功能的恢复。常用维生素 B_1 100mg，肌内注射；维生素 B_{12} 500～1000μg，肌内注射或静脉给药，每天 1～2 次。

（4）抗生素：根据病原学检查和药敏试验结果选用抗生素，及时治疗呼吸道和泌尿系统感染，以免加重病情。抗病毒可用阿昔洛韦、更昔洛韦等。

（5）其他：在急性期可选用血管扩张药，如烟酸、尼莫地平。神经营养药，如三磷酸腺苷、胞磷胆碱，疗效未确定。双下肢痉挛者可服用巴氯芬 5～10mg，每天 2～3 次。

3. **康复治疗**　早期应将瘫痪肢体保持功能位，防止肢体、关节痉挛和关节挛缩，促进肌力恢复，并进行被动、主动锻炼和局部肢体按摩。

【预后】

预后取决于脊髓急性损害程度及并发症情况。如无严重并发症，多于 3～6 个月内基本恢复，生活自理。完全性截瘫 6 个月后肌电图仍为失神经改变、MRI 显示髓内广泛信号改变、病变范围累及脊髓节段多且弥漫者预后不良。合并泌尿系统感染、压疮、肺部感染常影响恢复，遗留后遗症。急性上升性脊髓炎和高颈段脊髓炎预后差，短期内可死于呼吸循环衰竭。

第二节　脊髓压迫症

脊髓压迫症（compressive myelopathy）是一组椎管内或椎骨占位性病变所引起的脊髓受压综合征，随病变进展出现脊髓半切综合征、横贯性损害及椎管梗阻，脊神经根和血管可不同程度受累。

【病因及发病机制】

1. **病因**

（1）肿瘤：常见，约占本病的 1/3 以上，绝大多数起源于脊髓组织及邻近结构。位于髓外硬膜内最常见的是神经鞘膜瘤,脊髓内肿瘤以神经胶质细胞瘤常见,硬膜外以转移瘤多见,脊柱恶性肿瘤可沿椎管周围静脉丛侵犯脊髓,淋巴瘤和白血病少见。

（2）炎症:脊髓非特异性炎症、结核性脑脊髓膜炎、严重椎管狭窄、椎管内反复注药以及多个椎间盘病变、反复手术和脊髓麻醉等可导致蛛网膜粘连或压迫血管影响血液供应,引起脊髓、神经根受累症状;结核和寄生虫等可引起慢性肉芽肿、蛛网膜炎和蛛网膜囊肿等;化脓性炎症血行播散可引起急性硬膜外或硬膜下脓肿。

（3）脊柱外伤:如骨折、脱位及椎管内血肿形成。

（4）脊柱退行性病变:如椎间盘突出、后纵韧带钙化和黄韧带肥厚等均可导致椎管狭窄。

（5）先天性疾病:如颅底凹陷症、环椎枕化、颈椎融合畸形、脊髓血管畸形等。

（6）血液疾病:血小板减少症等存在凝血机制障碍的患者腰穿后可致硬膜外血肿致使脊髓受压。

2. **发病机制**　脊髓受压早期可通过移位、排挤脑脊液和表面静脉血流得到代偿,外形虽有明显改变,但神经传导径路并未中断,可不出现神经功能受累的表现;后期代偿可出现骨质吸收,使局部椎管扩大,此时通常有明显的神经系统症状和体征。脊髓受压产生病变的性质和速度可影响代偿机制发挥的程度,急性压迫通常无充分代偿时机,脊髓损伤严重;慢性受压时能充分发挥代偿机制,损伤相对较轻,预后较好。病变部位对损伤后果亦有影响,如髓内病变直接侵犯神经组织,症状出现较早;髓外硬膜外占位性病变由于硬脊膜阻挡,脊髓受压较硬膜内病变轻;动脉受压供血不足可引起脊髓变性萎缩,静脉受压淤血则导致脊髓水肿。

【临床表现】

1. **急性脊髓压迫症**　急性发病,进展迅速,常于数小时至数日内脊髓功能完全丧失。多表现脊髓横贯性损害,出现脊髓休克,病变水平以下呈弛缓性瘫痪,各种感觉及反射消失,尿便潴留。

2. **慢性脊髓压迫症**　病情缓慢进展,早期症状和体征可不明显。通常可分为三期:①根痛期:表现为神经根痛及脊膜的刺激症状;②脊髓部分受压期:可表现为脊髓半切综合征;③脊髓完全受压期:出现脊髓完全横贯性损害的症状和体征。三期表现并非截然分开,常有重叠,界限不清。

慢性脊髓压迫症的主要症状和体征如下:

（1）神经根症状:病变较小,压迫尚未及脊髓,仅造成脊神经根的刺激现象。其主要表现是根痛或局限性运动障碍。疼痛部位固定,局限于受累神经根分布的皮节区域。疼痛剧烈难忍,被描述为电击样、烧灼样、刀割样或撕裂样,咳嗽、排便和用力等增加腹压的动作均可使疼痛加剧,改变体位可使症状减轻或加重,有时出现相应节段束带感。随着病情进展,神经根症状可由一侧、间歇性转变为双侧、持续性。早期可发现感觉过敏带,后期为节段性感觉缺失。病变位于脊髓腹侧者可无根痛症状,早期可出现前根刺激症状,表现为相应支配肌群的肌束颤动,以后出现肌无力和肌萎缩。这些早期症状的分布部位对脊髓受压的定位诊断很有价值。

（2）感觉障碍:脊髓丘脑束受累产生对侧躯体较病变水平低2～3个节段以下的痛温觉减退或缺失,受压平面高者症状明显。脊髓感觉传导纤维有一定的排列顺序,有助于髓内外病变鉴别。髓外病变感觉障碍自下肢远端向上发展至受压节段;髓内病变早期出现病变节段支配区分离性感觉障碍,累及脊髓丘脑束时感觉障碍自病变节段向下发展,鞍区($S_{3～5}$)感觉保留至最后受累,称为"马鞍回避"。后索受累产生病变水平以下同侧深感觉减弱或缺失。晚期表现脊髓横贯性损害,病变水平以下各种感觉缺失。

（3）运动障碍:一侧锥体束受压引起病变以下同侧肢体痉挛性瘫痪,肌张力增高、腱反射亢进并出现病理征;双侧锥体束受压初期双下肢呈伸直样痉挛性瘫痪,晚期呈屈曲样痉挛性瘫痪。脊髓前角及前根受压可引起病变节段支配肌群弛缓性瘫痪,伴肌束震颤和肌萎缩。

（4）反射异常:受压节段后根、前根或前角受累时出现病变节段腱反射减弱或缺失;腹壁反射和提睾反射缺失;锥体束受累出现损害平面以下同侧腱反射亢进并出现病理反射。

（5）自主神经症状:髓内病变时括约肌功能障碍较早出现,圆锥以上病变早期出现尿潴留和便秘,晚期出现反射性膀胱;圆锥、马尾病变出现尿便失禁。病变水平以下血管运动和泌汗功能障碍,可见少汗、无汗、皮肤干燥及脱屑,指(趾)甲失去光泽,皮下组织松弛,容易发生压迫性溃疡(压疮)。$C_8 \sim T_1$ 的灰质侧角内有交感神经的睫状体脊髓中枢,损害时产生 Horner 综合征,为一有价值的定位体征。

(6)脊膜刺激症状:多因硬膜外病变引起,表现为脊柱局部自发痛、叩击痛,活动受限如颈部抵抗和直腿抬高试验阳性等。

【辅助检查】

欲确定病变的节段、性质及压迫程度,除根据临床神经系统的症状、体征外,常常需借助于适当的辅助检查。

1. 脑脊液检查　脑脊液常规、生化检查及动力学变化对确定脊髓压迫症和脊髓受压的程度很有价值。如病变造成脊髓蛛网膜下腔堵塞时,在堵塞水平以下的压力很低甚至测不出,部分堵塞或未堵塞者压力正常甚至增高。压颈试验可证明有无椎管梗阻,但试验正常不能排除梗阻;如压颈时压力上升较快、解除压力后下降较慢,或上升慢下降更慢提示不完全梗阻。椎管严重梗阻时脑脊液蛋白-细胞分离,细胞数正常,蛋白含量超过 10g/L 时,黄色的脑脊液流出后自动凝结,称为 Froin 征。通常梗阻愈完全、时间愈长、梗阻的平面愈低,蛋白含量愈高。在梗阻平面以下腰穿放出脑脊液和压颈试验可能会造成占位性病灶移位使症状加重,应予注意。怀疑硬脊膜外脓肿时切忌在脊柱压痛处腰穿,以防导致蛛网膜下腔感染。

2. 影像学检查

(1)脊柱 X 线平片:可发现脊柱骨折、脱位、错位、结核、骨质破坏及椎管狭窄;椎弓根变形或间距增宽、椎间孔扩大、椎体后缘凹陷或骨质破坏等提示转移癌。

(2)CT 及 MRI:可显示脊髓受压,MRI 能清晰显示椎管内病变的性质、部位和边界等(图 16-2)。

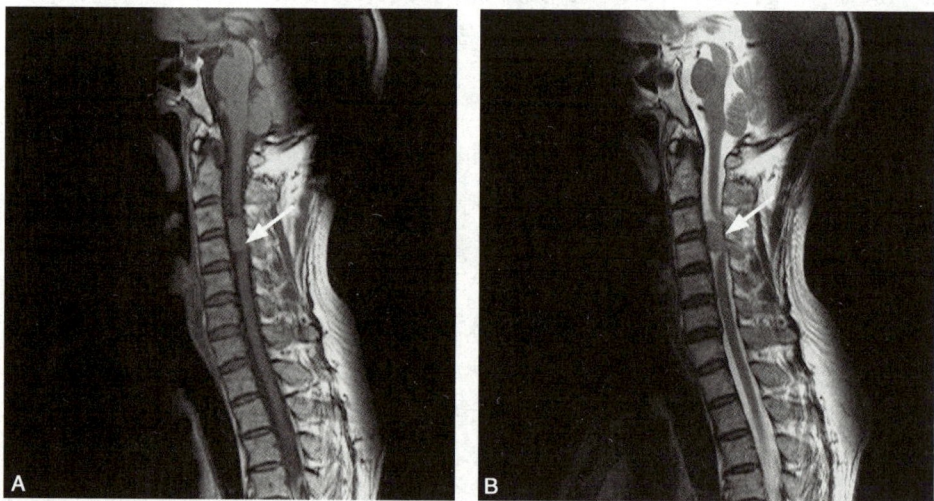

图 16-2　MRI 显示髓外硬膜下肿物压迫颈髓
A. T_1 加权像;B. T_2 加权像

(3)椎管造影:可显示椎管梗阻界面,椎管完全梗阻时上行造影只显示压迫性病变下界,下行造影可显示病变上界。无 MRI、CT 设备的医疗单位,可借此帮助诊断。

(4)核素扫描:应用 ^{99m}Tc 或 ^{131}I(碘化钠)10mCi,经腰池穿刺注入,半小时后作脊髓全长扫描能较准确判断阻塞部位。患者痛苦小,不良反应也少。

【诊断及鉴别诊断】

1. 诊断　首先明确脊髓损害为压迫性或非压迫性;再确定脊髓受压部位及平面,进而分析压迫是位于髓内、髓外硬膜内还是硬膜外以及压迫的程度;最后确定压迫性病变的病因及性质。

（1）纵向定位：根据脊髓各节段病变特征确定（见本章第一节）。早期节段性症状如神经根痛、感觉减退区、腱反射改变和肌萎缩、棘突压痛及叩击痛，尤以感觉平面最具有定位意义，MRI 或者脊髓造影可辅助定位。

（2）横向定位：区分病变位于髓内、髓外硬膜内或硬膜外，见表 16-1。

表 16-1　髓内、髓外硬膜内及硬膜外病变的鉴别

	髓内病变	髓外硬膜内病变	硬膜外病变
早期症状	多为双侧	自一侧，很快进展为双侧	多从一侧开始
神经根痛	少见，部位不明确	早期常有，剧烈，部位明确	早期可有
感觉障碍	分离性	传导束性，开始为一侧	多为双侧传导束性
痛温觉障碍	自上向下发展，头侧重	自下向上发展，尾侧重	双侧自下向上发展
脊髓半切综合征	少见	多见	可有
节段性肌无力和萎缩	早期出现，广泛明显	少见，局限	少见
锥体束征	不明显	早期出现，多自一侧开始	较早出现，多为双侧
括约肌功能障碍	早期出现	晚期出现	较晚期出现
棘突压痛、叩痛	无	较常见	常见
椎管梗阻	晚期出现，不明显	早期出现，明显	较早期出现，明显
脑脊液蛋白增高	不明显	明显	较明显
脊柱 X 线平片改变	无	可有	明显
脊髓造影充盈缺损	脊髓梭形膨大	杯口状	锯齿状
MRI	脊髓梭形膨大	髓外肿块及脊髓移位	硬膜外肿块及脊髓移位

（3）定性诊断：髓内和髓外硬膜内病变以肿瘤最常见。脊髓蛛网膜炎导致的病损常不对称，症状时轻时重，感觉障碍多呈根性、节段性或斑块状不规则分布，压颈试验可有梗阻，蛋白含量增高；椎管造影显示造影剂呈滴状或斑块状分布。硬膜外病变多为转移癌、椎间盘（腰段、颈下段）突出。转移癌进展较快，根痛及骨质破坏明显。急性压迫多为外伤性硬膜外血肿、硬膜外脓肿，前者进展迅速，后者常伴感染的症状和体征。

2. 鉴别诊断

（1）急性脊髓炎：急性起病，病前多有感染或预防接种史，数小时或数日内出现脊髓横贯性损害，急性期脑脊液动力学试验一般无梗阻，脑脊液白细胞增多，以单核和淋巴细胞为主，蛋白质含量正常或轻度增高，脊髓 MRI 有助于鉴别。

（2）脊髓空洞症：起病隐匿，病程时间长，早期症状多见于下颈和上胸脊髓节段，亦可扩延至延髓。典型表现为病损节段支配区皮肤分离性感觉障碍，病变节段支配区肌萎缩，神经根痛少见，皮肤营养障碍改变明显。MRI 可显示脊髓内长条形空洞。

（3）亚急性联合变性：多呈缓慢起病，出现脊髓后索、侧索及周围神经损害体征。血清中维生素 B_{12} 缺乏、有恶性贫血者可确定诊断。

【治疗】

1. 脊髓压迫症的治疗原则是尽快去除病因，可行手术治疗者应及早进行，如切除椎管内占位性病变、椎板减压术及硬脊膜囊切开术。恶性肿瘤或转移癌可酌情手术、放疗或化疗。硬膜外脓肿予以椎板切除清除脓肿并长期抗感染治疗。对于脊髓出血以支持治疗为主，一般不采用手术治疗，如果由于血管畸形所致的出血，可行选择性血管造影明确部位，考虑外科手术或介入治疗。

2. 急性脊髓压迫更需抓紧时机，在起病 6 小时内减压，如硬脊膜外脓肿应紧急手术并给予足量抗生素，脊柱结核在行根治术同时给予抗结核治疗。

3. 瘫痪肢体应积极进行康复治疗及功能训练，长期卧床者应防治泌尿系感染、压疮、肺炎和肢体挛缩等并发症。

【预后】

脊髓压迫症预后的影响因素很多,如病变性质、脊髓受损程度及治疗时机等。髓外硬膜内肿瘤多为良性,手术彻底切除预后良好;髓内肿瘤预后较差。通常受压时间愈短,脊髓功能损害越小,越可能恢复。急性脊髓压迫因不能充分发挥代偿功能,预后较差。

第三节 脊髓蛛网膜炎

脊髓蛛网膜炎(spinal arachnoiditis)是因蛛网膜增厚与脊髓、脊神经根粘连,或形成囊肿阻塞脊髓腔导致脊髓功能障碍的疾病。

【病因与发病机制】

1. **感染性** 可原发于脊柱结核、硬膜外脓肿和脑膜炎等,也可继发于流感、伤寒、产褥感染等。

2. **外伤性** 脊髓损伤、反复腰穿等,可产生脊髓、软脊膜、蛛网膜和硬脊膜不同程度的撕裂、出血,导致蛛网膜增厚与脊髓粘连或形成囊肿。

3. **化学性** 鞘内注射药物或脊髓造影所用的碘油刺激所致。

4. **其他** 如脊髓空洞症、脊髓肿瘤、椎间盘突出、脊柱先天畸形等。

【病理】

病变以胸、腰段多见。蛛网膜呈乳白色、混浊、不规则增厚,或为瘢痕组织,可与脊髓、软脊膜、神经根和血管发生粘连并伴有血管增生。仅累及 1～2 个节段为局限性;多个节段呈散在分布为弥漫型;如粘连累及增厚的蛛网膜形成囊肿则为囊肿型。

【临床表现】

多为慢性起病,逐渐进展,少数可急性或亚急性起病。因累及部位不同,临床表现呈多样性,可为单发或多发的神经根痛,感觉障碍多双侧不对称,常呈神经根型、节段型或斑块状不规则分布。运动障碍为不对称的单瘫、截瘫或四肢瘫。局限型症状常较轻,弥漫型则较重,囊肿型脊髓蛛网膜炎与脊髓肿瘤的临床表现相似。病程可有缓解或加剧。

【辅助检查】

1. **脑脊液检查** 脑脊液初压较低,弥漫型和囊肿型可导致椎管完全阻塞。脑脊液呈淡黄色,淋巴细胞数接近正常而蛋白显著增高,甚至脑脊液流出后可自动凝固,呈 Froin 征。

2. **椎管造影** 可见椎管腔呈不规则狭窄,碘油呈点滴状或串珠状分布,囊肿型则表现为杯口状缺损。

3. **MRI** 能明确囊肿性质、部位、大小,并能了解病灶对周围重要组织的损害情况。

【诊断及鉴别诊断】

1. **诊断** 根据慢性起病,既往病史,临床症状的多样性,体征一般不对称,病程有波动,腰穿及造影结果分析可作出诊断。

2. **鉴别诊断**

(1)脊髓肿瘤:起病缓慢,有进行性脊髓受压症状,并与受压的脊髓节段相对应。脑脊液有时呈淡黄色,MRI 增强扫描及椎管造影有助鉴别。但囊肿型脊髓蛛网膜炎与脊髓外硬膜内肿瘤在术前不易鉴别。

(2)颈椎间盘突出:多见于中、老年人,单侧或双侧上肢根性疼痛常见,手或前臂可有轻度的肌萎缩及病理反射。脑脊液蛋白正常或轻度增高,细胞数正常。颈椎平片可见病变椎间隙狭窄,颈椎生理弯曲消失。MRI 可见颈椎间盘突出、椎间孔狭窄。

(3)多发性硬化:通常为亚急性起病,多呈缓解和复发病程,有两处或多处病变的体征,头颅 CT、MRI 提示脑白质、脑干和小脑等多处病灶。

【治疗】

病因治疗,如抗感染或抗结核治疗等。弥漫型或脑脊液细胞明显增多者,不宜手术,可选用肾上腺皮质激素、血管扩张药、B 族维生素等药物治疗。囊肿型可行囊肿摘除术。

第四节　脊髓空洞症

脊髓空洞症(syringomyelia)是一种慢性进行性脊髓疾病,病变多位于颈髓,亦可累及延髓,称为延髓空洞症(syringobulbia)。脊髓空洞症与延髓空洞症可单独发生或并发,典型临床表现为节段性分离性感觉障碍、病变节段支配区肌萎缩及营养障碍等。

【病因及发病机制】

原因未明,多数学者认为脊(延)髓空洞症不是一种单独病因所引起的一种独立疾病,而是多种致病因素所致的综合征。

1. **先天性发育异常**　本病常合并小脑扁桃体下疝、脊柱裂、脑积水、颈肋、弓形足等畸形,故认为脊髓空洞症是脊髓先天性发育异常。有人认为是由于胚胎期脊髓神经管闭合不全或脊髓内先天性神经胶质增生导致脊髓中心变性所致。

2. **脑脊液动力学异常**　颈枕区先天性异常影响脑脊液自第四脑室进入蛛网膜下腔,脑室压力搏动性增高,不断冲击脊髓中央管使之逐渐扩大,导致与中央管相通的交通型脊髓空洞症。

3. **血液循环异常**　认为脊髓血管畸形、脊髓损伤、脊髓炎伴中央管软化扩张及蛛网膜炎等引起脊髓血液循环异常,产生脊髓缺血、坏死、液化形成空洞。

【病理】

脊髓外形呈梭形膨大或萎缩变细,基本病变是空洞形成和胶质增生。空洞壁不规则,由环形排列的胶质细胞及纤维组成。空洞内的清亮液体成分与脑脊液相似,若为黄色液体提示蛋白含量增高。空洞由颈髓向胸髓或延髓扩展常见,腰髓空洞较少见,偶有多发空洞互不相通。病变多首先侵犯灰质前连合,对称或不对称的向后角和前角扩展。延髓空洞多呈单侧纵裂状,可累及内侧丘系交叉纤维、舌下神经核及迷走神经核。陈旧性空洞可见周围胶质增生形成 1～2mm 厚致密囊壁,空洞周围有时可见管壁异常透明变性的血管。

【临床分型】

根据 Barnett 的分型,临床上可将脊髓空洞症分为四型:

1. **脊髓空洞伴第四脑室正中孔堵塞和中央管扩大**　合并 I 型 Chiari 畸形或由后颅窝囊肿、肿瘤、蛛网膜炎等所致第四脑室正中孔阻塞。

2. **特发性脊髓空洞症**。

3. **继发性脊髓空洞症**　脊髓肿瘤、外伤、脊髓蛛网膜炎和硬脊膜炎所致。

4. **单纯性脊髓积水或伴脑积水**。

【临床表现】

发病年龄多在20～30岁,偶可发生于儿童或成年以后,男女之比约为3:1。隐匿起病,进展缓慢,病程数月至40年不等,因空洞大小和累及脊髓的位置不同,临床表现各异,主要症状如下:

1. **感觉障碍**　以感觉障碍为首发症状的居多。最早症状常为相应支配区自发性疼痛,继而出现节段性分离性感觉障碍,表现为单侧或双侧的手部、臂部或一部分颈部、胸部的痛温觉丧失,典型呈短上衣样分布,而触觉及深感觉相对正常。如向上累及三叉神经脊束核,可造成面部分离性感觉障碍,即痛、温觉缺失而触觉保存。晚期脊髓后索及脊髓丘脑侧束被累及,造成空洞水平以下各种传导束型感觉障碍。

2. **运动障碍**　前角细胞受累出现相应节段支配区域肌无力、肌萎缩、肌束颤动、肌张力减低、腱反射减退或缺失,颈膨大区空洞致双手肌肉明显萎缩,呈"鹰爪"样。空洞发展至晚期可出现病变水平以下锥体束征,累及侧柱交感神经中枢($C_8 \sim T_2$侧角),出现同侧 Horner 征。空洞内发生出血则病情可突然恶化。

3. 神经营养性障碍及其他症状 皮肤营养障碍表现皮肤增厚、过度角化,皮肤及手指苍白。痛觉缺失区的表皮烫伤、外伤可造成顽固性溃疡及瘢痕形成,甚至指(趾)节末端无痛性坏死脱落,称为Morvan 征。晚期可有神经源性膀胱和小便失禁。关节痛觉缺失可引起关节磨损、萎缩、畸形、关节肿大、活动度增加,运动时有明显骨摩擦音而无疼痛感,称为夏科(Charcot)关节,是本病特征之一。其他先天畸形如脊柱侧弯或后突畸形、隐性脊柱裂、颈枕区畸形、小脑扁桃体下疝、颈肋和弓形足等常合并存在。

空洞可累及延髓,三叉神经脊束核受损可出现面部痛、温觉减退或缺失,呈洋葱皮样分布,由外侧向鼻唇部发展;面神经核受损可出现周围性面瘫;疑核受损可出现吞咽困难、饮水呛咳等延髓性麻痹症状;舌下神经核受损可出现伸舌偏向患侧,同侧舌肌萎缩及肌束颤动;前庭小脑传导束受损,可表现为眩晕、恶心、眼球震颤、平衡障碍及步态不稳。

【辅助检查】

1. 脑脊液检查 常无特征性改变,较大空洞可引起椎管部分梗阻和脑脊液蛋白含量增高。

2. 影像学检查

(1) X 线片:有助于发现骨骼畸形,如脊柱侧突、隐性脊柱裂、颈枕区畸形和 Charcot 关节等。

(2) 延迟脊髓 CT 扫描(DMCT):即在蛛网膜下腔注入水溶性造影剂,在注射后 6 小时、12 小时、18 小时、24 小时后分别进行脊髓 CT 检查,可清晰显示出高密度的空洞影像。

(3) MRI:矢状位图像可清晰显示空洞的位置、大小、范围以及是否合并 Arnold-Chiari 畸形(图 16-3)等,是确诊本病的首选方法,有助于选择手术适应证和设计手术方案。

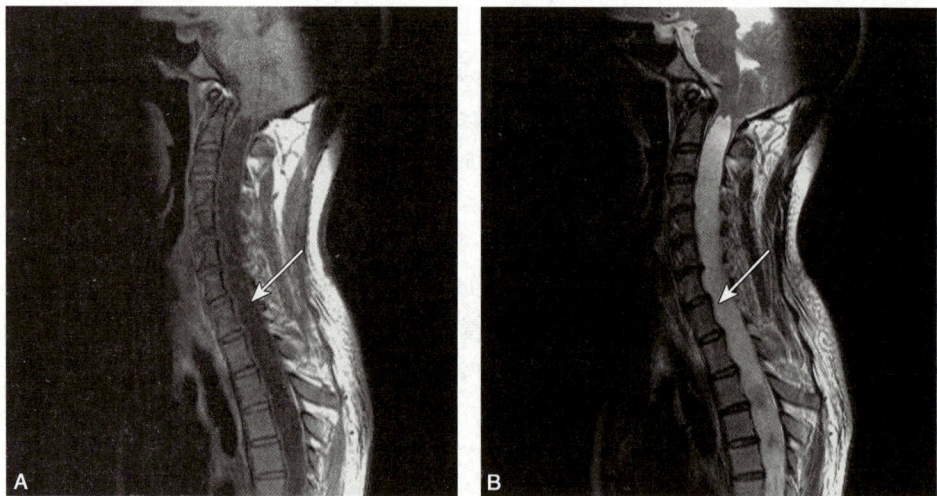

图16-3 脊髓空洞症 MRI 表现
A. T_1加权像;B. T_2加权像

【诊断与鉴别诊断】

1. 诊断 根据青壮年隐匿起病,病情进展缓慢,节段性分离性感觉障碍,肌无力和肌萎缩,皮肤和关节营养障碍等,检查常发现合并其他先天性畸形,诊断并不难,MRI 或 DMCT 检查发现空洞可确诊。

2. 鉴别诊断 本病临床上须与下列疾病鉴别:

(1) 脊髓肿瘤:髓内肿瘤进展较快,所累及脊髓病变节段较短,膀胱直肠功能障碍出现早,锥体束征多为双侧,脑脊液蛋白含量增高,脊髓造影及 MRI 有助于鉴别诊断。

(2) 脑干肿瘤:脑干肿瘤常起自脑桥下部,进展较快,临床早期表现脑神经损害,以展神经、面神经麻痹多见,晚期可出现交叉性瘫痪,MRI 检查可鉴别。

（3）颈椎病:多见于中老年,神经根痛常见,感觉障碍多呈根性分布,手及上肢出现轻度肌无力及肌萎缩;颈部活动受限或后仰时疼痛。颈椎 CT、MRI 有助于鉴别诊断。

（4）肌萎缩侧索硬化症:多在中年起病,上、下运动神经元同时受累,严重的肌无力、肌萎缩与腱反射亢进、病理反射并存,无感觉障碍和营养障碍,MRI 无特异性发现。

【治疗】

本病进展缓慢,常可迁延数十年之久。目前尚无特效疗法。

1. **对症治疗**　可给予 B 族维生素、ATP、辅酶 A、肌苷等;有疼痛者可给予镇痛剂;痛觉缺失者应防止外伤、烫伤或冻伤;防止关节挛缩,辅助按摩等。

2. **手术治疗**　较大空洞伴椎管梗阻可行上颈段椎板切除减压术,合并颈枕区畸形及小脑扁桃体下疝可行枕骨下减压,手术矫治颅骨及神经组织畸形。继发于创伤、感染的脊髓空洞及张力性空洞可行空洞-蛛网膜下腔分流术。合并 Arnold-Chiari 畸形的患者应先考虑脑脊液分流,部分患者术后症状可有所改善;脊髓内肿瘤所致空洞可行肿瘤切除术;囊性空洞行减压术后压力可暂时解除,但常见复发。

3. **放射治疗**　疗效不肯定,已很少应用。可试用放射性核素^{131}I 疗法(口服或椎管内注射)。

第五节　脊髓亚急性联合变性

脊髓亚急性联合变性(subacute combined degeneration of the spinal cord,SCD)是由于维生素 B_{12} 的摄入、吸收、结合、转运或代谢障碍导致体内含量不足而引起的中枢和周围神经系统变性的疾病。病变主要累及脊髓后索、侧索及周围神经等,临床表现为双下肢深感觉缺失、感觉性共济失调、痉挛性瘫痪及周围性神经病变等,常伴有贫血的临床征象。

【病因及发病机制】

本病与维生素 B_{12} 缺乏有关。维生素 B_{12} 是 DNA 和 RNA 合成时必需的辅酶,也是维持髓鞘结构和功能所必需的一种辅酶,若缺乏则导致核蛋白的合成不足,从而影响中枢神经系统的甲基化,造成髓鞘脱失、轴突变性而致病。因维生素 B_{12} 还参与血红蛋白的合成,本病常伴有恶性贫血。正常人维生素 B_{12} 日需求量仅为 $1\sim2\mu g$,摄入的维生素 B_{12} 必须与胃底壁细胞分泌的内因子合成稳定复合物,才可在回肠远端吸收。萎缩性胃炎、胃大部切除术及内因子分泌先天缺陷等因素导致内因子缺乏或不足;回肠切除术、局限性肠炎等影响维生素 B_{12} 的吸收;血液中转运腺苷钴胺素缺乏等均可导致维生素 B_{12} 代谢障碍。由于叶酸代谢与维生素的代谢相关,叶酸缺乏也可产生相应症状及体征。

【病理】

病变主要在脊髓的后索和锥体束,严重时大脑白质、视神经和周围神经可不同程度受累。大脑可见轻度萎缩,常见周围神经病变,可为髓鞘脱失和轴突变性。脊髓切面显示白质脱髓鞘样改变。镜下可见髓鞘肿胀,空泡形成及轴突变性。起初病变散在分布,以后融合成海绵状坏死灶伴有不同程度胶质细胞增生。

【临床表现】

1. 多在中年以后起病,男女无明显差别,隐匿起病,缓慢进展。

2. 早期多有贫血、倦怠、腹泻和舌炎等病史,伴血清维生素 B_{12} 减低,常先于神经系统症状出现。神经症状为双下肢无力、发硬和双手动作笨拙、步态不稳、踩棉花感,可见步态蹒跚、步基增宽,Romberg 征阳性等。随后出现手指、足趾末端对称性持续刺痛、麻木和烧灼感等。检查双下肢振动觉、位置觉障碍,以远端明显;肢端感觉客观检查多正常,少数患者有手套-袜套样感觉减退。有些患者屈颈时出现由脊背向下放射的触电感(Lhermitte 征)。

3. 双下肢可呈不完全性痉挛性瘫痪,表现为肌张力增高、腱反射亢进和病理征阳性,如周围神经病变较重时,则表现为肌张力减低、腱反射减弱、但病理征常为阳性。少数患者可见视神经萎缩及中心暗点,提示大脑白质与视神经广泛受累,很少波及其他脑神经。括约肌功能障碍出现较晚。

4. 可见精神异常如易激惹、抑郁、幻觉、精神错乱、类偏执狂倾向,认知功能减退甚至痴呆。

【辅助检查】

1. **周围血象及骨髓涂片检查**　提示巨细胞低色素性贫血,血网织红细胞数减少,维生素 B_{12} 含量减低(正常值 $220 \sim 940pg/ml$),注射维生素 B_{12} $1000\mu g/d$,10 日后网织红细胞增多有助于诊断。血清维生素 B_{12} 含量正常者应做 Schilling 试验(口服放射性核素[57]Co 标记维生素 B_{12} ,测定其在尿、便中的排泄量),可发现维生素 B_{12} 吸收障碍。

2. **胃液分析**　注射组胺后作胃液分析,可发现抗组胺性胃酸缺乏。

3. **脑脊液检查**　多正常,少数可有轻度蛋白增高。

4. **MRI**　可示脊髓病变部位,呈条形、点片状病灶,T_1 低信号,T_2 高信号(图 16-4)。

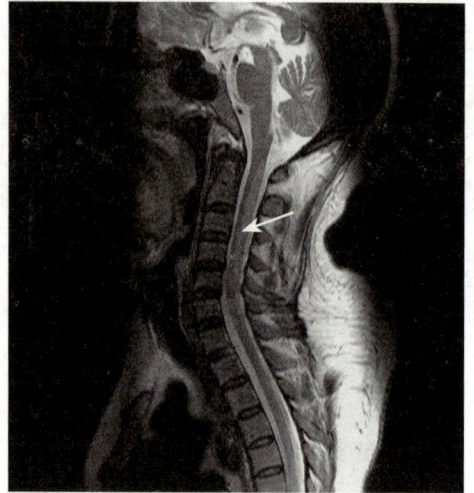

图 16-4　脊髓亚急性联合变性 MRI 表现
脊髓后索 T_2 高信号

【诊断及鉴别诊断】

1. **诊断**　根据缓慢隐匿起病,出现脊髓后索、侧索及周围神经损害的症状和体征,血清中维生素 B_{12} 缺乏,有恶性贫血者则不难诊断。

如诊断不明确,可行试验性治疗来辅助诊断:血清维生素 B_{12} 缺乏伴血清中甲基丙二酸异常增加的患者,如给予维生素 B_{12} 治疗后血清中甲基丙二酸降至正常,则支持诊断。

2. **鉴别诊断**　应与下列疾病作鉴别:

(1) 非恶性贫血型联合系统变性(combined system disease of non-pernicious anemia type):是一种累及脊髓后索和侧索的内生性脊髓疾病,与恶性贫血无关。本综合征与亚急性联合变性的区别在于整个病程中皮质脊髓束的损害较后索损害出现早且明显,进展缓慢,有关其病理和病因所知甚少。

(2) 脊髓压迫症:脊髓压迫症多有神经根痛和感觉障碍平面。脑脊液动力学试验呈部分梗阻或完全梗阻,脑脊液蛋白升高,椎管造影及 MRI 检查可作鉴别。

(3) 多发性硬化:亚急性起病,可有明显的缓解复发交替的病史,一般不伴有对称性周围神经损害。首发症状多为视力减退,可有眼球震颤、小脑体征、锥体束征等,MRI、脑干诱发电位有助于鉴别。

(4) 周围神经病:可类似脊髓亚急性联合变性中的周围神经损害,但无病理征,亦无后索或侧索的损害表现,无贫血及维生素 B_{12} 缺乏的证据。

【治疗】

1. **病因治疗**　纠正或治疗导致维生素 B_{12} 缺乏的原发病因和疾病,如纠正营养不良,改善膳食结构,给予富含 B 族维生素的食物,如粗食、蔬菜和动物肝脏,并应戒酒;治疗肠炎、胃炎等导致吸收障碍的疾病。

2. **药物治疗**

(1) 一旦确诊或拟诊本病应立即给予大剂量维生素 B_{12} 治疗,否则会发生不可逆性神经损伤,常用剂量为 $500 \sim 1000\mu g/d$,肌内注射,连续 $2 \sim 4$ 周;然后相同剂量,每周 $2 \sim 3$ 次;连续 $2 \sim 3$ 个月后改为 $500\mu g$ 口服,2 次/日,总疗程 6 个月。维生素 B_{12} 吸收障碍者需终生用药,合用维生素 B_1 和维生素 B_6 等效果更佳;无需加大维生素 B_{12} 剂量,因并不能加快神经恢复。

(2) 贫血患者用铁剂,如硫酸亚铁 $0.3 \sim 0.6g$ 口服,3 次/日;或 10% 枸橼酸铁胺溶液 10ml 口服,3 次/日;有恶性贫血者,建议叶酸每次 $5 \sim 10mg$ 与维生素 B_{12} 共同使用,3 次/日。不宜单独应用叶酸,否则会导致神经精神症状加重。

（3）胃液中缺乏游离胃酸的萎缩性胃炎患者,可服用胃蛋白酶合剂或饭前服稀盐酸合剂 10ml,3 次/日。

3. 康复治疗　加强瘫痪肢体的功能锻炼,辅以针灸、理疗等。

【预后】

早期诊断并及时治疗是改善本病预后的关键,如能在起病 3 个月内积极治疗,多数可完全恢复; 若充分治疗 6 个月至 1 年仍有神经功能障碍,则难以恢复。

第六节　脊髓血管病

脊髓血管病(vascular diseases of the spinal cord)分为缺血性、出血性及血管畸形三大类。其发病 率远低于脑血管病,但脊髓内部结构紧密,因此较小的血管病变即可导致严重后果。

【病因】

由严重心血管疾病或手术所引起的严重低血压以及脊髓动脉粥样硬化、动脉炎、肿瘤、蛛网膜粘 连等均可导致缺血性脊髓病。脊髓血管畸形和动脉瘤的破裂则可引起脊髓出血;自发性出血亦见于 血液病、肿瘤和抗凝治疗后;外伤也是椎管内出血的主要原因。约 1/3 的脊髓血管畸形患者合并相应 脊髓节段皮肤血管瘤、颅内血管畸形和脊髓空洞症等。

【病理】

脊髓对缺血有较好的耐受性,轻度或间歇性缺血不会造成脊髓明显损害,完全缺血 15 分钟以上 可导致脊髓不可逆损伤。脊髓前动脉血栓形成常见于胸段,因该段血供相对薄弱,脊髓后动脉左右各 一,血栓形成很少见。脊髓缺血可导致神经细胞变性、坏死、血管周围淋巴细胞浸润,并有血管再通。

脊髓内出血可侵犯数个节段,多累及中央灰质;脊髓外出血形成血肿或破入蛛网膜下腔,引起组 织水肿、淤血及继发神经变性。

脊髓血管畸形是由异常血管形成的网状血管团和供血动脉及引流静脉所组成,脊髓任何节段均 有可能发生,无特别好发部位。

【临床表现】

1. 缺血性脊髓血管病

（1）脊髓短暂性缺血发作(spinal TIA):类似短暂性脑缺血发作,突发起病,持续时间短暂,不超 过 24 小时,恢复完全,不遗留任何症状。典型表现为间歇性跛行和下肢远端发作性无力,行走一段距 离后单侧或双侧下肢沉重、无力甚至瘫痪,休息或使用血管扩张剂可缓解;或仅有自发性下肢远端发 作性无力,可自行缓解,反复发作,间歇期无症状。

（2）脊髓梗死(spinal infarction):呈卒中样起病,脊髓症状常在数分钟或数小时达到高峰。因发 生闭塞的供血动脉不同而分为:

1）脊髓前动脉综合征:又称之为脊髓前 2/3 综合征。脊髓前动脉供应脊髓前 2/3 区域,易发生 缺血性病变,以中胸段或下胸段多见,首发症状常为突发病损水平相应部位根痛或弥漫性疼痛。起病 时表现为弛缓性瘫,脊髓休克期后转变为痉挛性瘫,因后索一般不受累而出现传导束型分离性感觉障 碍,痛温觉缺失而深感觉保留,尿便障碍较明显。

2）脊髓后动脉综合征:因脊髓后动脉有良好的侧支循环,对血管闭塞有较好的耐受性,故该综合 征少见。表现为急性根痛,病变水平以下深感觉缺失和感觉性共济失调,痛温觉和肌力保存,括约肌 功能常不受累。

3）中央动脉综合征:病变水平相应节段的下运动神经元性瘫、肌张力减低、肌萎缩,多无锥体束 损害和感觉障碍。

2. 出血性脊髓血管病　包括硬脊膜外出血、硬脊膜下出血、髓内出血和脊髓蛛网膜下腔出血。 前两者主要表现为脊髓受压的症状,患者出现截瘫及感觉障碍,症状迅速加重且范围进行性扩大。髓内出血的特点为急性剧烈背痛、数分钟或数小时后迅速出现损害水平以下运动障碍、感觉障碍及括约肌功能障碍。脊髓蛛网膜下腔出血表现为急骤的颈背痛、脑膜刺激征和截瘫。脊髓表面血管破裂出血可能只有背痛而无脊髓受压表现。

3. **脊髓血管畸形**　临床不常见。大多为动静脉畸形，分为四种类型：硬脊膜动静脉瘘、髓内动静脉畸形、髓周动静脉瘘和混合型。病变多见于胸腰段。多在 45 岁前起病，约半数在 14 岁前起病，男女比例为 3∶1，缓慢起病者多见，亦可为间歇性病程，有症状缓解期，类似于多发性硬化。部分患者以运动障碍为主，兼有上下运动神经元受累的体征，类似于肌萎缩侧索硬化。突然发病者为畸形血管破裂所致，多以急性疼痛为首发症状，出现脑膜刺激征、不同程度的截瘫、根性或传导束性感觉障碍。如脊髓半侧受累表现为脊髓半切综合征，括约肌功能障碍早期为尿便困难，晚期失禁，少数以脊髓蛛网膜下腔出血为首发症状。动静脉畸形症状的周期性加剧与妊娠有关，可能妊娠期内分泌改变使静脉压增高所致。

硬脊膜动静脉瘘是指供应脊髓或神经根的细小动脉在椎间孔穿过硬脊膜时与脊髓引流静脉出现了相互交通，导致了静脉高压。多表现为进行性加重的脊髓缺血性病变。多见于中年男性，平均发病年龄 50 岁左右，常呈渐进性起病，逐渐出现双下肢无力，感觉障碍，常伴有尿便障碍。通常 2～3 年发展为截瘫。脊髓静脉高压综合征（venous hypertensive myelopathy，VHM）是指一组由脊髓及其周围结构的血管性病变，导致脊髓静脉回流受损、脊髓静脉压力增高而产生的脊髓神经功能缺损综合征。VHM 最常见的原因是硬脊膜动静脉瘘，表现为进行性加重的双下肢无力、感觉障碍和大小便障碍。选择性脊髓动脉造影是诊断本综合征的"金标准"。

【辅助检查】

1. **脑脊液检查**　椎管内出血脑脊液压力可增高，脊髓蛛网膜下腔出血则脑脊液呈均匀血性。有血肿形成时可导致椎管内不同程度阻塞，使脑脊液蛋白增高，压力降低。

2. **CT 和 MRI**　可显示病变部位的脊髓出血、梗死、增粗。增强后可以发现畸形血管。

3. **脊髓血管造影**　选择性脊髓动脉造影对脊髓血管畸形的诊断最有价值，可明确显示畸形血管的大小、范围、类型及与脊髓的关系，有助于治疗方法的选择。

【诊断及鉴别诊断】

1. **诊断**　根据突然起病、脊髓损伤的临床特点结合脑脊液和脊髓影像学可以给予临床诊断，但确定诊断有时困难。

2. **鉴别诊断**　需与下列疾病鉴别：

（1）其他原因导致的间歇性跛行：①下肢血管性间歇性跛行系下肢动脉脉管炎或微栓子反复栓塞所致，表现为下肢间歇性疼痛、无力、苍白、皮肤温度降低、足背动脉搏动减弱或消失，超声多普勒检查有助于诊断；②马尾性间歇性跛行是由于腰椎椎管狭窄所致，常有腰骶区疼痛，行走后症状加重，休息后减轻或消失，腰前屈时症状可减轻，后仰时则加重，感觉症状较运动症状重。

（2）急性脊髓炎：病前多有感染史或疫苗接种史，起病较急但不如脊髓血管病急，无急性疼痛或根痛等首发症状，表现为脊髓横贯性损害，脑脊液细胞数可明显增加，预后相对较好。

（3）亚急性坏死性脊髓炎：是一种血栓性静脉炎，成年男性多见。表现为缓慢进行性加重的双下肢无力伴肌肉萎缩、腱反射亢进、锥体束征阳性、损害平面以下感觉障碍。重者呈完全性截瘫、尿便障碍、肌萎缩明显、肌张力低、腱反射减弱。腰骶段最易受累，胸段少见。脑脊液蛋白增高，椎管造影可见脊髓表面有血管扩张。

【治疗】

缺血性脊髓血管病的治疗原则与缺血性脑血管病相似。病因治疗如低血压者应纠正血压、改善循环，应用血管扩张药及促进神经功能恢复的药物，疼痛时给予镇静止痛药。

硬膜外或硬膜下血肿应紧急手术以清除血肿，解除对脊髓的压迫。

脊髓血管畸形的治疗原则为阻断动静脉间的异常交通，可采用结扎供养动脉，摘除异常血管及栓塞供养动脉的治疗方法，临床常采用显微外科技术，将畸形血管结扎或切除，或采用介入栓塞治疗，由于血管介入的快速发展,介入栓塞治疗可在造影诊断的同时进行,因此可作为首选。栓塞的异常动脉不能是脊髓的供血动脉,同时要求恰好闭塞在瘘口处和静脉起始端,以防止再通的发生,其适应证为:①术前使用,以减少手术切除时出血;②脊髓前部动静脉畸形手术切除困难者;③长期脊髓横贯性损伤,栓塞术用以减轻疼痛,肢体痉挛和防治再出血。其他的方法,包括供血动脉结扎术、畸形血管切除术、伽马刀等。供血动脉结扎术可减少畸形血管的供血,从而改善临床症状和减少畸形血管破裂出血的机会,但治疗不彻底,有复发可能。畸形血管切除术仅适用于髓外病变或畸形血管从髓外嵌入髓内者,对于穿入髓内的病灶难以手术切除。伽马刀可对局限的血管畸形放射治疗。

其他类型椎管出血应针对病因治疗,并使用脱水剂、止血剂等综合治疗。

截瘫患者应防治压疮和尿路感染。

第七节　放射性脊髓病

接受放射治疗的恶性肿瘤患者经一段时间治疗后产生脊髓损害称放射性脊髓病(radiation myelopathy),如同时造成脑部损伤称放射性脑脊髓病。

【病因与发病机制】

鼻咽癌、食管癌患者接受放射性治疗如深部 X 线或 ^{60}Co 放射治疗可造成脊髓损伤,其发病机制尚未完全明确,有以下学说:①直接照射损伤;②血管受累引起脊髓缺血继发软化、坏死;③自身免疫反应;④自由基损伤。

【病理】

受累节段脊髓肿胀,灰质和白质界限不清,镜下可见血管壁纤维素样改变,管壁增厚,伴有管腔内血栓性栓塞,有淋巴细胞浸润,累及灰质时前角细胞变性且数量减少。

【临床表现】

由于多在颈部及其周围接受放射治疗,故颈髓受累多见。起病隐匿,早期主要表现为感觉异常,可出现颈肩部疼痛、Lhermitte 征、进展性感觉缺失,之后出现运动障碍,晚期出现括约肌功能障碍。有以下几种临床类型:

1. **早期短暂型**　症状轻微,一般 3 个月后症状可消退。

2. **急性瘫痪型**　起病较快,主要表现为截瘫或四肢瘫,症状达高峰后病情逐渐稳定,其原因可能是血管病变导致脊髓坏死。

3. **慢性进展型**　最为常见,潜伏期 3 个月~5 年,以感觉障碍和运动障碍逐渐加重为特点,是放射治疗最严重的并发症。

4. **下运动神经元损伤型**　极为少见,表现为下运动神经元损害征象,系脊髓前角细胞损害所致。

【辅助检查】

脑脊液检查正常或蛋白稍高,椎管通畅;MRI 检查可发现微小病灶。

【诊断】

根据病史,脊髓损伤症状发生在肿瘤放射治疗后,症状范围大致与照射区域一致,结合脊髓 MRI 检查,可确定诊断。

【鉴别诊断】

主要与癌肿的复发和转移相鉴别,注意有无颅底部位骨质破坏。

【治疗】

目前尚无有效方法。部分患者应用糖皮质激素和神经细胞营养剂、抗氧化剂可改善症状;亦可用针灸和康复治疗。

本病治疗效果欠佳,应注意预防,进行放射治疗时应控制放疗剂量、时间,保护非放射区组织,减少本病的发生。

(丁新生)

思　考　题

1. 急性脊髓炎的治疗方案是什么？
2. 髓内病变、髓外硬膜内病变和硬膜外病变的鉴别要点是什么？
3. 脊髓亚急性联合变性的病因和主要临床表现是什么？
4. 脊髓前动脉和脊髓后动脉发生闭塞后的临床特点是什么？
5. 什么是放射性脊髓病？可能的机制有哪些？

参　考　文　献

［1］贾建平.神经病学.7 版.北京：人民卫生出版社,2013.

［2］吴江,贾建平.神经病学.3 版.北京：人民卫生出版社,2015.

［3］吕传真,周良辅.实用神经病学.4 版.上海：上海科学技术出版社,2014.

［4］Johnson RT,Griffin JW,McArthur JC. Current Therapy in Neurologic Disease,7th ed. Philadelphia：Mosby,2006.

［5］RopperAH,Samuels MA. Adams and Victor's Principles of Neurology. 10th ed. New York：McGraw-Hill,2010.

［6］Rowland LP. Pedley TA. Merritt's Neurology. 12th ed. New York：Lippincott Williams & Wilkins,2011.

［7］Rupp R,Blesch A,Schad L,et al. Novel aspects of diagnostics and therapy of spinal cord diseases. Nervenarzt, 2014,85(8)：946-954.

［8］Neutel D,Teodoro T,Coelho M,et al. Spinalcord astrocytoma mimicking multifocal myelitis. J SpinalCord Med, 2014,37(4)：429-431.

［9］Munyon CN,Hart DJ. Vascular disease of the spine. Neurologist,2015,19(5)：121-127.

［10］Naess H,Romi F. Comparing patients with spinalcord infarction and cerebral infarction：clinical characteristics, and short-term outcome. Vasc Health Risk Manag,2011,7：497-502.

［11］Rubin MN,Rabinstein AA. Vascular diseases of the spinal cord. Neurol Clin,2013,31(1)：153-181.

［12］Edward JD. Neurotoxicity of radiation therapy. Neurol Clin,2010,28：217-234.

第十七章　周围神经疾病

概　　述

周围神经(peripheral nerve)是指除嗅、视神经以外的脑神经和脊神经、自主神经及其神经节。周围神经病是由各种病因引起的周围神经系统结构或者功能损害的疾病总称。

周围神经从功能上分为感觉传入和运动传出两部分。前者由脊神经后根、后根神经节、远端感觉神经传入纤维及脑感觉神经组成,后者则由脊髓前角及侧角发出的脊神经前根和远端运动纤维及由脑干运动核发出的脑神经构成,终止于肌纤维。自主神经由交感和副交感神经组成,周围部分包括内脏运动(传出)和内脏感觉(传入)神经,调节内脏、血管、平滑肌及腺体的活动和分泌。

周围神经纤维可分为有髓鞘和无髓鞘两种。有髓神经纤维轴索外包绕的髓鞘由施万细胞(Schwann cell)构成,两段髓鞘之间的无髓鞘部分为每个细胞髓鞘形成的节段性结构称为郎飞结(Ranvier node)。髓鞘起绝缘作用,并使神经冲动在郎飞结间呈跳跃性快速传导。无髓纤维则是数个轴突包裹在一个施万细胞内,没有髓鞘包绕,神经冲动沿着神经纤维表面传导,速度较慢。脑神经和脊神经的运动和深感觉纤维多属有髓神经纤维,而痛温觉和自主神经多为无髓神经纤维。周围神经有神经束膜及神经外膜保护,膜滋养动脉发出丰富的交通支,神经束膜和毛细血管内皮紧密连接使血管内大分子不易渗出毛细血管,构成血-神经屏障。但神经根和神经节处无此屏障,为某些免疫性或中毒性疾病易侵犯此处的原因。

周围神经疾病病因复杂,可能与营养代谢、药物及中毒、血管炎、肿瘤、遗传、外伤或机械压迫等原因相关。它们选择性地损伤周围神经的不同部位,导致相应的临床表现。由于疾病病因、受累范围及病程不同,周围神经疾病的分类标准尚未统一,单一分类方法很难涵盖所有病种。首先可先分为遗传性和获得性,后者按病因又分为营养缺乏和代谢性、中毒性、感染性、免疫相关性、缺血性、副肿瘤性、机械外伤性等;根据其损害的病理改变,可将其分为主质性神经病(病变原发于轴突和神经纤维)和间质性神经病(病变位于包绕神经纤维的神经束膜及神经外膜);按照临床病程,可分为急性、亚急性、慢性、复发性和进行性神经病等;按照累及的神经分布形式分为单神经病、多发性单神经病、多发性神经病等;按照症状分为感觉性、运动性、混合性、自主神经性等种类;按照病变的解剖部位分为神经根病、神经丛病和神经干病。

周围神经疾病有许多特有的症状和体征,感觉障碍主要表现为感觉缺失、感觉异常、疼痛、感觉性共济失调;运动障碍包括运动神经刺激(异常兴奋)和麻痹症状。刺激症状主要表现为肌束震颤、肌纤维颤搐、痛性痉挛等,而肌力减退或丧失、肌萎缩则属于运动神经麻痹症状。另外,周围神经疾病患者常伴有腱反射减弱或消失。自主神经受损常表现为无汗、竖毛障碍及直立性低血压,严重者可出现无泪、无涎、阳痿及膀胱直肠功能障碍等。

病史描述、临床体格检查和必要的辅助检查是诊断周围神经疾病的主要依据。神经传导测定(nerve conduction studies,NCS)和肌电图(electromyogram,EMG)检查对周围神经病的诊断很有价值。周围神经组织活检一般用于临床及其他实验室检查定性困难者,可判断周围神经损伤部位,明确病变性质。周围神经病的治疗首先是病因治疗;其次给予对症支持处理,如给予止痛药物及 B 族维生素等;康复、针灸、理疗、按摩是恢复期的重要措施,有助于预防肌肉挛缩和关节变形。

第一节　脑神经疾病

脑神经共 12 对,视神经和嗅神经为大脑的一部分,余下的 10 对脑神经核团均在脑干内,周围支从脑干发出支配头面部器官。脑神经疾病可出现一个或多个神经受累。

一、三叉神经痛

三叉神经痛(trigeminal neuralgia)是原发性三叉神经痛的简称,表现为三叉神经分布区内短暂的反复发作性剧痛。

【病因】

原发性三叉神经痛病因尚未完全明了,周围学说认为病变位于半月神经节到脑桥间的部分,是由于多种原因引起的压迫所致;中枢学说认为三叉神经痛为一种感觉性癫痫样发作,异常放电部位可能在三叉神经脊束核或脑干。

【发病机制】

发病机制迄今仍在探讨之中。较多学者认为是各种原因引起三叉神经局部脱髓鞘产生异位冲动,相邻轴索纤维伪突触形成或产生短路,轻微痛觉刺激通过短路传入中枢,中枢传出冲动亦通过短路传入,如此叠加造成三叉神经痛发作。

【病理】

三叉神经感觉根切断术活检可见神经节细胞消失、炎症细胞浸润,神经鞘膜不规则增厚、髓鞘瓦解,轴索节段性蜕变、裸露、扭曲、变形等。电镜下尚可见郎飞结附近轴索内集结大量线粒体,后者可能与神经组织受机械性压迫有关。

【临床表现】

成年及老年人多见,40 岁以上患者占 70%~80%,女性多于男性。三叉神经痛常局限于三叉神经 2 或 3 支分布区,以上颌支、下颌支多见。发作时表现为以面颊上下颌及舌部明显的剧烈电击样、针刺样、刀割样或撕裂样疼痛,持续数秒或 1~2 分钟,突发突止,间歇期完全正常。患者口角、鼻翼、颊部或舌部为敏感区,轻触可诱发,称为扳机点或触发点。严重病例可因疼痛出现面肌反射性抽搐,口角牵向患侧即痛性抽搐(tic douloureux)。病程呈周期性,发作可为数日、数周或数月不等,缓解期如常人。随着病程迁延,发作次数逐渐增多,发作时间延长,间歇期缩短,甚至为持续性发作,很少自愈。神经系统体查一般无阳性体征,患者主要表现因恐惧疼痛不敢洗脸、刷牙、进食,面部口腔卫生差、面色憔悴、情绪低落。

【辅助检查】

1. **神经电生理检查**　通过电刺激三叉神经分支并观察眼轮匝肌及咀嚼肌的表面电活动,判断三叉神经的传入及脑干三叉神经中枢路径的功能,主要用于排除继发性三叉神经痛。V1 反射为电刺激三叉神经眼支出现瞬目反射,V2 反射、V3 反射分别为刺激三叉神经上颌支、下颌支出现咬肌抑制反射。

2. **影像学检查**　头颅 MRI 检查可排除器质性病变所致继发性三叉神经痛,如颅底肿瘤、多发性硬化、脑血管畸形等。

【诊断】

典型的原发性三叉神经痛根据疼痛发作部位、性质、面部扳机点及神经系统无阳性体征,不难确诊。

【鉴别诊断】

本病需与以下疾病鉴别:

1. **继发性三叉神经痛**　疼痛为持续性,伴患侧面部感觉减退、角膜反射迟钝等,常合并其他脑神经损害症状。常见于多发性硬化、延髓空洞症、原发性或转移性颅底肿瘤等。

2. **牙痛** 牙痛常为持续性钝痛,局限于牙龈部,可因进食冷、热食物加剧。X线检查可发现龋齿、肿瘤等有助鉴别。

3. **舌咽神经痛** 较少见,常见于年轻妇女。局限于扁桃体、舌根、咽及耳道深部即舌咽神经分布区的阵发性疼痛,性质类似三叉神经痛。吞咽、讲话、呵欠、咳嗽常可诱发。在咽喉、舌根扁桃体窝等触发点用4%可卡因或1%丁卡因喷涂可阻止发作。

【治疗】

首选药物治疗,无效或失效时选用其他疗法。

1. **药物治疗**

(1)卡马西平(carbamazepine):首选治疗药物,有效率可达70%~80%。首次剂量0.1g,2次/日,每日增加0.1g,至疼痛控制为止,最大剂量不超过1.0g/d。以有效剂量维持治疗2~3周后,逐渐减量至最小有效剂量,再服用数月。不良反应可见头晕、嗜睡、口干、恶心、消化不良等,停药后多可消失。出现皮疹、共济失调、再生障碍性贫血、昏迷、肝功能受损、心绞痛、精神症状时需立即停药。孕妇忌用。

(2)苯妥英钠(phenytoin sodium):初始剂量0.1g,口服,3次/日。如无效可加大剂量,最大剂量不超过0.4g/d。如产生头晕、步态不稳、眼球震颤等中毒症状即应减量至中毒反应消失为止。如仍有效,即以此为维持量。疼痛消失后逐渐减量。

(3)加巴喷丁(gabapentin):第一日0.3g,一次口服,此后可根据临床疗效酌情逐渐加量,一般最大剂量为1.8g/d。常见副作用有嗜睡、眩晕、步态不稳,随着药物的继续使用,症状可减轻或消失。孕妇忌用。

(4)普瑞巴林(pregabalin):起始剂量可为每次75mg,每日2次,或每次50mg,每日3次。可在1周内根据疗效及耐受性增加至每次150mg,每日2次。74%的患者疼痛好转。最常见的不良反应有头晕、嗜睡、共济失调,且呈剂量依赖性。如需停用,建议至少用1周时间逐渐减停。

2. **封闭治疗** 服药无效或有明显副作用、拒绝手术治疗或不适于手术治疗者,可试行无水乙醇或甘油封闭三叉神经分支或半月神经节,破坏感觉神经细胞,可达止痛效果。不良反应为注射区面部感觉缺失。

3. **经皮半月神经节射频电凝疗法** X线监视或CT导向下将射频针经皮刺入三叉神经节处。选择性破坏半月神经节后无髓鞘Aδ及C纤维(传导痛、温觉),保留有髓鞘Aα及β粗纤维(传导触觉),疗效达90%以上。适用于年老体衰有系统疾病、不能耐受手术者。约20%应用此疗法的患者出现面部感觉异常、角膜炎、咀嚼肌无力、复视、带状疱疹等并发症。长期随访复发率为21%~28%,重复应用有效。

4. **手术治疗** 可选用三叉神经感觉根部分切断术或伽玛刀治疗,止痛效果确切。另有周围支切除术、三叉神经脊束切断术目前已较少应用。近年来推崇行三叉神经显微血管减压术,止痛同时不产生感觉及运动障碍,是目前广泛应用的最安全有效的手术方法,但可出现听力减退、气栓及滑车、展、面神经暂时性麻痹等并发症。

【预后】

该病预后较好,药物控制不佳时可考虑行封闭、经皮半月神经节射频电凝、三叉神经显微血管减压术等手术治疗,绝大部分患者症状可有效控制。

二、特发性面神经麻痹

特发性面神经麻痹(idiopathic facial palsy)亦称为面神经炎(facial neuritis)或贝尔麻痹(Bell palsy),是因茎乳孔内面神经非特异性炎症所致的周围性面瘫。

【病因】

面神经炎病因未明,目前认为本病与嗜神经病毒感染有关。常在受凉或上呼吸道感染后发病。

【发病机制】

由于骨性面神经管只能容纳面神经通过,所以面神经一旦缺血、水肿必然导致神经受压。病毒感染可导致局部神经的自身免疫反应及营养血管痉挛,神经缺血、水肿出现面肌瘫痪。

【病理】

面神经炎早期病理改变主要为神经水肿和脱髓鞘,严重者可出现轴索变性,以茎乳孔和面神经管内部分尤为显著。

【临床表现】

任何年龄均可发病,多见于20~40岁,男性多于女性。通常急性起病,面神经麻痹在数小时至数天达高峰,主要表现为患侧面部表情肌瘫痪,额纹消失,不能皱额蹙眉,眼裂不能闭合或者闭合不全。部分患者起病前1~2日有患侧耳后持续性疼痛和乳突部压痛。体格检查时,可见患侧闭眼时眼球向外上方转动,露出白色巩膜,称为贝尔征(Bell sign);鼻唇沟变浅,口角下垂,露齿时口角歪向健侧;由于口轮匝肌瘫痪,鼓气、吹口哨漏气,颊肌瘫痪,食物易滞留患侧齿龈;面瘫多见单侧,若为双侧则需考虑是否为吉兰-巴雷综合征(Guillain-Barré syndrome,GBS)等其他疾病。此外,面神经炎还可因面神经受损部位不同而出现其他一些临床表现,如鼓索以上面神经病变可出现同侧舌前2/3味觉消失;镫骨肌神经以上部位受损则同时有舌前2/3味觉消失及听觉过敏;膝状神经节受累时,除有周围性面瘫,舌前2/3味觉消失及听觉过敏外,患者还可有乳突部疼痛,耳廓、外耳道感觉减退和外耳道、鼓膜疱疹,称为Hunt综合征。

【辅助检查】

1. **肌电图检查**　面神经传导测定有助于判断面神经暂时性传导障碍或永久性失神经支配。如早期(起病后7天内)完全面瘫者受累侧诱发的肌电动作电位M波波幅为正常侧的30%或以上者,则在2个月内有可能完全恢复;如病后10天中出现失神经电位,则恢复缓慢。

2. **影像学检查**　不作为该病常规检查项目,但怀疑临床颅内器质性病变时应行头部MRI或CT检查。

【诊断】

本病根据急性起病、临床表现主要为周围性面瘫,无其他神经系统阳性体征,排除颅内器质性病变,即可确诊。

【鉴别诊断】

需注意与以下疾病鉴别:

1. **吉兰-巴雷综合征**　多为双侧周围性面瘫,伴对称性四肢迟缓性瘫和感觉障碍,脑脊液检查有特征性的蛋白-细胞分离。

2. **耳源性面神经麻痹**　中耳炎、迷路炎、乳突炎常并发耳源性面神经麻痹,也可见于腮腺炎、肿瘤和化脓性下颌淋巴结炎等,常有明确的原发病史及特殊症状。

3. **后颅窝肿瘤或脑膜炎**　周围性面瘫起病缓慢,常伴有其他脑神经受损症状及各种原发病的特殊表现。

4. **神经莱姆病**　为单侧或双侧面神经麻痹,常伴发热、皮肤游走性红斑,常可累及其他脑神经。

【治疗】

治疗原则为改善局部血液循环,减轻面神经水肿,缓解神经受压,促进神经功能恢复。

1. **药物治疗**

(1)皮质类固醇(corticosteroids):急性期尽早使用皮质类固醇。常选用泼尼松30~60mg/d,每日一次顿服,连用5天,之后于7天内逐渐停用。

(2)B族维生素:维生素$B_1$100mg,维生素B_{12}500μg,肌内注射,每日1次,促进神经髓鞘恢复。

(3)阿昔洛韦(acyclovir):急性期患者可依据病情联合使用糖皮质激素和抗病毒药物,如Hunt综合征患者可口服阿昔洛韦0.2~0.4g,每日3~5次,连服7~10日。

2. **理疗**　急性期可在茎乳口附近行超短波透热疗法、红外线照射或局部热敷等,有利于改善局部血液循环,减轻神经水肿。

3. **护眼**　患者由于长期不能闭眼瞬目使角膜暴露和干燥,易致感染,可戴眼罩防护,或用左氧氟沙星眼药水等预防感染,保护角膜。

4. **康复治疗**　恢复期可行碘离子透入疗法、针刺或电针治疗等。

【预后】

不完全性面瘫患者 1～2 个月内可能恢复或痊愈,完全性面瘫患者一般需 2～8 个月甚至 1 年时间恢复,且常遗留后遗症。1 周内味觉恢复提示预后良好。年轻患者预后好,老年患者伴乳突疼痛或合并糖尿病、高血压、动脉硬化、心肌梗死等预后较差。

三、面肌痉挛

面肌痉挛(facial spasm)亦称为面肌抽搐,是指一侧面部肌肉间断性不自主阵挛性抽动或无痛性强直。

【病因】

本病病因未明,常由异常动脉或静脉、罕见基底动脉瘤、听神经瘤、脑干梗死或多发性硬化所致。近年来国内外报道大多数面肌痉挛有错行血管压迫面神经根,行显微外科手术减压后可获治愈,提示与三叉神经痛有类似发病基础,少数患者也可为 Bell 麻痹后遗症表现。

【发病机制】

面肌痉挛的发病机制推测为面神经异位兴奋或伪突触传导所致。

【病理】

可见面神经神经纤维因受压所致继发性脱髓鞘改变。

【临床表现】

多中年以后起病,女性较多。发病早期多为眼轮匝肌间歇性抽搐,后逐渐缓慢扩散至一侧面部其他面肌,以口角肌肉抽搐最为明显,严重时可累及同侧颈阔肌。紧张、疲倦、自主运动时抽搐加剧,入睡后停止,两侧面肌均有抽搐者少见。少数患者病程晚期可伴患侧面肌轻度瘫痪。

【辅助检查】

1. **肌电图检查**　肌电图检查可见与单侧扩展反应及眨眼反射等连带运动有关的特征性高频放电,有助于面肌痉挛与其他不自主运动鉴别。

2. **影像学检查**　磁共振断层血管造影(magnetic resonance tomographic angiography,MRTA)显示面神经明显受压。

【诊断】

本病根据病史及面肌阵发性抽动、神经系统无其他阳性体征、肌电图可见肌纤维震颤及肌束震颤波,诊断并不困难。

【鉴别诊断】

需与以下疾病鉴别:

1. **功能性睑痉挛**　常见于中年以上女性患者,常为双侧性,仅局限于眼睑肌的痉挛,无下部面肌抽搐。

2. **习惯性抽动症**　常见于儿童和青壮年,有较为明显的肌肉收缩,多与精神因素有关。

3. **Meige 综合征**　又称睑痉挛-口下颌肌张力障碍综合征,多见于老年女性,主要为双侧睑痉挛,伴口、舌、面肌、下颌、喉及颈肌肌张力障碍。

【治疗】

1. **肉毒素 A(BTX-A)局部注射**　目前治疗面肌痉挛的首选方法,安全有效,简便易行。在痉挛明显部位注射 BTX-A 2.5～5U,每次注射约 50U,3～5 天起效,注射一周后有残存痉挛者可追加注射,疗效可持续 3~6 个月,复发者可做原量或加倍量注射,但每次注射总剂量不应高于 200U。不良反应为短期眼睑下垂、视觉模糊、流涎等,数日可消失。此药可用于多种局限性肌张力障碍的治疗,是近年来神经疾病治疗领域的重大进展之一。

2. 药物治疗　可选用多种镇静药、抗癫痫药,对某些患者可减轻症状。卡马西平 0.6~1.0g/d,2/3 患者有效,还可试用氯硝西泮(clonazepam)、加巴喷丁等。

3. 手术治疗　BTX-A 注射疗效不佳患者,如血管压迫所致面肌痉挛,可采用面神经微血管减压术,周围神经切断术也可能有效。

【预后】

该病预后良好,BTX-A 局部注射对大部分患者都有良好的治疗效果。

四、多发性脑神经损害

多发性脑神经损害是指各种病因所致单侧或双侧多数脑神经病变。常由肿瘤,如鼻咽癌、脑膜瘤等;血管病,如动脉瘤、血管炎等;感染,如局限性硬脑膜炎、鼻窦炎蔓延、蛛网膜炎等;以及外伤如颅底骨折、血肿、出血等引起。临床主要表现为多种脑神经损害综合征。关键在于病因治疗。现将临床常见的多发性脑神经损害综合征总结如表 17-1 所示。

表 17-1　常见的多发性脑神经损害综合征

综合征	病变部位	累及脑神经	常见病因	临床表现
海绵窦综合征 (Foix I syndrome)	海绵窦	III、IV、VI、V 第 1 支,病变偏后者可有 V 的第 2、3 支受累	海绵窦血栓性静脉炎;颈内动脉海绵窦瘘;海绵窦内动脉瘤;海绵窦内或邻近部位肿瘤	III、IV、VI 受损致患侧上睑下垂,瞳孔散大,眼球运动障碍,复视;V 受损致分布区感觉障碍,角膜反射消失,眼结膜充血水肿
眶上裂综合征 (Rochon-Duvigneaud syndrome)	眶上裂附近	III、IV、VI、V 第 1 支	肿瘤如鼻咽癌、垂体瘤等;血管性病变如动脉瘤、血管炎;感染如局限性硬脑膜炎、眶上部骨膜炎等;蝶骨小翼附近骨折、出血、血肿等	III、IV、VI 受损出现全眼肌麻痹,外展麻痹出现早;三叉神经区域感觉障碍;角膜反射迟钝或消失;可出现同侧 Horner 综合征
眶尖综合征 (Rollet syndrome)	眶尖区域	II、III、IV、VI、V 第 1 支	眶尖部位及附近区域肿瘤、血管病、外伤、感染	III、IV、VI 受损出现眼球活动受限,复视,上睑下垂;三叉神经支配区域感觉过敏、减退;视神经受损致视力下降,视神经萎缩,周边视野缺损
岩尖综合征 (Gradenigo syndrome)	颞骨岩部尖端	V、VI	颞骨岩部炎症以急性中耳炎最常见;肿瘤如表皮样瘤、脑膜瘤等;外伤、骨折及出血	患侧展神经麻痹致内斜视和复视;患侧三叉神经眼支支配区疼痛、畏光、角膜感觉减退
桥小脑脚综合征 (Cushing I syndrome)	脑桥小脑脚	V、VII、VIII,有时伴 VI、IX、X	肿瘤以听神经鞘瘤最为常见,其次为脑膜瘤、上皮样囊肿等;蛛网膜炎、血管畸形	同侧进行性神经性耳聋伴前庭功能受损;面部感觉减退、疼痛,角膜反射减退或消失;同侧眼内斜,轻度周围性面瘫;同侧小脑性共济失调;可有颅高压表现;后组脑神经麻痹症状

续表

综合征	病变部位	累及脑神经	常见病因	临床表现
迷走-舌下神经综合征(Tapia syndrome)	颅外咽旁间隙、延髓	X、XII	颅骨骨折、寰椎脱位、颈动脉瘤、肿瘤等	舌下神经损害患侧舌肌无力伴萎缩;迷走神经损害致发音、吞咽困难;可合并同侧 Horner 综合征
迷走-副-舌下神经综合征（Jackson syndrome）	延髓下部或颈静脉孔附近	X、XI、XII	原发性和转移性肿瘤、颅底骨折、后咽腔脓肿、脑底动脉瘤、颈静脉孔神经鞘瘤等	迷走神经损害致发音、吞咽困难,可出现心动过速;患侧胸锁乳突肌和斜方肌全部或部分瘫痪;患侧舌肌无力伴萎缩
一侧颅底综合征（Guillain-Garcin syndrome）	一侧颅底弥漫性病变	I ~ XII	肿瘤最常见,其他可见颅底骨折、血肿、脑干脑炎、颅底脑膜炎等	广泛一侧脑神经损害（I ~ XII）,一般无脑实质性损害症状;颅骨平片可见颅底广泛性骨质破坏
枕髁-颈静脉孔综合征（Collet-Sicard syndrome）	颈静脉孔和枕骨髁周围	IX、X、XI、XII	肿瘤如上咽部肿瘤、网状细胞肉瘤、恶性淋巴瘤等;外伤;血管病变如动脉瘤、颈静脉炎;感染等	舌咽、迷走神经损害致发音、吞咽困难;副神经损害致胸锁乳突肌和斜方肌无力;舌下神经受损致舌肌无力、萎缩,伸舌偏患侧
腮腺后间隙综合征（Villaret syndrome）	颅外咽后区	IX、X、XI、XII,颈交感神经干	肿瘤如腮腺瘤、鼻咽部肿瘤及转移瘤;外伤;感染如咽部脓肿;颅底颈内动脉瘤	患侧舌后 1/3 味觉消失,软腭、咽喉部感觉缺失和声带、软腭麻痹;胸锁乳突肌和斜方肌麻痹与萎缩,舌肌麻痹及萎缩;可有 Horner 征
颈静脉孔综合征（Vernet syndrome）	颈静脉孔附近	IX、X、XI	肿瘤、外伤、感染、血管性病变	舌咽、迷走神经损害致患侧软腭、咽喉部感觉障碍,舌后 1/3 味觉缺失,声带及软腭麻痹,患侧咽反射消失;副神经受损致患侧胸锁乳突肌和斜方肌麻痹与萎缩
舌枕大孔区综合征	枕大孔区	IX、X、XI、XII	肿瘤如脑膜瘤、神经鞘瘤;颅底凹陷症,寰椎枕化,先天性畸形等	吞咽、发音困难;斜颈,舌肌萎缩,可伴颈神经根受损及脑膜刺激征,可有颈髓及延髓损害,小脑损害等

第二节　脊神经疾病

一、单神经病及神经痛

单神经病(mononeuropathy)是指单一神经受损产生与该神经支配范围一致的运动、感觉功能缺失症状及体征。神经痛(neuralgia)是受损神经分布区疼痛。病因包括创伤、缺血、肿瘤浸润、物理损伤、全身代谢性疾病(如糖尿病)或中毒(乙醇、铅)等。

临床表现取决于受累神经,共同特征为受累神经分布区感觉、运动及自主神经功能障碍,伴腱反射减弱或消失。肌电图和神经传导测定有助于诊断。神经损伤2～3周后EMG出现神经源性损害改变,如大量纤颤电位及正锐波,出现肌肉大力收缩时运动单位明显减少等。同时神经传导速度可出现不同程度的减慢,动作电位波幅不同程度的减低或消失。监测神经传导速度对定位、判断神经损伤程度和估计预后有重要意义。

(一) 桡神经麻痹

桡神经(radial nerve)发自臂丛后束,由 C_5 ～ T_1 的神经根纤维组成,其运动支支配肱三头肌、旋后肌、肘肌、肱桡肌、桡侧腕长、短伸肌、尺侧腕伸肌、指总伸肌、示指和小指固有伸肌、拇长展肌和拇长、短伸肌,主要功能是伸肘、伸腕及伸指;感觉支分布于上臂、前臂背侧及手背、手指近端背面桡侧半。

【病因】

桡神经是臂丛神经中最易受损伤的一支,病因甚多。腋部或上肢受压、感染、肩关节脱臼、肱桡骨骨折、上肢贯通伤、铅和乙醇中毒、手术时上臂长时间过度外展或新生儿脐带绕上臂均可造成桡神经受损。

【临床表现】

桡神经麻痹(radial paralysis)主要表现为腕下垂,这是由于伸肌瘫痪,不能伸腕和伸指所致,前臂不能旋后。根据损伤部位不同临床表现各异。

1. **高位损伤(腋部)**　在腋下桡神经发出肱三头肌分支以上部位受损,产生完全性桡神经麻痹,上肢各伸肌完全瘫痪,肘、腕、掌指关节均不能伸直,前臂伸直位旋后不能,手通常处于旋前位。

2. **肱骨中1/3损伤**　发出肱三头肌分支以下部位损伤,肱三头肌功能正常,余诸伸肌瘫痪。

3. **肱骨下端或前臂上1/3损伤**　肱三头肌、肱桡肌、旋后肌和伸腕肌功能保存。

4. **前臂中1/3以下损伤**　仅有伸指功能丧失而无腕下垂。

因邻近神经重叠,桡神经麻痹的感觉障碍仅限于手背拇指和第一、二掌骨间隙背侧的"虎口区"皮肤(图17-1)。

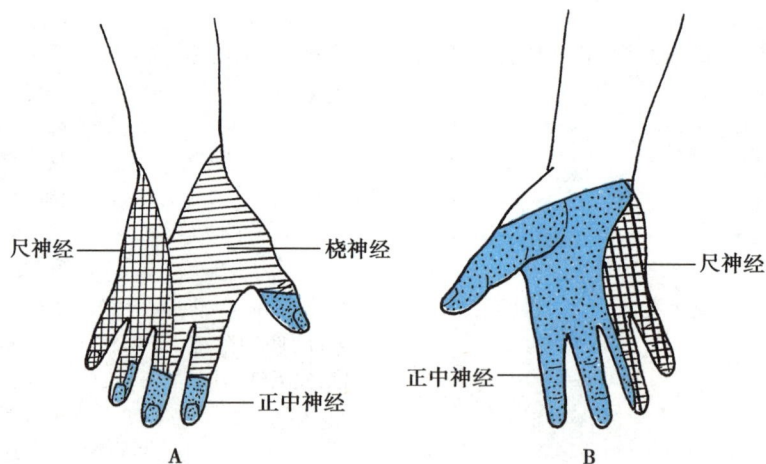

图17-1　桡神经、正中神经及尺神经损害的感觉障碍分布
A. 桡、正中及尺神经损伤时的感觉障碍(手背面);B. 桡、正中及尺神经损伤时的感觉障碍(手掌面)

【诊断】

根据肘、腕、指不能伸直,拇指伸直外展不能,伴手背桡侧及拇、示指背侧近端感觉减退,临床诊断不难。

【治疗】

除病因治疗外还可辅以营养神经治疗。桡神经有良好的再生能力,治疗后功能恢复较其他上肢神经为佳。

（二）正中神经麻痹

正中神经（medial nerve）发自臂内侧束及外侧束,由 $C_6 \sim T_1$ 神经根纤维组成,支配包括旋前圆肌、桡侧腕屈肌、各指屈肌、拇对掌肌、拇短屈肌等几乎前臂所有屈肌及大鱼际肌。主要功能为支配前臂旋前、屈腕、屈指。正中神经的感觉支分布于手掌桡侧半,桡侧半 3 个半手指掌面及其中节和远节指背皮肤。

【病因】

继发于肩、肘关节脱位者多为牵拉伤。如为肱骨髁上骨折与月骨脱位,常合并正中神经挫伤或挤压伤。由于正中神经整个行程中以腕部位置最为表浅,易被锐器戳伤或利器切割伤,并常伴屈肌腱受损。

【临床表现】

运动障碍主要表现为握力及前臂旋前功能受损。上臂受损致完全性正中神经麻痹,表现为前臂旋前不能,腕外展屈曲不能,拇、示、中指不能屈曲,握拳无力,拇指不能对掌、外展及屈曲;肌肉萎缩尤以大鱼际肌明显,手掌扁平;拇指内收呈"猿手"畸形。前臂中 1/3 或下 1/3 损伤时,运动障碍仅限于拇指外展、屈曲及对掌等。

感觉障碍表现为手掌桡侧半,拇指、中指及示指掌面,无名指桡侧半掌面,示、中指末节和无名指末节桡侧半背面感觉减退或消失,常合并灼性神经痛（图 17-1）。

正中神经损伤常见于腕管综合征（carpal tunnel syndrome, CTS）。腕管是由 8 块腕骨及其上方腕横韧带共同组成的骨性纤维隧道,其间有正中神经与 9 条肌腱通过。各种内科疾病致腕管内容物水肿、静脉淤滞,手腕部反复用力或创伤等原因致正中神经在腕管内受压,出现桡侧 3 指感觉异常、麻木、疼痛及大鱼际肌萎缩称为腕管综合征。

【诊断】

根据正中神经支配区运动、感觉障碍,并且神经电生理检测提示正中神经损伤,可诊断本病。

【治疗】

腕管综合征的治疗包括腕关节制动,局部理疗,服用吲哚美辛、布洛芬等非甾体抗炎药,亦可在腕管内注射泼尼松龙 0.5ml 加 2% 的普鲁卡因 0.5ml,每周 1 次,4 ~ 6 次为一个疗程。若 2 次以上无效,肌电图示鱼际肌失神经支配可切开腕横韧带松解神经。

（三）尺神经麻痹

尺神经（ulnar nerve）发自臂内侧束,由 $C_8 \sim T_1$ 神经根纤维组成,支配尺侧腕屈肌、指深屈肌尺侧半、小鱼际肌、骨间肌、蚓状肌、拇收肌、小指对掌屈肌等。主要功能为屈腕使手向尺侧倾斜,小指外展、对掌及屈曲等。感觉支主要分布于腕以下手尺侧及小指、无名指尺侧半皮肤。

【病因】

尺神经损伤常见于外伤、压迫、炎症、骨折、麻风等,亦见于拄拐姿势不当、肱骨内上髁发育异常及肘外翻畸形。尺神经在肘部肱骨内上髁后方及尺骨鹰嘴处神经走行表浅,是嵌压等损伤常见部位。

【临床表现】

运动障碍典型表现为手部小肌肉萎缩、无力,手指精细动作减退或不能。尺侧腕屈肌麻痹,桡侧腕屈肌拮抗致手偏向桡侧;拇收肌麻痹、拇展肌拮抗致拇指维持外展位;屈肌减退、伸肌过度收缩使掌指关节过伸,末指节屈曲呈"爪形手",伴小鱼际肌及骨间肌萎缩。前臂尺神经中 1/3 和下 1/3 受损伤时仅见手部小肌肉麻痹。感觉障碍主要表现为手背尺侧、小鱼际肌、小指和无名指尺侧半感觉减退或消失（图 17-1）。

【诊断】

根据腕、肘外伤史,尺神经支配范围典型运动、感觉障碍,辅以肌电图检测,可作出诊断。

【治疗】

主要针对病因治疗,也可使用神经营养药及类固醇类药物,辅以理疗,加强功能锻炼。

(四) 腓总神经麻痹

腓总神经(common peroneal nerve)起自 $L_4 \sim S_1$ 神经根,为坐骨神经的主要分支,司足背屈、外展、内收及伸趾等。腓总神经于大腿下 1/3 处由坐骨神经分出,绕腓骨小头外侧分出腓肠肌外侧皮神经支配小腿外侧面感觉,内侧支分出腓浅神经及腓深神经,前者发出肌支支配腓骨长肌及腓骨短肌,皮支分布于小腿外侧、足背和第 2~5 趾背皮肤,后者支配胫骨前肌、长伸肌、短伸肌及趾短伸肌,并分出皮支到第 1、2 趾相对缘皮肤。

【病因】

腓总神经绕行腓骨颈处最易受损,常见外伤、压迫,如外科手术、睡眠中压迫及腓骨头骨折、长期习惯盘腿坐等,糖尿病、铅中毒及滑囊炎等也可致腓总神经麻痹。

【临床表现】

腓总神经麻痹表现为足、足趾背屈不能,足下垂,走路呈跨阈步态,小腿前外侧及足背部感觉障碍。

【诊断及治疗】

根据病史、详细神经系统检查辅以神经电生理资料进行诊断。注意与坐骨神经病变等鉴别。除进行病因治疗外,可加用神经营养剂及局部理疗等。

(五) 胫神经麻痹

胫神经(tibial nerve)发自 $L_4 \sim S_2$ 神经根,在腘窝上角由坐骨神经分出后,于小腿后方直线下行,支配腓肠肌、比目鱼肌、胫骨后肌、趾长屈肌及足的全部短肌。主要功能为屈膝、足跖屈、内翻及足趾跖屈等。

【临床表现】

胫神经受损,足、足趾跖屈不能,屈膝及足内收受限,跟腱反射减弱或消失。足外翻外展,骨间肌瘫痪致足趾爪形姿势,行走时足跟着地。小腿后面、足底、足外侧缘感觉障碍,偶有足趾、足心疼痛、烧灼感等感觉异常。

【诊断及治疗】

诊断主要根据病史、临床表现及神经电生理检查。除对病因治疗外,急性期可用皮质类固醇、神经营养药、B 族维生素、神经生长因子等,也可采用针灸、理疗及药物离子透入等。肢体畸形明显且保守治疗无效可行手术矫正。

(六) 枕神经痛

枕神经痛(occipital neuralgia)是枕大、枕小、耳大神经分布区疼痛的总称。三对神经来自 C_2、C_3,分布于枕部。

【病因】

枕神经痛常见病因有颈椎病、颈椎结核、外伤、脊髓肿瘤、骨关节炎、颈枕部肌炎、硬脊膜炎和转移瘤等,多为继发性神经损害,也可由呼吸道感染或扁桃体炎引起或病因未明。

【临床表现】

临床表现多为起源于枕部的一侧性持续性钝痛,向头顶(枕大神经)、乳突部(枕小神经)或外耳(耳大神经)放射,可阵发性加剧,头颈活动、咳嗽时加重,常伴颈肌痉挛。检查枕外隆突下常有压痛,枕神经分布区常有感觉减退或过敏。

【治疗】

首先是病因治疗,也可用止痛、镇静及神经营养药,局部封闭,理疗等对症治疗,效果不佳可手术治疗。

（七）臂丛神经痛

臂丛由 $C_5 \sim T_1$ 脊神经前支组成,主要支配上肢运动及感觉,受损时常产生神经支配区疼痛,故称为"臂丛神经痛"(brachial neuralgia)。

【病因】

臂丛神经痛通常分为特发性和继发性两类,以后者多见。特发性臂丛神经痛病因未明,可能是一种变态反应性疾病,与病毒感染、疫苗接种、分娩、外科手术等有关。继发性臂丛神经痛多由臂丛邻近组织病变压迫所致,分为根性臂丛神经痛和干性臂丛神经痛,前者常见病因有颈椎病、颈椎结核、骨折、脱位、颈髓肿瘤等,后者常由胸廓出口综合征、外伤、锁骨骨折、肺上沟瘤、转移性癌肿等引起。

【临床表现】

特发性臂丛神经痛多见于成年人,急性或亚急性起病,病前或发病早期可有发热、乏力、肌肉酸痛等全身症状,继之出现肩、上肢疼痛,数日内出现上肢肌无力,腱反射改变和感觉障碍。继发性臂丛神经痛表现为肩、上肢出现不同程度的针刺、烧灼或酸胀感,始于肩、颈部,向同侧上肢扩散,持续性或阵发性加剧,夜间或上肢活动时明显,臂丛分布区运动、感觉障碍,局限性肌萎缩,腱反射减弱或消失,颈椎病是引起继发性臂丛神经痛最常见的原因。病程长者可有自主神经功能障碍。臂丛神经牵拉试验和直臂抬高试验多呈阳性。

【诊断及鉴别诊断】

主要根据临床表现,肌电图、神经传导测定等神经电生理检查可做出临床诊断,但需注意与肩关节炎、肩关节周围炎鉴别。后者疼痛一般局限于肩部或上臂,疼痛不放散,颈部活动疼痛不加重。查体肩关节活动受限,关节肌肉有压痛,无神经受损体征。颈椎、肩关节 X 线片、CT 可鉴别诊断。

【治疗】

病因治疗为首选,其次可辅以非甾体抗炎药如布洛芬、对乙酰氨基酚等。为减轻神经水肿和止痛可用 2% 普鲁卡因与泼尼松龙痛点局部封闭。根据情况可试用局部理疗、针灸、颈椎牵引等综合治疗。

（八）肋间神经痛

肋间神经痛(intercostal neuralgia)指肋间神经支配区的疼痛综合征。

【病因】

原发性罕见,多为继发性肋间神经痛,常由带状疱疹、胸膜炎、肺炎、胸椎或肋骨外伤、肿瘤等引起。

【临床表现】

疼痛沿一个或几个肋间分布,呈持续性刺痛、灼痛,呼吸、咳嗽、喷嚏时加重。查体可发现相应肋间皮肤区感觉过敏和肋骨缘压痛。带状疱疹性肋间神经痛在相应肋间可见疱疹,疼痛出现于疱疹前,疱疹消失后疼痛可持续一段时间。

【治疗】

肋间神经痛治疗主要是病因治疗如切除肿瘤、抗感染、抗病毒等,对症治疗可用止痛、镇静剂、B族维生素、局部封闭、理疗等。

（九）股外侧皮神经炎

股外侧皮神经病(lateral femoral cutaneous neuropathy)也称为感觉异常性股痛(meralgia paresthetica),是临床最常见的皮神经炎,是由于股外侧皮神经损伤所致。股外侧皮神经是纯感觉神经,发自腰丛,由 L_2、L_3 神经根前支组成,穿过腹股沟韧带下方,分布于股前外侧皮肤。

【病因】

股外侧皮神经受损主要见于局部受压、腹膜后肿瘤、腹部肿瘤、妊娠子宫压迫等。其他病因包括肥胖、外伤、酒精及药物中毒等。糖尿病单神经病易累及该神经。

【临床表现】

常见于男性,多为一侧受累,表现为大腿前外侧下 2/3 区感觉异常如麻木、疼痛、蚁走感等,久站或步行较久后症状加剧。查体可有大腿外侧感觉过敏、减退或消失,无肌萎缩和肌无力,呈慢性病程,可反复发作,预后良好。

【治疗】

首选病因治疗,如治疗糖尿病、动脉硬化、中毒等,肥胖者减肥,嗜酒者戒酒。疼痛严重者可口服止痛镇静剂或卡马西平等,大剂量 B 族维生素或 2% 普鲁卡因局部封闭可能有效。疼痛严重,保守治疗无效者可考虑行阔筋膜或腹股沟韧带切开术松解神经压迫。

（十）坐骨神经痛

坐骨神经痛(sciatica)是指沿坐骨神经通路及其分支区内的疼痛综合征。坐骨神经发自骶丛,由 $L_4 \sim S_3$ 神经根组成,是全身最长最粗的神经,经梨状肌下孔出骨盆后分布于整个下肢。

【病因】

原发性坐骨神经痛临床少见,又称坐骨神经炎,病因未明。可能与受凉、感冒,牙、鼻窦、扁桃体感染侵犯周围神经外膜致间质性神经炎有关,常伴有肌炎或纤维组织炎。

继发性坐骨神经痛临床上常见,是坐骨神经通路受周围组织或病变压迫或刺激所致,少数继发于全身疾病如糖尿病、痛风、结缔组织病等,根据受损部位可分为根性和干性坐骨神经痛。根性坐骨神经痛较干性坐骨神经痛多见,常由椎管内疾病(脊髓、马尾炎症,腰骶及椎管内肿瘤、外伤、血管畸形等)及脊柱疾病(腰椎间盘突出、腰椎脊柱炎、椎管狭窄、腰椎骨关节病、脊柱结核、肿瘤等)引起。其中以腰椎间盘突出引起者最为多见。干性坐骨神经痛常由骶髂关节病、髋关节炎、腰大肌脓肿、盆腔肿瘤、子宫附件炎、妊娠子宫压迫、臀肌注射部位不当所致。

【临床表现】

青壮年多见,单侧居多。疼痛主要沿坐骨神经径路由腰部、臀部向股后、小腿后外侧和足外侧放射。疼痛常为持续性钝痛,阵发性加剧,也可为电击、刀割或烧灼样疼痛,行走和牵拉坐骨神经时疼痛明显。根性痛在咳嗽、喷嚏、用力时加剧。为减轻活动时诱发的疼痛或疼痛加剧,患者将患肢微屈并卧向健侧,仰卧起立时先患侧膝关节弯曲,坐下时健侧臀部先着力,直立时脊柱向患侧侧凸等。查体可发现直腿抬高试验(Lasegue 征)阳性,患者仰卧,下肢伸直,检查者将患肢抬高,如在 70° 范围内患者感疼痛即为阳性,系腘旁肌反射性痉挛所致;患侧小腿外侧和足背可出现感觉障碍;踝反射减弱或消失;L_4、L_5 棘突旁、骶髂旁、腓肠肌处等有压痛点。腰骶部、骶髂、髋关节 X 线片对发现骨折、脱位、先天性脊柱畸形有帮助,CT、MRI、椎管造影有助于脊柱、椎管内疾病的诊断,B 超可发现盆腔相关疾病,肌电图及神经传导测定对判断坐骨神经损害部位、程度及预后有意义。

【诊断及鉴别诊断】

根据病史、临床症状、体征如疼痛分布范围、加剧及减轻诱因、压痛点、Lasegue 征、踝反射减弱及影像学检查,可诊断本病。应注意与以下疾病鉴别:

1. **急性腰肌扭伤**　有外伤史,腰部局部疼痛明显,无放射痛,压痛点在腰部两侧。

2. **腰肌劳损、臀部纤维组织炎、髋关节炎**　也有下背部、臀部及下肢疼痛,但疼痛、压痛局限不扩散,无感觉障碍、肌力减退等,踝反射一般正常。可行 X 线片或 CT、MRI 检查鉴别。

【治疗】

1. **病因治疗**　不同病因采取不同治疗方案,如腰椎间盘突出者急性期睡硬板床,休息 1 ~ 2 周大多症状稳定。

2. **药物治疗**　疼痛明显可用止痛剂如吲哚美辛、布洛芬、卡马西平等。肌肉痉挛可用地西泮 5 ~ 10mg 口服,3 次/日。也可加用神经营养剂,如维生素 B_1,每次 100mg,1 次/日,肌内注射。

3. **封闭疗法**　也可用 1% ~ 2% 普鲁卡因或加泼尼松龙各 1ml 椎旁封闭。

4. **物理疗法**　急性期可选用超短波、红外线照射,疼痛减轻后可用感应电、碘离子透入及热疗等,也可应用针灸、按摩等。

5. **手术治疗**　疗效不佳或慢性复发病例可考虑手术治疗。

（十一）股神经痛

股神经（femoral nerve）由 L_{2-4} 神经根前支组成,是腰丛中最长的分支。股神经痛（femoral neuralgia）也称为 Wassermann 征。

【病因】

常见病因包括骨盆股骨骨折、枪伤、刺割伤以及中毒、糖尿病、传染病、盆腔肿瘤、脓肿、静脉曲张和股动脉瘤等。

【临床表现】

股神经损伤主要表现为下肢无力,尽量避免屈膝的特殊步态,行走时步伐细小,先伸出健脚,再病脚拖曳前行,奔跑跳跃不能;皮支损伤有分布区剧烈神经痛及痛觉过敏,大腿前内和小腿内侧痛觉减退或消失;膝反射减弱或消失;可伴水肿、青紫等营养性改变。

【治疗】

1. **病因治疗**　股神经离断需行神经缝合,瘢痕压迫应作神经松解术,盆腔肿瘤或股动脉瘤应手术切除。

2. **药物治疗**　皮质类固醇可消除神经局部水肿、粘连,利于外伤恢复。使用索米痛片、阿司匹林、布洛芬有明显止痛作用。神经营养药包括维生素 B_1、维生素 B_6、维生素 B_{12} 和神经生长因子等。

3. **股神经封闭**　疼痛剧烈难以忍受者可用 2% 普鲁卡因加山莨菪碱、维生素 B_1 或无水乙醇行股神经封闭,止痛效果好。针灸、理疗、穴位封闭利于解除粘连,促神经再生等。

二、多发性神经病

多发性神经病（polyneuropathy）是肢体远端受累为主的多发性神经损害。临床表现为四肢相对对称性运动感觉障碍和自主神经功能障碍。

【病因】

病因众多,常见于药物、化学品、重金属、酒精中毒、代谢障碍性疾病、副肿瘤综合征等。

1. **中毒**　异烟肼、呋喃类药物、苯妥英钠、有机磷农药、重金属等。

2. **营养障碍**　B 族维生素缺乏、慢性酒精中毒、慢性胃肠道疾病或手术后等。

3. **代谢障碍**　卟啉病、糖尿病、尿毒症、淀粉样变性、痛风、黏液性水肿、肢端肥大症、恶病质等。

4. **感染或炎症性**　急性或慢性炎症性脱髓鞘性多发性神经病、血清或疫苗接种后。

5. **自身免疫疾病**　红斑狼疮、结节病、结节性多动脉炎及类风湿性关节炎等结缔组织病。

6. **其他**　癌性远端轴突病、癌性感觉神经元病、亚急性感觉神经元病、POEMS 综合征等肿瘤相关疾病。

【发病机制】

依据病因不同,发病机制各异,不具特异性。

【病理】

病理改变主要为周围神经轴索变性、节段性脱髓鞘及神经元变性等。

【临床表现】

多发性周围神经病变时,通常有肢体远端对称性感觉、运动和自主神经功能障碍。受累肢体远端早期可出现感觉异常如针刺、蚁走、烧灼、触痛和感觉过度等刺激性症状。随病程进展,渐出现肢体远端对称性深浅感觉减退或缺失,呈手套-袜套样分布。肢体呈下运动神经元性瘫痪,远端对称性肌无力,可伴肌萎缩、肌束颤动等。肌萎缩上肢以骨间肌、蚓状肌、大小鱼际肌明显,下肢以胫前肌、腓骨肌显著,可出现垂腕、垂足,晚期肌肉挛缩明显可出现畸形。四肢腱反射减弱或消失,通常为疾病早期表现。

自主神经功能障碍表现为肢体末端皮肤菲薄、干燥、苍白、变冷、发绀,多汗或无汗,指(趾)甲粗糙、松脆,竖毛障碍,高血压及体位性低血压等。

上述症状通常同时出现,呈四肢对称性分布,由远端向近端扩展。

实验室脑脊液检查在不同疾病有所不同,部分疾病可有脑脊液蛋白含量升高。肌电图为神经源性损害,神经传导速度可有不同程度的减低。神经活检可见周围神经节段性髓鞘脱失或轴突变性。

【辅助检查】

肌电图可见神经源性改变,可出现传导速度减慢或波幅降低等改变,必要时可行神经组织活检。因病因众多,还应依据病史及临床表现针对性进行辅助检查,如考虑肿瘤相关疾病可完善血清肿瘤标记物、副肿瘤综合征抗体及头部、胸腹部影像学检查等,考虑自身免疫性疾病应完善风湿免疫、狼疮、ANA 抗体谱检测等,考虑 B 族维生素缺乏应完善血清维生素水平测定等。

【诊断】

诊断主要依据肢体远端手套-袜套样分布的对称性感觉障碍,末端明显的弛缓性瘫痪,自主神经功能障碍,肌电图和神经传导测定有助于诊断,必要时可行神经组织活检。神经传导测定可有助于早期诊断亚临床病例。

【鉴别诊断】

主要与以下疾病鉴别。

1. **急性脊髓炎**　截瘫或四肢瘫痪,大小便障碍,传导束性感觉障碍及锥体束征,MRI 可见脊髓病灶。

2. **急性脊髓灰质炎**　儿童多见,瘫痪有不对称性节段性特点,弛缓性瘫痪,无感觉障碍。

3. **周期性麻痹**　反复发作性四肢无力,弛缓性瘫痪,发作时血钾显著降低,补钾后恢复正常。

【治疗】

1. **病因治疗**　糖尿病性多发性神经病者应注意控制血糖,延缓病情进展;药物所致者需立即停药;重金属及化学品中毒应立即脱离中毒环境,及时应用解毒剂及补液、利尿、通便以尽快排出毒物;尿毒症性多发性神经病可行血液透析或肾移植;营养缺乏代谢障碍性多发性神经病患者应积极治疗原发病;乙醇中毒者需戒酒。

2. **一般治疗**　可补充 B 族维生素及其他神经营养药如辅酶 A、ATP 等。疼痛明显者可用各种止痛剂,严重者可用卡马西平或苯妥英钠。急性期患者应卧床休息,加强营养,对重症患者加强护理,瘫痪患者勤翻身,瘫痪肢体应使用夹板或支架维持功能位,防关节挛缩、畸形。恢复期可使用针灸、理疗及康复训练。

【预后】

预后依据病因及病程长短存在差异,如早期的中毒、B 族维生素缺乏、感染所致周围神经损伤,去除病因后神经功能可部分或全部恢复,恶性肿瘤相关疾病或病程较长的自身免疫性、遗传、代谢疾病则可出现不可逆的神经功能缺失。

三、吉兰-巴雷综合征

吉兰-巴雷综合征(Guillain-Barrés syndrome,GBS)是一种自身免疫介导的周围神经病,主要损害多数脊神经根和周围神经,也常累及脑神经。临床特点为急性起病,症状多在 2 周左右达到高峰,表现为多发神经根及周围神经损害,常有脑脊液蛋白-细胞分离现象,多呈单时相自限性病程,静脉注射免疫球蛋白(intravenous immunoglobulin,IVIG)和血浆置换(plasma exchange,PE)治疗有效。该病包括急性炎性脱髓鞘性多发神经根神经病(acute inflammatory demyelinating polyneuropathies,AIDP)、急性运动轴索性神经病(acute motor axonal neuropathy,AMAN)、急性运动感觉轴索性神经病(acute motor-sensory axonal neuropathy,AMSAN)、Miller-Fisher 综合征(Miller-Fisher syndrome,MFS)、急性泛自主神经病(acute panautonomic neuropathy,APN)和急性感觉神经病(acute sensory neuropathy,ASN)等亚型。

【病因】

GBS确切病因未明。临床及流行病学资料显示部分患者发病可能与空肠弯曲菌(campylobacter jejuni,CJ)感染有关。以腹泻为前驱症状的GBS患者CJ感染率高达85%,常引起急性运动轴索性神经病。CJ是革兰阴性微需氧弯曲菌,有多种血清型,患者常在腹泻停止后发病。此外,GBS还可能与巨细胞病毒、EB病毒、水痘-带状疱疹病毒、肺炎支原体、乙型肝炎病毒、HIV感染相关。较多报告指出白血病、淋巴瘤、器官移植后使用免疫抑制剂或患者有系统性红斑狼疮、桥本甲状腺炎等自身免疫病常合并GBS。

【发病机制】

分子模拟(molecular mimicry)是目前认为可能导致GBS发病的最主要的机制之一。此学说认为病原体某些组分与周围神经某些成分的结构相同,机体免疫系统发生识别错误,自身免疫性细胞和自身抗体对正常的周围神经组分进行免疫攻击,致周围神经脱髓鞘。不同类型GBS可识别不同部位的神经组织靶位,临床表现也不尽相同。

【病理】

主要病理改变为周围神经组织小血管周围淋巴细胞、巨噬细胞浸润,神经纤维脱髓鞘,严重病例可继发轴突变性。

【分型和诊断】

1. AIDP 是GBS中最常见的类型,也称经典型GBS,主要病变为多发神经根和周围神经节段性脱髓鞘。

(1)临床表现

1)任何年龄、任何季节均可发病。

2)病前1~3周常有呼吸道或胃肠道感染症状或疫苗接种史。

3)急性起病,病情多在2周左右达到高峰。

4)首发症状多为肢体对称性迟缓性肌无力,自远端渐向近端发展或自近端向远端加重,常由双下肢开始逐渐累及躯干肌、脑神经。多于数日至2周达高峰。严重病例可累及肋间肌和膈肌致呼吸麻痹。四肢腱反射常减弱,10%的患者表现为腱反射正常或活跃。

5)发病时患者多有肢体感觉异常如烧灼感、麻木、刺痛和不适感等,可先于或与运动症状同时出现。感觉缺失相对轻,呈手套-袜套样分布。少数患者肌肉可有压痛,尤其以腓肠肌压痛较常见,偶有出现Kernig征和Lasegue征等神经根刺激症状。

6)脑神经受累以双侧面神经麻痹最常见,其次为舌咽、迷走神经,动眼、展、舌下、三叉神经瘫痪较少见,部分患者以脑神经损害为首发症状就诊。

7)部分患者有自主神经功能障碍,表现为皮肤潮红、出汗增多、心动过速、心律失常、体位性低血压、手足肿胀及营养障碍、尿便障碍等。

8)多为单相病程,病程中可有短暂波动。

(2)辅助检查

1)脑脊液检查:①脑脊液蛋白-细胞分离是GBS的特征之一,多数患者在发病数天内蛋白含量正常,2~4周内蛋白不同程度升高,但较少超过1.0g/L;糖和氯化物正常;白细胞计数一般<$10×10^6$/L;②部分患者脑脊液出现寡克隆区带(oligoclonal bands,OB),但并非特征性改变;③部分患者脑脊液抗神经节苷脂抗体阳性。

2)血清学检查:部分患者血抗神经节苷脂抗体阳性,阳性率高于脑脊液。

3)部分患者粪便中可分离和培养出空肠弯曲菌,但目前国内不作为常规检测。

4)神经电生理:运动神经传导测定可见远端潜伏期延长、传导速度减慢,F波可见传导速度减慢或出现率下降,提示周围神经存在脱髓鞘性病变,在非嵌压部位出现传导阻滞或异常波形离散对诊断脱髓鞘病变更有价值。

5）腓肠神经活检：可作为 GBS 辅助诊断方法，但不作为必需的检查。活检可见有髓纤维脱髓鞘，部分出现吞噬细胞浸润，小血管周围可有炎症细胞浸润。

（3）诊断标准

1）常有前驱感染史，呈急性起病，进行性加重，多在 2 周左右达高峰。

2）对称性肢体和脑神经支配肌肉无力，重症者可有呼吸肌无力，四肢腱反射减弱或消失。

3）可伴轻度感觉异常和自主神经功能障碍。

4）脑脊液出现蛋白-细胞分离现象。

5）电生理检查提示远端运动神经传导潜伏期延长、传导速度减慢、F 波异常、传导阻滞、异常波形离散等。

6）病程有自限性。

（4）鉴别诊断：如果出现以下表现，则一般不支持 GBS 的诊断：①显著、持久的不对称性肢体无力；②以膀胱或直肠功能障碍为首发症状或持久的膀胱和直肠功能障碍；③脑脊液单核细胞数超过 $50\times10^6/L$；④脑脊液出现分叶核白细胞；⑤存在明确的感觉平面。

需要鉴别的疾病包括：脊髓炎、周期性瘫痪、多发性肌炎、脊髓灰质炎、重症肌无力、急性横纹肌溶解症、白喉神经病、莱姆病、卟啉病、周围神经病、癔症性瘫痪以及中毒性周围神经病。

1）脊髓灰质炎：起病时多有发热，肢体瘫痪常局限于一侧下肢，无感觉障碍。

2）急性横贯性脊髓炎：发病前 1～2 周有发热病史，起病急，1～2 日出现截瘫，受损平面以下运动障碍伴传导束性感觉障碍，早期出现尿便障碍，脑神经不受累。

3）低钾性周期性瘫痪：迅速出现的四肢弛缓性瘫，无感觉障碍，呼吸肌、脑神经一般不受累，脑脊液检查正常，血清钾降低，可有反复发作史。补钾治疗有效。

4）重症肌无力（myasthenia gravis，MG）：受累骨骼肌病态疲劳、症状波动、晨轻暮重，新斯的明试验可协助鉴别。

2. AMAN   以广泛的运动脑神经纤维和脊神经前根及运动纤维轴索病变为主。

（1）临床表现：①可发生于任何年龄，儿童更常见，男女患病率相似，国内患者在夏秋发病较多；②前驱症状：多有腹泻和上呼吸道感染等，以空肠弯曲菌感染多见；③急性起病，平均在 6～12 天达到高峰，少数患者在 24～48 小时内即可达到高峰；④对称性肢体无力，部分患者有脑神经运动功能受损，重症者可出现呼吸肌无力。腱反射减弱或消失与肌力减退程度较一致。无明显感觉异常，无或仅有轻微自主神经功能障碍。

（2）辅助检查：①脑脊液检查：同 AIDP；②血清免疫学检查：部分患者血清中可检测到抗神经节苷脂 GM1、GD1a 抗体，部分患者血清空肠弯曲菌抗体阳性；③电生理检查：运动神经受累为主，并以运动神经轴索损害明显。

（3）诊断标准：参考 AIDP 诊断标准，突出特点是神经电生理检查提示近乎纯运动神经受累，并以运动神经轴索损害明显。

3. AMSAN   以广泛神经根和周围神经的运动与感觉纤维的轴索变性为主。

（1）临床表现：①急性起病，平均在 6～12 天达到高峰，少数患者在 24～48 小时内达到高峰；②对称性肢体无力，多有脑神经运动功能受累，重症者可有呼吸肌无力，呼吸衰竭。患者同时有感觉障碍，甚至部分出现感觉性共济失调。常有自主神经功能障碍。

（2）辅助检查：①脑脊液检查：同 AIDP；②血清免疫学检查：部分患者血清中可检测到抗神经节苷脂抗体；③电生理检查：除感觉神经传导测定可见感觉神经动作电位波幅下降或无法引出波形外，其他同 AMAN；④腓肠神经活检：可见轴索变性和神经纤维丢失，但不作为确诊的必要条件。

（3）诊断标准：参照 AIDP 诊断标准，突出特点是神经电生理检查提示感觉和运动神经轴索损害明显。

4. MFS   与经典 GBS 不同，以眼肌麻痹、共济失调和腱反射消失为主要临床特点。

（1）临床表现：①任何年龄和季节均可发病；②前驱症状：可有腹泻和呼吸道感染等，以空肠弯曲菌感染常见；③急性起病，病情在数天至数周内达到高峰；④多以复视起病，也可以肌痛、四肢麻木、眩晕和共济失调起病。相继出现对称或不对称性眼外肌麻痹，部分患者有眼睑下垂，少数出现瞳孔散大，但瞳孔对光反射多正常。可有躯干或肢体共济失调，腱反射减弱或消失，肌力正常或轻度减退，部分有吞咽和面部肌肉无力，四肢远端和面部麻木和感觉减退，膀胱功能障碍。

（2）辅助检查：①脑脊液检查：同 AIDP；②血清免疫学检查：部分患者血清中可检测到空肠弯曲菌抗体。大多数患者血清 GQ1b 抗体阳性；③神经电生理检查：感觉神经传导测定可见动作电位波幅下降，传导速度减慢，脑神经受累者可出现面神经 CMAP 波幅下降；瞬目反射可见 R1、R2 潜伏期延长或波形消失。运动神经传导和肌电图一般无异常。电生理检查非诊断 MFS 的必需条件。

（3）诊断标准：①急性起病，病情在数天内或数周内达到高峰；②临床上以眼外肌麻痹、共济失调和腱反射消失为三大主要症状，肢体肌力正常或轻度减退；③脑脊液出现蛋白-细胞分离；④病程呈自限性。

（4）鉴别诊断：需要鉴别的疾病包括与 GQ1b 抗体相关的 Bickerstaff 脑干脑炎、急性眼外肌麻痹、脑干梗死、脑干出血、视神经脊髓炎、多发性硬化、重症肌无力等。

【治疗】

1. 一般治疗

（1）抗感染：考虑有胃肠道 CJ 感染者，可用大环内酯类抗生素治疗。

（2）呼吸道管理：重症患者可累及呼吸肌致呼吸衰竭，应置于监护室，密切观察呼吸情况，定时行血气分析。当肺活量下降至正常的 25%～30%，血氧饱和度、血氧分压明显降低时，应尽早行气管插管或气管切开，机械辅助通气。加强气道护理，定时翻身、拍背，及时抽吸呼吸道分泌物，保持呼吸道通畅，预防感染。

（3）营养支持：延髓支配肌肉麻痹者有吞咽困难和饮水呛咳，需给予鼻饲营养，以保证每日足够热量、维生素，防止电解质紊乱。合并有消化道出血或胃肠麻痹者，则给予静脉营养支持。

（4）对症治疗及并发症的防治：尿潴留可加压按摩下腹部，无效时导尿，便秘可给予缓泻剂和润肠剂。抗生素预防和控制坠积性肺炎、尿路感染等。

2. 免疫治疗

（1）血浆置换（PE）：可迅速降低血浆中抗体和其他炎症因子，推荐有条件者尽早应用。每次交换量为 30～50ml/kg，依据病情轻重在 1～2 周内进行 3～5 次。禁忌证包括严重感染、心律失常、心功能不全和凝血功能障碍等。GBS 发病后 7 天内使用 PE 疗效最佳，但在发病后 30 天内 PE 治疗仍然有效。

（2）免疫球蛋白静脉注射（IVIG）：可与大量抗体竞争性阻止抗原与淋巴细胞表面抗原受体结合，达到治疗作用。成人剂量 0.4g/(kg·d)，连用 5 天。免疫球蛋白过敏或先天性 IgA 缺乏患者禁用。发热面红为常见的不良反应，减慢输液速度可减轻。偶有无菌性脑膜炎、肾衰、脑梗死报道，可能与血液黏度增高有关。PE 和 IVIG 为 AIDP 的一线治疗方法，但联合治疗并不增加疗效，IVIG 后使用 PE，会导致输入的丙种球蛋白被清除，故推荐单一使用。IVIG 在发病后两周内使用最佳。

（3）糖皮质激素：目前国内外指南均不推荐糖皮质激素用于 GBS 治疗。但对于无条件行 IVIG 和 PE 治疗或发病早期重症患者可试用甲泼尼龙 500mg/d，静脉滴注，连用 5 日后逐渐减量，或地塞米松 10mg/d，静脉滴注，7～10 天为一个疗程。

3. 神经营养 应用 B 族维生素治疗，包括维生素 B_1、维生素 B_{12}、维生素 B_6 等。

4. 康复治疗 病情稳定后，早期进行正规的神经功能康复锻炼，包括被动或主动运动、理疗、针灸及按摩等，以预防失用性肌萎缩和关节挛缩。

【预后】

本病具有自限性，预后较好。瘫痪多在 3 周后开始恢复，多数患者 2 个月至 1 年内恢复正常，约

10%患者遗留较严重后遗症。GBS病死率约5%，主要死于呼吸衰竭、感染、低血压、严重心律失常等并发症。60岁以上、病情进展迅速、需要辅助呼吸以及运动神经波幅降低是预后不良的危险因素。

四、慢性炎性脱髓鞘性多发性神经根神经病

慢性炎性脱髓鞘性多发性神经根神经病（chronic inflammatory demyelinating polyradiculoneuropathy，CIDP）是一组免疫介导的炎性脱髓鞘疾病，呈慢性进展或复发性病程。

CIDP发病率较AIDP低，分类包括经典型和变异型，后者少见，如纯运动型、纯感觉型、远端获得性脱髓鞘性对称性神经病（distal acquired demyelinating symmetric neuropathy，DADS）、多灶性获得性脱髓鞘性感觉运动神经病（multifocal acquired demyelinating sensory and motor neuropathy，MADSAM，或称Lewis-Sumner综合征）等。

【病因】

病因不明，CIDP患者体内可发现β-微管蛋白抗体和髓鞘结合糖蛋白抗体，但却未发现与AIDP发病密切相关的针对空肠弯曲菌及巨细胞病毒等感染因子免疫反应的证据。

【发病机制】

与AIDP相似同为免疫介导的周围神经病，目前认为可能的发病机制是外来抗原激活$CD4^+T$细胞增殖活化介导细胞免疫以及自身免疫性抗体介导体液免疫导致施万细胞或髓鞘的免疫损伤，从而引起周围神经脱髓鞘和轴索损害。接触蛋白1（contactin-1，CNTN1）和神经束蛋白155（neurofascin 155，NF155）是郎飞结的重要组成蛋白，近年来发现自身抗体CNTN1 IgG4和NF155 IgG4与CIDP的某些亚型发病相关。部分患者血清和脑脊液中神经节苷脂抗体可为阳性。

【病理】

炎症反应不如AIDP明显，病理显示有髓纤维多灶性脱髓鞘、神经内膜水肿、炎细胞浸润等特点。脱髓鞘与髓鞘再生并存，施万细胞再生可呈"洋葱头样"改变，轴索损伤也常见。

【临床表现】

各年龄组均可发病，男女发病率相似。病前少见前驱感染，起病隐匿并逐步进展，2个月以上达高峰，约16%患者以亚急性起病。临床表现主要为对称性肢体远端或近端无力，大多自远端向近端发展。一般无吞咽困难，呼吸困难更为少见。部分患者可伴自主神经功能障碍，表现为体位性低血压、括约肌功能障碍及心律失常等。查体示四肢肌力减退，肌张力低，伴或不伴肌萎缩，四肢腱反射减弱或消失，四肢末梢性感觉减退或消失，腓肠肌可有压痛，Kernig征可阳性。

【辅助检查】

1. **脑脊液检查**　80%～90%的患者存在脑脊液蛋白-细胞分离，蛋白含量波动于0.75～2g/L，病情严重程度与脑脊液蛋白含量呈正相关。少数CIDP患者蛋白含量正常，部分患者寡克隆带阳性。

2. **电生理检查**　电生理表现为周围神经传导速度减慢、传导阻滞及异常波形离散。早期行EMG检查有神经传导速度减慢，F波潜伏期延长，提示脱髓鞘病变。

3. **腓肠神经活检**　可见反复节段性脱髓鞘与再生形成的"洋葱头样"改变，高度提示CIDP。

【诊断】

CIDP的诊断目前仍为排除性诊断。符合以下条件的可考虑本病：①症状进展超过8周，慢性进展或缓解复发；②临床表现为不同程度的肢体无力，多数呈对称性，少数为非对称性，近端和远端均可累及，四肢腱反射减弱或消失，伴有深、浅感觉异常；③脑脊液蛋白-细胞分离；④电生理检查提示周围神经传导速度减慢、传导阻滞或异常波形离散；⑤除外其他原因引起的周围神经病；⑥糖皮质激素治疗有效。

【鉴别诊断】

应注意与以下疾病鉴别：

1. **多灶性运动神经病**（multifocal motor neuropathy，MMN）　是以运动神经末端受累为主

的进行性周围神经病,临床表现为慢性非对称性肢体远端无力,以上肢为主,感觉正常。

2. **进行性脊肌萎缩症(progressive spinal muscular atrophy, PSMA)**　也为缓慢进展病程,但运动障碍不对称分布,有肌束震颤,无感觉障碍。神经电生理示 NCS 正常,EMG 可见广泛的神经源性损害。

3. **遗传性运动感觉神经病(hereditary motor and sensory neuropathy, HMSN)**　表现为多发性感觉运动性周围神经病,一般有遗传家族史,常合并有手足畸形。确诊需依靠基因检测,必要时行神经活检。

4. **其他**　约 1/4 的 CIDP 患者可伴有结缔组织病或其他疾病,如系统性红斑狼疮、血管炎、干燥综合征及副蛋白血症、淋巴瘤等。对于符合 CIDP 表现患者应常规行 M 蛋白测定。同时应与血卟啉病、慢性代谢性神经病及糖尿病性周围神经病相鉴别。

【治疗】

1. **糖皮质激素**　CIDP 首选治疗药物。甲泼尼龙 500~1000mg/d,静脉滴注,连续 3~5 天后逐渐减量或直接改口服泼尼松 1mg/(kg·d),清晨顿服,维持 1~2 个月后逐渐减量;或地塞米松 10~20mg/d,静脉滴注,连续 7 天,然后改为泼尼松 1mg/(kg·d),清晨顿服,维持 1~2 个月后逐渐减量;也可以直接口服泼尼松 1mg/(kg·d),清晨顿服,维持 1~2 个月后逐渐减量。上述疗法口服泼尼松减量直至小剂量(5~10mg)均需维持半年以上,再酌情停药。

2. **血浆置换(PE)和静脉注射免疫球蛋白(IVIG)**　PE 每个疗程 3~5 次,间隔 2~3 天,每次交换量为 30ml/kg,每月进行 1 个疗程。约半数以上患者大剂量 IVIG 治疗有效,一般用 IVIG 0.4g/(kg·d),连续 3~5 天为一个疗程。每月重复 1 次,连续 3 个月,有条件或病情需要者可延长应用数月。需注意的是,在应用 IVIG 后 3 周内,不能进行 PE 治疗。

3. 以上治疗效果不理想,或产生激素依赖或激素无法耐受者,可试用免疫抑制剂如环磷酰胺、硫唑嘌呤、环孢素 A、甲氨蝶呤等。临床较为常用的是硫唑嘌呤,使用方法为 1~3mg/(kg·d),分 2~3 次口服。

4. **神经营养**　可应用 B 族维生素治疗,包括维生素 B_1、维生素 B_{12}、维生素 B_6 等。

5. **对症治疗**　有神经痛者,可应用卡马西平、阿米替林、曲马朵、加巴喷丁、普瑞巴林等。

6. **康复治疗**　病情稳定后,早期进行正规的神经功能康复锻炼,以预防失用性肌萎缩和关节挛缩。

【预后】

约 10% 的 CIDP 患者因各种并发症死于发病后 2~19 年,完全恢复者仅占 4%,神经系统症状较轻,能正常生活工作的病例约占 60%,不能正常工作及生活者占 8%,卧床不起或需依靠轮椅者占 18%。

（肖　波）

思 考 题

1. 周围神经的定义是什么?
2. 三叉神经痛的临床表现如何,药物治疗如何选择?
3. 多发性神经病的常见病因有哪些?
4. 吉兰-巴雷综合征的诊断标准及治疗原则。
5. 慢性炎性脱髓鞘性多发性神经根神经病如何诊断,需与哪些疾病相鉴别?
6. 简述慢性炎性脱髓鞘性多发性神经根神经病的治疗原则。

参 考 文 献

[1] 中华医学会神经病学分会神经肌肉病学组,中华医学会神经病学分会肌电图及临床神经电生理学组,中华医学会神经病学分会神经免疫学组. 中国吉兰-巴雷综合征诊治指南. 中华神经科杂志,2010,43:583-586.

［2］ 中华医学会神经病学分会神经肌肉病学组,中华医学会神经病学分会肌电图及临床神经电生理学组,中华医学会神经病学分会神经免疫学组.中国慢性炎性脱髓鞘性多发性神经根神经病诊疗指南.中华神经科杂志,2010,43:586-588.

［3］ 中华医学会神经病学分会神经肌肉病学组,中华医学会神经病学分会肌电图及临床神经电生理学组,中国特发性面神经麻痹诊治指南.中华神经科杂志,2016,49:84-86.

［4］ Caporale CM,Capasso M. Experimental axonopathy induced by immunization with Campylobacter jejuni lipopolysaccharide from a patient with Guillain-Barré syndrome. J Neuroimmunol,2006,174:12-20.

［5］ Kenney C,Jankovic J. Botulinum toxin in the treatment of blepharospasm and hemifacial spasm. J Neural Transm,2008,115:585-591.

［6］ Lewis RA. Chronic Inflammatory demyelinating polyneuropathy. Neurologic Clinics,2007,25:71-87.

［7］ Obermann M,Yoon MS,Sensen K,et al. Efficacy of pregabalin in the treatment of trigeminal neuralgia. Cephalalgia,2008,28:174-181.

［8］ Yuki N,Hartung HP. Guillain-Barré syndrome. N Engl J Med,2012,366:2294-2304.

［9］ Hughes RA,Swan AV,van Doorn PA. Intravenous immunoglobulin for Guillain-Barré syndrome. Cochrane Database Syst Rev,2010,16(6):CD002063.

［10］ Verboon C,van Doorn PA,Jacobs BC. Treatment dilemmas in Guillain-Barré syndrome. J Neurol Neurosurg Psychiatry,2017,88(4):346-352.

第十八章　自主神经系统疾病

概　　述

自主神经系统(automatic nervous system)由交感和副交感神经两大系统组成,主要支配心肌、平滑肌和内脏活动以及腺体分泌功能,自主神经不受意志控制,属于不随意运动,所以称为自主神经。

交感神经兴奋引起一种使器官处于行使或抵御所有进攻和应激状态的反应,也称强化作用,其特征为肾上腺素释放增加、心率加快、血压升高、经过骨骼肌和肺的循环血量增加、血糖升高、内脏循环血量减少、肠蠕动抑制、尿潴留、睑裂和瞳孔扩大。而副交感神经兴奋引起一种通过休息和放松来维持器官功能的反应,具体表现为心率减慢、每分钟血流量减少、血压下降、基础代谢率降低及肾上腺素释放减少、血管扩张、膀胱收缩、肠蠕动增加和瞳孔缩小等反应。自主神经在大脑皮质及下丘脑的支配和调节下,交感与副交感功能相互协调、相互拮抗,共同调节正常生理功能,维持机体内环境的稳定。

自主神经系统亦有中枢部分和周围部分之分。中枢部分包括大脑皮质的自主神经代表区,自主神经皮质下调节中枢——下丘脑、脑干和脊髓。其中中脑、延髓和骶髓发出副交感神经节前纤维,胸、腰髓侧角发出交感神经节前纤维。

自主神经系统是神经系统重要组成成分之一,因此中枢或周围神经病变时常常伴有自主神经功能障碍的症状,而全身各系统的病变时也有自主神经功能障碍的表现。本章主要介绍常见的以自主神经功能障碍为突出表现的独立疾病和综合征。

第一节　雷　诺　病

雷诺病(Raynaud disease,RD)又称肢端动脉痉挛病,1862 年由法国学者 Raynaud 首先描述,是阵发性肢端小动脉痉挛而引起的局部缺血现象,表现为四肢末端(手指为主)对称性皮肤苍白、发绀继之皮肤发红,伴感觉异常(指或趾疼痛),多见于青年女性,寒冷或情绪激动可诱发。

【病因及发病机制】

目前认为雷诺病是肢端小血管对寒冷和应激的过度反应,其病因及发病机制不清,可能与以下因素有关:

1. **交感神经功能紊乱**　当受到寒冷等刺激时,指(趾)血管痉挛性或功能性闭塞引起肢端局部缺血,皮肤苍白;血管扩张时局部血液淤滞引起皮肤发绀。

2. **血管敏感性因素**　肢端动脉本身对寒冷的敏感性增加所致。

3. **血管壁结构因素**　血管壁组织结构改变可引起正常血管收缩或对血中肾上腺素出现异常反应。

4. **遗传因素**　某些患者的家系中常有出现血管痉挛现象的成员。

【病理】

早期或病情轻者,指(趾)动脉壁可无病理改变。随着病情进展到后期或病情严重者可发现小动脉内膜增生、肌层纤维化、血管壁增厚、管腔狭窄,少数患者管腔闭塞或血栓形成,并伴有局部组织营养障碍,如指(趾)端溃疡。随着血栓形成和机化,毛细血管迂曲、扭转、动脉痉挛性狭窄、静脉呈扩张充血状态。

【临床表现】

1. 多发生于青年女性,20~30岁,男女比例约为1:5。多于寒冷季节发病,起病隐匿,也可突发,每日发作3次以上,每次持续1分钟至数小时,可自行缓解。寒冷、情绪变化可诱发,遇温暖环境、温水浴、揉擦或挥动患肢可缓解。症状和体征与血管痉挛的发生频率、持续时间和严重程度相关。

2. 临床主要表现为间歇性肢端血管痉挛,伴有疼痛及感觉异常,典型临床发作可分为三期:

(1)缺血期:当局部遇冷或情绪激动时,双侧手指或足趾、鼻尖、外耳对称性的从末端开始苍白、变凉、肢端皮温降低,同时皮肤出冷汗,系小动脉痉挛所致。常伴有蚁行感、麻木感或疼痛感,常持续数分钟至数小时。

(2)缺氧期:局部缺血期继续,仍有感觉障碍、皮温降低、毛细血管扩张淤血、肢端青紫、界限清楚和疼痛等,持续数小时至数日后消退或转入充血期。

(3)充血期:动脉充血,皮肤温度上升,皮肤潮红,然后恢复正常。部分患者开始即出现青紫而无苍白或苍白后即转为潮红,也可由苍白或青紫之后即恢复正常。晚期指尖偶有溃疡或坏疽,肌肉可有轻度萎缩。

3. 大多数患者仅累及手指,近1/2的患者可同时累及足趾,仅累及足趾的患者极少。有些患者可累及鼻尖、外耳、面颊、舌、口唇、胸部及乳头等。疾病早期仅1~2个手指受累,后期则多个手指受累并累及足趾,每次发作不一定累及相同的手指或足趾。

4. 体格检查除指(趾)发凉、手部多汗外,其余正常。桡动脉、尺动脉、足背动脉及胫后动脉搏动均存在。

【辅助检查】

1. **彩色多普勒超声**　可发现寒冷刺激时手指的血流量减少。

2. **激发试验**

(1)冷水试验:指(趾)浸入4℃冷水中1分钟,75%的患者可诱发颜色变化,若将全身暴露于寒冷环境,同时将手浸于10~15℃水中,发作的阳性率更高。

(2)握拳试验:两手握拳90秒后松开手指,部分患者可出现发作时的颜色改变。

3. **指动脉造影**　分别在冷刺激前后做指动脉造影,如发现血管痉挛,可动脉内注射盐酸妥拉唑啉后再次造影,了解血管痉挛缓解情况。造影可以显示动脉内膜增厚、管腔狭窄,偶见动脉闭塞。

4. **其他**　血沉应作为常规检查选项,若增快则支持继发性雷诺现象。微循环检查、C-反应蛋白、免疫指标检测、神经传导速度及手部X线检查有助于鉴别诊断。

【诊断与鉴别诊断】

1. **诊断要点**　①典型临床表现、发病年龄、性别、寒冷及情绪改变可诱发,双侧受累,以手指多见,界限分明的苍白、青紫及潮红等变化;②病史2年以上;③无其他引起血管痉挛发作疾病的证据。

2. **鉴别诊断**

(1)雷诺现象(Raynaud phenomenon,RP):是指继发于其他疾病的肢端动脉痉挛现象,常见于血栓闭塞性脉管炎、自身免疫性疾病(如硬皮病、皮肌炎、系统性红斑狼疮、类风湿关节炎及结节性动脉炎等)、脊髓空洞症、前斜角肌综合征、腕管综合征和铅、砷中毒性周围神经炎的患者,也可见于吸烟、手足外伤、长期劳损(如经常使用震动工具作业的工人)、长期接触某些化学品(如聚氯乙烯)以及应用某些药物(如β受体阻滞剂、麦角胺和化疗药物)的人群(表18-1)。

表 18-1　雷诺病与雷诺现象的鉴别

特点	雷诺病	雷诺现象
起病	20~30 岁	30~40 岁
性别	女性多发	男性多发
严重程度	较轻	较严重
组织坏死	少见	常见
分布	对称、双手和双足	非对称
甲皱毛细血管	正常	扩张、管腔不规则、血管襻增大
病因	不明	继发于其他疾病或药物、损伤等

（2）肢端发绀症:表现为双手、足肢端对称发绀,寒冷、情绪激动加重,温暖环境可略缓解,不能完全消失,无界限分明的苍白、青紫及潮红变化,不会出现肢端坏死。

【治疗】

治疗目的是预防发作,缓解症状,防止肢端溃疡发生。

1. **预防发作**　①注意全身保暖,尽量减少肢体暴露在寒冷中的机会,最好在气候温暖和干燥的环境工作;②避免精神紧张和情绪激动;③避免指(趾)损伤及引起溃疡;④吸烟者应绝对戒烟;⑤有条件时可作理疗,冷、热交替治疗;⑥加强锻炼,提高机体耐寒能力。

2. **药物治疗**　经一般治疗无效,血管痉挛发作影响患者日常生活或工作,以及出现了指(趾)营养性病变时应考虑药物治疗。

（1）钙通道阻滞剂:能使血管扩张,增加血流量,为目前最常用的首选药物。①硝苯地平:为治疗首选药物,作用为扩张周围血管,使血管痉挛的发作次数明显减少,甚至可完全消失。口服每次 20mg,3 次/日。不良反应为面部发红、发热、头痛、踝部水肿、心动过速等。为减轻不良反应可使用硝苯地平缓释剂,如不能应用缓释剂可选用尹拉地平和氨氯地平。②维拉帕米:口服每次 45~90mg,4 次/日。

（2）血管扩张剂:长期以来一直作为主要治疗用药,对原发性者疗效较好,对病情较重的患者疗效较差。①草酸萘呋胺:为 5-羟色胺受体拮抗剂,具有较轻的周围血管扩张作用。用法:口服每次 0.2g,3 次/日,可缩短发作时间及减轻疼痛。②烟酸肌醇:可缩短发作时间及减少发作次数,口服每次 0.2~0.6g,3 次/日。③利血平:0.25mg,3 次/日,也可动脉内给药,但疗效并不优于口服。④甲基多巴:可用于痉挛明显或踝部水肿者,250mg,3 次/日。⑤盐酸妥拉唑啉:每次 25~50mg,3 次/日,用药后无不良反应可加至 100mg,3 次/日,主要不良反应为体位性低血压。⑥罂粟碱:每次 30~60mg,3 次/日。

（3）前列腺素:前列环素(PGI$_2$)和前列地尔(PGE$_1$)具有较强的扩张血管和抗血小板聚集作用。PGI$_2$ 类药如:伊洛前列素,用法为每分钟 0.5~2ng/kg,静滴持续 5~12 小时,3~6 天为一个疗程,可作为临床试用。

（4）其他药物治疗:严重坏疽继发感染者,应合理使用抗生素治疗。伴发严重硬皮病的患者可用低分子右旋糖酐静脉滴注。巴比妥类镇静药及甲状腺素也有减轻动脉痉挛作用。

充血期的治疗主要以调整自主神经药物及中药治疗为主,常用药物有 B 族维生素及谷维素等。中药以活血化瘀为主,可试用复方丹参注射液等。

3. **其他治疗**　①外科治疗:对病情严重、难治性患者,可考虑交感神经切除术,或应用长效普鲁卡因阻滞;②血浆交换治疗;③生物反馈疗法等。

第二节　红斑性肢痛症

红斑性肢痛症(erythromelalgia)是一种少见的、病因不明的阵发性血管扩张性疾病。其特征为肢端皮肤阵发性皮温升高、潮红、肿胀,并产生剧烈的烧灼样疼痛,以足趾、足底为著,环境温度升高可诱发或加剧,温度降低可使疼痛缓解。

【病因与发病机制】

本病的病因和发病机制尚不清楚。目前研究提示,由于微循环调节功能障碍,毛细血管前括约肌持续收缩,动静脉短路,局部血液灌注量增加,营养通路血管内灌注量不足,引起局部组织缺血缺氧,最终出现患处组织高灌注和缺血缺氧并存的现象,引起皮肤红肿、温度升高和剧痛,组织代谢产物使血管扩张,灌注增加,进一步加重症状。

通常分原发性红斑性肢痛症、继发性红斑性肢痛症和遗传性红斑性肢痛症。原发性可在任何年龄起病;继发性则多见于骨髓增生性疾病(如红细胞增多症、血小板增多症等)和自身性免疫性疾病,也可见于多发性硬化、脊髓疾病、糖尿病、AIDS 等疾病,此外感染、应用某些药物和蕈中毒也可引起该病;遗传性红斑性肢痛症是常染色体显性遗传性疾病,多有家族史,研究证明钠离子通道亚单位的基因发生突变或者表达异常与本病有关。

【临床表现】

1. 多见于青年,夏季发病,冬季缓解。表现双侧肢端对称出现皮肤阵发性皮温升高,皮肤潮红、肿胀和剧烈疼痛。疼痛为阵发性烧灼痛,以夜间明显、次数多,可持续数分钟、数小时或数日。疼痛以双足最为常见,少数患者可以仅见于单侧。温热、活动、肢端下垂或长时间站立可引起或加剧疼痛发作。冷水浸足、休息或抬高患肢,疼痛可减轻和缓解。因此患者喜欢温度较低的环境,不愿穿袜子或戴手套。病情进展缓慢。

2. 严重患者可因营养障碍而出现溃疡或坏疽。病变区可有感觉过敏,一般无其他感觉障碍和运动障碍。

3. 发作期体检可见患处皮肤血管扩张,潮红,压之红色可暂时消失,温度升高,轻度肿胀和多汗,足背动脉与胫后动脉搏动略增强。反复发作者可见皮肤与指甲变厚。

【诊断与鉴别诊断】

1. **诊断依据**　①成年期发病;②出现肢端对称以足为主的阵发性红、肿、热、痛;③无局部感染及炎症;④受热、站立和运动后疼痛加剧,冷敷、抬高患肢和休息后疼痛减轻;⑤原发性及遗传性需排除可引起继发性红斑性肢痛症的原发病。

2. **鉴别诊断**　对于每个首发病例,应积极排除血栓闭塞性脉管炎、糖尿病周围神经病及雷诺病等。红斑性肢痛症有时是红细胞增多症、血小板增多症等疾病的首发症状,应注意鉴别。

(1) 雷诺病:多见于青年女性,是由肢端局部缺血所致,寒冷是主要诱因。临床表现主要为苍白、发绀、潮红及局部温度低。

(2) 血栓闭塞性脉管炎:多见于中青年男性,20~40 岁发病,多在寒冷季节发病,主要表现动脉缺血症状。可分为局部缺血期、营养障碍期及坏疽期。出现间歇性跛行、皮肤苍白、发绀及足背动脉搏动减弱或消失、足部干性坏疽、溃疡等表现,疼痛较剧烈。

(3) 小腿红斑病:寒冷为发病诱因,红斑以小腿为主,无明显疼痛。

(4) 糖尿病周围神经病:起病缓慢,可累及任何周围神经,一般下肢重于上肢,以疼痛或感觉障碍为主,夜间明显。

【治疗】

1. **一般治疗**　急性期应卧床休息,抬高患肢,局部冷敷可暂时缓解疼痛。急性期后,应避免过热和任何引起局部血管扩张的刺激。

2. **药物治疗**

(1) 阿司匹林:对继发于血小板增多症等血液疾病的红斑性肢痛症患者,可口服小剂量阿司匹林 50~100mg/d。

(2) β-受体阻滞剂:普萘洛尔 20~30mg,口服,3 次/日。可减轻大部分患者疼痛。

(3) 5-羟色胺再摄取抑制剂:部分患者对此类药物极为敏感,如文拉法辛 18.75~75mg,2 次/日或舍曲林 25～200mg,1 次/日。

（4）前列腺素:可松弛毛细血管前括约肌,改善营养通路内的血液循环,缓解症状,米索前列醇 400µg 口服,2 次/日或 PGE_1、PGI_2 静滴,从小剂量开始,逐渐增大剂量。

（5）其他:三环类抗抑郁药物(阿米替林、丙米嗪)、钙通道阻滞剂(尼莫地平、地尔硫草)、加巴喷丁、氯硝西泮、血管收缩剂、激素、自主神经调节剂、维生素类及利血平与氯丙嗪联合应用等也对红斑性肢痛症患者有治疗作用。

（6）中药治疗:方剂较多,如加味龙胆泻肝汤等;局部可以应用中草药外敷。

3. **物理疗法**　用超声波或超短波治疗,也可用短波紫外线照射的方法。

4. **封闭疗法**　方法有:①选踝上做环状封闭;②骶部硬膜外封闭;③腰交感神经节阻滞。

5. **外科治疗**　个别病例各种治疗无效的、疼痛明显的可选外科手术治疗。

6. 对于继发性红斑性肢痛症患者,应同时积极治疗原发疾病。

第三节　面偏侧萎缩症

面偏侧萎缩症(facial hemiatrophy)是一种病因未明的、进行性发展的偏侧组织营养障碍性疾病,表现为一侧面部慢性进行性组织萎缩,如范围扩大可累及躯干和肢体,称为进行性半侧萎缩症(progressive hemiatrophy)。

【病因与发病机制】

病因不明。有学者认为,患者存在某种特定的控制交感神经的基因缺陷,这种缺陷的基因在一定年龄阶段表达,引起交感神经受损导致面部组织发生神经营养不良,继而出现局部面部组织萎缩,也可能与外伤、全身或局部感染及内分泌失调等因素有关。

【病理】

本病首先累及结缔组织,特别是面部皮下脂肪组织最先受累,随后逐渐发展扩大累及皮肤、皮脂腺和毛发,重者可侵犯到软骨、骨骼、肾脏和大脑半球。病变多为单侧,局部组织活检镜下可见皮肤各层,尤其是乳头层萎缩,结缔组织减少,肌纤维变细,横纹减少,但肌纤维数量不减少且保持其收缩力。

【临床表现】

1. 起病隐匿,多在儿童、少年期发病,一般在 10～20 岁,但无年龄限制,女性患者较多见。病情发展的速度不定,有时在进展数年至十余年后趋向缓解,但伴发癫痫者可能持续进展。

2. 病初,患侧面部可有感觉异常、感觉迟钝或疼痛。萎缩过程可以从一侧面部任何部位开始,以眶部、颧部较为多见,逐渐扩展到同侧面部及颈部,与对侧分界清晰,常呈条状并与中线平行。患侧皮肤萎缩、菲薄、光滑,常伴脱发、色素沉着、白斑、毛细血管扩张和皮下组织消失。皮肤皱缩、毛发脱落呈"刀痕样"萎缩是本病特殊表现。后期病变可累及舌肌、喉肌、软腭等;严重者除患侧面部萎缩外还可发生大脑半球萎缩,甚至骨骼和偏身萎缩。

3. 部分患者出现 Horner 征,虹膜色素减少,眼球炎症,继发性青光眼等。

4. 本病常与硬皮病、进行性脂肪营养不良有关或并存,脑组织受累可以有癫痫或偏头痛发作。

【辅助检查】

X 线片可发现病变侧骨质变薄、短小。CT 和 MRI 可提示病变侧皮下组织、骨骼、脑及其他脏器呈萎缩性改变。B 超也可发现病变侧脏器变小。

【诊断与鉴别诊断】

1. **诊断依据**　患者典型的单侧面部皮肤、皮下结缔组织和骨骼萎缩特征,而肌力不受影响,可诊断此病。

2. **鉴别诊断**　在疾病早期需与局限性硬皮病、面肩肱型肌营养不良、面偏侧肥大症等鉴别。还要注意与两侧正常性不对称相区别。

【治疗】

目前本病尚无有效治疗方法，仅限于对症处理。如有癫痫发作、偏头痛、三叉神经痛等可给予相应治疗。

第四节　其他自主神经系统疾病

一、出汗异常

多汗症（hyperhidrosis）是多种病因导致的自发性多汗临床症状，可分原发性多汗症和继发性多汗症两种。前者病因不明，多与精神心理因素有关。后者与神经系统器质性疾病有关。此外全身系统疾病，如甲状腺功能亢进、结核病、慢性消耗性疾病及传染病亦可出现多汗。某些遗传病也可出现多汗症。众所周知，汗腺广泛分布于体表，且受交感神经节后纤维支配，任何导致交感神经兴奋性增强的疾病均可导致多汗发生。

1. **原发性多汗症**　为自主神经中枢调节障碍所致，也可能与遗传有关。常自少年期开始，青年时期明显加重。平时手心、足心、腋窝及面部对称性多汗，如在情绪激动、温度升高或活动后出汗量比正常明显增多，常见大汗淋漓，可湿透衣裤。

2. **继发性多汗症**

（1）由某些神经系统疾病引起：如间脑病变引起偏身多汗、脊髓病变引起节段型多汗、多发性神经炎恢复期出现相应部位多汗、颈交感神经节因炎症或肿瘤压迫出现同侧面部多汗。

（2）味觉性局部型多汗：为一种继发性多汗症，多为反射性多汗，当摄入过热和过于辛辣的食物时，引起额部、鼻部、颞部多汗，这种多汗与延髓发汗中枢有关。

（3）面神经麻痹：恢复期可有一侧局部多汗，同时还有流泪和颞部发红，称为鳄鱼泪征和耳颞综合征，系面神经中自主神经纤维变性再生错乱所致。

（4）某些内分泌疾病：如甲状腺功能亢进、肢端肥大症等，也可出现多汗。

无汗症（anhidrosis）：由于自主神经功能失调所致，包括先天性少汗和无汗症。是由于汗腺变性或先天性汗腺缺失所致。全身无汗症非常罕见。一些皮肤病如先天性手掌角化症可致局部无汗，表现皮肤干燥、脱屑和不耐高温等。

治疗以病因治疗为主。

二、家族性自主神经功能失调症

家族性自主神经功能失调症（familial dysautonomia），或称为 Riley-Day 综合征，为神经系统，特别是自主神经系统先天性功能异常，是以无泪液、异常多汗、皮肤红斑、吞咽困难，偶发高热及舌部菌状乳头缺失为临床特征的一种少见的常染色体隐性遗传病，可伴有智力低下和发育障碍。主要发病在犹太人种，多在婴幼儿期发病，本病无特效治疗，主要为对症处理。

三、神经血管性水肿

神经血管性水肿（angioneurotic edema）也称为急性神经血管性水肿（acute angioneurotic edema）或 Quincke 水肿。是一种原因不明的可能与自主神经功能障碍、过敏反应及遗传因素有关的血管通透性增强和体液渗出增加的疾病。表现为发作性、局限性皮肤或黏膜水肿（面部、颈部和上下肢多见），无疼痛、瘙痒及皮肤颜色改变，水肿部位呈豆大至手掌大，压之较硬，无指压痕迹。起病急，数分钟或数十分钟达高峰，持续数日或数十日，不经治疗可缓解，可反复发作，间歇期正常。抗过敏疗法治疗有效。

四、进行性脂肪营养不良

进行性脂肪营养不良(progressive lipodystrophy)是一种罕见的以脂肪组织代谢障碍为特征的自主神经系统疾患。主要表现为:多数于 5～10 岁左右起病,女性较为常见;起病缓慢,呈进行性局部或全身性皮下脂肪组织萎缩、消失,由面部开始,继而累及颈肩、臂及躯干,常对称分布,部分患者合并局限的脂肪组织增生、肥大;患者可表现为脂肪消失、特殊肥胖及正常脂肪并存;可合并其他症状如出汗异常、皮温异常、多尿、心动过速、腹痛、头痛、呕吐、精神及性格改变等;有的患者可合并糖尿病、高脂血症、肝脾大及肾脏病变等;个别合并内分泌功能障碍,如生殖器发育不全和甲状腺功能异常等。一般发病后 5～10 年内症状逐渐稳定。目前尚无特殊治疗方法。

(张黎明)

思 考 题

1. 雷诺病与雷诺现象有何区别?
2. 雷诺病的临床表现是什么? 如何防治?
3. 红斑性肢痛症的诊断依据是什么?

参 考 文 献

[1] 史玉泉. 实用神经病学. 上海:上海科技出版社,2004.

[2] 吴江. 神经病学. 2 版. 北京:人民卫生出版社,2012.

[3] Kahaleh MB. Raynaud's phenomenon and the vascular disease in scleroderma. Curr Opin Rheumatol,1995,7:29-534.

[4] Ropper AH,Samuels MA. Adams and Victor's Principles of Neurology. 9th ed. New York:McGraw-Hill,2009.

第十九章 神经-肌肉接头和肌肉疾病

概 述

神经-肌肉接头疾病是指神经-肌肉接头间传递功能障碍所引起的疾病,主要包括重症肌无力和Lambert-Eaton肌无力综合征等。肌肉疾病是指骨骼肌疾病,主要包括周期性瘫痪、多发性肌炎、进行性肌营养不良、强直性肌营养不良症和线粒体肌病等。

【骨骼肌的解剖生理】

骨骼肌是执行人体运动功能的主要器官,同时也是人体能量代谢的主要部位。人体骨骼肌重量占体重的30%~40%,供血量占心脏总输出量的12%,耗氧占全身耗氧量的18%。每块肌肉由许多肌束组成,每条肌束由数百至数千条纵向排列的肌纤维组成。肌纤维(肌细胞)为多核细胞,呈圆柱状,长10~15cm,直径7~100cm,外被肌膜,内含肌浆。细胞核位于肌膜下,呈椭圆形,数目可达数百个。肌膜是一层匀质性薄膜,密度较高,除了具有普通细胞膜的功能外,还具有兴奋传递的功能。神经肌肉兴奋传递功能是通过肌膜的特定部位—终板与神经末梢构成神经-肌肉突触联系而实现的。每间隔一定距离肌膜向内凹陷形成横管,穿行分布于肌原纤维之间。横管与肌原纤维表面包绕的肌质网共同构成膜管系统。横管将肌膜去极化时的冲动传达到肌纤维的内部,引起肌质网中钙离子的释放,导致肌纤维收缩。肌浆中含有许多肌原纤维,直径约1μm,每个肌原纤维又由许多纵行排列的粗、细肌丝组成,粗肌丝含肌球蛋白(myosin),细肌丝含肌动蛋白(actin)。前者固定于肌节的暗带(A带),后者一端固定于Z线,另一端游离伸向暗带。明带(I带)为Z线两侧仅含细肌丝的部分。肌节(sarcomere)为两条Z线之间的节段(即两个半节的明带和1个暗带),是肌肉收缩的最小单位。数百个肌节组成肌原纤维,含有数百个明暗相间的横纹,因此称为横纹肌。电镜下,在暗带区断面上可见每根粗肌丝周围有6根细肌丝包绕,粗细肌丝均呈六角形排列。静息状态时,暗带两侧的细肌丝相距较远;肌肉收缩时,细肌丝向暗带中央M线滑动靠近,使肌节缩短。

骨骼肌由两型肌纤维构成:I型为红肌纤维,又称慢缩肌纤维(slow twitch fibers),其氧化酶活性较高,糖原水解酶活性较低,脂类含量高,主要通过有氧代谢获取能量,在维持与体位有关的肌肉中比例较高,如竖脊肌等躯干肌肉。II型为白肌纤维,又称快缩肌纤维(fast twitch fibers),与I型肌纤维相反,氧化酶活性低,糖原水解酶活性高,通过糖原无氧代谢获得能量,在与运动直接有关的肌肉中比例高。

骨骼肌受运动神经支配。运动单位是指一个运动神经元所支配的范围,包括脊髓和脑干运动神经细胞的胞体、周围运动神经、神经-肌肉接头和所支配的肌纤维,是运动系统的最小单位。不同肌肉包含的运动单位数量不同。神经-肌肉接头由突触前膜(突入肌纤维的神经末梢)、突触后膜(肌膜的终板)和突触间隙构成。神经末梢无髓鞘包绕,分成细支,终端呈杵状膨大,通过"胞纳作用"摄取细胞外液的胆碱,然后合成乙酰胆碱(acetylcholine,ACh),进入突触囊泡(vesicle)储存。囊泡直径约45nm,每个囊泡内约含1万个ACh分子。突触后膜即肌膜的终板含有许多皱褶,乙酰胆碱受体(acetylcholine receptors,AChR)就分布于这些皱褶的嵴上,密度为$10^4/\mu m^2$。突触间隙非常狭小,约为50nm,其间充满细胞外液,内含乙酰胆碱酯酶可以降解ACh。

神经-肌肉接头的传递过程是电学和化学传递相结合的复杂过程,当电冲动从神经轴突传到神经末梢,电压门控钙通道开放,钙离子内流使突触囊泡与突触前膜融合,囊泡中的 ACh 以量子形式释放进入突触间隙。ACh 的这种释放遵从全或无的定律,每次大约 10^7 个 ACh 分子进入突触间隙。其中 1/3 ACh 分子弥漫到突触后膜,通过与 AChR 的结合,促使阳离子通道开放,引起细胞膜钾、钠离子通透性改变,Na^+ 内流,K^+ 外溢,导致肌膜去极化产生终板电位,并通过横管系统扩散至整个肌纤维全长及肌纤维内部,最终引起肌纤维收缩。另 1/3 的 ACh 分子在到达 AChR 前被突触间隙中的胆碱酯酶水解灭活,生成乙酸和胆碱,后者可被突触前膜摄取重新合成 ACh。其余 1/3 的 ACh 分子释放后即被突触前膜重新摄取,准备另一次释放。肌纤维收缩后由肌质网释放到肌浆中的钙迅速被肌质网重吸收,肌浆中 Ca^{2+} 浓度下降,粗细肌丝复位,引起肌肉舒张。与此同时,肌细胞 Na^+ 外流,K^+ 内流,静息膜电位恢复,一次肌肉收缩周期完成。

【发病机制】

1. 神经-肌肉接头病变的机制

(1) 突触前膜病变造成 ACh 合成和释放障碍:如肉毒杆菌中毒和高镁血症阻碍钙离子进入神经末梢造成 ACh 释放障碍;氨基糖苷类药物和癌性类重症肌无力综合征(Lambert-Eaton myasthenic syndrome)可使 ACh 合成和释放减少。

(2) 突触间隙中乙酰胆碱酯酶活性和含量异常:如有机磷中毒时,乙酰胆碱酯酶活性降低而出现突触后膜过度去极化。

(3) 突触后膜 AChR 病变:如重症肌无力是因体内产生了 AChR 自身抗体而破坏了 AChR;美洲箭毒是因为与 AChR 结合从而阻止了 ACh 与受体的结合。

2. 肌肉疾病发病机制

(1) 肌细胞膜电位异常:如周期性瘫痪,强直性肌营养不良症和先天性肌强直症等,因终板电位下降而引起肌膜去极化阻断。

(2) 能量代谢障碍:如线粒体肌病、脂质代谢性肌病和糖原累积症等均因影响肌肉的能量代谢而发病。

(3) 肌细胞结构病变:如各种肌营养不良症、先天性肌病、内分泌性肌病、炎症性肌病和缺血性肌病等。

【临床症状】

1. 肌肉萎缩　是指由于肌纤维数目减少或体积变小导致的骨骼肌的容积下降。

2. 肌无力　指骨骼肌力量下降。不同类型的神经-肌肉病,肌无力的分布不尽相同。肌肉疾病和神经-肌肉接头疾病所致的肌无力一般双侧对称,累及范围常常不能以某一组或某一条神经损害来解释。

3. 运动不耐受　指达到疲劳的运动负荷量下降,行走短距离即产生疲劳感,休息后可缓解。见于重症肌无力、线粒体肌病、脂质沉积性肌病等。

4. 肌肥大与假肥大　肌肉肥大分为功能性和病理性肥大两种。举重运动员及特殊工种的体力劳动者的某些肌群特别发达,肌肉体积肥大,肌力增强,这是生理性(功能性)肥大,有关的职业史可提供诊断的依据。病理性肌肉肥大可见于:

(1) 肌病:先天性肌强直症患者可伴有肌肉肥大,但肌力减弱。假肥大型肌营养不良症可有腓肠肌等肌肉肥大,这是由于肌纤维的破坏导致脂肪和结缔组织反应性增生所致,故称假性肥大。真性肌肥大症(hypertrophia musculorum vera)罕见,在儿童发生,肢体肌肉肥大进行性发展,到一定程度自行停止。

(2) 内分泌障碍:甲状腺功能减退可引起黏液性水肿导致肢体外形增大。肢端肥大症早期肌肥大,晚期肌萎缩。

(3) 先天性偏侧肥大:主要表现为一侧面部肥大,或一侧面部与同侧半身肥大。

5. 肌肉疼痛和肌压痛　最常见于炎性肌病。活动性疼痛指活动时肌肉疼痛,可见于长途行军后的缺血性胫前肌综合征,线粒体肌病和脂质沉积性肌病等。Ⅴ型糖原累积病运动后可出现痉挛性疼痛,称为痛性痉挛。

6. 肌肉强直（myotonia）　指由于肌膜兴奋性改变导致肌肉收缩或机械刺激后产生不自主的持续的肌收缩。反复多次活动或温暖以后症状减轻，见于先天性肌强直症、强直性肌营养不良症。

7. 肌肉不自主运动　系指肌肉在静息状态下不自主地收缩、抽动。

（1）肌束颤动（fasciculation）：肌束发生的短暂性不自主收缩，肉眼可以辨认但不引起肢体运动，见于脊髓前角或前根损害。

（2）肌纤维颤动（fibrillation）：肉眼不能识别，只能在肌电图上显示。

（3）肌颤搐（myokymia）：一群或一块肌肉在休止状态下呈现的缓慢、持续、不规则的波动性颤动，肉眼可见。见于特发性肌颤搐。

【诊断】

肌肉疾病和神经-肌肉接头疾病的正确诊断必须建立在完整准确的临床资料与相关辅助检查有机结合的基础上。根据肌无力和肌萎缩的起病年龄、进展速度、是否为发作性、萎缩肌肉的分布、遗传方式、病程和预后，结合实验室生化检测、肌电图、肌肉病理以及基因分析，可对各种肌肉疾病进行诊断和鉴别诊断。

【治疗】

1. 病因治疗　去除病因或根据发病机制进行治疗。如对重症肌无力患者进行胸腺瘤切除以减少抗体的产生；糖皮质激素及免疫抑制剂药物可以减轻乙酰胆碱受体抗体对突触后膜乙酰胆碱受体的破坏而达到治疗效果。

2. 其他治疗　溴吡斯的明通过抑制胆碱酯酶对突触间隙乙酰胆碱的水解，从而可减轻重症肌无力的症状；苯妥英钠通过稳定肌膜电位减轻肌肉强直；低钾型周期性瘫痪患者口服 10% 的氯化钾改善肌无力，强直性肌营养不良症的白内障可手术治疗以恢复视力等。

第一节　重症肌无力

重症肌无力（myasthenia gravis，MG）是一种神经-肌肉接头传递功能障碍的获得性自身免疫性疾病。主要由于神经-肌肉接头突触后膜上 AChR 受损引起。临床主要表现为部分或全身骨骼肌无力和极易疲劳，活动后症状加重，经休息和胆碱酯酶抑制剂（cholinesterase inhibitors，ChEI）治疗后症状减轻。发病率为(8～20)/10 万，患病率为 50/10 万，我国南方地区发病率较高。

【病因及发病机制】

重症肌无力是获得性自身免疫性疾病，主要与自身抗体介导的突触后膜 AChR 损害有关。其依据有：①80%～90% 的重症肌无力患者血清中可以检测到 AChR 抗体，10%～20% 的重症肌无力患者血清中可以检测到肌肉特异性酪氨酸激酶（muscle-specific tyrosine kinase，MuSK）抗体，其肌无力症状可以经血浆交换治疗得到暂时改善。②患本病的母亲生产的新生儿也可患重症肌无力，该患儿的血清中有 AChR 抗体，该抗体的滴度随患儿症状的改善而降低。③将重症肌无力患者的血清输入小鼠可产生类重症肌无力的症状和电生理改变。④将电鳗鱼放电器官提纯的 AChR 注入家兔，可制成重症肌无力的实验性自身免疫动物模型，其血清中检测到的 AChR 抗体，可与突触后膜的 AChR 结合。免疫荧光发现实验动物突触后膜上的 AChR 的数目大量减少。⑤80% 重症肌无力患者胸腺肥大，淋巴滤泡增生，10%～20% 的患者有胸腺瘤。胸腺切除后 70% 患者的临床症状可得到改善或痊愈。另外，重症肌无力患者常合并甲状腺功能亢进、甲状腺炎、系统性红斑狼疮、类风湿关节炎和天疱疮等其他自身免疫性疾病。

重症肌无力的发病机制：主要由 AChR 抗体介导，在细胞免疫和补体参与下突触后膜的 AChR 被大量破坏，不能产生足够的终板电位，导致突触后膜传递功能障碍而发生肌无力。骨骼肌烟碱型 AChR 分子量为 250kD，由 α、β、γ、δ 四种同源亚单位构成五聚体（α_2、β、γ、δ）跨膜糖蛋白，α 亚单位上有一个与 ACh 结合的特异部位，也是 AChR 抗体的结合位点。AChR 抗体是一种多克隆抗体，主要成分为 IgG,10% 为 IgM。直接封闭抗体可以竞争性抑制 ACh 与 AChR 的结合;间接封闭抗体可以干扰 ACh 与 AChR 结合。细胞免疫在 MG 的发病中也发挥一定的作用,MG 患者周围血中辅助性 T 细胞增多,抑制性 T 细胞减少,造成 B 细胞活性增强而产生过量抗体。AChR 抗体与 AChR 的结合还可以通过激活补体而使 AChR 降解和结构改变,导致突触后膜上的 AChR 数量减少。最终,神经-肌肉接头的传递功能发生障碍,当连续的神经冲动到来时,不能产生引起肌纤维收缩的动作电位,从而在临床上表现为易疲劳的肌无力。

但是,引起重症肌无力免疫应答的始动环节仍不清楚。一种可能是神经-肌肉接头处 AChR 的免疫原性改变,另一种可能是"分子模拟"假说:由于几乎所有的重症肌无力患者都有胸腺异常,并且增生的胸腺中的 B 细胞可产生 AChR 抗体,T 细胞可与 AChR 反应,故推断胸腺可能是诱发免疫反应的起始部位。正常胸腺是成熟的免疫器官,可以介导免疫耐受以免发生自身免疫反应。胸腺中含有肌样细胞(myoid cells),该细胞类似横纹肌细胞并在突触后膜存在 AChR。推测在一些特定的遗传素质个体中,由于病毒或其他非特异性因子感染后,导致"肌样细胞"的 AChR 构型发生某些变化,成为新的抗原并刺激免疫系统产生 AChR 抗体,它既可与"肌样细胞"上的 AChR 相作用,又可与骨骼肌突触后膜上的 AChR(交叉反应)相作用。胸腺淋巴增生 B 细胞产生的 AChR 抗体并随淋巴系统循环流出胸腺,通过体循环到达神经-肌肉接头与突触后膜的 AChR 发生抗原抗体反应。AChR 抗体的 IgG 也可由周围淋巴器官和骨髓产生。另外,家族性重症肌无力的发现以及其与人类白细胞抗原(human leukocyte antigen,HLA)的密切关系提示重症肌无力的发病与遗传因素有关。

【病理】

1. **胸腺**　80% 的重症肌无力患者胸腺重量增加,淋巴滤泡增生,生发中心增多;10% ~20% 合并胸腺瘤。

2. **神经-肌肉接头**　突触间隙加宽,突触后膜皱褶变浅并且数量减少,免疫电镜可见突触后膜崩解,其上 AChR 明显减少并且可见 IgG-C3-AChR 结合的免疫复合物沉积等。

3. **肌纤维**　肌纤维本身变化不明显,有时可见肌纤维凝固、坏死、肿胀。少数患者肌纤维和小血管周围可见淋巴细胞浸润,称为"淋巴溢"。慢性病变可见肌萎缩。

【临床表现】

本病可见于任何年龄,小至数月,大至 70 ~80 岁。发病年龄有两个高峰:20 ~40 岁发病者女性多于男性,约为 3∶2;40 ~60 岁发病者以男性多见,多合并胸腺瘤。少数患者有家族史。常见诱因有感染、手术、精神创伤、全身性疾病、过度疲劳、妊娠、分娩等,有时甚至可以诱发重症肌无力危象。

(一) 临床特征

1. **受累骨骼肌病态疲劳**　肌肉连续收缩后出现严重无力甚至瘫痪,休息后症状减轻。肌无力于下午或傍晚因劳累后加重,晨起或休息后减轻,此种波动现象称之为"晨轻暮重"。

2. **受累肌的分布和表现**　全身骨骼肌均可受累,多以脑神经支配的肌肉最先受累。肌无力常从一组肌群开始,范围逐步扩大。首发症状常为一侧或双侧眼外肌无力,如上睑下垂、斜视和复视,重者眼球运动明显受限,甚至眼球固定,但瞳孔括约肌不受累。面部肌肉和口咽肌受累时出现表情淡漠、苦笑面容;连续咀嚼无力、饮水呛咳、吞咽困难;说话带鼻音、发音障碍。累及胸锁乳突肌和斜方肌时则表现为颈软、抬头困难,转颈、耸肩无力。四肢肌肉受累以近端无力为重,表现为抬臂、梳头、上楼梯困难,腱反射通常不受影响,感觉正常。

3. **重症肌无力危象**　指呼吸肌受累时出现咳嗽无力甚至呼吸困难,需用呼吸机辅助通气,是致死的主要原因。口咽肌无力和呼吸肌乏力者易发生危象,诱发因素包括呼吸道感染、手术(包括胸腺切除术)、精神紧张、全身疾病等。心肌偶可受累,可引起突然死亡。大约 10% 的重症肌无力出现危象。

4. **胆碱酯酶抑制剂治疗有效**　这是重症肌无力一个重要的临床特征。

5. **病程特点**　缓慢或亚急性起病,也有因受凉、劳累后病情突然加重。整个病程有波动,缓解与复发交替。晚期患者休息后不能完全恢复。多数病例迁延数年至数十年,靠药物维持。少数病例可自然缓解。

（二）临床分型

1. **成年型（Osserman 分型）**

Ⅰ眼肌型(15%～20%)：病变仅限于眼外肌，出现上睑下垂和复视。

ⅡA 轻度全身型(30%)：可累及眼、面、四肢肌肉，生活多可自理，无明显咽喉肌受累。

ⅡB 中度全身型(25%)：四肢肌群受累明显，除伴有眼外肌麻痹外，还有较明显的咽喉肌无力症状，如说话含糊不清、吞咽困难、饮水呛咳、咀嚼无力，但呼吸肌受累不明显。

Ⅲ急性重症型(15%)：急性起病，常在数周内累及延髓肌、肢带肌、躯干肌和呼吸肌，肌无力严重，有重症肌无力危象，需做气管切开，死亡率较高。

Ⅳ迟发重症型(10%)：病程达 2 年以上，常由Ⅰ、ⅡA、ⅡB 型发展而来，症状同Ⅲ型，常合并胸腺瘤，预后较差。

Ⅴ肌萎缩型：少数患者肌无力伴肌萎缩。

2. **儿童型**　约占我国重症肌无力患者的 10%，大多数病例仅限于眼外肌麻痹，双眼睑下垂可交替出现呈拉锯状。约 1/4 病例可自然缓解，仅少数病例累及全身骨骼肌。

（1）新生儿型：约有 10% 的 MG 孕妇可将 AChR 抗体 IgG 经胎盘传给胎儿，患儿出生后即哭声低、吸吮无力、肌张力低、动作减少。经治疗多在 1 周至 3 个月缓解。

（2）先天性肌无力综合征：出生后短期内出现持续的眼外肌麻痹，常有阳性家族史，但其母亲未患 MG。

3. **少年型**　多在 10 岁后发病，多为单纯眼外肌麻痹，部分伴吞咽困难及四肢无力。

【辅助检查】

1. 血、尿、脑脊液检查正常，常规肌电图检查基本正常，神经传导速度正常。

2. **重复神经电刺激（repetitive nerve stimulation，RNS）**　为常用的具有确诊价值的检查方法。应在停用新斯的明 17 小时后进行，否则可出现假阴性。方法为以低频(3～5Hz)和高频(10Hz 以上)重复刺激尺神经、正中神经和副神经等运动神经。MG 典型改变为动作电位波幅第 5 波比第 1 波在低频刺激时递减 10% 以上或高频刺激时递减 30% 以上。90% 的重症肌无力患者低频刺激时为阳性，且与病情轻重相关。

3. **单纤维肌电图（single fibre electromyography，SFEMG）**　通过特殊的单纤维针电极测量并判断同一运动单位内的肌纤维产生动作电位的时间是否延长来反映神经-肌肉接头处的功能，该病表现为间隔时间延长。

4. **AChR 抗体滴度的检测**　对重症肌无力的诊断具有特征性意义。85% 以上全身型重症肌无力患者的血清中 AChR 抗体浓度明显升高，但眼肌型患者的 AChR 抗体升高可不明显，且抗体滴度的高低与临床症状的严重程度并不完全一致。

5. **胸腺 CT、MRI 检查**　可发现胸腺增生和肥大。

6. **其他检查**　5% 重症肌无力患者有甲状腺功能亢进，表现为 T_3、T_4 升高。部分患者抗核抗体和甲状腺抗体阳性。

【诊断】

MG 患者受累肌肉的分布与某一运动神经受损后出现肌无力的范围不相符合，临床特点为受累肌肉在活动后出现疲劳无力，经休息或胆碱酯酶抑制剂治疗可以缓解，肌无力表现为"晨轻暮重"的波动现象。结合药物试验、肌电图以及免疫学等检查的典型表现可以作出诊断。另外，还应该行胸腺 CT、MRI 检查确定有无胸腺增生或胸腺瘤，并根据病史、症状、体征和其他免疫学检查明确是否合并其他自身免疫疾病。下述试验有助于 MG 的诊断：

1. **疲劳试验（Jolly 试验）**　嘱患者持续上视出现上睑下垂或两臂持续平举后出现上臂下垂，休息后恢复则为阳性。

2. 抗胆碱酯酶药物试验

（1）新斯的明（neostigmine）试验：新斯的明 0.5~1mg 肌内注射，20 分钟后肌无力症状明显减轻者为阳性。可同时注射阿托品 0.5mg 以对抗新斯的明的毒蕈碱样反应（瞳孔缩小、心动过缓、流涎、多汗、腹痛、腹泻和呕吐等）。

（2）腾喜龙（tensilon）试验：腾喜龙 10mg 用注射用水稀释至 1ml，静脉注射 2mg，观察 20 秒，如无出汗、唾液增多等不良反应，再给予 8mg，1 分钟内症状好转为阳性，持续 10 分钟后又恢复原状。

【鉴别诊断】

1. **Lambert-Eaton 肌无力综合征**　为一组自身免疫性疾病，其自身抗体的靶器官为周围神经末梢突触前膜的钙离子通道和 ACh 囊泡释放区。多见于男性，约 2/3 患者伴发癌肿，尤其是燕麦细胞型支气管肺癌，也可伴发其他自身免疫性疾病。临床表现为四肢近端肌无力，需与重症肌无力鉴别。此病患者虽然活动后即感疲劳，但短暂用力收缩后肌力反而增强，而持续收缩后又呈疲劳状态，脑神经支配的肌肉很少受累。另外，约半数患者伴有自主神经症状，出现口干、少汗、便秘、阳痿。新斯的明试验可阳性，但不如重症肌无力敏感；神经低频重复刺激时波幅变化不大，但高频重复刺激波幅增高可达 200% 以上；血清 AChR 抗体阴性；用盐酸胍治疗可使 ACh 释放增加而使症状改善。这些特征可与重症肌无力鉴别。

2. **肉毒杆菌中毒**　肉毒杆菌作用在突触前膜阻碍了神经-肌肉接头的传递功能，临床表现为对称性脑神经损害和骨骼肌瘫痪。但患者多有肉毒杆菌中毒的流行病学史，新斯的明试验或依酚氯铵试验阴性。

3. **肌营养不良症**　隐匿起病，症状无波动，病情逐渐加重，肌萎缩明显，血肌酶明显升高，新斯的明试验阴性，抗胆碱酯酶药治疗无效。

4. **延髓麻痹**　因延髓发出的后组脑神经受损出现咽喉肌无力表现，但多有其他神经定位体征，病情进行性加重无波动，疲劳试验和新斯的明试验阴性，抗胆碱酯酶药治疗无效。

5. **多发性肌炎**　表现为四肢近端肌无力，多伴有肌肉压痛，无晨轻暮重的波动现象，病情逐渐进展，血清肌酶明显增高。新斯的明试验阴性，抗胆碱酯酶药治疗无效。

【治疗】

1. 药物治疗

（1）胆碱酯酶抑制剂：通过抑制胆碱酯酶，减少 ACh 的水解而减轻肌无力症状。成人每次口服溴吡斯的明（pyridostigmine bromide）60~120mg，3~4 次/日。应在饭前 30~40 分钟服用，口服 2 小时达高峰，作用时间为 6~8 小时，作用温和、平稳，不良反应小。辅助药如氯化钾、麻黄碱可加强胆碱酯酶抑制剂的作用。

（2）肾上腺糖皮质激素：可抑制自身免疫反应，减少 AChR 抗体的生成，适用于各种类型的 MG。

1）冲击疗法：适用于住院危重病例、已用气管插管或呼吸机者。甲泼尼龙（methyl prednisolone，MPL）1000mg 静脉滴注，1 次/日，连用 3~5 日，随后每日减半量，即 500mg、250mg、125mg，继之改为口服泼尼松（predinosine）50mg，当病情稳定后再逐渐减量。可用地塞米松 10~20mg 静脉滴注，1 次/日，连用 7~10 日。临床症状稳定改善后，停用地塞米松，改为泼尼松 60~100mg 隔日顿服。当症状基本消失后，逐渐减量至 5~15mg 长期维持，至少 1 年以上。若病情波动，则需随时调整剂量。也可一开始就口服泼尼松每天 60~80mg，当症状缓解后再逐渐减量。大剂量类固醇激素治疗初期可使病情加重，甚至出现危象，应予注意。

2）小剂量递增法：隔日每晨顿服泼尼松 20mg，每周递增 10mg，直至隔日每晨顿服 60~80mg，待症状稳定改善后，逐渐减量至隔日 5~15mg 维持数年。此法可避免用药初期病情加重。

长期应用激素者应注意激素的不良反应如：胃溃疡出血、血糖升高、库欣综合征、股骨头坏死、骨质疏松等。

（3）免疫抑制剂：适用于对肾上腺糖皮质激素疗效不佳或不能耐受，或因有高血压、糖尿病、溃疡病而不能用肾上腺糖皮质激素者。应注意药物不良反应如:周围血白细胞、血小板减少,脱发,胃肠道反应,出血性膀胱炎,肝、肾功能受损等。

1)环磷酰胺:成人口服每次 50mg,2~3 次/日,或 200mg,每周 2~3 次静脉注射。儿童口服 3~5mg/(kg·d)。

2)硫唑嘌呤:口服每次 50~100mg,1~2 次/日,用于类固醇激素治疗不佳者。

3)环孢素 A(cyclosporine A):对细胞免疫和体液免疫均有抑制作用,减少 AChR 抗体生成。口服 6mg/(kg·d),疗程 12 个月。不良反应有肾小球局部缺血坏死、恶心、心悸等。

(4)禁用和慎用药物:氨基糖苷类抗生素、新霉素、多黏菌素、巴龙霉素等可加重神经-肌肉接头传递障碍;奎宁、奎尼丁等药物可以降低肌膜兴奋性;另外吗啡、地西泮、苯巴比妥、苯妥英钠、普萘洛尔等药物也应禁用或慎用。

2. **胸腺治疗**

(1)胸腺切除:可去除患者自身免疫反应的始动抗原,减少参与自体免疫反应的 T 细胞、B 细胞和细胞因子。适用于伴有胸腺肥大和高 AChR 抗体效价者;伴胸腺瘤的各型重症肌无力患者;年轻女性全身型 MG 患者;对抗胆碱酯酶药治疗反应不满意者。约 70% 的患者术后症状缓解或治愈。

(2)胸腺放射治疗:对不适于做胸腺切除者可行胸腺深部^{60}Co 放射治疗。

3. **血浆置换**　通过正常人血浆或血浆代用品置换患者血浆,能清除 MG 患者血浆中 AChR 抗体、补体及免疫复合物。每次交换量为 2000ml 左右,每周 1~3 次,连用 3~8 次。起效快,但疗效持续时间短,仅维持 1 周至 2 个月,随抗体水平增高而症状复发且不良反应大,仅适用于危象和难治性重症肌无力。

4. **大剂量静脉注射免疫球蛋白**　外源性 IgG 可以干扰 AChR 抗体与 AChR 的结合从而保护 AChR 不被抗体阻断。IgG 0.4g/(kg·d)静脉滴注,5 日为一疗程,作为辅助治疗缓解病情。

5. **危象的处理**　危象指 MG 患者在某种因素作用下突然发生严重呼吸困难,甚至危及生命。须紧急抢救。危象分三种类型:

(1)肌无力危象(myasthenic crisis):为最常见的危象,疾病本身发展所致,多由于抗胆碱酯酶药量不足。如注射腾喜龙或新斯的明后症状减轻则可诊断。

(2)胆碱能危象(cholinergic crisis):非常少见,由于抗胆碱酯酶药物过量引起,患者肌无力加重,并且出现明显胆碱酯酶抑制剂的不良反应如肌束颤动及毒蕈碱样反应。可静脉注射腾喜龙 2mg,如症状加重则应立即停用抗胆碱酯酶药物,待药物排除后可重新调整剂量。

(3)反拗危象(brittle crisis):由于对抗胆碱酯酶药物不敏感而出现严重的呼吸困难,腾喜龙试验无反应,此时应停止抗胆碱酯酶药,对气管插管或切开的患者可采用大剂量类固醇激素治疗,待运动终板功能恢复后再重新调整抗胆碱酯酶药物剂量。

危象是重症肌无力患者最危急的状态,病死率为 15.4%~50%,随治疗进展病死率已明显下降。不论何种危象,均应注意确保呼吸道通畅,若早期处理病情无好转时,应立即进行气管插管或气管切开,应用人工呼吸器辅助呼吸;停用抗胆碱酯酶药物以减少气管内的分泌物;选用有效、足量和对神经-肌肉接头无阻滞作用的抗生素积极控制肺部感染;给予静脉药物治疗如皮质类固醇激素或大剂量丙种球蛋白;必要时采用血浆置换。

【预后】

重症肌无力患者一般预后良好,但危象的死亡率较高。

第二节　周期性瘫痪

周期性瘫痪(periodic paralysis)是一组以反复发作的骨骼肌弛缓性瘫痪为特征的肌病,与钾代谢异常有关。肌无力可持续数小时或数周,发作间歇期完全正常,根据发作时血清钾的浓度,可分为低钾型、高钾型和正常钾型三类,临床上以低钾型者多见。由甲状腺功能亢进、醛固酮增多症、肾衰竭和代谢性疾病所致低钾而瘫痪者称为继发性周期性瘫痪。

一、低钾型周期性瘫痪

低钾型周期性瘫痪(hypokalemic periodic paralysis)为常染色体显性遗传病,我国以散发多见。临床表现为发作性肌无力、血清钾降低、补钾后能迅速缓解,是周期性瘫痪中最常见的类型。

【病因及发病机制】

低钾型周期性瘫痪为常染色体显性遗传性疾病,其致病基因主要位于1号染色体长臂(1q31-32),该基因编码肌细胞二氢吡啶敏感的L型钙离子通道(L type calcium channel)蛋白,是二氢吡啶复合受体的一部分,位于横管系统,通过调控肌质网钙离子的释放而影响肌肉的兴奋-收缩偶联。肌无力在饱餐后或激烈活动后的休息中最易发作,能促使钾离子转入细胞内的因素如注射胰岛素、肾上腺素或大量葡萄糖也能诱发。

发病机制尚不清楚,可能与骨骼肌细胞膜内、外钾离子浓度的波动有关。在正常情况下,钾离子浓度在肌膜内高,肌膜外低,当两侧保持正常比例时,肌膜才能维持正常的静息电位,才能为ACh的去极化产生正常的反应。本病患者的肌细胞膜经常处于轻度去极化状态,较不稳定,电位稍有变化即产生钠离子在膜上的通路受阻,导致电活动的传播障碍。在疾病发作期间,受累肌肉对一切电刺激均不起反应,处于瘫痪状态。

【病理】

主要病理变化为肌肉肌浆网空泡化,空泡内含透明的液体及少数糖原颗粒,单个或多个,位于肌纤维中央甚至占据整个肌纤维,另外可见肌小管聚集。电镜下可见空泡由肌浆网终末池和横管系统扩张所致。发作间歇期可恢复,但不完全,故肌纤维间仍可见数目不等的小空泡。

【临床表现】

1. 任何年龄均可发病,以20~40岁男性多见,随年龄增长而发作次数减少。常见的诱因有疲劳、饱餐、寒冷、酗酒、精神刺激等。

2. 发病前可有肢体疼痛、感觉异常、口渴、多汗、少尿、潮红、嗜睡、恶心等。常于饱餐后夜间睡眠或清晨起床时发现肢体肌肉对称性不同程度的无力或完全瘫痪,下肢重于上肢、近端重于远端;也可从下肢逐渐累及上肢。瘫痪肢体肌张力低,腱反射减弱或消失。可伴有肢体酸胀、针刺感。脑神经支配肌肉一般不受累,膀胱直肠括约肌功能也很少受累。少数严重病例可发生呼吸肌麻痹、尿便潴留、心动过速或过缓、心律失常、血压下降等情况甚至危及生命。

3. 发作一般经数小时或数日逐渐恢复,发作频率也不尽相同,一般数周或数月一次,个别病例每天均有发作,也有数年一次甚至终身仅发作一次者。发作间期一切正常。伴发甲状腺功能亢进者发作频率较高,每次持续时间短,常在数小时至1天之内。甲亢控制后,发作频率减少。

【辅助检查】

1. 发作期血清钾常低于3.5mmol/L,间歇期正常。

2. 心电图呈典型的低钾性改变,U波出现,T波低平或倒置,P-R间期和Q-T间期延长,ST段下降,QRS波增宽。

3. 肌电图示运动电位时限短、波幅低,完全瘫痪时运动单位电位消失,电刺激无反应。膜静息电位低于正常。

【诊断】

根据常染色体显性遗传或散发,突发四肢弛缓性瘫痪,近端为主,无脑神经支配肌肉损害,无意识障碍和感觉障碍,数小时至一日内达高峰,结合检查发现血钾降低,心电图低钾性改变,经补钾治疗肌无力迅速缓解等不难诊断。

【鉴别诊断】

1. **高钾型周期性瘫痪**　本病一般在10岁以前发病,白天运动后发作频率较高。肌无力症状持续时间短,发作时血钾增高,心电图呈高血钾改变,可自行缓解,或降血钾治疗可好转。

2. 正常血钾型周期性瘫痪　少见,10 岁前发病,常在夜间发作,肌无力持续的时间较长,无肌强直表现。血钾正常,补钾后症状加重,服钠后症状减轻。

3. 重症肌无力　亚急性起病可累及四肢及脑神经支配肌肉,症状呈波动性,晨轻暮重,病态疲劳。疲劳试验及新斯的明试验阳性。血清钾正常,重复神经电刺激波幅递减,抗乙酰胆碱受体抗体阳性可资鉴别。

4. 吉兰-巴雷综合征　本病呈四肢弛缓性瘫痪,远端重于近端,可有周围性感觉障碍和脑神经损害,脑脊液蛋白-细胞分离现象,肌电图神经源性损害,可与低钾型周期性瘫痪鉴别。

5. 继发性低血钾　散发病例应与可反复引起低血钾的疾病鉴别,如甲亢、原发性醛固酮增多症、肾小管酸中毒、失钾性肾炎、腹泻、药源性低钾麻痹(噻嗪类利尿剂、皮质类固醇等)等。但上述疾病均有原发病的其他特殊症状可资鉴别。

【治疗】

发作时给予10%氯化钾或10%枸橼酸钾40～50ml 顿服,24 小时内再分次口服,一日总量为10g。也可静脉滴注氯化钾溶液以纠正低血钾状态。对发作频繁者,发作间期可口服钾盐1g,3 次/日;螺内酯200mg,2 次/日以预防发作。同时避免各种发病诱因如避免过度劳累、受冻及精神刺激,低钠饮食,忌摄入过多高碳水化合物等。严重患者出现呼吸肌麻痹时应予辅助呼吸,严重心律失常者应积极纠正。

【预后】

预后良好,随年龄增长发作次数趋于减少。

二、高钾型周期性瘫痪

高钾型周期性瘫痪(hyperkalemic periodic paralysis)又称强直性周期性瘫痪,较少见。1951 年由Tyler 首先报道,呈常染色体显性遗传。

【病因及发病机制】

高钾型周期性瘫痪的致病基因位于第 17 号染色体长臂(17q13),由于编码骨骼肌门控钠通道蛋白的 α 亚单位基因的点突变,导致氨基酸的改变而引起肌细胞膜钠离子通道功能异常,膜对钠的通透性增加或肌细胞内钾、钠转换能力缺陷,钠内流增加,钾离子从细胞内转移到细胞外,膜不能正常复极呈持续去极化,肌细胞膜正常兴奋性消失,产生肌无力。

【病理】

肌肉活组织检查与低钾型的改变相同。

【临床表现】

多在 10 岁前起病,男性居多,饥饿、寒冷、剧烈运动和钾盐摄入可诱发肌无力发作。肌无力从下肢近端开始,然后影响到上肢、甚至颈部肌肉,脑神经支配肌肉和呼吸肌偶可累及,瘫痪程度一般较轻,但常伴有肌肉痛性痉挛。部分患者伴有手肌、舌肌的强直发作,肢体放入冷水中易出现肌肉僵硬,肌电图可见强直电位。发作时血清钾和尿钾含量升高,血清钙降低,心电图 T 波高尖。每次发作持续时间短,约数分钟到 1 小时。发作频率为每天数次到每年数次。多数病例在 30 岁左右趋于好转,逐渐停止发作。

【辅助检查】

发作时血清钾水平明显高于正常范围。血清肌酸激酶(creatine kinase,CK)也可升高。心电图呈高血钾性改变。肌电图可见纤颤电位和强直放电。在肌无力发作高峰时,EMG 呈电静息,电刺激无动作电位出现。神经传导速度正常。

【诊断】

根据常染色体显性遗传家族史,儿童发作性无力伴肌强直,无感觉障碍和高级神经活动异常,血钾增高,可作出诊断。临床表现不典型时,可行诱发试验:①钾负荷试验:口服氯化钾 3～8g,若服后30～90 分钟内出现肌无力,数分钟至 1 小时达高峰,持续 20 分钟至 1 天,则有助于诊断;②冷水诱试验:将前臂浸入 11~13℃水中,若 20~30 分钟诱发肌无力,停止浸冷水 10 分钟后恢复,有助于诊断。

【鉴别诊断】

应注意与低钾型周期性瘫痪、正常钾型周期性瘫痪和先天性副肌强直症鉴别,还需与继发性高血钾瘫痪鉴别,如肾功能不全、肾上腺皮质功能下降、醛固酮缺乏症和药物性高血钾等。

【治疗】

对发作时间短,症状较轻患者一般不需特殊治疗,症状重时可用 10% 葡萄糖酸钙 10~20ml 静注,或 10% 葡萄糖 500ml 加胰岛素 10~20U 静脉滴注以降低血钾。预防发作可给予高碳水化合物饮食,避免过度劳累及寒冷刺激,口服氢氯噻嗪等利尿药帮助排钾。

三、正常钾型周期性瘫痪

正常钾型周期性瘫痪(normal kalemic periodic paralysis)又称钠反应性正常血钾型周期性瘫痪,为常染色体显性遗传,较为罕见。病理改变与低钾型周期性瘫痪相似。多在 10 岁前发病,常于夜间或清晨醒来时发现四肢或部分肌肉瘫痪,甚至发音不清、呼吸困难等。发作常持续 10 天以上。运动后休息、寒冷、限制钠盐摄入或补充钾盐均可诱发,补钠后好转。血清钾水平正常。主要与吉兰-巴雷综合征、高钾型和低钾型周期性瘫痪鉴别。治疗上可给予:①大量生理盐水静脉滴入;②10% 葡萄糖酸钙 10ml,2 次/日静脉注射,或钙片每天 0.6~1.2g,分 1~2 次口服;③每天服食盐 10~15g,必要时用氯化钠静脉滴注;④乙酰唑胺 0.25g,2 次/日。预防发作可在间歇期给予氟氢可的松和乙酰唑胺,避免进食含钾多的食物,如肉类、香蕉、菠菜、薯类,防止过劳或过度肌肉活动,注意寒冷或暑热的影响。

第三节　多发性肌炎和皮肌炎

多发性肌炎(polymyositis,PM)和皮肌炎(dermatomyositis,DM)是一组多种病因引起的弥漫性骨骼肌炎症性疾病,发病与细胞和体液免疫异常有关。主要病理特征是骨骼肌变性、坏死及淋巴细胞浸润,临床上表现为急性或亚急性起病,对称性四肢近端为主的肌肉无力伴压痛,血清肌酶增高,血沉增快,肌电图呈肌源性损害,用糖皮质激素治疗效果好等特点。PM 病变仅限于骨骼肌,DM 则同时累及骨骼肌和皮肤。

【病因及发病机制】

PM 和 DM 的发生可能与病毒感染有关,多数患者病前有流感病毒 A 和 B、HIV、ECHO、柯萨奇病毒感染史。遗传因素可能也增加 PM 和 DM 的易患性,约半数 PM 患者与 HLA-DR3 相关,而 HLA-DR52 几乎见于所有的 PM 患者,多发性肌炎家族也有报道,说明遗传因素参与了发病。

发病机制与免疫失调有关。部分 PM 和 DM 患者的血清中可以检测到 Jo-1 抗体、SRP 抗体、Mi-2 抗体、抗核抗体等多种抗体,肌肉病理发现肌组织内有活化的淋巴细胞浸润,外周血淋巴细胞对肌肉抗原敏感,并对培养的肌细胞有明显的细胞毒作用,这些均说明本病是一自身免疫性疾病。PM 的发病主要与细胞毒性介导的免疫反应有关,T 淋巴细胞可直接导致肌纤维的破坏,而细胞间黏附分子、白细胞介素-1α 与炎性细胞的浸润密切相关。DM 的发病则主要与体液免疫异常有关,肌组织内微血管直接受累,其上可见 IgM、IgG 和 C3、C5b-9 膜攻击复合物形成。推测 DM 可能是一种补体介导的微血管病,肌纤维的损害是继发改变。目前尚不清楚可直接诱发 PM 和 DM 的自身免疫异常因素,推测某种病原体感染改变了肌纤维或内皮细胞的抗原性,从而引发免疫反应,或病毒感染后启动了机体对某些病毒肽段的免疫应答,而这些肽段与肌细胞中的某些蛋白的肽段结构相似,通过交叉免疫启动了自身免疫反应进而攻击自身的肌细胞。

【病理】

主要为骨骼肌的炎性改变,肌纤维变性、坏死、萎缩、再生和炎症细胞浸润,浸润的炎症细胞可以呈灶状分布或散在(图 19-1),PM 中炎细胞主要是 CD8$^+$T 淋巴细胞、单核细胞和少量 B 淋巴细胞,多分布于肌内膜,也可位于肌束膜和血管周围,可见活化的炎症细胞侵入非坏死肌纤维。病程长者可见肌束膜及肌内膜结缔组织增生。DM 特异的肌肉病理改变是束周肌纤维萎缩、微血管病变和炎症细胞浸润,浸润的炎症细胞主要是 CD4$^+$T 淋巴细胞和 B 细胞,主要聚集于肌束膜和血管周围,肌束膜内血管可见管壁增厚、管腔狭窄和血栓形成,血管壁可见 IgG、IgM、C3 等沉积。电镜下淋巴细胞浸入肌纤维的肌膜下,肌丝断裂,空泡样变,Z 线消失,肌细胞再生,毛细血管可见内皮细胞和基底膜增厚,并出现微管包涵体,管腔狭窄甚至闭塞。

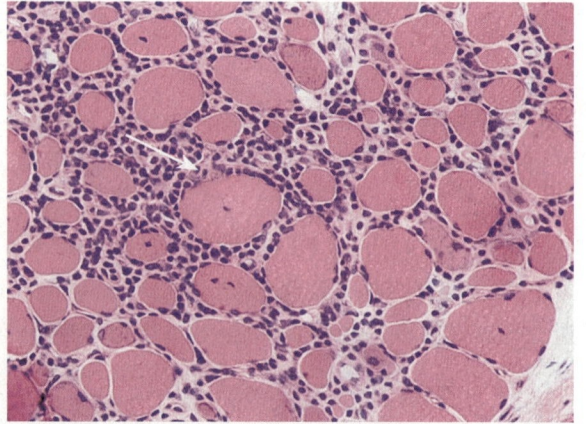

图 19-1　**多发性肌炎肌组织病理(HE,×400)** 肌内膜炎症细胞浸润,可见炎症细胞侵入非坏死肌纤维

【临床表现】

急性或亚急性起病,发病年龄不限,但儿童和成人多见,女性多于男性,病情逐渐加重,几周或几月达高峰。病前可有低热或感冒史。发病率约为(2~5)/10 万。

1. **肌肉无力**　首发症状通常为四肢近端无力,常从盆带肌开始逐渐累及肩带肌肉,表现为上楼、起蹲困难,双臂不能高举、梳头困难等;颈肌无力出现竖颈困难;咽喉肌无力表现为构音、吞咽困难;呼吸肌受累则出现胸闷、气短。常伴有关节、肌肉痛。眼外肌一般不受累。肌无力可持续数年。查体可见四肢近端肌肉无力、压痛,晚期有肌萎缩和关节挛缩。

2. **皮肤损害**　DM 患者可见皮肤损害,皮疹多先于或与肌肉无力同时出现,少数患者皮疹在肌无力之后发生。典型的皮疹为眶周和上下眼睑水肿性淡紫色斑和 Gottron 征,后者指四肢关节伸面的水肿性红斑,其他皮肤损害还包括光敏性皮疹、面部蝶形红斑等。

3. **其他表现**　消化道受累出现恶心、呕吐、痉挛性腹痛。心脏受累出现晕厥、心律失常、心衰。肾脏受累出现蛋白尿和红细胞。少数病例合并其他自身免疫性疾病,如类风湿关节炎、系统性红斑狼疮、进行性系统性硬化等。还有少数病例可能伴发恶性肿瘤,如乳腺肿瘤、肺癌、卵巢癌和胃癌等。

【辅助检查】

1. **血生化检测**　急性期周围血白细胞增高,血沉增快,C 反应蛋白增高。血清 CK 明显增高,可达正常的 10 倍以上。肌炎特异性抗体(myositis specific antibodies,MSAs)Jo-1、PL-7 等升高。1/3 患者类风湿因子和抗核抗体阳性,免疫球蛋白及抗肌球蛋白的抗体增高。

2. **尿检测**　24 小时尿肌酸增高,这是肌炎活动期的一个指标。部分患者可有肌红蛋白尿。

3. **肌电图**　可见自发性纤颤电位、正向尖波和多相波增多,呈肌源性损害表现。神经传导速度正常。

4. **肌活检**　肌活检见前面病理所述。

5. **心电图**　52%~75% 的患者有心电图异常,QT 延长,ST 段下降。

【诊断】

根据临床特点表现为:①急性或亚急性四肢近端及骨盆带肌无力伴压痛,腱反射减弱或消失;②血清 CK 明显增高;③肌电图呈肌源性损害;④活检见典型肌炎病理表现;⑤伴有典型皮肤损害。具有前 4 条者诊断为 PM,前 4 条标准具有 3 条以上并且同时具有第 5 条者为 DM。免疫抑制剂治疗有效支持诊断。40 岁以上患者应除外恶性肿瘤。

【鉴别诊断】

1. **包涵体肌炎**　因有肌肉炎性损害、吞咽困难需与多发性肌炎鉴别。但包涵体肌炎的肌无力呈非对称性,远端肌群受累常见,如屈腕屈指无力与足下垂,肌痛和肌肉压痛非常少见。血清 CK 正常或轻度升高、肌肉病理发现嗜酸性包涵体和激素治疗无效可与多发性肌炎鉴别。

2. **肢带型肌营养不良症**　因有四肢近端和骨盆、肩胛带无力和萎缩,肌酶增高而需与多发性肌炎鉴别。但肢带型肌营养不良症常有家族史,无肌痛,病程更缓慢,肌肉病理表现以肌纤维变性、坏死、萎缩和脂肪组织替代为主而无明显炎症性细胞浸润,可资鉴别。

3. **重症肌无力**　多发性肌炎晚期卧床不起,构音、吞咽困难要与本病鉴别。可根据前者病情无明显波动、抗胆碱酯酶药物治疗不敏感、血清酶活性增高而排除重症肌无力。

【治疗】

急性期患者应卧床休息,适当体疗以保持肌肉功能和避免挛缩,注意防止肺炎等并发症。

1. **肾上腺糖皮质激素**　为多发性肌炎的首选药物。常用方法为:泼尼松 $1 \sim 1.5mg/(kg \cdot d)$,最大剂量100mg/d。一般在 $4 \sim 6$ 周之后临床症状改善,CK 下降接近正常。逐渐慢慢减量,一般每2周减5mg,至 30mg/d 时改为每 $4 \sim 8$ 周减 $2.5 \sim 5mg$,最后达到维持量 $10 \sim 20mg/d$,维持 $1 \sim 2$ 年。应特别注意激素量不足时肌炎症状不易控制,减量太快则症状易波动。急性或重症患者可首选大剂量甲泼尼龙 1000mg 静滴,1 次/日,连用 $3 \sim 5$ 天,然后逐步减量。长期肾上腺糖皮质激素治疗应预防其不良反应,给予低糖、低盐和高蛋白饮食,用抗酸剂保护胃黏膜,注意补充钾和维生素 D,对结核病患者应进行相应的治疗。

2. **免疫抑制剂**　当激素治疗不满意时加用。首选甲氨蝶呤,其次为硫唑嘌呤、环磷酰胺、环孢素A,用药期间注意白细胞减少和定期进行肝肾功能的检查。

3. **免疫球蛋白**　急性期与其他治疗联合使用,效果较好。免疫球蛋白 $1g/(kg \cdot d)$,静滴连续2天;或 $0.4g/(kg \cdot d)$ 静脉滴注,每月连续5天,4个月为一疗程,不良反应为恶心、呕吐、头晕,但能自行缓解。

4. **支持治疗**　给予高蛋白和高维生素饮食,进行适当体育锻炼和理疗,重症者应预防关节挛缩及失用性肌萎缩。

【预后】

儿童预后较好。多发性肌炎患者中半数可基本痊愈。伴肿瘤的老年患者,尤其是有明显的肺、心、胃肠受累者预后差。

第四节　进行性肌营养不良症

进行性肌营养不良症(progressive muscular dystrophy,PMD)是一组遗传性肌肉变性疾病,临床特征主要为缓慢进行性加重的对称性肌肉无力和萎缩,无感觉障碍。遗传方式主要为常染色体显性、隐性和 X 连锁隐性遗传。电生理表现主要为肌源性损害、神经传导速度正常。组织学特征主要为进行性的肌纤维坏死、再生和脂肪及纤维结缔组织增生,肌肉无异常代谢产物堆积。治疗方面主要为对症治疗,目前尚无有效的根治方法。

根据遗传方式、起病年龄、萎缩肌肉的分布、病程进展速度和预后,进行性肌营养不良症至少可以分为 9 种类型:假肥大型肌营养不良症(pseudohypertrophy muscular dystrophy),包括 Duchenne 型肌营养不良症(Duchenne muscular dystrophy,DMD)和 Becker 型肌营养不良症(Becker muscular dystrophy,BMD)、面肩肱型肌营养不良症(facioscapulohumeral muscular dystrophy,FSHD)、肢带型肌营养不良症(limb-girdle muscular dystrophy,LGMD)、Emery-Dreifuss 肌营养不良症(Emery-Dreifuss muscular dystrophy,EDMD)、先天性肌营养不良症(congenital muscular dystrophy,CMD)、眼咽型肌营养不良症(oculopharyngeal muscular dystrophy,OPMD)、眼肌型肌营养不良症(ocular muscular dystrophy)和远端型肌营养不良症(distal muscular dystrophy)。在这些类型中,DMD 最常见,其次为 BMD、FSHD 和 LGMD。

【病因及发病机制】

进行性肌营养不良症的各种类型的基因位置、突变类型和遗传方式均不相同,其致病机制也不一样。实际上各种类型均是一种独立的遗传病。如假肥大型肌营养不良症(DMD 和 BMD)的基因位于染色体 Xp21,属 X 连锁隐性遗传。该基因全长约2300kb,是迄今为止发现的人类最大基因,cDNA 长

14kb,含 79 个外显子,编码 3685 个氨基酸,组成 427kD 的细胞骨架蛋白-抗肌萎缩蛋白(dystrophin)。该蛋白主要位于骨骼肌和心肌细胞膜的质膜面,具有细胞支架、抗牵拉、防止肌细胞膜在收缩活动时撕裂的功能。作为细胞骨架的主要成分,抗肌萎缩蛋白与肌纤维膜上的多种糖蛋白结合为抗肌萎缩蛋白相关蛋白复合体(dystrophin-associated protein complex,DAPC),这些复合体可与基膜层粘连蛋白(laminin)连接,以维持肌纤维的稳定性。DMD 患者因基因缺陷而使肌细胞内缺乏抗肌萎缩蛋白,造成肌细胞膜不稳定并导致肌细胞坏死和功能缺失而发病。DMD 患者大脑皮质神经元突触区抗肌萎缩蛋白的缺乏可能是智力发育迟滞的原因。

　　FSHD 基因定位在 4 号染色体长臂末端(4q35),在此区域有一与 KpnI 酶切位点相关的 3.3kb 重复片段。正常人该 3.3kb/KpnI 片段重复 10～150 次,而 FSHD 患者通常少于 8 次,故通过测定 3.3kb/KpnI 片段重复的次数则可作出基因诊断。FSHD 患者 3.3kb/KpnI 片段重复次数的减少并不直接引起基因的结构破坏,而是引起 4q35 基因的转录抑制被减弱或消除,使其表达上调而致病。

　　肢带型肌营养不良症是一类具有高度遗传异质性和表型异质性的常染色体遗传性肌病,根据遗传方式,呈常染色体显性遗传的称为 LGMD1,呈常染色体隐性遗传的称为 LGMD2。各自按每一个不同的致病基因分为不同的亚型,如 LGMD1 分为 LGMD1A、1B、1C 等;LGMD2 分为 LGMD2A、2B、2C 等。90% 以上的肢带型肌营养不良症是常染色体隐性遗传,以 LGMD2A 型最常见。肢带型肌营养不良的发病与肌膜蛋白和近膜蛋白的异常有关,直接影响肌细胞膜上的抗肌萎缩蛋白-糖蛋白复合体的结构和功能。复合体内各蛋白之间紧密结合,互相关联,作用为连接膜内骨架蛋白和膜外基质以保持肌细胞膜的稳定性。任何一种蛋白的缺失均会影响到整个膜结构的稳定,导致肌细胞的坏死。

　　眼咽型肌营养不良症基因位于染色体 14q11.2-13,其蛋白产物为多聚腺苷酸结合蛋白 2(polyade-nylate-binding protein 2,PABP2),故也称多聚腺苷酸结合蛋白 2 基因。PABP2 蛋白存在于细胞核中,对信使 RNA 起增加 poly(A)的作用。发病机制与 PABP2 基因 1 号外显子上的 GCG 重复突变增加有关:正常人仅 6 次重复,而眼咽型肌营养不良症患者 GCG 重复 8～13 次,编码异常的多聚丙氨酸链。重复的次数越多,症状越重。

　　Emery-Dreifuss 肌营养不良症基因位于染色体 Xq28 和 1q21-23,分别编码 emerin 和核纤层蛋白 A/C(laminA/C),主要位于骨骼肌、心肌、平滑肌核膜。该基因异常导致核膜稳定性受损,造成骨骼肌和心肌的损害。

【病理】

　　各种类型的进行性肌营养不良症的肌肉病理改变主要为肌纤维的变性、坏死、萎缩和再生,肌膜核内移增多。随着病情进展,光镜下肌细胞大小差异不断增加,有的萎缩,有的代偿性增大,呈镶嵌分布;萎缩的肌纤维间有大量的脂肪细胞和纤维结缔组织增生。Ⅰ型和Ⅱ型肌纤维均受累,为非特异性改变(图 19-2)。电镜下肌原纤维排列紊乱或断裂,Z 线破坏或消失,肌细胞膜有锯齿状改变。各种类型的特异性蛋白改变需用相应的抗体进行检测,如 DMD 和 EDMD 患者的肌活检标本分别用抗肌萎缩蛋白抗体和 emerin 抗体进行免疫组化染色可见抗肌萎缩蛋白和 emerin 蛋白缺失,对诊断有决定性意义。

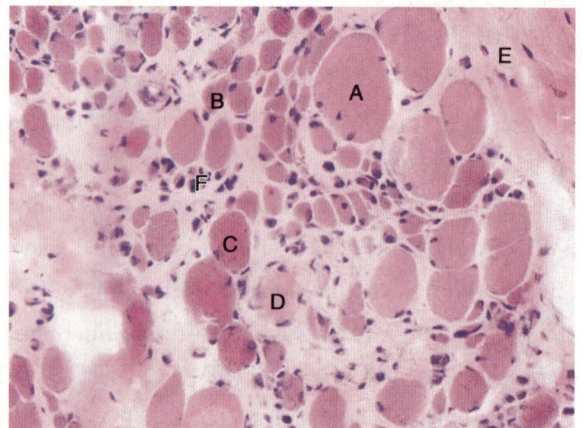

图 19-2　DMD 肌组织病理(HE,×400)

肌纤维大小不等,可见肌纤维肥大(A)、萎缩(B)、变性(C)和坏死(D),肌束膜(E)和肌内膜(F)结缔组织明显增生

【临床表现】

　　1. 假肥大型　肌肉假肥大是由于肌束内大量脂肪和纤维结缔组织的堆积造成。根据抗肌萎缩蛋白疏水肽段是否存在,以及蛋白空间

结构变化和功能丧失程度的不同,本型又可分为 DMD 和 BMD 两种类型。

（1）Duchenne 型肌营养不良症（DMD）

1）DMD 是我国最常见的 X 连锁隐性遗传的肌病,发病率约 30/10 万男婴。1/3 的患儿是 DMD 基因新突变所致。女性为致病基因携带者,所生男孩 50% 的概率发病,无明显地理或种族差异。

2）3~5 岁隐匿出现骨盆带肌肉无力,表现为走路慢,脚尖着地,易跌跤。由于髂腰肌和股四头肌无力而上楼及蹲位站立困难。背部伸肌无力使站立时腰椎过度前凸,臀中肌无力导致行走时骨盆向两侧上下摆动,呈典型的鸭步☺。由于腹肌和髂腰肌无力,患儿自仰卧位起立时必须先翻身转为俯卧位,依次屈膝关节和髋关节,并用手支撑躯干成俯跪位,然后以两手及双腿共同支撑躯干,再用手按压膝部以辅助股四头肌的肌力,身体呈深鞠躬位,最后双手攀附下肢缓慢地站立,因十分用力而出现面部发红。上述动作称为 Gowers 征（图 19-3）☺,为 DMD 的特征性表现。DMD 患儿坐在地板上,双手交叉抱肩不能站起,而正常小儿很容易站起。

3）肩胛带肌、上臂肌往往同时受累,但程度较轻。由于肩胛带松弛形成游离肩。因前锯肌和斜

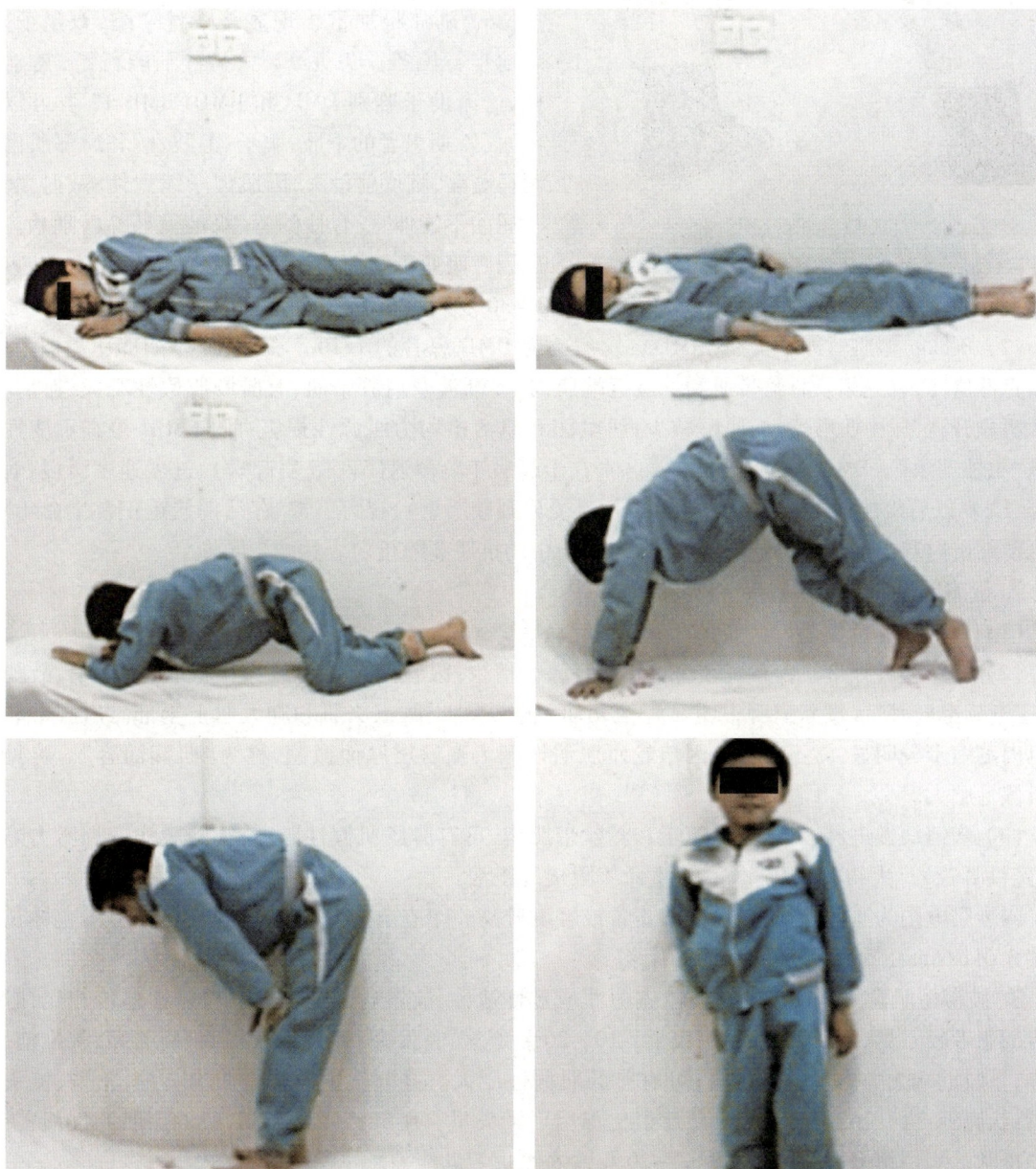

图 19-3　Gowers 征

方肌萎缩无力,举臂时肩胛骨内侧远离胸壁,两肩胛骨呈翼状竖起于背部,称为翼状肩胛,在两臂前推时最明显。

4)90%的患儿有肌肉假性肥大,触之坚韧,为首发症状之一(图19-4)。以腓肠肌最明显,三角肌、臀肌、股四头肌、冈下肌和肱三头肌等也可发生。因萎缩肌纤维周围被脂肪和结缔组织替代,故体积增大而肌力减弱。

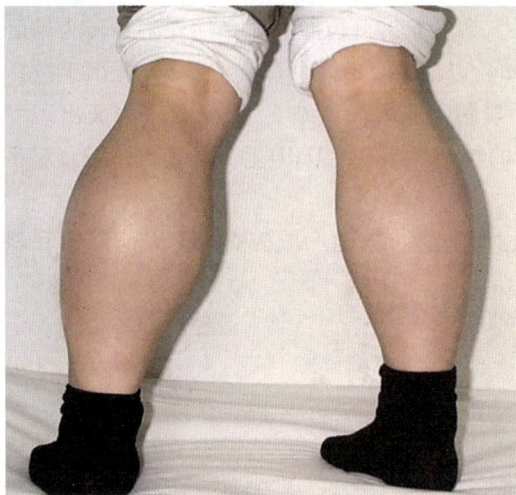

图19-4　DMD 的腓肠肌假性肥大

5)DMD 患儿的血清肌酸激酶显著升高,可达正常值的30~100倍;血清肌酐明显下降。大多患者伴心肌损害,如心律不齐,右胸前导联出现高 R 波和左胸前导联出现深 Q 波;心脏扩大,心瓣膜关闭不全。肌电图呈肌源性损害。约30%患儿有不同程度的智能障碍。平滑肌损害可有胃肠功能障碍,如呕吐、腹痛、腹泻、吸收不良、巨结肠等。面肌、眼肌、吞咽肌、胸锁乳突肌和括约肌不受累。

6)随症状加重出现显著跟腱挛缩,双足下垂,平地步行困难。患儿12岁左右不能行走,需坐轮椅,这有助于鉴别 DMD 和 BMD(BMD 12岁可以行走)。晚期患者的下肢、躯干、上肢、髋和肩部肌肉均明显萎缩,腱反射消失,因肌肉挛缩致使膝、肘、髋关节屈曲不能伸直、脊柱侧弯、双足呈马蹄内翻状。最后因呼吸肌萎缩而出现呼吸变浅,咳嗽无力,肺容量明显下降,心律失常和心功能不全,多数患者在20~30岁因呼吸道感染、心力衰竭而死亡。

(2)Becker 型肌营养不良症(BMD):发病率为 DMD 患者的1/10。临床表现与 DMD 类似:呈 X 连锁隐性遗传;首先累及骨盆带肌和下肢近端肌肉,逐渐波及肩胛带肌,有腓肠肌假性肥大;血清 CK 水平明显升高,尿中肌酸增加,肌酐减少;肌电图和肌活检均为肌源性损害;肌肉 MRI 检查示变性肌肉呈"虫蚀现象"。BMD 与 DMD 的主要区别在于起病年龄稍迟(5~15岁起病)、进展速度缓慢、病情较轻、12岁以后尚能行走、心脏很少受累(一旦受累则较严重)、智力正常、存活期接近正常生命年限、抗肌萎缩蛋白基因多为整码缺失突变,骨骼肌膜中的抗肌萎缩蛋白表达减少。

2. 面肩肱型肌营养不良症(FSHD)

(1)常染色体显性遗传。多在青少年期起病。

(2)面部和肩胛带肌肉最先受累,患者面部表情少,眼睑闭合无力或露出巩膜,吹口哨、鼓腮困难,逐渐延至肩胛带(翼状肩胛很明显)、三角肌、肱二头肌、肱三头肌和胸大肌上半部。肩胛带和上臂肌肉萎缩十分明显,常不对称。因口轮匝肌假性肥大嘴唇增厚而微翘,称为"肌病面容"。可见三角肌假性肥大。

(3)病情缓慢进展,逐渐累及躯干和骨盆带肌肉,可有腓肠肌假性肥大,视网膜病变和听力障碍(神经性耳聋)。大约20%需坐轮椅,生命年限接近正常。

(4)肌电图为肌源性损害,血清酶正常或轻度升高。印迹杂交 DNA 分析可测定4号染色体长臂末端3.3kb/KpnⅠ重复片段的多少来确诊。

3. 肢带型肌营养不良症　常染色体隐性或显性遗传,散发病例也较多。与显性遗传相比,隐性遗传的患者较常见、症状较重、起病较早。10~20岁起病,首发症状多为骨盆带肌肉萎缩、腰椎前凸、鸭步,下肢近端无力出现上楼困难,可有腓肠肌假性肥大。逐渐发生肩胛带肌肉萎缩,抬臂、梳头困难,翼状肩胛。面肌一般不受累。膝反射比踝反射消失早。血清酶明显升高,肌电图肌源性损害,心电图正常。病情缓慢发展,平均起病后20年左右丧失劳动能力。

4. 眼咽型肌营养不良症　常染色体显性遗传。40岁左右起病,首发症状为对称性上睑下垂和眼球运动障碍。逐步出现轻度面肌、眼肌无力和萎缩、吞咽困难、发音不清,近端肢体无力。血清 CK 正常或轻度升高。

5. **Emery-Dreifuss 型肌营养不良症（EDMD）**　X 连锁隐性遗传,5~15 岁缓慢起病。临床特征为疾病早期出现肘部屈曲挛缩和跟腱缩短、颈部前屈受限、脊柱强直而弯腰转身困难。受累肌群主要为肱二头肌、肱三头肌、腓骨肌和胫前肌,继之骨盆带肌和下肢近端肌肉无力和萎缩。腓肠肌无假性肥大。智力正常。心脏传导功能障碍,表现为心动过缓、晕厥、心房纤颤等,心脏扩大,心肌损害明显。血清 CK 轻度增高。病情进展缓慢,患者常因心脏病而致死。

6. **其他类型**

（1）眼肌型:又称 Kiloh-Nevin 型,较为罕见。常染色体显性遗传,20~30 岁缓慢起病,最初表现为双侧眼睑下垂伴头后仰和额肌收缩,其后累及眼外肌,可有复视,易误诊为重症肌无力。本型无肢体肌肉萎缩和腱反射消失。

（2）远端型:较少见,常染色体显性遗传。10~50 岁起病,肌无力和萎缩始于四肢远端、腕踝关节周围和手足的小肌肉,如大、小鱼际肌萎缩。伸肌受累明显,亦可向近端发展。无感觉障碍和自主神经损害。常见的亚型有 Welander 型、芬兰型、Nonaka 型、Miyoshi 型。

（3）先天性肌营养不良症:在出生时或婴儿期起病,表现为全身严重肌无力、肌张力低和骨关节挛缩。面肌可轻度受累,咽喉肌力弱,哭声小,吸吮力弱。可有眼外肌麻痹,腱反射减弱或消失。

【辅助检查】

1. **血清酶学检测**　常规的血清酶检测主要包括肌酸激酶（creatine kinase,CK）、乳酸脱氢酶（lactate dehydrogenase,LDH）和肌酸激酶同工酶（creatine kinase-MB,CK-MB）。异常显著升高（正常值的 20~100 倍）者见于 DMD、BMD、远端型肌营养不良症的 Miyoshi 亚型和 LGMD2C、2D、2E、2F 型。其他类型的肌酶轻到中度升高。在 DMD 和 LGMD2 晚期,因患者肌肉严重萎缩则血清 CK 值可明显下降。其他血清酶如谷氨酸草酰乙酸转氨酶、谷氨酸丙酮酸转氨酶等在进展期均可轻-中度升高。

2. **肌电图**　具有典型的肌源性受损的表现。用针电极检查股四头肌或三角肌,静息时可见纤颤波和正锐波;轻收缩时可见运动单位时限缩短,波幅减低,多相波增多;大力收缩时可见强直样放电及病理干扰相。神经传导速度正常。

3. **基因检测**　采用 PCR、MLPA、印迹杂交、DNA 测序等方法,可以发现基因突变进行基因诊断。如用多重 PCR 或 MLPA 法可检测 DMD 基因外显子的缺失;印迹杂交法可进行 FSHD 基因诊断;DNA 测序可明确 LGMD 等基因的突变碱基。

4. **肌肉活检**　大多数类型的进行性肌营养不良症患者的肌肉活检均表现为肌肉的坏死和再生、间质脂肪和纤维结缔组织增生这一共性,常规染色方法不能区分各种类型,但采用免疫组织化学法使用特异性抗体可以检测肌细胞中特定蛋白是否存在,以此来鉴别各种类型的肌营养不良症。如用抗肌萎缩蛋白抗体检测 DMD 和 BMD、用 γ-肌聚糖蛋白（γ-sarcoglycan）抗体检测 LGMD2C、用 α-肌聚糖蛋白抗体检测 LGMD2D、用 β-肌聚糖蛋白抗体检测 LGMD2E 和用 Emerin 蛋白抗体检测 EDMD 等。

5. **其他检查**　X 线、心电图、超声心动图可早期发现进行性肌营养不良症患者的心脏受累的程度。CT 可发现骨骼肌受损的范围,MRI 可见变性肌肉呈不同程度的“蚕食现象”。DMD 和 BMD 患者应做智力检测。

【诊断】

根据临床表现、遗传方式、起病年龄、家族史,加上血清酶测定及肌电图、肌肉病理检查和基因分析,诊断不难。如基因检测阴性或检测所有基因突变点有困难,用特异性抗体对肌肉组织进行免疫组化检测,可以明确诊断。

【鉴别诊断】

1. **少年型近端脊肌萎缩症**　因青少年起病,有对称分布的四肢近端肌萎缩需与肢带型肌营养不良症鉴别。但本病多伴有肌束震颤;肌电图为神经源性损害,有巨大电位;病理为神经源性肌萎缩,可资鉴别。

2. 慢性多发性肌炎 因对称性肢体近端无力需与肢带型肌营养不良症鉴别。但本病无遗传史，病情进展较快，常有肌痛，血清肌酶增高，肌肉病理符合肌炎改变，用肾上腺糖皮质激素治疗有效，不难鉴别。

3. 肌萎缩侧索硬化症 因手部小肌肉无力和萎缩需与远端型肌营养不良症鉴别。但本病除肌萎缩外，尚有肌肉跳动、肌张力高、腱反射亢进和病理反射阳性，易于鉴别。

4. 重症肌无力 主要与眼咽型和眼肌型区别。重症肌无力有易疲劳性和波动性的特点，新斯的明试验阳性，肌电图的低频重复电刺激检查也可作鉴别。

【治疗】

进行性肌营养不良症迄今无特异性治疗，只能对症治疗及支持治疗，如增加营养，适当锻炼。物理疗法和矫形治疗可预防及改善脊柱畸形和关节挛缩，尤其是早期进行踝关节挛缩的矫正，对维持行走功能很重要。应鼓励患者尽可能从事日常活动，避免长期卧床。药物可选用 ATP、肌苷、维生素 E、肌生注射液和补中益气的通塞脉片等。基因治疗（外显子跳跃、微小基因替代）及干细胞移植治疗有望成为有效的治疗方法。

由于目前尚无有效的治疗方法，因此检出携带者、进行产前诊断、人工流产患病胎儿就显得尤其重要。首先，应确定先症者（患儿）的基因型，然后确定其母亲是否是携带者。当携带者怀孕以后确定是男胎还是女胎，对男胎进行产前基因诊断，若是病胎则终止妊娠，防止患儿出生。

【预后】

DMD 患者 20 多岁死于呼吸衰竭或心力衰竭；LGMD2C、2D、2E、2F 患者也预后不良。FSHD、BMD、眼型、眼咽型和远端型肌营养不良症患者的预后较好，部分患者寿命可接近正常生命年限。

第五节 肌强直性肌病

肌强直是指骨骼肌在随意收缩或受物理刺激收缩后不易立即放松；电刺激、机械刺激时肌肉兴奋性增高；重复收缩或重复电刺激后骨骼肌松弛，症状消失；寒冷环境中强直加重；肌电图检查呈现连续的高频放电现象。

肌强直的原因不清，可能与肌膜对某些离子的通透性异常有关。例如，在强直性肌营养不良症中，肌膜对钠离子的通透性增加；而在先天性肌强直中，则对氯离子通透性降低。不管何种肌强直，均可对症治疗，常用药物有普鲁卡因胺、苯妥英钠、卡马西平、地西泮等。

一、强直性肌营养不良症

强直性肌营养不良症（myotonic dystrophy，MD）是一组以肌无力、肌强直和肌萎缩为特点的多系统受累的常染色体显性遗传病。除骨骼肌受累外，还常伴有白内障、心律失常、糖尿病、秃发、多汗、性功能障碍和智力减退等表现。不同的患者病情严重程度相差很大，如在同一家系中可见从无症状的成人杂合子到病情严重的婴幼儿。发病率为 13.5/10 万。

【病因及发病机制】

强直性肌营养不良症基因（MD1 基因）位于 19 号染色体长臂（19q13.3），基因组跨度为 14kb，含 15 个外显子，编码 582 个氨基酸残基组成萎缩性肌强直蛋白激酶（dystrophia myotonica protein kinase，DMPK）。该基因的 3′端非翻译区存在一个三核苷酸串联重复顺序即 p(CTG)n 结构，正常人的 p(CTG)n 结构中 n 拷贝数在 5~40 之间，而强直性肌营养不良患者的 n 为 50~2000，称为（CTG)n 动态突变。p(CTG)n 的异常扩展影响基因表达，对细胞有毒性损害而致病。该病的外显率为 100%。

【病理】

肌活检病理可见肌纤维大小不一，Ⅰ型肌纤维选择性萎缩；Ⅱ型肌纤维肥大，可见环状纤维，肌细胞核内移增加,纵切面上呈链状排列,肌纤维周边可见肌原纤维退缩到肌纤维一侧形成的肌浆块。肌细胞坏死和再生不明显。心脏传导系统纤维化,心肌细胞萎缩,脂肪浸润。丘脑和黑质的胞质内可见包涵体。

【临床表现】

1. **发病年龄及起病形式** 多在 30 岁以后隐匿起病,男性多于女性,进展缓慢,肌强直在肌萎缩之前数年或同时发生。病情严重程度差异较大,部分患者可无自觉症状,仅在查体时才被发现有异常。

2. **肌强直** 肌肉用力收缩后不能正常地松开,遇冷加重。主要影响手部动作、行走和进食,如用力握拳后不能立即将手伸直,需重复数次才能放松,或用力闭眼后不能睁开,或开始咀嚼时不能张口。用叩诊锤叩击四肢肌肉可见肌球,具有重要的诊断价值。

3. **肌无力和肌萎缩** 常先累及手部和前臂肌肉,继而累及头面部肌肉,尤其颞肌和咬肌萎缩最明显,患者面容瘦长,颧骨隆起,呈"斧状脸",颈消瘦而稍前屈,而成"鹅颈"。呼吸肌也常受累,引起肺通气量下降。部分患者有上睑下垂、眼球活动受限、构音障碍、吞咽困难、足下垂及跨越步态。

4. **骨骼肌外的表现** 成年患者较明显,病变程度与年龄密切相关。

(1) 白内障:成年患者很常见。裂隙灯下检查白内障是发现轻症家族性患者的敏感方法。患者也可有视网膜色素变性。

(2) 内分泌症状:①男性睾丸小,生育能力低;女性月经不规律,卵巢功能低下,过早停经甚至不孕;②糖耐量异常占 35%,伴糖尿病的患者较多;③部分患者宽额头及秃顶。

(3) 心脏:心律不齐、心悸,甚至晕厥。常有 Ⅰ 度、Ⅱ 度房室传导阻滞。

(4) 胃肠道:平滑肌受累可出现胃排空慢、胃肠蠕动差、假性肠梗阻、便秘。有时因肛门括约肌无力可大便失禁。

(5) 其他:部分患者消瘦,智力低下,听力障碍,多汗,肺活量减少,颅骨内板增生,脑室扩大等。

【辅助检查】

1. **肌电图** 典型的肌强直放电对诊断具有重要意义。受累肌肉出现连续高频强直波逐渐衰减,肌电图扬声器发出一种类似轰炸机俯冲样声音。

2. **肌肉活组织检查** Ⅱ 型肌纤维肥大,Ⅰ 型肌纤维萎缩,伴大量核内移,可见肌浆块和环状肌纤维,以及肌纤维的坏死和再生。

3. **基因检测** 患者染色体 19q13.3 的肌强直蛋白激酶基因的 3′ 端非翻译区的 CTG 重复顺序异常扩增超过 100 次(正常人为 5~40),即可确诊。

4. **其他** 血清 CK 和 LDH 等酶正常或轻度升高;血清免疫球蛋白 IgA、IgG、IgM 减少;心电图有房室传导阻滞;头颅 CT 及 MRI 示蝶鞍变小和脑室扩大。

【诊断】

根据常染色体显性遗传史,中年缓慢起病,临床表现为全身骨骼肌强直、无力及萎缩,同时具有白内障、秃顶、内分泌和代谢改变等多系统受累表现。肌电图呈典型的肌强直放电,DMPK 基因的 3′ 端非翻译区的 CTG 重复顺序异常扩增超过 100 次,肌肉活检为肌源性损害,血清 CK 水平正常或轻度升高,诊断一般不困难。

【鉴别诊断】

临床上主要与其他类型的肌强直鉴别。

1. **先天性肌强直** 与强直性肌营养不良症的主要区别点是肌强直及肌肥大,貌似运动员但肌力减弱,无肌萎缩和内分泌改变。

2. **先天性副肌强直(paramyotonia congenital)** 突出的特点是出生后就持续存在于面部、手、上肢远端肌肉遇冷后肌强直或活动后出现肌强直和无力,如冷水洗脸后眼睛睁开缓慢,在温暖环境下症状迅速消失,叩击性肌强直明显😊。常染色体显性遗传,致病基因定位在 17q23。患者寿命正常。

3. **高血钾型周期性瘫痪** 10 岁前起病的弛缓性瘫痪伴肌强直,发作时血钾水平升高、心电图 T 波增高,染色体 17q13 的 α-亚单位基因的点突变检测可明确诊断。

4. **神经性肌强直（neuromyotonia）** 又称 Isaacs syndrome,儿童及青少年期隐匿起病,缓慢进展,临床特征为持续性肌肉抽动和出汗,腕部和踝部持续或间断性痉挛。

【治疗】

目前缺乏根本的治疗。针对肌强直可口服拉莫三嗪、苯妥英钠、卡马西平等。物理治疗对保持肌肉功能有一定的作用。注意心脏病的监测和处理。白内障可手术治疗。内分泌异常给予相应处理。

【预后】

个体间差别很大。起病越早预后越差,有症状者多在 45 ~ 50 岁死于心脏病。症状轻者可接近正常生命年限。

二、先天性肌强直症

先天性肌强直症（myotonia congenita）首先由 Charles Bell（1832 年）报道,1876 年丹麦医师 Thomsen 详细描述了其本人及家族四代的患病情况,故又称 Thomsen 病。常染色体显性遗传,主要临床特征为骨骼肌用力收缩后放松困难,患病率为(0.3 ~ 0.6)/10 万。

【病因及发病机制】

Thomsen 病是由位于染色体 7q35 的氯离子通道（chloride channel,CLCN1）基因突变所致。该基因编码的骨骼肌电压门控性氯离子通道蛋白（chloride channel protein）是一跨膜蛋白,对骨骼肌细胞膜内外的氯离子的转运起重要作用。当 CLCN1 基因点突变引起氯离子通道蛋白主要疏水区的氨基酸替换,使氯离子的通透性降低从而诱发肌强直。

【病理】

主要病变在骨骼肌,肉眼可见肌肉肥大、苍白。光镜下肌纤维肥大,肌浆增多,肌膜内核增多且核中心移位,肌纤维横纹不清,主要累及Ⅱ型肌纤维,也可见少数肌纤维萎缩,可有肌小管聚集。

【临床表现】

1. **起病年龄** 多数患者自婴儿期或儿童期起病,也有在青春期起病者。肌强直及肌肥大逐渐进行性加重,在成人期趋于稳定。

2. **肌强直** 全身骨骼肌普遍性肌强直患者肢体僵硬、动作笨拙,静息后初次运动较重,如久坐后不能立即站立,静止后不能起步,握手后不能放松☺,但重复运动后症状减轻。面部、下颌、舌、咽和上肢肌强直较下肢明显,在寒冷的环境中上述症状加重。叩击肌肉可见肌球。呼吸肌及尿道括约肌受累可出现呼吸及排尿困难,眼外肌强直可出现斜视或复视。家族中不同患者肌强直的程度差异很大。

3. **肌肥大** 全身骨骼肌普遍性肌肥大,酷似运动员。肌力基本正常,无肌肉萎缩,感觉正常,腱反射存在。

4. **其他** 部分患者可出现精神症状,如易激动、情绪低落、孤僻、抑郁及强迫观念等。心脏不受累,患者一般能保持工作能力,寿命不受限。

【辅助检查】

肌电图检查出现肌强直电位,插入电位延长,扬声器发出轰炸机俯冲般或蛙鸣般声响。肌肉活组织检查示肌纤维肥大、核中心移位、横纹欠清。血清肌酶正常,心电图正常。

【诊断】

根据阳性家族史,临床表现为婴儿期或儿童期起病的全身骨骼肌普遍性肌强直、肌肥大,结合肌电图、肌活检以及血清肌酶检查可以作出诊断。

【鉴别诊断】

1. **强直性肌营养不良症** 30 岁以后起病,肌力减弱、肌萎缩明显,无普遍性肌肥大,有白内障、前额秃发、睾丸萎缩、月经失调等,易与之鉴别。

2. 其他　还应与先天性副肌强直、神经性肌强直、高钾型周期性瘫痪等肌病鉴别。

【治疗】

目前尚无特效的治疗,药物可用拉莫三嗪、苯妥英钠、卡马西平、普鲁卡因胺、乙酰唑胺(diamox)等减轻肌强直,但不能改善病程和预后。保暖也可使肌强直减轻。

【预后】

预后良好,寿命不受影响。

第六节　线粒体肌病及线粒体脑肌病

线粒体肌病(mitochondrial myopathy)和线粒体脑肌病(mitochondrial encephalomyopathy)是一组由线粒体 DNA(mitochondrial DNA,mtDNA)或核 DNA(nucleus DNA,nDNA)缺陷导致线粒体结构和功能障碍、ATP 合成不足所致的多系统疾病,其共同特征为轻度活动后即感到极度疲乏无力,休息后好转;肌肉活检可见破碎红纤维(ragged red fiber,RRF)。如病变以侵犯骨骼肌为主,则称为线粒体肌病;如病变同时累及到中枢神经系统,则称为线粒体脑肌病。

【病因及发病机制】

线粒体肌病和线粒体脑肌病的病因主要是 mtDNA(少数是 nDNA)发生突变,如基因点突变(point mutation)、缺失(deletion)、重复(duplication)和丢失(depletion),即 mtDNA 拷贝数减少等,使编码线粒体在氧化代谢过程中所必需的酶或载体发生障碍,糖原和脂肪酸等原料不能进入线粒体或不能被充分利用,故不能产生足够的 ATP。终因能量不足,不能维持细胞的正常生理功能,诱导细胞凋亡而导致线粒体病(mitochondrial disease)。

80% 的线粒体脑肌病伴高乳酸血症和卒中样发作(mitochondrial encephalomyopathy with lactic acidosis and stroke-like episodes,MELAS)是由 mtDNA 第 3243 位点发生 A 到 G 的点突变(A3243G)所致。该突变由于改变了 tRNA 亮氨酸基因的结构,并进一步影响了线粒体蛋白质的合成和能量产生而致病。肌阵挛性癫痫伴破碎红纤维(myoclonus epilepsy ragged-red fibers,MERRF)主要是由于 mtDNA 第 8344 位点 A 到 G 的点突变(A8344G),使 tRNA 赖氨酸基因结构发生改变,蛋白合成受阻而致病。30% ~ 50% 的慢性进行性眼外肌瘫痪(chronic progressive external ophthalmoplegia,CPEO)和 Kearns-Sayre 综合征均有 mtDNA 的缺失,最常见缺失位于 mtDNA 的 8468 和 13 446 位之间。

【病理】

1. 肌肉　肌活检冷冻切片经 Gomori trichrome(GT)染色可见 RRF(图 19-5),由大量变性线粒体聚集造成。主要见于 I 型肌纤维,油红 O 染色和糖原染色还可见脂肪和糖原堆积,肌组织内血管壁 SDH 染色阳性有助于诊断 MELAS。电镜下可见肌膜下或肌原纤维间有大量异常线粒体,线粒体嵴排列紊乱,有时可见类结晶样包涵体(paracrystalline inclusions)。

2. 脑　脑的病变复杂多样,广泛受累。主要为海绵样改变、神经元变性丢失、灶性坏死或广泛层性坏死、星形细胞增生、脱髓鞘或矿物质沉积。MELAS 患者还可见颞顶枕叶皮质多灶性软化灶,脑皮质萎缩和基底核钙化,颅内多灶性坏死伴小血管增生和星形细胞增多,灶状或层状海绵样改变。MERRF 患者可有齿状核、红核和苍白球等核团变性。

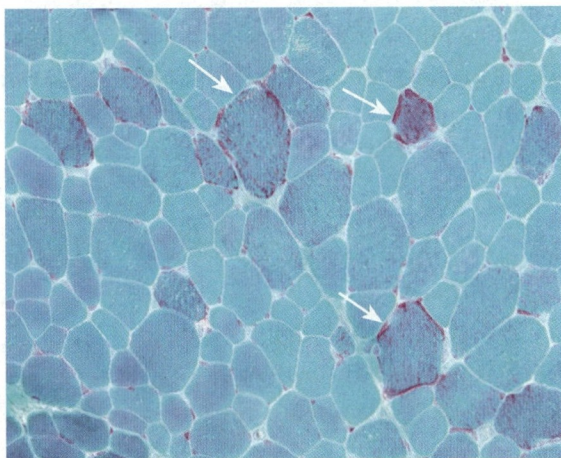

图 19-5　线粒体肌病肌组织病理(GT,×400)
肌纤维大小不等,可见 RRF

【临床表现】

本病可发生于任何年龄阶段,多呈慢性进展,可累及多个系统,临床表现复杂多样。骨骼肌和脑由于线粒体含量丰富,能量需求高,故最容易受累而出现症状。临床按受累组织不同主要分为:

1. 线粒体肌病 多在20岁左右起病,也有儿童及中年起病者,男女均可受累。临床上以肌无力和不能耐受疲劳为主要特征,往往轻度活动后即感疲乏,休息后好转,常伴有肌肉酸痛及压痛,无"晨轻暮重"现象,肌萎缩少见。易误诊为多发性肌炎、重症肌无力、脂质沉积症和进行性肌营养不良症等。

2. 线粒体脑肌病 主要包括:

(1)慢性进行性眼外肌瘫痪(chronic progressive external ophthalmoplegia,CPEO):任何年龄均可发病,儿童期起病者多。首发症状为眼睑下垂和眼肌麻痹,缓慢进展为全眼外肌瘫痪,眼球运动障碍,因两眼外肌对称受累,复视并不常见,部分患者可有咽部肌肉和四肢无力。对新斯的明不敏感。

(2)Kearns-Sayre综合征(KSS):多在20岁前起病,表现为三联征:CPEO、视网膜色素变性、心脏传导阻滞。其他神经系统异常包括小脑性共济失调、脑脊液蛋白增高、神经性耳聋和智能减退等。病情进展较快,多在20岁前死于心脏病。

(3)MELAS综合征:40岁前起病,儿童期起病更多见,临床表现为卒中样发作伴偏瘫、偏盲或皮质盲、偏头痛、恶心呕吐、反复癫痫发作、智力低下、身体矮小、神经性耳聋等。病情逐渐加重,头颅CT和MRI显示主要为枕叶脑软化,病灶范围与主要脑血管分布不一致,也常见脑萎缩、脑室扩大和基底核钙化。血和脑脊液乳酸增高。

(4)MERRF综合征:主要特征为肌阵挛性癫痫发作、小脑性共济失调,常合并智力低下、听力障碍和四肢近端无力,多在儿童期发病,有明显的家族史,有的家系伴多发性对称性脂肪瘤。

【辅助检查】

1. 血生化检查

(1)乳酸、丙酮酸最小运动量试验:约80%的患者阳性,即运动后10分钟血乳酸和丙酮酸仍不能恢复正常。脑肌病者CSF乳酸含量也增高。

(2)线粒体呼吸链复合酶活性降低。

(3)约30%的患者的血清CK和LDH水平升高。

2. 肌肉活检 见前面病理所述。

3. 影像学检查 头颅CT或MRI示白质脑病、基底核钙化、脑软化、脑萎缩和脑室扩大。

4. 肌电图 60%的患者为肌源性损害,少数呈神经源性损害或两者兼之。

5. 线粒体DNA分析 对诊断有决定性意义。

(1)CPEO和KSS综合征均为mtDNA片段的缺失,其可能发生在卵子或胚胎形成的时期。

(2)80%的MELAS综合征患者是由于mtDNA tRNA亮氨酸基因位点3243的点突变所致。

(3)MERRF综合征主要是mtDNA tRNA赖氨酸基因位点8344的点突变所致。

【诊断】

根据家族史、典型临床表现,结合血乳酸、丙酮酸最小运动量试验阳性、肌肉组织病理检查发现大量异常线粒体、线粒体生化检测异常和基因检测发现mtDNA致病性突变可以作出诊断。

【鉴别诊断】

线粒体肌病主要与重症肌无力、脂质沉积性肌病、多发性肌炎、肢带型肌营养不良症鉴别。线粒体脑肌病除了与上述疾病鉴别外,还应与多发性硬化、急性播散性脑脊髓炎、脑血管病、心肌病、肌阵挛癫痫、血管性痴呆等鉴别。但上述疾病的血中乳酸和丙酮酸水平不高,肌肉活检和线粒体生化功能测定可资鉴别。

【治疗】

目前无特效治疗,主要是对症治疗。主要的措施有:

1. 饮食疗法　饮食治疗可减少内源性毒性代谢产物的产生。高蛋白、高碳水化合物、低脂饮食能代偿受损的糖异生和减少脂肪的分解。

2. 药物治疗　可给予静脉滴注 ATP 80～120mg 及辅酶 A 100～200U，每日一次，持续 10～20 天，以后改为口服 ATP。艾地苯醌、辅酶 Q10 和大量 B 族维生素可使血乳酸和丙酮酸水平降低。左卡尼汀可以促进脂类代谢、改善能量代谢。若血清肌酶谱明显升高可选择皮质激素治疗。对癫痫发作、颅压增高、心脏病、糖尿病等进行对症治疗。另外，中药如黄芪、党参、枸杞子等补气活血治疗及综合调理也可改善症状。

3. 其他　物理治疗可减轻痛苦。KSS 患者重度心脏传导阻滞者可用心脏起搏器。最根本的治疗有待于正在研究的基因治疗。

【预后】

预后与发病年龄和临床表现密切相关，发病年龄越早，临床症状越多，预后越差。

（张　成）

思 考 题

1. 重症肌无力的诊断依据是什么？
2. 简述重症肌无力的 Osserman 分型。
3. 重症肌无力危象有哪几种？处理原则是什么？
4. 简述周期性瘫痪的分型、临床表现及治疗。
5. 进行性肌营养不良如何分型？有哪些临床特点？
6. 简述多发性肌炎和皮肌炎如何诊断和治疗。

参 考 文 献

[1] 吴江,贾建平. 神经病学. 3 版. 北京:人民卫生出版社,2015.
[2] Louis ED,Mayer SA,Rowland LP. Merritt's Neurology. 13th ed. New York：Lippincott Williams & Wilkins,2015.

第二十章 神经系统遗传性疾病

概　述

遗传性疾病(genetic disease)是由于遗传物质(染色体、基因和线粒体)异常决定的疾病。在遗传性疾病中约80%累及神经系统,其中以神经功能缺损为主要临床表现者称为神经系统遗传性疾病。神经系统遗传病可在任何年龄发病,但绝大多数在小儿或青少年期起病,具有家族性和终生性特点。不少疾病的病因和发病机制尚未阐明,致残、致畸及致愚率很高,危害极大,治疗困难。在研究、诊断和治疗遗传性疾病时,核心问题主要包括该疾病是否具有家族遗传性、家庭中再发风险率是多少、发病受环境因素影响的大小以及预防或延缓疾病发生的可能性。同时,医学伦理问题密切贯穿遗传病的诊断和治疗等过程,如产前和症状前诊断、基因诊断和治疗等,应给予高度关注。神经系统遗传病包括单基因病、多基因病、染色体病及线粒体基因病。本章各节着重论述没有在其他章节讨论的神经系统单基因遗传病。

【分类及遗传方式】

根据受累的遗传物质不同,神经系统遗传病主要分为四大类,包括单基因病、多基因病、染色体病和线粒体病。

1. **单基因遗传病(monogenic disease)**　发生主要受一对等位基因的控制,指单个基因发生碱基替代、插入、缺失、重复或动态突变引起的疾病,传递方式遵循孟德尔遗传规律在上下代垂直传递。我国神经系统单基因遗传病患病率约为109.3/10万,报道较多的疾病有亨廷顿病、遗传性脊髓小脑性共济失调、腓骨肌萎缩症、肝豆状核变性、脊肌萎缩症等。其遗传方式可分为常染色体显性遗传病、常染色体隐性遗传病、X连锁显性遗传病、X连锁隐性遗传病、Y连锁遗传病和动态突变遗传等。

(1) 常染色体显性遗传病(autosomal dominant hereditary disease):致病基因位于1~22号染色体上,杂合子即可发病,累及神经系统的遗传病约一半以上以此方式遗传,如常见的亨廷顿病、遗传性脊髓小脑性共济失调、腓骨肌萎缩症等。

(2) 常染色体隐性遗传病(autosomal recessive hereditary disease):致病基因位于1~22号染色体上,杂合子为基因携带者,纯合子或双杂合子发病。遗传代谢病多以此种形式进行遗传,如肝豆状核变性、苯丙酮尿症等。

(3) X连锁隐性遗传病(X chromosome recessive hereditary disease):致病基因位于X染色体上,杂合子不发病,纯合子(女性)或半合子(男性)发病,如假肥大型肌营养不良等。

(4) X连锁显性遗传病(X chromosome dominant hereditary disease):致病基因位于X染色体上,杂合子、半合子均发病,如腓骨肌萎缩症等。

(5) Y连锁遗传病(Y chromosome hereditary disease):致病基因位于Y染色体上,随Y染色体传递,呈全男性遗传。

(6) 动态突变遗传病(dynamically mutated hereditary disease):致病基因多位于常染色体或X染色体上,显性遗传,特征为三核苷酸异常扩增导致的遗传早现现象,即发病时间一代比一代早,症状一代比一代重。如亨廷顿病、部分脊髓小脑性共济失调、强直性肌营养不良、脆性X综合征和Kennedy综合征等。

2. **多基因病**（polygenic disease）　是多个基因的累加效应与环境因素共同作用所致的疾病，也称多因子病。癫痫、偏头痛、帕金森病和阿尔茨海默病等是常见的神经系统多基因病。大多数多基因病呈散发，仅有一少部分（5%～10%）呈单基因方式遗传，如家族性帕金森病和家族性阿尔茨海默病。

3. **染色体病**（chromosomal disorder）　是由染色体数目或结构异常所致的疾病。染色体异常可以通过显微镜直接观察到，如唐氏综合征患者体细胞中多了一个 21 号染色体。

4. **线粒体病**（mitochondrial disease）　主要为线粒体 DNA 突变所导致，随同线粒体传递，呈现特殊的母系遗传现象，常见病有线粒体肌病、线粒体脑肌病等。

【症状和体征】

神经系统遗传病的症状和体征多种多样，可以分为多数疾病都具有的普遍性特征，某些疾病具有的特征性症状，以及肌张力异常、肌无力、肌萎缩和感觉异常等非特异性症状。

1. **普遍性特征**　即很多神经遗传病均具有的临床表现，包括：

（1）发病年龄早：尽管发病年龄变化较大，但多以儿童、青壮年发病多见。发病年龄大的疾病往往与基因突变导致的功能改变较轻或需要环境因素参与有关，如部分类型的遗传性共济失调、肝豆状核变性等。

（2）进行性加重：基因突变导致的缺陷以及功能障碍往往表现出进行性加重的特点。

（3）家族聚集现象：显性遗传性疾病往往有明显的家族史，而隐性遗传疾病也具有隔代遗传和非直系亲属发病以及近亲结婚史。

（4）认知、行为和发育异常：包括智能发育不全、痴呆、行为异常、面容异常、五官畸形、脊柱裂、弓形足、指（趾）畸形和皮肤毛发异常等。

（5）语言运动障碍：包括语言障碍、不自主运动、共济失调、瘫痪和行动笨拙等。

（6）多系统、多器官和多功能障碍：单一基因的突变往往可以影响多个脏器，从而导致多功能障碍，如线粒体脑肌病。

2. **特征性症状**　即某些神经遗传病的特殊表现，可以作为诊断依据或对诊断有重要提示，如角膜 K-F 环提示肝豆状核变性，皮肤牛奶咖啡斑提示神经纤维瘤病，面部血管纤维瘤提示结节性硬化症，眼底樱桃红斑提示黑矇性痴呆等。

3. **非特异性症状**　即非遗传病也常见的症状。

【诊断】

通过病史、症状、体征及常规辅助检查等发现上述临床表现的共同特征时应首先考虑到遗传病的可能，然后依据遗传学特殊诊断方法，如系谱分析、染色体检查、DNA 和基因产物分析来提出和确定诊断。具体路径包括：

1. **临床资料收集**　病史询问是诊断神经遗传病最重要的环节，重点包括性别、发病年龄、疾病进展、多系统和多功能障碍以及独特的症状和体征，初步提出神经遗传病的可能。

2. **系谱分析**　开展详细的家系调查，根据系谱图，初步判断是否为遗传病，区分是单基因、多基因或线粒体遗传，显性或隐性遗传，根据有无遗传早现现象推测是否为动态突变病。

3. **体检**　除神经系统常规体检外，需要根据病史和系谱注意某些特殊症状和体征，如神经纤维瘤病的牛奶咖啡斑，并再次确认患者的受累范围。

4. **常规辅助检查**　特定基因缺陷可导致生化检测中相应酶和蛋白的改变，如假肥大型肌营养不良患者的血清肌酸激酶增高，肝豆状核变性患者血清铜和铜蓝蛋白水平降低、尿铜排泄增加。影像学检查可以发现特定神经结构的变化，如结节性硬化症、脊髓小脑性共济失调的头部影像检查。骨髓、神经、肌肉等活检发现的病理征象则对某些神经遗传病具有确诊价值，如腓骨肌萎缩症时神经活检可见洋葱头样改变。

5. **遗传物质和基因产物检测**　包括染色体数量和结构变化、DNA 分析（即基因诊断）、基因产物检测等,往往可以达到确诊和预测疾病的目的。

（1）染色体数目检查:检查染色体数目异常和结构畸变,如唐氏综合征和性染色体疾病等。

（2）基因诊断:是用分子生物学和分子遗传学技术在 DNA 水平检测其结构和表达是否异常,从而对特定的疾病进行诊断。使用聚合酶链反应、限制性内切酶及直接测序技术可以确定某基因片段突变,使用基因芯片和二代测序等技术则为大规模、高通量确定某疾病相关基因异常提供了手段。适用于有症状患者、症状前患者、基因携带者和高危胎儿(产前诊断)等。

（3）基因产物检测:主要针对已知基因产物的遗传病的特定蛋白进行分析,如假肥大型肌营养不良症患者,可用免疫组化法测定肌细胞膜的抗肌萎缩蛋白(dystrophin) 含量等。

【防治】

目前大部分神经系统遗传病尚缺乏有效的治疗方法,疗效多不满意。因此,通过避免近亲结婚、推行遗传咨询、携带者基因检测及产前诊断和选择性流产等措施防止患儿出生及预防遗传病的发生是最根本的措施。

此类疾病治疗原则包括:针对遗传缺陷采取替代疗法、对症治疗、康复和手术矫正等以提高患者的生活质量,神经营养和保护性治疗延缓疾病的进展。值得重视的是,针对那些发病较晚、饮食和环境因素影响较大的神经遗传病临床前患者,如能早期诊断、及时治疗可使症状减轻或缓解,乃至延缓疾病的发生。如肝豆状核变性患者用铜的螯合剂青霉胺治疗促进体内铜排除;苯丙酮尿症患儿用低苯丙氨酸奶粉和苯丙氨酸解氨酶治疗等。基因治疗正处在试验阶段,有望通过替换、增补或校正缺陷基因,达到治愈遗传病的目的。

第一节　遗传性共济失调

遗传性共济失调(hereditary ataxia,HA)是一组以慢性进行性共济失调为特征的遗传变性疾病,约占神经遗传病的 10% ~ 15% 。其特征包括明显的家族遗传背景和脊髓、小脑、脑干损害为主的病理改变。此外脊神经、脑神经、交感神经、基底节、丘脑、下丘脑、大脑皮质等均可受累。发病年龄多在 20 ~ 40 岁,但也有婴幼儿及老年发病者。临床上常伴有复杂多变的其他系统损害所致的症状和体征,即使同一家族的患者也可以表现出高度的临床异质性。大部分遗传性共济失调的病因和发病机制尚未阐明,酶缺乏、生化缺陷、三核苷酸动态突变、线粒体功能缺陷、DNA 修复功能缺陷、离子通道基因突变等与发病有关。

根据遗传方式可将遗传性共济失调分为:①常染色体显性遗传性共济失调,最常见,如脊髓小脑性共济失调(spinocerebellar ataxia,SCA)、齿状核-红核-苍白球-丘脑底核萎缩(DRPLA)、发作性共济失调、遗传性痉挛性共济失调等;②常染色体隐性遗传性共济失调,如 Friedreich 型共济失调、共济失调-毛细血管扩张症等;③X 连锁遗传性共济失调;④伴有线粒体疾病的共济失调。

一、Friedreich 型共济失调

Friedreich 型共济失调(Friedreich ataxia,FRDA) 是最常见的常染色体隐性遗传性共济失调,由 Friedreich(1863 年)首先报道。欧美地区多见,东亚(包括中国)罕见,人群患病率是 2/10 万,近亲结婚发病率高。主要临床特征为儿童期发病,进行性上肢和步态共济失调伴锥体束征、构音障碍、深感觉丧失、弓形足和心脏损害等。

【病因及发病机制】

绝大多数情况下,Friedreich 型共济失调是由于 9 号染色体长臂 9q13-21.1 上的 frataxin 基因内含子区内 GAA 三核苷酸序列扩增突变所致。正常人 GAA 重复扩增的次数少于 42 次,而 Friedreich 型共济失调的患者重复扩增的次数或长度达到 66 ~ 1700 个拷贝,形成异常螺旋结构抑制基因的转录,frataxin 蛋白表达水平减少和功能丧失,导致脊髓、小脑和心脏等部位的细胞分化、代谢障碍而发病。

【病理】

脊髓变细,尤其是胸段,后索、脊髓小脑束和皮质脊髓束变性,有髓纤维脱失,胶质细胞增生。腰骶段神经节和 Clarke 柱的神经细胞丢失,后根变薄。面神经、迷走神经、舌下神经核团的细胞数目减少,小脑齿状核和皮质受累较轻。周围神经脱髓鞘,大量的有髓纤维消失。心肌纤维肥厚变性,含有铁反应阳性颗粒,伴有纤维性结缔组织增生。心肌纤维肥厚变性,含有铁反应阳性颗粒,伴有纤维性结缔组织增生。

【临床表现】

发病年龄通常是 4 ~ 15 岁,偶见婴儿和 50 岁以后起病,男女均可以受累。首发症状一般是进行性的步态共济失调,通常是双下肢同时受累,表现为站立不稳和行走困难,症状明显时,有感觉性和小脑性共济失调并存。患者站立时足距增宽,左右摇晃,Romberg 征阳性,行走时摇摆不定,头部经常有震颤。数月或数年后出现双上肢的共济失调,有动作性和意向性震颤。最后出现构音障碍、言语缓慢、含糊不清,有暴发性,甚至是难以理解的言语。可伴有耳聋、眩晕、视神经萎缩和面肌轻度无力。呼吸和吞咽动作也可以因为共济失调而受到影响。疾病后期可见轻度肌萎缩。括约肌功能通常不受累。智力一般正常。神经科查体可有水平性眼球震颤,眼球运动不受限,瞳孔反射存在。早期位置觉和振动觉减退,后期有触觉、痛温觉轻度减退。几乎所有患者腱反射早期消失,巴宾斯基征阳性和屈肌痉挛,腹壁反射保留。可见弓形足和脊柱后侧凸畸形。

约半数以上的患者可出现心肌病,是 Friedreich 型共济失调的一个突出特点,许多患者死于心律失常或充血性心力衰竭。脊柱的后侧凸畸形可以导致限制性呼吸功能障碍,也是死亡的一个原因。此外,也可伴有糖尿病或糖耐量异常。

Friedreich 共济失调反射保留型(Friedreich ataxia with retained reflexes,FARR)为 Friedreich 型共济失调的一个变异型,患者腱反射保留,甚至亢进,伴有肢体痉挛,没有脊柱后侧凸和心脏病,预后较好。另一个变异型是晚发型(late-onset Friedreich ataxia,LOFA),在 25 岁以后起病,骨骼畸形的发生率低,视觉诱发电位正常,病程进展较慢,也有在 40 岁以后起病的晚发型(very-late-onset Friedreich ataxia,VLOFA),这些变异型的扩增次数一般在 600 次以下。

【辅助检查】

心电图可以发现心室肥厚、心律失常、心脏传导阻滞;超声心动图可以发现对称性、向心性、肥厚性心肌病;X 线片可以显示心脏大小和脊柱畸形;MRI 上可以显示脊髓变细,一般没有明显的小脑萎缩。神经电生理检查可见感觉神经的传导速度正常而波幅显著下降甚至消失。视觉诱发电位的异常提示有视神经受累。基因检测 FRDA 基因 GAA 的扩增次数可协助诊断。

【诊断】

根据儿童或少年期起病,呈常染色体隐性遗传,自下肢向上肢发展的进行性共济失调,明显的深感觉障碍,腱反射消失等,通常可以诊断,如有构音障碍、巴宾斯基征阳性、脊柱侧凸或后凸畸形、弓形足、心肌病、MRI 显示脊髓萎缩和 FRDA 基因 GAA 异常扩增可以确诊。

【鉴别诊断】

不典型病例需要与以下疾病鉴别:

1. **家族性小脑皮质萎缩**　发病年龄较晚,进展缓慢,表现为进行性小脑性共济失调。许多患者的腱反射活跃或亢进。

2. **Roussy-Lévy 综合征**　通常在婴儿期发病,相对良性病程,表现为感觉性共济失调(闭目站立困难),有弓形足,反射消失,没有小脑受累的表现(构音障碍、震颤、眼球震颤)。

3. **维生素 E 缺乏症**　引起的共济失调与 FRDA 很难鉴别,但是没有构音障碍、骨骼或心脏异常有助于维生素 E 缺乏症的诊断,可以进一步检测血清中维生素 E 的水平。

4. **慢性炎性脱髓鞘性多发性周围神经病**(chronic inflammatory demyelinating polyneuropathy, CIDP)　在儿童期发病的时候可以表现为伴有反射缺失的共济失调,但是没有构音障碍和

Babinski 征,可据此与 FRDA 相鉴别。

【治疗】

目前本病治疗措施包括给予辅酶 Q10 和其他的抗氧化剂(泛醌、艾地苯醌),前期试验显示这些药物可以改善心肌和骨骼肌的生物能量代谢,减慢病程的进展。轻症患者可以用支持疗法和功能训练,外科手术用于治疗脊柱和足部的畸形。

【预后】

患者可在症状出现的 5 年内不能独立行走,10～20 年卧床不起,平均死亡年龄约 35 岁,幸存者可以通过治疗心力衰竭、心律失常和糖尿病,防治长期残疾所致的并发症,有效地延长生命。

二、脊髓小脑性共济失调

脊髓小脑性共济失调是遗传性共济失调的主要类型,可分为 SCA1～SCA40(表 20-1),患病率约为 8/10 万～12/10 万。SCA 多在成年期发病,常染色体显性遗传。SCA 是高度遗传异质性疾病,临床表现除小脑性共济失调外,可伴有眼球运动障碍、视神经萎缩、视网膜色素变性、锥体束征、锥体外系体征、肌萎缩、周围神经病和痴呆等。遗传早现现象是 SCA 的典型特征,表现为同一家系的发病年龄逐代提前,症状逐代加重。SCA 发病与人种有关,SCA1 和 SCA2 在意大利和英国多见,SCA3 常见于日本、中国、德国和葡萄牙。

表 20-1　常染色体显性遗传性共济失调的分类及临床特点

疾病	基因	突变方式及基因产物	临床主要特点
SCA1	6p23/ATXN1	CAG 重复,ataxin-1	锥体束征,周围神经病
SCA2	12q24/ATXN2	CAG 重复,ataxin-2	慢眼动,腱反射减弱,肌阵挛
SCA3 (MJD)	14q24.3-q31/ATXN3	CAG 重复,ataxin-3(MJD1)	慢眼动,锥体外系体征,突眼,周围神经病
SCA4	16q22.1		感觉性周围神经病
SCA5	11q13/SPTBN2	β3 血影蛋白	早发,慢进展
SCA6	19p13.2/CACNA1A	CAG 重复,电压依赖性钙通道 α-1A 亚单位	振动觉和关节位置觉减退,发作性共济失调,病情进展缓慢
SCA7	3p21.1-p12/ATXN7	CAG 重复,ataxin-7	视力下降伴视神经萎缩和视网膜色素变性
SCA8	13q21.33/ATXN8OSATXN8	CTG * CAG 重复	振动觉减退、反射亢进,病情进展缓慢
SCA10	22q13.31/ATXN10	ATTCT repeat,ataxin-10	纯小脑共济失调,全面性和(或)复杂部分性癫痫
SCA11	15q15.2/TTBK2	Tau 微管蛋白激酶 2	
SCA12	5q32/PPP2R2B	CAG 重复,丝-苏氨酸蛋白磷酸酶	震颤,痴呆
SCA13	19q13.3-13.4/KCNC3	电压门控性钾通道	精神运动迟缓
SCA14	19q13.4/PRKCG	蛋白激酶 C γ 型	早发,肌阵挛
SCA15/16	3p26.1/ITPR1	肌醇 1,4,5-三磷酸受体 1	病情进展缓慢
SCA17	6q27/TBP	CAG 重复,TATA 盒子结合蛋白	痴呆
SCA18	7q22-q32		锥体束征,感觉轴索神经病
SCA19/22	1p13.3/KCND3	电压门控通道 Kv4.3	小脑综合征,痴呆,肌阵挛
SCA20	11p11.2-q13.3		上腭震颤,构音障碍
SCA21	7p21.3-p15.1	跨膜蛋白 240	轻、中度认知障碍

续表

疾病	基因	突变方式及基因产物	临床主要特点
SCA23	20p13/PDYN	强啡肽原	远端感觉障碍
SCA24	1p36		隐性遗传
SCA25	2p21-p15		感觉性周围神经病,面肌抽动,胃肠道症状
SCA26	19p13.3	真核细胞翻译延伸因子2	单纯小脑共济失调
SCA27	13q34/FGF14	纤维母细胞生长因子14	认知障碍
SCA28	18p11.22-q11.2/AFG3L2	线粒体 AAA 蛋白酶催化亚单位	眼肌瘫痪,上睑下垂
SCA29	3p26		早发,无进展的共济失调
SCA30	4q34.3-q35.1		病情进展缓慢,相对单纯的共济失调
SCA31	16q22/BEAN1 and TK2	(TGGAA)n 重复	肌张力降低
SCA32	7q32-q33		认知障碍,男性睾丸萎缩
SCA34	6p12-q16/ELOVL4	ELOVL 脂肪酸延伸酶4	皮损,多形性红斑伴脱屑
SCA35	20p13/TGM6	转谷氨酰胺酶6	晚发,缓慢进展的步态、肢体共济失调
SCA36	20p13/NOP56	GGCCTG 重复	晚发,躯干共济失调,构音障碍,可伴运动神经元病
SCA37	1p32		晚发,跌倒,构音障碍,垂直眼动障碍
SCA38	ELOVL5	ELOVL 脂肪酸延伸酶5	病情进展缓慢,相对单纯的共济失调
SCA40	CCDC88		腱反射亢进、痉挛
DRPLA	12p13.31/ATN1	CAG 重复,atrophin-1	舞蹈症,痫性发作,肌阵挛,痴呆

【病因及发病机制】

常染色体显性遗传的脊髓小脑性共济失调最具特征的基因缺陷是 CAG 扩增,CAG 扩增次数越多发病年龄越早。CAG 扩增的另一特征是减数分裂的不稳定性。在亲代-子代传递中,重复次数会有变化,尤其是父源传递时重复扩增次数增加的趋势明显。因此,早现现象在父源性传递中更突出。SCA共同的突变机制是外显子中 CAG 拷贝数异常扩增,在蛋白质水解过程中释放出含有扩增的多聚谷氨酰胺尾的毒性片段。

【病理】

主要表现为小脑、脑干和脊髓变性、萎缩,但各亚型也有其特点,如 SCA1 主要是脊髓小脑束和后索受损,很少累及黑质、基底核及脊髓的前角细胞;SCA2 的下橄榄核、脑桥和小脑损害为重;SCA3 主要损害脑桥、脊髓小脑束、黑质和脊髓前角细胞;SCA7 的特征是视网膜神经细胞变性。

【临床表现】

1. **共同表现**　30~40 岁隐匿起病,缓慢进展,也有儿童期及 70 岁起病者。以下肢共济失调为首发症状,表现为走路摇晃、步基宽、易跌倒。继而出现双手笨拙及意向性震颤、辨距不良,上肢共济失调和构音障碍也是早期症状。腱反射早期活跃,后期可减弱,深感觉障碍。眼部症状包括眼球震颤、扫视变慢。不同亚型可伴有痴呆、肌张力障碍、帕金森样症状、面部肌束震颤、周围神经病和肢体远端肌肉萎缩等。通常在起病 10~20 年后不能行走。

2. 各亚型特点见表 20-1。

【辅助检查】

CT 或 MRI 可以显示小脑萎缩,有时可见脑干萎缩,PET 检查可见小脑、脑干、枕叶代谢减低,部分 SCA 合并帕金森综合征患者可有多巴胺能摄取减低;脑干诱发电位可以出现异常;肌电图可有周围神经损害;脑脊液检查正常;确诊 SCA 及区分亚型应根据表 20-1 进行分子遗传学检查。

【诊断】

根据共济失调病史及家族史,构音障碍、锥体束征及其他相关伴随症状和体征,结合神经影像学的资料可作临床诊断,分子遗传学的检查有助于确诊。

【鉴别诊断】

鉴别诊断需要排除继发因素引起的共济失调综合征,包括:

1. **中毒性共济失调**　如乙醇中毒、重金属中毒、抗癫痫药物蓄积等。

2. **其他可以共济失调为表现的神经系统疾病**　如多系统萎缩、多发性硬化、Wernicke 脑病、小脑肿瘤等。

3. **副肿瘤综合征**　对于病程较短的进行性共济失调需排除肺部、卵巢等处肿瘤伴发的副肿瘤综合征。

【治疗】

目前本病尚无特异性治疗方法,对症治疗可以缓解症状。联合应用丁螺环酮、金刚烷胺、加巴喷丁可以改善共济失调症状;左旋多巴或多巴胺受体激动剂可以缓解强直等锥体外系症状;拉莫三嗪可改善 SCA3 步态异常。康复训练、物理治疗及辅助行走可能有助于改善生活质量。进行遗传咨询对了解下一代的发病情况有所裨益。

第二节　遗传性痉挛性截瘫

遗传性痉挛性截瘫(hereditary spastic paraplegia, HSP)又称 Strümpell-Lorrain 病,是以双下肢进行性肌张力增高、肌无力和剪刀步态为特征的综合征,由 Seeligmuller(1874 年)首先报道,主要的遗传方式是常染色体显性遗传,而常染色体隐性遗传和 X 连锁隐性遗传少见。根据临床表现,可分为单纯型和复杂型两类。据估计,HSP 的患病率是 3/10 万,其中大约 10% 是复杂型 HSP。

【病因及发病机制】

本病具有高度的遗传异质性,已发现 72 个致病基因位点,按照发现的顺序依次命名为 SPG 1 ~ SPG 72。到目前为止,已经定位的 HSP 致病基因位点共有 69 个,其中呈常染色体显性遗传的 HSP 位点一共 17 个,呈常染色体隐性遗传的 HSP 位点共有 47 个,呈 X 连锁遗传的位点有 5 个。

常染色体显性遗传性单纯型 HSP 中,SPG 4、SPG 3A、SPG 6 占了大多数。SPG 4 致病基因位于染色体 2p22.3,编码 spastin 蛋白,基因缺陷的结果使细胞骨架不稳定,线粒体分布异常,轴浆转运障碍,最终导致轴突变性;SPG 3A 致病基因位于染色体 14q11-q21,编码 atlastin;SPG 6 致病基因位于染色体 15q11.1。

常染色体隐性遗传性 HSP 与 SPG 5、SPG 7、FALDH 有关。SPG 5 定位于 8q21.3,编码 cytochrome P450-7B1 蛋白;SPG 7 致病基因位于染色体 16q,编码 paraplegin 蛋白,基因缺陷可以导致氧化磷酸化障碍;FALDH 编码脂肪醛脱氢酶,是 Sjögren-Larsson 综合征的相关基因。

X 连锁隐性遗传性 HSP 少见,SPG 1 致病基因定位于 Xq 28,编码神经细胞黏附分子 L1(L1-CAM);SPG 2 致病基因定位于 Xq 21/Xq 22,编码髓鞘蛋白脂蛋白(PLP);SPG16 致病基因定位于 Xq11.2-23。

【病理】

HSP 的典型病理改变以轴索变性和脱髓鞘为主,主要累及脊髓内长的上、下行纤维束(皮质脊髓束及背束),特别是这些纤维束的远端,受累最严重的为传导至下肢的皮质脊髓束。而脊髓中前角和后角细胞以及周围神经大都不受累。

【临床表现】

HSP 的临床表现也具有高度异质性,发病年龄和严重程度在不同病例差距较大。一般来说,HSP 多在儿童期或青春期发病,男性略多,典型症状是缓慢进行性痉挛性双下肢无力,但是严重程度不一。一些患者最后可能需要坐轮椅,而另一些患者不需要任何辅助工具。开始出现的症状是抬足困难,以至于拖曳而行。后期患者出现大腿屈曲困难,不能抬小腿走路。如果是儿童期起病,可以见到弓形足、短足畸形、腓肠肌绷紧(假性挛缩)、双腿发育落后变细,检查可见肌张力高、剪刀步态☺、腱反射亢进、病理征阳性,但肌力检查可正常。

1. **单纯型**　较多见,仅表现为痉挛性截瘫,双下肢僵硬,走路易跌倒,呈剪刀步态,可以有尿失禁、尿急症状以及足部的振动觉减退。双上肢受累程度不一,有时可以出现双手僵硬,动作笨拙,轻度构音障碍。

2. **复杂型**　除痉挛性截瘫外,常合并不同程度的肌萎缩、小脑性共济失调、帕金森样症状、肌张力障碍、手足徐动症、视神经萎缩、视网膜变性、听力障碍、癫痫、鱼鳞病、精神发育迟滞或痴呆,构成各种综合征。

(1) HSP 伴脊髓小脑和眼部症状(Ferguson-Critchley 综合征):30~40 岁出现脊髓小脑性共济失调表现,双腿痉挛性无力、感觉异常、构音障碍、眼球注视障碍、复视、情感障碍、病态哭笑、视神经萎缩、膀胱功能障碍,体检可以发现腱反射增强、双侧 Babinski 征阳性、肢体远端感觉减退。临床表现类似多发性硬化,有的病例锥体外系症状明显。

(2) HSP 伴有锥体外系体征:痉挛性截瘫伴有帕金森综合征样强直、动作性和静止性震颤、舌肌张力障碍样运动、肢体的手足徐动症。

(3) HSP 伴有视神经萎缩(Behr 综合征):通常合并小脑体征,所以也称为视神经萎缩-共济失调综合征。

(4) HSP 伴有黄斑变性(Kjellin 综合征):痉挛性截瘫伴有肌萎缩、精神发育迟滞和中心性视网膜变性,如合并眼肌麻痹称为 Barnard-Scholz 综合征。

(5) HSP 伴有精神发育迟滞或痴呆:HSP 的儿童可以在早期或其他神经症状进展后出现精神发育迟滞。Sjögren-Larsson 综合征是常染色体隐性遗传,在婴儿期出现精神发育迟滞、痉挛性截瘫、鱼鳞病。

(6) HSP 伴有多发性神经病:症状类似肾上腺脑白质营养不良的脊髓神经病。

(7) HSP 伴有远端肌肉萎缩(Troyer 综合征):以手部肌肉萎缩起病,而后出现下肢肌肉的痉挛或挛缩,可以合并有突出的痉挛性构音障碍、假性球麻痹、轻度小脑体征、手足徐动症和耳聋。

(8) HSP 伴有甲状腺功能异常(Allan-Hemdon-Dudley syndrome, AHDS):痉挛性截瘫伴有甲状腺功能异常,还可出现智力发育迟滞、生长发育迟缓、构音障碍、共济失调、手足徐动症、面部畸形、关节挛缩、认知障碍、癫痫发作等。

【辅助检查】

脑和脊髓的 MRI 检查一般无异常发现。电生理检查发现大多数患者的周围神经传导速度是正常的,下肢感觉诱发电位可见后索纤维传导延迟,皮质诱发电位可见皮质脊髓束的传导速度减慢,诱发电位波幅降低,通常在腰段脊髓支配的肌肉中没有引出皮质诱发电位,而上肢的皮质诱发电位正常或有轻度的传导速度减慢。脑脊液检查一般正常。

【诊断】

根据家族史、儿童期发病、缓慢进行性双下肢无力、肌张力增高、腱反射亢进、病理征阳性、剪刀样步态,伴有下肢远端轻度的振动觉减退,排除其他疾病可以诊断;根据是否伴有其他症状,进一步分为单纯型和复杂型;可根据基因诊断分型。

【鉴别诊断】

需要同脊髓和枕骨大孔附近缓慢生长的肿瘤、颈椎病、多发性硬化、Arnold-Chiari 畸形、慢性脊髓炎、原发性侧索硬化、脊髓空洞症、僵人综合征、维生素 B_{12} 和维生素 E 缺乏症、脑白质营养不良、精氨酸酶缺乏症、多巴反应性肌张力障碍等相鉴别。

【治疗和预防】

本病没有特殊的针对病因的治疗方法,主要是对症治疗,巴氯芬(即 baclofen,又称氯苯氨丁酸)和苯二氮䓬类药物可以诱导肌肉松弛,物理疗法可以改善肌力,减少肌肉萎缩程度,预防肌肉痉挛。

第三节　腓骨肌萎缩症

腓骨肌萎缩症又称为 Charcot-Marie-Tooth 病、遗传性运动感觉神经病（hereditary motor and sensory neuropathy, HMSN），是一组临床表型相同的遗传异质性疾病。CMT 由 Charcot、Marie 和 Tooth（1886年）首先报道，是遗传性周围神经病最常见的类型，患病率为 1/1214 ~ 1/2500，无种族差异。遗传方式主要是常染色体显性遗传，也可为常染色体隐性或 X 连锁遗传。这类疾病的显著特点是对称性、缓慢进行性的四肢周围神经髓鞘脱失和轴索变性，造成肢体远端肌肉的萎缩和无力。

【病因及发病机制】

60% ~ 70% 的 CMT 是由 17p11.2 的 PMP 22 重复突变所致（CMT 1A），10% ~ 20% 由 Xq13.1 的 GJB 1 突变所致（CMTX）。除此之外，目前已发现的 CMT 致病基因或位点有 40 余个。其中超过 30 个基因及其产物在维持有髓神经纤维的正常功能上起重要作用。如 PMP 22、MPZ 等是周围神经髓鞘的成分，EGR 2 是生成髓鞘的施万细胞分化过程中的重要转录因子，NEFL 基因编码神经丝三联子 L 蛋白，有髓鞘轴突的细胞骨骼成分等，这些基因的突变通过导致髓鞘脱失和轴索变性而致病。但仅不足 50% 的 CMT 患者的致病基因已知，仍有约 30 ~ 50 个致病基因尚待发现。

【分型】

临床上通常将 CMT 分为脱髓鞘型（CMT1）和轴索变性型（CMT 2）。CMT 1 型患者神经电生理检查可见运动和感觉神经传导速度（nerve conduction velocity, NCV）明显下降，NCV<38m/s（正常>40 ~ 45m/s）。CMT 2 型髓鞘相对保留，NCV 正常或接近正常。婴儿期起病的严重脱髓鞘性 CMT 称为 CMT 3，又称 Dejerine-Sottas 病（DSD）。大部分隐性遗传性 CMT 归为 CMT 4。X 连锁遗传 CMT 称为 CMTX。值得注意的是很多类型的 CMT 的电生理特点常介于脱髓鞘型和轴索损伤型之间，其神经传导速度常处于中间的范围（35 ~ 45m/s），更细致的分型常由致病基因及其位点决定。

【病理】

CMT 周围神经的病理表现为轴突和髓鞘均受累，远端重于近端。CMT 1 型的神经纤维呈对称性节段性脱髓鞘，部分髓鞘再生，施万细胞和成纤维细胞增生形成"洋葱头样"结构，神经粗大。CMT 2 型为轴索变性，前角细胞数量轻度减少，一些细胞有染色质溶解，背根神经节细胞也有类似的改变。累及后根纤维时薄束变性比楔束严重，自主神经系统相对保持完整，肌肉呈现失神经支配改变，有簇状萎缩和靶型肌纤维。CMT 的任何一型（包括脱髓鞘型）均存在轴索变性，且轴索丢失的程度是影响神经损伤的主要因素。

【临床表现】

腓骨肌萎缩症通常是儿童或青春期起病，也可以中年起病，主要表现为慢性进行性、对称性的肢体远端肌肉无力和萎缩，感觉障碍，腱反射减低或消失。肌肉萎缩和无力通常自足和小腿开始，患者可出现足下垂，行走呈跨阈步态，跑步和行走困难，易被绊倒。足部肌肉萎缩可导致弓形足（图 20-1）和锤状趾畸形。肌肉萎缩累及小腿全部肌群和大腿的下 1/3 时，整个下肢呈倒立的香槟酒瓶状，称"鹤腿"。数年后，肌肉无力和萎缩波及手肌和前臂肌，患者可出现系纽扣、开锁等动作困难。CMT 肌肉萎缩很少超过肘部和大腿的中 1/3。尽管 CMT 可累及感觉神经，但肢体疼痛和感觉障碍的症状往往不突出。深、浅感觉减退多呈手套-袜套样改变。一般情况下，自主神经和脑神经不受累。CMT 1 型可以触及粗大的周围神经，尤其是耳大神经和尺神

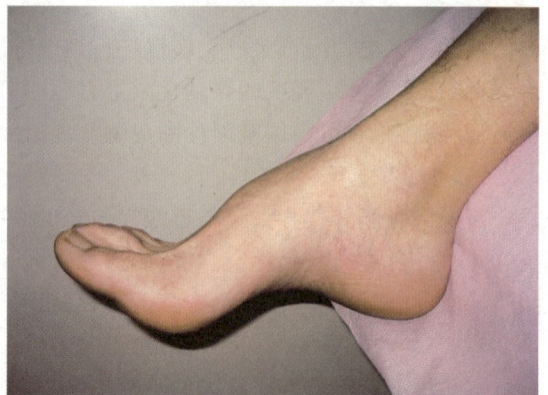

图 20-1　弓形足

经更易触及。

CMT 患者临床表现的严重程度差异较大,有些患者可能仅有弓形足,甚至无任何临床症状,仅在偶然的神经电生理检查中发现异常。而有些患者则出现严重的肌肉无力和萎缩。

【辅助检查】

1. **神经电生理检查**　CMT 1 型有广泛的神经传导速度显著下降,不伴传导阻滞,复合肌肉动作电位和感觉神经动作电位的波幅正常或降低。CMT 2 型神经传导速度大致正常或轻度下降,复合肌肉动作电位和感觉神经动作电位的波幅明显降低。

2. **周围神经活检**　可以见到不同程度的脱髓鞘和(或)轴索变性。

3. **基因检测**　遗传学检查有助于疾病的诊断和分型。PMP 22 重复突变和 GJB 1 突变在 CMT 中最常见,可作为常规筛查的基因。

【诊断】

根据儿童或青春期起病,出现缓慢进展的对称性双下肢无力,以及"鹤腿"、足下垂、弓形足,伴有感觉障碍,腱反射减弱或消失,运动神经传导速度减慢,神经活检有脱髓鞘和(或)轴索变性,阳性家族史,结合基因检测的异常可以确诊。家族史对于 CMT 的诊断很重要。对于无明确家族史的患者应对其家族成员尤其是其父母进行神经科检查,即使发现轻微的周围神经损害或是仅有肌电图异常改变对诊断也有帮助。

【鉴别诊断】

CMT 通常进展缓慢,对于相对进展较快的周围神经病变应考虑其他诊断的可能。如糖尿病、酒精中毒、重金属中毒或免疫性神经病。CMT 的感觉症状常不突出,但仍需进行细致的感觉检查,如果没有感觉损害的体征,肌电图也无感觉障碍的证据则应考虑其他诊断的可能。如远端型脊肌萎缩症。

CMT 需与以下疾病相鉴别:

1. **远端型肌营养不良**　四肢远端逐渐向上发展的肌无力、肌萎缩,成年期发病,肌电图呈肌源性改变,运动神经传导速度正常等可资鉴别。

2. **远端型脊肌萎缩症**　肌萎缩分布和病程与 CMT 2 型相似,肌电图上可见广泛的纤颤、束颤和巨大动作电位等前角细胞损害,脊旁肌肉和颏舌肌或面肌广泛的失神经支配提示脊肌萎缩症。

3. **遗传性共济失调伴肌萎缩症(又称 Roussy-Lévy 综合征)**　缓慢进展的病程,有腓骨肌萎缩、弓形足、反射消失、神经传导速度减慢,神经活检有脱髓鞘和洋葱头结构,这些类似 CMT 1 型,但是有振动觉和位置觉的缺失,感觉性共济失调和姿势性震颤。

4. **慢性炎症性脱髓鞘性多发性神经病(CIDP)**　进展相对较快,脑脊液中蛋白含量增加,激素治疗有效,若肌电图上有复合肌肉动作电位时限增宽或有传导阻滞,支持 CIDP。

【治疗和预防】

本病目前尚无特殊治疗,主要是对症和支持疗法。CMT 患者通常不会失去行走的能力,足下垂或足畸形可以穿矫形鞋;当严重的足畸形引起疼痛或者出现行走困难,保守治疗无效时,可考虑进行外科手术治疗。为了减轻行走困难,应避免肥胖;避免应用可能导致神经损害的药物,如长春新碱。可以采取基因诊断来确定先证者基因型,用胎儿绒毛、羊水或脐带血分析胎儿基因型,确定产前诊断并终止妊娠。

第四节　神经皮肤综合征

常见的神经皮肤综合征包括神经纤维瘤病、结节性硬化症和脑面血管瘤病,它们以神经系统、皮肤和眼部等多器官或多系统病变为主要特征。此类疾病是源于外胚层的器官发育异常所致,也可以累及中胚层和内胚层器官如心、肺、骨、肾、胃肠等。

一、神经纤维瘤病

神经纤维瘤病（neurofibromatosis，NF）是中枢神经系统最常见的常染色体显性遗传病之一，它是基因缺陷使神经嵴细胞发育异常导致的多系统损害。最主要的两个临床表现是皮肤牛奶咖啡斑和多发的神经纤维瘤，除此之外，还可伴有骨、内分泌腺或其他脏器的先天性异常。根据临床表现和基因定位，目前最常见的两种神经纤维瘤病是Ⅰ型（NFⅠ）和Ⅱ型（NFⅡ）。NFⅠ由 von Recklinghausen（1882年）首次描述，主要特征为皮肤牛奶咖啡斑和周围神经多发性神经纤维瘤，外显率几乎是100%，基因定位于染色体17q11.2，患病率为（30~40）/10万；NFⅡ主要是20岁左右出现双侧听神经瘤，皮肤改变很轻，故又称为中枢神经纤维瘤或双侧听神经瘤病，基因定位于染色体22q12。

【病因和发病机制】

NFⅠ基因组跨度350kb，cDNA长11kb，含56个外显子，编码2818个氨基酸，组成327kD的神经纤维素蛋白（neurofibromin），分布在神经元；NFⅡ的致病基因为 merlin（或称 schwannomin）。这两个基因的产物是肿瘤抑制因子，当NFⅠ基因出现易位、缺失、重排或点突变，或NFⅡ基因缺失突变后，导致来源于神经嵴的细胞成分如施万细胞、黑色素细胞、神经内膜的成纤维细胞以及皮肤和神经的细胞在多个部位过度增殖，黑色素细胞功能异常而致病。

【病理】

主要特点是外胚层神经组织发育不良、过度增生和肿瘤形成。NFⅠ神经纤维瘤好发于周围神经远端、脊神经根，尤其是马尾；脑神经多见于听神经、视神经和三叉神经。脊髓内肿瘤包括室管膜瘤和星形胶质细胞瘤，颅内肿瘤最常见为脑胶质细胞瘤。镜下见细胞有时呈梭状排列，细胞核呈栅栏状。皮肤肿瘤的特点是表皮很薄，基底层可以色素化或非色素化。真皮层的胶原和弹力蛋白被疏松排列的结缔组织细胞所取代。皮肤色素斑内的黑色素细胞数量是正常的，只是黑色素体增多。2%~5%的肿瘤有恶变的可能，在外周形成肉瘤；在中枢形成星形细胞瘤和胶质母细胞瘤。NFⅡ多见双侧听神经瘤和多发性脑膜瘤，瘤细胞排列松散，巨核细胞常见。

【临床表现】

1. 神经纤维瘤病Ⅰ型

（1）皮肤症状

1）皮肤牛奶咖啡斑：是具有诊断性的临床表现，几乎所有的患者均存在。大多数出生时已有，形状大小不一，边缘不整，不凸于皮面，好发于躯干非暴露部位；皮肤牛奶咖啡斑（图20-2）数量在6个以上，青春期前直径>5mm，青春期后直径>15mm，对NFⅠ具有诊断价值。

2）雀斑和色素沉着：腋窝、腹股沟（在出生时罕见，在儿童期和青春期出现）和乳房下的雀斑样或弥漫性色素沉着，以及小圆形白点也是特征之一。面积大而色黑的色素沉着常伴有下面的丛状神经纤维瘤，位于中线者则提示可能存在脊髓肿瘤。雀斑的面积比牛奶咖啡斑小，出现时间晚。

（2）神经症状：神经纤维瘤也是此病具有特征性的临床表现。常见的神经纤维瘤有：

1）皮肤或皮下肿瘤：最常见。皮肤肿瘤位于皮内，形成软或硬的丘疹，大小从数毫米到数厘米不等，形状各异，无蒂或有蒂。颜色呈肉色或紫罗兰色，丘疹顶端有黑头粉刺，按压的时候，软瘤可以陷进皮内。皮下肿瘤（图20-3）有两种形式，一种是分散附着于一条神经上的硬结节，可以移动，也可以引起疼痛、压痛、放射痛或感觉异常；一种是神经干及其分支弥漫性神经纤维瘤，常伴有皮下组织的过度生长，称为丛状神经纤维瘤或称神经纤维瘤性

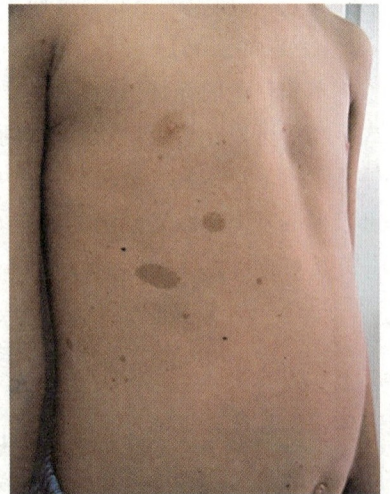

图20-2　牛奶咖啡斑

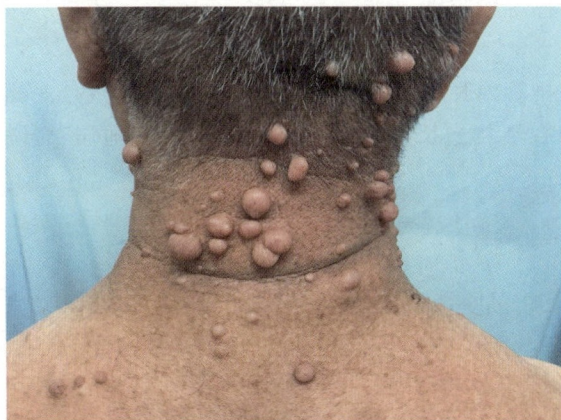

图 20-3 多发皮下神经纤维瘤

象皮病,即使单发,亦有诊断价值。它们多分布于面部、头皮、颈部和胸部,具有局部侵袭的特点,可以出现骨侵蚀和疼痛,也可伴有明显的色素沉着或多毛症。

2)周围神经或神经根肿瘤:周围神经均可累及,马尾好发,肿瘤呈串珠状沿神经干分布,一般无明显症状,但大的肿瘤可产生压迫症状。如肿瘤突然长大或伴剧烈疼痛可能为恶变。另外,支配内脏和血管的自主神经也可出现肿瘤。

3)颅内肿瘤:可合并脑膜脊膜瘤、多发性脑膜瘤、胶质瘤、脑室管膜瘤等,视神经、三叉神经及后组脑神经均可发生,少数病例可有智能减退、学习困难、发育障碍和癫痫发作等。

4)椎管内肿瘤:脊髓任何平面均可发生单个或多个神经纤维瘤、脊膜瘤,可合并脊柱畸形和脊髓空洞症等。此病的神经症状主要是由中枢或周围神经肿瘤压迫引起,其次为胶质增生、血管增生和骨骼畸形所致,约 50% 的患者出现。

(3)眼部症状:裂隙灯下可见到虹膜上突起的粟粒状橙黄色圆形小结节,为错构瘤,也称 Lisch 结节,是 NF Ⅰ 的特征性改变。使用红外线单色光检眼镜检查可见到脉络膜补丁样改变。上睑可见纤维软瘤或丛状神经纤维瘤,眼眶可扪及肿块和搏动。视神经肿瘤的最常见症状是单侧、难以纠正的视力丧失,但是也可以仅仅出现外周视野的缺损、颜色分辨困难、视神经乳头苍白或突眼。

(4)其他系统损害:先天性骨发育异常较常见,包括脊柱侧凸伴或不伴有后凸,颅骨不对称、缺损和凹陷等。肿瘤直接压迫可导致骨骼改变,如听神经瘤可引起内听道扩大;脊神经瘤可引起椎间孔扩大、骨质破坏。长骨、面骨和胸骨过度生长、长骨骨质增生、骨干弯曲和假关节也较常见。NF Ⅰ 可以出现高血压,此时应注意是否合并有肾上腺嗜铬细胞瘤或肾动脉狭窄。也可合并脑血管损害如脑血管扩张、狭窄、moyamoya 病或动脉瘤等,偶尔有腹肌的萎缩和部分性白化病。

2. 神经纤维瘤病Ⅱ型 双侧听神经瘤是 NF Ⅱ 的主要特征,患者可出现听力丧失和耳鸣。皮肤症状没有或很少,有些患者可合并脑脊膜瘤、神经鞘瘤或青少年后囊下晶状体混浊。

【辅助检查】

X 线平片可见各种骨骼畸形;CT、MR、椎管造影等有助于发现中枢神经系统肿瘤。头颅 MRI 上有时见到脑实质内不明原因的 T_2 高信号病灶,即 NF 相关亮点,一般不增强,没有占位效应,随着年龄增大而渐消散,有人认为是良性错构瘤。脑干听觉诱发电位对听神经瘤有较大的诊断价值。NF Ⅰ 患者可见脑容量增加(巨脑)。基因分析可以确定 NF Ⅰ 和 NF Ⅱ 突变类型。

【诊断】

NF Ⅰ 诊断标准,符合下列 2 条或 2 条以上可确诊:①6 个或以上的牛奶咖啡斑或色素沉着斑,青春期前直径>5mm,青春期后直径>15mm;②腋窝或腹股沟区的雀斑;③2 个或以上的任一类型的神经纤维瘤或 1 个丛状神经纤维瘤;④视神经胶质瘤;⑤2 个或以上的虹膜错构瘤(Lisch 结节);⑥特征性骨病变,如蝶骨发育不良或长骨皮质增厚伴或不伴假关节;⑦一级亲属有确诊的 NF Ⅰ 患者。当患儿仅有牛奶咖啡斑及雀斑时,可行基因检查辅助诊断。

NF Ⅱ 诊断标准,满足下面其中一条就可以确诊:①影像学检查确诊双侧听神经瘤;②一级亲属有 NF Ⅱ 并有单侧听神经瘤;③一级亲属有 NF Ⅱ 和有下列中的两项:神经细胞瘤、脑膜瘤、胶质瘤和青少年后囊下晶状体混浊。

【鉴别诊断】

应同脑干胶质瘤、脑膜瘤、脊髓出血、脊髓梗死、脊髓硬膜外脓肿、马尾和脊髓圆锥综合征、脊髓空洞症、骨纤维结构不良综合征和局部软组织蔓状血管瘤等相鉴别。

【治疗及预后】

目前无特殊治疗。听神经瘤、视神经瘤等颅内及椎管内肿瘤可手术治疗,部分患者可用放疗。癫痫发作者可用抗痫药物治疗。大部分 NF I 患者可以存活相当长的时间,但是当合并有高血压、脊髓损害或肿瘤恶变时,总体的预期寿命将减少 15 年左右。

二、结节性硬化症

结节性硬化症(tuberous sclerosis)又称 Bourneville 病,是一种常染色体显性遗传神经皮肤病,以皮肤损害、癫痫发作和智能减退为主要临床特征,发病率为 1/10 万。临床上可以见到皮肤、神经系统、心脏、肾脏和其他器官的多系统损害。

【病因和发病机制】

本病以常染色体显性遗传为主,但也可见不少散发病例。本病主要由编码 hamartin 蛋白的 TSC1 基因,编码 tuberin 蛋白的 TSC2 基因突变导致,其中 TSC2 突变更为常见,大约 15% 的患者无基因突变。TSC1 和 TSC2 编码的蛋白质形成复合物,间接抑制细胞生长和蛋白质的合成,当突变时会破坏这种抑制功能,导致细胞异常增殖和错构瘤形成。一般情况下,这种异常增殖是有限的,不会向恶变方向转化。

【病理】

脑部的主要病理改变是神经胶质增生性硬化结节,广泛出现于大脑皮质、白质和室管膜下。结节可使脑回增宽、变白、变硬,大小从 5mm～3cm 不等,断面上灰、白质分界不清,常伴有钙质沉积,可出现异位症及血管增生等。硬化结节凸入脑室内可形成特有的白色和(或)粉红色的烛泪样肿块,阻塞室间孔、中脑导水管和第四脑室底时可引起脑积水。这种结节也可见于基底核、丘脑和小脑,脑干和脊髓受累罕见。显微镜下,这些结节是由胖大的纤维性星形细胞交织排列构成。在大脑皮质和基底核处,可见到巨大或成气球样的细胞,难以分清是神经元或胶质细胞。皮肤改变主要是皮脂腺瘤,由皮肤神经末梢、增生的结缔组织和血管组成。眼部可见视网膜上的晶状体瘤,为神经元和胶质细胞所构成。其他脏器病理改变如心、肝、肾、肺等也可发生错构瘤、骨质硬化和囊性变。

【临床表现】

患者通常是在 2～3 岁内出现明显的智能减退和癫痫发作。不同的皮肤损害可在不同年龄段出现,面部损害通常是在 4～10 岁出现,以后逐渐加重。智能减退、癫痫发作和皮肤损害程度可以是不平行的。

1. **神经系统损害**　癫痫发作是主要症状。婴儿期可表现为特征性的肌阵挛性痉挛发作,伴或不伴有脑电图的高度节律异常。儿童和成人主要是全面性强直阵挛发作或复杂部分性发作。癫痫发作出现的年龄越小越易出现精神发育迟滞,如果没有癫痫发作则几乎不会出现精神发育迟滞。智能减退多呈进行性加重,常伴有情绪不稳、行为幼稚、易冲动和思维紊乱等精神症状,但也有始终不出现智能减退的病例。根据结节发生的部位,还可以有相应脑区的症状和体征。

2. **皮肤损害**　色素脱失斑是最早的皮肤改变,出生时即存在,通常是线状分布于躯干和肢体,呈椭圆形,从数毫米到数厘米不等。3 个以上长度超过 1cm 的色素脱失斑提示诊断。90% 以上患儿到 4 岁时有明显的皮脂腺瘤。所谓的面部皮脂腺瘤,实际上是血管纤维瘤,主要分布在鼻唇沟、颏部和颊部,偶尔出现于前额和头皮处,呈粉红色或淡棕色表面光滑的蜡样丘疹(图 20-4)。10 岁以后患儿可出现明显的鲨革样斑,常见于腰骶部,它是一

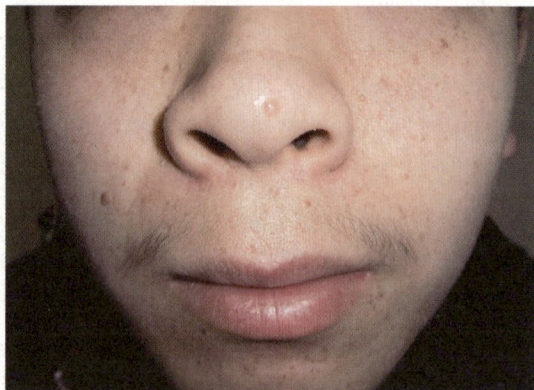

图 20-4　面部皮脂腺瘤

种结缔组织错构瘤,呈肉样颜色,直径 1~10cm,平坦,略隆起,具有诊断价值。

3. 其他脏器的损害　可有视网膜或视神经处灰色或黄色的晶状体瘤,牙釉质上多发性的小凹,牙龈纤维瘤,心脏的横纹肌瘤,肺囊肿和淋巴管平滑肌瘤,肝、肾囊肿和血管肌脂瘤,胃、小肠和结、直肠错构瘤样息肉,骨囊肿,甲床下或甲周纤维瘤等。此外,还可以有颅内动脉、主动脉和腋动脉处的动脉瘤。

【辅助检查】

头颅 CT 或 MRI 可以发现室管膜下巨细胞星形细胞瘤、皮质中的结节、钙化以及血管发育异常如血管瘤的存在(图 20-5);定期肾脏超声检查可以评价肾脏的囊肿和血管肌脂瘤的改变,有助于在肾功能不全之前进行干预治疗;超声心动图可以发现心脏横纹肌瘤的存在;心电图可以发现心律失常;对怀疑有癫痫发作的患者应做脑电图检查。

【诊断】

临床诊断标准包括了 11 项主要特征及 6 项次要特征,若有 2 条及以上主要特征,或一条主要特征及 2 条及以上次要特征时可确诊。主要特征包括:①色素脱失斑(≥3 个,直径至少 5mm);②面部血管纤维瘤(≥3 个)或头部纤维斑块;③指(趾)甲纤维瘤(≥2个);④鲨革样斑;⑤多个视网膜错构瘤;⑥皮质发育不良(包括结节和脑白质放射状迁移线);⑦室管膜下结节;⑧室管膜下巨细胞星形胶质细胞瘤;⑨心脏横纹肌瘤;⑩淋巴管平滑肌瘤病(一种成年

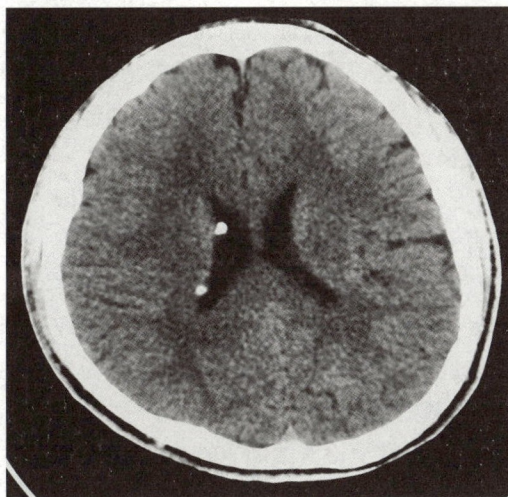

图 20-5　头颅 CT 显示侧脑室室管膜下钙化

TSC 患者的肺部病变);血管平滑肌脂肪瘤(≥2 个);若只有 10 和 11 项则不符合确诊标准。次要诊断标准包括:①"斑驳样"(confetti)皮肤病变(1~2mm 色素脱失斑);②牙釉质凹陷(>3 处);③口内纤维瘤(≥2 个);④视网膜无色性斑块;⑤多发肾囊肿;⑥非肾性错构瘤。

当疑似本病而临床表现不足时,国际指南推荐进行基因检查。只要在非病变组织中查出致病性 TSC1 或 TSC2 突变基因则不论临床表现如何,即确诊 TSC。

【鉴别诊断】

应注意同神经纤维瘤病相鉴别,后者也累及皮肤、神经系统和视网膜。

【治疗】

西罗莫司(sirolimus)可用于结节性硬化症相关的肾脏血管肌脂瘤和脑室管膜下巨细胞星型细胞瘤的治疗。对于癫痫的控制要根据患者的年龄、癫痫的发作类型和癫痫综合征,以及所涉及的其他器官损害来选择合适的药物。对于婴儿痉挛症的控制首选氨己烯酸,托吡酯、拉莫三嗪、ACTH 或类固醇类药物也有效。药物治疗无效的癫痫患者可采用手术治疗,包括局灶性脑皮质切除、胼胝体切断术、迷走神经刺激术。若脑室管膜下巨细胞星型细胞瘤引起阻塞性脑积水或有明显的占位效应时,可考虑手术治疗。

三、脑面血管瘤病

脑面血管瘤病(encephalofacial angiomatosis)又称为 Sturge-Weber 综合征,是以一侧面部三叉神经分布区不规则血管痣、对侧偏瘫、偏身萎缩、同侧颅内钙化、青光眼、癫痫发作和智能减退为特征的先天性疾病。发病率为 2/10 万,多为散发病例,部分呈现家族性发病特点。

【病因和发病机制】

目前认为本病的毛细血管-静脉畸形是胚胎期外胚层组织体细胞突变病导致毛细血管形成的控

制失调或成熟失当的结果。一项对患者的受累和正常组织样本全基因组测序研究发现,本病可能由于 GNAQ 基因体细胞嵌合突变导致,其累及部位取决于受累胚胎发育的阶段。

【病理】

神经系统的主要病理改变是软脑膜血管瘤,好发于面部血管痣的同侧枕叶和顶叶,血管瘤充填在蛛网膜下腔内,软脑膜变厚,钙质沉积在血管壁、血管周围组织或神经元内,伴有相应部位的脑组织萎缩。镜下见神经细胞变性、胶质细胞增生和钙质沉积。皮肤改变为毛细血管扩张,并非真正的血管瘤。

【临床表现】

1. **皮肤改变**　出生时即可见到红葡萄酒色扁平血管痣,多沿三叉神经第Ⅰ支范围分布(图20-6),也可累及第Ⅱ、Ⅲ支,严重者可蔓延至颈部、躯干和对侧面部,少数可见于口腔黏膜。血管痣边缘清楚,略隆起,压之不褪色。血管痣累及上睑和前额时,常伴有青光眼和皮损同侧的脑组织受累,仅累及三叉神经第Ⅱ、Ⅲ支者很少出现神经系统症状。皮肤血管的异常丰富可以促进结缔组织和骨的过度生长,出现面部畸形和脊柱侧凸。

2. **眼部症状**　可出现突眼和青光眼,有时伴有脉络膜血管瘤。当枕叶受累时患者出现同向性偏盲。

3. **神经系统症状**　主要表现为癫痫发作,多为血管痣对侧肢体局限性抽搐,也可见全身大发作和复杂部分性发作,抗癫痫药物往往无效。同时也可伴有血管痣对侧偏瘫、偏盲、偏侧感觉障碍以及偏侧肢体的萎缩。可有智能障碍、行为异常和语言障碍。

【辅助检查】

1. 影像学检查诊断首选应用钆对比剂的头颅 MRI 检查。

(1) 2 岁以后颅骨 X 线平片可以显示颅内与脑回外形一致的特征性双轨状钙化灶。

(2) 头颅 CT 扫描可见颅内钙化和单侧脑萎缩(图20-7)。

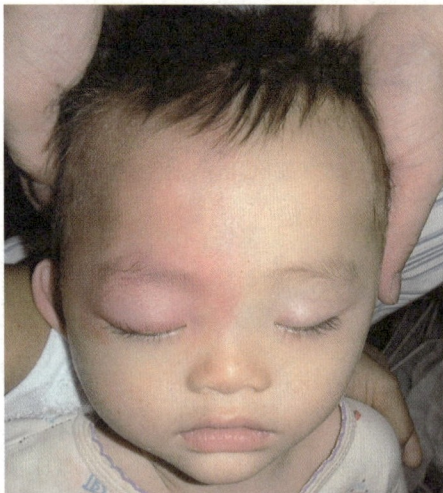

图20-6　沿三叉神经第Ⅰ支范围分布的头面部扁平血管痣

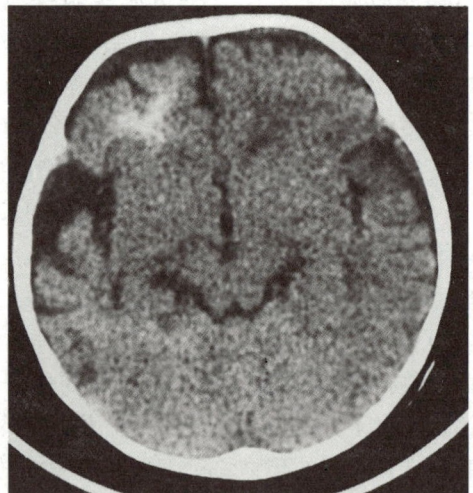

图20-7　头颅 CT 显示位于头面部血管痣同侧的颅内钙化和脑萎缩(与图20-6 为同一病例)

(3) 头颅 MRI 可以发现皮质萎缩、软脑膜血管瘤、静脉窦闭塞和脉络膜静脉扩张。

(4) DSA 可见皮质浅静脉缺乏、静脉窦充盈缺损和异常扭曲的静脉。

(5) SPECT 早期见皮质高灌注,后期为低灌注。

(6) PET 可见受累脑半球代谢减低。

2. **脑电图检查**　受累脑半球可见背景活动减少、波幅降低和痫样放电。

【诊断】

根据面部典型红葡萄酒色扁平血管痣,伴有癫痫、青光眼、突眼、对侧偏瘫、偏身萎缩等症状之一即可确诊。头颅 X 线平片与脑回外形一致的双轨状钙化,头 CT 和 MRI 显示钙化、脑萎缩和脑膜血管瘤等有助于诊断。

【治疗】

主要是对症治疗,控制癫痫发作。皮肤血管痣可用激光治疗,外科治疗的指征是难治性癫痫、青光眼或脊柱侧凸。目前认为小剂量阿司匹林可用于本病患者,可能因为抗血栓治疗可预防脑血流受损和缺氧缺血性神经元损伤的进展,且不增加患者颅内出血风险,具体机制尚不明确。

（陈　彪）

思　考　题

1. 何谓神经系统遗传病？简述其分类和诊断步骤。
2. Friedreich 型共济失调的诊断标准是什么？
3. 简述脊髓小脑性共济失调的共有症状和各亚型的特征性症状。
4. 腓骨肌萎缩症的临床表现是什么？
5. 遗传性痉挛型截瘫单纯型和复杂型的临床表现是什么？
6. 神经纤维瘤病 I 型的诊断标准是什么？

参　考　文　献

[1] 王维治.神经病学.5 版.北京:人民卫生出版社,2004.

[2] Ropper AH,Samuels MA. Adams and Victor's Principles of Neurology. 9th ed. New York:McGraw-Hill,2009.

[3] Rowland LP,Pedley TA. Merritt's Neurology. 12th ed. New York:Lippincott Williams & Wilkins,2009.

[4] Hauser SL. Harrison's Neurology in Clinical Medicine. 2nd ed. New York:McGraw-Hill,2010.

[5] 林鹏飞,龚瑶琴,焉传祝.遗传性痉挛性截瘫的分子遗传学研究进展.中华神经科杂志,2015,48(11):1030-1038.

[6] 刘蕊,胡晓,李玫,等.特殊类型遗传性痉挛性截瘫的研究进展.中华神经科杂志,2016,49(8):659-663.

[7] 吕传真,周良辅.实用神经病学.4 版.上海:上海科学技术出版社,2014.

[8] 吴江.神经病学.2 版.北京:人民卫生出版社,2010.

[9] 刘智胜.结节性硬化症的临床特点与诊断进展.中华实用儿科临床杂志,2015,30(24):1845-1847.

[10] Shirley MD,Tang H,Gallione CJ,et al. Sturge-Weber syndrome and port-wine stains caused by somatic mutation in GNAQ. N Engl J Med,2013,368:1971.

第二十一章 神经系统发育异常性疾病

概　述

神经系统发育异常性疾病（developmental diseases of the nervous system）也称神经系统先天性疾病（congenital disease of the nervous system），指在胚胎发育期，由于多种因素引起的获得性神经系统发生或发育缺陷性疾病。胚胎期特别是胚胎期前 3 个月，是神经系统发育的关键时期，胎儿容易受到母体内、外环境等各种因素的影响，导致不同程度的神经系统发育障碍、迟滞或缺陷，表现为出生后神经组织及其覆盖的被膜和颅骨的各种畸形和功能异常。神经系统功能异常的症状在婴儿出生时即可出现，也可在出生后神经系统发育的过程中逐渐表现出来，严重者可能导致胎儿流产或在出生后 1 年内夭折。

本组疾病的病因及发病机制尚不完全清楚，多为遗传和环境共同导致。可能是在胎儿早期，特别是在胚胎发育期前 3 个月内，母体内、外环境各种有害因素对胚胎发育产生影响。有害因素可能引起基因的突变或染色体异常，从而导致神经系统发育异常。有时先天性因素与后天性因素共同存在。

妊娠期常见的致畸因素包括：

1. 感染　母体受到细菌、病毒（风疹病毒常见）、螺旋体或原虫等感染。病原体通过胎盘引起胚胎先天性感染而致畸，如先天性心脏病、脑发育异常、脑积水、白内障及先天性耳聋等。

2. 药物　肾上腺皮质激素、雄性激素、抗肿瘤、抗癫痫和抗甲状腺药物等对胎儿均有致畸可能。

3. 辐射　妊娠前 4 个月孕妇接受骨盆及下腹部放射性治疗或强烈的 γ 线辐射等可导致胎儿畸形，以小头畸形最常见。

4. 躯体疾病　孕妇患严重贫血、营养不良、异位胎盘等可导致胎儿营养障碍；频繁惊厥发作，羊水过多导致子宫内压力过高，使胎儿窘迫缺氧；糖尿病、代谢障碍等都能直接影响胚胎发育，导致畸形发生。

5. 其他社会心理因素　孕妇焦虑、忧郁等消极情绪及吸烟、酗酒等不良行为习惯均可能对胎儿的发育造成伤害。

本组疾病的主要分类见表 21-1。

表 21-1　神经系统发育性疾病的主要分类

1. 与颅骨脊柱畸形相关的神经疾病
   （1）神经管闭合缺陷：颅骨裂、脊柱裂及相关畸形，可分为隐性和显性两类
   （2）颅骨、脊柱畸形：狭颅症、小头畸形、枕骨大孔区畸形（扁平颅底、颅底凹陷症等）、寰枢椎脱位、寰椎枕化、颈椎融合、小脑扁桃体下疝及先天性颅骨缺损等
   （3）脑室系统发育畸形：先天性脑积水等
2. 神经组织发育缺陷
   （1）脑皮质发育不良：脑回增宽、脑回狭小、脑叶萎缩性硬化及神经元异位等
   （2）先天性脑穿通畸形
   （3）胼胝体发育不良
   （4）全脑畸形：脑发育不良（无脑畸形）、先天性脑缺失性脑积水、巨脑畸形、左右半球分裂不全或仅有一个脑室等
3. 脑性瘫痪
4. 神经外胚层发育不全：结节性硬化症、多发性神经纤维瘤病、脑面血管瘤病、共济失调-毛细血管扩张症和视网膜小脑血管瘤病等

第一节　颅颈区畸形

颅颈区畸形是发生于颅底、枕骨大孔和上位颈椎区的畸形,可伴或不伴有神经系统的症状体征。在胚胎发育过程中,此处神经管闭合最晚,故最易发生先天性畸形。包括颅底凹陷症、扁平颅底、小脑扁桃体下疝畸形和颈椎异常(颈椎融合、寰椎枕化和寰枢椎脱位)等。临床上以前三种最为多见,它们可单独发生,也可合并存在。

一、颅底凹陷症

颅底凹陷症(basilar invagination)是临床常见的颅颈区畸形。主要病变是以枕骨大孔区为主的颅底骨组织陷入颅腔,枢椎齿状突上移并进入枕骨大孔,使枕骨大孔狭窄,后颅窝变小,导致脑桥、延髓、小脑、颈髓和神经根受压、牵拉出现相应的神经系统症状,也可出现椎动脉受压致供血不足的表现。

【病因及发病机制】

根据病因分为以下两类:

1. **原发性**　又称先天性颅底凹陷症,为先天发育异常所致,多合并其他畸形,如小脑扁桃体下疝、扁平颅底、中脑导水管闭锁、脑积水及寰枕融合等。

2. **继发性**　又称获得性颅底凹陷症,较少见,常继发于佝偻病、骨软化症、畸形性骨炎(Paget病)、类风湿关节炎及甲状旁腺功能亢进等疾病。

本病主要是由于枕骨大孔狭窄、颅后窝变小,导致延髓、小脑、高位颈髓、后组脑神经和颈神经根受压迫或刺激,并影响椎动脉供血,从而出现相应神经系统症状和体征。晚期常出现脑脊液循环障碍,梗阻性脑积水和颅内压增高。

【临床表现】

1. 多在成年后起病,缓慢进展,可因头部突然用力而诱发临床症状,或使原有症状骤然加重。常伴有短颈、蹼颈、后发际低、后颈疼痛、头颈部活动不灵、强迫头位以及身材短小等特殊外貌。

2. **枕骨大孔区综合征的症状及体征**

(1)颈神经根症状:颈枕部疼痛、活动受限或强直。一侧或双侧上肢麻木、无力、肌萎缩、腱反射减低或消失等。

(2)后组脑神经损害:吞咽困难、饮水呛咳、声音嘶哑、构音障碍、舌肌萎缩、咽反射减弱等延髓麻痹症状,以及面部感觉减退、听力下降、角膜反射减弱等。

(3)上位颈髓及延髓损害:四肢轻瘫、锥体束征、不同程度的感觉障碍、吞咽及呼吸困难等。伴有延髓、脊髓空洞症者表现为分离性感觉障碍。

(4)小脑损害:以眼震最为常见,晚期可出现小脑性共济失调。

(5)椎-基底动脉供血不足:发作性眩晕、恶心、呕吐、心悸、出汗等。

(6)颅内压增高症状:早期一般无高颅压,晚期因脑脊液循环障碍而出现头痛、呕吐和视乳头水肿等高颅内压症状,可合并小脑扁桃体下疝及脊髓空洞症等。

【辅助检查】

颅颈侧位、张口正位 X 线平片上测量枢椎齿状突的位置是确诊本病的重要依据。腭枕线(chamberlain line)为自硬腭后缘至枕骨大孔后缘的连线(图 21-1),

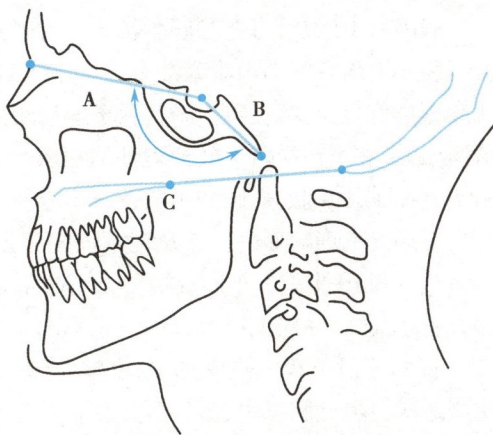

图 21-1　颅底角和腭枕线测量示意图

A. 鼻根至蝶鞍中心连线;B. 蝶鞍中心向枕骨大孔前缘连线两条线所成的夹角为颅底角;C. 腭枕线,自硬腭后缘至枕骨大孔后缘的连线

齿状突高出此线 3mm 以上即可确诊,高出 0～3mm 为可疑。

头颅 CT 可发现脑室扩大、脑积水等异常。MRI 可清楚地显示中脑导水管、第四脑室及脑干的改变,能够发现小脑扁桃体下疝、中脑导水管狭窄及延髓、脊髓空洞症等畸形。

【诊断及鉴别诊断】

诊断依据:①成年后起病,缓慢进展病程;②颈短、后发际低,颈部活动受限;③枕骨大孔区综合征的症状和体征;④典型的影像学改变。可合并 Arnold-Chiari 畸形、扁平颅底和寰枢椎脱位等畸形。

本病应与延髓、脊髓空洞症,后颅窝或枕骨大孔区占位性病变,多发性硬化及脑干、小脑、后组脑神经、脊髓损伤所引起的疾病相鉴别。CT 及 MRI 检查是鉴别诊断的重要依据。

【治疗】

手术是本病唯一的治疗方法。X 线平片及 MRI 显示畸形,但无临床症状或症状轻微者,可观察随访。临床症状明显且进行性加重、脑脊液循环受阻、颅内压增高、X 线片示合并寰枢椎脱位者是本病的手术适应证。手术可解除畸形对延髓、小脑或上位颈髓的压迫,重建脑脊液循环通路,加固不稳定的枕骨脊椎关节等。

二、扁平颅底

扁平颅底(platybasia)是颅颈区较常见的先天性骨畸形,系指颅前、中、后窝的颅底部位,特别是鞍背至枕大孔前缘处,自颅腔向上凸,使颅底变得扁平,蝶骨体长轴与枕骨斜坡构成的颅底角度变大超过 145°。常同时合并颅底凹陷症,多为原发性先天性发育缺陷。

扁平颅底单独存在时可无临床症状或仅有短颈、蹼颈等外观。临床诊断主要根据是异常的颅底角。颅底角(basal angle)是指颅骨 X 线侧位片上由鼻根至蝶鞍中心连线与蝶鞍中心向枕骨大孔前缘连线所形成的夹角(图 21-1),成人正常值为 109°～145°,平均为 132°。颅底角超过 145°对扁平颅底有诊断意义。单纯扁平颅底无需治疗。

三、小脑扁桃体下疝畸形

小脑扁桃体下疝畸形又称 Arnold-Chiari 畸形,是一种先天性枕骨大孔区的发育异常,颅后窝容积变小,小脑扁桃体、延髓下段及第四脑室下部疝入颈段椎管内,造成枕大池变小或闭塞、蛛网膜粘连肥厚等。

【病因及发病机制】

病因尚不清楚,可能与胚胎第 3 个月时神经组织生长过快或脑组织发育不良,及脑室系统和蛛网膜下腔之间脑脊液动力学紊乱有关。小脑扁桃体延长与延髓下段和第四脑室下部成楔形进入枕骨大孔或颈椎管内,舌咽、迷走、副及舌下等后组脑神经和上部颈神经牵拉下移,枕骨大孔和颈上段椎管被填满,脑脊液循环受阻导致梗阻性脑积水。本病常伴有其他颅颈区畸形,如脊髓脊膜膨出、颈椎裂、脊髓空洞症、第四脑室囊肿和小脑发育不全等。

临床上依据畸形的特点及轻重程度可分为四型:

1. Chiari Ⅰ型　小脑扁桃体及下蚓部疝至椎管内,延髓与第四脑室位置正常或轻度下移,可合并脊髓空洞症,一般不伴有脊髓脊膜膨出。

2. Chiari Ⅱ型　最常见,为小脑、延髓、第四脑室均疝至椎管内,第四脑室正中孔与导水管粘连狭窄造成梗阻性脑积水,多伴有脊髓脊膜膨出。

3. Chiari Ⅲ型　最严重,除Ⅱ型特点外,常合并上颈段、枕部脑膜膨出。

4. Chiari Ⅳ型　表现为小脑发育不全,不向下方移位。

【临床表现】

女性多于男性,Ⅰ型多见于儿童与成人;Ⅱ型多见于婴儿;Ⅲ型多在新生儿期发病;Ⅳ型罕见,常于婴儿期发病。

颈枕部疼痛常为首发症状,伴有颈枕部压痛及强迫头位。随病情进展,可同时出现以下几组症状:

1. **延髓、上颈髓受压症状**　不同程度的偏瘫或四肢瘫、腱反射亢进、病理征阳性等锥体束征,感觉障碍及尿便障碍。合并脊髓空洞症时可出现相应的症状,如节段性分离性感觉障碍、呼吸困难及括约肌功能障碍等。

2. **脑神经、颈神经症状**　后组脑神经受损可出现耳鸣、面部麻木、吞咽困难及构音障碍等;颈神经受损可表现为手部麻木无力、手肌萎缩及枕下部疼痛等。

3. **小脑症状**　眼球震颤及步态不稳等。

4. **慢性高颅压症状**　头痛、视乳头水肿等。

【辅助检查】

首选头颅 MRI 检查,矢状位可清晰直观地显示小脑扁桃体下疝和继发囊肿、脑积水、脊髓空洞症等(图 21-2)。头颅颈椎 X 线片可显示枕骨大孔区、头颅、颈椎骨的畸形,如颅裂、脊椎裂、寰枢区畸形。

【诊断与鉴别诊断】

根据发病年龄、临床表现,尤其是 MRI 影像学表现可以明确诊断。

应与多发性硬化、脊髓空洞症、运动神经元病、颈椎病、小脑性共济失调等易混淆疾病相鉴别。根据本病特征性的 MRI 表现,很容易与上述疾病鉴别。

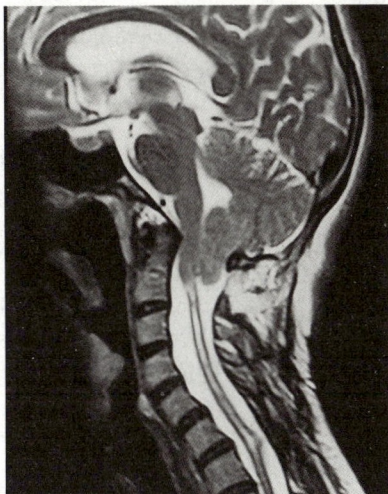

图 21-2　小脑扁桃体下疝畸形的 MRI 表现
T_2 加权像矢状位显示小脑扁桃体下移与延髓下段形成楔形疝入枕骨大孔及椎管内,合并脊髓空洞症

【治疗】

手术是治疗 Arnold-Chiari 畸形唯一的方法,其目的是解除压迫与粘连,缓解症状。临床症状轻或仅有颈枕部疼痛、病情稳定者可对症治疗并观察,有梗阻性脑积水者需行脑脊液分流术。手术指征包括:①梗阻性脑积水或颅内压增高;②临床症状进行性加重,有明显的神经系统受损体征。手术方法多采用枕骨大孔扩大术、上位颈椎板切除术等。

第二节　脑 性 瘫 痪

脑性瘫痪(cerebral palsy)是指婴儿出生前到出生后 1 个月内,由于各种原因导致的非进行性脑损害综合征,主要表现为先天性运动障碍及姿势异常,包括痉挛性双侧瘫、手足徐动等锥体系与锥体外系症状,可伴有不同程度的智力低下、语言障碍及癫痫发作等。本病发病率高,国际上脑性瘫痪的发病率为 1‰~5‰,我国脑性瘫痪的发病率为 1.8‰~4‰。

【病因及发病机制】

脑性瘫痪的病因复杂,包括遗传性和获得性。后者又分为出生前、围生期和出生后病因等,部分患儿找不到明确的病因。我国脑性瘫痪多发生于早产、低出生体重、产时缺氧窒息及产后黄疸的婴儿。

1. **出生前病因**　包括胚胎期脑发育畸形,孕妇妊娠期间重症感染(特别是病毒感染)、严重营养缺乏、外伤、妊娠毒血症、糖尿病及放射线照射等,影响了胎儿脑发育导致永久性的脑损害。

2. **围生期病因**　早产是脑性瘫痪的确定病因;分娩时间过长、脐带绕颈、胎盘早剥、前置胎盘致胎儿脑缺氧;产伤、急产、难产、出血性疾病所致的颅内出血;母子血型不合或其他原因引起的新生儿高胆红素血症所致的核黄疸等均可引起本病。

3. **出生后病因**　包括中枢神经系统感染、中毒、头部外伤、严重窒息、心脏停搏、持续惊厥、颅内出血及不明原因的急性脑病等。

4. 遗传性因素　一些脑瘫患儿可有家族性遗传病史。父母近亲结婚以及在家族中出现脑瘫、智力障碍或先天性畸形者,幼儿发生脑瘫的概率增高。

人体正常肌张力调节及姿势反射的维持有赖于皮质下行纤维抑制作用与周围Ⅰa类传入纤维易化作用的动态平衡。当脑发育异常使皮质下行纤维束受损时,下行抑制作用减弱,周围传入纤维的兴奋作用相对增强,导致痉挛性运动障碍和姿势异常。感知能力如视、听力受损加重患儿的智力发育低下;基底核受损可导致手足徐动症;小脑损害可发生共济失调等。

【病理】

脑损害可广泛累及大脑及小脑,以弥漫性大脑皮质发育不良或萎缩性脑叶硬化较为常见,皮质和基底核有分散的大理石样瘢痕病灶;其次为局限性病变,包括局限性白质硬化和巨大脑穿通畸形。肉眼可见脑回变窄、脑沟增宽等;显微镜下可见皮质各层次的神经细胞退行性变、神经细胞减少、白质萎缩、胶质细胞增生等。

病理改变可分为两类:一是出血性损害,如室管膜下出血或脑室内出血,多见于妊娠不足32周的未成熟胎儿,可能因为此期脑血流量相对较大,血管发育不完善所致;二是缺血性损害,如脑白质软化、皮质萎缩或萎缩性脑叶硬化等,多见于缺氧窒息的婴儿。

【分类】

脑性瘫痪的病因、病理和临床表现复杂多变,分类方法也繁多。

根据病因、病理可分为:

1. 早产儿基质(室管膜下)出血[matrix(subependymal)hemorrhage in premature infants]　是大脑半球Monro孔水平尾状核附近部位出血,位于室管膜下细胞生发基质中,常累及双侧且不对称。常见于胎龄20~35周的低体重早产儿,生后数日迅速出现脑功能障碍,呼吸窘迫,伴发绀、吸吮不能,可见囟门膨出及血性脑脊液,常于数日内死亡。

2. 脑性痉挛性双侧瘫(Little病)　Little(1862年)最早提出缺氧-缺血性脑病的概念,后称Little病。脑性瘫痪包括截瘫、双侧瘫、四肢瘫、偏瘫和假性延髓性麻痹等类型。其中,双侧瘫是指下肢较重的四肢瘫。

3. 进展性运动异常　可以包括婴儿偏瘫、截瘫和四肢瘫,先天性和后天性锥体外系综合征,先天性共济失调,先天性弛缓性瘫痪,先天性延髓麻痹等类型。

按肌紧张、运动姿势异常症状可分为:

1. **痉挛型**　最常见。

2. **强直型**。

3. **不随意运动型**。

4. **共济失调型**。

5. **肌张力低下型**。

6. **混合型**。

【临床表现】

病因繁多,临床表现各异。多数病例在出生数月后家人试图扶起时才发现异常。严重者出生后数日内即可出现吸吮困难、角弓反张、肌肉强直等症状。

脑性瘫痪的主要临床表现是运动障碍,主要为锥体系统损伤所致,可并发小脑、脑干以及脊髓等损伤。表现为不同程度的瘫痪、肌张力增高、腱反射亢进和病理征阳性等。患儿可伴有癫痫发作、视力障碍、听力障碍、行为异常及认知功能异常等。症状体征随年龄的增长可能会有所改善,是脑性瘫痪区别于其他遗传代谢疾病的临床特点。

1. 痉挛型　是脑瘫中最常见和最典型的类型,约占脑瘫患儿的60%~70%。包括截瘫型、四肢瘫型、偏瘫型和双侧瘫型。为大脑皮质运动区和锥体束受损所致。主要表现为肢体的异常痉挛,下肢痉挛表现为剪刀步态,足内翻或外翻,膝关节、髋关节屈曲挛缩等;上肢可呈拇指内收、指关节屈曲、前臂旋前、肘屈曲等异常体位。严重者四肢强直,常伴有智能低下、情绪及语言障碍和癫痫等。牵张反射亢进是痉挛型的特点,临床检查可见锥体束征。

2. **强直型**　四肢呈僵硬状态,牵张反射亢进突出,做被动运动时四肢屈伸均有抵抗,常伴有智能、情绪、语言等障碍以及斜视、流涎等。此型实际上是严重的痉挛型的表现。

3. **不随意运动型**　又称手足徐动症,约占脑性瘫痪的20%。表现为难以用意志控制的四肢、躯干或颜面舞蹈样和徐动样的不随意运动,有时伴有言语障碍。见于新生儿窒息、核黄疸者,病变累及基底核、小脑齿状核等锥体外系。

4. **共济失调型**　约占脑性瘫痪的5%。以小脑功能障碍为主要特点,表现为眼球震颤、肌张力低下、肌肉收缩不协调、步态不稳等。走路时躯干不稳伴头部略有节律的运动(蹒跚步态)。可伴有先天性白内障、智能障碍及感觉异常等。

5. **肌张力低下型**　又称弛缓型。表现为躯干和四肢肌张力明显低下,关节活动幅度过大,运动障碍严重,不能竖颈和维持直立体位等,常伴有智力和语言障碍。

6. **混合型**　脑性瘫痪各型的典型症状混同存在者,称为混合型。

【辅助检查】

头颅 MRI、CT 检查可以了解脑瘫患儿颅内有无结构异常。脑电图对确定患儿是否有合并癫痫及合并癫痫的风险具有意义;脑诱发电位可发现幼儿的视听功能异常。这些检查有助于明确病因,提供确诊依据,判断预后和指导治疗。

【诊断及鉴别诊断】

目前尚缺乏特异性的诊断指标,主要依靠临床症状和体征。

我国(1988 年)小儿脑性瘫痪会议拟定的诊断标准是:

1. 婴儿期出现中枢性瘫痪。

2. 伴有智力低下、言语障碍、惊厥、行为异常、感知障碍及其他异常。

3. 需除外进行性疾病所致的中枢性瘫痪及正常小儿一过性运动发育落后。

有以下情况应高度警惕脑性瘫痪发生的可能:

1. 早产儿、低出生体重儿、出生时及新生儿期严重缺氧、惊厥、颅内出血及核黄疸等。

2. 精神发育迟滞、情绪不稳、易惊恐等。

3. 运动发育迟缓,有肢体及躯干肌张力增高和痉挛的典型表现。

4. 锥体外系症状伴双侧耳聋及上视麻痹。

应注意与以下疾病鉴别:

1. **遗传性痉挛性截瘫**　本病多有家族史,儿童期起病,缓慢进展,双下肢肌张力增高、腱反射亢进、病理征阳性、可有弓形足畸形,但无智能障碍。

2. **共济失调毛细血管扩张症**　又称 Louis-Barr 综合征,常染色体隐性遗传,进行性病程。除共济失调、锥体外系症状外,还可有眼结膜毛细血管扩张,甲胎蛋白显著升高等特异性表现。

3. **小脑退行性病变**　共济运动障碍的表现随年龄增长而加剧可帮助鉴别。

4. **婴儿肌营养不良**　可有进行性肌萎缩和肌无力。进行性肌萎缩伴舌体肥大、肝脾增大应考虑糖原贮积病。

【治疗】

尚无特别有效的疗法。可采取物理疗法、康复训练、药物治疗和手术治疗等降低痉挛肌肉的肌张力、改善运动功能。智力正常的患儿通常预后较好。癫痫频繁发作可致脑缺氧而使智力障碍加重,预后较差。

1. **物理疗法和康复训练**

(1) 一般治疗:加强护理,注意营养及卫生。根据患儿现有能力制定康复方案积极康复训练,达到最大限度的功能改善。言语障碍及智能不全者加强语言和文体音乐训练,以提高智能;运动障碍进行理疗、体疗、按摩,以改善患肢的运动功能。

（2）康复治疗:方法主要有下列 5 种:

1）家庭康复:包括正确的卧姿、抱姿、运动训练、头部稳定性、翻身、坐位、爬行、跪立、站立、行走、语言等训练。

2）特殊教育:在特殊学校、福利院、康复机构中,对不能适应正常学校教学环境的脑瘫儿童进行特殊的教育康复形式,将医疗、康复、教育、抚养等融于一体。

3）引导式教育:是一种集体的、游戏式的综合康复方法,患儿通过认识和感觉交流的方式,接受到日常生活中的各种刺激,逐渐形成功能性动作与运动。

4）感觉整合训练:是指人体器官各部分将感觉信息组合起来,经大脑的整合作用,对身体内外知觉作出反应。

5）音乐治疗:可以提高患儿的四肢协调能力、语言表达能力以及对学习的兴趣和积极性。

2. 药物治疗　疗效有限。主要是对症治疗,如癫痫发作者可根据不同类型给予相应恰当的抗癫痫药物;下肢痉挛影响活动者可试用苯海索、巴氯芬等肌肉松弛药物降低肌张力。近年来,肉毒素注射治疗痉挛性脑瘫,能很快缓解肌肉痉挛,降低肌张力。同时,还可应用促进脑代谢的脑神经细胞营养药物,以利于患儿神经功能的恢复。

3. 手术治疗

（1）选择性脊神经后根切断术（selective posterior rhizotomy, SPR）:其治疗机制为选择性切断肌梭传入神经Ⅰa 纤维,阻断脊髓反射环路解除肌痉挛且不再复发,而肌张力的降低并不影响运动功能。手术最佳年龄为 2~6 岁,以痉挛性脑瘫、智力接近正常、肌张力在 3 级以上,并保持一定的肌力和运动功能者为宜。术后坚持康复训练是治疗成功的基本条件。

（2）蛛网膜下腔持续注入巴氯芬（continuous intrathecal baclofen infusion, CIBI）:用于治疗痉挛性脑瘫。其机制为巴氯芬与脊髓灰质细胞的 GABA-B 受体结合,阻止兴奋性神经递质的释放,从而减少运动神经释放兴奋性冲动,抑制脊髓反射,消除肌痉挛。对不宜或不接受 SPR 手术者可应用 CIBI治疗。

（3）矫形外科手术:对于因关节囊挛缩而出现的不易改变的关节畸形及肢体痉挛,经长期治疗运动能力改善不大者可行肌腱切开、移植或延长等矫形手术,以恢复肌力平衡、松解痉挛软组织和稳定关节。

第三节　先天性脑积水

先天性脑积水（congenital hydrocephalus）也称婴儿脑积水,是由于脑脊液分泌过多、循环受阻或吸收障碍,在脑室系统和蛛网膜下腔内不断积聚增长,继发脑室扩张、颅内压增高和脑实质萎缩等。婴儿因颅缝尚未闭合,头颅常迅速增大。

【病因及分类】

先天性脑积水的常见病因有 Chiari 畸形Ⅱ型、遗传性导水管狭窄畸形、胎内已形成的后颅窝肿瘤与脉络丛乳头状瘤及产后感染如弓形虫病等。

临床分为交通性脑积水和阻塞性脑积水两类。

1. 交通性脑积水（communicating hydrocephalus）　脑脊液循环通路畅通,但因脑脊液分泌过多或蛛网膜吸收障碍所致脑积水。

2. 阻塞性脑积水（obstructive hydrocephalus）　脑脊液循环通路上的某一部位受阻所致的脑积水,多伴有脑室扩张。大多数先天性脑积水为阻塞性脑积水。常见病因为先天性导水管狭窄畸形（中脑导水管狭窄、分叉、中隔形成或导水管周围胶质增生）、第四脑室侧孔闭锁综合征（Dandy-

Walker 综合征)、小脑扁桃体下疝(Arnold-Chiari 畸形)和 Galen 大静脉畸形等。其他如脑膜脑膨出、脑穿通畸形、无脑回畸形等也可并发脑积水。

【病理】

脑积水病理特点是脑室扩张,可表现为第三脑室以上或侧脑室的扩张,也可以是全脑室系统的扩张。脑实质因长期受压变薄,脑回平坦,脑沟消失,脑白质萎缩明显,胼胝体、基底核及四叠体最易受到损害。

【临床表现】

早期可不影响患儿的生长发育,晚期可见生长停滞,智力下降。部分患儿脑积水发展到一定时期自行停止进展。主要临床表现如下:

1. **头颅形态异常**　头围异常增大是本病的最重要体征。患儿头颅过大与躯干生长比例不协调,呈头颅大、颜面小、前额突出、下颌尖细的容貌(图21-3)。若头部过重,颈部难以支撑,表现为垂头,通常不能坐或站立。

2. **颅内压增高**　婴儿期的颅缝未闭对颅内压力有一定的缓冲作用,但随着脑积水的进行性发展,颅内压增高及静脉回流受阻征象显现,前囟扩大、张力高,颅缝裂开,头皮静脉明显怒张,精神萎靡、烦躁不安、尖声哭叫等,严重者出现呕吐或昏睡。颅骨变薄,头发稀少,呈特殊头形,叩诊时可出现破壶音(MacEwen 征)。

3. **神经功能障碍**　如果第三脑室后部的松果体侧隐窝扩张明显,压迫中脑顶盖部可出现眼肌麻痹,类似帕里诺综合征(Parinaud syndrome),表现为双眼球下旋,上部巩膜暴露,眼球下半部被下眼睑遮盖,称之为"落日征",是先天性脑积水的特有体征。展神经麻痹也较常见。晚期患儿出现生长停滞,智力下降,嗅觉、视力减退,严重者呈痉挛性瘫痪、共济失调和去大脑强直。

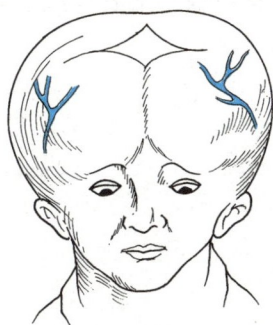

图 21-3　先天性脑积水头型

患儿头颅大、颜面小、前额突出、前囟扩大、头皮静脉怒张、双眼球下旋、上部巩膜暴露,呈"落日征"

【辅助检查】

1. **头围测量**　头围测量一般测三个径:①周径:为最大头围,自眉间至枕外粗隆间。正常新生儿头周径为 33～35cm,出生后头 6 个月每月增加 1.2～1.3cm。②前后径:自眉间沿矢状线至枕外粗隆连线的长度。③横径:两耳孔经前囟连线。患儿头围显著增加,可为正常同龄儿头围的数倍。

2. **影像学检查**　①头颅平片:颅腔扩大,颅骨变薄,颅缝分离,前后囟扩大。②头颅 CT:梗阻性脑积水可见脑室系统扩大,脑实质显著变薄;交通性脑积水时鞍上池等基底池增大,额顶区蛛网膜下腔增宽。脑室周围钙化常提示巨细胞病毒感染,脑内广泛钙化常为弓形虫感染。③MRI 检查:可以清晰地从冠状面、矢状面和横断面显示颅脑影像,发现畸形结构和脑室系统阻塞部位,为明确脑积水的病变部位与性质提供了直接的影像依据。如侧脑室额角膨出或呈圆形(冠状面)、三脑室呈气球状、胼胝体升高(矢状面)等(图 21-4)。

【诊断及鉴别诊断】

根据婴儿出生后头颅明显快速增大、前囟扩大或膨出、特殊头型、颅内压增高症状、落日征、叩诊破壶音以及头围测量明显增大等诊断不难。头颅 CT、MRI 检查可确诊本病并可进一步明确病因。

本病应注意与以下疾病如巨脑症、佝偻病、婴儿硬膜下血肿

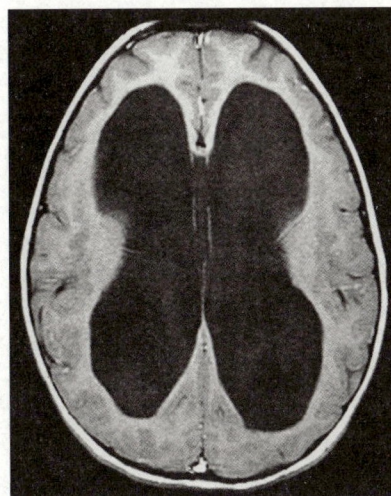

图 21-4　先天性脑积水头颅 MRI 表现

双侧侧脑室明显扩大,额角和枕角膨出圆钝,脑实质变薄,脑沟变浅

等相鉴别。CT 或 MRI 可帮助明确诊断。

【治疗】

本病的治疗包括手术治疗和药物治疗，以手术治疗为主。作好产前诊断和选择性终止妊娠，可以降低本病的发病率。

1. **手术治疗**　是主要治疗手段，尤其是对有进展的脑积水更应手术治疗，包括：

（1）病因治疗：解除梗阻的病因是理想的治疗方法，可采用大脑导水管成形术或扩张术，第四脑室正中孔切开或成形术，枕骨大孔先天性畸形者可作颅后窝及上颈椎椎板切除减压术等。

（2）减少脑脊液形成：如侧脑室脉络丛切除术等。

（3）脑脊液分流术：常采用侧脑室颈内静脉分流术、侧脑室腹腔分流术及侧脑室心房分流术等。

2. **药物治疗**　主要用于减少脑脊液的分泌或增加体内水分的排出，一般作为暂时对症或手术治疗的辅助治疗，不宜长期使用。首选乙酰唑胺，可抑制脑脊液分泌，但此药可引起代谢性酸中毒；亦可选用高渗脱水药物与利尿药物，如甘露醇、呋塞米等，降低颅内压；对有蛛网膜粘连者可试用糖皮质激素。

（汪　凯）

思　考　题

1. 颅底凹陷症的临床表现有哪些？其 X 线诊断依据是什么？
2. 颅底角的测量及其对扁平颅底的诊断有何意义？
3. Arnold-Chiari 畸形的临床表现有哪些？其 MRI 特征是什么？
4. 痉挛型脑性瘫痪的临床特点是什么？
5. 先天性脑积水有哪些临床特点？诊断依据是什么？

参 考 文 献

[1] 王辉. 脑瘫研究现状. 中国康复理论与实践,2004,10:289-292.
[2] 王维治. 神经病学. 5 版. 北京:人民卫生出版社,2004.
[3] 吴江. 神经病学. 2 版. 北京:人民卫生出版社,2012.
[4] Ropper AH,Samuels MA. Adams and Victor's Principles of Neurology. 9th ed. New York：McGraw-Hill,2009.

第二十二章　睡　眠　障　碍

概　　述

　　睡眠(sleep)占人生的 1/3 时间,是维持机体健康以及中枢神经系统正常功能必不可少的生理过程。引起睡眠障碍的原因很多,包括生理、心理、环境因素、精神疾病、躯体疾病以及在治疗疾病的过程中所用的药物等。睡眠障碍性疾病有失眠症、阻塞性睡眠呼吸暂停综合征、不安腿综合征、发作性睡病、快速眼球运动睡眠期行为障碍(rapid eye movement sleep behavior disorder,RBD)、Kleine-Levin 综合征、梦游症、睡惊症等。如果睡眠障碍性疾病不及时控制将会导致机体产生一系列的病理生理变化,诱发更严重的躯体和心理疾病。

【睡眠的生理】

　　人类正常睡眠分两个时相,即非快速眼动相(non-rapid eye movement,NREM)和快速眼动相(rapid eye movement,REM)。睡眠开始首先进入 NREM,经过一段时间后进入 REM,在整个睡眠周期中 NREM 和 REM 睡眠交替出现,一个 NREM 和一个 REM 组成一个睡眠周期,每夜 4~6 个周期,其中 NREM 占 75%~80%,REM 睡眠占 20%~25%。多导睡眠图(polysomnogram,PSG)是诊断睡眠障碍的较客观证据,主要记录以下指标:眼动电图(EOG)、脑电图(EEG)、肌电图(EMG)、心电图(ECG)、口鼻气流、胸腹运动、体位、氧饱和度等。EEG 可由不同频率的脑波组成:包括慢波(0~1Hz)、δ(1~4Hz)、θ(4~7Hz)、α(7~11Hz)、σ(11~14Hz)、β_1(14~20Hz)、β_2(20~35Hz)及 γ(35~60Hz)。此外,睡眠时可见纺锤波及 K-复合波等。根据睡眠深度和脑电图慢波程度,NREM 可分为 4 期,由浅入深依次为:1 期(入睡期)、2 期(浅睡期)、3 期(中度睡眠期)、4 期(深度睡眠期)。NREM 的特征是全身代谢减慢、对外界的反应减少,EEG 出现慢波、纺锤波及 K-复合波,EMG 显示肌肉活动减少,又称为慢波睡眠。REM 的特征是自主神经不稳定,肌张力进一步降低,各种感觉功能明显减退,EEG 表现与 NREM 1 期相似、出现快节律波夹杂有锯齿状波和 θ 波,EOG 出现各方向的快速眼动,EMG 中肌肉活动减少或消失,又称为快波睡眠,此期易出现血流动力学异常。

　　控制睡眠的解剖结构有网状上行激活系统、中缝核、孤束核、蓝斑、丘脑网状核、下丘脑及额叶眶面皮质等。与睡眠有关的神经递质有乙酰胆碱、多巴胺、5-羟色胺、肾上腺素、γ-氨基丁酸等。各种原因造成这些解剖结构的破坏和递质传递功能障碍均能导致睡眠障碍。

第一节　失　眠　症

　　失眠症(insomnia)是以入睡和(或)睡眠维持困难所致的睡眠质量或数量达不到正常生理需求而影响日间社会功能的一种主观体验,是最常见的睡眠障碍性疾患。失眠症的患病率很高,欧美等国家患病率在 20%~30%,2002 年全球 10 个国家失眠流行病学研究结果显示 45.4% 的中国人在过去的 1 个月中曾经历过不同程度的失眠。

【临床表现】

　　主要表现为入睡困难(入睡时间超过 30 分钟)、睡眠维持障碍(整夜觉醒次数≥2 次)、早醒、睡眠质量下降及总睡眠时间减少(通常少于 6 小时),同时伴有日间功能障碍,出现日间困倦疲劳、注意力不集中、记忆力减退,伴有紧张、不安、强迫、情绪低落,多数患者因过度关注自身的睡眠问题产生焦虑,而焦虑又可加重失眠,形成恶性循环。

【诊断】

失眠的诊断须符合以下条件:

1. 存在以下症状:入睡困难、睡眠维持障碍、早醒、睡眠质量下降或日常睡眠晨醒后无恢复感(non-restorative sleep)。

2. 在有条件睡眠且环境适合睡眠的情况下仍然出现上述症状。

3. 患者主诉至少下述 1 种与睡眠相关的日间功能损害:①疲劳或全身不适;②注意力、注意维持能力或记忆力减退;③学习、工作和(或)社交能力下降;④情绪波动或易激惹;⑤日间思睡;⑥兴趣、精力减退;⑦工作或驾驶过程中错误倾向增加;⑧紧张、头痛、头晕,或与睡眠缺失有关的其他躯体症状;⑨对睡眠过度关注。

【治疗】

失眠症的治疗包括非药物治疗和药物治疗。

1. 睡眠卫生教育和心理行为治疗　首先让患者了解一些睡眠卫生知识,消除失眠带来的恐惧,养成良好的睡眠习惯。慢性失眠患者,在应用药物的同时应辅以心理行为治疗,针对失眠的有效心理行为治疗方法主要是认知行为治疗(cognitive behavioral therapy for insomnia,CBT-I)。其他非药物治疗包括饮食疗法、芳香疗法、按摩、顺势疗法等,但缺乏循证医学支持。

2. 药物治疗　由于睡眠药物多数长期服用会有药物依赖及停药反弹,原则上使用最低有效剂量、间断给药(每周 3 ~ 5 次)、短期用药(常规用药不超过 3 ~ 4 周)、减药缓慢和逐渐停药(每天减掉原药的 25%)。目前临床治疗失眠症的药物主要包括苯二氮䓬受体激动剂(benzodiazepine receptor agonists,BZRAs)、褪黑素受体激动剂和具有催眠效果的抗抑郁药物。

(1) BZRAs:包括传统的苯二氮䓬类药物和新型非苯二氮䓬类药物。苯二氮䓬类药物是目前使用最广泛的催眠药,此类药物可缩短入睡时间、减少觉醒时间和次数、增加总睡眠时间,是安全性、耐受性较好的催眠药。缺点是比较容易形成药物依赖、停药反跳和记忆力下降等,但一般短期使用不会出现药物依赖。此类药根据半衰期长短分为 3 类:①短效类(半衰期<6 小时):常用的有三唑仑、咪达唑仑、去羟西泮、溴替唑仑等,主要用于入睡困难和醒后难以入睡;②中效类(半衰期 6 ~ 24 小时):常用的有替马西泮、劳拉西泮、艾司唑仑、阿普唑仑、氯氮平等,主要用于睡眠浅、易醒和晨起需要保持头脑清醒者;③长效类(半衰期 24 小时以上):常用的有地西泮、氯硝西泮、硝基西泮、氟硝西泮、氟西泮等,主要用于早醒。长效类起效慢,有抑制呼吸和次日头昏、无力等不良反应。新型非苯二氮䓬类催眠药包括唑吡坦(zolpidem)、佐匹克隆(zopiclone)、右佐匹克隆(eszopiclone)和扎来普隆(zaleplon)等。这类药物具有起效快、半衰期短、一般不产生日间困倦等特点,长期使用无显著药物不良反应,但可能在突然停药后发生一过性失眠反跳。

(2) 褪黑素受体激动剂:褪黑素受体激动剂可以作为 BZRAs 不耐受,以及已经发生药物依赖患者的替代治疗,雷美尔通(ramelteon)、阿戈美拉汀(agomelatine)等。雷美尔通是目前临床使用的褪黑素受体 MT1 和 MT2 激动剂,可缩短睡眠潜伏期、提高睡眠效率、增加总睡眠时间,可用于治疗以入睡困难为主诉的失眠以及昼夜节律失调性睡眠障碍。阿戈美拉汀既是褪黑素受体激动剂也是 5-羟色胺受体拮抗剂,因此具有抗抑郁和催眠双重作用,能够改善抑郁障碍相关的失眠,缩短睡眠潜伏期。

(3) 抗抑郁药物:在失眠伴随抑郁、焦虑心境时应用较为有效。①三环类抗抑郁药物:阿米替林能够缩短睡眠潜伏期,减少睡眠中觉醒,但不良反应多,故不作为失眠的首选药物。小剂量的多塞平(3 ~ 6mg/d)因有专一性抗组胺机制可以改善成年和老年慢性失眠患者的睡眠状况,近年来国外已作为失眠治疗的推荐药物之一。②选择性 5-羟色胺再摄取抑制剂(SSRIs):可以通过治疗抑郁和焦虑障碍而改善失眠症状,一般建议白天服用。③5-羟色胺和去甲肾上腺素再摄取抑制剂(SNRIs):包括文拉法辛和度洛西汀,通过治疗抑郁和焦虑状态而改善失眠。④其他抗抑郁药物:小剂量米氮平(15 ~ 30mg/d)能缓解失眠症状;小剂量曲唑酮(25 ~ 100mg/d)具有镇静效果,可以用于治疗失眠和催眠药物停药后的失眠反弹。

第二节　发作性睡病

发作性睡病(narcolepsy)是一种原因不明的慢性睡眠障碍,本病的临床表现主要包括白天反复发作的无法遏制的睡眠、猝倒发作和夜间睡眠障碍。流行病学资料显示,猝倒型发作性睡病的全球患病率为 0.02% ~0.18%,我国患病率约为 0.033%。

【病因】

下丘脑外侧区分泌素(hypocretin,Hcrt)神经元特异性丧失是本病的特征性病理改变,与多基因易患性、环境因素和免疫反应相关。大量研究发现人类白细胞抗原(HLA)DQB1 * 0602 和 DR2/DRB1 * 1501 与发作性睡病关系密切,DQB1 * 0301 与发作性睡病易患性增加有关。感染和强烈心理应激可能促使本病提前发病。

【发病机制】

发作性睡病的病理生理学基础是 REM 相关的睡眠异常,即在觉醒时突然插入 REM,导致睡眠发作。脑干蓝斑的去甲肾上腺素能神经元和中缝背核的 5-羟色胺能神经元在 REM 睡眠和 NREM 睡眠转换中起重要作用,分别被称为 REM"开"和"关"神经元,Hcrt 的缺失使两者的平衡失调,导致 REM 的突然插入。此外"REM-开"神经元不仅对 REM 睡眠有启动作用,而且有侧支投射经延髓到脊髓抑制运动神经元,造成肌肉瘫痪,形成猝倒发作。

【临床表现】

发作性睡病以日间发作性过度睡眠、猝倒发作和夜间睡眠障碍为主要临床表现。通常于 10 ~30 岁起病,发病高峰年龄为 8 ~12 岁,多数报道称男性患病比例略高于女性。

1. **日间过度睡眠(excessive daytime sleepiness,EDS)**　也称病理性睡眠,是发作性睡病的主要症状,表现为白天突然发生不可克制的睡眠发作,可以发生在静息时,也可以在一些运动如上课、驾车、乘坐汽车、看电视等情况下发生,甚至在吃饭、走路、洗澡时都可能发生。睡眠持续时间从几分钟到数小时不等。与正常人疲劳时的睡眠不同,它不能被充分的睡眠所完全缓解。随着时间的推移或年龄的增长,症状可以减轻但不会消失。

2. **猝倒发作(cataplexy attacks)**　是本病的特征性症状,具有诊断价值。出现于病理性睡眠之后的数月到数年,表现为在觉醒时躯体随意肌突然失去张力而摔倒,持续几秒钟,偶可达几分钟,无意识丧失,这与癫痫的失神发作不同。大笑是最常见的诱因,生气、愤怒、恐惧及体育活动也可诱发。

3. **夜间睡眠障碍(nocturnal sleep disturbance)**　包括夜间睡眠中断、觉醒次数和时间增多、睡眠效率下降、睡眠瘫痪、入睡前幻觉、梦魇、异态睡眠及 REM 睡眠期行为障碍等。其中最具特征性的是与梦境相关的入睡前幻觉和睡眠瘫痪,发生于 33% ~80% 的患者。睡眠幻觉出现于睡眠开始时或睡眠到觉醒之间的转换过程中。幻觉内容包括视、听、触觉的成分,常常有类似于梦境般的稀奇古怪的内容;睡眠瘫痪发生于刚刚入睡或刚觉醒时数秒钟到数分钟内,表现为肢体不能活动,不能言语,发作时意识清楚,患者常有濒死感,这种发作可以被轻微刺激所终止。

此外,36% ~63% 的发作性睡病患者可产生自动行为,即患者在看似清醒的状态下出现漫无目的的单调、重复的动作,需与癫痫复杂部分性发作和失神发作相鉴别。其他症状可有睡眠时不自主肢体运动、夜间睡眠不安、记忆力下降等。本病可伴性早熟、阻塞性睡眠呼吸暂停综合征、REM 睡眠期行为障碍、焦虑或抑郁、偏头痛等疾病。

【分型与诊断】

根据临床表现及脑脊液下丘脑分泌素-1(Hcrt-1)的含量,国际睡眠障碍分类第 3 版(International Classification of Sleep Disorders,3rd edition,ICSD-3)将发作性睡病分为两型:①发作性睡病 1 型,即 Hcrt 缺乏综合征,既往称为猝倒型发作性睡病,约占 85%,以脑脊液中 Hcrt-1 水平显著下降为重要指标;

②发作性睡病 2 型,既往称为非猝倒型发作性睡病,通常脑脊液中 Hcrt-1 水平无显著下降。

诊断标准如下:

1. 发作性睡病 1 型的诊断标准　发作性睡病 1 型需同时满足:

(1)患者存在白天难以遏制的困倦和睡眠发作,症状持续至少 3 个月以上。

(2)满足以下 1 项或 2 项条件:①有猝倒发作(符合定义的基本特征)。经过标准的多次小睡潜伏期试验(multiple sleep latency test,MSLT)检查平均睡眠潜伏期≤8min,且出现≥2 次睡眠始发 REM 睡眠现象(sleep onset rapid eye movement periods,SOREMPs)。推荐 MSLT 检查前进行夜间多导睡眠图(nocturnal Polysomnogram,nPSG)检查。nPSG 出现睡眠始发 REM 睡眠现象可以替代 1 次白天 MSLT 中的睡眠始发 REM 睡眠现象。②免疫反应法检测脑脊液中 Hcrt-1 浓度≤110pg/ml 或<正常参考值的 1/3。

2. 发作性睡病 2 型的诊断标准　发作性睡病 2 型需同时满足:

(1)患者存在白天难以遏制的困倦和睡眠发作,症状持续至少 3 个月以上。

(2)标准 MSLT 检查平均睡眠潜伏期≤8 分钟,且出现≥2 次 SOREMPs,推荐 MSLT 检查前进行 nPSG 检查,nPSG 出现睡眠始发 REM 睡眠现象可以替代 1 次白天 MSLT 中的睡眠始发 REM 睡眠现象。

(3)无猝倒发作。

(4)脑脊液中 Hcrt-1 浓度没有进行检测,或免疫反应法测量值>110pg/ml 或>正常参考值的 1/3。

(5)嗜睡症状和(或)MSLT 结果无法用其他睡眠障碍如睡眠不足、OSAS、睡眠时相延迟障碍、药物使用或撤药所解释。

【鉴别诊断】

诊断发作性睡病时需与下列疾病相鉴别:

1. 特发性睡眠过多症　常缺乏与快速眼动睡眠相关的表现,如发作性猝倒、睡眠瘫痪、入睡前幻觉等,无发作性睡病的多次小睡潜伏期试验表现。

2. Kleine-Levin 综合征　为一种原因不明的青少年嗜睡贪食症。周期性发作性睡眠过多,睡眠时间过长,可持续数天到数周,常有醒后兴奋、躁动、冲动等精神症状;伴善饥多食。每年发作可达3~4 次,起病多在 10~20 岁,男性较多,成年后可自愈。

3. 复杂部分性癫痫发作　由于 50% 左右的发作性睡病患者可出现自动行为和遗忘,容易被误诊为癫痫。癫痫没有不可控制的睡眠和猝倒发作,多导睡眠图有利于鉴别。

4. 其他　还需要与低血糖反应性发作性睡病、低血钙性发作性睡病、脑干肿瘤所致的发作性睡病鉴别。

【治疗】

发作性睡病患者首先需保持生活规律、养成良好的睡眠习惯、控制体重、避免情绪波动、白天有意安排小憩以减轻症状。其次,应尽量避免较有危险的体育活动,如登山、游泳、驾车及操作机械等。同时还要对患者进行心理卫生教育,特别是青少年患者,容易造成较大的心理压力,故应加强对本病的知识普及。

治疗药物主要包括 3 方面:中枢兴奋剂治疗日间嗜睡、抗抑郁剂改善猝倒症状、镇静催眠药物治疗夜间睡眠障碍。

1. 中枢兴奋剂　目前比较推荐的是新型中枢兴奋剂,如莫达非尼(modafinil),主要通过激活下丘脑觉醒中枢,兴奋下丘脑食欲素能神经元等一系列过程达到催醒作用,常规剂量为每日 200~400mg。传统的中枢兴奋剂有苯丙胺类中枢兴奋剂:哌甲酯(methylphenidate)、安非他明(amphetamine);非苯丙胺类中枢兴奋剂:马吲哚(mazindol)、司来吉兰(selegiline)、咖啡因(caffeine)等。这类药物能促进突触前单胺类递质的释放和抑制再摄取,但长期应用需注意容易产生药物耐受和成瘾。

2. **抗抑郁剂** 治疗猝倒起效迅速,但停药后症状反弹。选择性5-羟色胺与去甲肾上腺素再摄取抑制剂类(selective serotonin and norepinephrine reuptake inhibitors,SNRIs)和选择性去甲肾上腺素再摄取抑制剂(selective noradrenaline reuptake inhibitors,NaRIs)具有一定的促醒作用。

3. **镇静催眠药物** 可使用唑吡坦、佐匹克隆、右佐匹克隆及短半衰期苯二氮䓬类药物。氯硝西泮是治疗REM睡眠期行为障碍的首选药物。

4. **γ-羟丁酸钠(gamma-hydroxybutyrate,GHB)** 能治疗发作性睡病的所有症状,疗效确切,药理机制尚不明确。

【预后】

本病多数是持续终生,一部分患者也可随年龄增长逐渐有所减轻。

第三节　阻塞性睡眠呼吸暂停综合征

睡眠呼吸暂停综合征(sleep apnea syndrome,SAS)也称为睡眠呼吸暂停低通气综合征(sleep apnea hypopnea syndrome,SAHS),是指在每夜7小时睡眠过程中,反复出现呼吸暂停和低通气次数30次以上,或平均每小时呼吸暂停和低通气次数5次以上,通常用呼吸暂停低通气指数(apnea-hypopnea index,AHI)表示,即睡眠中平均每小时呼吸暂停与低通气的次数之和。睡眠呼吸暂停是指在睡眠状态下,口、鼻气流消失或较基线幅度下降90%以上,持续10秒以上。低通气是指、鼻气流低于正常30%以上并伴有4%以上的氧饱和度下降或口、鼻气流低于正常50%以上,同时伴有3%以上的氧饱和度下降,持续10秒以上。根据口鼻通气情况及胸腹部呼吸运动,临床上SAHS可分为阻塞型、中枢型、混合型三种,以阻塞性睡眠呼吸暂停低通气综合征最为常见,也是本节重点描述内容。

阻塞性睡眠呼吸暂停低通气综合征(obstructive sleep apnea hypopnea syndrome,OSAHS)是由于睡眠期反复发生上呼吸道狭窄或阻塞,出现打鼾、呼吸暂停及白天过度睡意等症状,发生呼吸暂停时口鼻无气流,但胸腹式呼吸仍然存在。OSAHS是临床较常见的睡眠障碍疾病,成人发病率约为4%~7%,男性发病率高于女性,发病率随年龄增高而增加。脑性瘫痪、延髓性麻痹、Shy-Drager综合征、脊髓灰质炎、重症肌无力和自主神经功能紊乱等神经系统疾病,引起舌、咽和喉部肌肉运动功能障碍和上呼吸道阻塞,可以导致阻塞性睡眠呼吸暂停综合征。

【病因及危险因素】

主要危险因素有:①年龄;②男性;③肥胖及颈围增粗;④鼻咽部疾病和气道解剖异常,如扁桃腺及腺样体肥大、鼻中隔偏曲、下颌后移、小下颌等;⑤长期大量饮酒及服用镇静药物;⑥内分泌疾病,如甲状腺功能减退及肢端肥大症等;⑦遗传体质和遗传疾病也明显影响该病的发生和发展,例如Treacher-Collins综合征、Down综合征、Apert综合征、软骨发育不全等。

【发病机制】

OSAHS的病变部位主要在咽部,咽腔的大小主要靠咽部肌肉的收缩来调节。咽部肌肉与躯干骨骼肌比较,肌纤维少、血供丰富、收缩迅速,可使咽腔开放,但容易疲劳,由清醒转为睡眠时肌张力降低,加之平卧时由于重力因素,舌根及软腭后移,可使咽腔变窄。此外,咽侧壁肥厚、扁桃腺及舌体肥大、软腭肥大、下颌后移、会厌水肿、声带麻痹、喉功能不全、颈部受压等因素均可导致咽腔狭窄或闭塞,引起OSAHS。鼻腔疾病使鼻腔阻力增加甚至闭塞,从而导致张口呼吸,久而久之导致上述肌肉和软组织充血、水肿、肥大,进而引发OSAHS。

遗传与变异如肥胖、下颌骨长轴变短、上颌骨位置靠后、舌骨位置不良、男性气道的长度比女性长等均可影响咽腔的大小。此外,中枢的调控能力、肺容量及从睡眠中唤醒能力均可影响OSAHS发病。目前的发病机制尚未完全明了,有待于进一步研究。

OSAHS对机体的损害主要是呼吸暂停和低通气引起的低氧血症和高碳酸血症,可造成体循环和肺循环高压、心律失常、心力衰竭、慢性肾功能不全、慢性脑缺氧等,严重时可出现急性呼吸衰竭,其至在睡眠中窒息死亡。咽腔阻塞和长时间用力呼吸还可导致胸腔负压增加、胃和食管反流、反射性呼吸暂停,还可导致咽部炎症使组织充血水肿,进一步加重 OSAHS。咽部刺激增强可导致迷走神经兴奋性增强引起心动过缓,甚至猝死。长期缺氧还可造成红细胞增多、血液黏度增加,促进动脉硬化、冠心病和脑卒中。

OSAHS 患者反复觉醒造成睡眠片段化、睡眠结构紊乱,白天嗜睡、头晕、疲乏、注意力不集中、精神萎靡,久而久之导致认知功能障碍、焦虑、抑郁、内分泌功能紊乱,儿童生长激素分泌减少造成发育迟缓,成人性激素分泌减少可造成性欲减低、阳痿等。

【临床表现】

最常见的症状是打鼾,并伴有呼吸暂停,鼾声不规律,可时高时低,有时可完全中断,严重者可憋醒,醒后出现心慌、气短等。此外还可出现睡眠行为异常,如夜间出现恐惧、周期性肢体抽动、夜游、谵语等。在仔细询问睡眠史时,患者主诉常有睡眠障碍,如频繁夜间觉醒、睡眠片段、窒息感、夜间排尿次数增多等,但多数患者没有入睡困难。晨起感头昏、白天疲倦、困乏,容易在开会、听课、晚间读书、看报或看电视时睡觉。

多数患者伴有注意力不集中、记忆力减退、易怒、烦躁、性格改变、性功能减退、心悸或心律失常、高血压、肺动脉高压、水肿、红细胞增多、认知功能减退。更严重者可合并心力衰竭和其他脑功能减退的症状和体征。

【诊断】

临床有典型的夜间睡眠打鼾伴呼吸暂停、日间嗜睡等症状,查体发现咽腔狭窄、扁桃体肿大、悬雍垂粗大、腺样体增生,AHI>5 次/小时者可诊断 OSAHS;对于日间嗜睡不明显者,AHI≥10 次/小时,或 AHI≥5 次/小时同时存在认知功能障碍、高血压、冠心病、脑血管疾病、糖尿病和失眠等 1 项或 1 项以上 OSAHS 合并症者也可确诊。根据 AHI 和夜间血氧饱和度(SpO$_2$)将 OSAHS 分为:①轻度:5~15 次/小时,SpO$_2$ 85%~90%;②中度:16~30 次/小时,SpO$_2$ 80%~84%;③重度:>30 次/小时,SpO$_2$<80%。临床上两者并不平行,推荐以 AHI 为评判标准,并注明低氧血症情况。

PSG 的特点是:典型的呼吸暂停和低通气持续 10~50 秒,呼吸事件在 REM 期睡眠中可持续几分钟,多出现在仰卧位时。血氧饱和度通常在呼吸停止的 30 秒内达最低水平,并在血氧饱和度达最低后 3 秒钟内出现 EEG 微觉醒(突然出现的 EEG 的频率变化)。血氧饱和度曲线随呼吸事件的反复出现,呈"锯齿状"波动;EEG 显示睡眠片段化,1 期睡眠增加,3 期、4 期和 REM 睡眠减少以及反复出现呼吸性微觉醒。

【鉴别诊断】

OSAHS 需与单纯鼾症、低通气综合征、各种中枢神经系统病变引起的中枢性呼吸暂停,陈-施呼吸综合征、发作性睡病、特发性过度睡眠、睡眠不足综合征等疾病相鉴别。

【治疗】

治疗 OSAHS 的目的主要是增加咽部气道的张力、扩大气道容积、建立旁道通气、消除呼吸暂停和低通气以改善缺氧和二氧化碳潴留,改善临床症状,提高生活质量。

1. **一般性治疗**　有效控制体重和减肥、戒烟酒、睡前勿饱食、慎用镇静催眠药物及其他可引起或加重 OSAHS 的药物、适当进行运动、尽可能侧卧位睡眠等。

2. **病因治疗**　对甲状腺功能减退者可补充甲状腺素;肢端肥大症者可手术切除垂体瘤或服用生长抑素;鼻塞者可使用萘甲唑啉或麻黄碱滴鼻;鼻腔疾病或扁桃腺肿大可手术治疗。

3. **无创气道正压通气治疗**　是成人 OSAHS 患者的首选治疗手段。适应证:①适合中、重度 OSAHS 患者(AHI>15 次/小时);②轻度 OSAHS(AHI 5~15 次/小时)患者,但症状明显(如白天嗜睡、认知障碍、抑郁等),合并心脑血管疾病和糖尿病等;③经过其他治疗(如悬雍垂腭咽成形术、口腔矫正器等)后仍存在阻塞性睡眠呼吸暂停;④OSAHS 合并 COPD 者,即"重叠综合征";⑤OSAHS 患者的围手术期治疗。

4. 口腔矫正器　适用于单纯鼾症及轻中度的 OSAHS 患者,特别是有下颌后缩者。

5. 手术治疗　适用于通过手术可解除上气道阻塞的患者,需严格掌握手术适应证。通常不宜作为本病的初始治疗手段。手术方法包括腭垂-软腭-咽成形术、激光辅助腭-咽成形术、射频软组织微创成形术等。这些主要是切除扁桃腺、部分软腭后缘、腭垂,以扩大咽腔,或是使其组织形成瘢痕增加气道张力等。对于个别伴有严重呼吸衰竭患者可进行紧急气管造口术。

6. 药物治疗　目前尚无疗效确切的药物可以使用。

【预后】

OSAHS 是一种具有潜在危险的疾病,尽早发现并及时治疗者预后良好,对于已经合并高血压、心脏病、慢性脑缺氧症状的患者,经过治疗后上述症状可明显改善或消失;对于长期未治疗患者除合并前述并发症外,还可出现猝死及心、脑血管意外等情况。

第四节　不安腿综合征

不安腿综合征(restless legs syndrome,RLS)也称为不宁腿综合征,是一种主要累及腿部的常见的感觉运动障碍性疾病。患者表现为静息状态下双下肢难以形容的感觉异常与不适,有活动双腿的强烈愿望,患者不断被迫敲打下肢以减轻痛苦,常在夜间休息时加重。该病最早由英国学者 Willis 于1672 年首次报道,后在 1945 年由瑞典学者 Ekbom 进行了系统总结并首次全面描述,又称 Ekbom 综合征。该病虽然对生命没有危害,但却严重影响患者的生活质量。

流行病学调查显示,RLS 可发生于任何年龄,中年人多见,老年人患病率更高。

【病因】

根据是否有原发病,将不安腿综合征分为原发性和继发性两种类型。继发性 RLS 多由一些疾病而继发,根据文献报道,由Ⅲ型脊髓小脑共济失调继发者占 45%、Ⅱ型腓骨肌萎缩症占 37%、缺铁性贫血占 24%、尿毒症占 17.3%、妊娠妇女占 11.5%、胃手术后占 11.3%、帕金森病占 6.7%、糖尿病占1%。原发性 RLS 具体病因不清楚,目前认为可能与遗传、脑内多巴胺功能异常有关。

【发病机制】

发病机制目前还不清楚,有以下几种学说:

1. 血液循环障碍　研究发现在应用改善下肢血液循环方法治疗后不安腿综合征症状明显得到缓解,因此认为肢体血液循环障碍可能是 RLS 的原因之一。

2. 内源性阿片释放　应用 PET 研究发现,不安腿综合征病情越重,脑内内源性阿片释放越多。应用外源性阿片类物质与内源性阿片受体竞争性结合对本病治疗有效,因此认为内源性阿片释放是本病的机制之一。

3. 多巴胺能神经元损害　目前较为公认的机制之一,是中枢神经系统非黑质-纹状体系统多巴胺神经元损害,如间脑 A11 区、第三脑室旁 A14 区、视上核和视交叉多巴胺能神经元以及脊髓多巴胺能神经元的损伤。补充多巴胺或多巴胺受体激动剂可明显缓解症状。

4. 铁缺乏　是不安腿综合征发病的一个重要原因,研究证明 RLS 患者体内缺乏铁,补充铁剂有效。而铁是酪氨酸羟化酶的辅酶,控制着酪氨酸的代谢,铁缺乏可造成多巴胺能系统功能障碍。最近研究证明,血清铁转运至大脑功能区障碍是发病的主要原因。MRI 技术和脑脊液相关蛋白分析显示,RLS 患者黑质-纹状体 A9 区、间脑 A11 区和第三脑室旁 A14 区铁含量减少。

5. 遗传因素　55%~92%原发性不安腿综合征患者有阳性家族史,呈常染色体显性遗传,主要可疑基因位点有 12q、14q、19q 等。一些继发性不安腿综合征也可有遗传史。

虽然有很多学说,但上述任何一种理论均不能解释全部发病机制。

【临床表现】

1. 任何年龄均可发病,但中老年人多见,男:女 =1:2。

2. 患者有强烈活动双腿的愿望,常伴有各种不适的感觉症状。症状在安静时明显,长时间的坐、卧及夜间易发生,活动、捶打后可缓解症状。

3. 肢体远端不适感是本病的特征之一,如麻木、蚁走、蠕动、烧灼、疼痛、痉挛等。少数患者疼痛明显,往往误诊为慢性疼痛性疾病,感觉症状可累及踝部、膝部或整个下肢,近一半患者可累及上肢。

4. 80%患者有周期性肢动(periodic limb movement,PLM),表现为睡眠时重复出现刻板的髋、膝、踝关节的三联屈曲致使趾背伸。

5. 由于夜间不适感明显,加之PLM影响睡眠,95%的患者合并睡眠障碍。

【辅助检查】

用PSG检测入睡期的肢体运动、夜间睡眠PLM是目前唯一有效的客观指标。肌肉活检没有特异性改变。

【诊断】

临床诊断标准按国际不安腿综合征研究组(international RLS study group,IRLSG)于2003年修订了RLS诊断标准,内容包括以下几个方面:

1. **基本诊断标准**　①强烈活动双腿的愿望,常伴有各种不适的感觉症状;②静息时出现或加重;③活动后部分或完全缓解;④傍晚和夜间加重。

2. **支持诊断证据**　①阳性家族史;②PLM;③多巴胺能药物治疗有效。

3. **相关的临床特点**　①临床病程多样:轻症患者呈波动性,中重度患者为慢性进展性;②睡眠障碍:白天疲倦乏力;③除缺铁、妊娠、终末期肾病等原发病外,查体和辅助检查通常无异常。

【鉴别诊断】

本病需与周期性肢体运动障碍、静坐不能及周围神经病和神经根病相鉴别。PLM与失眠或白天睡眠过多并存而无其他睡眠障碍称为周期性肢体运动障碍,两者在PSG中表现不同;静坐不能是由于内心不安产生肢体活动,症状为全身性,不能通过运动缓解,不影响睡眠;周围神经病没有活动的强烈愿望;神经根病变往往影像学有脊膜或神经根受压的表现,而且神经根痛特别明显。

【治疗】

对于一些继发性不安腿综合征首先治疗原发病,对于缺铁性贫血或铁缺乏的给予补铁,下肢血液循环不良的给予改善循环治疗。有些遗传病没有特异性治疗方法,与原发性不安腿综合征治疗相同。

对于轻度不安腿综合征患者不需要药物治疗,有时根据某些特殊情况临时给药,例如长时间旅行、静坐等。中到重度患者需要规律性用药,多巴胺能药物为首选,但与治疗帕金森病不同,治疗不安腿综合征时药物剂量很小,而且无晨间反跳现象。

1. **多巴胺受体激动剂**　普拉克索(pramipexole)是新型非麦角多巴胺受体激动剂,选择性作用D_3受体,是治疗RLS有效而安全的药物。卡麦角林(cabergoline)是D_2受体激动剂,小剂量给药即可改善症状,而且无晨间反跳现象。罗匹尼罗(ropinirole)是新型非麦角类特异性D_2受体激动剂,该药能明显降低不安腿综合征有关的周期性肢动,明显改善睡眠。

2. **左旋多巴(L-dopa)**　睡前50~100mg口服可明显改善症状,减少周期性肢动,提高睡眠质量,减少白天困倦感。由于剂量低,多数患者耐受性良好。但该药半衰期短,仅在服药后3~4小时内有效,所以服用左旋多巴控释片或加用儿茶酚胺-O-甲基转移酶抑制剂,如恩他卡朋200mg,可以延长作用时间。左旋多巴加多巴脱羧酶抑制剂,如多巴丝肼(左旋多巴+苄丝肼)和卡左双多巴控释片(左旋多巴+卡比多巴),可延长作用时间,但要降低剂量,因为多巴脱羧酶抑制剂可增加左旋多巴的含量。

3. **对多巴胺及受体激动剂不能耐受的患者**　可以考虑应用加巴喷丁和卡马西平,特别是对疼痛明显的患者。对于使用上述两种药物不理想的患者,也可以应用苯二氮䓬类或阿片类药物。

4. **口服或静脉补铁**　对有明确缺铁病因的患者有效,但是否对其他RLS都有效尚待进一步研究,目前不作为常规治疗。

5. 非药物治疗方法　包括有氧运动、重复经颅磁刺激、经颅直流电刺激、经皮脊髓电刺激等,但仍需更多的循证医学证据支持。

（王丽华）

思 考 题

1. 失眠症的药物治疗原则是什么?
2. 发作性睡病的主要临床表现有哪些?
3. 阻塞性呼吸睡眠暂停综合征的多导睡眠图特点是什么?
4. 不安腿综合征的临床表现有哪些?

参 考 文 献

［1］中国成人失眠诊断与治疗指南. 中华神经科杂志,2012,45:534-540.

［2］Daniel J. Buysse,MD. Insomnia. JAMA,2013,309(7):706-716.

［3］American Academy of Sleep Medicine. ICSD:3 International Classification of Sleep Disorders. 3rd ed. Darien IL:American Academy of Sleep Medicine,2014:143-161.

［4］Dauvilliers Y,Arnulf I,Mignot E. Narcolepsy with eataplexy. Lancet,2007,369(9560):499-511.

［5］中华医学会神经病学分会. 中国发作性睡病诊断与治疗指南. 中华神经科杂志,2015,48:445-451.

［6］阻塞性睡眠呼吸暂停低通气综合征诊治指南(基层版)写作组. 阻塞性睡眠呼吸暂停低通气综合征诊治指南(基层版). 中华全科医师杂志,2015,14:509-515.

［7］中华医学会神经病学分会帕金森病及运动障碍学组. 不宁腿综合征的诊断标准和治疗指南. 中华神经科杂志,2009,42:709-711.

［8］中华医学会神经病学分会睡眠障碍学组. 中国快速眼球运动睡眠期行为障碍诊断与治疗专家共识. 中华神经科杂志,2017,50(08):567-571.

［9］王化冰,王维治. 医学史话:不宁腿综合征的认识史. 中国卒中杂志,2017,12(10):950-955.

第二十三章 内科系统疾病的神经系统并发症

概 述

当身体其他系统、器官发生局部病理变化时,神经系统也会受到影响。许多内科疾病都或多或少会有神经损伤,较为常见的有各种原因的心脏和肺部等疾病导致的缺血、缺氧性神经病变,肝脏疾病引起的肝性脑病、脊髓病、周围神经病,肾脏疾病引起的尿毒症性脑病、周围神经病,血液系统疾病,代谢性疾病,肿瘤等也可引起神经系统损伤。由于篇幅所限,这里只选择一些临床常见的伴有神经系统症状的内科疾病加以论述。

第一节 神经系统副肿瘤综合征

神经系统副肿瘤综合征(paraneoplastic neurological syndrome,PNS)是癌肿对神经系统的远隔效应,而非癌肿直接侵犯及转移至神经、肌肉或神经肌肉接头的一组综合征。它既不包括肿瘤对组织的直接压迫、浸润,也不包括手术、应用免疫抑制剂、放疗或化疗的副作用及肿瘤或治疗中引起的机会性感染造成的神经系统损伤。

PNS引起的临床症状复杂,既可出现周围神经肌肉的改变,又可出现中枢神经系统各个部位损伤的症状。临床可先出现原发灶症状(20.6%),也可原发灶和PNS同时发现(8.8%),但多数先出现神经、肌肉症状后才发现原发灶(79.4%),部分病例从出现神经系统症状至发现原发灶的平均时间为20个月。

【病因及发病机制】

PNS的病因尚不明确,最初认为是癌肿分泌的某种毒素作用于神经、肌肉,后来有多种推测,例如感染、代谢及营养障碍等学说,但均未得到证实。目前比较推崇的学说是自身免疫反应。认为某些癌肿与神经、肌肉组织存在共同抗原决定簇,癌肿细胞作为抗原,启动机体产生高度特异性抗体,在补体的参与下,不仅杀伤癌肿细胞,也损伤和破坏机体的神经、肌肉组织,同时进一步刺激B淋巴细胞产生更多的抗体,引起更强烈、更广泛的免疫应答反应。近年来,在PNS患者血清和脑脊液中发现了一些与神经组织有关的抗体,例如抗Yo抗体、抗Hu抗体等。

PNS的原发癌肿以肺癌最多(44.1%),特别是小细胞肺癌;其次是卵巢癌(17.6%)、食管癌(14.7%)、淋巴瘤(8.8%)、胃癌(6%);此外,还有前列腺癌、甲状腺癌、胰腺癌、乳腺癌、胸腺瘤、睾丸癌等。

【病理】

除了原发癌肿病理改变外,受累局部的神经系统改变主要有血管周围间隙的炎症细胞浸润,脑脊液检查常发现细胞数增多、IgG增多及出现寡克隆带,这些均证实了炎症或免疫介导的发病机制。

【临床表现】

神经系统副肿瘤综合征由于其累及部位广泛所以临床表现多样。受累部位包括大脑皮质、小脑、脑干、脊髓、脑神经、边缘系统、视网膜、周围神经、肌肉、神经-肌肉接头等,尤以周围神经系统的表现多样。

临床特点:多为中年起病,呈亚急性起病,表现为急性、慢性进展甚至复发缓解病程。其症状和体征可发生在肿瘤发生发展的任何时段。临床表现可有感觉障碍和疼痛,但大多数表现复杂多样,缺乏特异性。其表现往往不符合原发神经系统疾病的发展规律,或不能用单一疾病解释。而病程及严重程度与原发肿瘤的大小及生长速度、恶性程度无明确相关性。

由于 PNS 可以侵及神经系统各个部位,包括中枢神经、周围神经、神经-肌肉接头、肌肉等,临床表现也非常复杂。我国临床上没有统一的分类,本文参考 2006 年荷兰学者 Beuklaar 的分类(表23-1)。

表23-1　神经副肿瘤综合征的分类

中枢神经系统	脑脊髓炎 encephalomyelitis *
	边缘叶性脑炎 limbic encephalitis *
	脑干炎 brainstem encephalitis
	亚急性小脑变性 subacute cerebellar degeneration *
	斜视性阵挛-肌阵挛 opsoclonus-myoclonus *
	僵人综合征 stiff-person syndrome
	副肿瘤性视觉障碍综合征 paraneoplastic visual syndromes
	肿瘤相关的视网膜病 cancer-associated retinopathy
	黑色素瘤相关的视网膜病 melanoma-associated retinopathy
	脑脊髓炎 encephalomyelitis *
	副肿瘤性视神经病 paraneoplastic optic neuropathy
	运动神经元综合征 motor neuron syndromes
	亚急性运动神经元病 subacute motor neuronopathy
	其他运动神经元综合征 other motor neuron syndromes
周围神经系统	亚急性感觉神经元病 subacute sensory neuronopathy *
	急性感觉运动神经病 acute sensorimotor neuropathy
	伴有 M 蛋白的慢性感觉运动神经病 chronic sensorimotor neuropathy with M-proteins
	亚急性自主神经病 subacute autonomic neuropathy
	副肿瘤性周围神经血管炎 paraneoplastic peripheral nerve vasculitis
神经-肌肉接头和肌肉	Lambert-Eaton 肌无力综合征 Lambert-Eaton myasthenic syndrome *
	神经肌强直 neuromyotonia
	皮肌炎 dermatomyositis *
	急性坏死性肌病 acute necrotizing myopathy
	恶病质肌病 cachectic myopathy

注: * 经典的神经副肿瘤综合征

下面重点对几种比较常见的神经副肿瘤综合征加以描述。

一、副肿瘤性脑脊髓炎

副肿瘤性脑脊髓炎(paraneoplastic encephalomyelitis,PEM)是侵及中枢神经系统多个部位的副肿瘤综合征。当同时累及多个部位时诊断为 PEM,当主要侵及某一部位时,应进行针对性诊断。以颞叶内侧的边缘叶损伤为主的称为副肿瘤性边缘叶性脑炎、以脑干损伤为主的称为副肿瘤性脑干脑炎或脑干炎、以脊髓症状为主的称为副肿瘤性脊髓炎。引起 PEM 最常见的肿瘤是小细胞肺癌,接近一半患者血清和脑脊液中查到抗 Hu 抗体。

1. **副肿瘤性边缘叶性脑炎(paraneoplastic limbic encephalitis)**　50%~60% 的原发肿瘤为肺癌,主要是小细胞肺癌;20% 为睾丸癌;其他如乳腺癌、胸腺瘤等。主要累及大脑边缘叶,包括胼胝体、扣带回、穹隆、海马、杏仁核、额叶眶面、颞叶内侧面和岛叶。临床以亚急性、慢性或隐匿起病,表现为短时记忆缺失、痫性发作、幻觉、抑郁、睡眠障碍、行为异常等,多进行性加重到最后发生痴呆。头部

MRI 和 CT 异常率达到 65%～80%,早期影像学可以正常,定期复查提高检出率,主要是一侧或双侧颞叶、丘脑及脑干在 T_2WI 和 FLAIR 像呈高信号,增强扫描后不强化或只有轻度小斑片状强化。脑电图可正常或单侧、双侧颞叶慢波或尖波。CSF 检查 80% 患者淋巴细胞、蛋白、IgG 轻到中度升高,可出现寡克隆带。肿瘤抗体的检测可以帮助提高检出率,60% 患者可以检出抗 Hu 或 Ma2 抗体,可以伴有抗 Ma1、CV2/CRMP5 及 Amphiphysin 阳性。部分年轻女性患者合并卵巢畸胎瘤,临床症状重,表现为记忆障碍、精神症状、意识障碍和通气不足,血清和脑脊液抗 NMDA 受体的自身抗体阳性,称为抗 NMDAR 脑炎。该病需与脑转移瘤、病毒性脑炎等鉴别诊断。

2. 副肿瘤性脑干炎(paraneoplastic brainstem encephalitis)　主要累及下橄榄核、前庭神经核等下位脑干结构,特别是延髓,表现为眩晕、眼震、复视、凝视麻痹、吞咽困难、构音障碍和共济失调,甚至出现锥体束征。

3. 副肿瘤性脊髓炎(paraneoplastic myelitis)　可累及脊髓的任何部位,主要以损害脊髓前角细胞为主,表现为慢性进行性对称或不对称性肌无力、肌萎缩,上肢多见。

二、亚急性小脑变性

亚急性小脑变性(subacute cerebellar degeneration)又称为副肿瘤性小脑变性(paraneoplastic cerebellar degeneration,PCD),是最常见的 PNS,约占 PNS 的 5.9%～37%。最常见于小细胞肺癌,也可见于其他恶性肿瘤如卵巢癌、淋巴瘤(特别是霍奇金病)等。临床表现主要有:

1. 多见于成年人,女性稍多。亚急性或慢性病程,症状在几周到几个月内进行性加重,达到高峰后趋于稳定。

2. 神经系统症状往往是双侧的,也可以不对称。首发症状多是步态不稳,出现肢体及躯干共济失调,可伴有构音障碍、眩晕、恶心、呕吐、眼震等。

3. 除了小脑损伤的症状和体征外,还会见到轻微的锥体束征和锥体外系改变,也可有精神症状、认知功能障碍以及周围神经症状和体征。

4. MRI 和 CT 早期正常,晚期可有小脑萎缩。

5. CSF 检查可有轻度淋巴细胞升高,蛋白和 IgG 也可升高,可出现寡克隆带。

6. 血清和脑脊液中可查到 Hu、Yo、PCA-Tr、mGluR1 抗体等自身抗体。

治疗的基础是发现原发肿瘤并及早手术治疗,除了表 23-3 中列出的方案外,有报道血浆交换也可以稳定病情。

三、斜视性阵挛-肌阵挛

斜视性阵挛-肌阵挛(opsoclonus-myoclonus,OMS)是一种伴有眨眼动作的眼球不自主、快速、无节律、无固定方向的高波幅集合性扫视运动,当闭眼或入睡后仍持续存在,当试图做眼球跟踪运动或固定眼球时反而加重,上述动作可以单独存在,也可与其他肌阵挛共存,如伴有四肢、躯干、横膈、头部及咽喉的肌阵挛和共济失调。症状可以间歇性发作,也可以持续存在。儿童比成人多,有 2/3 患神经母细胞瘤,多位于胸腔内。抗 Hu 抗体阳性提示神经母细胞瘤的存在。成人 OMS 多亚急性起病,常合并小脑性共济失调、眩晕、精神障碍甚至是脊髓损害。成年女性查到 Ri(ANNA-2)抗体高度提示患有乳腺癌或妇科肿瘤,在男性提示小细胞肺癌和膀胱癌的可能。CSF 检查可见蛋白和白细胞轻度增高。头 MRI 及脑电图可有改变,但不具特异性。

肿瘤切除、免疫抑制治疗、皮质类固醇激素等方法均可使临床症状好转。

四、亚急性坏死性脊髓病

亚急性坏死性脊髓病(subacute necrotizing myelopathy)多见于小细胞肺癌。发病机制尚不明确,可能与抗 Hu 抗体介导的自身免疫有关。脊髓病变以胸髓受损最为严重,可累及脊髓全长,灰、白质大致对称性坏死,白质较灰质和血管受损严重,轴突和髓鞘均累及,极少出现炎症反应。临床表现为亚急性脊髓横贯性损伤,多以下肢无力起病,呈传导束性运动、感觉障碍,伴有括约肌功能障碍,受损平面可以在数日内上升,可累及颈段脊髓造成四肢瘫,甚至出现呼吸肌麻痹危及生命。脑脊液检查正常,或者淋巴细胞和蛋白升高。MRI 可见病变节段脊髓肿胀。

没有特异性治疗方法,病情进行性加重,预后不良,多于 2～3 个月死亡。

五、亚急性运动神经元病

亚急性运动神经元病(subacute motor neuronopathy)主要侵及脊髓前角细胞和延髓运动神经核,表现为非炎性退行性变。原发肿瘤以骨髓瘤和淋巴细胞增殖性肿瘤多见。临床表现为亚急性进行性上、下运动神经元受损的症状,以双下肢无力、肌萎缩、肌束震颤、腱反射消失等下运动神经元损害多见,上肢和脑神经受损较少,感觉障碍轻微。上运动神经元损害表现类似肌萎缩侧索硬化。脑脊液检查正常,部分患者蛋白含量常增高。肌电图表现为失神经电位。诊断主要依据查到肿瘤证据和相关肿瘤抗体。

尚无特效的治疗办法。病程进展缓慢,有时经过数月或数年后神经症状趋于稳定或有所改善。

六、亚急性感觉神经元病

亚急性感觉神经元病(subacute sensory neuronopathy)又称为副肿瘤性感觉神经元病(paraneoplastic sensory neuronopathy,PSN),可与 PEM 合并存在。

主要侵及脊髓背根神经节和后索神经纤维,病理改变为广泛的神经元脱失、坏死,淋巴细胞及单核细胞浸润,后根、脊髓后角细胞、后索继发性退行性变。女性多见,呈亚急性起病;常以一侧或双侧不对称的肢体远端疼痛、麻木等感觉异常为首发症状,大多在数日到数周内进展为四肢远端对称性各种感觉减退或消失,以下肢深感觉障碍为主,重者可累及四肢近端和躯干,甚至出现面部感觉异常;可伴有自主神经功能障碍。脑脊液检查多数正常,部分可有轻度淋巴细胞增高,蛋白、IgG 略有升高或出现寡克隆带。血清和脑脊液中可以检测出抗 Hu 抗体,CSF 中滴度较高,提示抗体由鞘内合成。肌电图特点是感觉神经动作电位衰减或缺失,传导速度严重减慢甚至检测不出,运动神经传导速度正常或仅轻度减慢,无失神经电位。

本病尚无特效治疗方法,血浆置换、皮质类固醇及免疫球蛋白治疗对多数患者无效。早期切除原发肿瘤可延缓本病病程,但预后不良。

七、Lambert-Eaton 综合征

Lambert-Eaton 综合征(Lambert-Eaton syndrome,LES)又称肌无力综合征,是一种由免疫介导的神经-肌肉接头功能障碍性疾病,病变主要累及突触前膜。由于肿瘤细胞表面的抗原决定簇与突触前膜神经末梢钙通道蛋白有交叉免疫反应,使之产生的抗体也对神经末梢突触前膜产生免疫应答,导致钙通道、特别是电压依赖性钙通道不能开放。当神经冲动到达神经末梢时,钙离子不能进入神经末梢,突触前膜不能正常释放乙酰胆碱,导致神经-肌肉接头传递功能障碍。

中年男性多见;亚急性起病,进行性对称性肢体近端和躯干肌肉无力、病态疲劳,下肢重于上肢,休息后症状不能缓解。LES 与重症肌无力表现不同的是患肌在短时间内(15 秒左右)反复收缩无力症状减轻,而持续收缩后肌无力又有加重。一般不累及脑神经支配的肌肉,半数以上患者有胆碱能自主神经功能障碍,如口干、便秘、排尿困难、阳痿、体位性低血压等;体征包括深反射减弱或消失,无感觉障碍。可以合并其他 PNS,如 PCD 和脑脊髓炎等。

新斯的明或腾喜龙试验往往阴性,部分患者可有弱反应,但不如重症肌无力敏感。最有特征性改变的是肌电图,表现为低频(3～5Hz)刺激时动作电位波幅变化不大,而高频(>10Hz)重复电刺激时波幅递增到 200% 以上。胆碱酯酶抑制剂如溴吡斯的明通常无效。与其他 PNS 不同,由于体内抗体

不断产生,单独应用血浆置换治疗的效果不理想,血浆置换加用免疫治疗有效。针对肿瘤相应治疗也可使症状明显改善,但不稳定。另外,还应注意避免应用钙通道阻滞剂类药物如尼莫地平、维拉帕米、氟桂利嗪等。

【辅助检查】

脑脊液检查可有蛋白含量和 IgG 增高,发病早期可有细胞数增多,在数周和数月后消失则可以持续。血及脑脊液的抗体检测对该病的诊断有重要意义。表 23-2 列出了肿瘤抗体、PNS 与原发性肿瘤之间的关系。

积极查找原发病灶,除了血液肿瘤标志物,常规 B 超、CT、MRI 检查外还可行全身正电子发射计算机断层扫描(PET-CT)检查,检查结果阴性的患者注意随访,以免漏诊。

表 23-2　抗体、PNS 与相关的原发肿瘤的关系

抗体	临床综合征	相关肿瘤
特征性副肿瘤抗体		
Anti-Hu(ANNA-1)	脑脊髓炎、边缘叶性脑炎、感觉神经元病、亚急性小脑变性、自主神经病	小细胞肺癌、神经母细胞瘤、前列腺癌
Anti-Yo(PCA-1)	亚急性小脑变性	卵巢癌、乳腺癌
Anti-CV2(CRMP5)	脑脊髓炎、舞蹈症、边缘叶性脑炎、感觉神经元病、感觉运动神经病、视神经炎、亚急性小脑变性、自主神经病	小细胞肺癌、胸腺瘤
Anti-Ri(ANNA-2)	斜视性阵挛-肌阵挛、脑干炎	乳腺癌、小细胞肺癌
Anti-Ma2(Ta)	边缘叶性脑炎、间脑炎、脑干炎、亚急性小脑变性	睾丸及肺肿瘤
Anti-amphiphysin	僵人综合征、脑脊髓炎、亚急性感觉神经元病、感觉运动神经病	乳腺癌、小细胞肺癌
Anti-recoverin	癌相关的视网膜病	小细胞肺癌
不全特征性抗体		
Anti-Tr(PCA-Tr)	亚急性小脑变性	Hodgkin 病
ANNA-3	脑脊髓炎、亚急性感觉神经元病	小细胞肺癌
PCA-2	脑脊髓炎、亚急性小脑变性	小细胞肺癌
Anti-Zic4	亚急性小脑变性	小细胞肺癌
Anti-mGluR1	亚急性小脑变性	Hodgkin 病
Anti-VGCC	Lambert-Eaton 肌无力、亚急性小脑变性	小细胞肺癌
Anti-nAChR	亚急性自主神经病	小细胞肺癌
Anti-VGKC	边缘叶性脑炎、神经肌强直	胸腺瘤、小细胞肺癌

注:ANNA:抗神经核抗体;mGluR1:代谢型谷氨酸受体 1;nAChR:烟碱型乙酰胆碱受体;PCA:浦肯野细胞浆抗体;VGCC:电压门控型钙通道;VGKC:电压门控型钾通道

【诊断与鉴别诊断】

PNS 发病率较低,仅发生于约 1% 的肿瘤患者。多数患者的神经系统损伤症状发生在原发癌肿症状不明显时,此类患者易漏诊或误诊,应长期随访,常需反复筛查才能寻找出原发灶,有的甚至 1～2 年后或更长时间才能发现原发灶。当神经系统损害不符合原发性神经病变规律,尤其是影像学检查无法解释临床表现者,经治疗无效时,要想到 PNS 的可能。但在原有癌肿诊断的基础上,除外肿瘤直接侵犯和放、化疗治疗中所导致的神经损伤后,PNS 的诊断并不十分困难。需要提出的是,PNS 可以同时侵及神经系统的几个部位,症状有叠加的可能,易与神经系统变性疾病相混淆,某些癌相关抗原有助于鉴别诊断。

【治疗与预后】

缺乏有效的治疗手段。目前主要包括两个方面:一是针对原发癌肿的切除、放疗和化疗等;二是免疫治疗,包括应用糖皮质激素、免疫抑制剂、血浆置换等。

原发癌肿的诊治是否及时是影响预后的重要因素,如何尽早检出癌肿是迫切需要解决的问题。PNS 对治疗的反应很大程度上取决于它的神经病理改变,只要神经元胞体未受累,经治疗后症状会改善并有自发缓解的可能。表 23-3 列出一些抗癌治疗和免疫抑制治疗对 PNS 的疗效。

表 23-3　PNS 的治疗效果

临床综合征	自身抗体	免疫治疗效果	对原发治疗反应	注释
脑脊髓炎	Hu(ANNA-1)	无效	能稳定患者较好状态	极少数可自行缓解
边缘叶性脑炎	Hu(ANNA-1),Ma2	部分患者有效	可以改善	部分可自行缓解
亚急性小脑变性	Yo(PCA-1)Tr(PCA-Tr),mGluR1	无效可以改善	神经症状无改善可以改善	亚急性小脑变性合并 Hodgkin 病的也可以自行缓解
斜视性阵挛-肌阵挛(成人)	Ri(ANNA-2)	可以改善	部分神经症状恢复	维生素 B$_1$、巴氯芬、氯硝西泮可有效
斜视性阵挛-肌阵挛(儿童)	没有抗体	三分之二可以改善	部分神经症状可恢复	
僵人综合征	Amphiphysin	可以改善	可以改善	巴氯芬、地西泮、丙戊酸、卡马西平对痛性痉挛有效
癌相关的视网膜病	恢复蛋白	视觉可有轻微改善	无效	
黑色素瘤相关的视网膜病	双极细胞抗体	视觉症状可以改善	视觉症状可以改善	
副肿瘤性视神经病	CV2/CRMP5	视觉症状可以改善	视觉症状可以改善	
亚急性感觉神经元病	Hu(ANNA-1)	无效,极少数有效	能稳定病情	可用三环类和抗癫痫药控制神经痛
伴有 M 蛋白的慢性感觉运动神经病	MAG(IgM)	可以改善	可以改善	
伴有骨硬化性骨髓瘤的慢性感觉运动神经病	没有抗体	无效	通常有效	放、化疗和手术治疗有效
亚急性自主神经病	Hu	无效	无效	可以针对直立性低血压的症状性治疗,假性肠梗阻可以用新斯的明
副肿瘤周围神经血管炎	Hu	可以改善	可以改善	
Lamber-Eaton 肌无力综合征	P/Q 型 VGCC	通常有效	通常有效	二胺吡啶,胆碱酯酶抑制剂可以试用,但疗效不清楚
神经肌强直	VGKC	可以改善	不清楚	抗癫痫药物(卡马西平,苯妥英钠)
皮肌炎	Mi-2	一般有效	可以有效	

注:MAG:髓磷脂相关糖蛋白

第二节　糖尿病神经系统并发症

随着医疗条件的改善和新药的应用,糖尿病患者生存期明显延长,某些急性并发症如酮症酸中毒、非酮症高渗性昏迷以及严重感染等已经明显减少,同时慢性并发症越来越多见,例如糖尿病神经系统损害、糖尿病性肾病及糖尿病视网膜病变等。许多糖尿病患者缺少"三多一少"的典型临床症状,常以神经系统病变为主诉,例如先以脑血管病、多发性周围神经病等就诊,在检查中才发现原发疾病为糖尿病。随着人们对神经系统损害认识的不断提高和新的检查手段(如 MRI、PET、肌电图及神经肌肉活检等)的普遍应用,糖尿病神经系统并发症检出率明显提高,达 50% 以上,是糖尿病最常见的并发症。

【发病机制和病理改变】

糖尿病引起的神经系统损伤复杂多样,可侵及脑、脊髓和周围神经,其机制也较复杂,目前认为主要有以下学说:

1. **糖代谢异常**　包括非酶促蛋白质的糖基化和多元醇、肌醇代谢异常。蛋白质的非酶糖基化是糖的醛基或酮基与蛋白质中的氨基结合形成糖基化蛋白质的反应过程。高血糖可致神经髓鞘蛋白和微管蛋白糖基化明显增强,影响了与神经分泌及轴索传导相关的微管系统的结构和功能。非酶糖基化还可影响一些基质蛋白对周围神经纤维的营养作用。另外,高血糖可使多元醇通路活性增强,大量的葡萄糖经醛糖还原酶催化生成较多的山梨醇和果糖,而神经组织内缺少果糖激酶,造成山梨醇和果糖的堆积,导致神经纤维内渗透压增高,进而引起神经纤维水肿、变性、坏死。葡萄糖和山梨醇在细胞内的积聚造成神经组织对肌醇的摄取减少,不仅影响 Na^+-K^+-ATP 酶活性,而且导致神经节段性脱髓鞘及轴索变性。

2. **微血管病变**　导致的神经低灌注长期高血糖导致血脂代谢异常,微血管基底膜增厚、血管内皮细胞增生、透明样变性、糖蛋白沉积、管腔狭窄等,引起微循环障碍,进而导致神经组织缺血、缺氧,后者可引起自由基生成增多,氧化反应增强,造成神经结构和功能损害。

3. **神经生长因子(nerve growth factor,NGF)、胰岛素样生长因子-1(insulin-like growth factors,IGFs-1)**　NGF 对交感神经元和部分感觉神经元神经起营养支持作用,糖尿病神经病变时皮肤和肌肉组织内 NGF 减少。另外,NGF 与胰岛素在结构上相似,部分糖尿病患者体内出现的胰岛素抗体可以与 NGF 发生交叉反应,使 NGF 减少,这也提示了糖尿病神经病变可能与自身免疫因素有关。IGFs-1 具有促进神经生长和修复的作用,胰岛素抵抗导致胰岛素和 IGFs-1 作用降低,从而发生糖尿病性神经系统病变。

4. **氧化应激**　正常的葡萄糖代谢从糖酵解开始,糖酵解过程能够提供还原性物质抵抗内、外源性活性氧所造成的氧化应激。在高糖条件下活性氧的生成增加,超氧化物的过度生成会抑制磷酸甘油醛脱氢酶,通过其他途径来提高葡萄糖的利用,如蛋白激酶 C(protein kinase C,PKC)途径和蛋白糖基化终末产物(advanced glycation end products,AGEs)途径。氧化应激导致早期炎症和内皮损伤,从而引起血管炎症和 BBB 损伤,还可通过诱导不平衡线粒体的裂变引起糖尿病神经病变。目前的抗氧化剂代表药物 α-硫辛酸可以抑制神经功能退化,已经用于改善患者临床症状。

5. **自身免疫因素**　部分患者血清中可以查到抗神经节抗体及抗磷脂抗体等,这些抗体不仅直接损伤神经组织,也影响到供应神经的血管,导致神经组织的血液循环障碍。对糖尿病性神经病变患者的腓肠神经活检发现,在神经束膜和神经内膜处均有 IgG、IgM 和补体 C3 沉积,其发生机制可能与高血糖引起的神经血管屏障破坏有关。

6. **炎症反应**　黏附分子有维持正常炎症反应和免疫应答的作用。糖尿病神经病变患者比无神经病变的糖尿病患者的 P2 选择素和细胞间黏附分子-1 基础值高,导致周围神经传导速度减慢,提示这些炎症因子可能参与了神经病变的发生和发展。

7. **遗传因素**　部分患者的糖尿病性神经病变与糖尿病的严重程度不一定平行,这可能与个体的遗传易感性有关。目前发现有几种基因,其中醛糖还原酶基因多态性与糖尿病微血管病变密切相关,但遗传在糖尿病神经病变中的作用尚待进一步研究。

8. **其他因素**　蛋白激酶 C、必需脂肪酸、前列腺素等代谢失调均可引起神经膜结构和微血管改变。氨基己糖代谢异常、脂代谢异常、维生素缺乏、亚麻酸的转化、N-乙酰基-L-肉毒素减少、Na⁺泵失调等均可能与糖尿病性神经病变有关。

糖尿病神经系统病变分类见表23-4。

表23-4　糖尿病神经系统病变分类

糖尿病性脑血管病 diabetic cerebrovascular diseases
糖尿病腔隙性脑梗死 diabetic cerebral lacunar
糖尿病多发性脑梗死 diabetic multiple cerebral infarction
糖尿病脑病 diabetic encephalopathy
糖尿病性脊髓病 diabetic myelopathy
脊前动脉综合征 anterior spinal artery syndrome
糖尿病性肌萎缩 diabetic amyotrophy
糖尿病性假性脊髓痨 diabetic pseudomyelanalosis
糖尿病性周围神经病 diabetic neuropathy
糖尿病性脑神经病 diabetic cranial neuropathy（包括单脑神经病或多脑神经病）
糖尿病性脊神经病 diabetic spinal neuropathy
感觉运动神经病 sensorimotor neuropath
对称性多发末梢神经病 distal symmetric polyneuropathy
局灶性神经病 focal neuropathy
糖尿病性单神经病 diabetic mononeuropathy
糖尿病性多发单神经病 diabetic mononeuropathy multiplex
自主神经病 autonomic neuropathy
低血糖性意识障碍 hypoglycemic unawareness
瞳孔异常 abnormal papillary function
心血管自主神经病 cardiovascular autonomic neuropathy
血管运动神经病 vasomotor neuropathy
汗腺运动神经病 sudomotor neuropathy
胃肠自主神经病 gastrointestinal autonomic neuropathy
胃张力缺乏 gastric atony
糖尿病性腹泻或便秘 diabetic diarrhea or constipation
排空时间延长 fecal incontinence
泌尿生殖自主神经病 genitourinary autonomic neuropathy
膀胱功能障碍 bladder dysfunction
性功能障碍 sexual dysfunction

糖尿病引起的脑血管病参见脑血管病章节，其他治疗见相关章节。下面就几个常见的糖尿病神经系统并发症加以叙述。

一、糖尿病性多发性周围神经病

糖尿病性多发性周围神经病（diabetic polyneuropathy）又称为对称性多发性末梢神经病（distal symmetric neuropathy），是最常见的糖尿病性神经系统并发症，病变通常为对称性，下肢重于上肢，以感觉神经和自主神经症状为主，而运动神经症状较轻。

【临床表现】

1. 慢性起病，逐渐进展。多数对称发生，不典型者可以从一侧开始发展到另一侧，主观感觉明显而客观体征不明显。有些神经症状明显但无明显糖尿病症状，甚至空腹血糖正常糖耐量异常，此时需通过神经传导速度检测才能明确诊断。

2. 感觉症状通常自下肢远端开始，主要表现为烧灼感、针刺感及电击感，夜间重，有时疼痛剧烈难以忍受而影响睡眠。还可以出现肢体麻木感、蚁走感等感觉异常，活动后好转，可有手套-袜套状感觉减退或过敏。

3. 自主神经症状较为突出。可出现体位性低血压。此外,皮肤、瞳孔、心血管、汗腺和周围血管、胃肠、泌尿生殖系统均可受累。

4. 肢体无力较轻或无,一般无肌萎缩。查体时可见下肢深、浅感觉和腱反射减弱或消失。

二、糖尿病性单神经病

糖尿病性单神经病(diabetic mononeuropathy)是指单个神经受累,可以侵犯脑神经,也可以侵犯脊神经,如果侵犯两个以上神经称为多发性单神经病。脑神经主要以动眼神经、展神经、滑车神经和面神经常见。脊神经常侵犯腓浅神经、腓肠神经、腓总神经、正中神经、尺神经、桡神经、腋神经,少数可侵及膈神经和闭孔神经。

【临床表现】

糖尿病性单神经病主要是血液循环障碍所致,多数患者可见较明显的轴索变性及程度不等的节段性脱髓鞘,细小的感觉纤维受损较为显著。以急性或亚急性起病者居多,临床表现为受损神经相应支配区域的感觉、运动障碍,肌电图检查以神经传导速度减慢为主。病程可持续数周到数月,治疗与多发性周围神经病相同。

三、糖尿病性自主神经病

80%的糖尿病患者有不同程度的自主神经受损,可以发生在糖尿病的任何时期,但最易发生在病程 20 年以上和血糖控制不良的患者中。交感神经和副交感神经,有髓纤维和无髓纤维均可受累。影响到心脏、血管及汗腺自主神经时出现汗腺分泌异常、血管舒缩功能不稳定,表现为四肢发冷、多汗或少汗、皮肤干燥,有 15%的糖尿病患者合并有体位性低血压;影响到瞳孔导致瞳孔对光反应迟钝称为糖尿病性异常瞳孔。

较常见的糖尿病性自主神经病(diabetic autonomic neuropathy)有:

1. **糖尿病性胃肠自主神经病(diabetic gastrointestinal autonomic neuropathy)** 糖尿病常引起胃、肠自主神经损害,导致其功能紊乱,包括胃轻瘫、腹泻、便秘等。

2. **糖尿病性膀胱功能障碍(diabetic bladder dysfunction)** 13%的糖尿病患者合并有膀胱功能障碍,出现排尿困难,膀胱容量增大,称为低张力性大容量膀胱。由于膀胱内长时间有残余尿,因此常反复发生泌尿系统感染。

3. **糖尿病性性功能障碍(diabetic sexual dysfunction)** 男性糖尿病患者有接近半数出现阳痿,它可以是糖尿病自主神经障碍的唯一表现,其原因可能是由于骶部副交感神经受损所致。40 岁以下的女性患者 38%出现月经紊乱,此外还有性冷淡和会阴部瘙痒。

四、糖尿病性脊髓病

糖尿病性脊髓病(diabetic myelopathy)是糖尿病少见的并发症,主要包括脊前动脉综合征、糖尿病性肌萎缩和糖尿病性假性脊髓痨。

1. **糖尿病性肌萎缩(diabetic amyotrophy)** 约占糖尿病的 0.18%,是糖尿病性腰段神经根病变,为免疫介导的微血管神经外膜病变。多见于老年 2 型糖尿病患者,体重减轻、血糖变化时容易发生。多为亚急性起病,主要累及骨盆带肌,特别是股四头肌,往往肌萎缩明显,而肌无力非常轻微。常以单侧下肢近端无力萎缩开始,病情进展后约有半数患者双侧下肢近端受累,偶可累及下肢远端,部分患者有剧烈的神经痛但查体却无感觉异常。肌电图显示以支配近端肌肉和脊旁肌为主的神经源性损害。

2. **糖尿病性假性脊髓痨(diabetic pseudomyelanalosis)** 脊髓的后根和后索受累引起的,临床表现为深感觉障碍,患者多出现步态不稳、夜间行走困难、走路踩棉花感,闭目难立征阳性。

五、糖尿病脑病

糖尿病脑病(diabetic encephalopathy,DE)是由糖尿病引起的认知功能障碍、行为缺陷和大脑神经生理及结构改变的中枢神经系统疾病。糖尿病脑病不同于糖尿病引起的脑血管病,该病主要表现为学习能力的下降、记忆功能减退、时间空间定向力减退、语言能力、理解判断和复杂信息处理能力下降,严重的可发展为痴呆。糖尿病脑病以脑萎缩、活性氧聚集、脑血管病为病理特点,其在病理生理以及发病机制上与阿尔茨海默病有很多相似之处。

【临床表现】

糖尿病脑病以学习能力、记忆能力、语言表达能力及判断能力下降为主要表现,同时可伴有淡漠、目光呆滞、反应迟钝等,严重的患者生活不能自理。其中学习记忆障碍是糖尿病脑病的典型表现。不同类型的糖尿病其认知障碍的表现形式可不相同。1 型糖尿病脑病患者主要以联想记忆、学习能力及注意力障碍为主,而 2 型糖尿病脑病患者主要表现为学习记忆障碍。

【诊断与鉴别诊断】

根据上述分类和相应的临床表现,结合血糖升高或糖耐量异常等诊断不难。脑血管病需进行头部 CT、MRI 检查;脊髓血管病多数可通过 MRI 检出;周围神经病诊断主要依据感觉和自主神经症状、血糖异常、肌电图显示神经传导速度减慢。需注意与农药、重金属和一些有机化合物中毒引起的多发性周围神经病相鉴别,仔细询问病史有助于诊断。此外还应注意与癌性周围神经病、亚急性联合变性、慢性炎症性脱髓鞘性多发性周围神经病及遗传性周围神经病鉴别。值得一提的是,有些年轻患者应与晚发的遗传性周围神经病,特别是遗传性运动感觉性神经病的 I 型和 II 型鉴别。后者部分患者合并糖尿病,其运动神经也同样受累并可出现肌肉萎缩,检查常有家族遗传史,神经活检和基因检测等有时可帮助鉴别。

糖尿病脑病的诊断目前尚无明确的统一诊断标准。该病的检测可通过认知功能量表进行筛查。常用的量表包括:简易智能量表(MMSE)、蒙特利尔认知评估量表(MoCA)、韦氏记忆量表、韦氏智能量表。鉴别诊断需要排除其他原因导致的认知功能下降,尤其是需要与血管性痴呆以及阿尔茨海默病等可引起认知功能障碍的疾病相鉴别。

【治疗】

首要的是将血糖控制在理想范围内,包括控制饮食、口服降糖药、使用胰岛素等,但一定要注意避免治疗中低血糖的发生。其次,由于糖尿病性神经病变多以髓鞘改变为主,故 B 族维生素的使用非常重要。同时可应用一些改善循环和营养神经的药物。治疗的同时应注意血脂的控制,因为在有糖尿病的情况下,高血脂使动脉硬化加重,从而加重血管的狭窄及增加缺血性脑血管病的发生,一般应将低密度脂蛋白胆固醇(LDL-C)控制在 2.6mmol/L(100mg/dl)以下;自发性疼痛可给予卡马西平、苯妥英钠,情绪不稳可用抗焦虑和抗抑郁药物。自主神经症状治疗比较困难,可对症治疗。

对于糖尿病脑病轻度认知功能障碍的患者可考虑采用综合干预方法,如地中海饮食法,以蔬菜、鱼、五谷杂粮、豆类和橄榄油为主,加强体育锻炼以及进行认知功能训练,注意维生素 E 及微量元素的摄入;对于中、重度认知功能障碍的患者可考虑给予乙酰胆碱酯酶抑制剂(多奈哌齐)或 NMDA 受体拮抗剂(美金刚)治疗。

【预后】

糖尿病性周围神经病治疗效果不佳,有些患者可发展成厌食、体重下降、抑郁及焦虑,甚至恶病质状态。部分患者出现顽固性肢端溃疡、坏死及反复感染导致败血症。

第三节 系统性红斑狼疮的神经系统表现

系统性红斑狼疮(systemic lupus erythematosus,SLE)是一种累及全身各系统的常见自身免疫病,是由于遗传、内分泌和环境因素相互作用而导致机体免疫失调引起的慢性炎性疾病。中国人患病率约为 21.4/10 万，其中 90% 以上是女性患者。临床表现多种多样，约有半数患者出现不同程度的神经精神症状，称为神经精神狼疮（neuropsychiatric systemic lupus erythematosus，NPSLE）。

【病因】

SLE 导致的神经损伤原因较为复杂。首先，不同种族的发病率不同，提示有种族遗传性，而且有家族发病集中趋势，尤其是同胞姐妹和单卵双胞胎发病更多。其次，许多学者认为病毒感染与 SLE 相关，在部分患者体内发现抗麻疹病毒、副流感病毒、腮腺炎病毒及 EB 病毒抗体，同时血清中干扰素水平增高，但还没有在 SLE 患者体内分离出这些病毒。由于 SLE 女性患者明显多于男性患者，又多为育龄妇女，妊娠和分娩可以加重或诱发 SLE 发病，提示本病可能与内分泌有关。紫外线照射损伤皮肤可使皮肤细胞核内 DNA 成为抗原，刺激产生抗核抗体损伤皮肤，产生炎症反应。有些药物也可使核蛋白和 DNA 变性，造成免疫反应，停药后症状也有所好转。

【发病机制】

目前较为公认的机制是免疫介导损伤。免疫介导 SLE 神经损伤的主要机制有：

1. **抗体对神经细胞的直接损伤**　在患者体内可以检测出多种自身抗体，例如：抗神经元抗体、抗神经胶质细胞抗体、抗淋巴细胞抗体，这些抗体可以直接杀伤神经组织。但是有些患者的短暂性和慢性神经症状用抗体直接杀伤神经细胞无法解释，可能存在神经细胞表面的膜蛋白抗体，这些抗体只是影响了细胞功能，而没有使神经细胞溶解坏死，因而在临床上引起精神症状和癫痫发作。

2. **抗体对脑血管的损伤**　在该病患者内皮细胞膜磷脂上查到抗心磷脂抗体，可造成内皮损伤，进一步导致血小板黏附、聚集形成血栓。抗内皮细胞抗体还有单核细胞趋化作用，使单核细胞浸润于血管壁内，破坏血管壁和促进动脉硬化形成。

3. **抗体对凝血系统的影响**　抗磷脂抗体表面带有正电荷，与带有负电荷的磷脂结合影响凝血机制；也可以通过 β_2-糖蛋白 I 发挥促血栓形成的作用；还可以与磷脂竞争性结合，延长磷脂依赖的凝血过程，如 X 因子的激活和凝血酶原向凝血酶的转化。

4. **抗原-抗体对脉络膜和血-脑屏障的损伤**　抗原-抗体复合物对脉络膜和血-脑屏障造成损伤，可使抗体进入脑组织。

【病理】

SLE 神经系统病理改变包括中枢神经系统和周围神经系统。脑损害可以弥漫全脑，主要有新旧不一的微梗死、出血，也可有大面积脑梗死、脑出血及蛛网膜下腔出血，但比较少见。脑血管广泛受累，以小血管病变为主，可表现为透明样变、血管内皮增生，也可出现血管炎性改变，此种改变多发生在大脑皮质及脑干。白质还可以出现脱髓鞘改变。周围神经主要以多灶性不对称的脱髓鞘改变为主，滋养神经的小血管病变也可导致轴索改变。

【临床表现】

SLE 神经症状可以出现在 SLE 的各个时期，狼疮脑病按临床表现将神经精神损害分为三型：①轻型：头痛和（或）呕吐、视物模糊；②中型：除上述表现外同时并发精神异常、抽搐发作、病理征或眼底改变；③重型：除中型表现外有昏迷、典型的癫痫发作。常见的神经精神症状有：

1. **头痛**　是 SLE 神经系统最常见的症状，约占 32%～70%。主要表现为偏头痛，其次是紧张性头痛。偏头痛可以是有先兆的偏头痛，也可以无先兆，且可以在 SLE 诊断之前单独出现。

2. **癫痫**　是另一常见的症状，约占 17%～37%。发作形式可以有全身强直-阵挛发作、单纯部分性发作、复杂部分性发作、癫痫持续状态、反射性癫痫、精神运动性发作等。约 5%～10% 的患者以癫痫为 SLE 的首发症状，因此常被误诊为原发性癫痫。癫痫发作可以出现在疾病的早期，但最常见于 SLE 的晚期，患者应用抗癫痫药物后效果很好。

3. **脑血管病**　也是 SLE 常见的神经症状，约占 3%～15%，包括脑梗死、脑出血和蛛网膜下腔出血，病变可累及大脑、小脑和脑干。原因可以是脑血管本身病变，也可以是来源于心脏附壁血栓的脱落造成脑栓塞。除此之外,SLE 并发的高血压、尿毒症本身也可以引起脑血管病。

4. 认知障碍及精神症状　是常见的临床表现,主要表现为记忆力减退,可以恢复,也可以复发。严重者可表现为胡言乱语、意识模糊、躁动不安、幻觉、痴呆、抑郁等。

5. 无菌性脑膜炎　包括急、慢性脑膜炎,常常出现在 SLE 早期,可以是首发症状,易于复发。表现为头痛、呕吐、颈项强直等。查体有脑膜刺激征。

6. 运动障碍　主要是狼疮性舞蹈病,偶可见到帕金森综合征。舞蹈病可出现在疾病的任何时期,但在急性发作期多见。30 岁以下青年女性多见,多为一过性,少数持续数年。可以是单侧舞蹈,也可以是双侧,复发率大约 25%。

7. 脊髓病　可以是 SLE 最初的临床表现,也可发生在疾病不同时期,常是急性或亚急性发病,胸髓受累居多,表现为双下肢无力,甚至完全性截瘫,受损平面以下各种感觉减退和消失、大小便功能障碍等。

8. 脑神经病变　主要为视神经受累,也可累及面神经、三叉神经及后组脑神经。在病变侵及大脑、脑干时,也可同时累及脑神经。

9. 脊神经病变　较少见,主要是非对称性神经炎。最常见的症状是感觉异常,可有手套-袜套状痛觉减退,其次是感觉性共济失调。也可以累及神经根,表现为急、慢性炎症性脱髓鞘性多发性周围神经病,少数报道也可出现单神经病、多发性神经病、弥漫性神经病等。

【辅助检查】

1. 血清免疫学　首先免疫方面检查符合 SLE 的诊断,血清中一些抗体与临床表现有一定的关系,例如抗淋巴细胞抗体与认知障碍有关,抗核蛋白 P 抗体与神经症有关,抗心磷脂抗体与脑梗死、舞蹈病和脊髓炎有关。

2. 脑脊液　35% 的患者压力升高,一般为轻度升高,但也有高达 $400mmH_2O$ 以上者;74% 的患者有蛋白升高,多在 $0.51 \sim 2.92g/L$;18% 的患者可伴有白细胞轻度升高,每微升几个到几十个,以淋巴细胞升高为主;糖和氯化物多正常,个别报道糖降低。此外还可查到抗神经元或淋巴细胞的 IgG 抗体,半数患者出现寡克隆带。CSF 中 C4 补体和糖的含量降低常提示活动性狼疮性脑病。

3. 影像学　SLE 脑病的 CT、MRI 表现多样,主要有以下几种:①脱髓鞘样改变:CT 表现为片状低密度灶,以脑白质为主,MRI 示大脑、小脑半球的深部白质、基底核或脑干区长 T_1、长 T_2 信号,病灶多发,呈条状、斑片状,无周围水肿和占位效应;②大片脑梗死:单发或多发;③腔隙性脑梗死;④脑出血;⑤脑炎性改变:MRI 示脑实质内片状长 T_1、长 T_2 信号,邻近脑回肿胀;⑥脑萎缩:可单独出现,亦可同时伴有梗死灶。虽然 MRI 的表现没有特征性,但在发病 24 小时内有典型的长 T_1、长 T_2 信号,应用激素后迅速消退均提示 SLE 脑病的存在。

4. 脑电图　目前并没有特异性脑电图提示 SLE 脑病,但是脑电图的异常可反映发病早期的脑功能异常,对早期诊断、疗效观察以及判断预后有一定的意义。①轻度异常:主要表现为 α 波,较多散在或短至中程 H 波节律活动,以额、中央、颞区多见。②中度异常:主要表现为基本频率减慢,以 H 波及 D 波活动为背景,少量 α 波,呈长程阵发性、持续性、弥漫性出现。③重度异常:弥漫性非节律性 δ 波或 θ 波发放。弥漫性损害,EEG 多表现轻度异常,此类病变与自身抗体免疫损伤有关,激素治疗效果较好。局限性损害者,EEG 多表现中重度异常。

5. 肌电图　累及周围神经患者可出现神经传导速度减慢,个别显示轴索损害的改变。

【诊断与鉴别诊断】

根据典型的 SLE 表现且伴有神经、精神症状,不难诊断,但如果 SLE 本身症状不典型,特别是神经、精神症状出现在 SLE 之前者容易误诊。SLE 的诊断目前仍采用美国风湿协会(American college of rheumatology,ACR)1982 年的诊断标准。根据青、中年女性起病,伴有皮肤损害、关节疼痛、低热、乏力等症状,伴有神经、精神症状、血沉快、白细胞和血小板降低、蛋白尿或管型尿、抗核抗体阳性等诊断可以确立。同时脑脊液检查白细胞和蛋白轻度增高、抗核抗体阳性、C4 降低,大剂量皮质激素治疗好转有助于诊断。鉴别诊断需除外有明显的动脉硬化及其他危险因素所致的脑梗死、脑出血及蛛网膜下腔出血。还需要除外多发性硬化,因为该病也常见于中、青年女性,临床亦表现为缓解复发的特点,通过影像学难以鉴别,主要通过 CSF 及血清免疫学等检查辅助诊断。

【治疗及预后】

1. **一般治疗**　应尽早诊断、尽早治疗。本病是一种慢性疾病,需要长期随访和咨询,不断调整治疗方案。目前没有很好的根治方法,应向患者讲清楚要树立与疾病长期斗争的信念。尽量避免一些诱发因素,例如尽量避免紫外线照射,避免感染、精神刺激,注意休息,妊娠和生育也会加重病情。慎用普鲁卡因胺、肼屈嗪等药物,这些药物可能加重 SLE。尤其应注意尽量避免应用肾毒性药物。

2. **神经科治疗**　主要是对症治疗,例如癫痫可应用抗癫痫药物,高凝状态可应用抗血小板聚集及改善循环药物,周围神经病可用皮质类固醇激素和 B 族维生素,舞蹈病可用氟哌啶醇治疗,颅内压增高可使用降低颅内压药物等。无菌性脑膜炎可以用激素治疗。近来研究发现 β-七叶皂苷钠有激素样作用,既可以抗脑水肿又可发挥免疫调节作用,对 SLE 应该较为合适,但是该药易出现静脉炎,患者注射部位易出现疼痛。

3. **SLE 治疗**　SLE 主要治疗方法是肾上腺糖皮质激素或免疫抑制治疗或两者合用。目前激素应用方法比较普遍的是甲泼尼龙冲击治疗,然后给予地塞米松或泼尼松治疗。其他免疫抑制剂治疗,如环磷酰胺、硫唑嘌呤静脉注射,甲氨蝶呤鞘内注射等治疗。应注意激素和免疫抑制剂的不良反应和继发感染。

本病预后不良,晚期出现多器官衰竭,特别是肾衰竭,也可以死于癫痫、大面积脑梗死以及药物不良反应等。

第四节　甲状腺疾病神经系统并发症

一、甲状腺功能亢进的神经系统病变

甲状腺功能亢进症(hyperthyroidism)简称甲亢,是指由多种原因导致的甲状腺功能增强,甲状腺激素分泌过多引起的多系统受累的高代谢症候群。受累的系统包括循环系统、消化系统、神经系统等。甲亢神经系统损害的机制尚不清楚,可能是甲状腺激素大量释放,使神经细胞线粒体氧化过程加速,消耗大量能量,导致细胞缺氧及能量不足所致。该病起病可急可缓,急性多见。可与甲亢危象并存,多由服药不规则或停药诱发,也可独立存在。在甲亢或甲亢危象症状存在的基础上可出现发热伴中枢神经损害和精神异常,包括以下四种:

1. **甲状腺毒性脑病(thyrotoxic encephalopathy)**　可有不同程度的意识障碍,大量错觉、幻觉以及明显的精神运动性兴奋,患者可很快进入昏迷状态。还可表现为去皮质状态、癫痫发作、延髓麻痹、锥体束受累、脊髓丘脑束受累、锥体外系受累等。精神异常可为兴奋状态,亦可为抑郁状态。脑脊液示无色透明,细胞数多正常,可有压力增高及蛋白增高。脑电图示中、重度异常,以弥漫的高波幅慢波为主。头颅 CT 早期多示正常,也可在额颞区、半卵圆中心及基底核出现欠均匀低密度灶。头 MRI 可见相应部位长 T_1、长 T_2 异常信号。

2. **急性甲状腺毒性肌病(acute thyrotoxic myopathy)**　较为罕见,表现为发展迅速的肌无力,严重时可在数日内发生软瘫。常侵犯咽部肌肉而发生吞咽及发音障碍,甚至累及呼吸肌引起呼吸麻痹。少数患者可侵犯眼肌及其他脑神经所支配的肌肉。肌腱反射常降低或消失,肌肉萎缩不明显,括约肌功能保留,无感觉障碍。

3. **慢性甲状腺毒性肌病(chronic thyrotoxic myopathy)**　很常见,特别是中老年男性,儿童少见。特点为进行性肌萎缩与肌力下降,而甲亢症状并不明显。易侵犯近端肌,伸肌较屈肌更易受累。少数患者可同时侵犯肢体远端肌和面肌,但无单纯远端肌萎缩者。一般肌萎缩与肌无力程度一致,但也有肌力下降明显而萎缩不明显者,尤其是女性患者。本病常同时侵及双侧,少数可以单侧为主。肌腱反射正常或亢进。少数患者萎缩肌肉可伴束颤。

4. 甲状腺毒性周期性瘫痪　甲亢合并周期性瘫痪的概率为 1.9% ~6.2% ,男性多见,发作特点与家族性周期性瘫痪相同,即常在夜间或白天安静时突然发生肢体软瘫,主要累及近端肌,很少累及躯干和头颈部。可伴有自主神经障碍,如心动过缓或过速、低血压、呕吐、烦渴、多汗、瘫痪及水肿等。血钾降低,但补钾并不能改善肌力。

二、甲状腺功能减退性神经病变

甲状腺功能减退(hypothyroidism)性脑损害,主要表现为不同程度的神经精神症状。轻者记忆减退、反应迟钝、精神抑郁、淡漠、轻度智能障碍等;重者步态不稳、共济失调、嗜睡、痴呆、精神错乱,甚至出现甲减性昏迷而死亡。甲减如为先天性或发生在生后早期,可引起精神发育不良,智能缺陷。

甲减性脑神经病变可有嗅、味、视、听觉减退,真性眩晕,视物模糊、视野缺损、视神经萎缩。视力改变一般认为由于甲减继发脑垂体肿大压迫视神经所致。此外也可有三叉神经痛及面神经麻痹。

甲减性脊神经病变较常见,表现为四肢远端感觉异常,如刺痛、麻木、烧灼感等。其中一半有感觉症状,如震动觉、痛觉及触觉障碍;部分患者有手套-袜套样感觉障碍。

此外,甲减极易导致阻塞性睡眠呼吸暂停低通气综合征(obstructive sleep apnea hypopnea syndrome, OSAHS),进而引起头昏、嗜睡、认知功能受损。

本病经甲状腺素治疗后,大部分临床症状可很快消失,预后良好。

三、桥本脑病

桥本脑病(Hashimoto encephalopathy, HE)是一种与自身免疫性甲状腺疾病相关的脑病。以抗甲状腺抗体增高为特征,而甲状腺功能可为正常、亢进或低下。本病病程呈复发-缓解或进展性,应用激素后可有显著疗效,所以桥本脑病又被称为自身免疫性甲状腺炎相关的激素反应性脑病(steroid-responsive encephalopathy associated with autoimmune thyroiditis, SREAT)。

【发病机制】

目前 HE 的发病机制尚不清楚,其发生与甲状腺功能水平无关,抗甲状腺抗体也不是导致脑病的直接原因。多认为甲状腺炎和脑病都与免疫系统的过度激活有关,可能与以下因素相关:①自身免疫反应介导微血管病变导致的脑内低灌注;②促甲状腺激素过度释放引起的毒性效应;③自身免疫性复合物攻击髓磷脂碱基蛋白,触发脑血管性炎症而造成脑水肿;④甲状腺组织与神经组织有共同的抗原决定簇,因此在病理状态下产生的自身抗体可同时对神经细胞或 α-烯醇化酶(NAE)产生免疫杀伤作用。

【病理】

病理改变主要为脑实质内毛细血管周围、动静脉、脑膜血管周围特别是以静脉为中心的淋巴细胞浸润及髓鞘和(或)轴突损害。

【临床表现】

本病多急性或亚急性起病,少数慢性起病,中年女性多见。根据发病类型可分为两类:一类是以局灶症状为主的卒中样发作型,为本病特异症状之一,病程呈复发-缓解形式,临床表现为锥体束症状如偏瘫、四肢瘫,也可出现失语、失用、失读、小脑性共济失调、感觉障碍等;另一类持续进展型多为精神症状,幻觉以幻听常见,兴奋症状如激越、易怒、不安等。亦可出现抑郁、淡漠、意志缺乏、认知功能低下,也可有妄想、人格改变、行为异常等。

此外,意识障碍发生率较高,其程度可从轻度嗜睡到昏迷,意识内容改变以意识模糊多见。还有锥体外系改变,可出现不随意运动、肌阵挛、震颤。少数出现斜视、眼阵挛、舞蹈病样运动、肌阵挛、上腭震颤和眼睑痉挛。癫痫发作以全面性发作较多,多呈强直-阵挛性发作,也可呈复杂部分性癫痫发作。还可伴有睡眠障碍、听觉过敏,偏头痛、神经痛性肌萎缩症以及脱髓鞘性周围神经病。

【诊断】

抗甲状腺抗体检查对诊断非常重要。抗甲状腺过氧化物酶抗体(抗 TPO 抗体)阳性,可高出正常几倍或几百倍。抗甲状腺球蛋白抗体(抗 TG 抗体)可以阳性也可以阴性。脑脊液可见蛋白正常或轻度升高,但也有达 300mg/dl 者。细胞数轻度增加。脑电图呈全面慢波,多与临床症状密切相关。亦可出现三相波、棘波、棘慢波、突发性慢波。本病虽然可以全身性痉挛为多发症状,但在脑电上呈现癫痫样改变者少,这可能为本病的特征之一。影像学大部分患者的 CT、MRI 无特异性改变,或 MRI 显示非特异性的大脑皮质下白质区 T_2WI、FLAIR 高信号,随着病情好转,白质区高信号可以恢复正常。SPECT 显示脑部存在低血流信号,主要发生部位在额叶,其次是颞叶、顶叶、枕叶及小脑半球。

【治疗】

目前类固醇为首选治疗药物,给药后 1~2 天多数患者开始出现明显的效果。对于症状出现反复者可重复用药。此外,其他免疫抑制剂如环磷酰胺、硫唑嘌呤亦可应用。亦可试用免疫球蛋白治疗、血浆交换治疗。极少数患者可自愈。如治疗合理、及时,本病预后良好。

(冯加纯)

思 考 题

1. 常见的与 PNS 相关的抗神经组织抗体有哪些? 临床意义如何?
2. 副肿瘤性脑脊髓炎的主要临床表现有哪些?
3. Lambert-Eaton 肌无力综合征与重症肌无力如何鉴别?
4. 糖尿病性多发性神经病的临床表现及治疗原则是什么?
5. 糖尿病性自主神经病的主要表现有哪些?
6. 系统性红斑狼疮的神经系统并发症有哪些?
7. 甲状腺神经系统并发症及主要临床表现有哪些?

参 考 文 献

[1] 伍绍铮,曹仁贤. 糖尿病周围神经病变发病机制研究进展. 中国医药指南,2012,10:467-468.

[2] 牛奔,苏恒. 糖尿病自主神经病变与周围神经损伤. 实用糖尿病杂志,2012,5:7-8.

[3] 潘晓丽,张楠楠,张红霞,等. 糖尿病性周围神经病患者受累神经的分布特点. 临床神经病学杂志,2011,24:213-214.

[4] Callaghan BC,Cheng HT,Stables CL,et al. Diabetic neuropathy:clinical manifestations and current treatments. Lancet Neurol,2012,11:521-534.

[5] Titulaer MJ,Lang B,Verschuuren JJ. Lambert-Eaton myasthenic syndrome:from clinical characteristics to therapeutic strategies. Lancet Neurol,2011,10:1098-1107.

[6] Grisold W,Giometto B,Vitaliani R,et al. Current approaches to the treatment of paraneoplastic encephalitis. Ther Adv Neurol Disord,2011,4:237-248.

[7] Dalmau J,Gleichman AJ,Hughes EG,et al. Anti-NMDA-receptor encephalitis:case series and analysis of the elects of antibodies. Lancet Neurol,2008,7:1091-1098.

[8] Ryan SA,Kennedy C,Harrington HJ. Steroid-responsive encephalopathy associated with autoimmune thyroiditis presenting as confusion,dysphasia,and myoclonus. Case Report Med,2012,2012:782127.